中山大學圖書館古籍普查登記目録

（下）

索引

全國古籍普查登記目録

國家圖書館出版社
National Library of China Publishing House

書名筆畫字頭索引

一畫

二畫

三畫

四畫

五畫

六畫

七畫

八畫

九畫

十畫

十一畫

十二畫

十三畫

十四畫

十五畫

十六畫

十七畫

十八畫

十九畫

二十畫

二十一畫

二十二畫

二十三畫

二十四畫

二十五畫

二十六畫

二十七畫

二十九畫

三十一畫

書名筆畫索引

一畫

二畫

三畫

四畫

五畫

六畫

七畫

八畫

九畫

十畫

十一畫

十二畫

十三畫

十四畫

十五畫

十六畫

十七畫

十八畫

十九畫

二十畫

二十一畫

二十二畫

二十三畫

二十四畫

二十五畫

二十六畫

二十七畫

二十九畫

三十一畫

中華古籍保護計劃

ZHONG HUA GU JI BAO HU JI HUA CHENG GUO

·成果·

中山大學圖書館古籍普查登記目録

（上）

全國古籍普查登記目録

國家圖書館出版社
National Library of China Publishing House

圖書在版編目(CIP)數據

中山大學圖書館古籍普查登記目録:全三册/中山大學圖書館編. —北京:國家圖書館出版社,2024.3

(全國古籍普查登記目録)

ISBN 978 -7 -5013 -7648 -3

Ⅰ.①中…　Ⅱ.①中…　Ⅲ.①院校圖書館—古籍—圖書館目録—中山　Ⅳ.①Z838

中國版本圖書館 CIP 數據核字(2022)第 219854 號

書　　名　中山大學圖書館古籍普查登記目録(全三册)
著　　者　中山大學圖書館　編
責任編輯　許海燕

出版發行　國家圖書館出版社(北京市西城區文津街 7 號　100034)
(原書目文獻出版社 北京圖書館出版社)
010 -66114536　63802249　nlcpress@ nlc. cn(郵購)
網　　址　http://www. nlcpress. com
排　　版　京荷(北京)科技有限公司
印　　裝　河北三河弘翰印務有限公司
版次印次　2024 年 3 月第 1 版　2024 年 3 月第 1 次印刷

開　　本　787 ×1092　1/16
印　　張　71.75
字　　數　1500 千字
書　　號　ISBN 978 -7 -5013 -7648 -3
定　　價　720.00 圓

《全國古籍普查登記目録》

工作委員會

主　任： 周和平

副主任： 張永新　詹福瑞　劉小琴　李致忠　張志清

委　員（按姓氏筆畫排序）：

于立仁　王水喬　王　沛　王紅蕾　王筱雯
方自今　尹壽松　包菊香　任　競　全　勤
李西寧　李　彤　李忠昊　李春來　李　培
李曉秋　吴建中　宋志英　努　木　林世田
易向軍　周建文　洪　琰　倪曉建　徐欣禄
徐　蜀　高文華　郭向東　陳荔京　陳紅彦
張　勇　湯旭岩　楊　揚　賈貴榮　趙　嫄
鄭智明　劉洪輝　歷　力　鮑盛華　韓　彬
魏存慶　鍾海珍　謝冬榮　謝　林　應長興

《全國古籍普查登記目録》

序　言

全國古籍普查登記工作是“中華古籍保護計劃”的首要任務，是全面開展古籍搶救、保護和利用工作的基礎，也是有史以來第一次由政府組織、參加收藏單位最多的全國性古籍普查登記工作。

2007年國務院辦公廳發布《關於進一步加强古籍保護工作的意見》（國辦發[2007]6號），明確了古籍保護工作的首要任務是對全國公共圖書館、博物館和教育、宗教、民族、文物等系統的古籍收藏和保護狀况進行全面普查，建立中華古籍聯合目録和古籍數字資源庫。2011年12月，文化部下發《文化部辦公廳關於加快推進全國古籍普查登記工作的通知》（文辦發[2011]518號），進一步落實了全國古籍普查登記工作。根據文化部2011年518號文件精神，國家古籍保護中心擬訂了《全國古籍普查登記工作方案》，進一步規範了古籍普查登記工作的範圍、内容、原則、步驟、辦法、成果和經費。目前進行的全國古籍普查登記工作的中心任務是通過每部古籍的身份證——“古籍普查登記編號”和相關信息，建立古籍總臺賬，全面瞭解全國古籍存藏情况，開展全國古籍保護的基礎性工作，加强各級政府對古籍的管理、保護和利用。

《全國古籍普查登記工作方案》規定了全國古籍普查登記工作的三個主要步驟：一、開展古籍普查登記工作；二、在古籍普查登記基礎上，編纂出版館藏古籍普查登記目録，形成《全國古籍普查登記目録》；三、在古籍普查登記工作基本完成的前提下，由省級古籍保護中心負責編纂出版本省古籍分類聯合目録《中華古籍總目》分省卷，由國家古籍保護中心負責編纂出版《中華古籍總目》統編卷。

在黨和政府領導下，在各地區、各有關部門和全社會共同努力下，古籍普查登記工作得以扎實推進。古籍普查已在除臺、港、澳之外的全國各省級行政區域開展，普查内容除漢文古籍外，還包括各少數民族文字古籍，特别是於2010年分别啓動了新疆古籍保護和西藏古籍保護專項，因地制宜，開展古籍普查登記工作；國家古籍保護中心研製的“全國古籍普查登記平臺”已覆蓋到全國各省級古籍保護中心，并進一步研發了“中華古籍索引庫”，爲及時展現古籍普查成果提供有力支持；截至目前，已有11375部古籍進入《國家珍貴古籍名録》，浙江、江蘇、山東、河北等省公布了省級《珍貴古籍名録》,古籍分級保護機制初步形成。

《全國古籍普查登記目録》是古籍普查工作的階段性成果,旨在摸清家底,揭示館藏,反映古籍的基本信息。原則上每申報單位獨立成册,館藏量少不能獨立成册者,則在本省範圍内幾個館目合并成册。無論獨立成册還是合并成册,均編製獨立的書名筆畫索引附於書後。著録的必填基本項目有:古籍普查登記編號、索書號、題名卷數、著者(含著作方式)、版本、册數及存缺卷數。其他擴展項目有:分類、批校題跋、版式、裝幀形式、叢書子目、書影、破損狀況等。有條件的收藏單位多著録的一些擴展項目,也反映在《全國古籍普查登記目録》上。目録編排按古籍普查登記編號排序,内在順序給予各古籍收藏單位較大自由度,可按分類排列古籍普查登記編號,也可按排架號、按同書名等排列古籍普查登記編號,以反映各館特色。

此次全國古籍普查登記工作,克服了古籍數量多、普查人員少、普查難度大等各種困難,也得到了全國古籍保護工作者的極大支持。在古籍普查登記過程中,國家古籍保護中心、各省古籍保護中心爲此舉辦了多期古籍普查、古籍鑒定、古籍普查目録審校等培訓班,全國共1600餘家單位參加了培訓,爲古籍普查登記工作培養了大量人才。同時在古籍普查登記工作中,也鍛煉了普查員的實踐能力,爲將來古籍保護事業發展奠定了良好的基礎。

《全國古籍普查登記目録》的出版,將摸清我國古籍家底,爲古籍保護和利用工作提供依據,也將是古籍保護長期工作的一個里程碑。

國家古籍保護中心
2013年10月

《全國古籍普查登記目録》

編纂凡例

一、收録範圍爲我國境内各收藏機構或個人所藏，産生於 1912 年以前，具有文物價值、學術價值和藝術價值的文獻典籍，包括漢文古籍和少數民族文字古籍以及甲骨、簡帛、敦煌遺書、碑帖拓本、古地圖等文獻。其中，部分文獻的收録年限適當延伸。

二、以各收藏機構爲分册依據，篇幅較小者，適當合并出版。

三、一部古籍一條款目，複本亦單獨著録。

四、著録基本要求爲客觀登記、規範描述。

五、著録款目包括古籍普查登記編號、索書號、題名卷數、著者、版本、册數、存缺卷等。古籍普查登記編號的組成方式是：省級行政區劃代碼—單位代碼—古籍普查登記順序號。

六、以古籍普查登記編號順序排序。

《廣東省古籍普查登記目録》

工作委員會

顧　　問： 王惠君　劉洪輝

主　　任： 倪俊明

副主任： 林　鋭　肖　玲　蔣志華

委　　員： 張淑瓊　榮子菡　郭祥文　羅焕好　李　媚
陳曉玉　陳静敏

《中山大學圖書館古籍普查登記目録》

編委會

《中山大學圖書館古籍普查登記目録》

前　言

中山大學圖書館是2008年國務院公布的第一批全國古籍重點保護單位。目前收藏中文古籍35萬餘册,其中善本近5萬册,109部入選《國家珍貴古籍名録》。這些珍貴典籍是中山大學圖書館人百年以來,篳路藍縷、涓滴以求的辛勞成果。

1924年2月,孫中山大元帥發布訓令,將原國立廣東高等師範學校、廣東公立法科大學、廣東公立農業專門學校三校合并,改立國立廣東大學。爲紀念孫中山先生,1926年國民政府發布命令,將國立廣東大學改名爲國立中山大學。當時,圖書館藏中文書45706册,西文書3799册,藏書匱乏,遠不能滿足教學和研究之需要。1927年,學校提出"本校圖書館之最大目的,在爲中國南方最大之一刊物保存所"的宏偉發展目標,聘請杜定友擔任圖書館主任,并委派顧頡剛赴江浙等地購買古籍文獻,由此開啓了中山大學圖書館大規模藏書建設的序幕。爲"把各方面的材料都粗粗搜集完備",顧頡剛專門擬定了《國立廣州中山大學購求圖書計劃書》,打破了過去以經史子集等傳統文獻爲主的館藏建設理念,提出"用材料的觀念去看圖書,用搜集材料的觀念去看圖書館的事業",將文獻搜集的範圍拓展爲包括經史子集及叢書、檔案、地方志、家族志、社會事件之記載、個人生活之記載、賬簿、中國漢族以外各民族之文籍、基督教會出版之書籍及譯本書、宗教及迷信書、民衆文學書、舊藝術書、教育書、古存簡籍、著述稿本、實物之圖像等16類文獻。1927年5月至10月,顧頡剛足迹遍及杭州、蘇州、上海、紹興、寧波、嘉興、南京、松江各地,花費"大洋五萬六千八百七十九元六角零一厘,毫洋七百廿二元",總計購得圖書11萬餘册,其中古籍1萬餘部7.7萬餘册,碑帖3萬餘張。此爲中山大學圖書館古籍藏書的第一次大規模建設。到1928年底,中山大學圖書館館藏圖書達22萬餘册,位居國内大學圖書館之首,其中古舊書籍10萬餘册。此後,中山大學圖書館陸續收入番禺梁鼎芬、桂林唐岳、順德温澍樑等私人藏書,館藏古籍日漸充實。

1952年,全國高校院系調整,原私立嶺南大學圖書館藏書并入中山大學圖書館,大大豐富了中山大學圖書館的古籍收藏。20世紀三四十年代,私立嶺南大學圖書館曾通過訪購、捐贈等途徑收集到了曾釗、徐甘棠、潘宗周、徐紹楨、甘翰臣、李文田、徐信符等一批廣東著名藏書家散佚出的舊藏。1957 年,陳公睦向中山大學圖書館捐贈其祖父陳澧東塾書樓的劫餘古籍 50 餘種 700 餘册,商衍鎏探花捐贈古籍、碑帖 400 餘種 2000 餘册。1979 年,容庚教授捐贈古籍等藏書 130 多箱 1 萬餘册。

2001 年,中山大學與中山醫科大學合并,原中山醫科大學圖書館的藏書隨之并入中山大學圖書館,擴充了醫學類古籍館藏。2002 年,商志男、商志馥、商志𩡝捐贈其祖父商衍鎏探花和父親商承祚教授藏書 4000 餘册,其中古籍 800 餘種 3000 餘册;梁承鄴捐贈其父梁方仲教授藏書 15000 餘册,其中古籍 900 餘種 3000 餘册。2006 年,購得復旦大學王運熙教授藏古籍近 200 種 1000 餘册。此後,金應熙教授、戴鎦齡教授、李新魁教授、安志敏教授、黄海章教授、李錦全教授等學者的藏書陸續以捐贈的方式入藏中山大學圖書館,其中有不少綫裝古籍,進一步充實了古籍收藏。今天,中山大學圖書館的古籍收藏,插架滿楹,蔚爲大觀,凝聚了百年來幾代中山大學圖書館人辛勤耕耘、竭誠奉獻的心血與汗水,爲延續中山大學的學術文脉,傳承與弘揚中華優秀傳統文化做出了重要貢獻。

在持續開展古籍館藏建設的同時,中山大學圖書館深入開展古籍整理工作。1927 年顧頡剛自江浙地區購回大批古籍後,因圖書館書庫狹小,不敷收藏,在學校語言歷史學研究所三樓特設舊書整理部并親自擔任主任,由語言歷史學研究所的教授和圖書館的工作人員共同展開古籍的登記編目工作。其中,善本書及目録書由馬太玄先生擔任,叢書及經學由陳鈍、羅常培兩位先生擔任,哲學及宗教由容肇祖先生擔任,教育學由蔣經三先生擔任,社會科學由李一非先生擔任,金文拓本及古物由商承祚先生擔任,金石書及碑帖由黄仲琴先生擔任,自然及應用科學由劉朝陽先生擔任,語言文字學由丁山先生擔任,文學及一般藝術由徐信符、鍾敬文、陳德芸、余永梁、夏廷棫五位先生擔任,歷史由陳功甫先生擔任,地理由陳錫襄先生擔任,雜書由顧頡剛、楊振聲兩位先生擔任。一年來共登記圖書 1.4 萬餘部 9 萬餘册,登記碑帖 1.7 萬餘張,編目圖書 5000 餘部 4.5 萬餘册。後因古籍數量較大,且兩年後語言歷史學研究所的教授紛紛離去,古籍編目工作被迫停頓下來。20 世紀三四十年代,因連年戰亂,中山大學圖書館的古籍或被寄存香港,或被輾轉運送至雲南澄江和粤北山區,萬幸在顛沛流離中大部分得以保全。

1952 年中山大學與私立嶺南大學合并以後,圖書館的古籍工作主要由何多源、周連寬、劉少雄等負責。爲編撰古籍善本目録,周連寬曾撰寫過近 50 篇古籍善本題識和題跋,但受各種因素干擾,古籍編目工作進展緩慢,僅有可供讀者檢索的卡片目録。1979 年,藉參與《中國古籍善本書目》編撰項目,周連寬、劉少雄、陳修竑等開始編撰中山大學圖書館的古籍善本書目,并於 1982 年以鉛字自行排印《中山大學圖書館古籍善本書目》,共收録館藏古籍善本1995種,是爲中山大學圖書館編撰的第一部古籍善本目録。

進入21世紀以來,爲全面推進古籍整理工作,中山大學圖書館通過招聘一批歷史文獻學、古典文獻學、圖書館學等專業的畢業生,建立了一支三十餘人的古籍整理與服務專業人才隊伍。同時,自2003年起,先後聘請遼寧省圖書館古籍編目專家韓錫鐸先生、上海圖書館古籍修復專家潘美娣女士、故宫博物院碑帖鑒定專家施安昌先生、美國哈佛大學哈佛燕京圖書館古籍整理專家沈津先生等陸續到館任職,短者任職三五年,長者任職十餘年,以傳幫帶的方式培養青年古籍整理專業人才。隨着古籍整理人才專業隊伍不斷成長,中山大學圖書館的古籍整理工作進入新階段,産生了新成果。

2004年,在特聘專家韓錫鐸的指導下,中山大學圖書館在1982年版《中山大學圖書館古籍善本書目》的基礎上,進一步鑒别館藏,遴選善本,正式出版了《中山大學圖書館古籍善本書目》,共收録館藏古籍善本2688種。這是中山大學圖書館第一部公開出版的古籍善本書目。該目録出版後,中山大學圖書館進一步全面整理未經整理的古籍、知名教授捐贈的古籍,以及新購的古籍,開展古籍版本鑒定、編目、校對、修訂工作。2014年,在特聘專家沈津的指導下,出版了《中山大學圖書館古籍善本書目(增訂本)》,共收録古籍善本3800餘部。此後,陸續有《中山大學圖書館藏域外漢籍珍本叢刊書志》(2016年)、《〈廣州大典〉海外珍稀文獻書志》(2016年)、《清代版刻圖録》(2019年)、《中山大學圖書館古籍善本圖録》(2020年)等多部書目整理成果出版。

自2007年"中華古籍保護計劃"實施以來,中山大學圖書館積極參與全國古籍普查工作,經過十多年的努力,順利完成了《中山大學圖書館古籍普查登記目録》的編纂工作。編纂過程大致可分爲三個階段:第一階段,數據整理準備階段。從2012年9月起,根據國家古籍保護中心古籍普查登記工作要求,對現有古籍編目數據進行補充、修改和更新,於2015年5月基本完成。其間,2013年,"中山大學圖書館古籍普查及目録編製"項目獲廣東省文化廳"廣東省古籍普查登記科研課題"立項。第二階段,未編書編目階段。普查項目啓動時,有一批捐贈和文科院系資料室回收古籍尚未編目。爲保證古籍普查數據的全面和完整性,自2015年起,對未編書開展集中編目,於2021年順利完成,新增編目數據3000餘條。第三階段,已編書核查階段。在整理出版《中山大學圖書館古籍善本書目(增訂本)》與《清代版刻圖録》過程中,發現部分已編書目數據存在一些問題,爲保證普查數據的準確性,從2016年開始對所有普查目録數據根據原書逐一核查,并對版刻年份、子目格式等進行修訂以及零種合叢,至2021年8月基本完成并定稿。

古籍普查登記工作是開展古籍保護的基礎性工作,同時也是開展古籍活化利用的前提。根據國家古籍保護中心確定的古籍普查登記目録收録範圍,《中山大學圖書館古籍普查登記目録》收録館藏1912年前古籍1.7萬餘部20萬餘册,雖非館藏古籍全部,但管窺一豹,可以反映中山大學圖書館館藏古籍的基本狀况,將爲古籍的科學保護、研究與利用提供重要依據。在古籍普查的過程中,發現并更正了一些數據著録方面的問題,提高了目録的準確性;合并了部分原來分散的叢書零種,使目録更爲完善與合理;提善處理了部分普通古籍,有利於館藏古籍的分級科學保護;同時,對破損嚴重的古籍進行了標注,以便今後安排修復。通過普查培訓和相關實踐,有效推動了古籍人才的培養,進一步提升了古籍保護與整理能力。由於時間緊任務重,《中山大學圖書館古籍普查登記目録》可能存在一些疏漏之處,請各位讀者指正。

2024年,中山大學圖書館建館百年,謹以此成果向百年來爲中山大學圖書館古籍事業做出重要貢獻的學人先賢致敬!

中山大學圖書館
二〇二三年十二月

目　　録

第一册

第二册

第三册

440000－2541－0000001　1

周易九卷　(三國魏)王弼　(晉)韓康伯注　(唐)陸德明音義　**略例二卷**　(三國魏)王弼撰　(唐)邢璹注　清同治刻本　三冊

440000－2541－0000002　2

十三經注疏三百四十七卷附考證　(三國魏)王弼注　(唐)陸德明音義　(唐)孔穎達疏　清乾隆四年(1739)武英殿刻本　一百一冊　存十一種

440000－2541－0000003　3

易傳十卷　(唐)李鼎祚撰　**易解附錄一卷**　(漢)鄭玄注　(明)胡震亨輯　明萬曆沈士龍、胡震亨刻秘冊彙函本　四冊

440000－2541－0000004　4

蘇氏易解八卷　(宋)蘇軾撰　明萬曆二十二年(1594)陳所蘊冰玉堂刻本　八冊

440000－2541－0000005　5

周易八卷　(宋)蘇軾傳　**王輔嗣論易一卷**　(三國魏)王弼撰　明閔齊伋刻朱墨套印本　八冊

440000－2541－0000006　6

周易彙統四卷圖一卷　(清)佟國維撰　清康熙刻本　二冊

440000－2541－0000007　8

周易傳義二十四卷　(宋)程頤傳　(宋)朱熹本義　**上下篇義一卷**　(宋)程頤撰　**周易朱子圖說一卷周易五贊一卷筮儀一卷**　(宋)朱熹撰　明陳允升刻本　十六冊

440000－2541－0000008　10

周易二十四卷　(宋)程頤傳　(宋)朱熹本義　(明)汪應魁句讀　**上下篇義一卷**　(宋)程頤撰　**周易朱子圖說一卷五贊一卷筮儀一卷**　(宋)朱熹撰　明崇禎四年(1631)汪應魁貽經堂刻本　六冊

440000－2541－0000009　11

周易十二卷易圖一卷周易五贊一卷筮儀一卷　(宋)朱熹本義　清康熙內府刻本　四冊

440000－2541－0000010　12

周易本義四卷易朱子圖說一卷　(宋)朱熹撰　**周易字畫辨疑一卷**　(明)詹觀光撰　明末刻本　清□繼高批　清德暉題識　四冊

440000－2541－0000011　13

周易本義啟蒙通刊四種　(宋)朱熹撰　(清)吳世尚更定　清雍正十二年(1734)光德堂刻本　六冊

440000－2541－0000012　14

易變體義十二卷　(宋)都絜撰　清抄本　三冊

440000－2541－0000013　15

誠齋先生易傳二十卷　(宋)楊萬里撰　明嘉靖二十一年(1542)尹耕瘵鶴亭刻本　八冊

440000－2541－0000014　16

易象義十六卷易統論一卷　(宋)丁易東撰　清抄本　四冊

440000－2541－0000015　17

周易旁註七卷前圖二卷　(明)朱升撰　明刻本　十冊

440000－2541－0000016　18

周會魁校正易經大全二十卷首一卷　(明)胡廣等纂　明萬曆三十三年(1605)書林余氏刻本　十二冊

440000－2541－0000017　19

讀易餘言五卷　(明)崔銑撰　明嘉靖崔氏家塾刻本　清□式詰題識　四冊

440000－2541－0000018　20

增訂易經存疑的稿十二卷　(明)林希元撰　清康熙刻本　六冊

440000－2541－0000019　21

易解十六卷　(明)來知德撰　明刻本　清佚名批注　八冊　存十一卷(一至十一)

440000－2541－0000020　22

易意參疑首編二卷外編十卷　(明)孫從龍撰　明萬曆五年(1577)杭郡書林翁時化刻本　清佚名批點　六冊

440000－2541－0000021　23
像象管見九卷　(明)錢一本撰　明萬曆刻本　四冊　存四卷(一至四)

440000－2541－0000022　24
像抄六卷　(明)錢一本撰　明萬曆四十一年(1613)毗陵錢氏刻本　清佚名批點　二冊　存四卷(一至四)

440000－2541－0000023　25
周易象通八卷　(明)朱謀㙔撰　明萬曆刻本　二冊

440000－2541－0000024　26
周易爻物當名二卷　(明)黎遂球撰　明崇禎刻本　二冊

440000－2541－0000025　27
雪園易義四卷首一卷　(明)李奇玉撰　清順治刻本　清胡肇基批點并跋　八冊

440000－2541－0000026　28
田間易學九卷　(清)錢澄之撰　清康熙刻本　八冊

440000－2541－0000027　29
讀易質疑二十卷首一卷　(清)汪璲撰　清康熙四十二年(1703)新安汪氏儀典堂刻本　四冊

440000－2541－0000028　30
御纂周易折中二十二卷首一卷　(清)李光地等撰　清康熙五十四年(1715)武英殿刻本　十二冊

440000－2541－0000029　31
定齋易箋八卷首一卷　(清)陳法撰　清乾隆三十年(1765)刻本　六冊

440000－2541－0000030　32
周易補註十一卷　(清)德沛輯　清乾隆六年(1741)刻本　十冊

440000－2541－0000031　33
高安朱文端公著述十一種　(清)朱軾編　清康熙至乾隆刻本　三十五冊　存十種

440000－2541－0000032　34
易經揆一十四卷易學啟蒙補二卷　(清)梁錫璵撰　清乾隆刻本　十冊

440000－2541－0000033　35
讀易傳心十二卷圖說三卷　(清)韓怡撰　清抄本　十二冊

440000－2541－0000034　36
周易蓍詩一卷　(清)鍾煜撰　清隧坡書屋抄本　一冊

440000－2541－0000035　37
周易虞氏義九卷周易虞氏消息二卷　(清)張惠言撰　清嘉慶八年(1803)揚州阮氏琅嬛僊館刻本　清佚名批點　二冊

440000－2541－0000036　38
讀易管窺不分卷　(清)李標撰　清抄本　清佚名批校　六冊

440000－2541－0000037　39
讀易管窺離句串義不分卷　(清)李春林撰　清抄本　四冊

440000－2541－0000038　40
周易卦義消息圖象不分卷　(清)□□撰　稿本　二冊

440000－2541－0000039　41
周易淺解五卷　(清)□□撰　清抄本　清佚名批注　三冊　存上經、下經、繫辭、說卦傳

440000－2541－0000040　42
周易圖說三卷　(清)□□撰　清抄本　三冊

440000－2541－0000041　46
尚書不分卷　(□)□□編　明嘉靖陳儒刻五經本　四冊

440000－2541－0000042　48
十三經注疏三百三十三卷　(□)□□編　清刻本　三十七冊　存四種

440000－2541－0000043　51
書經集傳六卷　(宋)蔡沈撰　明嘉靖吉澄刻本　六冊

440000－2541－0000044　53

書集傳六卷　(宋)蔡沈撰　(元)鄒季友音釋　明正統十二年(1447)内府刻本　十二冊

440000－2541－0000045　56
尚書刪補五卷　(明)汪康謠撰　明崇禎五年(1632)自刻本　二冊

440000－2541－0000046　57
行水金鑑一百七十五卷圖說一卷　(清)傅澤洪撰　清雍正三年(1725)淮陽官舍刻乾隆印本　三十三冊

440000－2541－0000047　58
禹貢錐指二十卷圖一卷　(清)胡渭撰　清康熙四十年(1701)漱六軒刻四十四年(1705)印本　十二冊

440000－2541－0000048　59
晚書訂疑三卷　(清)程廷祚撰　清幹年堂刻朱印本　復廬題識　四冊

440000－2541－0000049　60
書傳鹽梅二十卷　(清)黃文蓮撰　清乾隆五十二年(1787)自刻本　清黃世綬題識　四冊

440000－2541－0000050　61
尚書後案三十卷後辨附一卷　(清)王鳴盛撰　清乾隆禮堂刻本　七冊　存二十七卷(三至二十八、後辨附一卷)

440000－2541－0000051　62
禹貢註節讀一卷禹貢圖說一卷　(清)馬俊良撰　清抄本　二冊

440000－2541－0000052　63
尚書涉傳四卷　(清)戴祖啟撰　清田畿刻本　四冊

440000－2541－0000053　64
吳詩集覽二十卷補注二十卷　(清)吳偉業撰　(清)靳榮藩補注　**談藪二卷談藪拾遺一卷**　(清)靳榮藩撰　清乾隆四十年(1775)凌雲亭刻四十一年(1776)增補蘇州綠蔭堂印本　十六冊

440000－2541－0000054　65
洪範經傳章句通釋不分卷　(清)朱元淳撰　清抄本　二冊

440000－2541－0000055　66
尚書補傳堯典一卷附日上下一晝夜左旋過不及離度秒數表一卷　(□)□□撰　清抄本　一冊

440000－2541－0000056　69
馮氏錦囊秘錄八種首一卷　(清)馮兆張撰　清康熙四十一年(1702)刻本　二十九冊　存三種

440000－2541－0000057　71
詩集傳二十卷詩序辨說一卷詩傳綱領一卷詩圖一卷　(宋)朱熹撰　明正統十二年(1447)司禮監刻五經本　八冊

440000－2541－0000058　72
詩集傳八卷　(宋)朱熹撰　清乾隆五十五年(1790)芥子園刻本　清陳澧、陳慶龢批點　四冊

440000－2541－0000059　73
詩集傳八卷　(宋)朱熹撰　清刻本　清陳澧批點　三冊　存六卷(三至八)

440000－2541－0000060　74
詩經集傳八卷　(宋)朱熹撰　清嘉慶十九年(1814)刻本　清佚名錄諸家批注　八冊

440000－2541－0000061　75
詩經集傳不分卷　(宋)朱熹撰　清初抄本　清佚名批點　二冊

440000－2541－0000062　76
詩傳大全二十卷詩圖一卷綱領一卷詩序一卷　(明)胡廣等輯　**詩經考異一卷**　(宋)王應麟撰　明末刻本　十冊

440000－2541－0000063　78
詩經世本古義二十八卷首一卷後一卷　(明)何楷輯　明崇禎刻本　十六冊

440000－2541－0000064　79
毛詩註疏纂八卷　(明)田有年　(明)田逢年撰　明崇禎刻本　二冊

440000－2541－0000065　80

毛詩日箋六卷　(清)秦松齡撰　清康熙刻本　五册

440000－2541－0000066　81
欽定詩經傳說彙纂二十一卷首二卷詩序二卷　(清)王鴻緒等纂　清雍正五年(1727)内府刻本　二十四册

440000－2541－0000067　82
詩所八卷　(清)李光地撰　清雍正六年(1728)李清植、魏君璧刻本　四册

440000－2541－0000068　83
陸堂詩學十二卷讀詩總論一卷　(清)陸奎勳撰　清康熙五十三年(1714)平湖陸氏小瀛山閣刻本　六册

440000－2541－0000069　84
詩瀋二十卷　(清)范家相撰　清乾隆三十九年(1774)古趣亭刻墨潤堂印本　四册

440000－2541－0000070　85
詩瀋二十卷　(清)范家相撰　清乾隆三十九年(1774)古趣亭刻墨潤堂印本　四册

440000－2541－0000071　86
詩經四卷卜子夏小序一卷　題(戰國)卜商撰　(明)鍾惺評點　明凌杜若刻三色套印本　一册　存一卷(卜子夏小序一卷)

440000－2541－0000072　87
詩經傳序一卷　(清)黄淦輯　清刻本　清金一桂録諸家注疏評說并題識　一册

440000－2541－0000073　88
詩繹四卷　(明)喬時敏撰　清刻本　清佚名批校　二册　存一卷(國風一卷)

440000－2541－0000074　89
詩識名解十五卷　(清)姚炳撰　清康熙刻本　八册　存八卷(八至十五)

440000－2541－0000075　91
快閣藏書十種　(明)唐琳編　明天啓刻本　七册

440000－2541－0000076　92
詩外傳十卷　(漢)韓嬰撰　明古虞毛氏汲古閣刻本　二册

440000－2541－0000077　93
韓詩外傳十卷　(漢)韓嬰撰　(清)周廷寀校注　**補逸一卷**　(清)趙懷玉輯　**校注拾遺一卷**　(清)周宗杬輯　清光緒元年(1875)吳棠望三益齋刻本　清冕儕批點并題識　六册

440000－2541－0000078　94
韓詩遺說二卷訂譌一卷　(清)臧庸撰　**遺說補一卷**　(清)陶方琦撰　清姚氏咫進齋抄本　三册

440000－2541－0000079　96
周禮註疏四十二卷　(漢)鄭玄注　(唐)賈公彦疏　(唐)陸德明釋文　明嘉靖應檟刻本　十四册

440000－2541－0000080　97
醫籍考八十卷　(日本)丹波元胤撰　清抄本　許寶蘅批校　葉恭綽跋　二十七册

440000－2541－0000081　98
周禮註疏十八卷首一卷　(漢)鄭玄注　(唐)賈公彦疏　明末張采刻本　十册

440000－2541－0000082　99
註釋古周禮五卷考工記一卷　(明)郎兆玉撰　明天啓武林郎氏堂策檻刻本　四册

440000－2541－0000083　100
周禮註疏刪翼三十卷　(明)王志長撰　明崇禎十二年(1639)天德堂刻本　清施岳聲題識　八册

440000－2541－0000084　101
周禮述註二十四卷　(清)李光坡撰　清乾隆八年(1743)清白堂刻三禮述註本　六册

440000－2541－0000085　102
周禮節訓六卷　(清)黄叔琳撰　清乾隆三十一年(1766)刻本　清佚名批注　四册

440000－2541－0000086　103
周禮條考二卷　(清)鄧傳安撰　清抄本　一册

440000－2541－0000087　104

本草選六卷 (明)張三錫撰 明刻本 二十冊

440000－2541－0000088 105
考工記通二卷集諸家論一卷圖一卷 (明)徐昭慶輯注 明萬曆刻檀弓考工二通本 四冊

440000－2541－0000089 106
周官祿田考三卷 (清)沈彤撰 清乾隆十六年(1751)吳江沈氏刻果堂全集本 三冊

440000－2541－0000090 107
刪補頤生微論四卷 (明)李中梓撰 明崇禎十五年(1642)沈頲刻本 八冊

440000－2541－0000091 108
十三經注疏三百三十五卷 (□)□□編 明萬曆北京國子監刻清康熙二十五年(1686)重修本 二十四冊 存三種

440000－2541－0000092 109
[乾隆]盛京通志四十八卷首一卷 (清)呂耀曾等修 (清)魏樞等纂 (清)雷以諴校補 清乾隆元年(1736)刻咸豐二年(1852)重印本(有圖) 二十冊

440000－2541－0000093 110
儀禮商二卷附錄一卷 (清)萬斯大撰 清抄本 二冊

440000－2541－0000094 111
禮經先路十七卷 (清)馬駉撰 清抄本 二冊 存十卷(一至十)

440000－2541－0000095 112
韻玉函書□□卷 (清)胡煦撰 稿本 六冊

440000－2541－0000096 113
救偏瑣言十卷備用良方一卷 (清)費啟泰撰 清文盛堂刻本 八冊

440000－2541－0000097 115
禮記集說三十卷 (元)陳澔撰 明刻本 十冊

440000－2541－0000098 116
禮記集說十卷 (元)陳澔撰 明崇禎六年(1633)閔齊伋刻本 十冊

440000－2541－0000099 118
禮記集說大全三十卷 (明)胡廣等輯 明嘉靖三十九年(1560)安正堂刻本 二十四冊

440000－2541－0000100 120
石齋先生經傳九種 (明)黃道周撰 (清)鄭肇重訂 清康熙三十二年(1693)晉安鄭肇刻道光二十八年(1848)長洲彭蘊章補刻本 三冊 存三種

440000－2541－0000101 121
己任編四種 (清)楊乘六輯評 清雍正刻有鴻齋印本 四冊

440000－2541－0000102 122
禮記或問八卷 (清)汪紱撰 稿本 清俞璜批校 四冊 存四卷(一至四)

440000－2541－0000103 123
檀孟批點四卷 (宋)謝枋得批點 (明)楊慎附注 明刻本 四冊 存二卷(檀弓一至二)

440000－2541－0000104 124
檀弓通二卷考工記通二卷集諸家論一卷圖一卷 (明)徐昭慶輯注 明萬曆刻本 四冊

440000－2541－0000105 125
芥子園畫傳二集八卷 (清)王槩等摹繪 清嘉慶五年(1800)刻彩色套印本 四冊

440000－2541－0000106 126
大戴禮記十三卷 (漢)戴德撰 (明)鍾惺評 明刻本 四冊

440000－2541－0000107 129
古歡堂集二十二卷 (清)田雯撰 清康熙刻德州田氏叢書本 四冊

440000－2541－0000108 130
新定三禮圖二十卷 (宋)聶崇義集注 清康熙通志堂刻通志堂經解本 二冊

440000－2541－0000109 131
新定三禮圖二十卷 (宋)聶崇義集注 清康熙通志堂刻通志堂經解本 二冊

440000－2541－0000110 132
三禮考注十卷序錄一卷綱領一卷 (元)吳澄

撰　明萬曆三十八年(1610)董應舉刻本　四冊　存四卷(四至七)

440000－2541－0000111　133
吴文正公三禮考註六十四卷首一卷　(元)吴澄撰　清乾隆二年(1737)臨川吴氏刻本　十六冊

440000－2541－0000112　134
禮書一百五十卷　(宋)陳祥道編　明末張溥刻本　十二冊

440000－2541－0000113　136
四禮疑五卷喪禮餘言一卷　(明)吕坤撰　明萬曆吕知思刻吕新吾全集本　二冊

440000－2541－0000114　137
文公家禮儀節八卷　(明)丘濬輯　(明)楊廷筠訂　明萬曆三十六年(1608)錢時刻本　八冊

440000－2541－0000115　141
周易玩辭十六卷　(宋)項安世撰　清抄本　周連寬題識　四冊

440000－2541－0000116　153
聖宋皇祐新樂圖記三卷　(宋)阮逸　(宋)胡瑗撰　清抄本　一冊

440000－2541－0000117　154
樂書二百卷　(宋)陳暘撰　清孫星衍平津館抄本　清丁丙批校　一冊　存十五卷(一百五十八至一百七十二)

440000－2541－0000118　155
樂典三十六卷　(明)黄佐撰　明嘉靖三十六年(1557)盧寧刻本　周連寬題識　八冊

440000－2541－0000119　156
樂律全書十五種　(明)朱載堉撰　明萬曆鄭藩刻本　二十冊　存十二種

440000－2541－0000120　157
石墨鐫華八卷　(明)趙崡撰　清乾隆三十九年(1774)長塘鮑氏刻知不足齋叢書本　岑仲勉批點　二冊

440000－2541－0000121　158
樂經以俟錄□□卷　(明)瞿九思撰　明萬曆三十五年(1607)史學遷刻本　四冊

440000－2541－0000122　160
樂經或問三卷大成樂譜一卷　(清)汪紱撰　清抄本　六冊

440000－2541－0000123　161
律吕闡微十卷首一卷　(清)江永撰　清抄本　清陳澧題識　周連寬題識　四冊

440000－2541－0000124　162
琴律譜一卷　(清)陳澧撰　稿本　一冊

440000－2541－0000125　163
琴律譜一卷　(清)陳澧撰　清刻本　一冊

440000－2541－0000126　164
琴律譜一卷　(清)陳澧撰　稿本　一冊

440000－2541－0000127　165
春秋經傳集解三十卷　(晉)杜預撰　(唐)陸德明釋文　明刻本　清佚名批點　十六冊

440000－2541－0000128　166
春秋經傳集解三十卷　(晉)杜預撰　(唐)陸德明釋文　明刻本　清申涵盼批點　十五冊

440000－2541－0000129　167
春秋經傳集解三十卷　(晉)杜預撰　(唐)陸德明釋文　明刻本　十六冊

440000－2541－0000130　168
廣輿記二十四卷增訂廣輿記全圖一卷提要一卷　(明)陸應陽輯　(清)蔡方炳增輯　清乾隆九年(1744)四美堂刻本　十二冊

440000－2541－0000131　169
春秋經傳集解三十卷　(晉)杜預撰　(明)穆文熙輯評　**春秋名號歸一圖二卷**　(五代)馮繼先撰　**春秋提要一卷左傳諸侯列國興廢一卷春秋列國東坡圖説一卷**　明萬曆十五年(1587)劉懷恕刻春秋戰國評苑本　二十冊

440000－2541－0000132　171
春秋左傳類對賦不分卷　(宋)徐晉卿撰　(清)高士奇注　清康熙刻本　二冊

440000－2541－0000133　172
讀春秋左氏贅言十二卷　(明)王升撰　明萬曆十六年(1588)賀邦泰刻本　四册

440000－2541－0000134　173
左氏詳節八卷　(明)許孚遠輯　明萬曆刻本　八册

440000－2541－0000135　174
春秋左傳十五卷　(明)孫鑛批點　明萬曆四十四年(1616)閔齊伋刻朱墨套印本　二十册

440000－2541－0000136　175
春秋左傳十五卷　(明)孫鑛批點　明萬曆四十四年(1616)閔齊伋刻朱墨套印本　十六册

440000－2541－0000137　176
春秋左傳十五卷　(明)孫鑛批點　明萬曆四十四年(1616)閔齊伋刻朱墨套印本　九册

440000－2541－0000138　177
春秋左傳註評測義七十卷　(明)凌稚隆撰　**世系譜一卷名號異稱便覽一卷地名配古籍一卷總評一卷春秋列國東坡圖說一卷**　明萬曆十六年(1588)刻本　十册

440000－2541－0000139　178
左氏春秋内外傳類選八卷　(明)樊王家選注　明萬曆三十六年(1608)刻本　八册

440000－2541－0000140　179
左傳統箋三十五卷　(清)姜希轍撰　清康熙刻本　清佚名批校　二十四册

440000－2541－0000141　180
春秋左傳補註六卷　(清)惠棟撰　清乾隆三十七年(1772)胡亦常刻張錦芳續刻本　六册

440000－2541－0000142　181
春秋左傳杜註三十卷　(清)姚培謙撰　**春秋王朝興廢說一卷一百二十四國爵姓一卷**　清乾隆十一年(1746)陸闇亭刻本　十二册

440000－2541－0000143　182
春秋公羊經傳解詁十二卷　(漢)何休撰　(唐)陸德明音義　清道光揚州汪氏問禮堂影宋刻本　四册

440000－2541－0000144　183
春秋公羊經傳解詁十二卷　(漢)何休撰　(唐)陸德明音義　清道光揚州汪氏問禮堂影宋刻本　四册

440000－2541－0000145　184
春秋公羊傳十二卷春秋穀梁傳十二卷　(明)閔齊伋裁注　清乾隆五十八年(1793)同人堂刻本　二册

440000－2541－0000146　185
十三經注疏三百三十五卷　(□)□□編　明嘉靖李元陽刻本　九十六册　存十種

440000－2541－0000147　186
十三經注疏三百三十五卷　(□)□□編　明嘉靖李元陽刻本　四十五册　存三種

440000－2541－0000148　187
石齋先生經傳九種　(明)黄道周撰　清康熙三十二年(1693)晉安鄭肇刻道光二十八年(1848)長洲彭蘊章補刻本　十八册

440000－2541－0000149　189
痾瘧驗方一卷　(清)倪涵初撰　清怡心處刻本　一册

440000－2541－0000150　190
[康熙]封丘縣續志不分卷　(清)王賜魁修　(清)李會生　(清)宋作賓纂　清康熙十九年(1680)刻後印本　一册

440000－2541－0000151　191
春秋穀梁傳十二卷　(明)閔齊伋裁注　**考一卷**　(明)閔齊伋撰　明天啓元年(1621)烏程閔齊伋刻本　四册

440000－2541－0000152　192
[康熙]開封府志四十卷　(清)管竭忠修　(清)張沐纂　清康熙三十四年(1695)刻同治二年(1863)補刻本(有圖)　十册

440000－2541－0000153　193
春秋胡傳三十卷　(宋)胡安國撰　**諸國興廢說一卷春秋列國圖說一卷**　明内府刻本　十二册

440000－2541－0000154　194

春秋三十卷　(宋)胡安國傳　**春秋列國圖說一卷春秋諸國興廢說一卷春秋提要一卷**　明崇禎六年(1633)閔齊伋刻本　六册

440000－2541－0000155　195

春秋四傳三十八卷綱領一卷春秋列國東坡圖說一卷提要一卷春秋序一卷春秋二十國年表一卷諸國興廢說一卷　(□)□□編　明陳允升刻本　十四册

440000－2541－0000156　196

春秋四傳三十八卷綱領一卷提要一卷春秋列國東坡圖說一卷春秋二十國年表一卷諸國興廢說一卷　(□)□□編　明湖廣官書處刻本　容肇祖題識　二十册

440000－2541－0000157　197

春秋私考三十六卷首一卷　(□)□□輯　明嘉靖刻本　二十册

440000－2541－0000158　198

春秋正傳三十七卷辨疑一卷　(明)湛若水撰　**春秋修後魯史舊文一卷**　清乾隆六十年(1795)湛祖貴刻本　十二册

440000－2541－0000159　199

春秋國華十七卷　(明)嚴訥輯　明萬曆活字印本　十二册

440000－2541－0000160　200

春秋貫玉四卷世系一卷　(明)顏鯨撰　明萬曆三十三年(1605)刻本　六册

440000－2541－0000161　201

春秋提要便考十卷　(明)賀仲軾撰　明崇禎刻本　三册

440000－2541－0000162　202

春秋歸義三十二卷總說一卷　(明)賀仲軾撰　明崇禎刻清康熙重修本　十五册

440000－2541－0000163　203

權書止觀十二卷　(明)潘曾紘撰　明萬曆刻本　十册

440000－2541－0000164　204

春秋孔義十二卷　(明)高攀龍撰　(明)秦堈輯　明崇禎十三年(1640)秦堈刻清華希閔劍光閣重修高子全書本　八册

440000－2541－0000165　205

春秋衡庫三十卷附錄三卷備錄一卷　(明)馮夢龍撰　明天啓五年(1625)刻本　十六册

440000－2541－0000166　206

春秋四家十二卷董劉春秋雜論一卷　(明)宋存標評輯　明末華亭宋氏君子堂刻本　六册　存十二卷(春秋四家十二卷)

440000－2541－0000167　207

春秋地名考略十四卷　(清)高士奇撰　清康熙錢塘高氏清吟堂刻本　六册

440000－2541－0000168　208

欽定春秋傳說彙纂三十八卷首二卷　(清)王掞等輯　清康熙六十年(1721)内府刻本　二十四册

440000－2541－0000169　209

半農先生春秋說十五卷　(清)惠士奇撰　清乾隆十四年(1749)長洲吳氏璜川書屋刻本　十五册

440000－2541－0000170　210

日講春秋解義六十四卷總說一卷　(清)庫勒納等撰　清乾隆二年(1737)武英殿刻本　三十二册

440000－2541－0000171　211

春秋大事表五十卷綱領一卷讀春秋偶筆一卷附錄一卷輿圖一卷　(清)顧棟高撰　清乾隆十三年(1748)錫山顧氏萬卷樓刻本　十六册

440000－2541－0000172　212

春秋究遺十六卷比例一卷春秋總說一卷　(清)葉酉撰　清乾隆耕餘堂刻本　六册

440000－2541－0000173　213

春秋經傳類求十二卷　(清)孫從添　(清)過臨汾撰　清乾隆二十四年(1759)舊茗堂刻本　八册

440000－2541－0000174　214

春秋辨義十二卷　(清)鄭文蘭撰　清乾隆活字印本　十冊

440000－2541－0000175　215

春秋題解不分卷　(□)□□輯　清抄本　佚名批點　四冊

440000－2541－0000176　216

春秋傳說薈要十二卷　(□)□□編　清抄本　佚名批點　六冊

440000－2541－0000177　220

孝經大全十二集二十八種　(明)江元祚編　明崇禎刻本　八冊

440000－2541－0000178　221

孝經通釋十卷總論一卷　(清)曹庭棟撰　清乾隆刻本　四冊

440000－2541－0000179　222

中晚唐詩叩彈集十二卷續集三卷　(清)杜詔　(清)杜庭珠輯　清康熙四十三年(1704)采山亭刻本　五冊　存十二卷(叩彈集十二卷)

440000－2541－0000180　223

河東詩鈔四卷　(唐)柳宗元撰　(清)姚培謙訂　清雍正六年(1728)遂安堂刻唐宋八家詩本　一冊

440000－2541－0000181　224

論語集解義疏十卷　(三國魏)何晏集解　(南朝梁)皇侃義疏　清乾隆王亶望刻本　清陳澧批點　五冊

440000－2541－0000182　225

南軒先生論語解十卷孟子說七卷　(宋)張栻撰　(清)張純修輯　清康熙刻南軒先生文集本　十二冊

440000－2541－0000183　226

戴氏註論語二十卷釋文二卷　(清)戴望撰　清同治十年(1871)刻本　清陳澧題識　一冊

440000－2541－0000184　228

二十一史　(□)□□編　明萬曆南京國子監刻清順治至康熙遞修本　一百三冊　存五種

440000－2541－0000185　229

繪孟七卷　(明)戴君恩評　明天啓刻本　六冊

440000－2541－0000186　230

[篆文]四書十九卷　(□)□□編　清康熙內府刻本　清奕繪題識　八冊

440000－2541－0000187　231

大學或問一卷中庸或問一卷　(宋)朱熹撰　明刻本　二冊

440000－2541－0000188　232

四書集註十九卷　(宋)朱熹集注　清恕堂刻五經四書本　六冊

440000－2541－0000189　233

朱子四書或問小註三十六卷　(宋)朱熹撰　清康熙六十一年(1722)刻本　十冊

440000－2541－0000190　234

四書疑節十二卷　(元)袁俊翁撰　清抄本　六冊

440000－2541－0000191　235

四書集註大全三十六卷　(明)胡廣等輯　明內府刻本　十七冊　存三十三卷(大學章句大全一卷,中庸章句大全一卷,論語集註大全一至五、八至二十,孟子集註大全一至十二、十四)

440000－2541－0000192　236

四書大全三十七卷　(明)胡廣等輯　(明)李廷機等會纂　**四書備考三十七卷**　(明)劉庚　(明)陳仁錫等輯　清刻本　清佚名題識　十六冊

440000－2541－0000193　237

陳明卿先生訂正四書人物備考四十八卷　(明)薛應旂撰　(明)朱焯注　(清)薛寀增補　清康熙五十四年(1715)吳郡綠蔭堂刻本　八冊

440000－2541－0000194　238

三太史彙纂四書人物類函十六卷　(明)項煜彙纂　(明)徐汧考訂　明末刻本　十二冊

440000－2541－0000195　239

四書解義七卷 (清)李光地撰 清康熙六十一年(1722)李馥刻本 二冊

440000 - 2541 - 0000196 240
四書解義七卷 (清)李光地撰 清康熙六十一年(1722)李馥刻本 四冊

440000 - 2541 - 0000197 241
集賢堂增補四書大全彙正參解二十卷 (清)張玲 (清)仇兆鰲纂 清康熙集賢堂刻本 清佚名批點 二十四冊 存十六卷(大學一卷,中庸二卷,論語一至六、十,孟子一至六)

440000 - 2541 - 0000198 242
漱芳軒合纂四書體注十九卷 (清)范翔撰 **四書集註十九卷** (宋)朱熹撰 清乾隆三十四年(1769)三多齋刻本 清佚名批注 十四冊

440000 - 2541 - 0000199 243
四書經典通考不分卷 (清)陸文籀撰 清嘉慶十二年(1807)鑄吾軒木活字印本 八冊

440000 - 2541 - 0000200 244
四書逸箋六卷 (清)程大中撰 清道光十三年(1833)曾釗活字印本 二冊

440000 - 2541 - 0000201 246
六經奧論六卷首一卷 題(宋)鄭樵撰 清乾隆十八年(1753)董潮抄本 四冊

440000 - 2541 - 0000202 247
松源經說四卷 (清)孫之騄撰 清乾隆三十一年(1766)春草園刻本 五冊

440000 - 2541 - 0000203 248
讀書隨筆十二卷 (清)江永撰 清抄本 清佚名批校 六冊

440000 - 2541 - 0000204 249
擬作高勉之督學觀風經解題一卷 (清)高□□撰 (清)高釗中評 稿本 一冊

440000 - 2541 - 0000205 250
五雅七十三卷 (明)畢效欽編 明萬曆十六年(1588)瑞桃堂刻本 十四冊

440000 - 2541 - 0000206 251
玉臺新詠十卷 (南朝陳)徐陵輯 清乾隆二十六年(1761)錫山華綺刻本 四冊

440000 - 2541 - 0000207 253
說郛一百二十弓 (元)陶宗儀輯 **說郛續四十六卷** (明)陶珽輯 清順治三年(1646)周南李際期宛委山堂刻本 五十七冊 存六十五種

440000 - 2541 - 0000208 257
重刊埤雅二十卷 (宋)陸佃撰 明嘉靖新安畢效欽刻五雅本 二冊 存十八卷(一至十八)

440000 - 2541 - 0000209 258
施注蘇詩四十二卷總目二卷 (宋)蘇軾撰 (宋)施元之 (宋)顧禧注 (清)邵長蘅等補注 **王注正譌一卷** (清)邵長蘅撰 **東坡先生年譜一卷** (宋)王宗稷撰 清康熙金閶步月樓刻本 清佚名批點 十冊

440000 - 2541 - 0000210 259
埤雅二十卷 (宋)陸佃撰 明刻本 一冊 存六卷(五至十)

440000 - 2541 - 0000211 260
埤雅二十卷 (宋)陸佃撰 清康熙顧棫刻本 四冊

440000 - 2541 - 0000212 261
埤雅二十卷 (宋)陸佃撰 清康熙顧棫刻本 四冊

440000 - 2541 - 0000213 262
埤雅二十卷 (宋)陸佃撰 清康熙顧棫刻本 十冊

440000 - 2541 - 0000214 263
增修埤雅廣要四十二卷 (宋)陸佃撰 (明)吳從政音釋 (明)牛衷增修 明萬曆三十八年(1610)孫弘範刻本 六冊

440000 - 2541 - 0000215 264
華泉先生集選四卷 (明)邊貢撰 (清)王士禛選 **睡足軒詩選一卷** (明)邊習撰 (清)王士禛 (清)徐夜選 清康熙三十九年

(1700)刻王漁洋遺書本　一冊

440000－2541－0000216　265
新刻爾雅翼三十二卷　(宋)羅願撰　明刻本　一冊　存五卷(二十八至三十二)

440000－2541－0000217　266
爾雅翼三十二卷　(宋)羅願撰　清刻本　三冊

440000－2541－0000218　267
闡奇集一卷　(明)王世貞撰　明刻本　一冊

440000－2541－0000219　268
駢雅七卷　(明)朱謀㙔撰　明萬曆十七年(1589)朱統鍡玄湛堂刻本　二冊

440000－2541－0000220　269
五雅四十一卷　(明)郎奎金編　明天啓六年(1626)武林郎氏堂策檻刻本(少量書葉為抄配)　四冊

440000－2541－0000221　270
急就篇四卷　(漢)史游撰　(唐)顔師古注　清抄本　四冊

440000－2541－0000222　271
[乾隆]盛京通志四十八卷首一卷　(清)呂耀曾等修　(清)魏樞等纂　(清)雷以諴校補　清乾隆元年(1736)刻咸豐二年(1852)重印本(有圖)　二十冊

440000－2541－0000223　272
說文解字十五卷　(漢)許慎撰　(宋)徐鉉等校　清初古虞毛氏汲古閣刻本　十二冊

440000－2541－0000224　273
說文解字十五卷　(漢)許慎撰　(宋)徐鉉等校　清初古虞毛氏汲古閣刻本　六冊

440000－2541－0000225　274
說文解字十五卷　(漢)許慎撰　(宋)徐鉉等校　清乾隆三十八年(1773)朱氏椒華吟舫刻本　六冊

440000－2541－0000226　275
重刊許氏說文解字五音韻譜十二卷　(宋)李燾撰　明刻本　清施梁錄惠士奇、惠棟、江聲等批校并題識　六冊

440000－2541－0000227　276
說文字原考略六卷　(清)吳照輯　清乾隆五十七年(1792)南昌自刻本　十冊

440000－2541－0000228　277
說文五翼八卷　(清)王煦撰　清抄本　周連寬題識　二冊

440000－2541－0000229　278
說文校議十五卷　(清)姚文田　(清)嚴可均撰　清抄本　清佚名跋　八冊

440000－2541－0000230　279
說文聲表標目一卷　(清)陳澧撰　稿本　劉少雄題識　一冊

440000－2541－0000231　280
說文釋例提綱一卷　(清)陳宗侃撰　稿本　劉少雄題識　一冊

440000－2541－0000232　281
毛傳說文異同考一卷　(清)陳宗侃撰　稿本　劉少雄題識　一冊

440000－2541－0000233　282
大廣益會玉篇三十卷　(南朝梁)顧野王撰　(唐)孫強增字　(宋)陳彭年等重修　**玉篇廣韻指南一卷**　明劉氏明德書堂刻本　六冊

440000－2541－0000234　283
大廣益會玉篇三十卷　(南朝梁)顧野王撰　(唐)孫強增字　(宋)陳彭年等重修　**玉篇廣韻指南一卷**　明刻本　六冊

440000－2541－0000235　284
澤存堂五種　(清)張士俊編　清康熙張士俊影宋刻本　十四冊　存四種

440000－2541－0000236　285
王漁洋遺書三十八種　(清)王士禛等撰　明末至清康熙刻本　一冊　存二種

440000－2541－0000237　286
五經文字三卷　(唐)張參撰　**新加九經字樣一卷**　(唐)唐玄度撰　清乾隆五年(1740)祁門馬曰璐叢書樓刻本　四冊

440000－2541－0000238　288
唐詩歸三十六卷　(明)鍾惺　(明)譚元春編並評　明閔振業、閔振聲刻三色套印詩歸本　一册　存一卷(三)

440000－2541－0000239　289
廣字義二卷　(宋)陳普輯　(清)孫承澤增刪　(清)黄叔璥續輯　清乾隆黄氏家塾刻本　二册

440000－2541－0000240　290
金壺字考一卷　(宋)釋適之撰　清順治三年(1646)周南李際期宛委山堂刻說郛本　一册

440000－2541－0000241　291
復古編二卷　(宋)張有撰　**校正一卷**　(清)葛鳴陽撰　清乾隆四十六年(1781)葛鳴陽刻本　二册

440000－2541－0000242　292
班馬字類二卷　(宋)婁機撰　清馬曰璐叢書樓刻本　清曾釗批校　一册

440000－2541－0000243　295
六書故三十三卷六書通釋一卷　(元)戴侗撰　清乾隆四十九年(1784)李鼎元師竹齋刻本　十六册

440000－2541－0000244　296
六書統二十卷　(元)楊桓撰　元至大元年(1308)江浙行省儒學刻元明遞修本　二十册

440000－2541－0000245　298
摭古遺文二卷　(明)李登輯　明萬曆三十一年(1603)李思謙刻本　二册

440000－2541－0000246　299
同文備考八卷首三卷聲韻會通一卷韻要粗釋四卷　(明)王應電撰　明藍格抄本　清拓庵題識　十四册　存十一卷(同文備考三至八、聲韻會通一卷、韻要粗釋四卷)

440000－2541－0000247　300
新校經史海篇直音五卷　(□)□□撰　明刻藍印本　五册

440000－2541－0000248　301
併音連聲字學集要四卷　(明)陶承學撰　(明)朱錦重輯　明天啓五年(1625)刻本　八册

440000－2541－0000249　302
重訂併音連聲韻學集成十三卷重訂直音篇七卷　(明)章黼撰　明萬曆三十四年(1606)練川明德書院刻本　七册　存七卷(重訂直音篇七卷)

440000－2541－0000250　303
金石韻府五卷　(明)朱雲輯　清抄本　五册

440000－2541－0000251　304
字書二種　(□)□□編　明末蔣時機刻本　容庚跋　二册

440000－2541－0000252　305
字書二種　(□)□□編　明末蔣時機刻本　清薛慎微題識　四册

440000－2541－0000253　306
隸辨八卷　(清)顧藹吉撰　清康熙五十七年(1718)項絪玉淵堂刻本　八册

440000－2541－0000254　307
廣金石韻府五卷字畧一卷　(清)林尚葵輯　清康熙九年(1670)大業堂刻朱墨套印本　六册

440000－2541－0000255　308
選集漢印分韻二卷　(清)袁日省輯　(清)謝景卿重編　(清)謝雲生摹錄　**續集二卷**　(清)謝景卿輯　(清)謝雲生摹　清嘉慶二年至八年(1797－1803)漱藝堂刻本　二册　存二卷(選集漢印分韻二卷)

440000－2541－0000256　309
英語集全六卷　(清)唐廷樞撰　清同治元年(1862)廣州緯經堂刻本　六册

440000－2541－0000257　310
同文彙集四卷　(清)劉順　(清)桑格輯　清康熙三十二年(1693)刻本　八册

440000－2541－0000258　311
大清全書不分卷(滿漢合璧)　(清)王謙吉輯

稿本　四冊

440000－2541－0000259　312

英語集全六卷　(清)唐廷樞撰　清同治元年(1862)廣州緯經堂刻本　四冊　存四卷(一至四)

440000－2541－0000260　313

廣韻五卷　(宋)陳彭年等撰　明内府刻本　五冊

440000－2541－0000261　314

廣韻五卷　(宋)陳彭年等撰　清康熙六年(1667)陳上年、張弨刻本　五冊

440000－2541－0000262　315

廣韻五卷　(宋)陳彭年等撰　清康熙四十三年(1704)刻本　五冊

440000－2541－0000263　316

[康熙]江寧府志三十四卷　(清)陳開虞纂修　清康熙七年(1668)刻嘉慶七年(1802)補刻本(有圖表)　二十冊

440000－2541－0000264　317

押韻釋疑五卷拾遺一卷　(宋)歐陽德隆撰　清影宋抄本　四冊　存五卷(一至三、五,拾遺一卷)

440000－2541－0000265　318

大明成化丁亥重刊改併五音類聚四聲篇十五卷　(金)韓道昭撰　明成化七年(1471)金臺大隆福寺釋文儒刻本　三冊　存八卷(二至九)

440000－2541－0000266　319

大明成化庚寅重刊改併五音集韻十五卷　(金)韓道昭撰　明成化六年至七年(1470－1471)刻後印本　八冊

440000－2541－0000267　320

大明成化庚寅重刊改併五音集韻十五卷　(金)韓道昭撰　明成化六年至七年(1470－1471)刻後印本　十冊

440000－2541－0000268　321

古今韻會舉要三十卷　(元)熊忠撰　**禮部韻略七音三十六母通考一卷**　(元)黄公紹輯　明嘉靖十五年(1536)秦鉞、李舜臣刻本　三十二冊

440000－2541－0000269　322

古今韻會舉要小補三十卷　(明)方日升撰　明萬曆三十四年(1606)周士顯刻本　三十二冊

440000－2541－0000270　323

古今韻會舉要小補三十卷　(明)方日升撰　明萬曆三十四年(1606)周士顯刻本　十六冊　存十八卷(一至十八)

440000－2541－0000271　324

新編經史正音切韻指南一卷　(元)劉鑑撰　明弘治九年(1496)釋思宜刻本　一冊

440000－2541－0000272　325

新編經史正音切韻指南一卷新增篇韻拾遺併藏經字義一卷等韻指掌圖一卷　(元)劉鑑撰　明刻本　一冊

440000－2541－0000273　326

洪武正韻十六卷　(明)樂韶鳳　(明)宋濂等撰　明劉以節刻本　五冊

440000－2541－0000274　327

洪武正韻十六卷　(明)樂韶鳳　(明)宋濂等撰　明隆慶元年(1567)衡藩刻本　五冊

440000－2541－0000275　328

新編篇韻貫珠集八卷　(明)釋真空撰　明弘治十一年(1498)刻本　二冊

440000－2541－0000276　329

新編篇韻貫珠集八卷直指玉韻鑰匙法門一卷　(明)釋真空撰　明正德十一年(1516)金臺衍法寺釋覺恒刻本　二冊

440000－2541－0000277　330

皇極聲音文字通三十二卷　(明)趙撝謙撰　清抄本　清曾釗跋　十二冊　存二十八卷(三至三十)

440000－2541－0000278　331

重刊併音連聲韻學集成十三卷　(明)章黼撰

明萬曆六年(1578)維揚資政左室刻本　十三册

440000－2541－0000279　332
問奇集不分卷　(明)張位輯　明刻本　三册

440000－2541－0000280　333
古篆韻譜正傳二卷　(明)吕胤基輯　明萬曆十六年(1588)江籬館刻本　明許志古題識　五册

440000－2541－0000281　334
韻譜本義十卷說文未收之字一卷　(明)茅溱輯　明萬曆三十二年(1604)自刻本　二十册

440000－2541－0000282　335
重刊詳校篇海五卷　(明)趙吕　(明)李登輯　明萬曆三十六年(1608)刻清康熙趙氏重修本　一册　存一卷(二)

440000－2541－0000283　336
音韻日月燈六十四卷　(明)吕維祺撰　明崇禎六年(1633)志清堂刻石渠閣重修本　十册　存二十五卷(韻鑰二十五卷)

440000－2541－0000284　337
音學五書五種　(清)顧炎武撰　清康熙六年(1667)張弨符山堂刻本　十二册

440000－2541－0000285　338
音學五書五種　(清)顧炎武撰　清康熙六年(1667)張弨符山堂刻本　十二册

440000－2541－0000286　339
類音八卷　(清)潘耒撰　清康熙吴江潘氏遂初堂刻本　八册

440000－2541－0000287　340
古今韻略五卷　(清)邵長蘅撰　清康熙刻後印本　六册

440000－2541－0000288　341
古今韻略五卷　(清)邵長蘅撰　清康熙刻後印本　五册

440000－2541－0000289　342
古今韻略五卷　(清)邵長蘅撰　清康熙三十五年(1696)宋犖刻後印本　周連寬跋　五册

440000－2541－0000290　343
韻玉函書□□卷　(清)胡煦撰　稿本　九册

440000－2541－0000291　344
韻玉函書□□卷　(清)胡煦撰　稿本　九册

440000－2541－0000292　345
詩經叶音辨譌八卷首一卷　(清)劉維謙撰　清乾隆三年(1738)松江劉氏壽峰書屋刻本　四册

440000－2541－0000293　346
詩韻牽貫譜一卷　(清)陳宗侃撰　稿本　劉少雄題識　一册

440000－2541－0000294　347
篆文纂要全宗不分卷　(清)陳策撰　清抄本　二册　存上聲

440000－2541－0000295　348
韻字辨同五卷　(清)翁方綱撰　清抄本　二册

440000－2541－0000296　349
通志堂經解一百四十種　(清)納蘭成德編　清康熙通志堂刻乾隆三十九年(1774)重修本　三百六十三册　存九十種

440000－2541－0000297　350
周禮圖二卷禮記圖二卷春秋圖二卷　(清)牟欽元輯　清雍正元年(1723)致用堂刻本　一册

440000－2541－0000298　351
讖緯書十七種　(清)殷元正輯　(清)陸明睿增訂　清抄本　九册

440000－2541－0000299　352
十七史　(明)毛晉編　明崇禎至清順治琴川毛氏汲古閣刻本　四十五册　存五種

440000－2541－0000300　353
史記一百三十卷　(漢)司馬遷撰　(唐)司馬貞索隱　明吴勉學刻本　清佚名批校　十册

440000－2541－0000301　354
史記一百三十卷　(漢)司馬遷撰　(南朝宋)裴駰集解　(唐)司馬貞索隱　(唐)張守節正

義　明嘉靖四年至六年(1525－1527)王延喆刻本　六十一冊

440000－2541－0000302　355

史記一百三十卷　(漢)司馬遷撰　(南朝宋)裴駰集解　(唐)司馬貞索隱　(唐)張守節正義　明刻本　二十九冊　存七十四卷(四十五至九十五、九十八至一百、一百十至一百二十九)

440000－2541－0000303　356

史記一百三十卷　(漢)司馬遷撰　(南朝宋)裴駰集解　(唐)司馬貞索隱　(唐)張守節正義　明萬曆六年(1578)山西布政司刻本　二十五冊

440000－2541－0000304　358

疹科一卷　(明)吕坤輯　明萬曆三十二年(1604)王繼濂等刻本　二冊

440000－2541－0000305　359

二十四史　(清)□□編　清乾隆四年至四十九年(1739－1784)武英殿刻本　一百六十三冊　存三種

440000－2541－0000306　360

二十一史　(□)□□編　明萬曆二十三年至三十四年(1595－1606)北京國子監刻本　七十七冊　存五種

440000－2541－0000307　361

史記一百三十卷　(漢)司馬遷撰　(劉宋)裴駰集解　(唐)司馬貞索隱　(唐)張守節正義　(明)黄嘉惠輯評　明末刻本　二十冊

440000－2541－0000308　362

史記一百三十卷　(漢)司馬遷撰　(南朝宋)裴駰集解　(唐)司馬貞索隱　(唐)張守節正義　(明)徐孚遠　(明)陳子龍測議　明崇禎刻本　清佚名批校　二十四冊

440000－2541－0000309　363

史記題評一百三十卷　(明)楊慎　(明)李元陽輯　明嘉靖十六年(1537)胡有恒、胡瑞敦刻本　聞宥錄諸家批評并題識　二十六冊

440000－2541－0000310　364

史記評林一百三十卷　(明)凌稚隆輯　明萬曆二年至四年(1574－1576)凌稚隆刻本　三十冊

440000－2541－0000311　365

二十一史　(□)□□編　明萬曆二十三年至三十四年(1595－1606)北京國子監刻本　二十八冊　存二種

440000－2541－0000312　366

[康熙]封丘縣續志五卷　(清)孟繆　(清)耿紘祚修　(清)李承紱纂　清康熙三十六年(1697)刻後印本(有圖)　二冊

440000－2541－0000313　367

十七史　(明)毛晉編　明崇禎至清順治琴川毛氏汲古閣刻本　八十五冊　存八種

440000－2541－0000314　368

漢書一百卷　(漢)班固撰　(唐)顔師古注　明崇禎十五年(1642)古虞毛氏汲古閣刻十七史本　二十四冊

440000－2541－0000315　369

前漢書一百卷　(漢)班固撰　(唐)顔師古注　(明)陳仁錫評　明崇禎刻本　二十四冊

440000－2541－0000316　370

漢書一百卷　(漢)班固撰　(明)鍾人傑輯評　明萬曆四十七年(1619)鍾人傑刻本　清佚名批校　二十冊

440000－2541－0000317　371

漢書疏證不分卷　(清)沈欽韓撰　清黄氏抄本　二十冊

440000－2541－0000318　372

二十一史　(□)□□編　明南京國子監刻明清重修本　十八冊　存二種

440000－2541－0000319　373

後漢書九十卷　(南朝宋)范曄撰　(唐)李賢注　(明)陳仁錫評　**志三十卷**　(晉)司馬彪撰　(南朝梁)劉昭注　(明)陳仁錫評　明天啓七年(1627)雲林積秀堂刻本　二十四冊

440000－2541－0000320　374
後漢書九十卷　（南朝宋）范曄撰　（唐）李賢注　（明）陳仁錫評　**志三十卷**　（晉）司馬彪撰　（南朝梁）劉昭注　（明）陳仁錫評　明天啓七年（1627）雲林積秀堂刻本　二十四册

440000－2541－0000321　375
榕村詩選八卷首一卷　（清）李光地輯　清雍正八年（1730）方氏杭州臬署刻本　四册

440000－2541－0000322　376
范氏後漢書批評一百卷　（明）顧起元撰　明萬曆四十七年（1619）刻本　五册　存四十八卷（九至二十六、六十三至九十二）

440000－2541－0000323　377
三國志六十五卷　（晉）陳壽撰　（南朝宋）裴松之注　（明）陳仁錫評　明天啓雲林積秀堂刻本　十七册　存二十六卷（魏書四至九、十二至十四，蜀書一至十四，吴書十八至二十）

440000－2541－0000324　378
季漢書六十卷正論一卷答問一卷　（明）謝陛撰　清道光二十年（1840）袁昶抄本　十二册

440000－2541－0000325　379
晉書一百三十卷　（唐）房玄齡等撰　（唐）何超音義　明萬曆休寧吴氏西爽堂刻本　三十六册

440000－2541－0000326　380
晉書一百三十卷　（唐）房玄齡等撰　（唐）何超音義　（明）鍾人傑輯評　明末鍾人傑刻本　二十四册

440000－2541－0000327　382
博愛心鑑全書二卷　（明）魏直撰　明萬曆刻本　三册

440000－2541－0000328　384
痘疹定論四卷　（清）朱純嘏輯　清乾隆三十二年（1767）王香嚴刻本　二册

440000－2541－0000329　385
新刻養生類纂二卷　（宋）周守中纂集　明末胡文焕刻壽養叢書本　二册　存一卷（上）

440000－2541－0000330　386
唐詩百名家全集三百二十六卷　（清）席啟寓編　清康熙四十一年（1702）席氏琴川書屋自刻本　三册　存七種

440000－2541－0000331　387
西魏書二十四卷敘錄一卷　（清）謝啟昆撰　清乾隆六十年（1795）南康謝氏樹經堂刻本　十二册

440000－2541－0000332　388
海陽痘記二卷　（清）王道衡撰　**痘疹搜髓經一卷**　（清）□□撰　清蔣亨逵抄本　二册

440000－2541－0000333　389
北齊書五十卷　（唐）李百藥撰　清同治十三年（1874）金陵書局刻本　清佚名批校　四册

440000－2541－0000334　390
二十一史　（□）□□編　明南京國子監刻明清重修本　二百四十九册　存十一種

440000－2541－0000335　391
國語二十一卷　（三國吴）韋昭注　（宋）宋庠補音　（明）陳仁錫　（明）鍾惺評　明末刻本　一册　存二卷（一至二）

440000－2541－0000336　394
南史八十卷　（唐）李延壽撰　明萬曆三十一年（1603）北京國子監刻二十一史本　日本源伊信校并題識　二十册

440000－2541－0000337　395
北史一百卷　（唐）李延壽撰　明萬曆十九年至二十一年（1591－1593）南京國子監刻二十一史本　日本源伊信校并題識　六十四册

440000－2541－0000338　396
宋詩百一鈔八卷　（清）張景星等輯　清乾隆二十六年（1761）刻本　四册

440000－2541－0000339　398
疹科一卷　（明）吕坤輯　明萬曆三十二年（1604）王繼濂等刻本　二册

440000－2541－0000340　399
唐書二百二十五卷　（宋）歐陽修　（宋）宋祁

等撰　**釋音二十五卷**　(宋)董衝撰　明成化十八年至嘉靖三十七年(1482－1558)南京國子監刻明清遞修二十一史本　四十四册

440000－2541－0000341　400
廣雁蕩山志二十八卷圖一卷末一卷　(清)曾唯纂　清乾隆五十五年(1790)刻嘉慶十三年(1808)增刻同治八年(1869)補刻本　八册

440000－2541－0000342　402
五代史七十四卷　(宋)歐陽修撰　(宋)徐無黨注　清古吳書業趙氏刻十七史本　清陶際堯批注并題識　十八册

440000－2541－0000343　404
宋史四百九十六卷目錄三卷　(元)脱脱等撰　明成化七年至十六年(1471－1480)朱英刻南京國子監遞修二十一史本　十四册　存八十七卷(一至八十四、目錄三卷)

440000－2541－0000344　405
宋史四百九十六卷目錄三卷　(元)脱脱等撰　明成化七年至十六年(1471－1480)朱英刻南京國子監遞修二十一史本　一百册

440000－2541－0000345　406
宋史新編二百卷　(明)柯維騏撰　明嘉靖刻本　六十三册

440000－2541－0000346　407
宋史新編二百卷　(明)柯維騏撰　明嘉靖刻本　十七册　存七十五卷(一至八、十一至十四、五十九至七十六、八十至九十二、九十八至一百二、一百三十二至一百三十七、一百四十九至一百五十三、一百六十一至一百六十五、一百七十七至一百八十七)

440000－2541－0000347　408
遼史一百十六卷　(元)脱脱等撰　明嘉靖八年(1529)南京國子監刻明清遞修二十一史本　二十四册

440000－2541－0000348　409
春秋穀梁傳十二卷　(明)閔齊伋裁注　清乾隆五十八年(1793)同人堂刻本　二册

440000－2541－0000349　411
李義山詩集三卷詩譜一卷詩評一卷　(唐)李商隱撰　(清)朱鶴齡箋注　(清)沈厚塽輯評　清同治九年(1870)廣州倅署刻三色套印本　一册

440000－2541－0000350　412
金史補不分卷　(清)杭世駿撰　清抄本　五册　存世紀、本紀

440000－2541－0000351　414
元史地名考三卷　(清)李文田撰　清抄本　四册

440000－2541－0000352　415
南疆逸史二十卷　(清)溫睿臨撰　清抄本　六册

440000－2541－0000353　416
古史六十卷　(宋)蘇轍撰　明萬曆三十九年(1611)衛承芳刻本　十册

440000－2541－0000354　418
藏書六十八卷　(明)李贄撰　明萬曆二十七年(1599)焦竑刻本　三十册

440000－2541－0000355　419
續藏書二十七卷　(明)李贄撰　明萬曆三十九年(1611)王若屏刻本　三十册

440000－2541－0000356　420
續藏書二十七卷　(明)李贄撰　明末汪修能刻本　十册

440000－2541－0000357　421
函史上編八十二卷下編二十一卷　(明)鄧元錫撰　明萬曆刻本　八十五册　存八十五卷(上編九至三十四、四十二至八十二,下編一至九、十三至二十一)

440000－2541－0000358　424
竹書紀年辨正四卷　(清)韓怡撰　清嘉慶十二年(1807)木存堂刻本　一册

440000－2541－0000359　425
資治通鑑二百九十四卷目錄三十卷　(宋)司馬光撰　(元)胡三省音注　(明)陳仁錫評閲

釋文辨誤十二卷　(元)胡三省撰　**甲子會記五卷**　(明)薛應旂撰　明天啓五年(1625)陳仁錫刻本　一百二十冊　存三百三十六卷(資治通鑑二百九十四卷、目錄三十卷、釋文辨誤五至十二、甲子會記二至五)

440000－2541－0000360　426
資治通鑑二百九十四卷目錄三十卷　(宋)司馬光撰　(元)胡三省音注　(明)陳仁錫評閱　**釋文辨誤十二卷**　(元)胡三省撰　**甲子會記五卷**　(明)薛應旂撰　明天啓五年(1625)陳仁錫刻本　九十三冊　存三百卷(一至二、九至二百九十四,釋文辨誤十二卷)

440000－2541－0000361　427
資治通鑑二百九十四卷目錄三十卷　(宋)司馬光撰　(元)胡三省音注　(明)陳仁錫評閱　**釋文辨誤十二卷**　(元)胡三省撰　**甲子會記五卷**　(明)薛應旂撰　明天啓五年(1625)陳仁錫刻本　一百二十一冊　存三百三卷(一至二十四、三十三至二百九十四,釋文辨誤十二卷,甲子會記五卷)

440000－2541－0000362　428
通鑑釋文辨誤十二卷　(元)胡三省撰　明吳勉學刻本　六冊

440000－2541－0000363　429
資治通鑑二百九十四卷目錄三十卷　(宋)司馬光撰　(元)胡三省音注　(明)陳仁錫評閱　**釋文辨誤十二卷**　(元)胡三省撰　**甲子會記五卷**　(明)薛應旂撰　明天啓五年(1625)陳仁錫刻本　六冊　存十二卷(釋文辨誤十二卷)

440000－2541－0000364　430
資治通鑑綱目五十九卷　(宋)朱熹撰　(元)汪克寬考異　(明)徐昭文考證　(明)王幼學集覽　(明)陳濟正誤　(明)劉友益書法　(明)尹起莘發明　(明)馮智舒質實　明崇禎刻本　五十冊　存五十卷(十至五十九)

440000－2541－0000365　431
資治通鑑綱目五十九卷　(宋)朱熹撰　(元)汪克寬考異　(明)徐昭文考證　(明)王幼學集覽　(明)陳濟正誤　(明)劉友益書法　(明)尹起莘發明　(明)馮智舒質實　明嘉靖十三年(1534)江西按察司刻十四年(1535)張鯤重修本　一冊　存一卷(一)

440000－2541－0000366　432
資治通鑑外紀十卷目錄五卷　(宋)劉恕撰　明刻本　八冊

440000－2541－0000367　433
通鑑前編十八卷舉要二卷　(宋)金履祥撰　**首一卷**　(明)陳桱輯　明吳勉學刻本　十二冊

440000－2541－0000368　434
訂正通鑑綱目前編二十五卷　(宋)金履祥撰　(明)南軒訂正　明刻本　九冊

440000－2541－0000369　435
新刊翰林考正綱目批點音釋少微節要通鑑大全二十卷外紀二卷　(宋)江贄撰　明劉弘毅慎獨齋刻本　清佚名批點　十冊

440000－2541－0000370　436
新刊憲臺考證少微通鑑全編二十卷外紀二卷總論一卷　(宋)江贄輯　明萬曆十四年(1586)徐元太等刻本　二十二冊

440000－2541－0000371　437
陸狀元增節音註精議資治通鑑一百二十卷目錄三卷首一卷　(宋)陸唐老集注　明末古虞毛氏汲古閣刻本　八十冊

440000－2541－0000372　439
皇王大紀八十卷　(宋)胡宏撰　明萬曆三十九年(1611)陳邦瞻刻本　十六冊　存五十三卷(一至四十、五十四至六十六)

440000－2541－0000373　440
資治通鑑節要續編三十卷　(明)張光啟撰　明正德九年(1514)司禮監刻本　二十四冊

440000－2541－0000374　441
四明先生續資治通鑑節要二十卷　(明)張光啟撰　明嘉靖二十八年(1549)劉氏安正堂刻本　清佚名批點　二十冊

440000－2541－0000375　442

宋元通鑑一百五十七卷 (明)薛應旂撰 (明)陳仁錫評閱 明天啓六年(1626)陳仁錫刻本 清何嘉璨題識 二十八册

440000－2541－0000376 443
宋元通鑑一百五十七卷 (明)薛應旂撰 (明)陳仁錫評閱 明天啓六年(1626)陳仁錫刻本 三十四册

440000－2541－0000377 444
宋元通鑑一百五十七卷 (明)薛應旂撰 (明)陳仁錫評閱 明天啓六年(1626)陳仁錫刻本 三十册

440000－2541－0000378 445
宋元通鑑一百五十七卷 (明)薛應旂撰 (明)陳仁錫評閱 明天啓六年(1626)陳仁錫刻本 三十册

440000－2541－0000379 446
宋元資治通鑑六十四卷 (明)王宗沐撰 明末刻本 十六册

440000－2541－0000380 447
續資治通鑑六十四卷 (明)王宗沐撰 明隆慶五年(1571)梁夢龍等刻本 三十册 存五十九卷(一、四至十五、十七至六十二)

440000－2541－0000381 448
通鑑直解二十八卷 (明)張居正撰 明末刻本 三十二册

440000－2541－0000382 449
通鑑箋註七十二卷 (明)王世貞輯 (明)汪明際評 (明)鍾人傑注 明崇禎二年(1629)刻本 六十册

440000－2541－0000383 450
新刻世史類編四十五卷首一卷 (明)李純卿草創 (明)謝遷補遺 (明)王守仁覆詳 (明)王世貞會纂 (明)李槃增修 明萬曆三十四年(1606)書林余彰德刻本 十六册

440000－2541－0000384 451
綱鑑正史約三十六卷 (明)顧錫疇撰 明崇禎刻本 四十八册

440000－2541－0000385 452
編輯名家評林史學指南綱鑑新鈔二十卷總論一卷 (明)翁正春撰 明書林鄭以厚刻本 二十四册

440000－2541－0000386 453
歷代史譜不分卷 (元)鄭鎮孫撰 明成化刻本 清曾鏞題識 二册 存三皇至隋末

440000－2541－0000387 454
甲子會紀五卷 (明)薛應旂輯 (明)陳仁錫評 明天啓五年(1625)陳仁錫刻本 四册

440000－2541－0000388 455
甲子會紀五卷 (明)薛應旂輯 (明)陳仁錫評 明天啓五年(1625)陳仁錫刻本 四册

440000－2541－0000389 456
兩漢紀 (宋)王銍輯 明嘉靖二十七年(1548)黄姬水刻本 二十六册

440000－2541－0000390 42393
欽定詩經傳說彙纂二十一卷首二卷詩序二卷 (清)王鴻緒撰 清光緒石印御纂五經本 三册

440000－2541－0000391 457
兩漢紀 (宋)王銍輯 **兩漢紀字句異同考一卷** (清)蔣國祚撰 清康熙三十五年(1696)蔣國祚刻本 二十册

440000－2541－0000392 458
兩漢紀字句異同考一卷 (清)蔣國祚撰 清陳氏東塾抄本 清陳澧批校 一册

440000－2541－0000393 459
皇朝編年備要三十卷 (宋)陳均撰 清抄本 清曾釗校 三十二册

440000－2541－0000394 460
三朝北盟會編二百五十卷 (宋)徐夢莘撰 清吳氏守經堂抄本 周連寬跋 五十四册

440000－2541－0000395 461
建炎以來繫年要錄二百卷 (宋)李心傳撰 清抄本 七十册

440000－2541－0000396 462

兩朝綱目備要十六卷 （□）□□撰 清抄本 八冊

440000－2541－0000397 463
明季編年十二卷 （明）鍾惺撰 （清）王汝南補 清初刻本 清佚名批校 周連寬題識 六冊

440000－2541－0000398 464
昭代典則二十八卷 （明）黄光昇輯 明萬曆二十八年（1600）金陵周曰校萬卷樓刻本 周連寬、梁晴皋題識 十四冊

440000－2541－0000399 465
昭代典則二十八卷 （明）黄光昇輯 明萬曆二十八年（1600）金陵周曰校萬卷樓刻本 清佚名批校 八冊 存八卷（五至十二）

440000－2541－0000400 467
皇明資治通紀十四卷 （明）陳建撰 **皇明續紀三卷** （明）卜大有撰 **皇明通紀述遺十二卷** （明）卜世昌撰 明萬曆刻本 十二冊 存十二卷（通紀述遺十二卷）

440000－2541－0000401 468
通紀直解十四卷續二卷 （明）張嘉和撰 （明）鍾惺補釋 明崇禎刻清初續刻本 八冊

440000－2541－0000402 469
皇明從信錄四十卷 （明）陳建撰 （明）沈國元訂補 明天啓七年（1627）沈國元刻本 四十六冊 存三十九卷（一至三十九）

440000－2541－0000403 470
皇明從信錄四十卷 （明）陳建撰 （明）沈國元訂補 明末刻本 清佚名批點 十四冊

440000－2541－0000404 471
憲章外史續編十四卷 （明）許重熙撰 明崇禎刻本 四冊 存十一卷（一至十一）

440000－2541－0000405 472
兩朝從信錄三十五卷 （明）沈國元撰 明崇禎刻本 周連寬題識 十八冊

440000－2541－0000406 473
皇清開國方略三十二卷首一卷 （清）阿桂等撰 清乾隆五十一年（1786）武英殿刻本 十六冊

440000－2541－0000407 474
皇清開國方略三十二卷 （清）阿桂等撰 清抄本 十六冊

440000－2541－0000408 475
東華錄十六卷 （清）蔣良騏撰 清抄本 八冊

440000－2541－0000409 481
通鑑紀事本末四十二卷 （宋）袁樞撰 明萬曆三十四年（1606）黄吉士刻本 四十二冊

440000－2541－0000410 482
通鑑紀事本末四十二卷 （宋）袁樞撰 明萬曆三十四年（1606）黄吉士刻本 四十七冊 存四十一卷（二至四十二）

440000－2541－0000411 483
通鑑紀事本末二百三十九卷 （宋）袁樞撰 （明）張溥論正 明末正雅堂刻本 六十三冊 存二百三十卷（一至二、十二至二百三十九）

440000－2541－0000412 484
通鑑紀事本末二百三十九卷 （宋）袁樞撰 （明）張溥論正 明末正雅堂刻本 一冊 存二卷（一至二）

440000－2541－0000413 485
左氏春秋紀事本末十四卷首一卷 （清）熊為霖撰 清乾隆心松書屋刻本 十冊

440000－2541－0000414 486
宋史紀事本末一百九卷 （明）馮琦撰 （明）陳邦瞻補 清初張聞升刻本 二十冊

440000－2541－0000415 487
交山平寇本末三卷 （清）夏驅撰 （清）陸慶臻評 清康熙十一年（1672）擁青閣刻本 一冊

440000－2541－0000416 488
三藩紀事本末四卷 （清）楊陸榮撰 清康熙五十六年（1717）刻本 一冊

440000－2541－0000417　491
路史四十七卷　(宋)羅泌撰　明萬曆三十九年(1611)喬可傳刻本　八册　存三十四卷(前紀九卷、後紀一至十三、發揮六卷、國名紀一至六)

440000－2541－0000418　492
逸周書十卷　(晉)孔晁注　**校正補遺一卷附録一卷**　清乾隆五十一年(1786)餘姚盧氏刻抱經堂叢書本　二册

440000－2541－0000419　493
逸周書十卷　(晉)孔晁注　**校正補遺一卷附録一卷**　清乾隆五十一年(1786)餘姚盧氏刻抱經堂叢書本　四册

440000－2541－0000420　494
重刊韋氏國語二十一卷　(三國吳)韋昭注　明刻本　四册

440000－2541－0000421　495
國語二十一卷　(三國吳)韋昭注　(宋)宋庠補音　清康熙刻本　七册　存十八卷(三至二十)

440000－2541－0000422　496
國語鈔評八卷　(明)穆文熙輯　明萬曆十二年(1584)傅光宅、曾鳳儀刻本　清佚名題識　四册

440000－2541－0000423　497
新刻侗初張先生評選國語雋四卷　(明)張鼐評選　明蕭少衢刻本　三册　存三卷(二至四)

440000－2541－0000424　498
重刊鮑氏戰國策十二卷　(宋)鮑彪校注　明刻本　六册　存七卷(一至二、七至八、十至十二)

440000－2541－0000425　499
戰國策十二卷　(明)閔齊伋裁注　明萬曆四十八年(1620)閔齊伋刻本　八册

440000－2541－0000426　500
戰國策十卷　(宋)鮑彪注　(元)吴師道補正　明萬曆九年(1581)張一鯤刻本　二十册

440000－2541－0000427　502
七雄策纂八卷　(明)穆文熙輯　明萬曆劉懷恕刻本　四册

440000－2541－0000428　503
七雄策纂八卷　(明)穆文熙輯　明萬曆劉懷恕刻本　四册

440000－2541－0000429　505
孫氏敦本堂約一卷　(清)孫兆禧述　清康熙二十年(1681)孫氏刻本　一册

440000－2541－0000430　506
吳越春秋十卷　(漢)趙曄撰　(元)徐天祐音注　明刻本　三册　存七卷(一至五、九至十)

440000－2541－0000431　507
越絕書十五卷　(漢)袁康撰　明嘉靖三十三年(1554)張桂胤雙柏堂刻本　清唐岳跋　何恩澤題識　四册

440000－2541－0000432　508
越絕書十五卷　(漢)袁康撰　明刻本　二册

440000－2541－0000433　509
越絕書十五卷　(漢)袁康撰　(明)鍾惺評　明刻本　四册

440000－2541－0000434　510
貞觀政要十卷　(唐)吳兢輯　(元)戈直集論　清康熙十八年(1679)徐惺大易閣刻本　十册

440000－2541－0000435　511
廣陵妖亂志一卷　(唐)羅隱撰　清抄本　一册

440000－2541－0000436　512
靖康傳信録三卷　(宋)李綱撰　清抄本　一册

440000－2541－0000437　513
宋丞相李忠定公別集三卷　(宋)李綱撰　(明)鄭鄤評點　明崇禎刻本　四册

440000－2541－0000438　514
南爐紀聞一卷　(宋)辛棄疾撰　清道光七年(1827)曾釗面城樓抄本　清曾釗跋　清佚名批校　一册

440000－2541－0000439　515
竊憤錄一卷續錄一卷　(宋)辛棄疾撰　清抄本　二册

440000－2541－0000440　516
汝南遺事四卷　(元)王鶚撰　清抄本　清李文田校　一册

440000－2541－0000441　517
黑韃事略一卷　(宋)彭大雅撰　(宋)徐霆疏證　清抄本　一册

440000－2541－0000442　518
新鐫全補標題音注歷朝捷錄四卷　(明)顧充撰　(明)顧憲成音釋　**新刻全補標題音註元朝捷錄四卷**　(明)湯賓尹撰　**新鐫增補評林音注國朝捷錄四卷**　(明)鄭以衛撰　明刻本　一册　存四卷(新刻全補標題音註元朝捷錄四卷)

440000－2541－0000443　519
元朝征緬錄一卷　(□)□□撰　清抄本　一册

440000－2541－0000444　520
吾學編十四種　(明)鄭曉撰　明隆慶元年(1567)海鹽鄭履淳刻鄭端簡公全集本　十二册　存八種

440000－2541－0000445　521
吾學編十四種　(明)鄭曉撰　明萬曆二十七年(1599)鄭心材刻本　二十二册　存十二種

440000－2541－0000446　522
弇山堂別集一百卷　(明)王世貞撰　明萬曆十八年(1590)翁良瑜雨金堂刻本　三十二册　存八十七卷(一至四十八、六十二至一百)

440000－2541－0000447　523
今言四卷　(明)鄭曉撰　明嘉靖四十五年(1566)刻本　四册

440000－2541－0000448　524
皇明大事記五十卷　(明)朱國楨輯　明崇禎刻皇明史概本　三十册　存三十二卷(一至三十二)

440000－2541－0000449　525
野獲編三十卷續編一卷　(明)沈德符撰　(清)錢枋輯　清抄本　二十四册

440000－2541－0000450　526
革除遺事節本六卷　(明)黄佐撰　清抄本　一册

440000－2541－0000451　527
李侍郎北使錄一卷　(明)李實撰　清抄本　清曾鏞錄吳騫跋　一册

440000－2541－0000452　528
萬曆三大征考三卷　(明)茅瑞徵撰　清抄本　二册

440000－2541－0000453　529
東江遺事二卷　(清)吳騫輯　清抄本　二册

440000－2541－0000454　530
明季實錄四卷　(清)顧炎武撰　清抄本　六册

440000－2541－0000455　531
[宋]太宗皇帝實錄八十卷　(宋)錢若水等修　清曾氏面城樓抄本　周連寬錄曾釗跋、吳蘭修題識、繆荃孫跋并補識　一册　存八卷(二十六至三十、七十六、七十九至八十)

440000－2541－0000456　532
海角遺編二卷　題(清)七峰樵道人撰　清抄本　清雨窗校并題識　二册

440000－2541－0000457　533
海甸野史六卷　題(清)古吳亭林老人(顧炎武)輯　清抄本　三册

440000－2541－0000458　534
明季十家集十一種　(清)□□編　清抄本　十二册

440000－2541－0000459　535
庭聞錄四卷　(清)劉健撰　清抄本　一册

440000－2541－0000460　536
夷氛聞記五卷　(清)梁廷枏撰　清刻本　容肇祖題識　五冊

440000－2541－0000461　537
吳興大事記二卷　(□)□□撰　清抄本　二冊

440000－2541－0000462　538
觸藩始末三卷　題(清)琴閣主人撰　清同治刻本　葉恭綽跋　一冊

440000－2541－0000463　542
唐大詔令集一百三十卷　(宋)宋敏求輯　明抄本　莫棠校并跋　二冊　存十七卷(十三、二十五至三十二、五十九至六十六)

440000－2541－0000464　543
皇明誥勅不分卷　(明)□□輯　明黑格抄本　周連寬跋　十四冊

440000－2541－0000465　545
大明宣宗章皇帝寶訓十二卷　(明)□□輯　清抄本　周連寬題識　二冊

440000－2541－0000466　546
大義覺迷錄四卷　(清)世宗胤禛撰　清抄本　六冊

440000－2541－0000467　547
歷代名臣奏議三百五十卷　(明)黄淮　(明)楊士奇等輯　明永樂内府刻本　六十冊　存一百四十三卷(八至九、二十三至三十、三十三至三十五、三十八至三十九、四十二至四十三、四十七、四十九、五十二至五十三、六十一至六十五、七十一至七十三、八十至八十一、八十八至九十二、一百五至一百七、一百二十六至一百二十八、一百三十一至一百三十二、一百三十六、一百三十八、一百四十一至一百四十二、一百四十六至一百四十九、一百五十六至一百五十八、一百六十一至一百六十六、一百七十四至一百七十九、一百八十二、一百九十五至一百九十六、二百三至二百五、二百十至二百十二、二百二十三至二百二十五、二百二十九至二百三十二、二百三十六至二百三十七、二百四十六至二百四十八、二百五十一至二百五十三、二百六十九至二百七十、二百七十九至三百、三百四至三百十三、三百十九至三百二十二、三百二十五至三百二十七、三百三十一至三百三十六、三百四十一至三百四十二、三百四十五至三百四十七)

440000－2541－0000468　548
秦漢書疏十八卷　(明)徐紳等輯　明隆慶六年(1572)刻本　十四冊

440000－2541－0000469　549
疊山批點陸宣公奏議十五卷　(唐)陸贄撰　(宋)謝枋得批點　明刻本　四冊

440000－2541－0000470　551
宋名臣奏議一百五十卷目錄二卷　(宋)趙汝愚輯　清南海孔氏嶽雪樓抄本　三十六冊

440000－2541－0000471　552
蘇東坡先生萬言書注一卷　(宋)蘇軾撰　(清)蔡焯注　清阮元文選樓抄本　四冊

440000－2541－0000472　554
皇明疏議輯略三十七卷　(明)張瀚輯　明王汝訓、萬世德刻本　八冊　存十二卷(一至十二)

440000－2541－0000473　555
余肅敏公奏議三卷　(明)余子駿撰　明嘉靖二年(1523)李充嗣刻本　三冊

440000－2541－0000474　556
王端毅公奏議十五卷　(明)王恕撰　清南海孔氏嶽雪樓抄本　八冊

440000－2541－0000475　557
歷朝奏疏不分卷　(明)□□輯　明藍格抄本　十二冊　存嘉靖二年至六年

440000－2541－0000476　558
荆川先生右編四十卷　(明)唐順之輯　(明)劉日寧補　明萬曆三十三年(1605)南京國子監刻本　三十冊

440000－2541－0000477　559
郭給諫疏稿不分卷　(明)郭尚賓撰　清抄本

一册

440000－2541－0000478　560
西征奏議二卷　(明)梅國楨撰　明刻本　清復廬居士題識　三册　存一卷(二上)

440000－2541－0000479　561
嘉慶二十二年奏摺不分卷　(清)□□輯　清抄本　四册

440000－2541－0000480　562
奏摺錄存六卷　(清)□□輯　清抄本　六册

440000－2541－0000481　563
中俄邊防奏疏一卷　(清)希元撰　清抄本　一册

440000－2541－0000482　564
聖學宗傳十八卷　(明)周汝登撰　明萬曆三十三年(1605)王世韜等刻本　十六册

440000－2541－0000483　565
瘍科選粹八卷　(明)陳文治輯　明崇禎元年(1628)刻本　八册

440000－2541－0000484　566
新編古列女傳八卷　(漢)劉向撰　**列女傳考證一卷**　(清)顧廣圻撰　清嘉慶元年(1796)顧之逵小讀書堆刻本　二册

440000－2541－0000485　567
列女傳十六卷　(漢)劉向撰　(明)汪道昆增輯　(明)仇英繪圖　明萬曆刻清乾隆四十四年(1779)長塘鮑氏知不足齋印本　八册

440000－2541－0000486　568
列女傳十六卷　(漢)劉向撰　(明)汪道昆增輯　(明)仇英繪圖　清刻本　十六册

440000－2541－0000487　569
古列女傳話本不分卷　(清)□□撰　清抄本　五册

440000－2541－0000488　570
女鏡八卷　(明)夏樹芳輯　清抄本　四册

440000－2541－0000489　571
全史吏鑑四卷　(明)徐元太輯　明萬曆徐夢麟、談訢等刻本　四册

440000－2541－0000490　573
五朝名臣言行錄前集十卷後集十四卷　(宋)朱熹撰　**續集八卷別集二十六卷外集十七卷**　(宋)李幼武撰　元刻本　日本松崎慊堂題識　清鮑毓東錄諸家序并題識　三十二册

440000－2541－0000491　574
五朝宋名臣言行錄前集十卷後集十四卷　(宋)朱熹撰　**續集八卷別集二十六卷外集十七卷**　(宋)李幼武撰　明張鰲山刻本　十二册

440000－2541－0000492　575
宋朱晦庵先生名臣言行錄前集十卷後集十四卷　(宋)朱熹撰　**續集八卷別集十三卷外集十七卷**　(宋)李幼武撰　明崇禎十一年(1638)張采刻本　二十册　存四十三卷(前集十卷、後集十四卷、別集十三卷、外集一至六)

440000－2541－0000493　579
醫林續傳不分卷　(明)劉浴德輯　明萬曆自刻本　二册

440000－2541－0000494　580
安危註四卷　(明)吳甡輯　清康熙吳元復刻本　二册

440000－2541－0000495　581
吾學編十四種　(明)鄭曉撰　明隆慶元年(1567)海鹽鄭履淳刻鄭端簡公全集本　六册　存四種

440000－2541－0000496　582
溫熱暑疫全書四卷　(清)周揚俊輯　清乾隆十九年(1754)蔣氏刻本　四册

440000－2541－0000497　583
皇明名臣言行錄新編三十四卷　(明)沈應魁輯　明嘉靖三十二年(1553)常熟沈氏刻本　六册

440000－2541－0000498　584
皇明理學名臣言行錄二卷續一卷　(明)楊廉

輯　(明)劉涇續輯　明萬曆十八年(1590)崔士棨刻本　三冊

440000－2541－0000499　585
寶善編甲集一卷乙集一卷　(明)馮時可撰　明萬曆刻本　四冊

440000－2541－0000500　586
續吴先賢讚十五卷　(明)劉鳳撰　明萬曆刻本(卷一至二抄配)　六冊

440000－2541－0000501　587
攻渝諸將小傳一卷刻徐念陽西征雜記一卷　(明)徐如珂撰　明天啓徐氏刻本　周連寬跋　一冊

440000－2541－0000502　588
啟禎野乘一集十六卷　(清)鄒漪撰　清抄本　八冊

440000－2541－0000503　589
四王傳四卷附録一卷　(清)錢名世撰　清抄本　四冊

440000－2541－0000504　590
逆臣傳不分卷　(清)國史館纂　清抄本　二冊

440000－2541－0000505　591
欽定宗室王公功績表傳十二卷首一卷　(清)阿桂等撰　清嘉慶二年(1797)武英殿刻本　十冊

440000－2541－0000506　592
本朝名家詩鈔小傳不分卷　(清)鄭方坤撰　清乾隆張希傑抄本　二冊

440000－2541－0000507　593
松陵文獻十五卷　(清)潘檉章撰　清康熙三十二年(1693)潘耒刻本　六冊

440000－2541－0000508　594
淮郡文獻志二十六卷補遺一卷　(明)潘塤輯　明嘉靖三十四年(1555)淮安府刻本　六冊　存八卷(十八至二十一、二十四至二十六，補遺一卷)

440000－2541－0000509　595
兩浙名賢録五十四卷外録八卷　(明)徐象梅撰　明天啓三年(1623)徐氏光碧堂刻本　清佚名批校　四十八冊

440000－2541－0000510　596
嘉禾徵獻録三十卷外紀六卷　(清)盛楓輯　清抄本　清佚名批校　十二冊

440000－2541－0000511　597
江西大臣傳不分卷循吏傳一卷忠義傳一卷　(清)□□撰　稿本　十二冊

440000－2541－0000512　598
史傳事略一卷　(清)宋湘　(清)黄培芳等輯　清嘉慶二十年(1815)羊城富文齋刻本　一冊

440000－2541－0000513　599
敬鄉録十四卷　(元)吴師道撰　清抄本　四冊

440000－2541－0000514　600
敬鄉録十四卷　(元)吴師道撰　清抄本　八冊

440000－2541－0000515　601
疑年録四卷　(清)錢大昕撰　**續疑年録四卷**　(清)吴修撰　清嘉慶十八年(1813)吴修刻二十三年(1818)增補印本　清吴修、毛銘跋　四冊

440000－2541－0000516　610
晏子春秋六卷　題(春秋)晏嬰撰　明末刻本　清唐岳跋　二冊

440000－2541－0000517　611
晏子春秋八卷　(春秋)晏嬰撰　清嘉慶二十一年(1816)吴鼒刻本　二冊

440000－2541－0000518　612
晏子春秋八卷　(春秋)晏嬰撰　清嘉慶二十一年(1816)吴鼒刻本　佚名録清王念孫、孫星衍校　二冊

440000－2541－0000519　614
漢前將軍漢壽亭侯關公志十二卷　(明)丁鏞輯　明崇禎五年(1632)自刻本　八冊

440000－2541－0000520　615
宋丞相崔清獻公全錄十卷　(宋)崔與之撰　(明)崔子璲輯　(明)崔曉增輯　明嘉靖十三年(1534)唐胄、邵煉刻本　葉恭綽跋　四冊

440000－2541－0000521　616
宋丞相崔清獻公全錄十卷　(宋)崔與之撰　(明)崔子璲輯　(明)崔曉增輯　明嘉靖十三年(1534)唐胄、邵煉刻本　四冊

440000－2541－0000522　617
濂溪志九卷　(明)李楨撰　明萬曆刻本　二冊　存三卷(七至九)

440000－2541－0000523　618
宋忠武岳鄂王精忠類編八卷　(明)徐縉芳輯　明萬曆刻本　七冊　存七卷(一至二、四至八)

440000－2541－0000524　619
韓襄毅公傳一卷　(明)丘濬撰　**附錄一卷**　(明)韓勛輯　明嘉靖韓氏葑溪草堂刻本　一冊

440000－2541－0000525　620
贈太僕寺少卿蒼野王公褒忠錄不分卷　(明)郭一鶚輯　清初刻本　四冊

440000－2541－0000526　621
永思錄六卷　(清)孫兆祥等錄　(清)楊士銘輯　清乾隆三十八年(1773)即墨孫氏刻本　三冊

440000－2541－0000527　622
東山外紀二卷　(清)劉振麟　(清)周驤撰　清抄本　二冊

440000－2541－0000528　623
平南王元功垂範二卷　(清)釋今釋撰　清康熙刻本　二冊

440000－2541－0000529　624
寧海將軍固山貝子功績錄一卷　(□)□□輯　清抄本　一冊

440000－2541－0000530　625
祭振翁于先生文一卷　(清)彭鵬撰　清康熙三十九年(1700)彭氏寫本　商承祚題識　一冊

440000－2541－0000531　626
湘煙裴雲小錄三卷　(清)陳裴雲輯　清抄本　二冊

440000－2541－0000532　627
高陽太傅孫文正公[承宗]年譜五卷　(明)孫銓撰　清乾隆六年(1741)孫爾然刻本　四冊

440000－2541－0000533　643
雪鴻山館紀年不分卷(道光八年至同治六年)　(清)趙守純撰　稿本　四冊

440000－2541－0000534　644
味水軒日記八卷(明萬曆三十七年至四十八年)　(明)李日華撰　清抄本　八冊

440000－2541－0000535　646
瞻岱軒日記不分卷(同治十二年至光緒十六年)　(清)范道生撰　稿本　五十二冊

440000－2541－0000536　647
十八國游記不分卷　金紹城撰　稿本　二冊

440000－2541－0000537　654
莆田林氏九牧大宗族譜不分卷　(清)□□修　清抄本　二冊

440000－2541－0000538　657
新安程氏統宗世譜墓圖二卷　(清)□□修　清新安程氏樹本堂抄本　四冊

440000－2541－0000539　658
[番禺]陳氏家譜九卷首一卷　(清)陳澧修　(清)陳慶龢　(清)陳慶佑增修　稿本　一冊

440000－2541－0000540　659
弇山畢氏譜略一卷　(清)□□修　清刻本　一冊

440000－2541－0000541　660
善化梁氏支譜不分卷　(清)梁世譁主修　清梁氏安定堂抄本　四冊

440000－2541－0000542　661
東萊翟氏家乘不分卷　(清)□□修　清抄本

四冊　缺首數葉

440000－2541－0000543　662
[南海]龍氏族譜不分卷　(清)□□修　清抄本　二冊

440000－2541－0000544　664
氏族博考十四卷　(明)凌迪知撰　明萬曆刻本　三冊　存六卷(一至六)

440000－2541－0000545　665
南國賢書六卷前編二卷　(明)張朝瑞輯　(明)陸問禮續輯　明崇禎五年(1632)陸問禮刻本　七冊

440000－2541－0000546　666
史書十卷　(明)姚允明撰　明崇禎十年(1637)刻本　十冊

440000－2541－0000547　667
十七史詳節二百七十三卷　(宋)呂祖謙輯　明正德十一年(1516)劉弘毅慎獨齋刻本　六冊

440000－2541－0000548　668
二十一史論贊輯要三十六卷　(明)彭以明輯　明萬曆三十七年(1609)彭惟成刻本　二十四冊

440000－2541－0000549　669
諸史品節後集八卷　(明)陳深輯　明萬曆刻本　四冊

440000－2541－0000550　670
檇李曹太史評鐫古今全史一覽五卷　(明)舒弘諤輯　明崇禎二年(1629)周覺正刻本　六冊

440000－2541－0000551　671
史異編十七卷　(明)余文龍輯　明萬曆四十七年(1619)余兆胤刻本　八冊

440000－2541－0000552　672
史記抄九十一卷補遺十二卷首一卷　(明)茅坤輯　明萬曆三年(1575)刻本　二十四冊

440000－2541－0000553　673
史記抄九十一卷補遺十二卷首一卷　(明)茅坤輯　明萬曆三年(1575)刻本　十六冊

440000－2541－0000554　674
茅鹿門先生批評史記抄一百四卷　(明)茅坤撰　明天啓元年(1621)茅兆海刻本　二十四冊

440000－2541－0000555　675
漢雋十卷　(宋)林鉞輯　明萬曆十二年(1584)呂元刻本　五冊

440000－2541－0000556　676
漢雋十卷　(宋)林鉞輯　明崇禎十二年(1639)程揚刻本　六冊

440000－2541－0000557　677
荊川先生批點精選漢書二卷　(明)唐順之評選　明刻本　六冊

440000－2541－0000558　678
荊川先生批點精選漢書六卷　(明)唐順之評選　明刻本　五冊

440000－2541－0000559　679
鹿門先生漢書鈔九十三卷　(明)茅坤輯　明崇禎八年(1635)茅琛徵刻本　清佚名批點　十四冊

440000－2541－0000560　680
新刻李太史秘藏王閣學漢書選要鈔評二卷　(明)王錫爵選　(明)李廷機評　明萬曆十五年(1587)張弘道刻本　四冊

440000－2541－0000561　681
後漢書纂要一百二十卷　題(清)朱彝尊撰　清抄本　六冊　存七十五卷(志一、三、五、七、九至十、十三、二十八、三十,傳十一至十八、三十一至七十八,帝后一至十)

440000－2541－0000562　682
南史識小錄八卷北史識小錄八卷　(清)沈名蓀　(清)朱昆田輯　清儀徵劉氏青溪舊屋抄本　四冊　存十五卷(南史一至七、北史八卷)

440000－2541－0000563　683
歐陽文忠公五代史抄二十卷　(明)茅坤輯

明刻朱墨套印本　十冊

440000－2541－0000564　684
歐陽文忠公五代史抄二十卷　(明)茅坤輯　明刻本　十冊

440000－2541－0000565　685
五代史纂不分卷　(□)□□纂　明黑格抄本　三冊　存五代唐、晉、漢、周、總一至七

440000－2541－0000566　688
月令廣義二十四卷首一卷附錄一卷　(明)馮應京輯　(明)戴任增釋　明萬曆陳邦泰刻本　十二冊

440000－2541－0000567　689
日涉編十二卷　(明)陳堦輯　(清)白輝補輯　明萬曆三十九年(1611)徐養量刻清康熙六年(1667)白輝、二十七年(1688)紀元遞修本　十二冊

440000－2541－0000568　690
太平寰宇記二百卷目錄二卷　(宋)樂史撰　清抄本　三十冊　存一百八十九卷(一至三、五至八十一、八十三至一百十、一百二十至二百)

440000－2541－0000569　691
太平寰宇記補闕□□卷　(清)陳蘭森撰　清抄本　一冊　存三卷(一百十七至一百十九)

440000－2541－0000570　692
元經世大典地理圖一張　(□)□□編　清光緒祝秉綱摹繪本　施世杰題識　一幅

440000－2541－0000571　693
大明一統志九十卷　(明)李賢等纂修　明天順五年(1461)內府刻本(有圖)　六十冊　存八十七卷(一至七十三、七十七至九十)

440000－2541－0000572　694
大明一統志九十卷　(明)李賢等纂修　明弘治十八年(1505)慎獨書齋刻本(卷十二至十三配萬壽堂刻本)(有圖)　七十九冊　存八十七卷(一至八、十二至九十)

440000－2541－0000573　695
大明一統志九十卷　(明)李賢等纂修　明萬壽堂刻本(有圖)　五十冊

440000－2541－0000574　696
廣輿記二十四卷　(明)陸應陽撰　明萬曆刻本(卷十至十一抄配)　八冊

440000－2541－0000575　697
廣輿記二十四卷增訂廣輿記全圖一卷提要一卷　(明)陸應陽輯　(清)蔡方炳增輯　清乾隆九年(1744)四美堂刻本　周連寬跋　十二冊

440000－2541－0000576　698
天下郡國利病書一百二十卷　(清)顧炎武撰　清抄本　五十二冊

440000－2541－0000577　699
歷代宅京記二十卷　(清)顧炎武撰　清抄本　八冊

440000－2541－0000578　700
讀史方輿紀要□□卷　(清)顧祖禹撰　清抄本　八冊　存十五卷(形勢九卷、北直六卷)

440000－2541－0000579　701
王會新編一百四十五卷　(清)茹鉉輯　清康熙刻本　五十冊

440000－2541－0000580　702
輿圖要覽四卷　(清)顧祖禹撰　清抄本　四冊

440000－2541－0000581　703
輿地總圖不分卷　(清)顧祖禹撰　清抄本　周連寬題識　六冊

440000－2541－0000582　704
大地總論不分卷　(清)何炳撰　稿本　四冊

440000－2541－0000583　705
各省州縣土產不分卷　(清)□□輯　清抄本　六冊　存湖北、湖南、河南、山東、山西、陝西、甘肅、四川、廣東、廣西、雲南、貴州

440000－2541－0000584　706
東三省輿地全圖不分卷　(清)王振甫繪製　清光緒二十年(1894)銅版印本　清李文田題

識　一冊　存奉天省部分三十幅

440000－2541－0000585　707
齊乘六卷　(元)于欽輯　清抄本　清徐坊跋　四冊

440000－2541－0000586　708
[康熙]淄川縣志八卷首一卷　(清)張嵋修　(清)唐夢賚等纂　清康熙二十六年(1687)刻本(有圖)　五冊

440000－2541－0000587　709
咸淳臨安志一百卷　(宋)潛說友纂修　清吳氏古歡堂抄本　清吳翌鳳校並錄　清盧文弨校跋　十六冊　存九十五卷(一至六十三、六十五至八十九、九十一至九十七)

440000－2541－0000588　710
[康熙]安慶府懷寧縣志三十六卷　(清)段鼎臣修　(清)方都泰等纂　清康熙十二年(1673)刻四十九年(1710)張懋誠、劉澡增刻本(有圖表)　十二冊

440000－2541－0000589　711
[嘉慶]續修鉛山縣志十七卷首一卷　(清)陶廷琡等纂修　清嘉慶十九年(1814)刻本(有圖表)　二十冊

440000－2541－0000590　712
[乾隆]重修福建臺灣府志二十卷首一卷　(清)劉良璧等纂修　清乾隆七年(1742)刻本(有圖)　十二冊

440000－2541－0000591　713
[康熙]真陽縣志八卷　(清)安圻等纂修　清康熙三十五年(1696)刻本(有圖)　四冊

440000－2541－0000592　714
南漢地理志一卷金石志二卷　(清)吳蘭修撰　清道光十四年(1834)香山鄭氏淳一堂刻本　一冊

440000－2541－0000593　715
[萬曆]粵大記三十二卷　(明)郭棐纂修　明萬曆刻本(卷二、三十至三十二配靜電複印本)　周連寬題識　劉少雄跋　二十四冊　存三十一卷(二至三十二)

440000－2541－0000594　716
廣州十四屬地圖　(清)禹之鼎繪　清康熙三十六年(1697)江都禹氏彩繪本　十三幅

440000－2541－0000595　717
[雍正]廣東通志六十四卷　(清)郝玉麟修　(清)魯曾煜等纂　清雍正九年(1731)刻本　三十七冊　存五十九卷(一、六至十六、十八至六十四)

440000－2541－0000596　718
[乾隆]廣州府志六十卷首一卷　(清)金烈修　(清)沈廷芳等纂　清乾隆二十四年(1759)廣州府署刻本(有圖表)　二十二冊

440000－2541－0000597　720
[道光]長寧縣志十卷　(清)高炳文修　(清)馮蘭纂　清道光十九年(1839)刻本(有圖)　五冊

440000－2541－0000598　721
[乾隆]鶴山縣志十二卷圖一卷　(清)劉繼等纂修　清乾隆十九年(1754)刻本(有圖)　一冊　存四卷(一至三、圖一卷)

440000－2541－0000599　722
[道光]鶴山縣志十二卷末一卷　(清)徐香祖修　(清)吳應逵纂　清道光六年(1826)刻本(有圖表)　六冊

440000－2541－0000600　723
[康熙]香山縣志十卷　(清)申良翰等纂修　清康熙刻本(有圖)　四冊

440000－2541－0000601　724
[嘉慶]澄邁縣志十卷　(清)謝濟韶修　(清)李光先纂　清嘉慶二十五年(1820)刻本(有圖)　六冊

440000－2541－0000602　725
[正德]四川志三十七卷首一卷　(明)熊相纂修　明正德刻嘉靖增刻本(有圖)　十二冊

440000－2541－0000603　726
雲南輿地全圖不分卷　(清)□□繪　清彩色

絹繪本　二冊

440000－2541－0000604　727
[乾隆]西藏志四卷　(清)□□纂修　清抄本　周連寬題識　二冊

440000－2541－0000605　728
[乾隆]回疆志四卷　(清)蘇爾德纂　清博覽堂抄本(有圖)　四冊

440000－2541－0000606　729
藥性粗評四卷　(明)許希周撰　明嘉靖三十年(1551)刻本　三冊　存三卷(一至三)

440000－2541－0000607　730
三鎮邊務總要五卷　(明)李如樟撰　明刻本　三冊

440000－2541－0000608　731
[順治]封丘縣志九卷首一卷　(清)余縉修　(清)李嵩陽纂　清順治十六年(1659)刻本(有圖)　五冊

440000－2541－0000609　732
六朝事跡編類二卷　(宋)張敦頤撰　明吳琯刻古今逸史本　二冊

440000－2541－0000610　733
吳中舊事一卷　(元)陸友仁撰　清抄本　葉恭綽校注並題識　一冊

440000－2541－0000611　734
虞潢詩冊一卷　(明)虞潢撰　稿本　清張玫題識　一冊

440000－2541－0000612　735
會稽三賦一卷　(宋)王十朋撰　(明)南逢吉校注　明嘉靖二年(1523)南大吉刻本　二冊

440000－2541－0000613　736
廣會稽風俗賦一卷　(清)陶元藻撰　(清)翁元圻注　清乾隆五十二年(1787)陶氏怡雲閣刻本　清佚名批校　一冊

440000－2541－0000614　737
棲里景物略十二卷補遺一卷　(清)張之鼐撰　清嘉慶十四年(1809)張迎煦抄本　八冊

440000－2541－0000615　738
明州繫年錄七卷　(清)董沛撰　稿本　二冊　存三卷(一至三)

440000－2541－0000616　739
籌海圖編十三卷　(明)胡宗憲撰　明天啓四年(1624)胡維極刻本　十八冊

440000－2541－0000617　740
籌海圖編十三卷　(明)胡宗憲撰　明天啓四年(1624)胡維極刻本　八冊

440000－2541－0000618　741
籌海圖編十三卷　(明)鄭若曾撰　清康熙三十二年(1693)鄭起泓刻本　二十四冊

440000－2541－0000619　742
兩浙海防類考續編十卷　(明)范涞撰　明萬曆三十年(1602)刻本　十冊

440000－2541－0000620　743
海防纂要十三卷圖一卷　(明)王在晉撰　明萬曆四十一年(1613)自刻本　五冊

440000－2541－0000621　744
宋東京考二十卷　(清)周城撰　清乾隆六有堂刻本　四冊

440000－2541－0000622　745
粵閩巡視紀略五卷附紀一卷　(清)杜臻撰　清康熙刻本　六冊

440000－2541－0000623　746
粵閩巡視紀略五卷附紀一卷　(清)杜臻撰　清康熙刻本　四冊　存四卷(紀略一至三、附紀一卷)

440000－2541－0000624　747
波羅外紀八卷　(清)崔弼輯　清光緒八年(1882)番禺崔氏刻本　四冊

440000－2541－0000625　748
續黔書八卷　(清)張澍撰　清嘉慶刻本　清汪獻玗題識　莫棠跋　周連寬題識　二冊

440000－2541－0000626　749
滇考二卷　(清)馮甦撰　清康熙十九年(1680)戴慶華刻本　周連寬跋　二冊

440000－2541－0000627　750
名山巖洞泉石古蹟十六卷　(明)慎蒙輯　明萬曆刻本　十五册　存十三卷(三下至十三、十五至十六)

440000－2541－0000628　751
名山勝槩記四十六卷圖一卷　(明)何鏜輯　(明)慎蒙續輯　(清)盧高　(明)張縉彦　(清)谷應泰補輯　明崇禎刻本　八十册

440000－2541－0000629　752
古清涼傳二卷　(唐)釋慧祥撰　**續清涼傳二卷**　(宋)張商英撰　**廣清涼傳三卷**　(宋)釋延一撰　清抄本　二册

440000－2541－0000630　753
十竹齋書畫譜八集　(清)胡正言輯並繪　清刻彩色套印本　四册

440000－2541－0000631　754
岱史十八卷　(明)查志隆撰　明萬曆十五年(1587)戴相堯刻本　七册

440000－2541－0000632　755
普陀山志六卷　(明)周應賓撰　明萬曆三十五年(1607)張隨刻本　六册

440000－2541－0000633　756
四診抉微八卷管窺附餘一卷　(清)林之翰撰　清近文堂刻本　四册

440000－2541－0000634　757
廬山紀事十二卷　(明)桑喬輯　明嘉靖四十年(1561)刻本　六册

440000－2541－0000635　759
西樵志六卷　(清)馬符錄撰　(清)羅國器重輯　清自刻本　周連寬跋　一册　存四卷(一至四)

440000－2541－0000636　760
水經四十卷　題(漢)桑欽撰　(北魏)酈道元注　明萬曆十三年(1585)吴琯刻本　二十四册

440000－2541－0000637　761
水經四十卷　題(漢)桑欽撰　(北魏)酈道元注　明萬曆十三年(1585)吴琯刻本　清唐岳題識　八册

440000－2541－0000638　762
水經註箋選抄不分卷　(明)朱謀㙔箋　清抄本　佚名批校　四册

440000－2541－0000639　763
水經注釋四十卷首一卷附錄二卷水經注箋刊誤十二卷　(清)趙一清撰　清乾隆五十一年(1786)仁和趙氏小山堂刻五十九年(1794)重修本　十六册

440000－2541－0000640　764
水經註釋地四十卷　(清)張匡學撰　清嘉慶二年(1797)刻本　九册

440000－2541－0000641　765
河防一覽十四卷　(明)潘季馴撰　明萬曆十八年(1590)自刻本　十册

440000－2541－0000642　766
神明境二卷　(清)王南珍輯　清乾隆十九年(1754)王氏刻本　二册

440000－2541－0000643　767
吴江水考五卷圖一卷　(明)沈啓撰　清乾隆二年(1737)沈守義刻本　周連寬題識　六册

440000－2541－0000644　768
敕修兩浙海塘通志二十卷首一卷　(清)方觀承等纂修　清乾隆刻本　十六册

440000－2541－0000645　769
廣東全省海圖總説不分卷　(清)□□撰　清抄本　四册

440000－2541－0000646　770
三輔黄圖六卷　(漢)□□撰　清抄本　二册

440000－2541－0000647　771
金臺證古不分卷　(□)□□撰　清抄本　二册

440000－2541－0000648　772
古今逸史四十二種　(明)吴琯編　明吴琯刻本　十二册　存五種

440000－2541－0000649　773
真意堂叢書三種　(清)吳志忠編　清嘉慶十六年(1811)璜川吳氏木活字印本　八册　存二種

440000－2541－0000650　774
石查書冊一卷　(清)胡義贊撰並書　清光緒二十三年(1897)胡氏寫本　一册

440000－2541－0000651　775
海珠小志六卷　(明)李韡撰　(清)李文焰增補　清抄本　四册

440000－2541－0000652　776
海珠志十一卷　(明)李韡撰　(清)李文焰增補　(清)李琯朗續補　清抄本　三册

440000－2541－0000653　777
光孝寺志十二卷　(清)顧光　(清)何淙等纂修　清抄本　容肇祖跋　六册

440000－2541－0000654　778
平山堂圖志十卷首一卷　(清)趙之壁輯　清乾隆三十年(1765)刻本　四册

440000－2541－0000655　779
西樵遊覽記十四卷　(清)劉子秀輯　清乾隆南畲草堂刻道光十三年(1833)黄亨與、譚藥晨修補本　四册

440000－2541－0000656　780
壯游集二卷　題(清)三友亭長撰　清抄本　一册

440000－2541－0000657　781
皇清職貢圖九卷首一卷　(清)傅恒等撰　清乾隆武英殿刻本　十六册

440000－2541－0000658　784
西陲要略四卷　(清)祁韻士輯　清抄本　四册

440000－2541－0000659　785
異域錄一卷　(清)圖理琛撰　清雍正元年(1723)刻本　一册

440000－2541－0000660　786
東西洋考十二卷　(明)張燮撰　明萬曆四十六年(1618)王起宗刻本　四册

440000－2541－0000661　787
乘槎筆記一卷　(清)斌椿撰　清吳雲二百蘭亭齋抄本　清吳雲批校　一册

440000－2541－0000662　788
希臘春秋一卷　題王樹枬撰　稿本　一册

440000－2541－0000663　789
泰西古今史略四卷　(法國)拉威士撰　(清)高莊凱譯　清抄本　二册

440000－2541－0000664　790
杜氏通典二百卷　(唐)杜佑撰　明嘉靖李元陽刻萬曆三十九年(1611)福建提學道重修本　四十六册

440000－2541－0000665　791
三通　(清)□□編　清乾隆十二年(1747)武英殿刻本　二百四十二册

440000－2541－0000666　792
文獻通考三百四十八卷首一卷　(元)馬端臨撰　明正德十一年至十四年(1516－1519)劉洪慎獨齋刻十六年(1521)重修本　八十册　存三百三十七卷(一至一百四十五、一百五十八至三百四十八,首一卷)

440000－2541－0000667　793
文獻通考三百四十八卷首一卷　(元)馬端臨撰　明末刻本　一百册

440000－2541－0000668　795
文獻通考纂二十三卷　(元)馬端臨撰　(明)胡震亨輯　明天啓刻崇禎十六年(1643)朱彝敘鶴洲草堂重修本　十二册

440000－2541－0000669　796
文獻通考鈔二十四卷　(元)馬端臨撰　(清)史以遇選鈔　**續文獻通考鈔三十卷**　(明)王圻撰　(清)史以甲輯　清康熙二年(1663)史氏美延堂刻本　十九册

440000－2541－0000670　797
續文獻通考二百五十四卷　(明)王圻撰　明萬曆三十一年(1603)曹時聘、許維新等刻本

一百册

440000－2541－0000671　798
大元聖政國朝典章六十卷新集至治條例不分卷　(元)□□編　清曾釗面城樓抄本　周連寬題識　三十六册

440000－2541－0000672　799
明都察院及六部事例不分卷　(明)□□輯　明抄本　七册

440000－2541－0000673　800
皇明世法錄九十二卷　(明)陳仁錫撰　明崇禎刻本　五十册

440000－2541－0000674　801
明成化弘治吏戶刑三部事例不分卷　(明)□□輯　明藍格抄本　三册

440000－2541－0000675　802
大清會典二百五十卷　(清)尹泰等纂修　清雍正十年(1732)武英殿刻本　一百册

440000－2541－0000676　803
欽定大清會典則例一百八十卷　(清)張廷玉等纂修　清乾隆内府刻本　一百册

440000－2541－0000677　804
居官雜錄不分卷　(清)□□撰　清抄本　四十册

440000－2541－0000678　809
政和五禮新儀二百二十卷　(宋)鄭居中等撰　**政和御製冠禮十卷**　清南海孔氏嶽雪樓抄本　二十册　存二百十七卷(五禮新儀一至一百五、一百十至一百二十八、一百三十八至二百二十,冠禮十卷)

440000－2541－0000679　810
中興禮書三百卷　(宋)禮部太常寺纂修　(清)徐松輯　**續編八十卷**　(宋)葉宗魯纂改　(清)徐松輯　清曾釗面城樓抄本　周連寬題識　二十八册　存三百二十一卷(一至二、四、六至十六、十八至二十、二十二至八十五、九十至一百十八、一百二十至一百二十一、一百二十五至一百二十九、一百三十一至一百三十九、一百四十一至一百四十二、一百四十九至一百五十、一百五十二至一百五十四、一百五十六至一百六十、一百六十三至一百六十五、一百六十九至一百七十、一百七十三至一百七十六、一百七十八至一百九十一、一百九十六至二百六、二百九至二百十、二百十五至二百十八、二百二十至二百二十三、二百二十六至二百二十七、二百三十至三百,續編一至三、五至九、十一、十三至二十二、三十、三十五至八十)

440000－2541－0000680　811
大金集禮四十卷　(金)張瑋等撰　清抄本　八册

440000－2541－0000681　812
大金集禮四十卷　(金)張瑋等撰　清抄本　六册　存十一卷(一至十一)

440000－2541－0000682　813
孔廟禮樂考六卷　(明)瞿九思撰　明萬曆三十五年(1607)史學遷刻本　八册

440000－2541－0000683　814
頖宫禮樂疏十卷　(明)李之藻撰　明萬曆四十六年(1618)馮時來刻本　六册

440000－2541－0000684　815
國學禮樂錄二十卷　(清)李周望　(清)謝履忠撰　清康熙五十八年(1719)國子監刻本　二册

440000－2541－0000685　816
南巡盛典不分卷　(清)高晉等纂　稿本　十册

440000－2541－0000686　817
萬壽盛典初集一百二十卷　(清)王原祁　(清)王奕清等纂　清康熙五十四年至五十六年(1715－1717)武英殿刻本　三十八册

440000－2541－0000687　818
歷代紀元彙考八卷　(清)萬斯同撰　清康熙四十二年(1703)刻本　二册

440000－2541－0000688　819

歷代建元考不分卷　(清)鍾淵映撰　清抄本　四冊

440000－2541－0000689　820
南廱志二十四卷　(明)黄佐撰　清抄本　一冊　存二卷(十七至十八)

440000－2541－0000690　823
實政錄十卷　(明)吕坤撰　明萬曆四十六年(1618)傅淑訓刻本　十冊

440000－2541－0000691　824
萬曆會計錄四十三卷　(明)張學顔等撰　明萬曆九年(1581)刻本　四冊　存四卷(二、十三至十四、十五下)

440000－2541－0000692　825
湖廣德安府條議一卷　(明)□□纂　明藍格抄本　一冊

440000－2541－0000693　826
度支括要□□卷　(清)□□輯　清抄本　二冊

440000－2541－0000694　827
蘇松田賦考二卷　(清)邵廣憲撰　清抄本　一冊

440000－2541－0000695　828
蘇松財賦考圖説不分卷　(清)周夢顔輯　清道光九年(1829)周氏刻本　二冊

440000－2541－0000696　829
金穀瑣言二卷　(清)□□輯　清抄本　二冊

440000－2541－0000697　830
粤海關志三十卷　(清)梁廷枏纂　清道光刻本　十六冊

440000－2541－0000698　831
粤海關志三十卷　(清)梁廷枏纂　清道光刻本　十二冊

440000－2541－0000699　832
粤海關志三十卷　(清)梁廷枏纂　清道光刻本　十九冊

440000－2541－0000700　833
增補運道觀略纂不分卷　(清)□□輯　清抄本　一冊

440000－2541－0000701　834
新修長蘆鹽法志十六卷　(清)莽鵠立　(清)魯之裕等纂修　清雍正四年(1726)刻本　八冊

440000－2541－0000702　835
鹽説一卷　(清)□□撰　清抄本　清秦賡彤跋　一冊

440000－2541－0000703　836
各國鹽務紀要一卷　(清)鄭永昌輯　稿本　一冊

440000－2541－0000704　837
荒政彙編二卷　(明)何淳之輯　明萬曆二十三年(1595)譚廷臣刻本　二冊

440000－2541－0000705　838
粤道貢國説六卷　(清)梁廷枏撰　清道光二十六年(1846)刻海國四説本　三冊

440000－2541－0000706　840
水師輯要不分卷　(清)陳良弼撰　清抄本　二冊

440000－2541－0000707　841
大明律三十一卷　(明)劉惟謙等撰　**附錄一卷**　明萬曆三十七年(1609)董漢儒等刻本　十一冊

440000－2541－0000708　842
律例摘要七言一卷　(清)王地山輯　清抄本　一冊

440000－2541－0000709　843
祥刑要覽三卷　(明)吳訥輯　(明)張謙增輯　明刻本　一冊

440000－2541－0000710　844
詳稿彙抄不分卷　(清)□□輯　清香渠抄本　十二冊

440000－2541－0000711　845
近年秋審比較彙案十六卷　(清)刑部輯　清抄本　十六冊

440000－2541－0000712　846
明嘉靖十六年工部檔案不分卷　(明)□□輯　明黑格抄本　一冊

440000－2541－0000713　847
恤刑題稿十四卷　(明)查繹撰　明嘉靖刻本　七冊

440000－2541－0000714　848
崇禎十年塘報獲捷事一卷　(明)□□纂　明崇禎十年(1637)兵部抄本　一冊

440000－2541－0000715　849
張文襄公電稿不分卷(光緒十年至十五年)　(清)張之洞撰　清光緒抄本　四十冊

440000－2541－0000716　850
張文襄公督粵收接電稿不分卷(光緒十年至十五年)　(清)□□輯　清光緒抄本　二十冊

440000－2541－0000717　851
廣東提學使辦理留洋學生公牘不分卷(光緒三十四年至宣統元年)　(清)□□輯　清抄本　一冊

440000－2541－0000718　852
金石圖不分卷廣金石圖不分卷　(清)褚峻摹圖　(清)牛運震解說　清乾隆九年(1744)刻十年(1745)續刻本　四冊

440000－2541－0000719　853
金石圖不分卷廣金石圖不分卷　(清)褚峻摹圖　(清)牛運震解說　清乾隆九年(1744)刻十年(1745)續刻本　四冊

440000－2541－0000720　854
金石圖不分卷廣金石圖不分卷　(清)褚峻摹圖　(清)牛運震解說　清乾隆九年(1744)刻十年(1745)續刻本　二冊

440000－2541－0000721　855
隸釋二十七卷　(宋)洪适撰　清乾隆四十二年至四十三年(1777－1778)汪晹樓松書屋刻本　周連寬題識　十冊　存二十一卷(一至二十一)

440000－2541－0000722　856
金石古文十四卷　(明)楊慎輯　明嘉靖三十三年(1554)孫昭、李懿刻本　四冊

440000－2541－0000723　857
金石文字記六卷　(清)顧炎武撰　清康熙刻亭林遺書本　二冊

440000－2541－0000724　858
金石文字記六卷　(清)顧炎武撰　清抄本　清魏稼孫批　容庚題識　一冊　存三卷(一至三)

440000－2541－0000725　859
兩漢金石記二十二卷　(清)翁方綱撰　清乾隆五十四年(1789)南昌使院刻本　八冊

440000－2541－0000726　860
兩漢金石記二十二卷　(清)翁方綱撰　清乾隆五十四年(1789)南昌使院刻本　六冊

440000－2541－0000727　861
金石三例十五卷　(清)盧見曾輯　清乾隆二十年(1755)盧見曾刻本　四冊

440000－2541－0000728　862
虎丘金石目一卷　(清)□□撰　清姚氏咫進齋抄本　一冊

440000－2541－0000729　863
校補金石例四種　(清)李瑤編　清道光十二年(1832)李瑤泥活字印本　六冊

440000－2541－0000730　864
觀妙齋藏金石文考略十六卷　(清)李光暎撰　清雍正刻道光十七年(1837)盛坰拜石山房印本　二十冊

440000－2541－0000731　865
寶古堂重修考古圖十卷　(宋)呂大臨撰　(元)羅更翁考訂　**寶古堂重考古玉圖二卷**　(元)朱德潤撰　明萬曆吳萬化刻本　黃裳跋　六冊

440000－2541－0000732　866
亦政堂重修考古圖十卷　(宋)呂大臨撰　明萬曆泊如齋刻清乾隆十八年(1753)黃晟槐蔭

草堂印本　四册　存四卷(一至四)

440000－2541－0000733　867
泊如齋重修宣和博古圖録三十卷　(宋)王黼等撰　明萬曆十六年(1588)泊如齋刻本　三十册

440000－2541－0000734　868
泊如齋重修宣和博古圖録三十卷　(宋)王黼等撰　明萬曆十六年(1588)泊如齋刻本　三十册

440000－2541－0000735　869
歷代鐘鼎彝器欵識法帖二十卷　(宋)薛尚功撰　清嘉慶二年(1797)阮元刻本　四册

440000－2541－0000736　870
歷代鐘鼎彝器欵識法帖二十卷　(宋)薛尚功撰　清嘉慶二年(1797)阮元刻本　四册

440000－2541－0000737　871
寶刻叢編二十卷　(宋)陳思輯　清抄本　十二册　存十五卷(一至八、十、十三至十五、十八至二十)

440000－2541－0000738　872
石墨鐫華八卷　(明)趙崡撰　明萬曆四十六年(1618)自刻本　四册

440000－2541－0000739　873
寰宇訪碑録十二卷　(清)孫星衍　(清)邢澍撰　**寰宇訪碑録刊謬一卷**　羅振玉撰　**補寰宇訪碑録五卷失編一卷**　(清)趙之謙撰　**補寰宇訪碑録刊謬一卷**　羅振玉刊謬　清光緒十年至二十年(1884－1894)朱記榮槐廬刻本　清楊寶鏞批校並跋　十四册

440000－2541－0000740　874
漢石存目二卷　(清)王懿榮撰　稿本　周鑾詒題款　一册

440000－2541－0000741　875
秦漢瓦當文字二卷　(清)程敦輯　清乾隆五十二年(1787)横渠書院刻本　一册　存前八種瓦當

440000－2541－0000742　876
泉志十五卷　(宋)洪遵撰　(明)徐象梅配圖　明萬曆胡震亨、沈士龍刻秘册彙函本　四册

440000－2541－0000743　877
古金録四卷錢幣考一卷　(清)萬光煒撰　清乾隆刻本　二册

440000－2541－0000744　878
錢幣考不分卷　(清)□□撰　清抄本　四册

440000－2541－0000745　879
内閣藏書目録八卷　(明)張萱等撰　清末繆氏藕香簃抄本　繆荃孫跋　二册　存四卷(一至四)

440000－2541－0000746　880
昭德先生郡齋讀書志二十卷　(宋)晁公武撰　清嘉慶二十四年(1819)汪士鐘藝芸書舍刻本　三册

440000－2541－0000747　881
讀書敏求記四卷　(清)錢曾撰　清乾隆十年(1745)沈尚傑雙桂草堂刻六十年(1795)沈炎耆英堂重修本　清佚名録黄丕烈批校　四册

440000－2541－0000748　882
傳是樓書目八卷傳是樓宋元版書目一卷　(清)徐乾學撰　清徐寶善抄本　清徐衡題識　七册

440000－2541－0000749　883
國史經籍志六卷　(明)焦竑撰　清抄本　十册

440000－2541－0000750　884
應繳違礙書籍各種名目不分卷　(清)姚覲元輯　清抄本　二册

440000－2541－0000751　885
蜀中著作記十卷　(明)曹學佺撰　清抄本　四册

440000－2541－0000752　886
東萊先生音註唐鑑二十四卷　(宋)范祖禹撰　(宋)呂祖謙注　明刻本　周連寬題識　八册

440000－2541－0000753　888
讀史漫録十四卷　（明）于慎行撰　明萬曆四十二年（1614）于緯刻本　十四册　存十二卷（一至十二）

440000－2541－0000754　889
歷代史論一編四卷　（明）張溥撰　明崇禎刻本　六册

440000－2541－0000755　890
二十一史論贊三十六卷　（明）沈國元輯　明崇禎十年（1637）大來堂刻本　二十八册

440000－2541－0000756　891
史統二十卷　（明）余大朋撰　明崇禎刻本　八册

440000－2541－0000757　892
讀書論世十六卷　（清）吳肅公撰　清康熙張潮詒清堂刻本　六册　存十二卷（一至四、七至十四）

440000－2541－0000758　893
史通訓故補二十卷　（清）黄叔琳補注　清乾隆黄氏刻本　六册

440000－2541－0000759　894
讀史提要録十二卷　（清）夏之蓉撰　清乾隆三十七年（1772）刻本　四册

440000－2541－0000760　895
評鑑闡要十二卷　（清）劉統勳等撰　清乾隆内府刻本　六册

440000－2541－0000761　896
讀史管見三卷　（清）李晚芳撰　清乾隆五十二年（1787）梁煒刻嘉慶印本　三册

440000－2541－0000762　897
廿二史劄記三十六卷　（清）趙翼撰　清嘉慶五年（1800）湛貽堂刻甌北全集本　清陳澧批校　六册

440000－2541－0000763　898
文史通義八卷校讎通義三卷　（清）章學誠撰　清咸豐元年（1851）伍氏刻粤雅堂叢書本　清陳澧批校　九册

440000－2541－0000764　899
讀史偶録内集五卷外集三卷問答總論一卷附集一卷　（清）張夢鏞輯　稿本　十六册

440000－2541－0000765　900
唐宋名賢歷史確論一百一卷　（□）□□輯　清抄本　三十四册

440000－2541－0000766　901
孔子家語十卷　題（三國魏）王肅注　明萬曆吳勉學刻本　六册

440000－2541－0000767　902
孔子家語十卷　題（三國魏）王肅注　明刻本　六册

440000－2541－0000768　903
孔氏家語十卷　題（三國魏）王肅注　明崇禎古虞毛氏汲古閣刻本　二册

440000－2541－0000769　904
孔子家語十卷　題（三國魏）王肅注　明刻本　六册

440000－2541－0000770　905
孔子家語八卷　（明）何孟春補注　明刻本　四册

440000－2541－0000771　906
孔子家語八卷　（明）何孟春補注　明永明書院刻本　四册

440000－2541－0000772　907
荀子二十卷　（唐）楊倞注　明刻本　二册　存二卷（十九至二十）

440000－2541－0000773　908
六子全書六十卷　（明）顧春編　明嘉靖十二年（1533）顧春世德堂刻本　九册

440000－2541－0000774　909
纂圖互註荀子二十卷　（唐）楊倞注　明刻本　清佚名批校　四册

440000－2541－0000775　910
荀子二十卷　（唐）楊倞注　明刻本　六册

440000－2541－0000776　911

荀子二十卷 (唐)楊倞注 (清)謝墉輯補 **校勘補遺一卷** (清)謝墉撰 清乾隆五十一年(1786)謝墉安雅堂刻本 周連寬題識 四冊

440000－2541－0000777 912
湘管齋寓賞編六卷 (清)陳焯撰 清乾隆四十七年(1782)自刻陳經聽香讀畫樓重修本 六冊

440000－2541－0000778 913
四診抉微八卷管窺附餘一卷 (清)林之翰撰 清近文堂刻本 七冊

440000－2541－0000779 914
鹽鐵論十二卷 (漢)桓寬撰 (明)張之象注 明萬曆八年(1580)趙南星等刻本 六冊

440000－2541－0000780 915
鹽鐵論十二卷 (漢)桓寬撰 (明)張之象注 明刻本 十冊

440000－2541－0000781 916
鹽鐵論十卷 (漢)桓寬撰 **校勘小識一卷** 王先謙撰 清光緒十七年(1891)思賢講舍刻本 清王秉恩校并跋 王文燾題識 二冊

440000－2541－0000782 917
纂圖互註揚子法言十卷 (漢)揚雄撰 (晉)李軌 (唐)柳宗元 (宋)宋咸 (宋)吳祕 (宋)司馬光注 明初刻本 佚名批校 二冊

440000－2541－0000783 918
纂圖互註揚子法言十卷 (漢)揚雄撰 (晉)李軌 (唐)柳宗元 (宋)宋咸 (宋)吳祕 (宋)司馬光注 明刻六子全書本 四冊

440000－2541－0000784 919
高要兩丈遺墨一卷 (清)馮景千 (清)馮譽驥撰 稿本 一冊

440000－2541－0000785 920
新纂門目五臣音註揚子法言十卷 (漢)揚雄撰 (晉)李軌 (唐)柳宗元 (宋)宋咸 (宋)吳祕 (宋)司馬光注 明桐陰書屋刻六子全書本 六冊

440000－2541－0000786 921
絳雪園古方選注不分卷 (清)王子接撰 清雍正刻本 四冊

440000－2541－0000787 922
同壽錄四卷 (清)項天瑞撰 清乾隆二十七年(1762)刻本 六冊

440000－2541－0000788 923
傅子一卷 (晉)傅玄撰 清抄本 清陳澧批校 一冊

440000－2541－0000789 924
中說十卷 題(隋)王通撰 (宋)阮逸注 明敬忍居刻本 四冊

440000－2541－0000790 925
醫學心悟五卷華佗外科十法一卷華佗外科診治方藥一卷 (清)程國彭撰 清刻本 二冊

440000－2541－0000791 926
正蒙集說十七卷 (宋)張載撰 (清)楊方達纂 清乾隆五年(1740)復初堂刻本 六冊

440000－2541－0000792 927
小學句讀十卷 (宋)朱熹撰 (明)吳訥集解 (明)陳選增注 (明)王雲鳳輯 明刻本 清佚名批校 六冊

440000－2541－0000793 928
朱子語類一百四十卷 (宋)朱熹撰 (宋)黎靖德輯 明萬曆三十二年(1604)朱崇沐刻本 四十八冊

440000－2541－0000794 929
延平李先生師弟子答問一卷 (宋)朱熹輯 明弘治八年(1495)周木刻本 一冊

440000－2541－0000795 931
節錄程朱論教子弟不分卷 (清)□□節錄 清抄本 清佚名批校并題識 六冊

440000－2541－0000796 938
先聖大訓六卷 (宋)楊簡撰 明萬曆四十三年(1615)張翼軫等刻本 六冊

440000－2541－0000797　939
大學衍義四十三卷　(宋)真德秀撰　明崇禎十一年(1638)楊鶚浦城縣署刻清乾隆二年(1737)重修本　十册

440000－2541－0000798　940
大學衍義四十三卷　(宋)真德秀撰　清孫嘉淦刻本　十册

440000－2541－0000799　941
大學衍義摘抄不分卷　(宋)真德秀撰　(清)□□摘抄　清抄本　二册

440000－2541－0000800　942
大學衍義補一百六十卷首一卷　(明)丘濬撰　明弘治元年(1488)建寧府刻本　四十册

440000－2541－0000801　943
大學衍義補一百六十卷首一卷　(明)丘濬撰　明刻本　二十册　存一百三十五卷(一至一百三十四、首一卷)

440000－2541－0000802　944
大學衍義輯要六卷大學衍義補輯要十二卷　(清)陳弘謀輯　清乾隆元年(1736)陳弘謀培遠堂刻本　九册

440000－2541－0000803　945
慈溪黄氏日抄分類九十七卷古今紀要十九卷　(宋)黄震撰　清刻本(日抄卷八十一、八十九、九十二未刻)　二十二册　存一百四卷(日抄十至八十、八十二至八十八、九十至九十一、九十三至九十七,紀要十九卷)

440000－2541－0000804　946
慈溪黄氏日抄分類九十七卷古今紀要十九卷　(宋)黄震撰　清榮荆堂活字印本　清佚名校　二十三册　存四十六卷(日抄一至三十一、紀要一至十五)

440000－2541－0000805　947
性理大全書七十卷　(明)胡廣等輯　明萬曆吳勉學師古齋刻明末重修本　十八册

440000－2541－0000806　948
新刻京本性理大全書七十卷　(明)胡廣等撰　明吳勉學刻本　六十四册

440000－2541－0000807　949
讀書録十一卷續録十二卷　(明)薛瑄撰　明嘉靖四年(1525)刻本　八册

440000－2541－0000808　950
五倫書六十二卷　(明)宣宗朱瞻基撰　明正統十二年(1447)内府刻本　八册　存二十五卷(十七至十九、二十三至三十五、三十九至四十七)

440000－2541－0000809　951
困知記二卷續記二卷三續一卷四續一卷續補一卷附録一卷　(明)羅欽順撰　明萬曆刻本　四册

440000－2541－0000810　952
士翼三卷　(明)崔銑撰　明萬曆九年(1581)崔氏家塾刻本　三册

440000－2541－0000811　953
心學宗二卷　(明)方學漸輯　明刻本　二册　存一卷(一)

440000－2541－0000812　954
庸言十二卷　(明)黄佐撰　清康熙二十一年(1682)黄逵卿、黄銘刻本　六册

440000－2541－0000813　955
翰林節摘性理粹言十卷　(明)吕柟輯　明萬曆三十五年(1607)關世亨刻本　四册

440000－2541－0000814　956
閑闢録十卷　(明)程瞳輯　明嘉靖四十三年(1564)程纘洛刻本　四册

440000－2541－0000815　957
汪子中詮六卷　(明)汪應蛟撰　明萬曆四十六年(1618)自刻本　清余龍光題識　六册

440000－2541－0000816　958
新刊性理會要十卷　(明)游遜輯　明嘉靖三十四年(1555)余氏自新齋刻本　八册　存八卷(一至八)

440000－2541－0000817　959
呻吟語六卷　(明)吕坤撰　明萬曆刻本　葉

敀芳題識　六冊

440000－2541－0000818　960

重刊增補論策全題性理集要八卷　(明)郝孔昭輯　明萬曆十一年(1583)金陵書林唐廷仁刻本　十二冊

440000－2541－0000819　961

嚨言十卷　(明)范淶撰　明萬曆四十五年(1617)汪浞等刻本　清佚名批校　四冊

440000－2541－0000820　962

一書四卷　(明)俞邦時撰　明萬曆刻本　一冊　存二卷(元、副)

440000－2541－0000821　963

養正圖解不分卷　(明)焦竑撰　(明)丁雲鵬繪圖　(明)吳繼序書解　明萬曆刻本　二冊

440000－2541－0000822　964

密庵寱言二卷　(明)樊良樞撰　(明)江禹疏品　(明)宋邵儒評　明末刻本　一冊

440000－2541－0000823　965

密庵巵言六卷　(明)樊良樞撰　明崇禎四年(1631)樊氏家刻本　明舒曰敬跋　一冊

440000－2541－0000824　966

增訂論語外篇四卷　(明)梁子璠輯　明天啓五年(1625)自刻本　六冊

440000－2541－0000825　967

論語逸編三十一卷　(明)鍾韶輯　明抄本　清佚名批校　二冊

440000－2541－0000826　968

見聞日錄不分卷　(明)鄭文兆撰　明崇禎四年(1631)自刻本　四冊

440000－2541－0000827　969

治平畧增定全書三十三卷　(清)朱健　(清)朱徽撰　清康熙三年(1664)刻本　三十二冊

440000－2541－0000828　971

御纂性理精義十二卷(滿漢合璧)　(清)李光地等纂　清康熙五十六年(1717)內府刻本　八冊

440000－2541－0000829　972

日知薈說四卷　(清)高宗弘曆撰　清抄本　四冊

440000－2541－0000830　973

陳澧遺稿不分卷　(清)陳澧撰　稿本　四冊

440000－2541－0000831　975

黃氏家鑑一卷　(清)黃福綸撰　稿本　一冊

440000－2541－0000832　976

庸言四卷　(清)余元遴撰　稿本　六冊　存三卷(一至三)

440000－2541－0000833　984

火龍經全集□□種　(□)□□編　清刻本　四冊　存六種

440000－2541－0000834　985

握機經三卷　(明)曹胤儒集注　**握機緯十五卷**　明末刻本　四冊

440000－2541－0000835　986

水陸攻守戰略秘書七種　題(清)澼洸道人編　清抄本　八冊　存六種

440000－2541－0000836　988

六韜六卷　題(戰國)呂望撰　清抄本　二冊

440000－2541－0000837　989

北史一百卷　(唐)李延壽撰　明萬曆十九年至二十一年(1591－1593)南京國子監刻清順治、康熙遞修二十一史本　三十冊

440000－2541－0000838　991

武經總要前集二十卷後集二十卷　(宋)曾公亮　(宋)丁度等撰　明黑格抄本　十二冊　存二十一卷(前集二十卷、後集一)

440000－2541－0000839　992

紀効新書十八卷　(明)戚繼光撰　清抄本　八冊

440000－2541－0000840　993

萬勝真韜五卷　(明)馮嘉會輯　明崇禎七年(1634)馮映鑾刻本　周連寬題識　八冊

440000－2541－0000841　994

武備志二百四十卷 （明）茅元儀纂 明天啓刻本 周連寬題識 七十八册

440000－2541－0000842 996
左略一卷 （明）曾益輯 明末刻本 一册 存上半卷

440000－2541－0000843 997
兵鏡二十卷 （明）吴惟順 （明）吴鳴球輯 明末問奇齋刻本 六册

440000－2541－0000844 998
兵録十四卷 （明）何汝賓撰 清抄本 清佚名批校 四册 存三卷（一至三）

440000－2541－0000845 999
金湯借箸十二籌十二卷 （明）李盤撰 清抄本 十册

440000－2541－0000846 1000
金湯借箸十二籌十二卷 （明）李盤撰 清抄本 六册

440000－2541－0000847 1001
治平勝算全書二十八卷 （清）年羹堯撰 清抄本 十册

440000－2541－0000848 1002
治平勝算全書十四卷 （清）年羹堯撰 清抄本 三十六册

440000－2541－0000849 1003
兵書輯抄不分卷 （清）□□輯 清抄本 二册

440000－2541－0000850 1004
讀史兵略四十六卷 （清）胡林翼纂 清咸豐十一年（1861）武昌節署刻本 清汪士鐸批並題識 周連寬跋 十六册

440000－2541－0000851 1005
古今將略四卷 （明）馮牧撰 明萬曆十八年（1590）刻本 八册

440000－2541－0000852 1006
新鐫繡像旁批詳注總斷廣名將譜二十卷 （明）黄道周注 明崇禎刻本 十册

440000－2541－0000853 1007
管韓合刻四十四卷 （明）趙用賢編 明萬曆十年（1582）自刻本 十三册

440000－2541－0000854 1008
管子二十四卷 （唐）房玄齡注 （明）劉績補注 明萬曆臨川朱東光刻中立四子集本 八册 存十六卷（一至十六）

440000－2541－0000855 1009
管子二十四卷 （唐）房玄齡注 （明）劉績補注 （明）張榜等評 明天啓五年（1625）朱養純花齋刻本 十二册

440000－2541－0000856 1010
管子二十四卷 （唐）房玄齡注 （明）劉績 （明）朱長春補注 明萬曆刻本 十二册

440000－2541－0000857 1011
管子二十四卷 （明）趙用賢 （明）朱長春等評 明萬曆四十八年（1620）凌汝亨刻朱墨套印本 十六册

440000－2541－0000858 1012
管子榷二十四卷 （明）朱長春撰 明萬曆四十年（1612）張維樞刻本 二十册

440000－2541－0000859 1013
管子纂二卷 （明）張榜撰 明末刻管韓合纂本 清孫柏志題識 二册

440000－2541－0000860 1014
楊升庵先生評注先秦五子全書五種 （明）張懋寀編 明天啓五年（1625）張氏横秋閣刻本 五册

440000－2541－0000861 1015
韓非子二十卷 （戰國）韓非撰 明刻本 十册

440000－2541－0000862 1016
韓非子二十卷 （戰國）韓非撰 明刻本 四册

440000－2541－0000863 1017
韓非子二十卷 （戰國）韓非撰 明萬曆新安吴勉學刻二十子本 清唐岳批校 四册

440000－2541－0000864　1018
南海桂氏叢稿十九種　(清)桂文燿等撰　稿本　十一冊

440000－2541－0000865　1019
韓非子二十卷　(戰國)韓非撰　明萬曆十年(1582)趙用賢刻管韓合刻本　清理堂氏題識　十冊

440000－2541－0000866　1021
韓子迂評二十卷附錄一卷　題(明)門無子撰　明萬曆六年(1578)自刻十一年(1583)重修本　五冊

440000－2541－0000867　1022
齊民要術十卷雜說一卷　(北魏)賈思勰撰　**耒耜經一卷**　(唐)陸龜蒙撰　清抄本　四冊

440000－2541－0000868　1023
御製耕織圖詩一卷　(清)聖祖玄燁　(清)世宗胤禛　(清)高宗弘曆撰　清刻本　一冊　存四十一幅(耕圖二十三幅、織圖十八幅)

440000－2541－0000869　1024
七子詩選十四卷　(清)沈德潛編　清刻本　四冊

440000－2541－0000870　1025
素問病機氣宜保命集三卷　(金)劉完素撰　明懷德堂刻本　四冊

440000－2541－0000871　1026
內經素問存真不分卷　(清)張與權撰　稿本　一冊

440000－2541－0000872　1027
本草綱目五十二卷附圖二卷瀕湖脈學一卷脈訣考證一卷奇經八脈考一卷　(明)李時珍撰　明萬曆刻本　二冊　存二卷(瀕湖脈學一卷、奇經八脈考一卷)

440000－2541－0000873　1028
神農本草經疏三十卷　(明)繆希雍撰　明天啓五年(1625)毛晉綠君亭刻本　二十四冊

440000－2541－0000874　1029
重修政和經史證類備用本草三十卷　(宋)唐慎微撰　(宋)寇宗奭衍義　明隆慶三年(1569)刻本　六十冊

440000－2541－0000875　1030
重刊經史證類大全本草三十一卷　(宋)唐慎微纂　(宋)寇宗奭衍義　明萬曆二十八年(1600)籍山書院刻三十八年(1610)彭端吾重修本　三十六冊

440000－2541－0000876　1031
重刊經史證類大全本草三十一卷　(宋)唐慎微纂　(宋)寇宗奭衍義　明萬曆二十八年(1600)籍山書院刻三十八年(1610)彭端吾重修本　一冊　存二卷(二十七至二十八)

440000－2541－0000877　1032
本草綱目五十二卷首一卷　(明)李時珍撰　明萬曆刻本　七冊　存八卷(一、三至八、十一)

440000－2541－0000878　1033
本草綱目拾遺十卷正誤一卷　(清)趙學敏輯　清抄本　十六冊

440000－2541－0000879　1034
活人書二十卷首一卷　(宋)朱肱撰　明萬曆四十四年(1616)張惟任等刻本　十冊

440000－2541－0000880　1035
脈訣一卷　(宋)崔嘉彥撰　清刻本　一冊

440000－2541－0000881　1036
張仲景先師金匱玉函經不分卷　(漢)張機撰　清抄本　二冊

440000－2541－0000882　1037
陶節菴全生集四卷　(明)陶華撰　明崇禎十三年(1640)刻本　十冊

440000－2541－0000883　1038
傷寒論條辨八卷本草鈔一卷或問一卷痙書一卷　(明)方有執撰　清康熙浩然樓刻本　一冊

440000－2541－0000884　1039
萬氏家傳傷寒摘錦二卷　(明)萬全撰　清抄本　四冊

440000－2541－0000885　1040
傷寒論尚論篇辨似不分卷　(清)喻昌編　(清)高學山發明　清抄本　四册

440000－2541－0000886　1041
寄墨廬金匱讀本不分卷　(清)□□輯　清抄本　四册　存前十二節及方論一册

440000－2541－0000887　1042
名醫類案十二卷　(明)江瓘輯　(明)江應宿述補　明萬曆十九年(1591)刻本　清佚名批校　二十四册

440000－2541－0000888　1043
醫學綱目四十卷　(明)樓英撰　**運氣占候補遺一卷**　(明)邵弁輯　明嘉靖四十四年(1565)曹灼刻本　四十册

440000－2541－0000889　1044
古今醫統正脈全書四十四種　(明)王肯堂編　明萬曆二十九年(1601)新安吳勉學刻本　四十四册　存十三種

440000－2541－0000890　1045
醫聖階梯十卷　(明)周禮撰　明萬曆元年(1573)烏程周雷刻本　十册

440000－2541－0000891　1046
刻醫無閭子醫貫六卷　(明)趙獻可撰　明崇禎書林張起鵬刻本　四册

440000－2541－0000892　1047
先醒齋筆記十四卷炮炙大法一卷用藥凡例一卷　(明)繆希雍撰　(明)丁元薦輯　明崇禎十五年(1642)虞山李枝刻本　六册

440000－2541－0000893　1048
種福堂公選良方四卷　(清)葉桂撰　清崇德書院刻本　二册

440000－2541－0000894　1049
惠直堂經驗奇方四卷　(清)陶承熹輯　清抄本　六册

440000－2541－0000895　1050
東醫寶鑑二十三卷　(朝鮮)許浚輯　清抄本　二十五册

440000－2541－0000896　1051
外科精要三卷　(宋)陳自明撰　(明)薛己注　明嘉靖刻本　二册　存二卷(上、下)

440000－2541－0000897　1052
傷科彙纂十二卷圖注一卷　(清)胡廷光纂輯　稿本　十二册

440000－2541－0000898　1053
外科彙選不分卷　(清)□□輯　清抄本　六册

440000－2541－0000899　1054
女科正宗四卷　(清)何濤　(清)浦天球撰　清抄本　六册

440000－2541－0000900　1055
明易胎產醫方八卷　(□)□□輯　清抄本　四册

440000－2541－0000901　1056
婦科集要不分卷　題(明)王璽集　清抄本　四册

440000－2541－0000902　1057
竹林寺產科一卷丹方一卷　(清)□□輯　清蔡震抄本　一册

440000－2541－0000903　1058
竹林女科證治四卷　(清)□□輯　清抄本　六册

440000－2541－0000904　1059
汪石山醫書七種(汪石山醫學七書)　(明)汪機撰　明嘉靖刻本　六册

440000－2541－0000905　1060
痘症要訣一卷　題(明)吳子陽撰　清抄本　二册

440000－2541－0000906　1061
痘學真傳八卷　(清)葉大椿撰　清雍正十年(1732)葉氏寶綸堂刻本　八册

440000－2541－0000907　1062
小兒衛生總微論方二十卷　(清)□□輯　清抄本　七册

440000－2541－0000908　1063
痘疹秘方不分卷　(清)□□輯　清抄本　四冊

440000－2541－0000909　1064
秘傳楊石溪未痘先知神訣一卷　題(□)楊石溪撰　清抄本　一冊

440000－2541－0000910　1065
編注醫學入門内集二卷外集五卷首一卷　(明)李梴撰　清乾隆三十二年(1767)刻本　二十四冊

440000－2541－0000911　1066
遵生秘笈不分卷　(清)□□撰　清抄本　二冊

440000－2541－0000912　1067
石山醫案三卷附錄一卷　(明)汪機撰　**石山居士傳一卷**　(明)李汛撰　明嘉靖十年(1531)陳桷刻重修本　四冊

440000－2541－0000913　1068
[孫氏]醫案五卷　(明)孫一奎撰　清抄本　四冊　存二卷(一至二)

440000－2541－0000914　1069
寓意草不分卷　(明)喻昌撰　明崇禎十六年(1643)東溪堂刻本　一冊　存前半部分

440000－2541－0000915　1070
紅樹山莊醫案十二卷　(清)葉昶撰　清抄本　二十四冊　存十卷(一至十)

440000－2541－0000916　1071
醫蔀通辨四卷　(清)唐宏輯　清咸豐六年(1856)馬淦抄本　八冊

440000－2541－0000917　1072
古今名醫彙粹八卷　(清)羅美輯　清抄本　十八冊　存六卷(一至六)

440000－2541－0000918　1073
醫鑑摘要不分卷　(清)凌雲輯　清抄本　佚名批點　四冊

440000－2541－0000919　1074
知不足齋叢書三十集一百九十七種附十一種　(清)鮑廷博編　(清)鮑志祖續編　清乾隆至道光長塘鮑氏刻本　二十五冊　存三十六種

440000－2541－0000920　1075
不得已二卷　(清)楊光先撰　清抄本　二冊

440000－2541－0000921　1076
刻天文秘略説不分卷　(明)胡獻忠撰　明萬曆三十一年(1603)自刻本　一冊

440000－2541－0000922　1078
古今律曆考七十二卷　(明)邢雲路撰　明萬曆二十七年(1599)徐安刻本　二十八冊

440000－2541－0000923　1079
御製欽若曆書上編十六卷下編十卷表十六卷　(清)聖祖玄燁製　清雍正内府刻本　周連寬題識　三十冊

440000－2541－0000924　1080
孫子算經二卷　(唐)李淳風注　清抄本　清佚名批校　一冊

440000－2541－0000925　1081
弧矢算術一卷　(明)顧應祥撰　清南海孔氏嶽雪樓抄本　一冊

440000－2541－0000926　1082
準望簡法一卷割圜弧矢補論一卷勾股割圜全義圖一卷方圜比例數表一卷　(清)戴震撰　清抄本　清陳澧批校　一冊

440000－2541－0000927　1083
翼梅八卷續一卷　(清)江永撰　清抄本　二冊　存八卷(翼梅八卷)

440000－2541－0000928　1084
九章算術補草不分卷　(清)蕭允文撰　稿本　二冊

440000－2541－0000929　1085
揚子太玄經十卷圖一卷　(漢)揚雄撰　(明)趙如源輯注　**説玄一卷**　(宋)司馬光撰　明天啓六年(1626)武林書坊趙世楷刻本　四冊

440000－2541－0000930　1086
揚子太玄經十卷圖一卷　(漢)揚雄撰　(明)

趙如源輯注　**說玄一卷**　（宋）司馬光撰　明天啓六年（1626）武林書坊趙世楷刻本　四册

440000－2541－0000931　1087
集註太玄十卷　（漢）揚雄撰　（宋）司馬光集注　清嘉慶三年（1798）陶氏五柳居刻本　清吳汝綸題識　二册

440000－2541－0000932　1088
潛虚一卷　（宋）司馬光撰　**潛虚發微論一卷**　（宋）張敦實撰　明四明范氏天一閣刻范氏奇書本　一册

440000－2541－0000933　1089
皇極數不分卷　（宋）邵雍撰　清抄本　四册

440000－2541－0000934　1090
皇極經世緒言不分卷　（清）劉斯組撰　清抄本　七册

440000－2541－0000935　1091
洪範九疇數不分卷　（宋）蔡沈撰　清抄本　五册

440000－2541－0000936　1092
祝氏泌鉗六卷　（宋）祝泌撰　清抄本　六册

440000－2541－0000937　1093
天原發微五卷圖一卷　（宋）鮑雲龍撰　（明）鮑寧辨正　**天原發微篇目名義一卷問答節要一卷**　（明）鮑寧輯撰　明天順五年（1461）鮑氏耕讀書堂刻本　八册

440000－2541－0000938　1094
觀象玩占十卷　題（唐）李淳風撰　明紅格抄本（卷一配清抄本）　周連寬題識　十册

440000－2541－0000939　1095
觀象玩占五十卷　題（唐）李淳風撰　明藍格抄本　清景方昶題識　十册

440000－2541－0000940　1096
觀象玩占四十九卷　題（唐）李淳風撰　清抄本　十二册

440000－2541－0000941　1097
大唐開元占經一百二十卷　（唐）瞿曇悉達撰　清抄本　三十六册

440000－2541－0000942　1098
素問六氣玄珠密語十七卷　題（唐）王冰撰　清抄本　六册

440000－2541－0000943　1099
推背圖説秘本一卷李淳風藏頭詩一卷透天玄機一卷黄蘗禪師詩一卷回文碑一卷　（唐）袁天罡　（唐）李淳風撰　**劉伯溫先生燒餅歌一卷**　（明）劉基撰　清末抄本　一册

440000－2541－0000944　1100
御製天元玉曆祥異賦不分卷　（明）仁宗朱高熾撰　清抄本　六册

440000－2541－0000945　1101
耕寸集不分卷　（清）李清傑撰　稿本　清達氏題識　二册

440000－2541－0000946　1102
九天玄女青囊海角經權衡二卷首一卷　題（漢）張良傳　（唐）丘延翰頌　（唐）楊益注　（明）吳元爵補注　**道法雙譚摘句一卷**　（元）釋無著注　清抄本　四册

440000－2541－0000947　1103
疑龍經三卷疑龍十問一卷　題（唐）楊益撰　清道光六年（1826）王本敬抄本　一册

440000－2541－0000948　1104
撼龍經一卷疑龍經三卷　題（唐）楊益撰　（清）高其卓注　清抄本　一册

440000－2541－0000949　1105
鐫地理參補評林圖訣全備平沙玉尺經二卷　（元）劉秉忠撰　（明）劉基注　（明）賴從謙增釋　（明）徐之鏌參補　**附録一卷**　明建邑書林陳賢刻本　二册

440000－2541－0000950　1106
重刊人子須知資孝地理心學統宗三十九卷　（明）徐善繼　（明）徐善述撰　明萬曆十一年（1583）曾璠刻本　十六册　存八卷（一至八）

440000－2541－0000951　1107
地理統宗四卷　（明）陳正言撰　明萬曆刻本　十册

440000－2541－0000952　1108

地理參贊玄機僊婆集十三卷　(明)張鳴鳳輯　(明)呂元　(明)杜詩評選　(明)張希堯參補　明萬曆書林熊體忠刻本　四册

440000－2541－0000953　1109

重鐫官板天機會元增補地學剖秘萬金琢玉斧三卷　(明)徐之鏌撰　明萬曆建邑書林陳奇泉積善堂刻本　六册

440000－2541－0000954　1110

地理玄珠二十二卷地理陽宅玄珠四卷　(明)夏世隆撰　(明)夏雨補　明萬曆四十三年(1615)華善繼刻本　十四册

440000－2541－0000955　1111

刻仰止子參定正傳地理統一全書十二卷首一卷　(明)余象斗撰　明崇禎元年(1628)余應虯、余應科刻本　六册　存六卷(二至六、首一卷)

440000－2541－0000956　1112

新編秘傳堪輿類纂人天共寶十二卷　(明)黄慎輯　明崇禎六年(1633)刻本　十二册

440000－2541－0000957　1113

地理正傳九種　(清)張九錫編　清康熙三十五年(1696)刻本　六册

440000－2541－0000958　1114

地理天玉經補註三卷附錄一卷　(清)凌龍光撰　清乾隆凌氏刻本　一册

440000－2541－0000959　1115

地理末學五卷　(清)紀大奎撰　清抄本　清兆卿題識　八册

440000－2541－0000960　1116

焦氏易林四卷　題(漢)焦延壽撰　(明)鍾惺評閲　明刻本　清佚名批注　八册

440000－2541－0000961　1117

玉靈聚義五卷　(唐)徐堅撰　明藍格抄本　復廬居士題識　二册　存二卷(一至二)

440000－2541－0000962　1118

一撮金易數不分卷　(宋)邵雍撰　(明)劉基補　清抄本　二册

440000－2541－0000963　1119

呈洛洞玄經論圖訣三卷　(明)劉基裁訂　明刻本　三册

440000－2541－0000964　1120

卜易選鈔五卷　(清)黄震輯　清抄本　清佚名校注　十册

440000－2541－0000965　1121

武侯便用陰遁九局陽遁九局不分卷　(清)□□撰　清道光二十四年(1844)抄本　八册

440000－2541－0000966　1122

大六壬類占二十八卷　(清)□□撰　清抄本　四册

440000－2541－0000967　1123

六壬集成不分卷　(清)□□撰　清抄本　八册

440000－2541－0000968　1124

太乙統宗寶鑑二十卷纂注太乙統宗寶鑑十二卷　題(元)曉山老人撰　清抄本　十八册

440000－2541－0000969　1125

刻武侯八門神書一卷　(明)胡獻忠撰　明萬曆三十年(1602)自刻本　清佚名批校　一册

440000－2541－0000970　1126

奇門遁甲統宗十二卷　(三國蜀)諸葛亮撰　清抄本　十册　存十卷(一至十)

440000－2541－0000971　1127

救命索一卷　(明)朱權撰　明永樂刻本　一册

440000－2541－0000972　1128

石雲先生金石評考一卷印譜釋考三卷　(明)孫楨撰　明萬曆四十五年(1617)姜道生刻本　一册

440000－2541－0000973　1129

鐵網珊瑚書品十卷畫品六卷　(明)朱存理輯　清雍正六年(1728)年希堯澄鑒堂刻本　二册　存八卷(書品一至二、畫品六卷)

440000－2541－0000974　1130
畫禪室隨筆四卷　(明)董其昌撰　清刻本　二冊

440000－2541－0000975　1131
津逮祕書十五集一百四十一種　(明)毛晉編　明崇禎虞山毛氏汲古閣刻本　四十八冊　存十九種

440000－2541－0000976　1132
經驗廣集四卷　(清)李文炳輯　清乾隆四十三年(1778)刻本　四冊

440000－2541－0000977　1133
絳雪園古方選注不分卷　(清)王子接撰　清乾隆刻綠蔭堂印本　清佚名批點　四冊

440000－2541－0000978　1134
丹臺玉案六卷　(明)孫文胤撰　清刻本　三冊

440000－2541－0000979　1135
廣川書跋十卷　(宋)董逌撰　明刻王氏書畫苑本　五冊

440000－2541－0000980　1136
書畫題跋記不分卷　(明)郁逢慶輯　清抄本　一冊

440000－2541－0000981　1137
江邨銷夏録三卷　(清)高士奇輯　清康熙三十二年(1693)高氏朗潤堂刻本　三冊

440000－2541－0000982　1138
銷夏録六卷　(清)高士奇撰　清乾隆修潔齋刻本　六冊

440000－2541－0000983　1139
庚子銷夏記八卷　(清)孫承澤撰　清乾隆二十五年至二十六年(1760－1761)鮑廷博、鄭竺刻本　二冊

440000－2541－0000984　1140
庚子銷夏記八卷　(清)孫承澤撰　清乾隆二十五年至二十六年(1760－1761)鮑廷博、鄭竺刻本　四冊

440000－2541－0000985　1141
竹雲題跋四卷　(清)王澍撰　清乾隆三十二年(1767)錢人龍刻經香居印本　四冊

440000－2541－0000986　1142
竹雲題跋四卷　(清)王澍撰　清乾隆三十二年(1767)錢人龍刻畫雲閣印本　四冊

440000－2541－0000987　1143
墨池編六卷　(宋)朱長文輯　明萬曆八年(1580)虞德燁等刻本　三冊

440000－2541－0000988　1144
墨池編二十卷　(宋)朱長文輯　清雍正十一年(1733)朱存孝刻本　八冊

440000－2541－0000989　1145
書史會要九卷補遺一卷　(明)陶宗儀撰　**續編一卷**　(明)朱謀垔撰　明崇禎二年(1629)朱氏寒玉館刻清初朱統鉷重修本　五冊

440000－2541－0000990　1147
篆論三種　(清)張式善編　清抄本　四冊

440000－2541－0000991　1148
草書備考四卷　(清)秦彬撰　稿本　四冊

440000－2541－0000992　1149
國朝名家書冊不分卷　(清)□□輯　清壺隱居抄本　四冊

440000－2541－0000993　1150
歷代帝王法帖釋文考異十卷　(明)顧從義撰　(明)吳之芳輯　明香雪齋刻本　容庚批校　二冊

440000－2541－0000994　1151
淳化祕閣法帖考正十卷附録二卷　(清)王澍撰　清雍正詩鼎齋刻本　八冊

440000－2541－0000995　1152
鳴野山房彙刻帖目四卷　(清)沈復粲輯　清末劉氏味經書屋抄本　佚名、容庚批校　四冊

440000－2541－0000996　1153
宣和書譜二十卷　(宋)□□撰　明刻本　六冊

440000－2541－0000997　1154
繪林題識一卷　(明)汪顯節輯　明萬曆二十五年(1597)金陵荊山書林刻夷門廣牘本　一册

440000－2541－0000998　1155
繪事微言四卷　(明)唐志契撰　明末刻本　楊洵若題識　一册　存一卷(一)

440000－2541－0000999　1156
晚笑堂畫傳不分卷　(清)上官周繪　清乾隆八年(1743)自刻本　二册

440000－2541－0001000　1157
晚笑堂畫傳不分卷　(清)上官周繪　清乾隆八年(1743)自刻本　一册

440000－2541－0001001　1158
芥子園畫傳五卷　(清)王槩輯　清刻本　五册

440000－2541－0001002　1159
芥子園畫傳二集八卷　(清)王槩輯　清乾隆三十七年(1772)金閶書業堂刻彩色套印本　四册

440000－2541－0001003　1162
篆刻鍼度三卷附一卷　(清)陳克恕撰　清抄本　一册　存三卷(篆刻鍼度三卷)

440000－2541－0001004　1163
印典八卷　(清)朱象賢撰　清雍正十一年(1733)朱之勵就閒堂刻本　三册

440000－2541－0001005　1164
摹印述一卷　(清)陳澧撰　清光緒七年(1881)抄本　一册

440000－2541－0001006　1165
謙齋印譜二卷　(清)沈鳳篆刻　清乾隆十八年(1753)鈐印本　二册

440000－2541－0001007　1166
訒葊集古印存三十二卷　(清)汪啟淑輯　清乾隆二十五年(1760)汪氏鈐印本　四册　存二十二卷(五至十一、十三至二十、二十五至三十一)

440000－2541－0001008　1167
新傳理性元雅四卷　(明)張廷玉輯　明萬曆刻本　七册

440000－2541－0001009　1168
友聲社譜二卷　(清)□□撰　清抄本　二册

440000－2541－0001010　1169
蹶張心法不分卷　(明)程宗猷撰　清抄本　一册

440000－2541－0001011　1170
少林棍法闡宗三卷長槍法選一卷單刀法一卷續刀法一卷　(明)程宗猷撰　清抄本　二册

440000－2541－0001012　1171
茶史二卷　(清)劉源長撰　**補遺一卷**　(清)余懷撰　清雍正六年(1728)劉乃大刻本　四册

440000－2541－0001013　1172
蘭易二卷　題(宋)鹿亭翁撰　題(明)蕈溪子校　**蘭史一卷**　題(明)蕈溪子輯　清抄本　一册

440000－2541－0001014　1173
華夷花木鳥獸珍玩考十二卷　(明)慎懋官撰　明萬曆九年(1581)刻本　復廬居士跋　四册　存三卷(一至三)

440000－2541－0001015　1174
二如亭羣芳譜二十八卷首一卷　(明)王象晉輯　明末刻清重修本　二十三册

440000－2541－0001016　1175
言禽錄一卷　(清)梁松年撰　稿本　一册

440000－2541－0001017　1176
綠雲館蟋蟀譜七卷　(清)童鈺輯　清抄本　一册

440000－2541－0001018　1178
鶡冠子三卷　(宋)陸佃解　(明)王宇等評　明天啓五年(1625)朱養純花齋刻本　四册

440000－2541－0001019　1179
醫燈續焰二十一卷首一卷　(清)潘楫撰　(清)王佑賢評　清順治九年(1652)潘氏陸地

舟刻本　八册

440000－2541－0001020　1180
公孫龍子注一卷　(清)陳澧撰　清抄本　一册

440000－2541－0001021　1181
世說新語補二十卷釋名一卷　(南朝宋)劉義慶撰　(南朝梁)劉孝標注　(明)何良俊增　(明)王世貞删　(明)張文柱注　清乾隆二十七年(1762)黄汝琳茂清書屋刻本　八册　存二十卷(世說新語補二十卷)

440000－2541－0001022　1182
呂氏春秋二十六卷　(漢)高誘注　明萬曆新安吳勉學刻二十子本　四册

440000－2541－0001023　1183
呂氏春秋二十六卷　(漢)高誘注　明嘉靖七年(1528)許宗魯刻本　十六册

440000－2541－0001024　1184
呂氏春秋二十六卷　(漢)高誘注　明萬曆七年(1579)張登雲刻本　八册

440000－2541－0001025　1185
呂氏春秋二十六卷　(漢)高誘注　明萬曆二十四年(1596)劉如寵刻本　十册

440000－2541－0001026　1186
呂氏春秋二十六卷　(漢)高誘注　明末刻本　六册

440000－2541－0001027　1187
淮南鴻烈解二十一卷　(漢)劉安撰　(漢)高誘注　明萬曆十八年(1590)汪一鸞刻本　十册

440000－2541－0001028　1188
淮南鴻烈解二十一卷　(漢)劉安撰　(漢)高誘注　(明)茅坤等評　明末張烒如刻本　四册

440000－2541－0001029　1189
淮南鴻烈解二十一卷　(漢)劉安撰　(明)茅坤等評　明刻朱墨套印本　八册

440000－2541－0001030　1190
淮南鴻烈解二十一卷　(漢)劉安撰　(明)茅坤等評　明刻朱墨套印本　八册　存十六卷(一至四、八至十五、十八至二十一)

440000－2541－0001031　1191
兩京遺編十二種　(明)胡惟新編　明萬曆刻本　四册　存二種

440000－2541－0001032　1192
類經三十二卷　(明)張介賓注　明天啓四年(1624)自刻本　二十四册

440000－2541－0001033　1193
論衡三十卷　(漢)王充撰　明末刻本　六册

440000－2541－0001034　1194
四診抉微八卷管窺附餘一卷　(清)林之翰撰　清雍正四年(1726)玉映堂刻本　四册

440000－2541－0001035　1195
風俗通義十卷　(漢)應劭撰　明萬曆刻兩京遺編本　四册

440000－2541－0001036　1196
風俗通義十卷　(漢)應劭撰　明萬曆刻兩京遺編本　四册

440000－2541－0001037　1197
廣漢魏叢書七十六種　(明)何允中編　明萬曆二十年(1592)刻本　六册

440000－2541－0001038　1198
知言二卷續錄一卷　(明)郝敬撰　明萬曆刻本　一册

440000－2541－0001039　1199
人物志三卷　(三國魏)劉邵撰　(北魏)劉昞注　明嘉靖八年(1529)顧定芳刻本　三册

440000－2541－0001040　1200
觀音問一卷　(明)李贄撰　明萬曆刻李氏叢書十二種本　一册

440000－2541－0001041　1201
漢魏叢書三十八種　(明)程榮編　明萬曆二十年(1592)新安程榮刻本　清唐岳題識　二十册　存十四種

440000－2541－0001042　1202
半峯錄二卷　（明）馮昌曆撰　明萬曆清響齋刻三先生逸書本　一冊

440000－2541－0001043　1203
顔氏家訓二卷　（北齊）顔之推撰　明萬曆程榮刻漢魏叢書本　二冊

440000－2541－0001044　1204
漢魏叢書三十八種　（明）程榮編　明萬曆二十年（1592）新安程榮刻本　四冊　存三種

440000－2541－0001045　1205
鐵網珊瑚二十卷　（明）都穆撰　清乾隆二十三年（1758）都肇斌刻本　六冊

440000－2541－0001046　1206
封氏聞見記十卷　（唐）封演撰　清乾隆二十一年（1756）盧見曾刻雅雨堂藏書本　二冊

440000－2541－0001047　1207
二十子　（明）吴勉學編　明吴勉學刻本　三冊　存二種

440000－2541－0001048　1208
夢溪筆談二十六卷補筆談三卷續筆談一卷　（宋）沈括撰　明崇禎四年（1631）馬元調刻本　十一冊　存二十八卷（夢溪筆談二十六卷、補筆談一至二）

440000－2541－0001049　1209
東坡先生志林五卷　（宋）蘇軾撰　（明）焦竑評　明刻朱墨套印本　四冊　存四卷（一至四）

440000－2541－0001050　1210
貴耳集三卷　（宋）張端義撰　清嘉慶十年（1805）張氏照曠閣刻學津討原本　清周星詒校並跋　三冊

440000－2541－0001051　1211
溫飛卿詩集七卷別集一卷集外詩一卷　（唐）溫庭筠撰　（明）曾益注　（清）顧予咸補注（清）顧嗣立續注　清康熙三十六年（1697）顧氏秀野草堂刻本　四冊

440000－2541－0001052　1212
畫禪室隨筆四卷　（明）董其昌撰　（明）楊補輯　清康熙刻本　二冊

440000－2541－0001053　1213
焦氏筆乘續集八卷　（明）焦竑輯　明萬曆三十四年（1606）謝與棟刻本　二冊　存四卷（一至四）

440000－2541－0001054　1214
婦科玉尺六卷　（清）沈金鰲撰　清乾隆刻沈氏尊生書本　四冊

440000－2541－0001055　1215
内經知要二卷　（明）李念莪輯　明刻本　清佚名批校　六冊

440000－2541－0001056　1216
偶記四卷　（明）佘翹撰　明萬曆周如溟刻本　清佚名批點　四冊

440000－2541－0001057　1217
劉子威雜俎十卷燕語一卷吴郡考二卷　（明）劉鳳撰　明刻本　周連寬題識　七冊　存九卷（雜俎一至六、燕語一卷、吴郡考二卷）

440000－2541－0001058　1218
說原十六卷　（明）穆希文撰　明萬曆刻本　清佚名批校　二冊

440000－2541－0001059　1219
東溟管夫子與楚中名賢析理書一卷　（明）管志道撰　明萬曆韓敬刻本　一冊

440000－2541－0001060　1220
搶榆子覆瓿語一卷　（明）蔣以化撰　明萬曆三十二年（1604）自刻本　一冊

440000－2541－0001061　1221
鐵網珊瑚二十卷　（明）都穆撰　清乾隆二十三年（1758）都肇斌刻本　一冊　存五卷（一至五）

440000－2541－0001062　1222
穀山筆麈十八卷　（明）于慎行撰　明萬曆四十一年（1613）于緯刻本　四冊

440000－2541－0001063　1223
穀山筆麈十八卷　（明）于慎行撰　明萬曆四

十一年(1613)于緯刻本(卷五至十四配天啓刻本) 八册

440000－2541－0001064 1224
穀山筆塵十八卷 (明)于慎行撰 明天啓沈域刻本 八册

440000－2541－0001065 1225
應庵隨錄十四卷 (明)羅鶴撰 明萬曆四十三年(1615)刻本 六册

440000－2541－0001066 1226
芙蓉鏡卮言四集四卷 (明)江東偉撰 明末刻本 八册

440000－2541－0001067 1227
荷牐叢談四卷 (明)林時對撰 清抄本 四册

440000－2541－0001068 1229
王漁洋遺書三十八種 (清)王士禛等撰 明末至清康熙刻本 三十九册 存十四種

440000－2541－0001069 1230
枝語二卷 (清)孫之騄撰 清刻晴川八識本 二册

440000－2541－0001070 1231
通源集四卷 (清)曹宗先撰 (清)許尚忠述 (清)姜翌姬選 清刻本 四册

440000－2541－0001071 1232
重論文齋筆錄十二卷 (清)王端履撰 清道光二十六年(1846)受宜堂刻本 清佚名批校 十二册

440000－2541－0001072 1233
南村隨筆六卷 (清)陸廷燦撰 清光緒十七年(1891)陳松抄本 四册

440000－2541－0001073 1235
困學紀聞二十卷 (宋)王應麟撰 清抄本 六册

440000－2541－0001074 1236
校訂困學紀聞集證二十卷 (宋)王應麟撰 (清)萬希槐集證 清嘉慶二十四年(1819)胡氏山壽齋刻本 清陳澧批校 八册

440000－2541－0001075 1237
臨證指南醫案十卷 (清)葉桂撰 清乾隆三十一年(1766)崇德書院刻本 清佚名錄徐大椿批校并跋 十册

440000－2541－0001076 1238
彙纂詩法度鍼八集三十三卷首一卷 (清)徐文弼輯 清乾隆二十四年(1759)自刻本 八册

440000－2541－0001077 1239
編注醫學入門内集二卷外集五卷首一卷 (明)李梴撰 明萬曆刻本 三十一册

440000－2541－0001078 1240
古今考三十八卷 (宋)魏了翁撰 (元)方回續 明崇禎九年(1636)謝三賓刻本 十册

440000－2541－0001079 1241
古今考三十八卷 (宋)魏了翁撰 (元)方回續 明藍格抄本 六册 存二十卷(一至二十)

440000－2541－0001080 1242
羅氏識遺十卷 (宋)羅璧撰 清抄本 四册 存四卷(一至四)

440000－2541－0001081 1243
丹鉛總錄二十七卷 (明)楊慎撰 明嘉靖三十三年(1554)梁佐刻明遞修本 十八册

440000－2541－0001082 1244
丹鉛總錄二十七卷 (明)楊慎撰 明嘉靖三十三年(1554)梁佐刻明遞修本 八册

440000－2541－0001083 1245
聖濟總錄纂要二十六卷 (清)程林纂 清刻本 十六册

440000－2541－0001084 1246
丹鉛新錄八卷 (明)胡應麟撰 明萬曆四十六年(1618)江湛然刻少室山房全稿本 二册

440000－2541－0001085 1247
類經圖翼十一卷附翼四卷 (明)張介賓撰 清刻本 九册

440000－2541－0001086 1248

通雅五十二卷首三卷　(明)方以智撰　清康熙五年(1666)方氏浮山此藏軒刻本　十六册

440000－2541－0001087　1249
日知錄三十二卷　(清)顧炎武撰　清刻本　八册

440000－2541－0001088　1250
東塾雜俎不分卷　(清)陳澧撰　稿本　十七册

440000－2541－0001089　1251
東塾雜俎十四卷　(清)陳澧撰　稿本　十四册

440000－2541－0001090　1252
楝花磯隨筆一卷　(明)董説撰　清抄本　一册

440000－2541－0001091　1253
讀書日記六卷補編二卷　(清)劉源淥撰　清康熙五十九年至雍正十一年(1720－1733)刻本　四册

440000－2541－0001092　1254
抱膝廬筆乘不分卷　(清)朱康壽撰　稿本　清王炳燮跋　五册

440000－2541－0001093　1255
臯蘭載筆二卷　(清)陳奕禧撰　清抄本　一册

440000－2541－0001094　1256
多能鄙事十二卷　(明)劉基編　清抄本　二册　存四卷(一至四)

440000－2541－0001095　1257
新增格古要論十三卷　(明)曹昭撰　(明)王佐增補　明黄正位刻本　八册

440000－2541－0001096　1258
意林六卷逸文一卷　(唐)馬總輯　清乾隆武英殿活字印武英殿聚珍版書本(卷六與逸文抄配)　清汪遠孫跋　一册　存五卷(三至六、逸文一卷)

440000－2541－0001097　1259
意林五卷　(唐)馬總輯　(清)周廣業注　清劉履芬抄本　清劉履芬錄清莫友芝校記并跋　一册　存三卷(三至五)

440000－2541－0001098　1260
皇朝事實類苑六十三卷目錄五卷　(宋)江少虞撰　清抄本　二十四册　存六十三卷(皇朝事實類苑六十三卷)

440000－2541－0001099　1261
歷代君鑒五十卷　(明)代宗朱祁鈺撰　明景泰四年(1453)内府刻本　六册　存三十九卷(一至二十四、三十六至五十)

440000－2541－0001100　1262
千一疏二十二卷　(明)程涓撰　明萬曆三十七年(1609)陳所學、范槲刻本　四册

440000－2541－0001101　1263
諸子品節五十卷　(明)陳深輯　明萬曆刻本　二十六册

440000－2541－0001102　1264
廣滑稽三十六卷　(明)陳禹謨輯　明萬曆四十三年(1615)刻本　十二册

440000－2541－0001103　1265
諸子彙函二十六卷談藪一卷　(明)歸有光輯　明末刻本　二十四册

440000－2541－0001104　1266
諸子彙函二十六卷談藪一卷　(明)歸有光輯　明末刻本　二十二册　存二十三卷(一至二十一、二十三至二十四)

440000－2541－0001105　1267
湘煙錄十六卷　(明)閔元京　(明)凌義渠輯　明天啓刻本　四册

440000－2541－0001106　1268
霧市選言四卷　(明)王宇輯　明刻本　二册

440000－2541－0001107　1269
玉芝堂談薈三十六卷　(明)徐應秋輯　明末蒨園刻本　十六册　存二十六卷(一至八、十一至十四、十九至二十四、二十九至三十六)

440000－2541－0001108　1270
諸子奇賞前集五十一卷後集六十卷　(明)陳

仁錫評選　明三徑齋刻本　八册　存五十六卷(前集一至十一、二十二至二十五、三十五至四十九,後集十一至十三、十六至十八、二十四至二十八、三十六至五十)

440000－2541－0001109　1271
證治準繩六種　(明)王肯堂編　明刻本　四十九册　存三種

440000－2541－0001110　1272
智囊二十八卷　(明)馮夢龍輯　明末刻本　十六册

440000－2541－0001111　1273
清寤齋心賞編一卷　(明)王象晉輯　明崇禎刻本　一册

440000－2541－0001112　1274
同書四卷　(清)周亮工輯　清順治六年(1649)周氏櫟林刻本　八册

440000－2541－0001113　1275
御製勸善要言一卷(滿漢合璧)　(清)世祖福臨撰　清内府刻本　一册

440000－2541－0001114　1276
御製勸善要言一卷(滿漢合璧)　(清)世祖福臨撰　清内府刻本　一册

440000－2541－0001115　1277
嗜退菴語存十卷　(清)嚴有穀撰　清康熙十六年(1677)嚴我斯、嚴允斯刻本　十册

440000－2541－0001116　1278
巾經纂二十卷　(清)宋宗元撰　清乾隆十六年(1751)網師園刻本　十册

440000－2541－0001117　1279
鄧和簡公雜抄六卷　(清)鄧華熙輯　清抄本　五册

440000－2541－0001118　1280
讀史解頤六卷　(清)賴學海撰　稿本　十册

440000－2541－0001119　1281
秋末錄不分卷　(清)□□撰　清抄本　二册

440000－2541－0001120　1282
語溪遺事一卷　(□)□□輯　**禦兒叢談一卷**　(□)□□輯　**稗記一卷**　(清)宋懋澄撰　清抄本　一册

440000－2541－0001121　1283
寄園寄所寄摘抄不分卷　(清)趙起士輯　清抄本　二册

440000－2541－0001122　1284
廣東水師防務雜抄一卷　(清)□□輯　清抄本　一册

440000－2541－0001123　1286
京報摘鈔不分卷　(清)□□輯　清抄本　四十二册

440000－2541－0001124　1290
世說新語三卷　(南朝宋)劉義慶撰　(南朝梁)劉孝標注　明萬曆三十七年(1609)周氏博古堂刻本　六册

440000－2541－0001125　1291
世說新語三卷　(南朝宋)劉義慶撰　(南朝梁)劉孝標注　**世說新語補四卷**　(明)何良俊撰　(明)王世貞删定　清康熙十五年(1676)承德堂刻本　六册

440000－2541－0001126　1292
世說新語八卷　(南朝宋)劉義慶撰　(南朝梁)劉孝標注　(宋)劉辰翁　(宋)劉應登　(明)王世懋評　明凌瀛初刻四色套印本　八册

440000－2541－0001127　1293
世說新語補二十卷釋名一卷　(南朝宋)劉義慶撰　(南朝梁)劉孝標注　(明)何良俊增補　(明)王世貞删定　(明)王世懋批釋　(明)張文柱校注　明萬曆十三年(1585)張文柱刻本　十册

440000－2541－0001128　1294
世說新語補二十卷釋名一卷　(南朝宋)劉義慶撰　(南朝梁)劉孝標注　(明)何良俊增補　(明)王世貞删定　(明)王世懋批釋　(明)張文柱校注　明萬曆十三年(1585)張文柱刻本　五册　存十卷(一至十)

440000－2541－0001129　1295
李卓吾批點世說新語補二十卷釋名一卷　（南朝宋）劉義慶撰　（南朝梁）劉孝標注　（明）何良俊增補　（明）王世貞刪定　（明）王世懋批釋　（明）李贄批點　（明）張文柱校注　明萬曆刻本　十二冊

440000－2541－0001130　1298
唐世說新語十三卷　（唐）劉肅撰　明萬曆三十一年（1603）潘玄度刻本　六冊

440000－2541－0001131　1299
鍥太上天寶太素張神仙脈訣玄微綱領統宗二卷總論胗治太素要說一卷　（明）張太素撰　（明）劉伯祥注　清抄本　清佚名題識　二冊

440000－2541－0001132　1300
雅雨堂藏書十二種附一種　（清）盧見曾編　清乾隆二十一年（1756）德州盧氏雅雨堂刻本　十一冊　存五種

440000－2541－0001133　1301
柳崖外編八卷　（清）徐昆撰　清乾隆五十八年（1793）晉祁書業堂刻本　八冊

440000－2541－0001134　1302
桯史十五卷附錄一卷　（宋）岳珂撰　明嘉靖刻本　七冊　存十三卷（一至八、十至十三，附錄一卷）

440000－2541－0001135　1303
山居新語四卷　（元）楊瑀撰　清乾隆三十九年（1774）抄本　二冊

440000－2541－0001136　1304
至正遺編四卷　（元）孔齊撰　清抄本　二冊

440000－2541－0001137　1305
雙槐歲抄十卷　（明）黄瑜撰　明嘉靖三十八年（1559）陸延枝刻本　周連寬跋　六冊

440000－2541－0001138　1306
新鐫玉茗堂批選王弇州先生艷異編四十卷續編十九卷　（明）王世貞撰　（明）湯顯祖評　明末刻本　二十冊

440000－2541－0001139　1307
新鐫玉茗堂批選王弇州先生艷異編四十卷續編十九卷　（明）王世貞撰　（明）湯顯祖評　明末刻本　十六冊　存四十卷（艷異編四十卷）

440000－2541－0001140　1308
寶顔堂訂正賢奕編四卷　（明）劉元卿撰　明萬曆繡水沈氏刻寶顔堂秘笈本　二冊

440000－2541－0001141　1309
烏衣佳話六卷　（明）王光雲輯　清抄本　六冊

440000－2541－0001142　1310
識小編内篇九卷　（明）周應賓輯　明天啓刻本　清曾鏞題識　四冊

440000－2541－0001143　1311
筠廊偶筆二卷怪石贊一卷漫堂墨品一卷　（清）宋犖撰　**雪堂墨品一卷**　（清）張仁熙撰　清康熙刻本　一冊

440000－2541－0001144　1312
女世説四卷　（清）李清輯　清抄本　四冊

440000－2541－0001145　1313
家傳太素脈秘訣二卷　（明）張太素撰　（明）劉伯祥注　明周文煒刻本　清佚名批校　二冊

440000－2541－0001146　1314
山海經十八卷　（晉）郭璞傳　清黄晟槐蔭草堂刻本　一冊

440000－2541－0001147　1315
山海經釋義十八卷　（明）王崇慶撰　明萬曆大業堂刻本　六冊

440000－2541－0001148　1316
出像增補搜神記六卷　（晉）干寶撰　清抄本　十六冊

440000－2541－0001149　1318
古香齋鑒賞袖珍毛詩二卷　（□）□□輯　清康熙、乾隆刻古香齋袖珍十種本　清佚名批校　二冊

440000－2541－0001150　1319

虞初志八卷　(明)湯顯祖評點　明末刻本　四册

440000－2541－0001151　1320
廣虞初新志三十卷　(清)黄承增輯　清同治四年(1865)巢湘淵抄本　九册　存二十二卷(一至十八、二十一至二十四)

440000－2541－0001152　1322
觚賸四卷續編四卷　(清)鈕琇撰　清康熙臨野堂刻本　六册

440000－2541－0001153　1323
劍俠不分卷　(清)胡汝才輯　清抄本　二册

440000－2541－0001154　1324
鬼窟二卷　(清)傅汝大輯　清陳士鑣抄本　四册

440000－2541－0001155　1325
想當然耳八卷　(清)鄒鍾撰　稿本　周連寬跋　五册

440000－2541－0001156　1326
異談暇筆不分卷　(□)□□撰　清抄本　佚名批校　二册

440000－2541－0001157　1327
山中一夕話七卷　(明)李贄輯　題(明)笑笑先生增訂　明末梅墅石渠閣刻本　六册

440000－2541－0001158　1328
北堂書鈔一百六十卷首一卷　(唐)虞世南輯　(明)陳禹謨補注　明萬曆二十八年(1600)陳禹謨刻本(卷一至二十抄配)　三十二册

440000－2541－0001159　1329
大唐類要一百六十卷　(唐)虞世南輯　清曹垂燦片玉齋抄本　十六册

440000－2541－0001160　1330
初學記三十卷　(唐)徐堅等輯　明楊鑨九洲書屋刻本　十八册

440000－2541－0001161　1331
初學記三十卷　(唐)徐堅等撰　明萬曆十五年(1587)徐守銘寧壽堂刻本　十六册

440000－2541－0001162　1332
唐宋白孔六帖一百卷目錄二卷　(唐)白居易輯　(宋)孔傳續輯　明刻本(卷一抄配)　四十册

440000－2541－0001163　1333
事類賦三十卷　(宋)吴淑撰並注　清刻本　六册

440000－2541－0001164　1334
册府元龜一千卷目錄十卷　(宋)王欽若等輯　明崇禎十五年(1642)黄國琦刻本　二百一册

440000－2541－0001165　1335
册府元龜一千卷目錄十卷　(宋)王欽若等輯　明崇禎十五年(1642)黄國琦刻清康熙十一年(1672)黄九錫重修本　九十册　存三百一卷(一百六十一至三百二十六、四百六十一至五百九十五)

440000－2541－0001166　1336
錦繡萬花谷前集四十卷後集四十卷續集四十卷　(宋)□□撰　明嘉靖十五年(1536)秦汴繡石書堂刻本　二十册

440000－2541－0001167　1337
新編古今事文類聚前集六十卷後集五十卷續集二十八卷别集三十二卷　(宋)祝穆輯　**新集三十六卷外集十五卷**　(元)富大用輯　明内府刻本　五十册

440000－2541－0001168　1340
姬侍類偶不分卷　(宋)周守忠撰　清抄本　佚名批校　一册

440000－2541－0001169　1341
古今合璧事類備要前集六十九卷後集八十一卷續集五十六卷　(宋)謝維新輯　**别集九十四卷外集六十六卷**　(宋)虞載輯　明嘉靖三十一年至三十五年(1552－1556)夏相刻本　五十二册

440000－2541－0001170　1342
古今合璧事類備要前集六十九卷後集八十一卷續集五十六卷　(宋)謝維新輯　**别集九十**

四卷外集六十六卷　(宋)虞載輯　明嘉靖三十一年至三十五年(1552－1556)夏相刻本　五十冊　存一百五十卷(前集六十九卷、後集八十一卷)

440000－2541－0001171　1343
新刊箋註決科古今源流至論前集十卷後集十卷續集十卷　(宋)林駉撰　**別集十卷**　(宋)黄履翁撰　明萬曆十八年(1590)書林鄭世魁宗文堂刻本　八冊

440000－2541－0001172　1344
玉海二百四卷附刻十四種　(宋)王應麟撰　元至元六年(1340)慶元路儒學刻元明清遞修本　一百二十冊

440000－2541－0001173　1345
新編簪纓必用翰苑新書前集十二卷後集七卷續集八卷別集二卷　(宋)□□纂　明萬曆十九年(1591)金陵書肆唐廷仁、周曰校刻本　周連寬題識　二十五冊

440000－2541－0001174　1346
新編簪纓必用翰苑新書前集十二卷後集七卷續集八卷別集二卷　(宋)□□纂　明萬曆十九年(1591)金陵書肆唐廷仁、周曰校刻本　三十一冊　存二十七卷(前集十二卷、後集七卷、續集八卷)

440000－2541－0001175　1347
韻府羣玉二十卷　(元)陰時夫輯　(元)陰中夫注　明嘉靖三十一年(1552)荆聚刻本　三十六冊

440000－2541－0001176　1348
聯新事備詩學大成三十卷　(元)林楨輯　明內府刻本　周連寬題識　十冊

440000－2541－0001177　1349
詩學集成押韻二十卷　(元)嚴毅輯　明初刻成化二十三年(1487)重修本　清德丞氏題識　十六冊

440000－2541－0001178　1351
對類二十卷　(□)□□輯　明正統司禮監刻本　清陶逸民題識　十二冊

440000－2541－0001179　1352
新刊唐荆川先生稗編一百二十卷目錄三卷　(明)唐順之輯　明萬曆九年(1581)茅一相文霞閣刻本　六十冊

440000－2541－0001180　1353
彙苑詳註三十六卷　(明)王世貞撰　明萬曆二十三年(1595)刻本　十二冊

440000－2541－0001181　1354
天中記六十卷　(明)陳耀文輯　明刻本　三十冊

440000－2541－0001182　1355
天中記六十卷　(明)陳耀文輯　明刻本　二十八冊　存五十六卷(一至四十、四十五至六十)

440000－2541－0001183　1356
天中記六十卷　(明)陳耀文輯　明刻本　五十冊　存五十卷(一至四十、五十一至六十)

440000－2541－0001184　1357
天中記六十卷　(明)陳耀文輯　明刻本　四冊　存六卷(五十一至五十六)

440000－2541－0001185　1358
典籍便覽八卷　(明)范泓輯　(明)范涞補注　明萬曆三十一年(1603)新安范氏刻本　四冊

440000－2541－0001186　1359
三才圖會一百六卷　(明)王圻撰　明萬曆三十七年(1609)刻本　九十八冊　存九十六卷(人物二至八、十二至十四,時令十卷,宮室十卷,器用十二卷,身體七卷,衣服三卷,人事一至三、七至十,儀制八卷,珍寶二卷,文史十卷,鳥獸一至二、四至六,草木十二卷)

440000－2541－0001187　1360
喻林一百二十卷　(明)徐元太輯　明萬曆四十三年(1615)自刻本　二十四冊

440000－2541－0001188　1361
圖書編一百二十七卷　(明)章潢輯　**章斗津先生年譜一卷**　(明)丘曰敬等撰　明萬曆四

十一年(1613)涂鏡源等刻本　一百六十二册

440000－2541－0001189　1362
廣修辭指南二十卷　(明)陳與郊輯　明萬曆陳氏家刻本　六册

440000－2541－0001190　1363
經濟類編一百卷　(明)馮琦纂　明萬曆三十二年(1604)刻本　五十二册

440000－2541－0001191　1364
卓氏藻林八卷　(明)卓明卿輯　明萬曆八年(1580)妙香室刻本　十六册

440000－2541－0001192　1366
新刻何氏類鎔三十五卷　(明)何三畏撰　明萬曆四十七年(1619)刻本　十二册

440000－2541－0001193　1367
駢志二十卷　(明)陳禹謨輯　明萬曆三十四年(1606)自刻本　十九册　存十九卷(一至十七、十九至二十)

440000－2541－0001194　1368
新鐫古今事物原始全書三十卷　(明)徐矩輯　明萬曆二十一年(1593)自刻本　三册

440000－2541－0001195　1369
山堂肆考二百二十八卷補遺十二卷　(明)彭大翼輯　明萬曆二十三年(1595)刻四十七年(1619)張幼學重修本　六十册

440000－2541－0001196　1370
群書考索古今事文玉屑二十四卷　(明)楊淙輯　明萬曆二十五年(1597)葉貴刻本　六册

440000－2541－0001197　1371
諸經纂註三十四卷　(明)楊聯芳輯　明萬曆刻本　三十四册

440000－2541－0001198　1372
啟雋類函一百二卷目錄九卷職官考五卷　(明)俞安期　(明)李國祥輯　明萬曆刻本　四十册

440000－2541－0001199　1373
唐類函二百卷目錄二卷　(明)俞安期輯　明萬曆三十一年(1603)刻四十六年(1618)重修本　四十册

440000－2541－0001200　1374
唐類函二百卷目錄二卷　(明)俞安期輯　明萬曆三十一年(1603)刻四十六年(1618)重修本　四十五册　存一百七十卷(一至一百二十、一百三十四至一百四十九、一百六十七至二百)

440000－2541－0001201　1375
詩雋類函一百五十卷　(明)俞安期輯　(明)梅鼎祚增定　明萬曆三十七年(1609)刻本　六十四册

440000－2541－0001202　1376
文苑豹斑十二卷　(明)沈思永纂　(明)陳繼儒删定　明萬曆三十四年(1606)沈氏刻本　四册

440000－2541－0001203　1377
文苑彙雋二十四卷　(明)孫丕顯纂　明萬曆三十六年(1608)文萃堂刻本　四册

440000－2541－0001204　1378
劉氏鴻書一百八卷　(明)劉仲達輯　明萬曆三十九年(1611)刻本　六十四册

440000－2541－0001205　1379
廣博物志五十卷　(明)董斯張輯　明萬曆高暉堂刻本　三十六册

440000－2541－0001206　1380
精選黄眉故事十卷　(明)鄧志謨輯　清康熙三十九年(1700)三槐堂刻本　十册

440000－2541－0001207　1381
新鍥袁中郎校訂旁訓古事鏡十二卷　(明)鄧志謨撰　(明)袁宏道校　明萬曆四十三年(1615)金陵書林鄭大經四德堂刻本　四册

440000－2541－0001208　1382
新刻四六旁訓古事苑二十三卷　(明)鄧志謨撰　明萬曆四十五年(1617)金陵書林鄭大經四德堂刻本　十册

440000－2541－0001209　1383
蘭雪堂古事苑定本十二卷　(明)鄧志謨輯

清康熙蘭雪堂刻本　十二册

440000－2541－0001210　1384

子勺不分卷　（明）郁起麟輯　明天啓刻本　四册

440000－2541－0001211　1385

八編類纂二百八十五卷　（明）陳仁錫輯　明天啓刻本　八十册

440000－2541－0001212　1386

潛確居類書一百二十卷　（明）陳仁錫輯　明崇禎刻本　周連寬題識　六十四册

440000－2541－0001213　1387

潛確居類書一百二十卷　（明）陳仁錫輯　明崇禎刻本　六十二册

440000－2541－0001214　1388

潛確居類書一百二十卷　（明）陳仁錫輯　明崇禎刻本　佚名批點　七十册

440000－2541－0001215　1389

潛確居類書一百二十卷　（明）陳仁錫輯　明崇禎刻本　一百册

440000－2541－0001216　1390

四六霞肆十六卷　（明）何偉然輯　明胡正言十竹齋刻本　十册

440000－2541－0001217　1391

新刻舉筆須用注釋秘典十四卷　（明）陳繼儒輯　明萬曆三十六年（1608）刻本　十四册

440000－2541－0001218　1392

新鐫六經類雋十一卷　（明）鍾惺纂並評　明末舒世默刻本　八册

440000－2541－0001219　1393

五車韻瑞一百六十卷洪武正韻一卷　（明）凌稚隆輯　明刻本　二十册　存一百五十卷（一至一百五十）

440000－2541－0001220　1394

時物典彙二卷　（明）李日華輯　明崇禎元年（1628）武林魯重民刻四六全書本　二册

440000－2541－0001221　1395

廣韻藻六卷　（明）方夏輯　明崇禎十五年（1642）方氏刻本　六册

440000－2541－0001222　1396

淵鑑類函四百五十卷目錄四卷　（清）張英等輯　清康熙四十九年（1710）内府刻本　一百四十册

440000－2541－0001223　1397

子史精華一百六十卷　（清）張廷玉等纂　清雍正五年（1727）武英殿刻本　六十四册

440000－2541－0001224　1398

穀玉類編五十卷　（清）汪兆舒輯　清乾隆二十三年（1758）王質資履堂刻本　十册

440000－2541－0001225　1399

奩史一百卷拾遺一卷　（清）王初桐輯　清嘉慶二年（1797）古香堂刻本　十六册

440000－2541－0001226　1400

古今說約不分卷　（清）王炅輯　清抄本　二十册

440000－2541－0001227　1405

大般涅槃經四十卷　（北涼）釋曇無讖譯　**大般涅槃經後分二卷**　（唐）釋若那跋陀羅等譯　明萬曆三十一年至三十三年（1603－1605）徑山寂照庵刻本　二十册

440000－2541－0001228　1406

六祖大師法寶壇經一卷　（唐）釋法海等輯　**機緣一卷**　（元）釋宗寶輯　**附錄一卷**　（明）釋真一撰　明萬曆三十六年（1608）鍾延英刻本　二册

440000－2541－0001229　1407

六祖大師法寶壇經一卷　（唐）釋惠能撰　清順治刻本　一册

440000－2541－0001230　1410

一切經音義二十五卷　（唐）釋玄應撰　清乾隆五十一年（1786）莊炘刻本　清趙宗建錄顧廣圻、鈕樹玉校跋　四册

440000－2541－0001231　1412

永嘉真覺大師證道歌一卷　（唐）釋玄覺撰

(元)釋法惠注　(元)釋德弘輯　元至正元年(1341)陳善等刻本　一冊

440000－2541－0001232　1413
宗鏡錄一百卷　(宋)釋延壽撰　清雍正十三年(1735)武英殿刻本　二十冊

440000－2541－0001233　1414
亦政堂鐫陳眉公家藏廣秘笈五十四種　(明)陳繼儒編　明萬曆刻本　十冊　存十五種

440000－2541－0001234　1415
龍舒增廣淨土文十二卷　(宋)王日休撰　明末刻本　四冊

440000－2541－0001235　1416
釋氏稽古略四卷　(元)釋覺岸撰　明刻本　八冊

440000－2541－0001236　1417
諸佛世尊如來菩薩尊者神僧名經不分卷　(明)成祖朱棣撰　明永樂內府刻本　一冊

440000－2541－0001237　1418
歸元直指集二卷山居百詠一卷　(明)釋宗本撰　明抄本(卷上配清抄本)　八冊

440000－2541－0001238　1419
續原教論二卷　(明)沈士榮撰　(明)管志道評　明萬曆刻本　盛景璿題識　二冊

440000－2541－0001239　1420
天台四教儀集註備簡十卷　(元)釋蒙潤撰　清抄本　四冊

440000－2541－0001240　1421
妙法蓮華經意語一卷　(明)釋圓澄撰　明萬曆四十二年(1614)釋性一刻本　二冊

440000－2541－0001241　1422
八識規矩解一卷　(明)王肯堂撰　明刻本　清佚名批點　二冊

440000－2541－0001242　1423
大佛頂如來密因修證了義諸菩薩萬行首楞嚴經合轍十卷　(明)釋通潤撰　明天啓元年(1621)刻本　二十四冊

440000－2541－0001243　1424
諸祖道影傳贊三卷　(明)釋元賢撰　**補刻祖師正宗道影一卷**　(清)釋性統撰　清順治二年(1645)曹禎驥刻康熙五十一年(1712)續刻本　八冊

440000－2541－0001244　1425
[嘉慶]江津縣志二十二卷　(清)曾受一修　(清)王家駒纂　(清)徐鼎續修　(清)楊彥青續纂　清乾隆三十三年(1768)刻嘉慶九年(1804)增刻本(有圖)　十冊

440000－2541－0001245　1426
御製揀魔辨異錄八卷　(清)世宗胤禛撰　清雍正內府刻本　八冊

440000－2541－0001246　1427
大悲心懺不分卷　(□)□□撰　清刻朱墨套印本　二冊

440000－2541－0001247　1428
佛門法事不分卷　(□)□□撰　清百拙抄本　四冊

440000－2541－0001248　1434
禪林寶訓筆說三卷　(宋)釋淨善輯　(清)釋智祥注　清乾隆十五年(1750)京都潭柘寺刻本　三冊

440000－2541－0001249　1436
林泉老人評唱丹霞淳禪師頌古虛堂習聽錄三卷　(元)釋慧泉輯　明初刻本　二冊　存二卷(上、下)

440000－2541－0001250　1437
教乘法數十二卷　(明)釋圓瀞集　明宣德六年(1431)刻本　八冊

440000－2541－0001251　1438
月旦堂仙佛奇蹤合刻八卷　(明)洪應明輯　明末刻本　清佚名批點　四冊　存四卷(五至八)

440000－2541－0001252　1440
續高僧傳四十卷　(唐)釋道宣撰　明永樂刻南藏本　四冊　存八卷(一、五至六、十、十

六、十九、二十四、三十）

440000－2541－0001253　1441
鬻子一卷　（唐）逢行珪注　明刻本　一冊

440000－2541－0001254　1442
智囊補二十八卷　（明）馮夢龍輯　明崇禎刻本　八冊

440000－2541－0001255　1443
老子道德真經二卷　（三國魏）王弼注　明末刻本　二冊

440000－2541－0001256　1446
合刻宋劉須溪點校書二種　（宋）劉辰翁評點　（明）楊識西編　明天啓刻本　三冊

440000－2541－0001257　1447
道德經二卷首一卷　（明）潘基慶集注　明萬曆刻本　二冊

440000－2541－0001258　1448
老子道德經元覽二卷　（明）陸西星撰　清抄本　二冊

440000－2541－0001259　1449
南華經十六卷　（晉）郭象注　（宋）林希逸口義　（宋）劉辰翁點校　（明）王世貞評點　（明）陳仁錫批注　明末凌氏刻四色套印本　八冊

440000－2541－0001260　1450
莊子南華真經三卷　（宋）劉辰翁評點　清抄本　三冊

440000－2541－0001261　1451
古蒙莊子四卷　（明）吳宗儀校釋　明萬曆三十九年(1611)王繼賢蒙城刻本　四冊

440000－2541－0001262　1452
南華真經副墨八卷讀南華真經雜說一卷　（明）陸西星撰　明萬曆六年(1578)李齊芳刻本　二十冊

440000－2541－0001263　1453
南華真經副墨八卷讀南華真經雜說一卷　（明）陸西星撰　明刻本　十三冊　存七卷（一至六、雜說一卷）

440000－2541－0001264　1454
合刻諸名家評點老莊會解十一卷首一卷　（明）潘基慶集注　明書林楊小閩刻本　六冊　存八卷（合刻諸名公評點注釋莊子南華副墨會解七卷、首一卷）

440000－2541－0001265　1455
南華發覆八卷　（明）釋性通撰　清文奎堂刻本　六冊

440000－2541－0001266　1456
莊子雪三卷　（清）陸樹芝輯注　清嘉慶刻本　清佚名批注　七冊

440000－2541－0001267　1457
莊子因六卷　（清）林雲銘撰　清抄本　周連寬題識　二冊

440000－2541－0001268　1458
山林經濟籍十二卷　（明）屠本畯輯　明末刻本　十冊　存五卷（一至三、九至十）

440000－2541－0001269　1459
沖虛至德真經八卷　（晉）張湛注　（唐）殷敬順釋文　明刻本　二冊

440000－2541－0001270　1460
列子沖虛真經八卷音義一卷　（戰國）列禦寇撰　明閔齊伋刻朱墨套印三子合刊本　四冊

440000－2541－0001271　1461
續弘簡錄元史類編四十二卷首一卷　（清）邵遠平撰　清康熙刻本　二十冊

440000－2541－0001272　1462
太上黃庭內景玉經一卷太上黃庭外景經一卷　（□）梁丘子注　（唐）白履忠注　**黃庭內景五臟六腑圖說一卷**　（唐）胡愔撰　明刻本　二冊

440000－2541－0001273　1463
新刊道書全集文始真經言外經旨二卷　（宋）陳顯微撰　明萬曆十九年(1591)刻道書全集本　二冊

440000－2541－0001274　1464
雲笈七籤一百二十二卷　（宋）張君房輯　清

抄本　二十冊

440000－2541－0001275　1465
黃帝内經素問九卷靈樞經九卷　(清)張志聰集注　清康熙九年至十一年(1670－1672)刻本　三十一冊

440000－2541－0001276　1466
道德寶章一卷　(宋)白玉蟾注　清刻本　二冊

440000－2541－0001277　1467
周易參同契發揮三卷釋疑一卷　(元)俞琰撰　明紅格抄本　三冊

440000－2541－0001278　1468
易外别傳一卷　(元)俞琰撰　明藍格抄本　一冊

440000－2541－0001279　1469
清庵先生中和集前集三卷後集三卷　(元)李道純撰　(元)蔡志頤輯　明刻本　六冊

440000－2541－0001280　1470
南華真經副墨八卷讀南華真經雜説一卷　(明)陸西星撰　明萬曆刻本　八冊

440000－2541－0001281　1471
老子翼三卷　(明)焦竑撰　明萬曆刻本　三冊

440000－2541－0001282　1472
養真集二卷　題(□)養真子撰　(清)王士瑞解　清抄本　二冊

440000－2541－0001283　1473
金丹大道四卷　(清)□□撰　清抄本　四冊

440000－2541－0001284　1474
道藏目録四卷道藏闕經目録二卷　(□)□□編　清師石山房鈔本　六冊

440000－2541－0001285　1475
大明道藏經目録四卷道藏缺經目録二卷道藏尊經歷代綱目一卷　(□)□□編　清抄本　五冊

440000－2541－0001286　1476
道書全集二十五種　(明)閻鶴洲編　明萬曆十九年(1591)閻氏刻本　十四冊　存十九種

440000－2541－0001287　1477
道言内外六卷　(明)彭好古輯　明萬曆吳勉學刻黄之寀重修本　十二冊

440000－2541－0001288　1478
天主實義二卷　(意大利)利瑪竇撰　清刻本　四冊

440000－2541－0001289　1479
六子六種　(明)許宗魯編　明嘉靖六年(1527)樊川别業刻本　十二冊

440000－2541－0001290　1480
六子全書六十卷　(□)□□編　明桐陰書屋刻本　四十冊

440000－2541－0001291　1481
子彙二十四種　(明)周子義編　明萬曆四年至五年(1576－1577)南京國子監刻本　四冊　存十種

440000－2541－0001292　1482
四子全書　(明)董逢元編　明萬曆二十三年(1595)毘陵董氏秋聲閣刻本　一冊　存二種

440000－2541－0001293　1483
二十子　(明)吳勉學編　明吳勉學刻本　四十八冊

440000－2541－0001294　1484
楚辭二卷　(戰國)屈原　(戰國)宋玉　(漢)賈誼等撰　明萬曆四十八年(1620)閔齊伋刻本　二冊

440000－2541－0001295　1485
楚辭章句十七卷　(漢)王逸撰　明刻本　八冊

440000－2541－0001296　1486
楚辭集注八卷辯證二卷後語八卷　(宋)朱熹撰　(明)蔣之翹補輯並評校　**附覽二卷總評一卷**　(明)蔣之翹輯　明天啓六年(1626)蔣之翹刻本　八冊

440000－2541－0001297　1487

楚辭集注八卷辯證二卷後語八卷　（宋）朱熹撰　（明）蔣之翹補輯並評校　**附覽二卷總評一卷**　（明）蔣之翹輯　明天啓六年（1626）蔣之翹刻本　十册　存十卷（楚辭集注八卷、後語一、總評一卷）

440000－2541－0001298　1488
楚辭燈四卷楚懷襄二王在位事蹟考一卷　（清）林雲銘撰　**屈原列傳一卷**　（漢）司馬遷撰　清康熙三十六年（1697）挹奎樓刻本　二册

440000－2541－0001299　1489
楚辭新集注八卷末一卷　（清）屈復撰　**楚懷襄二王在位事蹟考一卷**　（清）林雲銘撰　**末一卷**　清乾隆三年（1738）居易堂刻本　四册

440000－2541－0001300　1490
屈原楚辭不分卷　（戰國）屈原撰　（清）周金紳輯評　稿本　清佚名錄諸家批校　一册

440000－2541－0001301　1491
漢蔡中郎集六卷　（漢）蔡邕撰　明嘉靖二十七年（1548）楊賢刻本　六册

440000－2541－0001302　1492
曹子建集十卷　（三國魏）曹植撰　明刻本　四册

440000－2541－0001303　1493
阮嗣宗集二卷　（三國魏）阮籍撰　明刻本　二册

440000－2541－0001304　1494
池北偶談二十六卷　（清）王士禛撰　清康熙文粹堂刻本　八册

440000－2541－0001305　1495
考定竹書十三卷　（清）孫之騄撰　清雍正刻本（卷九至十三抄配）　六册

440000－2541－0001306　1496
支道林集二卷　（晉）釋支遁撰　清光緒十二年（1886）晚嘯草堂抄本　一册

440000－2541－0001307　1497
陶淵明集十卷附錄二卷　（晉）陶潛撰　明刻本　二册

440000－2541－0001308　1498
合刻忠武靖節二編二十一卷　（明）楊時偉編　明萬曆四十七年（1619）楊時偉刻本　六册

440000－2541－0001309　1499
合刻忠武靖節二編二十一卷　（明）楊時偉編　明萬曆四十七年（1619）楊時偉刻本　一册　存三卷（陶靖節集附錄一卷、蘇東坡和陶詩二卷）

440000－2541－0001310　1500
陶靖節集十卷總論一卷　（晉）陶潛撰　（宋）湯漢等箋注　明嘉靖刻本　四册

440000－2541－0001311　1501
陶詩集註四卷　（清）詹夔錫撰　**東坡和陶詩一卷**　（宋）蘇軾撰　清康熙三十三年（1694）詹氏寶墨堂刻本　一册

440000－2541－0001312　1502
陶公詩評註初學讀本二卷首一卷　（清）孫人龍輯　清乾隆十三年（1748）刻本　清佚名批校　一册

440000－2541－0001313　1503
醴陵集十卷　（南朝梁）江淹撰　清乾隆二十年（1755）江昉羣雅堂刻本　四册

440000－2541－0001314　1504
國朝杭郡詩三輯不分卷　（清）吴振棫輯　稿本　十二册

440000－2541－0001315　1505
任彦升集六卷　（南朝梁）任昉撰　明萬曆十八年（1590）呂兆禧刻本　一册

440000－2541－0001316　1506
徐孝穆全集六卷　（南朝陳）徐陵撰　（清）吴兆宜箋注　**備考一卷**　（清）徐文炳輯　清初揚州藝古堂刻本　劉小衡批校　六册

440000－2541－0001317　1507
漢魏六朝二十一名家集一百二十三卷　（明）汪士賢編　明萬曆至天啓新安汪氏刻本　十一册　存四種

440000－2541－0001318　1508
靈隱子六卷　(唐)駱賓王撰　(明)陳魁士注　明萬曆二十四年(1596)陳大科刻明末岱雲樓重修本　六冊

440000－2541－0001319　1509
唐駱先生集八卷附錄一卷　(唐)駱賓王撰　(明)王衡等評釋　明凌毓枘刻朱墨套印本　四冊

440000－2541－0001320　1510
李嶠集三卷　(唐)李嶠撰　明黑格抄本　周連寬跋　二冊

440000－2541－0001321　1511
王勃集二卷　(唐)王勃撰　明嘉靖黃埻東壁圖書府刻十二家唐詩本　一冊

440000－2541－0001322　1512
楊盈川集十卷附錄一卷　(唐)楊炯撰　明沈巙刻本　四冊

440000－2541－0001323　1513
[乾隆]續河南通志八十卷首四卷　(清)阿思哈　(清)嵩貴纂修　清乾隆三十二年(1767)刻光緒二十八年(1902)補刻本(有圖表)　二十冊

440000－2541－0001324　1514
唐張文獻公曲江集十二卷附錄一卷　(唐)張九齡撰　明天啓四年(1624)顧懋光刻本　八冊

440000－2541－0001325　1515
唐丞相曲江張先生文集十二卷附錄一卷　(唐)張九齡撰　清順治十四年(1657)曾弘、周日燦刻本　十冊

440000－2541－0001326　1516
唐丞相曲江張先生文集十二卷附錄一卷　(唐)張九齡撰　清順治十四年(1657)曾弘、周日燦刻本　四冊　存十卷(一、五至十二，附錄一卷)

440000－2541－0001327　1517
唐丞相曲江張文獻公集十二卷附錄一卷　(唐)張九齡撰　**千秋金鑑錄五卷**　題(唐)張九齡撰　清雍正十三年(1735)張世緯等刻乾隆重修本　八冊

440000－2541－0001328　1518
王摩詰集十卷　(唐)王維撰　明嘉靖刻本　四冊

440000－2541－0001329　1519
王摩詰集六卷　(唐)王維撰　清康熙項氏玉淵堂刻王韋合刻本　四冊

440000－2541－0001330　1520
類箋唐王右丞詩集十卷　(唐)王維撰　(宋)劉辰翁評　(明)顧起經注　**文集四卷集外編一卷**　(唐)王維撰　(明)顧起經輯　**年譜一卷**　(明)顧起經撰　**唐諸家同詠集一卷贈題集一卷歷朝諸家評王右丞詩畫鈔一卷**　(明)顧起經輯　明嘉靖三十五年(1556)顧氏奇字齋刻本　二十冊

440000－2541－0001331　1522
李太白文集三十卷　(唐)李白撰　清康熙五十六年(1717)繆曰芑雙泉草堂刻本　八冊

440000－2541－0001332　1523
李太白文集三十卷　(唐)李白撰　清刻本　清朱學勤批校　十冊

440000－2541－0001333　1524
李翰林集十卷　(唐)李白撰　明正德十四年(1519)陸元大刻清嘉慶八年(1803)王芑孫淵雅堂重修本　清佚名圈點批校　一冊　存三卷(三至五)

440000－2541－0001334　1525
唐翰林李白詩類編十二卷　(唐)李白撰　明刻本　四冊

440000－2541－0001335　1526
李杜全集四十三卷　(明)聞啟祥輯　明崇禎二年(1629)聞啟祥刻本　十六冊

440000－2541－0001336　1527
李太白詩集二十二卷　(唐)李白撰　(宋)嚴羽評點　明崇禎二年(1629)聞啟祥刻李杜全

集本　一册　存四卷(三至六)

440000－2541－0001337　1528
分類補註李太白詩二十五卷　(唐)李白撰　(宋)楊齊賢集注　(元)蕭士贇補注　明正德十五年(1520)安正書堂刻本　十五册

440000－2541－0001338　1529
分類補註李太白詩二十五卷　(唐)李白撰　(宋)楊齊賢集注　(元)蕭士贇補注　**年譜一卷**　(宋)薛仲邕撰　明嘉靖二十五年(1546)玉几山人刻重修本　六册　存十四卷(一至十四)

440000－2541－0001339　1530
李杜全集四十八卷　(明)許自昌編　明萬曆三十年(1602)自刻本　三十二册

440000－2541－0001340　1531
分類補注李太白詩二十五卷　(唐)李白撰　(宋)楊齊賢集注　(元)蕭士贇補注　**年譜一卷**　(宋)薛仲邕撰　明萬曆三十年(1602)許自昌刻李杜全集本　一册　存一卷(一)

440000－2541－0001341　1532
文編六十四卷　(明)唐順之輯　明天啓刻本　二册　存三卷(一至三)

440000－2541－0001342　1533
三國志六十五卷　(晉)陳壽撰　(南朝宋)裴松之注　清同治十年(1871)成都書局刻本　清劉熽芬批校　盧子樞跋　十四册

440000－2541－0001343　1534
集千家註杜工部詩集二十卷文集二卷附錄一卷　(唐)杜甫撰　(宋)黄鶴補注　清乾隆七年(1742)怡府明善堂刻本　清佚名批點　二十册

440000－2541－0001344　1535
杜工部全集六十六卷目錄六卷　(唐)杜甫撰　(明)劉世教輯　**年譜一卷**　(宋)黄鶴撰　明萬曆四十年(1612)刻合刻分體李杜全集本　八册

440000－2541－0001345　1536
杜工部全集六十六卷目錄六卷　(唐)杜甫撰　(明)劉世教輯　**年譜一卷**　(宋)黄鶴撰　明萬曆四十年(1612)刻合刻分體李杜全集本　六册　存二十二卷(杜工部集二十卷、題詠附錄一卷、詩話一卷)

440000－2541－0001346　1537
杜工部集二十卷　(唐)杜甫撰　(清)錢謙益箋注　**唱酬題詠附錄一卷諸家詩話一卷附錄一卷年譜一卷**　清康熙六年(1667)季振宜靜思堂刻本　清佚名批校　八册　存二十二卷(杜工部集二十卷、題詠附錄一卷、詩話一卷)

440000－2541－0001347　1538
杜工部集二十卷　(唐)杜甫撰　(清)錢謙益箋注　**唱酬題詠附錄一卷諸家詩話一卷附錄一卷年譜一卷**　清康熙六年(1667)季振宜靜思堂刻本　清唐岳錄查慎行批并批校　六册

440000－2541－0001348　1539
讀杜詩寄廬小箋三卷　(清)錢謙益撰　清乾隆惠氏紅豆齋抄本　一册

440000－2541－0001349　1540
讀書堂杜工部詩集註解二十卷文集註解二卷　(唐)杜甫撰　(清)張溍注　**杜工部編年詩史譜目一卷**　清康熙三十七年(1698)滏陽張氏讀書堂刻本　十二册

440000－2541－0001350　1541
杜詩詳註二十五卷首一卷附編二卷　(唐)杜甫撰　(清)仇兆鰲輯注　清康熙刻本　清陳澧批點　十四册

440000－2541－0001351　1542
杜詩闡三十三卷　(清)盧元昌撰　清康熙二十一年(1682)刻本　七册　存二十八卷(一至十七、二十三至三十三)

440000－2541－0001352　1543
讀杜心解六卷　(唐)杜甫撰　(清)浦起龍注　**首二卷**　(清)浦起龍輯　清雍正二年至三年(1724－1725)錫山浦氏寧我齋刻本　清佚名批校　八册

440000－2541－0001353　1544

杜工部五言詩選直解三卷七言詩選直解二卷 （唐）杜甫撰 （清）范廷謀注 清雍正六年（1728）范氏稼石堂刻本 五冊

440000－2541－0001354 1545.1
杜詩偶評四卷 （清）沈德潛撰 清乾隆十二年（1747）潘承松賦閑草堂刻本 清朱頌熹錄沈祥龍批點及跋 二冊

440000－2541－0001355 1545.2
江湖夜雨集一卷 （清）高岑撰 清嘉慶朱頌熹抄本 與440000－2541－0001354合冊

440000－2541－0001356 1546
杜詩鏡銓二十卷年譜一卷附録一卷 （清）楊倫輯 清乾隆刻本 十冊

440000－2541－0001357 1547
韓文杜律二卷 （明）郭正域編 明萬曆閔齊伋刻三色套印本 二冊

440000－2541－0001358 1548
杜工部七言律詩二卷 （唐）杜甫撰 （元）虞集注 清抄本 清徐三庚題識 二冊

440000－2541－0001359 1550
趙虞選注杜工部五七言近體合刻六卷 （元）趙汸 （元）虞集注 （清）查弘道 （清）金集補注 清康熙五十一年（1712）查弘道刻本 一冊 存三卷（虞伯生選杜律七言三卷）

440000－2541－0001360 1551
杜工部七言律詩五卷 （唐）杜甫撰 （清）陳之壎注 清康熙陳氏刻本 一冊

440000－2541－0001361 1552
李杜詩選十一卷 （明）張含輯 （明）楊慎等評 明閔氏刻朱墨套印本 四冊

440000－2541－0001362 1553
李杜詩選十一卷 （明）張含輯 （明）楊慎等評 明閔氏刻朱墨套印本 二冊 存六卷（杜詩選六卷）

440000－2541－0001363 1554
杜工部詩鈔二十卷 （唐）杜甫撰 清抄本 十冊

440000－2541－0001364 1555
杜少陵詩選不分卷 （唐）杜甫撰 清抄本 四冊

440000－2541－0001365 1556
杜詩論文五十六卷 （清）吳見思撰 （清）潘眉評 清康熙十一年（1672）岱淵堂刻本 李仙根題識 八冊

440000－2541－0001366 1557
歲寒堂讀杜二十卷 （清）范輦雲撰 清道光二十四年（1844）蘇州范氏家祠後樂堂刻本 佚名批注 六冊

440000－2541－0001367 1559
韋蘇州集十卷 （唐）韋應物撰 清光緒胡鳳丹退補齋刻朱印本 二冊

440000－2541－0001368 1560
韋蘇州集十卷 （唐）韋應物撰 清郭超抄本 二冊

440000－2541－0001369 1561
韋蘇州集十卷拾遺一卷總論一卷 （唐）韋應物撰 （宋）劉辰翁等評 明凌濛初刻朱墨套印陶韋合刻本 四冊

440000－2541－0001370 1562
臺閣集一卷 （唐）李嘉祐撰 明末毛氏汲古閣刻唐人八家詩本 一冊

440000－2541－0001371 1563
唐陸宣公集二十二卷 （唐）陸贄撰 明萬曆九年（1581）葉逢春刻本 十二冊

440000－2541－0001372 1564
唐陸宣公集二十二卷首一卷 （唐）陸贄撰 清雍正元年（1723）年羹堯刻本 六冊

440000－2541－0001373 1565
唐陸宣公集二十四卷 （唐）陸贄撰 明嘉靖刻本 六冊

440000－2541－0001374 1566
唐陸宣公翰苑集二十四卷 （唐）陸贄撰 明萬曆三十五年（1607）陸基忠刻清乾隆十二年（1747）陸介烜重修本 四冊

440000－2541－0001375　1568
玉川子詩集二卷集外詩一卷　(唐)盧仝撰　清抄本　一册

440000－2541－0001376　1569
李長吉集四卷外卷一卷　(唐)李賀撰　(明)黄淳耀評　(清)黎簡批點　清光緒十八年(1892)葉衍蘭刻朱墨套印本　二册

440000－2541－0001377　1570
唐李長吉歌詩四卷　(唐)李賀撰　(宋)吳正子箋注　(宋)劉辰翁評點　(明)張睿卿補箋　明澂棻堂刻本　四册

440000－2541－0001378　1571
唐李長吉詩集四卷首一卷　(唐)李賀撰　明刻本　一册　存一卷(首一卷)

440000－2541－0001379　1572
唐歐陽先生文集八卷附錄一卷　(唐)歐陽詹撰　清抄本　四册

440000－2541－0001380　1573
李元賓文集六卷　(唐)李觀撰　清嘉慶二十三年(1818)秦恩復石研齋影宋刻唐人三家集本　二册

440000－2541－0001381　1574
韓文四十卷外集十卷遺集一卷集傳一卷　(唐)韓愈撰　明嘉靖十六年(1537)游居敬刻四十一年(1562)何鏜印本　清唐岳錄清李憲喬、王拯、梅曾亮諸家評語　十九册

440000－2541－0001382　1575
韓文四十卷外集十卷遺集一卷集傳一卷　(唐)韓愈撰　明嘉靖十六年(1537)游居敬刻四十一年(1562)何鏜印本　八册　存三十一卷(韓文十六至四十、外集一至六)

440000－2541－0001383　1576
昌黎先生集四十卷遺文一卷　(唐)韓愈撰　(清)李漢編　清同治九年(1870)廣東述古堂刻本　清陳澧批校　黎騷跋　六册

440000－2541－0001384　1577
朱文公校昌黎先生文集四十卷外集十卷傳一卷　(唐)韓愈撰　(宋)朱熹考異　(宋)王伯大音釋　明初刻本　二十册

440000－2541－0001385　1578
朱文公校昌黎先生文集四十卷外集十卷遺文一卷傳一卷　(唐)韓愈撰　(宋)朱熹考異　(宋)王伯大音釋　明刻本　二册　存十二卷(外集十卷、遺文一卷、傳一卷)

440000－2541－0001386　1579
朱文公校昌黎先生文集四十卷外集十卷遺文一卷傳一卷　(唐)韓愈撰　(宋)朱熹考異　(宋)王伯大音釋　明萬曆朱崇沐刻本　十册

440000－2541－0001387　1580
朱文公校昌黎先生文集四十卷外集十卷遺文一卷傳一卷　(唐)韓愈撰　(宋)朱熹考異　(宋)王伯大音釋　明刻清天德堂重修本　清唐岳錄呂璜評點　十一册

440000－2541－0001388　1581
新刊五百家註音辯昌黎先生文集四十卷　(唐)韓愈撰　(宋)魏仲舉輯注　清乾隆四十九年(1784)觀樓氏刻本　清唐岳過錄諸名家批點并題識　八册

440000－2541－0001389　1582
新刊五百家註音辯昌黎先生文集四十卷　(唐)韓愈撰　(宋)魏仲舉輯注　清乾隆四十九年(1784)觀樓氏刻本　清陳澧批校　十册

440000－2541－0001390　1583
昌黎先生集四十卷外集十卷遺文一卷朱子校昌黎先生集傳一卷　(唐)韓愈撰　(宋)廖瑩中校正　明徐氏東雅堂刻本　二十四册

440000－2541－0001391　1584
昌黎先生集四十卷外集十卷遺文一卷朱子校昌黎先生集傳一卷　(唐)韓愈撰　(宋)廖瑩中校正　明徐氏東雅堂刻本　七册　存十四卷(一至十、十四至十六,遺文一卷)

440000－2541－0001392　1585
昌黎先生集四十卷外集十卷遺文一卷朱子校昌黎先生集傳一卷　(唐)韓愈撰　(宋)廖瑩中校正　明徐氏東雅堂刻本　二十四册

440000－2541－0001393　1586

昌黎先生集四十卷外集十卷遺文一卷朱子校昌黎先生集傳一卷　(唐)韓愈撰　(宋)廖瑩中校正　明徐氏東雅堂刻本　八冊

440000－2541－0001394　1587

唐大家韓文公文抄十六卷　(唐)韓愈撰　(明)茅坤批評　明萬曆茅一桂刻唐宋八大家文鈔本　清王拯錄諸家批校　三冊　存六卷(五至六、九至十、十三至十四)

440000－2541－0001395　1588

笠翁傳奇十種　(清)李漁撰　(清)盧巍等批評　清康熙刻本　二十冊

440000－2541－0001396　1589

韓子文鈔十卷　(唐)韓愈撰　(清)林明倫注　清乾隆二十一年(1756)文起堂刻本　清佚名錄張維屏跋　四冊

440000－2541－0001397　1590

韓詩四卷　(唐)韓愈撰　清刻本　清佚名批點　四冊

440000－2541－0001398　1591

韓昌黎詩集編年箋註十二卷　(清)方世舉撰　清乾隆二十三年(1758)盧見曾雅雨堂刻本　清王拯錄清李憲喬、施雪帆評點并跋　十二冊

440000－2541－0001399　1592

韓昌黎詩集編年箋註十二卷　(清)方世舉撰　清乾隆二十三年(1758)盧見曾雅雨堂刻本　清佚名錄鶴舫氏等批校　十二冊

440000－2541－0001400　1593

韓昌黎詩集編年箋註十二卷　(清)方世舉撰　清乾隆二十三年(1758)盧見曾雅雨堂刻本　六冊

440000－2541－0001401　1594

韓子粹言不分卷　(唐)韓愈撰　(清)李光地選評　清康熙刻本　清佚名批點　四冊

440000－2541－0001402　1595

劉賓客集三十卷外集十卷　(唐)劉禹錫撰　清味書室抄本　清鄭江校並跋　十二冊

440000－2541－0001403　1596

白香山詩長慶集二十卷後集十七卷別集一卷補遺二卷　(唐)白居易撰　(清)汪立名輯　**年譜舊本一卷**　(宋)陳振孫撰　**年譜一卷**　(清)汪立名撰　清康熙四十一年至四十二年(1702－1703)汪立名一隅草堂刻本　二十冊

440000－2541－0001404　1597

白香山詩長慶集二十卷後集十七卷別集一卷補遺二卷　(唐)白居易撰　(清)汪立名輯　**年譜舊本一卷**　(宋)陳振孫撰　**年譜一卷**　(清)汪立名撰　清康熙四十一年至四十二年(1702－1703)汪立名一隅草堂刻本　十冊

440000－2541－0001405　1598

香山詩鈔不分卷　(唐)白居易撰　清心太平庵抄本　四冊

440000－2541－0001406　1599

柳文四十三卷別集二卷外集二卷附錄一卷　(唐)柳宗元撰　明嘉靖三十五年(1556)莫如士刻韓柳文本　十六冊

440000－2541－0001407　1600

增廣註釋音辯唐柳先生集四十三卷別集二卷外集二卷附錄一卷　(唐)柳宗元撰　(宋)童宗說注釋　(宋)張敦頤音辯　(宋)潘緯音義　明初刻本　二十冊

440000－2541－0001408　1601

增廣註釋音辯唐柳先生集四十三卷別集二卷外集二卷附錄一卷　(唐)柳宗元撰　(宋)童宗說注釋　(宋)張敦頤音辯　(宋)潘緯音義　明初刻本　二冊　存十卷(十九至二十四、二十八至三十一)

440000－2541－0001409　1602

京本校正音釋唐柳先生集四十三卷別集一卷外集一卷附錄一卷　(唐)柳宗元撰　(宋)童宗說音注　(宋)張敦頤音辯　(宋)潘緯音義　明刻本　一冊　存三卷(三十九至四十一)

440000－2541－0001410　1603

宋大家蘇文定公文抄二十卷　(宋)蘇轍撰

(明)茅坤批評　明萬曆七年(1579)茅一桂刻唐宋八大家文鈔本　十二冊

440000－2541－0001411　1604
皇甫持正集六卷　(唐)皇甫湜撰　清抄本　二冊

440000－2541－0001412　1605
元氏長慶集六十卷補遺六卷　(唐)元稹撰　明萬曆馬元調魚樂軒刻元白長慶集本　十冊

440000－2541－0001413　1606
唐李文公集十八卷　(唐)李翱撰　清抄本　清朱錫庚跋　四冊

440000－2541－0001414　1607
李文饒別集十卷　(唐)李德裕撰　(明)韓敬評點　明天啓四年(1624)茅師山刻本　四冊

440000－2541－0001415　1608
樊紹述集二卷　(唐)樊宗師撰　(清)孫之騄輯注　清抄本　二冊

440000－2541－0001416　1609
溫飛卿詩集七卷別集一卷　(唐)溫庭筠撰　(明)曾益注　(清)顧予咸補注　**集外詩一卷**　(清)顧嗣立續注　清康熙三十六年(1697)顧氏秀野草堂刻本　二冊

440000－2541－0001417　1610
李義山詩集三卷詩譜一卷詩評一卷　(唐)李商隱撰　(清)朱鶴齡箋注　清順治十六年(1659)刻本　清張墀批點　二冊

440000－2541－0001418　1611
重訂李義山詩集箋註三卷集外詩箋註一卷　(唐)李商隱撰　(清)朱鶴齡箋注　(清)程夢星刪補　**詩話一卷年譜一卷**　(清)程夢星輯　清乾隆十一年(1746)東柯草堂刻本　清唐岳批點　三冊　存五卷(詩集箋註上、下,集外詩箋註一卷,詩話一卷,年譜一卷)

440000－2541－0001419　1612
李義山詩集十六卷　(唐)李商隱撰　(清)姚培謙箋注　清乾隆五年(1740)姚氏松桂讀書堂刻本　八冊

440000－2541－0001420　1613
李義山詩集十六卷　(唐)李商隱撰　(清)姚培謙箋注　清乾隆五年(1740)姚氏松桂讀書堂刻本　三冊

440000－2541－0001421　1614
李義山文集十卷　(唐)李商隱撰　(清)徐樹穀箋　(清)徐炯注　清康熙四十七年(1708)徐氏花谿草堂刻本　八冊

440000－2541－0001422　1615
重刊校正笠澤叢書四卷補遺詩一卷續補遺一卷　(唐)陸龜蒙撰　清顧氏碧筠草堂刻本　周連寬跋　三冊

440000－2541－0001423　1616
重刊校正笠澤叢書四卷補遺詩一卷　(唐)陸龜蒙撰　清雍正九年(1731)陸鍾輝水雲漁屋刻本　二冊

440000－2541－0001424　1617
純陽呂真人文集八卷　(唐)呂巖撰　明黑格抄本　四冊

440000－2541－0001425　1618
浣花集十卷　(唐)韋莊撰　**補遺一卷**　(明)毛晉輯　明末古虞毛氏綠君亭、汲古閣刻本　二冊

440000－2541－0001426　1619
唐英歌詩三卷　(唐)吳融撰　清康熙四十一年(1702)洞庭席氏琴川書屋刻唐詩百名家全集本　一冊

440000－2541－0001427　1620
唐黃御史集八卷附錄一卷　(唐)黃滔撰　明崇禎十一年(1638)黃鳴喬等刻本　六冊

440000－2541－0001428　1621
唐秘書省正字先輩徐公釣磯文集十卷　(唐)徐夤撰　清抄本　三冊

440000－2541－0001429　1622
羅鄴詩集一卷　(唐)羅鄴撰　**林寬詩集一卷**　(唐)林寬撰　明嘉靖十五年(1536)刻唐百家詩本　一冊

440000－2541－0001430　1623
容齋隨筆十六卷續筆十六卷三筆十六卷四筆十六卷五筆十卷　(宋)洪邁撰　清乾隆五十九年(1794)掃葉山房刻本　十冊

440000－2541－0001431　1624
林和靖先生詩集四卷省心録一卷　(宋)林逋撰　**詩話一卷**　清康熙四十七年(1708)吳調元刻本　一冊

440000－2541－0001432　1625
楊大年先生武夷新集二十卷　(宋)楊億撰　清康熙四十四年(1705)陳璋刻本　四冊

440000－2541－0001433　1626
穆參軍集三卷　(宋)穆修撰　**遺事一卷**　清抄本　一冊

440000－2541－0001434　1627
春卿遺稿二卷　(宋)蔣堂撰　**陳副使遺稿一卷**　(宋)陳洎撰　清抄本　一冊

440000－2541－0001435　1628
文莊集三十六卷　(宋)夏竦撰　清漢陽周氏書種樓抄本　十冊

440000－2541－0001436　1629
范文正公集十二卷　(宋)范仲淹撰　**褒賢祠録二卷言行拾遺事録一卷義莊規矩一卷**　明天啓二年(1622)毛一鷺等刻本　八冊

440000－2541－0001437　1630
武溪集二十卷首一卷　(宋)余靖撰　清康熙三十六年(1697)程氏刻本　十冊

440000－2541－0001438　1631
洛陽九老祖龍學文集十六卷　(宋)祖無擇撰　**源流始末一卷**　清抄本　六冊

440000－2541－0001439　1632
韓魏公集二十卷　(宋)韓琦撰　清康熙張伯行正誼堂刻本　四冊

440000－2541－0001440　1633
蘇學士文集十六卷　(宋)蘇舜欽撰　清康熙三十七年(1698)徐惇孝、徐惇復白華書屋刻本　二冊

440000－2541－0001441　1634
蘇學士文集十六卷　(宋)蘇舜欽撰　清康熙三十七年(1698)徐惇孝、徐惇復白華書屋刻本　八冊

440000－2541－0001442　1635
趙清獻公集十卷　(宋)趙抃撰　明末刻本　四冊

440000－2541－0001443　1637
蘇老泉先生全集二十卷　(宋)蘇洵撰　**附録二卷**　(宋)沈斐輯　清康熙三十七年(1698)邵仁泓刻本　八冊

440000－2541－0001444　1638
嘉祐集二十卷　(宋)蘇洵撰　清道光十二年(1832)眉州三蘇祠刻三蘇全集本　四冊

440000－2541－0001445　1639
宋大家蘇文公文抄十卷　(宋)蘇洵撰　(明)茅坤批評　明萬曆七年(1579)茅一桂刻唐宋八大家文鈔本　四冊

440000－2541－0001446　1640
宋大家蘇文公文抄十卷　(宋)蘇洵撰　(明)茅坤批評　明萬曆七年(1579)茅一桂刻唐宋八大家文鈔本　五冊

440000－2541－0001447　1641
蔡忠惠詩集全編四卷　(宋)蔡襄撰　清抄本　二冊

440000－2541－0001448　1642
司馬溫公文集八十二卷　(宋)司馬光撰　明崇禎元年(1628)吳時亮刻本　二十四冊

440000－2541－0001449　1643
司馬文正公集略三十一卷詩集七卷　(宋)司馬光撰　明嘉靖十八年(1539)俞文峰刻本　十二冊

440000－2541－0001450　1644
陳眉公先生訂正丹淵集四十卷拾遺二卷　(宋)文同撰　**石室先生年譜一卷**　(宋)家誠之撰　**附録一卷**　(明)李應魁輯　清抄本

清退舟校　三册　存二十六卷(一至十三、二十四至三十五,年譜一卷)

440000－2541－0001451　1645

元豐類稿五十卷續附一卷　(宋)曾鞏撰　明刻遞修本　八册　存十七卷(十三至十七、二十至二十二、四十至四十八)

440000－2541－0001452　1646

南豐先生元豐類稿五十卷　(宋)曾鞏撰　**續附一卷**　(宋)曾肇等撰　明萬曆二十五年(1597)曾敏才等刻本　十册

440000－2541－0001453　1647

南豐先生元豐類稿五十卷　(宋)曾鞏撰　**集外文二卷**　(宋)曾鞏撰　(清)顧崧齡輯　**續附一卷**　(宋)曾肇等撰　清康熙五十六年(1717)顧崧齡刻本　八册

440000－2541－0001454　1648

曾文定公全集二十卷首一卷末一卷　(宋)曾鞏撰　清康熙三十二年(1693)彭期刻本　二十四册

440000－2541－0001455　1649

新刻臨川王介甫先生文集一百卷本傳一卷事略一卷　(宋)王安石撰　明萬曆四十年(1612)王鳳翔光啟堂刻本　七册　存六十七卷(一至二十八、五十三至七十、八十一、八十三至一百,本傳一卷,事略一卷)

440000－2541－0001456　1650

王荆文公詩五十卷補遺一卷　(宋)王安石撰　(宋)李壁箋注　清乾隆五年至六年(1740－1741)張宗松清綺齋刻本　八册

440000－2541－0001457　1651

節孝先生文集三十卷　(宋)徐積撰　**語錄一卷事實一卷本朝名臣言行錄一卷**　明嘉靖四十四年(1565)劉祜刻明修本　八册

440000－2541－0001458　1652

蘇文忠公全集一百十一卷　(宋)蘇軾撰　**東坡先生年譜一卷**　(宋)王宗稷撰　明嘉靖十三年(1534)江西布政司刻本　四十八册

440000－2541－0001459　1653

東坡全集一百十五卷目錄七卷　(宋)蘇軾撰　**東坡先生年譜一卷**　(宋)王宗稷撰　**東坡先生墓志銘一卷**　(宋)蘇轍撰　明刻本　二十四册

440000－2541－0001460　1654

蘇文忠公全集一百十一卷　(宋)蘇軾撰　**東坡先生年譜一卷**　(宋)王宗稷撰　明嘉靖十三年(1534)江西布政司刻本　三十五册

440000－2541－0001461　1655

東坡先生全集七十五卷　(宋)蘇軾撰　**東坡先生年譜一卷**　(宋)王宗稷撰　明萬曆三十四年(1606)茅維刻本　三十六册

440000－2541－0001462　1656

東坡先生全集七十五卷　(宋)蘇軾撰　明末項煜刻本　二十四册

440000－2541－0001463　1657

東坡先生全集七十五卷　(宋)蘇軾撰　明末項煜刻本　二十七册

440000－2541－0001464　1658

東坡先生全集七十五卷　(宋)蘇軾撰　明末項煜刻本　二册　存目錄

440000－2541－0001465　1659

東坡集選五十卷集餘一卷　(宋)蘇軾撰　(明)陳夢槐輯　**年譜一卷**　(宋)王宗稷撰　**外紀二卷**　(明)王世貞撰　**外紀逸編一卷**　(明)璩之璞撰　明刻本　二十四册

440000－2541－0001466　1660

東坡先生詩集註三十二卷　(宋)蘇軾撰　題(宋)王十朋纂集　**東坡紀年錄一卷**　(宋)傅藻撰　明萬曆茅維刻本　二十册

440000－2541－0001467　1661

東坡先生詩集三十二卷　(宋)蘇軾撰　題(宋)王十朋纂集　(明)陳仁錫評　**東坡先生紀年錄一卷**　(宋)傅藻撰　**東坡墓誌一卷**　(宋)蘇轍撰　明崇禎陳仁錫刻本　二十四册

440000－2541－0001468　1662

蘇東坡詩集註三十二卷 (宋)蘇軾撰 題(宋)吕祖謙分輯 (宋)王十朋纂集 **年譜一卷** (宋)王宗稷撰 **失編一卷** (清)朱從延補注 清康熙三十七年(1698)朱從延文蔚堂刻本 十冊

440000－2541－0001469 1663
施註蘇詩四十二卷總目二卷 (宋)蘇軾撰 (宋)施元之 (宋)顧禧注 (清)邵長蘅 (清)顧嗣立 (清)宋至補注 **王注正譌一卷** (清)邵長蘅撰 **東坡先生年譜一卷** (宋)王宗稷撰 清康熙三十八年(1699)宋犖刻本 十二冊

440000－2541－0001470 1664
蘇文忠詩合註五十卷首一卷 (宋)蘇軾撰 (清)馮應榴輯訂 清乾隆五十八年(1793)桐鄉馮氏踵息齋刻本 清黄紹昌批校 二十冊

440000－2541－0001471 1665
東坡先生全集七十五卷 (宋)蘇軾撰 **東坡詩選十二卷** (宋)蘇軾撰 (明)譚元春輯 **年譜一卷** (宋)王宗稷撰 明末刻本 三冊 存十二卷(東坡詩選十二卷)

440000－2541－0001472 1666
蘇文忠公策論選十二卷 (宋)蘇軾撰 (明)茅坤 (清)鍾惺批評 明天啓元年(1621)刻三色套印本 三冊 存十卷(一至二、五至十二)

440000－2541－0001473 1667
蘇長公表啟五卷 (宋)蘇軾撰 (明)李贄等評 (明)錢櫝輯 明凌濛初刻朱墨套印本 三冊 存三卷(一至三)

440000－2541－0001474 1668
坡仙集十六卷 (宋)蘇軾撰 (明)李贄評輯 明萬曆四十七年(1619)程明善刻本 八冊

440000－2541－0001475 1669
訂補坡仙集鈔三十八卷 (宋)蘇軾撰 (明)李贄輯 (明)陳繼儒訂補 明刻本 三十二冊

440000－2541－0001476 1670
重校宋蘇文忠公寓惠録四卷 (宋)蘇軾撰 明嘉靖二十三年(1544)惠州府學余世忠刻藍印本 四冊

440000－2541－0001477 1671
東坡禪喜集十四卷 (宋)蘇軾撰 (明)馮夢禎批點 (明)凌濛初輯 明天啓元年(1621)凌濛初刻朱墨套印本 四冊

440000－2541－0001478 1672
蘇長公集選二十二卷東坡居士艾子雜説一卷 (宋)蘇軾撰 (明)錢士鰲輯 明萬曆二十六年(1598)何文叔刻本 二十冊

440000－2541－0001479 1673
蘇長公合作内外篇不分卷 (宋)蘇軾撰 (明)鄭圭輯 明刻本 八冊

440000－2541－0001480 1674
蘇文六卷 (宋)蘇軾撰 (明)茅坤等評 明閔爾容刻三色套印本 六冊

440000－2541－0001481 1675
蘇文六卷 (宋)蘇軾撰 (明)茅坤等評 明閔爾容刻三色套印本 六冊

440000－2541－0001482 1676
欒城集五十卷後集二十四卷三集十卷應詔集十二卷 (宋)蘇轍撰 明萬曆王執禮、顧天敘刻清夢軒印本 六十冊

440000－2541－0001483 1677
重刻黄文節山谷先生文集三十卷外集十四卷别集二十卷 (宋)黄庭堅撰 **年譜十五卷** (宋)黄㽦撰 **伐檀集二卷** (宋)黄庶撰 明萬曆三十一年至四十二年(1603－1614)方沆等刻本 二十冊

440000－2541－0001484 1678
重刻黄文節山谷先生文集三十卷外集十四卷别集二十卷 (宋)黄庭堅撰 **年譜十五卷** (宋)黄㽦撰 **伐檀集二卷** (宋)黄庶撰 明萬曆三十一年至四十二年(1603－1614)方沆等刻本 七冊 存十二卷(外集一至八、十一至十四)

440000－2541－0001485　1679
宋黄太史公集選三十六卷　（宋）黄庭堅撰　（明）崔邦亮選　明萬曆二十七年（1599）刻本　二十册

440000－2541－0001486　1680
山谷尺牘二卷山谷小詞二卷　（宋）黄庭堅撰　（宋）劉辰翁等評　明刻蘇黄風流小品本　四册

440000－2541－0001487　1681
閨媛詩秀不分卷　（清）□□編　清抄本　二册

440000－2541－0001488　1682
淮海集四十卷後集六卷長短句三卷　（宋）秦觀撰　明嘉靖二十四年（1545）胡民表刻本　八册　存四十卷（淮海集四十卷）

440000－2541－0001489　1683
後山先生集二十四卷　（宋）陳師道撰　清雍正八年（1730）趙駿烈刻本　四册

440000－2541－0001490　1684
龜山先生集四十二卷　（宋）楊時撰　明萬曆十九年（1591）林熙春刻本　十二册

440000－2541－0001491　1685
楊龜山先生集四十二卷首一卷　（宋）楊時撰　清康熙四十六年（1707）楊繩祖刻本　十六册

440000－2541－0001492　1686
安岳馮太師文集三十卷　（宋）馮山撰　清抄本　三册　存十二卷（一至十二）

440000－2541－0001493　1687
慶湖遺老詩集九卷拾遺一卷補遺一卷　（宋）賀鑄撰　清抄本　清文素松跋　二册

440000－2541－0001494　1688
東堂集十卷　（宋）毛滂撰　清南海孔氏嶽雪樓抄本　六册

440000－2541－0001495　1689
李太白文集三十六卷　（唐）李白撰　（清）王琦輯注　清乾隆刻本　十四册

440000－2541－0001496　1690
春山文集四六鈔一卷　（宋）危昭德撰　清抄本　一册

440000－2541－0001497　1691
具茨晁先生詩集一卷　（宋）晁沖之撰　清抄本　二册

440000－2541－0001498　1692
日涉園集十卷　（宋）李彭撰　清南海孔氏嶽雪樓抄本　二册

440000－2541－0001499　1693
宋李忠定公奏議選十五卷文集選二十九卷首四卷　（宋）李綱撰　（明）左光先等輯　明崇禎十二年（1639）左光先刻清康熙四十四年（1705）李榮芳、乾隆二十七年（1762）徐時作遞修本　八册　存三十五卷（奏議選十五卷、文集選一至十六、首四卷）

440000－2541－0001500　1694
淳化秘閣法帖考正十卷附錄二卷　（清）王澍撰　（清）沈宗騫臨帖　**釋文二卷**　（清）沈宗騫校定　清乾隆三十三年（1768）刻蘭言齋印本　六册

440000－2541－0001501　1695
屏山集二十卷　（宋）劉子翬撰　明正德七年（1512）劉澤刻本　四册

440000－2541－0001502　1696
范香溪先生文集二十二卷　（宋）范浚撰　**范蒙齋先生遺文一卷**　（宋）范端臣撰　**范楊溪先生遺文一卷**　（宋）范端杲撰　清乾隆七年（1742）范文煥刻本　八册

440000－2541－0001503　1697
湖山集十卷　（宋）吳芾撰　清道光二十三年（1843）王魏勝活字印本　一册　存四卷（一至四）

440000－2541－0001504　1698
梅溪先生後集二十九卷　（宋）王十朋撰　明刻本　一册　存二卷（一至二）

440000－2541－0001505　1699

洪文敏公文集八卷　(宋)洪邁撰　清抄本　二册

440000－2541－0001506　1700

劍南詩稿八十五卷　(宋)陸游撰　明末古虞毛氏汲古閣刻陸放翁全集本　三十册

440000－2541－0001507　1701

隆平集二十卷　(宋)曾鞏撰　清康熙四十年(1701)南豐彭期七業堂刻本　八册

440000－2541－0001508　1702

詩詞雜俎二十五卷　(明)毛晉編　明末毛氏汲古閣刻本　一册　存三卷(石湖詩集一卷、剪綃集二卷)

440000－2541－0001509　1703

晦庵先生朱文公文集一百卷續集五卷别集七卷　(宋)朱熹撰　清康熙二十七年(1688)蔡方炳、臧眉錫刻本　四十册

440000－2541－0001510　1704

晦庵先生朱文公文集八十八卷續集十一卷别集十卷目録二卷　(宋)朱熹撰　(明)朱吾弼輯　明萬曆吴養春、朱崇沐刻崇禎七年(1634)李寅賓重修本　四十册

440000－2541－0001511　1705

淵鑒齋御纂朱子全書六十六卷　(宋)朱熹撰　(清)李光地等輯　清康熙五十三年(1714)武英殿刻本　五十二册

440000－2541－0001512　1706

朱子可聞詩集五卷　(宋)朱熹撰　(清)洪力行釋　清刻本　五册

440000－2541－0001513　1710

羅鄂州小集五卷　(宋)羅願撰　**羅郢州遺文一卷**　(宋)羅頌撰　明天啓六年(1626)羅朗刻本　四册

440000－2541－0001514　1711

羅鄂州小集五卷　(宋)羅願撰　**羅郢州遺文一卷**　(宋)羅頌撰　明天啓六年(1626)羅朗刻本　二册

440000－2541－0001515　1712

網山集八卷　(宋)林亦之撰　清抄本　二册

440000－2541－0001516　1713

雙溪集十五卷　(宋)蘇籀撰　清抄本　三册

440000－2541－0001517　1714

象山先生文集二十八卷外集四卷　(宋)陸九淵撰　**語録四卷**　(宋)傅子雲　(宋)嚴松等輯　明正德十六年(1521)李茂元刻本　六册

440000－2541－0001518　1715

平菴丙辰悔稿不分卷平菴悔稿後編不分卷　(宋)項安世撰　清抄本　二册

440000－2541－0001519　1716

斜川詩集十卷　(宋)蘇過撰　清抄本　佚名録葉德輝批校並跋　二册

440000－2541－0001520　1717

山房集八卷　(宋)周南撰　清抄本　五册

440000－2541－0001521　1718

西山先生真文忠公文集五十五卷目録二卷　(宋)真德秀撰　明嘉靖元年(1522)張文麟刻本　四十二册　存五十六卷(一至五十、五十二至五十五,目録二卷)

440000－2541－0001522　1719

後村居士詩十六卷詩話二卷詩餘二卷　(宋)劉克莊撰　清康熙五十九年(1720)姚培謙遂安堂刻本　清徐元潤跋　十册

440000－2541－0001523　1720

宋元詩二百八卷　(明)潘是仁編　明萬曆四十三年(1615)自刻本　五册

440000－2541－0001524　1721

古筠洪城幸清節公松垣文集十一卷　(宋)幸元龍撰　清抄本　二册

440000－2541－0001525　1722

十國春秋一百十四卷　(清)吴任臣撰　**拾遺一卷備考一卷**　(清)周昂撰　清乾隆五十八年(1793)昭文周昂此宜閣刻本　清棠孫圈點并跋　十六册

440000－2541－0001526　1723

海瓊玉蟾先生文集六卷續集二卷　(宋)葛長

庚撰　(明)朱權輯　明刻本　周連寬跋　十一冊

440000－2541－0001527　1724
海瓊玉蟾先生文集六卷續集二卷　(宋)葛長庚撰　(明)朱權輯　明刻本　四冊　存六卷(文集六卷)

440000－2541－0001528　1725
格致鏡原一百卷　(清)陳元龍輯　清康熙五十六年(1717)刻雍正十三年(1735)重修本　十四冊

440000－2541－0001529　1726
淵鑑齋御纂朱子全書六十六卷　(宋)朱熹撰　(清)李光地等輯　清康熙五十三年(1714)武英殿刻本　二十四冊

440000－2541－0001530　1728
霽山先生集五卷首一卷　(宋)林景熙撰　清抄本　一冊　存三卷(一至二、首一卷)

440000－2541－0001531　1729
晞髮集十卷　(宋)謝翱撰　清康熙四十一年(1702)陸大業刻本　一冊　存八卷(一至八)

440000－2541－0001532　1730
寧極齋稿不分卷　(宋)陳深撰　清抄本　二冊

440000－2541－0001533　1731
玉瀾集一卷　(宋)朱槔撰　清抄本　一冊

440000－2541－0001534　1732
遺山先生詩集二十卷　(金)元好問撰　明崇禎十一年(1638)毛氏汲古閣刻元人集十種本　四冊

440000－2541－0001535　1733
遺山先生詩集二十卷　(金)元好問撰　明崇禎十一年(1638)毛氏汲古閣刻元人集十種本　六冊

440000－2541－0001536　1734
元遺山詩集八卷　(金)元好問撰　清乾隆四十三年(1778)萬廷蘭刻本　八冊

440000－2541－0001537　1735
遺山先生詩集二十卷　(金)元好問撰　明崇禎十一年(1638)毛氏汲古閣刻元人集十種本　四冊

440000－2541－0001538　1736
郝文忠公陵川文集三十九卷附錄一卷　(元)郝經撰　清乾隆三年(1738)王鏐刻本　十冊

440000－2541－0001539　1737
野趣有聲畫二卷　(元)楊公遠撰　清康熙三十二年(1693)楊表臣知白亭刻本　二冊

440000－2541－0001540　1738
月屋漫稿一卷　(元)黃庚撰　清抄本　一冊

440000－2541－0001541　1739
養蒙先生文集十卷　(元)張伯淳撰　清抄本　一冊

440000－2541－0001542　1740
山東運河備覽十二卷圖一卷　(清)陸耀纂　清乾隆四十一年(1776)切問齋刻本　十二冊

440000－2541－0001543　1741
松雪齋文集十卷外集二卷行狀謚文一卷　(元)趙孟頫撰　明萬曆崔邦亮刻本　十二冊

440000－2541－0001544　1742
趙文敏公松雪齋全集十卷外集一卷續集一卷　(元)趙孟頫撰　**趙文敏公行狀一卷**　(元)楊載撰　清康熙五十二年(1713)曹培廉城書室刻本　六冊

440000－2541－0001545　1743
此山詩集四卷補遺一卷　(元)周權撰　清抄本　一冊

440000－2541－0001546　1744
漢泉漫稿十卷　(元)曹伯啟撰　**曹文貞公文集後錄一卷**　清抄本　一冊

440000－2541－0001547　1745
清江碧嶂集一卷　(元)杜本撰　(元)程嗣祖輯　清姚氏咫進齋抄本　一冊

440000－2541－0001548　1746
吳淵穎先生集十二卷　(元)吳萊撰　(清)王邦采　(清)王繩曾箋　清康熙王邦采林養堂

刻本　十冊

440000－2541－0001549　1747
李五峰文集不分卷　(元)李孝光撰　清抄本　四冊

440000－2541－0001550　1748
五峰集六卷補遺三卷文集一卷雁山記一卷　(元)李孝光撰　清鮑廷博抄本　清鮑廷博、勞格校　四冊

440000－2541－0001551　1749
師山先生文集八卷遺文五卷附錄一卷　(元)鄭玉撰　明嘉靖刻清重修本　四冊

440000－2541－0001552　1750
薩天錫詩集五卷　(元)薩都剌撰　明弘治十六年(1503)李舉刻本　二冊

440000－2541－0001553　1751
句曲外史詩集二卷集外詩一卷　(元)張雨撰　清抄本　四冊

440000－2541－0001554　1752
吳朝宗先生聞過齋集四卷　(元)吳海撰　清康熙張伯行正誼堂刻本　四冊

440000－2541－0001555　1753
樵雲獨唱集六卷　(元)葉顒撰　清抄本　二冊

440000－2541－0001556　1754
高皇帝御製文集二十卷　(明)太祖朱元璋撰　明萬曆刻本　十冊　存十八卷(一至十三、十六至二十)

440000－2541－0001557　1755
宋學士文集七十五卷　(明)宋濂撰　明正德九年(1514)張縉刻本　十二冊　存三十七卷(一至十五、十九至三十、四十一至五十)

440000－2541－0001558　1756
劉文成公集二十卷　(明)劉基撰　明崇禎十年(1637)刻本　十冊

440000－2541－0001559　1757
劉文成公全集十二卷　(明)劉基撰　(明)鍾惺輯評　明末刻本　四冊

440000－2541－0001560　1758
王忠文公文集二十四卷　(明)王禕撰　**繼志齋文稿二卷**　(明)王紳撰　**王贖齋詩稿一卷**　(明)王稌撰　**王齊山稿一卷**　(明)王汶撰　明萬曆三十二年(1604)張維樞刻本　二十六冊

440000－2541－0001561　1759
清江貝先生詩集十卷文集三十卷　(明)貝瓊撰　清康熙五十八年(1719)金檀燕翼堂刻本　六冊

440000－2541－0001562　1760
高季迪先生大全集十八卷　(明)高啟撰　清康熙許氏竹素園刻本　清佚名批校　四冊

440000－2541－0001563　1761
高季迪先生大全集十八卷　(明)高啟撰　清康熙許氏竹素園刻本　清陶在新題識　十二冊

440000－2541－0001564　1762
高季迪先生大全集十八卷　(明)高啟撰　清康熙許氏竹素園刻本　六冊

440000－2541－0001565　1763
吳繼疎先生遺集十三卷首一卷　(明)吳仁度撰　(清)吳廷相輯　**吳疎山先生遺集十七卷**　(明)吳悌撰　(清)吳廷相輯　清乾隆刻本　十冊

440000－2541－0001566　1764
鳴盛集四卷　(明)林鴻撰　明成化三年(1467)邵銅刻本　四冊

440000－2541－0001567　1765
鳴盛集四卷　(明)林鴻撰　清抄本　四冊

440000－2541－0001568　1766
韞玉先生集不分卷　(明)吳珷撰　清抄本　一冊

440000－2541－0001569　1767
解學士全集十卷　(明)解縉撰　**年譜二卷**　明萬曆晏良棨刻本　二冊　存二卷(年譜二卷)

440000－2541－0001570　1768
泊庵先生詩鈔不分卷　(明)梁潛撰　清康熙二十八年(1689)梁栩等刻本　二冊

440000－2541－0001571　1769
三異人文集二十三卷　(明)俞允諧編　明武林俞氏求古堂刻本　六冊

440000－2541－0001572　1770
金文靖公集十卷　(明)金幼孜撰　清活字印本　六冊

440000－2541－0001573　1771
東里文集二十五卷　(明)楊士奇撰　明正統十年(1445)刻明萬曆清康熙、乾隆遞修本　十六冊

440000－2541－0001574　1772
蘭庭集不分卷　(明)謝晉撰　清抄本　四冊

440000－2541－0001575　1773
文清公薛先生文集二十四卷　(明)薛瑄撰　清雍正十二年(1734)薛氏刻本　八冊

440000－2541－0001576　1774
[乾隆]續河南通志八十卷首四卷　(清)阿思哈　(清)嵩貴纂修　清乾隆三十二年(1767)刻本(有圖表)　二十四冊

440000－2541－0001577　1775
白沙子全集九卷附錄一卷　(明)陳獻章撰　明萬曆四十年(1612)何上新刻本　十冊

440000－2541－0001578　1776
白沙子全集九卷附錄一卷　(明)陳獻章撰　清順治十二年(1655)黃之正刻本(卷四補配清刻本)　二十冊

440000－2541－0001579　1777
白沙子全集九卷附錄一卷　(明)陳獻章撰　清順治十二年(1655)黃之正刻本　十冊

440000－2541－0001580　1778
白沙先生詩教解十卷　(明)陳獻章撰　(明)湛若水輯解　明隆慶元年(1567)李荷刻本　容肇祖跋　二冊

440000－2541－0001581　1779
瓊臺詩文會稿重編二十四卷　(明)丘濬撰　明天啓丘爾穀刻本　十三冊

440000－2541－0001582　1780
思玄集十六卷　(明)桑悅撰　明萬曆二年(1574)桑大協活字印本　四冊

440000－2541－0001583　1781
王文恪公集三十六卷　(明)王鏊撰　明萬曆王氏三槐堂刻本　十四冊

440000－2541－0001584　1782
歐陽恭簡公文集二十二卷　(明)歐陽鐸撰　明嘉靖三十三年(1554)刻本　六冊

440000－2541－0001585　1783
雪岑先生遺稿二卷　(明)孫衍撰　清抄本　一冊

440000－2541－0001586　1784
古城文集六卷補遺一卷首一卷　(明)張吉撰　清康熙三十年(1691)楊棆刻四十九年(1710)增修本　四冊

440000－2541－0001587　1785
菊花百詠一卷　(明)楊循吉撰　明刻本　一冊

440000－2541－0001588　1786
竹廬詩集不分卷　(明)吳璉撰　明嘉靖刻本　梁鼎芬、余紹宋跋　二冊

440000－2541－0001589　1787
擬古排節言詞一卷　(明)楊子器撰　清抄本　一冊

440000－2541－0001590　1788
明太保費文憲公文集選要七卷　(明)費宏撰　(明)徐階　(明)劉同升選　明崇禎費氏刻清印費文憲公文通公合集本　四冊

440000－2541－0001591　1789
養心閑集不分卷　(明)謝紀撰　清抄本　一冊

440000－2541－0001592　1790
草窗梅花集句三卷紅梅集句一卷　(明)童琥撰　清抄本　三冊

440000－2541－0001593　1791
空同先生集六十三卷　(明)李夢陽撰　明嘉靖刻本　七册　存五十七卷(一至二十四、三十一至六十三)

440000－2541－0001594　1792
李崆峒先生詩集三十三卷　(明)李夢陽撰　明萬曆三十年(1602)李三才刻李何二先生詩集本　十一册　存三十一卷(一至三十一)

440000－2541－0001595　1793
李空同詩選二卷　(明)李夢陽撰　明崇禎十一年(1638)刻李鍾合選本　二册

440000－2541－0001596　1794
祝氏集略三十卷　(明)祝允明撰　明嘉靖三十六年(1557)張景賢刻本　十册

440000－2541－0001597　1795
祝枝山集一卷　(明)祝允明撰　明隆慶五年(1571)刻盛明百家詩本　一册

440000－2541－0001598　1796
重刻渼陂王太史先生全集二十七卷　(明)王九思撰　明嘉靖十二年(1533)王獻等刻二十四年(1545)翁萬達續刻崇禎十三年(1640)張宗孟思補堂遞刻重修本　十一册　存十九卷(正集十六卷、續集三卷)

440000－2541－0001599　1797
陽明先生文録五卷外集九卷别録十卷　(明)王守仁撰　明嘉靖三十六年(1557)胡宗憲刻本　五册　存五卷(文録五卷)

440000－2541－0001600　1798
陽明先生文録五卷外集九卷别録十卷　(明)王守仁撰　明嘉靖十四年(1535)聞人詮刻本　五册　存七卷(外集六至九、别録八至十)

440000－2541－0001601　1799
陽明先生要書八卷　(明)王守仁撰　(明)陳龍正　(明)葉紹顒修輯　**附録五卷**　(明)陳龍正　(明)葉紹顒修輯　明崇禎葉紹顒刻清順治十七年(1660)印本　十册

440000－2541－0001602　1800
凌谿先生集十八卷　(明)朱應登撰　明嘉靖刻本　八册

440000－2541－0001603　1801
康對山先生集四十五卷首一卷　(明)康海撰　清康熙五十一年(1712)馬逸姿貽穀堂刻本　十二册

440000－2541－0001604　1802
王氏家藏集二種　(明)王廷相撰　明嘉靖十七年(1538)廣東刻本　十三册

440000－2541－0001605　1803
王浚川所著書九種　(明)王廷相撰　明嘉靖至隆慶刻本　三十二册

440000－2541－0001606　1804
周恭肅公集十六卷附録一卷　(明)周用撰　明嘉靖二十八年(1549)周國南川上草堂刻本　六册

440000－2541－0001607　1805
何大復先生詩集十二卷　(明)何景明撰　清康熙七年(1668)金氏修永堂刻本　四册

440000－2541－0001608　1806
何大復詩不分卷　(明)何景明撰　清怡怡草堂抄本　一册

440000－2541－0001609　1807
鈐山堂集十三卷　(明)嚴嵩撰　(明)孫偉　(明)楊慎評點　明嘉靖刻本　八册

440000－2541－0001610　1808
湛甘泉先生文集三十二卷　(明)湛若水撰　清康熙二十年(1681)黄楷刻本　十册

440000－2541－0001611　1809
儼山文集一百卷外集四十卷續集十卷　(明)陸深撰　明嘉靖陸楫刻本(文集卷五十四至五十九,外集卷十五至二十一、二十六至二十八,續集十卷抄配)　三十册　存六十七卷(文集五十四至一百,外集十五至二十一、二十六至二十八,續集十卷)

440000－2541－0001612　1810
明十二家詩選三十九卷　(明)趙南星編　明

萬曆十三年(1585)益藩刻本　六冊

440000－2541－0001613　1811
鄉賢區西屏集十卷　(明)區越撰　**區奉政遺稿十卷**　(明)區元晉撰　明刻本　五冊

440000－2541－0001614　1812
鄉賢區西屏集十卷　(明)區越撰　**區奉政遺稿十卷**　(明)區元晉撰　明刻本　四冊　存五卷(鄉賢區西屏集一至五)

440000－2541－0001615　1813
[乾隆]揭陽縣志八卷首一卷　(清)劉業勤修　(清)凌魚纂　清乾隆四十四年(1779)刻本(有圖)　十冊

440000－2541－0001616　1814
升菴先生文集八十一卷目錄四卷　(明)楊慎撰　明萬曆二十九年(1601)王藩臣、蕭如松刻本　二十四冊

440000－2541－0001617　1815
谿田文集十一卷補遺一卷　(明)馬理撰　明萬曆十七年(1589)張泮刻清乾隆十七年(1752)補刻本　十冊　存十一卷(文集十一卷)

440000－2541－0001618　1816
明水陳先生文集十四卷　(明)陳九川撰　明嘉靖董君和刻本　三冊　存七卷(一至七)

440000－2541－0001619　1817
梓溪文鈔内集六卷外集十卷　(明)舒芬撰　明萬曆四十八年(1620)舒璉刻本　八冊

440000－2541－0001620　1818
梓溪文鈔内集八卷外集十卷　(明)舒芬撰　明萬曆四十八年(1620)舒璉刻清乾隆七年(1742)舒香增刻本　十二冊

440000－2541－0001621　1819
崔東洲集二十卷續集十一卷　(明)崔桐撰　明嘉靖二十九年(1550)曹金刻三十四年(1555)周希哲續刻本　八冊

440000－2541－0001622　1820
夏桂洲先生文集十八卷　(明)夏言撰　**年譜一卷**　明崇禎十一年(1638)吳一璘刻清康熙十八年(1679)印本　十四冊　存十七卷(一至十一、十三至十八)

440000－2541－0001623　1821
夏桂洲先生文集十八卷　(明)夏言撰　**年譜一卷**　明崇禎十一年(1638)吳一璘刻清康熙十八年(1679)印本　十三冊　存十六卷(一、四至十八)

440000－2541－0001624　1822
小山類稿選二十卷　(明)張岳撰　**附張襄惠公輯略一卷**　明萬曆刻清遞修本　六冊

440000－2541－0001625　1823
泰泉集六十卷　(明)黄佐撰　清康熙二十一年(1682)黄逵卿刻本　十四冊

440000－2541－0001626　1824
張龍湖先生文集十五卷　(明)張治撰　清雍正四年(1726)彭思眷刻本　四冊

440000－2541－0001627　1825
羅山詩稿三卷　(明)張孚敬撰　明刻本　四冊

440000－2541－0001628　1826
甫田集三十六卷　(明)文徵明撰　明刻本　五冊　存十三卷(十五至二十二、二十八至三十二)

440000－2541－0001629　1827
甫田集三十六卷　(明)文徵明撰　明刻清修本　八冊

440000－2541－0001630　1828
芝園集三十六卷　(明)張時徹撰　明嘉靖二十三年(1544)鄒守愚刻本　清佚名批校　一冊　存三卷(一至三)

440000－2541－0001631　1829
亦愚先生文集七卷外集二卷　(明)方升撰　清初方弘忠抄本　清吳梅玉批校并跋　四冊

440000－2541－0001632　1830
遵巖先生文集四十一卷　(明)王慎中撰　清抄本　十二冊

440000－2541－0001633　1831
太史屠漸山文集四卷附錄一卷　(明)屠應埈撰　明萬曆四十三年(1615)屠繩德、屠維德刻清康熙重修本　四冊

440000－2541－0001634　1832
念庵羅先生集十三卷　(明)羅洪先撰　明嘉靖四十二年(1563)劉玠刻本　十冊

440000－2541－0001635　1833
重刊校正唐荊川先生文集十二卷　(明)唐順之撰　明嘉靖三十四年(1555)金陵書林薛氏刻本　六冊　存十卷(一、四至十二)

440000－2541－0001636　1834
荊川文集十八卷　(明)唐順之撰　清康熙五十一年(1712)唐執玉刻本　十五冊　存十四卷(一至九、十四至十八)

440000－2541－0001637　1835
陳后岡詩集一卷文集一卷　(明)陳束撰　明嘉靖張時徹刻本　一冊　存一卷(詩集一卷)

440000－2541－0001638　1836
奚囊蠹餘二十卷　(明)張瀚撰　明隆慶六年(1572)李敏德刻本(卷十八至二十抄配)　清佚名批校　八冊

440000－2541－0001639　1837
玉芝山房稿二十二卷　(明)茅坤撰　明萬曆十六年(1588)刻本　四冊　存十卷(三至四、六至七、九至十四)

440000－2541－0001640　1838
李駕部集二卷續編詩集一卷續編文集一卷青霞漫稿一卷　(明)李時行撰　清乾隆二十八年(1763)李文炳刻本　三冊

440000－2541－0001641　1839
山帶閣集三十三卷　(明)朱曰藩撰　明萬曆刻清初重修本　十二冊

440000－2541－0001642　1840
滄溟先生集三十卷　(明)李攀龍撰　**附錄一卷**　(明)殷士儋撰　明刻本　十六冊

440000－2541－0001643　1841
滄溟先生集三十卷　(明)李攀龍撰　**附錄一卷**　(明)殷士儋撰　明刻本　十六冊

440000－2541－0001644　1842
滄溟先生集三十卷　(明)李攀龍撰　**附錄一卷**　(明)殷士儋撰　明刻本　八冊

440000－2541－0001645　1843
滄溟先生集三十二卷　(明)李攀龍撰　明萬曆二年(1574)徐中行刻本　十冊

440000－2541－0001646　1844
補註李滄溟先生文選四卷　(明)李攀龍撰　(明)宋祖駿　(明)宋祖驊補注　**附錄一卷**　(明)王世貞撰　明宋光廷刻本　六冊　存三卷(一上部、二下部、三至四)

440000－2541－0001647　1845
重訂路史全本四十七卷　(宋)羅泌撰　明末吳弘基刻本　二十冊

440000－2541－0001648　1846
慎修堂集二十卷　(明)亢思謙撰　明萬曆刻清康熙十五年(1676)亢宗瑗重修本　十冊

440000－2541－0001649　1847
新刻張太岳先生詩文集四十七卷　(明)張居正撰　明萬曆四十年(1612)唐國達刻清重修本　十六冊

440000－2541－0001650　1848
弇州山人四部稿一百七十四卷目錄十二卷　(明)王世貞撰　明萬曆五年(1577)太倉王氏世經堂刻本　九十六冊

440000－2541－0001651　1849
弇州山人續稿二百七卷目錄十卷　(明)王世貞撰　明刻本　四十二冊

440000－2541－0001652　1850
弇州山人續稿選三十八卷　(明)王世貞撰　(明)顧起元輯　明刻本　十六冊

440000－2541－0001653　1851
御纂春秋直解十二卷　(清)傅恒等撰　清乾隆刻本　十二冊

440000－2541－0001654　1852

太函集一百二十卷目錄六卷　(明)汪道昆撰　明萬曆刻本　三十册

440000－2541－0001655　1853
夢山存家詩稿八卷　(明)楊巍撰　明萬曆三十年(1602)楊岑刻本　四册

440000－2541－0001656　1854
王槐溪先生文集五卷　(明)王三接撰　明萬曆三十六年(1608)王學曾刻清雍正八年(1730)王如經重修本　讀萬樓題識　五册

440000－2541－0001657　1855
宗子相集十二卷　(明)宗臣撰　明吴國倫刻本　清曾鏞跋　四册　存五卷(一至三、八至九)

440000－2541－0001658　1856
蘭汀存稿八卷附録一卷　(明)梁有譽撰　明末刻本　周連寬跋　四册

440000－2541－0001659　1857
蘭汀存稿八卷附録一卷　(明)梁有譽撰　清康熙二十四年(1685)梁氏詒燕堂刻本　三册

440000－2541－0001660　1858
甔甀洞稿五十四卷續稿詩部十二卷文部十五卷目録二卷　(明)吴國倫撰　明萬曆刻本　六册　存十八卷(洞稿一至二、十一、十四至十八,續稿詩部六至十,續稿文部三至五、十二至十三)

440000－2541－0001661　1859
海忠介先生備忘集十卷　(明)海瑞撰　(清)王元士補遺　明萬曆三十年(1602)海邁刻清康熙五年(1666)海廷芳重修本　八册

440000－2541－0001662　1860
百可亭摘稿七卷詩集摘稿二卷　(明)龐尚鵬撰　明萬曆二十七年(1599)龐英山刻本　八册

440000－2541－0001663　1861
王文肅公牘草十八卷　(明)王錫爵撰　明萬曆四十三年(1615)王時敏刻本　十册

440000－2541－0001664　1862
鯤溟先生詩集四卷奏疏一卷　(明)郭諫臣撰　清康熙五十二年(1713)郭鸞刻本　六册

440000－2541－0001665　1863
萬一樓集五十六卷外集十卷續集六卷　(明)駱問禮撰　清嘉慶十年(1805)駱氏木活字印民國四年(1915)鉛活字補印本　十二册

440000－2541－0001666　1864
許文穆公集六卷　(明)許國撰　明萬曆許立言、許立禮刻本　三册

440000－2541－0001667　1865
震川先生集三十卷别集十卷附録一卷　(明)歸有光撰　清康熙十年至十四年(1671－1675)歸莊、歸玠等刻本　周連寬跋　二十册

440000－2541－0001668　1866
蠛蠓集五卷　(明)盧柟撰　明萬曆三十年(1602)張其忠刻本　六册

440000－2541－0001669　1867
奚囊瑣言四卷藝苑鉤玄一卷　(明)陳表撰　明隆慶元年(1567)自刻本　四册

440000－2541－0001670　1868
徐文長三集二十九卷　(明)徐渭撰　明萬曆二十八年(1600)商維濬刻本　清佚名批校并跋　二十册

440000－2541－0001671　1869
徐文長文集三十卷　(明)徐渭撰　(明)袁宏道評點　明刻本　十二册

440000－2541－0001672　1870
徐文長文集三十卷　(明)徐渭撰　(明)袁宏道評點　明刻本　十六册

440000－2541－0001673　1871
徐文長文集三十卷　(明)徐渭撰　(明)袁宏道評點　明刻本　八册　存二十五卷(一至十六、二十二至三十)

440000－2541－0001674　1872
徐文長逸稿二十四卷畸譜一卷　(明)徐渭撰　(明)張汝霖　(明)王思任評選　(明)張維城輯　明天啓三年(1623)張維城刻本　六

册

440000－2541－0001675　1873
青雀集二卷　(明)王穉登撰　明隆慶四年(1570)朱宅快閣刻本　一册

440000－2541－0001676　1874
屠先生評釋謀野集四卷　(明)王穉登撰　(明)屠隆評釋　明刻本　四册

440000－2541－0001677　1875
皇明十六名家小品三十二卷　(明)陸雲龍編　明崇禎六年(1633)崢霄館刻本　二册

440000－2541－0001678　1876
賜餘堂集十四卷補遺一卷　(明)吳中行撰　清乾隆五十八年(1793)刻本　四册

440000－2541－0001679　1877
月峰先生居業次編五卷　(明)孫鑛撰　明萬曆四十年(1612)吕胤筠刻本　十册

440000－2541－0001680　1878
趙忠毅公集二十四卷　(明)趙南星撰　明崇禎十一年(1638)范景文、姜大受刻本　十二册

440000－2541－0001681　1879
來禽館集二十九卷　(明)邢侗撰　明萬曆四十六年(1618)刻清康熙十九年(1680)鄭雍重修本　十六册

440000－2541－0001682　1880
吕新吾先生去僞齋文集十卷　(明)吕坤撰　清康熙十三年(1674)吕慎多刻重修本　九册　存九卷(一至七、九至十)

440000－2541－0001683　1881
宗伯集八十一卷　(明)馮琦撰　明萬曆刻本　二十八册

440000－2541－0001684　1882
宗伯集六卷　(明)馮琦撰　明萬曆三十五年(1607)青箱刻本　四册

440000－2541－0001685　1883
農丈人詩集八卷文集二十卷　(明)余寅撰　明萬曆刻本　二十八册

440000－2541－0001686　1884
蒼霞草二十卷蒼霞草詩八卷蒼霞續草二十二卷蒼霞餘草十四卷綸扉奏草三十卷續綸扉奏草十四卷後綸扉尺牘十卷　(明)葉向高撰　明萬曆至天啓遞刻本　四十四册　存八十四卷(蒼霞草二十卷、蒼霞草詩八卷、蒼霞餘草十四卷、綸扉奏草三十卷、續綸扉奏草一至十二)

440000－2541－0001687　1885
虞德園先生集二十五卷又八卷首一卷　(明)虞淳熙撰　明崇禎刻本　十册　存十五卷(一至十四、首一卷)

440000－2541－0001688　1886
梅司馬燕台遺稿二卷　(明)梅國楨撰　明萬曆刻本　復廬居士跋　二册

440000－2541－0001689　1887
玉茗堂全集四十六卷　(明)湯顯祖撰　清康熙三十三年(1694)阮峴刻本　二十二册

440000－2541－0001690　1888
獨深居點定玉茗堂集三十卷　(明)湯顯祖撰　(明)沈際飛輯　明崇禎刻本　二十册

440000－2541－0001691　1889
吹劍齋文集八卷　(明)鄧宗齡撰　明刻本　十二册

440000－2541－0001692　1890
環碧齋尺牘五卷　(明)祝世祿撰　明吳時元刻本　四册　存四卷(一至四)

440000－2541－0001693　1891
馮少墟集二十二卷續集四卷　(明)馮從吾撰　清康熙十二年(1673)洪琮刻乾隆重修本　十八册

440000－2541－0001694　1892
木天遺草二十八卷　(明)高克正撰　明萬曆四十四年(1616)刻本　六册

440000－2541－0001695　1893
仰節堂集十四卷　(明)曹于汴撰　清康熙二年(1663)弘運書院吕崇烈等刻乾隆增修本　八册

440000－2541－0001696　1894
洪季鄰集四卷　(明)洪翼聖撰　明萬曆刻本　四册

440000－2541－0001697　1895
甲秀園集四十七卷　(明)費元祿撰　明萬曆三十五年(1607)自刻本　二十四册　存四十六卷(一至十三、十五至四十七)

440000－2541－0001698　1896
瀟碧堂集二十卷敝篋集二卷廣莊一卷解脱集四卷　(明)袁宏道撰　明萬曆袁氏書種堂刻本　七册

440000－2541－0001699　1897
[順治]胙城縣志二卷　(清)劉純德　(清)郭金鼎纂修　清順治十六年(1659)刻本(有圖)　二册

440000－2541－0001700　1898
敝篋集二卷　(明)袁宏道撰　明刻本　二册

440000－2541－0001701　1899
大明一統志九十卷圖一卷　(明)李賢等纂修　明萬壽堂刻本　一册　存二卷(五十五至五十六)

440000－2541－0001702　1900
解脱集四卷　(明)袁宏道撰　明萬曆刻本　一册

440000－2541－0001703　1901
袁中郎全集四十卷　(明)袁宏道撰　明崇禎二年(1629)武林佩蘭居刻本　八册

440000－2541－0001704　1902
雲棲大師遺稿三卷補遺一卷　(明)釋袾宏撰　清刻本　二册　存二卷(一至二)

440000－2541－0001705　1903
睡庵稿文集二十五卷詩集十一卷　(明)湯賓尹撰　明萬曆刻本　六册　存二十五卷(文集二十五卷)

440000－2541－0001706　1904
謝山存稿十卷　(明)陳吾德撰　清嘉慶十八年(1813)刻本　四册

440000－2541－0001707　1905
駱先生文集八卷　(明)駱日升撰　明崇禎刻本　四册

440000－2541－0001708　1906
蒼雪軒全集二十卷　(明)趙用光撰　明崇禎胡騰蛟等刻本　十册

440000－2541－0001709　1907
避園擬存詩集一卷　(明)王思任撰　明清暉閣刻王季重九種集本　一册

440000－2541－0001710　1908
百美新詠一卷題辭一卷圖傳一卷集詠一卷　(清)顔希源等撰詩　(清)王翽繪像　清嘉慶刻本　四册

440000－2541－0001711　1909
白門草二卷　(明)丁肇亨撰　明崇禎三年(1630)丁汝昌刻本　二册

440000－2541－0001712　1910
嶼山集十二卷　(明)趙秉忠撰　明刻本　周連寬跋　八册

440000－2541－0001713　1911
漱玉齋文集三卷　(明)鄧雲霄撰　清鄧明鏡等刻本　三册

440000－2541－0001714　1912
問次齋稿三十一卷續稿五卷西遊稿七卷　(明)公鼐撰　明末刻本　九册　存四十二卷(問次齋稿一至三、五至三十一,續稿五卷,西遊稿七卷)

440000－2541－0001715　1913
叢青軒集六卷　(明)許獬撰　明崇禎十三年(1640)許鏞刻本　五册

440000－2541－0001716　1914
劉練江先生集八卷　(明)劉永澄撰　**劉職方公[永澄]年譜一卷**　(清)劉穎撰　清乾隆刻本　八册

440000－2541－0001717　1915
高陽集二十卷　(明)孫承宗撰　清順治十二年(1655)孫之澇刻嘉慶十二年(1807)重修本

十二冊

440000－2541－0001718　1916
恕醉齋集不分卷　(明)劉遵憲撰　明崇禎十一年(1638)韓文銓刻本　二冊

440000－2541－0001719　1917
隱秀軒集三十三卷　(明)鍾惺撰　明天啓二年(1622)沈春澤刻本　十八冊　存三十二卷(一至三十二)

440000－2541－0001720　1918
隱秀軒集三十三卷　(明)鍾惺撰　明天啓二年(1622)沈春澤刻本　八冊

440000－2541－0001721　1919
漆園巵言十七卷　(明)莊起元撰　明萬曆刻本　十六冊　存十六卷(一至十六)

440000－2541－0001722　1920
四素山房集十九卷　(明)劉鴻訓撰　明崇禎十三年(1640)劉孔中刻本　十四冊

440000－2541－0001723　1921
賜餘堂集十卷　(明)錢士升撰　**年譜一卷**　(明)許重熙撰　清乾隆七年(1742)錢佳刻本　四冊

440000－2541－0001724　1922
珂雪齋前集二十四卷　(明)袁中道撰　明萬曆四十六年(1618)自刻本　一冊　存一卷(一)

440000－2541－0001725　1923
紫栢老人集十五卷首一卷　(明)釋真可撰　(明)釋德清輯　明崇禎四年(1631)刻本　八冊

440000－2541－0001726　1924
憨山大師夢遊記不分卷　(明)釋德清撰　清抄本　六冊

440000－2541－0001727　1925
白石樵真稿二十四卷尺牘四卷　(明)陳繼儒撰　明崇禎刻眉公十種藏書本　十六冊　存二十卷(五至二十、尺牘四卷)

440000－2541－0001728　1926
鴻寶應本十七卷　(明)倪元璐撰　明崇禎刻清順治十四年(1657)唐九經重修本　四冊

440000－2541－0001729　1927
倪文正公遺稿二卷　(明)倪元璐撰　清順治八年(1651)刻本　四冊

440000－2541－0001730　1928
新刻天傭子全集十卷　(明)艾南英撰　清康熙三十八年(1699)艾為珖刻本　二十冊

440000－2541－0001731　1929
新刻譚友夏合集二十三卷　(明)譚元春撰　(明)張澤　(明)徐汧等評　明崇禎六年(1633)張澤刻本　一冊　存五卷(一至五)

440000－2541－0001732　1930
潘木公集六卷　(明)潘一桂撰　(明)史玄輯　明崇禎刻本　二冊

440000－2541－0001733　1931
吳翼明先生存集文二卷詩二卷制義一卷玄言閣唾餘一卷　(明)吳懷賢撰　明崇禎刻本　六冊

440000－2541－0001734　1932
金正希先生文集輯略九卷　(明)金聲撰　清初刻本　八冊

440000－2541－0001735　1933
史忠正公集四卷首一卷末一卷　(明)史可法撰　(清)史山清輯　清乾隆刻本　四冊

440000－2541－0001736　1934
劉文烈公全集十二卷　(明)劉理順撰　清順治刻康熙重修本　六冊

440000－2541－0001737　1935
太乙山房文集十五卷　(明)陳際泰撰　**孝威論一卷**　(明)陳士鳳撰　**陳孝逸論一卷**　(明)陳士驥撰　明崇禎六年(1633)李士奇刻本　六冊

440000－2541－0001738　1936
坻塲集□□卷　(明)曾益撰　明末刻本　一冊　存十九卷(一至十九)

440000－2541－0001739　1937

嚱二集不分卷　(明)張文成撰　清初刻本　復廬居士跋　一冊　存記八首

440000－2541－0001740　1939
溪園詩稿九卷遺稿五卷梅花百詠一卷　(明)駱則民撰　清嘉慶十年(1805)駱氏木活字印本　二冊

440000－2541－0001741　1940
何莫軒詩草不分卷　(明)盧仲佃撰　稿本　二冊

440000－2541－0001742　1941
何齊山詩集三卷　(明)何治撰　清乾隆二十九年(1764)刻本　一冊

440000－2541－0001743　1942
湘中草六卷　(明)湯傳楹撰　清抄本　一冊

440000－2541－0001744　1943
范文忠集十二卷　(明)范景文撰　清抄本　一冊

440000－2541－0001745　1944
蓮鬚閣集二十六卷　(明)黎遂球撰　清康熙黎延祖刻本　十冊

440000－2541－0001746　1945
顧與治詩八卷　(明)顧夢遊撰　清抄本　四冊

440000－2541－0001747　1946
陶菴文集七卷詩集八卷吾師錄一卷　(明)黄淳耀撰　清康熙十五年(1676)張懿實刻本　十冊

440000－2541－0001748　1947
陶菴文集七卷詩集八卷吾師錄一卷　(明)黄淳耀撰　**谷簾學吟一卷**　(明)黄淵耀撰　清康熙十五年(1676)張懿實刻四十二年(1703)陸廷燦增修本　六冊

440000－2541－0001749　1948
雙玉遺稿四卷　(明)曹槤　(明)曹珖撰　清初抄本　四冊

440000－2541－0001750　1949
宗伯集八十一卷　(明)馮琦撰　明萬曆刻本　四冊　存十二卷(十九至二十一、三十一至三十三、四十六至五十一)

440000－2541－0001751　1950
牧齋初學集一百十卷目錄二卷　(清)錢謙益撰　明崇禎十六年(1643)瞿式耜刻本(卷四十二抄配)　三十六冊

440000－2541－0001752　1951
牧齋初學集詩註二十卷　(清)錢謙益撰　(清)錢曾注　清抄本　六冊

440000－2541－0001753　1952
硯廬詩不分卷峪園近草一卷排青樓詩一卷賦一卷歸田尺牘一卷　(清)朱之俊撰　清初刻本　四冊

440000－2541－0001754　1953
古雪堂詩集十六卷　(清)金露撰　(清)沈日瑛輯　清康熙四十三年(1704)沈日瑛刻本　四冊

440000－2541－0001755　1954
青箱堂詩集三十三卷　(清)王崇簡撰　清康熙刻本　三冊　存八卷(十至十一、十四至十九)

440000－2541－0001756　1955
讀史亭詩集十六卷文集二十二卷　(清)彭而述撰　清康熙四十八年(1709)彭始摶刻本　十二冊　存二十二卷(文集二十二卷)

440000－2541－0001757　1956
梅村集四十卷目錄二卷　(清)吳偉業撰　清康熙八年(1669)顧湄等刻本　二十冊

440000－2541－0001758　1957
恥躬堂文集二十卷冬心詩一卷游山詩一卷首一卷　(清)彭士望撰　清康熙刻本　十二冊　存十八卷(文集一至十五、冬心詩一卷、游山詩一卷、首一卷)

440000－2541－0001759　1958
櫪齋詩選四卷　(清)朱治撰　清康熙刻本　二冊

440000－2541－0001760　1959

靜惕堂詩集四十四卷　(清)曹溶撰　清雍正三年(1725)李維鈞刻本　八冊

440000－2541－0001761　1960
靜惕堂詩集四十四卷　(清)曹溶撰　清雍正三年(1725)李維鈞刻本(卷三至八抄配)　十冊

440000－2541－0001762　1961
畦園詩集四卷　(清)謝良瑜撰　清康熙謝家樹等刻本　八冊

440000－2541－0001763　1962
東谿詩選八卷文選一卷羅浮集一卷　(清)劉世重撰　清康熙刻本　四冊　存八卷(詩選一至二、五至八,文選一卷,羅浮集一卷)

440000－2541－0001764　1963
確庵文稿不分卷　(清)陳瑚撰　清抄本　四冊

440000－2541－0001765　1964
亭林詩集五卷文集六卷　(清)顧炎武撰　清康熙刻本　二冊

440000－2541－0001766　1965
壯悔堂文集十卷遺稿一卷四憶堂詩集六卷　(清)侯方域撰　(清)賈開宗等評點　清抄本　六冊

440000－2541－0001767　1966
太璞山人詩集三卷　(清)項琳撰　清康熙二十五年(1686)項氏刻本　三冊

440000－2541－0001768　1967
十一草一卷玉沙集二卷素聲集二卷　(清)周同谷撰　清咸豐二年(1852)王德森抄本　一冊

440000－2541－0001769　1968
居易堂集二十卷　(清)徐枋撰　清康熙刻本　四冊

440000－2541－0001770　1969
木厓集二十七卷　(清)潘江撰　清康熙十五年(1676)刻本　六冊

440000－2541－0001771　1970
默鏡居文集四卷　(清)范方撰　清乾隆二十六年(1761)范氏葆璞子刻本　六冊

440000－2541－0001772　1971
且亭詩六卷　(清)楊思聖撰　清康熙七年(1668)楊子元刻本　二冊

440000－2541－0001773　1972
陶菴詩集三卷年譜記事一卷　(清)李浹撰　清康熙刻本　三冊

440000－2541－0001774　1973
愛日堂文集八卷詩集二卷外集一卷　(清)孫宗彝撰　清乾隆三十五年(1770)孫氏刻本　六冊

440000－2541－0001775　1974
施愚山先生全集九十六卷　(清)施閏章撰　清康熙四十七年(1708)曹寅楝亭刻乾隆施企曾等續刻本　十八冊

440000－2541－0001776　1975
施愚山先生全集九十六卷　(清)施閏章撰　清康熙四十七年(1708)曹寅楝亭刻乾隆施企曾等續刻本　二十冊

440000－2541－0001777　1976
施愚山先生全集九十六卷　(清)施閏章撰　清康熙四十七年(1708)曹寅楝亭刻乾隆施企曾等續刻本　十四冊　存七十八卷(學餘詩集五十卷、文集二十八卷)

440000－2541－0001778　1977
畫壁遺稿三卷　(清)范承謨撰　清康熙刻本　二冊　存二卷(一至二)

440000－2541－0001779　1978
湯子遺書十卷附錄一卷　(清)湯斌撰　**年譜一卷**　(清)王廷燦撰　清康熙四十二年(1703)王廷燦刻本　十二冊

440000－2541－0001780　1979
湯子遺書八卷　(清)湯斌撰　清刻本　八冊

440000－2541－0001781　1980
膽餘軒集八卷　(清)孫光祀撰　清康熙三十五年(1696)孫氏家刻本　八冊

440000－2541－0001782　1981
堯峰文鈔四十卷詩十卷　(清)汪琬撰　清康熙三十二年(1693)刻本　六册

440000－2541－0001783　1982
澹餘詩集四卷　(清)曹申吉撰　清乾隆刻本　二册

440000－2541－0001784　1983
陸密菴文集二十卷錄餘二卷詩集十二卷　(清)陸求可撰　清康熙二十年(1681)王霖刻本　八册

440000－2541－0001785　1984
挹奎樓選稿十二卷　(清)林雲銘撰　清康熙三十五年(1696)陳一夔刻本　四册

440000－2541－0001786　1985
萬山樓詩鈔不分卷　(清)許虬撰　清抄本　六册

440000－2541－0001787　1986
王漁洋遺書三十八種　(清)王士禛等撰　清康熙刻本　許修直、芰薰題識　三十三册　存十九種

440000－2541－0001788　1987
新唐書糾謬二十卷附錄一卷　(宋)吳縝撰　清乾隆長塘鮑氏刻知不足齋叢書本　岑仲勉批校　四册

440000－2541－0001789　1988
帶經堂集九十二卷　(清)王士禛撰　清康熙四十九年至五十年(1710－1711)程氏七略書堂刻本　三十五册　存七十二卷(一至四十三、四十六至五十四、六十五至七十、七十七至八十二、八十五至九十二)

440000－2541－0001790　1989
王漁洋遺書三十八種　(清)王士禛等撰　明末至清康熙刻本　十七册　存四種

440000－2541－0001791　1990
事類賦三十卷　(宋)吳淑撰並注　清初刻本　四册

440000－2541－0001792　1991
濟州金石志八卷　(清)徐宗幹輯　清道光二十五年(1845)刻本　容庚批校　十册

440000－2541－0001793　1992
李太白文集三十卷　(唐)李白撰　清刻本　四册

440000－2541－0001794　1993
漁洋山人精華錄箋注十二卷補一卷年譜一卷附錄一卷　(清)王士禛撰　(清)金榮箋注　清乾隆金氏鳳翽堂刻本　六册

440000－2541－0001795　1994
漁洋山人精華錄訓纂十卷　(清)王士禛撰　(清)惠棟注　**年譜注補二卷金氏精華錄箋注辯訛一卷總目二卷**　(清)惠棟撰　清惠氏紅豆齋刻本　十二册

440000－2541－0001796　1995
漁洋山人精華錄會心偶筆六卷　(清)王士禛撰　(清)伊應鼎輯注　清乾隆刻本　四册

440000－2541－0001797　1996
居東吟一卷　(清)李念慈輯　清康熙刻本　一册

440000－2541－0001798　1997
渠亭文稿一卷　(清)張貞撰　清康熙張氏刻渠亭山人半部稾本　二册

440000－2541－0001799　1998
午亭文編五十卷　(清)陳廷敬撰　清康熙四十七年(1708)刻乾隆四十年(1775)印本　十六册

440000－2541－0001800　1999
秋笳集八卷　(清)吳兆騫撰　清康熙徐乾學刻雍正四年(1726)吳振臣增刻本　一册　存四卷(一至四)

440000－2541－0001801　2000
張文貞公集十二卷　(清)張玉書撰　清乾隆五十七年(1792)張氏松蔭堂刻本　六册

440000－2541－0001802　2001
張文貞公集十二卷　(清)張玉書撰　清乾隆五十七年(1792)張氏松蔭堂刻本　十二册

440000－2541－0001803　2002
葉忠節公遺稿十二卷　(清)葉映榴撰　**磴小齋偶吟一卷**　(清)葉芳撰　清乾隆十一年(1746)葉芳刻本　四册

440000－2541－0001804　2003
秋水集十六卷　(清)馮如京撰　清乾隆五年(1740)清暉堂刻本　四册　存十卷(一至十)

440000－2541－0001805　2004
幽蘭山房藏稿文集八卷常談二卷二集文集七卷　(清)張瑮光撰　清康熙二十五年(1686)刻本　四册

440000－2541－0001806　2005
東村集十卷　(清)李呈祥撰　**行狀墓誌銘外傳一卷**　清康熙五十八年(1719)刻本　六册

440000－2541－0001807　2006
逸德軒文集三卷詩集三卷　(清)田蘭芳撰　清康熙二十六年(1687)劉榛刻本　八册

440000－2541－0001808　2007
正誼堂文集不分卷詩集二十卷蓉渡詞三卷　(清)董以寧撰　清康熙刻本　六册

440000－2541－0001809　2008
半蕪園文集十二卷詩集四卷　(清)黄石麟撰　清刻本　四册

440000－2541－0001810　2009
乳峰堂詩集六卷　(清)周大樽撰　清刻本　二册

440000－2541－0001811　2010
翁山詩外十八卷　(清)屈大均撰　清凌鳳翔刻本　三十二册

440000－2541－0001812　2011
塗鴉集書問二卷雜録一卷文部二卷　(清)釋一機撰　清初刻本　三册

440000－2541－0001813　2012
孝友堂遺草二卷　(清)劉芳蔭撰　清康熙十九年(1680)家刻本　四册

440000－2541－0001814　2013
綿津山人詩集二十四卷楓香詞一卷　(清)宋犖撰　**緯蕭草堂詩一卷**　(清)宋至撰　清康熙刻本　四册

440000－2541－0001815　2014
綿津山人詩集二十九卷楓香詞一卷漫堂説詩一卷　(清)宋犖撰　清康熙刻本　芰薰跋　十二册

440000－2541－0001816　2015
西陂類稿五十卷　(清)宋犖撰　清康熙毛扆等刻本　二十册

440000－2541－0001817　2016
秋錦山房外集三卷　(清)李良年撰　清乾隆家刻本　三册

440000－2541－0001818　2017
抱犢山房集五卷首一卷　(清)嵇永仁撰　**抱犢山房附刻一卷**　(清)王龍光　(清)沈天成撰　清雍正刻本　六册

440000－2541－0001819　2018
涵山堂吟稿一卷　(清)楊智撰　清雍正三年(1725)刻本　一册

440000－2541－0001820　2019
邵子湘全集三十卷　(清)邵長蘅撰　(清)顧景星批點　清康熙邵長蘅青門草堂刻本　八册

440000－2541－0001821　2020
邵子湘全集三十卷　(清)邵長蘅撰　(清)顧景星批點　清康熙邵長蘅青門草堂刻本　八册

440000－2541－0001822　2021
九谷集六卷　(清)方殿元撰　清康熙刻本　周連寬跋　三册

440000－2541－0001823　2022
姚後陶先生遺稿一卷　(清)姚濳撰　清康熙刻本　一册

440000－2541－0001824　2023
珂雪集一卷珂雪二集一卷珂雪詞二卷詞補遺一卷　(清)曹貞吉撰　清康熙刻嘉慶印本　四册

440000－2541－0001825　2024
讀書堂綵衣全集四十六卷　(清)趙士麟撰　清康熙三十五年(1696)刻本　二十八册

440000－2541－0001826　2025
大宋重修廣韻五卷　(宋)陳彭年等撰　清同治十二年(1873)粤東書局刻古經解彙函本　四册

440000－2541－0001827　2026
芸暉堂詩集七卷續稿一卷　(清)閻中寬撰　清乾隆閻氏刻本　四册

440000－2541－0001828　2027
榕村全集四十卷　(清)李光地撰　清乾隆元年(1736)李清植刻李文貞公全集本　二十册

440000－2541－0001829　2028
三魚堂文集十二卷外集六卷附録一卷　(清)陸隴其撰　清康熙四十年(1701)琴川書屋刻本　六册

440000－2541－0001830　2029
有懷堂文稿二十二卷詩稿六卷　(清)韓菼撰　清康熙四十二年(1703)刻本　八册

440000－2541－0001831　2030
有懷堂文稿二十二卷詩稿六卷　(清)韓菼撰　清康熙四十二年(1703)刻本　清半齋批點　十册

440000－2541－0001832　2031
凝翠樓集四卷　(清)王慧撰　清康熙四十七年(1708)朱氏銀槎閣刻光緒二十三年(1897)印本　二册

440000－2541－0001833　2032
鳳池園詩集八卷文集八卷　(清)顧汧撰　清康熙五十年(1711)刻本　八册

440000－2541－0001834　2033
阿毗達磨俱舍論三十卷　(唐)釋玄奘譯　清宣統三年(1911)常州天寧寺刻經處刻本　佚名批點　六册

440000－2541－0001835　2034
通志堂集十卷　(清)納蘭性德撰　清抄本　四册

440000－2541－0001836　2035
彭椒岩詩稿二十二卷　(清)彭開祜撰　清康熙春藻堂刻本　五册

440000－2541－0001837　2036
旭華堂文集十四卷　(清)王奐會撰　清乾隆十六年(1751)趙熟典刻本　三册　存八卷(一至四、十一至十四)

440000－2541－0001838　2037
湖海樓詩集十二卷補遺一卷詞二十卷文六卷儷體文十二卷　(清)陳維崧撰　清乾隆六十年(1795)浩然堂刻本　十六册

440000－2541－0001839　2038
山聞詩一卷續集一卷　(清)汪楫撰　清康熙刻本　四册

440000－2541－0001840　2039
曝書亭集八十卷附録一卷　(清)朱彝尊撰　**笛漁小稿十卷**　(清)朱昆田撰　清康熙五十三年(1714)朱稻孫刻本　三十二册

440000－2541－0001841　2040
朱竹垞先生曝書亭詩集十一卷　(清)朱彝尊撰　(清)范洪鑄箋注　清抄本　八册

440000－2541－0001842　2041
遂初堂詩集十六卷文集二十卷别集四卷　(清)潘耒撰　清康熙刻本　三十册

440000－2541－0001843　2042
遂初堂詩集十六卷文集二十卷别集四卷　(清)潘耒撰　清康熙刻本　二册　存四卷(别集四卷)

440000－2541－0001844　2043
南州草堂集三十卷首一卷續集四卷　(清)徐釚撰　清康熙三十四年(1695)菊莊刻四十四年(1705)續刻本　七册　存三十卷(一至六、十一至三十,續集四卷)

440000－2541－0001845　2044
看雲草堂集八卷　(清)尤侗撰　清康熙二十三年(1684)刻西堂全集本　四册

440000－2541－0001846　2045
白雲村文集四卷臥象山房詩正集七卷　(清)李澄中撰　清康熙四十四年(1705)龐塏刻本　四冊

440000－2541－0001847　2046
[雍正]齊河縣志十卷首一卷　(清)上官有儀修　(清)許琰纂　清乾隆刻同治五年(1866)增刻本(有圖)　五冊

440000－2541－0001848　2047
放言居詩集六卷　(清)曹炳曾撰　清乾隆十四年(1749)曹氏家刻本　一冊

440000－2541－0001849　2048
野香亭集十三卷　(清)李孚青撰　清康熙刻本　二冊　存二卷(丙寅、丁卯)

440000－2541－0001850　2049
繡虎軒尺牘八卷二集八卷三集八卷　(清)曹煜撰　清康熙傳萬堂刻本　十二冊

440000－2541－0001851　2050
德州田氏叢書十三種　(清)田雯等撰　清康熙至乾隆古歡堂家刻本　十七冊

440000－2541－0001852　2051
酌古軒詩集三十卷　(清)吳其琰撰　清乾隆刻本　四冊

440000－2541－0001853　2052
寅吉存草不分卷　(清)寅吉撰　稿本　清周鴻源批點　六冊

440000－2541－0001854　2053
貞可齋集唐三卷集宋十卷　(清)陳光龍撰　清康熙家刻本　四冊

440000－2541－0001855　2054
蓮洋集選十二卷　(清)吳雯撰　清乾隆十五年(1750)劉組曾刻本　十冊

440000－2541－0001856　2055
聊齋詩文集不分卷　(清)蒲松齡撰　清抄本　佚名錄王士禛跋　六冊

440000－2541－0001857　2056
清吟堂全集七十七卷　(清)高士奇撰　清康熙刻本　十七冊

440000－2541－0001858　2057
歸田集十四卷　(清)高士奇撰　清康熙刻本　六冊

440000－2541－0001859　2058
經進文稿六卷　(清)高士奇撰　清刻本　一冊

440000－2541－0001860　2059
公羊傳一卷　(清)俞長城評點　清乾隆二十四年(1759)金閶書業堂刻可儀堂古文選本　一冊

440000－2541－0001861　2060
也園草一卷　(清)葉菁撰　清康熙刻本　一冊

440000－2541－0001862　2061
陽山草堂詩集九卷　(清)陳炳撰　清康熙刻本(卷三、九未刻)　四冊

440000－2541－0001863　2062
青門草九卷　(清)施徵燕撰　清康熙刻本　二冊

440000－2541－0001864　2063
樸村文集二十四卷詩集十四卷　(清)張雲章撰　清康熙張氏刻本　十二冊　存三十三卷(文集一至十六、十八至二十二、二十四,詩集一至十一)

440000－2541－0001865　2064
御製避暑山莊詩二卷　(清)聖祖玄燁撰　(清)揆敘等注　清乾隆六年(1741)武英殿刻朱墨套印本　二冊

440000－2541－0001866　2065
愛日堂詩集二十八卷　(清)陳元龍撰　清乾隆元年(1736)刻本　十六冊

440000－2541－0001867　2066
寒村詩文選三十六卷　(清)鄭梁撰　清康熙紫蟾山房刻本　三十一冊

440000－2541－0001868　2067
研谿先生詩集七卷　(清)惠周惕撰　清康熙

惠氏紅豆齋刻研谿先生全集本　清吳仰賢批校　二冊

440000－2541－0001869　2068
陳恪勤公詩集三十九卷　(清)陳鵬年撰　清道榮堂刻本　十二冊

440000－2541－0001870　2069
滄洲近詩十卷　(清)陳鵬年撰　清乾隆二十七年(1762)刻本　五冊

440000－2541－0001871　2070
逸莪集二卷檗園詩餘二卷　(清)錢肇修撰　清康熙二十七年(1688)刻本　四冊

440000－2541－0001872　2071
在陸草堂文集六卷　(清)儲欣撰　清雍正元年(1723)淑慎堂刻本　四冊

440000－2541－0001873　2072
冶古堂文集五卷　(清)呂履恒撰　清乾隆十五年(1750)呂宣曾刻本　五冊

440000－2541－0001874　2073
陳清端公文集八卷　(清)陳瓆撰　**紀恩錄一卷**　清乾隆三十年(1765)兼山堂刻本　周連寬跋　三冊

440000－2541－0001875　2074
恪齋詩集四卷　(清)楊文鐸撰　清康熙刻本　一冊

440000－2541－0001876　2075
秋泉居士集十七卷　(清)汪士鋐撰　清乾隆刻本　五冊

440000－2541－0001877　2076
五遠堂近詩一卷若谷堂近詩一卷行笈近詩一卷東行詩一卷　(清)何芬撰　清康熙刻本　一冊

440000－2541－0001878　2077
查浦詩鈔十二卷　(清)查嗣瑮撰　清刻本　四冊

440000－2541－0001879　2078
雙清閣詩稿八卷　(清)勵廷儀撰　清乾隆三年(1738)勵宗萬刻本　四冊

440000－2541－0001880　2079
澄懷園詩選十二卷　(清)張廷玉撰　清乾隆二年(1737)刻本　四冊

440000－2541－0001881　2080
觀樹堂詩集合刻八種　(清)朱樟撰　清康熙至乾隆刻後印本　十冊　存五種九卷(吒馭集一卷、問絹集一卷、白舫集二卷、剡曲集一卷、冬秀亭集四卷)

440000－2541－0001882　2081
嘯竹堂集十六卷二集二卷北遊草一卷　(清)王錫撰　(清)毛奇齡選　(清)姜宸英等評　清康熙刻本　八冊　存十六卷(嘯竹堂集十六卷)

440000－2541－0001883　2082
蘭皐詩鈔二十五卷首一卷　(清)宋廣業撰　清康熙刻本　十冊

440000－2541－0001884　2083
秀濯堂詩初集七卷二集七卷　(清)吳啟元撰　清康熙刻本　二冊

440000－2541－0001885　2084
愧林吟稿二卷　(清)胡彧撰　清康熙四十四年(1705)胡氏刻本　復廬居士題識　一冊

440000－2541－0001886　2085
十峯集五卷　(清)徐基撰　清康熙刻本　四冊

440000－2541－0001887　2086
翫劍樓詩稿八卷　(清)廖鳳徵撰　清雍正三年(1725)刻本　五冊

440000－2541－0001888　2087
良貴堂文鈔不分卷　(清)張祖年撰　清雍正刻本　復廬居士題識　一冊

440000－2541－0001889　2088
笥莊詩鈔四卷　(清)孟騤撰　清康熙刻本　四冊

440000－2541－0001890　2089
詩史六十卷　(清)李宣撰　清康熙刻本　十一冊　存三十一卷(十六至四十六)

440000－2541－0001891　2090
楝亭詩鈔六卷　(清)曹寅撰　清康熙刻本　二册　存五卷(一至五)

440000－2541－0001892　2091
苔窗拾稿一卷詩餘一卷　(清)吳永和撰　清康熙五十七年(1718)孫讜刻雍正增刻本　一册

440000－2541－0001893　2092
嘉蔭樓集二卷　(清)孫允膺撰　清康熙五十五年(1716)刻本　二册

440000－2541－0001894　2093
柯庭餘習十二卷　(清)汪文栢撰　清乾隆刻本　四册

440000－2541－0001895　2094
樓邨詩集二十五卷　(清)王式丹撰　清雍正四年(1726)王懋訥刻本　四册

440000－2541－0001896　2095
敬業堂詩集五十卷續集六卷　(清)查慎行撰　清康熙五十八年(1719)刻雍正續刻本　十册

440000－2541－0001897　2096
敬業堂詩集五十卷續集六卷　(清)查慎行撰　清康熙五十八年(1719)刻雍正續刻本　十二册

440000－2541－0001898　2097
緯蕭草堂詩一卷　(清)宋至撰　清康熙刻本　一册

440000－2541－0001899　2098
思綺堂文集十卷　(清)章藻功撰　清康熙六十一年(1722)刻聚錦堂印本　十册

440000－2541－0001900　2099
一溉堂詩集不分卷　(清)余光耿撰　**集唐詩二十律一卷**　(清)項繼貞撰　清抄本　四册

440000－2541－0001901　2100
螢照閣集十六卷　(清)車騰芳撰　清乾隆二十年(1755)刻本　六册

440000－2541－0001902　2101
退谷文集十五卷詩集七卷行述一卷　(清)黄越撰　清雍正五年(1727)光裕堂刻本　十六册

440000－2541－0001903　2102
棗下小集一卷春樹草堂集四卷　(清)顧嗣立撰　清康熙刻本　二册

440000－2541－0001904　2103
葵園詩集四卷　(清)陳悳榮撰　清乾隆刻本　一册

440000－2541－0001905　2104
授研齋詩一卷　(清)宋韋金撰　清康熙刻本　一册

440000－2541－0001906　2105
橘巢小槁四卷　(清)王世琛撰　清乾隆二十三年(1758)王愷伯刻本　一册

440000－2541－0001907　2106
甘莊恪公全集十六卷附一卷　(清)甘汝來撰　清乾隆甘氏賜福堂刻本　四册

440000－2541－0001908　2107
横山詩文鈔二十二卷　(清)裘璉撰　清康熙裘氏絳雲居刻本　三册

440000－2541－0001909　2108
白田草堂存稿二十四卷　(清)王懋竑撰　**崇祀鄉賢祠録一卷行狀一卷**　清乾隆刻本　六册

440000－2541－0001910　2109
香樹齋詩集十八卷續集三十六卷　(清)錢陳羣撰　清乾隆刻本　十册　存三十九卷(詩集十八卷、續集一至二十一)

440000－2541－0001911　2110
敬亭詩艸七卷　(清)沈起元撰　清乾隆十九年(1754)刻本　二册

440000－2541－0001912　2111
式馨堂詩前集十二卷後集十六卷詩餘偶存一卷　(清)魯之裕撰　清雍正至乾隆魯氏刻本　八册

440000－2541－0001913　2112

竹素園詩鈔八卷 (清)許廷鑅撰 清乾隆刻本 八册

440000－2541－0001914 2113
觀瀾堂文集八卷詩集九卷 (清)曹章撰 清康熙四十六年(1707)曹豐吉刻本 四册 存九卷(詩集九卷)

440000－2541－0001915 2114
玉池生稿五卷附二卷 (清)岳端撰 清康熙三十五年(1696)刻本 四册

440000－2541－0001916 2115
南樵二集十一卷 (清)梁無技撰 清康熙刻本 二册

440000－2541－0001917 2116
柳堂詩稿五卷 (清)董儒龍撰 清康熙五十一年(1712)自刻本 佚名批校 四册

440000－2541－0001918 2117
娱老吟二卷 (清)郁楊勛撰 清康熙五十四年(1715)刻本 二册

440000－2541－0001919 2118
綠陰山房詩八卷 (清)李惟喬撰 清康熙五十七年(1718)刻本 一册

440000－2541－0001920 2119
一鶴庵詩五卷 (清)郭元釪撰 清康熙四十年(1701)鄧明璣刻本 二册

440000－2541－0001921 2120
澹園紀年詩集四卷 (清)徐闇撰 清乾隆二十四年(1759)家刻本 四册

440000－2541－0001922 2121
豐川續集三十四卷 (清)王心敬撰 清乾隆十五年(1750)王氏刻本 十五册

440000－2541－0001923 2122
豐川續集三十四卷 (清)王心敬撰 清乾隆十五年(1750)王氏刻本 十三册 存二十八卷(一至六、十三至三十四)

440000－2541－0001924 2123
已山先生文集十卷别集四卷傳一卷 (清)王步青撰 清乾隆敦復堂刻本 七册

440000－2541－0001925 2124
松泉詩集二十六卷文集二十卷 (清)汪由敦撰 清乾隆汪承霈刻本 十二册

440000－2541－0001926 2125
鄭板橋集七卷 (清)鄭燮撰 清乾隆司徒文膏刻本 二册

440000－2541－0001927 2126
楚蒙山房文集二十卷 (清)晏斯盛撰 清乾隆七年(1742)刻楚蒙山房集本 十二册

440000－2541－0001928 2127
香雪文鈔十二卷 (清)曹學詩撰 清乾隆刻本 十五册 存六卷(一至六)

440000－2541－0001929 2128
半舫齋編年詩二十卷 (清)夏之蓉撰 清乾隆三十六年(1771)刻本 四册 存四卷(四、六至八)

440000－2541－0001930 2129
雪廬詩鈔四卷 (清)雷方曉撰 清乾隆六年(1741)據經堂刻本 四册

440000－2541－0001931 2130
東臯草堂文集十卷 (清)韓海撰 清刻本 三册

440000－2541－0001932 2131
杖鄉集四卷 (清)汪偉撰 清乾隆三十八年(1773)刻本 二册

440000－2541－0001933 2132
賜書堂詩鈔八卷 (清)周長發撰 清乾隆刻本 八册

440000－2541－0001934 2133
萼園詩集二卷 (清)汪壎撰 清康熙五十一年(1712)刻本 一册

440000－2541－0001935 2134
耕餘居士詩集十八卷 (清)鄭世元撰 清康熙江相刻本 八册

440000－2541－0001936 2135
宦遊草一卷陵陽别言一卷秋浦驪歌一卷 (清)蘇正學撰 清乾隆十三年(1748)蒼葭堂

刻本　一册

440000－2541－0001937　2136
南華山房詩鈔六卷南華山人詩鈔十六卷（清）張鵬翀撰　清乾隆刻本　十三册

440000－2541－0001938　2137
白雲廬詩四卷　（清）王壽長撰　清乾隆三十二年（1767）刻本　一册

440000－2541－0001939　2138
質園詩集三十二卷　（清）商盤撰　清乾隆斟雉山房刻本　十六册

440000－2541－0001940　2139
道盥齋詩稿十四卷　（清）孫灝撰　清抄本　六册

440000－2541－0001941　2140
紫竹山房詩集十二卷文集二十卷　（清）陳兆崙撰　**年譜一卷**　（清）陳玉繩撰　清乾隆刻本　八册　存二十卷（文集二十卷）

440000－2541－0001942　2141
匊芳園詩鈔八卷　（清）何夢瑶撰　清乾隆崔錕士等刻本　三册

440000－2541－0001943　2142
弢甫集十四卷　（清）桑調元撰　**旃門錄一卷**　（清）桑調元輯　清乾隆七年（1742）蘭陔草堂刻本　四册

440000－2541－0001944　2143
省齋自存草十卷　（清）邱仰文撰　清乾隆刻本　四册

440000－2541－0001945　2144
夢堂詩稿十五卷　（清）英廉撰　清乾隆延福刻本　二册

440000－2541－0001946　2145
力本文集十三卷時文二卷　（清）馬榮祖撰　清乾隆十七年（1752）石蓮堂刻本　十册

440000－2541－0001947　2146
寸園存粕初編十二卷　（清）曾于洋撰　清乾隆三十年（1765）家刻本　四册

440000－2541－0001948　2147
玉岑詩稿不分卷　（清）戴繼麒撰　稿本　四册

440000－2541－0001949　2148
余先生詩鈔一卷　（清）余元甲撰　清乾隆三十年（1765）余氏濡雪堂刻本　一册

440000－2541－0001950　2149
詠歸亭詩鈔八卷　（清）李果撰　清乾隆十七年（1752）養雲亭刻本　四册

440000－2541－0001951　2150
陶人心語六卷　（清）唐英撰　清乾隆三十七年（1772）唐寅保刻本　六册

440000－2541－0001952　2151
離垢集二卷　（清）華嵒撰　清抄本　二册

440000－2541－0001953　2152
經餘集六卷　（清）劉紹攽撰　清乾隆刻本　四册

440000－2541－0001954　2153
秋琴集六卷　（清）史承謙撰　清乾隆刻史位存著書本　二册

440000－2541－0001955　2154
愛日堂吟稿十三卷附稿二卷　（清）趙昱撰　清乾隆刻本　二册　存七卷（一至七）

440000－2541－0001956　2155
多師集八卷　（清）朱厚章撰　清乾隆刻本　三册　存六卷（一至四、七至八）

440000－2541－0001957　2156
御製全韻詩五卷　（清）高宗弘曆撰　清乾隆彭元瑞刻本　二册

440000－2541－0001958　2157
御製盛京賦一卷　（清）高宗弘曆撰　（清）鄂爾泰等注　清乾隆十三年（1748）武英殿刻朱墨套印本　二册

440000－2541－0001959　2158
御製詠左傳詩二卷　（清）高宗弘曆撰　清乾隆内府刻本　二册

440000－2541－0001960　2159
繩庵内集十六卷外集八卷　(清)劉綸撰　清乾隆用拙堂刻本(卷十一未刻)　六冊

440000－2541－0001961　2160
詩存四卷　(清)金德瑛撰　清乾隆三十三年(1768)刻本　二冊

440000－2541－0001962　2161
詩存四卷　(清)金德瑛撰　清乾隆三十三年(1768)刻本　一冊

440000－2541－0001963　2162
緝齋詩稿八卷文集八卷首二卷附錄二卷　(清)蔡新撰　清乾隆刻本　九冊

440000－2541－0001964　2163
華陽散稿二卷　(清)史震林撰　清乾隆松槐書屋刻本　四冊

440000－2541－0001965　2164
瘦暈山房詩刪十三卷續編一卷　(清)羅天尺撰　清乾隆二十五年(1760)石湖刻三十一年(1766)續刻本　八冊

440000－2541－0001966　2165
[熙寧]長安志二十卷圖三卷　(宋)宋敏求纂　(元)李好文繪圖　(清)畢沅校　清乾隆四十九年(1784)鎮洋畢氏靈巖山館刻經訓堂叢書本　六冊

440000－2541－0001967　2166
半舫齋編年詩二十卷　(清)夏之蓉撰　清乾隆三十六年(1771)刻本　九冊　存十九卷(二至二十)

440000－2541－0001968　2167
孟亭居士詩稿四卷首一卷　(清)馮浩撰　清乾隆刻本　二冊

440000－2541－0001969　2168
陶適齋先生詩稿二卷　(清)陶金諧撰　清乾隆五十二年(1787)丁澄刻本　二冊

440000－2541－0001970　2169
梅崖居士文集三十八卷外集二卷　(清)朱仕琇撰　清乾隆二十四年(1759)刻本　十四冊

440000－2541－0001971　2170
梅崖居士文集三十卷外集八卷　(清)朱仕琇撰　清乾隆四十七年(1782)刻道光增刻本　十二冊

440000－2541－0001972　2171
綠筠書屋詩鈔十八卷　(清)葉觀國撰　清乾隆五十七年(1792)刻本　四冊

440000－2541－0001973　2172
紅豆村人詩稿十四卷　(清)袁樹撰　清乾隆刻本　四冊　存十一卷(四至十四)

440000－2541－0001974　2173
東村館課賦二卷課詩一卷詩鈔八卷　(清)洪其哲撰　清乾隆刻本　五冊　存九卷(課賦二卷、課詩一卷、詩鈔三至八)

440000－2541－0001975　2174
蔚園先生詩集八卷　(清)劉宗霈撰　清乾隆八年(1743)劉僧寛刻本　三冊

440000－2541－0001976　2175
西村詩草二卷耦漁詞一卷　(清)鄒天嘉撰　清乾隆十二年(1747)片石山房刻本　一冊

440000－2541－0001977　2176
磨磚集不分卷　(清)伍軾臨撰　清叢竹山房抄本　一冊

440000－2541－0001978　2177
中田閒吟二卷　(清)曹昕撰　清乾隆刻本　清佚名批點　二冊

440000－2541－0001979　2178
石䭾詩選七卷　(清)余銓撰　清乾隆三十八年(1773)余氏嘉樹堂刻本　四冊

440000－2541－0001980　2179
石䭾詩選七卷　(清)余銓撰　清乾隆三十八年(1773)暨陽余氏嘉樹堂刻本　四冊

440000－2541－0001981　2180
蘊真軒詩鈔二卷　(清)蔡琬撰　清乾隆四十四年(1779)高永名刻本(卷下抄配)　二冊

440000－2541－0001982　2181
排山續集十二卷　(清)朱楓撰　清乾隆刻本

二册

440000－2541－0001983　2182
海峰詩集古體五卷今體六卷　（清）劉大櫆撰　清刻本　四册

440000－2541－0001984　2183
半壁山房詩集四卷　（清）董柴撰　清乾隆二十四年（1759）半壁山房刻綿山四山人詩集本　二册

440000－2541－0001985　2184
南遊壎篪集二卷　（清）邊中寶　（清）邊連寶撰　清乾隆三十七年（1772）刻本　二册

440000－2541－0001986　2185
竹巖詩草二卷　（清）邊中寶撰　清乾隆四十年（1775）刻本　四册

440000－2541－0001987　2186
隨園詩草八卷禪家公案頌一卷　（清）邊連寶撰　清乾隆四十年（1775）刻本　四册

440000－2541－0001988　2187
楚庭偶存稿四卷　（清）何邵撰　清乾隆三十三年（1768）管峰草堂刻本　一册

440000－2541－0001989　2188
大俞山房集十二卷　（清）黄璋撰　清乾隆五十二年（1787）黄徵肅刻本　四册

440000－2541－0001990　2189
帶星草堂詩抄二卷　（清）曹文埴撰　清乾隆刻本　一册

440000－2541－0001991　2190
香亭文稿十二卷　（清）吴玉綸撰　清乾隆六十年（1795）滋德堂刻本　六册

440000－2541－0001992　2191
荷塘詩集十六卷　（清）張五典撰　清乾隆刻本　八册

440000－2541－0001993　2192
白華前稿六十卷　（清）吴省欽撰　清乾隆刻本　十六册

440000－2541－0001994　2193
白華前稿六十卷　（清）吴省欽撰　清乾隆刻本　十册

440000－2541－0001995　2194
西澗草堂詩集四卷文集四卷困勉齋私記四卷尚書讀記一卷春秋一得一卷　（清）閻循觀撰　清乾隆三十八年（1773）樹滋堂刻本　四册

440000－2541－0001996　2195
虚白齋存稿十卷館課詩一卷館課賦一卷　（清）吴壽昌撰　清乾隆刻本　六册

440000－2541－0001997　2196
河干詩鈔四卷八音律一卷　（清）馬慧裕撰　清嘉慶九年至十一年（1804－1806）貽谷堂刻本　三册

440000－2541－0001998　2197
戴東原集十二卷　（清）戴震撰　**覆校劄記一卷年譜一卷**　（清）段玉裁撰　清乾隆五十七年（1792）段氏經韻樓刻本　四册

440000－2541－0001999　2198
戴東原集十二卷　（清）戴震撰　**覆校劄記一卷年譜一卷**　（清）段玉裁撰　清乾隆五十七年（1792）段氏經韻樓刻本　三册

440000－2541－0002000　2199
戴東原著述摘抄一卷　（清）戴震撰　清抄本　一册

440000－2541－0002001　2200
誦芬書屋詩稿二卷　（清）陳格撰　清乾隆三十八年（1773）刻本　二册

440000－2541－0002002　2201
稽古齋全集八卷　（清）弘晝撰　清乾隆十一年（1746）刻本　四册

440000－2541－0002003　2202
浮春閣詩集六卷　（清）沈景運撰　清乾隆刻本　一册　存三卷（一至三）

440000－2541－0002004　2203
淇竹山房集十卷　（清）吴應蓮撰　清乾隆刻本　四册

440000－2541－0002005　2204

銅鼓書堂遺稿三十二卷　(清)查禮撰　清乾隆五十三年(1788)查淳刻本　十二冊

440000－2541－0002006　2205
萬石堂詩稿二卷文稿二卷　(清)羅元煥撰　清抄本　周連寬跋　四冊

440000－2541－0002007　2206
竹受齋詩鈔四卷　(清)嚴金蕙撰　清乾隆三十七年(1772)刻本　二冊

440000－2541－0002008　2207
婷雅堂詩集十二卷詞集四卷　(清)趙文喆撰　清乾隆刻本　八冊

440000－2541－0002009　2208
葆沖書屋集四卷外集二卷詩餘一卷　(清)汪如洋撰　清刻本　二冊

440000－2541－0002010　2209
研筏齋文集二卷　(清)趙希璜撰　清乾隆五十八年(1793)安陽縣署刻本　二冊

440000－2541－0002011　2210
揅經室一集十四卷二集八卷三集五卷四集二卷四集詩十一卷外集五卷續集九卷　(清)阮元撰　清道光阮氏文選樓刻本　二十三冊

440000－2541－0002012　2211
獨學廬初稿詩八卷文三卷讀左卮言一卷漢書刊譌一卷　(清)石韞玉撰　清乾隆六十年(1795)長沙官舍刻本　五冊

440000－2541－0002013　2212
竹堂文類八卷　(清)石韞玉撰　清抄本　清佚名批校　一冊

440000－2541－0002014　2213
北江全集八種　(清)洪亮吉撰　清乾隆至嘉慶刻本　十三冊　存四種

440000－2541－0002015　2214
迂齋學古編四卷　(清)法坤宏撰　清乾隆三十九年(1774)海上廬刻本　二冊

440000－2541－0002016　2215
晚學集八卷　(清)桂馥撰　清道光二十一年(1841)桂顯詵刻本　一冊

440000－2541－0002017　2216
雁宕遊草一卷　(清)張廷俊撰　清乾隆五十三年(1788)孫在鑑刻本　一冊

440000－2541－0002018　2217
在山堂詩略六卷　(清)蔡元春撰　清嘉慶刻本　一冊

440000－2541－0002019　2218
花韻軒詠物詩存一卷　(清)鮑廷博撰　清抄本　李仙根跋　一冊

440000－2541－0002020　2219
遲刪集八卷附文一卷　(清)呂堅撰　清嘉慶刻本　潘飛聲跋　四冊

440000－2541－0002021　2220
露香閣詩集十卷　(清)吳樹珠撰　稿本　五冊

440000－2541－0002022　2221
易簡齋詩鈔四卷　(清)和瑛撰　清道光刻本　二冊

440000－2541－0002023　2222
無怠懈齋詩稿一卷　(清)梁藹如撰　(清)梁邦俊輯　清道光三十年(1850)順德梁氏刻本　一冊

440000－2541－0002024　2223
無怠懈齋詩稿一卷　(清)梁藹如撰　(清)梁邦俊輯　清道光三十年(1850)順德梁氏刻本　一冊

440000－2541－0002025　2224
介亭詩草不分卷　(清)呂公路撰　清乾隆五十一年(1786)刻本　二冊

440000－2541－0002026　2225
四焉齋文集八卷詩集六卷附梯仙閣餘課一卷　(清)曹錫黼輯　清乾隆十四年(1749)曹氏五畝園刻本　四冊　存十一卷(文集一至四、詩集六卷、梯仙閣餘課一卷)

440000－2541－0002027　2226
四焉齋文集八卷詩集六卷附梯仙閣餘課一卷　(清)曹錫黼輯　清乾隆十四年(1749)曹氏

五畝園刻本　二册　存七卷(詩集六卷、梯仙閣餘課一卷)

440000－2541－0002028　2227
學吟集十卷　(清)任兆麓撰　清乾隆四十八年(1783)任氏寄螺齋刻本　一册　存五卷(一至五)

440000－2541－0002029　2228
紫藤館詩鈔二卷　(清)梁九圖撰　清道光二十四年(1844)梁思問刻本　二册

440000－2541－0002030　2229
紫藤館詩鈔二卷　(清)梁九圖撰　清道光二十四年(1844)梁思問刻本　一册

440000－2541－0002031　2230
黄葉樓詩抄四卷　(清)喬煌撰　**題贈詩詞一卷**　稿本　四册

440000－2541－0002032　2231
味餘書室全集定本四十卷目錄四卷隨筆二卷　(清)仁宗顒琰撰　清嘉慶五年(1800)内府刻本　二十八册

440000－2541－0002033　2232
石雲山人集不分卷　(清)吳榮光撰　清抄本　十一册

440000－2541－0002034　2233
經義堂存稿不分卷　(清)何蘭馥撰　清道光六年(1826)抄本　六册

440000－2541－0002035　2234
慎誠堂集二卷　(清)鄧士憲撰　稿本　容肇祖跋　二册

440000－2541－0002036　2235
抑快軒文集三十卷　(清)高澍然撰　清抄本　五册

440000－2541－0002037　2236
西湖近稿不分卷　(清)王丹墀撰　稿本　七册

440000－2541－0002038　2237
海桐吟館詩集二卷　(清)龐霖撰　清刻本　清張維屏批校並題識　周連寬跋　一册

440000－2541－0002039　2238
竢實齋文集三卷外集二卷　(清)鄧傳安撰　清抄本　五册

440000－2541－0002040　2239
亦政堂詩集十二卷　(清)劉珊撰　清嘉慶二十三年(1818)石梁官舍刻本　四册

440000－2541－0002041　2240
會稽王衍梅笠舫稿不分卷　(清)王衍梅撰　清抄本　六册

440000－2541－0002042　2241
聽雪集四卷　(清)舒其紹撰　清抄本　二册

440000－2541－0002043　2242
醉易齋文稿八卷　(清)顧承撰　清抄本　二册

440000－2541－0002044　2243
韋廬初集一卷續集一卷近集一卷　(清)李秉禮撰　(清)李憲喬輯　清嘉慶刻本　三册

440000－2541－0002045　2244
小謨觴館集十八卷　(清)彭兆蓀撰　清嘉慶十一年(1806)韓江寓舍刻本　清佚名批校　四册

440000－2541－0002046　2245
瘦豐詩鈔二卷　(清)祝百五撰　清抄本　二册

440000－2541－0002047　2246
紅蝠山房二編詩補抄不分卷　(清)王乃斌撰　稿本　二册

440000－2541－0002048　2247
養正書屋全集定本四十卷目錄四卷　(清)宣宗旻寧撰　清道光二年(1822)内府刻本　十二册

440000－2541－0002049　2248
羅蘿邨文稿一卷附行述　(清)羅文俊撰　(清)羅崇禧編　稿本　一册

440000－2541－0002050　2249
定盦文集三卷餘集一卷　(清)龔自珍撰　清道光三年(1823)刻本　清陳澧批校　一册

440000－2541－0002051　2250
問桃花館詩抄不分卷　(清)鄒在衡撰　清抄本　盛鈁批注并跋　一冊

440000－2541－0002052　2251
舊時文不分卷　(清)陳澧撰　清抄本　清陳澧批校　四冊

440000－2541－0002053　2252
宋大家曾文定公文鈔十卷　(宋)曾鞏撰　明崇禎四年(1631)茅著刻唐宋八大家文鈔本　五冊

440000－2541－0002054　2253
留香小閣詩一卷詞一卷文不分卷　(清)楊懋建撰　清光緒抄本　佚名錄長盛批注　四冊

440000－2541－0002055　2254
子青詩鈔六卷　(清)莫芝雲撰　清同治十二年(1873)莫氏購石居刻本　潘飛聲跋　二冊

440000－2541－0002056　2255
芙蓉館文鈔三卷　(清)張紹齡撰　稿本　四冊

440000－2541－0002057　2256
思益堂詩集二卷　(清)周壽昌撰　稿本　朝鮮趙寅奎跋　二冊

440000－2541－0002058　2257
日損益齋駢儷文鈔一卷　(清)俞樾撰　清抄本　一冊

440000－2541－0002059　2258
靜遠草堂初稿不分卷　(清)周樂清撰　稿本　六冊

440000－2541－0002060　2259
江抱冬初存詩稿□□卷　(清)江儀吉撰　稿本　八冊　存八卷(二至七、九、十一)

440000－2541－0002061　2260
靜香閣詩存一卷　(清)黎春熙撰　稿本　黃任恒跋　一冊

440000－2541－0002062　2261
伴梅詩選四卷　(清)徐思謙撰　清抄本　八冊

440000－2541－0002063　2262
吳學士文集四卷詩集五卷　(清)吳鼒撰　(清)梁肇煌　(清)薛時雨輯　稿本　劉平山跋　一冊　存一卷(文集一)

440000－2541－0002064　2263
黼堂塗鴉稿一卷　(清)黃維誥撰　稿本　一冊

440000－2541－0002065　2264
寄鷗館詩集十二卷　(清)符葆森撰　稿本　一冊　存六卷(一至六)

440000－2541－0002066　2265
覆瓿詩抄三卷　(清)徐秉鈐撰　清抄本　三冊

440000－2541－0002067　2266
寄巢遊草五卷　(清)華本松撰　稿本　容肇祖跋　五冊

440000－2541－0002068　2267
思敬室稿本偶存一卷　(清)徐鳳銜撰　稿本　一冊

440000－2541－0002069　2268
岳麓堂詠史一卷　(清)黃昌麟撰　稿本　顧鐵華校　一冊

440000－2541－0002070　2269
石屋磨茨稿九卷　(清)陳宜振撰　清抄本　四冊

440000－2541－0002071　2270
小芝閣詩集四卷　(清)陳樹棠撰　清抄本　二冊

440000－2541－0002072　2271
孄餘文鈔二卷時文三篇　(清)周傳德撰　清抄本　一冊

440000－2541－0002073　2272
黃炳堃先生遺稿不分卷　(清)黃炳堃撰　稿本　二十七冊

440000－2541－0002074　2273
蓼莪唫館詩詞稿不分卷　(清)馮源撰　稿本　清吳汝謙題詩　清王棠、陳壽熊批校并跋

一册

440000－2541－0002075　2274
聞妙軒詩存十八卷　(清)王汝玉撰　清劉履芬抄本　清葉廷琯題識　潘鍾瑞跋　六册

440000－2541－0002076　2275
雙桐圃詩鈔不分卷　(清)潘恕撰　稿本　一册

440000－2541－0002077　2276
黄葉山房詩稿一卷天覺詞抄一卷　(清)郭為賢撰　清抄本　一册

440000－2541－0002078　2277
畫虎集一卷續集一卷虎尾唫一卷　(清)文軺撰　稿本　清朱儀訓、文韻清跋　三册

440000－2541－0002079　2278
芸香館遺詩二卷　(清)那遜蘭保撰　清同治十三年(1874)盛昱刻本　一册

440000－2541－0002080　2279
可齋詩鈔二十卷　(清)施鴻保撰　稿本　十六册　存十六卷(一至七、九至十二、十五、十七至二十)

440000－2541－0002081　2280
會稽山齋文十二卷詩五卷詞一卷文續六卷詩續一卷經義一卷　(清)謝應芝撰　清抄本　十册

440000－2541－0002082　2281
方德驥遺文一卷　(清)方德驥撰　稿本　清汪國鳳、胡志章、駿謨、凌焕題識　一册

440000－2541－0002083　2282
壬英閑吟六卷　(清)范寅撰　稿本　四册

440000－2541－0002084　2283
張珠垣詩文集殘稿二卷　(清)張桂星撰　稿本　清張壽華跋　二册

440000－2541－0002085　2284
香草齋文甲集十一卷乙集一卷三集不分卷續集十卷史論管見不分卷　(清)李邁庸撰　**杜詩分纂不分卷選鈔古文不分卷**　(清)李邁庸輯　稿本　清孟徵、陳璞等批校　容肇祖題識　七册

440000－2541－0002086　2285
南海先生詩集十三卷　康有為撰　梁啟超書　清宣統三年(1911)上海廣智書局影印本(卷五至十三未刻)　志毅題識　一册

440000－2541－0002087　2287
桂苑筆耕集一卷　(朝鮮)崔致遠撰　清抄本　四册

440000－2541－0002088　2299
唐宋八大家文鈔一百六十六卷　(明)茅坤編　明崇禎元年(1628)方應祥刻本　六十册

440000－2541－0002089　2300
唐宋八大家文鈔一百六十六卷　(明)茅坤編　明崇禎元年(1628)方應祥刻本　五十五册　存七種

440000－2541－0002090　2301
晉二俊文集二十卷　(晉)陸機　(晉)陸雲撰　明正德十四年(1519)陸元大刻本　二册

440000－2541－0002091　2302
韓柳文一百卷　(明)游居敬編　明嘉靖十六年(1537)游居敬刻三十五年(1556)莫如士印本　清佚名批注　七册

440000－2541－0002092　2303
韓柳全集一百四卷　(明)蔣之翹編　明崇禎六年(1633)蔣氏三徑草堂刻本　三十八册

440000－2541－0002093　2304
唐四家詩八卷　(清)汪立名編　清康熙三十四年(1695)自刻本　清佚名批校　佚名録明顧璘評　周連寬跋　六册

440000－2541－0002094　2305
唐人六集四十二卷　(明)毛晉編　明末毛氏汲古閣刻本　六册

440000－2541－0002095　2306
唐十二家詩十二卷　(明)楊一統編　明萬曆十二年(1584)刻本　十三册

440000－2541－0002096　2307
中晚唐詩紀六十二卷　(清)龔賢輯　清康熙

半畝園刻本　二十四册

440000－2541－0002097　2308
唐詩百名家全集三百二十六卷　(清)席啟寓編　清康熙四十一年(1702)席氏琴川書屋自刻本　四十五册　存八十七種

440000－2541－0002098　2309
宋詩鈔初集十七卷二集二十三卷三集二十四卷四集三十一卷　(清)吕留良　(清)吳之振　(清)吳爾堯輯　清康熙十年(1671)石門吳氏鑑古堂刻本　三十六册

440000－2541－0002099　2310
蘇米志林三卷　(明)毛晉輯　明末毛氏綠君亭刻本　六册

440000－2541－0002100　2311
皇明十六名家小品三十二卷　(明)陸雲龍編　明崇禎六年(1633)崢霄館刻本　二十三册

440000－2541－0002101　2312
翠娛閣評選行笈必攜二十一卷　(明)陸雲龍編　明崇禎崢霄館刻本　十七册

440000－2541－0002102　2313
皇明十大家文選二十五卷　(明)鍾惺編　明末刻本　二十册

440000－2541－0002103　2314
明八大家集七十六卷　(清)張汝瑚編　清康熙刻本　三十册

440000－2541－0002104　2315
歸錢尺牘五卷　(清)顧棫輯　清康熙三十八年(1699)虞山顧氏如月樓刻本　四册

440000－2541－0002105　2316
歸錢尺牘五卷　(清)顧棫輯　清康熙三十八年(1699)虞山顧氏如月樓刻本　六册

440000－2541－0002106　2317
國朝三家文鈔三十二卷　(清)宋犖　(清)許汝霖編　清康熙三十三年(1694)刻本　清佚名批點題識　二十四册

440000－2541－0002107　2318
國朝三家文鈔三十二卷　(清)宋犖　(清)許汝霖編　清康熙三十三年(1694)刻本　十六册

440000－2541－0002108　2319
魏叔子文鈔十二卷　(清)魏禧撰　清康熙三十三年(1694)刻國朝三家文鈔本(卷一抄配)　六册

440000－2541－0002109　2320
二家詩鈔　(清)邵長蘅編　清康熙三十四年(1695)刻本　十册

440000－2541－0002110　2321
文選十二卷　(南朝梁)蕭統輯　**音註十二卷**　明萬曆二十三年(1595)吳近仁刻本　二十八册

440000－2541－0002111　2322
文選六十卷　(南朝梁)蕭統輯　(唐)李善注　元池州路張伯顏刻明重修本　二十册

440000－2541－0002112　2323
文選六十卷　(南朝梁)蕭統輯　(唐)李善注　明嘉靖四年(1525)晉藩養德書院刻本　十九册　存五十七卷(一至二十二、二十六至六十)

440000－2541－0002113　2324
文選六十卷　(南朝梁)蕭統輯　(唐)李善注　明萬曆二十九年(1601)鄧原岳刻本(卷四十八至五十一、五十八至六十抄配)　二十册

440000－2541－0002114　2325
文選六十卷　(南朝梁)蕭統輯　(唐)李善注　明末毛氏汲古閣刻本　十册

440000－2541－0002115　2326
文選六十卷　(南朝梁)蕭統輯　(唐)李善注　明末毛氏汲古閣刻本　清佚名錄明郭正域、明王世貞、清陸樹聲批注　六册

440000－2541－0002116　2327
文選六十卷　(南朝梁)蕭統輯　(唐)李善注　清乾隆二十三年(1758)周氏懷德堂刻本　清陳澧批校　十二册

440000－2541－0002117　2328

六家文選六十卷　(南朝梁)蕭統輯　(唐)李善　(唐)呂延濟　(唐)劉良　(唐)張銑　(唐)李周翰　(唐)呂向注　明丁覲刻本　佚名錄清何焯批校題識　十二冊　存五十一卷(一至十六、二十六至六十)

440000－2541－0002118　2329
梁昭明文選二十四卷　(南朝梁)蕭統輯　(明)張鳳翼纂注　明天啓六年(1626)盧之頤刻本　十二冊

440000－2541－0002119　2330
梁昭明文選十二卷　(南朝梁)蕭統輯　(明)張鳳翼纂注　清康熙十一年(1672)姚嘉會刻本　清佚名錄清何焯批點并跋　周連寬題識　三十二冊

440000－2541－0002120　2331
文選補遺四十卷　(宋)陳仁子輯　(宋)譚紹烈纂類　明陳氏東山書院刻本　清佚名批校　二十冊

440000－2541－0002121　2332
文選評註摘抄不分卷　(清)□□摘抄　清抄本　二冊

440000－2541－0002122　2333
選詩七卷　(南朝梁)蕭統輯　(明)郭正域評點　(明)凌濛初輯評　**詩人世次爵里一卷**　明凌濛初刻朱墨套印本　三冊

440000－2541－0002123　2334
文選詩集七卷　(南朝梁)蕭統輯　(明)虞九章注　明萬曆刻本　清佚名批校　八冊

440000－2541－0002124　2335
選賦六卷　(南朝梁)蕭統輯　(明)郭正域評點　**名人世次爵里一卷**　明凌氏鳳笙閣刻朱墨套印本　三冊

440000－2541－0002125　2336
文苑英華一千卷　(宋)李昉等輯　明隆慶元年(1567)胡維新、戚繼光刻明清遞修本　清佚名批校　一百六十冊　存八十三卷(一至十、二十七至三十、一百四十五至一百六十、八百四十一至八百五十、九百十七至九百二十九、九百五十一至九百七十、九百九十一至一千)

440000－2541－0002126　2337
文苑英華選六十卷　(清)宮夢仁選　清康熙刻本　三十七冊　存四十五卷(十六至六十)

440000－2541－0002127　2338
古文苑九卷　(唐)□□輯　清嘉慶十四年(1809)孫星衍影宋刻本　四冊

440000－2541－0002128　2339
續文選三十二卷　(明)湯紹祖輯　明萬曆三十年(1602)湯氏希貴堂刻本　二十冊

440000－2541－0002129　2340
續文選三十二卷　(明)湯紹祖輯　明萬曆三十年(1602)湯氏希貴堂刻本　二冊　存三卷(一至三)

440000－2541－0002130　2341
玉臺新詠十卷　(南朝陳)徐陵輯　**續五卷**　(明)鄭玄撫輯　明嘉靖刻本　清佚名錄明張世美跋　四冊

440000－2541－0002131　2342
玉臺新詠十卷　(南朝陳)徐陵輯　**續五卷**　(明)鄭玄撫輯　(明)袁宏道評　明天啓二年(1622)沈逢春刻本　四冊

440000－2541－0002132　2343
玉臺新詠十卷　(南朝陳)徐陵輯　(清)吳兆宜注　(清)程際盛刪補　清乾隆三十九年(1774)刻嘉慶印本　清佚名批校　六冊

440000－2541－0002133　2344
樂府詩集一百卷目錄二卷　(宋)郭茂倩輯　元至正元年(1341)集慶路儒學刻明修本　二十冊　存五十一卷(一至五十、目錄一)

440000－2541－0002134　2345
樂府詩集一百卷目錄二卷　(宋)郭茂倩輯　明末古虞毛氏汲古閣刻本　十二冊

440000－2541－0002135　2347
古樂府十卷　(元)左克明輯　明王文元刻萬曆七年(1579)田藝蘅重修本　六冊　存六卷

(一至六)

440000-2541-0002136 2348
采薇堂古詩選三十八卷補遺四卷 (清)陳祚明輯 清乾隆刻本 清唐岳批校 十五冊 存三十五卷(一至二十四、二十八至三十八)

440000-2541-0002137 2349
王阮亭古詩選三十二卷 (清)王士禛輯 清康熙天藜閣刻乾隆元年(1736)印本 清唐岳録清姚鼐評點并跋 十冊

440000-2541-0002138 2350
古詩箋三十二卷 (清)王士禛選 (清)聞人倓箋 清乾隆三十一年(1766)雲間聞氏芷蘭堂刻本 十二冊

440000-2541-0002139 2351
古詩源十四卷 (清)沈德潛輯 清刻本 清陶方琦、陶在新批校 八冊

440000-2541-0002140 2352
六朝聲偶集七卷 (明)徐獻忠輯 明華亭徐氏文房刻本 清佚名批校 六冊

440000-2541-0002141 2353
六朝選詩定論十八卷 (清)吴淇撰 清康熙九年(1670)雨蕉齋刻本 八冊

440000-2541-0002142 2354
紫陽方先生瀛奎律髓四十九卷 (元)方回輯 清康熙四十九年(1710)陳士泰刻本 四冊 存九卷(六至九、二十二至二十三、二十八至二十九、四十七)

440000-2541-0002143 2355
詩紀一百三十卷前集十卷附録一卷外集四卷別集十二卷 (明)馮惟訥輯 明嘉靖三十九年(1560)甄敬等刻本 三十八冊 存一百四十七卷(詩紀一至四十六、五十二至一百三十,前集一至六,外集四卷,別集十二卷)

440000-2541-0002144 2356
八代詩乘四十五卷吴詩一卷總録二卷補遺一卷 (明)梅鼎祚輯 明萬曆十一年(1583)劉文顯、徐家慶等刻三十四年(1606)寧國郡續刻本 清佚名批校 十冊

440000-2541-0002145 2357
八代詩乘四十五卷吴詩一卷總録二卷補遺一卷 (明)梅鼎祚輯 明萬曆十一年(1583)劉文顯、徐家慶等刻三十四年(1606)寧國郡續刻本 清佚名批校 二十冊 存二十九卷(二十一至四十五、吴詩一卷、總録二卷、補遺一卷)

440000-2541-0002146 2358
漢魏詩乘二十卷吴詩一卷總録一卷 (明)梅鼎祚輯 明萬曆十一年(1583)劉文顯、徐家慶刻本 周連寬題識 六冊

440000-2541-0002147 2359
石倉十二代詩選□□卷 (明)曹學佺輯 明崇禎刻本 十二冊 存十三卷(古詩十三卷)

440000-2541-0002148 2360
釣臺集二卷 (明)楊束輯 (明)曾振宣補遺 明萬曆十三年(1585)楊束刻本 十冊

440000-2541-0002149 2361
詩歸五十一卷 (明)鍾惺 (明)譚元春輯 (明)劉斅典重訂 明刻本 十四冊

440000-2541-0002150 2362
古詩歸十五卷 (明)鍾惺 (明)譚元春輯 明萬曆四十五年(1617)刻詩歸本 十冊

440000-2541-0002151 2363
古詩歸十五卷 (明)鍾惺 (明)譚元春輯 明萬曆四十五年(1617)刻詩歸本 五冊

440000-2541-0002152 2364
韓昌黎詩集編年箋注十二卷 (清)方世舉撰 清乾隆二十三年(1758)盧見曾雅雨堂刻本 四冊

440000-2541-0002153 2365
古詩歸十五卷 (明)鍾惺 (明)譚元春編 (明)林夢熊重訂 明末刻詩歸本 清佚名批點 八冊

440000-2541-0002154 2366
名媛詩歸三十六卷 (明)鍾惺輯 明末刻本

十六冊

440000－2541－0002155　2367
梅花詩鈔不分卷　(明)左贊輯　清抄本　一冊

440000－2541－0002156　2368
歷代詩發四十二卷　(清)范大士輯並評　清康熙三十七年(1698)虛白山房刻本　五冊　存十三卷(一至二、八至十三、二十二至二十三、四十至四十二)

440000－2541－0002157　2369
佩文齋詠物詩選四百八十六卷　(清)張玉書(清)汪霦等輯　清康熙四十六年(1707)内府刻本　二十三冊　存一百四十九卷(一至三十二、四十二至一百五十八)

440000－2541－0002158　2370
御定歷代題畫詩類一百二十卷　(清)陳邦彦輯　清康熙四十六年(1707)内府刻本　三十二冊

440000－2541－0002159　2371
五朝詩善鳴集十二集　(清)陸次雲輯　清康熙二十六年(1687)蓉江懷古堂刻本　十冊

440000－2541－0002160　2372
五朝詩善鳴集十二集　(清)陸次雲輯　清康熙二十六年(1687)蓉江懷古堂刻本　十六冊

440000－2541－0002161　2373
近光集二十八卷　(清)汪士鋐輯　(清)徐修仁等注　清康熙五十八年(1719)刻本　八冊

440000－2541－0002162　2374
詩倫二卷　(清)汪薇輯　清康熙五十七年(1718)汪氏寒木堂刻本　六冊

440000－2541－0002163　2375
閑園摘鈔詩四卷黃白山杜詩說句法杜詩說俗字俗語一卷　(清)朱之荆輯注　清康熙南屏草堂刻本　清佚名批校　二冊

440000－2541－0002164　2376
雲海集不分卷　(清)邵騳輯　清抄本　八冊

440000－2541－0002165　2377
歷朝名媛詩詞十二卷　(清)陸昶輯　清乾隆三十八年(1773)陸氏紅樹樓刻本　十冊

440000－2541－0002166　2378
古詩選不分卷　(清)□□輯　清抄本　清環山嘉批點　周連寬跋　四冊

440000－2541－0002167　2379
唐宋元諸家詩鈔不分卷　(清)□□輯　清抄本　清王開治批校　四冊

440000－2541－0002168　2380
宋詩鈔不分卷元詩鈔不分卷　(清)□□輯　清抄本　佚名批校　一冊

440000－2541－0002169　2381
七律詩鈔不分卷　(清)□□輯　清抄本　佚名批校　四冊

440000－2541－0002170　2382
詠物詩鈔不分卷　(清)□□輯　清抄本　四冊

440000－2541－0002171　2383
古賦辯體十卷　(元)祝堯輯　明嘉靖二十一年(1542)蘇祐刻本　四冊　存五卷(一至五)

440000－2541－0002172　2384
四六法海十二卷　(明)王志堅輯　明天啓七年(1627)刻本　十二冊

440000－2541－0002173　2385
翠娱閣評選行笈必攜二十一卷　(明)陸雲龍編　明崇禎崢霄館刻本　四冊　存四卷(文奇四卷)

440000－2541－0002174　2386
四六纂組九卷歷代官制一卷　(清)胡吉豫輯　清抄本　八冊

440000－2541－0002175　2387
御定歷代賦彙一百四十卷外集二十卷逸句二卷補遺二十二卷目錄四卷　(清)陳元龍輯　清康熙四十五年(1706)内府刻本　三十冊　存一百六十六卷(賦彙一百四十卷、外集二十卷、逸句二卷、目錄四卷)

440000－2541－0002176　2388

駢體文鈔三十一卷　(清)李兆洛輯　清合河康氏家塾刻本　清陳澧批校　六冊

440000－2541－0002177　2389
迂齋先生標註崇古文訣三十五卷　(宋)樓昉輯　明嘉靖十二年(1533)王鴻漸刻本　十冊

440000－2541－0002178　2390
西山先生真文忠公文章正宗二十四卷　(宋)真德秀輯　明嘉靖四十三年(1564)李豸、李磐山東刻本　二十四冊

440000－2541－0002179　2391
西山先生真文忠公文章正宗二十四卷續二十卷　(宋)真德秀輯　明刻本　十七冊　存四十三卷(二至二十四、續二十卷)

440000－2541－0002180　2392
西山先生真文忠公文章正宗二十四卷　(宋)真德秀輯　明刻本　三冊　存五卷(二十至二十四)

440000－2541－0002181　2393
學約古文三卷　(明)岳倫輯　明嘉靖十年(1531)楊撫刻本　三冊

440000－2541－0002182　2394
續文章軌範百家批評註釋七卷　(明)鄒守益輯　(明)焦竑評　明萬曆二十七年(1599)余紹崖自新齋刻本　四冊

440000－2541－0002183　2395
新刊批點古文類抄十二卷　(明)林希元輯　明嘉靖三十年(1551)陳堂刻本　十二冊

440000－2541－0002184　2396
六藝流別二十卷　(明)黃佐輯　清康熙刻本　周連寬跋　十八冊

440000－2541－0002185　2397
文編六十四卷　(明)唐順之輯　明嘉靖胡帛刻本　三十冊　存六十一卷(四至六十四)

440000－2541－0002186　2398
六家文略十二卷六家始末一卷　(明)唐順之　(明)蔡瀛輯　明萬曆三十年(1602)蔡望卿刻本　十二冊

440000－2541－0002187　2399
唐會元精選批點唐宋名賢策論文粹八卷　題(明)唐順之輯並批點　明嘉靖二十八年(1549)書林桐源胡氏刻本　七冊　存七卷(一至二、四至八)

440000－2541－0002188　2400
名世文宗二十二卷　(明)王世貞輯　(明)鍾惺增定　明刻本　十冊

440000－2541－0002189　2401
歷朝文選五十卷　(明)姚翼輯　明萬曆十年(1582)萬卷樓刻本　二十四冊

440000－2541－0002190　2402
新刊名世文宗三十一卷　(明)胡時化輯　明刻本　十二冊

440000－2541－0002191　2403
新刊名世文宗三十一卷　(明)胡時化輯　明唐廷仁刻本　十六冊

440000－2541－0002192　2404
秦漢文懷二十卷　(明)鍾惺輯並評　明崇禎六年(1633)刻本　二十冊

440000－2541－0002193　2405
古逸書三十卷首一卷末一卷　(明)潘基慶輯　明刻本　十六冊

440000－2541－0002194　2406
秦漢鴻文二十五卷　(明)顧錫疇評選　明崇禎刻本　二十六冊

440000－2541－0002195　2407
秦漢文鈔十二卷　(明)馮有翼輯　明萬曆刻本　二冊　存四卷(一至四)

440000－2541－0002196　2408
秦漢文準十二卷　題(明)許捷輯　明崇禎三年(1630)刻本　十二冊

440000－2541－0002197　2409
奇賞齋古文彙編二百三十六卷　(明)陳仁錫輯並評　明崇禎七年(1634)刻本　八十三冊

440000－2541－0002198　2410
文致不分卷　(明)劉士鏻輯　(明)閔無頗

(明)閔昭明集評　明天啓元年(1621)閔元衢刻朱墨套印本　十四册

440000－2541－0002199　2411
文腴十四卷　(明)唐昕輯　明崇禎刻本　十四册

440000－2541－0002200　2412
宛雅初編八卷首一卷　(明)梅鼎祚輯　(清)施念曾　(清)張汝霖補輯　**二編八卷**　(清)施閏章　(清)蔡蓁春輯　(清)施念曾　(清)張汝霖補輯　**三編二十四卷**　(清)施念曾　(清)張汝霖輯　清乾隆五十年(1785)陸湛抄本　十六册

440000－2541－0002201　2413
御選唐宋文醇五十八卷　(清)允祿等輯　清乾隆三年(1738)武英殿刻四色套印本　二十册

440000－2541－0002202　2414
唐宋八家文讀本三十卷　(清)沈德潛評點　清乾隆十五年(1750)刻本　十册

440000－2541－0002203　2415
韓柳歐蘇集選不分卷　(清)□□輯　清抄本　四册

440000－2541－0002204　2416
古文辭類纂七十四卷　(清)姚鼐輯　清道光康氏家塾刻本　清龍啟瑞録清方苞批點並跋　十二册

440000－2541－0002205　2417
六朝文絜四卷　(清)許槤輯並評　清道光五年(1825)許氏享金寶石齋刻朱墨套印本　一册

440000－2541－0002206　2418
古今濡削選章四十卷　(明)李國祥輯　明刻本　二十四册　存三十卷(一至三十)

440000－2541－0002207　2419
翰海十二卷　(明)沈佳胤輯　明崇禎刻本　四册

440000－2541－0002208　2420
分類尺牘新語廣編二十四卷補編一卷　(清)汪淇　(清)吳雯清輯並評　清康熙七年(1668)汪氏蜩寄刻本　十册

440000－2541－0002209　2421
周文歸二十卷　(明)鍾惺輯　明崇禎刻本　二十册

440000－2541－0002210　2422
西漢文苑十卷　(明)申用嘉輯　明萬曆二十八年(1600)刻本　九册

440000－2541－0002211　2423
兩漢文歸二十卷　(明)鍾惺輯　明崇禎刻本　二十四册

440000－2541－0002212　2424
松陵集十卷　(唐)陸龜蒙輯　明末毛氏汲古閣刻本　六册

440000－2541－0002213　2425
王荆公唐百家詩選二十卷　(宋)王安石輯　清康熙四十三年(1704)宋犖、丘迥刻四十七年(1708)緯蕭草堂印本　八册

440000－2541－0002214　2426
新編近體唐詩絶句注五卷　(宋)趙蕃　(宋)韓淲輯　(宋)謝枋得注　清抄本　四册

440000－2541－0002215　2427
唐詩集註五卷　(宋)趙蕃　(宋)韓淲輯　(宋)謝枋得　(宋)胡次焱注　明正德十三年(1518)潘選刻本　一册

440000－2541－0002216　2428
唐音十四卷　(元)楊士弘輯　(明)張震注　清南海孔氏嶽雪樓抄本　六册　存十二卷(一至十二)

440000－2541－0002217　2429
批點唐音十五卷　(元)楊士弘輯　(明)顧璘批點　明嘉靖四十年(1561)顧履祥刻四十四年(1565)李袞重修本　五册

440000－2541－0002218　2431
唐詩品彙九十卷拾遺十卷　(明)高棅輯　明嘉靖十八年(1539)牛斗刻本　三十七册　存

七十七卷(品彙一至十五、二十六至六十四、七十八至九十,拾遺十卷)

440000－2541－0002219　2432
唐詩品彙九十卷拾遺十卷　(明)高棅輯　明刻本　十三册　存四十九卷(品彙一至四、三十三至五十、五十六至七十五,拾遺四至十)

440000－2541－0002220　2433
唐詩品彙九十卷拾遺十卷　(明)高棅輯　明刻本　十五册　存七十五卷(一至七十五)

440000－2541－0002221　2434
唐詩品彙九十卷拾遺十卷　(明)高棅輯　明張恂刻本　二十册

440000－2541－0002222　2435
唐詩品彙九十卷拾遺十卷　(明)高棅輯　明張恂刻本　六册　存十卷(拾遺十卷)

440000－2541－0002223　2436
唐詩紀一百七十卷目錄三十四卷　題(明)方一元輯　明萬曆十三年(1585)吳琯刻方天眷重修本　二十四册

440000－2541－0002224　2437
唐詩類苑二百卷　(明)張之象輯　明萬曆二十九年(1601)曹仁孫刻本　八十册

440000－2541－0002225　2438
唐音類選二十四卷拾遺一卷　(明)潘光統輯　**古今律呂考一卷詩人名氏一卷**　(明)黄佐撰　清康熙四十九年(1710)刻本　一册　存二卷(一至二)

440000－2541－0002226　2439
唐詩絕句類選二卷補遺一卷　(明)敖英輯並評　清初大雅堂刻本　二册

440000－2541－0002227　2440
唐詩歸三十六卷　(明)鍾惺　(明)譚元春輯並評　明刻本　九册

440000－2541－0002228　2441
詩歸五十一卷　(明)鍾惺　(明)譚元春輯　明閔振聲、閔振業刻三色套印本　二十六册

440000－2541－0002229　2442
唐詩歸三十六卷　(明)鍾惺　(明)譚元春編並評　明閔振業、閔振聲刻三色套印詩歸本　十八册

440000－2541－0002230　2443
淮陰胡天仿先生批點李于鱗唐詩選不分卷　(明)李攀龍輯　(清)胡天仿批點　清抄本　四册

440000－2541－0002231　2444
唐詩解五十卷　(明)唐汝詢輯　清順治十六年(1659)萬笈堂刻本　清佚名批點　四册　存五卷(七、十至十二、四十四)

440000－2541－0002232　2445
唐詩援二十卷　(明)李沂輯　明崇禎五年(1632)宗元豫刻本　十二册

440000－2541－0002233　2446
唐音戊籤二百一卷餘閏六十四卷　(明)胡震亨輯　清康熙胡氏刻本　三十二册

440000－2541－0002234　2447
宋淳熙敕編古玉圖譜一百卷　(宋)龍大淵等撰　清乾隆四十四年(1779)江春康山草堂刻同治八年(1869)吳陵徐震來重修本　二十册

440000－2541－0002235　2448
李太白文集三十六卷　(唐)李白撰　(清)王琦輯注　清乾隆二十三年(1758)寶笏樓刻二十五年(1760)增刻本　十二册

440000－2541－0002236　2449
御選唐詩三十二卷目錄三卷　(清)聖祖玄燁輯　(清)陳廷敬等注　清康熙五十二年(1713)内府刻朱墨套印本　十五册

440000－2541－0002237　2450
唐人萬首絕句選七卷　(清)王士禛輯　清康熙洪氏松花書屋刻同治九年(1870)重修本　鄭文焯批校並跋　二册

440000－2541－0002238　2451
中晚唐詩叩彈集十二卷續集三卷　(清)杜詔　(清)杜庭珠輯　清康熙四十三年(1704)采山亭刻本　周連寬題識　四册　存十二卷

（叩彈集十二卷）

440000－2541－0002239　2452
唐詩金粉十卷　（清）沈炳震輯　清雍正冬讀書齋刻本　二册

440000－2541－0002240　2453
唐詩小序三卷　（□）□□輯　清抄本　三册

440000－2541－0002241　2454
大曆詩略六卷　（清）喬億輯並評　清乾隆二十七年（1762）寶應喬氏居安樂玩之堂刻本　二册

440000－2541－0002242　2455
重校正唐文粹一百卷　（宋）姚鉉輯　明嘉靖三年（1524）徐焴刻本　清周之煌跋　二十四册

440000－2541－0002243　2456
重校正唐文粹一百卷　（宋）姚鉉輯　明嘉靖三年（1524）徐焴刻本　二十册　存六十四卷（一至三、十二至五十七、七十八至九十二）

440000－2541－0002244　2457
唐文粹一百卷　（宋）姚鉉輯　明末刻本　清陶方琦批點　二十四册

440000－2541－0002245　2458
古文五刪五十二卷　（明）張溥輯　明末段君定刻本　十二册

440000－2541－0002246　2459
欽定全唐文一千卷總目三卷　（清）董誥等輯　清嘉慶十九年（1814）內府刻本　二百五十册

440000－2541－0002247　2460
欽定全唐文一千卷總目三卷　（清）董誥等輯　清嘉慶十九年（1814）內府刻本　五百四册

440000－2541－0002248　2461
增廣聖宋高僧詩選前集一卷後集三卷續集一卷　（宋）陳起輯　清抄本　二册

440000－2541－0002249　2462
宋詩啜醨集四卷　（清）潘問奇　（清）祖應世輯　清康熙刻本　八册

440000－2541－0002250　2464
宋文鑑一百五十卷目錄三卷　（宋）呂祖謙輯　明嘉靖五年（1526）晉藩養德書院刻本　二十册

440000－2541－0002251　2465
宋文鑑一百五十卷目錄三卷　（宋）呂祖謙輯　明嘉靖五年（1526）晉藩養德書院刻本　十九册　存八十二卷（一至十四、十九至二十三、三十二至四十五、六十七至一百十、一百十六至一百二十）

440000－2541－0002252　2466
新編四六寶苑羣公妙語四十三卷　（宋）祝穆輯　明紅格抄本　四册　存十三卷（一至二、十二至十五、十九至二十五）

440000－2541－0002253　2467
中州集十卷首一卷樂府一卷　（金）元好問輯　明末毛氏汲古閣刻本　二十二册

440000－2541－0002254　2468
中州集十卷首一卷樂府一卷　（金）元好問輯　明末毛氏汲古閣刻本　二十册

440000－2541－0002255　2469
中州集十卷首一卷樂府一卷　（金）元好問輯　明末毛氏汲古閣刻本　六册　存七卷（一至六、首一卷）

440000－2541－0002256　2470
荆南倡和詩集一卷附錄一卷　（元）周砥（元）馬治撰　清抄本　一册

440000－2541－0002257　2471
元詩選一百十四卷首一卷二集一百三卷三集一百三卷　（清）顧嗣立輯　清康熙三十三年至五十九年（1694－1720）顧嗣立秀野草堂刻本　四十八册

440000－2541－0002258　2472
元詩選一百十四卷首一卷二集一百三卷三集一百三卷　（清）顧嗣立輯　清康熙三十三年至五十九年（1694－1720）顧嗣立秀野草堂刻本　三十二册　存一百十五卷（元詩選一百十四卷、首一卷）

440000－2541－0002259　2473
元詩選□□卷　(□)□□輯　清抄本　八冊

440000－2541－0002260　2474
國朝文類七十卷　(元)蘇天爵輯　元刻本　二十冊

440000－2541－0002261　2475
元文類七十卷目錄三卷　(元)蘇天爵輯　明嘉靖十六年(1537)晉藩刻本(卷五十五至五十六抄配)　二十四冊

440000－2541－0002262　2476
元文類七十卷目錄三卷　(元)蘇天爵輯　明末修德堂刻本　十二冊

440000－2541－0002263　2477
寶顏堂續秘笈五十種　(明)陳繼儒編　明萬曆刻本　二十七冊　存四十二種

440000－2541－0002264　2478
天下同文集五十卷　(元)周南瑞輯　清抄本　六冊　存四十三卷(一至十六、十九至二十九、三十二至三十三、三十六至四十、四十二至五十)

440000－2541－0002265　2479
國雅二十卷續四卷雜附一卷　(明)顧起綸輯　**國雅品一卷**　(明)顧起綸撰　明萬曆元年(1573)顧氏奇字齋刻本　十二冊

440000－2541－0002266　2480
盛明十二家詩選十二卷　(明)朱翊鈏輯並批點　明萬曆十三年(1585)益藩刻本　清許默庵題識　八冊

440000－2541－0002267　2481
金蘭集三卷　(明)徐達左輯　**續集一卷**　(清)徐堅輯　**耕漁軒遺書一卷**　(明)徐達左撰　清乾隆二十四年至二十五年(1759－1760)徐堅湉溪草堂刻本　四冊

440000－2541－0002268　2482
三子新詩合稿九卷　(明)陳子龍　(清)李雯　(清)宋徵輿撰　(明)夏完淳輯　明末刻本　六冊

440000－2541－0002269　2483
明詩正選八卷　(明)周詩雅輯　明崇禎刻本　八冊

440000－2541－0002270　2484
列朝詩集乾集二卷甲集前編十一卷甲集二十二卷乙集八卷丙集十六卷丁集十六卷閏集六卷　(清)錢謙益輯　清順治九年(1652)毛氏汲古閣刻本　三十六冊

440000－2541－0002271　2485
明詩綜一百卷　(清)朱彝尊輯　清康熙刻本　四十八冊

440000－2541－0002272　2486
劉雪湖梅花詩集不分卷　(明)劉世儒輯　清抄本　二冊

440000－2541－0002273　2487
南征錄六卷　(明)沈思孝輯　明萬曆十二年(1584)刻本　六冊

440000－2541－0002274　2488
新鋟施會元精選旁訓皇明鴻烈集十卷　(明)顧起元輯　(明)施來鳳等評　(明)魯史旁訓　明萬曆元年(1573)書林詹霖宇刻本　十冊

440000－2541－0002275　2489
增定國朝館課經世宏辭十五卷　(明)王錫爵　(明)沈一貫輯　明萬曆十八年(1590)周曰校萬卷樓刻本　十二冊　存十二卷(一至十、十四至十五)

440000－2541－0002276　2490
蘭嵎朱宗伯彙選當代名公鴻筆百壽類函八卷　(明)朱之蕃輯　明萬曆四十三年(1615)王世茂車書樓刻本　十二冊

440000－2541－0002277　2491
皇明四大家文選五卷　(明)孫慎行輯　明萬曆刻本　十二冊

440000－2541－0002278　2492
皇明策衡二十六卷　(明)茅維輯　明萬曆三十三年至四十一年(1605－1613)刻本　五十六冊

440000－2541－0002279　2493
新刻乙未科翰林館課東觀弘文十卷　(明)劉元震　(明)劉楚先輯　明萬曆嘉賓堂刻本　十二冊

440000－2541－0002280　2494
皇明文衡一百卷目錄二卷　(明)程敏政輯　清南海孔氏嶽雪樓抄本　二十冊

440000－2541－0002281　2495
車書樓選刻各名公短札字字珠新集六卷　(明)項桂芳輯　(明)王世茂注　明金陵書坊吳小山刻本　六冊

440000－2541－0002282　2496
車書樓選註名公新語滿紙千金八卷　(明)李自榮輯　(明)王世茂注　明天啓七年(1627)刻本　八冊

440000－2541－0002283　2497
車書樓彙輯各名公四六爭奇八卷　(明)許以忠輯　明虎林鳳來堂刻本　四冊

440000－2541－0002284　2498
陳太史昭代經濟言十四卷　(明)陳子壯輯　明天啓刻本　六冊

440000－2541－0002285　2499
明文奇賞四十卷　(明)陳仁錫評選　明天啓三年(1623)刻本　二十冊

440000－2541－0002286　2500
幾社文選二十卷　(明)杜騏徵　(明)徐鳳彩　(明)盛翼進輯　明末豹變齋刻本　二十冊　存十七卷(一至十七)

440000－2541－0002287　2501
四六徽音集四卷　(明)馮夢禎輯並評　**後集四卷**　(明)閻士選輯並評　**續集四卷徵集四卷**　(明)湯賓尹輯並評　明徐思山、余南崖刻本　十六冊

440000－2541－0002288　2502
如面譚二集十八卷　(明)鍾惺輯　明末刻本　六冊

440000－2541－0002289　2503
新鐫選註名公四六雲濤十卷　(明)鍾惺輯並注　(明)陸雲龍增定　明末刻文萃堂印本　四冊

440000－2541－0002290　2504
四六全書五種　(明)李日華撰　明崇禎元年(1628)武林魯重民刻本　十二冊　存二種

440000－2541－0002291　2505
明人尺牘選四卷　(清)王元勲　(清)程化騄輯　清康熙四十四年(1705)碧雲樓刻本　四冊

440000－2541－0002292　2506
同人集十二卷　(清)冒襄輯　清咸豐九年(1859)冒氏水繪庵活字印本　五冊　存五卷(一至四、七)

440000－2541－0002293　2507
詩持三集十卷　(清)魏憲輯　清康熙九年(1670)魏氏枕江堂刻本　八冊

440000－2541－0002294　2508
憑山閣新輯尺牘寫心集四卷二集六卷　(清)陳枚輯　清康熙三十五年(1696)憑山閣刻本　八冊　存四卷(寫心集四卷)

440000－2541－0002295　2509
韋庵詠物詩一卷　(清)邵長蘅等撰　(清)宋犖輯　清康熙三十八年(1699)刻本　一冊

440000－2541－0002296　2510
南邦黎獻集十六卷　(清)鄂爾泰輯　清雍正三年(1725)慎時哉軒刻本　十六冊

440000－2541－0002297　2511
篋衍集十二卷　(清)陳維崧輯　清乾隆二十六年(1761)華綺保元堂刻本　十冊

440000－2541－0002298　2512
嚶鳴集四卷首一卷末一卷　(清)張節輯　清乾隆率真草堂刻本　六冊

440000－2541－0002299　2513
讀書齋題畫詩十九卷　(清)顧修輯　清抄本　三冊　存十四卷(一至十四)

440000－2541－0002300　2514

嶺南三大家詩選二十四卷　(清)王隼編　清康熙刻本　四册

440000－2541－0002301　2515
嶺南三大家詩選二十四卷　(清)王隼編　清康熙刻本　四册

440000－2541－0002302　2516
春鴻集一卷　(清)陳澧等撰　清抄本　一册

440000－2541－0002303　2517
錦囊集一卷　(清)李恩榮輯　稿本　一册

440000－2541－0002304　2518
山左明詩鈔三十五卷　(清)宋弼輯　清乾隆三十六年(1771)李文藻刻本　八册

440000－2541－0002305　2519
太白樓集三卷　(明)唐禎輯　明萬曆二十五年(1597)自刻本　六册

440000－2541－0002306　2520
吴都文粹十卷　(宋)鄭虎臣輯　清乾隆五十年(1785)陸湛抄本　清陸湛錄清宋賓王校　十册

440000－2541－0002307　2521
吴都文粹續集五十六卷補遺一卷　(明)錢穀輯　清抄本　八册　存十六卷(一至八、十七至二十四)

440000－2541－0002308　2522
吴江沈氏詩集十二卷　(清)沈祖禹輯　清乾隆五年(1740)沈氏刻本　五册　存十卷(一至四、七至十二)

440000－2541－0002309　2523
虎丘詩集二卷　(明)王賓輯　清抄本　一册

440000－2541－0002310　2524
越賢赤槓存真不分卷　(清)魯燮光輯　稿本　清陶濬宣跋　六册

440000－2541－0002311　2525
宛雅初編八卷首一卷　(明)梅鼎祚輯　(清)施念曾　(清)張汝霖補輯　**二編八卷**　(清)施閏章　(清)蔡蓁春輯　(清)施念曾　(清)張汝霖補輯　**三編二十四卷**　(清)施念曾　(清)張汝霖輯　清乾隆十四年(1749)刻本　六册　存十二卷(初編一至四、二編八卷)

440000－2541－0002312　2526
新安文獻志一百卷先賢事略二卷目錄二卷　(明)程敏政輯　明萬曆刻本　三十二册

440000－2541－0002313　2527
南滁會景編十卷　(明)趙廷瑞輯　明嘉靖刻遞修本　六册

440000－2541－0002314　2528
甬上高僧詩二卷　(清)李鄴嗣輯　清敬義堂刻本　一册

440000－2541－0002315　2529
續甬上耆舊詩八十卷　(清)全祖望輯　清抄本　四十册

440000－2541－0002316　2530
中州名賢文表三十卷本傳一卷　(明)劉昌輯　清康熙四十五年(1706)汪立名刻本　八册

440000－2541－0002317　2531
岳陽紀勝彙編四卷　(明)梅淳輯　明萬曆十三年(1585)張振先刻本　四册

440000－2541－0002318　2532
嶺南文獻三十二卷　(明)張邦翼輯　明萬曆四十三年至四十四年(1615－1616)刻本　六册　存六卷(三至四、六、二十四至二十六)

440000－2541－0002319　2533
嶺南文獻軌範補遺六卷　(明)楊瞿崍輯　明刻本　六册

440000－2541－0002320　2534
嶺南五朝詩選三十七卷　(清)黄登輯　清康熙三十九年(1700)自刻本　八册　存十三卷(一至四、九至十一、十五至二十)

440000－2541－0002321　2535
嶺南風雅三卷　(清)陳蘭芝輯　清乾隆自刻本　十二册

440000－2541－0002322　2536
廣東詩粹十二卷補編一卷　(清)梁善長輯

清乾隆十二年(1747)羊城達朝堂刻本　十二冊

440000－2541－0002323　2537
潛確居類書一百二十卷首一卷　(明)陳仁錫輯　清抄本　五十五冊　存九十九卷(一至十八、四十一至一百二十,首一卷)

440000－2541－0002324　2538
廣東文選四十卷　(清)屈大均輯　清康熙二十六年(1687)三間書院刻本　二十八冊

440000－2541－0002325　2539
慈溪鄭氏家集□□卷　(清)□□輯　清鄭氏家刻彙印本　十二冊

440000－2541－0002326　2540
陶氏世吟集五卷　(明)陶登輯　明萬曆二十七年(1599)刻藍印本　二冊

440000－2541－0002327　2541
方氏一家言一卷　(清)方秋白輯　清乾隆刻本　一冊

440000－2541－0002328　2542
番禺屈氏家集十三卷　(清)□□輯　清抄本　三冊

440000－2541－0002329　2549
詩話四十種　(元)陶宗儀　(明)陶珽輯　清順治三年(1646)周南李際期宛委山堂刻説郛續本　清佚名音注　八冊

440000－2541－0002330　2550
文心雕龍十卷　(南朝梁)劉勰撰　明萬曆七年(1579)張之象刻本　四冊

440000－2541－0002331　2551
楊升菴先生批點文心雕龍十卷　(南朝梁)劉勰撰　(明)楊慎批點　(明)梅慶生音注　明萬曆三十七年(1609)梅慶生刻天啓二年(1622)重修本　清黄擷批校　四冊

440000－2541－0002332　2552
文心雕龍十卷　(南朝梁)劉勰撰　(清)黄叔琳輯注　清乾隆六年(1741)黄氏養素堂刻本　清陳澧批校　二冊

440000－2541－0002333　2553
文心雕龍十卷　(南朝梁)劉勰撰　(清)黄叔琳注　(清)紀昀評　清道光十三年(1833)兩廣節署刻朱墨套印本　四冊

440000－2541－0002334　2554
歷代吟譜二十卷　(宋)蔡傳撰　明藍格抄本　二冊　存八卷(一至八)

440000－2541－0002335　2555
韻語陽秋二十卷　(宋)葛立方撰　明正德二年(1507)葛諶刻本(卷一至二配明抄本)　八冊

440000－2541－0002336　2556
全唐詩話六卷　題(宋)尤袤撰　明嘉靖二十二年(1543)王教、王政刻本　十二冊

440000－2541－0002337　2557
漁隱叢話前集六十卷後集四十卷　(宋)胡仔輯　清乾隆五年至六年(1740－1741)楊佑啟耘耕樓刻本　十六冊

440000－2541－0002338　2558
漁隱叢話前集六十卷後集四十卷　(宋)胡仔輯　清乾隆五年至六年(1740－1741)楊佑啟耘耕樓刻本　十冊

440000－2541－0002339　2559
陳學士吟窗雜錄五十卷　題(宋)陳應行編　明嘉靖二十七年(1548)崇文書堂刻本　三冊　存十五卷(一至五、二十一至三十)

440000－2541－0002340　2560
滄浪詩話二卷　(宋)嚴羽撰　清嘉慶六年(1801)石韞璧米山房抄本　二冊

440000－2541－0002341　2561
詩人玉屑二十卷　(宋)魏慶之輯　清古松堂刻本　十二冊

440000－2541－0002342　2562
東萊先生古文關鍵二卷　(宋)呂祖謙撰　明刻本　四冊

440000－2541－0002343　2563
四溟詩話四卷　(明)謝榛撰　清乾隆十九年

(1754)耘雅堂刻本　一冊

440000－2541－0002344　2564

新刻增補藝苑卮言十六卷　(明)王世貞撰　明萬曆程榮刻本　八冊

440000－2541－0002345　2565

藝海瀝液五卷　(明)趙籲俊輯　明崇禎元年(1628)自刻本　四冊

440000－2541－0002346　2566

唐音癸籤三十三卷　(明)胡震亨撰　清康熙刻本　八冊

440000－2541－0002347　2567

五代詩話十二卷　(清)王士禛撰　清乾隆十三年(1748)黄叔琳養素堂刻本　三冊

440000－2541－0002348　2568

柳亭詩話三十卷　(清)宋長白撰　清康熙天茁園刻本　十六冊

440000－2541－0002349　2569

全閩詩話十二卷　(清)鄭方坤輯　清乾隆十九年(1754)詩話軒刻本　十冊

440000－2541－0002350　2570

越縵堂讀詩隨録不分卷　(清)李慈銘撰　稿本　二冊

440000－2541－0002351　2571

晚邨天蓋樓偶評大題觀略六卷小題觀略四卷　(清)吕留良撰　清康熙楊瑞民金陵刻本　三十一冊

440000－2541－0002352　2572

新鐫批評出像通俗奇俠禪真逸史八集四十回　(明)方汝浩撰　清刻本　十冊

440000－2541－0002353　2573

小石帆亭著録六卷　(清)翁方綱撰　清乾隆五十七年(1792)翁氏刻本　二冊

440000－2541－0002354　2574

全唐文紀事一百二十卷首一卷　(清)陳鴻墀撰　清抄本　一冊　存二卷(一百三至一百四)

440000－2541－0002355　2576

敝山詩餘一卷　(明)陸鈺撰　清書帶草堂抄本　一冊

440000－2541－0002356　2577

國朝名家詩餘十八種　(清)王士禛　(清)陳維崧評選　清康熙孫氏留松閣刻本　二冊　存二種

440000－2541－0002357　2578

二十一史彈詞輯注十卷　(明)楊慎撰　(清)孫德威注　清康熙四十年(1701)刻本　一冊

440000－2541－0002358　2579

桑者新詞二卷　(清)方桑者撰　稿本　二冊

440000－2541－0002359　2580

席月山房詞一卷　(清)桂文燿撰　稿本　清陳澧批校　汪兆鏞、葉恭綽跋　一冊

440000－2541－0002360　2581

六十名家詞選　(明)毛晉輯　清道光十八年(1838)葉氏抄本　四冊　存五十九種

440000－2541－0002361　2582

花間集十卷　(五代)趙崇祚輯　明毛氏汲古閣刻詞苑英華本　清陳帆評點　二冊

440000－2541－0002362　2583

考工記車制圖解二卷　(清)阮元撰　清乾隆五十三年(1788)儀徵阮氏七録書館刻本　一冊

440000－2541－0002363　2584

花間集四卷　(五代)趙崇祚輯　(明)湯顯祖評　明刻本　四冊

440000－2541－0002364　2585

詞苑英華八種　(明)毛晉編　明毛氏汲古閣刻清乾隆十七年(1752)洪振珂印本　四冊　存四種

440000－2541－0002365　2586

重刻類編草堂詩餘評林六卷　(明)唐順之解注　(明)田一儁精選　(明)李廷機評　明萬曆十六年(1588)書林詹聖學刻本　四冊

440000－2541－0002366　2587

金石錄三十卷　(宋)趙明誠撰　清乾隆二十七年(1762)德州盧見曾刻本　六冊

440000－2541－0002367　2588
三才圖會一百六卷　(明)王圻輯　明萬曆刻清黃晟槐蔭草堂重修本　一冊　存二卷(草木五至六)

440000－2541－0002368　2589
精選古今詩餘醉十五卷　(明)潘游龍輯　明崇禎胡氏十竹齋刻本(卷十三至十五抄配)　張濂希跋　十冊

440000－2541－0002369　2590
宋四家詞選一卷　(清)周濟選　清抄本　二冊

440000－2541－0002370　2591
清綺軒詞選十三卷　(清)夏秉衡輯　清乾隆刻本　十三冊

440000－2541－0002371　2592
昭代詞選三十八卷　(清)蔣重光輯　清乾隆三十二年(1767)經鉏堂刻本　十二冊

440000－2541－0002372　2593
詞苑叢談十二卷　(清)徐釚撰　清康熙二十七年(1688)丁煒刻本　八冊

440000－2541－0002373　2594
董解元西廂記二卷　(明)楊慎點定　明黃嘉惠刻本　四冊

440000－2541－0002374　2595
增補箋註繪像第六才子西廂記解釋八卷末一卷　(元)王德信　(元)關漢卿撰　(清)金人瑞批點　題(清)吳吳山三婦合箋　清郁郁堂、大業堂刻本　八冊

440000－2541－0002375　2596
雅趣藏書不分卷　(清)錢書撰　清康熙四十二年(1703)刻朱墨套印本　四冊

440000－2541－0002376　2597
盛明雜劇三十卷　(明)沈泰編　明崇禎刻本　六冊

440000－2541－0002377　2598
玉茗堂還魂記二卷　(明)湯顯祖撰　清乾隆五十年(1785)冰絲館刻本　一冊　存一卷(上)

440000－2541－0002378　2599
節義鴛鴦塚嬌紅記二卷　(明)孟稱舜撰　(明)陳洪綬評點　清抄本　四冊

440000－2541－0002379　2600
六十種曲(繡刻演劇十本)十二集　(明)毛晉編　明末虞山毛氏汲古閣刻本　六冊

440000－2541－0002380　2602
墨憨齋新曲十種　(明)馮夢龍編　明末刻清乾隆五十七年(1792)重修本　十冊

440000－2541－0002381　2603
笠翁傳奇十種　(清)李漁撰　清翼聖堂刻本　二十冊

440000－2541－0002382　2604
笠翁傳奇十種　(清)李漁撰　(清)盧巍等批評　清康熙刻本　二十冊

440000－2541－0002383　2605
比目魚傳奇二卷　(清)李漁編次　(清)王端淑批評　清康熙刻笠翁傳奇十種本　二冊

440000－2541－0002384　2606
同人集十二卷　(清)冒襄輯　清咸豐九年(1859)冒氏水繪庵活字印本　四冊　存四卷(一至四)

440000－2541－0002385　2607
桃花扇傳奇後序詳註四卷　(清)吳穆撰　題(清)花庭閒客輯　清嘉慶二十一年(1816)花庭閒客刻本　四冊

440000－2541－0002386　2608
念八翻傳奇二卷二十八齣　(清)萬樹撰　(清)呂洪烈評　清康熙萬氏粲花別墅刻擁雙豔三種本　三冊　存二十二齣(一至二十二)

440000－2541－0002387　2609
揚州夢二卷　(清)嵇永仁撰　清刻本　二冊

440000－2541－0002388　2610
旗亭記二卷　(清)金兆燕撰　清刻本　二冊

440000－2541－0002389　2611
旗亭記二卷　(清)金兆燕撰　清刻本　四冊

440000－2541－0002390　2612
紅雪樓九種曲(清容外集)　(清)蔣士銓撰　清乾隆蔣氏紅雪樓刻本　四冊　存二種

440000－2541－0002391　2613
芝龕記六卷　(清)董榕撰　清抄本　七冊

440000－2541－0002392　2614
小山樂府六卷　(元)張可久撰　清抄本　四冊

440000－2541－0002393　2615
秋水菴花影集五卷　(明)施紹莘撰　明末刻本　四冊

440000－2541－0002394　2616
秋水菴花影集五卷　(明)施紹莘撰　明末刻本　六冊

440000－2541－0002395　2617
新鐫古今大雅南宮詞紀六卷　(明)陳所聞　(明)陳邦泰輯　明萬曆三十三年(1605)陳氏繼志齋刻本　四冊

440000－2541－0002396　2618
白雪齋選訂樂府吳騷合編四卷　(明)張楚叔　(明)張旭初輯　題(明)半嶺道人刪訂　明崇禎十年(1637)張氏白雪齋刻本　四冊　存二卷(三至四)

440000－2541－0002397　2619
歷代史略十段錦詞話旁註二卷　(明)楊愼撰　(明)程仲秩注　明刻朱墨套印本　一冊

440000－2541－0002398　2620
廿一史彈詞註十卷　(明)楊愼撰　(清)張三異增定　(清)張仲璜注　**明紀彈詞注一卷**　(清)張三異撰　(清)張仲璜注　清雍正五年(1727)張坦麟刻本　八冊

440000－2541－0002399　2621
晉陽外史十六卷　(□)□□撰　清寧壽堂抄本　十六冊

440000－2541－0002400　2622
增定南九宮曲譜二十一卷附錄一卷　(明)沈璟輯　明金閶綠蔭堂刻本　九冊　存二十卷(一至二十)

440000－2541－0002401　2623
嘯餘譜十一卷　(明)程明善輯　清康熙張漢瑞凝堂刻本　十冊

440000－2541－0002402　2624
納書楹西廂全譜二卷續西廂記譜一卷　(清)葉堂撰　(清)許寶善參訂　清乾隆六十年(1795)葉氏納書楹刻本　清蔡千一題識　四冊

440000－2541－0002403　2625
新編南詞定律十三卷　(清)呂士雄等輯　清康熙五十九年(1720)香芸閣刻本　八冊

440000－2541－0002404　2626
新定九宮大成南北詞宮譜八十一卷閏一卷總目三卷　(清)周祥鈺　(清)鄒金生等輯　清乾隆十一年(1746)允祿刻朱墨套印本　五十冊

440000－2541－0002405　2627
新定九宮大成南北詞宮譜八十一卷閏一卷總目三卷　(清)周祥鈺　(清)鄒金生等輯　清乾隆十一年(1746)允祿刻朱墨套印本　五十冊

440000－2541－0002406　2628
曲譜選不分卷　(□)□□輯　清抄本　四冊

440000－2541－0002407　2630
警世通言三十六卷　(明)馮夢龍撰　清抄本　十二冊

440000－2541－0002408　2631
四大奇書第一種五十一卷一百二十回　(明)羅本撰　(清)金人瑞　(清)毛宗崗評　清書業堂刻本　十六冊

440000－2541－0002409　2633
新鐫批評出像通俗奇俠禪真逸史八集四十回　(明)方汝浩撰　清刻本　十冊　存二十回(二十一至四十)

440000－2541－0002410　2634
皐鶴堂批評第一奇書金瓶梅一百回　題（明）蘭陵笑笑生撰　（清）張竹坡評　清刻本　二十册

440000－2541－0002411　2635
皐鶴堂批評第一奇書金瓶梅一百回　題（明）蘭陵笑笑生撰　（清）張竹坡評　清刻本　二十册

440000－2541－0002412　2636
新説西遊記一百回　（清）張書紳撰　清乾隆刻本　二十四册

440000－2541－0002413　2637
臺灣外記三十卷　（清）江日昇撰　清康熙求無不獲齋木活字印本　十册

440000－2541－0002414　2638
水滸後傳十卷四十回　（清）陳忱撰　（清）蔡奡評　清乾隆刻本　周連寬題識　八册

440000－2541－0002415　2639
北史演義六十四卷　（清）杜綱撰　（清）許寶善評　清嘉慶二年（1797）自怡軒刻本　十六册

440000－2541－0002416　2640
南史演義三十二卷　（清）杜綱撰　清刻本　十二册

440000－2541－0002417　2641
百川學海一百種　（宋）左圭編　明弘治十四年（1501）華珵刻本　二十一册　存四十一種

440000－2541－0002418　2642
百川學海一百種　（宋）左圭編　明弘治十四年（1501）華珵刻本　四册　存二十四種

440000－2541－0002419　2643
説林□□種　（元）陶宗儀編　清抄本　清曾釗批點　周連寬跋　十八册

440000－2541－0002420　2644
説郛一百二十弓　（元）陶宗儀輯　**説郛續四十六弓**　（明）陶珽輯　清順治三年（1646）周南李際期宛委山堂刻本　一百册

440000－2541－0002421　2645
説郛一百二十弓　（元）陶宗儀輯　清順治三年（1646）李際期宛委山堂刻本　十五册　存八弓（七、二十、三十五、四十五至四十七、五十六、八十五）

440000－2541－0002422　2646
欣賞編十種續編十種　（明）沈津編　明萬曆刻本　十册　存十一種（欣賞編十種、續編一種）

440000－2541－0002423　2647
陽山顧氏文房小説四十種　（明）顧元慶輯　明正德至嘉靖顧元慶刻本　四册　存十七種

440000－2541－0002424　2648
古今説海一百三十五種　（明）陸楫編　明嘉靖二十三年（1544）儼山書院刻本　二十三册　存八十七種

440000－2541－0002425　2649
古四家選四種　（明）施觀民編　明萬曆二年（1574）華露刻本　十册

440000－2541－0002426　2650
紀録彙編一百二十一種　（明）沈節甫編　明萬曆四十五年（1617）陳于廷刻本　六十六册

440000－2541－0002427　2651
漢魏叢書三十八種　（明）程榮編　明萬曆二十年（1592）程榮刻本　三十册

440000－2541－0002428　2652
增定古今逸史五十五種　（明）吳琯編　明吳琯刻本　清佚名録明楊慎跋　十四册　存十四種

440000－2541－0002429　2653
説郛一百二十弓　（元）陶宗儀輯　**説郛續四十六弓**　（明）陶珽輯　清順治三年（1646）周南李際期宛委山堂刻本　清嶺南山翠齋主人題識　四十三册　存四十六弓（説郛續四十六弓）

440000－2541－0002430　2654
格致叢書□□種　（明）胡文焕編　明萬曆胡

氏文會堂刻本　一百三十五册

440000－2541－0002431　2655
格致叢書□□種　（明）胡文煥編　明萬曆胡氏文會堂刻本　二十八册

440000－2541－0002432　2656
尚白齋鐫陳眉公訂正秘笈二十一種　（明）陳繼儒編　明萬曆三十四年（1606）繡水沈氏尚白齋刻本　周連寬跋　十册　存二十種

440000－2541－0002433　2657
寶顏堂續秘笈五十種　（明）陳繼儒編　明萬曆刻本　四十五册　存二十三種

440000－2541－0002434　2658
快書五十種　（明）閔景賢編　明天啓六年（1626）快堂刻本　十二册

440000－2541－0002435　2659
增訂漢魏六朝別解六十二卷　（明）葉紹泰輯　明崇禎十五年（1642）采隱山居刻本　三十册

440000－2541－0002436　2660
津逮祕書十五集一百四十一種　（明）毛晉編　明崇禎虞山毛氏汲古閣刻本　三百四十五册

440000－2541－0002437　2661
雅雨堂藏書十二種附一種　（清）盧見曾編　清乾隆二十一年（1756）德州盧氏雅雨堂刻本　四十二册

440000－2541－0002438　2662
士禮居黄氏叢書十八種附四種　（清）黄丕烈編　清嘉慶至道光吳縣黄氏士禮居刻本　三十三册　存十一種

440000－2541－0002439　2663
漚進齋叢鈔五種　（清）姚覲元編　清姚氏漚進齋抄本　二册

440000－2541－0002440　2664
問經堂叢書二十五種　（清）孫馮翼編　清嘉慶承德孫氏刻本　二十一册　存二十種

440000－2541－0002441　2665
學海類編四百三十種　（清）曹溶輯　（清）陶越增刪　清道光十一年（1831）六安晁氏木活字印本　一百三十册

440000－2541－0002442　2666
是亦樓叢書八種　（清）康侯編　清道光抄本　六册

440000－2541－0002443　2667
遜敏堂叢書八十五種　（清）黄秩模編　清道光至咸豐宜黄黄氏木活字印本　九册　存九種

440000－2541－0002444　2668
名山堂叢書三種　（清）李充國編　清抄本　十二册

440000－2541－0002445　2669
濟寧李氏礪墨亭叢書六十四種　（清）李冬涵編　稿本　一百十四册

440000－2541－0002446　2670
師石山房叢書四十三種　（清）姚振宗編　稿本　四十八册

440000－2541－0002447　2671
米襄陽志林五種　（宋）米芾撰　（明）范明泰編　明萬曆三十二年（1604）范氏清宛堂刻本　六册

440000－2541－0002448　2672
陸放翁全集六種　（宋）陸游撰　明末古虞毛氏汲古閣刻本　三十八册

440000－2541－0002449　2673
陸放翁全集六種　（宋）陸游撰　明末古虞毛氏汲古閣刻本　八十六册

440000－2541－0002450　2674
［乾隆］普寧縣志十卷首一卷　（清）蕭麟趾修　（清）梅奕紹纂　清乾隆十年（1745）刻本（有圖）　八册

440000－2541－0002451　2675
王浚川所著書九種　（明）王廷相撰　明嘉靖至隆慶刻本　十册　存四種

440000－2541－0002452　2676

王百穀集二十一種　(明)王穉登撰　明萬曆刻本　四冊　存四種

440000－2541－0002453　2677
林子全集□□種　(明)林兆恩撰　明萬曆刻本　二十冊　存十三種

440000－2541－0002454　2678
蓉塘雜纂十種　(明)姜南撰　清抄本　三冊

440000－2541－0002455　2679
貫華堂才子書彙稿十種　(清)金人瑞撰　清順治十六年(1659)讀易堂刻本　十三冊　存九種

440000－2541－0002456　2680
豐川全集正編二十五卷外編三卷續編二十二卷　(清)王心敬撰　清康熙五十五年(1716)額倫特刻本　十七冊　存四十七卷(正編二十五卷、續編二十二卷)

440000－2541－0002457　2681
春雨堂集五種　(清)朱元英撰　清康熙刻本　八冊

440000－2541－0002458　2682
松源集六種　(清)孫之騄撰　清乾隆刻本　九冊

440000－2541－0002459　2683
飴山集五種　(清)趙執信撰　清乾隆因園刻本　十二冊

440000－2541－0002460　2684
埜柏先生類稿八種　(清)宋在詩撰　清乾隆三十年(1765)刻本　八冊　存七種

440000－2541－0002461　2685
惜抱軒全集十種　(清)姚鼐撰　清嘉慶刻本　清陳澧題識　十三冊　存八種

440000－2541－0002462　2686
海國四說四種　(清)梁廷枏撰　清道光二十六年(1846)刻本　十三冊

440000－2541－0002463　2687
居敬軒篋中秘二種　(清)林潛庵撰　清抄本　四冊

440000－2541－0002464　2688
二程全書六十六卷　(宋)朱熹編　清小瑯嬛山館刻本　康有為批點　楊壽昌題識　十六冊

440000－2541－0002465　2689
通志堂經解一百四十種　(清)納蘭成德編　清康熙通志堂刻本　一百冊　存三十種

440000－2541－0002466　2691
四書典林三十卷　(清)江永輯　清乾隆六十年(1795)金閶函三堂刻本　十冊

440000－2541－0002467　2692
四書古人典林十二卷　(清)江永輯　清乾隆三十九年(1774)集道堂刻本　四冊

440000－2541－0002468　2694
讀書隨筆十二卷　(清)江永撰　清乾隆五十七年(1792)江起泰、江起謙刻本　二冊

440000－2541－0002469　2695
鐵網珊瑚書品十卷畫品六卷　(明)朱存理撰　清雍正六年(1728)年希堯澄鑒堂刻本　七冊

440000－2541－0002470　2696
宋淳熙敕編古玉圖譜一百卷　(宋)龍大淵等撰　清乾隆四十四年(1779)江春康山草堂刻本　十六冊

440000－2541－0002471　2697
增訂漢魏叢書八十六種　(清)王謨編　清乾隆五十六年(1791)金谿王氏刻本　二十七冊　存十五種

440000－2541－0002472　2698
四書叩心說錄七卷　(明)王逢元撰　清康熙十七年(1678)王紳刻本　六冊

440000－2541－0002473　2699
龍威祕書十集一百七十種　(清)馬俊良編　清乾隆五十九年(1794)至嘉慶石門馬氏大西山房刻本　八十冊

440000－2541－0002474　2700
鄉黨圖考十卷　(清)江永撰　清乾隆五十八

年(1793)金閶書業堂刻本　二册

440000－2541－0002475　2701
御製繙譯四書六卷(滿漢合璧)　(清)鄂爾泰等修　清乾隆二十六年(1761)武英殿刻本　五册

440000－2541－0002476　2702
四書朱子本義匯參四十七卷　(清)王步青輯　清乾隆十年(1745)敦復堂刻本　二十二册

440000－2541－0002477　2703
四書朱子大全精言四十一卷　(清)周大璋輯　清康熙周大璋寶旭齋刻本　清佚名批校　十六册

440000－2541－0002478　2704
周易述二十一卷　(清)惠棟撰　清刻本　六册

440000－2541－0002479　2705
高頭四書　(宋)朱熹集注　清乾隆二十年(1755)合志堂刻本　清佚名批注　二册　存四卷(大學一卷、中庸一卷、孟子四至五)

440000－2541－0002480　2706
四書經學考十卷補遺一卷　(明)徐邦佐撰　(清)王步青增輯　清刻本　四册

440000－2541－0002481　2707
增訂漢魏叢書八十六種　(清)王謨編　清乾隆五十六年(1791)金谿王氏刻本　四十一册　存二十五種

440000－2541－0002482　2708
古韻標準四卷首一卷　(清)江永撰　(清)戴震參訂　清乾隆三十六年(1771)刻貸園叢書初集本　二册

440000－2541－0002483　2710
康熙甲子史館新刊古今通韻十二卷首一卷　(清)毛奇齡撰　清康熙二十三年(1684)史館刻本　十册　存九卷(一至三、七、九至十二,首一卷)

440000－2541－0002484　2711
隸辨八卷　(清)顧藹吉撰　清康熙五十七年(1718)項絪玉淵堂刻本　八册

440000－2541－0002485　2712
人象大成不分卷附玉管照人經　(明)袁忠徹等撰　清初抄本　莫棠題識　四册

440000－2541－0002486　2713
周易玩辭困學記不分卷讀易大義一卷尺牘一卷　(清)張次仲撰　清康熙六年(1667)刻本　清佚名批點　六册

440000－2541－0002487　2714
御纂周易述義十卷　(清)傅恆等撰　清刻本　四册

440000－2541－0002488　2715
[康熙]延津縣志十卷　(清)余心孺纂修　清康熙四十一年(1702)刻本(有圖)　四册

440000－2541－0002489　2716
周易參疑四卷　(清)孫占鰲撰　清乾隆三十九年(1774)刻本　四册

440000－2541－0002490　2717
[乾隆]新泰縣志二十卷首一卷　(清)江乾達修　(清)牛士瞻纂　(清)徐致愉增修　清乾隆五十年(1785)刻光緒十七年(1891)徐致愉增刻本(有圖)　六册

440000－2541－0002491　2718
爾雅直音二卷　(清)孫偘輯　清乾隆六十年(1795)刻本　清呂奎元批點　二册

440000－2541－0002492　2719
陸堂易學十卷首一卷　(清)陸奎勳撰　清乾隆刻陸堂經學叢書本　六册

440000－2541－0002493　2720
漢隸字源五卷綱目一卷碑目一卷　(宋)婁機撰　明末毛氏汲古閣刻清受恆堂印本　容庚校并錄清翁方綱校跋　八册

440000－2541－0002494　2721
四書五經字考二卷　(清)郭衷恒撰　清乾隆十六年(1751)源汾堂刻本　一册

440000－2541－0002495　2722
匡謬正俗八卷　(唐)顏師古撰　清乾隆二十

一年(1756)盧見曾刻雅雨堂藏書本　四冊

440000－2541－0002496　2723
續藏書二十七卷　(明)李贄撰　明天啓三年(1623)刻本　六冊

440000－2541－0002497　2724
儀禮析疑十七卷　(清)方苞撰　清乾隆刻本　六冊

440000－2541－0002498　2725
易象正十二卷初二卷終二卷　(明)黃道周撰　明崇禎刻本　六冊

440000－2541－0002499　2726
白沙子全集十卷首一卷末一卷古詩教解二卷　(明)陳獻章撰　清乾隆三十六年(1771)刻本　八冊　存十卷(全集一至五、八至九,末一卷,古詩教解二卷)

440000－2541－0002500　2727
朱子文集纂四書三十二卷　(宋)朱熹撰　(清)陳鋐輯　清康熙行恕堂刻本　八冊

440000－2541－0002501　2728
四書語錄二卷　(宋)張栻撰　(清)張嘉楨輯　清康熙三十三年(1694)張仲隆刻本　二冊

440000－2541－0002502　2729
鄭氏易譜十二卷　(明)鄭旒撰　(清)鄭時達重輯　清乾隆十八年(1753)鄭時達刻本　四冊

440000－2541－0002503　2730
新刻大易象先不分卷　(清)任長慶撰　清順治十年(1653)自刻本　十二冊

440000－2541－0002504　2731
叢睦汪氏遺書八種　(清)汪師韓撰　清乾隆刻本　九冊　存二種

440000－2541－0002505　2732
本朝三十家三十卷　(清)蔡寅斗輯　清乾隆三十六年(1771)味經堂刻本　十一冊

440000－2541－0002506　2733
廣韻五卷　(宋)陳彭年等撰　清康熙六年(1667)陳上年、張弨刻本　五冊

440000－2541－0002507　2734
[乾隆]陸豐縣志十二卷　(清)王之正等修　(清)沈展才等纂　清乾隆十年(1745)刻本(有圖)　四冊

440000－2541－0002508　2735
吳文正公三禮考注六十四卷首一卷　(元)吳澄撰　清乾隆二年(1737)臨川吳氏刻後印本　八冊

440000－2541－0002509　2736
讀禮通考一百二十卷　(清)徐乾學撰　清康熙三十五年(1696)徐氏冠山堂刻本　二十冊

440000－2541－0002510　2737
讀禮通考一百二十卷　(清)徐乾學撰　清康熙三十五年(1696)徐氏冠山堂刻本　二十九冊　存一百十六卷(一至十四、十九至一百二十)

440000－2541－0002511　2738
讀禮通考一百二十卷　(清)徐乾學撰　清康熙三十五年(1696)徐氏冠山堂刻本　四十冊

440000－2541－0002512　2739
白香山詩長慶集二十卷後集十七卷别集一卷補遺二卷　(唐)白居易撰　(清)汪立名輯　**年譜舊本一卷**　(宋)陳振孫撰　**年譜一卷**　(清)汪立名撰　清刻本　十二冊

440000－2541－0002513　2740
儀禮易讀十七卷　(清)馬騆撰　清乾隆二十年(1755)悦六齋刻本　二冊

440000－2541－0002514　2741
儀禮易讀十七卷　(清)馬騆撰　清乾隆二十年(1755)悦六齋刻本　四冊

440000－2541－0002515　2742
儀禮鄭注句讀十七卷監本正誤一卷石本正誤一卷　(清)張爾岐撰　清乾隆八年(1743)高氏刻本　六冊

440000－2541－0002516　2743
儀禮十七卷　(清)吳廷華章句　清乾隆二十二年(1757)梅園居刻本　四冊

440000－2541－0002517　2744
禮說十四卷　(清)惠士奇撰　清惠氏紅豆齋刻本　八册

440000－2541－0002518　2745
[乾隆]偃師縣志三十卷首一卷　(清)湯毓倬修　(清)孫星衍纂　清乾隆五十四年(1789)刻本(有圖表)　十六册

440000－2541－0002519　2746
禮記纂言三十六卷　(元)吳澄撰　(清)朱軾重校　清雍正高安朱氏刻朱文端公藏書本　十册

440000－2541－0002520　2747
中晚唐詩叩彈集十二卷續集三卷　(清)杜詔　(清)杜庭珠輯　清康熙四十三年(1704)采山亭刻本　六册

440000－2541－0002521　2748
禮記說義纂訂二十四卷　(明)楊梧撰　清康熙十四年(1675)楊昌齡等刻本　十二册

440000－2541－0002522　2749
三禮約編十九卷　(清)汪基撰　清乾隆三年(1738)汪氏敬堂刻本　二册　存九卷(儀禮約編三卷、周禮約編六卷)

440000－2541－0002523　2750
禮記約編十卷　(清)汪基撰　清刻本　四册

440000－2541－0002524　2751
禮記摘藻一卷　(清)孔傳鐸撰　清乾隆十年(1745)孔繼汾刻本　一册

440000－2541－0002525　2752
李太白文集三十六卷　(唐)李白撰　(清)王琦輯注　清乾隆二十三年(1758)寶笏樓刻二十五年(1760)增刻本　二十册

440000－2541－0002526　2753
禮記十卷　(元)陳澔集說　**全本禮記體注不分卷**　(清)范翔撰　(清)徐瑄補輯　清乾隆三十一年(1766)百尺樓刻本　六册

440000－2541－0002527　2754
禮記十卷　(元)陳澔集說　(清)李漁重訂　清乾隆五十五年(1790)李漁芥子園刻本　十册

440000－2541－0002528　2755
禮記釐編十卷附録一卷　(清)潘相撰　清乾隆四十一年(1776)潘氏汲古閣刻潘相所著書本　八册

440000－2541－0002529　2756
五禮通考二百六十二卷首四卷　(清)秦蕙田撰　清乾隆二十八年(1763)味經窩刻本　一百二十册

440000－2541－0002530　2757
五禮通考二百六十二卷首四卷　(清)秦蕙田撰　清乾隆二十八年(1763)味經窩刻本　八十二册

440000－2541－0002531　2758
御製律呂正義上編二卷下編二卷續編一卷　(清)允祉等撰　清雍正内府刻本　四册　存四卷(上編二卷、下編二卷)

440000－2541－0002532　2759
學禮闕疑八卷　(清)劉青蓮纂　(清)劉青芝補纂　清乾隆五年(1740)刻劉氏家傳集本　四册

440000－2541－0002533　2760
說文字原考略六卷　(清)吳照輯　清乾隆五十七年(1792)南昌自刻本　六册

440000－2541－0002534　2761
說文字原一卷　(清)陳以綱篆書　(清)周升恒楷書　清乾隆四十四年(1779)周氏福禮堂刻本　一册

440000－2541－0002535　2762
六書分類十二卷首一卷　(清)傅世垚撰　清康熙四十四年(1705)聽松閣刻本　十四册

440000－2541－0002536　2763
篆字彙十二卷　(清)佟世男輯　清康熙刻錫環堂印本　二十四册

440000－2541－0002537　2764
古韻標準四卷首一卷　(清)江永撰　(清)戴

震参訂　清乾隆三十六年(1771)刻貸園叢書初集本　二册

440000－2541－0002538　2765
列國左傳要詮八卷　(清)饒謙撰　清乾隆四十三年(1778)枕松堂刻本　八册

440000－2541－0002539　2767
春秋四傳糾實十二卷首一卷　(清)涂錫禧撰　清乾隆十二年(1747)涂氏品峰齋刻本　十册

440000－2541－0002540　2768
抱經堂叢書十七種　(清)盧文弨編　清乾隆至嘉慶盧文弨刻本　四册　存三種

440000－2541－0002541　2769
清文彙書十二卷(滿漢合璧)　(清)李延基輯　清乾隆十六年(1751)京都打磨廠中和堂刻本　十二册

440000－2541－0002542　2770
文章正宗復刻三十卷首一卷　(宋)真德秀輯　清乾隆三十三年(1768)楊仲興刻本　二十四册

440000－2541－0002543　2771
春秋集義五十八卷首一卷末二卷　(清)吴鳳來撰　清乾隆刻本　二十册

440000－2541－0002544　2772
[乾隆]西藏志不分卷　(清)□□纂修　清𥠖川章氏徐炯木活字印本　二册

440000－2541－0002545　2773
春秋胡傳三十卷　(宋)胡安國撰　(宋)林堯叟音注　**春秋胡傳綱領一卷提要一卷春秋諸國興廢説一卷**　清汲古閣刻本　六册

440000－2541－0002546　2775
董子春秋繁露十七卷附録一卷　(漢)董仲舒撰　清木活字印本　二册

440000－2541－0002547　2776
春秋大事表五十卷綱領一卷讀春秋偶筆一卷附録一卷輿圖一卷　(清)顧棟高撰　清乾隆十三年(1748)顧氏萬卷樓刻本　十六册

440000－2541－0002548　2777
抗希堂十六種　(清)方苞撰　清康熙至嘉慶桐城方氏抗希堂刻本　十一册　存四種

440000－2541－0002549　2778
春秋傳三十卷　(宋)胡安國注　**綱領一卷春秋列國圖説一卷春秋諸國興廢説一卷春秋提要一卷**　明萬曆金陵奎壁齋刻本　八册

440000－2541－0002550　2779
春秋王霸列國世紀編三卷　(宋)李琪撰　**春秋世族譜一卷**　(清)陳厚耀撰　清乾隆五十七年(1792)誠正堂刻本　四册

440000－2541－0002551　2780
周官禄田考三卷　(清)沈彤撰　清乾隆十六年(1751)吴江沈氏刻果堂全集本　二册

440000－2541－0002552　2781
清河書畫舫十二卷　(明)張丑撰　清刻本　十二册

440000－2541－0002553　2782
宋葉文康公禮經會元四卷　(宋)葉時撰　(清)陸隴其點定　(清)許元淮輯　清乾隆五十二年(1787)許元淮桐柏山房刻本　四册

440000－2541－0002554　2783
尚書古文疏證八卷　(清)閻若璩撰　**朱子古文書疑一卷**　(清)閻詠輯　清乾隆十年(1745)眷西堂刻同治六年(1867)錢塘汪氏振綺堂重修本　六册

440000－2541－0002555　2784
白沙子全集十卷首一卷末一卷古詩教解二卷　(明)陳獻章撰　清乾隆刻民國二十年(1931)梅縣吴鳳聲印本　十册

440000－2541－0002556　2785
青邱高季迪先生詩集十八卷遺詩一卷　(明)高啟撰　(清)金檀輯注　**扣舷集一卷鳧藻集五卷**　(明)高啟撰　(清)金檀輯　**附録一卷**　(清)金檀輯　**年譜一卷**　(清)金檀撰　清雍正六年至七年(1728－1729)金氏文瑞樓刻本　十册

440000－2541－0002557　2786
寶漢齋銅印略一卷　(清)張復純輯　清乾隆五十五年(1790)鈐印本　一冊

440000－2541－0002558　2787
春秋傳本十二卷　(宋)胡安國注　**春秋心典傳本十二卷**　(清)胡瑤光等纂輯　清綸錫堂刻本　二冊

440000－2541－0002559　2788
重訂七種古文選五十二卷　(清)儲欣編　清乾隆五十年(1785)二南堂刻本　二十六冊

440000－2541－0002560　2789
左傳經世鈔二十三卷　(清)魏禧評點　清乾隆十三年(1748)彭家屏刻本　十二冊

440000－2541－0002561　2790
左傳經世鈔二十三卷　(清)魏禧評點　清乾隆十三年(1748)彭家屏刻本　六冊

440000－2541－0002562　2791
洪範正論五卷　(清)胡渭撰　清乾隆四年(1739)胡氏耆學齋刻本　四冊

440000－2541－0002563　2792
洪範正論五卷　(清)胡渭撰　清乾隆四年(1739)胡氏耆學齋刻本　二冊

440000－2541－0002564　2793
十三經字辨八卷　(清)陳鶴齡撰　清乾隆三十年(1765)古吳三多齋刻本　八冊

440000－2541－0002565　2794
古文尚書冤詞八卷　(清)毛奇齡撰　清康熙李塨等刻西河合集本　二冊

440000－2541－0002566　2795
晚書訂疑三卷　(清)程廷祚撰　清乾隆三餘書屋刻本　一冊

440000－2541－0002567　2796
唐陸宣公集二十二卷首一卷　(唐)陸贄撰　清雍正元年(1723)年羹堯刻本　六冊

440000－2541－0002568　2797
十國春秋一百十四卷　(清)吳任臣撰　**拾遺一卷備考一卷備考補一卷**　(清)周昂輯　清乾隆五十八年(1793)昭文周昂此宜閣刻嘉慶四年(1799)補刻清戴氏漱石山房印本　二十冊

440000－2541－0002569　2798
春秋左氏傳補註十卷　(元)趙汸撰　清康熙新安趙吉士刻本　四冊

440000－2541－0002570　2799
經言拾遺十四卷　(清)徐文靖撰　清乾隆二十年(1755)毛大鵬刻徐位山六種本　六冊

440000－2541－0002571　2800
六經圖十二卷附各經源流　(清)鄭之僑撰　清乾隆八年(1743)鄭氏述堂刻本　六冊

440000－2541－0002572　2801
六經圖二十四卷附各經源流　(清)鄭之僑撰　清乾隆九年(1744)鄭氏述堂刻本　十二冊

440000－2541－0002573　2802
六經圖二十四卷附各經源流　(清)鄭之僑撰　清乾隆九年(1744)鄭氏述堂刻本　十冊　存二十卷(五至二十四)

440000－2541－0002574　2803
六經圖二十四卷附各經源流　(清)鄭之僑撰　清乾隆九年(1744)鄭氏述堂刻本　十二冊

440000－2541－0002575　2804
九經古義十六卷　(清)惠棟撰　清乾隆潮陽縣署刻本　三冊　存十二卷(一至十二)

440000－2541－0002576　2805
春秋左傳補註六卷　(清)惠棟撰　清乾隆三十七年(1772)胡亦常刻張錦芳續刻本　二冊

440000－2541－0002577　2806
左傳統箋三十五卷　(清)姜希轍撰　清康熙刻本　八冊

440000－2541－0002578　2807
新加九經字樣一卷　(唐)唐玄度撰　清乾隆五年(1740)祁門馬曰璐刻本　一冊

440000－2541－0002579　2808
古經解鉤沈三十卷　(清)余蕭客撰　清乾隆六十年(1795)刻本　十冊

440000－2541－0002580　2809

經言廣翼十卷圖考略一卷　（明）黄焜撰　明刻本　十册

440000－2541－0002581　2810

尚書古文疏證八卷　（清）閻若璩撰　**朱子古文書疑一卷**　（清）閻詠輯　清乾隆十年(1745)眷西堂刻本　八册

440000－2541－0002582　2811

毛詩名物圖説九卷　（清）徐鼎輯　清乾隆三十六年(1771)刻本　二册

440000－2541－0002583　2812

毛詩名物圖説九卷　（清）徐鼎輯　清乾隆三十六年(1771)刻本　二册

440000－2541－0002584　2813

詩經闡註八卷　（清）浦泰撰　清乾隆八年(1743)婁東浦氏尚論堂刻本　四册

440000－2541－0002585　2814

詩經庭訓便覽五卷　（清）潘炳綱輯　清乾隆五十九年(1794)刻本　二册

440000－2541－0002586　2815

陸堂詩學十二卷讀詩總論一卷　（清）陸奎勳撰　清康熙五十三年(1714)陸氏小瀛山閣刻陸堂經學叢書本　六册

440000－2541－0002587　2816

御批資治通鑑綱目全書一百九卷　（宋）朱熹撰　（清）聖祖玄燁批　清康熙四十六年(1707)内府刻本　八册　存十卷（三十九至四十八）

440000－2541－0002588　2818

虞東學詩十二卷首一卷　（清）顧鎮撰　清乾隆三十三年(1768)顧氏誦芬室刻道光十年(1830)印本　十二册

440000－2541－0002589　2819

禹貢錐指二十卷圖一卷　（清）胡渭撰　清康熙四十年(1701)漱六軒刻本　八册

440000－2541－0002590　2820

禹貢錐指二十卷圖一卷　（清）胡渭撰　清康熙四十年(1701)漱六軒刻本　八册

440000－2541－0002591　2821

禹貢會箋十二卷總目一卷圖一卷　（清）徐文靖撰　清乾隆刻同治印本　三册

440000－2541－0002592　2822

禹貢彙覽四卷總論一卷　（清）夏之芳撰　清乾隆刻本　四册

440000－2541－0002593　2823

尚書離句六卷　（清）錢在培撰　清康熙刻本　一册　存三卷（一至三）

440000－2541－0002594　2824

尚書集注音疏十二卷末一卷外編一卷　（清）江聲撰　清乾隆五十八年(1793)刻本　三册　存六卷（一至四、九至十）

440000－2541－0002595　2825

易堂問目四卷　（清）吴鼎輯　清乾隆三十七年(1772)鄒容成刻本　二册

440000－2541－0002596　2826

易堂問目四卷　（清）吴鼎輯　清乾隆三十七年(1772)鄒容成刻本　四册

440000－2541－0002597　2827

楚蒙山房禹貢解八卷　（清）晏斯盛撰　清乾隆刻新喻晏氏楚蒙山房集本　四册

440000－2541－0002598　2828

禹貢圖註一卷　（明）艾南英撰　明末刻本　一册

440000－2541－0002599　2829

禹貢注節讀一卷禹貢圖説一卷　（清）馬俊良撰　清乾隆端溪書院刻本　二册

440000－2541－0002600　2830

才調集十卷　（五代）韋縠輯　（清）馮班（清）馮舒評點　清康熙四十三年(1704)新安汪氏垂雲堂刻宛委堂印本　五册

440000－2541－0002601　2831

書經纂言四卷　（元）吴澄撰　清乾隆二十一年(1756)家刻本　四册

440000－2541－0002602　2832
書經纂言四卷　(元)吳澄撰　清乾隆二十一年(1756)家刻本　一冊　存三卷(一至三)

440000－2541－0002603　2833
石經考異二卷　(清)杭世駿撰　清乾隆杭賓仁羊城刻杭大宗七種叢書本　一冊

440000－2541－0002604　2834
[康熙]開封府志四十卷　(清)管竭忠修　(清)張沐纂　清康熙三十四年(1695)刻本(有圖表)　二十冊

440000－2541－0002605　2835
[乾隆]孟縣志十卷　(清)仇汝瑚修　(清)馮敏昌纂　清乾隆五十五年(1790)刻本(有圖)　十冊

440000－2541－0002606　2836
[乾隆]孟縣志十卷　(清)仇汝瑚修　(清)馮敏昌纂　清乾隆五十五年(1790)刻本(有圖)　十七冊

440000－2541－0002607　2837
[乾隆]湯陰縣志十卷　(清)楊世達纂修　清乾隆三年(1738)刻本(有圖)　三冊　存八卷(一至三、六至十)

440000－2541－0002608　2838
[乾隆]裕州志六卷　(清)董學禮纂修　(清)宋名立續修　清康熙五十五年(1716)刻乾隆五年(1740)增刻本(有圖)　三冊

440000－2541－0002609　2839
[順治]淇縣志十卷　(清)王謙吉　(清)王南國修　(清)白龍躍等纂　清順治十七年(1660)刻本(有圖)　二冊

440000－2541－0002610　2840
[乾隆]續河南通志八十卷首四卷　(清)阿思哈　(清)嵩貴纂修　清乾隆三十二年(1767)刻光緒補刻民國三年(1914)河南教育司重印本(有圖表)　十冊

440000－2541－0002611　2841
[乾隆]杞縣志二十四卷圖一卷　(清)周璣修　(清)朱璿纂　清乾隆五十三年(1788)刻本(有圖)　十二冊

440000－2541－0002612　2842
[乾隆]榮澤縣志十四卷圖一卷　(清)崔淇修　(清)王博　(清)李維墧纂　清乾隆十三年(1748)刻本(有圖)　四冊

440000－2541－0002613　2843
[乾隆]濟源縣志十六卷首一卷末一卷　(清)蕭應植修　(清)沈樗莊纂　清乾隆二十六年(1761)刻本(有圖表)　六冊

440000－2541－0002614　2844
[康熙]汝陽縣志十卷　(清)邱天英修　(清)李根茂纂　清康熙二十九年(1690)刻本　十冊

440000－2541－0002615　2845
[乾隆]陽武縣志十二卷　(清)談諟曾修　(清)楊仲震纂　清乾隆十年(1745)刻本(有圖)　六冊

440000－2541－0002616　2846
[乾隆]登封縣志三十二卷　(清)陸繼萼修　(清)洪亮吉纂　清乾隆五十二年(1787)刻本(有圖表)　十二冊

440000－2541－0002617　2847
[康熙]內鄉縣志十二卷圖一卷　(清)竇鼎望修　(清)高佑釲纂　(清)張福永增修　清康熙三十二年(1693)刻五十一年(1712)增刻本(有圖)　十二冊

440000－2541－0002618　2848
[乾隆]新野縣志九卷首一卷　(清)徐金位纂修　清乾隆十九年(1754)刻本(有圖)　六冊

440000－2541－0002619　2849
[乾隆]滎陽縣志十二卷　(清)李煦修　(清)李清纂　清乾隆十二年(1747)刻本(有圖)　八冊

440000－2541－0002620　2850
[乾隆]獲嘉縣志十六卷首一卷　(清)吳喬齡修　(清)李棟纂　清乾隆二十一年(1756)刻

本(有圖表)　六冊

440000－2541－0002621　2851
[乾隆]新鄉縣志三十四卷首一卷　(清)趙開元修　(清)暢俊纂　清乾隆十二年(1747)刻本(有圖表)　十六冊

440000－2541－0002622　2852
[乾隆]湖州府志四十八卷首一卷　(清)李堂纂修　清乾隆二十三年(1758)刻本(有圖表)　二十四冊

440000－2541－0002623　2853
[乾隆]福建續志九十二卷首一卷　(清)楊廷璋等修　(清)沈廷芳　(清)吳嗣富纂　清乾隆三十三年(1768)刻本(有圖表)　三十冊

440000－2541－0002624　2854
[乾隆]福建續志九十二卷首一卷　(清)楊廷璋等修　(清)沈廷芳　(清)吳嗣富纂　清乾隆三十三年(1768)刻本(有圖表)　六十八冊

440000－2541－0002625　2855
[康熙]西平縣志十卷　(清)沈棻纂修　(清)李弘植續修　清康熙九年(1670)刻三十一年(1692)續刻本(有圖)　四冊

440000－2541－0002626　2856
[乾隆]重修固始縣志二十六卷首一卷　(清)謝聘修　(清)洪亮吉纂　清乾隆五十一年(1786)刻本(有圖表)　十六冊

440000－2541－0002627　2857
[乾隆]永春州志十六卷首一卷　(清)鄭一崧修　(清)顏璹等纂　清乾隆五十二年(1787)刻本(有圖表)　十二冊

440000－2541－0002628　2858
[雍正]江西通志一百六十二卷首三卷　(清)謝旻等修　(清)陶成　(清)惲鶴生纂　清雍正十年(1732)刻本(有圖表)　六十冊　存一百五十六卷(一至五十、五十五至七十四、八十至一百六十二,首三卷)

440000－2541－0002629　2859
[乾隆]嚴州府志三十五卷首一卷　(清)吳士進修　(清)胡書源等纂　清乾隆二十一年(1756)刻本(有圖)　十六冊

440000－2541－0002630　2860
[康熙]衢州府志四十卷首一卷　(清)楊廷望纂修　清康熙五十年(1711)刻本(有圖表)　十二冊

440000－2541－0002631　2861
[乾隆]紹興府志八十卷首一卷　(清)李亨特修　(清)平恕　(清)徐嵩纂　清乾隆五十七年(1792)刻本(有圖表)　四十六冊

440000－2541－0002632　2862
歷代帝系年號考二十卷　(清)劉宗魏撰　清乾隆二十八年(1763)刻本　六冊

440000－2541－0002633　2863
[康熙]建昌縣志十一卷　(清)李道泰修　(清)袁懋芹纂　清康熙十四年(1675)刻本　六冊(有圖)　存十卷(一至十)

440000－2541－0002634　2864
[乾隆]彭澤縣志十六卷　(清)吳會川修　(清)何炳奎纂　清乾隆二十一年(1756)刻本(有圖表)　十六冊

440000－2541－0002635　2865
[康熙]太平縣志八卷　(清)曹文埏修　(清)林槐等纂　清康熙二十二年(1683)刻本(有圖)　二冊

440000－2541－0002636　2866
[乾隆]餘姚志四十卷　(清)唐若瀛修　(清)邵晉涵纂　清乾隆四十六年(1781)刻本(有圖表)　八冊

440000－2541－0002637　2867
[乾隆]象山縣志十二卷　(清)史鳴皋修　(清)姜炳璋　(清)冒春榮纂　清乾隆二十三年(1758)刻本(有圖)　十二冊

440000－2541－0002638　2868
[康熙]臨海縣志十五卷首一卷　(清)洪若皋纂修　清康熙二十二年(1683)刻同治印本　八冊

440000－2541－0002639　2869
[乾隆]湖南通志一百七十四卷首一卷　(清)陳弘謀等修　(清)范咸　(清)歐陽正煥纂　清乾隆二十二年(1757)刻本(有圖表)　六十四冊

440000－2541－0002640　2870
[康熙]山陰縣志三十八卷　(清)高登先等纂修　清康熙刻雍正二年(1724)丁弘、魯曾煜增刻本(有圖)　十六冊

440000－2541－0002641　2871
[雍正]慈溪縣志十六卷　(清)楊正筍修　(清)馮鴻模等纂　清雍正八年(1730)刻乾隆三年(1738)許炳增刻本(有圖表)　八冊

440000－2541－0002642　2872
乾隆淳安縣志十六卷首一卷　(清)劉世寧修　(清)方桑如纂　清乾隆二十一年(1756)刻道光二十四年(1844)補刻本(有圖表)　九冊　存十四卷(一、四至十六)

440000－2541－0002643　2873
[乾隆]臨安縣志四卷　(清)趙民洽修　(清)許琳纂　清乾隆二十四年(1759)刻本(有圖)　十冊

440000－2541－0002644　2874
[乾隆]襄陽府志四十卷圖一卷　(清)陳鍔纂修　清乾隆二十五年(1760)刻本(有圖表)　十六冊

440000－2541－0002645　2875
江西考古錄十卷　(清)王謨撰　清乾隆三十二年(1767)刻本　六冊

440000－2541－0002646　2876
讀書敏求記四卷　(清)錢曾撰　清乾隆十年(1745)沈尚傑雙桂草堂刻本　清邵震亨跋　六冊

440000－2541－0002647　2877
幽貞錄二卷首一卷　(清)孫霖輯　清康熙六十年(1721)刻本　八冊

440000－2541－0002648　2879
龍虎山志十六卷　(清)婁近垣纂　清乾隆五年(1740)刻本　四冊

440000－2541－0002649　2880
攝山志八卷首一卷　(清)陳毅纂　清乾隆五十五年(1790)蘇州府署刻本　四冊

440000－2541－0002650　2881
杜律通解四卷　(唐)杜甫撰　(清)李文煒箋釋　清乾隆七年(1742)刻本　四冊

440000－2541－0002651　2882
增訂漢魏叢書八十六種　(清)王謨編　清乾隆五十六年(1791)金谿王氏刻本　四十一冊　存四十六種

440000－2541－0002652　2883
金薤琳琅二十卷　(明)都穆撰　**補遺一卷**　(清)宋振譽撰　清乾隆四十三年(1778)汪荻洲刻本　四冊

440000－2541－0002653　2884
蒙齋[田雯]年譜一卷續一卷補一卷生志一卷　(清)田雯撰　(清)田肇麗增補　清康熙至乾隆刻德州田氏叢書本　一冊

440000－2541－0002654　2885
琴史六卷　(宋)朱長文撰　清康熙四十五年(1706)揚州詩局刻楝亭藏書十二種本　一冊

440000－2541－0002655　2886
宋本韓柳二先生年譜八卷　(清)馬曰琯編　清雍正七年(1729)馬氏小玲瓏山館刻本　三冊

440000－2541－0002656　2888
敦武關侯祀典表忠錄一卷　(明)區龍禎等輯　明萬曆南海關氏刻崇禎增刻本　一冊

440000－2541－0002657　2890
南海普陀山志十五卷首一卷　(清)朱謹　(清)陳璿　(清)裘璉等纂　清康熙四十四年(1705)刻本　四冊

440000－2541－0002658　2891
南海普陀山志十五卷首一卷　(清)朱謹　(清)陳璿　(清)裘璉等纂　清康熙四十四年

(1705)刻重修本　四册

440000－2541－0002659　2892
重修南海普陀山志二十卷首一卷　(清)許琰纂　清乾隆刻本　四册

440000－2541－0002660　2893
南嶽志八卷　(清)高自位纂　清乾隆刻本　六册

440000－2541－0002661　2894
南嶽志八卷　(清)高自位纂　清乾隆刻本　八册

440000－2541－0002662　2895
南嶽志八卷　(清)高自位纂　清乾隆刻本　六册

440000－2541－0002663　2896
清涼山志十卷　(明)釋鎮澄纂　(清)釋眼文等重纂　清乾隆二十年(1755)刻光緒十三年(1887)重修本　四册

440000－2541－0002664　2897
欽定清涼山志二十二卷　(清)□□纂　清刻本　四册　存十九卷(一至十九)

440000－2541－0002665　2898
東野志二卷　(明)呂化舜輯　(清)孔衍治增輯　(清)東野沛然續訂　清康熙刻乾隆、嘉慶、道光增刻本　八册

440000－2541－0002666　2899
說嵩三十二卷例目一卷　(清)景日昣撰　清康熙嶽生堂刻本　十册

440000－2541－0002667　2900
說嵩三十二卷例目一卷　(清)景日昣撰　清康熙嶽生堂刻本　十二册　存二十二卷(一至二十二)

440000－2541－0002668　2901
李太白文集三十六卷　(唐)李白撰　(清)王琦輯注　清乾隆二十三年(1758)寶笏樓刻二十五年(1760)增刻本　十四册

440000－2541－0002669　2902
湘山志五卷　(清)徐泌　(清)謝允復纂修　清康熙二十一年(1682)刻本　五册

440000－2541－0002670　2903
潔菴選義林逐國全書五卷土木案一卷劉子文選一卷　(清)劉九嶷撰　清康熙二十四年(1685)刻本　四册　存四卷(一至四)

440000－2541－0002671　2904
山志六卷　(清)王弘撰撰　清康熙刻本　二册

440000－2541－0002672　2907
明進士題名碑錄不分卷　(□)□□輯　清雍正刻本　八册

440000－2541－0002673　2908
廣雁蕩山志二十八卷圖一卷末一卷　(清)曾唯纂　清乾隆五十五年(1790)刻嘉慶十三年(1808)增刻同治八年(1869)補刻本　八册

440000－2541－0002674　2909
廣雁蕩山志二十八卷圖一卷末一卷　(清)曾唯纂　清乾隆五十五年(1790)刻嘉慶十三年(1808)增刻同治八年(1869)補刻本　四册

440000－2541－0002675　2910
雪峰志十卷　(明)徐𤊹纂　(清)賴亨侯重訂　清乾隆十九年(1754)刻本　六册

440000－2541－0002676　2911
大嶽太和山紀略八卷　(清)王槩等纂　清乾隆九年(1744)刻本　六册

440000－2541－0002677　2912
大嶽太和山紀略八卷　(清)王槩等纂　清乾隆九年(1744)刻本　八册

440000－2541－0002678　2913
虎丘山志十卷　(清)顧湄撰　清康熙刻本(卷十抄配)　四册

440000－2541－0002679　2914
虎邱山志二十四卷　(清)顧詒祿等纂　清乾隆刻本　四册

440000－2541－0002680　2915
盤山志十卷補遺四卷　(清)釋智朴纂　清康熙三十五年(1696)刻本　十册

440000－2541－0002681　2916
盤山志十六卷首五卷　(清)蔣溥等纂修　清乾隆二十年(1755)武英殿刻本　十冊

440000－2541－0002682　2917
盤山志十六卷首五卷　(清)蔣溥等纂修　清乾隆二十年(1755)武英殿刻本　十冊

440000－2541－0002683　2918
武夷山志二十四卷首一卷　(清)董天工纂　清乾隆十六年(1751)董氏刻本　八冊　存十九卷(一至四、十一至二十四,首一卷)

440000－2541－0002684　2919
武夷志略四卷　(明)徐表然纂　明萬曆四十七年(1619)崇安孫世昌刻清重修本　四冊

440000－2541－0002685　2920
武夷志略四卷　(明)徐表然纂　明萬曆四十七年(1619)崇安孫世昌刻清重修本　三冊　存二卷(一文集部分、二行集)

440000－2541－0002686　2921
華嶽志十二卷首一卷　(清)姚遠翿等纂　清乾隆二十七年(1762)刻本　十冊

440000－2541－0002687　2922
羅浮山志會編二十二卷圖說一卷　(清)宋廣業纂　清康熙五十五年(1716)刻本　十冊

440000－2541－0002688　2923
羅浮山志會編二十二卷圖說一卷　(清)宋廣業纂　清康熙五十五年(1716)刻本　十冊

440000－2541－0002689　2924
泰山小史一卷　(明)蕭協中撰　清乾隆五十四年(1789)宋思仁刻本　一冊

440000－2541－0002690　2925
御覽孤山志一卷　(清)王復禮撰　清康熙五十八年(1719)陸廷燦刻本　二冊

440000－2541－0002691　2926
恒山志五集　(清)桂敬順纂　清刻本　六冊

440000－2541－0002692　2927
黃山志定本七卷圖一卷　(清)閔麟嗣纂　清康熙刻本　五冊　存五卷(二至五、七)

440000－2541－0002693　2928
龍井見聞錄十卷宋僧元淨外傳一卷　(清)汪孟鋗輯　清乾隆刻本　四冊

440000－2541－0002694　2929
龍井見聞錄十卷宋僧元淨外傳一卷　(清)汪孟鋗輯　清乾隆刻本　四冊

440000－2541－0002695　2930
九州山水考三卷　(清)孫承澤撰　清刻本　一冊

440000－2541－0002696　2931
水經注四十卷　題(漢)桑欽撰　(北魏)酈道元注　清康熙五十三年至五十四年(1714－1715)項絪羣玉書堂刻本　六冊　存十七卷(一至十四、二十四至二十六)

440000－2541－0002697　2932
水經注四十卷　題(漢)桑欽撰　(北魏)酈道元注　清乾隆十八年(1753)黃晟槐蔭草堂刻本　十四冊

440000－2541－0002698　2933
水經注四十卷　題(漢)桑欽撰　(北魏)酈道元注　清乾隆十八年(1753)黃晟槐蔭草堂刻本　七冊

440000－2541－0002699　2934
水經注四十卷　題(漢)桑欽撰　(北魏)酈道元注　清乾隆十八年(1753)黃晟槐蔭草堂刻本　四冊　存二十二卷(十五至三十六)

440000－2541－0002700　2935
行水金鑑一百七十五卷圖說一卷　(清)傅澤洪撰　清雍正三年(1725)淮陽官舍刻乾隆印本　三十六冊

440000－2541－0002701　2936
八旗通志初集二百五十卷目錄二卷　(清)鄂爾泰等纂　清乾隆四年(1739)武英殿刻本　八十冊

440000－2541－0002702　2937
[乾隆]南澳志十二卷　(清)齊翀纂修　清乾隆四十八年(1783)刻道光二十一年(1841)增

刻本(有圖) 四冊

440000－2541－0002703 2938
[乾隆]南澳志十二卷 (清)齊翀纂修 清乾隆四十八年(1783)刻道光二十一年(1841)增刻本(有圖) 四冊

440000－2541－0002704 2939
學統五十六卷 (清)熊賜履撰 清康熙二十四年(1685)熊氏下學堂刻本 十冊

440000－2541－0002705 2940
學統五十六卷 (清)熊賜履撰 清康熙二十四年(1685)熊氏下學堂刻本 三十二冊

440000－2541－0002706 2941
[乾隆]雅州府志十六卷 (清)曹掄彬等修 (清)曹掄翰等纂 清乾隆四年(1739)刻嘉慶十六年(1811)補刻本(有圖) 九冊 存十卷(一、三、五至六、十至十三、十五至十六)

440000－2541－0002707 2942
古今治統二十卷 (明)徐奮鵬撰 清雍正槐柳齋刻本 八冊

440000－2541－0002708 2943
[乾隆]清泉縣志三十六卷首一卷 (清)江恂纂修 清乾隆二十八年(1763)刻本(有圖表) 十冊

440000－2541－0002709 2944
[乾隆]陸豐縣志十二卷 (清)王之正等修 (清)沈展才等纂 清乾隆十年(1745)刻本(有圖表) 四冊

440000－2541－0002710 2945
水經注釋四十卷首一卷附錄二卷水經注箋刊誤十二卷 (清)趙一清撰 清乾隆五十一年(1786)仁和趙氏小山堂刻五十九年(1794)重修本 十六冊

440000－2541－0002711 2946
[乾隆]揭陽縣志八卷首一卷 (清)劉業勤修 (清)凌魚纂 清乾隆四十四年(1779)刻本(有圖) 八冊

440000－2541－0002712 2947
[乾隆]歸善縣志十八卷首一卷 (清)章壽彭修 (清)陸飛纂 **[康熙]歸善縣志事紀二卷** (清)連國柱撰 清乾隆四十八年(1783)刻光緒十三年(1887)增刻本(有圖) 六冊

440000－2541－0002713 2948
[乾隆]歸善縣志十八卷首一卷 (清)章壽彭修 (清)陸飛纂 **[康熙]歸善縣志事紀二卷** (清)連國柱撰 清乾隆四十八年(1783)刻本(有圖) 十冊

440000－2541－0002714 2949
[乾隆]普寧縣志十卷首一卷 (清)蕭麟趾修 (清)梅奕紹纂 清乾隆十年(1745)刻本(有圖) 八冊

440000－2541－0002715 2950
慈溪黃氏日抄分類九十七卷古今紀要十九卷 (宋)黃震撰 清乾隆三十二年(1767)新安汪佩鍔刻本(日抄卷八十一、八十九、九十二未刻) 三十四冊

440000－2541－0002716 2951
[康熙]韶州府志十八卷圖一卷 (清)唐宗堯修 (清)秦嗣美纂 清康熙二十六年(1687)刻本(有圖) 十八冊

440000－2541－0002717 2952
[雍正]羅定州志六卷首一卷 (清)王植纂修 清雍正九年(1731)刻本(有圖表) 十二冊

440000－2541－0002718 2953
梅花草庵收藏金石文字不分卷 (清)丁彥臣藏 (清)張秩山拓 (清)方濬益考釋 清咸豐至同治拓印剪貼本 清方濬益跋 容庚跋 一冊

440000－2541－0002719 2957
宋朱晦庵先生名臣言行錄前集十卷後集十四卷 (宋)朱熹輯 **續集八卷別集十三卷外集十七卷** (宋)李幼武輯 明崇禎十一年(1638)張采刻本 二十四冊

440000－2541－0002720 2958
宋朱晦庵先生名臣言行錄前集十卷後集十四卷 (宋)朱熹輯 **續集八卷別集十三卷外集**

十七卷 (宋)李幼武輯 明崇禎十一年(1638)張采刻本 十八册 存五十六卷(前集三至十、後集十四卷、續集八卷、别集四下至十三、外集一至十六)

440000－2541－0002721 2959
[乾隆]洵陽縣志十四卷首一卷 (清)鄧夢琴纂修 清乾隆四十八年(1783)刻同治九年(1870)、光緒十二年(1886)增刻本(有圖表) 八册

440000－2541－0002722 2960
竹雲題跋四卷虚舟題跋十卷虚舟題跋補原三卷 (清)王澍撰 清乾隆五十三年(1788)溫純墨妙樓刻本 六册

440000－2541－0002723 2961
觀妙齋藏金石文考略十六卷 (清)李光暎撰 清雍正刻道光十七年(1837)盛堈拜石山房印本 六册

440000－2541－0002724 2962
文獻通考鈔二十四卷 (元)馬端臨撰 (清)史以遇輯 **續文獻通考鈔三十卷** (明)王圻撰 (清)史以甲輯 清康熙二年(1663)史氏美延堂刻本 十册 存三十卷(續文獻通考鈔三十卷)

440000－2541－0002725 2963
西湖志四十八卷 (清)李衛等修 (清)傅王露等纂 清雍正十二年(1734)刻本 二十四册

440000－2541－0002726 2964
西湖志四十八卷 (清)李衛等修 (清)傅王露等纂 清雍正十二年(1734)刻本 二十册

440000－2541－0002727 2965
太湖備考十六卷首一卷湖程紀略一卷 (清)金友理纂 清乾隆金氏藝蘭圃刻本 十六册 存十七卷(太湖備考十六卷、首一卷)

440000－2541－0002728 2966
漢名臣言行錄十二卷 (清)夏之芳輯 清乾隆十七年(1752)積翠軒刻本 七册 存十一卷(一至三、五至十二)

440000－2541－0002729 2967
宸垣識略十六卷 (清)吳長元撰 清乾隆五十三年(1788)池北草堂刻本 八册

440000－2541－0002730 2968
金石錄三十卷 (宋)趙明誠撰 清乾隆二十七年(1762)德州盧見曾刻本 六册

440000－2541－0002731 2969
續高士傳五卷 (清)高兆撰 清康熙遺安草堂刻本 四册

440000－2541－0002732 2970
穆堂初稿五十卷 (清)李紱撰 清乾隆五年(1740)王恕無怒軒刻本 八册

440000－2541－0002733 2971
五朝詩别裁集八十一卷 (清)沈德潛選 清乾隆刻本 九册

440000－2541－0002734 2972
重定金石契五卷續一卷附錄一卷 (清)張燕昌撰 劉世珩增補 清乾隆三十六年(1771)刻劉世珩增補本 四册 存五卷(二至五、續一卷)

440000－2541－0002735 2973
重定金石契五卷續一卷附錄一卷 (清)張燕昌撰 劉世珩增補 清乾隆三十六年(1771)刻劉世珩增補朱印本 一册 存一卷(四)

440000－2541－0002736 2974
文獻通考紀要二卷 (清)□□撰 清乾隆采潤堂刻本 四册

440000－2541－0002737 2975
歷代名賢齒譜九卷名媛齒譜三卷 (清)易宗涒輯 清雍正三年(1725)易氏刻乾隆六十年(1795)續刻本 二十册

440000－2541－0002738 2976
歷代名賢齒譜九卷名媛齒譜三卷 (清)易宗涒輯 清雍正三年(1725)易氏刻乾隆六十年(1795)續刻本 十八册

440000－2541－0002739 2977
歷代名媛齒譜三卷 (清)易宗涒輯 清乾隆

六十年(1795)易昌騰刻本　二册

440000－2541－0002740　2978

泊如齋重修宣和博古圖録三十卷　(宋)王黼等撰　明萬曆十六年(1588)泊如齋刻本　三十册

440000－2541－0002741　2979

徐孝穆全集六卷　(南朝陳)徐陵撰　(清)吳兆宜箋注　**備考一卷**　(清)徐文炳輯　清初揚州藝古堂刻本　二册

440000－2541－0002742　2980

[乾隆]貴州通志四十六卷首一卷　(清)鄂爾泰　(清)張廣泗修　(清)靖道謨　(清)杜詮纂　清乾隆六年(1741)刻本(有圖)　四十册

440000－2541－0002743　2981

[乾隆]辰州府志五十卷首一卷　(清)席紹葆　(清)畢本恕修　(清)謝鳴謙　(清)謝鳴盛纂　清乾隆三十年(1765)刻本(有圖表)　二十四册

440000－2541－0002744　2982

[乾隆]汾陽縣志十四卷首一卷　(清)李文起修　(清)戴震纂　清乾隆三十七年(1772)刻本(有圖)　八册

440000－2541－0002745　2983

西湖覽勝詩志八卷首一卷　(清)夏基纂　清順治十二年(1655)刻乾隆三十七年(1772)錢塘陳愷重修本　六册

440000－2541－0002746　2984

西湖志纂十五卷首一卷　(清)沈德潛　(清)傅王露輯　(清)梁詩正纂　清乾隆二十年(1755)賜經堂刻二十七年(1762)增刻本　五册

440000－2541－0002747　2985

西湖志纂十五卷首一卷　(清)沈德潛　(清)傅王露輯　(清)梁詩正纂　清乾隆二十年(1755)賜經堂刻二十七年(1762)增刻本　六册

440000－2541－0002748　2986

[乾隆]海豐縣志十卷附録一卷　(清)于卜熊修　(清)史本纂　清乾隆十五年(1750)刻道光二十一年(1841)補刻本(有圖)　四册

440000－2541－0002749　2988

[康熙]永安縣次志十七卷　(清)張進籙纂修　清康熙二十六年(1687)刻乾隆印本(有圖)　二册　存十六卷(一至四、六至十七)

440000－2541－0002750　2989

[乾隆]博羅縣志十四卷　(清)陳裔虞纂修　清乾隆二十八年(1763)刻本(有圖表)　六册

440000－2541－0002751　2990

新刊性理大全八卷　(宋)周敦頤撰　(宋)朱熹注　**性理體注訓解標**　題(清)張道升　(清)仇廷桂纂輯　(清)吕從律增訂　清康熙刻本　六册

440000－2541－0002752　2992

毛孺初先生評選即山集六卷　(明)沈承撰　**悼亡詩一卷**　(明)薄少君撰　明天啓六年(1626)毛一鷺刻本　五册

440000－2541－0002753　2993

翠琅玕館叢書四集五十一種　(清)馮兆年編　清光緒羊城馮氏刻本　容庚批校并跋　一册　存第一集十種

440000－2541－0002754　2994

泊如齋重修宣和博古圖録三十卷　(宋)王黼等撰　明萬曆十六年(1588)泊如齋刻立本堂印本　十册

440000－2541－0002755　2995

歷代鐘鼎彝器款識法帖二十卷　(宋)薛尚功撰　**札記一卷**　劉世珩撰　清光緒二十九年(1903)劉世珩玉海堂武昌刻本　容庚批校并跋　四册

440000－2541－0002756　2996

積古齋鐘鼎彝器款識十卷　(清)阮元　(清)朱爲弼撰　清嘉慶九年(1804)阮氏刻本　容庚録清翁樹培、葉志銑、龔橙、吳大澂、潘祖蔭校并跋　四册

440000－2541－0002757　2997
歲華紀麗四卷　(唐)韓鄂撰　清康熙三十年(1691)高士奇刻本　二册

440000－2541－0002758　2999
唐詩直解七卷首一卷　(明)李攀龍輯　(明)蔣一葵箋釋　(明)鍾惺批評　(明)葉羲昂直解並續補　清乾隆四十九年(1784)刻本　二册　存四卷(一至四)

440000－2541－0002759　3000
揚州畫舫録十八卷　(清)李斗撰　清乾隆六十年(1795)自然盦刻本　陳方恪跋　八册

440000－2541－0002760　3001
揚州畫舫録十八卷　(清)李斗撰　清乾隆六十年(1795)自然盦刻同治十一年(1872)印本　八册

440000－2541－0002761　3003
墨妙樓銕筆一卷　(清)溫純篆　清乾隆鈐印本　一册

440000－2541－0002762　3004
神明境二卷　(清)王南珍輯　清乾隆十九年(1754)王氏刻本　二册

440000－2541－0002763　3010
紹興内府古器評二卷　(宋)張掄撰　明崇禎虞山毛氏汲古閣刻津逮祕書本　二册

440000－2541－0002764　3011
偃師金石遺文記二卷　(清)武億撰　清乾隆五十三年(1788)偃師武氏小石山房刻本　容庚批注　二册

440000－2541－0002765　3012
明進士題名碑錄不分卷　(□)□□輯　清雍正刻本　八册

440000－2541－0002766　3013
明進士題名碑錄不分卷　(□)□□輯　清雍正刻本　二册　存明成化丙戌至丁未科、弘治庚戌至乙丑科、萬曆甲戌至己未科

440000－2541－0002767　3015
杜詩詳注二十五卷首一卷附編二卷　(唐)杜甫撰　(清)仇兆鰲輯注　清康熙刻本　三册　存四卷(十三至十四、二十至二十一)

440000－2541－0002768　3016
秦漢瓦圖記四卷補遺一卷　(清)朱楓撰　清乾隆三十二年(1767)朱氏刻本　一册

440000－2541－0002769　3017
選錢齋筆記十五卷　(清)吳鈞撰　清抄本　王貴忱校并跋　一册　存八卷(一至八)

440000－2541－0002770　3018
宋東京考二十卷　(清)周城撰　清乾隆刻本　四册

440000－2541－0002771　3019
粵東金石略九卷首一卷九曜石考二卷　(清)翁方綱撰　清乾隆三十六年(1771)大興翁氏石洲草堂刻蘇齋叢書本　二册

440000－2541－0002772　3020
集古録十卷　(宋)歐陽修撰　清四留堂刻本　四册

440000－2541－0002773　3021
集古録十卷　(宋)歐陽修撰　清四留堂刻本　四册

440000－2541－0002774　3022
中州金石考八卷　(清)黄叔璥撰　清乾隆六年(1741)刻本　四册

440000－2541－0002775　3023
宋淳熙敕編古玉圖譜一百卷　(宋)龍大淵等撰　清乾隆四十四年(1779)江春康山草堂刻本　十册

440000－2541－0002776　3024
惠陽山水紀勝二種　(清)吳騫撰　清康熙六十一年(1722)刻本　八册

440000－2541－0002777　3025
[乾隆]大名縣志四十卷首一卷　(清)張維祺修　(清)李棠纂　清乾隆五十四年(1789)刻本(有表)　十四册

440000－2541－0002778　3026
續表忠記八卷　(清)趙吉士撰　(清)盧宜輯

清康熙三十七年(1698)杭州趙氏寄園刻本　八册

440000－2541－0002779　3027
名山勝槩記四十六卷　(明)何鏜輯　(明)慎蒙續輯　(清)盧高　(清)張縉彦　(清)谷應泰補輯　清初刻本　七十八册　存四十四卷(一至十五、十八至四十六)

440000－2541－0002780　3028
函海四十函一百五十二種　(清)李調元編　清乾隆李調元萬卷樓刻本　容庚校補　六册　存三種

440000－2541－0002781　3029
小窗自紀四卷艷紀十四卷清紀五卷別紀四卷　(明)吳從先撰　明萬曆霞漪閣刻本　四册　存四卷(自紀三、艷紀一、別紀一至二)

440000－2541－0002782　3030
越中名勝賦一卷　(清)李壽朋撰　清乾隆四十年(1775)刻本　二册

440000－2541－0002783　3031
東巡金石録六卷　(清)崔應階　(清)梁翥鴻輯　清乾隆刻本　二册

440000－2541－0002784　3032
東巡金石録六卷　(清)崔應階　(清)梁翥鴻輯　清乾隆刻本　二册

440000－2541－0002785　3033
三輔黄圖六卷補遺一卷　(漢)□□撰　(清)畢沅校　清乾隆畢沅靈巖山館刻本　一册

440000－2541－0002786　3034
平山堂圖志十卷首一卷　(清)趙之壁輯　清乾隆三十年(1765)刻本　二册　存一卷(首一卷)

440000－2541－0002787　3035
靳文襄公治河方略十卷首一卷　(清)靳輔撰　(清)崔應階輯　清乾隆三十二年(1767)聽泉齋刻本　八册

440000－2541－0002788　3036
靳文襄公治河方略十卷首一卷　(清)靳輔撰　(清)崔應階輯　清乾隆三十二年(1767)聽泉齋刻本　八册

440000－2541－0002789　3037
綱鑑會編九十八卷歷代統系表略三卷歷代官制考略二卷歷代郡國考略三卷　(清)葉澐輯　清康熙四十二年(1703)刻本　五册　存八卷(歷代統系表略三卷、歷代官制考略二卷、歷代郡國考略三卷)

440000－2541－0002790　3038
蘭亭志十一卷首一卷　(清)吳高增輯　清乾隆十七年(1752)刻本　四册

440000－2541－0002791　3039
寒山金石林部目一卷　(明)趙均撰　清宣統元年(1909)番禺沈氏刻晨風閣叢書本　容庚校并跋　一册

440000－2541－0002792　3040
賴古堂印譜四卷　(清)周亮工輯　清康熙六年(1667)周氏賴古堂鈐印本　四册

440000－2541－0002793　3041
松巖印譜一卷　(清)聶際茂治印　(清)紀昀藏　清乾隆十八年(1753)河間紀氏閱微草堂鈐印本　一册

440000－2541－0002794　3042
墨妙樓銕筆三卷首一卷　(清)溫純篆　清嘉慶元年(1796)鈐印本　二册

440000－2541－0002795　3043
王山遺響六卷　(清)張貞生撰　清康熙張世坤、張世坊刻本　六册

440000－2541－0002796　3044
朱子[熹]年譜四卷考異四卷附録二卷　(清)王懋竑撰　清乾隆十七年(1752)高郵王氏白田草堂刻本　四册

440000－2541－0002797　3045
顏山雜記四卷　(清)孫廷銓撰　清康熙刻本　四册

440000－2541－0002798　3046
孫文定公全集六種　(清)孫廷銓撰　清康熙

十七年(1678)師儉堂刻本　三冊

440000－2541－0002799　3047
省軒考古類編十二卷　(清)柴紹炳撰　(清)姚廷謙評　清刻本　六冊

440000－2541－0002800　3048
幸魯盛典四十卷　(清)孔毓圻等纂　清康熙五十年(1711)孔毓圻刻紅萼軒印本　十二冊

440000－2541－0002801　3049
河防一覽十四卷　(明)潘季馴撰　清乾隆十三年(1748)刻本　清佚名批點　二十四冊

440000－2541－0002802　3051
瘞鶴銘考二卷　(清)陳鵬年輯　清康熙刻本　一冊　存一卷(一)

440000－2541－0002803　3052
扈從東巡日錄二卷　(清)高士奇撰　清刻本　一冊

440000－2541－0002804　3053
五朝小說四百六十四種三百六十六卷　(明)□□編　明末刻本　八冊

440000－2541－0002805　3054
呂晚邨先生四書講義四十三卷　(清)呂留良撰　(清)陳鏦輯　清康熙天蓋樓刻本　十冊

440000－2541－0002806　3057
拜經樓叢書三十一種　(清)吳騫編　清乾隆至嘉慶海昌吳氏刻本　二冊　存二種

440000－2541－0002807　3058
和林金石錄一卷詩一卷　(清)李文田撰　**和林考一卷**　(清)黃懋裁撰　清光緒二十三年(1897)元和江氏湖南使院刻靈鶼閣叢書本　容庚錄王國維校跋并題識　一冊

440000－2541－0002808　3059
石鼓文一卷　(清)任兆麟摹並集釋　清乾隆五十三年(1788)同川書院刻本　一冊

440000－2541－0002809　3060
三遷志十二卷　(清)王特選增輯　(清)孟興銧等補輯　清康熙六十一年(1722)刻雍正增刻本　六冊

440000－2541－0002810　3061
三遷志十二卷　(清)王特選增輯　(清)孟興銧等補輯　清康熙六十一年(1722)刻雍正增刻本　四冊

440000－2541－0002811　3062
鄭氏注韓居七種　(清)鄭傑編　清乾隆刻本　二冊　存五種

440000－2541－0002812　3063
東萊北魏石刻考略一卷　題(清)王蘭田撰　清末抄本　容庚批校并跋　一冊

440000－2541－0002813　3064
省軒考古類編十二卷　(清)柴紹炳撰　(清)姚廷謙評　清雍正二年(1724)刻本　一冊　存四卷(九至十二)

440000－2541－0002814　3065
石鼓紀實二卷　(清)李棠撰　清乾隆刻本　容庚校并跋　二冊

440000－2541－0002815　3066
石鼓文正誤四卷　(明)陶滋撰　明嘉靖十二年(1533)刻本　容庚校并跋　二冊

440000－2541－0002816　3067
[康熙]西江志二百六卷圖一卷　(清)白潢修　(清)查慎行等纂　清康熙五十九年(1720)刻本　一冊　存一卷(圖一卷)

440000－2541－0002817　3068
湯睡菴先生歷朝綱鑑全史七十卷首一卷　(明)湯賓尹撰　(明)陳繼儒注　明萬曆刻本　十九冊　存六十九卷(一至六十八、首一卷)

440000－2541－0002818　3070
菉竹堂碑目六卷　(明)葉盛撰　清咸豐四年(1854)南海伍氏刻粵雅堂叢書本　容庚批校並題識　一冊

440000－2541－0002819　3071
石塔碑刻記一卷　(清)林喬蔭撰　**附考一卷**　(清)龔景瀚撰　**唐貞元塔碑文一卷**　(唐)庾承煊撰　清乾隆刻鄭氏注韓居七種本　一

冊

440000－2541－0002820　3072

南中紀聞一卷　（明）包汝楫撰　清乾隆金忠淳硯雲書屋刻硯雲本　一冊

440000－2541－0002821　3073

日涉編十二卷　（明）陳堦輯　（清）白輝補輯　明萬曆三十九年（1611）徐養量刻清康熙六年（1667）白輝康熙二十七年（1688）紀元遞修本　十二冊

440000－2541－0002822　3074

明史稿三百十卷史例議二卷目錄三卷　（清）王鴻緒撰　清雍正九年（1731）王氏敬慎堂刻本　一百冊　存三百十三卷（明史稿三百十卷、目錄三卷）

440000－2541－0002823　3075

羅浮山志會編二十二卷圖說一卷　（清）宋廣業纂　清康熙五十五年（1716）刻本　容肇祖跋　十冊

440000－2541－0002824　3076

史記評林一百三十卷列國分野一卷謚法解一卷諸家總評一卷世系圖一卷地圖一卷三皇本紀一卷　（明）凌稚隆輯　（明）黃長吉重輯　明末刻本　二十冊　存七十卷（一至七十）

440000－2541－0002825　3077

史記評林一百三十卷列國分野一卷謚法解一卷諸家總評一卷世系圖一卷地圖一卷三皇本紀一卷　（明）凌稚隆輯　（明）黃長吉重輯　明末刻本　二十四冊

440000－2541－0002826　3078

資治通鑑綱目五十九卷　（宋）朱熹撰　**續編二十七卷**　（明）商輅撰　（明）陳仁錫輯評　明刻清康熙四十年（1701）王公行續刻本　三十九冊　存三十七卷（資治通鑑綱目三十七至四十、四十二、四十八至五十、五十三至五十九，續編一至十八、二十至二十一、二十四至二十五）

440000－2541－0002827　3079

羅浮山志會編二十二卷圖說一卷　（清）宋廣業纂　清康熙五十五年（1716）刻本　十八冊　存十九卷（四至二十二）

440000－2541－0002828　3080

通志略五十二卷　（宋）鄭樵撰　清乾隆刻本　十一冊　存二十五卷（氏族略六卷、六書略五卷、七音略二卷、天文略二卷、地理略一卷、都邑略一卷、樂略二卷、禮略四卷、謚略二卷）

440000－2541－0002829　3081

［雍正］畿輔通志一百二十卷圖一卷　（清）唐執玉　（清）李衛修　（清）陳儀　（清）田易纂　清雍正十三年（1735）刻本　五十二冊

440000－2541－0002830　3082

淵鑑類函四百五十卷目錄四卷　（清）張英等輯　清康熙四十九年（1710）內府刻本　一百二十冊

440000－2541－0002831　3083

［乾隆］盛京通志四十八卷首一卷　（清）呂耀曾修　（清）魏樞等纂　（清）雷以諴校補　清乾隆元年（1736）刻咸豐二年（1852）重印本（有圖）　十二冊

440000－2541－0002832　3084

［乾隆］盛京通志四十八卷首一卷　（清）呂耀曾修　（清）魏樞等纂　（清）雷以諴校補　清乾隆元年（1736）刻咸豐二年（1852）重印本（有圖）　十二冊

440000－2541－0002833　3085

圖繪寶鑑八卷　（元）夏文彥撰　（明）毛大倫增補　（清）藍瑛　（清）謝彬續補　清康熙二十二年（1683）借綠草堂刻本　四冊

440000－2541－0002834　3086

字學心傳一卷筆法源流一卷　（明）高松撰　清雍正五年（1727）程士任課花書屋刻本　二冊

440000－2541－0002835　3087

李太白文集三十六卷　（唐）李白撰　（清）王琦輯注　清乾隆刻本　九冊　存二十一卷（二至七、十四至二十八）

440000－2541－0002836　3088

唐丞相曲江張文獻公集十二卷附録一卷　(唐)張九齡撰　**千秋金鑑録五卷**　題(唐)張九齡撰　清雍正十三年(1735)張世緯等刻乾隆重修本　四册　存十二卷(唐丞相曲江張文獻公集十二卷)

440000－2541－0002837　3089

增訂漢魏叢書八十六種　(清)王謨編　清乾隆五十六年(1791)金谿王氏刻本　六十六册　存六十七種

440000－2541－0002838　3090

全唐詩九百卷目録十二卷　(清)曹寅等輯　清康熙四十四年至四十六年(1705－1707)揚州詩局刻本　一百十九册　缺第八函第八册:許渾十一卷

440000－2541－0002839　3091

通鑑紀事本末二百三十九卷　(宋)袁樞撰　(明)張溥論正　明末刻清康熙張永錫遞修本　六十四册

440000－2541－0002840　3092

通鑑紀事本末二百三十九卷　(宋)袁樞撰　(明)張溥論正　明末刻清初印本　四十四册　存二百三十三卷(三至八十五、九十至二百三十九)

440000－2541－0002841　3093

檀几叢書一百五十七種　(清)王晫　(清)張潮編　清康熙三十四年至三十六年(1695－1697)新安張氏霞舉堂刻本　十一册　存一百三十九種

440000－2541－0002842　3094

鐵雲藏印初集不分卷續集不分卷　(清)劉鶚輯　清末丹徒劉氏抱殘守缺齋鈐印本　十八册

440000－2541－0002843　3095

檀几叢書一百五十七種　(清)王晫　(清)張潮編　清康熙三十四年至三十六年(1695－1697)新安張氏霞舉堂刻本　八册　存一百三十七種

440000－2541－0002844　3096

通鑑擥要前編十九卷續編八卷附録一卷　(清)姚培謙　(清)張景星輯　清乾隆二十六年(1761)刻本　十八册

440000－2541－0002845　3097

大文堂綱鑑易知録九十二卷　(清)吳乘權等輯　清康熙五十年(1711)吳乘權刻本　四十册　存八十四卷(一至五十二、五十五至六十、六十三至八十一、八十六至九十二)

440000－2541－0002846　3098

後樂堂纂集歷代綱鑑五十四卷　(清)裘陳珮輯　清康熙刻本　二十八册

440000－2541－0002847　3099

歷代名臣奏議三百五十卷　(明)黄淮　(明)楊士奇等輯　(明)張溥刪正　明崇禎刻清聚英堂印本　周連寬跋　八十册

440000－2541－0002848　3100

鼎鍥趙田了凡袁先生編纂古本歷史大方綱鑑補三十九卷首一卷　(明)袁黄輯　明萬曆三十八年(1610)余象斗雙峯堂刻稼史齋印本　十八册　存三十六卷(一至六、九至三十七,首一卷)

440000－2541－0002849　3101

通鑑地理通釋十四卷附通鑑問疑一卷　(宋)王應麟撰　明末古虞毛氏汲古閣刻本　十二册

440000－2541－0002850　3102

綱鑑會編九十八卷歷代統系表略三卷歷代官制考略二卷歷代郡國考略三卷　(清)葉澐輯　清康熙四十二年(1703)刻本　三十九册　存一百二卷(綱鑑會編五至九十八、歷代統系表略三卷、歷代官制考略二卷、歷代郡國考略三卷)

440000－2541－0002851　3103

史懷十七卷　(明)鍾惺撰　(明)陶珽評　明末刻本　十册

440000－2541－0002852　3104

史懷十七卷　(明)鍾惺撰　(明)陶珽評　明

末刻本　八册

440000－2541－0002853　3105
慈溪黃氏日抄分類九十七卷古今紀要十九卷　(宋)黃震撰　清乾隆三十二年(1767)新安汪佩鍔刻本(日抄卷八十一、八十九、九十二未刻)　十册　存十九卷(古今紀要十九卷)

440000－2541－0002854　3106
尚史七十卷李眉山傳一卷　(清)李鍇撰　清乾隆三十八年(1773)悦道樓刻本　二十八册

440000－2541－0002855　3107
[乾隆]杭州府志一百十卷首六卷　(清)鄭澐修　(清)邵齊然纂　清乾隆四十九年(1784)刻本(有圖)　四十册

440000－2541－0002856　3108
史緯三百三十卷首一卷　(清)陳允錫輯　清康熙三十年至三十三年(1691－1694)湖海樓刻本　一百十九册　存三百二十九卷(一至二百十七、二百十九至三百三十)

440000－2541－0002857　3109
十七史商榷一百卷　(清)王鳴盛撰　清乾隆五十二年(1787)刻紫陽書舍印本　二十册

440000－2541－0002858　3110
十七史商榷一百卷　(清)王鳴盛撰　清乾隆五十二年(1787)刻洞涇草堂印本　二十册

440000－2541－0002859　3111
穆堂初稿五十卷　(清)李紱撰　清乾隆五年(1740)王恕無怒軒刻本　十六册

440000－2541－0002860　3112
史通通釋二十卷　(唐)劉知幾撰　(清)浦起龍釋　清乾隆十七年(1752)浦氏求放心齋刻本　十四册

440000－2541－0002861　3113
詞律二十卷　(清)萬樹撰　清康熙二十六年(1687)萬樹堆絮園刻本　十二册

440000－2541－0002862　3114
繹史一百六十卷世系圖一卷年表一卷　(清)馬驌撰　清康熙刻本　四十八册

440000－2541－0002863　3115
[雍正]浙江通志二百八十卷首三卷　(清)李衛修　(清)沈翼機等纂　清乾隆元年(1736)刻本(有圖表)　六十四册

440000－2541－0002864　3116
西魏書二十四卷敘録一卷　(清)謝啟昆撰　清乾隆六十年(1795)南康謝氏樹經堂刻本　八册

440000－2541－0002865　3117
[乾隆]績溪縣志十卷首一卷　(清)蛟陳錫修　(清)趙繼序等纂　清乾隆二十一年(1756)刻本(有圖表)　六册

440000－2541－0002866　3118
前漢書一百卷　(漢)班固撰　(唐)顔師古注　明嘉靖八年至九年(1529－1530)南京國子監刻明清遞修本　清吳廣霈批校并跋　二十四册

440000－2541－0002867　3119
梅里志四卷首一卷　(清)吳存禮撰　清雍正三年(1725)蔡名烜刻本　四册

440000－2541－0002868　3120
南史八十卷　(唐)李延壽撰　明萬曆十六年至十九年(1588－1591)南京國子監刻明清遞修本　十六册　存五十五卷(二十六至八十)

440000－2541－0002869　3121
[康熙]徽州府志十八卷圖一卷　(清)丁廷楗　(清)盧詢修　(清)趙吉士等纂　清康熙三十八年(1699)刻本(有圖表)　十册

440000－2541－0002870　3122
[乾隆]泰安府志三十卷前一卷首二卷　(清)顔希深修　(清)成城等纂　清乾隆二十五年(1760)刻本(有圖)　十六册

440000－2541－0002871　3123
[乾隆]沂州府志三十六卷首一卷　(清)李希賢修　(清)潘遇莘　(清)丁愷曾纂　清乾隆二十五年(1760)刻本(有圖)　十二册

440000－2541－0002872　3124

[乾隆]江南通志二百卷首四卷 (清)尹繼善修 (清)黄之雋等纂 清乾隆元年(1736)刻本(有圖表) 六十四册

440000－2541－0002873 3125
[乾隆]江南通志二百卷首四卷 (清)尹繼善修 (清)黄之雋等纂 清乾隆元年(1736)刻本(有圖表) 二十一册 存五十二卷(六十三至七十三、八十九至九十八、一百十七至一百二十二、一百六十二至一百六十四、一百七十九至二百)

440000－2541－0002874 3126
[康熙]上海縣志十二卷 (清)史彩修 (清)葉映榴等纂 清康熙二十二年(1683)刻本(有圖表) 二十册

440000－2541－0002875 3127
[雍正]山東通志三十六卷首一卷 (清)岳濬 (清)法敏修 (清)杜詔等纂 清乾隆元年(1736)刻本(有圖表) 六十册 存三十四卷(一至三、六至三十五,首一卷)

440000－2541－0002876 3128
[康熙]山東通志六十四卷 (清)趙祥星修 (清)錢江等纂 清康熙十七年(1678)刻本(有圖) 三十二册

440000－2541－0002877 3129
[康熙]松江府志五十四卷圖經一卷 (清)郭廷弼修 (清)周建鼎 (清)包爾賡纂 清康熙二年(1663)刻本(有圖表) 四十八册

440000－2541－0002878 3130
[康熙]費縣志十卷圖一卷 (清)黄學勲等纂修 清康熙二十八年(1689)刻雍正至乾隆增補本(有圖) 八册

440000－2541－0002879 3131
[乾隆]平原縣志十卷首一卷 (清)黄懷祖修 (清)黄兆熊纂 清乾隆十四年(1749)刻本(有圖) 六册

440000－2541－0002880 3132
[乾隆]嶧縣志十卷首一卷 (清)忠璉纂修 清乾隆二十六年(1761)刻本(有圖) 六册

440000－2541－0002881 3133
[雍正]樂安縣志二十卷 (清)李方膺纂修 清雍正十一年(1733)刻本(有圖) 四册

440000－2541－0002882 3134
[乾隆]魚臺縣志十三卷首一卷末一卷 (清)馮振鴻纂修 清乾隆二十九年(1764)刻本(有圖) 四册

440000－2541－0002883 3135
[乾隆]曹州府志二十二卷 (清)周尚質修 (清)李登明 (清)謝冠纂 清乾隆二十一年(1756)刻本(有圖表) 十二册

440000－2541－0002884 3136
[康熙]儀真縣志二十二卷 (清)陸師纂修 清康熙五十七年(1718)采碧山堂刻本(有圖表) 四册

440000－2541－0002885 3137
[乾隆]徐州府志三十卷首一卷 (清)石杰修 (清)王峻纂 清乾隆七年(1742)刻本(有圖表) 十二册

440000－2541－0002886 3138
[雍正]甘肅通志五十卷首一卷 (清)許容修 (清)李迪纂 清乾隆元年(1736)刻本(有圖表) 三十六册

440000－2541－0002887 3139
[乾隆]海陽縣志八卷 (清)包桂等纂修 清乾隆七年(1742)刻本(有圖) 四册

440000－2541－0002888 3140
[乾隆]海陽縣志八卷 (清)包桂等纂修 清乾隆七年(1742)刻本(有圖) 四册

440000－2541－0002889 3141
[康熙]寧海州志十卷 (清)楊引祚等纂修 清康熙十一年(1672)刻本(有圖) 二册

440000－2541－0002890 3142
[康熙]鄒縣志三卷 (清)婁一均修 (清)周翼纂 清康熙五十五年(1716)刻本(有圖) 四册

440000－2541－0002891 3143

[乾隆]曲阜縣志一百卷　(清)潘相等纂修　清乾隆三十九年(1774)刻本(有圖)　十一冊　存九十七卷(四至一百)

440000－2541－0002892　3144
[萬曆]汶上縣志八卷圖一卷　(明)栗可仕修　(清)王命新纂　明萬曆三十六年(1608)刻清康熙五十六年(1717)聞元炅重修本(有圖表)　二冊

440000－2541－0002893　3145
[康熙]續修汶上縣志六卷　(清)聞元炅纂修　清康熙五十六年(1717)刻本(有表)　二冊

440000－2541－0002894　3146
[乾隆]博山縣志十卷首一卷　(清)富申修　(清)田士麟纂　清乾隆十八年(1753)刻本(有圖)　四冊　存十卷(一至二、四至十,首一卷)

440000－2541－0002895　3147
[乾隆]蒲臺縣志四卷首一卷　(清)嚴文典修　(清)任相纂　清乾隆二十八年(1763)刻本(有圖)　四冊

440000－2541－0002896　3148
[乾隆]樂陵縣志八卷首一卷末一卷　(清)王謙益修　(清)莊肇奎等纂　清乾隆二十七年(1762)刻本(有圖)　八冊

440000－2541－0002897　3149
[乾隆]高密縣志十卷首一卷末一卷　(清)張乃史修　(清)錢廷熊纂　清乾隆十九年(1754)刻本(有圖)　四冊

440000－2541－0002898　3150
[乾隆]高密縣志十卷首一卷末一卷　(清)張乃史修　(清)錢廷熊纂　清乾隆十九年(1754)刻本(有圖)　七冊

440000－2541－0002899　3151
[乾隆]濰縣志六卷首一卷末一卷　(清)張耀璧修　(清)王誦芬纂　清乾隆二十五年(1760)刻本(有圖表)　四冊　存五卷(一至四、首一卷)

440000－2541－0002900　3152
[乾隆]掖縣志八卷首一卷　(清)張思勉修　(清)于始瞻纂　清乾隆二十三年(1758)刻本(有圖表)　八冊

440000－2541－0002901　3153
[康熙]濱州志八卷首一卷　(清)楊容盛修　(清)杜曬等纂　清康熙四十年(1701)刻本(有圖)　四冊

440000－2541－0002902　3154
[乾隆]歷城縣志五十卷首一卷圖一卷　(清)胡德琳修　(清)李文藻纂　清乾隆三十七年(1772)刻本(有圖表)　十五冊

440000－2541－0002903　3155
[康熙]臨淄縣志十六卷圖一卷　(清)鄧性修　(清)李煥章纂　清康熙十一年(1672)刻本(有圖)　二冊　存十六卷(一至十五、圖一卷)

440000－2541－0002904　3156
[乾隆]即墨縣志十二卷首一卷　(清)尤淑孝修　(清)李元正纂　清乾隆二十九年(1764)刻本(有圖表)　六冊

440000－2541－0002905　3157
[乾隆]鳳翔府志十二卷首一卷　(清)達靈阿修　(清)周方炯等纂　清乾隆三十一年(1766)刻本(有圖表)　十二冊

440000－2541－0002906　3158
[乾隆]崑山新陽合志三十八卷首一卷末一卷　(清)鄒召南　(清)張予介修　(清)顧登等纂　清乾隆十六年(1751)刻本(有圖)　十二冊

440000－2541－0002907　3159
[乾隆]銅山縣志十二卷首一卷　(清)張弘運纂修　清乾隆十年(1745)刻本(有圖)　十二冊

440000－2541－0002908　3160
[乾隆]江都縣志三十二卷　(清)五格　(清)黃湘纂修　清乾隆八年(1743)刻本(有圖)　十冊

440000－2541－0002909　3161
經訓堂叢書二十一種　(清)畢沅編　清乾隆鎮洋畢氏靈巖山館刻本　十九冊　存五種

440000－2541－0002910　3162
[熙寧]長安志二十卷圖三卷　(宋)宋敏求纂　(元)李好文繪圖　(清)畢沅校　清乾隆四十九年(1784)鎮洋畢氏靈巖山館刻經訓堂叢書本(有圖)　六冊

440000－2541－0002911　3163
[乾隆]蔚縣志三十一卷　(清)王育榞修　(清)李舜臣纂　清乾隆四年(1739)刻本(有圖)　四冊

440000－2541－0002912　3164
[乾隆]蘇州府志八十卷首一卷　(清)雅爾哈善　(清)傅椿修　(清)習寯　(清)王峻纂　清乾隆十三年(1748)刻本(有圖表)　三十二冊

440000－2541－0002913　3165
[雍正]甘肅通志五十卷首一卷　(清)許容修　(清)李迪纂　清乾隆元年(1736)刻後增刻本(有圖表)　十八冊

440000－2541－0002914　3166
[雍正]山西通志二百三十卷　(清)覺羅石麟修　(清)儲大文纂　清雍正十二年(1734)刻本(有圖)　一百冊

440000－2541－0002915　3167
[雍正]陝西通志一百卷首一卷　(清)劉於義修　(清)沈青崖纂　清雍正十三年(1735)刻本(有圖表)　一百冊

440000－2541－0002916　3168
[乾隆]臨潼縣志九卷圖一卷　(清)史傳遠纂修　清乾隆四十一年(1776)刻本(有圖)　六冊

440000－2541－0002917　3169
[嘉靖]耀州志十一卷　(明)李廷寶修　(清)喬世寧纂　**五臺山志一卷**　(明)喬世寧輯　**[乾隆]續耀州志十一卷**　(清)汪灝修　(清)鍾麟書纂　清乾隆二十七年(1762)刻本(有圖)　四冊　存二十一卷(耀州志十一卷、五臺山志一卷、續耀州志一至九)

440000－2541－0002918　3170
[乾隆]寶鷄縣志十六卷首一卷　(清)鄧夢琴修　(清)董詔纂　清乾隆五十年(1785)刻本(有圖)　四冊

440000－2541－0002919　3171
[乾隆]岐山縣志八卷　(清)平世增　(清)郭履恒修　(清)蔣兆甲纂　清乾隆四十四年(1779)刻本(有圖)　四冊

440000－2541－0002920　3172
[乾隆]平利縣志四卷　(清)黃寬纂修　清乾隆二十一年(1756)刻本(有圖)　四冊

440000－2541－0002921　3173
[乾隆]臨榆縣志十四卷圖一卷　(清)鍾和梅纂修　清乾隆二十一年(1756)刻本(有圖)　六冊

440000－2541－0002922　3174
[乾隆]延慶州志十卷首一卷　(清)李鍾俾修　(清)穆元肇纂　清乾隆七年(1742)刻本(有圖)　五冊　存九卷(一至六、九至十,首一卷)

440000－2541－0002923　3175
[雍正]朔州志十二卷　(清)汪嗣聖修　(清)王霷纂　清雍正十三年(1735)刻本(有圖)　六冊

440000－2541－0002924　3176
[雍正]畿輔通志一百二十卷圖一卷　(清)唐執玉　(清)李衛修　(清)陳儀　(清)田易纂　清雍正十三年(1735)刻本　一百冊　存一百八卷(一至二十八、三十七至三十八、四十四至一百二十,圖一卷)

440000－2541－0002925　3177
杞紀二十二卷　(清)張貞纂　清刻本(有圖表)　十二冊

440000－2541－0002926　3178
[乾隆]天津府志四十卷圖一卷　(清)李梅賓

修　(清)吴廷華等纂　清乾隆四年(1739)刻乾隆增刻本(有圖)　二十四册

440000－2541－0002927　3179
[乾隆]天津縣志二十四卷圖一卷　(清)朱奎揚　(清)張志奇修　(清)吴廷華等纂　清乾隆四年(1739)刻同治補刻本(有圖)　八册

440000－2541－0002928　3180
[乾隆]天津縣志二十四卷圖一卷　(清)朱奎揚　(清)張志奇修　(清)吴廷華等纂修　清乾隆四年(1739)刻同治補刻本(有圖)　八册

440000－2541－0002929　3181
杜詩集說二十卷首一卷附杜工部年譜一卷　(唐)杜甫撰　(清)江浩然輯　清乾隆四十三年(1778)江壎刻四十八年(1783)重修本　清李炳奎批點　十二册　存二十卷(一至十五、十七至二十,首一卷)

440000－2541－0002930　3182
[乾隆]渾源州志十卷　(清)桂敬順纂修　清乾隆二十八年(1763)刻本(有圖)　五册

440000－2541－0002931　3183
[乾隆]孝義縣志二十卷　(清)鄧必安修　(清)鄧常纂　清乾隆三十五年(1770)刻本(有圖)　五册　存十四卷(城池疆域一卷、山川渠堰二卷、里甲村莊二卷、田賦積貯一卷、官紳姓名三卷、人物事跡二卷、勝跡祥異一卷、藝文參考二卷)

440000－2541－0002932　3184
[乾隆]直隸易州志十八卷首一卷　(清)楊芊纂修　(清)張登高續纂修　清乾隆十二年(1747)刻本(有圖)　十八册

440000－2541－0002933　3185
[乾隆]鳳臺縣志二十卷首一卷　(清)林荔修　(清)姚學甲纂　清乾隆四十九年(1784)刻本(有圖表)　八册　存十四卷(一至十四)

440000－2541－0002934　3186
[乾隆]武鄉縣志六卷首一卷　(清)白鶴修　(清)史傳遠纂　清乾隆五十五年(1790)刻本(有圖)　十二册

440000－2541－0002935　3187
[康熙]無錫縣志四十二卷　(清)徐永言修　(清)嚴繩孫　(清)秦松齡纂　清康熙二十九年(1690)刻本(卷二至十、二十四至二十六抄配)(有圖表)　十册

440000－2541－0002936　3188
金石圖不分卷廣金石圖不分卷　(清)褚峻摹圖　(清)牛運震解說　清乾隆九年(1744)刻十年(1745)續刻本　清松珊跋　一册　存金石圖

440000－2541－0002937　3189
[乾隆]口北三廳志十六卷首一卷　(清)黄可潤纂修　清乾隆二十三年(1758)刻本(有圖)　二册

440000－2541－0002938　3190
[雍正]襄陵縣志二十四卷　(清)趙懋本修　(清)盧秉純纂　清雍正十年(1732)刻本(有圖)　二册

440000－2541－0002939　3191
[乾隆]聞喜縣志十二卷首一卷　(清)李遵唐纂修　清乾隆三十一年(1766)刻本(有圖)　六册

440000－2541－0002940　3192
[乾隆]解州全志十八卷圖一卷　(清)言如泗修　(清)吕瀶等纂　清乾隆二十九年(1764)刻本(有圖)　四册

440000－2541－0002941　3193
[乾隆]直隸代州志六卷　(清)吴重光纂修　清乾隆四十九年(1784)刻嘉慶二十二年(1817)增刻本(有圖)　八册

440000－2541－0002942　3194
[雍正]廣東通志六十四卷　(清)郝玉麟修　(清)魯曾煜等纂　清雍正九年(1731)刻本　十四册　存二十三卷(三十二至三十三、三十六、三十八至三十九、四十一至四十三、四十五至四十六、四十八至五十八、六十二至六十三)

440000－2541－0002943　3195

漢書評林一百卷　(明)凌稚隆輯　明萬曆九年(1581)自刻本　十二冊　存五十三卷(二至二十七、七十一至八十四、八十八至一百)

440000－2541－0002944　3196
前漢書一百二十卷　(漢)班固撰　(唐)顔師古注　明萬曆二十五年(1597)北京國子監刻二十一史本　七十七冊　存一百十六卷(一至五十一、五十六至一百二十)

440000－2541－0002945　3197
[乾隆]金壇縣志十二卷圖一卷　(清)楊景曾修　(清)于枋纂　清乾隆十五年(1750)刻本　十二冊　存十二卷(金壇縣志十二卷)

440000－2541－0002946　3199
五代史七十四卷附考證　(宋)歐陽修撰　(宋)徐無黨注　清乾隆四年(1739)武英殿刻二十四史本　十二冊

440000－2541－0002947　3200
晉記六十八卷首一卷　(清)郭倫撰　清乾隆五十一年(1786)有斐堂刻本　二十四冊

440000－2541－0002948　3202
孔子家語十卷　題(三國魏)王肅注　明萬曆吳勉學刻本　六冊

440000－2541－0002949　3203
滄溟先生集三十卷　(明)李攀龍撰　**附錄一卷**　(明)殷士儋撰　明刻本　五冊　存十卷(十至十九)

440000－2541－0002950　3204
[乾隆]鄘縣志十八卷首一卷　(清)李帶雙修　(清)張若纂　清乾隆四十三年(1778)刻本(有圖表)　十二冊

440000－2541－0002951　3205
[乾隆]三水縣志十二卷　(清)朱廷模　(清)葛德新修　(清)孫星衍纂　清乾隆五十年(1785)刻本　二冊

440000－2541－0002952　3206
中晚唐詩叩彈續集三卷　(清)杜詔　(清)杜庭珠輯　清刻本　戴錙齡跋　一冊

440000－2541－0002953　3207
[康熙]無錫縣志四十二卷　(清)徐永言修　(清)嚴繩孫　(清)秦松齡纂　清康熙二十九年(1690)刻本(有圖表)　二十四冊

440000－2541－0002954　3208
十六國春秋一百卷　題(北魏)崔鴻撰　清乾隆四十一年(1776)仁和汪日桂刻本　四十冊

440000－2541－0002955　3209
十國春秋一百十四卷　(清)吳任臣撰　**拾遺一卷備考一卷**　(清)周昂輯　清乾隆五十八年(1793)昭文周昂此宜閣刻本　十八冊

440000－2541－0002956　3210
十國春秋一百十四卷　(清)吳任臣撰　**拾遺一卷備考一卷**　(清)周昂輯　清乾隆五十八年(1793)昭文周昂此宜閣刻本　二十二冊

440000－2541－0002957　3211
十國春秋一百十四卷　(清)吳任臣撰　**拾遺一卷備考一卷**　(清)周昂輯　清乾隆五十八年(1793)昭文周昂此宜閣刻本　二十冊

440000－2541－0002958　3212
[正德]武功縣志三卷首一卷　(明)康海纂　(清)孫景烈評注　清乾隆二十六年(1761)瑪星阿刻本　二冊

440000－2541－0002959　3213
[正德]武功縣志三卷首一卷　(明)康海纂　(清)孫景烈評注　清乾隆二十六年(1761)瑪星阿刻本　一冊

440000－2541－0002960　3214
[萬曆]華陰縣志八卷　(明)王九疇修　(明)張毓翰纂　明萬曆四十二年(1614)刻後印本　四冊

440000－2541－0002961　3215
[康熙]通州志十五卷　(清)王宜亨修　(清)王儆通等纂　清康熙十三年(1674)刻本(有圖表)　六冊

440000－2541－0002962　3216
逸周書十卷校正補遺一卷附錄一卷　(晉)孔

晁注 (清)盧文弨校 清刻本 二冊

440000－2541－0002963 3217
大唐創業起居注三卷 (唐)溫大雅撰 明萬曆沈士龍、胡震亨刻秘册彙函本 一冊

440000－2541－0002964 3218
潛確居類書一百二十卷 (明)陳仁錫輯 明崇禎刻本 十冊 存十九卷(十八至十九、二十二至二十三、三十九至四十、五十四至五十五、六十六、七十、八十八至八十九、九十二至九十六、一百七至一百八)

440000－2541－0002965 3219
[康熙]寶應縣志二十四卷 (清)徐樋修 (清)喬萊纂 清康熙二十九年(1690)刻本(有圖表) 六冊

440000－2541－0002966 3220
[乾隆]寧夏府志二十二卷首一卷 (清)張金城修 (清)楊浣雨等纂 清乾隆四十五年(1780)刻本(有圖) 十六冊

440000－2541－0002967 3221
[康熙]海豐縣志十二卷圖一卷 (清)胡公著修 (清)張克家纂 清康熙九年(1670)刻本(有圖表) 四冊 存十二卷(一至十一、圖一卷)

440000－2541－0002968 3222
吳氏世德集三十一卷 (清)吳居澳輯 清乾隆四十一年(1776)吳氏刻本 八冊

440000－2541－0002969 3223
欽定平定臺灣紀略六十五卷首五卷 (清)□□撰 清乾隆武英殿刻本 三十六冊

440000－2541－0002970 3224
李杜全集四十八卷 (明)許自昌編 明萬曆三十年(1602)自刻本 二十二冊

440000－2541－0002971 3225
[乾隆]西寧府新志四十卷 (清)楊應琚纂修 清乾隆十二年(1747)刻二十七年(1762)增刻本(有圖表) 十八冊

440000－2541－0002972 3226
[乾隆]海豐縣志十卷 (清)于卜熊修 (清)史本等纂 清乾隆十五年(1750)刻同治十二年(1873)補刻本(有圖) 三冊

440000－2541－0002973 3227
金華徵獻略二十卷 (清)王崇炳撰 清雍正十年(1732)金孔時刻本 十冊

440000－2541－0002974 3228
元史紀事本末二十七卷 (明)陳邦瞻撰 (明)臧懋循補 (明)張溥論正 清初張聞升刻本 四冊

440000－2541－0002975 3229
國語二十一卷 (三國吳)韋昭注 (宋)宋庠補音 清乾隆四十八年(1783)武林三餘堂刻本 二冊

440000－2541－0002976 3230
元史類編四十二卷首一卷 (清)邵遠平撰 清乾隆六十年(1795)南沙席氏掃葉山房刻宋遼金元別史本 十六冊

440000－2541－0002977 3231
元史類編四十二卷首一卷 (清)邵遠平撰 清乾隆六十年(1795)南沙席氏掃葉山房刻宋遼金元別史本 十六冊

440000－2541－0002978 3232
欽定辛酉工賑紀事三十八卷首二卷 (清)慶桂等纂 清嘉慶七年(1802)武英殿刻本 八冊

440000－2541－0002979 3233
玉谿生詩詳注三卷首一卷 (唐)李商隱撰 (清)馮浩注 **玉谿生年譜一卷** (清)馮浩輯 清乾隆四十五年(1780)德聚堂刻嘉慶元年(1796)增刻本 四冊

440000－2541－0002980 3234
前七國志孫龐演義四卷二十回 題(清)吳門嘯客述 **後七國志樂田演義四卷二十回** (清)煙水散人(徐震)述 清康熙嘯花軒刻本 四冊

440000－2541－0002981 3235

禹碑五釋一卷　(清)黄樹穀輯　清雍正十年(1732)本敬堂刻本　一冊

440000－2541－0002982　3236
同治別錄十三卷　(清)□□撰　清抄本　一冊

440000－2541－0002983　3237
歷代紀元不分卷　(清)劉斯樞輯　清乾隆二十七年(1762)刻本　二冊

440000－2541－0002984　3238
留溪外傳十八卷　(清)陳鼎撰　清康熙刻本　八冊

440000－2541－0002985　3239
稗海十函四十八種續二十二種　(明)商濬編　明萬曆商濬刻清康熙振鷺堂重修本　十五冊　存三十五種

440000－2541－0002986　3240
北夢瑣言二十卷　(宋)孫光憲撰　明萬曆會稽商氏半埜堂刻稗海本　六冊

440000－2541－0002987　3241
中晚唐詩叩彈集十二卷續集三卷　(清)杜詔　(清)杜庭珠輯　清康熙四十三年(1704)采山亭刻本　四冊　存十二卷(叩彈集十二卷)

440000－2541－0002988　3242
隆平集二十卷　(宋)曾鞏撰　清康熙四十年(1701)南豐彭期七業堂刻本　八冊

440000－2541－0002989　3243
西湖佳話古今遺跡十六卷　題(清)墨浪子輯　清刻本　六冊

440000－2541－0002990　3244
筠清館金石文字五卷　(清)吳榮光撰　清道光二十二年(1842)吳氏筠清館刻本　容庚錄清楊鐸、許瀚、吳雲燕、吳式芬校語并跋　五冊

440000－2541－0002991　3245
餘生錄一卷附塘報稿塘報再稿　(清)邊大綬撰　清初刻本　一冊

440000－2541－0002992　3246
偃師金石遺文記二卷　(清)武億撰　清乾隆五十三年(1788)偃師武氏小石山房刻本　二冊

440000－2541－0002993　3247
聖諭廣訓一卷(滿漢合璧)　(清)世宗胤禛撰　清刻本　清佚名批注　一冊

440000－2541－0002994　3248
蘭雪堂古事苑定本十二卷　(明)鄧志謨輯　清康熙蘭雪堂刻本　十二冊

440000－2541－0002995　3249
智囊補二十八卷　(明)馮夢龍輯　明崇禎刻本　十冊

440000－2541－0002996　3250
王漁洋遺書三十八種　(清)王士禛等撰　清康熙刻本　蔣樞批校并跋　六冊

440000－2541－0002997　3251
宋氏綿津詩鈔八卷　(清)宋犖撰　(清)邵長蘅編　清康熙三十四年(1695)邵長蘅刻二家詩鈔本　二冊

440000－2541－0002998　3252
李文襄公奏疏十卷　(清)李之芳撰　(清)李鍾麟輯　清康熙刻本　二冊　存八卷(三至十)

440000－2541－0002999　3253
大明太宗文皇帝實錄一百三十卷　(明)張輔　(明)楊士奇纂修　明藍格抄本　一冊　存四卷(一百六至一百九)

440000－2541－0003000　3254
唐大家柳柳州文抄十二卷　(唐)柳宗元撰　(明)茅坤批評　明崇禎元年(1628)方應祥刻唐宋八大家文抄本　五冊

440000－2541－0003001　3255
唐音審體二十卷　(清)錢良擇輯　清康熙四十三年(1704)昭質堂刻本　四冊

440000－2541－0003002　3256
交山平寇本末三卷　(清)夏駰撰　(清)陸慶臻評　清康熙十一年(1672)擁青閣刻本　二

冊　存二卷（上、下）

440000－2541－0003003　3257
所知錄二卷　（清）錢秉鐙撰　清抄本　一冊

440000－2541－0003004　3258
杜工部詩集二十卷文集二卷集外詩一卷首一卷　（唐）杜甫撰　（清）朱鶴齡輯注　**杜詩補注一卷**　（清）朱鶴齡輯　清康熙九年（1670）金陵葉永茹萬卷樓刻本　十二冊

440000－2541－0003005　3259
重訂路史全本四十七卷　（宋）羅泌撰　明末吳弘基刻本　二十四冊

440000－2541－0003006　3260
重訂路史全本四十七卷　（宋）羅泌撰　明末吳弘基刻本　十七冊　存四十五卷（前紀三至九、後紀十四卷、國名紀八卷、發揮六卷、餘論十卷）

440000－2541－0003007　3261
靈泉筆記一卷補遺一卷歸田紀行一卷　（清）朱坤撰　清乾隆刻本　二冊

440000－2541－0003008　3263
廿二史考異一百卷　（清）錢大昕撰　清乾隆四十五年（1780）嘉定錢氏刻潛研堂全書本　二十二冊

440000－2541－0003009　3264
蘭雪堂古事苑定本十二卷　（明）鄧志謨輯　清刻本　十二冊

440000－2541－0003010　3265
蘭雪堂古事苑定本十二卷　（明）鄧志謨輯　清刻本　六冊

440000－2541－0003011　3266
容齋隨筆十六卷續筆十六卷三筆十六卷四筆十六卷五筆十卷　（宋）洪邁撰　清乾隆五十九年（1794）掃葉山房刻本　四十冊

440000－2541－0003012　3267
圖繪寶鑑八卷　（元）夏文彥撰　（明）毛大倫增補　（清）藍瑛　（清）謝彬續補　清康熙二十二年（1683）借綠草堂刻本　容庚校并跋　四冊

440000－2541－0003013　3268
寶顏堂續秘笈五十種　（明）陳繼儒編　明萬曆繡水沈氏尚白齋刻本　二冊　存三種

440000－2541－0003014　3269
尚白齋鐫陳眉公寶顏堂秘笈十七種　（明）陳繼儒編　明萬曆繡水沈氏尚白齋刻本　一冊　存四種

440000－2541－0003015　3270
謝華啓秀八卷　（明）楊慎輯　清康熙刻本　二冊

440000－2541－0003016　3271
容齋隨筆十六卷續筆十六卷三筆十六卷四筆十六卷五筆十卷　（宋）洪邁撰　明崇禎三年（1630）馬原調刻本　十七冊　存七十一卷（隨筆十六卷、續筆四至十六、三筆十六卷、四筆十六卷、五筆十卷）

440000－2541－0003017　3272
趙虞選注杜工部五七言近體合刻六卷　（元）趙汸　（元）虞集注　（清）查弘道　（清）金集補注　清康熙五十一年（1712）查弘道刻本　清佚名批注　二冊

440000－2541－0003018　3273
唐詩別裁集十卷　（清）沈德潛選　清康熙五十六年（1717）碧梧書屋刻本　八冊

440000－2541－0003019　3274
全唐詩話八卷　（宋）尤袤輯　（清）孫濤續輯　清乾隆三十九年（1774）石門孫氏刻本　四冊

440000－2541－0003020　3275
紫桃軒雜綴三卷又綴三卷　（明）李日華撰　明刻李竹嬾先生說部全書本　三冊

440000－2541－0003021　3276
亦政堂鐫陳眉公普秘笈一集五十種　（明）陳繼儒編　明萬曆刻本　二十冊　存二十種

440000－2541－0003022　3277
國朝六家詩鈔八卷　（清）劉執玉編　清乾隆

三十二年(1767)刻本　六冊

440000-2541-0003023　3278

草字彙十二卷　(清)石梁輯　清乾隆五十二年(1787)刻本　六冊

440000-2541-0003024　3279

池北偶談二十六卷　(清)王士禛撰　清康熙四十年(1701)王廷掄刻本　八冊

440000-2541-0003025　3280

紫竹山房詩集十二卷文集二十卷　(清)陳兆崙撰　**年譜一卷**　(清)陳玉繩撰　清乾隆刻本　十二冊

440000-2541-0003026　3281

西圃叢辨三十二卷　(清)田同之撰　清康熙至乾隆古歡堂家刻德州田氏叢書本　六冊

440000-2541-0003027　3282

漁洋書籍跋尾二卷　(清)王士禛撰　清康熙刻本　一冊

440000-2541-0003028　3283

[雍正]宜君縣志不分卷　(清)查遴纂修　(清)沈華訂正　清雍正十年(1732)刻本(有圖)　一冊

440000-2541-0003029　3284

清廣東沿海沙坦章程不分卷　(清)□□撰　清抄本　一冊

440000-2541-0003030　3286

潛邱劄記六卷　(清)閻若璩撰　**左汾近稿一卷**　(清)閻詠撰　清乾隆九年(1744)閻學林眷西堂刻本　六冊

440000-2541-0003031　3287

潛邱劄記六卷　(清)閻若璩撰　**左汾近稿一卷**　(清)閻詠撰　清乾隆九年(1744)閻學林眷西堂刻本　八冊

440000-2541-0003032　3288

王漁洋遺書三十八種　(清)王士禛等撰　清康熙南芝堂刻本　六冊　存二種

440000-2541-0003033　3289

兵錄十四卷　(明)何汝賓撰　清抄本　一冊　存一卷(一)

440000-2541-0003034　3290

皋蘭課業詩賦約編七卷首一卷　(清)盛元珍輯　清乾隆六年(1741)蘭州刻本　一冊

440000-2541-0003035　3291

李義山詩集三卷詩譜一卷詩評一卷　(唐)李商隱撰　(清)朱鶴齡箋注　(清)沈厚塽輯評　清同治九年(1870)廣州倅署刻三色套印本　四冊

440000-2541-0003036　3292

金華王魯齋先生傳集二卷　(宋)王柏撰　清乾隆十年(1745)金氏刻本　一冊

440000-2541-0003037　3294

義門讀書記五十八卷　(清)何焯撰　(清)蔣維鈞輯　清乾隆三十四年(1769)刻本　四冊　存二十五卷(四書六卷、詩經二卷、左氏春秋二卷、穀梁春秋一卷、公羊春秋一卷、史記二卷、前漢書六卷、後漢書五卷)

440000-2541-0003038　3295

義門讀書記五十八卷　(清)何焯撰　(清)蔣維鈞輯　清乾隆三十四年(1769)刻光緒六年(1880)重修本　十冊

440000-2541-0003039　3296

義門讀書記五十八卷　(清)何焯撰　(清)蔣維鈞輯　清乾隆三十四年(1769)刻光緒六年(1880)重修本　十四冊

440000-2541-0003040　3297

義門讀書記五十八卷　(清)何焯撰　(清)蔣維鈞輯　清乾隆三十四年(1769)刻光緒六年(1880)重修本　十五冊

440000-2541-0003041　3298

國朝畫識十七卷墨香居畫識十卷　(清)馮金伯撰　清乾隆墨香居刻本　八冊　存二十卷(國朝畫識一至十、墨香居畫識十卷)

440000-2541-0003042　3299

增訂集錄十二卷　(清)于光華輯　清乾隆四十四年(1779)刻本　一冊　存一卷(九)

440000－2541－0003043　3300
國朝畫徵錄三卷附一卷　（清）張庚撰　清乾隆四年（1739）蔣泰、湯之昱刻本　清蓼郇氏批校并題識　一册

440000－2541－0003044　3301
天目中峰和尚廣錄三十卷　（元）釋明本撰述　明刻本　六册

440000－2541－0003045　3302
巾箱小品十三種　（清）□□編　清華韻軒刻本　四册

440000－2541－0003046　3303
大六壬大全十三卷　（清）郭載騋校訂　清刻本　六册

440000－2541－0003047　3304
新刻黄掌綸先生評訂神仙鑑二十二卷神仙鑑像一卷　（清）徐道輯　清康熙刻本　二十二册

440000－2541－0003048　3305
新刻黄掌綸先生評訂神仙鑑二十二卷神仙鑑像一卷　（清）徐道輯　清康熙刻本　二十二册

440000－2541－0003049　3306
炙硯瑣談三卷　（清）湯大奎撰　清乾隆五十七年（1792）亦有生齋刻本　陳融批校　一册

440000－2541－0003050　3307
漁洋説部精華十二卷　（清）王士禛撰　（清）劉堅輯　清刻本　二册

440000－2541－0003051　3308
古今釋疑十八卷　（清）方中履撰　清康熙二十一年（1682）桐城方氏汗青閣刻後印本　十册

440000－2541－0003052　3309
觀楞伽阿跋多羅寶經記四卷　（南朝宋）釋求那跋陀羅譯　（明）釋德清筆記　**觀楞伽阿跋多羅寶經記略科一卷**　（明）釋德清輯　清雍正二年（1724）天旋乾公刻本　四册

440000－2541－0003053　3310
欽定協紀辨方書三十六卷奏議一卷　（清）允禄等修　（清）李廷耀等纂　清乾隆六年（1741）武英殿刻本　十五册

440000－2541－0003054　3311
御選語錄十九卷　（清）世宗胤禛輯　清雍正十一年（1733）内府刻本　九册　存十四卷（一至九、十四至十八）

440000－2541－0003055　3312
夷堅志十集二十卷　（宋）洪邁撰　清乾隆四十三年（1778）周棨耕煙草堂刻同治涇縣洪氏重修本　十册

440000－2541－0003056　3313
楞嚴正脈十卷科略一卷懸示一卷　（明）釋真鑑撰　清乾隆五十七年（1792）廣州海幢寺刻本　十二册

440000－2541－0003057　3314
金剛般若波羅密經一卷　（清）釋成鷲直說　清乾隆三十七年（1772）廣州海幢寺經坊刻本　一册

440000－2541－0003058　3315
名山藏一百九卷　（明）何喬遠撰　明崇禎十三年（1640）刻本　二册　存八卷（刑法記一卷、河槽記一卷、漕運記一卷、錢法記一卷、兵制記一卷、馬政記一卷、茶馬記一卷、鹽法記一卷）

440000－2541－0003059　3316
孔子家語八卷　（明）何孟春注　（清）盧文弨校補　清乾隆三十二年（1767）何泰吉刻本　二册

440000－2541－0003060　3317
孔氏家語十卷　題（三國魏）王肅注　清乾隆五十四年（1789）正業堂刻本　一册

440000－2541－0003061　3318
載詠樓重鎸硃批孟子二卷　（宋）蘇洵評　清康熙三十三年（1694）沈心友刻朱墨套印本　二册

440000－2541－0003062　3319

大學正說一卷中庸正說二卷 (明)趙南星撰 明末李士劭刻本 三册

440000－2541－0003063 3320
佩文齋書畫譜一百卷 (清)孫岳頒等撰 清康熙四十七年(1708)内府刻本 三十二册

440000－2541－0003064 3321
地學二卷 (清)沈鎬撰 清康熙五十二年(1713)刻本 二册

440000－2541－0003065 3322
因樹屋書影五卷 (清)周亮工撰 清雍正三年(1725)懷德堂刻本 四册

440000－2541－0003066 3323
因樹屋書影五卷 (清)周亮工撰 清雍正三年(1725)懷德堂刻本 四册

440000－2541－0003067 3324
霏屑集八卷 (清)朱載颺撰 清雍正三年(1725)墨山莊刻本 四册 存四卷(五至八)

440000－2541－0003068 3325
宣和畫譜二十卷 (宋)□□撰 清初刻本 四册

440000－2541－0003069 3326
續書畫題跋記十二卷 (明)郁逢慶輯 清抄本 容庚校改 一册 存六卷(一至六)

440000－2541－0003070 3327
御製資政要覽三卷 (清)世祖福臨撰 **後序一卷** (清)宋之繩等撰 清順治十二年(1655)内府刻本 三册 存二卷(一至二)

440000－2541－0003071 3328
竹譜一卷 (□)□□繪 清初刻本 容庚題識 一册

440000－2541－0003072 3329
青在堂竹譜二卷 (清)王槩等輯 清乾隆四十九年(1784)金閶書業堂刻彩色套印本 一册

440000－2541－0003073 3330
青在堂竹譜二卷 (清)王槩等輯 清乾隆四十九年(1784)金閶書業堂刻彩色套印本 一册

440000－2541－0003074 3331
御製數理精藴上編五卷下編四十卷表八卷 (清)允祉等撰 清雍正内府刻本 三十五册

440000－2541－0003075 3332
墨池編二十卷 (宋)朱長文輯 清雍正十一年(1733)朱之勵就閒堂刻乾隆印本 五册 存十卷(一至二、七至十一、十五至十七)

440000－2541－0003076 3333
墨池編二十卷 (宋)朱長文輯 清雍正十一年(1733)朱之勵就閒堂刻乾隆印本(卷十一至十四、十七至二十抄配) 十六册

440000－2541－0003077 3334
墨池編二十卷 (宋)朱長文輯 清雍正十一年(1733)朱之勵就閒堂刻乾隆印本 容庚校 九册

440000－2541－0003078 3335
印典八卷 (清)朱象賢撰 清雍正十一年(1733)朱之勵就閒堂刻乾隆印本 三册

440000－2541－0003079 3336
印典八卷 (清)朱象賢撰 清雍正十一年(1733)朱之勵就閒堂刻乾隆印本 三册

440000－2541－0003080 3337
芥子園畫傳五卷 (清)王槩輯 清乾隆四十七年(1782)金閶書業堂刻彩色套印本 四册

440000－2541－0003081 3338
芥子園畫傳五卷 (清)王槩輯 清乾隆四十七年(1782)金閶書業堂刻彩色套印本 四册

440000－2541－0003082 3339
芥子園畫傳五卷 (清)王槩輯 清康熙十八年(1679)芥子園甥館刻彩色套印本 一册 存一卷(三)

440000－2541－0003083 3340
芥子園畫傳三集四卷末一卷 (清)王槩輯 清乾隆四十七年(1782)金閶書業堂刻彩色套印本 一册

440000－2541－0003084 3341

讀杜心解六卷 （唐）杜甫撰 （清）浦起龍注 **首二卷** （清）浦起龍輯 清雍正二年至三年（1724－1725）錫山浦氏寧我齋刻本 八册

440000－2541－0003085 3342
書法正傳十卷 （清）馮武撰 清雍正馮氏世豸堂刻本 六册

440000－2541－0003086 3343
欽定古今圖書集成一萬卷 （清）陳夢雷等輯 （清）蔣廷錫等重輯 清雍正四年（1726）内府銅活字印本 六册 存十二卷（明倫彙編皇極典一百七十五至一百七十六、明倫彙編官常典五百十五至五百十六、博物彙編草木典三百十三至三百十四、博物彙編禽蟲典一百四十一至一百四十四、方輿彙編職方典九百八十一至九百八十二）

440000－2541－0003087 3344
鐵網珊瑚書品十卷畫品六卷 （明）朱存理輯 清雍正六年（1728）年希堯澄鑒堂刻本 八册

440000－2541－0003088 3345
鐵網珊瑚書品十卷畫品六卷 （明）朱存理輯 清雍正六年（1728）年希堯澄鑒堂刻本 九册 存九卷（書品一至三、畫品六卷）

440000－2541－0003089 3346
草韻辨體五卷 （明）郭諶輯 明崇禎六年（1633）閔齊伋刻本 五册

440000－2541－0003090 3347
書畫跋跋三卷續三卷 （明）孫鑛撰 清乾隆五年（1740）餘姚孫氏居業堂刻本 六册

440000－2541－0003091 3348
淳化祕閣法帖考正十卷附錄二卷 （清）王澍撰 清雍正詩鼎齋刻本 二册

440000－2541－0003092 3349
淳化秘閣法帖考正十二卷 （清）王澍撰 清乾隆刻本 六册

440000－2541－0003093 3350
許節母霜筠録題詞一卷 （清）范孖等撰 清雍正寫本 一册

440000－2541－0003094 3351
蘭亭考十二卷續考二卷諸公帖跋一卷 （宋）桑世昌撰 清乾隆四十九年（1784）刻知不足齋叢書本 八册

440000－2541－0003095 3353
清河書畫舫十二卷 （明）張丑撰 清乾隆二十七年至二十八年（1762－1763）池北草堂刻本 十二册

440000－2541－0003096 3354
清河書畫舫十二卷 （明）張丑撰 清乾隆二十七年至二十八年（1762－1763）池北草堂刻本 十二册

440000－2541－0003097 3355
金山志十卷圖一卷首一卷 （清）盧見曾撰 清乾隆盧見曾雅雨堂刻本 四册

440000－2541－0003098 3356
湛園題跋一卷 （清）姜宸英撰 清乾隆三年（1738）黃叔琳刻本 一册

440000－2541－0003099 3357
唐宋叢書七十六種 （明）鍾人傑 （明）張遂辰編 明刻本 一册 存三種

440000－2541－0003100 3358
漢溪書法通解八卷 （清）戈守智撰 清乾隆十五年（1750）霽雲閣刻本 四册

440000－2541－0003101 3359
草韻辨體五卷 （明）郭諶輯 清康熙五十四年（1715）山陰趙氏刻本 五册

440000－2541－0003102 3360
草韻彙編二十六卷 （清）陶南望輯 清乾隆二十年（1755）刻本 八册

440000－2541－0003103 3361
欽定儀象考成三十卷首二卷 （清）允祿 （清）戴進賢纂 清乾隆二十一年（1756）武英殿刻本 十二册

440000－2541－0003104 3362
欽定儀象考成續編三十二卷 （清）敬徵

（清）祥泰等撰　清道光二十五年（1845）欽天監刻本　十六册

440000－2541－0003105　3363
佩文齋廣羣芳譜一百卷　（清）汪灝等輯　清刻本　四十八册

440000－2541－0003106　3364
大學衍義四十三卷　（宋）真德秀撰　明崇禎十一年（1638）楊鶚浦城縣署刻清乾隆二年（1737）重修本　十册

440000－2541－0003107　3365
大學衍義四十三卷　（宋）真德秀撰　明崇禎十一年（1638）楊鶚浦城縣署刻清乾隆二年（1737）重修本　十二册

440000－2541－0003108　3366
大學衍義補一百六十卷首一卷　（明）丘濬撰　（明）陳仁錫評　明崇禎陳仁錫刻本（卷二抄配）　二十四册

440000－2541－0003109　3367
諸子碎金四卷　（清）柴梁輯　清乾隆刻本　四册

440000－2541－0003110　3368
餘山先生遺書十卷　（清）勞史撰　（清）桑調元　（清）沈廷芳輯　**附錄一卷**　（清）桑調元撰　清乾隆三十年（1765）須友堂刻本　四册

440000－2541－0003111　3369
向道知津錄不分卷　（清）錢維喬撰　稿本　容庚題識　三册

440000－2541－0003112　3370
孝經一卷　（元）吳澄注　清乾隆二年（1737）刻本　一册

440000－2541－0003113　3371
槐蔭堂家譜（家訓篇）八卷　（清）宗屏輯　清乾隆四十三年（1778）抄本　一册

440000－2541－0003114　3372
棉陽學準五卷　（清）藍鼎元撰　清雍正七年（1729）潮陽閑存堂刻本　三册

440000－2541－0003115　3373
呂子節錄四卷補遺二卷　（明）呂坤撰　（清）陳弘謀評輯　清乾隆元年（1736）培遠堂刻三年（1738）續刻本　三册　存五卷（呂子節錄四卷、補遺上）

440000－2541－0003116　3374
慈溪黄氏日抄分類九十七卷古今紀要十九卷　（宋）黄震撰　清乾隆三十二年（1767）新安汪佩鍔刻本（日抄卷八十一、八十九、九十二未刻）　四册　存十九卷（古今紀要十九卷）

440000－2541－0003117　3375
莊子因六卷首一卷　（清）林雲銘撰　清乾隆二年（1737）林玉汝刻本　三册

440000－2541－0003118　3376
莊子讀本不分卷　（清）方人傑輯　清乾隆三十七年（1772）錢樹本刻莊騷讀本本　三册

440000－2541－0003119　3377
唐人萬首絕句選七卷　（清）王士禛輯　清康熙洪氏松花書屋刻雍正十年（1732）洪正治印本　二册

440000－2541－0003120　3378
韻學入門二卷　（清）劉鼎梅撰　清嘉慶八年（1803）澹寧齋刻後印本　郭子直題識　二册

440000－2541－0003121　3379
周恭節公奏疏一卷　（明）周怡撰　**年譜一卷**　（明）吳逵可輯　（清）周登瀛增補　清乾隆元年（1736）周元錡燕翼堂刻本　二册

440000－2541－0003122　3380
御錄經海一滴六卷　（清）世宗胤禛輯　清雍正十三年（1735）内府刻本　六册

440000－2541－0003123　3381
聖學格物通一百卷　（明）湛若水撰　明資政堂刻本　十八册

440000－2541－0003124　3384
醫碥七卷　（清）何夢瑤輯　清乾隆刻本　清佚名批點　六册

440000－2541－0003125　3385
唐人萬首絕句選七卷　（清）王士禛輯　清康

熙洪氏松花書屋刻同治九年(1870)重修本　二册

440000－2541－0003126　3386
古愚老人消夏録十七種　(清)汪汲撰　清乾隆至嘉慶古愚山房刻本　十二册　存四種

440000－2541－0003127　3387
世説新語六卷　(南朝宋)劉義慶撰　(南朝梁)劉孝標注　明嘉靖十四年(1535)吳勉學刻萬曆吳中珩、黄之寀重修本　六册

440000－2541－0003128　3388
南嶽志八卷　(清)高自位纂　清乾隆刻本　四册

440000－2541－0003129　3389
袁氏世範三卷　(宋)袁采撰　**集事詩鑑一卷**　(宋)方昕撰　清乾隆五十九年(1794)刻本　二册

440000－2541－0003130　3390
李義山詩集三卷首一卷　(唐)李商隱撰　(清)朱鶴齡箋注　**諸家詩評一卷**　清金沙繼溪山房刻本　三册　存三卷(上、下,首一卷)

440000－2541－0003131　3391
一切經音義二十五卷　(唐)釋玄應撰　清乾隆五十一年(1786)莊炘刻本　六册

440000－2541－0003132　3392
駢字憑霄二十四卷　(明)徐應秋輯　明末刻本　八册　存二十一卷(四至二十四)

440000－2541－0003133　3393
暢敘譜一卷　題(清)糟邱寓公輯　題(清)酒國遺民録　清乾隆刻本　一册

440000－2541－0003134　3394
老子元翼二卷考異一卷附録一卷　(明)焦竑輯　(清)郭乾泗校　清乾隆五年(1740)刻本　六册

440000－2541－0003135　3395
五子近思録十四卷　(清)施璜輯　清康熙英秀堂刻本　八册

440000－2541－0003136　3396
紫陽大指八卷　(清)秦雲爽撰　清康熙二十年(1681)俞森刻本　二册

440000－2541－0003137　3399
南海先生詩集十三卷　康有為撰　梁啟超書　清宣統三年(1911)上海廣智書局影印本(卷五至十三未刻)　康有為題識　一册

440000－2541－0003138　3400
欽定授時通考七十八卷　(清)鄂爾泰等撰　清乾隆陳弘謀刻本　二十四册

440000－2541－0003139　3401
劉河間傷寒三書　(金)劉完素撰　清懷德堂刻重修本　二册　存二種

440000－2541－0003140　3402
古今醫統正脈全書四十四種　(明)王肯堂編　明萬曆二十九年(1601)新安吳勉學刻清遞修本　六册　存八種

440000－2541－0003141　3403
抱乙子幼科指掌遺稿五卷首一卷　(清)葉其蓁輯　清乾隆八年(1743)李大倫刻本　三册

440000－2541－0003142　3404
千金翼方三十卷目録一卷　(唐)孫思邈撰　(宋)林億校　清刻本　十二册

440000－2541－0003143　3405
三農紀十卷　(清)張宗法撰　清乾隆刻本　五册　存八卷(一至五、八至十)

440000－2541－0003144　3406
淵鑑類函四百五十卷目録四卷　(清)張英等輯　清康熙四十九年(1710)内府刻本　一百六十册

440000－2541－0003145　3407
淵鑑類函四百五十卷目録四卷　(清)張英等輯　清康熙四十九年(1710)内府刻本　三十九册　存一百四十五卷(一至十五、十九至二十七、七十至七十三、九十三至九十五、一百四至一百十七、一百二十二至一百二十七、一百五十七至一百六十、一百九十七至二百六十三、三百八十六至三百八十七、三百九十四

至四百、四百四十一至四百五十，目錄四卷）

440000－2541－0003146　3408
淵鑑類函四百五十卷目錄四卷　（清）張英等輯　清康熙四十九年（1710）内府刻本　六十六冊　存二百十七卷（一至二十六、三十至三十四、三十七至五十一、九十四至一百三、一百七至一百二十、一百三十六至一百五十二、一百五十六至一百八十五、二百八十一至三百五、三百八至三百三十、三百三十四至三百六十四、三百六十八至三百八十四，目錄四卷）

440000－2541－0003147　3409
物理小識十二卷總論一卷　（明）方以智撰　清康熙三年（1664）于藻刻本　六冊

440000－2541－0003148　3410
穀玉類編五十卷　（清）汪兆舒輯　清乾隆二十三年（1758）王質資履堂刻本　八冊

440000－2541－0003149　3411
分類字錦六十四卷　（清）何焯　（清）陳鵬年輯　清康熙六十一年（1722）武英殿刻雍正印本　四十八冊

440000－2541－0003150　3412
類林新詠三十六卷　（清）姚之駰撰　清刻本　八冊　存二十九卷（五至二十七、三十一至三十六）

440000－2541－0003151　3413
類林新詠三十六卷　（清）姚之駰撰　清刻本　十六冊

440000－2541－0003152　3414
子史精華一百六十卷　（清）張廷玉等纂　清雍正五年（1727）武英殿刻本　三十四冊

440000－2541－0003153　3415
唐類函二百卷目錄二卷　（明）俞安期輯　明萬曆三十一年（1603）刻四十六年（1618）重修本　四十九冊　存一百九十五卷（六至二百）

440000－2541－0003154　3416
喻林一葉二十四卷原目一卷　（明）徐元太輯　（清）王蘇刪定　清乾隆五十九年（1794）桑寄生齋刻本　八冊

440000－2541－0003155　3417
喻林一葉二十四卷原目一卷　（明）徐元太輯　（清）王蘇刪定　清乾隆五十九年（1794）桑寄生齋刻本　九冊　存十一卷（二、四至十三）

440000－2541－0003156　3418
潛確居類書一百二十卷　（明）陳仁錫輯　明崇禎刻本　四十八冊

440000－2541－0003157　3419
潛確居類書一百二十卷　（明）陳仁錫輯　明崇禎刻本　四十五冊　存一百卷（一至一百）

440000－2541－0003158　3420
格致鏡原一百卷　（清）陳元龍輯　清康熙五十六年（1717）刻雍正十三年（1735）重修乾隆印本　二十一冊

440000－2541－0003159　3421
格致鏡原一百卷　（清）陳元龍輯　清康熙五十六年（1717）刻雍正十三年（1735）重修乾隆印本　二十八冊

440000－2541－0003160　3422
格致鏡原一百卷　（清）陳元龍輯　清康熙五十六年（1717）刻雍正十三年（1735）重修乾隆印本　二十四冊

440000－2541－0003161　3423
經義考三百卷目錄二卷　（清）朱彝尊撰　清康熙繡水朱氏曝書亭刻乾隆二十年（1755）盧見曾續刻本（原闕卷二百八十六、二百九十九至三百）　四十八冊

440000－2541－0003162　3424
經義考三百卷目錄二卷　（清）朱彝尊撰　清康熙繡水朱氏曝書亭刻乾隆二十年（1755）盧見曾續刻四十二年（1777）汪汝瑮補刻本（原闕卷二百八十六、二百九十九至三百）　四十八冊

440000－2541－0003163　3425

經義考三百卷目錄二卷　(清)朱彝尊撰　清康熙繡水朱氏曝書亭刻乾隆二十年(1755)盧見曾續刻四十二年(1777)汪汝瑮補刻本(原闕卷二百八十六、二百九十九至三百)　四十七册　存二百九十五卷(一至六十二、六十七至二百八十五、二百八十七至二百九十八,目錄二卷)

440000－2541－0003164　3426
新編古今事文類聚前集六十卷後集五十卷續集二十八卷別集三十二卷　(宋)祝穆輯　**新集三十六卷外集十五卷**　(元)富大用輯　**遺集十五卷**　(元)祝淵輯　明萬曆三十二年(1604)書林唐富春德壽堂刻清乾隆二十八年(1763)積秀堂印本　六十册

440000－2541－0003165　3427
新編古今事文類聚前集六十卷後集五十卷續集二十八卷別集三十二卷　(宋)祝穆輯　**新集三十六卷外集十五卷**　(元)富大用輯　**遺集十五卷**　(元)祝淵輯　明萬曆三十二年(1604)書林唐富春德壽堂刻清乾隆二十八年(1763)積秀堂印本　六十册　存二百六卷(前集六十卷、後集五十卷、續集二十八卷、別集三十二卷、新集三十六卷)

440000－2541－0003166　3428
新編古今事文類聚前集六十卷後集五十卷續集二十八卷別集三十二卷　(宋)祝穆輯　**新集三十六卷外集十五卷**　(元)富大用輯　**遺集十五卷**　(元)祝淵輯　明萬曆三十二年(1604)書林唐富春德壽堂刻清乾隆二十八年(1763)積秀堂印本　九十六册

440000－2541－0003167　3429
册府元龜獨制三十卷　(明)曹胤昌輯　明末刻本　三十册

440000－2541－0003168　3430
丹鉛總録二十七卷　(明)楊慎撰　清乾隆五十九年(1794)楊袒刻本　十六册

440000－2541－0003169　3431
新刊五百家注音辯昌黎先生文集四十卷　(唐)韓愈撰　(宋)魏仲舉輯注　清乾隆四十九年(1784)觀樓氏刻本　八册

440000－2541－0003170　3432
文家稽古編十卷首一卷　(清)劉旂錫　(清)程夢元輯　清乾隆二十年(1755)刻本　五册

440000－2541－0003171　3433
賓退錄十卷　(宋)趙與旹撰　清抄本　四册

440000－2541－0003172　3434
稽古日鈔八卷　(清)郁文等輯　清乾隆二十九年(1764)秋曉山房刻本　八册

440000－2541－0003173　3435
帶經堂詩話三十卷首一卷　(清)王士禛撰　(清)張宗柟輯　清乾隆二十七年(1762)南曲舊業刻本　八册

440000－2541－0003174　3436
重訂袁了凡注釋羣書備考八卷　(明)袁黄撰　(明)葉世儉增注　清康熙二年(1663)吳門嗚鳳堂刻本　十一册　存七卷(一至六、八)

440000－2541－0003175　3437
度支輯略十卷　(□)□□輯　清番禺陳氏抄本　清陳澧題識　一册

440000－2541－0003176　3438
明詩別裁集十二卷　(清)沈德潛撰　(清)周準輯　清乾隆四年(1739)刻本　四册

440000－2541－0003177　3439
亭林遺書十種　(清)顧炎武撰　清康熙刻本　八册

440000－2541－0003178　3440
居易錄三十四卷　(清)王士禛撰　清康熙刻雍正印本　四册　存十七卷(一至十七)

440000－2541－0003179　3441
獪園志異十六卷　(明)錢希言撰　清乾隆刻本　六册　存十二卷(三至六、九至十六)

440000－2541－0003180　3442
飛龍全傳十二卷六十回　(清)吳璿撰　清刻文德堂印本　六册

440000－2541－0003181　3443

世說新語補二十卷釋名一卷　(南朝宋)劉義慶撰　(南朝梁)劉孝標注　(明)何良俊增　(明)王世貞刪　(明)張文柱注　清乾隆二十七年(1762)黃汝琳茂清書屋刻本　六冊　存十二卷(一至十二)

440000－2541－0003182　3444
畫學心法二卷　(清)布顏圖撰　清乾隆十三年(1748)刻本　四冊

440000－2541－0003183　3445
清異錄二卷　(宋)陶穀撰　清康熙陳世修刻本　四冊

440000－2541－0003184　3446
山海經廣注十八卷圖五卷引用書籍一卷讀山海經語一卷雜述一卷　(清)吳任臣撰　清康熙三十五年(1696)刻本　十冊

440000－2541－0003185　3447
耳食錄十二卷二編八卷　(清)樂鈞撰　清刻本　十冊

440000－2541－0003186　3448
陶菴夢憶八卷　(明)張岱撰　(清)王文誥輯　清乾隆五十九年(1794)王文誥刻本　四冊

440000－2541－0003187　3450
新刻逸田叟女仙外史大奇書一百回　(清)呂熊撰　清刻本　二十冊

440000－2541－0003188　3451
大學衍義補一百六十卷首一卷　(明)丘濬撰　(明)陳仁錫評　清刻本　一冊　存六卷(三十一至三十六)

440000－2541－0003189　3452
喻林一葉二十四卷原目一卷　(明)徐元太輯　(清)王蘇刪定　清乾隆五十九年(1794)桑寄生齋刻本　八冊

440000－2541－0003190　3453
筠廊偶筆二卷怪石贊一卷漫堂墨品一卷　(清)宋犖撰　**雪堂墨品一卷**　(清)張仁熙撰　清康熙刻本　二冊　存二卷(筠廊偶筆二卷)

440000－2541－0003191　3454
增訂教稼書二卷　(清)孫宅揆撰　(清)盛百二增訂　清乾隆刻柚堂全集本　一冊

440000－2541－0003192　3455
鵝湖講學會編十二卷　(清)鄭之僑輯　清乾隆九年(1744)潮陽鄭氏述堂刻本　四冊

440000－2541－0003193　3456
朱止泉先生朱子聖學考略節要十卷綱領一卷　(清)朱澤澐撰　(清)朱軫輯　清乾隆十七年(1752)沈錫鼎刻本　十二冊

440000－2541－0003194　3457
說鈴抄八卷　題(清)曉樓主人輯　清乾隆保元堂刻本　四冊

440000－2541－0003195　3458
說鈴抄八卷　題(清)曉樓主人輯　清乾隆保元堂刻本　四冊

440000－2541－0003196　3459
月日紀古十二卷　(清)蕭智漢撰　清乾隆五十九年(1794)星潭蕭氏聽濤山房刻本　十二冊

440000－2541－0003197　3460
月日紀古十二卷　(清)蕭智漢撰　清乾隆五十九年(1794)星潭蕭氏聽濤山房刻本　十二冊

440000－2541－0003198　3461
龍圖公案十卷　(清)□□撰　清乾隆四十一年(1776)文立堂刻本　八冊

440000－2541－0003199　3462
蛣雜記十二卷　題(清)竹勿山石道人撰　清刻本　六冊

440000－2541－0003200　3463
漁磯漫鈔十卷　(清)雷琳等輯　清乾隆五十九年(1794)刻本　六冊

440000－2541－0003201　3464
迦陵詞全集三十卷　(清)陳維崧撰　(清)任源祥　(清)宋琬等選　清康熙二十八年(1689)陳宗石患立堂刻本　六冊

440000－2541－0003202　3465
揞黑豆集八卷首一卷　題（清）火蓮居士輯　清乾隆五十九年（1794）自刻本　四冊

440000－2541－0003203　3466
河圖道原一卷　（清）朱雲龍撰　**楊古愚先生頌言一卷**　（清）楊錦章撰　清乾隆六十年（1795）朱氏二南軒刻本　二冊

440000－2541－0003204　3467
釋迦如來成道記一卷　（唐）王勃撰　（唐）釋道誠注　清刻本　一冊

440000－2541－0003205　3468
釋迦如來成道記一卷　（唐）王勃撰　（唐）釋道誠注　清刻本　一冊

440000－2541－0003206　3469
廣東新語二十八卷　（清）屈大均撰　清康熙三十九年（1700）木天閣刻本　六冊

440000－2541－0003207　3471
雙鉤殘宋拓瘞鶴銘不分卷　（清）錢懌摹並跋　稿本　一冊

440000－2541－0003208　3472
質直談耳八卷　（清）錢兆鼇撰　清乾隆五十九年（1794）刻本　四冊

440000－2541－0003209　3473
兜率龜鏡集三卷　（清）釋弘贊輯　清康熙十年（1671）刻本　一冊

440000－2541－0003210　3474
新刻京本排韻增廣事類氏族大全綱目二十八卷　（□）□□輯　清康熙九年（1670）書林明雅堂江君昇刻本　四冊

440000－2541－0003211　3475
尚友錄二十二卷補遺一卷　（明）廖用賢輯　（明）張伯琮補輯　清乾隆刻本　十冊

440000－2541－0003212　3477
林青山先生文集十三卷　（清）林愈蕃撰　**言行拾遺錄一卷林公青山先生年譜一卷**　（清）林興祖等輯　清乾隆三十八年（1773）中江林氏敬義堂刻本　六冊

440000－2541－0003213　3478
重刻涂子類稿十卷　（明）涂幾撰　清乾隆涂中原等刻本　二冊

440000－2541－0003214　3479
丘海二公合集十六卷　（清）焦映漢等編　清乾隆十八年（1753）邱氏可繼堂刻本　七冊

440000－2541－0003215　3480
康對山先生集四十五卷首一卷　（明）康海撰　清康熙五十一年（1712）馬逸姿貽穀堂刻本　六冊

440000－2541－0003216　3481
解文毅公集十六卷首一卷附錄一卷　（明）解縉撰　清乾隆三十二年（1767）解氏刻本　二冊　存六卷（一至五、首一卷）

440000－2541－0003217　3482
劉練江先生集八卷　（明）劉永澄撰　**劉職方公［永澄］年譜一卷**　（清）劉穎撰　清乾隆刻本　一冊

440000－2541－0003218　3483
新刻張太岳先生詩文集四十七卷　（明）張居正撰　清乾隆刻本　十六冊

440000－2541－0003219　3484
學言稿六卷首一卷　（元）吳當撰　清乾隆四年（1739）家刻吳文正公全集本　一冊

440000－2541－0003220　3485.1
于忠肅公集十卷　（明）于謙撰　（清）于繼先輯　清康熙刻本　五冊

440000－2541－0003221　3485.2
讀侯陸袁帥四家于忠肅論一卷　（清）鄧蓉鏡撰　稿本　與440000－2541－0003220合冊

440000－2541－0003222　3486
薛文清公全集九種　（明）薛瑄等撰　清刻本　十二冊

440000－2541－0003223　3487
苑洛集二十二卷　（明）韓邦奇撰　清刻本　十冊

440000－2541－0003224　3488

屏山全集二十卷首一卷　(宋)劉子翬撰　清道光十八年(1838)李廷鈺秋柯草堂刻本　十二冊

440000－2541－0003225　3489
草廬吳文正公集四十九卷外集三卷首一卷　(元)吳澄撰　清乾隆二十一年(1756)萬璜仁讓齋刻本　十一冊

440000－2541－0003226　3490
檀園集十二卷　(明)李流芳撰　明崇禎刻清康熙二十八年(1689)陸廷燦重修嘉定四先生集本　六冊

440000－2541－0003227　3491
宋李忠定公奏議選十五卷文集選二十九卷首四卷　(宋)李綱撰　(明)左光先等輯　明崇禎十二年(1639)左光先刻清康熙四十四年(1705)李榮芳、乾隆二十七年(1762)徐時作遞修本　十六冊

440000－2541－0003228　3492
宋李忠定公奏議選十五卷文集選二十九卷首四卷　(宋)李綱撰　(明)左光先等輯　明崇禎十二年(1639)左光先刻清康熙四十四年(1705)李榮芳、乾隆二十七年(1762)徐時作遞修本　十六冊

440000－2541－0003229　3493
金正希先生文集輯略九卷　(明)金聲撰　清初刻本　二冊

440000－2541－0003230　3494
豆棚閒話十二卷　題(清)艾衲居士撰　清刻本　六冊

440000－2541－0003231　3495
果堂全集六種　(清)沈彤撰　清乾隆吳江沈氏刻本　四冊

440000－2541－0003232　3496
靜用堂偶編十卷　(清)涂天相撰　清康熙五十九年(1720)刻本　一冊

440000－2541－0003233　3497
百美新詠一卷題辭一卷圖傳一卷集詠一卷　(清)顏希源等撰詩　(清)王翽繪像　清嘉慶刻本　二冊

440000－2541－0003234　3498
陳檢討集十二卷詩鈔十卷詞鈔十二卷　(清)陳維崧撰　(清)顧貞觀　(清)蔣景祁選　清康熙金閶葉繼照刻本　二冊　存十二卷(詞鈔十二卷)

440000－2541－0003235　3499
宋孫仲益內簡尺牘十卷首一卷　(宋)孫覿撰　(宋)李祖堯編注　(清)蔡焯等增訂　清乾隆十二年(1747)錫山蔡氏刻本　四冊

440000－2541－0003236　3500
倪文貞公文集二十卷奏疏十二卷首一卷　(明)倪元璐撰　清乾隆三十七年(1772)倪安世刻本　六冊

440000－2541－0003237　3501
新定九宮大成南北詞宮譜八十一卷閏一卷總目三卷　(清)周祥鈺　(清)鄒金生等輯　清乾隆十一年(1746)允祿刻朱墨套印本　五十冊

440000－2541－0003238　3502
粵西文載七十五卷　(清)汪森輯　清康熙休陽汪氏梅雪堂刻本　二十四冊

440000－2541－0003239　3503
詞學全書四種附一種　(清)查培繼編　清乾隆世德堂刻本　八冊

440000－2541－0003240　3504
笠翁詞韻四卷　(清)李漁輯　清康熙刻本　二冊

440000－2541－0003241　3505
古今詞話二卷詞品二卷詞辨二卷詞評二卷　(清)沈雄輯　(清)江尚質增輯　清康熙澄暉堂刻本　十二冊

440000－2541－0003242　3506
詞律二十卷　(清)萬樹撰　清康熙二十六年(1687)萬樹堆絮園刻本　八冊

440000－2541－0003243　3508

詩說彙五卷 (清)張象魏輯 清乾隆五十三年(1788)刻本 五册

440000－2541－0003244 3509
古文眉詮七十九卷 (清)浦起龍輯 清乾隆九年(1744)三吳書院刻本 二十四册

440000－2541－0003245 3510
古文眉詮七十九卷 (清)浦起龍輯 清乾隆九年(1744)三吳書院刻本 十八册

440000－2541－0003246 3511
西山先生真文忠公文集五十五卷目錄二卷 (宋)真德秀撰 明萬曆二十六年(1598)金學曾景賢堂刻崇禎十一年(1638)、清康熙四年(1665)遞修本 三十二册

440000－2541－0003247 3512
名世文宗三十卷 (明)胡時化輯 (明)陳仁錫評 明崇禎元年(1628)刻本 十八册

440000－2541－0003248 3513
御選唐宋文醇五十八卷 (清)允祿等輯 清乾隆三年(1738)武英殿刻四色套印本 十八册

440000－2541－0003249 3514
李太白文集三十六卷 (唐)李白撰 (清)王琦輯注 清乾隆刻本 十二册

440000－2541－0003250 3515
陶靖節詩集四卷總論一卷 (晉)陶潛撰 (清)蔣薰評 **律陶一卷** (明)王思任輯 **敦好齋律陶纂一卷** (明)黃槐開輯 **東坡和陶詩一卷** (宋)蘇軾撰 清乾隆二年(1737)最樂堂刻本 四册

440000－2541－0003251 3516
韓文公文抄十六卷 (唐)韓愈撰 (明)茅坤評 明刻朱墨套印本 七册 存十四卷(三至十六)

440000－2541－0003252 3517
古文約選不分卷 (清)允禮 (清)方苞輯 清雍正十一年(1733)果親王允禮刻本 二十册 存西漢劉向以後、東漢、後漢三國、韓愈、柳宗元、歐陽修、曾鞏、王安石、蘇洵、蘇軾、蘇轍

440000－2541－0003253 3518
玉谿生詩箋注三卷樊南文集箋注八卷首一卷 (唐)李商隱撰 (清)馮浩注 清刻本 清佚名批點 四册

440000－2541－0003254 3519
韓筆酌蠡三十卷首一卷 (唐)韓愈撰 (清)盧軒輯 清雍正八年(1730)程崟刻本 四册 存九卷(一至三、六至八、十七至十八,首一卷)

440000－2541－0003255 3520
唐丞相曲江張文獻公集十二卷附錄一卷 (唐)張九齡撰 **千秋金鑑錄五卷** 題(唐)張九齡撰 清雍正十三年(1735)張世緯等刻乾隆重修本 八册

440000－2541－0003256 3521
唐丞相曲江張文獻公集十二卷附錄一卷 (唐)張九齡撰 **千秋金鑑錄五卷** 題(唐)張九齡撰 清雍正十三年(1735)張世緯等刻乾隆重修本 八册 存十三卷(唐丞相曲江張文獻公集十二卷、附錄一卷)

440000－2541－0003257 3522
武英殿聚珍版書一百三十八種 (清)紀昀等編 清乾隆武英殿木活字印本(易緯、漢官舊儀、魏鄭公諫續錄、帝範注清乾隆三十八年武英殿刻本) 九十二册 存十五種

440000－2541－0003258 3523
李義山文集十卷 (唐)李商隱撰 (清)徐樹穀箋 (清)徐炯注 清康熙四十七年(1708)徐氏花谿草堂刻本 六册

440000－2541－0003259 3524
杜荀鶴文集三卷 (唐)杜荀鶴撰 清康熙洞庭席氏琴川書屋刻唐詩百名家全集本 一册

440000－2541－0003260 3525
歐陽文忠公全集一百五卷 (宋)歐陽修撰 **年譜一卷** (宋)胡柯撰 清康熙十一年(1672)曾弘刻本 四十册

440000－2541－0003261　3526
歐陽文忠公全集一百五卷　(宋)歐陽修撰　**年譜一卷**　(宋)胡柯撰　清康熙十一年(1672)曾弘刻本　七册

440000－2541－0003262　3527
讀書堂杜工部詩集注解二十卷文集注解二卷　(唐)杜甫撰　(清)張溍注　**杜工部編年詩史譜目一卷**　清康熙三十七年(1698)滏陽張氏讀書堂刻本　十二册

440000－2541－0003263　3528
東萊先生古文關鍵二卷　(宋)呂祖謙輯　(宋)蔡文子注　(清)徐樹屏考異　清乾隆十八年(1753)刻本　二册

440000－2541－0003264　3529
歐陽文忠公全集一百五十三卷年譜一卷附錄五卷　(宋)歐陽修撰　清乾隆十一年(1746)孝思堂刻本　三十八册

440000－2541－0003265　3530
元豐類稿五十卷　(宋)曾鞏撰　清乾隆二十八年(1763)查溪刻本　八册　存三十九卷(一至十、十六至十九、二十六至五十)

440000－2541－0003266　3531
元豐類稿五十卷　(宋)曾鞏撰　清乾隆二十八年(1763)查溪刻重修本　十二册

440000－2541－0003267　3532
廿一史彈詞注十卷　(明)楊慎撰　(清)張三異增定　(清)張仲璜注　**明紀彈詞注一卷**　(清)張三異撰　(清)張仲璜注　清乾隆五十一年(1786)張任佐視履堂刻本　八册

440000－2541－0003268　3533
南豐先生元豐類稿五十卷續附一卷　(宋)曾鞏撰　**集外文二卷**　(宋)曾鞏撰　(清)顧崧齡輯　**續附一卷**　(宋)曾肇等撰　清康熙五十六年(1717)顧崧齡刻本　十册

440000－2541－0003269　3534
文選六十卷　(南朝梁)蕭統輯　(唐)李善注　(清)何焯評　清乾隆三十七年(1772)葉樹藩海錄軒刻朱墨套印本　十册

440000－2541－0003270　3535
唐陸宣公集二十二卷　(唐)陸贄撰　清雍正元年(1723)年羹堯刻本　八册

440000－2541－0003271　3536
唐陸宣公集二十二卷首一卷　(唐)陸贄撰　清刻本　八册

440000－2541－0003272　3537
范文正公全集四十八卷　(宋)范仲淹撰　清康熙四十六年(1707)蘇州范氏歲寒堂刻本　二十册

440000－2541－0003273　3538
范文正公全集四十八卷　(宋)范仲淹撰　清康熙四十六年(1707)蘇州范氏歲寒堂刻道光十年(1830)印本　十册

440000－2541－0003274　3539
范忠宣公集二十卷奏議二卷遺文一卷附錄一卷補編一卷　(宋)范純仁撰　清康熙四十六年(1707)蘇州范氏歲寒堂刻乾隆四十八年(1783)重修本　六册

440000－2541－0003275　3540
白沙子全集六卷首一卷　(明)陳獻章撰　清康熙四十九年(1710)顧嗣協、何九疇刻雍正印本　八册

440000－2541－0003276　3541
白沙子全集六卷首一卷末一卷　(明)陳獻章撰　清康熙四十九年(1710)顧嗣協、何九疇刻清補刻本　十二册

440000－2541－0003277　3542
白沙子全集十卷首一卷末一卷古詩教解二卷　(明)陳獻章撰　清乾隆三十六年(1771)新會陳氏碧玉樓刻本　十册

440000－2541－0003278　3543
白沙子全集十卷首一卷末一卷古詩教解二卷　(明)陳獻章撰　清乾隆三十六年(1771)新會陳氏碧玉樓刻本　十册

440000－2541－0003279　3544
白沙子全集十卷首一卷末一卷古詩教解二卷

（明）陳獻章撰　清乾隆三十六年（1771）新會陳氏碧玉樓刻本　十二册

440000－2541－0003280　3545
合刻三先生東坡文四十卷　（宋）蘇軾撰　（明）茅坤　（明）錢穀　（明）鍾惺評　（明）張煥如輯　明末刻三蘇文匯本　八册

440000－2541－0003281　3546
西山先生真文忠公文集五十五卷目錄二卷　（宋）真德秀撰　明萬曆二十六年（1598）金學曾景賢堂刻崇禎十一年（1638）、清康熙四年（1665）、雍正至同治遞修本　二十七册

440000－2541－0003282　3547
古文八大家公暇錄六卷　（清）王應鯨選評　清乾隆三十年（1765）嵩秀堂刻本　三册

440000－2541－0003283　3548
廿一史彈詞註十卷　（明）楊慎撰　（清）張三異增定　（清）張仲璜注　**明紀彈詞注一卷**　（清）張三異撰　（清）張仲璜注　清乾隆五十一年（1786）張任佐視履堂刻本　八册

440000－2541－0003284　3549
仁山金先生文集四卷　（宋）金履祥撰　（清）金弘勳校輯　清雍正三年（1725）金弘勳刻本　二册

440000－2541－0003285　3550
聽秋軒詩集六卷　（清）駱綺蘭撰　清嘉慶金陵龔氏刻本　四册

440000－2541－0003286　3551
忠雅堂文集三十卷　（清）蔣士銓撰　清乾隆刻本　六册

440000－2541－0003287　3552
明文授讀六十二卷　（清）黄宗羲輯　清康熙三十八年（1699）張氏味芹堂刻本　二十四册

440000－2541－0003288　3553
全閩詩話十二卷　（清）鄭方坤輯　清乾隆十九年（1754）詩話軒刻本　十二册

440000－2541－0003289　3554
樊榭山房集十卷續集十卷　（清）厲鶚撰　清乾隆刻本　清吴慈樾題詩并跋　四册

440000－2541－0003290　3555
香草居集七卷　（清）李符撰　清乾隆刻李氏家集本　一册　存二卷（三至四）

440000－2541－0003291　3556
容春堂前集二十卷後集十四卷續集十八卷別集九卷　（明）邵寶撰　明正德刻清雍正十年（1732）華希閔重修本　八册　存十二卷（前集一至六、十四至十五，續集三、十二、十五至十六）

440000－2541－0003292　3557
司馬文正公傳家集八十卷目錄二卷　（宋）司馬光撰　**年譜一卷附錄一卷**　（清）陳弘謀輯　清乾隆六年（1741）桂林陳氏培遠堂刻本　二十四册

440000－2541－0003293　3558
梅村詩集唱和集三卷二集十五卷三集十一卷自吟集一卷哀吟集三卷病吟集二卷學吟集二卷情真集不分卷　（清）鍾映雪撰　清康熙至乾隆刻本　五册

440000－2541－0003294　3559
敬修堂文集二十卷　（明）李日宣撰　清乾隆李氏家刻嘉慶六年（1801）重修本　六册

440000－2541－0003295　3560
睫巢後集三卷　（清）李鍇撰　清乾隆十年（1745）杜甲刻本　清佚名跋　一册　存一卷（一）

440000－2541－0003296　3561
匊芳園詩鈔八卷　（清）何夢瑤撰　清乾隆崔琨士等刻本　六册

440000－2541－0003297　3562
趙文敏公松雪齋全集十卷外集一卷續集一卷　（元）趙孟頫撰　**趙文敏公行狀一卷**　（元）楊載撰　清康熙五十二年（1713）曹培廉城書室刻本　四册

440000－2541－0003298　3563
紀城詩稿四卷　（清）安致遠撰　清康熙刻本

一冊

440000－2541－0003299　3564
四百三十二峰草堂詩鈔二十二卷　(清)趙希璜撰　清乾隆五十八年(1793)安陽縣署刻嘉慶續刻本　周連寬、劉少雄跋　二冊　存十卷(一至十)

440000－2541－0003300　3565
四百三十二峰草堂詩鈔二十二卷　(清)趙希璜撰　清乾隆五十八年(1793)安陽縣署刻嘉慶續刻本　四冊　存十四卷(一至十四)

440000－2541－0003301　3566
何文定公文集十一卷　(明)何瑭撰　明萬曆四年(1576)賈待問刻清道光二十八年(1848)張維翰補刻本　六冊

440000－2541－0003302　3567
秋海棠倡和集六卷續集一卷三集一卷　(清)徐德元輯　清乾隆刻本　四冊

440000－2541－0003303　3568
清同治甘肅米捐章程八條不分卷　(清)□□撰　清抄本　一冊

440000－2541－0003304　3569
念庵羅先生文集二十四卷　(明)羅洪先撰　清雍正羅氏刻本　十二冊

440000－2541－0003305　3570
蜀遊詩鈔六卷續鈔六卷　(清)陸炳輯　清乾隆三十九年(1774)且朴堂刻乾隆續刻本　三冊　存九卷(詩鈔六卷、續鈔一至三)

440000－2541－0003306　3571
詠梅集古三十首一卷題詞一卷　(清)劉傑撰　清嘉慶自刻本　一冊

440000－2541－0003307　3572
山堂肆考二百四十卷　(明)彭大翼輯　明刻本　六十冊

440000－2541－0003308　3573
欽定國朝詩別裁集三十二卷　(清)沈德潛輯　清乾隆刻本　清佚名批點　十冊

440000－2541－0003309　3574
杜韓詩句集韻三卷　(清)汪文柏輯　清康熙四十五年至四十六年(1706－1707)刻本　四冊

440000－2541－0003310　3575
杜韓詩句集韻三卷　(清)汪文柏輯　清康熙四十五年至四十六年(1706－1707)刻本　四冊

440000－2541－0003311　3576
禁林集八卷　(清)杭世駿撰　清乾隆二十三年(1758)刻本　一冊　存四卷(一至四)

440000－2541－0003312　3577
彙纂詩法度鍼八集三十三卷首一卷　(清)徐文弼輯　清乾隆二十四年(1759)自刻本　十六冊

440000－2541－0003313　3578
御定歷代賦彙一百四十卷外集二十卷逸句二卷補遺二十二卷目錄四卷　(清)陳元龍輯　清康熙四十五年(1706)内府刻本　六十四冊

440000－2541－0003314　3579
金華詩錄六十卷外集六卷別集四卷書後一卷　(清)黄彬　(清)朱琰輯　清乾隆三十八年(1773)金華府學刻本　二十冊

440000－2541－0003315　3580
清閟閣全集十二卷　(元)倪瓚撰　清康熙五十八年(1719)曹培廉城書室刻本　容庚錄盛宣懷跋并批校　八冊

440000－2541－0003316　3581
唐宋八家詩五十二卷　(清)姚培謙編　清雍正六年(1728)遂安堂刻本　十冊　存六種

440000－2541－0003317　3582
江左十子詩鈔二十卷　(清)王鳴盛輯　清乾隆二十九年(1764)幽蘭巷寓居刻本　六冊　存十四卷(一至七、十四至二十)

440000－2541－0003318　3583
歷朝名媛詩詞十二卷　(清)陸昶輯　清乾隆三十八年(1773)陸氏紅樹樓刻本　四冊

440000－2541－0003319　3584

范文忠公初集十二卷 (明)范景文撰 **年譜一卷** (清)王孫錫撰 清康熙十二年(1673)范氏思仁堂刻乾隆、道光、光緒增刻本 六册

440000-2541-0003320 3585
道園集不分卷 (元)虞集撰 清康熙四十九年(1710)崇仁縣署刻重修本 五册

440000-2541-0003321 3586
莆田清籟集六十卷 (清)鄭王臣輯選 清乾隆三十七年(1772)刻本 游定遠跋 二十册

440000-2541-0003322 3587
成案備錄六卷 題(清)子純編 清抄本 四册 存四卷(一至三、五)

440000-2541-0003323 3588
蜀雅二十卷 (清)李調元輯 清乾隆刻本 四册

440000-2541-0003324 3589
古詩賞析二十二卷 (清)張玉穀輯 清乾隆三十七年(1772)刻民國四年(1915)嚴氏重印本 五册 存二十卷(三至二十二)

440000-2541-0003325 3590
國朝山左詩鈔六十卷 (清)盧見曾輯 清乾隆二十三年(1758)盧見曾雅雨堂刻本 二十册

440000-2541-0003326 3591
山左明詩鈔三十五卷 (清)宋弼輯 清乾隆三十六年(1771)李文藻刻本 十册

440000-2541-0003327 3592
玉臺新詠十卷 (南朝陳)徐陵輯 清乾隆二十六年(1761)錫山華綺刻本 六册

440000-2541-0003328 3593
李長吉歌詩四卷外集一卷 (唐)李賀撰 (清)王琦彙解 **首一卷** (清)王琦輯 清乾隆王氏寶笏樓刻本 清黎維樅錄明黄淳耀評、清黎簡批點、吕堅注 二册

440000-2541-0003329 3594
御定歷代題畫詩類一百二十卷 (清)陳邦彦輯 清康熙四十六年(1707)内府刻本 二十四册

440000-2541-0003330 3595
御定歷代題畫詩類一百二十卷 (清)陳邦彦輯 清康熙四十六年(1707)内府刻本 二十六册

440000-2541-0003331 3596
彙纂詩法度鍼三十三卷首一卷 (清)徐文弼撰 清乾隆二十四年(1759)自刻本 六册

440000-2541-0003332 3597
詠物詩選八卷 (清)俞琰輯 清雍正刻本 八册

440000-2541-0003333 3598
御定歷代賦彙一百四十卷外集二十卷逸句二卷補遺二十二卷目錄四卷 (清)陳元龍輯 清康熙四十五年(1706)内府刻本 八册 存三十二卷(一至三十、目錄一至二)

440000-2541-0003334 3600
珂雪集一卷二集一卷詞二卷補遺一卷 (清)曹貞吉撰 清康熙刻本 二册 存三卷(詞二卷、補遺一卷)

440000-2541-0003335 3601
鄭板橋集七卷 (清)鄭燮撰 清乾隆司徒文膏刻本 一册

440000-2541-0003336 3602
杕左堂集詩六卷詞四卷 (清)孫致彌撰 清乾隆刻本 二册 存四卷(詞四卷)

440000-2541-0003337 3603
陸放翁全集六種 (宋)陸游撰 明末古虞毛氏汲古閣刻本 四十九册 存二種

440000-2541-0003338 3604
名媛詩歸三十六卷 (明)鍾惺輯 明末刻本 五册 存三十三卷(一至二十五、二十九至三十六)

440000-2541-0003339 3605
瀛奎律髓四十九卷 (元)方回輯 清康熙五十一年(1712)吳寶芝刻本 八册

440000-2541-0003340 3606

宋詩鈔初集十七卷二集二十三卷三集二十四卷四集三十一卷　(清)吕留良　(清)吳之振　(清)吳爾堯輯　清康熙十年(1671)石門吳氏鑑古堂刻本　二十四册

440000－2541－0003341　3607
宋詩鈔初集十七卷二集二十三卷三集二十四卷四集三十一卷　(清)吕留良　(清)吳之振　(清)吳爾堯輯　清康熙十年(1671)石門吳氏鑑古堂刻本　二十四册

440000－2541－0003342　3608
宋詩鈔初集十七卷二集二十三卷三集二十四卷四集三十一卷　(清)吕留良　(清)吳之振　(清)吳爾堯輯　清康熙十年(1671)石門吳氏鑑古堂刻本　十五册　存九十卷(初集一至十二、二集二十三卷、三集二十四卷、四集三十一卷)

440000－2541－0003343　3609
昌黎先生詩集注十一卷年譜一卷　(唐)韓愈撰　(清)顧嗣立補注　清康熙顧嗣立秀野草堂刻本　三册

440000－2541－0003344　3610
王忠文公集二十五卷　(明)王褘撰　清康熙三十年(1691)王廷曾刻本　十六册

440000－2541－0003345　3611
全唐詩鈔八十卷補遺十六卷詩人爵里節略一卷　(清)吳成儀輯　清乾隆二十四年(1759)元和吳氏刻本　二十四册

440000－2541－0003346　3612
吳氏傳家集九卷附錄一卷　(清)吳我孅編纂　清乾隆新安吳氏刻本　六册

440000－2541－0003347　3613
葉忠節公遺稿十二卷　(清)葉映榴撰　**磴小齋偶吟一卷**　(清)葉芳撰　清乾隆十一年(1746)葉芳刻本　四册　存十二卷(遺稿十二卷)

440000－2541－0003348　3614
元詩選一百十四卷首一卷二集一百三卷三集一百三卷　(清)顧嗣立輯　清康熙三十三年至五十九年(1694－1720)顧嗣立秀野草堂刻本　四十八册

440000－2541－0003349　3615
元詩選癸集十集十六卷　(清)顧嗣立輯　清乾隆、嘉慶三年(1798)秀野草堂刻席氏掃葉山房補修本　十六册

440000－2541－0003350　3616
元詩選六卷補遺一卷總論一卷名氏爵里一卷　(清)顧奎光編　(清)陶瀚　(清)陶玉禾參評　清乾隆十六年(1751)刻本　清佚名批點　四册

440000－2541－0003351　3617
宋詩紀事一百卷　(清)厲鶚　(清)馬曰琯輯　清乾隆十一年(1746)厲鶚樊榭山房刻本　二十二册　存九十三卷(一至三十、三十四至九十一、九十六至一百)

440000－2541－0003352　3618
安雅堂全集八種　(清)宋琬撰　清順治至乾隆刻本　十六册

440000－2541－0003353　3619
有容堂詩稿一卷　(清)周志熹撰　稿本　一册

440000－2541－0003354　3621
夜月歸舟集不分卷　(清)□□撰　稿本　二册

440000－2541－0003355　3622
樂府廣序三十卷　(清)朱嘉徵輯　清康熙清遠堂刻本　七册　存二十六卷(一至二十二、二十七至三十)

440000－2541－0003356　3623
玉磑集四卷　(清)安致遠撰　清康熙四十一年(1702)安箕刻本　二册

440000－2541－0003357　3624
白田草堂存稿二十四卷　(清)王懋竑撰　**崇祀鄉賢祠錄一卷行狀一卷**　清乾隆刻本　六册

440000－2541－0003358　3625

綠溪全集五種　(清)靳榮藩撰　清乾隆四十二年(1777)刻本　三冊　存四種

440000－2541－0003359　3626
刪訂唐詩解二十四卷　(明)唐汝詢輯　(清)吳昌祺評　清康熙四十年(1701)誦懿堂刻本　六冊

440000－2541－0003360　3627
姚端恪公文集十八卷詩集十二卷外集十八卷　(清)姚文然撰　清康熙刻本　二冊　存九卷(詩集一至三、外集七至十二)

440000－2541－0003361　3628
堯峰文鈔四十卷詩十卷　(清)汪琬撰　清康熙三十二年(1693)刻本　三冊　存十卷(文鈔一至三、八至十、二十一至二十四)

440000－2541－0003362　3629
梓溪文鈔内集八卷外集十卷　(明)舒芬撰　明萬曆四十八年(1620)舒琛刻本　七冊　存十三卷(内集一至四、外集二至十)

440000－2541－0003363　3630
高季迪先生大全集十八卷　(明)高啟撰　清康熙許氏竹素園刻本　八冊

440000－2541－0003364　3631
高季迪先生大全集十八卷　(明)高啟撰　清康熙許氏竹素園刻本　六冊

440000－2541－0003365　3632
南沙文集八卷　(清)洪若皐撰　清康熙二十七年(1688)自刻本　二十一冊

440000－2541－0003366　3633
飴山文集十二卷附錄一卷禮俗權衡一卷　(清)趙執信撰　清乾隆三十九年(1774)因園刻本　八冊

440000－2541－0003367　3634
思綺堂文集十卷　(清)章藻功撰　清康熙六十一年(1722)刻本　清佚名跋　十冊

440000－2541－0003368　3635
思綺堂文集十卷　(清)章藻功撰　清康熙六十一年(1722)刻本　十冊

440000－2541－0003369　3636
思綺堂文集十卷　(清)章藻功撰　清康熙六十一年(1722)刻本　三冊　存三卷(一至三)

440000－2541－0003370　3637
若庵集五卷　(清)程庭撰　清康熙刻本　二冊　存二卷(二至三)

440000－2541－0003371　3638
杜詩鏡銓二十卷年譜一卷附錄一卷　(清)楊倫輯　清乾隆刻本　六冊

440000－2541－0003372　3639
玉芝堂談薈三十六卷　(明)徐應秋輯　明刻清康熙四十二年(1703)補刻本　三十六冊

440000－2541－0003373　3640
杜詩詳注二十五卷首一卷附編二卷　(唐)杜甫撰　(清)仇兆鰲輯注　清康熙刻本　十四冊

440000－2541－0003374　3641
杜詩詳注二十五卷首一卷附編二卷　(唐)杜甫撰　(清)仇兆鰲輯注　清康熙刻本　十一冊　存二十二卷(一至二十一、首一卷)

440000－2541－0003375　3642
梅村文集不分卷二刻不分卷　(清)鍾映雪撰　清乾隆靜淨齋刻本　容肇祖跋　六冊

440000－2541－0003376　3643
陶菴文集七卷詩集八卷吾師錄一卷　(明)黄淳耀撰　清康熙十五年(1676)張懿實刻本　三冊　存十一卷(文集七卷、詩集一至三、吾師錄一卷)

440000－2541－0003377　3644
楊椒山先生集四卷自著年譜一卷　(明)楊繼盛撰　清康熙三十七年(1698)胡范刻本　四冊

440000－2541－0003378　3645
楊椒山先生文集二卷　(明)楊繼盛撰　清康熙四十八年(1709)張伯行正誼堂刻本　一冊

440000－2541－0003379　3646
唐堂集五十卷補遺二卷續集八卷冬錄一卷

（清）黃之雋撰　清乾隆刻本　十二冊

440000－2541－0003380　3647
沈歸愚詩文全集十六種　（清）沈德潛撰　清乾隆教忠堂刻本　十五冊　存六種

440000－2541－0003381　3648
御製文初集三十卷目錄二卷　（清）高宗弘曆撰　清乾隆二十九年（1764）武英殿刻本　八冊

440000－2541－0003382　3649
王文恪公集三十六卷　（明）王鏊撰　明萬曆震澤王氏三槐堂刻清乾隆印本　十四冊　存三十二卷（一至二、五至二十二、二十五至三十六）

440000－2541－0003383　3650
賴古堂集二十四卷附錄一卷　（清）周亮工撰　清康熙十四年（1675）周在浚等刻本　十冊

440000－2541－0003384　3651
御選唐宋詩醇四十七卷目錄二卷　（清）弘晝（清）梁詩正等輯　清刻本　十六冊

440000－2541－0003385　3652
本事詩十二卷　（清）徐釚輯　清乾隆二十二年（1757）汪肯堂半松書屋刻本　五冊

440000－2541－0003386　3653
樂善堂全集定本三十卷　（清）高宗弘曆撰　清乾隆二十四年（1759）武英殿刻本　十四冊　存二十五卷（一至十五、二十一至三十）

440000－2541－0003387　3654
御定歷代題畫詩類一百二十卷　（清）陳邦彥輯　清康熙四十六年（1707）内府刻本　十二冊　存六十卷（六十一至一百二十）

440000－2541－0003388　3655
蓮香集五卷　（明）張喬撰　（明）彭日貞輯　清乾隆三十年（1765）西城草堂刻本　二冊

440000－2541－0003389　3656
尚白齋鐫陳眉公訂正秘笈二十一種　（明）陳繼儒編　明萬曆三十四年（1606）繡水沈氏尚白齋刻本　二冊　存四種

440000－2541－0003390　3657
鹿洲全集八種　（清）藍鼎元撰　清雍正十年（1732）刻本　十五冊　存四種

440000－2541－0003391　3659
紫幢軒詩三十二卷　（清）文昭撰　清康熙刻本　四冊

440000－2541－0003392　3660
研堂詩十卷續稿二卷晚稿二卷拾遺一卷花外散吟一卷贈言三卷　（明）楊維坤撰　清乾隆刻本　一冊　存一卷（花外散吟一卷）

440000－2541－0003393　3661
敬業堂詩集五十卷　（清）查慎行撰　清康熙五十八年（1719）刻本（卷四十八至五十抄配）　十二冊

440000－2541－0003394　3662
二如亭羣芳譜三十卷　（明）王象晉撰　清康熙刻後印本　二十一冊

440000－2541－0003395　3663
王漁洋遺書三十八種　（清）王士禛等撰　明末至清康熙刻本　七十冊

440000－2541－0003396　3664
王漁洋遺書三十八種　（清）王士禛等撰　明末至清康熙刻本　六十四冊

440000－2541－0003397　3665
桃花扇傳奇二卷四十齣　（清）孔尚任撰　清西園刻本　四冊

440000－2541－0003398　3666
皇清文穎一百卷首二十四卷目錄六卷　（清）張廷玉等輯　清乾隆十二年（1747）武英殿刻本　二十八冊

440000－2541－0003399　3667
芥子園繪像第七才子書六卷（琵琶記）　（元）高明撰　（清）毛宗崗評　清康熙芥子園刻本　清王宗煥評并題識　六冊

440000－2541－0003400　3668
芥子園繪像第七才子書六卷（琵琶記）　（元）高明撰　（清）毛宗崗評　清康熙芥子園刻本

十二册

440000－2541－0003401　3669
何大復先生集三十八卷附録一卷　(明)何景明撰　清乾隆十五年(1750)刻本　八册

440000－2541－0003402　3670
何大復先生集三十八卷附録一卷　(明)何景明撰　清乾隆十五年(1750)刻本　十二册

440000－2541－0003403　3671
何大復先生集三十八卷附録一卷　(明)何景明撰　清乾隆十五年(1750)刻本　十册

440000－2541－0003404　3672
何大復先生集三十八卷附録一卷　(明)何景明撰　清乾隆十五年(1750)刻本　八册

440000－2541－0003405　3673
石榴記傳奇四卷　(清)黄振撰　清乾隆黄振柴灣村舍刻本　四册

440000－2541－0003406　3674
簠齋手集古泉拓本不分卷　(清)陳介祺輯　清鈐印本　老匏題識　十六册

440000－2541－0003407　3676
明詩别裁集十二卷　(清)沈德潛撰　(清)周準輯　清乾隆刻本　清佚名批校　十二册

440000－2541－0003408　3677
敬業堂詩集五十卷　(清)查慎行撰　清康熙五十八年(1719)刻本　六册　存三十七卷(十四至五十)

440000－2541－0003409　3678
南嶽志八卷　(清)高自位纂　清乾隆刻本　八册

440000－2541－0003410　3679
吴詩集覽二十卷補注二十卷　(清)吴偉業撰　(清)靳榮藩補注　**談藪二卷談藪拾遺一卷**　(清)靳榮藩撰　清乾隆四十年(1775)凌雲亭刻道光七年(1827)遇園印本　十六册　存二十卷(吴詩集覽二十卷)

440000－2541－0003411　3680
繩庵内集十六卷外集八卷　(清)劉綸撰　清乾隆用拙堂刻本(卷十一未刻)　五册

440000－2541－0003412　3681
賴古堂尺牘新鈔二選藏弆集十六卷　(清)周亮工輯　清康熙周氏賴古堂刻本　四册

440000－2541－0003413　3682
南邦黎獻集十六卷　(清)鄂爾泰輯　清雍正三年(1725)慎時哉軒刻本　九册　存十五卷(二至十六)

440000－2541－0003414　3683
清獻堂集十卷　(清)趙佑撰　清乾隆刻本　二册　存七卷(一至七)

440000－2541－0003415　3684
陳清端公文集八卷　(清)陳璸撰　**紀恩録一卷**　清乾隆三十年(1765)兼山堂刻本　二册

440000－2541－0003416　3685
集虚齋學古文十二卷離騷經解略一卷　(清)方楘如撰　清乾隆十九年(1754)淳安方氏佩古堂刻本　四册

440000－2541－0003417　3686
漢印欣賞一卷　(清)王金庚輯　清同治九年(1870)譜騷樓鈐印稿本　一册

440000－2541－0003418　3687
漁洋山人精華録箋注十二卷補一卷年譜一卷附録一卷　(清)王士禛撰　(清)金榮箋注　清乾隆金氏鳳翽堂刻本　八册

440000－2541－0003419　3688
綠墅堂遺集二卷　(明)吳譽聞撰　清乾隆十年(1745)吳文正刻本　一册

440000－2541－0003420　3689
華泉先生集選四卷　(明)邊貢撰　(清)王士禛選　**睡足軒詩選一卷**　(明)邊習撰　(清)王士禛　(清)徐夜選　清康熙三十九年(1700)刻王漁洋遺書本　一册

440000－2541－0003421　3690
在山遺稿五卷　(清)程鍾撰　清乾隆刻本　一册

440000－2541－0003422　3691

辰巳集二卷 (清)姜立寬撰 清康熙刻本 一册

440000－2541－0003423 3692
感舊集十六卷 (清)王士禛輯 (清)盧見曾補傳 清乾隆十六年(1751)盧見曾刻本 八册

440000－2541－0003424 3693
千首宋人絕句十卷 (清)嚴長明輯 清乾隆三十五年(1770)畢沅刻本 二册

440000－2541－0003425 3694
古學鴻裁十五卷詩學鴻裁二卷 (清)范樫 (清)周采輯 清初刻本 七册 存十二卷(古學鴻裁一至二、五至六、十至十五,詩學鴻裁二卷)

440000－2541－0003426 3695
樂府詩集一百卷目錄二卷 (宋)郭茂倩輯 明末古虞毛氏汲古閣刻本 五册 存三十八卷(四至九、十七至二十五、三十五至四十二、八十六至一百)

440000－2541－0003427 3696
南宋雜事詩七卷 (清)沈嘉轍等撰 (清)劉子端輯 清武林芹香齋刻本 四册

440000－2541－0003428 3697
香樹齋詩集十八卷續集三十六卷 (清)錢陳羣撰 清乾隆刻本 六册 存十二卷(續集一至十二)

440000－2541－0003429 3698
雪泥記游稿二卷 (清)符曾撰 清乾隆鄧永昌刻本 一册

440000－2541－0003430 3699
尚白齋鐫陳眉公寶顔堂秘笈十七種 (明)陳繼儒編 明萬曆繡水沈氏尚白齋刻本 十八册

440000－2541－0003431 3700
曝書亭詩錄十二卷 (清)朱彝尊撰 (清)江浩然箋注 清乾隆三十年(1765)惇裕堂刻本 六册

440000－2541－0003432 3701
蓬亭偶存詩草十五卷餘草一卷 (清)陳王猷撰 清康熙至雍正海陽陳氏世馨堂刻道光二十六年(1846)陳廣澤重修本 四册

440000－2541－0003433 3702
崇明縣尉王公贈行集一卷 (清)王文煜等撰 清康熙刻本 一册

440000－2541－0003434 3703
右海先生疏稿一卷 (明)丁允元撰 清乾隆三十五年(1770)家刻本 一册

440000－2541－0003435 3704
大曆詩略六卷 (清)喬億輯並評 清乾隆二十七年(1762)寶應喬氏居安樂玩之堂刻本 二册

440000－2541－0003436 3705
唐賢三昧集三卷 (清)王士禛選 (清)吳煊 (清)胡棠注 清乾隆五十二年(1787)南城吳煊聽雨齋刻本 三册

440000－2541－0003437 3706
墨井詩鈔二卷三巴集一卷墨井題跋一卷 (清)吳歷撰 清同治十三年(1874)虞山顧氏刻小石山房叢書本 容庚批校題識 一册

440000－2541－0003438 3707
彭賁園詩鈔十三卷 (清)彭光斗撰 清乾隆五十一年(1786)刻本 周連寬跋 四册

440000－2541－0003439 3708
七子詩選十四卷 (清)沈德潛編 清乾隆十八年(1753)松筠堂刻乾隆、嘉慶重修本 六册

440000－2541－0003440 3709
七子詩選十四卷 (清)沈德潛編 清乾隆十八年(1753)刻本 六册

440000－2541－0003441 3710
二南遺音四卷 (清)劉紹攽輯 清乾隆二十八年(1763)刻本 三册

440000－2541－0003442 3711
庚子銷夏記八卷 (清)孫承澤撰 清乾隆二

十五年至二十六年(1760－1761)鮑廷博、鄭竺刻本　四册

440000－2541－0003443　3712
文章練要左傳評十卷　(清)王源輯　清雍正刻本　六册

440000－2541－0003444　3713
陳檢討四六二十卷　(清)陳維崧撰　(清)程師恭注　清乾隆三十五年(1770)陳明善刻本　七册

440000－2541－0003445　3714
石鼓考三卷補遺一卷　(清)朱彝尊輯　(清)朱昆田補遺　清抄本　二册　存二卷(上、下)

440000－2541－0003446　3715
國朝六家詩鈔八卷　(清)劉執玉編　清乾隆三十二年(1767)刻本　十二册

440000－2541－0003447　3716
國朝六家詩鈔八卷　(清)劉執玉編　清乾隆三十二年(1767)刻本　六册

440000－2541－0003448　3717
國朝六家詩鈔八卷　(清)劉執玉編　清乾隆三十二年(1767)刻本　四册

440000－2541－0003449　3718
越中遊草二卷吴閶集一卷　(明)馮大受撰　明萬曆刻竹素園集本　一册

440000－2541－0003450　3719
潘氏泉譜不分卷　(清)潘仕成輯並考釋　稿本　七册

440000－2541－0003451　3720
玉谿生詩詳注三卷首一卷　(唐)李商隱撰　(清)馮浩注　**玉谿生年譜一卷**　(清)馮浩輯　清乾隆四十五年(1780)德聚堂刻嘉慶元年(1796)增刻本　四册

440000－2541－0003452　3721
觀瀾堂文集八卷詩集九卷　(清)曹章撰　清康熙古虞曹氏觀瀾堂刻光緒二十二年(1896)木活字補版印本　四册

440000－2541－0003453　3722
唐文粹詩選六卷　(宋)姚鉉輯　(清)王士禛删纂　清康熙刻本　二册

440000－2541－0003454　3723
山滿樓箋注唐詩七言律六卷　(清)趙臣瑗選輯　清刻本　七册

440000－2541－0003455　3724
山滿樓箋注唐詩七言律六卷　(清)趙臣瑗選輯　清乾隆四十九年(1784)刻本　十二册

440000－2541－0003456　3725
御選唐詩三十二卷目錄三卷　(清)聖祖玄燁輯　(清)陳廷敬等注　清康熙五十二年(1713)内府刻朱墨套印本　二十三册　存三十卷(一至五、九至三十,目錄三卷)

440000－2541－0003457　3726
道園學古錄五十卷　(元)虞集撰　(清)陳兆履訂　清乾隆四十一年(1776)陳兆履賜書堂刻本　十六册

440000－2541－0003458　3727
才調集十卷　(五代)韋縠輯　(清)馮舒　(清)馮班評　清康熙四十三年(1704)新安汪氏垂雲堂刻本　六册

440000－2541－0003459　3728
才調集補註十卷　(五代)韋縠輯　(清)馮舒　(清)馮班評　(清)殷元勳箋注　(清)宋邦綏補注　清乾隆五十八年(1793)思補堂刻本　十册

440000－2541－0003460　3729
施注蘇詩四十二卷總目二卷　(宋)蘇軾撰　(宋)施元之　(宋)顧禧注　(清)邵長蘅　(清)顧嗣立　(清)宋至補注　**蘇詩續補遺二卷**　(宋)蘇軾撰　(清)馮景補注　**王注正譌一卷**　(清)邵長蘅撰　**東坡先生年譜一卷**　(宋)王宗稷撰　清康熙三十八年(1699)宋犖刻本　十二册

440000－2541－0003461　3730
施注蘇詩四十二卷總目二卷　(宋)蘇軾撰　(宋)施元之　(宋)顧禧注　(清)邵長蘅

(清)顧嗣立　(清)宋至補注　**蘇詩續補遺二卷**　(宋)蘇軾撰　(清)馮景補注　**王注正譌一卷**　(清)邵長蘅撰　**東坡先生年譜一卷**　(宋)王宗稷撰　清康熙三十八年(1699)宋犖刻本　十册

440000－2541－0003462　3731
施注蘇詩四十二卷總目二卷　(宋)蘇軾撰　(宋)施元之　(宋)顧禧注　(清)邵長蘅　(清)顧嗣立　(清)宋至補注　**蘇詩續補遺二卷**　(宋)蘇軾撰　(清)馮景補注　**王注正譌一卷**　(清)邵長蘅撰　**東坡先生年譜一卷**　(宋)王宗稷撰　清康熙金閶步月樓刻本　十二册

440000－2541－0003463　3732
東坡先生全集七十五卷　(宋)蘇軾撰　**東坡詩選十二卷**　(宋)蘇軾撰　(明)譚元春輯　**年譜一卷**　(宋)王宗稷撰　明末刻本　七册　存十二卷(東坡詩選十二卷)

440000－2541－0003464　3733
晚唐詩鈔二十六卷　(清)查克弘　(清)凌紹乾輯　清康熙四十二年(1703)海寧查氏棲鳳閣刻本　八册　存十六卷(一至十六)

440000－2541－0003465　3734
唐四家詩八卷　(清)汪立名編　清康熙三十四年(1695)自刻本　六册

440000－2541－0003466　3735
蘇東坡詩集注三十二卷　(宋)蘇軾撰　題(宋)呂祖謙分輯　(宋)王十朋纂集　**年譜一卷**　(宋)王宗稷撰　**失編一卷**　(清)朱從延補注　清康熙三十七年(1698)朱從延文蔚堂刻本　八册

440000－2541－0003467　3736
十種唐詩選十七卷　(清)王士禛編　清康熙南芝堂刻王漁洋遺書本　三册

440000－2541－0003468　3737
十種唐詩選十七卷　(清)王士禛編　清康熙南芝堂刻王漁洋遺書本　一册　存三種

440000－2541－0003469　3738
李義山詩集三卷詩譜一卷詩評一卷　(唐)李商隱撰　(清)朱鶴齡箋注　清乾隆五十八年(1793)三多齋刻本　四册

440000－2541－0003470　3739
重訂李義山詩集箋注三卷集外詩箋注一卷　(唐)李商隱撰　(清)朱鶴齡箋注　(清)程夢星刪補　**詩話一卷年譜一卷**　(清)程夢星輯　清乾隆十一年(1746)東柯草堂刻本　清叔虬題識　二册

440000－2541－0003471　3740
中晚唐詩叩彈集十二卷續集三卷　(清)杜詔　(清)杜庭珠輯　清康熙四十三年(1704)采山亭刻本　六册

440000－2541－0003472　3741
中晚唐詩叩彈集十二卷續集三卷　(清)杜詔　(清)杜庭珠輯　清康熙四十三年(1704)采山亭刻本　六册

440000－2541－0003473　3742
東嵒草堂評訂唐詩鼓吹十卷　(金)元好問輯　(元)郝天挺注　(明)廖文炳解　(清)朱三錫評　清康熙刻本　六册　存六卷(一至三、五至六、九)

440000－2541－0003474　3743
說郛一百二十弓　(元)陶宗儀輯　**說郛續四十六弓**　(明)陶珽輯　清順治三年(1646)周南李際期宛委山堂刻本　周連寬跋　一百六十册　存一百五十八弓(說郛一百二十弓、說郛續一至三十八)

440000－2541－0003475　3744
唐宋叢書七十六種　(明)鍾人傑　(明)張遂辰編　明刻本　四十四册

440000－2541－0003476　3745
雅雨堂藏書十二種附一種　(清)盧見曾編　清乾隆二十一年(1756)德州盧氏雅雨堂刻本　十二册　存七種

440000－2541－0003477　3746
龍威祕書十集一百七十種　(清)馬俊良編　清刻本　五十六册　存一百十一種

440000－2541－0003478　3747
微波榭叢書十五種　(清)孔繼涵編　清乾隆曲阜孔氏刻本　十六冊　存三種

440000－2541－0003479　3748
亦政堂鐫陳眉公家藏廣秘笈五十四種　(明)陳繼儒編　明萬曆刻本　二十二冊　存三十三種

440000－2541－0003480　3749
增訂漢魏叢書八十六種　(清)王謨編　清乾隆五十六年(1791)金谿王氏刻本　六十四冊

440000－2541－0003481　3750
增訂漢魏叢書八十六種　(清)王謨編　清乾隆五十六年(1791)金谿王氏刻本　八十冊

440000－2541－0003482　3751
增訂漢魏叢書八十六種　(清)王謨編　清乾隆五十六年(1791)金谿王氏刻本　六十七冊　存七十八種

440000－2541－0003483　3752
楝亭藏書十二種　(清)曹寅編　清康熙四十五年(1706)揚州詩局刻本　六冊　存四種

440000－2541－0003484　3753
檀几叢書一百五十七種　(清)王晫　(清)張潮編　清康熙三十四年至三十六年(1695－1697)新安張氏霞舉堂刻本　十二冊

440000－2541－0003485　3754
昭代叢書二集十二帙九十種　(清)張潮編　清康熙刻本　十四冊　存乙集四十種

440000－2541－0003486　3755
龍威祕書十集一百七十種　(清)馬俊良編　清乾隆五十九年(1794)至嘉慶石門馬氏大酉山房刻本　清溫澍梁題識　八十冊

440000－2541－0003487　3756
貸園叢書初集十二種　(清)周永年編　清乾隆李文藻刻五十四年(1789)歷城周氏竹西書屋彙印本　二十四冊

440000－2541－0003488　3757
雅雨堂藏書十二種附一種　(清)盧見曾編　清乾隆二十一年(1756)德州盧氏雅雨堂刻本　二十八冊

440000－2541－0003489　3758
貸園叢書初集十二種　(清)周永年編　清乾隆李文藻刻五十四年(1789)歷城周氏竹西書屋彙印本　十六冊

440000－2541－0003490　3759
心齋十種　(清)任兆麟撰　清乾隆至嘉慶震澤任氏忠敏家塾刻本　四冊

440000－2541－0003491　3760
杭大宗七種叢書　(清)杭世駿撰　清乾隆五十七年(1792)杭賓仁刻本　八冊

440000－2541－0003492　3761
杭大宗七種叢書　(清)杭世駿撰　清乾隆五十七年(1792)杭賓仁刻本　四冊

440000－2541－0003493　3762
微波榭叢書十五種　(清)孔繼涵編　清乾隆曲阜孔氏刻本　三十八冊　存十一種

440000－2541－0003494　3763
經訓堂叢書二十一種　(清)畢沅編　清乾隆鎮洋畢氏靈巖山館刻本　二十二冊　存十四種

440000－2541－0003495　3764
三蘇文盛二十卷　(宋)蘇洵等撰　(明)鍾惺輯　(明)譚元春參評　明末刻本　十二冊

440000－2541－0003496　3765
北江全集八種　(清)洪亮吉撰　清乾隆至嘉慶刻本　三十六冊

440000－2541－0003497　3766
說郛一百二十弓　(元)陶宗儀輯　**說郛續四十六弓**　(明)陶珽輯　清順治三年(1646)周南李際期宛委山堂刻本　周連寬跋　五十冊　存六十弓(說郛十至十三、十五至十六、二十一至二十二、二十四至三十一、六十、一百一至一百八、一百十至一百二十,說郛續一至十一、十四、十六至二十、二十二至二十三、二十七、四十二至四十三、四十五至四十六)

440000－2541－0003498　3767
御定仿宋相臺岳氏本五經附考證九十六卷　(宋)岳珂編　清乾隆四十八年(1783)武英殿刻本　十七册

440000－2541－0003499　3768
函史上編八十一卷下編二十一卷　(明)鄧元錫撰　明崇禎七年(1634)鄧應瑞刻清遞修本　四十册　存六十九卷(上編一至二十一、四十二至七十二、八十一,下編一至十二、十八至二十一)

440000－2541－0003500　3769
九經補注八種　(清)姜兆錫撰　清雍正至乾隆丹陽姜氏寅清樓刻本　三十二册

440000－2541－0003501　3770
祕書廿一種　(清)汪士漢編　清乾隆七年(1742)新安汪氏刻本　二十七册

440000－2541－0003502　3771
萬充宗先生經學五書　(清)萬斯大撰　清乾隆萬福刻本　八册

440000－2541－0003503　3772
萬充宗先生經學五書　(清)萬斯大撰　清乾隆萬福刻本　七册　存四種

440000－2541－0003504　3773
雜學辨一卷附錄一卷　(宋)朱熹撰　清康熙呂氏寶誥堂刻朱子遺書本　一册

440000－2541－0003505　3774
燕禧堂五種　(清)任大椿撰　清乾隆刻本　八册

440000－2541－0003506　3775
鏡煙堂十種　(清)紀昀撰　清乾隆河間紀氏鏡煙堂刻本　十四册

440000－2541－0003507　3776
玉燕堂四種曲　(清)張堅撰　清乾隆刻本　十二册

440000－2541－0003508　3777
西河合集一百十九種　(清)毛奇齡撰　清康熙李塨等刻乾隆三十五年(1770)陸體元重修本　八十册

440000－2541－0003509　3778
說鈴前集三十八種後集十七種續集七種　(清)吳震方編　清康熙刻本　二十册

440000－2541－0003510　3779
鏡煙堂十種　(清)紀昀撰　清乾隆河間紀氏鏡煙堂刻本　十一册　存九種

440000－2541－0003511　3780
高安朱文端公著述十一種　(清)朱軾編　清康熙至乾隆刻本　五十册

440000－2541－0003512　3781
西堂全集四種附一種　(清)尤侗撰　清康熙刻本　二十五册

440000－2541－0003513　3782
知不足齋叢書三十集一百九十七種附十一種　(清)鮑廷博編　(清)鮑志祖續編　清乾隆至道光長塘鮑氏刻本　十七册　存九種

440000－2541－0003514　3783
西河合集一百十九種　(清)毛奇齡撰　清康熙李塨等刻乾隆三十五年(1770)陸體元重修本　七十七册　存一百十六種

440000－2541－0003515　3784
微波榭叢書十五種　(清)孔繼涵編　清乾隆曲阜孔氏刻本　二十四册　存三種

440000－2541－0003516　3785
隨園三十種　(清)袁枚撰　清乾隆至嘉慶錢塘袁氏隨園刻本　八十册

440000－2541－0003517　3786
爾雅直音二卷　(清)孫偘輯　清乾隆六十年(1795)刻本　二册

440000－2541－0003518　3787
春秋四家五傳平文四十一卷首一卷春秋五傳綱領一卷春秋諸國興廢說一卷春秋筆削發微圖一卷春秋名號歸一圖二卷春秋二十國年表一卷　(明)張岐然輯　**春秋提要二卷**　(明)虞宗瑤輯　明崇禎十四年(1641)君山堂刻本　十八册　存二十八卷(平文一至二十一、首

一卷,春秋五傳綱領一卷,春秋諸國興廢説一卷,春秋筆削發微圖一卷,春秋名號歸一圖二卷,春秋二十國年表一卷)

440000－2541－0003519　3788
音學五書三十八卷　(清)顧炎武撰　清康熙六年(1667)張弨符山堂刻本　二十册

440000－2541－0003520　3789
重定金石契五卷續一卷附録一卷　(清)張燕昌撰　劉世珩增補　清乾隆三十六年(1771)刻四十三年(1778)重修劉世珩增補本　四册

440000－2541－0003521　3790
大明成化庚寅重刊改併五音集韻十五卷　(金)韓道昭撰　明成化六年至七年(1470－1471)刻本　十二册

440000－2541－0003522　3791
音韻闡微十八卷韻譜一卷　(清)李光地等撰　清雍正六年(1728)武英殿刻本　五册

440000－2541－0003523　3792
埤雅二十卷　(宋)陸佃撰　清康熙顧棫刻本　四册

440000－2541－0003524　3793
稗海十函四十八種續二十二種　(明)商濬編　明萬曆商濬刻清康熙振鷺堂重修本　七十六册

440000－2541－0003525　3794
辟疆園杜詩注解五言律十二卷七言律五卷年譜一卷　(唐)杜甫撰　(清)李壯　(清)畢忠吉評　(清)顧宸注　清順治十八年(1661)梁谿顧氏辟疆園刻康熙二年(1663)續刻本　三十二册

440000－2541－0003526　3795
洪武正韻十卷　(明)樂韶鳳　(明)宋濂等撰　(明)楊時偉補箋　明崇禎刻本　六册

440000－2541－0003527　3796
古詩歸十五卷　(明)鍾惺　(明)譚元春編　明崇禎刻詩歸本　八册

440000－2541－0003528　3797
貫華堂選批唐才子詩甲集七言律八卷　(清)金人瑞輯　(清)金雍注　清初刻本　十二册

440000－2541－0003529　3798
名媛詩歸三十六卷　(明)鍾惺輯　明末刻本　十册

440000－2541－0003530　3799
詩紀一百五十六卷目録三十六卷　(明)馮惟訥輯　明萬曆吴琯等刻方天眷印本　十六册　存九十一卷(六至十二、三十九至六十六、八十至九十三、九十六至一百五、一百十至一百三十九,目録二至三)

440000－2541－0003531　3800
唐詩紀一百七十卷目録三十四卷　題(明)方一元輯　明萬曆十三年(1585)吴琯刻方天眷重修本　二十六册　存一百四十二卷(初唐一至四十、五十一至六十,盛唐十一至五十五、六十二至七十三、九十九至一百十;目録一至八、十一至十二、十五至二十三、二十六至二十七、三十三至三十四)

440000－2541－0003532　3801
古詩箋三十二卷　(清)王士禛輯　(清)聞人倓箋　清乾隆三十一年(1766)雲間聞氏芷蘭堂刻本　十六册

440000－2541－0003533　3802
説文字原考略六卷　(清)吴照輯　清乾隆五十七年(1792)南昌自刻本　四册　存四卷(一至四)

440000－2541－0003534　3803
唐詩百名家全集三百二十六卷　(清)席啟寓編　清康熙四十一年(1702)席氏琴川書屋自刻本　八十册

440000－2541－0003535　3804
宋詩紀事一百卷　(清)厲鶚　(清)馬曰琯輯　清乾隆十一年(1746)厲鶚樊榭山房刻本　二十四册

440000－2541－0003536　3805
金詩選四卷首一卷　(清)顧奎光輯　清乾隆十六年(1751)刻本　清佚名題識　二册

440000－2541－0003537　3806
元詩選六卷補遺一卷總論一卷名氏爵里一卷　(清)顧奎光輯　(清)陶瀚　(清)陶玉禾參評　清乾隆十六年(1751)刻本　四册

440000－2541－0003538　3807
明人詩鈔十四卷續集十四卷　(清)朱琰輯　清乾隆二十五年(1760)樊桐山房刻本　十四册

440000－2541－0003539　3808
明詩綜一百卷　(清)朱彝尊輯　清康熙刻乾隆印本　五十册

440000－2541－0003540　3809
王右丞集二十八卷首一卷末一卷　(唐)王維撰　(清)趙殿成箋注　清乾隆趙氏刻本　九册

440000－2541－0003541　3810
杜詩詳註二十五卷首一卷附編二卷　(唐)杜甫撰　(清)仇兆鰲輯注　清刻本　十四册

440000－2541－0003542　3811
安陽集五十卷家傳十卷　(宋)韓琦撰　**別錄三卷**　(宋)王巖叟撰　**遺事一卷**　(宋)強至撰　清乾隆四年(1739)刻本　八册

440000－2541－0003543　3812
杜詩提要十四卷　(唐)杜甫撰　(清)吳瞻泰評　清雍正刻本　八册

440000－2541－0003544　3813
王荆文公詩五十卷補遺一卷　(宋)王安石撰　(宋)李壁箋注　清乾隆五年至六年(1740－1741)張宗松清綺齋刻本　二十四册

440000－2541－0003545　3814
蘇東坡詩集注三十二卷　(宋)蘇軾撰　題(宋)吕祖謙分輯　(宋)王十朋纂集　**年譜一卷**　(宋)王宗稷撰　**失編一卷**　(清)朱從延補注　清康熙三十七年(1698)朱從延文尉堂刻本　王獻唐題記　十册

440000－2541－0003546　3815
杜詩詳注二十五卷首一卷附編二卷　(唐)杜甫撰　(清)仇兆鰲輯注　清康熙刻本　清佚名批注　二十八册

440000－2541－0003547　3817
欽定四書文不分卷　(清)弘晝　(清)方苞輯　清乾隆五年(1740)内府刻本　十六册

440000－2541－0003548　3818
康對山先生文集十卷附錄一卷　(明)康海撰　清乾隆二十六年(1761)刻本　二册　存八卷(一至七、附錄一卷)

440000－2541－0003549　3819
類篇十五卷　(宋)司馬光等撰　清康熙四十五年(1706)揚州使院刻曹楝亭五種本　十一册　存十一卷(五至十五)

440000－2541－0003550　3820
函史上編八十一卷下編二十一卷　(明)鄧元錫撰　明崇禎七年(1634)鄧應瑞刻清遞修本　一百二十一册

440000－2541－0003551　3821
風雅遺音二卷　(清)史榮輯　(清)紀昀審定　清乾隆嵩山書院刻鏡煙堂十種本　一册

440000－2541－0003552　3822
才調集補注十卷　(五代)韋縠輯　(清)馮舒　(清)馮班評　(清)殷元勳箋注　(清)宋邦綏補注　清乾隆五十八年(1793)思補堂刻本　六册

440000－2541－0003553　3823
望溪先生文偶抄不分卷　(清)方苞撰　(清)王兆符　(清)程崟輯　清乾隆五十八年(1793)思補堂刻本　清佚名批點　十册

440000－2541－0003554　3824
沈歸愚詩文全集十六種　(清)沈德潛撰　清乾隆教忠堂刻本　三十二册　存十五種

440000－2541－0003555　3825
晉書一百三十卷　(唐)房玄齡等撰　(唐)何超音義　明萬曆六年(1578)周若年、丁孟嘉刻本　九十五册　存一百二十六卷(二、四至五、八至一百三十)

440000－2541－0003556　3826
［乾隆］三水縣志十二卷　（清）朱廷模　（清）葛德新修　（清）孫星衍纂　清乾隆五十年（1785）刻本　二冊

440000－2541－0003557　3827
納書楹曲譜正集四卷續集四卷補遺四卷外集二卷納書楹玉茗堂四夢全譜八卷　（清）葉堂撰　清乾隆五十七年至五十九年（1792－1794）長洲葉氏納書楹刻本　二十冊

440000－2541－0003558　3828
繹史一百六十卷世系圖一卷年表一卷　（清）馬驌撰　清康熙刻本　徐甘棠跋　五十冊

440000－2541－0003559　3829
石頑老人診宗三昧不分卷　（清）張璐撰　（清）張倬　（清）張登輯　清康熙刻本　二冊

440000－2541－0003560　3830
醫林指月十二種　（清）王琦輯　清乾隆三十二年（1767）寶笏樓刻本　十冊

440000－2541－0003561　3831
黄帝内經素問九卷　（清）高世栻注解　清康熙三十四年（1695）侶山堂刻本　十六冊

440000－2541－0003562　3832
黄帝内經素問二十四卷　（明）吴崑注解　明萬曆三十七年（1609）刻本　六冊

440000－2541－0003563　3833
黄帝内經素問九卷　（清）高世栻注解　清康熙三十四年（1695）侶山堂刻本　十六冊

440000－2541－0003564　3834
傷寒辨證録十四卷　（清）陳士鐸撰　清乾隆十三年（1748）喻義堂刻本　七冊

440000－2541－0003565　3835
絳雪園古方選注不分卷得宜本草一卷　（清）王子接撰　清乾隆二年（1737）介景樓刻本　四冊

440000－2541－0003566　3836
脈症治方四卷附醫案一卷　（明）吴正倫撰　清康熙八年至十二年（1669－1673）澄溪倚雲堂刻本　清佚名批注　七冊

440000－2541－0003567　3837
唐王燾先生外臺秘要方四十卷　（唐）王燾撰　（宋）林億等校　明崇禎十三年（1640）程衍道經餘居刻本　五十二冊

440000－2541－0003568　3838
千金翼方三十卷　（唐）孫思邈撰　清乾隆二十八年（1763）金匱華希閎刻本　三十二冊

440000－2541－0003569　3839
杜詩詳注二十五卷首一卷附編二卷　（唐）杜甫撰　（清）仇兆鰲輯注　清康熙刻本　二十冊

440000－2541－0003570　3840
重廣補注黄帝内經素問二十四卷　（唐）王冰注　（宋）林億等校正　（宋）孫兆改誤　明嘉靖二十九年（1550）顧從德影宋刻本　四冊

440000－2541－0003571　3841
醫經原旨六卷　（清）薛雪集注　清乾隆十九年（1754）吴縣薛氏掃葉莊刻本　十二冊

440000－2541－0003572　3842
絳雪園古方選注不分卷得宜本草一卷　（清）王子接撰　清乾隆二年（1737）介景樓刻本　佚名批點　六冊

440000－2541－0003573　3843
傅氏眼科審視瑤函六卷首一卷　（明）傅仁宇輯　**醫案一卷**　（明）傅國棟輯　清醉畊堂刻本　十冊

440000－2541－0003574　3844
理虚元鑑二卷　（明）汪綺石撰　清乾隆三十六年（1771）刻本　清佚名批點　二冊

440000－2541－0003575　3845
萬密齋醫學全書一百八卷　（明）萬全撰　清雍正二年（1724）敷文堂刻本　六十二冊

440000－2541－0003576　3846
本草綱目五十二卷首一卷附圖三卷　（明）李時珍撰　明刻本　五十一冊　存四十六卷（二至四中、十二下至五十一上，圖三卷）

440000－2541－0003577　3847
御纂醫宗金鑑九十卷首一卷　(清)吳謙等輯　清刻本　六十册

440000－2541－0003578　3848
御纂醫宗金鑑九十卷首一卷　(清)吳謙等輯　清刻本　二十九册　存六十五卷(一至十六、四十一至四十九、五十二至九十,首一卷)

440000－2541－0003579　3849
本草綱目五十二卷瀕湖脈學一卷奇經八脈考一卷脈訣考證一卷附圖二卷　(明)李時珍撰　明萬曆三十一年(1603)江西夏良心、張鼎思刻本　二册　存三卷(瀕湖脈學一卷、奇經八脈考一卷、脈訣考證一卷)

440000－2541－0003580　3850
本草綱目五十二卷瀕湖脈學一卷奇經八脈考一卷脈訣考證一卷附圖二卷　(明)李時珍撰　明萬曆三十一年(1603)江西夏良心、張鼎思刻本　二册　存三卷(瀕湖脈學一卷、奇經八脈考一卷、脈訣考證一卷)

440000－2541－0003581　3851
醫方湯頭歌括不分卷附經絡歌訣一卷　(清)汪昂撰　清康熙三十三年(1694)還讀齋刻本　佚名批點　二册

440000－2541－0003582　3852
鍼灸大成十卷　(明)楊繼洲撰　明萬曆二十九年(1601)山西趙文炳刻本　十册

440000－2541－0003583　3853
羅氏會約醫鏡二十卷　(清)羅國綱撰並輯　(清)羅鴻　(清)羅泰編　清乾隆五十四年(1789)大成堂刻本　十二册

440000－2541－0003584　3854
鍼灸大成十卷　(明)楊繼洲撰　清康熙十九年(1680)江西李月桂刻本　十六册

440000－2541－0003585　3855
鍼灸大成十卷　(明)楊繼洲撰　清乾隆二年(1737)會稽章廷珪刻本　十册

440000－2541－0003586　3856
痘疹定論四卷　(清)朱純嘏輯　清乾隆三十二年(1767)王香嚴刻本　四册

440000－2541－0003587　3857
痘疹定論四卷　(清)朱純嘏輯　清乾隆四十九年(1784)致和堂刻本　四册

440000－2541－0003588　3858
吳詩集覽二十卷補注二十卷　(清)吳偉業撰　(清)靳榮藩補注　**談藪二卷談藪拾遺一卷**　(清)靳榮藩撰　清乾隆四十年(1775)凌雲亭刻四十一年(1776)增補蘇州綠蔭堂印本　十六册

440000－2541－0003589　3859
羅經解定七卷羅經問答一卷　(清)胡國楨撰　清康熙二十四年(1685)觀我堂刻本　四册

440000－2541－0003590　3860
杜工部集二十卷唱酬題詠附錄一卷諸家詩話一卷附錄一卷年譜一卷　(唐)杜甫撰　(清)錢謙益箋注　清康熙六年(1667)季振宜靜思堂刻本(卷十五至十七抄配)　十册

440000－2541－0003591　3861
陶節菴傷寒全生集四卷　(明)陶華撰　清乾隆四十七年(1782)古越尺木堂刻本　八册

440000－2541－0003592　3862
廣印人傳十六卷補遺一卷　(清)葉銘輯　清宣統三年(1911)西泠印社刻民國五年(1916)印西泠印社印學叢書本　四册

440000－2541－0003593　3864
粵東金石略九卷首一卷九曜石考二卷　(清)翁方綱撰　清乾隆三十六年(1771)大興翁氏石洲草堂刻蘇齋叢書本　一册

440000－2541－0003594　3865
救偏瑣言十卷瑣言備用良方一卷　(清)費啓泰撰　清康熙二十七年(1688)惠迪堂刻本　六册

440000－2541－0003595　3866
皇明四朝成仁錄餘編四卷　(清)屈大均撰　清抄本　一册

440000－2541－0003596　3867
文史通義八卷校讎通義三卷　(清)章學誠撰　清光緒三年至四年(1877－1878)章季真貴陽刻本　二册

440000－2541－0003597　3868
古今萬姓統譜一百四十卷歷代帝王姓系統譜六卷氏族博考十四卷　(明)凌迪知輯　明萬曆刻汲古閣重修本　三十二册

440000－2541－0003598　3869
水經注四十卷　題(漢)桑欽撰　(北魏)酈道元注　清乾隆十八年(1753)黄晟槐蔭草堂刻本　清佚名批點　十二册

440000－2541－0003599　3870
世説新語三卷　(南朝宋)劉義慶撰　(南朝梁)劉孝標注　明嘉靖十四年(1535)袁褧嘉趣堂刻萬曆四年(1576)王氏湘雲堂印本　清佚名跋　清吴嘉泰録沈寶研校并跋　穎谷跋　佚名校　蔣天樞跋　六册

440000－2541－0003600　3872
浙江輿圖測繪章程不分卷　(清)浙江通省輿圖測繪局撰　清光緒抄本　一册

440000－2541－0003601　3873
弘簡録二百五十四卷　(明)邵經邦撰　清康熙二十七年(1688)邵遠平刻乾隆印本　八十册

440000－2541－0003602　3874
收燕調鶯館叢書十六種　(清)張履恒編　稿本　二十四册

440000－2541－0003603　3875
中山傳信録六卷　(清)徐葆光輯　清康熙六十年(1721)二友齋刻本　六册

440000－2541－0003604　3876
漕河圖志八卷　(明)王瓊撰　明弘治刻嘉靖增刻本　二册　存四卷(二至三、五至六)

440000－2541－0003605　3877
大明一統志九十卷圖一卷　(明)李賢等纂修　明天順五年(1461)内府刻本　一册　存二卷(七十七至七十八)

440000－2541－0003606　3878
孫真人備急千金要方九十三卷目録二卷　(唐)孫思邈撰　(宋)林億等校　明嘉靖二十二年(1543)喬世定小丘山房刻本　九册　存二十一卷(一、四十二至四十四、五十四至五十七、六十四至七十六)

440000－2541－0003607　3879
瘡瘍經驗全書十三卷　(宋)竇傑輯　(明)竇夢麟續輯　清康熙五十六年(1717)刻乾隆十五年(1750)五雲樓印本　八册

440000－2541－0003608　3880
草木疏校正二卷　(清)趙佑撰　清乾隆五十六年(1791)仁和趙氏刻趙鹿泉全集六種本　二册

440000－2541－0003609　3881
馬經十卷　(明)俞彦撰　明天啓刻本　二册

440000－2541－0003610　3882
攝生眾妙方十一卷急救良方二卷　(明)張時徹輯　明萬曆刻本　四册　存十卷(攝生眾妙方三至十一、急救良方一)

440000－2541－0003611　3883
李義山詩集三卷詩譜一卷詩評一卷　(唐)李商隱撰　(清)朱鶴齡箋注　(清)沈厚塽輯評　清同治九年(1870)廣州倅署刻三色套印本　四册

440000－2541－0003612　3884
醫方考六卷脈語二卷　(明)吴崐撰　明刻本　十一册

440000－2541－0003613　3885
本草經解要四卷附餘一卷　(清)姚球撰　(清)葉桂集注　清雍正二年(1724)王從龍刻金閶書業印本　九册

440000－2541－0003614　3886
本草經解要四卷附餘一卷　(清)姚球撰　(清)葉桂集注　清雍正二年(1724)王從龍刻乾隆四十六年(1781)衛生堂印本　四册

440000－2541－0003615　3887
吳氏醫學述□□種　(清)吳儀洛編　清乾隆武原吳氏硤川利濟堂刻本　十四册　存二種

440000－2541－0003616　3888
類症普濟本事方十卷　(宋)許叔微撰　(清)王陳梁校　清乾隆四十二年(1777)王陳梁刻本　三册

440000－2541－0003617　3889
薛氏醫案二十四種　(明)吳琯編　明萬曆刻本　二十六册　存十四種

440000－2541－0003618　3890
明醫雜著六卷　(明)王綸撰　(明)薛己注　明刻薛氏醫案二十四種本　十二册

440000－2541－0003619　3891
薛氏醫案二十四種　(明)吳琯編　明刻本　十九册　存十種

440000－2541－0003620　3892
薛氏醫案二十四種　(明)吳琯編　明刻本　十一册　存二種

440000－2541－0003621　3893
醫學綱目四十卷　(明)樓英輯　**運氣占候補遺一卷**　(明)邵弁輯　明刻本　二十四册

440000－2541－0003622　3894
證治準繩八卷　(明)王肯堂編　明萬曆刻證治準繩本　二十六册

440000－2541－0003623　3895
先醒齋筆記十四卷炮炙大法一卷用藥凡例一卷　(明)繆希雍撰　(明)丁元薦輯　明崇禎十五年(1642)虞山李枝刻本　四册

440000－2541－0003624　3896
張氏醫通十六卷　(清)張璐輯　清康熙四十八年(1709)刻本　十一册　存六卷(一至六)

440000－2541－0003625　3897
杜工部集二十卷首一卷　(唐)杜甫撰　(明)王世貞　(明)王慎中評　(清)王士禛　(清)宋犖　(清)邵長蘅評　清光緒二年(1876)粵東翰墨園刻六色套印本　十册

440000－2541－0003626　3898
南山宗統十卷　(清)釋福聚輯　清乾隆刻嘉慶重修本　四册

440000－2541－0003627　3899
李長吉歌詩四卷外集一卷　(唐)李賀撰　(清)王琦彙解　**首一卷**　(清)王琦輯　清乾隆錢塘王氏寶笏樓刻本　四册

440000－2541－0003628　3900
[乾隆]海豐縣志十卷　(清)于卜熊修　(清)史本等纂　清乾隆十五年(1750)刻同治十二年(1873)補刻本(有圖)　三册　存八卷(一至八)

440000－2541－0003629　3901
湯子遺書十卷附録一卷　(清)湯斌撰　**年譜一卷**　(清)王廷燦撰　清康熙四十二年(1703)王廷燦刻本　十册

440000－2541－0003630　3902
御纂周易折中二十二卷首一卷　(清)李光地等撰　清康熙五十四年(1715)武英殿刻本　十二册

440000－2541－0003631　3903
古今韻略五卷　(清)邵長蘅撰　清康熙三十五年(1696)宋犖刻本　周連寬跋　五册

440000－2541－0003632　3904
藏書六十八卷　(明)李贄撰　明萬曆二十七年(1599)焦竑刻本　十六册

440000－2541－0003633　3905
咸淳臨安志一百卷　(宋)潛說友纂修　清抄本　二十四册　存九十五卷(一至六十三、六十五至八十九、九十一至九十七)

440000－2541－0003634　3906
芥子園畫傳五卷　(清)王槩摹繪　清刻彩色套印本　四册

440000－2541－0003635　3907
集古印譜六卷　(明)王常輯　明萬曆三年(1575)武陵顧氏芸閣刻朱印本　梅道人、龍山詞客批校題識　六册

440000－2541－0003636　3908

重刊巢氏諸病源候總論五十卷　(隋)巢元方撰　(明)汪濟川校　明方東雲聚奎堂刻本　十二册

440000－2541－0003637　3909

杜工部集二十卷　(唐)杜甫撰　(清)錢謙益箋注　**唱酬題詠附錄一卷諸家詩話一卷附錄一卷年譜一卷**　清康熙六年(1667)季振宜靜思堂刻本　十册

440000－2541－0003638　3910

同書四卷　(清)周亮工輯　清順治六年(1649)周氏樓林刻本　四册

440000－2541－0003639　3911

問奇類林三十五卷續集三十卷　(明)郭良翰撰　明萬曆三十八年(1610)刻本　十册　存三十五卷(問奇類林三十五卷)

440000－2541－0003640　3912

山海經釋義十八卷　(明)王崇慶撰　明萬曆大業堂刻本　六册

440000－2541－0003641　3913

老子道德經二卷　(宋)劉辰翁評點　明天啓刻劉辰翁點校九種本　二册

440000－2541－0003642　3914

老子翼三卷　(明)焦竑撰　明萬曆十六年(1588)王元貞刻本　四册

440000－2541－0003643　3915

彙苑詳注三十六卷　(明)王世貞撰　明萬曆二十三年(1595)刻本　十六册

440000－2541－0003644　3916

典籍便覽八卷　(明)范泓輯　(明)范淶補注　明萬曆三十一年(1603)新安范氏刻本　四册

440000－2541－0003645　3917

劉氏鴻書一百八卷　(明)劉仲達輯　明刻本　四十八册

440000－2541－0003646　3918

事物異名錄四十卷　(清)厲荃輯　(清)關槐增輯　清乾隆五十三年(1788)廣東刻本　二十册

440000－2541－0003647　3919

五車韻瑞一百六十卷洪武正韻一卷　(明)凌稚隆輯　明刻本(卷五十二至七十三抄配)　十五册

440000－2541－0003648　3920

五車韻瑞一百六十卷洪武正韻一卷　(明)凌稚隆輯　明刻本　十七册　存一百三卷(五十八至一百六十)

440000－2541－0003649　3921

書記洞詮一百六十卷目錄十卷　(明)梅鼎祚輯　明萬曆二十五年(1597)玄白堂刻本　四十册　存一百五十卷(一至八十一、一百二至一百六十,目錄十卷)

440000－2541－0003650　3922

漢魏六朝正史文選二十四卷　(明)許清胤等輯評　明崇禎刻本　十二册

440000－2541－0003651　3923

古逸書三十卷首一卷末一卷　(明)潘基慶輯　明萬曆刻本　十二册

440000－2541－0003652　3924

御選唐宋文醇五十八卷　(清)允祿等輯　清乾隆三年(1738)武英殿刻四色套印本　三十二册

440000－2541－0003653　3925

清代幕賓信稿不分卷　(清)□□輯　清抄本　八册

440000－2541－0003654　3926

感舊集十六卷　(清)王士禛輯　(清)盧見曾補傳　清乾隆十七年(1752)盧見曾刻本　十六册

440000－2541－0003655　3927

宋詩鈔初集十七卷二集二十三卷三集二十四卷四集三十一卷　(清)吕留良　(清)吳之振　(清)吳爾堯輯　清康熙十年(1671)石門吳氏鑑古堂刻本　二十册

440000－2541－0003656　3928

新集古文四聲韻五卷附錄一卷　（宋）夏竦撰　清乾隆汪氏刻本　五冊

440000－2541－0003657　3929

讀書堂杜工部詩集注解二十卷文集注解二卷　（唐）杜甫撰　（清）張溍注　**杜工部編年詩史譜目一卷**　清康熙三十七年（1698）滏陽張氏讀書堂刻本　十二冊

440000－2541－0003658　3930

欒城集五十卷後集二十四卷三集十卷應詔集十二卷　（宋）蘇轍撰　明萬曆王執禮、顧天敘刻清夢軒印本　十五冊　存九十三卷（欒城集四至五十、後集二十四卷、三集十卷、應詔集十二卷）

440000－2541－0003659　3931

崔東洲集二十卷續集十一卷　（明）崔桐撰　明嘉靖二十九年（1550）曹金刻三十四年（1555）周希哲續刻本　八冊

440000－2541－0003660　3932

嘯竹堂集十六卷二集二卷北遊草一卷　（清）王錫撰　（清）毛奇齡選　（清）姜宸英等評　清康熙刻本　六冊　存七卷（嘯竹堂集五律、七律、五排、七排、五絕、七絕、詩餘）

440000－2541－0003661　3933

文苑英華一千卷　（宋）李昉等輯　明隆慶元年（1567）胡維新、戚繼光刻本　二百三十九冊

440000－2541－0003662　3934

[雍正]河南通志八十卷　（清）田文鏡等修（清）孫灝等纂　清雍正十三年（1735）刻本（有圖表）　三十八冊

440000－2541－0003663　3935

明清徽州文書不分卷　（清）□□輯　明萬曆至清同治寫本　三十冊

440000－2541－0003664　3936

十六國春秋一百卷　題（北魏）崔鴻撰　明萬曆三十七年（1609）平水屠氏蘭暉堂刻本　一冊　存六卷（前趙五至十）

440000－2541－0003665　3937

國朝詩別裁集三十六卷　（清）沈德潛纂評　清乾隆二十四年（1759）刻本　十八冊

440000－2541－0003666　3938

[雍正]河南通志八十卷　（清）田文鏡等修（清）孫灝等纂　清雍正十三年（1735）刻道光、同治、光緒補刻民國三年（1914）河南教育司印本（有圖表）　四十冊

440000－2541－0003667　3940

明詩綜一百卷　（清）朱彝尊輯　清康熙刻白蓮涇印本　四十八冊

440000－2541－0003668　3941

元白長慶集一百四十一卷　（明）馬元調編　明萬曆馬元調魚樂軒刻本　十七冊

440000－2541－0003669　3942

樂府詩集一百卷目錄二卷　（宋）郭茂倩輯　清同治十三年（1874）湖北崇文書局刻本　王運熙批校并跋　十六冊

440000－2541－0003670　3943

網師園唐詩箋十八卷　（清）宋宗元輯　清乾隆刻本　六冊

440000－2541－0003671　3944

十七史商榷一百卷　（清）王鳴盛撰　清乾隆五十二年（1787）刻洞涇草堂印本　十五冊　存九十四卷（一至七十九、八十六至一百）

440000－2541－0003672　3945

詞綜三十八卷　（清）朱彝尊輯　（清）汪森等增輯　（清）王昶續輯　清康熙十七年（1678）休陽汪氏裘杼樓刻三十年（1691）增刻乾隆九年（1744）王氏續刻本　十冊

440000－2541－0003673　3946

詞律二十卷　（清）萬樹撰　清康熙二十六年（1687）萬樹堆絮園刻本　十冊

440000－2541－0003674　3947

才調集補注十卷　（五代）韋縠輯　（清）馮舒（清）馮班評　（清）殷元勳箋注　（清）宋邦綏補注　清乾隆五十八年（1793）思補堂刻

本　六冊

440000－2541－0003675　3948
陔餘叢考四十三卷　(清)趙翼撰　清乾隆五十五年(1790)湛貽堂刻甌北全集本　十冊

440000－2541－0003676　3949
玉臺新詠十卷　(南朝陳)徐陵輯　(清)吴兆宜注　(清)程際盛刪補　清乾隆三十九年(1774)刻嘉慶印本　王運熙批校　四冊

440000－2541－0003677　3950
七十家賦鈔六卷　(清)張惠言輯　清道光元年(1821)康氏家塾刻本　孫寶琦批校　四冊

440000－2541－0003678　3952
玉谿生詩詳注三卷樊南文集詳注八卷首一卷　(唐)李商隱撰　(清)馮浩注　**玉谿生年譜一卷**　(清)馮浩輯　清乾隆四十五年(1780)德聚堂刻嘉慶元年(1796)增刻同治七年(1868)續增重修本　清佚名批點　王運熙批點　八冊

440000－2541－0003679　3953
古詩賞析二十二卷　(清)張玉穀輯　清乾隆三十七年(1772)刻民國四年(1915)嚴氏重印本　六冊

440000－2541－0003680　3954
說文長箋一百卷首二卷解題一卷六書長箋七卷　(明)趙宧光撰　明崇禎四年(1631)趙均小宛堂刻本　五十六冊

440000－2541－0003681　3955
知不足齋叢書三十集一百九十七種附十一種　(清)鮑廷博編　(清)鮑志祖續編　清乾隆至道光長塘鮑氏刻本　四十六冊　存五十四種

440000－2541－0003682　3956
亦政堂重修宣和博古圖錄三十卷　(宋)王黼等撰　**亦政堂重考古玉圖二卷**　(元)朱德潤撰　清乾隆十七年(1752)亦政堂刻本　二十六冊

440000－2541－0003683　3957
陳蘭彬遺稿不分卷　(清)陳蘭彬撰　稿本　一冊

440000－2541－0003684　3958
謝疊山先生文章軌範七卷　(宋)謝枋得輯並評點　(明)丘邦士補並評點　清咸豐二年(1852)江右潯陽萬氏蓮峯書屋刻三色套印本　二冊

440000－2541－0003685　3959
秦漢瓦當文字二卷續一卷　(清)程敦輯　清乾隆五十二年(1787)横渠書院刻本　黄鐵題識　二冊

440000－2541－0003686　3963
金石圖不分卷廣金石圖不分卷　(清)褚峻摹圖　(清)牛運震解說　清乾隆九年(1744)刻十年(1745)續刻本　四冊

440000－2541－0003687　3964
杜鳳治日記不分卷　(清)杜鳳治撰　稿本　四十冊

440000－2541－0003688　3965
笠翁傳奇十種　(清)李漁撰　(清)盧巍等批評　清康熙刻本　二十冊

440000－2541－0003689　3966
列朝詩集乾集二卷甲集前編十一卷甲集二十二卷乙集八卷丙集十六卷丁集十六卷閏集六卷　(清)錢謙益輯　清順治九年(1652)毛氏汲古閣刻本　二十二冊

440000－2541－0003690　3967
蘇文忠詩合注五十卷首一卷　(宋)蘇軾撰　(清)馮應榴輯訂　清乾隆五十八年(1793)桐鄉馮氏踵息齋刻本　二十冊

440000－2541－0003691　3968
知不足齋叢書三十集一百九十七種附十一種　(清)鮑廷博編　(清)鮑志祖續編　清乾隆至道光長塘鮑氏刻本　九十冊　存八十二種

440000－2541－0003692　3969
牧齋初學集詩注二十卷有學集詩注十四卷　(清)錢謙益撰　(清)錢曾注　清刻玉詔堂印

本　十二册

440000－2541－0003693　3970

明詩綜一百卷　(清)朱彝尊輯　清康熙刻雍正印本　二十四册

440000－2541－0003694　3971

明史稿三百十卷史例議二卷目録三卷　(清)王鴻緒撰　清雍正九年(1731)王氏敬慎堂刻清遞修本　六十八册

440000－2541－0003695　3972

古文淵鑒六十四卷　(清)聖祖玄燁選　(清)徐乾學等輯並注　清康熙内府刻五色套印本　二十八册

440000－2541－0003696　3973

通鑑紀事本末二百三十九卷　(宋)袁樞撰　(明)張溥論正　明末刻清初印本　四十二册

440000－2541－0003697　3974

四書合講十九卷人物考四卷圖考一卷　(清)翁復撰　清雍正八年(1730)酌雅齋銅版印本　清佚名批點　十二册

440000－2541－0003698　3975

甌北全集二百五十二卷　(清)趙翼撰　清乾隆至嘉慶湛貽堂刻本　四十册

440000－2541－0003699　3976

舊雨樓集不分卷外集不分卷　方若輯　稿本　七十一册

440000－2541－0003700　3977

訒菴集古印存三十二卷　(清)汪啟淑輯　清乾隆二十五年(1760)新安汪氏鈐印本　十六册

440000－2541－0003701　3978

明史稿三百十卷史例議二卷目録三卷　(清)王鴻緒撰　清雍正九年(1731)王氏敬慎堂刻本　三十三册　存二百八十五卷(志七至七十七、表一至九、列傳一至二百五)

440000－2541－0003702　3979

明史稿三百十卷史例議二卷目録三卷　(清)王鴻緒撰　清雍正九年(1731)王氏敬慎堂刻本　四十九册　存二百五十七卷(本紀十二至十九,志一至九、十五至三十七、四十四至七十七,表一至九,列傳一至五、二十五至四十三、四十九至五十四、六十二至二百五)

440000－2541－0003703　3980

增訂漢魏叢書八十六種　(清)王謨編　清乾隆五十六年(1791)金谿王氏刻本　六十二册　存七十六種

440000－2541－0003704　3981

增訂漢魏叢書八十六種　(清)王謨編　清乾隆五十六年(1791)金谿王氏刻本　六十五册　存六十七種

440000－2541－0003705　3982

增訂漢魏叢書八十六種　(清)王謨編　清乾隆五十六年(1791)金谿王氏刻本　三十六册　存五十四種

440000－2541－0003706　3983

史緯三百三十卷首一卷　(清)陳允錫輯　清康熙三十年至三十三年(1691－1694)湖海樓刻本　一百十册　存三百二卷(一至九、二十一至二十二、三十四至四十四、五十二至三百三十,首一卷)

440000－2541－0003707　3984

甌北全集二百五十二卷　(清)趙翼撰　清乾隆至嘉慶湛貽堂刻本　四十册

440000－2541－0003708　3985

玉海二百四卷附刻十四種　(宋)王應麟撰　元至元六年(1340)慶元路儒學刻元明清遞修本　一百十二册　存二百四十四卷(玉海一至二百一、二百四,通鑑地理通釋十四卷,漢制考四卷,踐阼篇集解一卷,周易鄭康成注一卷,姓氏急就篇二卷,急就篇補注四卷,周書王會補注一卷,小學紺珠十卷,通鑑答問五卷)

440000－2541－0003709　3986

明史稿三百十卷史例議二卷目録三卷　(清)王鴻緒撰　清雍正九年(1731)王氏敬慎堂刻本　四十六册　存二百九十七卷(本紀三至

十九，志一至十九、二十四至七十七，表一至九，列傳一至一百二十八、一百三十六至二百五）

440000－2541－0003710　3987
尚白齋鐫陳眉公訂正秘笈二十一種　（明）陳繼儒編　明萬曆三十四年（1606）繡水沈氏尚白齋刻本　十二冊　存十六種

440000－2541－0003711　3988
亦政堂鐫陳眉公家藏廣秘笈五十四種　（明）陳繼儒編　明萬曆刻本　八冊　存十九種

440000－2541－0003712　3989
亦政堂鐫陳眉公普秘笈一集五十種　（明）陳繼儒編　明萬曆刻本　二十一冊　存三十八種

440000－2541－0003713　3990
寶顔堂彙秘笈四十二種　（明）陳繼儒編　明刻本　二十冊　存二十二種

440000－2541－0003714　3991
寶顔堂續秘笈五十種　（明）陳繼儒編　明萬曆刻本　三冊　存四種

440000－2541－0003715　3993
［乾隆］涿州志二十二卷首一卷　（清）吳山鳳纂修　**［同治］涿州續志十八卷**　（清）石衡修　（清）盧端衡纂　清乾隆三十年（1765）刻光緒元年（1875）增刻後印本（有圖）　十二冊

440000－2541－0003716　3994
［乾隆］無極縣志十一卷末一卷　（清）黄可潤纂修　清乾隆二十二年（1757）刻光緒十九年（1893）補刻本（有圖表）　四冊

440000－2541－0003717　3995
［乾隆］溫州府志三十卷首一卷　（清）李琬修　（清）齊召南　（清）汪沆纂　清乾隆二十七年（1762）刻同治四年（1865）重印本（有圖表）　二十冊

440000－2541－0003718　3996
［乾隆］溫州府志三十卷首一卷　（清）李琬修　（清）齊召南　（清）汪沆纂　清乾隆二十七年（1762）刻同治四年（1865）重印本（有圖表）　二十冊

440000－2541－0003719　3997
［乾隆］衡州府志三十三卷首一卷　（清）饒佺修　（清）曠敏本纂　清乾隆二十八年（1763）刻光緒元年（1875）補刻本（有圖）　二十冊

440000－2541－0003720　3998
［乾隆］湖南沅州府志四十卷首一卷　（清）張官五等纂修　（清）吳嗣仲等續纂修　清乾隆五十五年（1790）刻同治十二年（1873）增刻本（有圖表）　二十冊

440000－2541－0003721　3999
［乾隆］續修臺灣府志二十六卷首一卷　（清）余文儀修　（清）黄佾纂　清乾隆三十九年（1774）刻光緒補刻本（有圖）　十二冊

440000－2541－0003722　4000
六書通十卷　（明）閔齊伋撰　（清）畢弘述纂訂　清乾隆六十年（1795）刻本　五冊　存八卷（一至六、九至十）

440000－2541－0003723　4001
四書詳說四十九卷　（清）曹憒撰　清乾隆十二年（1747）刻本　二十九冊　存四十八卷（大學二卷，中庸三卷，論語二十卷，孟子一至十、十二至二十四）

440000－2541－0003724　4002
四史勦說十六卷　（清）史珥撰　清乾隆二十九年（1764）清風堂刻本　八冊

440000－2541－0003725　4003
戰國策十卷　（宋）鮑彪注　清三餘堂刻本　四冊

440000－2541－0003726　4006
御定歷代題畫詩類一百二十卷　（清）陳邦彦輯　清康熙四十六年（1707）內府刻本　四十冊

440000－2541－0003727　4007
水雲樓詞二卷　（清）蔣春霖撰　清咸豐十一年（1861）曼陀羅華閣刻本　一冊

440000－2541－0003728　4008
浙西六家詞十一卷　（清）龔翔麟輯　清康熙錢唐龔氏玉玲瓏閣刻本　四冊

440000－2541－0003729　4009
通雅五十二卷首三卷　（清）方以智撰　清康熙五年（1666）方氏浮山此藏軒刻本　十六冊

440000－2541－0003730　4010
古香齋鑒賞袖珍初學記三十卷　（唐）徐堅等撰　清乾隆刻古香齋袖珍十種本　十六冊

440000－2541－0003731　4011
尚書古文疏證八卷　（清）閻若璩撰　**朱子古文書疑一卷**　（清）閻詠輯　清乾隆十年（1745）眷西堂刻同治六年（1867）錢塘汪氏振綺堂重修本　八冊

440000－2541－0003732　4012
鹿洲公案二卷　（清）藍鼎元撰　清雍正十年（1732）刻鹿洲全集本　二冊

440000－2541－0003733　4013
讀書紀數略五十四卷　（清）宮夢仁輯　清康熙四十六年（1707）内府刻本　七冊

440000－2541－0003734　4014
禹貢譜二卷　（清）王澍撰　清康熙四十六年（1707）刻本　二冊

440000－2541－0003735　4015
太上黃庭經注三卷陰符經一卷　（明）石和陽注　（清）李明澈評　清乾隆五十八年（1793）清虛菴刻本　一冊

440000－2541－0003736　4016
聲韻考四卷　（清）戴震撰　清乾隆李文藻潮陽縣署刻本　佚名題識　一冊

440000－2541－0003737　4017
杜詩集說二十卷首一卷末一卷　（唐）杜甫撰　（清）江浩然集說　清乾隆四十四年（1779）本立堂刻本　十冊

440000－2541－0003738　4018
浯溪考二卷　（清）王士禛撰　清康熙四十年（1701）刻王漁洋遺書本　一冊

440000－2541－0003739　4019
抱山集選一卷　（清）王士禧撰　清康熙四十年（1701）刻王漁洋遺書本　一冊

440000－2541－0003740　4020
簫笛譜一卷　（清）陳澧輯　稿本　三冊

440000－2541－0003741　4021
鼎湖山慶雲寺志八卷　（清）丁易修　（清）釋成鷲纂　清康熙刻後印本　四冊

440000－2541－0003742　4022
願學堂印譜一卷　（清）湯士恒刻藏　清康熙二十三年（1684）鈐印本　一冊

440000－2541－0003743　4023
廣輿吟稿附編一卷　（清）宋思仁撰　清乾隆五十七年（1792）刻本　一冊

440000－2541－0003744　4024
說苑二十卷　（漢）劉向撰　清乾隆五十六年（1791）金谿王氏刻增訂漢魏叢書本　一冊

440000－2541－0003745　4025
結一廬書目四卷　（清）朱學勤撰　清抄本　伯藏題識　一冊

440000－2541－0003746　4026
吳中女士詩鈔十種附二種十四卷　（清）任兆麟編　清乾隆五十四年（1789）刻本　一冊

440000－2541－0003747　4027
清綺軒詞選十三卷　（清）夏秉衡選　清乾隆刻本　六冊

440000－2541－0003748　4028
本朝名媛詩鈔六卷　（清）胡孝思輯　清康熙五十五年（1716）平江胡氏淩雲閣刻本　四冊

440000－2541－0003749　4029
玉華堂集十二卷　（清）趙弘恩撰　清雍正十二年（1734）劍水趙氏刻本　二冊

440000－2541－0003750　4030
陳眉公訂正遊名山記四卷　（明）都穆撰　明刻寶顏堂秘笈本　一冊

440000－2541－0003751　4031

弇州山人四部稿選十六卷 （明）王世貞撰 明刻本 四冊

440000－2541－0003752 4032
二家詩鈔 （清）邵長蘅編 清康熙三十四年（1695）刻本 五冊

440000－2541－0003753 4033
寶顔堂續秘笈五十種 （明）陳繼儒編 明萬曆刻本 三冊 存三種

440000－2541－0003754 4034
介石堂水鑑六卷 （清）郭起元撰 清乾隆刻本 六冊

440000－2541－0003755 4035
工程做法七十四卷 （清）允禮等撰 清雍正十二年（1734）内府刻本 一冊 存五卷（一至五）

440000－2541－0003756 4036
輿地圖一卷 （清）□□繪 清抄本 一冊

440000－2541－0003757 4038
龍威祕書十集一百七十種 （清）馬俊良編 清乾隆五十九年（1794）至嘉慶石門馬氏大酉山房刻本 五十九冊 存四十二種

440000－2541－0003758 4039
東巡金石錄八卷 （清）崔應階 （清）梁翥鴻輯 清乾隆刻本 四冊

440000－2541－0003759 4040
關中金石記八卷 （清）畢沅撰 清乾隆四十七年（1782）鎮洋畢氏刻經訓堂叢書本 六冊

440000－2541－0003760 4041
鐘鼎字源五卷 （清）汪立名撰 清康熙五十五年（1716）一隅草堂刻本 四冊

440000－2541－0003761 4044
白虎通四卷 （漢）班固撰 **白虎通闕文一卷** （清）莊述祖輯 **白虎通校勘補遺一卷** （清）盧文弨撰 清乾隆四十九年（1784）抱經堂刻本 一冊

440000－2541－0003762 4045
安雅堂全集八種 （清）宋琬撰 清康熙至乾隆刻本 十六冊

440000－2541－0003763 4047
御覽曲洧舊聞十卷 （宋）朱弁撰 清乾隆四十九年（1784）汪汝瑮刻本 二冊

440000－2541－0003764 4049
新刻群書備數十二卷 （明）張九韶撰 （明）胡文煥校 明萬曆刻本 二冊 存五卷（八至十二）

440000－2541－0003765 4050
黄帝素問靈樞經十二卷 （宋）史崧音釋 明刻後印本 一冊 存三卷（一至三）

440000－2541－0003766 4051
醫原圖說二卷 （清）金理撰 清乾隆二十三年至二十九年（1758－1764）自刻本 四冊

440000－2541－0003767 4052
内外傷辨三卷 （金）李杲撰 （明）吴勉學校 明刻本 一冊

440000－2541－0003768 4053
吴醫彙講十一卷 （清）唐大烈輯 清乾隆五十七年（1792）唐大烈刻嘉慶印本 四冊

440000－2541－0003769 4054
吴醫彙講十一卷 （清）唐大烈輯 清乾隆五十七年（1792）唐大烈刻嘉慶印本 四冊

440000－2541－0003770 4055
林五桂堂析產部不分卷 林國賡等撰 清光緒八年（1882）林氏稿本 鄔慶時跋 一冊

440000－2541－0003771 4060
白沙子全集十卷首一卷末一卷古詩教解二卷 （明）陳獻章撰 清乾隆三十六年（1771）刻本 一冊 存二卷（四至五）

440000－2541－0003772 10002
性學舉隅二卷 （美國）丁韙良撰 （清）羅善智述 清光緒二十四年（1898）上海美華書館鉛印本 一冊

440000－2541－0003773 10006
學統五十六卷 （清）熊賜履撰 清光緒二十年（1894）靈峯精舍鉛印本 十冊

440000－2541－0003774　10007

理學宗傳二十六卷　(清)孫奇逢輯　(清)魏一鼇　(清)孫立雅編　清光緒六年(1880)浙江書局刻本　十二册

440000－2541－0003775　10008

理學宗傳二十六卷　(清)孫奇逢輯　(清)魏一鼇　(清)孫立雅編　清光緒六年(1880)浙江書局刻本　十二册

440000－2541－0003776　10009

理學宗傳二十六卷　(清)孫奇逢輯　(清)魏一鼇　(清)孫立雅編　清光緒六年(1880)浙江書局刻本　十二册

440000－2541－0003777　10010

二十二子　(清)浙江書局編　清光緒浙江書局刻本　二十四册　存十種

440000－2541－0003778　10013

性海淵源不分卷　(德國)花之安撰　清光緒二十四年(1898)上海廣學會鉛印本　一册

440000－2541－0003779　10014

性海淵源不分卷　(德國)花之安撰　清光緒二十四年(1898)上海廣學會鉛印本　一册

440000－2541－0003780　10015

性海淵源不分卷　(德國)花之安撰　清光緒二十四年(1898)上海廣學會鉛印本　一册

440000－2541－0003781　10016

儒林宗派十六卷　(清)萬斯同撰　清宣統三年(1911)浙江圖書館刻本　二册

440000－2541－0003782　10022

榕村講授三卷　(清)李光地輯　清刻本　三册

440000－2541－0003783　10023

榕村講授三卷　(清)李光地輯　清嘉慶刻本　三册

440000－2541－0003784　10025

二十二子　(清)浙江書局編　清光緒浙江書局刻本　六十二册

440000－2541－0003785　10026

二十二子　(清)浙江書局編　清光緒浙江書局刻本　八十二册

440000－2541－0003786　10027

子書二十八種　(清)育文書局編　清宣統三年(1911)育文書局石印本　三册　存十七種

440000－2541－0003787　10028

子書二十二種　(清)浙江書局編　清光緒二十三年(1897)上海圖書集成局鉛印本　十八册　存十一種

440000－2541－0003788　10029

二十五子彙函　(清)鴻文書局編　清光緒十九年(1893)上海鴻文書局石印本　十五册　存二十種

440000－2541－0003789　10030

二十五子彙函　(清)鴻文書局編　清光緒十九年(1893)上海鴻文書局石印本　十二册　存十九種

440000－2541－0003790　10031

子書二十二種　(清)浙江書局編　清光緒二十三年(1897)上海圖書集成局鉛印本　三十八册

440000－2541－0003791　10044

子書百家一百一種　(清)崇文書局編　清光緒元年(1875)湖北崇文書局刻本　一百册　存九十六種

440000－2541－0003792　10045

子書百家一百一種　(清)崇文書局編　清光緒元年(1875)湖北崇文書局刻本　一百册　存九十四種

440000－2541－0003793　10048

二十二子　(清)浙江書局編　清光緒浙江書局刻本　四十册　存十種

440000－2541－0003794　10049

二十二子　(清)浙江書局編　清光緒浙江書局刻本　四十册　存十種

440000－2541－0003795　10050

子書二十二種　(清)浙江書局編　清光緒二

十三年(1897)上海圖書集成局鉛印本　十六冊　存十種

440000－2541－0003796　10051
二十五子彙函　(清)鴻文書局編　清光緒十九年(1893)上海鴻文書局石印本　八冊

440000－2541－0003797　10058
易經集解十卷周易口訣義六卷末一卷備考一卷　(清)孫星衍輯　清光緒二年(1876)廣陵雙梧書屋刻本　四冊

440000－2541－0003798　10059
易經集解十卷周易口訣義六卷末一卷備考一卷　(清)孫星衍輯　清光緒二年(1876)廣陵雙梧書屋刻本　四冊

440000－2541－0003799　10060
易經集解十卷周易口訣義六卷末一卷備考一卷　(清)孫星衍輯　清光緒二年(1876)廣陵雙梧書屋刻本　四冊

440000－2541－0003800　10061
任兆麟述記三卷　(清)任兆麟述　(清)尤興讓等輯　清光緒二十九年(1903)上海經藝齋石印本　二冊

440000－2541－0003801　10089
誠齋易傳二十卷　(宋)楊萬里撰　清光緒二十一年(1895)湖北官書處刻本　八冊

440000－2541－0003802　10096
誠齋易傳二十卷　(宋)楊萬里撰　清刻本　四冊　存十六卷(五至二十)

440000－2541－0003803　10097
槎溪學易三卷　(清)陳𤅢撰　清同治十三年(1874)溧陽陳氏保定刻本　二冊

440000－2541－0003804　10098
周易兼義九卷注疏校勘記九卷釋文校勘記一卷　(三國魏)王弼　(晉)韓康伯注　(唐)孔穎達正義　**音義一卷**　(唐)陸德明撰　清嘉慶二十年(1815)阮元江西南昌府學刻十三經注疏本　八冊

440000－2541－0003805　10099
象數論六卷　(清)黃宗羲撰　清光緒廣雅書局刻本　二冊

440000－2541－0003806　10102
易憲四卷　(明)沈泓撰　清光緒十四年(1888)錢塘卓氏刻本　三冊

440000－2541－0003807　10103
易憲四卷　(明)沈泓撰　清光緒十四年(1888)錢塘卓氏刻本　三冊

440000－2541－0003808　10104
易經如話十二卷首一卷　(清)汪烜撰　清同治曲水書局木活字印本　六冊

440000－2541－0003809　10105
易經如話十二卷首一卷　(清)汪烜撰　清同治曲水書局木活字印本　六冊

440000－2541－0003810　10106
周易遵述不分卷　(清)蔣本撰　清道光十年(1830)信芳閣木活字印本　六冊

440000－2541－0003811　10107
御纂周易折中二十二卷首一卷　(清)李光地等撰　清光緒三十年(1904)上海育文書局石印本　二冊

440000－2541－0003812　10108
儆居遺書十一種　(清)黃式三撰　清同治至光緒刻本　二十冊　存四種

440000－2541－0003813　10109
儆居遺書十一種　(清)黃式三撰　清同治至光緒刻本　二十冊　存六種

440000－2541－0003814　10110
易釋四卷　(清)黃式三撰　清光緒廣雅書局刻本　一冊

440000－2541－0003815　10112
易經增訂旁訓三卷　(清)徐立綱撰　清匠門書屋刻五經旁訓本　一冊

440000－2541－0003816　10113
御纂周易折中二十二卷首一卷　(清)李光地等撰　清同治六年(1867)浙江書局刻御纂七經本　九冊　存十九卷(一至六、九至二十，

首一卷）

440000－2541－0003817　10114
御纂周易折中二十二卷首一卷　（清）李光地等撰　清同治六年（1867）浙江書局刻御纂七經本　十冊

440000－2541－0003818　10115
御纂周易折中二十二卷首一卷　（清）李光地等撰　清光緒二十年（1894）湖北書局刻御纂七經本　五冊　存十四卷（五至十七、首一卷）

440000－2541－0003819　10116
御製周易折中二十二卷首一卷　（清）李光地等撰　清光緒二十年（1894）江南書局刻御纂七經本　二冊　存五卷（十五至十八、首一卷）

440000－2541－0003820　10119
周易或問六卷　（清）李光地等撰　清光緒十一年（1885）刻本　六冊

440000－2541－0003821　10120
諸子粹白四卷　（清）何文明輯　清光緒七年（1881）閩南節署刻本　二冊

440000－2541－0003822　10122
讀子先河一卷　（清）劉翰棻輯　清光緒二十四年（1898）劉翰棻庚南刻本　一冊

440000－2541－0003823　10127
諸子通考二卷　孫德謙撰　清宣統二年（1910）江蘇存古學堂鉛印本　二冊

440000－2541－0003824　10128
周易讀本六卷　（清）夏與賢輯　清光緒三年（1877）陝西乾陽官舍自刻本　五冊

440000－2541－0003825　10130
周易集解纂疏八卷　（清）李道平撰　清道光刻本　八冊

440000－2541－0003826　10132
周易晰奥十卷　（清）翟可先撰　清嘉慶八年（1803）翟永江等刻本　四冊

440000－2541－0003827　10136
易說旁通十卷　（清）吳岳撰　清同治十年（1871）刻本　四冊　存四卷（一至四）

440000－2541－0003828　10137
新刻來瞿唐先生易註十五卷首一卷末一卷（明）來知德撰　清朝爽堂刻本　十冊

440000－2541－0003829　10141
易說六卷　（清）惠士奇撰　清嘉慶真意堂刻本　四冊

440000－2541－0003830　10142
周易審義四卷　（清）張惠言撰　清咸豐七年（1857）文選樓刻本　八冊

440000－2541－0003831　10143
周易口訣義六卷　（唐）史徵撰　清福建刻武英殿聚珍版書本　二冊

440000－2541－0003832　10144
古經解彙函十六種附小學彙函十四種　（清）鍾謙鈞等編　清同治十二年（1873）粵東書局刻本　二十二冊　存古經解彙函四種、小學彙函四種

440000－2541－0003833　10147
補周易口訣義闕卦一卷　桑宣撰　清光緒二十七年（1901）苑平桑氏刻鐵研齋叢書本　一冊

440000－2541－0003834　10148
易解醒豁二卷　（清）梁欽辰撰　清光緒七年（1881）刻本　二冊

440000－2541－0003835　10149
易說旁通十卷　（清）吳岳撰　清同治十年（1871）刻本　十冊

440000－2541－0003836　10154
成均課講周易二卷　（清）崔紀撰　清木活字印本　二冊

440000－2541－0003837　10155
易纂言十二卷首一卷　（元）吳澄撰　清刻本　三冊

440000－2541－0003838　10156
周易纂言外翼八卷　（元）吳澄撰　清道光十

五年(1835)刻本　一冊

440000－2541－0003839　10158
周易解故一卷　(清)丁晏撰　清光緒十九年(1893)廣雅書局刻本　一冊

440000－2541－0003840　10159
御纂周易述義十卷　(清)傅恆等撰　清刻本　五冊　存八卷(一、四至十)

440000－2541－0003841　10160
成均課講周易二卷　(清)崔紀撰　清刻本　二冊

440000－2541－0003842　10162
漢儒易義針度四卷　(清)朱昌壽撰　**近科文式一卷**　(清)希鼓等撰　清咸豐二年(1852)刻本　一冊

440000－2541－0003843　10166
易義選參二卷　(清)魏禧等撰　(清)邱維屏評選　清光緒二年(1876)寧都魏氏刻本　二冊

440000－2541－0003844　10170
睿川易義合編不分卷　徐天璋撰　清宣統三年(1911)鉛印本　八冊

440000－2541－0003845　10171
易象致用説二卷　(清)秦東來撰　清同治刻光緒重修本　一冊

440000－2541－0003846　10173
周易傳義音訓八卷首一卷易學啓蒙一卷　(宋)程頤傳　(宋)朱熹本義　(宋)呂祖謙音訓　清同治六年(1867)吳棠望三益齋刻本　八冊

440000－2541－0003847　10174
周易翼十卷　(清)凌堃撰　**釋義一卷**　(清)安璿珠撰　清道光吳興凌氏刻凌氏傳經堂叢書本　四冊

440000－2541－0003848　10175
清風易注四卷遺集一卷　(明)魏閥撰　清光緒漢川甑山書院刻本　八冊

440000－2541－0003849　10177
周易臆解六卷圖説二卷　(清)楊以迥撰　清光緒十年(1884)無錫楊氏刻本　五冊

440000－2541－0003850　10178
周易傳義音訓八卷首一卷易學啓蒙一卷　(宋)程頤傳　(宋)朱熹本義　(宋)呂祖謙音訓　清同治六年(1867)吳棠望三益齋刻本　六冊

440000－2541－0003851　10179
漢魏二十一家易注　(清)孫堂輯　清嘉慶四年(1799)平湖孫氏映雪草堂刻本　四冊　存十六種

440000－2541－0003852　10180
河上易註八卷圖説二卷　(清)黎世序撰　清道光元年(1821)黎世序謙豫齋刻本　六冊

440000－2541－0003853　10182
周易海螢集八卷圖一卷　(清)葛孟周撰　清道光三十年(1850)刻本　十冊

440000－2541－0003854　10183
周易翼十卷　(清)凌堃撰　**釋義一卷**　(清)安璿珠撰　清道光吳興凌氏刻凌氏傳經堂叢書本　八冊

440000－2541－0003855　10184
周易問津八卷　(清)羅歸德撰　清同治七年(1868)羅鍾衛刻本　八冊

440000－2541－0003856　10196
易經串解二卷　(清)黄澍峯撰　清道光十四年(1834)黄氏千波堂刻本　二冊

440000－2541－0003857　10197
易經程傳四卷　(宋)程頤撰　清明善社刻本　四冊

440000－2541－0003858　10199
經苑二十五種　(清)錢儀吉編　清道光至咸豐大梁書院刻同治七年(1868)王儒行等印本　十七冊　存九種

440000－2541－0003859　10205
周易闡要四卷　(明)吳尚默撰　清嘉慶八年(1803)涇川吳氏橋東書塾刻本　十六冊

440000－2541－0003860　10209
易卦變圖説一卷　(清)□□撰　清咸豐十年(1860)廣州正文堂刻本　二册

440000－2541－0003861　10211
易學史鏡八卷　(清)曹爲霖撰　清同治十二年(1873)蘇應潮等刻本　八册

440000－2541－0003862　10215
周易廓二十四卷　(清)陳世鎔撰　清咸豐元年(1851)皖江陳氏獨秀山莊刻本　三册　存十二卷(一至十二)

440000－2541－0003863　10216
易例二卷　(清)惠棟撰　清木活字印本　二册

440000－2541－0003864　10217
讀易述訓四卷　(清)蔡顯原撰　清道光二十九年(1849)刻本　四册

440000－2541－0003865　10224
周易通解四卷圖説二卷　(清)楊以迴撰　清光緒十年(1884)無錫楊氏刻本　四册

440000－2541－0003866　10226
廣漢魏叢書七十六種　(明)何允中編　清嘉慶刻本　八册　存三種

440000－2541－0003867　10237
易經精華六卷末一卷　(清)薛嘉穎撰　清道光元年(1821)光韙堂刻本　一册　存一卷(一上)

440000－2541－0003868　10238
湖北叢書三十種附一種　(清)趙尚輔編　清光緒十七年(1891)三餘草堂刻本　十册　存四種

440000－2541－0003869　10239
讀易蒐十二卷　(清)鄭賡唐撰　清光緒四年(1878)刻本　六册

440000－2541－0003870　10240
易廣記三卷　(清)焦循撰　清道光六年(1826)半九書塾刻焦氏叢書本　一册

440000－2541－0003871　10242
易話二卷　(清)焦循撰　清道光六年(1826)半九書塾刻焦氏叢書本　一册

440000－2541－0003872　10247
周易外傳七卷　(清)王夫之撰　清光緒二十五年(1899)公記書莊石印本　二册

440000－2541－0003873　10249
讀易觀天二卷　(清)關子棻輯　清宣統二年(1910)南海關氏刻本　二册

440000－2541－0003874　10250
讀易私語一卷　(元)許衡撰　清道光黄秩模木活字印本　一册

440000－2541－0003875　10252
周易擇言六卷　(清)鮑作雨撰　清同治三年(1864)南堤項氏刻本　六册

440000－2541－0003876　10256
易緯略義三卷　(清)張惠言撰　清光緒廣雅書局刻本　一册

440000－2541－0003877　10263
合肥王氏家集四種附二種　(清)王尚辰編　清光緒木活字印本　二册　存五種

440000－2541－0003878　10264
省吾堂四種　(清)蔣光弼編　清常熟蔣氏省吾堂刻本　三册　存二種

440000－2541－0003879　10265
周易虞氏義九卷周易虞氏消息二卷　(清)張惠言撰　清嘉慶八年(1803)揚州阮氏琅嬛僊館刻本　二册

440000－2541－0003880　10267
周易象傳消息升降大義述二卷爻例一卷　(清)吴翊寅撰　清光緒二十一年(1895)廣雅書局刻本　一册

440000－2541－0003881　10272
易緯八種　(漢)鄭玄注　清嘉慶侯官趙氏小積石山房刻七緯本　二册

440000－2541－0003882　10273
文廟紀略六卷首一卷　張伯璜輯　清宣統三年(1911)刻本　六册

440000－2541－0003883　10274
文廟紀略六卷首一卷　張伯璜輯　清宣統三年(1911)刻本　五册　存六卷(文廟紀略六卷)

440000－2541－0003884　10277
四書集註十九卷　(宋)朱熹撰　清宣統元年(1909)上海廣益書局石印本　七册

440000－2541－0003885　10278
新訂四書補註備旨十卷　(明)鄧林撰　(清)鄧煜輯　(清)杜定基增訂　清宣統元年(1909)粵東刻本　六册

440000－2541－0003886　10281
四書補註備旨十卷　(明)鄧林撰　(清)鄧煜編　(清)杜定基增訂　清宣統元年(1909)上海南洋官書局石印本　八册

440000－2541－0003887　10282
四書補註備旨十卷　(明)鄧林撰　(清)鄧煜編　(清)杜定基增訂　清宣統元年(1909)上海南洋官書局石印本　八册

440000－2541－0003888　10283
新訂四書補註備旨十卷　(明)鄧林撰　(清)鄧煜輯　(清)杜定基增訂　清宣統二年(1910)廣州福芸樓書局刻本　六册

440000－2541－0003889　10286
四書補註備旨題竅滙參十卷　(明)鄧林撰　清末至民國初翰文堂書局石印本　五册

440000－2541－0003890　10288
新訂四書集註十九卷　(宋)朱熹撰　清道光七年(1827)菜根香館刻本　五册　存十七卷(大學一卷、中庸一卷、論語十卷、孟子一至五)

440000－2541－0003891　10289
四書集註十九卷　(宋)朱熹撰　清光緒十八年(1892)浙江書局刻本　七册

440000－2541－0003892　10290
新刻批點四書讀本十九卷　(宋)朱熹撰　清道光七年(1827)愷元堂刻朱墨套印本　六册

440000－2541－0003893　10292
四書集註十九卷　(宋)朱熹撰　清同治至光緒刻本　六册

440000－2541－0003894　10293
四書集註十九卷　(宋)朱熹撰　清刻本　六册

440000－2541－0003895　10299
璜川吴氏四書學三種　(清)吴志忠編　清嘉慶璜川吴氏刻本　七册

440000－2541－0003896　10301
四書恒解十一卷　(清)劉沅撰　清光緒十年(1884)豫誠堂刻槐軒全書本　九册

440000－2541－0003897　10303
四書恒解十一卷　(清)劉沅撰　清光緒十年(1884)豫誠堂刻槐軒全書本　十册

440000－2541－0003898　10304
四書恒解十一卷　(清)劉沅撰　清光緒十年(1884)豫誠堂刻後印槐軒全書本　十册

440000－2541－0003899　10305
四書參註不分卷　(清)王植撰　清刻本　四册

440000－2541－0003900　10306
四書訓義三十六卷　(宋)朱熹集注　(清)王夫之訓義　**稗疏二卷**　(清)王夫之撰　清光緒十三年(1887)潞河啖柘山房刻本　二十八册

440000－2541－0003901　10309
四書纂言四十卷　(清)宋翔鳳輯　清光緒八年(1882)古吴岇粤山房木活字印本　十二册

440000－2541－0003902　10310
四書通旨六卷　(元)朱公遷撰　清同治七年(1868)敏樹堂刻本　六册

440000－2541－0003903　10311
四書箋解十一卷　(清)王夫之撰　清光緒二十年(1894)王之春鄂藩官廨刻本　四册

440000－2541－0003904　10312
四書纂言四十卷　(清)宋翔鳳輯　清光緒八年(1882)古吴岇粤山房木活字印本　十册

存三十四卷(一至十二、十九至四十)

440000－2541－0003905　10314

四書章句本義滙參四十七卷　(清)王步青輯　(清)王士鼇訂　清光緒十七年(1891)上海廣百宋齋鉛印本　九冊　存四十一卷(大學四卷、中庸七卷、論語二十卷、孟子五至十四)

440000－2541－0003906　10315

四書朱子本義滙參四十七卷　(清)王步青輯　(清)王士鼇訂　清刻本　二十二冊

440000－2541－0003907　10316

四書摭餘說七卷　(清)曹之升撰　清嘉慶三年(1798)蕭山曹氏刻本　六冊

440000－2541－0003908　10317

四書摭餘說七卷　(清)曹之升撰　清嘉慶三年(1798)蕭山曹氏刻本　六冊

440000－2541－0003909　10318

四書摭餘說七卷　(清)曹之升撰　清嘉慶三年(1798)蕭山曹氏刻本　四冊

440000－2541－0003910　10319

四書訓解參證十二卷補遺四卷　(清)張定鋆撰　清咸豐二年(1852)自刻同治四年(1865)續刻本　二冊

440000－2541－0003911　10320

四書說苑十一卷首一卷補遺一卷續補一卷(清)孫應科輯　清道光刻本　四冊

440000－2541－0003912　10321

四書說苑十一卷首一卷補遺一卷續補一卷(清)孫應科輯　清道光刻本　四冊

440000－2541－0003913　10322

四書說苑十一卷首一卷補遺一卷續補一卷(清)孫應科輯　清道光刻本　四冊

440000－2541－0003914　10323

四書說約三十三卷　(明)鹿善繼撰　清道光二十八年(1848)刻本　四冊

440000－2541－0003915　10324

四書說約三十三卷　(明)鹿善繼撰　清道光二十八年(1848)刻本　四冊

440000－2541－0003916　10325

四書說約三十三卷　(明)鹿善繼撰　清道光二十八年(1848)刻本　五冊

440000－2541－0003917　10326

四書疏註撮言大全三十七卷　(清)胡蓉芝撰　清汪氏翰寶樓刻本　二十冊

440000－2541－0003918　10327

四書疏註撮言大全三十七卷　(清)胡蓉芝撰　清刻本　十九冊

440000－2541－0003919　10328

劉氏家塾四書解二十卷　(清)劉豫師撰　(清)袁文煥校訂　清光緒二年(1876)劉氏家塾刻本　八冊

440000－2541－0003920　10329

四書襯十九卷　(清)駱培撰　清刻本　六冊

440000－2541－0003921　10330

四書反身錄八卷　(清)李顒撰　清光緒浙江書局刻本　四冊

440000－2541－0003922　10331

四書異同商六卷　(清)黃鶴撰　清咸豐十年(1860)黃鶴寧鄉學署東齋刻本　十冊

440000－2541－0003923　10332

四書正事括略五卷補一卷附錄一卷　(清)毛奇齡撰　清道光二十年(1840)蕭山沈氏刻本　二冊

440000－2541－0003924　10333

四書類考三十卷　(清)陳詩輯　清嘉慶六年(1801)蘄州陳氏家塾刻本　十八冊

440000－2541－0003925　10334

四書注疏摘讀四卷　(清)蔣恆熤輯　清嘉慶十六年(1811)刻本　二冊

440000－2541－0003926　10335

四書經史摘證七卷　(清)宋繼穜輯　(清)宋廷英注　清同治十年(1871)紫文館刻本　五冊

440000－2541－0003927　10336

四書經史摘證七卷　(清)宋繼穜輯　清光緒

元年(1875)拜經精舍刻本　五冊

440000－2541－0003928　10337

四書經史摘證七卷　(清)宋繼穜輯　清光緒元年(1875)拜經精舍刻本　四冊

440000－2541－0003929　10338

四書經史摘證七卷　(清)宋繼穜輯　清光緒元年(1875)長善廣州將軍署刻本　四冊

440000－2541－0003930　10339

四書經史摘證七卷　(清)宋繼穜輯　清光緒元年(1875)長善廣州將軍署刻本　三冊　存五卷(三至七)

440000－2541－0003931　10340

四書逸箋六卷　(清)程大中撰　清道光十三年(1833)曾釗活字印本　二冊

440000－2541－0003932　10343

四書貫珠講義十九卷聖蹟考一卷四書圖一卷　(宋)朱熹章句　(清)林文竹輯　清同治十一年(1872)兩廣運署刻本　十冊

440000－2541－0003933　10344

四書翼註論文十二卷　(清)鄭獻甫撰　清刻本　十二冊

440000－2541－0003934　10345

四書益智錄二十卷　(清)桂含章輯　清光緒八年(1882)石埭桂氏務本堂刻本　二十冊

440000－2541－0003935　10346

四書隨見錄三十七卷首四卷　(清)鄒鳳池　(清)陳作梅輯　清道光二十七年(1847)鄒國琛、陳壽昌刻本　十六冊

440000－2541－0003936　10347

四書隨見錄三十七卷首四卷　(清)鄒鳳池　(清)陳作梅輯　清道光二十七年(1847)鄒國琛、陳壽昌刻本　十二冊

440000－2541－0003937　10348

四書隨見錄三十七卷首四卷　(清)鄒鳳池　(清)陳作梅輯　清道光二十七年(1847)鄒國琛、陳壽昌刻本　十冊

440000－2541－0003938　10349

四書隨見錄三十七卷首四卷　(清)鄒鳳池　(清)陳作梅輯　清道光二十七年(1847)鄒國琛、陳壽昌刻本　十二冊

440000－2541－0003939　10350

四書隨見錄四十三卷　(清)鄒鳳池　(清)陳作梅輯　清光緒十年(1884)廣州鑑古書局石印本　四冊

440000－2541－0003940　10351

四書緯四卷　(清)常增撰　清光緒十二年(1886)刻本　四冊

440000－2541－0003941　10352

四書或問語類大全合訂四十一卷　(清)黄越輯　清刻本　十二冊　存二十五卷(論語二至二十、孟子一至六)

440000－2541－0003942　10353

四書味根錄三十七卷四書疑題解一卷　(清)金澂撰　清光緒十五年(1889)上海蜚英館石印本　五冊　存三十四卷(大學一卷,中庸卷一至二,論語二十卷,孟子一至六、十一至十四,四書疑題解一卷)

440000－2541－0003943　10354

四書義史證六卷　(清)譚義輯　清光緒三十年(1904)上海宏文閣石印本　四冊

440000－2541－0003944　10355

四書味根錄三十七卷　(清)金澂撰　清刻本　十二冊

440000－2541－0003945　10356

四書味根錄三十七卷　(清)金澂撰　清光緒七年(1881)玉尺山房刻本　十冊

440000－2541－0003946　10357

四書味根錄三十七卷　(清)金澂撰　清刻本　八冊

440000－2541－0003947　10359

便蒙大板四書十九卷句辨一卷字辨一卷疑字辨一卷　(宋)朱熹集注　清刻本　十七冊

440000－2541－0003948　10360

四書便蒙十九卷　(宋)朱熹集注　(清)俞長

城等輯　清同治二年(1863)刻本　二册　存四卷(大學一卷、中庸一卷、孟子四至五)

440000－2541－0003949　10361
四書釋地補一卷續補一卷又續補一卷三續補一卷　(清)閻若璩撰　(清)樊廷枚校補　清嘉慶二十一年(1816)梅陽海涵堂刻本　六册

440000－2541－0003950　10363
四書釋地補一卷續補一卷又續補一卷三續補一卷　(清)閻若璩撰　(清)樊廷枚校補　清嘉慶二十一年(1816)梅陽海涵堂刻本　六册

440000－2541－0003951　10364
四書釋地補一卷續補一卷又續補一卷三續補一卷　(清)閻若璩撰　(清)樊廷枚校補　清嘉慶二十一年(1816)梅陽海涵堂刻本　五册

440000－2541－0003952　10365
四書改錯二十二卷　(清)毛奇齡撰　清嘉慶十六年(1811)金孝柏學圃刻本　六册

440000－2541－0003953　10366
四書改錯二十二卷　(清)毛奇齡撰　清光緒石印本　二册　存十五卷(一至十五)

440000－2541－0003954　10369
四書改錯平十四卷　(清)楊希閔撰　清光緒元年(1875)福州刻本　六册

440000－2541－0003955　10371
重訂四書易簡錄十九卷　(清)劉葆采輯　(清)黄日高重訂　清道光二十六年(1846)刻本　八册

440000－2541－0003956　10372
論語正義二十四卷首一卷　(清)劉寶楠撰　(清)劉恭冕述　清光緒石印本　二册　存十七卷(一至七、十六至二十四,首一卷)

440000－2541－0003957　10373
四書圖考十三卷　(清)杜炳撰　清光緒十三年(1887)鴻文書局石印本　四册

440000－2541－0003958　10374
四書圖考十三卷　(清)杜炳撰　清光緒十三年(1887)鴻文書局石印本　四册

440000－2541－0003959　10377
四書小參一卷四書問答一卷　(明)朱斯行撰　清光緒三年(1877)姑蘇刻經處刻本　一册

440000－2541－0003960　10387
十先生中庸集解二卷　(宋)石𡼖編　清道光二十九年(1849)獨山莫氏影山草堂刻本　二册

440000－2541－0003961　10391
論語古訓十卷　(清)陳鱣撰　清乾隆六十年(1795)海寧陳氏簡莊刻本　四册

440000－2541－0003962　10392
論語古訓十卷　(清)陳鱣撰　清光緒九年(1883)浙江書局刻本　二册

440000－2541－0003963　10393
論語古訓十卷　(清)陳鱣撰　清光緒九年(1883)浙江書局刻本　二册

440000－2541－0003964　10394
論語古訓十卷　(清)陳鱣撰　清光緒九年(1883)浙江書局刻本　二册

440000－2541－0003965　10396
增訂二論詳解四卷　(清)劉忠輯　清刻本　四册

440000－2541－0003966　10397
讀書堂叢刻四種　簡朝亮撰　清光緒至民國刻本　四十九册

440000－2541－0003967　10399
朱子論語集注訓詁攷二卷　(清)潘衍桐撰　清光緒十七年(1891)浙江書局刻本　一册

440000－2541－0003968　10400
論語緩悟二卷　(清)李炳範輯　清光緒二十九年(1903)刻本　二册

440000－2541－0003969　10401
朱子論語集注訓詁攷二卷　(清)潘衍桐撰　清光緒十七年(1891)浙江書局刻本　一册

440000－2541－0003970　10402
朱子論語集注訓詁攷二卷　(清)潘衍桐撰　清光緒十七年(1891)浙江書局刻本　一册

440000－2541－0003971　10404
論語後案二十卷　(清)黄式三撰　清道光二十三年(1843)鲁岐峰木活字印本　六册

440000－2541－0003972　10406
論語正義二十四卷　(清)劉寶楠撰　(清)劉恭冕述　清同治五年(1866)刻本　六册

440000－2541－0003973　10407
論語集註十卷　(宋)朱熹撰　清光緒廣雅書局刻本　二册

440000－2541－0003974　10408
論語集註十卷　(宋)朱熹撰　清刻本　二册

440000－2541－0003975　10411
論語孔注辨僞二卷　(清)沈濤撰　清光緒十年(1884)會稽趙氏刻仰視千七百二十九鶴齋叢書本　一册

440000－2541－0003976　10415
論語正義二十四卷　(清)劉寶楠撰　(清)劉恭冕述　清同治五年(1866)刻本　六册

440000－2541－0003977　10419
論語公羊相通説一卷　梁啟超撰　清光緒二十三年(1897)刻本　一册

440000－2541－0003978　10423
大學古本質言一卷　(清)劉沅撰　清光緒十七年(1891)平遥李氏刻本　一册

440000－2541－0003979　10424
大學古本質言一卷　(清)劉沅撰　清光緒十七年(1891)平遥李氏刻本　一册

440000－2541－0003980　10425
大學緯注一卷　(清)鍾穎陽撰　清光緒二十三年(1897)鎮平鍾氏鍊雪山房羊城刻本　一册

440000－2541－0003981　10427
大學綱目決疑章一卷中庸直指一卷　(明)釋德清撰　清光緒六年(1880)廣州海幢寺經坊刻本　一册

440000－2541－0003982　10428
藕益中庸直指一卷　(明)釋智旭撰　清刻本　一册

440000－2541－0003983　10430
四書駢題類珠四卷　題(清)鎔鑄樓主人輯　清光緒六年(1880)揚州鎔鑄樓刻本　二册

440000－2541－0003984　10431
四書典制類聯音註四卷　(清)閻其淵輯　清石印本　二册

440000－2541－0003985　10432
增廣四書類典串珠大全二卷　(清)臧志仁編　清光緒十二年(1886)嶺南集成書局石印本　二册

440000－2541－0003986　10434
續二十家時文稿五卷　(清)李涵輯　清道光八年(1828)刻本　六册

440000－2541－0003987　10436
繪圖四書便蒙課本不分卷　(清)王世基纂　清光緒三十三年(1907)南洋官書局石印本　一册

440000－2541－0003988　10437
中庸直指一卷　(明)釋德清撰　清光緒十年(1884)金陵刻經處刻本　一册

440000－2541－0003989　10438
大學傳注一卷中庸傳注一卷　(清)李塨撰　清光緒三十四年(1908)鉛印本　一册

440000－2541－0003990　10439
大學傳注一卷中庸傳注一卷　(清)李塨撰　清光緒三十四年(1908)鉛印本　一册

440000－2541－0003991　10443
三訂四書辨疑六種　(清)張江編　清光緒十三年(1887)上海大文書局鉛印本　八册　存四種

440000－2541－0003992　10445
篔墅説書十九卷　(清)陳震撰　(清)陳鈴輯　清同治三年(1864)覇州陳紱麟刻本　四册

440000－2541－0003993　10446
論語集注旁證二十卷　(清)梁章鉅撰　清光緒十二年(1886)鉛印本　四册

440000－2541－0003994　10449
論語集註考證十卷孟子集註考證七卷首一卷　(宋)金履祥撰　清同治十二年(1873)永康胡氏退補齋刻金華叢書本　三册

440000－2541－0003995　10453
松陽講義十二卷　(清)陸隴其撰　清同治十年(1871)公善堂刻本　四册

440000－2541－0003996　10454
欽定篆文六經四書不分卷　(清)李光地等編　清光緒九年(1883)上海同文書局石印本　十册

440000－2541－0003997　10455
欽定篆文六經四書不分卷　(清)李光地等編　清光緒九年(1883)上海同文書局石印本　十册

440000－2541－0003998　10457
四書集註管窺二卷續增一卷　(清)趙大鏞撰　清道光五年(1825)刻本　一册

440000－2541－0003999　10458
楊文懿公書義傳稿不分卷　(明)楊起元撰　清光緒二十一年(1895)家刻本　二册

440000－2541－0004000　10460
鄉黨圖考十卷　(清)江永撰　清集秀堂刻本　三册

440000－2541－0004001　10462
補學軒制藝四卷制藝雜話一卷　(清)鄭獻甫撰　清同治十年(1871)黔南臬署刻本　三册　存四卷(補學軒制藝一至二、四,制藝雜話一卷)

440000－2541－0004002　10465
四書解二十卷　(清)蘇珥撰　清嘉慶十九年(1814)刻本　八册

440000－2541－0004003　10466
讀論語日記不分卷　(清)陳宗誼撰　清末刻本　一册

440000－2541－0004004　10471
孔子家語十卷　題(三國魏)王肅注　清光緒李氏光明莊刻本　四册

440000－2541－0004005　10473
書經講義不分卷　□□撰　清末至民國初鉛印本　一册

440000－2541－0004006　10475
家語疏證六卷　(清)孫志祖撰　清刻本　一册

440000－2541－0004007　10476
孔子集語十七卷　(清)孫星衍編　清光緒二十三年(1897)文瑞樓鉛印本　二册

440000－2541－0004008　10478
孔志四卷　(清)龔景瀚編　(清)林昌彝補箋　清光緒龔鴻義大通樓刻本　二册

440000－2541－0004009　10479
孔子年譜輯注一卷　(清)江永撰　(清)黃定宜輯注　清道光二十七年(1847)安雅堂刻孔孟編年本　一册

440000－2541－0004010　10480
孔子年譜輯注一卷　(清)江永撰　(清)黃定宜輯注　清道光二十七年(1847)安雅堂刻孔孟編年本　一册

440000－2541－0004011　10481
孔孟編年三種　(清)狄子奇撰　清光緒十三年(1887)浙江書局刻本　二册　存二種

440000－2541－0004012　10483
孔子改制考二十一卷　康有爲撰　清光緒二十四年(1898)上海大同譯書局刻本　十册

440000－2541－0004013　10486
先聖生卒年月日攷二卷　(清)孔廣牧撰　清光緒十五年(1889)廣雅書局刻本　一册

440000－2541－0004014　10488
新刊聖跡圖　(明)張楷繪　清同治十三年(1874)刻本　一册

440000－2541－0004015　10489
新刊聖跡圖　(明)張楷繪　清同治十三年(1874)刻本　一册

440000－2541－0004016　10495
儒門語要六卷　（清）倪元坦輯　清道光元年（1821）胡斯錞刻本　二册

440000－2541－0004017　10498
宗聖志二十卷　（清）王定安輯　（清）曾國荃重修　清光緒十六年（1890）金陵刻本　八册

440000－2541－0004018　10500
子思内外篇七卷　（戰國）孔伋撰　（漢）鄭玄注　（清）黄以周輯解　清光緒江陰南菁書院刻本　二册

440000－2541－0004019　10501
重刊宋本十三經註疏附校勘記　（清）阮元撰校勘記　（清）盧宣旬摘録　清嘉慶二十年（1815）江西南昌府學刻本　十六册　存三種

440000－2541－0004020　10506
孟子篇敘七卷年表一卷　（清）姜兆翀撰　清嘉慶刻本　三册　存六卷（一至三、六至七，年表一卷）

440000－2541－0004021　10508
孟子要略五卷　（宋）朱熹撰　（清）劉傳瑩輯　（清）曾國藩按　清刻本　一册

440000－2541－0004022　10509
孟子要畧五卷　（宋）朱熹編　（清）劉傳瑩輯　（清）曾國藩按　清道光二十九年（1849）漢陽劉氏刻本　一册

440000－2541－0004023　10510
增補蘇批孟子二卷年譜一卷　（宋）蘇洵撰　（清）趙大浣增補　清末至民國初著易堂書局石印本　二册

440000－2541－0004024　10516
增補蘇批孟子二卷年譜一卷　（宋）蘇洵撰　（清）趙大浣增補　清刻朱墨套印本　二册

440000－2541－0004025　10517
增補蘇批孟子二卷年譜一卷　（宋）蘇洵撰　（清）趙大浣增補　清同治四年（1865）刻朱墨套印本　二册

440000－2541－0004026　10518
增補蘇批孟子二卷年譜一卷　（宋）蘇洵撰　（清）趙大浣增補　清同治四年（1865）刻朱墨套印本　一册

440000－2541－0004027　10519
孟子七卷　（宋）朱熹集注　（清）吳昌宗集證　清嘉慶三年（1798）刻本　七册

440000－2541－0004028　10524
孟子七卷　（宋）朱熹集注　清末淵海書局刻本　一册　存三卷（一至三）

440000－2541－0004029　10525
孟子讀法十五卷　（清）王又樸撰　清刻詩禮堂全集本　五册　存十二卷（一至十二）

440000－2541－0004030　10530
荀子二十卷　（戰國）荀况撰　（唐）楊倞注　清光緒二十三年（1897）文瑞樓鉛印本　二册

440000－2541－0004031　10540
家語疏證六卷　（清）孫志祖撰　清光緒會稽章氏刻式訓堂叢書本　一册

440000－2541－0004032　10543
荀子集解二十卷首一卷　（唐）楊倞注　王先謙集解　清光緒十七年（1891）刻本　六册

440000－2541－0004033　10545
荀子集解二十卷首一卷　（唐）楊倞注　王先謙集解　清光緒十七年（1891）刻本　六册

440000－2541－0004034　10546
荀子集解二十卷首一卷　（唐）楊倞注　王先謙集解　清光緒十七年（1891）刻本　六册

440000－2541－0004035　10559
道德真經集注釋文一卷　（宋）彭耜纂集　清吳縣吳志忠真意堂刻本　一册

440000－2541－0004036　10560
老子道德經解二卷首一卷觀老莊影響論一卷　（明）釋德清撰　清光緒十二年（1886）金陵刻經處刻本　二册

440000－2541－0004037　10561
老子道德經解二卷首一卷觀老莊影響論一卷　（明）釋德清撰　清光緒十二年（1886）金陵

刻經處刻本　二册

440000－2541－0004038　10562

老子翼八卷首一卷　（明）焦竑撰　清光緒三十一年（1905）桐廬袁氏漸西村舍刻本　二册

440000－2541－0004039　10563

老子章義二卷　（清）姚鼐撰　清同治九年（1870）桐城吳氏邗上刻本　一册

440000－2541－0004040　10564

老子本義二卷　（清）魏源撰　清光緒二十六年（1900）避舍蓋公堂刻二十八年（1902）梁氏增補刻本　二册

440000－2541－0004041　10569

道德寶章一卷　（宋）白玉蟾注　**素書注一卷**　（漢）黃石公撰　清咸豐五年（1855）樂善堂刻本　一册

440000－2541－0004042　10570

晏子春秋七卷　（春秋）晏嬰撰　**音義二卷**　（清）孫星衍撰　**校勘二卷**　（清）黄以周撰　清光緒二十三年（1897）文瑞樓鉛印本　一册

440000－2541－0004043　10577

晏子春秋七卷　（春秋）晏嬰撰　（清）蘇輿校注　清光緒十八年（1892）思賢講舍刻本　二册

440000－2541－0004044　10578

晏子春秋内篇不分卷外篇不分卷　（春秋）晏嬰撰　清藏脩館刻本　一册

440000－2541－0004045　10581

陰符經發隱一卷道德經發隱一卷沖虚經發隱一卷南華經發隱一卷　（清）楊文會注　清光緒三十年（1904）金陵刻經處刻本　一册

440000－2541－0004046　10613

列子八卷　（戰國）列禦寇撰　（晉）張湛注　清光緒二十三年（1897）文瑞樓鉛印本　一册

440000－2541－0004047　10618

老子道德經解二卷　（明）釋德清撰　清同治十二年（1873）刻本　二册

440000－2541－0004048　10619

太上混元道德真經一卷　題（□）八洞仙祖注　清宣統三年（1911）刻本　一册

440000－2541－0004049　10620

十子全書　（清）王子興編　清嘉慶九年（1804）姑蘇王氏聚文堂刻本　三十五册

440000－2541－0004050　10628

沖虚至德真經八卷　（戰國）列禦寇撰　（晉）張湛注　清光緒二十八年（1902）影印本　一册

440000－2541－0004051　10640

莊子内篇注四卷　（明）釋德清撰　清光緒十四年（1888）金陵刻經處刻本　二册

440000－2541－0004052　10641

莊子内篇注四卷　（明）釋德清撰　清光緒十四年（1888）金陵刻經處刻本　一册

440000－2541－0004053　10643

莊子鈔二卷　（清）霍時茂撰　清嘉慶二十年（1815）雨既堂刻本　二册

440000－2541－0004054　10644

莊子未定稿四卷　（清）何如瀡撰　清嘉慶刻本　四册

440000－2541－0004055　10645

莊子集釋十卷　（清）郭慶藩輯　清光緒二十年（1894）思賢講舍刻本　八册

440000－2541－0004056　10646

莊子集釋十卷　（清）郭慶藩輯　清光緒二十年（1894）思賢講舍刻本　八册

440000－2541－0004057　10647

莊子集釋十卷　（清）郭慶藩輯　清光緒二十年（1894）思賢講舍刻本　八册

440000－2541－0004058　10651

莊子故八卷　馬其昶撰　清光緒二十七年（1901）蕭山陳氏遺經樓刻本　八册

440000－2541－0004059　10663

莊子集解八卷　王先謙撰　清宣統元年（1909）思賢書局刻本　三册

440000－2541－0004060　10664
莊子集解八卷　王先謙撰　清宣統元年(1909)思賢書局刻本　三冊

440000－2541－0004061　10689
論語十卷　(三國魏)何晏集解　**附錄一卷**　(清)黎庶昌撰　清光緒十五年(1889)德清傅氏日本東京刻籑喜廬叢書本　一冊

440000－2541－0004062　10698
莊子辯正六卷　(清)胡方撰　清嘉慶十九年(1814)刻本　六冊

440000－2541－0004063　10699
莊子辯正六卷　(清)胡方撰　清嘉慶十九年(1814)刻本　三冊

440000－2541－0004064　10702
濟一子證道秘書十七種　(清)傅金銓編　清蜀東善成堂刻本　十九冊　存十六種

440000－2541－0004065　10703
文子纘義十二卷　(元)杜道堅撰　清光緒二十三年(1897)文瑞樓鉛印本　一冊

440000－2541－0004066　10720
二十二子　(清)浙江書局編　清光緒浙江書局刻本　二十八冊　存七種

440000－2541－0004067　10722
墨子閒詁十五卷目錄一卷附錄一卷後語二卷　(清)孫詒讓撰　清光緒三十三年(1907)上海涵芬樓石印本　八冊

440000－2541－0004068　10726
墨子閒詁十五卷目錄一卷附錄一卷後語二卷　(清)孫詒讓撰　清光緒三十三年(1907)上海涵芬樓石印本　八冊

440000－2541－0004069　10751
管子二十四卷　(戰國)管仲撰　(唐)房玄齡注　清光緒五年(1879)影宋刻本　八冊　存二十卷(一至二十)

440000－2541－0004070　10772
韓非子二十卷　(戰國)韓非撰　**識誤三卷**　(清)顧廣圻撰　清光緒十九年(1893)上海鴻文書局石印二十五子彙函本　一冊

440000－2541－0004071　10773
韓非子二十卷　(戰國)韓非撰　**識誤三卷**　(清)顧廣圻撰　清宣統三年(1911)育文書局石印子書二十八種本　一冊

440000－2541－0004072　10782
韓非子集解二十卷首一卷　(清)王先慎撰　清光緒二十二年(1896)刻本　六冊

440000－2541－0004073　10783
韓非子集解二十卷首一卷　(清)王先慎撰　清光緒二十二年(1896)刻本　六冊

440000－2541－0004074　10784
韓非子集解二十卷首一卷　(清)王先慎撰　清光緒二十二年(1896)刻本　六冊

440000－2541－0004075　10786
韓非子集解二十卷首一卷　(戰國)韓非撰　(清)王先慎集解　王先謙注　清光緒掃葉山房石印本　三冊

440000－2541－0004076　10787
韓非子集解二十卷首一卷　(戰國)韓非撰　(清)王先慎集解　王先謙注　清光緒掃葉山房石印本　二冊

440000－2541－0004077　10788
韓非子集解二十卷首一卷　(戰國)韓非撰　(清)王先慎集解　王先謙注　清光緒掃葉山房石印本　二冊

440000－2541－0004078　10789
韓非子集解二十卷首一卷　(戰國)韓非撰　(清)王先慎集解　王先謙注　清光緒掃葉山房石印本　六冊

440000－2541－0004079　10794
鬼谷子三卷　(南朝梁)陶弘景注　**篇目考一卷**　(清)秦恩復撰　清嘉慶十年(1805)江都秦氏石研齋刻本　二冊

440000－2541－0004080　10796
呂氏春秋二十六卷　(秦)呂不韋撰　(漢)高誘注　(清)畢沅輯校　清光緒二十三年

(1897)文瑞樓鉛印本　二冊

440000－2541－0004081　10814
孔叢子三卷　(漢)孔鮒撰　明崇禎刻本　二冊　存二卷(上、中)

440000－2541－0004082　10815
賈子新書十卷　(漢)賈誼撰　(清)盧文弨校　清光緒二十三年(1897)文瑞樓鉛印本　一冊

440000－2541－0004083　10817
新語二卷　(漢)陸賈撰　**新序十卷說苑二十卷**　(漢)劉向撰　清光緒二十四年(1898)上海鴻文書局石印本　一冊

440000－2541－0004084　10826
賈子次詁十六卷　(清)王耕心撰　清光緒二十九年(1903)刻本　二冊

440000－2541－0004085　10830
淮南鴻烈解二十一卷　(漢)劉安撰　(漢)高誘注　清刻本　三冊

440000－2541－0004086　10832
十子全書　(清)王子興編　清嘉慶九年(1804)姑蘇王氏聚文堂刻本　九冊　存四種

440000－2541－0004087　10836
淮南子二十一卷　(漢)劉安撰　(漢)高誘注　清光緒二十三年(1897)上海圖書集成局鉛印子書二十二種本　二冊

440000－2541－0004088　10848
說苑二十卷　(漢)劉向撰　清刻本　二冊

440000－2541－0004089　10882
爾雅漢註三卷　(清)臧庸撰　**明堂考三卷**　(清)孫星衍撰　清嘉慶七年(1802)承德孫氏金陵刻問經堂叢書本　一冊

440000－2541－0004090　10883
鹽鐵論十二卷　(漢)桓寬撰　清光緒元年(1875)湖北崇文書局刻本　二冊

440000－2541－0004091　10888
新鍥葛稚川内篇四卷外篇四卷　(晉)葛洪撰　(明)張可大等評校　清刻本　四冊

440000－2541－0004092　10899
宋元學案一百卷首一卷　(清)黃宗羲撰　(清)黃百家纂輯　(清)全祖望修定　清光緒五年(1879)長沙寄廬刻本　四十冊

440000－2541－0004093　10900
宋元學案一百卷首一卷　(清)黃宗羲撰　(清)黃百家纂輯　(清)全祖望修定　清光緒五年(1879)長沙寄廬刻本　三十六冊

440000－2541－0004094　10904
正學隅見述一卷　(清)王弘撰撰　清光緒二十七年(1901)王凌霄刻本　一冊

440000－2541－0004095　10906
張子全書十五卷　(宋)張載撰　清刻本　三冊

440000－2541－0004096　10911
小學集解六卷考經注解一卷　(宋)朱熹撰　(清)張伯行輯　清道光二十七年(1847)求是軒刻本　四冊

440000－2541－0004097　10912
小學集解六卷考經注解一卷　(宋)朱熹撰　(清)張伯行輯　清廣州石經堂書局刻本　四冊

440000－2541－0004098　10913
小學集解六卷附朱子年譜一卷童蒙須知一卷訓子從學帖一卷　(宋)朱熹撰　(清)張伯行輯　清刻本　四冊

440000－2541－0004099　10914
孝經集注一卷　(清)丁晏輯　清咸豐七年(1857)刻本　一冊

440000－2541－0004100　10916
小學集解六卷　(清)張伯行撰　清光緒二十七年(1901)廣雅書局刻本　四冊

440000－2541－0004101　10917
小學集解六卷　(清)張伯行撰　清光緒二十七年(1901)廣雅書局刻本　四冊

440000－2541－0004102　10918
小學集解六卷　(清)張伯行撰　清光緒二十

七年(1901)廣雅書局刻本　三冊　存四卷(三至六)

440000－2541－0004103　10919
小學集解六卷　(清)張伯行撰　清光緒二十七年(1901)廣雅書局刻本　一冊　存一卷(六)

440000－2541－0004104　10920
朱子語類日鈔五卷　(清)陳宗誼輯　(清)陳澧訂　清光緒二十六年(1900)廣雅書局刻本　一冊

440000－2541－0004105　10921
朱子語類日鈔五卷　(清)陳宗誼輯　(清)陳澧訂　清咸豐番禺陳氏刻本　一冊

440000－2541－0004106　10922
朱子語類日鈔五卷　(清)陳宗誼輯　(清)陳澧訂　清咸豐番禺陳氏刻本　一冊

440000－2541－0004107　10924
朱子原訂近思錄十四卷　(宋)朱熹撰　(清)江永集注　清同治刻本　四冊

440000－2541－0004108　10925
近思錄十四卷考訂朱子世家一卷　(宋)朱熹撰　(清)江永集注　清光緒十五年(1889)金陵書局刻本　六冊

440000－2541－0004109　10926
延平李先生師弟子答問二卷　(宋)朱熹輯　清光緒五年(1879)刻本　二冊

440000－2541－0004110　10928
朱子原訂近思錄十四卷考訂朱子世家一卷　(宋)朱熹撰　(清)江永集注　清光緒十四年(1888)廣雅書局刻本　五冊

440000－2541－0004111　10929
朱子原訂近思錄十四卷考訂朱子世家一卷　(宋)朱熹撰　(清)江永集注　清光緒十四年(1888)廣雅書局刻本　五冊

440000－2541－0004112　10930
淵鑒齋御纂朱子全書六十六卷　(宋)朱熹撰　(清)李光地等輯　清同治刻本　二十二冊　存三十六卷(三十一至六十六)

440000－2541－0004113　10931
淵鑒齋御纂朱子全書六十六卷　(宋)朱熹撰　(清)李光地等輯　清康熙五十三年(1714)武英殿刻本　十二冊　存二十五卷(一至二十五)

440000－2541－0004114　10933
御纂朱子全書六十六卷　(宋)朱熹撰　(清)李光地等輯　清刻本　三十二冊

440000－2541－0004115　10934
增補五子近思錄詳解十四卷　(清)汪佑編　清刻本　四冊

440000－2541－0004116　10935
增補五子近思錄詳解十四卷　(清)汪佑編　清刻本　五冊

440000－2541－0004117　10937
正誼堂全書六十八種　(清)張伯行編　(清)楊浚補編　清同治五年(1866)福州正誼書院刻八年至九年(1869－1870)續刻本　十冊　存五種

440000－2541－0004118　10938
朱子語類一百四十卷　(宋)朱熹撰　(宋)黎靖德輯　清同治十一年(1872)刻本　四十冊

440000－2541－0004119　10942
小學集注六卷　(宋)朱熹撰　(明)陳選注　清光緒二十三年(1897)金陵書局刻本　二冊

440000－2541－0004120　10943
朱子經濟文衡類編前集二十五卷後集二十五卷續集二十二卷　(宋)朱熹撰　清乾隆四年(1739)徽州府署刻本　十二冊

440000－2541－0004121　10946
西山先生真文忠公讀書記四十卷　(宋)真德秀撰　清同治三年(1864)刻本　三十冊

440000－2541－0004122　10947
西山先生真文忠公讀書記四十卷　(宋)真德秀撰　清同治三年(1864)刻本　三十冊

440000－2541－0004123　10948

西山先生真文忠公讀書記四十卷　(宋)真德秀撰　清同治三年(1864)刻本　十四册

440000－2541－0004124　10949
大學衍義四十三卷　(宋)真德秀撰　清道光十七年(1837)刻本　十册

440000－2541－0004125　10950
大學衍義四十三卷　(宋)真德秀撰　清同治十一年(1872)浙江書局刻本　九册　存四十卷(一至九、十三至四十三)

440000－2541－0004126　10954
北溪先生字義二卷補遺一卷嚴陵講義一卷　(宋)陳淳撰　清光緒二十六年(1900)刻本　二册

440000－2541－0004127　10960
明儒學案六十二卷師説一卷　(清)黄宗羲撰　清光緒十四年(1888)刻本　二十九册

440000－2541－0004128　10966
易外别傳一卷　(元)俞琰撰　清抄本　二册

440000－2541－0004129　10968
編定陳白沙先生[獻章]年譜二卷門人考一卷叢考一卷　(清)阮榕齡編　清咸豐元年(1851)新會阮氏夢菊堂刻本　四册

440000－2541－0004130　10969
編定陳白沙先生[獻章]年譜二卷門人考一卷叢考一卷　(清)阮榕齡編　清咸豐元年(1851)新會阮氏夢菊堂刻本　三册　存一卷(叢考一卷)

440000－2541－0004131　10970
陽明先生[王守仁]年譜二卷　(明)李贄撰　清刻本　二册

440000－2541－0004132　10973
陽明先生集要理學編四卷經濟編七卷文章編四卷年譜一卷　(明)王守仁撰　(明)施邦曜輯　清光緒三十一年(1905)桂林書局刻本　十册

440000－2541－0004133　10974
陽明先生集要理學編四卷經濟編七卷文章編四卷年譜一卷　(明)王守仁撰　(明)施邦曜輯　清光緒三十一年(1905)桂林書局刻本　十册

440000－2541－0004134　10975
王陽明先生全集十六卷目錄二卷年譜二卷　(明)王守仁撰　清同治九年(1870)刻本　十六册

440000－2541－0004135　10976
王陽明先生全集十六卷目錄二卷年譜二卷　(明)王守仁撰　清同治九年(1870)刻本　十六册

440000－2541－0004136　10977
王陽明先生文鈔二十卷　(明)王守仁撰　(清)張問達輯　清刻本　八册

440000－2541－0004137　10982
吕子節録六卷　(明)吕坤撰　(清)陳弘謀輯　清同治九年(1870)刻本　二册

440000－2541－0004138　10987
大學衍義補一百六十卷首一卷　(明)丘濬撰　清道光十七年(1837)刻本　四十册

440000－2541－0004139　10991
聖學格物通一百卷　(明)湛若水撰　清同治五年(1866)資政堂刻甘泉全集本　二十册

440000－2541－0004140　10999
薛子條貫篇十三卷　(明)薛瑄撰　**續篇十三卷**　(清)戴楫輯　清光緒十九年(1893)廣州刻本　二册

440000－2541－0004141　11002
董氏叢書十六種　(清)董金鑑編　清光緒三十二年(1906)會稽董氏取斯家塾刻本　八册　存六種

440000－2541－0004142　11004
先船山公[王夫之]年譜前編一卷後編一卷　(清)王之春輯　清光緒十九年(1893)刻本　二册

440000－2541－0004143　11006
先船山公[王夫之]年譜前編一卷後編一卷

(清)王之春輯　清光緒十九年(1893)刻本　二册

440000－2541－0004144　11025
學案小識十四卷首一卷末一卷　(清)唐鑑撰　清光緒十年(1884)刻本　十二册

440000－2541－0004145　11026
學案小識十四卷首一卷末一卷　(清)唐鑑撰　清光緒十年(1884)刻本　十二册

440000－2541－0004146　11032
弟子箴言十六卷　(清)胡達源撰　清光緒二十一年(1895)湖南糧儲道署刻本　四册

440000－2541－0004147　11033
理學逢源十二卷　(清)汪紱撰　清道光十八年(1838)俞堯章敬業堂刻本　十二册

440000－2541－0004148　11034
漢學商兑三卷　(清)方東樹撰　清光緒十年(1884)寧鄉成氏刻本　四册

440000－2541－0004149　11036
漢學商兑三卷　(清)方東樹撰　清光緒二十六年(1900)浙江書局刻本　四册

440000－2541－0004150　11037
漢學商兑三卷　(清)方東樹撰　清光緒二十六年(1900)浙江書局刻本　二册

440000－2541－0004151　11038
心學宗續編四卷　(清)方中通輯　清光緒七年(1881)刻本　一册

440000－2541－0004152　11039
理學逢源十二卷　(清)汪紱撰　清光緒二十三年(1897)刻本　十二册

440000－2541－0004153　11040
繹志十九卷　(清)胡承諾撰　清同治十一年(1872)浙江書局刻本　八册

440000－2541－0004154　11041
正譌八卷　(清)劉沅撰　清咸豐四年(1854)豫誠堂刻本　四册

440000－2541－0004155　11042
正譌八卷　(清)劉沅撰　清咸豐四年(1854)豫誠堂刻本　四册

440000－2541－0004156　11043
槐軒約言一卷　(清)劉沅撰　清刻本　一册

440000－2541－0004157　11044
繹志十九卷　(清)胡承諾撰　清道光十七年(1837)婁東顧氏謏聞書屋刻本　六册

440000－2541－0004158　11049
拾餘四種四卷　(清)劉沅撰　清光緒二十七年(1901)刻本　一册　存一卷(恆言一卷)

440000－2541－0004159　11051
儒門法語輯要一卷　(清)彭定求原輯　(清)湯金釗輯要　清光緒十六年(1890)浙江書局刻本　一册

440000－2541－0004160　11052
理學庸言二卷　(清)金錫齡撰　清光緒二十一年(1895)刻本　一册

440000－2541－0004161　11053
理學庸言二卷　(清)金錫齡撰　清光緒二十一年(1895)刻本　一册

440000－2541－0004162　11054
拾餘四種四卷　(清)劉沅撰　清光緒二十七年(1901)刻本　二册

440000－2541－0004163　11060
二曲集四十六卷　(清)李顒撰　清光緒三年(1877)石泉彭懋謙刻本　十六册

440000－2541－0004164　11061
二曲集四十六卷　(清)李顒撰　清光緒三年(1877)石泉彭懋謙刻本　十六册

440000－2541－0004165　11062
二曲全集二十六卷　(清)李顒撰　清同治十二年(1873)刻本　十二册

440000－2541－0004166　11063
二曲集四十六卷　(清)李顒撰　清光緒三年(1877)石泉彭懋謙刻本　十四册

440000－2541－0004167　11067

定盦先生[龔自珍]年譜一卷　吳昌綬編　清光緒三十四年(1908)雙照樓刻朱印本　一册

440000－2541－0004168　11068
起黃二卷質顧一卷廣王二卷　(清)吳光耀撰　清宣統刻本　五册

440000－2541－0004169　11070
長興學記一卷　康有爲撰　清光緒十七年(1891)廣州萬木草堂刻本　一册

440000－2541－0004170　11076
儒教衍義三卷　(瑞士)韶波撰　清光緒二十一年(1895)香港巴色會刻本　一册

440000－2541－0004171　11077
儒教衍義三卷　(瑞士)韶波撰　清光緒二十一年(1895)香港巴色會刻本　一册

440000－2541－0004172　11083
桂學答問一卷　康有爲撰　清光緒廣州雙門底全經閣刻本　一册

440000－2541－0004173　11105
學庸理鏡二卷　(清)梁有成輯　清光緒十年(1884)羊城海墨樓石印本　一册

440000－2541－0004174　11106
天演論二卷　(英國)赫胥黎撰　嚴復譯　清光緒羊城澄天閣石印本　二册

440000－2541－0004175　11107
天演論二卷　(英國)赫胥黎撰　嚴復譯　清光緒二十九年(1903)明善社刻本　二册

440000－2541－0004176　11109
希臘三大哲學家學説不分卷　(清)陳鵬輯譯　清光緒二十九年(1903)上海廣智書局鉛印本　一册

440000－2541－0004177　11110
希臘三大哲學家學説不分卷　(清)陳鵬輯譯　清光緒二十九年(1903)上海廣智書局鉛印本　一册

440000－2541－0004178　11111
新訂四書補註備旨十卷　(明)鄧林撰　(清)鄧煜輯　(清)杜定基增訂　清宣統元年(1909)上海久敬齋書局石印本　一册　存二卷(大學一卷、中庸一卷)

440000－2541－0004179　11114
群己權界論不分卷　(英國)穆勒約翰撰　嚴復譯　清光緒二十九年(1903)上海商務印書館刻本　一册

440000－2541－0004180　11115
天演論二卷　(英國)赫胥黎撰　嚴復譯　清光緒二十七年(1901)蒙學書局石印本　一册

440000－2541－0004181　11116
天演論二卷　(英國)赫胥黎撰　嚴復譯　清光緒二十七年(1901)富文書局石印本　一册

440000－2541－0004182　11117
吳京卿節本天演論　(英國)赫胥黎撰　嚴復譯　(清)吳汝綸删節　清光緒二十九年(1903)上海文明書局鉛印本　一册

440000－2541－0004183　11118
群學肄言十六章　(英國)斯賓塞爾撰　嚴復譯　清光緒二十九年(1903)上海文明書局鉛印本　四册

440000－2541－0004184　11124
名學七卷首一卷　(英國)穆勒約翰撰　嚴復譯　清光緒二十八年(1902)金粟齋鉛印本　二册

440000－2541－0004185　11126
五種遺規　(清)陳弘謀編　清道光二年(1822)刻本　八册

440000－2541－0004186　11127
五種遺規　(清)陳弘謀編　清光緒十九年(1893)刻本　八册

440000－2541－0004187　11128
五種遺規　(清)陳弘謀編　清培遠堂刻本　八册

440000－2541－0004188　11129
五種遺規　(清)陳弘謀編　清光緒三十四年(1908)學部圖書局石印本　八册

440000－2541－0004189　11131

格言彙編不分卷　(清)王乃徵輯　清光緒三十四年(1908)石印本　七冊

440000－2541－0004190　11132
五種遺規摘抄　(清)陳弘謀編　清末上海錦章圖書局石印本　二冊

440000－2541－0004191　11133
四種遺規摘抄　(清)陳弘謀編　(清)劉大懿摘抄　清光緒十八年(1892)桂垣書局刻本　八冊

440000－2541－0004192　11134
訓俗遺規摘鈔二卷　(清)陳弘謀編　清粵東富文齋刻本　一冊　存一卷(二)

440000－2541－0004193　11140
正心格言一卷　(清)關壽崧輯　清道光二十六年(1846)香山關氏梅雪齋刻本　一冊

440000－2541－0004194　11143
小學韻語一卷　(清)羅澤南撰　清末浙江書局刻本　一冊

440000－2541－0004195　11148
文昌帝君呂祖先師功過格合編　(□)□□輯　清光緒十一年(1885)粵東聚德堂刻本　一冊

440000－2541－0004196　11150
宦海指南五種　(清)許乃普編　清咸豐九年(1859)錢塘許氏刻本　四冊

440000－2541－0004197　11151
宦海指南五種　(清)許乃普編　清刻本　三冊

440000－2541－0004198　11153
平平言四卷　(清)方大湜撰　清光緒十六年(1890)鄂省藩署鉛印本　四冊

440000－2541－0004199　11154
平平言四卷　(清)方大湜撰　清光緒二十二年(1896)廣雅書局刻本　四冊

440000－2541－0004200　11155
福惠全書三十二卷　(清)黄六鴻撰　清刻本　十冊

440000－2541－0004201　11156
從政緒餘錄七卷　(清)陳坤輯　清光緒九年(1883)刻本　三冊

440000－2541－0004202　11157
佐治藥言一卷續一卷　(清)汪輝祖纂　清刻宦海指南本　一冊

440000－2541－0004203　11158
入幕須知五種贅言十則　(清)張廷驤編　清光緒十八年(1892)浙江書局刻本　六冊

440000－2541－0004204　11159
入幕須知五種贅言十則　(清)張廷驤編　清光緒十八年(1892)浙江書局刻本　六冊

440000－2541－0004205　11161
庸吏庸言二卷庸吏餘談一卷　(清)劉衡撰　清同治九年(1870)湖南省藩署刻本　一冊

440000－2541－0004206　11162
公餘便覽二卷附一卷　(清)李鍾潢輯　清光緒十年(1884)李資壤刻本　一冊

440000－2541－0004207　11163
牧令書二十三卷　(清)徐棟輯　清道光二十八年(1848)刻本　十六冊

440000－2541－0004208　11164
袁易齋先生圖民錄四卷　(清)袁守定撰　清同治十二年(1873)湘鄉楊昌濬刻本　二冊

440000－2541－0004209　11165
袁易齋先生圖民錄四卷　(清)袁守定撰　清同治十二年(1873)湘鄉楊昌濬刻本　二冊

440000－2541－0004210　11166
袁易齋先生圖民錄四卷　(清)袁守定撰　清同治十二年(1873)湘鄉楊昌濬刻本　二冊

440000－2541－0004211　11167
牧令書二十三卷保甲書二卷　(清)徐棟輯　清道光二十八年(1848)刻本　十八冊

440000－2541－0004212　11168
學仕錄十六卷　(清)戴肇辰輯　清同治六年(1867)刻本　七冊　存十四卷(一至十四)

440000－2541－0004213　11170
牧令書輯要十卷　(清)徐棟原輯　(清)丁日昌重輯　清同治八年(1869)湖北崇文書局刻本　十册

440000－2541－0004214　11171
牧令全書四種附錄一種　(清)丁日昌編　清同治十二年(1873)羊城書局刻本　十四册

440000－2541－0004215　11173
學治臆說二卷續說一卷說贅一卷　(清)汪輝祖撰　清刻本　一册

440000－2541－0004216　11174
聖祖仁皇帝庭訓格言一卷　(清)世宗胤禛纂　清同治元年(1862)刻本　二册

440000－2541－0004217　11175
宦鄉要則七卷　(清)張鑒瀛撰　清光緒十五年(1889)珍藝書局鉛印本　一册

440000－2541－0004218　11176
宦鄉要則七卷　(清)張鑒瀛撰　清光緒二十六年(1900)玉麟書局石印本　二册

440000－2541－0004219　11178
實政錄七卷　(明)呂坤撰　清同治七年(1868)湖北崇文書局刻本　四册

440000－2541－0004220　11179
聖祖仁皇帝庭訓格言一卷　(清)世宗胤禛纂　清光緒刻本　一册

440000－2541－0004221　11186
聖諭廣訓疏義不分卷　(清)世宗胤禛撰　清光緒十六年(1890)兩粵廣仁善堂刻本　十六册

440000－2541－0004222　11190
聖諭像解二十卷　(清)梁延年輯　清咸豐六年(1856)廣州味經堂書坊刻本　十册

440000－2541－0004223　11191
臣鑒錄二十卷　(清)蔣伊編　清光緒二十五年(1899)刻本　十册

440000－2541－0004224　11194
居官日省錄六卷　(清)覺羅烏爾通阿輯　清同治十二年(1873)刻本　六册

440000－2541－0004225　11204
孝經一卷　(唐)玄宗李隆基注　清同治九年(1870)揚州書局影元刻本　一册

440000－2541－0004226　11220
孝經一卷　(元)吳澄校定　(清)朱軾按　**孝經三本管窺三卷**　(清)吳隆元撰　清刻本　一册

440000－2541－0004227　11221
孝經學七卷　曹元弼撰　清宣統元年(1909)刻本　一册

440000－2541－0004228　11224
孝經六藝大道錄一卷　曹元弼撰　清光緒二十四年(1898)兩湖書院刻本　一册

440000－2541－0004229　11226
孝經直解一卷　(清)劉沅注釋　清道光二十八年(1848)刻本　一册

440000－2541－0004230　11227
篆文孝經一卷　(清)吳大澂書　清光緒十一年(1885)石印本　一册

440000－2541－0004231　11228
篆文孝經一卷　(清)吳大澂書　清光緒刻本　一册

440000－2541－0004232　11238
大意尊聞三卷附錄一卷　(清)方東樹撰　清同治五年(1866)刻本　一册

440000－2541－0004233　11245
欽定元王惲承華事略補圖六卷　(元)王惲撰　(清)徐郙等輯補　清光緒刻本　二册

440000－2541－0004234　11246
欽定元王惲承華事略補圖六卷　(元)王惲撰　(清)徐郙等輯補　清光緒刻本　一册

440000－2541－0004235　11248
輶軒語一卷　(清)張之洞撰　清光緒二年(1876)刻本　一册

440000－2541－0004236　11249

為政忠告四卷　(元)張養浩撰　清道光十三年(1833)芸葉軒刻本　二册

440000－2541－0004237　11251
重刻添補傳家寶俚言新本初集八卷二集八卷三集八卷四集八卷　(清)石成金撰　清刻本　三十册

440000－2541－0004238　11253
碧琳琅館叢書四部四十五種　(清)方功惠編　清光緒十年(1884)巴陵方氏廣東刻宣統元年(1909)印本　十四册　存十三種

440000－2541－0004239　11260
百孝圖說四卷　(清)俞葆真輯　清同治十年(1871)河間俞氏刻本　二册

440000－2541－0004240　11261
家範十卷　(宋)司馬光撰　(清)朱軾評點　清刻本　一册

440000－2541－0004241　11262
養蒙初基九卷　(清)楊蔭廷輯　清光緒十七年(1891)羊城自刻本　四册

440000－2541－0004242　11265
課子隨筆節鈔六卷　(清)張又渠輯　(清)徐桐節鈔　**續編一卷**　(清)徐桐輯　清同治十年(1871)刻本　四册

440000－2541－0004243　11268
晚邨先生家訓真蹟五卷　(清)呂留良撰　清光緒三十三年(1907)國學保存會石印本　二册

440000－2541－0004244　11269
聰訓齋語一卷恆產瑣言一卷　(清)張英撰　清刻本　一册

440000－2541－0004245　11271
曾文正公家訓二卷　(清)曾國藩撰　清光緒十三年(1887)鴻文書局鉛印本　一册

440000－2541－0004246　11272
中西齊家譜不分卷　沈宰熙譯撰　清光緒三十二年(1906)上海土山灣慈母堂鉛印本　一册

440000－2541－0004247　11274
勸誡近錄九編合刻六卷　(清)梁恭辰撰　清光緒十四年(1888)古皖城刻本　二十册

440000－2541－0004248　11277
文明時代之道德不分卷　(日本)戶水寬人撰　(清)羅景仁譯　清光緒二十九年(1903)合衆譯書局鉛印本　一册

440000－2541－0004249　11278
道德進化論不分卷　(日本)戶水寬人撰　(清)廣智書局譯　清光緒二十八年(1902)上海廣智書局鉛印本　一册

440000－2541－0004250　11280
修省良規八卷首一卷　(清)彭定求輯　清道光二十一年(1841)盧氏刻本　四册

440000－2541－0004251　11281
陰騭文圖證不分卷　(清)費丹旭繪圖　(清)許光清集證　清末石印本　二册

440000－2541－0004252　11282
人譜一卷人譜類記二卷　(明)劉宗周撰　清光緒三十二年(1906)文明會社石印本　一册

440000－2541－0004253　11283
人譜六卷　(明)劉宗周撰　清咸豐十年(1860)金谿趙氏紅杏山房刻本　三册

440000－2541－0004254　11284
人譜正續篇一卷人譜類記四卷　(明)劉宗周撰　清道光二十三年(1843)浦城祝氏留香室刻本　四册

440000－2541－0004255　11285
蕺山先生人譜一卷人譜類記二卷　(明)劉宗周撰　清光緒二十九年(1903)刻本　二册

440000－2541－0004256　11288
嘉言懿行錄續編一卷　(清)榮恆輯　清光緒三十三年(1907)石印本　一册

440000－2541－0004257　11289
格言聯璧不分卷　(清)金纓輯　清光緒十六年(1890)刻本　一册

440000－2541－0004258　11290

格言聯璧不分卷　(清)金纓輯　清光緒二十五年(1899)順德龍氏刻本　一册

440000－2541－0004259　11293
我箴釋證十五卷　(清)李庚乾撰　清光緒二十二年(1896)刻本　四册

440000－2541－0004260　11295
御製勸善要言一卷　(清)世祖福臨撰　清刻本　一册

440000－2541－0004261　11296
御製勸善要言一卷　(清)世祖福臨撰　清刻本　一册

440000－2541－0004262　11297
吾師錄一卷自監錄四卷　(明)黄淳耀撰　清光緒二十五年(1899)番禺沈氏廣陵刻本　一册

440000－2541－0004263　11298
吾師錄一卷自監錄四卷　(明)黄淳耀撰　清光緒二十五年(1899)番禺沈氏廣陵刻本　一册

440000－2541－0004264　11299
菜根談一卷　(明)洪應明撰　清同治刻本　一册

440000－2541－0004265　11300
輶軒語一卷　(清)張之洞撰　清光緒刻本　一册

440000－2541－0004266　11301
輶軒語一卷　(清)張之洞撰　清光緒刻本　一册

440000－2541－0004267　11302
輶軒語一卷　(清)張之洞撰　清光緒刻本　一册

440000－2541－0004268　11305
分類功過格二卷　(唐)吕巖輯　清光緒五年(1879)刻本　一册　存一卷(上)

440000－2541－0004269　11311
鄔家初集十種　鄔慶時編　清光緒至民國刻本　八册　存九種

440000－2541－0004270　11313
覺世經子史徵信錄一卷　(清)羅坤輯　清光緒二十九年(1903)新會羅氏平安堂刻本　一册

440000－2541－0004271　11318
俗言一卷　(清)劉沅撰　清咸豐刻本　一册

440000－2541－0004272　11323
輶軒語一卷　(清)張之洞撰　清光緒二年(1876)退補齋刻本　一册

440000－2541－0004273　11324
輶軒語一卷　(清)張之洞撰　清光緒二年(1876)退補齋刻本　一册

440000－2541－0004274　11325
輶軒語一卷　(清)張之洞撰　清光緒二年(1876)退補齋刻本　一册

440000－2541－0004275　11326
輶軒語一卷　(清)張之洞撰　清光緒二年(1876)退補齋刻本　一册

440000－2541－0004276　11327
古格言十二卷　(清)梁章鉅輯　清道光刻本　二册

440000－2541－0004277　11328
人範六卷　(清)蔣元輯　清光緒二十七年(1901)廣雅書局刻本　一册

440000－2541－0004278　11329
人範六卷　(清)蔣元輯　清光緒二十七年(1901)廣雅書局刻本　一册

440000－2541－0004279　11330
人範六卷　(清)蔣元輯　清光緒二十七年(1901)廣雅書局刻本　一册

440000－2541－0004280　11331
人範六卷　(清)蔣元輯　清光緒二十七年(1901)廣雅書局刻本　一册

440000－2541－0004281　11332
古格言十二卷　(清)梁章鉅輯　清道光刻本　二册

440000－2541－0004282　11335

中等教育倫理學二編　（日本）元良勇次郎撰　麥鼎華譯　清光緒二十八年（1902）上海廣智書局鉛印本　一册

440000－2541－0004283　11338

省言一卷　（清）劉友尚撰　清刻本　一册

440000－2541－0004284　11339

彙纂功過格十二卷首一卷末一卷　（清）梁九華輯　清光緒十六年（1890）佛山刻本　十册

440000－2541－0004285　11342

儒釋道平心論二卷　（元）劉謐撰　清同治二年（1863）刻本　一册

440000－2541－0004286　11343

五洲教案紀略五卷　（英國）李提摩太撰　（清）林朝圻譯　清光緒二十七年（1901）上海廣學會鉛印本　一册

440000－2541－0004287　11345

古教彙參三卷　（英國）韋廉臣撰　（清）董樹堂譯　清光緒二十五年（1899）上海廣學會刻本　三册

440000－2541－0004288　11346

古教彙參三卷　（英國）韋廉臣撰　（清）董樹堂譯　清光緒二十五年（1899）上海廣學會刻本　三册

440000－2541－0004289　11347

古教彙參三卷　（英國）韋廉臣撰　（清）董樹堂譯　清光緒二十五年（1899）上海廣學會刻本　一册　存一卷（一）

440000－2541－0004290　11348

佛教初學課本一卷注一卷　（清）楊文會撰　清光緒三十二年（1906）金陵刻經處刻本　一册

440000－2541－0004291　11352

釋氏四書　（□）□□輯　清同治至光緒刻後印本　四册

440000－2541－0004292　11364

翻譯名義集二十卷　（宋）釋法雲輯　清光緒四年（1878）金陵刻經處刻本　五册　存十六卷（一至十六）

440000－2541－0004293　11365

翻譯名義集二十卷　（宋）釋法雲輯　清光緒四年（1878）金陵刻經處刻本　四册　存十三卷（一至十三）

440000－2541－0004294　11366

翻譯名義集選一卷　（宋）釋法雲輯　清同治十二年（1873）江北刻經處刻本　一册

440000－2541－0004295　11372

閲藏知津四十四卷總目四卷　（明）釋智旭輯　清光緒十八年（1892）金陵刻經處刻本　十册

440000－2541－0004296　11373

大清重刻龍藏彙記不分卷　（清）釋超盛等輯　清同治九年（1870）金陵刻經處刻本　一册

440000－2541－0004297　11381

大方廣佛華嚴經八十卷　（唐）釋實叉難陀譯　清金陵刻經處刻本　二十册

440000－2541－0004298　11382

大方廣佛華嚴經八十卷　（唐）釋實叉難陀譯　清刻本　二十册

440000－2541－0004299　11383

大方廣佛華嚴經八十卷　（唐）釋實叉難陀譯　清光緒六年（1880）海幢沙門穎勤等刻本　十六册

440000－2541－0004300　11384

大方廣佛華嚴經疏鈔會本二百二十卷　（唐）釋實叉難陀譯　（清）釋澄觀述　清同治雞園刻經處刻本　六十册

440000－2541－0004301　11386

大方廣佛華嚴經入不思議解脱境界普賢行願品一卷　（唐）釋般若譯　清金陵刻經處刻本　一册

440000－2541－0004302　11388

大方廣佛華嚴經入不思議解脱境界普賢行願品四十卷　（唐）釋般若譯　清同治十三年

(1874)雞園刻經處刻本　十冊

440000－2541－0004303　11392
大方廣圓覺經大疏十六卷　(唐)釋宗密撰　清宣統元年(1909)金陵刻經處刻本　四冊

440000－2541－0004304　11393
大方廣圓覺修多羅了義經二卷　(唐)釋佛陀多羅譯　清同治八年(1869)金陵刻經處刻本　一冊

440000－2541－0004305　11394
大方廣圓覺修多羅了義經近釋六卷　(明)釋通潤撰　清光緒十二年(1886)金陵刻經處刻本　二冊

440000－2541－0004306　11395
大方廣圓覺修多羅了義經近釋六卷　(明)釋通潤撰　清光緒十二年(1886)金陵刻經處刻本　一冊

440000－2541－0004307　11396
大方廣圓覺修多羅了義經略疏二卷　(唐)釋宗密撰　清光緒三十年(1904)揚州藏經院刻本　二冊

440000－2541－0004308　11397
別譯雜阿含經二十卷　(□)□□譯　清宣統元年(1909)刻本　四冊

440000－2541－0004309　11398
維摩詰所說經二卷　(後秦)釋鳩摩羅什譯　清同治九年(1870)金陵刻經處刻本　一冊

440000－2541－0004310　11399
維摩詰所說經二卷　(後秦)釋鳩摩羅什譯　清同治九年(1870)金陵刻經處刻本　一冊

440000－2541－0004311　11400
維摩詰所說經註八卷　(後秦)釋鳩摩羅什譯　(後秦)釋僧肇注　清光緒十三年(1887)金陵刻經處刻本　二冊

440000－2541－0004312　11401
維摩詰所說經註八卷　(後秦)釋鳩摩羅什譯　(後秦)釋僧肇注　清光緒十三年(1887)金陵刻經處刻本　二冊

440000－2541－0004313　11402
維摩經玄疏六卷　(隋)釋智顗撰　清刻本　二冊

440000－2541－0004314　11403
維摩經疏十卷　(唐)釋湛然撰　清光緒二年(1876)刻本　十冊

440000－2541－0004315　11404
佛說四十二章經注一卷佛遺教經箋注一卷　(明)釋了童撰　清光緒十六年(1890)金陵刻經處刻本　一冊

440000－2541－0004316　11406
佛說四十二章經解一卷佛遺教經解一卷八大人覺經略解一卷　(明)釋智旭撰　清光緒十一年(1885)金陵刻經處刻本　一冊

440000－2541－0004317　11407
佛說四十二章經解一卷佛遺教經解一卷八大人覺經略解一卷　(明)釋智旭撰　清光緒十一年(1885)金陵刻經處刻本　一冊

440000－2541－0004318　11408
金剛般若波羅密經一卷佛說四十二章經一卷佛遺教經一卷　(後秦)釋鳩摩羅什等譯　清四饅頭果樹室主人抄本　一冊

440000－2541－0004319　11414
金剛般若波羅蜜經一卷　(後秦)釋鳩摩羅什譯　清光緒二十三年(1897)刻本　一冊

440000－2541－0004320　11415
金剛般若波羅蜜經一卷　(隋)釋智顗撰　**般若波羅蜜多心經釋要一卷**　(明)釋智旭撰　清刻本　一冊

440000－2541－0004321　11417
金剛經旁解一卷　(清)湯肇召輯　清同治六年(1867)刻本　一冊

440000－2541－0004322　11418
佛說四十二章經解一卷　(明)釋智旭撰　清道光七年(1827)資福寺釋了睿刻本　一冊

440000－2541－0004323　11419
金剛般若波羅蜜經一卷　(後秦)釋鳩摩羅什

譯　清同治十三年(1874)浙江昭慶慧空經房刻本　四册

440000－2541－0004324　11420
金剛般若波羅蜜經四卷　(後秦)釋鳩摩羅什譯　**金剛經道場後儀一卷心經一卷**　(唐)釋玄奘譯　**諸咒一卷**　清同治十三年(1874)浙江昭慶慧空經房刻本　四册

440000－2541－0004325　11428
金剛經句解一卷　(清)臧志仁撰　清光緒二年(1876)刻本　一册

440000－2541－0004326　11429
金剛般若波羅蜜經宗通九卷　(後秦)鳩摩羅什譯　(明)曾鳳儀撰　清光緒十一年(1885)金陵刻經處刻本　二册

440000－2541－0004327　11430
金剛經直解一卷　(清)吕嵒撰　清光緒十五年(1889)陽湖惲氏賜福堂刻本　一册

440000－2541－0004328　11431
金剛經旁解一卷　(清)湯輂召輯　清光緒十二年(1886)粵東合成齋刻本　一册

440000－2541－0004329　11438
金剛經註解四卷　(明)釋洪蓮輯　清光緒十五年(1889)鼎湖經坊刻本　四册

440000－2541－0004330　11439
金剛般若波羅蜜經四卷附多心經一卷　(明)成祖朱棣集注　清光緒二十年(1894)刻本　二册

440000－2541－0004331　11454
淨土四經不分卷　(清)魏源輯　清同治五年(1866)金陵書局刻本　一册

440000－2541－0004332　11455
淨土四經不分卷　(清)魏源輯　清同治五年(1866)金陵書局刻本　一册

440000－2541－0004333　11460
妙法蓮華經通義二十卷　(明)釋德清述　清光緒三十四年(1908)金陵刻經處刻本　五册

440000－2541－0004334　11461
妙法蓮華經玄義節要二卷　(隋)釋智顗說　(隋)釋灌頂錄　(明)釋智旭節要　清刻本　二册

440000－2541－0004335　11463
淨土四經不分卷　(清)魏源輯　清同治五年(1866)金陵書局刻本　一册

440000－2541－0004336　11467
妙法蓮華經七卷直音一卷　(後秦)釋鳩摩羅什譯　清金陵朝天宮書局刻本　四册

440000－2541－0004337　11473
佛說阿彌陀經一卷　(後秦)釋鳩摩羅什譯　清光緒十五年(1889)金陵刻經處刻本　一册

440000－2541－0004338　11475
佛說阿彌陀經要解一卷　(後秦)釋鳩摩羅什譯　(明)釋智旭解　清光緒十一年(1885)金陵刻經處刻本　一册

440000－2541－0004339　11477
佛說阿彌陀經摘要易解一卷毘陵天寧普能嵩禪師淨土詩一卷毘陵天寧定念禪和尚語錄一卷　(清)釋真嵩等撰　清光緒五年(1879)釋靈虛等刻本　一册

440000－2541－0004340　11482
金剛三昧經二卷　(□)□□譯　清同治十二年(1873)金陵刻經處刻本　一册

440000－2541－0004341　11487
藥師瑠璃光如來本願功德經直解二卷　(清)釋靈耀撰　清宣統二年(1910)常州天寧寺刻本　一册

440000－2541－0004342　11488
法句經二卷　(印度)釋法救撰　(三國吳)釋維祇難等譯　清光緒十四年(1888)江北刻經處刻本　一册

440000－2541－0004343　11489
大佛頂如來密因修證了義諸菩薩萬行首楞嚴經十卷　(唐)釋般刺密帝譯　(印度)釋彌伽釋迦譯語　清同治八年(1869)金陵刻經處刻本　二册

440000－2541－0004344　11490

大佛頂如來密因修證了義諸菩薩萬行首楞嚴經十卷　（唐）釋般剌密帝譯　（印度）釋彌伽釋迦譯語　（唐）房融筆授　吴芝瑛書　清光緒三十四年至宣統元年（1908－1909）杭州小萬柳堂石印本　二册

440000－2541－0004345　11492

大佛頂如來密因修證了義諸菩薩萬行首楞嚴經十卷　（唐）釋般剌密帝譯　（印度）釋彌伽釋迦譯語　清宣統二年（1910）刻本　三册

440000－2541－0004346　11495

大佛頂如來密因修證了義諸菩薩萬行首楞嚴經纂注十卷首一卷末一卷　（唐）釋般剌密諦譯　（明）釋真界注　清光緒三十四年（1908）金陵刻經處刻本　五册

440000－2541－0004347　11496

大佛頂如來密因修證了義諸菩薩萬行首楞嚴經通議十卷補遺一卷首楞嚴經懸鏡一卷（明）釋德清撰　清光緒二十年（1894）金陵刻經處刻本　六册

440000－2541－0004348　11497

大佛頂如來密因修證了義諸菩薩萬行首楞嚴經貫珠集十卷　（明）釋戒潤撰　清末常州天寧寺刻本　五册

440000－2541－0004349　11498

大佛頂如來密因修證了義諸菩薩萬行首楞嚴經會解二十卷　（元）釋惟則撰　清宣統元年（1909）常州天寧寺刻本　六册

440000－2541－0004350　11499

楞伽阿跋多羅寶經四卷　（南朝宋）釋求那跋陀羅譯　（明）釋智旭疏義　**玄義一卷**　（明）釋智旭撰　清宣統元年（1909）常州天寧寺刻本　五册

440000－2541－0004351　11501

大佛頂如來密因修證了義諸菩薩萬行首楞嚴經十卷　（唐）釋般剌密帝譯　（印度）釋彌伽釋迦譯語　（唐）房融筆受　清道光十年（1830）浙寧太白山天童寺刻本　十册

440000－2541－0004352　11502

地藏菩薩本願經科注六卷綸貫一卷地藏經科一卷　（清）釋靈乘輯　清光緒七年至八年（1881－1882）天台山真覺寺刻杭州府慧空經房印本　六册

440000－2541－0004353　11504

千手千眼觀世音菩薩廣大圓滿無礙大悲心陀羅尼經一卷附大悲訣　（唐）釋伽梵達摩譯　清光緒二年（1876）刻本　一册

440000－2541－0004354　11507

地藏菩薩本願經三卷　（唐）釋實叉難陀譯　清光緒三十年（1904）金陵刻經處刻本　一册

440000－2541－0004355　11509

大寶積經一百二十卷　（唐）釋菩提流志譯　清刻本　六册　存四十五卷（三十一至七十五）

440000－2541－0004356　11517

勝鬘經寶窟十五卷　（唐）釋吉藏撰　清光緒二十六年（1900）金陵刻經處刻本　四册

440000－2541－0004357　11521

三劫三千佛名經三卷　（南朝宋）釋畺良耶舍譯　清光緒元年（1875）金陵刻經處刻本　一册

440000－2541－0004358　11527

過去現在因果經四卷　（南朝宋）釋求那跋陀羅譯　清光緒十年（1884）江北刻經處刻本　一册

440000－2541－0004359　11528

大方便佛報恩經七卷　（□）□□譯　清同治十一年（1872）金陵刻經處刻本　二册

440000－2541－0004360　11529

佛本行集經六十卷　（隋）釋闍那崛多譯　清光緒三十年（1904）南昌刻經處刻本　十二册

440000－2541－0004361　11530

佛本行經七卷　（南朝宋）釋寶雲譯　清宣統三年（1911）江北刻經處刻本　二册

440000－2541－0004362　11531

菩薩瓔珞經二十卷　(隋)釋竺佛念譯　清光緒十八年(1892)江北刻經處刻本　四冊

440000－2541－0004363　11532
佛說無量壽經義疏六卷　(三國魏)釋康僧鎧譯　(隋)釋慧遠撰　清光緒二十年(1894)金陵刻經處刻本　二冊

440000－2541－0004364　11533
勝天王般若波羅蜜經七卷　(南朝陳)釋月婆首那譯　清光緒二年(1876)江北刻經處刻本　二冊

440000－2541－0004365　11534
放光般若波羅蜜經三十卷　(晉)釋無羅叉　(晉)釋竺叔蘭譯　清光緒十二年(1886)如皋刻經處刻本　六冊

440000－2541－0004366　11536
五百弟子自說本起經一卷　(晉)釋竺法護譯　清宣統二年(1910)常州天寧寺刻本　一冊

440000－2541－0004367　11537
千眼千臂觀世音菩薩陀羅神咒經二卷　(唐)釋智通譯　**千手千眼觀世音菩薩姥姥尼經一卷**　(唐)釋流志譯　**千手千眼觀世音菩薩廣大圓滿無礙大悲心陀羅尼經**　(唐)釋伽梵達摩譯　**觀世音菩薩秘密藏神咒經一卷**　(唐)釋實叉難陀譯　**觀世音菩薩如意摩尼陀羅尼經一卷**　(唐)釋寶思惟譯　清宣統元年(1909)刻本　一冊

440000－2541－0004368　11538
御製大雲輪請雨經一卷　(隋)釋那連提耶舍譯　(清)高宗弘曆重訂　清刻本　一冊

440000－2541－0004369　11539
善住意天子所問經三卷　(北魏)釋毗目智仙等譯　清光緒六年(1880)常熟刻經處刻本　一冊

440000－2541－0004370　11545
悲華經十卷　(北涼)釋曇無讖譯　清光緒四年(1878)金陵刻經處刻本　三冊

440000－2541－0004371　11546
六度集經二卷　(三國吳)釋康僧會譯　清光緒五年(1879)金陵刻經處刻本　二冊

440000－2541－0004372　11547
方廣大莊嚴經十二卷　(唐)釋地婆訶羅譯　清光緒三十一年(1905)揚州藏經院刻本　四冊

440000－2541－0004373　11549
龍藏般若經節要二卷　(清)釋蓮根撰　(清)釋戒香輯　清光緒三年(1877)刻本　一冊

440000－2541－0004374　11550
大般涅槃經四十卷　(北涼)釋曇無讖譯　**後分二卷**　(唐)釋若那跋陀羅等譯　清同治十三年(1874)刻本　八冊

440000－2541－0004375　11551
大般涅槃經四十卷　(北涼)釋曇無讖譯　**後分二卷**　(唐)釋若那跋陀羅等譯　清光緒五年(1879)釋善成、釋妙湛刻本　十一冊

440000－2541－0004376　11552
法華指掌疏七卷懸示一卷科判一卷事義一卷　(清)釋通理撰　清宣統元年(1909)江北刻經處刻本　十二冊

440000－2541－0004377　11553
大方等大集賢護經四卷　(隋)釋闍那崛多等譯　清同治十二年(1873)江北刻經處刻本　一冊

440000－2541－0004378　11554
大般涅槃經玄義二卷　(隋)釋灌頂撰　清光緒八年(1882)金陵刻經處刻本　一冊

440000－2541－0004379　11555
圓覺經析義疏四卷大義一卷懸示一卷　(清)釋通理撰　清光緒三十三年(1907)揚州藏經院刻本　四冊

440000－2541－0004380　11557
大方等大集賢護經五卷　(隋)釋闍那崛多等譯　清同治十二年(1873)江北刻經處刻本　一冊

440000－2541－0004381　11558

佛說胞胎經一卷　(晉)釋竺法護譯　**佛說法鏡經二卷**　(漢)釋安玄　(漢)釋嚴佛調譯　清光緒六年(1880)常熟刻經處刻本　一册

440000－2541－0004382　11559
金剛經旁解一卷　(清)湯肇召輯注　**金剛經註釋一卷**　(清)青山子撰　**金剛般若經疏一卷**　(隋)釋智顗説　清同治四年(1865)刻本　三册

440000－2541－0004383　11560
楞嚴正脈十卷科略一卷懸示一卷　(明)釋真鑑述　清乾隆五十七年(1792)廣州海幢寺刻本　六册

440000－2541－0004384　11561
法苑珠林一百卷　(唐)釋道世撰　清道光七年(1827)蔣氏燕園刻二十八年(1848)虞山小石山房顧氏印本　四十册

440000－2541－0004385　11568
梵網經心地品菩薩戒義疏發隱五卷附事義一卷問辯一卷　(隋)釋智顗説　(明)釋袾宏撰　清光緒二十四年(1898)金陵刻經處刻本　五册

440000－2541－0004386　11570
佛説梵網經菩薩心地品合注等八種　(明)釋智旭撰　清同治十三年(1874)金陵刻經處刻本　五册

440000－2541－0004387　11573
大乘起信論一卷　(印度)馬鳴菩薩造　(南朝梁)釋真諦譯　清光緒二十四年(1898)金陵刻經處刻本　一册

440000－2541－0004388　11578
大乘起信論疏筆削記會閲十卷首一卷　(唐)釋法藏疏　(唐)釋宗密錄注　(宋)釋子璿記　(清)釋續法編　清光緒十五年(1889)刻本　十册

440000－2541－0004389　11579
十二門論宗致義記四卷　(後秦)釋鳩摩羅什譯　(唐)釋法藏記　清宣統三年(1911)江西刻經處刻本　二册

440000－2541－0004390　11580
大乘起信論義記七卷別記一卷　(唐)釋法藏撰　清光緒二十三年至二十四年(1897－1898)金陵刻經處刻本　二册

440000－2541－0004391　11582
大乘起信論科注一卷　(南朝梁)釋真諦譯　(清)江桂編注　清光緒三十年(1904)廬陵黄氏武昌刻本　一册

440000－2541－0004392　11583
大乘起信論疏二卷　(南朝梁)釋真諦譯　(唐)釋法藏疏　(唐)釋宗密錄注　清光緒三年(1877)長沙刻經處刻本　二册

440000－2541－0004393　11587
因明入正理論疏八卷　(唐)釋窺基撰　清光緒二十二年(1896)金陵刻經處刻本　二册

440000－2541－0004394　11598
佛爾雅八卷　(清)周春撰　清宣統二年(1910)國學扶輪社鉛印本　二册

440000－2541－0004395　11600
重訂教乘法數十二卷　(清)釋超海等撰　清光緒三十四年(1908)常州天寧寺刻本　六册

440000－2541－0004396　11603
大乘阿毗達摩雜集論十六卷　(唐)釋玄奘譯　清宣統三年(1911)常州天寧寺刻本　三册

440000－2541－0004397　11605
唯識開蒙問答二卷　(元)釋雲峰集　清宣統三年(1911)揚州藏經禪院刻本　二册

440000－2541－0004398　11607
唯識二十論一卷　(唐)釋玄奘譯　**唯識二十論述記四卷**　(唐)釋窺基撰　清宣統二年(1910)江西刻經處刻本　二册

440000－2541－0004399　11608
唯識二十論一卷　(唐)釋玄奘譯　**唯識二十論述記四卷**　(唐)釋窺基撰　清宣統二年(1910)江西刻經處刻本　二册

440000－2541－0004400　11611
成唯識論觀心法要十卷　(明)釋智旭撰　清

光緒二十六年(1900)揚州藏經院刻本　十冊

440000－2541－0004401　11615
成唯識論十卷　(唐)釋玄奘譯　清光緒二十二年(1896)金陵刻經處刻本　二冊

440000－2541－0004402　11619
釋摩訶衍論十卷　(後秦)釋波羅末陀　(後秦)釋筏提摩多譯　清光緒金陵刻經處刻本　四冊

440000－2541－0004403　11620
釋摩訶衍論十卷　(後秦)釋波羅末陀　(後秦)釋筏提摩多譯　清光緒金陵刻經處刻本　四冊

440000－2541－0004404　11622
出曜經二十卷　(後秦)釋竺佛念譯　清光緒十五年(1889)江北刻經處刻本　六冊

440000－2541－0004405　11624
佛說摩訶阿彌陀經衷論一卷　(清)魏源譯　(清)王耕心論　清光緒三十年(1904)刻本　一冊

440000－2541－0004406　11630
九品蓮臺二卷　(清)蓮航居士輯　清揚州藏經院刻本　二冊

440000－2541－0004407　11638
般若燈論十五卷　(唐)釋波羅頗蜜多羅譯　清光緒二十四年(1898)金陵刻經處刻本　三冊

440000－2541－0004408　11639
大乘法界無差別論疏二卷　(唐)釋法藏撰　清光緒二十一年(1895)金陵刻經處刻本　一冊

440000－2541－0004409　11640
坐禪三昧法門經二卷　(後秦)釋鳩摩羅什譯　清刻本　一冊

440000－2541－0004410　11641
坐禪三昧法門經二卷　(後秦)釋鳩摩羅什譯　清刻本　一冊

440000－2541－0004411　11643
大智度論一百卷　(後秦)釋鳩摩羅什譯　清光緒九年(1883)姑蘇刻經處刻本　二十五冊

440000－2541－0004412　11644
阿毗達磨俱舍論三十卷　(唐)釋玄奘譯　清宣統三年(1911)常州天寧寺刻本　六冊

440000－2541－0004413　11645
阿毗達磨法蘊足論十卷　(唐)釋玄奘譯　清揚州刻本　四冊

440000－2541－0004414　11646
立世阿毗曇論十卷　(南朝陳)釋真諦譯　清揚州刻本　三冊

440000－2541－0004415　11648
大宗地玄文本論略注四卷　(南朝陳)釋真諦譯　(清)楊文會注　清光緒三十二年(1906)金陵刻經處刻本　一冊

440000－2541－0004416　11649
無量壽經優婆提舍願生偈一卷注二卷略論安樂淨土義一卷讚阿彌陀佛偈一卷　(三國魏)釋菩提留支譯　(三國魏)釋曇鸞注　清光緒十九年(1893)金陵刻經處刻本　一冊

440000－2541－0004417　11650
釋摩訶衍論十卷　(後秦)釋波羅末陀　(後秦)釋筏提摩多譯　清光緒金陵刻經處刻本　二冊

440000－2541－0004418　11651
閱藏隨筆二卷　(清)釋元度輯　(清)釋太穆節解　清宣統元年(1909)揚州天寧寺刻本　二冊

440000－2541－0004419　11652
瑜伽施食集要儀軌不分卷　(□)□□撰　(清)釋道穎校　清道光十八年(1838)刻本　二冊

440000－2541－0004420　11657
淨業知津一卷　(清)釋悟開撰　清同治十三年(1874)金陵刻經處刻本　一冊

440000－2541－0004421　11658
淨業知津一卷　(清)釋悟開撰　清同治十三

年(1874)金陵刻經處刻本　一冊

440000－2541－0004422　11662

念佛鏡一卷　(清)釋道鏡　(清)釋善道撰　清同治九年(1870)刻本　一冊

440000－2541－0004423　11663

念佛警策二卷　(清)彭際清輯　清同治十三年(1874)許靈虛刻本　一冊

440000－2541－0004424　11666

禪門讚本備要不分卷　(清)釋相柱輯　清嘉慶二十年(1815)刻本　一冊

440000－2541－0004425　11668

千手千眼大悲懺法一卷　□□撰　清末至民國初金陵刻經處刻本　一冊

440000－2541－0004426　11669

淨業痛策一卷　(清)釋照瑩集　清光緒三年(1877)昭慶慧空經房刻本　一冊

440000－2541－0004427　11670

禪門日誦不分卷　□□編輯　清光緒二十六年(1900)江蘇常州天寧寺刻本　一冊

440000－2541－0004428　11671

佛說報恩懺法三卷　(清)釋續法集　清刻本　三冊

440000－2541－0004429　11672

三壇傳戒正範四卷　(清)釋讀體撰　清同治十二年(1873)江北刻經處刻本　三冊

440000－2541－0004430　11674

修設瑜伽集要施食壇儀不分卷　(明)釋袾宏重訂　清光緒六年(1880)刻本　一冊

440000－2541－0004431　11675

法界聖凡水陸勝會修齋儀軌六卷　(宋)釋志磐撰　(明)釋袾宏重訂　清光緒二十五年(1899)金陵刻經處刻本　二冊

440000－2541－0004432　11676

佛學十論一卷　釋月賓撰　清宣統二年(1910)鉛印本　一冊

440000－2541－0004433　11677

諸經日誦集要二卷　(明)釋袾宏訂輯　清光緒二十四年(1898)金陵刻經處刻雲棲法彙本　一冊

440000－2541－0004434　11678

折疑論集注二卷　(元)釋子成撰　(明)釋師子注　清光緒三十四年(1908)揚州藏經院刻本　一冊

440000－2541－0004435　11680

竹窗隨筆一卷二筆一卷三筆一卷　(明)釋袾宏撰　清光緒二十四年(1898)金陵刻經處刻本　三冊

440000－2541－0004436　11681

日課便蒙文讚類集不分卷　(清)釋海寬注　清蘇州畫禪寺刻本　一冊

440000－2541－0004437　11682

慈悲道場懺法十卷　(南朝梁)蕭衍集　清光緒十五年(1889)金陵刻經處刻本　三冊

440000－2541－0004438　11683

文殊師利菩薩及諸仙所說吉凶時日善惡宿曜經二卷　(唐)釋不空譯　(唐)楊景風注　清光緒二十一年(1895)江北刻經處刻本　一冊

440000－2541－0004439　11684

佛說造像量度經一卷續補一卷　(清)工布查布譯解　清同治十三年(1874)金陵刻經處刻本　一冊

440000－2541－0004440　11688

萬善先資集四卷　(清)周思仁撰　清光緒十三年(1887)刻本　二冊

440000－2541－0004441　11691

寫法切要二卷　(清)釋少逸輯　清同治八年(1869)刻本　一冊

440000－2541－0004442　11693

慈悲道場懺法十卷　(南朝梁)蕭衍集　清廣州海幢寺刻本　三冊

440000－2541－0004443　11694

佛祖心燈一卷諸家宗派一卷剌麻溯源一卷　(清)釋守一編　清光緒十六年(1890)金陵刻

經處刻本　一冊

440000－2541－0004444　11696
法海觀瀾五卷　(明)釋智旭輯　清光緒二十三年(1897)揚州藏經禪院刻本　二冊

440000－2541－0004445　11698
佛祖心燈一卷諸家宗派一卷剌麻溯源一卷　(清)釋守一編　清光緒十六年(1890)金陵刻經處刻本　一冊

440000－2541－0004446　11699
三教齊性集一卷　(清)世宗胤禛選輯　清光緒元年(1875)蜀川錦城文殊院刻本　一冊

440000－2541－0004447　11700
六祖大師法寶壇經一卷　(元)釋宗寶輯　清刻本　一冊

440000－2541－0004448　11703
蓮社備覽不分卷　(清)汪善慶等注　清同治廣陵藏經院蓮社刻本　一冊

440000－2541－0004449　11704
蓮社備覽不分卷　(清)汪善慶等注　清同治廣陵藏經院蓮社刻本　一冊

440000－2541－0004450　11706
修習止觀坐禪法要二卷附六妙法門一卷　(隋)釋智顗述　清光緒十八年(1892)金陵刻經處刻本　一冊

440000－2541－0004451　11707
修習止觀坐禪法要二卷附六妙法門一卷　(隋)釋智顗述　清光緒十八年(1892)金陵刻經處刻本　一冊

440000－2541－0004452　11708
釋摩訶般若波羅密經覺意三昧一卷　(隋)釋智顗說　(唐)釋灌頂記　清光緒二十九年(1903)揚州藏經院刻本　一冊

440000－2541－0004453　11709
四教義六卷　(隋)釋智顗撰　清刻本　二冊

440000－2541－0004454　11710
大乘止觀法門四卷　(南朝陳)釋慧思撰　清光緒六年(1880)長沙刻經處石印本　一冊

440000－2541－0004455　11711
大乘止觀法門四卷　(南朝陳)釋慧思撰　清光緒六年(1880)長沙刻經處石印本　一冊

440000－2541－0004456　11712
大乘止觀法門釋要六卷　(明)釋智旭撰　清光緒二十二年(1896)刻本　二冊

440000－2541－0004457　11713
十不二門指要鈔詳解二卷　(宋)釋可度撰　清同治至光緒福德因緣堂刻本　四冊

440000－2541－0004458　11714
天台教儀三種合刻三卷　(高麗)釋諦觀等撰　清宣統元年(1909)揚州藏經院刻本　一冊

440000－2541－0004459　11728
華嚴五十要問答二卷華嚴一乘十玄門一卷　(唐)釋智儼撰　清光緒二十二年(1896)金陵刻經處刻本　一冊

440000－2541－0004460　11729
相宗八要解八卷　(明)釋明昱撰　清光緒二十八年(1902)金陵刻經處刻本　三冊

440000－2541－0004461　11730
相宗八要直解八卷　(明)釋智旭撰　清同治九年(1870)金陵刻經處刻本　二冊

440000－2541－0004462　11734
性相通說一卷　(明)釋德清撰　清同治十二年(1873)金陵刻經處刻本　一冊

440000－2541－0004463　11735
唐玄奘法師八識規矩母頌一卷　(清)釋性起論釋　(清)釋善漳等錄　清光緒三年(1877)刻本　一冊

440000－2541－0004464　11737
大方廣佛華嚴寶懺一卷　(□)□□撰　清刻本　一冊

440000－2541－0004465　11739
賢首五教儀開蒙增注五卷引論名義一卷華嚴經品會大義一卷　(清)釋通理撰　清宣統元年(1909)揚州藏經院刻本　五冊

440000－2541－0004466　11740

金陵毘盧寺印魁文祖法語一卷　（清）釋清池記　清宣統三年（1911）揚州藏經院刻本　一冊

440000－2541－0004467　11743
壇經一卷　（唐）釋慧能說　（唐）釋法海錄　清同治十一年（1872）如皋刻經處刻本　一冊

440000－2541－0004468　11744
禪門鍛鍊說一卷　（清）釋戒顯撰　清同治十一年（1872）如皋刻經處刻本　一冊

440000－2541－0004469　11745
禪關策進一卷　（明）釋袾宏輯　清光緒二十四年（1898）金陵刻經處刻雲棲法彙本　一冊

440000－2541－0004470　11746
禪源諸詮集都序四卷　（唐）釋宗密述　清光緒十八年（1892）金陵刻經處刻本　一冊

440000－2541－0004471　11750
筠州黃蘗山斷際禪師傳心法要二卷　（唐）釋希運撰　（唐）裴休集　清光緒十年（1884）金陵刻經處刻本　一冊

440000－2541－0004472　11752
徹悟禪師遺稿二卷　（清）釋了亮等集　清嘉慶二十四年（1819）刻本　一冊

440000－2541－0004473　11754
六祖大師法寶壇經一卷　（唐）釋法海編集　清同治元年（1862）鼎湖經坊刻本　一冊

440000－2541－0004474　11755
禪林寶訓筆說三卷　（清）釋智祥述　清光緒十九年（1893）江北刻經處刻本　三冊

440000－2541－0004475　11756
博山和尚參禪警語一卷　（明）釋元来說　（明）釋成正集　清光緒三十四年（1908）金山江天寺刻本　一冊

440000－2541－0004476　11757
林間錄二卷　（宋）釋德洪撰　**後集一卷**　（宋）釋惠洪撰　清光緒二十七年（1901）揚州藏經院刻本　二冊

440000－2541－0004477　11758
永嘉真覺大師證道歌一卷　（元）釋法惠注頌　（元）釋德弘輯　清光緒三十四年（1908）金陵刻經處刻本　一冊

440000－2541－0004478　11759
永嘉真覺大師證道歌一卷　（元）釋法惠注頌　（元）釋德弘輯　清光緒三十四年（1908）金陵刻經處刻本　一冊

440000－2541－0004479　11760
永覺和尚洞上古轍二卷　（明）釋元賢輯　（清）釋道霈重輯　清刻本　一冊

440000－2541－0004480　11761
萬松老人評唱天童覺和尚頌古從容庵錄十卷　（宋）釋正覺頌古　（元）釋行秀評唱　清光緒七年（1881）姑蘇刻經處刻本　三冊

440000－2541－0004481　11762
萬松老人評唱天童覺和尚拈古請益錄六卷　（宋）釋正覺拈古　（元）釋行秀評唱　清刻本　二冊

440000－2541－0004482　11763
溈山警策句釋記二卷　（清）釋弘贊注　（清）釋開詗記　清同治十年（1871）虞妙道、羅雨亭刻本　一冊

440000－2541－0004483　11765
龍池幻有禪師語錄十卷　（明）釋幻有撰　（明）釋圓悟等輯　清宣統二年（1910）常州天寧寺刻本　四冊

440000－2541－0004484　11766
萬法歸心錄三卷　（清）釋祖源撰　清光緒三十四年（1908）揚州流通處刻本　一冊

440000－2541－0004485　11767
萬善同歸集三卷　（宋）釋延壽撰　清同治十一年（1872）金陵刻經處刻本　三冊

440000－2541－0004486　11768
萬善同歸集三卷　（宋）釋延壽撰　清同治十一年（1872）金陵刻經處刻本　三冊

440000－2541－0004487　11769
長慶空隱獨和尚語錄二卷　（清）釋道獨撰

(清)釋今釋編　清刻本　二册

440000－2541－0004488　11771
恆贊如禪師語錄十卷　(清)釋舳庵說　(清)釋悟潔等編　清宣統二年(1910)常州天寧寺刻本　四册

440000－2541－0004489　11772
高峰大師語錄一卷　(元)釋原妙說　(元)參學門人輯　清光緒十五年(1889)金陵刻經處刻本　一册

440000－2541－0004490　11774
海幢阿字無禪師語錄二卷　(清)釋今無撰　(清)釋今辯輯　清刻本　二册

440000－2541－0004491　11777
顯密圓通成佛心要集二卷　(遼)釋道㲀集　清同治十一年(1872)金陵刻經處刻本　一册

440000－2541－0004492　11778
顯密圓通成佛心要集二卷　(遼)釋道㲀集　清同治十一年(1872)金陵刻經處刻本　一册

440000－2541－0004493　11779
道宣律師感通錄一卷　(唐)釋道宣撰　清光緒十五年(1889)江北刻經處刻本　一册

440000－2541－0004494　11780
靈峰蕅益大師選定淨土十要十卷　(明)釋智旭輯　清光緒二十年(1894)廣陵藏經禪院刻本　四册

440000－2541－0004495　11795
雲棲法彙三十一種首一卷末一卷　(明)釋祩宏編　清光緒金陵刻經處刻本　二十四册

440000－2541－0004496　11796
雲棲法彙三十一種首一卷末一卷　(明)釋祩宏編　清光緒金陵刻經處刻本　三十四册

440000－2541－0004497　11797
雲棲大師遺稿三卷補遺一卷　(明)釋祩宏撰　清鼎湖經寮刻本　一册　存二卷(遺稿一、補遺一卷)

440000－2541－0004498　11798
御選雲棲蓮池袾大師語錄一卷　(明)釋祩宏撰　清刻本　一册

440000－2541－0004499　11799
西歸行儀一卷　(清)釋古崑輯　清光緒九年(1883)刻本　一册

440000－2541－0004500　11801
淨土晨鐘十卷　(清)周克復編　清刻本　二册

440000－2541－0004501　11802
安樂集二卷　(唐)釋道綽撰　清光緒二十三年(1897)金陵刻經處刻本　一册

440000－2541－0004502　11803
靈峰蕅益大師梵室偶談一卷　(明)釋智旭述　**徹悟禪師語錄二卷**　(清)釋徹悟述　(清)釋了亮等集　清同治十年(1871)金陵刻本　一册

440000－2541－0004503　11805
徑中徑又徑四卷　(清)張師誠輯　清光緒二十九年(1903)揚州藏經院刻本　二册

440000－2541－0004504　11807
省庵法師語錄二卷　(清)釋實賢撰　(清)彭際清重訂　**西方發願文注一卷**　(明)釋祩宏撰　(清)釋實賢注　**東海若解一卷**　(唐)柳宗元撰　(清)釋實賢解　清光緒二十六年(1900)揚州藏經院刻本　二册

440000－2541－0004505　11809
蓮修必讀一卷　(清)釋觀如輯　清光緒十二年(1886)揚州藏經院刻本　一册

440000－2541－0004506　11810
蓮修起信錄六卷　(清)程兆鸞輯　清光緒二十二年(1896)海陵程氏揚州刻本　一册

440000－2541－0004507　11814
修西輯要一卷　(清)釋信庵輯　清光緒十年(1884)江北刻經處刻本　一册

440000－2541－0004508　11815
修西定課一卷　(清)鄭澄德　(清)鄭澄源編注　清光緒二十四年(1898)金陵刻經處刻本　一册

440000－2541－0004509　11817
淨土生無生論親聞記二卷　（明）釋受教撰　清光緒二十七年（1901）揚州藏經院刻本　一冊

440000－2541－0004510　11818
法化老和尚貪瞋癡注一卷　（清）釋法化撰　清光緒元年（1875）刻本　一冊

440000－2541－0004511　11819
上品資糧一卷　（清）釋古崑輯　清光緒二年（1876）杭州昭慶寺慧空經房刻本　一冊

440000－2541－0004512　11820
蓮宗必讀一卷　（清）釋古崑輯　清同治七年（1868）刻本　一冊

440000－2541－0004513　11823
遊心安樂道一卷　（朝鮮）釋元曉撰　清光緒金陵刻經處刻本　一冊

440000－2541－0004514　11824
往生集三卷　（明）釋袾宏輯　清光緒二十四年（1898）金陵刻經處刻本　一冊

440000－2541－0004515　11826
西方確指一卷　（清）釋常攝集　清光緒刻本　一冊

440000－2541－0004516　11827
西方要決釋疑通規一卷　（唐）釋窺基撰　清光緒金陵刻經處刻本　一冊

440000－2541－0004517　11828
西歸直指四卷　（清）周安士輯　清光緒十二年（1886）金陵刻經處刻本　一冊

440000－2541－0004518　11829
靈峰蕅益大師宗論十卷　（明）釋智旭撰　（清）釋成時輯　清光緒元年（1875）江北刻經處刻本　十冊

440000－2541－0004519　11831
靈峰蕅益大師宗論十卷　（明）釋智旭撰　（清）釋成時輯　清嘉慶五年（1800）刻本　十冊

440000－2541－0004520　11832
普濟慈航一卷　（清）朱圭輯　（清）張蘭秋重輯　清道光二十七年（1847）順德張蘭秋刻本　一冊

440000－2541－0004521　11833
地藏菩薩本願經三卷　（唐）釋實叉難陀譯　清同治十年（1871）常州天寧寺刻本　三冊

440000－2541－0004522　11846
法因集四卷　（明）王穉登撰　**續一卷**　（清）釋少逸撰　清同治八年（1869）刻本　一冊

440000－2541－0004523　11853
藏龍集六卷病中吟一卷　（清）汪善慶撰　（清）釋妙空輯　清同治十三年（1874）揚州藏經院刻本　六冊

440000－2541－0004524　11854
釋門真孝錄五卷　（清）張廣湉輯　清刻本　一冊

440000－2541－0004525　11861
釋氏書啟一卷　（清）法梴道人輯　清同治十年（1871）刻本　一冊

440000－2541－0004526　11863
辯僞錄六卷　（元）釋祥邁撰　清光緒三十三年（1907）揚州藏經院刻本　二冊

440000－2541－0004527　11870
高僧傳初集十五卷首一卷　（南朝梁）釋慧皎撰　清光緒十年（1884）金陵刻經處刻本　四冊

440000－2541－0004528　11873
高僧傳二集四十卷　（唐）釋道宣撰　清光緒十六年（1890）江北刻經處刻本　十冊

440000－2541－0004529　11875
高僧傳四集六卷　（明）釋如惺撰　清光緒十八年（1892）江北刻經處刻本　二冊

440000－2541－0004530　11878
高僧傳三集三十卷　（宋）釋贊寧撰　清光緒十三年（1887）江北刻經處刻本　五冊　存十八卷（一至十八）

440000－2541－0004531　11881

善女人傳二卷　(清)彭紹升輯　清同治十一年(1872)常熟刻經處刻本　一册

440000－2541－0004532　11887
古清涼傳二卷　(唐)釋慧祥撰　**廣清涼傳三卷**　(宋)釋延一撰　**續清涼傳二卷**　(宋)張商英等撰　**補陁洛迦山傳一卷**　(元)盛熙明撰　清光緒十年(1884)吳縣蔣氏雙唐碑館刻本　四册

440000－2541－0004533　11889
大慈恩寺三藏法師傳十卷　(唐)釋慧立撰　(唐)釋彦悰箋　清宣統元年(1909)常州天寧寺刻本　三册

440000－2541－0004534　11894
比丘尼傳四卷　(南朝梁)釋寶唱撰　清光緒十一年(1885)金陵刻經處刻本　一册

440000－2541－0004535　11906
佛祖歷代通載三十六卷　(元)釋念常撰　清刻本　十二册

440000－2541－0004536　11907
禪林僧寶傳三十卷首一卷臨濟宗旨一卷　(宋)釋惠洪撰　**續補一卷**　(宋)釋慶老撰　清光緒六年(1880)常熟刻經處刻本　三册

440000－2541－0004537　11908
佛祖歷代通載三十六卷　(元)釋念常撰　清宣統元年(1909)江北刻經處刻本　八册

440000－2541－0004538　11909
續指月錄二十卷首一卷尊宿集一卷　(清)釋聶先撰　清光緒十二年(1886)金陵刻經處刻本　六册

440000－2541－0004539　11910
釋迦譜十卷　(南朝梁)釋僧祐撰　清光緒三十四年(1908)武昌刻本　四册

440000－2541－0004540　11911
指月錄三十二卷　(明)瞿汝稷集　清同治十一年(1872)釋開慧等刻本　十册

440000－2541－0004541　11915
兜率龜鏡集三卷　(清)釋弘贊輯　清宣統三年(1911)常州天寧寺刻本　一册

440000－2541－0004542　11920
儀禮疏五十卷　(唐)賈公彦等撰　清光緒涇縣洪氏影刻洪氏公善堂叢書本(原闕卷三十二至三十七)　八册

440000－2541－0004543　11922
太上感應篇一卷　(清)惠棟注　清光緒十九年(1893)點石齋石印本　一册

440000－2541－0004544　11923
太上感應篇一卷　(清)惠棟注　清光緒十九年(1893)點石齋石印本　一册

440000－2541－0004545　11924
重鎸航中帆原本四卷　(清)趙殿撰　清光緒十八年(1892)同文書局石印本　一册

440000－2541－0004546　11929
陰符宗解一卷　(後唐)郭崇儉注　清道光二十二年(1842)刻本　一册

440000－2541－0004547　11930
感應篇彙編四卷　(□)□□輯　清光緒二十一年(1895)廣陵藏經禪院刻本　四册

440000－2541－0004548　11933
太上感應篇一卷　(清)惠棟箋注　(清)羅惇衍引經　清同治刻本　一册

440000－2541－0004549　11934
關帝明聖真經不分卷　(□)□□輯　清光緒二十年(1894)廣東黨牖善社刻本　一册

440000－2541－0004550　11938
性命雙修萬神圭旨四卷　題(明)尹真人輯　清刻本　二册

440000－2541－0004551　11939
性命雙修萬神圭旨四卷　題(明)尹真人輯　清刻本　二册

440000－2541－0004552　11940
重訂懺法大觀六卷　(清)張持真輯　清嘉慶十年(1805)刻本　六册

440000－2541－0004553　11941

長春道教源流八卷　(清)陳銘珪撰　清光緒五年(1879)廣州刻本　四冊

440000 – 2541 – 0004554　11942
悟真篇三注三卷外集一卷　(宋)張伯端撰　(宋)薛道光等注　清光緒二年(1876)刻本　二冊

440000 – 2541 – 0004555　11943
周易參同契分章註解三卷　(漢)魏伯陽撰　(元)陳致虛注解　清光緒二年(1876)刻本　一冊

440000 – 2541 – 0004556　11944
周易參同契發揮三卷釋疑一卷　(元)俞琰撰　清同治十年(1871)錢江王氏詒燕堂刻本　二冊

440000 – 2541 – 0004557　11946
長春道教源流八卷　(清)陳銘珪撰　清光緒五年(1879)廣州刻本　四冊

440000 – 2541 – 0004558　11947
銅符鐵券一卷石函記一卷　題(明)一壑居士輯　清抄本　二冊

440000 – 2541 – 0004559　11948
呂祖全書三十三卷　(清)劉體恕輯　清同治七年至光緒五年(1868 – 1879)刻本　十四冊

440000 – 2541 – 0004560　11949
中黃道經四卷　(清)張思霨撰集　清光緒十年(1884)刻本　八冊

440000 – 2541 – 0004561　11953
新鐫繡像列仙傳四卷　(明)洪應明輯　清刻本　二冊

440000 – 2541 – 0004562　11954
歷代仙史八卷　(清)王建章撰　清光緒七年(1881)常熟抱芳閣刻本　六冊

440000 – 2541 – 0004563　11956
道學淵源錄一百卷首一卷　(清)黃嗣東輯　清光緒三十四年(1908)鳳山學舍鉛印本　十四冊

440000 – 2541 – 0004564　11960
天方典禮擇要解二十卷　(清)劉智撰　清同治十年(1871)漳東刻本　六冊

440000 – 2541 – 0004565　11961
天方典禮擇要解二十卷　(清)劉智撰　清同治十年(1871)漳東刻光緒粵東補刻本　三冊

440000 – 2541 – 0004566　11962
清真指南十卷　(清)馬文炳撰　清同治九年(1870)刻本　十冊

440000 – 2541 – 0004567　11963
四典要會四卷　(清)馬復初(馬德新)撰　清光緒二十八年(1902)刻本　一冊

440000 – 2541 – 0004568　11964
道原精萃七種　(清)倪懷綸編　清光緒十三年(1887)上海慈母堂鉛印本　五冊

440000 – 2541 – 0004569　11966
舊約聖書不分卷　□□輯　清光緒二十六年(1900)聖書公會鉛印本　二冊

440000 – 2541 – 0004570　11967
新約註釋三卷　潘慎文等撰　清光緒三十三年(1907)中國聖教書會鉛印本　三冊

440000 – 2541 – 0004571　11968
新約全書二卷　□□輯　清同治五年(1866)香港英華書院鉛印本　一冊

440000 – 2541 – 0004572　11969
地獄信證一卷　(清)沈則寬譯　清光緒二十七年(1901)上海慈母堂鉛印本　一冊

440000 – 2541 – 0004573　11970
麻笛論道探源四卷　(美國)麻笛撰　(美國)林樂知譯　清光緒二十一年(1895)上海廣學會鉛印本　一冊

440000 – 2541 – 0004574　11971
大同學不分卷　(英國)器德撰　(英國)李提摩太節譯　蔡爾康筆述　清光緒二十五年(1899)上海廣學會鉛印本　一冊

440000 – 2541 – 0004575　11972
大同學不分卷　(英國)器德撰　(英國)李提摩太節譯　蔡爾康筆述　清光緒二十五年

(1899)上海廣學會鉛印本　一册

440000－2541－0004576　11973
使徒保羅達羅馬人書廣譯衍義不分卷　(美國)紀好弼譯著　楊海峰筆述　清光緒二十七年(1901)羊城美華浸信書局刻本　一册

440000－2541－0004577　11974
舊約聖史記不分卷　□□撰　清光緒十一年(1885)巴色傳道會刻本　一册

440000－2541－0004578　11975
神道要論六卷　(美國)謝衛樓撰　清宣統二年(1910)上海美華書館鉛印本　一册

440000－2541－0004579　11976
輕世金書便覽四卷　(葡萄牙)陽瑪諾譯　(清)呂若翰注　清道光刻本　三册

440000－2541－0004580　11978
格物探原六卷　(英國)韋廉臣撰　清光緒六年(1880)木活字印本　二册

440000－2541－0004581　11979
盛世芻蕘不分卷　(法國)馮秉正述　(清)楊多默輯　清同治九年(1870)河間勝世堂刻本　四册

440000－2541－0004582　11981
利未記真詮不分卷　楊維翰撰　清宣統三年(1911)上海商務印書館鉛印本　一册

440000－2541－0004583　11982
祈禱應允錄不分卷　(清)梁乾初編　清光緒二十六年(1900)鉛印本　一册

440000－2541－0004584　11983
自西徂東五卷　(德國)花之安撰　清光緒二十五年(1899)上海廣學會鉛印本　五册

440000－2541－0004585　11984
民教冤獄解一卷續編一卷　李春生輯　清光緒二十九年至三十年(1903－1904)福州美華書局鉛印本　二册

440000－2541－0004586　11986
耶穌譬喻略解不分卷　(美國)紀好弼撰　(清)陳覺民述　清光緒三年(1877)刻本　一册

440000－2541－0004587　11988
辟邪紀實三卷附一卷　題(清)天下第一傷心人撰　清光緒十二年(1886)刻本　一册

440000－2541－0004588　11989
天主實義二卷　(意大利)利瑪竇撰　清同治七年(1868)木活字印本　二册

440000－2541－0004589　11991
永息教案策一卷　(美國)惠志道　(英國)李提摩太等撰　清光緒二十四年(1898)上海廣學會鉛印本　一册

440000－2541－0004590　11993
古經略說四卷　(清)周鳳岐編譯　清宣統元年(1909)河間勝世堂鉛印本　四册

440000－2541－0004591　11994
路得改教紀略不分卷　(美國)林樂知譯　清宣統元年(1909)上海廣學會鉛印本　一册

440000－2541－0004592　11995
路得改教紀略不分卷　(美國)林樂知譯　清宣統元年(1909)上海廣學會鉛印本　一册

440000－2541－0004593　11997
景教碑文紀事考正三卷　(清)楊榮鋕撰　清光緒二十一年(1895)嶺南楊氏大本堂刻本　二册

440000－2541－0004594　11998
景教碑文紀事考正三卷　(清)楊榮鋕撰　清光緒二十一年(1895)嶺南楊氏大本堂刻本　二册

440000－2541－0004595　11999
聖教史紀八卷　(美國)謝衛樓撰　清光緒二十九年(1903)上海美華書館鉛印本　八册

440000－2541－0004596　12000
教務紀略四卷首一卷末一卷　(清)李剛己輯　清光緒三十一年(1905)南洋官報局刻本　二册

440000－2541－0004597　12002
景教碑文紀事考正三卷　(清)楊榮鋕撰　清

光緒二十一年(1895)嶺南楊氏大本堂刻本　三冊

440000－2541－0004598　12003
重刊景教碑文紀事考正一卷　(清)楊榮鋕撰　清光緒二十七年(1901)思賢書局刻本　一冊

440000－2541－0004599　12004
教士列傳十卷　(英國)李提摩太撰　清光緒二十六年(1900)上海廣學會鉛印本　九冊　存九卷(二至十)

440000－2541－0004600　12005
自歷明證不分卷　(美國)林樂知譯　清光緒二十一年(1895)上海廣學會鉛印本　三冊

440000－2541－0004601　12006
聖方濟各沙勿略傳六卷　(泰西)都率棱撰　(清)蔣升譯　清光緒二十二年(1896)上海慈母堂鉛印本　一冊

440000－2541－0004602　12007
基督實錄三卷　(英國)韋廉臣撰　(清)董樹棠譯　清光緒六年(1880)英國韋廉臣山東刻本　三冊

440000－2541－0004603　12008
基督實錄三卷　(英國)韋廉臣撰　(清)董樹棠譯　清光緒六年(1880)英國韋廉臣山東刻本　三冊

440000－2541－0004604　12009
晦極明生世紀一卷　(英國)季理斐譯　清光緒二十七年(1901)上海廣學會鉛印本　一冊

440000－2541－0004605　12010
晦極明生世紀一卷　(英國)季理斐譯　清光緒二十七年(1901)上海廣學會鉛印本　一冊

440000－2541－0004606　12011
基督傳一卷　(英國)聶格理撰　(英國)季理斐譯　清光緒三十四年(1908)上海廣學會鉛印本　一冊

440000－2541－0004607　12013
耶穌信徒受苦總論一卷　(清)戴文光譯　清咸豐五年(1855)刻本　一冊

440000－2541－0004608　12017
百二漢鏡齋秘書四種　(清)程芝雲編　清道光四年(1824)休陽程氏百二漢鏡齋刻本　二冊

440000－2541－0004609　12019
游藝錄六卷新定牙牌數一卷　(清)俞樾撰　清光緒刻本　一冊

440000－2541－0004610　12022
皇極經世書傳八卷　(宋)邵雍撰　(明)黄畿傳　清刻本　八冊

440000－2541－0004611　12025
欽定協紀辨方書三十六卷奏議一卷　(清)允祿等修　(清)李廷耀等纂　清刻朱墨套印本　二十四冊

440000－2541－0004612　12026
太乙統宗寶鑑十一卷　題(元)曉山老人撰　清抄本　十二冊

440000－2541－0004613　12028
詒經堂藏書七種附三種　(清)金長春編　清嘉慶十八年(1813)當塗金氏刻本　二冊　存四種

440000－2541－0004614　12031
易傳三卷　(漢)京房撰　(三國吳)陸績注　清刻增訂漢魏叢書本　一冊

440000－2541－0004615　12032
易林釋文二卷　(清)丁晏撰　清光緒十六年(1890)廣雅書局刻本　一冊

440000－2541－0004616　12033
易林釋文二卷　(清)丁晏撰　清光緒十六年(1890)廣雅書局刻本　一冊

440000－2541－0004617　12034
皇極經世易知八卷首一卷　(清)何夢瑤輯釋　清道光南海孔氏嶽雪樓刻本　四冊

440000－2541－0004618　12036
吉祥錄一卷　(清)鄔寶珍撰　清宣統元年(1909)番禺鄔氏刻半帆樓叢書本　一冊

440000－2541－0004619　12041
天星選擇撮要一卷立命真度表擇吉要法一卷　(清)左敬元撰　清同治十三年(1874)龍山崇日堂刻本　一册

440000－2541－0004620　12042
奇門遁甲統宗十二卷　(三國蜀)諸葛亮撰　清刻本　五册　存十卷(一至十)

440000－2541－0004621　12047
卜法詳考四卷　(清)胡煦輯　清葆璞堂刻本　四册

440000－2541－0004622　12048
卜筮正宗十四卷　(清)王維德注　清刻本　二册　存九卷(四至十二)

440000－2541－0004623　12050
大唐開元占經一百二十卷　(唐)瞿曇悉達等撰　清同治九年(1870)刻本　十六册

440000－2541－0004624　12053
地母經災異録不分卷　(□)□□輯　清抄本　一册

440000－2541－0004625　12055
推測易知四卷　(清)陳松輯　清光緒十三年(1887)刻本　四册

440000－2541－0004626　12056
焦氏易林十六卷　(漢)焦延壽撰　清抄本　四册

440000－2541－0004627　12058
推測易知四卷　(清)陳松輯　清光緒十三年(1887)刻本　四册

440000－2541－0004628　12061
武侯五星神課不分卷　(三國蜀)諸葛亮撰　清抄本　一册

440000－2541－0004629　12062
武侯五星神課不分卷　(三國蜀)諸葛亮撰　清抄本　一册

440000－2541－0004630　12063
諸葛武侯五星神課不分卷　(三國蜀)諸葛亮撰　清抄本　一册

440000－2541－0004631　12066
武侯五星神課不分卷　(三國蜀)諸葛亮撰　清刻補抄本　一册

440000－2541－0004632　12072
籤語不分卷　戴國泰等訂　清末至民國初石印本　十四册

440000－2541－0004633　12075
諸葛忠武侯行兵遁甲六卷　(三國蜀)諸葛亮撰　清刻本　一册　存三卷(四至六)

440000－2541－0004634　12078
鐵板神數十四卷　(宋)邵雍撰　清刻本　十三册

440000－2541－0004635　12079
鐵板神數十四卷　(宋)邵雍撰　清刻本　十三册

440000－2541－0004636　12084
神相鐵語撮要一卷　香港華字日報館輯　清光緒五年(1879)香港華字日報館鉛印本　一册

440000－2541－0004637　12085
麻衣相法全編五卷　(清)陸位崇編　清刻本　二册

440000－2541－0004638　12086
春樹齋叢説一卷附録天步真原中卷　(清)溫葆深撰　清光緒二年(1876)金陵溫氏刻本　一册

440000－2541－0004639　12088
一掌經一卷　(□)□□撰　清常州天寧寺刻本　一册

440000－2541－0004640　12089
新鐫神峰張先生通考闢謬命理正宗大全六卷　(明)張楠撰　清刻本　六册

440000－2541－0004641　12090
都天秘訣不分卷　(□)□□撰　清抄本　一册

440000－2541－0004642　12091
冰鑑不分卷　(□)□□撰　清道光九年

(1829)刻本　一冊

440000－2541－0004643　12093

巒頭心法圖訣二卷　(清)蔡麟士撰　清咸豐四年(1854)蔡麟士西園書屋刻本　一冊　存一卷(上)

440000－2541－0004644　12094

陽宅大成四種　(清)魏青江撰　清刻本　十冊

440000－2541－0004645　12095

陽宅大全十卷　(明)周繼輯　清光緒二十七年(1901)刻本　三冊

440000－2541－0004646　12096

天步真原人命部三卷　(波蘭)穆尼閣譯　(清)薛鳳祚輯　清刻本　一冊

440000－2541－0004647　12097

知服齋叢書五集二十五種　(清)龍鳳鑣編　清光緒順德龍氏刻本　四冊　存五種

440000－2541－0004648　12098

地理索隱一卷　(明)釋目講等撰　清兩峰氏輯抄本　四冊

440000－2541－0004649　12100

地理一得一卷　題(清)一橋道人輯　清抄本　四冊

440000－2541－0004650　12102

道法雙譚一卷　題(明)雪蕉子撰　清兩峰氏抄本　二冊

440000－2541－0004651　12103

術學零抄一卷　(清)□□輯　清光緒抄本　一冊

440000－2541－0004652　12104

地理仁孝格言一卷　題(清)驤遇伯輯　清光緒十九年(1893)刻本　一冊

440000－2541－0004653　12105

六圃選擇五卷　(清)沈鎬撰　清嘉慶五年(1800)沈鈺刻本　一冊

440000－2541－0004654　12107

山法全書二卷　(清)葉泰撰　(清)高其倬批注　**山水忠肝集摘要一卷**　(清)蕭客撰　(清)篙叟輯　**三世墓圖記一卷**　清刻本　二冊

440000－2541－0004655　12108

地理辨正圖説一卷　(清)徐迪惠撰　**周易葬説一卷**　(清)端木國瑚撰　清道光刻楊曾地理元文四種本　一冊

440000－2541－0004656　12109

地理辨正疏五卷首一卷末一卷　(清)張心言撰　清道光刻本　二冊

440000－2541－0004657　12110

青烏先生葬經一卷　(漢)青烏子撰　(金)兀欽仄注　**古本葬經内篇一卷**　(晉)郭璞撰　(□)□□注　**葬經翼一卷**　(明)繆希雍撰　(清)符耀龍箋注　清光緒順德龍裕光刻本　二冊

440000－2541－0004658　12111

葬書一卷　(晉)郭璞撰　(元)吳澄校訂　清道光十五年(1835)刻本　一冊

440000－2541－0004659　12112

天師濟世安胎催生神效靈符不分卷　(清)□□天師授　劉翺校增　清光緒刻本　一冊

440000－2541－0004660　12114

地理指南一卷　(清)廖瀛撰　清光緒十六年(1890)鍾彥春抄本　一冊

440000－2541－0004661　12116

闢徑集二卷　(明)李秩撰　清抄本　一冊

440000－2541－0004662　12121

玄圃山靈匼秘籙不分卷　□□撰　清抄本　一冊

440000－2541－0004663　12122

闢徑集二卷　(明)李秩撰　清光緒九年(1883)文玉樓刻本　一冊

440000－2541－0004664　12125

文昌化書四卷籤二卷　(清)□□輯　清同治十二年(1873)順德馬氏梅花書屋刻本　四冊

440000－2541－0004665　12126
救劫回生四卷　(清)□□輯　清光緒十九年(1893)刻本　四冊

440000－2541－0004666　12129
秘傳萬法歸宗周易内秘不分卷　□□撰　清抄本　八冊

440000－2541－0004667　12130
挽風集四卷　(清)□□輯　清光緒二十八年(1902)羊城刻本　四冊

440000－2541－0004668　12132
譯林九種　林紓等編　清光緒二十七年(1901)上海商務印書館鉛印本　五冊

440000－2541－0004669　12133
政群源流考二卷　(美國)韋爾生撰　李維格　伍光建譯　清光緒二十八年(1902)南洋公學譯書院鉛印本　一冊

440000－2541－0004670　12134
群學肄言十六章　(英國)斯賓塞爾撰　嚴復譯　清光緒二十九年(1903)上海文明編譯書局鉛印本　四冊

440000－2541－0004671　12135
群學肄言十六章　(英國)斯賓塞爾撰　嚴復譯　清光緒二十九年(1903)上海文明編譯書局鉛印本　三冊　存十一章(六至十六)

440000－2541－0004672　12142
豐備義倉志一卷　(清)黄鉞撰　清道光十四年(1834)刻本　一冊

440000－2541－0004673　12143
日本變法次第類考初集二十五類二集二十五類三集二十五類　(清)程恩培撰　(清)程堯章譯　清光緒二十八年(1902)政學譯社鉛印本　二冊　存六十一類(初集十五至二十五、二集二十五類、三集二十五類)

440000－2541－0004674　12144
國民讀本二卷　朱樹人撰　清光緒上海文明書局刻本　一冊

440000－2541－0004675　12146
歐美政體通覽五章　(日本)上野貞吉撰　(清)出洋學生編輯所譯　清光緒二十八年(1902)上海商務印書館鉛印本　一冊

440000－2541－0004676　12147
政治泛論二卷後編二卷　(美國)威爾遜撰　(清)麥鼎華譯　清光緒二十九年(1903)上海廣智書局鉛印本　四冊

440000－2541－0004677　12148
二十世紀之怪物帝國主義不分卷　(日本)幸德秋水撰　趙必振譯　清光緒二十八年(1902)上海廣智書局鉛印本　一冊

440000－2541－0004678　12149
二十世紀之怪物帝國主義不分卷　(日本)幸德秋水撰　趙必振譯　清光緒二十八年(1902)上海廣智書局鉛印本　一冊

440000－2541－0004679　12150
世界三怪物不分卷　(美國)斯密哥德文撰　(清)李郁譯　清光緒二十八年(1902)上海文明書局鉛印本　一冊

440000－2541－0004680　12151
國家學綱領不分卷　(德國)伯倫知理撰　梁啟超譯　清光緒二十八年(1902)上海廣智書局鉛印本　一冊

440000－2541－0004681　12152
國家學綱領不分卷　(德國)伯倫知理撰　梁啟超譯　清光緒二十八年(1902)上海廣智書局鉛印本　一冊

440000－2541－0004682　12153
國家學綱領不分卷　(德國)伯倫知理撰　梁啟超譯　清光緒二十八年(1902)上海廣智書局鉛印本　一冊

440000－2541－0004683　12154
政治一斑不分卷　(日本)檜前保人等撰　(清)出洋學生編輯所編譯　清光緒二十八年(1902)上海商務印書館鉛印本　一冊

440000－2541－0004684　12155
政治學三卷　(德國)那特硜講述　(清)戢翼

彙譯　王慕陶譯　清光緒二十八年(1902)上海商務印書館鉛印本　二冊

440000－2541－0004685　12156
歐美政治要義不分卷　(清)戴鴻慈　(清)端方撰　清光緒三十三年(1907)上海商務印書館石印本　四冊

440000－2541－0004686　12157
歐美政治要義不分卷　(清)戴鴻慈　(清)端方撰　清光緒三十四年(1908)上海商務印書館石印本　四冊

440000－2541－0004687　12158
佐治芻言不分卷　(英國)傅蘭雅譯　(清)應祖錫筆述　清光緒江南製造總局鉛印本　三冊

440000－2541－0004688　12159
佐治芻言不分卷　(英國)傅蘭雅譯　(清)應祖錫筆述　清光緒江南製造總局鉛印本　三冊

440000－2541－0004689　12161
中外大略四十八卷　(清)羅傳瑞等輯　清光緒二十三年(1897)東粵經韻廔鉛印本　二十六冊

440000－2541－0004690　12162
中外大略四十八卷　(清)羅傳瑞等輯　清光緒二十三年(1897)東粵經韻廔鉛印本　二十六冊

440000－2541－0004691　12163
中外大略四十八卷　(清)羅傳瑞等輯　清光緒二十三年(1897)東粵經韻廔鉛印本　二十六冊

440000－2541－0004692　12164
列國政要一百三十二卷首一卷　(清)戴鴻慈　(清)端方輯　清光緒三十三年(1907)上海商務印書館石印本　三十二冊

440000－2541－0004693　12165
列國政要一百三十二卷首一卷　(清)戴鴻慈　(清)端方輯　清光緒三十三年(1907)上海商務印書館石印本　二十四冊　存八十九卷(一至八十九)

440000－2541－0004694　12166
列國政要續編九十四卷　(清)戴鴻慈　(清)端方輯　清宣統三年(1911)上海商務印書館石印本　三十二冊

440000－2541－0004695　12167
列國歲計政要十二卷　(英國)麥丁富得力撰　(美國)林樂知口譯　(清)鄭昌棪筆述　清光緒元年(1875)江南製造局刻本　六冊

440000－2541－0004696　12168
列國歲計政要十二卷　(英國)麥丁富得力撰　(美國)林樂知口譯　(清)鄭昌棪筆述　清光緒元年(1875)江南製造局刻本　六冊

440000－2541－0004697　12169
新譯列國歲計政要三編　(清)白作霖　(清)傅運森等輯譯　清光緒二十七年(1901)海上譯社鉛印本　六冊

440000－2541－0004698　12170
新譯列國歲計政要三編　(清)白作霖　(清)傅運森等輯譯　清光緒二十七年(1901)海上譯社鉛印本　十一冊

440000－2541－0004699　12171
新譯列國歲計政要三編　(清)白作霖　(清)傅運森等輯譯　清光緒二十七年(1901)海上譯社鉛印本　十二冊

440000－2541－0004700　12172
九通目錄四十卷　雷君彥輯　清光緒二十九年(1903)圖書集成局石印本　十二冊

440000－2541－0004701　12173
三通序三卷　(清)□□輯　清光緒十九年(1893)廣州文華閣刻本　一冊

440000－2541－0004702　12174
三通序三卷　(清)□□輯　清光緒十九年(1893)廣州文英閣刻本　一冊

440000－2541－0004703　12175
三通序三卷　蔣德鈞輯　清光緒十四年

(1888)湘鄉蔣氏求實齋刻本　一冊

440000－2541－0004704　12176
三通　(清)□□編　清咸豐九年(1859)崇仁謝氏刻本　三百十九冊　存七百四十七卷(通典二百卷,通志一至九十二、九十四至二百,文獻通考三百四十八卷)

440000－2541－0004705　12177
三通　(清)□□編　清木活字印本　二百九十五冊　存六百八十九卷(通典二百卷,通志一至六上、八至二十二、二十六至一百十六、一百七十、一百七十三至二百,文獻通考三百四十八卷)

440000－2541－0004706　12178
三通考輯要七十六卷　湯壽潛編輯　清光緒二十八年(1902)雅成書局石印本　三十冊

440000－2541－0004707　12179
三通考輯要七十六卷　湯壽潛編輯　清光緒二十八年(1902)雅成書局石印本　三十冊

440000－2541－0004708　12180
三通考輯要七十六卷　湯壽潛編輯　清光緒二十五年(1899)上海圖書集成書局鉛印本　三十冊

440000－2541－0004709　12181
三通考輯要七十六卷　湯壽潛編輯　清光緒二十八年(1902)蜀東善成堂刻本　二十冊

440000－2541－0004710　12182
九通全序不分卷　(唐)杜佑等撰　清光緒二十八年(1902)貫吾齋石印本　一冊

440000－2541－0004711　12183
九通序不分卷　(唐)杜佑等撰　清光緒二十八年(1902)景幡山房鉛印本　一冊

440000－2541－0004712　12184
九通序不分卷　(唐)杜佑等撰　清光緒二十八年(1902)景幡山房鉛印本　三冊

440000－2541－0004713　12185
九通序錄四卷　(唐)杜佑等撰　清光緒二十九年(1903)益元書局刻本　三冊

440000－2541－0004714　12186
九通　(清)□□編　清光緒二十七年(1901)上海圖書集成局鉛印本　二百三十五冊　存二千二百二十卷(通典二百卷、考證一卷;續通典一至一百六、一百二十一至一百五十;皇朝通典一百卷;通志一至二十七、四十四至二百,考證三卷;續通志一至八十五、九十六至六百四十;皇朝通志一百二十六卷;文獻通考一至五十四、六十五至三百四十八,考證三卷;續文獻通考一至一百五、一百十五至一百二十三、一百四十一至二百五十;皇朝文獻通考一至一百三十五、一百四十五至一百七十八、一百九十五至三百)

440000－2541－0004715　12187
九通　(清)□□編　清光緒二十八年(1902)上海鴻寶書局石印本　二百四冊

440000－2541－0004716　12188
九通　(清)□□編　清光緒浙江書局刻本　一千冊

440000－2541－0004717　12189
九通分類總纂二百四十卷　(清)汪鍾霖等纂　清光緒二十八年(1902)上海文瀾書局石印本　二十冊　存五十二卷(一百八十九至二百四十)

440000－2541－0004718　12190
通典二百卷　(唐)杜佑撰　清同治十年(1871)廣東學海堂刻本　三十八冊　存一百八十九卷(七至一百五十四、一百六十至二百)

440000－2541－0004719　12191
通典二百卷考證一卷　(唐)杜佑撰　清光緒二十二年(1896)浙江書局刻本　五十冊　存一百九十八卷(一至一百八十七、一百九十一至二百,考證一卷)

440000－2541－0004720　12192
九通提要十二卷　(清)柴紹炳輯　清末上海泰東時務譯印局鉛印本　四冊

440000－2541－0004721　12193

九通提要十二卷　(清)柴紹炳輯　清末上海泰東時務譯印局鉛印本　三冊

440000－2541－0004722　12194
九通提要十二卷　(清)柴紹炳輯　清光緒二十八年(1902)上海鉛印本　三冊

440000－2541－0004723　12195
通典二百卷考證一卷　(唐)杜佑撰　清光緒二十二年(1896)浙江書局刻本　五冊　存十六卷(一百八十五至二百)

440000－2541－0004724　12196
皇朝通典一百卷　(清)嵇璜等纂　清光緒八年(1882)浙江書局刻本　四十冊

440000－2541－0004725　12197
皇朝通典一百卷　(清)嵇璜等纂　清光緒元年(1875)廣東學海堂刻本　三十二冊

440000－2541－0004726　12198
欽定續通典一百五十卷　(清)嵇璜等纂　清光緒十二年(1886)浙江書局刻本　三十八冊　存一百四十二卷(一至二十八、三十二至六十、六十六至一百五十)

440000－2541－0004727　12199
欽定續通典一百五十卷　(清)嵇璜等纂　清光緒十二年(1886)浙江書局刻本　二十八冊　存一百五卷(一至二十二、二十六至二十八、三十二至五十、五十四至七十七、八十一至八十七、九十三至一百、一百四至一百六、一百二十一至一百三十四、一百四十六至一百五十)

440000－2541－0004728　12200
皇朝通志一百二十六卷　(清)嵇璜等纂　清光緒八年(1882)浙江書局刻本　四十冊

440000－2541－0004729　12201
文獻通考二十四卷首一卷　(元)馬端臨撰　清光緒二十年(1894)上海點石齋石印本　二十冊

440000－2541－0004730　12202
文獻通考二十四卷首一卷　(元)馬端臨撰　清光緒十一年(1885)上海點石齋石印本　二十六冊

440000－2541－0004731　12203
欽定續文獻通考二百五十卷　(清)嵇璜等纂　清光緒十三年(1887)浙江書局刻本　一百十九冊　存二百四十七卷(一至一百八十五、一百八十九至二百五十)

440000－2541－0004732　12204
欽定續文獻通考二十六卷首一卷　(清)嵇璜等纂　清光緒二十八年(1902)上海點石齋石印本　二十冊　存二十三卷(一至二、五至十六、十八至二十五,首一卷)

440000－2541－0004733　12205
皇朝文獻通考二十六卷首一卷　(清)永瑢纂　清光緒二十八年(1902)上海點石齋石印本　十六冊　存二十一卷(一、五至十六、十七下至二十三,首一卷)

440000－2541－0004734　12206
欽定續文獻通考二百五十卷　(清)嵇璜等纂　清光緒二十七年(1901)上海圖書集成局鉛印九通本　三十四冊　存二百三十九卷(一至二十、二十五至八十六、九十四至二百五十)

440000－2541－0004735　12209
文獻通考詳節二十四卷　(元)馬端臨撰　(清)嚴虞惇輯　清光緒八年(1882)雲林草堂刻本　十冊

440000－2541－0004736　12210
文獻通考詳節二十四卷　(元)馬端臨撰　(清)嚴虞惇輯　清光緒二十五年(1899)上海書局石印本　六冊

440000－2541－0004737　12211
文獻通考詳節二十四卷　(元)馬端臨撰　(清)嚴虞惇輯　清佛山金玉樓刻本　十冊

440000－2541－0004738　12212
皇朝續文獻通考三百二十卷　(清)劉錦藻纂　清光緒三十一年(1905)堅匏盦鉛印本　八十八冊

440000－2541－0004739　12213
三通序三卷　（唐）杜佑等撰　清嘉慶九年（1804）刻本　一册

440000－2541－0004740　12214
通志略五十二卷　（宋）鄭樵撰　清乾隆刻本　二十四册

440000－2541－0004741　12216
通志略五十二卷　（宋）鄭樵撰　清乾隆刻本　十五册　存二十五卷（職官二至七、選舉二卷、刑法一卷、食貨二卷、藝文八卷、校讎一卷、圖譜一卷、金石一卷、災祥一卷、昆蟲草木二卷）

440000－2541－0004742　12217
熙朝紀政八卷　（清）王慶雲撰　清光緒二十八年（1902）上海書局鉛印本　四册

440000－2541－0004743　12219
二十四史九通政典類要合編三百二十卷　（清）黄書霖編　清光緒二十八年（1902）約雅堂石印本　六十册

440000－2541－0004744　12220
洋務自强新論四卷　（清）管斯駿輯　清光緒二十二年（1896）上海書局石印本　四册

440000－2541－0004745　12221
［光緒］甲辰恩科會試闈墨不分卷　（清）□□輯　清光緒三十年（1904）文寶書局石印本　一册

440000－2541－0004746　12222
新廣東一卷　題太平洋客撰　清末至民國初刻本　一册

440000－2541－0004747　12223
新政真詮六編　何啓　胡禮垣撰　清光緒二十六年（1900）鉛印本　二册　存二編（初編、二編）

440000－2541－0004748　12225
中國魂二卷　梁啟超撰　清光緒二十九年（1903）上海廣智書局鉛印本　二册

440000－2541－0004749　12226
預籌中國十二年新政策一卷　（英國）李提摩太撰　清光緒三十四年（1908）上海美華書館鉛印本　一册

440000－2541－0004750　12227
上書記一卷　（清）楊管春撰　清光緒二十六年（1900）木活字印本　一册

440000－2541－0004751　12228
古今經世策論舉隅八卷首一卷末一卷　（清）孫元蘭輯　清光緒三十年（1904）蘇州毛上珍木活字印本　四册

440000－2541－0004752　12229
策略六卷　（清）汪紱撰　清光緒二十三年（1897）皖江別墅刻本　四册

440000－2541－0004753　12230
憲政分年籌備事宜表不分卷　（清）□□輯　清宣統鉛印本　一册

440000－2541－0004754　12231
古今法制表十六卷　（清）孫榮編　清光緒三十二年（1906）刻本　九册　存十四卷（三至十六）

440000－2541－0004755　12232
分類時務通纂三百卷　（清）陳昌紳輯　清光緒二十八年（1902）上海文瀾書局石印本　四十八册

440000－2541－0004756　12236
國朝右文掌録一卷　題（清）自有餘齋主人輯　清光緒十四年（1888）刻本　一册

440000－2541－0004757　12237
續增科場條例［光緒十四年至二十年］　（清）□□輯　清光緒刻本　五册

440000－2541－0004758　12240
槐廳載筆二十卷　（清）法式善輯　清嘉慶四年（1799）刻本　四册

440000－2541－0004759　12241
分類史事政治論海十六卷　（清）王樹劼輯　清光緒三十年（1904）海陵鑑古齋石印本　十九册

440000－2541－0004760　12242
校邠廬抗議二卷　（清）馮桂芬撰　清光緒二十三年（1897）新寧明善社刻本　二册

440000－2541－0004761　12243
校邠廬抗議二卷　（清）馮桂芬撰　清光緒二十三年（1897）新寧明善社刻本　二册

440000－2541－0004762　12244
校邠廬抗議二卷　（清）馮桂芬撰　清光緒二十三年（1897）新寧明善社刻本　二册

440000－2541－0004763　12246
歷代文獻論略二十四卷　（清）嚴杏林撰　清光緒二十八年（1902）上海華洋書局鉛印本　二册　存十一卷（一至五、十一至十六）

440000－2541－0004764　12247
經術公理學四卷　宋育仁撰　清光緒三十年（1904）上海同文社鉛印本　一册　存二卷（一至二）

440000－2541－0004765　12249
醒華博議一卷　（英國）李提摩太撰　清光緒二十五年（1899）上海美華書館鉛印本　一册

440000－2541－0004766　12250
欽定科場條例六十卷首一卷　（清）詹鴻謨等纂　清光緒十三年（1887）刻本　三十四册

440000－2541－0004767　12251
國朝貢舉年表三卷首一卷　（清）陳國霖（清）顧錫中輯　清光緒鉛印本　二册

440000－2541－0004768　12254
科名金鍼一卷　（清）毛昶熙輯　清光緒元年（1875）刻本　一册

440000－2541－0004769　12255
欽定吏部則例八十七卷　（清）陳其璋等纂　清光緒刻本　三十四册

440000－2541－0004770　12256
欽定吏部處分則例五十二卷　（清）吏部編　清刻本　十八册

440000－2541－0004771　12258
月河精舍叢鈔五種　（清）丁寶書編　清光緒六年（1880）苕溪丁氏刻本　二十二册

440000－2541－0004772　12259
歷代官制考畧二卷　（清）葉澐編　清康熙四十二年（1703）刻本　二册

440000－2541－0004773　12260
三國職官表三卷　（清）洪飴孫撰　清光緒十七年（1891）廣雅書局刻本　三册

440000－2541－0004774　12261
皇朝詞林典故六十四卷　（清）朱珪等修（清）陳希曾等纂　清光緒十三年（1887）刻本　二十册

440000－2541－0004775　12262
皇朝詞林典故六十四卷　（清）朱珪等修（清）陳希曾等纂　清嘉慶刻本　三十二册

440000－2541－0004776　12263
皇朝詞林典故六十四卷　（清）朱珪等修（清）陳希曾等纂　清嘉慶刻本　十六册

440000－2541－0004777　12264
皇朝詞林典故六十四卷　（清）朱珪等修（清）陳希曾等纂　清光緒十三年（1887）刻本　三十三册

440000－2541－0004778　12265.1
皇朝詞林典故六十四卷　（清）朱珪等修（清）陳希曾等纂　清光緒十三年（1887）刻本　三十二册

440000－2541－0004779　12265.2
詞林典故八卷　（清）張廷玉修　清刻本　與440000－2541－0004778合册　存六卷（二至三、五至八）

440000－2541－0004780　12266
詞林典故八卷　（清）張廷玉等撰　清刻本　九册

440000－2541－0004781　12267
歷代職官表六卷　（清）黄本驥輯　（清）王廷學重校　清光緒上海王氏刻本　二册

440000－2541－0004782　12268
欽定歷代職官表七十二卷　（清）永瑢等修

清光緒二十二年(1896)廣雅書局刻本　二十二册

440000－2541－0004783　12273
歷代職官表六卷　(清)黄本驥輯　清光緒六年(1880)華陽馮氏賡詁齋刻本　二册

440000－2541－0004784　12274
漢官舊儀二卷補遺一卷　(漢)衛宏撰　清刻本　一册

440000－2541－0004785　12275
漢官舊儀二卷補遺一卷　(漢)衛宏撰　清刻本　一册

440000－2541－0004786　12276
中興館閣録十卷　(宋)陳騤撰　清抄本　三册

440000－2541－0004787　12277
唐御史臺精舍題名考三卷附録一卷　(清)趙鉞　(清)勞格撰　清光緒六年(1880)苕溪丁氏刻月河精舍叢鈔本　三册

440000－2541－0004788　12279
欽定中樞政考七十二卷　(清)明亮等修　(清)常泰等纂　**續纂四卷**　(清)長齡等纂　清道光五年至十二年(1825－1832)刻本　六十三册

440000－2541－0004789　12285
兩浙令長考二卷　(清)董沛撰　清光緒七年(1881)刻本　一册

440000－2541－0004790　12287
吏律不分卷　(清)吏部纂　清光緒刻本　一册

440000－2541－0004791　12290
四此堂稿十卷　(清)魏際瑞撰　清刻本　二册　存二卷(一、四)

440000－2541－0004792　12292
制義叢話二十四卷　(清)梁章鉅撰　清咸豐九年(1859)知足知不足齋刻本　八册

440000－2541－0004793　12293
清同治光緒五科殿試策不分卷　□□輯　清刻本　一册

440000－2541－0004794　12294
五代會要三十卷　(宋)王溥撰　清光緒十二年(1886)江蘇書局刻本　六册

440000－2541－0004795　12295
五代會要三十卷　(宋)王溥撰　清光緒十二年(1886)江蘇書局刻本　六册

440000－2541－0004796　12298
誦芬室叢刊二編二十一種附一種　董康編　清光緒至民國武進董氏刻本　三十二册　存三種附一種

440000－2541－0004797　12299
大元聖政國朝典章六十卷新集至治條例不分卷　(元)□□輯　清光緒三十四年(1908)刻誦芬室叢刊本　二十四册

440000－2541－0004798　12300
明會要八十卷　(清)龍文彬撰　清光緒廣雅書局刻本　二十册

440000－2541－0004799　12301
明會要八十卷　(清)龍文彬撰　清光緒廣雅書局刻本　二十册

440000－2541－0004800　12305
大清會典四卷　(清)托津編　清同治十一年(1872)湖北崇文書局刻本　四册

440000－2541－0004801　12306
欽定大清會典圖二百七十卷　(清)崑岡等修　清光緒二十五年(1899)石印本　七十三册

440000－2541－0004802　12307
欽定大清會典圖二百七十卷　(清)崑岡等修　清光緒二十五年(1899)石印本　七十四册

440000－2541－0004803　12308
欽定大清會典一百卷　(清)崑岡等修　清光緒二十五年(1899)石印本　三十六册

440000－2541－0004804　12309
欽定大清會典一百卷　(清)崑岡等修　清光緒二十五年(1899)石印本　三十六册

440000－2541－0004805　12310
欽定大清會典一百卷　(清)崑岡等修　清光緒二十五年(1899)京師官書局石印本　二十四册

440000－2541－0004806　12311
欽定大清會典一百卷首一卷　(清)崑岡等修　清光緒三十四年(1908)上海商務印書館石印本　十册

440000－2541－0004807　12312
欽定大清會典一百卷　(清)崑岡等修　清宣統元年(1909)商務印書館石印本　十册

440000－2541－0004808　12313
欽定大清會典事例九百二十卷目錄八卷　(清)托津等修　清嘉慶二十三年(1818)刻本　三百六十册

440000－2541－0004809　12314
欽定大清會典事例一千二百二十卷目錄八卷　(清)崑岡等修　(清)李鴻章等續修　清光緒二十五年(1899)石印本　三百八十三册　存一千二百十七卷(一至五百十一、五百十五至一千二百二十)

440000－2541－0004810　12315
欽定大清會典事例一千二百二十卷目錄八卷　(清)崑岡等修　(清)李鴻章等續修　清光緒二十五年(1899)石印本　三百八十四册

440000－2541－0004811　12316
欽定大清會典事例一千二百二十卷目錄八卷　(清)崑岡等修　(清)李鴻章等續修　清宣統元年(1909)上海商務印書館石印本　一百五十册

440000－2541－0004812　12317
欽定大清會典事例一千二百二十卷目錄八卷　(清)崑岡等修　(清)李鴻章等續修　清宣統元年(1909)上海商務印書館石印本　一百六十册

440000－2541－0004813　12321
西漢會要七十卷東漢會要四十卷　(宋)徐天麟撰　清光緒五年(1879)嶺南學海堂刻本　十八册

440000－2541－0004814　12322
西漢會要七十卷　(宋)徐天麟撰　清光緒十年(1884)江蘇書局刻本　十册

440000－2541－0004815　12323
西漢會要七十卷　(宋)徐天麟撰　清光緒十年(1884)江蘇書局刻本　十册

440000－2541－0004816　12325
東漢會要四十卷　(宋)徐天麟撰　清光緒十年(1884)江蘇書局刻本　八册

440000－2541－0004817　12328
廣治平略正集三十六卷續集八卷　(清)蔡方炳輯　清光緒十六年(1890)上海廣百宋齋鉛印本　一册

440000－2541－0004818　12329
廣治平畧三十六卷　(清)蔡方炳輯　清小嫏嬛館刻本　八册

440000－2541－0004819　12330
廣治平略三十六卷　(清)蔡方炳輯　清刻本　六册

440000－2541－0004820　12331
廣治平略三十六卷　(清)蔡方炳輯　清同治九年(1870)刻本　五册　存二十三卷(一至九、十四至二十七)

440000－2541－0004821　12332
兩廣官報(第十八期)　(清)兩廣總督署編　清宣統三年(1911)粵東編譯公司鉛印本　一册

440000－2541－0004822　12342
皇朝掌故講本八卷　(清)梁元楷撰　清光緒鉛印本　一册

440000－2541－0004823　12344
桐城吴氏文法教科書二編　吴闓生編　清光緒三十三年(1907)上海文明書局鉛印本　一册

440000－2541－0004824　12345
皇朝掌故彙編内編六十卷首一卷外編四十卷

首一卷　(清)張壽鏞等輯　清光緒二十八年(1902)求實書社鉛印本　六十冊

440000－2541－0004825　12352
熙朝政紀八卷　(清)王慶雲撰　清光緒二十七年(1901)上海圖書集成印書局鉛印本　二冊

440000－2541－0004826　12353
石渠餘紀六卷　(清)王慶雲撰　清光緒十六年(1890)攸縣龍氏刻本　六冊

440000－2541－0004827　12355
石渠餘紀六卷　(清)王慶雲撰　清光緒三十三年(1907)刻本　六冊

440000－2541－0004828　12359
保甲書四卷　(清)徐棟輯　清道光二十八年(1848)李煒刻本　二冊

440000－2541－0004829　12369
廣東諮議局第一期會議速記錄不分卷　(清)廣東諮議局輯　清宣統二年(1910)廣東法政學堂鉛印本　一冊

440000－2541－0004830　12371
廣東諮議局第一次會議報告書不分卷　(清)廣東諮議局輯　清宣統元年(1909)粵東編譯公司鉛印本　一冊

440000－2541－0004831　12372
廣東諮議局第二次常年會議報告書不分卷　(清)廣東諮議局輯　清宣統二年(1910)鉛印本　一冊

440000－2541－0004832　12373
廣東諮議局編查錄四卷　(清)廣東諮議局輯　清宣統二年(1910)廣東諮議局鉛印本　三冊

440000－2541－0004833　12378
德國議院章程一卷德國合盟紀事本末一卷　(清)徐建寅譯　清光緒刻本　一冊

440000－2541－0004834　12379
內地雜居續論不分卷　(日本)井上哲次郎口述　(日本)澤定教笹原貫軒筆記　趙必振譯　清光緒二十九年(1903)廣智書局鉛印本　一冊

440000－2541－0004835　12380
內地雜居續論不分卷　(日本)井上哲次郎口述　(日本)澤定教笹原貫軒筆記　趙必振譯　清光緒二十九年(1903)廣智書局鉛印本　一冊

440000－2541－0004836　12381
天津府自治局文件錄要初編不分卷　(清)天津府自治局輯　清光緒三十四年(1908)廣東學務公所鉛印本　一冊

440000－2541－0004837　12382
英國通典二十卷　(英國)高爾敦撰　(清)許士熊譯　清光緒二十九年(1903)上海文明書局鉛印本　二冊

440000－2541－0004838　12388
大東合邦新義一卷　(日本)森本藤吉述　清光緒二十四年(1898)上海大同譯書局石印本　一冊

440000－2541－0004839　12389
愛國精神談不分卷　(法國)愛彌兒拉撰　題(清)愛國逸人譯　清光緒二十八年(1902)上海廣智書局鉛印本　一冊

440000－2541－0004840　12390
大東合邦新義一卷　(日本)森本藤吉述　清光緒二十四年(1898)上海大同譯書局石印本　一冊

440000－2541－0004841　12391
大東合邦新義一卷　(日本)森本藤吉述　清光緒二十四年(1898)上海大同譯書局石印本　一冊

440000－2541－0004842　12399
約章分類輯要三十八卷　蔡乃煌輯　清光緒二十六年(1900)湖南商務局刻本　三十冊

440000－2541－0004843　12400
十九世紀外交史不分卷　(日本)平田久撰　張相譯　清光緒二十八年(1902)杭州史學齋

刻本　四冊

440000－2541－0004844　12401
十九世紀外交史不分卷　(日本)平田久撰　張相譯　清光緒二十八年(1902)杭州史學齋刻本　四冊

440000－2541－0004845　12402
十九世紀外交史不分卷　(日本)平田久撰　張相譯　清光緒二十八年(1902)杭州史學齋刻本　四冊

440000－2541－0004846　12403
各國交涉便法論六卷　(英國)費利摩羅巴德撰　(英國)傅蘭雅譯　清光緒江南製造局鉛印本　六冊

440000－2541－0004847　12404
各國交涉便法論六卷　(英國)費利摩羅巴德撰　(英國)傅蘭雅譯　清末鉛印本　六冊

440000－2541－0004848　12405
各國交涉便法論六卷　(英國)費利摩羅巴德撰　(英國)傅蘭雅譯　清末鉛印本　六冊

440000－2541－0004849　12406
各國交涉公法論十六卷校勘記一卷中西紀年一卷　(英國)費利摩羅巴德撰　(英國)傅蘭雅口譯　(清)俞世爵筆述　清光緒二十年(1894)江南製造局翻譯館鉛印本　十六冊

440000－2541－0004850　12407
各國交涉公法論十六卷校勘記一卷中西紀年一卷　(英國)費利摩羅巴德撰　(英國)傅蘭雅口譯　(清)俞世爵筆述　清光緒二十四年(1898)江南製造局翻譯館鉛印本　十六冊

440000－2541－0004851　12408
英俄印度交涉書一卷續編一卷　(英國)馬文撰　(英國)羅亨利　(清)瞿昂來譯　清光緒江南製造總局刻本　一冊

440000－2541－0004852　12409
國朝柔遠記十八卷附編二卷　(清)王之春輯　清光緒十七年(1891)廣雅書局刻本　六冊

440000－2541－0004853　12410
國朝柔遠記十八卷附編二卷　(清)王之春輯　清光緒十七年(1891)廣雅書局刻本　六冊

440000－2541－0004854　12411
國朝柔遠記十八卷附編二卷　(清)王之春輯　清光緒十七年(1891)廣雅書局刻本　六冊

440000－2541－0004855　12412
國朝柔遠記十八卷附編二卷　(清)王之春輯　清光緒十七年(1891)廣雅書局刻本　六冊

440000－2541－0004856　12413
各國通商始末記十八卷附二卷　(清)王之春輯　清光緒二十一年(1895)寶善書局石印本　三冊

440000－2541－0004857　12414
各國通商始末記十八卷附二卷　(清)王之春輯　清光緒二十一年(1895)寶善書局石印本　三冊　存九卷(六至九、十六至十八,附二卷)

440000－2541－0004858　12415
中西紀事二十四卷首一卷　(清)夏燮撰　清活字印本　六冊

440000－2541－0004859　12416
中西紀事二十四卷　(清)夏燮撰　清光緒二十四年(1898)藜照書屋刻本　四冊

440000－2541－0004860　12417
出使美日秘崔日記十六卷　(清)崔國因撰　清光緒二十年(1894)鉛印本　十二冊

440000－2541－0004861　12418
出使美日秘崔日記十六卷　(清)崔國因撰　清光緒二十年(1894)鉛印本　十二冊

440000－2541－0004862　12419
出使美日秘崔日記十六卷　(清)崔國因撰　清光緒二十年(1894)鉛印本　八冊

440000－2541－0004863　12420
出使英法義比四國日記六卷　(清)薛福成撰　清光緒石印本　三冊

440000－2541－0004864　12421
出使英法義比四國日記六卷　(清)薛福成撰

清光緒十八年(1892)上海鴻寶齋石印本　三冊

440000－2541－0004865　12424

五千年中外交涉史九十七卷　題(清)屯廬主人輯　清光緒二十九年(1903)上海蜚英書局鉛印本　十冊

440000－2541－0004866　12425

五千年中外交涉史九十七卷　題(清)屯廬主人輯　清光緒二十九年(1903)上海蜚英書局鉛印本　二十冊

440000－2541－0004867　12426

光緒乙巳年交涉要覽上篇二卷下篇三卷(清光緒三十一年)　(清)北洋洋務局輯　清光緒三十三年(1907)北洋官報局鉛印本　五冊

440000－2541－0004868　12427

光緒乙巳年交涉要覽上篇二卷下篇三卷(清光緒三十一年)　(清)北洋洋務局輯　清光緒三十三年(1907)北洋官報局鉛印本　五冊

440000－2541－0004869　12428

時務新論不分卷　(清)王之春撰　清刻本　一冊

440000－2541－0004870　12437

交涉紀略二卷　(清)周賡慈撰　清宣統二年(1910)木活字印本　一冊

440000－2541－0004871　12438

調查延吉邊務報告書九章　(清)周維楨編纂　清光緒三十四年(1908)吉林官書刷印局鉛印本　三冊

440000－2541－0004872　12439

中俄界約斠注七卷　(清)錢恂撰　清光緒二十年(1894)刻本　一冊

440000－2541－0004873　12440

約章成案匯覽甲篇十卷乙篇四十二卷　(清)北洋洋務局輯　清光緒三十一年(1905)上海點石齋石印本　四十六冊

440000－2541－0004874　12441

約章成案匯覽甲篇十卷乙篇四十二卷　(清)北洋洋務局輯　清光緒三十一年(1905)上海點石齋石印本(小字本)　三十八冊　存四十三卷(甲篇一至三、七至十,乙篇一至七、九至十三、十六至十八、二十一至三十七、三十九至四十二)

440000－2541－0004875　12452

中俄交涉記四卷　(清)錢念劬撰　清光緒二十二年(1896)積山書局石印本　四冊

440000－2541－0004876　12453

金軺籌筆四卷和約一卷專條一卷改訂陸路通商章程一卷卡倫單一卷奏摺一卷　(清)□□輯　清光緒十三年(1887)刻本　四冊

440000－2541－0004877　12454

總署官書鈔使俄日記不分卷　(清)張德彝撰　清末廣州安雅書局鉛印本　一冊

440000－2541－0004878　12455

清俄關係二卷　(日本)綠岡隱士輯　(清)鈕瑗譯　清光緒二十九年(1903)上海維新書局石印本　二冊

440000－2541－0004879　12456

清俄關係二卷　(日本)綠岡隱士輯　(清)鈕瑗譯　清光緒二十九年(1903)上海維新書局石印本　二冊

440000－2541－0004880　12463

敦煌石室真蹟錄一卷　(清)王仁俊輯　清宣統三年(1911)吳縣王氏影印本　一冊

440000－2541－0004881　12465

中外政治新章彙編四卷　(清)陳邦瑞輯　清光緒二十八年(1902)四川中西學堂石印本　四冊

440000－2541－0004882　12466

中外章程彙編不分卷　(清)通學齋輯　清光緒二十五年(1899)通學齋鉛印本　一冊

440000－2541－0004883　12467

國憲汎論三卷　(日本)小野梓撰　(清)陳鵬譯　清光緒二十九年(1903)上海廣智書局鉛印本　三冊

440000－2541－0004884　12468
國憲汎論三卷　(日本)小野梓撰　(清)陳鵬譯　清光緒二十九年(1903)上海廣智書局鉛印本　一册

440000－2541－0004885　12469
萬國憲法志三卷　(清)周逵編譯　清光緒二十八年(1902)上海廣智書局鉛印本　一册

440000－2541－0004886　12470
憲法精理二卷　(清)周逵編譯　清光緒二十八年(1902)上海廣智書局鉛印本　一册

440000－2541－0004887　12471
歐美強國憲法彙編二卷　(美國)李佳白選譯　(清)王振民編訂　清宣統元年(1909)麥美倫圖書公司鉛印本　一册

440000－2541－0004888　12472
各國憲法略一卷　(清)出洋學生編輯所輯　清光緒二十八年(1902)上海商務印書館鉛印本　一册

440000－2541－0004889　12473
萬國憲法比較一卷　(日本)辰巳小二郎撰　(清)戢翼翚譯　**歐美政體通覽一卷**　(日本)上野貞吉撰　(清)出洋學生編輯所輯　清光緒二十八年(1902)上海商務印書館鉛印本　一册

440000－2541－0004890　12474
各國司法制度不分卷　□□輯　清宣統抄本　一册

440000－2541－0004891　12475
考察各國司法制度報告書不分卷　(清)王樹榮撰　清宣統抄本　一册

440000－2541－0004892　12476
考察各國司法制度報告書不分卷　(清)王樹榮撰　清宣統抄本　一册

440000－2541－0004893　12477
各國監獄制度譯略不分卷　(清)王樹榮筆述　稿本　一册

440000－2541－0004894　12478
考察各國監獄報告書不分卷　□□撰　稿本　一册

440000－2541－0004895　12479
十五國審判監獄調查記不分卷　(清)金紹武　(清)李方譯　清宣統抄本　二册

440000－2541－0004896　12480
第八次萬國監獄協會報告書原本八編　(清)金紹城　(清)李方譯　(清)王樹榮筆述　清宣統抄本　二册

440000－2541－0004897　12481
第八次萬國監獄協會報告提要四編　(清)王樹榮撰　清宣統抄本　一册

440000－2541－0004898　12482
法律醫學二十四卷首一卷附卷一卷　(英國)該惠連　(英國)弗里愛撰　(英國)傅蘭雅口譯　(清)徐壽筆述　清光緒二十五年(1899)江南製造局刻本　八册

440000－2541－0004899　12483
寶鑑編補注二卷　(清)升泰撰　清刻本　一册

440000－2541－0004900　12486
大清商律草案不分卷　(清)修訂法律館編　清末修訂法律館鉛印本　一册

440000－2541－0004901　12488
大清民律草案不分卷　(清)俞廉三等編　清宣統三年(1911)修訂法律館鉛印本　四册

440000－2541－0004902　12492
秋審實緩比較條欵不分卷　(清)謝誠鈞輯　清光緒四年(1878)江蘇書局刻本　一册

440000－2541－0004903　12495
律例通詮不分卷　陳融撰　清廣東法政學堂鉛印本　二册

440000－2541－0004904　12501
棠陰比事一卷　(宋)桂萬榮撰　清同治六年(1867)木樨山房木活字印本　一册

440000－2541－0004905　12502
疑獄集十卷　(五代)和凝輯　清咸豐三年

(1853)徐繼鏞刻本　二册

440000－2541－0004906　12503
審案題副不分卷　□□撰　清抄本　一册

440000－2541－0004907　12504
大清民事訴訟律草案四編　(清)沈家本等編　清宣統二年(1910)修訂法律館鉛印本　四册

440000－2541－0004908　12506
大清刑事訴訟律草案六編　(清)沈家本等編　清宣統二年(1910)修訂法律館鉛印本　一册

440000－2541－0004909　12508
歷朝折獄纂要八卷　(清)周爾吉輯　清光緒十六年(1890)周爾吉羊城刻本　四册

440000－2541－0004910　12509
祥刑古鑑二卷　(清)宋邦德輯　清光緒四年(1878)錢湖小隱盦刻本　二册

440000－2541－0004911　12510
中國法制史不分卷　羅德源撰　清末鉛印本　一册

440000－2541－0004912　12515
故唐律疏議三十卷　(唐)長孫無忌等撰　**釋文一卷**　(元)王元亮撰　清光緒十六年(1890)京師刻本　十二册

440000－2541－0004913　12521
不礙軒讀律六種　(清)王有孚編　清嘉慶十二年(1807)刻本　四册

440000－2541－0004914　12522
欽定五軍道里表十八卷　(清)常泰等輯　清嘉慶刻本　十八册

440000－2541－0004915　12523
欽定五軍道里表十八卷　(清)常泰等輯　清嘉慶刻本　十七册

440000－2541－0004916　12524
大清律例彙輯便覽四十卷督捕則例二卷五軍三流道里表一卷　(清)律例館纂　清同治十一年(1872)湖北讞局刻本　三十二册

440000－2541－0004917　12525
大清律例彙輯便覽四十卷督捕則例二卷五軍三流道里表一卷　(清)律例館纂　清同治十一年(1872)湖北讞局刻本　三十二册

440000－2541－0004918　12526
讀例存疑五十四卷　(清)薛允升撰　清光緒三十一年(1905)京師刻本　四十册

440000－2541－0004919　12527
律例便覽八卷處分則例圖要六卷　(清)蔡逢年　(清)蔡嵩年輯　清同治刻本　六册

440000－2541－0004920　12528
大清律例增修統纂集成四十卷督捕則例二卷　(清)姚潤纂　(清)陶駿　(清)陶念霖增修　清光緒二十三年(1897)刻本　二十四册

440000－2541－0004921　12529
大清律例增修統纂集成四十卷督捕則例二卷　(清)姚潤纂　(清)陶駿　(清)陶念霖增修　清光緒二十三年(1897)刻本　二十四册

440000－2541－0004922　12530
大清律例增修統纂集成四十卷督捕則例二卷　(清)姚潤纂　(清)陶駿　(清)陶念霖增修　清光緒三十年(1904)上海通時書局石印本　十八册

440000－2541－0004923　12531
大清律例增修統纂集成四十卷督捕則例二卷　(清)姚潤纂　(清)陶駿　(清)陶念霖增修　清光緒三十一年(1905)上海文淵山房鉛印本　八册

440000－2541－0004924　12532
刑部比照加減成案三十二卷首一卷　(清)許槤　(清)熊莪輯　**續編三十二卷首一卷**　(清)許槤輯　清道光十四年(1834)刻二十五年(1845)許槤續刻本　三十二册

440000－2541－0004925　12533
駁案新編三十二卷續編七卷　(清)全士潮等纂　**秋審比較彙案二卷**　(清)桑春榮編　清光緒九年(1883)圖書集成局鉛印本　十二册

440000－2541－0004926　12534
駁案新編三十二卷續編七卷　（清）全士潮等纂　清刻本　二十册

440000－2541－0004927　12535
大清現行刑律案語不分卷　（清）沈家本等編　清宣統元年（1909）法律館鉛印本　十三册

440000－2541－0004928　12536
大清現行刑律三十六卷　（清）沈家本等編　清宣統二年（1910）鉛印本　十一册

440000－2541－0004929　12537
大清現行刑律三十六卷秋審條款一卷　（清）沈家本等編　清宣統二年（1910）鉛印本　三册

440000－2541－0004930　12538
刑案匯覽六十卷首一卷末一卷拾遺備考一卷新增十六卷續增十六卷　（清）祝慶祺輯　清光緒圖書集成局鉛印本　四十册

440000－2541－0004931　12539
刑案匯覽六十卷首一卷末一卷拾遺備考一卷續增十六卷　（清）祝慶祺輯　清道光十四年（1834）刻本　七十九册

440000－2541－0004932　12540
刑案匯覽六十卷首一卷末一卷拾遺備考一卷續增十六卷　（清）祝慶祺輯　清道光十四年（1834）刻本　八十册

440000－2541－0004933　12541
刑案匯覽八十八卷目錄二卷　（清）祝慶祺輯　清道光二十四年（1844）金谷園刻本　八十册

440000－2541－0004934　12542
新輯刑案彙編十六卷　（清）周守赤輯　清光緒二十三年（1897）圖書集成局鉛印本　八册

440000－2541－0004935　12543
重刊補註洗冤録集證五卷　（宋）宋慈撰　（清）阮其新補注　（清）王又槐增輯　（清）李觀瀾補輯　**續增洗冤録辨正參考一卷**　（清）李璋煜輯　清道光二十四年（1844）粤東刻二十七年（1847）增刻四色套印本　五册

440000－2541－0004936　12544
補注洗冤録集證四卷檢骨圖格一卷　（宋）宋慈撰　（清）童濂輯　**作吏要言一卷**　（清）葉鎮撰　（清）朱椿增　（清）童濂輯　清道光江都鍾淮刻三色套印本　四册

440000－2541－0004937　12545
重刊補註洗冤録集證五卷　（宋）宋慈撰　（清）阮其新補注　（清）王又槐增輯　（清）李觀瀾補輯　**續增洗冤録辨正參考一卷**　（清）李璋煜輯　清道光二十四年（1844）粤東刻二十七年（1847）增刻四色套印本　五册

440000－2541－0004938　12546
重刊補註洗冤録集證五卷　（宋）宋慈撰　（清）阮其新補注　（清）王又槐增輯　（清）李觀瀾補輯　**續增洗冤録辨正參考一卷**　（清）李璋煜輯　清道光二十四年（1844）粤東刻二十七年（1847）增刻四色套印本　五册

440000－2541－0004939　12548
讀律提綱一卷　（清）楊榮緒撰　清光緒三年（1877）刻學海堂叢刻本　一册

440000－2541－0004940　12549
洗冤録詳義四卷　（宋）宋慈撰　（清）許槤輯　清咸豐六年（1856）海寧許氏古均閣刻本　四册

440000－2541－0004941　12550
洗冤録詳義四卷　（宋）宋慈撰　（清）許槤輯　**摭遺二卷**　（清）葛元煦撰　清光緒二年（1876）仁和葛氏嘯園刻本　五册

440000－2541－0004942　12551
欽定六部處分則例五十二卷　（清）清平等纂修　（清）堵煥辰重修　清光緒十八年（1892）上海圖書集成印書局鉛印本　八册

440000－2541－0004943　12552
説帖類編三十六卷　（清）戴敦化輯　清道光十四年（1834）刻本　二十册

440000－2541－0004944　12553

粵東省例新纂八卷　(清)黄恩彤等纂　清道光二十六年(1846)粵東藩署刻本　四冊

440000－2541－0004945　12554
粵東省例新纂八卷　(清)黄恩彤等纂　清刻本　二冊

440000－2541－0004946　12555
欽定工部則例一百四十二卷保固則例四卷　(清)岳安等修　清嘉慶二十年(1815)刻本　三十八冊　存一百三十六卷(一至一百三十六)

440000－2541－0004947　12556
大清吏律不分卷　(清)吏部纂　清光緒刻本　三冊

440000－2541－0004948　12557
欽定戸部則例一百三十四卷總類一卷　(清)祿康等修　(清)蔡履元等纂　清刻本　六十冊

440000－2541－0004949　12558
欽定戸部則例一百卷首一卷　(清)倭仁修　(清)承勗等纂　清同治四年(1865)刻本　二十三冊　存四十九卷(二十三至二十九、三十三至三十五、三十七至三十八、四十二至五十六、七十一至九十二)

440000－2541－0004950　12559
欽定戸部則例一百卷首一卷　(清)倭仁修　(清)承勗等纂　清同治十三年(1874)刻本　四十五冊　存九十九卷(一至七十七、七十九至一百)

440000－2541－0004951　12560
大清法規大全一百五十九卷　(清)政學社輯印　清宣統政學社石印本　二十九冊

440000－2541－0004952　12561
大清刑律不分卷　(清)刑部編　清光緒刻本　一冊

440000－2541－0004953　12562
大清刑律總則草案不分卷　(清)修訂法律館編　清宣統二年(1910)修訂法律館鉛印本　一冊

440000－2541－0004954　12563
大清刑律分則草案不分卷　(清)修訂法律館編　清光緒三十四年(1908)修訂法律館鉛印本　二冊

440000－2541－0004955　12564
名法指掌新例增訂四卷　(清)沈辛田輯　清道光四年(1824)刻本　二冊

440000－2541－0004956　12565
重修名法指掌圖四卷　(清)沈辛田輯　清同治八年(1869)蘇鳳文桂林節署刻本　四冊

440000－2541－0004957　12567
律法須知二卷　(清)吕芝田撰　清光緒十三年(1887)廣州刻本　二冊

440000－2541－0004958　12568
式敬編五卷　(清)楊景仁輯　清光緒十六年(1890)粵東撫署刻本　二冊

440000－2541－0004959　12569
夢痕錄節鈔一卷　(清)汪輝祖撰　清末刻本　一冊

440000－2541－0004960　12571
秋審實緩比較成案十六卷　(清)□□輯　清抄本　十六冊

440000－2541－0004961　12572
新譯日本法規大全不分卷　(清)劉崇傑等譯　清光緒三十三年(1907)上海商務印書館鉛印本　八十一冊

440000－2541－0004962　12573
新譯日本法規大全不分卷　(清)劉崇傑等譯　清光緒三十三年(1907)上海商務印書館鉛印本　八十一冊

440000－2541－0004963　12574
現行刑律簡明圖不分卷　(清)法律館輯　清宣統三年(1911)文明書局石印本　一冊

440000－2541－0004964　12576
江蘇省例三編不分卷　□□輯　清光緒九年(1883)江蘇書局刻本　二冊

440000－2541－0004965　12577
修正現行刑律不分卷　(清)奕劻等輯　清宣統鉛印本　一冊

440000－2541－0004966　12578
核訂現行刑律不分卷　(清)沈家本等編　清宣統元年(1909)修訂法律館鉛印本　二冊

440000－2541－0004967　12579
大清光緒新法令不分卷　(清)商務印書館編譯所編　清宣統元年(1909)上海商務印書館鉛印本　二十冊

440000－2541－0004968　12580
大清光緒新法令不分卷　(清)商務印書館編譯所編　清宣統元年(1909)上海商務印書館鉛印本　二十冊

440000－2541－0004969　12581
大清宣統新法令不分卷　(清)商務印書館編譯所編　清宣統二年(1910)上海商務印書館鉛印本　十二冊

440000－2541－0004970　12582
明刑管見錄一卷　(清)穆翰撰　清光緒三十年(1904)浙江官書局刻本　一冊

440000－2541－0004971　12584
日本法典不分卷　蕭仲祁等編譯　清光緒三十二年(1906)日本東京法政研究社鉛印本　五冊　存五冊(三至七)

440000－2541－0004972　12585
日本帝國憲法義解不分卷皇室典範義解不分卷　(日本)伊藤博文撰　(清)沈紘譯　清光緒二十八年(1902)鉛印本　一冊

440000－2541－0004973　12586
日本政治要覽十編　□□輯　清光緒三十三年(1907)政治官報局鉛印本　一冊

440000－2541－0004974　12587
日本商律五編　(日本)丸山長渡撰　(清)湖北商務報館譯　清光緒二十七年(1901)湖北商務報館鉛印本　二冊

440000－2541－0004975　12588
日本監獄法十八章　(日本)佐藤信安撰　(清)中國國民叢書社譯　清光緒二十九年(1903)上海商務印書館鉛印本　一冊

440000－2541－0004976　12589
日本憲法說明書一卷　(日本)穗積八束撰　清光緒三十三年(1907)政治官報局鉛印本　一冊

440000－2541－0004977　12590
英例全書不分卷　胡禮垣譯著　馮鈞葆輯　清光緒十一年(1885)粵報館鉛印本　三冊

440000－2541－0004978　12591
英國憲法史不分卷　(日本)松平康國撰　(清)麥孟華譯　清光緒二十九年(1903)上海廣智書局鉛印本　一冊

440000－2541－0004979　12592
英國憲法史不分卷　(日本)松平康國撰　(清)麥孟華譯　清光緒二十九年(1903)上海廣智書局鉛印本　三冊

440000－2541－0004980　12594
俄租遼東暫行省治律不分卷　(清)李家鏊譯　清光緒二十九年(1903)上海商務印書館鉛印本　一冊

440000－2541－0004981　12595
法國律例不分卷　(法國)畢利幹口譯　(清)時雨化筆述　清光緒同文館鉛印本　四十六冊

440000－2541－0004982　12596
萬國公法總論不分卷中國古世公法論略不分卷　(英國)羅柏村撰　(英國)傅蘭雅　(清)汪振聲譯　清光緒二十四年(1898)上海新學會石印本　一冊

440000－2541－0004983　12597
萬國公法要略四卷　(英國)勞麟賜撰　(美國)林樂知譯意　蔡爾康達辭　清光緒二十九年(1903)上海廣學會鉛印本　一冊

440000－2541－0004984　12599
公法會通十卷　(德國)步倫撰　(美國)丁韙

良譯　清光緒二十四年(1898)湖南實學書局刻本　四冊

440000－2541－0004985　12600
公法會通十卷　(德國)步倫撰　(美國)丁韙良譯　清光緒二十五年(1899)上海美華書館鉛印本　一冊

440000－2541－0004986　12601
會審信隆行租用南洋兵輪轇轕全案不分卷　(清)張坤德譯　清末石印本　一冊

440000－2541－0004987　12602
公法總論一卷　(英國)羅柏村撰　(英國)傅蘭雅　(清)汪振聲譯　清光緒江南製造總局鉛印本　一冊

440000－2541－0004988　12603
美國憲法纂釋二十一卷憲法續增一卷　(美國)海麗生撰　舒高第口譯　(清)鄭昌棪筆述　清光緒三十三年(1907)江南製造局刻本　二冊

440000－2541－0004989　12604
美國憲法纂釋二十一卷憲法續增一卷　(美國)海麗生撰　舒高第口譯　(清)鄭昌棪筆述　清光緒三十三年(1907)江南製造局刻本　二冊

440000－2541－0004990　12605
玉津閣叢書甲集十二種　(清)胡薇元撰　清光緒至民國刻本　十冊　存十種

440000－2541－0004991　12606
萬國公法四卷　(美國)惠頓輯　(美國)丁韙良等譯　清光緒二十八年(1902)六藝書局石印本　一冊

440000－2541－0004992　12608
近世陸軍不分卷　(清)陶森甲輯　(清)出洋學生編輯所譯　清光緒二十八年(1902)上海商務印書館鉛印本　一冊

440000－2541－0004993　12609
整頓水師說一卷英埃戰紀一卷秘智海戰紀一卷　(英國)柯侖姆撰　(清)李鳳苞譯　清光緒十一年(1885)天津機器局鉛印本　一冊

440000－2541－0004994　12612
中外時務海防策論四卷首一卷　(□)□□輯　**平倭海防論一卷**　(明)胡宗憲撰　清光緒二十年(1894)上海書局石印本　二冊

440000－2541－0004995　12617
朔方備乘六十八卷首十二卷目錄一卷　(清)何秋濤撰　清光緒刻本　二十四冊

440000－2541－0004996　12618
朔方備乘六十八卷首十二卷目錄一卷　(清)何秋濤撰　清光緒刻本　二十三冊　存七十九卷(一至六十七、首十二卷)

440000－2541－0004997　12619
朔方備乘六十八卷首十二卷目錄一卷　(清)何秋濤撰　清光緒石印本　八冊

440000－2541－0004998　12620
朔方備乘六十八卷首十二卷目錄一卷　(清)何秋濤撰　清光緒石印本　八冊

440000－2541－0004999　12621
邊事彙鈔十二卷　(清)朱克敬編　清光緒六年(1880)長沙刻本　六冊

440000－2541－0005000　12622
邊事彙鈔十二卷續鈔八卷　(清)朱克敬編　清光緒六年(1880)長沙刻本　十冊

440000－2541－0005001　12623
皇朝藩部要略十八卷世系表四卷　(清)祁韻士纂　(清)毛嶽生編　清光緒十年(1884)浙江書局刻本　八冊

440000－2541－0005002　12624
皇朝藩部要略十八卷世系表四卷　(清)祁韻士纂　(清)毛嶽生編　清光緒十年(1884)浙江書局刻本　六冊　存十四卷(一至十四)

440000－2541－0005003　12625
西招圖略不分卷　(清)松筠撰　清光緒二十四年(1898)上海書局石印本　一冊

440000－2541－0005004　12626
苗防備覽二十二卷　(清)嚴如熤撰　清道光

二十三年(1843)嚴正基、嚴正坊刻本　八册

440000－2541－0005005　12627
苗防備覽二十二卷　(清)嚴如熤撰　清道光二十三年(1843)嚴正基、嚴正坊刻本　十二册

440000－2541－0005006　12628
苗防備覽二十二卷　(清)嚴如熤撰　清道光二十三年(1843)嚴正基、嚴正坊刻本　八册

440000－2541－0005007　12629
廣西邊事旁記不分卷　孟森撰　清光緒三十二年(1906)上海商務印書館鉛印本　一册

440000－2541－0005008　12630
柳邊紀略五卷　(清)楊賓撰　清刻本　一册

440000－2541－0005009　12631
東北邊防輯要二卷　(清)曹廷杰輯　清光緒十一年(1885)鉛印本　一册

440000－2541－0005010　12632
洋防輯要二十四卷　(清)嚴如熤輯　清刻本　十册

440000－2541－0005011　12633
洋防輯要二十四卷　(清)嚴如熤輯　清刻本　十二册

440000－2541－0005012　12634
廣東海防彙覽四十二卷　(清)盧坤等修　(清)陳鴻墀等纂　清刻本　十六册

440000－2541－0005013　12635
防海備覽十卷　(清)薛傳源撰　清嘉慶六年(1801)刻本　二册

440000－2541－0005014　12636
海防圖論一卷　(明)胡宗憲撰　清同治十一年(1872)虞山鮑氏刻後知不足齋叢書本　一册

440000－2541－0005015　12637
補晉兵志一卷　(清)錢儀吉撰　**晉書校勘記五卷**　(清)周家禄撰　清光緒十四年至十七年(1888－1891)廣雅書局刻本　一册

440000－2541－0005016　12638
補晉兵志一卷　(清)錢儀吉撰　清光緒十七年(1891)廣雅書局刻本　一册

440000－2541－0005017　12640
欽定兵部處分則例七十六卷續四卷　(清)伯麟等纂　清刻本　二十八册

440000－2541－0005018　12641
駐粤八旗志二十四卷　(清)長善等纂修　清光緒五年(1879)刻本　十六册

440000－2541－0005019　12642
駐粤八旗志二十四卷　(清)長善等纂修　清光緒五年(1879)刻本　十六册

440000－2541－0005020　12643
杭州八旗駐防營志略二十五卷　(清)張大昌輯　清光緒十九年(1893)浙江書局刻本　六册

440000－2541－0005021　12644
杭州八旗駐防營志略二十五卷　(清)張大昌輯　清光緒十九年(1893)浙江書局刻本　六册

440000－2541－0005022　12645
杭州八旗駐防營志略二十五卷　(清)張大昌輯　清光緒十九年(1893)浙江書局刻本　六册

440000－2541－0005023　12646
荆州駐防八旗志十六卷首一卷　(清)希元等修　(清)恩澤等纂　清光緒五年(1879)荆州軍署刻本　十册

440000－2541－0005024　12647
皇朝兵制考略六卷　(清)翁同爵撰　清光緒元年(1875)武昌節署刻本　一册

440000－2541－0005025　12650
大清兵律不分卷　(清)兵部編　清光緒刻本　一册

440000－2541－0005026　12651
海防策要四卷　(清)□□撰　清光緒十四年(1888)上海蜚英館石印本　一册

440000－2541－0005027　12652
新兵教育一卷　(清)北洋陸軍編譯局輯　清光緒三十四年(1908)北洋陸軍編譯局鉛印本　一册

440000－2541－0005028　12654
野外戰術實施日記一卷　(清)壽永康撰　清光緒三十三年(1907)鉛印本　一册

440000－2541－0005029　12659
營工要覽四卷　(英國)傅蘭雅　(清)汪振聲譯　清光緒江南製造總局鉛印本　一册

440000－2541－0005030　12660
廣東水師提督虎門隨營講武學堂章程不分卷　(清)□□編　清抄本　一册

440000－2541－0005031　12661
北洋海軍章程六卷　(清)總理海軍事務衙門編　清光緒鉛印本　三册

440000－2541－0005032　12663
日本軍隊給與法不分卷　孟森　楊志洵譯　清光緒二十八年(1902)南洋公學譯書院鉛印本　一册

440000－2541－0005033　12664
作戰糧食給養法概意不分卷　(日本)陸軍經理學校原本　楊志洵譯　清光緒二十八年(1902)南洋公學譯書院鉛印本　一册

440000－2541－0005034　12665
步兵各個教練書不分卷　(日本)軍事教育會編　(日本)稻村新六輯補　孟森譯　清光緒南洋公學譯書院鉛印本　一册

440000－2541－0005035　12666
騎兵斥候答問日本陸軍教導團編不分卷　(清)王鴻年譯　(日本)陸軍省輯　**軍隊内務書**　楊志洵譯　清光緒二十八年(1902)南洋公學譯書院鉛印本　一册

440000－2541－0005036　12669
日本軍事教育編不分卷　(清)錢恂編譯　清光緒二十五年(1899)江楚書局刻本　一册

440000－2541－0005037　12670
日本陸軍學校章程彙編不分卷　孟森譯　清光緒二十八年(1902)南洋公學譯書院鉛印本　三册　存三册(二至四)

440000－2541－0005038　12671
日本陸軍學校章程彙編不分卷　孟森譯　清光緒二十八年(1902)南洋公學譯書院鉛印本　二册　存二册(二至三)

440000－2541－0005039　12673
水師章程十四卷續編六卷　(英國)水師兵部輯　(美國)林樂知口譯　(清)鄭昌棪筆述　清光緒江南製造總局刻本　十六册

440000－2541－0005040　12674
水師章程十四卷續編六卷　(英國)水師兵部輯　(美國)林樂知口譯　(清)鄭昌棪筆述　清光緒江南製造總局刻本　十六册

440000－2541－0005041　12675
水師章程十四卷續編六卷　(英國)水師兵部輯　(美國)林樂知口譯　(清)鄭昌棪筆述　清光緒江南製造總局刻本　十六册

440000－2541－0005042　12676
各國水師操戰法六卷　(法國)哩范輯　清光緒十一年(1885)天津機器局鉛印本　二册

440000－2541－0005043　12677
臨陣管見九卷　(德國)斯拉弗司撰　(美國)金楷理口譯　(清)趙元益筆述　清末江南製造局刻本　四册

440000－2541－0005044　12679
德國陸軍考四卷　(法國)歐盟輯　吴宗濂譯文　潘元善執筆　清光緒二十七年(1901)江南製造局鉛印本　四册

440000－2541－0005045　12680
德國陸軍紀略四卷　(清)許景澄撰　清光緒三十一年(1905)刻朱印本　一册

440000－2541－0005046　12681
德國陸軍紀略四卷　(清)許景澄撰　清光緒三十一年(1905)刻朱印本　一册

440000－2541－0005047　12682

英國水師律例四卷　（英國）德麟　（英國）極福德纂　舒高第　（清）鄭昌棪譯　清江南製造總局鉛印本　一冊

440000－2541－0005048　12683
海軍調度要言三卷圖一卷　（英國）拏核甫撰　舒高第　（清）鄭昌棪譯　清江南製造總局鉛印本　二冊

440000－2541－0005049　12684
整頓水師說一卷英埃戰紀一卷秘智海戰紀一卷　（英國）柯侖姆撰　（清）李鳳苞譯　清光緒十一年(1885)天津機器局鉛印本　一冊

440000－2541－0005050　12685
水師操練十八卷附一卷　（英國）戰船部輯（英國）傅蘭雅口譯　（清）徐建寅筆述　清末江南機器製造局刻本　三冊

440000－2541－0005051　12686
水師操練十八卷附一卷　（英國）戰船部輯（英國）傅蘭雅口譯　（清）徐建寅筆述　清末江南機器製造局刻本　三冊

440000－2541－0005052　12687
水師操練十八卷附一卷　（英國）戰船部輯（英國）傅蘭雅口譯　（清）徐建寅筆述　清末江南機器製造局刻本　三冊

440000－2541－0005053　12688
尼羅海戰史不分卷溫聖脫海戰史不分卷哥品杭海戰史不分卷　（美國）耶特瓦德斯邊撰（日本）越山平三郎譯　清光緒二十九年(1903)上海商務印書館鉛印本　一冊

440000－2541－0005054　12691
開地道轟藥法三卷附圖一卷　（英國）武備工程學堂編　（英國）傅蘭雅口譯　（清）汪振聲筆述　清末江南機器製造總局刻本　二冊

440000－2541－0005055　12692
開地道轟藥法三卷附圖一卷　（英國）武備工程學堂編　（英國）傅蘭雅口譯　（清）汪振聲筆述　清末江南機器製造總局刻本　一冊　存二卷(一至二)

440000－2541－0005056　12693
前敵須知四卷附圖一卷　（英國）克利賴撰　舒高第　（清）鄭昌棪譯　清光緒江南製造總局鉛印本　二冊

440000－2541－0005057　12694
讀史兵略四十六卷　（清）胡林翼纂　清咸豐十一年(1861)武昌節署刻本　十六冊

440000－2541－0005058　12695
讀史兵略四十六卷　（清）胡林翼纂　清咸豐十一年(1861)武昌節署刻本　十六冊

440000－2541－0005059　12696
讀史兵略四十六卷　（清）胡林翼纂　清咸豐十一年(1861)武昌節署刻本　十六冊

440000－2541－0005060　12699
讀史兵略四十六卷　（清）胡林翼纂　清光緒元年(1875)湖北崇文書局刻本　十六冊

440000－2541－0005061　12700
武備志二百四十卷　（明）茅元儀纂　清刻本　七十四冊

440000－2541－0005062　12701
武備志二百四十卷　（明）茅元儀纂　清刻本　五十四冊　存一百七十卷(一至一百七十)

440000－2541－0005063　12702
武備志二百四十卷　（明）茅元儀纂　清木活字印本　六十冊

440000－2541－0005064　12703
司馬法古注三卷音義一卷　曹元忠輯注　清光緒二十年(1894)吳縣曹氏箋經室刻本　一冊

440000－2541－0005065　12704
孫子三卷吳子二卷司馬法三卷　（清）孫星衍輯　清羊城刻本　一冊

440000－2541－0005066　12705
重刊武經七書彙解七卷首一卷末一卷　（清）朱墉輯　清光緒二年(1876)刻本　九冊　存八卷(重刊武經七書彙解七卷、末一卷)

440000－2541－0005067　12713

孫子十家注十三卷 （宋）吉天保輯 **敘錄一卷** （清）畢以珣撰 **遺説一卷** （宋）鄭友賢撰 清光緒二十三年(1897)上海文瑞樓鉛印本 二冊

440000－2541－0005068 12723
左氏兵謀二卷 （清）魏禧輯 清咸豐十年(1860)望雲草廬刻本 一冊

440000－2541－0005069 12724
軍禮司馬法考徵二卷 （清）黄以周撰 清光緒十八年(1892)定海黄氏試館刻本 一冊

440000－2541－0005070 12727
新刻黄石公素書一卷 （漢）黄石公撰 （宋）張商英注 清刻本 一冊

440000－2541－0005071 12732
紀效新書十八卷首一卷 （明）戚繼光撰 清道光二十三年(1843)錢塘許氏刻敏果齋七種本 五冊

440000－2541－0005072 12735
兵鏡類編四十卷 （清）李蕊輯 清光緒刻本 十五冊

440000－2541－0005073 12736
見聞輯要一卷 （清）剛毅撰 清光緒六年(1880)麗澤書室自刻本 一冊

440000－2541－0005074 12737
兵法史略學二卷 （清）陳慶年撰 清光緒二十五年(1899)兩湖書院正學堂刻本 二冊

440000－2541－0005075 12739
兵鏡備考十三卷兵鏡或問二卷孫子集注一卷 （清）鄧廷羅撰 清張鵬飛來鹿堂刻本 十六冊

440000－2541－0005076 12740
四翼附編四卷 （清）戴彭撰 **奇門遁甲啟悟一卷** （清）朱榮璪撰 清光緒二十一年(1895)皖江別墅刻本 一冊

440000－2541－0005077 12743
武備輯要六卷 （清）曾國藩輯 清光緒二十七年(1901)貴州善後局刻本 二冊

440000－2541－0005078 12744
兵法指南一卷問答五卷 （清）李敏昌撰 清同治二年(1863)刻本 一冊

440000－2541－0005079 12745
戊笈談兵十卷首一卷 （清）汪紱撰 **補校錄一卷** （清）戴彭撰 清光緒二十年(1894)刻本(卷十原佚) 八冊

440000－2541－0005080 12746
戊笈談兵十卷首一卷 （清）汪紱撰 **補校錄一卷** （清）戴彭撰 清光緒二十年(1894)刻本(卷十原佚) 十一冊

440000－2541－0005081 12747
礮臺説略二卷 （德國）何福滿 （清）楊其昌譯 （清）蕭誦芬筆述 清光緒二十六年(1900)湖北官書處刻湖北武學本 一冊

440000－2541－0005082 12748
湖北武學二十三種 （清）湖北武備學堂編 清光緒二十六年(1900)湖北官書處刻本 三十一冊

440000－2541－0005083 12750
礮乘新法三卷首一卷附圖 （英國）製造官局輯 舒高第口譯 （清）鄭昌棪筆述 清光緒江南製造總局鉛印本 六冊

440000－2541－0005084 12751
礮乘新法三卷首一卷附圖 （英國）製造官局輯 舒高第口譯 （清）鄭昌棪筆述 清光緒江南製造總局鉛印本 六冊

440000－2541－0005085 12752
克虜伯礮準心法一卷 （德國）軍政局撰 （美國）金楷理口譯 （清）李鳳苞筆述 清光緒江南製造總局刻本 一冊

440000－2541－0005086 12753
克虜伯礮説四卷礮表一卷 （德國）軍政局撰 （美國）金楷理口譯 （清）李鳳苞筆述 清光緒江南製造總局刻本 二冊

440000－2541－0005087 12754
礮法畫譜一卷 （清）丁乃文撰 清光緒十四

年(1888)江南製造局鉛印本　一冊

440000－2541－0005088　12755
攻守礮法一卷克虜伯腰箍礮一卷克虜伯礮架說一卷克虜伯船礮操法一卷克虜伯螺繩礮架說一卷　(德國)軍政局編　(美國)金楷理口譯　(清)李鳳苞筆述　清光緒江南製造總局刻本　一冊

440000－2541－0005089　12756
攻守礮法一卷克虜伯腰箍礮一卷克虜伯礮架說一卷克虜伯船礮操法一卷克虜伯螺繩礮架說一卷　(德國)軍政局編　(美國)金楷理口譯　(清)李鳳苞筆述　清光緒江南製造總局刻本　一冊

440000－2541－0005090　12757
攻守礮法一卷克虜伯腰箍礮一卷克虜伯礮架說一卷克虜伯船礮操法一卷克虜伯螺繩礮架說一卷　(德國)軍政局編　(美國)金楷理口譯　(清)李鳳苞筆述　清光緒江南製造總局刻本　一冊

440000－2541－0005091　12758
格林礮操法一卷　(美國)傅蘭克令撰　(英國)傅蘭雅口譯　(清)徐建寅筆述　清末上海江南機器製造總局刻本　一冊

440000－2541－0005092　12759
防海新論十八卷　(德國)希理哈撰　(英國)傅蘭雅譯　(清)華蘅芳筆述　清同治十二年(1873)江南製造總局刻本　六冊

440000－2541－0005093　12760
防海新論十八卷　(德國)希理哈撰　(英國)傅蘭雅譯　(清)華蘅芳筆述　清同治十二年(1873)江南製造總局刻本　六冊

440000－2541－0005094　12761
海戰用礮說一卷　(美國)金楷理　(清)顧祖榮譯　清光緒十一年(1885)天津機器局鉛印本　一冊

440000－2541－0005095　12762
海戰用礮說一卷　(美國)金楷理　(清)顧祖榮譯　清光緒十一年(1885)天津機器局鉛印本　一冊

440000－2541－0005096　12763
兵船礮法六卷　(美國)水師書院編　(美國)金楷理口譯　(清)朱恩錫筆述　(清)李鳳苞刪潤　清光緒江南製造總局刻本　三冊

440000－2541－0005097　12764
兵船礮法六卷　(美國)水師書院編　(美國)金楷理口譯　(清)朱恩錫筆述　(清)李鳳苞刪潤　清光緒江南製造總局刻本　二冊

440000－2541－0005098　12765
兵船礮法六卷　(美國)水師書院編　(美國)金楷理口譯　(清)朱恩錫筆述　(清)李鳳苞刪潤　清光緒江南製造總局刻本　二冊　存四卷(一至四)

440000－2541－0005099　12766
魚雷圖解秘本不分卷　(清)□□撰　清光緒十一年(1885)天津機器局鉛印本　一冊

440000－2541－0005100　12767
艇雷紀要三卷　(清)李鳳苞譯　清光緒十年(1884)天津機器局鉛印本　三冊

440000－2541－0005101　12768
輪船布陣十二卷首一卷圖一卷　(英國)裴路撰　(英國)傅蘭雅口譯　(清)徐建寅筆述　清末江南製造局刻本　一冊

440000－2541－0005102　12769
輪船布陣十二卷首一卷圖一卷　(英國)裴路撰　(英國)傅蘭雅口譯　(清)徐建寅筆述　清末江南製造局刻本　二冊

440000－2541－0005103　12770
輪船布陣十二卷首一卷圖一卷　(英國)裴路撰　(英國)傅蘭雅口譯　(清)徐建寅筆述　清末江南製造局刻本　二冊

440000－2541－0005104　12771
爆藥記要六卷附圖一卷　(英國)水雷局編　舒高第口譯　(清)趙元益筆述　清江南機器製造局刻本　一冊

440000－2541－0005105　12772

城堡新義不分卷 （德國）波寧撰 清光緒十一年（1885）天津機器局鉛印本 一冊

440000－2541－0005106 12773
城堡新義不分卷 （德國）波寧撰 清光緒十一年（1885）天津機器局鉛印本 一冊

440000－2541－0005107 12774
營壘圖説一卷 （比利時）伯里牙芒撰 （美國）金楷理口譯 （清）李鳳苞筆述 清江南製造總局刻本 一冊

440000－2541－0005108 12775
營壘圖説一卷 （比利時）伯里牙芒撰 （美國）金楷理口譯 （清）李鳳苞筆述 清江南製造總局刻本 一冊

440000－2541－0005109 12776
營城揭要二卷 （英國）儲意比撰 （英國）傅蘭雅口譯 （清）徐壽筆述 清江南機器製造總局刻本 二冊

440000－2541－0005110 12777
營城揭要二卷 （英國）儲意比撰 （英國）傅蘭雅口譯 （清）徐壽筆述 清江南機器製造總局刻本 二冊

440000－2541－0005111 12778
行軍鐵路工程二卷 （英國）傅蘭雅 （清）汪振聲譯 清江南機器製造總局刻本 一冊

440000－2541－0005112 12779
地勢學三卷 （德國）庫司孟撰 （德國）福克斯增補 （清）詹貴珊譯述 清光緒武備學堂石印本 一冊

440000－2541－0005113 12780
行軍測繪十卷首一卷附圖一卷 （英國）連提撰 （英國）傅蘭雅口譯 （清）趙元益筆述 清江南機器製造總局刻本 二冊

440000－2541－0005114 12781
行軍測繪十卷首一卷附圖一卷 （英國）連提撰 （英國）傅蘭雅口譯 （清）趙元益筆述 清江南機器製造總局刻本 一冊

440000－2541－0005115 12782
行軍測繪十卷首一卷附圖一卷 （英國）連提撰 （英國）傅蘭雅口譯 （清）趙元益筆述 清江南機器製造總局刻本 二冊

440000－2541－0005116 12783
日本地理兵要十卷 （清）姚文棟撰 清光緒十年（1884）同文館鉛印本 八冊

440000－2541－0005117 12784
日本地理兵要十卷日本會計錄四卷船師考一卷 （清）姚文棟撰 清光緒二十年（1894）寶善書局石印本 六冊

440000－2541－0005118 12785
秦邊紀略六卷 （清）□□撰 清同治十一年（1872）安徽藩署刻半畝園叢書本 四冊

440000－2541－0005119 12786
秦邊紀略六卷 （清）□□撰 清同治十一年（1872）安徽藩署刻半畝園叢書本 二冊

440000－2541－0005120 12789
九通全書附欽定三通考證 （清）□□編 清光緒二十八年（1902）貫吾齋石印本 一百二十七冊 存二千三百十二卷（通典二百卷、考證一卷，續通典一百五十卷，皇朝通典一百卷，通志一至一百九十一、考證三卷，續通志六百四十卷，皇朝通志一百二十六卷，文獻通考三百四十八卷、考證三卷，續文獻通考二百五十卷，皇朝文獻通考三百卷）

440000－2541－0005121 12790
九通分類總纂二百四十卷 （清）汪鍾霖等纂 清光緒二十八年（1902）上海文瀾書局石印本 八十冊

440000－2541－0005122 12791
京師外城巡警總廳第一次統計書不分卷 顧鼇輯 清光緒三十三年（1907）鉛印本 一冊

440000－2541－0005123 12793
各國水師操戰法六卷 （法國）哩范輯 清光緒十一年（1885）天津機器局鉛印本 二冊

440000－2541－0005124 12794
經濟實學考八卷 （清）江標撰 清光緒二十

六年(1900)上海博濟書局石印本　三冊

440000－2541－0005125　12795
原富五卷　(英國)斯密亞丹撰　嚴復譯　清光緒刻本　七冊

440000－2541－0005126　12796
原富五卷　(英國)斯密亞丹撰　嚴復譯　清光緒二十八年(1902)南洋公學譯書院鉛印本　七冊

440000－2541－0005127　12797
原富五卷　(英國)斯密亞丹撰　嚴復譯　清光緒二十八年(1902)南洋公學譯書院鉛印本　七冊

440000－2541－0005128　12798
原富五卷　(英國)斯密亞丹撰　嚴復譯　清光緒二十八年(1902)南洋公學譯書院鉛印本　八冊

440000－2541－0005129　12799
原富五卷　(英國)斯密亞丹撰　嚴復譯　清光緒二十七年(1901)南洋公學譯書院鉛印本　四冊

440000－2541－0005130　12800
原富五卷　(英國)斯密亞丹撰　嚴復譯　清光緒二十七年(1901)南洋公學譯書院鉛印本　一冊　存三卷(甲、乙、丙)

440000－2541－0005131　12804
萬國國力比較二十三卷　(英國)默爾化撰　出洋學生編輯所譯　清光緒二十八年(1902)上海商務印書館鉛印本　五冊

440000－2541－0005132　12805
亞洲商業地理誌二卷　(日本)永野耕造撰　劉世珩校譯　清末石印本　二冊

440000－2541－0005133　12806
亞洲商業地理誌二卷　(日本)永野耕造撰　劉世珩校譯　清末石印本　二冊

440000－2541－0005134　12813
荒政輯要十卷　(清)汪志伊纂　清刻本　一冊　存五卷(六至十)

440000－2541－0005135　12815
揚子江流域現勢論不分卷　(日本)林繁撰　(清)汪國屏譯　清光緒二十七年(1901)上海廣智書局鉛印本　一冊

440000－2541－0005136　12816
保華全書四卷續編一卷　(英國)貝思福撰　(美國)林樂知譯意　蔡爾康　任廷旭述　清光緒二十五年(1899)上海廣學會鉛印本　四冊

440000－2541－0005137　12817
保華全書四卷續編一卷　(英國)貝思福撰　(美國)林樂知譯意　蔡爾康　任廷旭述　清光緒二十五年(1899)上海廣學會鉛印本　二冊

440000－2541－0005138　12822
礦政輯畧十二卷首一卷　(清)劉嶽雲編　清光緒二十九年(1903)教育世界社石印本　一冊

440000－2541－0005139　12823
營田輯要內篇二卷外篇一卷首一卷　(清)黃輔辰撰　清同治三年(1864)成都刻楓林黃氏家乘本　一冊

440000－2541－0005140　12824
工業與國政相關論二卷　(英國)司旦離遮風司撰　(美國)衛理　(清)王汝騁譯　清光緒二十六年(1900)江南製造局鉛印本　二冊

440000－2541－0005141　12825
振華公司興辦廣西實業報告書一卷　廣西振華實業有限公司撰　清光緒三十四年(1908)清風橋文茂印局鉛印本　一冊

440000－2541－0005142　12826
湖北省至各地程途里數排單公文限期四卷　(清)□□輯　清刻本　二冊

440000－2541－0005143　12827
海道圖說十五卷　(英國)金約翰輯　(英國)傅蘭雅口譯　(清)王德均筆述　**長江圖說一卷**　(英國)金約翰輯　(美國)金楷理口譯　(清)王德均筆述　清光緒江南製造總局刻本

十冊

440000－2541－0005144　12828
海道圖說十五卷　(英國)金約翰輯　(英國)傅蘭雅口譯　(清)王德均筆述　**長江圖說一卷**　(英國)金約翰輯　(美國)金楷理口譯　(清)王德均筆述　清光緒江南製造總局刻本　十冊

440000－2541－0005145　12829
海道圖說十五卷　(英國)金約翰輯　(英國)傅蘭雅口譯　(清)王德均筆述　**長江圖說一卷**　(英國)金約翰輯　(美國)金楷理口譯　(清)王德均筆述　清光緒二十二年(1896)上海書局石印本　八冊

440000－2541－0005146　12830
六省各埠及運道情形清冊不分卷　(清)史傑等輯　清咸豐刻本　六冊

440000－2541－0005147　12831
商辦全浙鐵路有限公司第三屆報告不分卷　全浙鐵路有限公司輯　清宣統元年(1909)上海商務印書館鉛印本　一冊

440000－2541－0005148　12832
商辦全浙鐵路有限公司第四屆報告不分卷　全浙鐵路有限公司輯　清宣統二年(1910)上海商務印書館鉛印本　一冊

440000－2541－0005149　12834
江浙鐵路風潮不分卷　(清)墨悲輯　清光緒三十三年(1907)鉛印本　一冊

440000－2541－0005150　12835
商辦廣東粵漢鐵路有限公司庚戌全年總結冊不分卷　粵漢鐵路有限公司輯　清宣統三年(1911)廣州文茂印務局鉛印本　一冊

440000－2541－0005151　12842
軌政紀要初編五卷　陳毅輯　**次編三卷**　陳宗蕃輯　清光緒三十三年(1907)鉛印本　二冊

440000－2541－0005152　12844
浙江海運全案重編初編八卷續編四卷新編八卷　(清)黃宗漢等纂　清同治六年(1867)浙江糧儲道庫刻本　十二冊

440000－2541－0005153　12846
江北運程四十卷首一卷　(清)董恂輯　清同治六年(1867)刻本　四十一冊

440000－2541－0005154　12847
光緒通商綜覈表不分卷　(清)錢恂輯　清光緒二十九年(1903)石印本　一冊

440000－2541－0005155　12849
中國商務志一卷　(日本)織田一撰　蔣簋方譯　清光緒二十八年(1902)上海廣智書局鉛印本　一冊

440000－2541－0005156　12851
萬國通商史不分卷　(英國)瑣米爾士撰　(日本)經濟雜志社譯　(日本)古城貞吉重譯　清光緒二十七年(1901)南洋公學譯書院鉛印本　一冊

440000－2541－0005157　12852
萬國通商史不分卷　(英國)瑣米爾士撰　(日本)經濟雜志社譯　(日本)古城貞吉重譯　清光緒二十七年(1901)南洋公學譯書院鉛印本　一冊

440000－2541－0005158　12853
萬國商業歷史不分卷　(英國)基賓斯撰　(日本)林曾登吉譯　上海商務印書館重譯　清光緒二十九年(1903)上海商務印書館鉛印本　一冊

440000－2541－0005159　12854
商業經濟學不分卷　(日本)清水泰吉撰　清光緒湖北商務報館刻本　三冊

440000－2541－0005160　12857
通商出入款項確實情形考不分卷　(清)馬士譯撰　清光緒三十一年(1905)石印本　一冊

440000－2541－0005161　12858
通商約章類纂三十五卷　(清)徐宗亮等輯　清光緒十二年(1886)天津官書局刻本　二十冊

440000－2541－0005162　12859
通商約章類纂三十五卷　(清)徐宗亮等輯　清光緒十八年(1892)廣東善後局刻本　二十冊

440000－2541－0005163　12860
通商約章類纂三十五卷　(清)徐宗亮等輯　清光緒十八年(1892)廣東善後局刻本　二十冊

440000－2541－0005164　12861
咸豐戊午通商稅則不分卷　(清)駐滬海關造冊處譯　清宣統二年(1910)駐滬海關造冊處鉛印本　一冊

440000－2541－0005165　12862
通商進口稅則不分卷　(清)駐滬通商海關造冊處譯　清光緒二十八年(1902)駐滬通商海關造冊處鉛印本　一冊

440000－2541－0005166　12863
甲辰考察日本商務日記一卷　許炳榛撰　清光緒三十年(1904)鉛印本　一冊

440000－2541－0005167　12865
貿易通志五卷　(清)□□撰　清光緒刻本　一冊

440000－2541－0005168　12866
續纂淮關統志十四卷　(清)李如枚纂　清嘉慶十一年(1806)刻本　八冊

440000－2541－0005169　12868
通商各口貨稅清冊不分卷　(清)上海通商海關造冊處譯　清光緒十二年(1886)鉛印本　一冊

440000－2541－0005170　12869
生利分利之別論一卷再論一卷　(英國)李提摩太撰　蔡爾康譯　清光緒二十年(1894)上海廣學會鉛印本　一冊

440000－2541－0005171　12870
富國策三卷　(英國)法思德撰　(美國)丁韙良　(清)汪鳳藻譯　清光緒二十四年(1898)刻本　二冊　存二卷(一至二)

440000－2541－0005172　12871
富民策二卷　(英國)馬林撰　(清)李玉書譯　清光緒二十九年(1903)上海商務印書館鉛印本　一冊

440000－2541－0005173　12872
富國真理二卷　(英國)嘉托瑪撰　(英國)山雅谷譯　清光緒二十五年(1899)上海圖書集成局鉛印本　二冊

440000－2541－0005174　12873
富國真理二卷　(英國)嘉托瑪撰　(英國)山雅谷譯　清光緒二十五年(1899)上海圖書集成局鉛印本　一冊

440000－2541－0005175　12874
財政叢書□□種　昌言報館編　清光緒二十九年(1903)上海會文學社石印本　十二冊

440000－2541－0005176　12875
兩廣鹽法志三十五卷首一卷　(清)阮元等修　(清)伍長華等纂　清同治刻本　二十二冊

440000－2541－0005177　12876
兩廣鹽法志三十五卷首一卷　(清)阮元等修　(清)伍長華等纂　清同治刻本　二十冊

440000－2541－0005178　12877
兩廣鹽法志五十五卷首一卷　(清)何兆瀛等纂修　清光緒刻本　三十一冊

440000－2541－0005179　12878
福建鹽法志二十二卷首一卷　(清)□□纂　清道光刻本　八冊

440000－2541－0005180　12879
淮鹺備要十卷　(清)李澄輯　清道光三年(1823)刻本　四冊

440000－2541－0005181　12880
淮鹺駁案類編八卷　(清)陳方坦輯　清光緒十八年(1892)金陵刻本　八冊

440000－2541－0005182　12881
四川鹽法志四十卷首一卷　(清)丁寶楨等纂　清光緒八年(1882)刻本　二十冊

440000－2541－0005183　12882

欽定重修兩浙鹽法志三十卷首一卷 （清）阮元 （清）延豐修 （清）馮培 （清）潘庭筠纂 清同治十三年(1874)刻本 二十四冊

440000－2541－0005184 12883

欽定重修兩浙鹽法志三十卷首一卷 （清）阮元 （清）延豐修 （清）馮培 （清）潘庭筠纂 清同治十三年(1874)刻本 二十四冊

440000－2541－0005185 12884

兩浙鹽法續纂備考十二卷 （清）楊昌濬等纂 清同治十三年(1874)刻本 十二冊

440000－2541－0005186 12885

廣東財政說明書十六卷 （清）廣東清理財政局編訂 清宣統三年(1911)鉛印本 十冊 存十四卷(一至三、五至十五)

440000－2541－0005187 12887

光緒二十八年通商各關華洋貿易總冊不分卷 （清）上海通商海關造冊處譯 清光緒二十九年(1903)鉛印本 九冊

440000－2541－0005188 12888

鹺政備覽不分卷 方濬師撰 清光緒二年(1876)兩廣運使署刻本 二冊

440000－2541－0005189 12889

光緒二十六年通商各關華洋貿易總冊不分卷 （清）上海通商海關造冊處譯 清光緒二十七年(1901)鉛印本 八冊

440000－2541－0005190 12890

廣東調查陸軍財政說明書十三卷 王秉恩等編 清宣統三年(1911)廣東調查陸軍財政局石印本 四冊

440000－2541－0005191 12891

廣東調查陸軍財政說明書十三卷 王秉恩等編 清宣統三年(1911)廣東調查陸軍財政局石印本 八冊

440000－2541－0005192 12892

東粵藩儲攷十二卷 （清）高崇基等編 清光緒木活字印本 十二冊

440000－2541－0005193 12893

東粵藩儲攷十二卷 （清）高崇基等編 清光緒木活字印本 十二冊

440000－2541－0005194 12894

欽定戶部漕運全書九十六卷首一卷 （清）載齡等修 （清）福趾等纂 清光緒刻本 四十二冊

440000－2541－0005195 12895

欽定戶部漕運全書九十六卷首一卷 （清）載齡等修 （清）福趾等纂 清光緒刻本 十八冊 存三十六卷(五十三至八十八)

440000－2541－0005196 12896

芻論二卷 （清）孫鼎臣撰 清咸豐十年(1860)武昌節署刻本 二冊

440000－2541－0005197 12897

粵鹺蠡測編一卷 （清）陳銓撰 （清）汪瑔 （清）冒澄評 清光緒八年(1882)刻本 一冊

440000－2541－0005198 12899

中國度支考一卷 （英國）哲美森撰 （美國）林樂知譯 清光緒二十三年(1897)圖書集成局鉛印本 一冊

440000－2541－0005199 12900

中國財政紀略一卷 （日本）東邦協會纂 吳銘譯 清光緒二十八年(1902)上海廣智書局鉛印本 一冊

440000－2541－0005200 12901

杭嘉湖三府減漕紀略一卷 （清）戴槃撰 清同治七年(1868)刻兩浙宦遊紀略本 一冊

440000－2541－0005201 12902

理財便覽十三卷續一卷 （英國）阿拉巴德撰 清宣統二年(1910)鉛印本 三冊

440000－2541－0005202 12903

長元吳豐備義倉全案八卷 （清）潘遵祁編 清光緒三年(1877)刻本 六冊

440000－2541－0005203 12910

新鐫銀洋精論發秘三卷 （清）梁思澤撰 清光緒刻本 二冊

440000－2541－0005204 12911

新舊銀論發秘注解八卷 (清)駱善傳撰 清同治三年(1864)刻本 一冊

440000－2541－0005205 12912
歐洲財政史不分卷 (日本)小林丑三郎撰 (清)羅普譯 清光緒二十八年(1902)上海廣智書局鉛印本 一冊

440000－2541－0005206 12913
增補銀論一卷 (清)蘇家輯注 清光緒八年(1882)刻本 一冊

440000－2541－0005207 12914
日本財政考略十四卷 林志道撰 清宣統二年(1910)鉛印本 四冊

440000－2541－0005208 12915
英國度支考不分卷 (英國)司可得開勒撰 (清)華龍譯 清光緒二十九年(1903)上海商務印書館鉛印本 一冊

440000－2541－0005209 12920
保富述要不分卷 (英國)布來德撰 (英國)傅蘭雅口譯 (清)徐家寶筆述 清光緒江南製造總局刻本 二冊

440000－2541－0005210 12925
書箋一卷帖箋一卷畫箋一卷琴箋一卷 (明)屠隆撰 **學古編二卷** (元)吾丘衍撰 清刻本 一冊

440000－2541－0005211 12934
讀西學書法不分卷 梁啟超撰 清光緒時務報館石印本 一冊

440000－2541－0005212 12935
初學宜讀諸書要略一卷初學稍進讀書要略一卷讀譯書須知一卷論格致理法綱要一卷 葉瀚撰 清光緒二十三年(1897)仁和葉氏刻本 一冊

440000－2541－0005213 12939
曝書雜記三卷 (清)錢泰吉撰 清同治七年(1868)刻本 一冊

440000－2541－0005214 12944
藏書紀要一卷 (清)孫從添撰 清光緒九年(1883)吳縣潘祖蔭佞宋齋刻朱印本 一冊

440000－2541－0005215 12965
留真譜初編不分卷二編不分卷 楊守敬輯 清光緒二十七年至民國六年(1901－1917)宜都楊氏刻本 十一冊

440000－2541－0005216 12976
校經山房叢書二十七種附一種 (清)朱記榮編 清光緒三十年(1904)孫溪朱氏槐廬家塾印本 五冊 存六種

440000－2541－0005217 12987
古今僞書考一卷 (清)姚際恒撰 清光緒十五年(1889)善化章氏經濟書堂刻本 一冊

440000－2541－0005218 12995
群書疑辨十二卷 (清)萬斯同撰 清嘉慶二十一年(1816)刻本 五冊

440000－2541－0005219 13000
東坡題跋六卷 (宋)蘇軾撰 清光緒二十年(1894)石印本 一冊

440000－2541－0005220 13001
東坡題跋二卷 (宋)蘇軾撰 清乾隆五十年(1785)刻同治十一年(1872)補刻印本 一冊

440000－2541－0005221 13003
中西學門徑書七種 梁啟超等撰 清光緒二十四年(1898)上海大同譯書局石印本 三冊

440000－2541－0005222 13004
中西學門徑書七種 梁啟超等撰 清光緒二十四年(1898)上海大同譯書局石印本 一冊

440000－2541－0005223 13006
華延年室題跋三卷 (清)傅以禮撰 清宣統元年(1909)俞人蔚鉛印本 三冊

440000－2541－0005224 13007
勞氏碎金三卷 (清)勞經原等撰 吳昌綬輯 清宣統元年(1909)吳昌綬雙照樓鉛印本 一冊

440000－2541－0005225 13009
王秋澗先生題跋一卷 (元)王惲撰 清丹徒劉氏刻本 一冊

440000－2541－0005226　13014

經史百家序錄六種　邵章編　清光緒二十八年(1902)石印本　十五册

440000－2541－0005227　13015

經史百家序錄七種　邵章編　清光緒二十九年(1903)石印本　八册

440000－2541－0005228　13016

可廬著述十種敘例不分卷　(清)錢大昭撰

既勤著述七種敘例不分卷　(清)錢東垣撰

清嘉慶嘉定錢氏得自怡齋刻本　二册

440000－2541－0005229　13020

席介石所藏張氏墓志序跋集不分卷　(□)□□輯　清道光刻本　一册

440000－2541－0005230　13022

有樂堂題跋一卷　(清)曾培祺撰　清光緒三十二年(1906)鉛印本　一册

440000－2541－0005231　13023

半氈齋題跋二卷　(清)江藩撰　清光緒吳縣潘氏刻功順堂叢書本　一册

440000－2541－0005232　13024

重編紅雨樓題跋二卷　(明)徐𤊹撰　繆荃孫輯　清宣統二年(1910)新陽趙氏刻峭帆樓叢書本　四册

440000－2541－0005233　13036

皕宋樓藏書源流攷一卷　(日本)島田翰撰　清光緒三十三年(1907)董康京師石印本　一册

440000－2541－0005234　13037

皕宋樓藏書源流攷一卷　(日本)島田翰撰　清光緒三十三年(1907)董康京師石印本　一册

440000－2541－0005235　13053

各國學校制度三卷　(日本)寺田勇吉輯　(清)白作霖譯　清光緒二十七年(1901)海上譯社鉛印本　一册

440000－2541－0005236　13054

教育叢書三集十一種　教育世界社譯　清末至民國教育世界社石印本　十册

440000－2541－0005237　13056

學校衛生學不分卷　(日本)三島通良撰　汪有齡譯　清光緒二十七年(1901)教育世界出版所刻本　一册

440000－2541－0005238　13057

學校衛生學不分卷　(日本)三島通良撰　汪有齡譯　清光緒二十七年(1901)教育世界出版所刻本　一册

440000－2541－0005239　13058

泰西教育史二卷　(日本)能勢榮撰　葉瀚譯　清光緒二十七年(1901)金粟齋譯書社鉛印本　二册

440000－2541－0005240　13059

泰西教育史二卷　(日本)能勢榮撰　葉瀚譯　清光緒二十七年(1901)金粟齋譯書社鉛印本　一册

440000－2541－0005241　13060

泰西教育史二卷　(日本)能勢榮撰　葉瀚譯　清光緒二十七年(1901)金粟齋譯書社鉛印本　一册

440000－2541－0005242　13063

泰西教育史二卷　(日本)能勢榮撰　葉瀚譯　清光緒二十八年(1902)京都文明書莊鉛印本　二册

440000－2541－0005243　13066

學部官報不分卷　(清)學部編　清光緒鉛印本　七册

440000－2541－0005244　13069

讀書分月課程不分卷　康有為撰　清光緒刻本　一册

440000－2541－0005245　13070

欽定學政全書八十六卷　(清)童璜等纂　(清)汪梅鼎等修　清嘉慶十七年(1812)刻本　十六册

440000－2541－0005246　13071

奏定學堂章程不分卷　(清)張百熙　(清)榮

慶　(清)張之洞纂　清光緒三十年(1904)京都五洲同文書局石印本　五冊　缺高等學堂章程等六編

440000－2541－0005247　13072
教育界之風潮十二卷　題(清)愛國青年撰　清光緒二十九年(1903)石印本　六冊

440000－2541－0005248　13073
教育界之風潮十二卷　題(清)愛國青年撰　清光緒二十九年(1903)石印本　一冊　存二卷(六至七)

440000－2541－0005249　13074
學部奏咨輯要不分卷　(清)學部總務司案牘科輯　清末學部總務司鉛印本　二冊

440000－2541－0005250　13075
學部奏咨輯要不分卷　(清)學部總務司案牘科輯　清末學部總務司鉛印本　一冊

440000－2541－0005251　13076
學部奏咨輯要不分卷　(清)學部總務司案牘科輯　清末學部總務司鉛印本　二冊

440000－2541－0005252　13077
重訂堂舍條規一卷　(清)張鶴齡輯　清光緒二十九年(1903)鉛印本　一冊

440000－2541－0005253　13078
奏定學堂章程不分卷　(清)張百熙　(清)榮慶　(清)張之洞纂　清光緒湖北學務處刻本　五冊

440000－2541－0005254　13079
東游考察學校記六卷　(清)關賡麟撰　清光緒二十九年(1903)廣州漢石樓鉛印本　二冊

440000－2541－0005255　13080
攷察日本學校記十六卷　(清)李宗棠編譯　清光緒二十八年(1902)石印本　六冊

440000－2541－0005256　13081
游學紀聞一卷　(清)陳廷泰撰　清光緒二十九年(1903)羊城開新公司鉛印本　一冊

440000－2541－0005257　13083
書張相國奏立湖北存古學堂摺後不分卷　曹元弼撰　清光緒三十三年(1907)鉛印本　一冊

440000－2541－0005258　13084
書張相國奏立湖北存古學堂摺後不分卷　曹元弼撰　清光緒三十三年(1907)鉛印本　一冊

440000－2541－0005259　13085
書張相國奏立湖北存古學堂摺後不分卷　曹元弼撰　清光緒三十三年(1907)鉛印本　一冊

440000－2541－0005260　13086
書張相國奏立湖北存古學堂摺後不分卷　曹元弼撰　清光緒三十三年(1907)鉛印本　一冊

440000－2541－0005261　13092
兩湖文高等學堂一覽不分卷　(清)張之洞輯　清光緒刻本　一冊

440000－2541－0005262　13093
粵秀書院志十六卷　(清)梁廷枏撰　清咸豐刻本　六冊

440000－2541－0005263　13094
兩廣優級師範學堂一覽不分卷　(清)兩廣優級師範學堂編　清宣統二年(1910)粵東編譯公司鉛印本　一冊

440000－2541－0005264　13096
廣雅書院同舍錄不分卷　(清)廣雅書院輯　清光緒二十三年(1897)刻本　三冊

440000－2541－0005265　13097
體操法五卷　(德國)武備原本　(德國)瑞乃爾口譯　(清)蕭誦芬筆述　清光緒二十七年(1901)掃葉山房石印本　一冊

440000－2541－0005266　13098
陳打百局八卷　(宋)陳摶撰　清刻本　二冊　存四卷(一至四)

440000－2541－0005267　13100
學生讀書法不分卷　(日本)駿臺隱士撰　廣智書局譯　清光緒二十八年(1902)上海廣智

書局鉛印本　一册

440000－2541－0005268　13105
桃花泉奕譜二卷　(清)范世勳輯　清乾隆南潤浦氏靜寄東軒刻本　一册

440000－2541－0005269　13106
橘中秘四卷　(明)朱晉楨輯　清刻本　四册

440000－2541－0005270　13107
弈理指歸圖三卷　(清)施紹闇撰　(清)錢長澤繪圖　清光緒上海文瑞樓石印本　六册

440000－2541－0005271　13109
七巧新譜不分卷　(□)□□撰　清道光二十七年(1847)刻本　一册

440000－2541－0005272　13110
益智圖二卷　(清)童叶庚輯並繪　清光緒四年(1878)睫巢刻本　二册

440000－2541－0005273　13112
合璧七巧圖八卷　(清)梵隱人編　清咸豐四年(1854)抄本　二册

440000－2541－0005274　13113
彙增七巧圖八卷　(清)梵隱人編　清咸豐四年(1854)抄本　二册

440000－2541－0005275　13114
漢官儀三卷　(宋)劉攽撰　清道光四年(1824)鮑崇城刻本　一册

440000－2541－0005276　13115
漢官儀三卷　(宋)劉攽撰　清道光四年(1824)鮑崇城刻本　一册

440000－2541－0005277　13119
寄青霞館奕選八卷續八卷　(清)王存善輯　清光緒二十三年(1897)廣州刻本　十六册

440000－2541－0005278　13121
寄青霞館奕選八卷續八卷　(清)王存善輯　清光緒二十三年(1897)廣州刻本　十册　存十卷(寄青霞館奕選八卷、續一至二)

440000－2541－0005279　13127
欽定同文韻統六卷　(清)允祿等輯　清宣統二年(1910)理藩部刻本　五册

440000－2541－0005280　13128
欽定同文韻統六卷　(清)允祿等輯　清宣統二年(1910)理藩部刻本　五册

440000－2541－0005281　13129
傳音快字一卷　(清)蔡錫勇撰　清光緒二十二年(1896)武昌自刻本　一册

440000－2541－0005282　13130
萬國密號旗公簿不分卷　(英國)商部輯　舒高第譯　清光緒三十二年(1906)鉛印本　十二册

440000－2541－0005283　13131
小學考五十卷　(清)謝啟昆撰　清咸豐二年(1852)南康謝氏樹經堂刻本　十六册

440000－2541－0005284　13132
小學考五十卷　(清)謝啟昆撰　清光緒十四年(1888)浙江書局刻本　二十册

440000－2541－0005285　13133
小學考五十卷　(清)謝啟昆撰　清光緒十四年(1888)浙江書局刻本　二十册

440000－2541－0005286　13134
小學考五十卷　(清)謝啟昆撰　清光緒十四年(1888)浙江書局刻本　二十册

440000－2541－0005287　13135
小學考五十卷　(清)謝啟昆撰　清光緒十五年(1889)石印本　六册

440000－2541－0005288　13136
小學考五十卷　(清)謝啟昆撰　清光緒十五年(1889)石印本　六册

440000－2541－0005289　13137
小學考五十卷　(清)謝啟昆撰　清光緒十五年(1889)石印本　六册

440000－2541－0005290　13147
音學五書五種　(清)顧炎武撰　清同治至光緒刻本　十二册

440000－2541－0005291　13167

古今中外音韻通例不分卷　(清)胡垣撰　清光緒十四年(1888)刻本　四冊

440000－2541－0005292　13168
音論三卷　(清)顧炎武撰　清光緒十一年(1885)湘陰郭氏岵瞻堂刻音學五書本　一冊

440000－2541－0005293　13169
音學五書五種　(清)顧炎武撰　清光緒十六年(1890)思賢講舍刻本　十二冊

440000－2541－0005294　13170
李氏音鑑六卷　(清)李汝珍撰　清光緒十四年(1888)掃葉山房刻本　四冊

440000－2541－0005295　13173
韻學辨中備五卷　(清)張亨釪撰　清咸豐十年(1860)廣東刻三色套印本　三冊

440000－2541－0005296　13175
音韻逢源四卷　(清)裕恩撰　清道光二十年(1840)京都聚珍堂書坊刻本　四冊

440000－2541－0005297　13187
古音諧八卷首一卷　(清)姚文田撰　清道光二十五年(1845)刻民國蘇州振新書社印本　六冊

440000－2541－0005298　13188
韻徵十六卷　(清)安吉撰　清道光十七年(1837)親仁堂刻本　四冊

440000－2541－0005299　13189
韻徵十六卷　(清)安吉撰　清道光十七年(1837)親仁堂刻本　三冊

440000－2541－0005300　13191
毛詩古音攷四卷附一卷　(明)陳第撰　清同治二年(1863)古譚余氏刻明辨齋叢書本　二冊　存四卷(毛詩古音攷四卷)

440000－2541－0005301　13192
毛詩古音攷四卷附一卷　(明)陳第撰　清同治二年(1863)古譚余氏刻明辨齋叢書本　四冊

440000－2541－0005302　13193
古音類表九卷　(清)傅壽彤撰　清同治三年(1864)刻澹勤室著述本　一冊

440000－2541－0005303　13194
韻補五卷　(宋)吳棫撰　**韻補正一卷**　(清)顧炎武撰　清光緒九年(1883)邵武徐幹刻邵武徐氏叢書本　二冊

440000－2541－0005304　13196
古韻溯源八卷　(清)安念祖　(清)華湛恩輯　清道光十九年(1839)華湛恩親仁堂刻本　二冊

440000－2541－0005305　13197
古韻溯源八卷　(清)安念祖　(清)華湛恩輯　清道光十九年(1839)華湛恩親仁堂刻本　二冊

440000－2541－0005306　13201
切韻指掌圖一卷　(宋)司馬光撰　清宣統二年(1910)豐城熊氏舊補史堂刻本　一冊

440000－2541－0005307　13202
毛詩古音考四卷讀詩拙言一卷　(明)陳第撰　清光緒六年(1880)武昌張裕釗刻本　二冊

440000－2541－0005308　13203
毛詩古音考四卷讀詩拙言一卷　(明)陳第撰　清光緒六年(1880)武昌張裕釗刻本　二冊

440000－2541－0005309　13204
毛詩古音考四卷讀詩拙言一卷　(明)陳第撰　清光緒六年(1880)武昌張裕釗刻本　二冊

440000－2541－0005310　13205
毛詩古音考四卷讀詩拙言一卷　(明)陳第撰　清光緒六年(1880)武昌張裕釗刻本　二冊

440000－2541－0005311　13214
韻府萃音十二卷　(清)龍柏撰　清嘉慶刻朱墨套印本　十二冊

440000－2541－0005312　13225
歌麻古韻考四卷　(清)吳樹聲撰　清同治八年(1869)刻本　四冊

440000－2541－0005313　13227
佩文廣韻匯編五卷　(清)李元祺輯　清道光十年(1830)半塇艸堂刻本　一冊　存三卷

(三至五)

440000－2541－0005314　13228
唐寫本唐韻不分卷　(唐)孫愐撰　清光緒三十四年(1908)上海國粹學報館石印本　一冊

440000－2541－0005315　13229
唐寫本唐韻不分卷　(唐)孫愐撰　清光緒三十四年(1908)上海國粹學報館石印本　一冊

440000－2541－0005316　13231
反切檢字圖不分卷　(清)鄒特夫撰　清咸豐三年(1853)伊德齡刻本　一冊

440000－2541－0005317　13232
澤存堂五種　(清)張士俊編　清光緒十四年(1888)上海蜚英館石印本　八冊

440000－2541－0005318　13236
集韻十卷　(宋)丁度等撰　清光緒二年(1876)歸安姚氏川東官舍刻姚氏叢刻本　十冊

440000－2541－0005319　13239
集韻考正十卷　(清)方成珪撰　清光緒五年(1879)瑞安孫氏詒善祠塾刻永嘉叢書本　十冊

440000－2541－0005320　13245
附釋文互註禮部韻略五卷　(清)姚覲元編　清光緒二年(1876)歸安姚氏川東官舍刻姚氏叢刻本　五冊

440000－2541－0005321　13252
六書音韻表五卷音韻雜錄一卷字學雜著一卷　(清)段玉裁撰　清刻本　三冊　存六卷(音韻表五卷、音韻雜錄一卷)

440000－2541－0005322　13253
六書系韻二十四卷首一卷檢字二卷　(清)李貞輯　清光緒十六年(1890)刻本　二十六冊

440000－2541－0005323　13254
六書系韻二十四卷首一卷檢字二卷　(清)李貞輯　清光緒十六年(1890)刻本　二十六冊

440000－2541－0005324　13255
切韻指掌圖一卷　(宋)司馬光撰　清光緒九年(1883)上海同文書局石印本　一冊

440000－2541－0005325　13260
韻府鈎沈五卷　(清)雷浚撰　清光緒十三年(1887)刻本　二冊

440000－2541－0005326　13261
五方元音二卷　(清)樊騰鳳撰　(清)年希堯增補　清光緒八年(1882)上海掃葉山房刻本　二冊

440000－2541－0005327　13268
擇雅堂初集等韻學一卷　(清)許惠撰　清光緒八年(1882)刻本　一冊

440000－2541－0005328　13270
漢魏音四卷　(清)洪亮吉撰　清乾隆五十年(1785)西安刻本　一冊

440000－2541－0005329　13274
增註字類標韻六卷　(清)華綱撰　(清)范多玨重訂　清光緒二年(1876)鉛印本　二冊

440000－2541－0005330　13275
正音撮要四卷　(清)高靜亭撰　清同治六年(1867)刻本　四冊

440000－2541－0005331　13276
中州音韻不分卷司馬溫公切韻一卷　(明)張漢重校　清末至民國初石印本　一冊

440000－2541－0005332　13277
中州音韻不分卷司馬溫公切韻一卷　(明)張漢重校　清末至民國初石印本　一冊

440000－2541－0005333　13278
中州音韻不分卷司馬溫公切韻一卷　(明)張漢重校　清末至民國初石印本　一冊

440000－2541－0005334　13282
屈宋古音攷一卷附錄一卷　(明)陳第撰　**韻補正一卷**　(清)顧炎武撰　清同治二年至八年(1863－1869)長沙余氏刻明辨齋叢書本　一冊

440000－2541－0005335　13289
音學辨微一卷　(清)江永撰　清宣統元年(1909)國學保存會影印本　一冊

440000－2541－0005336　13290
正音咀華三卷儀略一卷　(清)莎彝尊撰　清咸豐三年(1853)刻朱墨套印本　二冊

440000－2541－0005337　13291
正音咀華三卷儀略一卷　(清)莎彝尊撰　清咸豐三年(1853)刻朱墨套印本　二冊

440000－2541－0005338　13292
正音咀華三卷儀略一卷　(清)莎彝尊撰　清咸豐三年(1853)刻朱墨套印本　二冊

440000－2541－0005339　13293
正音咀華三卷儀略一卷　(清)莎彝尊撰　清咸豐三年(1853)刻朱墨套印本　二冊

440000－2541－0005340　13294
佩文詩韻釋要五卷　(清)周兆基撰　**辨正一卷**　(清)吳寶恕輯　清光緒三年(1877)吳寶恕粵東使署刻本　二冊

440000－2541－0005341　13295
佩文詩韻釋要五卷　(清)周兆基撰　(清)朱蘭輯　清光緒十八年(1892)徐琪廣東學院刻本　一冊

440000－2541－0005342　13296
佩文詩韻釋要五卷　(清)周兆基撰　(清)朱蘭輯　清光緒十八年(1892)徐琪廣東學院刻本　一冊

440000－2541－0005343　13297
韻辨附文五卷　(清)沈兆霖撰　(清)徐昌緒增訂　清同治十二年(1873)東川書院刻本　五冊

440000－2541－0005344　13298
古韻通說二十卷　(清)龍啟瑞撰　清光緒九年(1883)四川尊經書局刻本　三冊

440000－2541－0005345　13299
古韻通說二十卷　(清)龍啟瑞撰　清光緒九年(1883)四川尊經書局刻本　四冊

440000－2541－0005346　13300
咫進齋叢書三集三十七種　(清)姚覲元編　清光緒歸安姚氏刻本　十五冊　存十一種

440000－2541－0005347　13302
韻學蠡言舉要四種　(清)丁顯撰　清光緒二十六年(1900)刻丁西圃叢書本　一冊

440000－2541－0005348　13303
韻學蠡言舉要四種　(清)丁顯撰　清光緒二十六年(1900)刻丁西圃叢書本　一冊

440000－2541－0005349　13304
韻綜五卷集字五卷　(清)陳詒厚撰　清嘉慶十七年(1812)琴心書屋刻本　十四冊　存四卷(下平、上聲、去聲、入聲)

440000－2541－0005350　13311
切音捷訣一卷幼學切音便讀一卷　(清)鄺珩輯　清光緒六年(1880)鄺珩摭古堂刻本　一冊

440000－2541－0005351　13316
音韻闡微十八卷韻譜一卷　(清)李光地等撰　清光緒七年(1881)淮南書局刻本　五冊

440000－2541－0005352　13317
音韻闡微十八卷韻譜一卷　(清)李光地等撰　清光緒七年(1881)淮南書局刻本　五冊

440000－2541－0005353　13325
簡字全譜一卷　勞乃宣撰　清光緒三十三年(1907)金陵自刻本　一冊

440000－2541－0005354　13326
重訂合聲簡字譜一卷簡字全譜一卷　勞乃宣撰　清光緒三十二年至三十三年(1906－1907)勞乃宣江寧刻本　一冊

440000－2541－0005355　13327
韻籟四卷　(清)華長卿撰　清光緒十五年(1889)松竹齋刻本　二冊

440000－2541－0005356　13328
空谷傳聲一卷　(清)汪鎏撰　清光緒八年(1882)李氏光明莊刻本　一冊

440000－2541－0005357　13330
韻切指歸二卷　(清)吳遐齡撰　清道光七年(1827)刻本　四冊

440000－2541－0005358　13331

字類標韻六卷　(清)華綱輯　清光緒八年(1882)肄江王氏刻本　六册

440000－2541－0005359　13332
小學答問一卷　章炳麟撰　清宣統元年(1909)刻本　一册

440000－2541－0005360　13333
小學答問一卷　章炳麟撰　清宣統元年(1909)刻本　一册

440000－2541－0005361　13341
小學鉤沈十九卷　(清)任大椿撰　清光緒十年(1884)龍氏刻本　一册

440000－2541－0005362　13352
六書管見二十卷　(清)況祥麟撰　清光緒二年(1876)臨桂況氏刻本　七册

440000－2541－0005363　13353
六書管見二十卷　(清)況祥麟撰　清光緒二年(1876)臨桂況氏刻本　九册　存十一卷(一至二、五至十二、十五)

440000－2541－0005364　13354
名原二卷　(清)孫詒讓撰　清末至民國初上海千頃堂書局石印本　一册

440000－2541－0005365　13355
名原二卷　(清)孫詒讓撰　清末至民國初上海千頃堂書局石印本　一册

440000－2541－0005366　13357
字詁一卷　(清)黄生撰　清光緒三年(1877)歙縣黄氏刻增注字詁義府合按本　一册

440000－2541－0005367　13358
六書正譌五卷　(元)周伯琦撰　清同治四年至五年(1865－1866)邵綬名刻本　六册

440000－2541－0005368　13359
名原二卷　(清)孫詒讓撰　清光緒三十一年(1905)刻本　一册

440000－2541－0005369　13360
名原二卷　(清)孫詒讓撰　清光緒三十一年(1905)刻本　一册

440000－2541－0005370　13361
六書故三十三卷　(宋)戴侗撰　清刻本　五册　存十卷(七至八、十一至十四、二十五至二十八)

440000－2541－0005371　13364
六書類篹十卷讀篆臆存雜説一卷字學尋原一卷　(清)吳錦章撰　清光緒二十三年(1897)崇雅精舍刻本　六册　存九卷(六書類篹一至八、字學尋原一卷)

440000－2541－0005372　13365
六書類篹十卷讀篆臆存雜説一卷字學尋原一卷　(清)吳錦章撰　清光緒二十三年(1897)崇雅精舍刻本　八册　存十一卷(六書類篹十卷、字學尋原一卷)

440000－2541－0005373　13383
六書辨一卷　(清)徐紹楨撰　清光緒三十三年(1907)刻本　一册

440000－2541－0005374　13388
六書舊義一卷　廖平撰　清光緒十三年(1887)刻本　一册

440000－2541－0005375　13391
復古編二卷　(宋)張有撰　清光緒八年(1882)淮南書局刻本　二册

440000－2541－0005376　13392
復古編二卷　(宋)張有撰　清光緒八年(1882)淮南書局刻本　一册　存一卷(下)

440000－2541－0005377　13395
續復古編四卷　(元)曹本輯　清光緒十二年(1886)歸安姚氏咫進齋刻朱印本　四册

440000－2541－0005378　13396
隸辨八卷　(清)顧藹吉撰　清同治十二年(1873)刻本　八册

440000－2541－0005379　13397
隸辨八卷　(清)顧藹吉撰　清同治十二年(1873)刻本　八册

440000－2541－0005380　13398
隸辨八卷　(清)顧藹吉撰　清光緒十三年

(1887)上海蜚英館石印本　八冊

440000－2541－0005381　13400
隸辨八卷　(清)顧藹吉撰　清同治十二年(1873)刻本　五冊　存五卷(二至六)

440000－2541－0005382　13401
隸韻十卷　(宋)劉球撰　**隸韻攷證二卷**　(清)翁方綱撰　**碑目一卷考證一卷**　(清)秦恩復撰　清嘉慶十五年(1810)刻揚州印本　六冊

440000－2541－0005383　13402
隸韻十卷　(宋)劉球撰　**隸韻攷證二卷**　(清)翁方綱撰　**碑目一卷考證一卷**　(清)秦恩復撰　清嘉慶十五年(1810)刻本　八冊　存九卷(隸韻二至十)

440000－2541－0005384　13403
隸韻十卷　(宋)劉球撰　**隸韻攷證二卷**　(清)翁方綱撰　**碑目一卷考證一卷**　(清)秦恩復撰　清嘉慶十五年(1810)刻本　六冊

440000－2541－0005385　13413
象形字誤一卷附引書法　(清)陳澧撰　清道光至光緒刻本　一冊

440000－2541－0005386　13416
鄦齋叢書十九種附二種　徐乃昌編　清光緒二十六年(1900)南陵徐氏刻本　五冊　存三種

440000－2541－0005387　13420
正字略定本一卷　(清)王筠撰　清道光刻本　一冊

440000－2541－0005388　13421
字學舉隅不分卷　(清)黄本驥輯　(清)龍啟瑞增輯　清光緒二年(1876)京都松竹齋刻本　二冊

440000－2541－0005389　13422
字學舉隅不分卷　(清)黄本驥輯　(清)龍啟瑞增輯　清光緒十五年(1889)刻本　一冊

440000－2541－0005390　13423
字學舉隅不分卷　(清)黄本驥輯　(清)龍啟瑞增輯　清光緒二十二年(1896)廣雅書局刻本　二冊

440000－2541－0005391　13424
字學舉隅不分卷　(清)黄本驥輯　(清)龍啟瑞增輯　清同治十三年(1874)刻本　二冊

440000－2541－0005392　13432
爾雅三卷　(晉)郭璞注　清嘉慶六年(1801)刻本　一冊　存一卷(一)

440000－2541－0005393　13433
爾雅三卷　(晉)郭璞注　清嘉慶六年(1801)刻本　三冊

440000－2541－0005394　13434
爾雅三卷　(晉)郭璞注　清嘉慶六年(1801)刻道光二十九年(1849)印本　一冊

440000－2541－0005395　13435
爾雅三卷　(晉)郭璞注　清嘉慶六年(1801)刻道光二十九年(1849)印本　一冊

440000－2541－0005396　13436
爾雅三卷　(晉)郭璞注　清嘉慶六年(1801)刻道光二十九年(1849)印本　一冊

440000－2541－0005397　13437
爾雅三卷　(晉)郭璞注　清光緒十年(1884)上海點石齋石印本　二冊

440000－2541－0005398　13438
爾雅三卷　(晉)郭璞注　清光緒八年(1882)上海同文書局石印本　二冊

440000－2541－0005399　13445
爾雅郭注義疏三卷　(清)郝懿行撰　清光緒十年(1884)榮縣蜀南閣刻本　十冊

440000－2541－0005400　13446
爾雅郭注義疏三卷　(清)郝懿行撰　清光緒十年(1884)榮縣蜀南閣刻本　八冊

440000－2541－0005401　13447
爾雅郭注義疏三卷　(清)郝懿行撰　清光緒十四年(1888)上海鴻文書局石印本　四冊

440000－2541－0005402　13448

爾雅郭注義疏三卷　(清)郝懿行撰　清光緒十年(1884)榮縣蜀南閣刻本　九冊

440000－2541－0005403　13450
爾雅經注三卷音釋一卷　(晉)郭璞注　**集證三卷**　(清)龍啟瑞纂　清光緒七年(1881)京寓刻本　二冊

440000－2541－0005404　13451
爾雅直音二卷　(清)孫偘輯　清嘉慶五年(1800)刻本　一冊

440000－2541－0005405　13454
爾雅蒙求二卷　(清)李拔式輯　清嘉慶三年(1798)蟠根書屋刻本　二冊

440000－2541－0005406　13455
爾雅蒙求二卷　(清)李拔式輯　清嘉慶三年(1798)蟠根書屋刻本　四冊

440000－2541－0005407　13456
爾雅正郭三卷　(清)潘衍桐撰　清光緒十七年(1891)刻本　一冊

440000－2541－0005408　13457
爾雅正郭三卷　(清)潘衍桐撰　清光緒十七年(1891)刻本　一冊

440000－2541－0005409　13465
說雅二卷　(清)朱駿聲撰　清光緒九年(1883)蛟川張氏秋樹根齋刻花雨樓叢鈔本　二冊

440000－2541－0005410　13471
釋名四卷　(漢)劉熙撰　清刻增訂漢魏叢書本　二冊

440000－2541－0005411　13473
釋名八卷　(漢)劉熙撰　(清)吳志忠校　清光緒十五年(1889)長洲吳氏璜川書屋刻小學彙函本　一冊

440000－2541－0005412　13475
廣雅疏證十卷　(清)王念孫撰　(清)王引之述　**博雅音十卷**　(隋)曹憲撰　(清)王念孫校　清光緒十四年(1888)上海鴻文書局石印本　四冊

440000－2541－0005413　13476
廣雅疏證十卷　(清)王念孫撰　(清)王引之述　**博雅音十卷**　(隋)曹憲撰　(清)王念孫校　清光緒十四年(1888)上海鴻文書局石印本　四冊

440000－2541－0005414　13483
駢雅七卷訓纂十六卷序目一卷　(明)朱謀㙔撰　(清)魏茂林訓纂　清同治十一年(1872)經綸書室刻本　八冊

440000－2541－0005415　13484
駢雅七卷訓纂十六卷序目一卷　(明)朱謀㙔撰　(清)魏茂林訓纂　清同治十一年(1872)經綸書室刻本　五冊

440000－2541－0005416　13485
駢雅七卷訓纂十六卷序目一卷補遺一卷　(明)朱謀㙔撰　(清)魏茂林訓纂　清光緒七年(1881)成都瀹雅齋刻本　六冊

440000－2541－0005417　13486
駢雅七卷訓纂十六卷序目一卷補遺一卷　(明)朱謀㙔撰　(清)魏茂林訓纂　清光緒二十年(1894)上海萬選書局石印本　四冊

440000－2541－0005418　13487
駢雅七卷訓纂十六卷序目一卷補遺一卷　(明)朱謀㙔撰　(清)魏茂林訓纂　清光緒二十年(1894)上海萬選書局石印本　四冊

440000－2541－0005419　13488
疊雅十三卷　(清)史夢蘭撰　清同治四年(1865)刻止園叢書本　四冊

440000－2541－0005420　13489
疊雅十三卷　(清)史夢蘭撰　清同治四年(1865)刻止園叢書本　四冊

440000－2541－0005421　13492
湖雅九卷　(清)汪曰楨撰　清光緒六年(1880)刻本　三冊

440000－2541－0005422　13493
小爾雅疏證五卷　(清)葛其仁撰　清刻本　二冊

440000－2541－0005423　13494
小爾雅訓纂六卷　（清）宋翔鳳撰　清光緒十六年（1890）廣雅書局刻本　一册

440000－2541－0005424　13495
别雅五卷　（清）吴玉搢輯　清道光二十九年（1849）小蓬萊山館刻本　四册

440000－2541－0005425　13496
澤存堂五種　（清）張士俊編　清光緒十四年（1888）上海蜚英館石印本　八册

440000－2541－0005426　13497
澤存堂五種　（清）張士俊編　清光緒十四年（1888）上海蜚英館石印本　八册

440000－2541－0005427　13498
幼雅九卷　陳榮袞撰　清光緒二十三年（1897）羊城崇蘭僊館刻本　一册

440000－2541－0005428　13500
釋穀四卷　（清）劉寶楠撰　清光緒十四年（1888）廣雅書局刻本　一册

440000－2541－0005429　13501
四書字詁七十八卷　（清）段諤廷撰　（清）黄本驥輯　清道光二十九年（1849）黔陽楊氏刻本　二十册

440000－2541－0005430　13502
群經字詁七十二卷　（清）段諤廷撰　（清）黄本驥輯　清道光二十九年（1849）黔陽楊氏刻本　十五册

440000－2541－0005431　13503
經典釋文三十卷　（唐）陸德明撰　**考證三十卷**　（清）盧文弨撰　清同治八年（1869）湖北崇文書局刻本　十二册

440000－2541－0005432　13504
經典釋文三十卷　（唐）陸德明撰　**考證三十卷**　（清）盧文弨撰　清同治十年（1871）廣州刻本　十二册

440000－2541－0005433　13505
經典釋文三十卷　（唐）陸德明撰　**考證三十卷**　（清）盧文弨撰　清同治十年（1871）廣州刻本　十二册

440000－2541－0005434　13512
重刊經韻集字析解三卷拾遺補注一卷　（清）彭良敞集注　清同治十年（1871）刻本　四册

440000－2541－0005435　13513
經詞衍釋十卷補遺一卷　（清）吴昌瑩撰　清光緒三年（1877）南豐吴氏得一齋刻本　二册

440000－2541－0005436　13515
一切經音義二十五卷　（唐）釋玄應撰　**補訂新譯大方廣佛華嚴經音義二卷**　（唐）釋慧苑撰　**附華嚴經音義敘錄一卷刻華嚴經音義校勘記一卷**　清同治八年（1869）武林張氏寶晉齋刻本　四册

440000－2541－0005437　13516
一切經音義二十五卷　（唐）釋玄應撰　**補訂新譯大方廣佛華嚴經音義二卷**　（唐）釋慧苑撰　**附華嚴經音義敘錄一卷刻華嚴經音義校勘記一卷**　清同治八年（1869）武林張氏寶晉齋刻本　四册

440000－2541－0005438　13519
經字正蒙八卷　（清）李文沂撰　清光緒十一年（1885）刻本　四册

440000－2541－0005439　13524
經籍籑詁一百六卷補遺一百六卷首一卷　（清）阮元撰　清嘉慶十七年（1812）儀徵阮氏小琅嬛僊館刻同治十二年（1873）淮南書局補刻本　四十八册　存二百十卷（一至一百五、補遺一至一百五）

440000－2541－0005440　13525
經籍籑詁一百六卷補遺一百六卷首一卷　（清）阮元撰　清嘉慶十七年（1812）儀徵阮氏小琅嬛僊館刻本　六十四册

440000－2541－0005441　13526
經籍籑詁一百六卷補遺一百六卷首一卷　（清）阮元撰　清嘉慶十七年（1812）儀徵阮氏小琅嬛僊館刻同治十二年（1873）淮南書局補刻本　四十八册

440000－2541－0005442　13527
經籍籑詁一百六卷附補遺　(清)阮元撰　清光緒九年(1883)上海點石齋石印本　五冊

440000－2541－0005443　13528
經籍籑詁一百六卷補遺一百六卷首一卷　(清)阮元撰　清光緒十四年(1888)鴻文書局石印本　十六冊

440000－2541－0005444　13529
經籍籑詁一百六卷補遺一百六卷首一卷　(清)阮元撰　清光緒二十年(1894)上海鴻寶齋石印本　十一冊　存九十三卷(一至三十、四十四至一百六)

440000－2541－0005445　13530
經籍籑詁一百六卷補遺一百六卷首一卷　(清)阮元撰　**新輯經籍籑詁檢韻一卷**　清光緒漱六山莊石印本　十二冊

440000－2541－0005446　13531
經籍籑詁一百六卷補遺一百六卷首一卷　(清)阮元撰　**新輯經籍籑詁檢韻一卷**　清光緒漱六山莊石印本　十二冊

440000－2541－0005447　13540
經傳釋詞再補一卷　(清)孫經世撰　清光緒十一年(1885)長洲蔣鳳藻心矩齋刻本　一冊

440000－2541－0005448　13541
十經文字通正書十四卷　(清)錢坫撰　清嘉慶二年(1797)文章大吉樓刻本　四冊

440000－2541－0005449　13544
小學鉤沈十九卷　(清)任大椿撰　清嘉慶二十二年(1817)山陽汪廷珍刻本　四冊

440000－2541－0005450　13545
經字異同四十八卷　(清)張維屏輯　清光緒五年(1879)清泉精舍刻本　四冊

440000－2541－0005451　13546
經傳繹義五十卷　(清)陳煒撰　清嘉慶九年(1804)校字齋刻本　二十冊

440000－2541－0005452　13549
恒言錄六卷　(清)錢大昕撰　清抄本　一冊　存三卷(四至六)

440000－2541－0005453　13550
廿四家隱語二卷　(清)沈錫三輯　清宣統三年(1911)鉛印本　一冊

440000－2541－0005454　13551
廿四家隱語二卷　(清)沈錫三輯　清宣統三年(1911)鉛印本　一冊

440000－2541－0005455　13554
助字辨略五卷　(清)劉淇撰　清咸豐五年至六年(1855－1856)聊城楊氏刻海源閣叢書本　二冊

440000－2541－0005456　13555
助字辨略五卷　(清)劉淇撰　清咸豐五年至六年(1855－1856)聊城楊氏刻海源閣叢書本　五冊

440000－2541－0005457　13561
馬氏文通十卷　(清)馬建忠撰　清光緒二十四年(1898)上海商務印書館鉛印本　三冊

440000－2541－0005458　13562
馬氏文通十卷　(清)馬建忠撰　清光緒二十八年(1902)刻本　五冊　存八卷(一、三、五至十)

440000－2541－0005459　13563
大同文典不分卷　嚴學修撰　清光緒三十四年(1908)粵東編譯公司鉛印本　一冊

440000－2541－0005460　13574
格律不分卷　(清)□□撰　清同治鉛印本　四冊

440000－2541－0005461　13575
蒲編訓蒙草加批詳註一卷　(清)路德輯　(清)譚駿聲注　清光緒十五年(1889)刻本　一冊

440000－2541－0005462　13576
許學叢書三集十四種　張炳翔編　清光緒長洲張氏儀鄦廬刻蘇州振新書社印本　二十四冊

440000－2541－0005463　13577

許學叢書三集十四種　張炳翔編　清光緒長洲張氏儀鄦廬刻蘇州振新書社印本　二十四冊

440000－2541－0005464　13585
說文解字十五卷標目一卷　（漢）許慎撰　清同治十年（1871）刻本　八冊

440000－2541－0005465　13586
說文解字十五卷標目一卷　（漢）許慎撰　（宋）徐鉉校　**說文通檢十四卷**　（清）黎永椿輯　清同治十二年（1873）番禺陳昌治刻本　十冊

440000－2541－0005466　13587
說文解字十五卷標目一卷　（漢）許慎撰　（宋）徐鉉校　**說文通檢十四卷**　（清）黎永椿輯　清同治十二年（1873）番禺陳昌治刻本　八冊

440000－2541－0005467　13588
說文解字十五卷標目一卷　（漢）許慎撰　（宋）徐鉉校　**說文通檢十四卷**　（清）黎永椿輯　清同治十二年（1873）番禺陳昌治刻本　十冊

440000－2541－0005468　13589
段注說文解字十五卷　（漢）許慎撰　（清）段玉裁注　**通檢十四卷首一卷末一卷**　（清）黎永椿編　**說文段注撰要九卷**　（清）馬壽齡撰　清光緒十九年（1893）上海同文書局石印本　十冊

440000－2541－0005469　13590
說文解字十五卷　（漢）許慎撰　（宋）徐鉉校　清光緒十一年（1885）上海同文書局石印本　二冊

440000－2541－0005470　13591
說文解字十五卷　（漢）許慎撰　（宋）徐鉉校　清合州書賈刻光緒二年（1876）姚覲元川東官舍重修本　七冊　存十三卷（一至七、十至十五）

440000－2541－0005471　13592
說文解字十五卷　（漢）許慎撰　（宋）徐鉉校　清刻本　八冊

440000－2541－0005472　13593
說文解字繫傳四十卷附錄一卷　（五代）徐鍇撰　清刻本　六冊

440000－2541－0005473　13596
說文解字通釋四十卷　（五代）徐鍇撰　（宋）朱翺反切　**校勘記三卷**　（清）祁寯藻撰　清道光十九年（1839）刻本　八冊

440000－2541－0005474　13603
說文聲系十四卷　（清）姚文田撰　清嘉慶九年（1804）姚文田粵東督學使者署刻本　二冊

440000－2541－0005475　13604
說文引經考二卷補遺一卷　（清）吳玉搢撰　清光緒八年（1882）穜玉山房刻本　二冊

440000－2541－0005476　13607
說文引經攷異十六卷　（清）柳榮宗撰　清咸豐二年（1852）刻同治六年（1867）印本　二冊

440000－2541－0005477　13608
說文引經攷異十六卷　（清）柳榮宗撰　清咸豐二年（1852）刻同治六年（1867）印本　二冊　存八卷（九至十六）

440000－2541－0005478　13609
說文古籀疏證六卷　（清）莊述祖撰　清光緒二十年（1894）莊殿華刻本　三冊　存五卷（一至五）

440000－2541－0005479　13610
說文古籀疏證六卷　（清）莊述祖撰　清光緒二十年（1894）莊殿華刻本　四冊

440000－2541－0005480　13611
說文解字注三十二卷部目分韻一卷六書音韻表五卷　（清）段玉裁注　清同治六年至十一年（1867－1872）錢塘吳氏刻本　十五冊　存三十四卷（三至三十、部目分韻一卷、六書音韻表五卷）

440000－2541－0005481　13612
說文解字注三十二卷部目分韻一卷六書音韻表五卷　（清）段玉裁注　清同治六年至十一

年(1867－1872)錢塘吴氏刻本　十四册　存二十八卷(一至二十八)

440000－2541－0005482　13613
説文解字注三十二卷　(清)段玉裁撰　**説文通檢十四卷首一卷末一卷**　(清)黎永椿輯　**説文解字注匡謬八卷**　清光緒三十四年(1908)上海江左書林石印本　八册

440000－2541－0005483　13614
説文解字注三十二卷　(清)段玉裁撰　**説文通檢十四卷首一卷末一卷**　(清)黎永椿輯　**説文解字注匡謬八卷**　清光緒三十四年(1908)上海江左書林石印本　六册　存四十九卷(一至十二、十六至二十八,説文通檢十四卷、首一卷、末一卷,説文解字注匡謬八卷)

440000－2541－0005484　13615
説文解字注三十二卷　(清)段玉裁撰　**説文通檢十四卷首一卷末一卷**　(清)黎永椿輯　**説文解字注匡謬八卷**　(清)徐承慶撰　清光緒三十四年(1908)上海文盛書局石印本　八册

440000－2541－0005485　13616
説文解字注三十二卷　(清)段玉裁撰　**説文通檢十四卷首一卷末一卷**　(清)黎永椿輯　**説文解字注匡謬八卷**　(清)徐承慶撰　清光緒三十四年(1908)上海文盛書局石印本　八册

440000－2541－0005486　13620
小學類編六種附編三種附一種　(清)李祖望編　清咸豐至光緒江都李氏半畝園刻本　十册　存六種(類編四種、附編一種、附一種)

440000－2541－0005487　13623
説文校議十五卷　(清)姚文田　(清)嚴可均撰　清同治十三年(1874)歸安姚氏刻邃雅堂全書本　四册

440000－2541－0005488　13624
説文校議十五卷　(清)姚文田　(清)嚴可均撰　清同治十三年(1874)歸安姚氏刻邃雅堂全書本　四册

440000－2541－0005489　13626
説文解字義證五十卷　(清)桂馥撰　清同治九年(1870)湖北崇文書局刻本　三十册

440000－2541－0005490　13627
説文解字義證五十卷　(清)桂馥撰　清同治九年(1870)湖北崇文書局刻本　三十二册

440000－2541－0005491　13633
説文古籀補十四卷補遺一卷附録一卷　(清)吴大澂撰　清光緒七年(1881)刻本　二册

440000－2541－0005492　13634
説文古籀補十四卷補遺一卷附録一卷　(清)吴大澂撰　清光緒七年(1881)刻本　二册

440000－2541－0005493　13636
澂園叢書二種　(清)楊廷瑞撰　清光緒十七年(1891)善化楊氏澂園刻本　二册

440000－2541－0005494　13637
説文古籀補十四卷補遺一卷附録一卷　(清)吴大澂撰　清光緒二十四年(1898)刻本　二册

440000－2541－0005495　13638
説文古籀補十四卷補遺一卷附録一卷　(清)吴大澂撰　清光緒二十四年(1898)刻本　二册

440000－2541－0005496　13640
説文分韻易知録五卷説文重文標目五卷説文分畫易知録一卷　(清)許巽行撰　清光緒五年(1879)許嘉德刻本　十册

440000－2541－0005497　13641
説文解字註箋十四卷　(清)段玉裁注　(清)徐灝箋　**説文檢字三卷**　(清)徐樾編　清光緒二十年(1894)桂林刻民國三年(1914)京師補刻本　三十一册

440000－2541－0005498　13643
説文釋例二十卷　(清)王筠撰　清同治四年(1865)刻本　八册

440000－2541－0005499　13644
説文釋例二十卷　(清)王筠撰　清同治四年

(1865)刻本　十冊

440000－2541－0005500　13650
說文古本考十四卷　(清)沈濤撰　清光緒九年(1883)吳縣潘氏滂喜齋刻民國十八年(1929)補刻本　八冊

440000－2541－0005501　13651
說文管見三卷　(清)胡秉虔撰　清光緒七年(1881)林植梅刻本　一冊

440000－2541－0005502　13652
說文管見三卷　(清)胡秉虔撰　清光緒七年(1881)林植梅刻本　一冊

440000－2541－0005503　13653
文字蒙求四卷　(清)王筠撰　清末石印本　一冊

440000－2541－0005504　13655
說文辨疑一卷　(清)顧廣圻撰　清光緒九年(1883)鄖東耕雨樓刻本　一冊

440000－2541－0005505　13657
說文新附攷六卷續考一卷　(清)鈕樹玉撰　清嘉慶六年(1801)鈕樹玉非石居刻同治七年(1868)金蘭碧螺山館補刻印本　一冊

440000－2541－0005506　13658
說文新附攷六卷續考一卷　(清)鈕樹玉撰　清嘉慶六年(1801)鈕樹玉非石居刻同治七年(1868)金蘭碧螺山館補刻印本　三冊　存六卷(一至四、六,續考一卷)

440000－2541－0005507　13659
文字蒙求四卷　(清)王筠撰　清光緒三十年(1904)湖北高等小學堂學務處刻朱印本　一冊

440000－2541－0005508　13660
文字蒙求四卷　(清)王筠撰　清光緒三十年(1904)湖北高等小學堂學務處刻朱印本　一冊

440000－2541－0005509　13661
說文辨疑一卷　(清)顧廣圻撰　清光緒三年(1877)湖北崇文書局刻本　一冊

440000－2541－0005510　13663
說文繫傳校錄三十卷　(清)王筠撰　(清)劉燿椿參訂　清咸豐七年(1857)王彥侗刻本　二冊

440000－2541－0005511　13664
說文繫傳校錄三十卷　(清)王筠撰　(清)劉燿椿參訂　清咸豐七年(1857)王彥侗刻本　二冊

440000－2541－0005512　13665
說文韻譜校五卷　(清)王筠撰　清光緒歸安姚氏咫進齋刻本　四冊

440000－2541－0005513　13666
說文解字句讀三十卷補正三十卷　(清)王筠撰　清同治四年(1865)刻本　十冊　存二十七卷(說文解字句讀一至二十七)

440000－2541－0005514　13667
說文解字句讀三十卷補正三十卷　(清)王筠撰　清同治四年(1865)刻本　十六冊

440000－2541－0005515　13668
說文解字句讀三十卷　(清)王筠撰　清光緒八年(1882)餘姚朱逌然四川刻本　十一冊　存二十九卷(一至十四、十六至三十)

440000－2541－0005516　13669
說文解字句讀三十卷　(清)王筠撰　清光緒八年(1882)餘姚朱逌然四川刻本　十五冊

440000－2541－0005517　13670
許氏說文解字雙聲疊韻譜一卷　(清)鄧廷楨撰　清光緒九年(1883)同文書局石印本　一冊

440000－2541－0005518　13671
許氏說文解字雙聲疊韻譜一卷　(清)鄧廷楨撰　清光緒九年(1883)同文書局石印本　一冊

440000－2541－0005519　13672
說文諧聲譜九卷　(清)張成孫撰　清光緒十四年(1888)南菁書院刻皇清經解續編本　一冊　存五卷(一至五)

440000－2541－0005520　13674
說文通訓定聲十八卷分部檢韻一卷說雅一卷古今韻準一卷　(清)朱駿聲撰　清道光二十八年(1848)刻同治九年(1870)朱孔彰補刻本　二十四册

440000－2541－0005521　13675
說文通訓定聲十八卷分部檢韻一卷說雅一卷古今韻準一卷　(清)朱駿聲撰　清道光二十八年(1848)刻同治九年(1870)朱孔彰補刻本　二十二册　存二十二卷(一至七、七至十八,分部檢韻一卷,說雅一卷,古今韻準一卷)

440000－2541－0005522　13676
說文通訓定聲十八卷分部檢韻一卷說雅一卷古今韻準一卷　(清)朱駿聲撰　清道光二十八年(1848)刻同治九年(1870)朱孔彰補刻本　二十四册　存十九卷(一至七、九至十八,分部檢韻一卷,古今韻準一卷)

440000－2541－0005523　13677
說文通訓定聲十八卷檢韻一卷說雅一卷古今韻準一卷補遺一卷　(清)朱駿聲撰　(清)朱鏡蓉參訂　清石印本　十一册　存十九卷(三至十八、檢韻一卷、韻準一卷、補遺一卷)

440000－2541－0005524　13678
說文通訓定聲十八卷柬韻一卷說雅十九篇古今韻準一卷行狀一卷補遺一卷　(清)朱駿聲撰　(清)朱鏡蓉參訂　清光緒十三年(1887)上海點石齋石印經策通纂本　九册

440000－2541－0005525　13679
說文通訓定聲十八卷檢韻一卷說雅一卷古今韻準一卷　(清)朱駿聲撰　(清)朱鏡蓉參訂　清光緒十三年(1887)上海積山書局石印本　八册

440000－2541－0005526　13680
說文段注撰要九卷　(清)馬壽齡撰　清光緒十六年(1890)石印本　二册

440000－2541－0005527　13685
說文段註撰要九卷　(清)馬壽齡撰　清光緒九年(1883)金陵胡氏愚園刻本　四册

440000－2541－0005528　13686
說文引經考證八卷　(清)陳瑑撰　清同治十三年(1874)湖北崇文書局刻本　二册

440000－2541－0005529　13687
說文通檢十四卷末一卷　(清)黎永椿輯　清光緒二年(1876)湖北崇文書局刻本　二册

440000－2541－0005530　13688
說文通檢十四卷首一卷末一卷　(清)黎永椿輯　清光緒二年(1876)文昌書局刻本　二册

440000－2541－0005531　13689
說文通檢十四卷首一卷末一卷　(清)黎永椿輯　清光緒二年(1876)文昌書局刻本　二册

440000－2541－0005532　13692
說文逸字二卷　(清)鄭珍撰　**附錄一卷**　(清)鄭知同撰　清光緒八年(1882)成都御風樓刻本　二册

440000－2541－0005533　13695
說文審音十六卷　(清)張行孚撰　清光緒二十四年(1898)桐廬袁氏刻漸西村舍彙刊本　四册

440000－2541－0005534　13696
千字文說文解字一卷附錄別解一卷　(清)林荃纂輯　清光緒十三年(1887)羅嘉蓉等刻本　一册

440000－2541－0005535　13697
說文逸字二卷　(清)鄭珍撰　**附錄一卷**　(清)鄭知同撰　清湖南章氏經濟書堂刻本　一册

440000－2541－0005536　13699
說文楬原二卷　(清)張行孚撰　清光緒十年(1884)後知不足齋刻本　一册

440000－2541－0005537　13700
說文楬原二卷　(清)張行孚撰　清光緒十年(1884)後知不足齋刻本　一册

440000－2541－0005538　13736
說文發疑六卷　(清)張行孚撰　清光緒十年(1884)後知不足齋刻本　二册

440000－2541－0005539　13737

說文發疑六卷　(清)張行孚撰　清光緒十年(1884)後知不足齋刻本　三冊

440000－2541－0005540　13738

說文發疑六卷　(清)張行孚撰　清光緒十年(1884)後知不足齋刻本　三冊

440000－2541－0005541　13739

說文發疑六卷　(清)張行孚撰　清光緒十年(1884)後知不足齋刻本　三冊

440000－2541－0005542　13742

說文測議七卷　(清)董詔輯　清道光四年(1824)刻本　二冊

440000－2541－0005543　13746

小學類編六種附編三種附二種　(清)李祖望編　清咸豐至光緒江都李氏半畝園刻本　八冊　存七種(類編六種、附編一種)

440000－2541－0005544　13747

小學類編六種附編三種附二種　(清)李祖望編　清咸豐至光緒江都李氏半畝園刻本　八冊　存七種(類編六種、附編一種)

440000－2541－0005545　13756

段氏說文註訂八卷　(清)鈕樹玉撰　清道光三年(1823)鈕樹玉非石居刻同治五年(1866)金蘭碧螺山館補刻印本　二冊

440000－2541－0005546　13757

段氏說文注訂八卷　(清)鈕樹玉撰　清同治十三年(1874)湖北崇文書局刻本　二冊

440000－2541－0005547　13758

段氏說文注訂八卷　(清)鈕樹玉撰　清同治十三年(1874)湖北崇文書局刻本　二冊

440000－2541－0005548　13759

段氏說文註訂八卷說文新附攷六卷　(清)鈕樹玉撰　清道光三年(1823)鈕樹玉非石居刻同治五年(1866)金蘭碧螺山館補刻印本　六冊

440000－2541－0005549　13760

說文解字校錄十五卷說文刊誤一卷說文玉篇校錄一卷　(清)鈕樹玉撰　清光緒十一年(1885)江蘇書局刻本　十四冊

440000－2541－0005550　13761

說文辨字正俗八卷　(清)李富孫撰　清嘉慶二十一年(1816)校經廎刻本　四冊

440000－2541－0005551　13762

說文辨字正俗八卷　(清)李富孫撰　清嘉慶二十一年(1816)校經廎刻本　四冊

440000－2541－0005552　13763

說文辨字正俗八卷　(清)李富孫撰　清嘉慶二十一年(1816)校經廎刻本　四冊

440000－2541－0005553　13764

說文辨字正俗八卷　(清)李富孫撰　清刻本　二冊

440000－2541－0005554　13765

說文辨字正俗八卷　(清)李富孫撰　清刻本　三冊

440000－2541－0005555　13766

仿唐寫本說文解字木部箋異一卷　(清)莫友芝撰　清同治二年(1863)刻本　一冊

440000－2541－0005556　13767

仿唐寫本說文解字木部箋異一卷　(清)莫友芝撰　清同治二年(1863)刻本　一冊

440000－2541－0005557　13768

仿唐寫本說文解字木部箋異一卷　(清)莫友芝撰　清同治二年(1863)刻本　一冊

440000－2541－0005558　13774

苗氏說文四種　(清)苗夔撰　清道光至咸豐壽陽祁氏漢專亭刻本　四冊

440000－2541－0005559　13775

苗氏說文四種　(清)苗夔撰　清道光至咸豐壽陽祁氏漢專亭刻本　八冊

440000－2541－0005560　13776

苗氏說文四種　(清)苗夔撰　清道光至咸豐壽陽祁氏漢專亭刻本　八冊

440000－2541－0005561　13777

說文五翼八卷 (清)王煦撰 清嘉慶十三年(1808)芮鞫山莊刻本 一册

440000－2541－0005562 13778
說文五翼八卷 (清)王煦撰 清光緒八年(1882)上虞觀海樓刻本 二册

440000－2541－0005563 13779
許學叢刻二集九種 (清)許頌鼎 (清)許溎祥編 清光緒十三年(1887)海寧許氏古均閣刻本 四册

440000－2541－0005564 13780
許學叢刻二集九種 (清)許頌鼎 (清)許溎祥編 清光緒十三年(1887)海寧許氏古均閣刻本 二册 存第一集五種

440000－2541－0005565 13786
說文聲類二卷 (清)嚴可均撰 清刻本 一册

440000－2541－0005566 13787
說文聲訂二十八卷 (清)苗夔撰 清道光二十一年(1841)壽陽祁氏漢專亭刻苗氏說文四種本 二册

440000－2541－0005567 13793
說文雙聲二卷 (清)劉熙載 (清)陳宗彝輯 清光緒四年(1878)刻本 一册

440000－2541－0005568 13794
說文疊韻二卷首一卷末一卷續編一卷 (清)劉熙載 (清)袁康輯 清光緒五年(1879)刻本 二册

440000－2541－0005569 13802
說文引經異字三卷 (清)吳雲蒸撰 清道光六年(1826)刻本 二册

440000－2541－0005570 13803
大廣益會玉篇三十卷札記一卷 (南朝梁)顧野王撰 (唐)孫强增字 (宋)陳彭年等重修 清道光三十年(1850)新化鄧氏邵州東山精舍刻本 三册

440000－2541－0005571 13805
大廣益會玉篇三十卷 (南朝梁)顧野王撰 (宋)陳彭年等重修 清康熙四十三年(1704)張士俊刻澤存堂五種本 六册 存二十四卷(一至二十四)

440000－2541－0005572 13809
澄衷蒙學堂字課圖說四卷 (清)劉樹屏撰 清光緒二十八年(1902)養正書塾石印本 四册

440000－2541－0005573 13813
汗簡七卷 (宋)郭忠恕撰 清道光二十八年(1848)海虞蘊玉山房刻本 二册

440000－2541－0005574 13814
汗簡箋正七卷目錄一卷 (宋)郭忠恕撰 (清)鄭珍箋正 **汗簡書目箋正一卷** (清)鄭珍撰 清光緒十五年(1889)廣雅書局刻本 四册

440000－2541－0005575 13816
字鑑五卷 (元)李文仲輯 清道光刻本 二册

440000－2541－0005576 13818
六書通十卷 (明)閔齊伋撰 (清)畢弘述篆訂 清宣統元年(1909)掃葉山房石印本 二册

440000－2541－0005577 13824
六書通摭遺十卷 (清)畢星海輯 清嘉慶六年(1801)畢星海基聞堂刻本 四册

440000－2541－0005578 13827
字林考逸八卷附錄一卷 (清)任大椿撰 **補本一卷** (清)陶方琦撰 **補附錄一卷** (清)諸可寶輯 清光緒十六年(1890)江蘇書局刻本 四册

440000－2541－0005579 13828
增廣字學舉隅四卷 (清)鐵珊輯 清同治十三年(1874)蘭州郡署刻本 四册

440000－2541－0005580 13829
隸篇十五卷續十五卷再續十五卷 (清)翟云昇撰 清道光十七年至二十四年(1837－1844)翟云昇五經歲徧齋刻本 十册

440000－2541－0005581　13830
隸篇十五卷續十五卷再續十五卷　（清）翟云昇撰　清道光十七年至二十四年（1837－1844）翟云昇五經歲徧齋刻本　十冊

440000－2541－0005582　13831
字學三種　（清）傅雲龍編　清同治十三年（1874）德清傅氏味腴山館刻本　一冊

440000－2541－0005583　13832
字學三種　（清）傅雲龍編　清同治十三年（1874）德清傅氏味腴山館刻本　一冊

440000－2541－0005584　13835
天壤閣叢書二十八種增刊六種　（清）王懿榮編　清同治至光緒福山王氏刻本　三冊　存三種

440000－2541－0005585　13837
急就章考異一卷　（清）莊世驥撰　清光緒十七年（1891）廣雅書局刻本　一冊

440000－2541－0005586　13838
急就章考異一卷　（清）莊世驥撰　清光緒十七年（1891）廣雅書局刻本　一冊

440000－2541－0005587　13840
字譜一卷　（英國）湛約翰校訂　清光緒十九年（1893）香港刻本　一冊

440000－2541－0005588　13841
字譜一卷　（英國）湛約翰校訂　清光緒十九年（1893）香港刻本　一冊

440000－2541－0005589　13843
類篇十五卷　（宋）司馬光等撰　清光緒二年（1876）歸安姚氏川東官舍刻姚氏叢刻本　七冊

440000－2541－0005590　13844
姚氏叢刻三種　（清）姚覲元編　清光緒二年（1876）歸安姚氏川東官舍刻本　三十冊

440000－2541－0005591　13845
藝文備覽一百二十卷　（清）沙木集注　清嘉慶十一年（1806）刻本　三十冊

440000－2541－0005592　13846
急就章考異一卷　（清）莊世驥撰　清光緒十七年（1891）廣雅書局刻本　一冊

440000－2541－0005593　13849
玉篇殘四卷又二卷　（南朝梁）顧野王撰　清光緒十年（1884）遵義黎氏日本東京使署刻古逸叢書本（原存九、十八至十九、二十七，又存九、二十二）　一冊　存四卷（玉篇殘四卷）

440000－2541－0005594　13850
玉篇殘四卷又二卷　（南朝梁）顧野王撰　清光緒十年（1884）遵義黎氏日本東京使署刻古逸叢書本（原存九、十八至十九、二十七，又存九、二十二）　一冊　存四卷（玉篇殘四卷）

440000－2541－0005595　13862
康熙字典四十二卷　（清）張玉書等撰　清刻本　三十冊

440000－2541－0005596　13863
康熙字典四十二卷　（清）張玉書等撰　清刻本　二十九冊

440000－2541－0005597　13864
康熙字典四十二卷　（清）張玉書等撰　清刻本　三十二冊

440000－2541－0005598　13865
康熙字典四十二卷　（清）張玉書等撰　清刻本　十二冊　存十六卷（子上中下、丑上、寅下、卯上中、辰上中下、巳上中下、午上、申上、酉中）

440000－2541－0005599　13867
康熙字典四十二卷備考一卷補遺一卷　（清）張玉書等撰　清光緒十年（1884）上海同文書局石印本　六冊

440000－2541－0005600　13868
康熙字典四十二卷備考一卷補遺一卷　（清）張玉書等撰　清光緒十年（1884）上海同文書局石印本　六冊

440000－2541－0005601　13869
康熙字典四十二卷備考一卷補遺一卷　（清）張玉書等撰　清光緒十年（1884）上海同文書

局石印本　六冊

440000－2541－0005602　13870
康熙字典四十二卷備考一卷補遺一卷　(清)張玉書等撰　清光緒十年(1884)上海同文書局石印本　六冊

440000－2541－0005603　13871
康熙字典四十二卷　(清)張玉書等撰　清末上海鴻寶書局石印本　六冊

440000－2541－0005604　13872
康熙字典四十二卷備考一卷補遺一卷　(清)張玉書等撰　清光緒十六年(1890)上洋鴻寶齋石印本　六冊

440000－2541－0005605　13874
康熙字典四十二卷　(清)張玉書等撰　清末至民國初商務印書館石印本　六冊

440000－2541－0005606　13875
康熙字典四十二卷備考一卷補遺一卷　(清)張玉書等撰　清光緒十八年(1892)上海點石齋石印本　一冊

440000－2541－0005607　13877
康熙字典四十二卷備考一卷補遺一卷　(清)張玉書等撰　清光緒三十年(1904)上海錦章書局石印本　一冊

440000－2541－0005608　13878
康熙字典撮要不分卷　(英國)湛約翰撰　(清)王揚安述釋　清光緒四年(1878)刻本　六冊

440000－2541－0005609　13879
字典考證十二卷　(清)王引之等撰　清光緒二年(1876)崇文書局刻本　六冊

440000－2541－0005610　13880
字典考證十二卷　(清)王引之等撰　清光緒二年(1876)崇文書局刻本　六冊

440000－2541－0005611　13881
說文部首讀一卷　(清)王筠撰　清光緒諸城尹氏刻朱墨套印本　一冊

440000－2541－0005612　13883
說文經字正誼四卷　(清)郭慶藩撰　清光緒二十年(1894)湘陰郭氏揚州刻本　二冊

440000－2541－0005613　13887
說文解字韻譜十卷　(五代)徐鍇撰　(清)馮桂芬校訂　清同治三年(1864)吴縣馮桂芬刻本　一冊

440000－2541－0005614　13889
說文引經攷異十六卷　(清)柳榮宗撰　清咸豐二年(1852)刻同治六年(1867)印本　四冊

440000－2541－0005615　13891
苗氏說文四種　(清)苗夔撰　清道光至咸豐壽陽祁氏漢專亭刻本　四冊

440000－2541－0005616　13893
說文古籒疏證六卷　(清)莊述祖撰　清光緒二十年(1894)莊殿華刻本　四冊

440000－2541－0005617　13897
說文經典異字釋一卷　(清)高翔麟撰　清光緒九年(1883)萬卷樓刻本　一冊

440000－2541－0005618　13900
大廣益會玉篇三十卷　(南朝梁)顧野王撰　清康熙四十三年(1704)張士俊刻澤存堂五種本　六冊

440000－2541－0005619　13901
六一山房重校石印攷正字彙二卷　(清)點石齋輯　清光緒二十七年(1901)文英書局石印本　一冊

440000－2541－0005620　13904
字典考證十二卷　(清)王引之等撰　清光緒二年(1876)崇文書局刻本　六冊

440000－2541－0005621　13905
字典考證十二卷　(清)王引之等撰　清光緒二年(1876)崇文書局刻本　二冊　存八卷(一至四、九至十二)

440000－2541－0005622　13906
字彙四卷　(明)梅膺祚撰　清同治八年(1869)刻本　四冊

440000－2541－0005623　13911

正字通十二集三十六卷 （明）張自烈撰 （清）廖文英輯 清刻本 三十六冊

440000－2541－0005624 13914

文科大詞典不分卷 （清）國學扶輪社輯 清宣統三年（1911）上海國學扶輪社鉛印本 十一冊

440000－2541－0005625 13918

國粹常談一卷 歐陽述輯 清宣統元年（1909）九江教育會駐省事務處鉛印本 一冊

440000－2541－0005626 13927

輶軒使者絕代語釋別國方言十三卷 （漢）揚雄撰 （晉）郭璞注 清乾隆四十二年（1777）福建刻道光至同治遞修武英殿聚珍版書本 三冊

440000－2541－0005627 13928

輶軒使者絕代語釋別國方言十三卷 （漢）揚雄撰 （清）戴震疏證 清光緒八年（1882）汗青簃刻本 三冊

440000－2541－0005628 13932

虛字方言一卷 （清）勞敦樟撰 清光緒六年（1880）赫舍里氏刻本 一冊

440000－2541－0005629 13933

新方言十一卷嶺外三州語一卷 章炳麟撰 清宣統三年（1911）文學會社石印本 一冊

440000－2541－0005630 13934

續方言二卷 （清）杭世駿輯 清乾隆五十七年（1792）杭賓仁羊城刻杭大宗七種叢書本 一冊

440000－2541－0005631 13935

輶軒使者絕代語釋別國方言十三卷 （清）杭世駿輯 **續方言補一卷** （清）程際盛輯 清光緒十七年（1891）思賢講舍刻本 一冊

440000－2541－0005632 13937

輶軒使者絕代語釋別國方言箋疏十三卷 （清）錢繹撰 清光緒十六年（1890）廣雅書局刻本 四冊

440000－2541－0005633 13938

輶軒使者絕代語釋別國方言箋疏十三卷 （清）錢繹撰 清光緒十六年（1890）廣雅書局刻本 四冊

440000－2541－0005634 13939

輶軒使者絕代語釋別國方言箋疏十三卷 （清）錢繹撰 清光緒十六年（1890）廣雅書局刻本 四冊

440000－2541－0005635 13940

官話指南四卷 （日本）吳啟太 （日本）鄭永邦撰 清光緒七年（1881）廣東雙門底聚文堂刻本 一冊

440000－2541－0005636 13942

京語官話字集不分卷 □□撰 清末至民國初石印本 一冊

440000－2541－0005637 13944

詞林分類次韻便讀三字錦九卷末一卷 （清）趙暄撰 清咸豐元年（1851）刻本 六冊

440000－2541－0005638 13951

粵音指南四卷 □□撰 清宣統二年（1910）香港別發印字館鉛印本 一冊 存二卷（三至四）

440000－2541－0005639 13956

古詩歌讀本二卷 黃節編纂 清宣統元年（1909）國學保存會鉛印本 一冊

440000－2541－0005640 13960

經史蒙求歌略二卷 （清）黃焱輯 清光緒二十五年（1899）粵東時務書局刻本 一冊

440000－2541－0005641 13961

古文詞略讀本二十四卷 （清）梅曾亮輯 清光緒三十一年（1905）北京宏道學舍鉛印本 二冊

440000－2541－0005642 13962

古文詞略讀本二十四卷 （清）梅曾亮輯 清光緒三十一年（1905）北京宏道學舍鉛印本 四冊

440000－2541－0005643 13963

古文詞略讀本二十四卷 （清）梅曾亮輯 清

光緒三十一年(1905)北京宏道學舍鉛印本　三册　存十八卷(一至十八)

440000－2541－0005644　13964
古文詞略讀本二十四卷　(清)梅曾亮輯　清光緒三十一年(1905)北京宏道學舍鉛印本　二册　存十四卷(十一至二十四)

440000－2541－0005645　13965
古文詞略二十四卷　(清)梅曾亮輯　清同治六年(1867)合肥李氏刻本　六册

440000－2541－0005646　13970
謝疊山先生文章軌範七卷　(宋)謝枋得輯　清光緒二十四年(1898)緯文閣書莊石印本　二册

440000－2541－0005647　13976
桐城吴氏文法教科書二編　吳闓生撰　清光緒三十一年(1905)上海文明書局鉛印本　一册

440000－2541－0005648　13978
天下才子必讀書十五卷末一卷　(清)金聖嘆選批　清刻本(卷十至十一抄配)　八册

440000－2541－0005649　13982
欽定清漢對音字式不分卷　(清)福隆安等撰　清道光刻本　一册

440000－2541－0005650　13984
清文彙書十二卷　(清)李延基輯　清三槐堂刻本　十二册

440000－2541－0005651　13989
御製增訂清文鑑三十二卷　(清)傅恒等輯　清刻本　九册

440000－2541－0005652　13996
金行集二卷　(英國)楊姬輯　(美國)柏爾根譯　(清)于樹榮述　清宣統二年(1910)上海華美書局鉛印本　一册

440000－2541－0005653　14007
文心雕龍十卷　(南朝梁)劉勰撰　(清)黄叔琳注　(清)紀昀評　清道光十三年(1833)兩廣節署刻朱墨套印本　四册

440000－2541－0005654　14008
文心雕龍十卷　(南朝梁)劉勰撰　(清)黄叔琳注　(清)紀昀評　清道光十三年(1833)兩廣節署刻朱墨套印本　四册

440000－2541－0005655　14009
文心雕龍十卷　(南朝梁)劉勰撰　(清)黄叔琳注　(清)紀昀評　清道光十三年(1833)兩廣節署刻朱墨套印本　二册

440000－2541－0005656　14010
文心雕龍十卷　(南朝梁)劉勰撰　(清)黄叔琳注　(清)紀昀評　清刻朱墨套印本　二册

440000－2541－0005657　14011
文心雕龍十卷　(南朝梁)劉勰撰　(清)黄叔琳注　(清)紀昀評　清光緒二十年(1894)刻朱墨套印本　四册

440000－2541－0005658　14012
文心雕龍十卷　(南朝梁)劉勰撰　(清)黄叔琳注　(清)紀昀評　清光緒二十年(1894)刻朱墨套印本　二册

440000－2541－0005659　14019
文心雕龍十卷　(南朝梁)劉勰撰　(清)黄叔琳注　(清)紀昀評　清光緒二十二年(1896)新化三味堂刻本　四册

440000－2541－0005660　14022
文心雕龍十卷　(南朝梁)劉勰撰　(清)黄叔琳注　(清)紀昀評　清刻本　四册

440000－2541－0005661　14025
文學史概八編　陳懷撰　清末至民國初兩廣方言學堂鉛印本　一册

440000－2541－0005662　14031
藝概六卷　(清)劉熙載撰　清光緒三年(1877)嶺南刻本　二册

440000－2541－0005663　14033
藝概六卷　(清)劉熙載撰　清同治十二年(1873)刻本　四册

440000－2541－0005664　14036
賦話十卷詩話二卷詞話四卷曲話二卷　(清)

李調元撰　清道光刻本　四册

440000－2541－0005665　14037
新編詩韻大全五卷　(清)湯祥瑟原輯　(清)華錕重輯　清光緒十四年(1888)上海同文書局石印本　六册

440000－2541－0005666　14038
增廣詩韻全璧五卷初學檢韻一卷　(清)奕詢編　清光緒十七年(1891)上海錦章圖書局石印本　五册　存五卷(詩韻全璧五卷)

440000－2541－0005667　14039
增廣詩韻全璧五卷初學檢韻一卷　(清)奕詢編　清光緒二十一年(1895)上海鴻寶齋石印本　六册

440000－2541－0005668　14040
詩韻合璧五卷文選分韻題解擇要一卷　(清)湯文潞輯　清光緒三年(1877)任壽昌寄螺齋刻本　二册

440000－2541－0005669　14045
增廣詩韻全璧五卷初學檢韻一卷　(清)奕詢編　清光緒十七年(1891)上海錦章圖書局石印本　六册

440000－2541－0005670　14048
詩韻註釋五卷　(清)李漁撰　清刻本　二册

440000－2541－0005671　14049
聲律啟蒙撮要二卷　(清)車萬育撰　清廣州拾芥園刻本　一册

440000－2541－0005672　14050
竹林答問不分卷　(清)陳僅撰　清光緒十一年(1885)刻金峨山館叢書本　一册

440000－2541－0005673　14054
詩韻析五卷首一卷末一卷　(清)汪烜撰　清光緒九年(1883)刻本　四册

440000－2541－0005674　14056
漁洋詩法三卷　(清)王士禛撰　(清)黄叔琳輯　**詩法淺說二卷**　(清)張濤輯　清光緒十九年(1893)李氏聚和堂刻本　一册

440000－2541－0005675　14058
詩雙聲疊韻譜一卷　(清)鄧廷楨撰　清道光十八年(1838)刻本　一册

440000－2541－0005676　14059
立德堂詩話一卷　(清)鄔以謙撰　清宣統二年(1910)刻本　一册

440000－2541－0005677　14062
靜志居詩話二十四卷　(清)朱彝尊撰　清嘉慶二十四年(1819)扶荔山房刻本　十六册

440000－2541－0005678　14066
隨園詩話十六卷補遺十卷　(清)袁枚撰　清光緒十八年(1892)勤裕堂鉛印隨園三十八種本　二册　存十九卷(詩話十六卷、補遺一至三)

440000－2541－0005679　14067
隨園詩話十六卷補遺十卷　(清)袁枚撰　清宣統元年(1909)上海鑄記書局石印本　一册　存二十卷(詩話十六卷、補遺一至四)

440000－2541－0005680　14075
帶經堂詩話三十卷　(清)王士禛撰　清同治十二年(1873)廣州藏脩堂刻本　十册

440000－2541－0005681　14076
帶經堂詩話三十卷　(清)王士禛撰　清同治十二年(1873)廣州藏脩堂刻本　十册

440000－2541－0005682　14077
帶經堂詩話三十卷　(清)王士禛撰　清同治十二年(1873)廣州藏脩堂刻本　十册

440000－2541－0005683　14078
帶經堂詩話三十卷首一卷　(清)王士禛撰　(清)張宗柟輯　清海鹽張氏刻本　八册

440000－2541－0005684　14082
四六叢話三十三卷選詩叢話一卷　(清)孫梅輯　清嘉慶三年(1798)刻本　十二册

440000－2541－0005685　14083
四六叢話三十三卷選詩叢話一卷　(清)孫梅輯　清嘉慶三年(1798)刻本　十二册

440000－2541－0005686　14084
四六叢話三十三卷選詩叢話一卷　(清)孫梅

輯　清光緒七年(1881)許應鑅吳下刻本　十二冊

440000－2541－0005687　14085

四六叢話三十三卷選詩叢話一卷　(清)孫梅輯　清光緒七年(1881)許應鑅吳下刻本　十二冊

440000－2541－0005688　14086

全浙詩話五十四卷　(清)陶元藻輯　(清)陶廷珍　(清)陶廷琡訂　清嘉慶元年(1796)刻本　二十冊

440000－2541－0005689　14087

四六叢話三十三卷選詩叢話一卷　(清)孫梅輯　清光緒七年(1881)許應鑅吳下刻本　十二冊

440000－2541－0005690　14088

全浙詩話五十四卷　(清)陶元藻輯　(清)陶廷珍　(清)陶廷琡編次　清嘉慶元年(1796)刻本　十九冊　存五十卷(一至十八、二十三至五十四)

440000－2541－0005691　14092

養一齋詩話十卷李杜詩話三卷　(清)潘德輿撰　清道光十六年(1836)刻本　六冊

440000－2541－0005692　14093

春暉園賦苑巵言二卷　(清)孫奎撰　清嘉慶十五年(1810)孫長紀刻本　二冊

440000－2541－0005693　14094

明詩紀事甲籤三十卷乙籤二十二卷丙籤十二卷丁籤十七卷戊籤二十二卷己籤二十卷庚籤三十卷辛籤三十四卷　(清)陳田輯　清光緒二十三年至宣統三年(1897－1911)貴陽陳氏聽詩齋刻本　三十八冊

440000－2541－0005694　14095

明詩紀事甲籤三十卷乙籤二十二卷丙籤十二卷丁籤十七卷戊籤二十二卷己籤二十卷庚籤三十卷辛籤三十四卷　(清)陳田輯　清光緒二十三年至宣統三年(1897－1911)貴陽陳氏聽詩齋刻本　三十八冊

440000－2541－0005695　14104

停雲閣詩話四卷　(清)李家瑞撰　清咸豐五年(1855)刻本　一冊

440000－2541－0005696　14105

廣陵詩事十卷　(清)阮元撰　清嘉慶六年(1801)浙江節署刻本　二冊

440000－2541－0005697　14106

廣陵詩事十卷　(清)阮元撰　清嘉慶六年(1801)浙江節署刻本　六冊

440000－2541－0005698　14110

眉山詩案廣證六卷　(清)張鑑撰　清光緒十年(1884)江蘇書局刻本　一冊

440000－2541－0005699　14111

復小齋賦話二卷　(清)浦銑撰　清刻本　一冊

440000－2541－0005700　14113

名媛詩話十二卷續集三卷　(清)沈善寶撰　清光緒五年(1879)鴻雪樓刻本　五冊

440000－2541－0005701　14114

藝談錄二卷　(清)張維屏撰　清刻本　二冊

440000－2541－0005702　14115

甌北詩話十二卷　(清)趙翼撰　清嘉慶七年(1802)刻本　二冊

440000－2541－0005703　14118

試帖仙樣集裁詩十法二卷首論一卷　題(清)麓峰居士輯評　清同治十三年(1874)刻本　二冊

440000－2541－0005704　14119

試帖仙樣集裁詩十法二卷首論一卷　題(清)麓峰居士輯評　清同治十三年(1874)刻本　二冊

440000－2541－0005705　14124

月午樓古詩十九首詳解二卷　(清)饒學斌撰　清光緒元年(1875)旌德饒氏無諸城刻本　二冊

440000－2541－0005706　14127

香石詩話四卷　(清)黄培芳撰　清嘉慶十五

年(1810)嶺海樓刻本　二册

440000－2541－0005707　14130
眉韻樓詩話續編四卷　孫雄撰　清宣統二年(1910)北洋官報局鉛印詩史閣叢書甲集本　一册

440000－2541－0005708　14131
緝雅堂詩話二卷　(清)潘衍桐撰　清光緒十七年(1891)杭州刻本　一册

440000－2541－0005709　14132
緝雅堂詩話二卷　(清)潘衍桐撰　清光緒十七年(1891)杭州刻本　一册

440000－2541－0005710　14133
緝雅堂詩話二卷　(清)潘衍桐撰　清光緒十七年(1891)杭州刻本　一册

440000－2541－0005711　14134
碧溪詩話十卷　(宋)黄徹撰　清福建刻武英殿聚珍版書本　一册

440000－2541－0005712　14144
詩人玉屑二十卷　(宋)魏慶之輯　清古松堂刻本　十册

440000－2541－0005713　14145
詩人玉屑二十卷　(宋)魏慶之輯　清古松堂刻本　十二册

440000－2541－0005714　14150
小滄浪詩話四卷　(清)張燮承撰　清咸豐九年(1859)古汲郡賀氏刻張師筠著述本　二册

440000－2541－0005715　14151
小滄浪詩話四卷　(清)張燮承撰　清咸豐九年(1859)古汲郡賀氏刻張師筠著述本　四册

440000－2541－0005716　14157
筠石山房詩話鈔六卷　(清)楊霈輯　清道光二十七年(1847)粵東糧道署刻本　六册

440000－2541－0005717　14158
筠石山房詩話鈔六卷　(清)楊霈輯　清道光二十七年(1847)粵東糧道署刻本　六册

440000－2541－0005718　14171
詩家直說四卷　(明)謝榛撰　清光緒刻本　一册　存二卷(三至四)

440000－2541－0005719　14174
冷邸小言一卷　(明)鄧雲霄撰　清道光刻本　一册

440000－2541－0005720　14175
詩比興箋四卷　(清)陳沆撰　清光緒九年(1883)長洲彭祖賢武昌刻本　二册

440000－2541－0005721　14186
海山詩屋詩話十卷　(清)李文泰撰　清光緒四年(1878)羊城森寶閣鉛印本　四册

440000－2541－0005722　14187
海山詩屋詩話十卷　(清)李文泰撰　清光緒四年(1878)羊城森寶閣鉛印本　五册

440000－2541－0005723　14188
海山詩屋詩話十卷　(清)李文泰撰　清光緒四年(1878)羊城森寶閣鉛印本　四册　存八卷(三至十)

440000－2541－0005724　14189
耐冷譚十六卷　(清)宋咸熙撰　清道光九年(1829)武林亦西齋刻本　四册

440000－2541－0005725　14190
耐冷譚十六卷　(清)宋咸熙撰　清道光九年(1829)武林亦西齋刻本　六册

440000－2541－0005726　14191
耐冷譚十六卷　(清)宋咸熙撰　清道光九年(1829)武林亦西齋刻本　六册

440000－2541－0005727　14192
杜工部詩話一卷　(清)劉鳳誥撰　清宣統二年(1910)掃葉山房石印本　一册

440000－2541－0005728　14194
詞名集解六卷續編二卷　(清)汪汲撰　清刻本　二册　存三卷(一、續編二卷)

440000－2541－0005729　14196
閩川閨秀詩話四卷　(清)梁章鉅撰　清道光二十九年(1849)甌郡梅氏師古齋刻本　二册

440000－2541－0005730　14217
退菴詩話十二卷　(清)何曰愈撰　清光緒九年(1883)刻本　四册

440000－2541－0005731　14218
南浦詩話八卷　(清)梁章鉅撰　清嘉慶十年(1805)刻本　八册

440000－2541－0005732　14219
雪廬詩話一卷　(清)賴學海撰　清光緒十八年(1892)刻本　一册

440000－2541－0005733　14224
試律叢話八卷　(清)梁章鉅撰　清同治八年(1869)高安縣署刻知足知不足齋叢書本　四册

440000－2541－0005734　14225
全唐詩話八卷　(宋)尤袤輯　(清)孫濤續輯　清乾隆三十九年(1774)石門孫氏刻本　三册　存六卷(三至八)

440000－2541－0005735　14226
而菴説唐詩二十二卷首一卷　(清)徐增撰　清刻本　七册

440000－2541－0005736　14227
雨村詩話十六卷　(清)李調元撰　清刻本　四册

440000－2541－0005737　14228
全唐詩話六卷　(宋)王褒撰　(明)毛晉訂　清宣統三年(1911)三樂堂石印本　六册

440000－2541－0005738　14233
粤嶽草堂詩話二卷　(清)黄培芳撰　陳步墀輯　清宣統二年(1910)鉛印本　一册

440000－2541－0005739　14234
談藝珠叢二十七卷　(清)王啟原輯　清光緒十一年(1885)長沙玉尺山房刻本　十册

440000－2541－0005740　14235
詞學叢書六種　(清)秦恩復編　清嘉慶至道光江都秦氏享帚精舍刻本　八册

440000－2541－0005741　14236
詞林韻釋一卷　(宋)□□撰　清嘉慶十五年(1810)刻本　一册

440000－2541－0005742　14242
詞韻二卷柴氏古韻通略一卷　(清)王又華補切　(清)王嗣瑠訂注　清刻本　一册

440000－2541－0005743　14243
詞林正韻三卷發凡一卷　(清)戈載撰　清光緒三年(1877)仁和葛氏刻嘯園叢書本　二册

440000－2541－0005744　14248
蓮子居詞話四卷　(清)吳衡照輯　清道光十二年(1832)錢塘汪氏振綺堂刻同治六年(1867)、民國十二年(1923)遞修本　一册　存二卷(三至四)

440000－2541－0005745　14249
蓮子居詞話四卷　(清)吳衡照撰　清同治九年(1870)胡鳳丹退補齋刻本　三册　存三卷(一、三至四)

440000－2541－0005746　14255
詞辨二卷介存齋論詞雜著一卷　(清)周濟輯　清光緒四年(1878)刻本　一册

440000－2541－0005747　14256
詞律二十卷　(清)萬樹輯　**校勘記二十卷**　(清)杜文瀾撰　**拾遺八卷**　(清)徐本立輯　**補遺一卷**　(清)杜文瀾輯　清同治十二年至光緒二年(1873－1876)吳下刻本　十六册

440000－2541－0005748　14257
詞律二十卷拾遺八卷補遺一卷　(清)萬樹撰　清石印本　十二册

440000－2541－0005749　14258
詞律二十卷　(清)萬樹輯　**校勘記二十卷**　(清)杜文瀾撰　**拾遺八卷**　(清)徐本立輯　**補遺一卷**　(清)杜文瀾輯　清同治十二年至光緒二年(1873－1876)吳下刻本　十六册

440000－2541－0005750　14260
詞律二十卷拾遺八卷補遺一卷　(清)萬樹撰　清德記書局石印本　十二册

440000－2541－0005751　14264
聽秋聲館詞話二十卷　(清)丁紹儀撰　清同

治刻本　三冊　存十五卷(一至十五)

440000－2541－0005752　14266.1
芬陀利室詞話三卷　(清)蔣敦復撰　清光緒十一年(1885)吳縣王氏弢園刻本　一冊

440000－2541－0005753　14266.2
玉井山館詞一卷　(清)許宗衡撰　清咸豐十一年(1861)刻本　與440000－2541－0005752合冊

440000－2541－0005754　14274
懺盦詞話一卷　沈澤棠撰　清宣統三年(1911)刻本　一冊

440000－2541－0005755　14275
懺盦詞話一卷　沈澤棠撰　清宣統三年(1911)刻本　一冊

440000－2541－0005756　14276
詞徵六卷　(清)張德瀛撰　清末至民國初刻閣樓叢書本　二冊

440000－2541－0005757　14292
詞學全書四種附一種　(清)查培繼編　清乾隆致和堂刻本　七冊

440000－2541－0005758　14294
詞徵六卷　(清)張德瀛纂　清末至民國初刻本　一冊

440000－2541－0005759　14309
詞源二卷　(宋)張炎撰　**詞旨一卷**　(元)陸輔之述　**樂府指迷一卷**　(宋)沈義父撰　清同治至光緒刻本　一冊

440000－2541－0005760　14310
曲品二卷　(明)郁藍生撰　**傳奇品二卷**　(清)高奕撰　清宣統二年(1910)貴池劉氏暖紅室刻彙刻傳劇本　一冊

440000－2541－0005761　14311
聽秋聲館詞話二十卷　(清)丁紹儀撰　清同治刻本　四冊

440000－2541－0005762　14314
樂府傳聲二卷　(清)徐大椿撰　清光緒七年(1881)刻本　一冊

440000－2541－0005763　14318
院本名目一卷　(清)汪汲撰　清刻本　一冊

440000－2541－0005764　14364
制義叢話二十四卷題名一卷　(清)梁章鉅撰　清咸豐九年(1859)知足知不足齋刻本　八冊

440000－2541－0005765　14365
制義叢話二十四卷題名一卷　(清)梁章鉅撰　清刻本　八冊

440000－2541－0005766　14366
制義叢話二十四卷題名一卷　(清)梁章鉅撰　清刻本　六冊　存十九卷(一至四、八至十、十三至二十四)

440000－2541－0005767　14370
全唐文紀事一百二十二卷首一卷　(清)陳鴻墀撰　清同治十二年(1873)巴陵方功惠廣州刻本　二十四冊

440000－2541－0005768　14374
中國文學史六篇　(清)高等學堂輯　清末鉛印本　二冊

440000－2541－0005769　14383
中國文學史四篇　(清)張德瀛撰　清宣統元年(1909)廣東法政學堂鉛印本　一冊

440000－2541－0005770　14403
金元明八大家文選五十三卷　(清)李祖陶輯　清道光二十五年(1845)孫明刻本　二十六冊

440000－2541－0005771　14404
金元明八大家文選五十三卷　(清)李祖陶輯　清道光二十五年(1845)孫明刻本　二十七冊

440000－2541－0005772　14405
試帖三萬選十卷　(清)鄧雲航輯　清光緒十五年(1889)袖海山房石印本　十二冊

440000－2541－0005773　14406
試帖詩十卷　(清)鄧雲航輯　清石印本　十九冊

440000－2541－0005774　14407
增廣試帖玉芙蓉五卷續集二卷　(清)□□輯　清光緒十四年(1888)上海積山書局石印本　七册

440000－2541－0005775　14408
增廣試帖玉芙蓉五卷續集二卷　(清)□□輯　清光緒十四年(1888)上海積山書局石印本　八册

440000－2541－0005776　14409
古文眉詮七十九卷首一卷　(清)浦起龍輯　清光緒二十四年(1898)嶺南良產書屋刻本　二十六册

440000－2541－0005777　14410
古文眉詮七十九卷首一卷　(清)浦起龍輯　清光緒二十四年(1898)嶺南良產書屋刻本　二十六册

440000－2541－0005778　14411
古文學餘三十四卷　(清)毛慶蕃輯　清光緒三十四年(1908)鉛印本　十册

440000－2541－0005779　14414
古文淵鑒六十四卷　(清)聖祖玄燁選　(清)徐乾學等輯並注　清刻四色套印本　三十二册

440000－2541－0005780　14415
古文淵鑒六十四卷　(清)聖祖玄燁選　(清)徐乾學等輯並注　清刻四色套印本　二十四册

440000－2541－0005781　14416
古文淵鑒六十四卷　(清)聖祖玄燁選　(清)徐乾學等輯並注　清刻四色套印本　十一册　存十八卷(十五至十八、二十八至二十九、三十三至三十四、四十七至五十二、六十一至六十四)

440000－2541－0005782　14417
古文淵鑒六十四卷　(清)聖祖玄燁選　(清)徐乾學等輯並注　清刻四色套印本　十五册　存三十四卷(四至二十、二十三至二十四、三十至四十四)

440000－2541－0005783　14418
全上古三代秦漢三國六朝文七百四十六卷　(清)嚴可均輯　清光緒十三年至十九年(1887－1893)廣雅書局刻本　一百册

440000－2541－0005784　14419
全上古三代秦漢三國六朝文七百四十六卷　(清)嚴可均輯　清光緒十三年至十九年(1887－1893)廣雅書局刻本　一百册

440000－2541－0005785　14420
全上古三代秦漢三國六朝文七百四十七卷　(清)嚴可均輯　清刻本　七十四册　存六百八十三卷(全漢文四十二至六十三、全後漢文一至一百六、全三國文一至七十五、全晉文一至一百六十七、全宋文一至六十四、全齊文一至二十六、全梁文一至七十四、全陳文一至十八、全後魏文一至六十、全北齊文一至十、全後周文一至二十四、全隋文一至三十六、全先唐文一卷)

440000－2541－0005786　14425
續古文苑二十卷　(清)孫星衍輯　清嘉慶十七年(1812)蘭陵孫氏刻平津館叢書本　八册

440000－2541－0005787　14426
桃花潭文徵六卷　(清)翟大程輯　清光緒三十年(1904)涇川翟氏刻本　六册

440000－2541－0005788　14429
續古文苑二十卷　(清)孫星衍輯　清光緒九年(1883)江蘇書局刻本　六册　存十七卷(一至十七)

440000－2541－0005789　14430
朱氏傳芳集八卷首一卷　(清)朱次琦輯　清咸豐十一年(1861)刻本　五册

440000－2541－0005790　14431
朱氏傳芳集八卷首一卷　(清)朱次琦輯　清咸豐十一年(1861)刻本　五册

440000－2541－0005791　14432
朱氏傳芳集八卷首一卷　(清)朱次琦輯　清咸豐十一年(1861)刻本　五册

440000－2541－0005792　14435
文章正宗復刻三十卷　(宋)真德秀輯　清同治三年(1864)刻真西山全集本　二十册

440000－2541－0005793　14436
六朝文絜四卷　(清)許槤輯並評　清刻朱墨套印本　一册

440000－2541－0005794　14437
六朝文絜四卷　(清)許槤輯並評　清刻朱墨套印本　一册

440000－2541－0005795　14438
文章正宗復刻三十卷　(宋)真德秀輯　清同治三年(1864)刻真西山全集本　二十册

440000－2541－0005796　14439
六朝文絜四卷　(清)許槤輯並評　清末鉛印本　一册

440000－2541－0005797　14444
六朝文絜四卷　(清)許槤輯並評　清光緒三年(1877)南海馮焌光讀有用書齋刻朱墨套印本　一册

440000－2541－0005798　14445
六朝文絜箋註十二卷　(清)許槤評選　(清)黎經誥箋注　清光緒十五年(1889)刻本　二册

440000－2541－0005799　14446
六朝文絜箋註十一卷　(清)許槤評選　(清)黎經誥箋注　清光緒十五年(1889)刻本　二册

440000－2541－0005800　14447
六朝文絜四卷　(清)許槤輯並評　清光緒三年(1877)南海馮焌光讀有用書齋刻朱墨套印本　二册

440000－2541－0005801　14448
六朝文絜四卷　(清)許槤輯並評　清光緒三年(1877)南海馮焌光讀有用書齋刻朱墨套印本　二册

440000－2541－0005802　14449
六朝文絜四卷　(清)許槤輯並評　清光緒三年(1877)南海馮焌光讀有用書齋刻朱墨套印本　二册

440000－2541－0005803　14450
六朝文絜箋注十二卷　(清)許槤評選　(清)黎經誥箋注　清末上海朝記書莊影印本　三册　存十一卷(一至六、八至十二)

440000－2541－0005804　14451
六朝文絜箋注十二卷　(清)許槤評選　(清)黎經誥箋注　清末上海朝記書莊影印本　二册

440000－2541－0005805　14454
唐宋八家文讀本三十卷　(清)沈德潛評點　清光緒二十四年(1898)上海江左書林石印本　六册

440000－2541－0005806　14455
經史百家雜鈔二十六卷　(清)曾國藩纂　清光緒二年(1876)傳忠書局刻曾文正公全集本　二十六册

440000－2541－0005807　14456
唐宋八家文讀本三十卷　(清)沈德潛評點　清光緒二十七年(1901)上海同文俊記石印本　三册

440000－2541－0005808　14457
唐宋八家文讀本三十卷　(清)沈德潛評點　清宣統元年(1909)埽葉山房石印本　四册

440000－2541－0005809　14458
經史百家雜鈔二十六卷　(清)曾國藩纂　清光緒二年(1876)傳忠書局刻曾文正公全集本　十一册　存十三卷(六至九、十五至十八、二十二至二十六)

440000－2541－0005810　14459
經史百家雜鈔二十六卷　(清)曾國藩纂　清光緒三十三年(1907)上海商務印書館鉛印本　十二册

440000－2541－0005811　14460
經史百家雜鈔二十六卷　(清)曾國藩纂　清光緒三十三年(1907)上海商務印書館鉛印本

七册　存十五卷(一至四、七至十二、二十至二十四)

440000－2541－0005812　14466
古文辭類纂七十五卷　(清)姚鼐輯　清同治八年(1869)問竹軒刻本　十二册

440000－2541－0005813　14468
古文辭類纂七十五卷附錄一卷　(清)姚鼐輯　**校勘記一卷**　(清)李承淵撰　清光緒二十七年(1901)滁州李氏求要堂刻本　十二册

440000－2541－0005814　14469
古文辭類纂七十五卷　(清)姚鼐輯　清刻本　十四册

440000－2541－0005815　14470
古文辭類纂七十四卷　(清)姚鼐輯　清光緒三十年(1904)上海商務印書館鉛印本　五册

440000－2541－0005816　14473
古文辭類纂七十四卷　(清)姚鼐輯　清同治八年(1869)江蘇書局刻本　十册

440000－2541－0005817　14475
續古文辭類纂三十四卷　王先謙輯　清光緒八年(1882)長沙王氏虛授堂刻本　六册

440000－2541－0005818　14476
續古文辭類纂三十四卷　王先謙輯　清光緒八年(1882)長沙王氏虛受堂刻本　八册

440000－2541－0005819　14477
古文辭類纂七十四卷　(清)姚鼐輯　**續三十四卷**　王先謙輯　清光緒二十年(1894)湖南書局刻本　二十册

440000－2541－0005820　14478
古文辭類纂七十四卷　(清)姚鼐輯　**續三十四卷**　王先謙輯　清光緒二十年(1894)湖南書局刻本　十三册　存八十一卷(一至三十九、六十七至七十四,續三十四卷)

440000－2541－0005821　14479
古文辭類纂七十四卷　(清)姚鼐輯　**續三十四卷**　王先謙輯　清光緒二十年(1894)上海圖書集成印書局鉛印本　五册

440000－2541－0005822　14480
古文辭類纂七十四卷　(清)姚鼐輯　**續三十四卷**　王先謙輯　清光緒二十年(1894)上海圖書集成印書局鉛印本　五册

440000－2541－0005823　14481
古文辭類纂七十四卷　(清)姚鼐輯　**續三十四卷**　王先謙輯　清光緒十九年(1893)思賢講舍刻本　二十册

440000－2541－0005824　14482
古文辭類纂七十四卷　(清)姚鼐輯　**續三十四卷**　王先謙輯　清光緒三十四年(1908)上海商務印書館鉛印本　十二册

440000－2541－0005825　14493
續古文辭類纂二十八卷　(清)黎庶昌輯　清光緒二十一年(1895)金陵狀元閣刻本　十二册

440000－2541－0005826　14496
唐宋八大家文鈔一百四十四卷　(明)茅坤編　清皖省聚文堂刻本　四十八册

440000－2541－0005827　14497
唐大家韓文公文抄十六卷　(明)茅坤輯　清皖省聚文堂刻唐宋八大家文鈔本　八册

440000－2541－0005828　14498
唐大家柳柳州文抄十二卷　(明)茅坤輯　清皖省聚文堂刻唐宋八大家文鈔本　六册

440000－2541－0005829　14499
涵芬樓古今文鈔一百卷　吳曾祺輯　清宣統二年(1910)上海商務印書館鉛印本　一百册

440000－2541－0005830　14500
涵芬樓古今文鈔一百卷　吳曾祺輯　清宣統二年(1910)上海商務印書館鉛印本　九十九册　存九十九卷(一至五十七、五十九至一百)

440000－2541－0005831　14501
涵芬樓古今文鈔一百卷　吳曾祺輯　清宣統二年(1910)上海商務印書館鉛印本　一百册

440000－2541－0005832　14504

桂芳齋重訂古文釋義新編八卷 (清)余誠評注 清同治六年(1867)緯文堂刻本 四册

440000－2541－0005833 14505
古文析義十六卷 (清)林雲銘評注 清咸豐八年(1858)刻本 十六册

440000－2541－0005834 14511
古文觀止不分卷 (清)吳乘權輯 清抄本 六册

440000－2541－0005835 14518
文選考異十卷 (清)胡克家撰 清石印本 二册

440000－2541－0005836 14519
文選考異十卷 (清)胡克家撰 清石印本 二册

440000－2541－0005837 14520
受經堂叢書五種續刻三種 (清)張祥齡編 清漢川張氏刻本 八册 存四種

440000－2541－0005838 14521
經史百家簡編二卷 (清)曾國藩輯 清同治十三年(1874)傳忠書局刻曾文正公全集本 二册

440000－2541－0005839 14522
文選六十卷 (南朝梁)蕭統輯 (唐)李善注 **考異十卷** (清)胡克家撰 清同治八年(1869)潯陽萬本儀廣州刻本 二十四册

440000－2541－0005840 14523
文選六十卷 (南朝梁)蕭統輯 (唐)李善注 **考異十卷** (清)胡克家撰 清同治八年(1869)潯陽萬本儀廣州刻本 二十四册

440000－2541－0005841 14524
文選六十卷 (南朝梁)蕭統輯 (唐)李善注 **考異十卷** (清)胡克家撰 清同治八年(1869)金陵書局刻本 十册

440000－2541－0005842 14525
文選六十卷 (南朝梁)蕭統輯 (唐)李善注 **考異十卷** (清)胡克家撰 清同治八年(1869)金陵書局刻本 十册

440000－2541－0005843 14526
文選六十卷 (南朝梁)蕭統輯 (唐)李善注 **考異十卷** (清)胡克家撰 清光緒十六年(1890)上海鴻文書局石印本 三册 存三十四卷(一至十一、四十八至六十,考異十卷)

440000－2541－0005844 14527
文選六十卷 (南朝梁)蕭統輯 (唐)李善注 **考異十卷** (清)胡克家撰 清光緒元年(1875)撫州饒氏雙峰書屋刻朱墨套印本 十四册 存六十三卷(一至五十六、考異四至十)

440000－2541－0005845 14528
文選六十卷 (南朝梁)蕭統輯 (唐)李善注 清光緒十三年(1887)湖北書局刻本 十一册 存五十五卷(一至二十一、二十七至六十)

440000－2541－0005846 14529
文選六十卷 (南朝梁)蕭統輯 (唐)李善注 **考異十卷** (清)胡克家撰 清上海鴻文書局石印本 七册

440000－2541－0005847 14530
文選六十卷 (南朝梁)蕭統輯 (唐)李善注 **考異十卷** (清)胡克家撰 清上海鴻文書局石印本 六册

440000－2541－0005848 14531
文選六十卷 (南朝梁)蕭統輯 (唐)李善注 清羊城翰墨園刻朱墨套印本 十六册

440000－2541－0005849 14532
文選六十卷 (南朝梁)蕭統輯 (唐)李善注 清羊城翰墨園刻朱墨套印本 十二册

440000－2541－0005850 14542
文選五卷 (南朝梁)蕭統輯 (唐)李善注 **考異一卷** (清)胡克家撰 清光緒二十一年(1895)寶文書局石印本 六册

440000－2541－0005851 14548
文選旁證四十六卷 (清)梁章鉅撰 清光緒八年(1882)許應鑅吳下刻本 十二册

440000－2541－0005852　14549
文選旁證四十六卷　(清)梁章鉅撰　清光緒八年(1882)許應鑅吴下刻本　十二册

440000－2541－0005853　14550
文選拾遺八卷　(清)朱銘撰　清光緒十八年(1892)刻本　二册

440000－2541－0005854　14551
文選理學權輿八卷　(清)汪師韓撰　**補一卷　文選考異四卷考異李注補正四卷**　(清)孫志祖撰　清光緒十五年(1889)刻本　八册

440000－2541－0005855　14552
文選旁證四十六卷　(清)梁章鉅撰　清光緒八年(1882)許應鑅吴下刻本　十二册

440000－2541－0005856　14554
重訂文選集評十五卷首一卷末一卷　(清)于光華輯　清同治九年(1870)刻本　十六册

440000－2541－0005857　14555
重訂文選集評十五卷首一卷末一卷　(清)于光華輯　清同治九年(1870)刻本　十六册

440000－2541－0005858　14557
昭明文選集成六十卷　(南朝梁)蕭統編　(清)方廷珪評點　清刻本　九册　存三十一卷(一至十四、二十二至三十四、四十三至四十六)

440000－2541－0005859　14558
昭明文選集成六十卷　(南朝梁)蕭統編　(清)方廷珪評點　清刻本　二十册

440000－2541－0005860　14559
增訂昭明文選集成詳注六十卷首二卷　(清)方廷珪評點　(清)陳雲程補訂　(清)于光華評注　清同治七年(1868)刻本　二十册

440000－2541－0005861　14560
增訂昭明文選集成詳注六十卷首二卷　(清)方廷珪評點　(清)陳雲程補訂　(清)于光華評注　清同治七年(1868)刻本　十四册

440000－2541－0005862　14561
文選音義八卷　(清)余蕭客輯　清光緒二十二年(1896)鴻寶齋書局石印本　一册

440000－2541－0005863　14562
文選音義八卷　(清)余蕭客輯　清光緒二十二年(1896)鴻寶齋書局石印本　一册

440000－2541－0005864　14563
分韻文選題解不分卷　□□撰　清光緒二十三年(1897)文淵山房石印本　一册

440000－2541－0005865　14566
東萊先生古文關鍵二卷　(宋)吕祖謙輯　(宋)蔡文子注　(清)徐樹屏考異　清刻本　二册

440000－2541－0005866　14567
東萊先生古文關鍵二卷　(宋)吕祖謙輯　(宋)蔡文子注　(清)徐樹屏考異　清同治九年(1870)晏湖張氏勵志書屋刻本　二册

440000－2541－0005867　14568
東萊先生古文關鍵二卷　(宋)吕祖謙輯　(宋)蔡文子注　(清)徐樹屏考異　清刻本　二册

440000－2541－0005868　14569
東萊先生古文關鍵二卷　(宋)吕祖謙輯　(宋)蔡文子注　(清)徐樹屏考異　清刻本　二册

440000－2541－0005869　14570
漢魏六朝一百三家集　(明)張溥編　清刻本　九十册

440000－2541－0005870　14571
漢魏六朝百三名家集(漢魏六朝一百三家集)　(明)張溥編　清光緒十八年(1892)長沙謝氏翰墨山房刻本　七十八册　存七十七種

440000－2541－0005871　14572
漢魏六朝百三名家集(漢魏六朝一百三家集)　(明)張溥編　清光緒十八年(1892)長沙謝氏翰墨山房刻本　九十六册

440000－2541－0005872　14573
漢魏六朝百三名家集(漢魏六朝一百三家集)　(明)張溥編　清刻民國十三年(1924)湖南

古書流通處重印本　四十七册　存四十八種

440000－2541－0005873　14575
漢魏六朝百三名家集(漢魏六朝一百三家集)　(明)張溥編　清光緒五年(1879)彭懋謙信述堂刻本　一百册

440000－2541－0005874　14576
古文苑二十一卷　(宋)章樵注　清光緒十四年(1888)刻藴石齋叢書本　四册

440000－2541－0005875　14580
古文苑二十一卷　(宋)章樵注　清光緒十二年(1886)江蘇書局刻本　四册

440000－2541－0005876　14581
古文苑二十一卷　(宋)章樵注　清光緒十二年(1886)江蘇書局刻本　四册

440000－2541－0005877　14585
古文苑九卷　(宋)章樵注　清嘉慶十四年(1809)蘭陵孫氏刻光緒五年(1879)飛青閣校印本　二册

440000－2541－0005878　14586
古文筆法百篇二十卷　(清)李扶九輯　(清)黄仁黼注　清末刻本　四册

440000－2541－0005879　14587
古文筆法百篇二十卷　(清)李扶九輯　(清)黄仁黼注　清粵東雙門底登雲閣刻本　四册

440000－2541－0005880　14588
陳太僕批選八家文抄不分卷　(清)陳兆侖批選　清光緒二十六年(1900)天津文美齋石印本　四册

440000－2541－0005881　14589
古文集宜四卷　(清)魏起泰輯　清緯文堂刻本　二册

440000－2541－0005882　14590
古文集宜四卷　(清)魏起泰輯　清刻本　二册

440000－2541－0005883　14596
東萊集註類編觀瀾文甲集二十五卷乙集二十五卷丙集二十卷附考一卷　(宋)林之奇編　清光緒十年(1884)方功惠刻本　八册

440000－2541－0005884　14597
六朝四家全集四種附一種　(清)胡鳳丹輯　清同治九年(1870)永康胡氏退補齋刻本　六册

440000－2541－0005885　14601
天下才子必讀書十五卷末一卷　(清)金人瑞輯　清刻本　十册

440000－2541－0005886　14602
四忠遺集四種　(清)□□輯　清同治七年(1868)楚醴景萊書室刻本　十二册

440000－2541－0005887　14603
廬陽三賢集二十一卷　(清)張樹聲輯　清光緒元年(1875)合肥張氏毓秀堂刻本　四册

440000－2541－0005888　14606
武英殿聚珍版書三十九種　(清)紀昀等編　清乾隆浙江刻本　十九册　存六種

440000－2541－0005889　14607
武英殿聚珍版書一百四十九種　(清)紀昀等編　清光緒二十五年(1899)廣雅書局刻本　一百五十三册　存二十五種

440000－2541－0005890　14609
悦心集四卷　(清)世宗胤禛輯　清抄本　二册

440000－2541－0005891　14612
御選唐宋文醇五十八卷　(清)允禄等輯　清光緒六年(1880)浙江書局刻本　二十册

440000－2541－0005892　14613
御選唐宋文醇五十八卷　(清)允禄等輯　清光緒六年(1880)浙江書局刻本　二十册

440000－2541－0005893　14617
御選唐宋文醇五十八卷　(清)允禄等輯　清同治刻四色套印本　十四册

440000－2541－0005894　14618
趙菁衫自選古文檢一卷　(清)趙國華選　清宣統三年(1911)鉛印本　一册

440000－2541－0005895　14619
御選唐宋文醇五十八卷　(清)允祿等輯　清同治刻四色套印本　十六冊

440000－2541－0005896　14620
御選唐宋文醇五十八卷　(清)允祿等輯　清光緒十年(1884)刻本　十六冊

440000－2541－0005897　14621
唐宋八大家類選十四卷　(清)儲欣評　(清)徐永勳等校訂　清受祉堂刻本　八冊

440000－2541－0005898　14625
蔡中郎集十卷外紀一卷外集四卷末一卷　(漢)蔡邕撰　清光緒十六年(1890)番禺陶氏刻本　八冊

440000－2541－0005899　14635
諸葛武侯集四卷　(三國蜀)諸葛亮撰　清同治七年(1868)刻本　二冊

440000－2541－0005900　14636
武侯全書二十卷首一卷　(三國蜀)諸葛亮撰　(清)趙承恩輯　清同治十年(1871)活字印本　九冊　存二十卷(武侯全書二十卷)

440000－2541－0005901　14640
漢魏六朝百三名家集(漢魏六朝一百三家集)　(明)張溥編　清光緒三年(1877)滇南唐氏壽考堂刻本　四十二冊　存四十七種

440000－2541－0005902　14641
諸葛丞相集一卷　(三國蜀)諸葛亮撰　清光緒十一年(1885)香港粵報館鉛印本　一冊

440000－2541－0005903　14642
諸葛忠武侯文集六卷首一卷　(三國蜀)諸葛亮撰　清末茶陵譚福壽堂刻本　三冊

440000－2541－0005904　14665
陶淵明文集十卷　(晉)陶潛撰　清光緒五年(1879)刻本　二冊

440000－2541－0005905　14666
陶淵明文集十卷　(晉)陶潛撰　清光緒五年(1879)刻本　三冊

440000－2541－0005906　14667
陶淵明文集十卷　(晉)陶潛撰　清光緒五年(1879)刻本　三冊　存八卷(一至八)

440000－2541－0005907　14668
陶淵明文集十卷　(晉)陶潛撰　清光緒五年(1879)刻本　三冊　存五卷(一至三、九至十)

440000－2541－0005908　14669
陶淵明文集十卷　(晉)陶潛撰　清咸豐十一年(1861)刻本　二冊

440000－2541－0005909　14670
陶淵明文集十卷　(晉)陶潛撰　清咸豐十一年(1861)刻本　一冊　存五卷(一至五)

440000－2541－0005910　14671
陶淵明集八卷首一卷末一卷　(晉)陶潛撰　清光緒六年(1880)刻三色套印本　四冊

440000－2541－0005911　14672
靖節先生集十卷　(晉)陶潛撰　**諸本序錄一卷諸本評陶彙輯一卷**　(清)陶澍輯　**年譜考異二卷**　(清)陶澍撰　清光緒九年(1883)江蘇書局刻本　四冊

440000－2541－0005912　14673
靖節先生集十卷　(晉)陶潛撰　**諸本序錄一卷諸本評陶彙輯一卷**　(清)陶澍輯　**年譜考異二卷**　(清)陶澍撰　清光緒九年(1883)江蘇書局刻本　三冊　存十一卷(三至十、諸本評陶彙輯一卷、年譜考異二卷)

440000－2541－0005913　14674
陶淵明集八卷首一卷末一卷　(晉)陶潛撰　清光緒五年(1879)廣州翰墨園刻朱墨套印本　二冊

440000－2541－0005914　14675
陶淵明集八卷首一卷末一卷　(晉)陶潛撰　清光緒五年(1879)廣州翰墨園刻本　二冊

440000－2541－0005915　14683
箋注陶淵明集十卷　(晉)陶潛撰　清宣統三年至民國二年(1911－1913)貴池劉氏玉海堂刻本　四冊

440000－2541－0005916　14686
陶詩集注四卷　(清)詹夔錫輯　**東坡和陶詩一卷**　(宋)蘇軾撰　清刻本　一册

440000－2541－0005917　14688
陶淵明詩一卷雜文一卷　(晉)陶潛撰　清影印本　一册

440000－2541－0005918　14689
陶淵明詩一卷雜文一卷　(晉)陶潛撰　清光緒元年(1875)刻本　一册

440000－2541－0005919　14690
陶淵明集十卷　(晉)陶潛撰　清道光二十二年(1842)楊霈刻本　二册

440000－2541－0005920　14694
傅鶉觚集五卷　(晉)傅玄撰　(清)方濬師輯　**校勘記一卷**　(清)方濬師撰　清光緒二年(1876)廣州書局刻本　二册

440000－2541－0005921　14695
晉王右軍集二卷　(晉)王羲之撰　清光緒五年(1879)彭懋謙信述堂刻漢魏六朝百三名家集本　二册

440000－2541－0005922　14712
庾子山集十六卷總釋一卷　(北周)庾信撰　(清)倪璠注　**年譜一卷庾氏世系圖一卷**　(清)倪璠輯　清道光十九年(1839)刻本　四册　存五卷(一至五)

440000－2541－0005923　14714
庾子山集十六卷總釋一卷　(北周)庾信撰　(清)倪璠注　**年譜一卷庾氏世系圖一卷**　(清)倪璠輯　清同治八年(1869)刻本　十二册

440000－2541－0005924　14715
庾子山集十六卷總釋一卷　(北周)庾信撰　(清)倪璠注　**年譜一卷庾氏世系圖一卷**　(清)倪璠輯　清同治八年(1869)刻本　十二册

440000－2541－0005925　14716
庾子山集十六卷總釋一卷　(北周)庾信撰　(清)倪璠注　**年譜一卷庾氏世系圖一卷**　(清)倪璠輯　清同治八年(1869)刻本　八册

440000－2541－0005926　14717
庾子山集十六卷總釋一卷　(北周)庾信撰　(清)倪璠注　**年譜一卷庾氏世系圖一卷**　(清)倪璠輯　清刻本　十册

440000－2541－0005927　14718
庾子山集十六卷總釋一卷　(北周)庾信撰　(清)倪璠注　**年譜一卷庾氏世系圖一卷**　(清)倪璠輯　清刻本　十二册

440000－2541－0005928　14719
庾子山集十六卷總釋一卷　(北周)庾信撰　(清)倪璠注　**年譜一卷庾氏世系圖一卷**　(清)倪璠輯　清光緒二十年(1894)儒雅堂刻本　十二册

440000－2541－0005929　14720
庾子山集十六卷總釋一卷　(北周)庾信撰　(清)倪璠注　**年譜一卷庾氏世系圖一卷**　(清)倪璠輯　清光緒二十年(1894)儒雅堂刻本　十二册

440000－2541－0005930　14721
庾子山集十六卷總釋一卷　(北周)庾信撰　(清)倪璠注　**年譜一卷庾氏世系圖一卷**　(清)倪璠輯　清光緒二十八年(1902)金陵書局刻本　十二册

440000－2541－0005931　14724
庾子山集十六卷總釋一卷　(北周)庾信撰　(清)倪璠注　**年譜一卷庾氏世系圖一卷**　(清)倪璠輯　清光緒二十年(1894)儒雅堂刻本　十二册

440000－2541－0005932　14727
徐孝穆全集六卷　(南朝陳)徐陵撰　(清)吴兆宜箋注　清光緒十八年(1892)善化經濟書堂刻本　三册

440000－2541－0005933　14728
徐孝穆全集六卷　(南朝陳)徐陵撰　(清)吴兆宜箋注　清光緒十八年(1892)善化經濟書堂刻本　三册

440000－2541－0005934　14729
徐孝穆全集六卷　（南朝陳）徐陵撰　（清）吳兆宜箋注　**備考一卷**　（清）徐文炳輯　清光緒二年（1876）廣東翰墨園刻本　三册

440000－2541－0005935　14730
徐孝穆全集六卷　（南朝陳）徐陵撰　（清）吳兆宜箋注　**備考一卷**　（清）徐文炳輯　清初揚州藝古堂刻本　三册

440000－2541－0005936　14731
徐孝穆全集六卷　（南朝陳）徐陵撰　（清）吳兆宜箋注　**備考一卷**　（清）徐文炳輯　清初揚州藝古堂刻本　四册

440000－2541－0005937　14732
徐孝穆全集六卷　（南朝陳）徐陵撰　（清）吳兆宜箋注　**備考一卷**　（清）徐文炳輯　清初揚州藝古堂刻本　三册

440000－2541－0005938　14734
華陽陶隱居集二卷　（南朝梁）陶弘景撰　（清）嚴可均輯　**華陽陶隱居内傳三卷**　（宋）賈嵩撰　清光緒二十九年（1903）長沙葉氏刻觀古堂彙刻書本　一册

440000－2541－0005939　14735
梁元帝集不分卷　（南朝梁）元帝蕭繹撰　清光緒十八年（1892）刻本　一册

440000－2541－0005940　14751
初唐四傑集三十七卷　（清）項家達輯　清同治十二年（1873）鄒氏叢雅居刻本　十册

440000－2541－0005941　14754
初唐四傑集三十七卷　（清）項家達輯　清同治十二年（1873）鄒氏叢雅居刻本　八册

440000－2541－0005942　14755
初唐四傑集三十七卷　（清）項家達輯　清同治十二年（1873）鄒氏叢雅居刻本　八册

440000－2541－0005943　14756
初唐四傑集三十七卷　（清）項家達輯　清同治十二年（1873）鄒氏叢雅居刻本　八册

440000－2541－0005944　14757
唐文粹補遺二十六卷　（清）郭麐輯　清光緒十一年（1885）江蘇書局刻本　四册

440000－2541－0005945　14758
唐文粹一百卷　（宋）姚鉉輯　清光緒九年（1883）江蘇書局刻本　三册

440000－2541－0005946　14761
文粹一百卷　（宋）姚鉉輯　**補遺二十六卷**　（清）郭麐輯　清光緒十六年（1890）杭州許氏榆園刻本　二十册

440000－2541－0005947　14762
文粹一百卷　（宋）姚鉉輯　**補遺二十六卷**　（清）郭麐輯　清光緒十六年（1890）杭州許氏榆園刻本　二十册

440000－2541－0005948　14763
唐人五十家小集　（清）江標輯　清光緒二十一年（1895）元和江氏靈鶼閣刻本　十六册

440000－2541－0005949　14764
唐人五十家小集　（清）江標輯　清光緒二十一年（1895）元和江氏靈鶼閣刻本　十六册

440000－2541－0005950　14765
唐人五十家小集　（清）江標輯　清光緒二十一年（1895）元和江氏靈鶼閣刻本　十六册

440000－2541－0005951　14766
欽定全唐文一千卷總目三卷　（清）董誥等輯　清嘉慶十九年（1814）內府刻本　八十三册
存四百五十三卷（一百五十九至一百六十二、一百六十七至一百七十六、一百八十一至一百九十三、二百三至二百七、二百三十四至二百五十一、二百五十九至三百五十七、三百六十四至四百五十六、五百三十四至五百七十五、六百三十一至七百二十一、七百三十四至七百三十八、七百五十七至七百八十二、八百四至八百六、九百四十八至九百九十一）

440000－2541－0005952　14767
唐人三家集　（清）秦恩復編　清宣統三年（1911）藏古圖書館影印本　八册

440000－2541－0005953　42397

康熙字典十二集檢字一卷等韻一卷備考一卷補遺一卷　(清)張玉書等撰　清光緒十九年(1893)上海實文書局石印本　六冊

440000－2541－0005954　14768
唐人三家集　(清)秦恩復編　清嘉慶至道光江都秦氏石研齋影宋刻道光十年(1830)彙印本　六冊

440000－2541－0005955　14770
唐人合集二十八卷　(清)□□輯　清光緒十年(1884)上海同文書局石印本　四冊

440000－2541－0005956　14775
王子安集注二十卷首一卷末一卷　(唐)王勃撰　(清)蔣清翊注　清光緒九年(1883)吳縣蔣氏雙唐碑館刻本　六冊

440000－2541－0005957　14776
王子安集注二十卷首一卷末一卷　(唐)王勃撰　(清)蔣清翊注　清光緒九年(1883)吳縣蔣氏雙唐碑館刻本　八冊

440000－2541－0005958　14777
孫可之文集十卷　(唐)孫樵撰　清光緒二年(1876)刻三唐人集本　一冊

440000－2541－0005959　14778
孫可之文集二卷　(唐)孫樵撰　清宣統二年(1910)守政書局木活字印本　二冊

440000－2541－0005960　14781
重刊五百家注音辯昌黎先生文集四十卷　(唐)韓愈撰　(宋)魏仲舉輯注　清刻本　十二冊

440000－2541－0005961　14782
昌黎先生集四十卷遺文一卷　(唐)韓愈撰　(唐)李漢編　清光緒十五年(1889)粵東刻本　八冊

440000－2541－0005962　14783
昌黎先生集四十卷遺文一卷　(唐)韓愈撰　(唐)李漢編　清光緒十五年(1889)粵東刻本　八冊

440000－2541－0005963　14784
昌黎先生集四十卷遺文一卷　(唐)韓愈撰　(唐)李漢編　清光緒十五年(1889)粵東刻本　八冊

440000－2541－0005964　14786
昌黎先生集四十卷外集十卷遺文一卷集傳一卷　(唐)韓愈撰　(唐)李漢編　**韓集點勘四卷**　(清)陳景雲撰　清宣統二年(1910)掃葉山房石印本　十二冊

440000－2541－0005965　14787
昌黎先生集四十卷外集十卷遺文一卷集傳一卷　(唐)韓愈撰　(唐)李漢編　**韓集點勘四卷**　(清)陳景雲撰　清宣統三年(1911)上海鴻文書局、千頃堂書局石印本　十冊

440000－2541－0005966　14790
昌黎先生集四十卷外集十卷遺文一卷集傳一卷　(唐)韓愈撰　(唐)李漢編　**韓集點勘四卷**　(清)陳景雲撰　清同治八年至九年(1869－1870)江蘇書局刻本　十一冊

440000－2541－0005967　14791
昌黎先生集四十卷外集十卷遺文一卷集傳一卷　(唐)韓愈撰　(唐)李漢編　**韓集點勘四卷**　(清)陳景雲撰　清同治八年至九年(1869－1870)江蘇書局刻本　十冊

440000－2541－0005968　14792
昌黎先生集四十卷外集十卷遺文一卷集傳一卷　(唐)韓愈撰　(唐)李漢編　**韓集點勘四卷**　(清)陳景雲撰　清同治八年至九年(1869－1870)江蘇書局刻本　十六冊

440000－2541－0005969　14793
朱文公校昌黎先生文集四十卷外集十卷　(唐)韓愈撰　(明)朱吾弼重輯　明萬曆光裕堂刻本　二十四冊

440000－2541－0005970　14796
讀書堂杜工部文集註解二卷　(唐)杜甫撰　(清)張溍評注　清末至民國初石印本　一冊

440000－2541－0005971　14798
讀書堂杜工部文集註解二卷諸家論杜一卷　(唐)杜甫撰　(清)張溍評注　清刻本　二冊

440000－2541－0005972　14801
杜工部集二十卷年譜一卷諸家詩話一卷唱酬題詠一卷附録一卷　(唐)杜甫撰　(清)錢謙益箋注　清宣統三年(1911)時中書局石印本　八册

440000－2541－0005973　14802
杜工部集二十卷年譜一卷諸家詩話一卷唱酬題詠一卷附録一卷　(唐)杜甫撰　(清)錢謙益箋注　清宣統三年(1911)時中書局石印本　一册　存四卷(年譜一卷、諸家詩話一卷、唱酬題詠一卷、附録一卷)

440000－2541－0005974　14803
杜工部集二十卷首一卷　(唐)杜甫撰　(明)王世貞等評　清光緒二年(1876)粤東翰墨園刻六色套印本　十册

440000－2541－0005975　14805
新雕校證大字白氏諷諫一卷　(唐)白居易撰　清光緒十九年(1893)影宋刻本　一册

440000－2541－0005976　14806
新雕校證大字白氏諷諫一卷　(唐)白居易撰　清光緒十九年(1893)影宋刻本　一册

440000－2541－0005977　14807
玉谿生詩詳註六卷首一卷樊南文集詳註八卷首一卷　(唐)李商隱撰　(清)馮浩注　清乾隆四十五年(1780)刻同治七年(1868)馮寶圻補刻本　六册

440000－2541－0005978　14810
顔魯公文集十五卷補遺一卷　(唐)顔真卿撰　清嘉慶七年(1802)顔崇槼刻本　二册

440000－2541－0005979　14812
顔魯公文集三十卷世系表一卷補遺一卷　(唐)顔真卿撰　**顔魯公[真卿]年譜一卷**　(清)黄本驥撰　清道光二十五年(1845)刻三長物齋叢書本　十二册

440000－2541－0005980　14813
武英殿聚珍版書一百四十九種　(清)紀昀等編　清光緒二十五年(1899)廣雅書局刻本　六十二册　存九種

440000－2541－0005981　14814
武英殿聚珍版書一百四十九種　(清)紀昀等編　清光緒二十五年(1899)廣雅書局刻本　二十七册　存三種

440000－2541－0005982　14822
三唐人集　(清)馮焌光編　清光緒元年至二年(1875－1876)南海馮氏讀有用書齋刻本　四册

440000－2541－0005983　14823
河東先生文集六卷　(唐)柳宗元撰　清宣統二年(1910)上海會文堂石印本　六册

440000－2541－0005984　14824
柳文四十三卷别集二卷外集二卷附録一卷　(唐)柳宗元撰　(唐)劉禹錫輯　清刻本　八册

440000－2541－0005985　14825
曲江集考證二卷年譜一卷　(清)溫汝适撰　清嘉慶二十二年(1817)刻本　二册

440000－2541－0005986　14831
柳柳州集四卷　(唐)柳宗元撰　清同治九年(1870)退補齋刻朱印本　一册

440000－2541－0005987　14832
柳文四十三卷别集二卷外集二卷首一卷附録一卷　(唐)柳宗元撰　(唐)劉禹錫輯　清道光楊季鸞刻同治七年(1868)廷桂增補本　六册

440000－2541－0005988　14835
王右丞集二十八卷首一卷末一卷　(唐)王維撰　(清)趙殿成箋注　清刻本　十二册

440000－2541－0005989　14836
王右丞集二十八卷首一卷末一卷　(唐)王維撰　(清)趙殿成箋注　清刻本　十二册

440000－2541－0005990　14840
王右丞集二十八卷首一卷末一卷　(唐)王維撰　(清)趙殿成箋注　清刻本　十册

440000－2541－0005991　14845
李太白文集三十卷　(唐)李白撰　(宋)宋敏

求輯　清光緒十四年(1888)湖北官書處刻本　四册

440000－2541－0005992　14849
李太白全集十六卷　(唐)李白撰　(清)李調元　(清)鄧在珩編訂　清乾隆二十九年(1764)刻道光十三年(1833)印本　六册

440000－2541－0005993　14851
李翰林集三十卷首一卷　(唐)李白撰　清光緒三十二年(1906)吴隱影宋刻本　六册

440000－2541－0005994　14852
樊南文集詳注八卷　(唐)李商隱撰　(清)馮浩注　清乾隆四十五年(1780)馮氏德聚堂刻同治七年(1868)補刻本　四册

440000－2541－0005995　14853
樊南文集詳注八卷　(唐)李商隱撰　(清)馮浩注　清乾隆四十五年(1780)馮氏德聚堂刻同治七年(1868)補刻本　四册

440000－2541－0005996　14854
樊南文集詳注八卷　(唐)李商隱撰　(清)馮浩注　清乾隆四十五年(1780)馮氏德聚堂刻同治七年(1868)補刻本　四册

440000－2541－0005997　14855
樊南文集補編十二卷首一卷附錄一卷　(唐)李商隱撰　(清)錢振倫箋　(清)錢振常注　清同治五年(1866)吴棠望三益齋刻本　四册

440000－2541－0005998　14856
樊南文集補編十二卷首一卷附錄一卷　(唐)李商隱撰　(清)錢振倫箋　(清)錢振常注　清同治五年(1866)吴棠望三益齋刻本　四册

440000－2541－0005999　14866
武英殿聚珍版書一百四十九種　(清)紀昀等編　清光緒二十五年(1899)廣雅書局刻本　三百八十九册　存七十四種

440000－2541－0006000　14868
武英殿聚珍版書一百三十二種　(清)紀昀等編　清乾隆四十二年(1777)福建刻道光至同治遞修本　四十七册　存十一種

440000－2541－0006001　14869
結一廬朱氏賸餘叢書四種　(清)朱澂編　清光緒三十一年(1905)仁和朱氏刻本　十四册

440000－2541－0006002　14871
新刊權載之文集五十卷　(唐)權德輿撰　清刻本　十册

440000－2541－0006003　14877
陳伯玉文集三卷詩集二卷首一卷附錄一卷　(唐)陳子昂撰　清咸豐四年(1854)刻本　四册

440000－2541－0006004　14878
沈下賢文集十二卷　(唐)沈亞之撰　清光緒二十一年(1895)善化童光漢刻本　二册

440000－2541－0006005　14884
陳子昂先生全集六卷　(唐)陳子昂撰　清道光十七年(1837)刻本　三册

440000－2541－0006006　14885
李文公集十八卷補遺一卷附錄一卷　(唐)李翺撰　清光緒元年(1875)南海馮氏讀有用書齋刻三唐人集本　四册

440000－2541－0006007　14887
南宋群賢小集七十三種附一種　(宋)陳起編　(清)顧修重編　清嘉慶六年(1801)石門顧氏讀畫齋刻本　三十二册

440000－2541－0006008　14888
南宋文範七十卷外編四卷作者考二卷　(清)莊仲方輯　清光緒十四年(1888)江蘇書局刻本　十六册

440000－2541－0006009　14889
南宋文範七十卷外編四卷作者考二卷　(清)莊仲方輯　清光緒十四年(1888)江蘇書局刻本　十六册

440000－2541－0006010　14892
南宋文錄錄二十四卷　(清)董兆熊輯　清光緒十七年(1891)蘇州書局刻本　五册　存二十卷(一至二十)

440000－2541－0006011　14893

宋文鑑一百五十卷目錄三卷　(宋)呂祖謙輯　清光緒十二年(1886)江蘇書局刻本　二十四冊

440000－2541－0006012　14895
三宋人集　(清)方功惠輯　清光緒七年(1881)巴陵方氏碧琳琅館刻本　六冊

440000－2541－0006013　14896
宋文鑑一百五十卷目錄三卷　(宋)呂祖謙輯　清光緒十二年(1886)江蘇書局刻本　二十四冊

440000－2541－0006014　14898
徐騎省集三十卷補遺一卷　(宋)徐鉉撰　**札記一卷**　朱孔彰撰　清光緒十七年(1891)黟縣李氏金陵書局刻本　六冊

440000－2541－0006015　14899
李刻徐騎省集校勘記二卷補遺一卷續補遺一卷　(清)王錫元　(清)李鴻年撰　清光緒十七年(1891)刻本　二冊

440000－2541－0006016　14900
鐔津文集十九卷首一卷　(宋)釋契嵩撰　清光緒二十八年(1902)揚州藏經院刻本　四冊

440000－2541－0006017　14904
鐔津文集十九卷首一卷　(宋)釋契嵩撰　清末至民國抄本　四冊

440000－2541－0006018　14905
宋李忠定文集三十九卷年譜一卷奏議六十九卷擬撰表本一卷建炎擬詔一卷擬制詔四卷(宋)李綱撰　清光緒二十九年至三十四年(1903－1908)湖南愛日堂刻本　二十六冊

440000－2541－0006019　14906
鶴山文鈔三十二卷周禮折衷四卷師友雅言一卷　(宋)魏了翁撰　清同治十三年(1874)吳棠望三益齋刻本　十六冊

440000－2541－0006020　14907
鶴山文鈔三十二卷周禮折衷四卷師友雅言一卷　(宋)魏了翁撰　清同治十三年(1874)吳棠望三益齋刻本　十四冊　存三十五卷(文鈔三十二卷、周禮折衷一至三)

440000－2541－0006021　14908
游廌山先生集六卷首一卷　(宋)游酢撰　清刻本　四冊

440000－2541－0006022　14909
後山先生集二十四卷首一卷　(宋)陳師道撰　清光緒十一年(1885)番禺陶福祥愛廬刻本　四冊

440000－2541－0006023　14910
後山先生集二十四卷首一卷　(宋)陳師道撰　清光緒十一年(1885)番禺陶福祥愛廬刻本　六冊

440000－2541－0006024　14911
後山先生集二十四卷首一卷　(宋)陳師道撰　清光緒十一年(1885)番禺陶福祥愛廬刻本　六冊

440000－2541－0006025　14913
武英殿聚珍版書一百三十二種　(清)紀昀等編　清乾隆四十二年(1777)福建刻道光至同治遞修本　三百五十冊　存一百八種

440000－2541－0006026　14916
宛陵先生文集六十卷　(宋)梅堯臣撰　清宣統二年(1910)滬上影印本　十冊

440000－2541－0006027　14917
宛陵先生文集六十卷　(宋)梅堯臣撰　清宣統二年(1910)滬上影印本　十冊

440000－2541－0006028　14920
武英殿聚珍版叢書五十四種　(清)紀昀等編　清刻同治十三年(1874)江西書局重修本　一百二十冊　存四十七種

440000－2541－0006029　14921
武英殿聚珍版叢書五十四種　(清)紀昀等編　清刻同治十三年(1874)江西書局重修本　十三冊　存七種

440000－2541－0006030　14922
陸象山先生全集三十六卷　(宋)陸九淵撰　(清)李紱點次　**學則辯一卷**　(明)徐階撰

清道光三年(1823)金谿陸邦瑞槐堂書齋刻本　十二冊

440000－2541－0006031　14930
歐陽文忠公全集一百五十三卷附錄五卷　(宋)歐陽修撰　**年譜一卷**　(宋)胡柯撰　清嘉慶二十四年(1819)歐陽衡刻本　二十四冊

440000－2541－0006032　14931
歐陽文忠公全集一百五十三卷附錄五卷　(宋)歐陽修撰　**年譜一卷**　(宋)胡柯撰　清嘉慶二十四年(1819)歐陽衡刻本　二十六冊

440000－2541－0006033　14932
歐陽文忠公全集一百五十三卷首一卷附錄五卷　(宋)歐陽修撰　清光緒十九年(1893)滄雅書局刻本　三十冊

440000－2541－0006034　14935
宋大家歐陽文忠公文抄三十二卷　(宋)歐陽修撰　(明)茅坤批評　清刻本　六冊　存十一卷(一至三、二十五至三十二)

440000－2541－0006035　14939
六一居士全集錄五卷外集錄二卷　(宋)歐陽修撰　(清)儲欣錄　清遺清堂刻本　四冊

440000－2541－0006036　14949
宋大家曾文定公文抄十卷　(宋)曾鞏撰　(明)茅坤批評　清刻本　四冊

440000－2541－0006037　14950
南豐先生元豐類稿五十卷　(宋)曾鞏撰　**集外文二卷**　(宋)曾鞏撰　(清)顧崧齡輯　**續附南豐先生行狀碑誌哀挽一卷**　(宋)曾肇等撰　清光緒刻本　十二冊

440000－2541－0006038　14955
司馬溫公文集八十二卷　(宋)司馬光撰　清刻本　二十四冊

440000－2541－0006039　14956
岳忠武王文集八卷首一卷末一卷　(宋)岳飛撰　清光緒十三年(1887)粵東景岳書屋刻本　四冊

440000－2541－0006040　14957
岳忠武王文集八卷首一卷末一卷　(宋)岳飛撰　(清)黃邦寧輯　清光緒十二年(1886)上海簡玉山房刻本　四冊

440000－2541－0006041　14958
司馬溫公文集十四卷　(宋)司馬光撰　(清)張伯行重訂　清光緒七年(1881)刻本　六冊

440000－2541－0006042　14959
胡澹庵先生文集三十二卷　(宋)胡銓撰　清道光十三年(1833)胡芳秋等刻本　八冊

440000－2541－0006043　14960
岳忠武王文集八卷首一卷末一卷　(宋)岳飛撰　清道光二十七年(1847)揚州刻本　四冊

440000－2541－0006044　14964
黃勉齋先生文集八卷　(宋)黃榦撰　清道光二十六年(1846)歙縣洪錫謙刻洪刻五種本　四冊

440000－2541－0006045　14965
岳忠武王文集八卷首一卷末一卷　(宋)岳飛撰　清同治刻本　六冊

440000－2541－0006046　14966
韓集補注一卷　(唐)韓愈撰　(清)沈欽韓注　(清)胡承珙訂　清光緒十五年(1889)廣雅書局刻本　一冊

440000－2541－0006047　14973
宋大家蘇文忠公文抄二十八卷　(宋)蘇軾撰　(明)茅坤批評　清刻本　九冊　存二十三卷(一至九、十五至二十八)

440000－2541－0006048　14974
宋大家蘇文忠公文抄二十八卷　(宋)蘇軾撰　(明)茅坤批評　(明)茅著重訂　清刻本　十六冊

440000－2541－0006049　14975
東坡集四十卷後集二十卷奏議十五卷內制集十卷樂語一卷應詔集十卷外制集三卷續集十二卷　(宋)蘇軾撰　**校記二卷**　繆荃孫撰　**年譜一卷**　(宋)王宗稷撰　清光緒三十四年至宣統元年(1908－1909)端方寶華盦刻本

四十八册

440000－2541－0006050　14976
東坡集四十卷後集二十卷奏議十五卷內制集十卷樂語一卷應詔集十卷外制集三卷續集十二卷　(宋)蘇軾撰　**校記二卷**　繆荃孫撰　**年譜一卷**　(宋)王宗稷撰　清光緒三十四年至宣統元年(1908－1909)端方寶華盦刻本　四十八册

440000－2541－0006051　14978
居儋錄六卷首一卷　(宋)蘇軾撰　(清)劉鳳輝輯　清光緒二十一年(1895)刻本　四册　存五卷(一至四、首一卷)

440000－2541－0006052　14979
居儋錄六卷首一卷　(宋)蘇軾撰　(清)劉鳳輝輯　清光緒二十一年(1895)刻本　四册

440000－2541－0006053　14981
東坡先生全集錄九卷　(宋)蘇軾撰　(清)儲欣選　清遺清堂刻本　四册

440000－2541－0006054　14982
宋大家蘇文公文抄十卷　(宋)蘇洵撰　(明)茅坤評　清刻本　二册　存七卷(一至七)

440000－2541－0006055　14983
宋大家蘇文定公文抄二十卷　(宋)蘇轍撰　(明)茅坤批評　清刻本　八册

440000－2541－0006056　14984
宋大家王文公文抄十六卷　(宋)王安石撰　(明)茅坤批評　清刻本　八册

440000－2541－0006057　14988
廬陵周益國文忠公集二百卷首一卷附錄五卷末一卷　(宋)周必大撰　清道光二十八年(1848)刻咸豐元年(1851)廬陵歐陽棨續刻本　四十册

440000－2541－0006058　14989
廬陵周益國文忠公集二百卷首一卷附錄五卷末一卷　(宋)周必大撰　清道光二十八年(1848)刻咸豐元年(1851)廬陵歐陽棨續刻本　二十四册　存一百二十二卷(省齋文稿四十卷、省齋別稿十卷、詞科舊稿三卷、掖垣類稿七卷、玉堂類稿二十卷、政府應制稿一卷、歷官表奏十二卷、奏議十二卷、奉詔錄七卷、承明集十卷)

440000－2541－0006059　14991
羅鄂州小集六卷　(宋)羅願撰　**羅郢州遺文一卷**　(宋)羅頌撰　清光緒十九年(1893)黟縣李氏刻本　二册

440000－2541－0006060　14996
宋黄文節公文集正集三十二卷首四卷外集二十四卷首一卷別集十九卷首一卷　(宋)黄庭堅撰　**伐檀集二卷**　(宋)黄庶撰　清同治七年(1868)義寧黄氏冲和堂刻本　三十二册

440000－2541－0006061　14997
宋黄文節公文集正集三十二卷首四卷外集二十四卷首一卷別集十九卷首一卷　(宋)黄庭堅撰　**伐檀集二卷**　(宋)黄庶撰　清同治七年(1868)義寧黄氏冲和堂刻本　十六册

440000－2541－0006062　14999
宋黄文節公全集正集三十二卷首四卷外集二十四卷首一卷別集十九卷首一卷　(宋)黄庭堅撰　清光緒二十年(1894)義寧州署刻本　六册　存十八卷(正集十八至二十三、三十至三十二,首四卷;別集十至十三、首一卷)

440000－2541－0006063　15000
宋黄文節公全集正集三十二卷首四卷外集二十四卷首一卷別集十九卷首一卷　(宋)黄庭堅撰　**伐檀集二卷**　(宋)黄庶撰　清光緒二十年(1894)義寧州署刻本　八册　存二十七卷(正集十至十七、首一,外集六至二十、首一卷,伐檀集二卷)

440000－2541－0006064　15002
三蘇全集四種附一種　(宋)蘇洵等撰　清道光七年至十二年(1827－1832)眉州三蘇祠刻本　十五册　存二種

440000－2541－0006065　15004
止堂集十八卷　(宋)彭龜年撰　清福建刻武英殿聚珍版書本　二册

440000－2541－0006066　15005
止堂集十八卷　（宋）彭龜年撰　清光緒二十五年（1899）廣雅書局刻武英殿聚珍版書本　四冊

440000－2541－0006067　15011
晞髮遺集二卷補一卷　（宋）謝翺撰　**天地間集一卷**　（宋）謝翺輯　**西臺慟哭記注一卷冬青樹引注一卷**　（宋）謝翺撰　（明）張丁注　清末石印本　一冊

440000－2541－0006068　15016
粵雅堂叢書三集一百八十四種附五種　（清）伍崇曜編　清道光至光緒南海伍氏刻本　二百二十三冊　存一百六種

440000－2541－0006069　15021
姑溪居士文集五十卷後集二十卷　（宋）李之儀撰　清宣統三年（1911）金陵督運道署刻本　八冊

440000－2541－0006070　15097
宋少保信國公文文山先生全集十六卷首一卷　（宋）文天祥撰　（清）文光裕等輯　清道光二十五年（1845）文星見、文星輝刻本　十六冊

440000－2541－0006071　15099
王臨川全集一百卷　（宋）王安石撰　清光緒九年（1883）刻本　十六冊

440000－2541－0006072　15100
王臨川文集四卷　（宋）王安石撰　清宣統二年（1910）上海會文堂書局石印本　四冊

440000－2541－0006073　15105
陸放翁全集六種　（宋）陸游撰　清刻本　四十八冊

440000－2541－0006074　15110
心史二卷　（宋）鄭思肖撰　清刻本　二冊

440000－2541－0006075　15113
小萬卷樓叢書十八種　（清）錢培名編　清光緒四年（1878）金山錢氏刻本　四冊　存三種

440000－2541－0006076　15114
鐵函心史二卷　（宋）鄭思肖撰　清光緒二十年（1894）刻本　四冊

440000－2541－0006077　15115
明辨齋叢書五集三十二種附三種　（清）余肇鈞編　清咸豐至同治長沙余氏明辨齋刻本　四冊　存六種

440000－2541－0006078　15118
龍川文集三十卷　（宋）陳亮撰　**補遺一卷附錄二卷**　（清）應寶時輯　**札記一卷**　（清）應寶時撰　清同治八年（1869）永康應寶時刻本　八冊

440000－2541－0006079　15119
龍川文集三十卷　（宋）陳亮撰　**辨譌考異二卷**　（清）胡鳳丹撰　**附錄二卷**　清光緒元年（1875）湖北崇文書局刻本　十冊

440000－2541－0006080　15121
東坡尺牘一卷東坡詞鈔一卷　（宋）蘇軾撰　**山谷尺牘一卷山谷詞鈔一卷**　（宋）黃庭堅撰　清宣統元年（1909）石印本　四冊

440000－2541－0006081　15131
艮齋先生薛常州浪語集三十五卷　（宋）薛季宣撰　清同治十一年（1872）瑞安孫氏詒善祠塾刻永嘉叢書本　六冊

440000－2541－0006082　15132
艮齋先生薛常州浪語集三十五卷　（宋）薛季宣撰　清同治十一年（1872）瑞安孫氏詒善祠塾刻永嘉叢書本　六冊

440000－2541－0006083　15144
蘇子美集十卷　（宋）蘇舜欽撰　清同治六年（1867）刻本　二冊

440000－2541－0006084　15148
屏山先生文集二十卷　（宋）劉子翬撰　（明）梁儲重訂　清光緒十二年（1886）刻本　四冊

440000－2541－0006085　15151
盤洲文集八十卷末一卷　（宋）洪适撰　清同治涇縣藤溪洪氏刻洪氏晦木齋叢書本　十二冊

440000－2541－0006086　15169
羅昭諫文抄一卷　（唐）羅隱撰　明末刻本　一冊

440000－2541－0006087　15170
羅昭諫集八卷　（唐）羅隱撰　清道光刻本　二冊

440000－2541－0006088　15172
黄青社先生伐檀集二卷　（宋）黄庶撰　清同治雙井堂刻本　一冊

440000－2541－0006089　15176
胡少師總集六卷首一卷　（宋）胡舜陟撰　（清）胡培翬輯　**附録一卷**　（宋）胡舜申　（宋）胡偉撰　清道光抄本　四冊

440000－2541－0006090　15182
深寧先生文鈔八卷　（宋）王應麟撰　**年譜一卷**　（清）陳僅纂輯　（清）張恕編次　清道光九年（1829）葉熊刻本　一冊

440000－2541－0006091　15183
稼軒集鈔存四卷首一卷稼軒詞四卷補遺一卷　（宋）辛棄疾撰　（清）辛啟泰輯　清嘉慶十六年（1811）刻本　六冊

440000－2541－0006092　15184
梁溪先生文集一百八十卷附録六卷　（宋）李綱撰　清道光刻本　四十冊

440000－2541－0006093　15186
安陸集一卷　（宋）張先撰　**曾樂軒稿一卷**　（宋）張維撰　**復古編二卷**　（宋）張有撰　清光緒八年（1882）淮南書局刻本　一冊

440000－2541－0006094　15187
水心先生别集十六卷　（宋）葉適撰　清同治九年（1870）刻本　二冊

440000－2541－0006095　15188
鄱陽集四卷拾遺一卷附録一卷松漠紀聞一卷續一卷補遺一卷考異一卷　（宋）洪皓撰　清同治九年（1870）涇縣三瑞堂刻本　一冊

440000－2541－0006096　15189
鄱陽集四卷　（宋）洪皓撰　清末至民國抄本　一冊

440000－2541－0006097　15190
海瓊白真人全集十卷　（宋）白玉蟾撰　清同治八年（1869）刻本　十冊

440000－2541－0006098　15194
金文雅十六卷作者考一卷　（清）莊仲方輯　清光緒十七年（1891）江蘇書局刻本　四冊

440000－2541－0006099　15195
金文雅十六卷作者考一卷　（清）莊仲方輯　清光緒十七年（1891）江蘇書局刻本　四冊

440000－2541－0006100　15196
金文雅十六卷作者考一卷　（清）莊仲方輯　清光緒十七年（1891）江蘇書局刻本　四冊

440000－2541－0006101　15197
金文雅十六卷作者考一卷　（清）莊仲方輯　清光緒十七年（1891）江蘇書局刻本　四冊

440000－2541－0006102　15198
金文最一百二十卷首一卷　（清）張金吾輯　清光緒八年（1882）南海伍氏粤雅堂刻本　二十二冊

440000－2541－0006103　15199
金文最一百二十卷首一卷　（清）張金吾輯　清光緒八年（1882）南海伍氏粤雅堂刻本　三十六冊

440000－2541－0006104　15202
金文最一百二十卷首一卷　（清）張金吾輯　清光緒二十一年（1895）蘇州書局刻本　十四冊　存一百十二卷（一至三、九至三十三、三十七至一百二十）

440000－2541－0006105　15209
遼文萃七卷藝文志補證一卷西夏文綴二卷藝文志一卷　（清）王仁俊輯　清光緒三十年（1904）無冰閣鉛印本　一冊

440000－2541－0006106　15218
元文類七十卷目錄三卷　（元）蘇天爵輯　清光緒十五年（1889）江蘇書局刻本　十冊

440000－2541－0006107　15219

元文類七十卷目錄三卷　(元)蘇天爵輯　清光緒十五年(1889)江蘇書局刻本　九冊　存六十七卷(七至七十、目錄三卷)

440000－2541－0006108　15225
鐵厓樂府註十卷逸篇注八卷詠史注八卷　(元)楊維楨撰　(清)樓卜瀍注　清宣統二年(1910)掃葉山房石印本　十冊

440000－2541－0006109　15230
許文正公遺書十二卷首一卷末一卷　(元)許衡撰　清光緒六年(1880)六安求我齋刻本　六冊

440000－2541－0006110　15238
余忠宣公青陽集五卷　(元)余闕撰　清道光元年(1821)刻本　二冊

440000－2541－0006111　15250
梧溪集七卷補遺一卷困學齋雜錄一卷　(元)王逢撰　清同治十三年(1874)思補樓刻本　八冊

440000－2541－0006112　15251
陳定宇先生文集十六卷別集一卷　(元)陳櫟撰　(清)陳嘉基訂　清康熙刻本　二冊　存三卷(十至十二)

440000－2541－0006113　15256
清閟閣全集十二卷　(元)倪瓚撰　清光緒二十一年(1895)武進盛氏刻朱印本　六冊

440000－2541－0006114　15257
續軒渠集十卷補遺一卷附錄一卷　(元)洪希文撰　**杏庭摘稿一卷**　(元)洪焱祖撰　清光緒六年(1880)杉直槐清館刻洪氏晦木齋叢書本　二冊

440000－2541－0006115　15264
許魯齋先生集六卷　(元)許衡撰　清同治五年(1866)福州正誼書局刻正誼堂全書本　一冊

440000－2541－0006116　15265
剡源文鈔四卷佚文一卷　(元)戴表元撰　(清)黃宗羲選　(清)何焯評　清光緒十五年(1889)刻本　二冊

440000－2541－0006117　15267
丹邱生集五卷附錄一卷　(元)柯九思撰　清光緒三十四年(1908)柯逢時息園刻本　四冊

440000－2541－0006118　15268
湛然居士文集四卷　(元)耶律楚材撰　清抄本　一冊

440000－2541－0006119　15269
歐陽文公圭齋集十五卷首一卷附錄一卷　(元)歐陽玄撰　清道光十四年(1834)歐陽傑、歐陽棨刻本　六冊

440000－2541－0006120　15271
明文在一百卷　(清)薛熙纂　(清)何潔輯　清光緒十五年(1889)江蘇書局刻本　十冊

440000－2541－0006121　15272
明文在一百卷　(清)薛熙纂　(清)何潔輯　清光緒十五年(1889)江蘇書局刻本　十冊

440000－2541－0006122　15273
明文在一百卷　(清)薛熙纂　(清)何潔輯　清光緒十五年(1889)江蘇書局刻本　十冊

440000－2541－0006123　15275
明文才調集二卷　(清)許振禕輯　清光緒十八年(1892)上海廣百宋齋鉛印本　二冊

440000－2541－0006124　15278
葛中翰遺集十二卷首一卷　(明)葛麟撰　(清)葛培義　(清)聞福圻輯　**年譜一卷**　(清)葛暾　(清)葛暐輯　清光緒十六年(1890)湘鄉葛氏等刻本　六冊

440000－2541－0006125　15279
碩薖園集十卷　(明)蒲秉權撰　清蒲蔭枚刻本　七冊　存九卷(二至十)

440000－2541－0006126　15280
竹巖集十八卷補遺一卷續補遺一卷附錄一卷　(明)柯潛撰　(清)柯維騏校輯　清光緒十四年(1888)莆田柯氏刻本　四冊

440000－2541－0006127　15281
南川冰蘖全集十二卷首一卷末一卷　(明)林

光撰　清咸豐元年(1851)刻本　八册

440000－2541－0006128　15282
南川冰蘗全集十二卷首一卷末一卷　(明)林光撰　清咸豐元年(1851)刻本　八册

440000－2541－0006129　15283
北海亭集八卷外編一卷　(明)鹿化麟撰　(清)孫奇逢輯　清道光四年(1824)范陽鹿亢宗刻本　五册

440000－2541－0006130　15284
史忠正公集四卷首一卷末一卷　(明)史可法撰　(清)史山清輯　清咸豐六年(1856)史兆霖刻本　三册

440000－2541－0006131　15285
汲古堂集二十八卷　(明)何白撰　清道光十六年(1836)東甌魯氏刻本　八册

440000－2541－0006132　15286
倪文僖公集三十二卷補遺一卷　(明)倪謙撰　清光緒二十六年(1900)錢塘丁氏刻本　六册

440000－2541－0006133　15287
吹劍集十二卷　(明)蘇葵撰　(清)蘇榕輯　(清)蘇奉猷編　清光緒六年(1880)順德蘇氏刻本　六册

440000－2541－0006134　15288
吹劍集十二卷　(明)蘇葵撰　(清)蘇榕輯　(清)蘇奉猷編　清光緒六年(1880)順德蘇氏刻本　五册

440000－2541－0006135　15292
夏節愍全集十卷首一卷末一卷補遺一卷續補遺一卷　(明)夏完淳撰　(清)莊師洛輯　(清)陳均　(清)何其偉編　清嘉慶十二年(1807)刻本　四册

440000－2541－0006136　15293
夏節愍全集十卷首一卷末一卷補遺一卷續補遺一卷　(明)夏完淳撰　(清)莊師洛輯　(清)陳均　(清)何其偉編　清嘉慶十二年(1807)刻本　二册

440000－2541－0006137　15294
夏節愍全集十卷首一卷末一卷補遺一卷續補遺一卷　(明)夏完淳撰　(清)莊師洛輯　(清)陳均　(清)何其偉編　清嘉慶十二年(1807)刻本　一册

440000－2541－0006138　15295
夏節愍全集十卷首一卷末一卷補遺一卷續補遺一卷　(明)夏完淳撰　(清)莊師洛輯　清光緒二十九年(1903)成都刻本　四册　存十二卷(全集十卷、首一卷、末一卷)

440000－2541－0006139　15296
震川先生集三十卷別集十卷　(明)歸有光撰　清光緒六年(1880)常熟歸氏刻本　十四册

440000－2541－0006140　15297
震川先生集三十卷別集十卷　(明)歸有光撰　清光緒六年(1880)常熟歸氏刻本　十六册

440000－2541－0006141　15298
小山類稿選二十卷　(明)張岳撰　**附張襄惠公行略一卷**　清刻本　六册

440000－2541－0006142　15299
聖雨齋詩集六卷文集四卷　(明)周拱辰撰　清道光三年(1823)刻本　三册

440000－2541－0006143　15300
王文成公全集十六卷　(明)王守仁撰　清道光六年(1826)湘潭王文德刻本　十六册

440000－2541－0006144　15301
王文成公全書三十八卷　(明)王守仁撰　清刻民國八年至十四年(1919－1925)補刻本　二十四册

440000－2541－0006145　15302
王文成公全書三十八卷　(明)王守仁撰　清刻民國八年至十四年(1919－1925)補刻本　十一册　存十九卷(二十至三十八)

440000－2541－0006146　15304
王文成公全書三十八卷　(明)王守仁撰　清刻民國八年至十四年(1919－1925)補刻民國十七年至十八年(1928－1929)再補刻本　二

十四册

440000－2541－0006147　15305
重訂楊園先生全集十九種附二種　（清）張履祥撰　（清）姚璉輯　（清）萬斛泉編　清同治十年（1871）江蘇書局刻本　十四册

440000－2541－0006148　15306
重訂楊園先生全集十九種附二種　（清）張履祥撰　（清）姚璉輯　（清）萬斛泉編　清同治十年（1871）江蘇書局刻本　九册　存十三種

440000－2541－0006149　15314
陳巖野先生全集四卷　（明）陳邦彦撰　（清）温汝能輯　清嘉慶十年（1805）順德温氏刻本　四册

440000－2541－0006150　15315
陳巖野先生全集四卷　（明）陳邦彦撰　（清）温汝能輯　清嘉慶十年（1805）順德温氏刻本　二册

440000－2541－0006151　15316
陳巖野先生全集四卷　（明）陳邦彦撰　（清）温汝能輯　清嘉慶十年（1805）順德温氏刻本　四册

440000－2541－0006152　15318
去僞齋集十卷附録一卷闕疑一卷　（明）吕坤撰　清道光七年（1827）開封府署刻本　十册

440000－2541－0006153　15320
栟櫚先生文集二十五卷　（宋）鄧肅撰　清道光三年（1823）刻本　四册

440000－2541－0006154　15321
始豐稿十四卷補遺一卷附録一卷　（明）徐一夔撰　清光緒二十年（1894）錢塘丁氏嘉惠堂刻本　四册

440000－2541－0006155　15322
遜志齋集七卷首一卷　（明）方孝孺撰　清同治三年（1864）刻本　八册

440000－2541－0006156　15323
方正學先生遜志齋集二十四卷拾補一卷外紀一卷校勘記一卷　（明）方孝孺撰　（清）張紹謙輯　**方正學先生年譜一卷方氏本末紀略一卷**　（明）盧演編　清同治十二年（1873）孫憙浙江省城刻本　十四册

440000－2541－0006157　15324
松石齋文集二十五卷　（明）趙用賢撰　清光緒二十八年（1902）刻本　八册

440000－2541－0006158　15327
徐文定公集四卷　（明）徐光啓撰　清光緒二十二年（1896）上海慈母堂鉛印本　一册

440000－2541－0006159　15328
增訂徐文定公集六卷首二卷　（明）徐光啓撰　清宣統元年（1909）上海慈母堂鉛印本　四册

440000－2541－0006160　15329
來禽館集二十九卷首一卷　（明）邢侗撰　清光緒十七年（1891）刻本　十册

440000－2541－0006161　15342
熊襄愍公集四卷　（明）熊廷弼撰　（清）朱澤楠輯　清同治三年（1864）刻本　一册

440000－2541－0006162　15343
熊襄愍公集四卷　（明）熊廷弼撰　（清）朱澤楠輯　清同治三年（1864）刻本　一册

440000－2541－0006163　15345
謝山存稿十卷　（明）陳吾德撰　清嘉慶十八年（1813）刻同治九年（1870）重修本　四册

440000－2541－0006164　15346
宋王忠文公全集五十卷　（宋）王十朋撰　（清）唐傳鉎輯　清光緒二年（1876）董史良、蔡保東刻本　十四册

440000－2541－0006165　15347
懷麓堂全集一百卷　（明）李東陽撰　清嘉慶八年（1803）茶陵李氏刻本　二十二册

440000－2541－0006166　15348
懷麓堂全集一百卷　（明）李東陽撰　清嘉慶八年（1803）茶陵李氏刻本　四十二册

440000－2541－0006167　15349
尹訥菴先生遺稿十卷首一卷　（明）尹昌隆撰

清光緒十二年(1886)泰和尹氏孝友堂刻本　一冊

440000－2541－0006168　15353
施忠愍公遺集七卷　(明)施邦曜撰　(清)沈復粲輯　清咸豐六年(1856)刻本　二冊　存五卷(三至七)

440000－2541－0006169　15356
邊華泉集八卷稿六卷　(明)邊貢撰　明嘉靖刻清嘉慶十年至咸豐元年(1805－1851)修補本　六冊　存十二卷(二至五、七至八,稿六卷)

440000－2541－0006170　15361
寶綸堂集十卷拾遺一卷　(清)陳洪綬撰　(清)陳字輯　清光緒十四年(1888)會稽董氏取斯堂木活字印本　七冊　存八卷(一至五、九至十,拾遺一卷)

440000－2541－0006171　15362
寶綸堂集十卷拾遺一卷　(清)陳洪綬撰　(清)陳字輯　清光緒十四年(1888)會稽董氏取斯堂木活字印本　八冊

440000－2541－0006172　15363
寶綸堂集十卷拾遺一卷　(清)陳洪綬撰　(清)陳字輯　清光緒十四年(1888)會稽董氏取斯堂木活字印本　八冊

440000－2541－0006173　15364
雪坡文集十二卷獨行詩集八卷醉吟詩集九卷　(明)萬節撰　(清)萬曰恭輯　**簷箕詩存附刻一卷**　(明)萬震撰　清光緒三年(1877)雍塘萬燕翼堂刻本　八冊

440000－2541－0006174　15365
孫忠靖公遺集七卷首一卷末一卷　(明)孫傳庭撰　清咸豐六年(1856)孫豐刻本　七冊

440000－2541－0006175　15366
來瞿唐先生日錄內篇六卷外篇七卷　(明)來知德撰　清道光十一年(1831)刻本　十一冊　存十卷(內篇六卷,外篇一至三、七)

440000－2541－0006176　15367
桴亭先生文集六卷補遺一卷詩集二卷行狀一卷　(明)陸世儀撰　**年譜一卷**　(清)凌錫祺編　清光緒二十五年(1899)京師刻本　六冊

440000－2541－0006177　15371
高子遺書十二卷附錄一卷　(明)高攀龍撰　**高忠憲公年譜一卷**　(明)華允誠輯　清光緒二年(1876)周士錦刻本　十二冊

440000－2541－0006178　15373
孫文恭公遺書七種　(明)孫應鼇撰　清宣統二年(1910)南陽官書局鉛印本　八冊

440000－2541－0006179　15375
重刻秫坡先生詩集八卷首一卷末一卷　(明)黎貞撰　(明)袁奎輯　清光緒元年(1875)黎華玉刻本　四冊

440000－2541－0006180　15376
重刻秫坡先生詩集八卷首一卷末一卷　(明)黎貞撰　(明)袁奎輯　清光緒元年(1875)黎華玉刻本　四冊

440000－2541－0006181　15377
邱文莊公集十卷　(明)丘濬撰　**海忠介公集六卷**　(明)海瑞撰　清同治十年(1871)刻本　十冊

440000－2541－0006182　15378
邱文莊公集十卷　(明)丘濬撰　**海忠介公集六卷**　(明)海瑞撰　清同治十年(1871)刻本　十冊

440000－2541－0006183　15379
西菴集八卷　(明)孫蕡撰　清道光十年(1830)刻本　六冊

440000－2541－0006184　15380
太師誠意伯劉文成公集二十卷首一卷　(明)劉基撰　清光緒二十六年(1900)浙江書局刻本　十冊

440000－2541－0006185　15381
太師誠意伯劉文成公集二十卷首一卷　(明)劉基撰　清光緒二十六年(1900)浙江書局刻本　十冊

440000－2541－0006186　15383
新刻張太岳先生詩集六卷文集四十一卷帝鑒圖說一卷　（明）張居正撰　清刻本　二十册

440000－2541－0006187　15385
酈海雪集箋十二卷　（明）酈露撰　（清）酈廷瑤箋　清咸豐元年（1851）綺錯樓刻本　四册

440000－2541－0006188　15386
酈海雪集箋十二卷　（明）酈露撰　（清）酈廷瑤箋　清咸豐元年（1851）綺錯樓刻本　四册

440000－2541－0006189　15387
酈海雪集箋十二卷　（明）酈露撰　（清）酈廷瑤箋　清咸豐元年（1851）綺錯樓刻本　六册

440000－2541－0006190　15388
嶠雅二卷　（明）酈露撰　清酈瑞海雪堂刻本　四册

440000－2541－0006191　15389
嶠雅二卷　（明）酈露撰　清酈瑞海雪堂刻本　二册

440000－2541－0006192　15390
嶠雅二卷　（明）酈露撰　清酈瑞海雪堂刻本　二册

440000－2541－0006193　15391
嶠雅二卷　（明）酈露撰　清酈瑞海雪堂刻本　二册

440000－2541－0006194　15392
晚聞堂集十六卷　（明）余紹祉撰　（清）龍光輯　清道光十七年（1837）和源單氏刻本　五册

440000－2541－0006195　15393
獨漉堂詩集十六卷文集十五卷續編一卷（清）陳恭尹撰　**年譜一卷**　溫肅撰　清刻本（詩集卷十六未刻）　十二册

440000－2541－0006196　15394
獨漉堂詩集十六卷文集十五卷續編一卷（清）陳恭尹撰　**年譜一卷**　溫肅撰　清刻本（詩集卷十六未刻）　十册

440000－2541－0006197　15395
朱一齋先生文集後卷五卷廣遊集一卷　（明）朱善撰　清刻本　二册

440000－2541－0006198　15396
青湖先生文集十四卷首一卷末一卷　（明）汪應軫撰　清同治十三年（1874）汪瑔廣州刻本　六册

440000－2541－0006199　15401
五嶺文集二卷附錄一卷　（明）酈元樂撰　清道光十二年（1832）酈秋濤刻本　二册

440000－2541－0006200　15403
欽定洞麓堂集十卷　（明）尹臺撰　清嘉慶五年（1800）嘉禾尹氏刻本　六册

440000－2541－0006201　15404
憨山大師夢遊全集二十二卷　（明）釋德清撰　（明）釋福善錄　（清）釋濟孫輯　清宣統二年（1910）刻本　二十二册

440000－2541－0006202　15405
白茅堂集四十六卷耳提錄一卷　（明）顧景星撰　清光緒十三年（1887）刻本　二十册

440000－2541－0006203　15406
霍文敏公全集十卷　（明）霍韜撰　**石頭錄八卷首一卷**　（明）霍與瑕輯　（明）霍尚守注　清同治元年（1862）南海霍氏石頭書院刻本　十六册

440000－2541－0006204　15407
霍文敏公全集十卷　（明）霍韜撰　**石頭錄八卷首一卷**　（明）霍與瑕輯　（明）霍尚守注　清同治元年（1862）南海霍氏石頭書院刻本　十六册

440000－2541－0006205　15408
霍勉齋集二十二卷首一卷補遺一卷　（明）霍與瑕撰　清光緒十二年（1886）南海霍氏刻本　十册

440000－2541－0006206　15409
霍勉齋集二十二卷首一卷補遺一卷　（明）霍與瑕撰　清光緒十二年（1886）南海霍氏刻本　十册

440000－2541－0006207　15410
于肅愍公集八卷拾遺一卷附録一卷　(明)于謙撰　清光緒二十五年(1899)錢塘丁氏嘉惠堂刻武林往哲遺著本　二冊

440000－2541－0006208　15411
陶學士先生文集二十卷　(明)陶安撰　**年譜一卷**　(清)夏炘輯　清同治六年(1867)永甯官廨刻本　六冊

440000－2541－0006209　15413
二谷山人集十卷　(明)侯一元撰　清光緒十七年(1891)侯爵封刻本　六冊

440000－2541－0006210　15414
東里文集二十五卷別集三卷　(明)楊士奇撰　清光緒二年(1876)楊觀光刻本　八冊

440000－2541－0006211　15415
東里文集二十五卷別集三卷　(明)楊士奇撰　清光緒二年(1876)楊觀光刻本　九冊

440000－2541－0006212　15416
華陽館文集十八卷續刻二卷　(明)宋儀望撰　清道光二十二年(1842)永豐宋氏刻本　六冊

440000－2541－0006213　15417
蔡忠烈公遺集一卷　(明)蔡道憲撰　(清)鄧顯鶴編　清道光十三年(1833)刻本　一冊

440000－2541－0006214　15418
衡廬精舍藏稿三十卷續稿十一卷　(明)胡直撰　清同治八年(1869)木活字印本　十二冊

440000－2541－0006215　15419
二丸居集選九卷續集一卷外集一卷　(明)黎景義撰　清光緒元年(1875)順德黎氏光澤堂刻本　六冊　存九卷(集選九卷)

440000－2541－0006216　15420
重編瓊臺會稿詩文集二十四卷首一卷　(明)丘濬撰　清光緒六年(1880)刻本　十二冊

440000－2541－0006217　15422
龐弼唐先生遺言四卷首一卷　(明)龐嵩撰　清光緒十八年(1892)刻本　四冊

440000－2541－0006218　15423
龐弼唐先生遺言四卷首一卷　(明)龐嵩撰　清光緒十八年(1892)刻本　四冊

440000－2541－0006219　15424
龐弼唐先生遺言四卷首一卷　(明)龐嵩撰　清光緒十八年(1892)刻本　四冊

440000－2541－0006220　15425
重刻一峯先生集十卷附編二卷　(明)羅倫撰　清道光三十年(1850)刻本　七冊

440000－2541－0006221　15426
湛甘泉先生文集三十二卷　(明)湛若水撰　清同治五年(1866)刻本　十冊

440000－2541－0006222　15427
劉聘君全集十二卷　(明)劉元卿撰　(明)洪雲蒸　(明)周一濂輯　清咸豐二年(1852)刻本　八冊

440000－2541－0006223　15432
龔安節公野古集三卷附録一卷　(明)龔詡撰　(清)李繼貞選訂　(清)龔挺輯　清光緒二十八年(1902)新陽趙氏刻本　一冊

440000－2541－0006224　15433
鈐山堂集四十卷　(明)嚴嵩撰　清嘉慶十一年(1806)刻本　十冊

440000－2541－0006225　15434
鈐山堂集四十卷　(明)嚴嵩撰　清嘉慶十一年(1806)刻本　七冊　存三十六卷(一至三十六)

440000－2541－0006226　15435
羅司勳文集八卷外集一卷　(明)羅虞臣撰　清刻本　六冊

440000－2541－0006227　15436
羅司勳文集八卷外集一卷　(明)羅虞臣撰　清刻本　三冊

440000－2541－0006228　15437
北燕巖集四卷　(明)黄公輔撰　清道光刻本　五冊

440000－2541－0006229　15438

甫田集三十六卷　(明)文徵明撰　清刻本　六冊

440000－2541－0006230　15439

甫田集三十六卷　(明)文徵明撰　清宣統三年(1911)上海千頃堂書莊鉛印本　十二冊

440000－2541－0006231　15440

甫田集三十六卷　(明)文徵明撰　清宣統三年(1911)上海千頃堂書莊鉛印本　十二冊

440000－2541－0006232　15441

甫田集三十六卷　(明)文徵明撰　清宣統三年(1911)上海千頃堂書莊鉛印本　九冊　存二十四卷(一至七、二十至三十六)

440000－2541－0006233　15442

明張文忠公文集十一卷詩集六卷　(明)張居正撰　清宣統三年(1911)醉古堂石印本　四冊

440000－2541－0006234　15444

張蒼水全集十二卷補遺一卷附錄四卷題詠二卷冰槎集題中人物考略一卷傳略補一卷　(明)張煌言撰　清末鉛印本　一冊

440000－2541－0006235　15447

陶菴集二十二卷首一卷末一卷　(明)黄淳燿撰　清光緒五年(1879)刻上海時中書局印本　八冊

440000－2541－0006236　15449

劉文安公文集十五卷　(明)劉定之撰　清咸豐三年(1853)家刻本　四冊　存三卷(一至三)

440000－2541－0006237　15453

明大司馬盧公集十二卷　(明)盧象昇撰　清光緒三十四年(1908)會稽施惠刻本　一冊　存二卷(十一至十二)

440000－2541－0006238　15454

明大司馬盧公集十二卷　(明)盧象昇撰　清光緒元年(1875)刻本　七冊　存十卷(一至十)

440000－2541－0006239　15457

青谿漫稿二十四卷　(明)倪岳撰　清光緒二十六年(1900)錢塘丁氏嘉惠堂刻朱印本　八冊

440000－2541－0006240　15458

瞿忠宣公集十卷　(明)瞿式耜撰　清道光十五年(1835)刻本　二冊

440000－2541－0006241　15460

邱文莊公集十卷　(明)丘濬撰　**海忠介公集六卷**　(明)海瑞撰　清同治十年(1871)刻本　八冊

440000－2541－0006242　15461

二丸居集選九卷續集一卷外集一卷　(明)黎景義撰　清光緒元年(1875)順德黎氏光澤堂刻本　五冊

440000－2541－0006243　15465

總纂升菴合集二百四十卷　(明)楊慎撰　(清)鄭寶琛輯　(清)王文林編次　清光緒八年(1882)刻本　五十冊

440000－2541－0006244　15466

總纂升菴合集二百四十卷　(明)楊慎撰　(清)鄭寶琛輯　(清)王文林編次　清光緒八年(1882)刻本　一百冊

440000－2541－0006245　15475

周忠介公燼餘集三卷年譜一卷　(明)周順昌撰　清光緒二十九年(1903)刻本　一冊

440000－2541－0006246　15477

韓節溍公遺稿十二卷　(明)韓上桂撰　清嘉慶二十一年(1816)朵雲山房刻朱墨套印本　六冊

440000－2541－0006247　15478

韓節溍公遺稿十二卷　(明)韓上桂撰　清嘉慶二十一年(1816)朵雲山房刻朱墨套印本　四冊

440000－2541－0006248　15484

楊忠愍公遺書一卷　(明)楊繼盛撰　清咸豐元年(1851)郭香垣刻本　一冊

440000－2541－0006249　15486

楊忠愍公全集四卷首一卷末一卷　(明)楊繼盛撰　章鈺輯　清光緒十九年(1893)味菜廬刻本　二册

440000 - 2541 - 0006250　15487
滄溟先生集三十卷　(明)李攀龍撰　**附録一卷**　(清)李獻方輯　清道光二十七年(1847)李獻方刻本　八册

440000 - 2541 - 0006251　15488
滄溟先生集三十卷　(明)李攀龍撰　**附録一卷**　(清)李獻方輯　清道光二十七年(1847)李獻方刻本　八册

440000 - 2541 - 0006252　15490
周忠介公燼餘集三卷年譜一卷遺事一卷　(明)周順昌撰　清光緒二十九年(1903)刻本　二册

440000 - 2541 - 0006253　15491
劉蕺山文粹二卷　(明)劉宗周撰　清光緒二十一年(1895)海天旭日研齋刻本　二册

440000 - 2541 - 0006254　15492
烏鼠山人遺集□□種　(明)胡纘宗撰　明嘉靖刻清安維峻補刻本　十二册　存五種

440000 - 2541 - 0006255　15493
羅圭峯先生文集三十卷首一卷　(明)羅玘撰　清康熙二十九年(1690)羅仲茂刻本　八册

440000 - 2541 - 0006256　15496
東莆先生文集六卷　(明)林大欽撰　清光緒十年(1884)刻二十五年(1899)印本　五册

440000 - 2541 - 0006257　15498
篁莊遺稿二卷　(明)歐陽建撰　(清)歐陽琦輯　清咸豐三年(1853)刻本　一册

440000 - 2541 - 0006258　15499
湄邱集二卷　(明)邢宥選　清道光二十一年(1841)刻本　二册

440000 - 2541 - 0006259　15500
醉經樓集六卷附刻一卷續附刻一卷　(明)唐伯元撰　清道光二十九年(1849)刻本　三册

440000 - 2541 - 0006260　15501
醉經樓集六卷附刻一卷續附刻一卷　(明)唐伯元撰　清光緒二年(1876)刻本　三册

440000 - 2541 - 0006261　15505
黎雲館類定袁中郎先生全集二十四卷　(明)袁宏道撰　清道光九年(1829)袁憲健刻同治八年(1869)袁照修補本　十六册

440000 - 2541 - 0006262　15508
黄漳浦集五十卷首一卷目録二卷　(明)黄道周撰　(清)陳壽祺輯　**年譜二卷**　(清)莊起儔撰　清道光八年至十年(1828 - 1830)刻本　三十册

440000 - 2541 - 0006263　15509
懷星堂全集三十卷　(明)祝允明撰　清宣統二年(1910)中國書畫會鉛印本　八册

440000 - 2541 - 0006264　15510
龍泉師友遺稿合編不分卷　(清)李樹屏輯　清光緒二十年至二十二年(1894 - 1896)刻民國七年(1918)印本　三册

440000 - 2541 - 0006265　15511
橘中人語一卷　(清)賴蘊山輯　清咸豐十年(1860)賴氏刻後印本(有圖)　一册

440000 - 2541 - 0006266　15515
片玉山房花箋録二十卷　(清)孫兆溎輯　清咸豐二年(1852)刻本　十册

440000 - 2541 - 0006267　15516
新安二江先生集四種附二種　(清)江振鴻編　清嘉慶九年(1804)歙縣江氏揚州康山草堂刻本　六册

440000 - 2541 - 0006268　15517
倚晴樓集三種　(清)黄燮清撰　清咸豐至同治海鹽黄氏拙宜園刻本　十四册

440000 - 2541 - 0006269　15519
瑞芝山房文鈔八卷　(清)戴燮元輯　清光緒三年(1877)廣陵刻丹徒戴氏叢刻本　五册　存六卷(一至六)

440000 - 2541 - 0006270　15521
國朝嶺南文鈔十八卷　(清)陳在謙輯　清道

光十二年(1832)刻廣州鎔經鑄史齋印本　六冊

440000－2541－0006271　15522

國朝嶺南文鈔十八卷　(清)陳在謙輯　清道光十二年(1832)刻本　六冊

440000－2541－0006272　15523

東甌先正文錄十一卷賦錄一卷栝蒼先正文錄一卷甌括先正文錄一卷補遺一卷　(清)陳遇春輯　清道光十四年(1834)刻本　十六冊

440000－2541－0006273　15528

菊坡精舍集二十卷　(清)陳澧選　(清)廖廷相重訂　清光緒二十三年(1897)羊城刻本　七冊

440000－2541－0006274　15529

菊坡精舍集二十卷　(清)陳澧選　(清)廖廷相重訂　清光緒二十三年(1897)羊城刻本　六冊

440000－2541－0006275　15530

菊坡精舍集不分卷　(清)陳澧選　清刻本　四冊

440000－2541－0006276　15531

菊坡精舍集不分卷　(清)陳澧選　清刻本　三冊

440000－2541－0006277　15532

菊坡精舍集不分卷　(清)陳澧選　清刻本　三冊

440000－2541－0006278　15533

于湖題襟集詩六卷文三卷　(清)袁昶輯　清光緒二十一年(1895)袁昶小漚巢刻本　四冊

440000－2541－0006279　15534

于湖題襟集詩六卷文三卷　(清)袁昶輯　清光緒二十一年(1895)袁昶小漚巢刻本　五冊

440000－2541－0006280　15535

于湖題襟集詩六卷文三卷　(清)袁昶輯　清光緒二十一年(1895)袁昶小漚巢刻本　四冊

440000－2541－0006281　15536

國朝文錄初編四十種續編四十九種附一種　(清)李祖陶編　清道光十九年(1839)瑞州府鳳儀書院刻同治七年(1868)敖陽李氏續刻本　二十七冊　存四十二種(初編三十八種、續編四種)

440000－2541－0006282　15537

國朝文錄初編四十種續編四十九種附一種　(清)李祖陶編　清道光十九年(1839)瑞州府鳳儀書院刻同治七年(1868)敖陽李氏續刻本　四十九冊　存七十六種(初編二十六種、續編四十九種、附一種)

440000－2541－0006283　15538

國朝文錄初編四十種續編四十九種附一種　(清)李祖陶編　清道光十九年(1839)瑞州府鳳儀書院刻同治七年(1868)敖陽李氏續刻本　三十六冊　存四十種(初編四十種)

440000－2541－0006284　15539

國朝文錄八十二卷　(清)姚椿輯　清光緒二十六年(1900)掃葉山房石印本　十六冊

440000－2541－0006285　15540

國朝文錄續編六十五卷邁堂文略四卷　(清)李祖陶輯　清同治七年(1868)敖陽李氏刻本　三十九冊

440000－2541－0006286　15541

蜀秀集九卷　(清)譚宗浚輯　清光緒五年(1879)成都試院刻本　八冊

440000－2541－0006287　15542

切問齋文鈔三十卷　(清)陸燿輯　清同治八年(1869)刻本　八冊

440000－2541－0006288　15543

皇朝經世文編一百二十卷　(清)賀長齡輯　清刻本　六十四冊

440000－2541－0006289　15544

皇朝經世文編一百二十卷姓名總目二卷生存姓名一卷　(清)賀長齡輯　清同治十二年(1873)撫州饒玉成雙峰書屋刻本　六十四冊

440000－2541－0006290　15545

皇朝經世文編一百二十卷生存姓名一卷姓名

總目二卷　(清)賀長齡輯　清光緒二十二年(1896)掃葉山房鉛印本　二十四冊

440000－2541－0006291　15546

皇朝經世文續編一百二十卷　(清)葛士濬輯　清光緒十四年(1888)上海圖書集成局鉛印本　十五冊

440000－2541－0006292　15547

皇朝經世文新增續編一百二十卷　(清)葛士濬輯　清光緒二十三年(1897)上海掃葉山房鉛印本　三十冊

440000－2541－0006293　15548

皇朝經世文續編一百二十卷　(清)葛士濬輯　清光緒二十四年(1898)上海宏文閣鉛印本　二十四冊

440000－2541－0006294　15549

皇朝經世文續編一百二十卷　(清)葛士濬輯　清光緒十七年(1891)上海廣百宋齋鉛印本　十二冊

440000－2541－0006295　15550

皇朝經世文續編一百二十卷　(清)葛士濬輯　清光緒二十八年(1902)天章書局石印本　十冊

440000－2541－0006296　15551

皇朝經世文編一百二十卷姓名總目二卷生存姓名一卷　(清)賀長齡輯　清光緒二十八年(1902)上海詞源閣書局石印本　十冊

440000－2541－0006297　15552

皇朝經世文新編三十二卷　(清)麥仲華輯　清光緒二十八年(1902)上海書局石印本　九冊

440000－2541－0006298　15553

皇朝經世文新編二十一卷　(清)麥仲華輯　清光緒上海書局石印本　十六冊

440000－2541－0006299　15554

皇朝經世文續新編三十卷　(清)儲桂山輯　清光緒二十八年(1902)義記書局石印本　六冊

440000－2541－0006300　15555

皇朝經世文三編八十卷　(清)陳忠倚輯　清光緒二十八年(1902)上海書局石印本　八冊

440000－2541－0006301　15556

本朝十二家精選　(清)何飛鳳輯　清刻本　三冊　存六集(七至十二)

440000－2541－0006302　15561

嗇菴隨筆六卷末一卷　(清)陸文衡撰　清光緒二十三年(1897)陸同壽木活字印本　二冊

440000－2541－0006303　15562

國朝文雅正所見集十六卷　(清)林有席輯　清嘉慶六年(1801)刻本　十二冊

440000－2541－0006304　15563

國朝文雅正所見集十六卷　(清)林有席輯　清嘉慶六年(1801)刻本　十二冊

440000－2541－0006305　15564

國朝文匯甲前集二十卷甲集六十卷乙集七十卷丙集三十卷丁集二十卷姓氏目錄一卷　(清)國學扶輪社輯　清宣統元年(1909)上海國學扶輪社石印本　一百冊　存一百九十九卷(甲前集二十卷,甲集六十卷,乙集七十卷,丙集一至二十、二十三至三十,丁集二十卷,姓氏目錄一卷)

440000－2541－0006306　15567

湖海文傳七十五卷　(清)王昶輯　清道光十七年(1837)青浦王氏經訓堂刻同治五年(1866)印本　十四冊

440000－2541－0006307　15568

湖海文傳七十五卷　(清)王昶輯　清道光十七年(1837)青浦王氏經訓堂刻同治五年(1866)印本　十六冊

440000－2541－0006308　15569

湖海文傳七十五卷　(清)王昶輯　清道光十七年(1837)青浦王氏經訓堂刻同治五年(1866)印本　四十冊

440000－2541－0006309　15570

夢園叢說內篇八卷外篇八卷　(清)方濬頤撰

清同治十三年至光緒元年(1874－1875)揚州刻本　四册

440000－2541－0006310　15571
易堂九子文鈔九種　(清)彭玉雯編　清道光十七年(1837)南昌彭氏刻本　十二册

440000－2541－0006311　15572
溫氏家集十二卷　(清)溫承恭　(清)溫颺撰　清咸豐元年(1851)刻本　四册

440000－2541－0006312　15574
清暉贈言十卷附録一卷　(清)徐永宣等輯　清道光十六年(1836)刻本　六册

440000－2541－0006313　15578
國朝二十四家文鈔二十四卷　(清)徐斐然輯　清嘉慶元年(1796)刻本　六册

440000－2541－0006314　15579
御製詩集八卷文集二卷　(清)奕訢輯　清光緒鉛印本　六册

440000－2541－0006315　15581
賞雨茅屋詩集十一卷外集一卷　(清)曾燠撰　清嘉慶十五年(1810)刻本　五册

440000－2541－0006316　15582
海日堂集詩五卷文二卷詩集補遺一卷　(清)程可則撰　清道光五年(1825)南海程氏刻十六甫萃古堂印本　四册

440000－2541－0006317　15583
海日堂集詩五卷文二卷詩集補遺一卷　(清)程可則撰　清道光五年(1825)南海程氏刻本　四册

440000－2541－0006318　15584
海日堂集詩五卷文二卷詩集補遺一卷　(清)程可則撰　清道光五年(1825)南海程氏刻本　四册

440000－2541－0006319　15585
恩餘堂經進初稿十二卷續稿二十二卷三稿十一卷策問存課二卷知聖道齋跋尾二卷　(清)彭元瑞撰　清嘉慶刻本　十八册

440000－2541－0006320　15586
賞雨茅屋詩集十六卷外集一卷　(清)曾燠撰　清道光三年(1823)長洲王嘉祿刻本　六册

440000－2541－0006321　15587
岑華居士全集六種　(清)吳慈鶴撰　清嘉慶至道光刻道光彙印本　十六册

440000－2541－0006322　15588
味蓼初稿不分卷　(清)毛燧傳撰　清刻本　六册

440000－2541－0006323　15590
有泉堂詩文一覽編十六卷　(清)屠紹理撰　清嘉慶十二年(1807)仁和屠氏有泉堂刻本　八册

440000－2541－0006324　15591
鑑止水齋集二十卷　(清)許宗彥撰　清咸豐六年(1856)許延穀潮州刻本　六册

440000－2541－0006325　15592
鑑止水齋集二十卷　(清)許宗彥撰　清咸豐六年(1856)許延穀潮州刻本　六册

440000－2541－0006326　15593
鑑止水齋集二十卷　(清)許宗彥撰　清咸豐八年(1858)許延穀刻本　六册

440000－2541－0006327　15594
鑑止水齋集二十卷　(清)許宗彥撰　清咸豐八年(1858)許延穀刻本　六册

440000－2541－0006328　15595
鑑止水齋集二十卷　(清)許宗彥撰　清刻本　六册

440000－2541－0006329　15596
養素堂文集三十五卷首一卷　(清)張澍撰　清道光十七年(1837)刻本　八册

440000－2541－0006330　15597
扶荔生覆瓿集十卷　(清)王濟撰　清同治十二年(1873)巴陵方氏碧琳琅館刻本　五册

440000－2541－0006331　15598
養素堂文集三十五卷首一卷　(清)張澍撰　清道光十七年(1837)刻本　十六册

440000－2541－0006332　15599
扶荔生覆瓿集十卷　(清)王濟撰　清同治十二年(1873)巴陵方氏碧琳琅館刻本　五冊

440000－2541－0006333　15601
四知堂文集三十六卷　(清)楊錫紱撰　**崇祀錄一卷**　清嘉慶刻本　十六冊

440000－2541－0006334　15603
桐華閣文集十二卷　(清)杜貴墀撰　清光緒刻本　四冊

440000－2541－0006335　15604
三湖漁人全集八卷　(清)劉士璋撰　清道光二年(1822)江陵劉氏刻本　四冊

440000－2541－0006336　15605
梧孫行吟草十二卷疊聚星堂韻詩二卷　(清)劉興樾撰　(清)劉興桓　(清)劉興梯編　清道光二十四年(1844)刻光緒印本　六冊

440000－2541－0006337　15606
愈愚集六卷續集四卷後集四卷　(清)孫燮撰　清道光十一年至十八年(1831－1838)刻本　六冊

440000－2541－0006338　15607
寒松堂全集十二卷年譜一卷　(清)魏象樞撰　清嘉慶十五年(1810)刻本　十二冊

440000－2541－0006339　15608
寒松堂全集十二卷年譜一卷　(清)魏象樞撰　清嘉慶十五年(1810)刻本　八冊　存十二卷(全集十二卷)

440000－2541－0006340　15609
寒松堂全集十二卷年譜一卷　(清)魏象樞撰　清嘉慶十五年(1810)刻本　十三冊

440000－2541－0006341　15611
同心之言集一卷絃外餘音集一卷亦復如是集一卷蘭言餘韻集一卷云誰之思集一卷長詠歎集一卷和羹用汝集一卷虛心晚節合集一卷　(清)段永源撰　清道光二十八年至同治三年(1848－1864)自刻本　四冊

440000－2541－0006342　15612
刻鶡齋叢書十三種　(清)胡念修編　清光緒二十三年至二十四年(1897－1898)刻本　七冊　存二種

440000－2541－0006343　15613
謝亭集四種　(清)謝掄撰　清光緒刻朱墨套印本　四冊

440000－2541－0006344　15614
水田居全集七種附一種　(清)賀貽孫撰　清道光至同治敕書樓刻本　七冊　存三種

440000－2541－0006345　15615
水田居全集七種附一種　(清)賀貽孫撰　清道光至同治敕書樓刻本　七冊　存一種

440000－2541－0006346　15616
樊榭山房集十卷續集十卷文集八卷　(清)厲鶚撰　清光緒七年(1881)嶺南述軒刻本　八冊

440000－2541－0006347　15617
樊榭山房集十卷續集十卷文集八卷　(清)厲鶚撰　清光緒七年(1881)嶺南述軒刻本　六冊

440000－2541－0006348　15618
樊榭山房集十卷續集十卷文集八卷遊仙百詠三卷秋林琴雅四卷集外曲一卷集外詩一卷集外詞一卷集外文一卷　(清)厲鶚撰　**振綺堂詩存一卷**　(清)汪憲撰　**松聲池館詩存四卷**　(清)汪璐撰　清光緒十年至十五年(1884－1889)錢塘汪氏振綺堂刻本　八冊

440000－2541－0006349　15621
樊榭山房集十卷續集十卷文集八卷游仙百詠三卷秋林琴雅四卷集外曲一卷集外詩一卷集外詞一卷集外文一卷　(清)厲鶚撰　**振綺堂詩存一卷**　(清)汪憲撰　**松聲池館詩存四卷**　(清)汪璐撰　清光緒十年至十五年(1884－1889)錢塘汪氏振綺堂刻本　八冊

440000－2541－0006350　15623
有竹居集十五卷　(清)任兆麟撰　(清)任以治輯　**蒼頡篇二卷三蒼二卷**　(清)任大椿考逸　(清)任兆麟補正　清嘉慶二十四年

(1819)兩廣節署刻本　六冊

440000－2541－0006351　15624

石甫文鈔三卷　(清)姚瑩撰　清嘉慶二十三年(1818)刻本　十六冊

440000－2541－0006352　15625

漁洋山人精華錄訓纂十卷　(清)王士禛撰　(清)惠棟注　**年譜注補二卷金氏精華錄箋注辯訛一卷總目二卷**　(清)惠棟撰　清惠氏紅豆齋刻本　二十四冊　存十四卷(訓纂十卷、年譜注補二卷、總目二卷)

440000－2541－0006353　15627

漁洋山人精華錄訓纂十卷總目二卷補十卷首一卷　(清)王士禛撰　(清)惠棟注　**漁洋山人自撰年譜二卷附錄一卷**　(清)王士禛撰　(清)惠棟補注　清光緒十七年(1891)會稽徐氏述史樓刻本　十四冊

440000－2541－0006354　15631

漁洋山人精華錄箋注十二卷補一卷年譜一卷　(清)王士禛撰　(清)金榮箋注　(清)徐淮輯　清刻本　五冊　存十一卷(二至十二)

440000－2541－0006355　15632

漁洋山人精華錄箋注十二卷補一卷年譜一卷　(清)王士禛撰　(清)金榮箋注　(清)徐淮輯　清刻本　六冊

440000－2541－0006356　15633

漁洋山人精華錄箋注十二卷補一卷年譜一卷　(清)王士禛撰　(清)金榮箋注　(清)徐淮輯　清刻本　六冊

440000－2541－0006357　15634

漁洋山人精華錄箋注十二卷補一卷年譜一卷　(清)王士禛撰　(清)金榮箋注　(清)徐淮輯　清刻本　六冊

440000－2541－0006358　15635

三紅唫館詩鈔四卷文鈔二卷　(清)何慶熙撰　清咸豐刻本　六冊

440000－2541－0006359　15636

樗壽山房輯稿六卷　(清)史致儼撰　清光緒十二年(1886)刻本　四冊

440000－2541－0006360　15637

定香亭筆談四卷　(清)阮元輯　清光緒二十五年(1899)浙江書局刻本　四冊

440000－2541－0006361　15638

定香亭筆談四卷　(清)阮元輯　清光緒二十五年(1899)浙江書局刻本　二冊

440000－2541－0006362　15639

經笥堂文鈔二卷　(清)雷鋐撰　清抄本　一冊

440000－2541－0006363　15640

寧都三魏全集三種附三種　(清)林時益編　清道光二十五年(1845)寧都謝庭綬紱園書塾刻本　四十六冊

440000－2541－0006364　15641

經笥堂文鈔二卷　(清)雷鋐撰　清嘉慶十六年(1811)寧化伊氏秋水園廣州刻本　四冊

440000－2541－0006365　15643

謙受堂集十五卷　(清)邵大業撰　清同治二年(1863)大興邵氏恭壽堂刻本　四冊

440000－2541－0006366　15644

清修閣稿八卷文草續編一卷詩文續編一卷　(清)張品楨撰　清光緒二十二年(1896)刻光緒續刻本　八冊

440000－2541－0006367　15645

清修閣稿八卷　(清)張品楨撰　清光緒二十二年(1896)刻本　六冊

440000－2541－0006368　15648

霜紅龕集三卷　(清)傅山撰　(清)劉飛輯　清刻本　一冊

440000－2541－0006369　15649

霜紅龕集四十卷附錄三卷　(清)傅山撰　**傅青主先生年譜一卷**　(清)丁寶銓撰　清宣統三年(1911)山陽丁氏刻本　十二冊

440000－2541－0006370　15650

霜紅龕集四十卷附錄三卷　(清)傅山撰　**傅青主先生年譜一卷**　(清)丁寶銓撰　清宣統

三年(1911)山陽丁氏刻本　十一册

440000－2541－0006371　15652
延綠閣集十二卷　(清)華希閔撰　清光緒二十二年(1896)華文匯吉水官廨刻本　五册　存十卷(一至十)

440000－2541－0006372　15653
希齋詩存四卷文鈔二卷　(清)高學濂撰　清道光二十二年(1842)刻本　四册

440000－2541－0006373　15654
宛湄書屋文鈔十一卷　(清)李光廷撰　清光緒四年(1878)端溪書院刻本　四册

440000－2541－0006374　15655
宛湄書屋文鈔十一卷　(清)李光廷撰　清光緒四年(1878)端溪書院刻本　四册

440000－2541－0006375　15656
宛湄書屋文鈔十一卷　(清)李光廷撰　清光緒四年(1878)端溪書院刻本　四册

440000－2541－0006376　15657
宛湄書屋文鈔十一卷　(清)李光廷撰　清光緒四年(1878)端溪書院刻本　四册

440000－2541－0006377　15658
得閒山館詩集八卷文集二卷行述一卷　(清)鄭信撰　**曉園吟一卷**　(清)鄭岳撰　清道光刻本　三册　存八卷(詩集四至八、文集二卷、曉園吟一卷)

440000－2541－0006378　15659
問山樓詩稿九卷古文遺稿二卷　(清)楊士瑤撰　清同治木活字印本　四册

440000－2541－0006379　15660
小言集十二卷三十六湖漁唱三卷乙稿一卷宜略識字齋雜著九卷諱編一卷　(清)王敬之撰　清道光二十八年至咸豐五年(1848－1855)刻本　四册

440000－2541－0006380　15661
拙盦叢稿五種　(清)朱一新撰　清光緒二十二年(1896)順德龍氏葆真堂刻本　八册　存三種

440000－2541－0006381　15663
泊鷗山房集三十八卷　(清)陶元藻撰　清嘉慶十八年(1813)衡河草堂刻本　十册

440000－2541－0006382　15664
定盦文集三卷續集四卷文集補九卷補編四卷　(清)龔自珍撰　清光緒二十九年(1903)文瑞樓石印本　二册

440000－2541－0006383　15665
定盦文集三卷續集四卷文集補九卷補編四卷　(清)龔自珍撰　清光緒二十九年(1903)文瑞樓石印本　二册

440000－2541－0006384　15666
定盦文集三卷續集四卷文集補九卷補編四卷　(清)龔自珍撰　清宣統二年(1910)上海掃葉山房石印本　六册

440000－2541－0006385　15667
定盦文集三卷續集四卷文集補九卷補編四卷　(清)龔自珍撰　清宣統二年(1910)上海掃葉山房石印本　三册

440000－2541－0006386　15668
定盦文集三卷續集四卷文集補九卷補編四卷　(清)龔自珍撰　清光緒二十三年(1897)萬本書堂刻本　六册

440000－2541－0006387　15669
定盦文集三卷續集四卷文集補九卷補編四卷　(清)龔自珍撰　清光緒二十三年(1897)萬本書堂刻本　六册

440000－2541－0006388　15670
定盦文集三卷續集四卷文集補九卷　(清)龔自珍撰　清同治七年(1868)刻本　四册

440000－2541－0006389　15674
逢吉堂焚餘稿一卷　(清)黃錫深撰　**題詞一卷**　(清)黃春輯　清光緒三十年(1904)黃春刻本　一册

440000－2541－0006390　15675
逢吉堂焚餘稿一卷　(清)黃錫深撰　**題詞一卷**　(清)黃春輯　清光緒三十年(1904)黃春

刻本　一册

440000－2541－0006391　15681
重刻鴻桷堂遺草六卷　(清)胡方撰　清刻本　四册

440000－2541－0006392　15682
鴻桷堂詩集五卷梅花四體詩一卷鴻桷堂文鈔一卷信天翁家訓一卷附録一卷　(清)胡方撰　清同治三年(1864)羅天池刻黄慕韓劬學齋印本　四册

440000－2541－0006393　15683
鴻桷堂詩集五卷梅花四體詩一卷鴻桷堂文鈔一卷信天翁家訓一卷附録一卷　(清)胡方撰　清同治三年(1864)羅天池刻黄慕韓劬學齋印本　四册

440000－2541－0006394　15684
鴻桷堂詩集五卷梅花四體詩一卷鴻桷堂文鈔一卷信天翁家訓一卷附録一卷　(清)胡方撰　清同治三年(1864)羅天池刻黄慕韓劬學齋印本　四册

440000－2541－0006395　15685
小酉腴山館文集十二卷詩集八卷年譜二卷　(清)吳大廷撰　清光緒五年(1879)刻本　八册

440000－2541－0006396　15686
小酉腴山館文集十二卷詩集八卷年譜二卷　(清)吳大廷撰　清光緒五年(1879)刻本　六册

440000－2541－0006397　15687
檉華館文集六卷駢文一卷詩集四卷雜録一卷　(清)路德撰　清光緒七年(1881)閻敬銘解梁刻本　九册　存十一卷(文集一至五、駢文一卷、詩集四卷、雜録一卷)

440000－2541－0006398　15688
檉華館文集六卷駢文一卷詩集四卷雜録一卷　(清)路德撰　清光緒七年(1881)閻敬銘解梁刻本　六册　存六卷(文集六卷)

440000－2541－0006399　15689
嘉樹山房文集六卷詩集十八卷應制詩二卷　(清)李中簡撰　清嘉慶六年至七年(1801－1802)李學穎嘉樹山房刻本　四册

440000－2541－0006400　15690
冬青館甲集六卷　(清)張鑑撰　清道光刻本　六册

440000－2541－0006401　15692
問字堂集六卷　(清)孫星衍撰　清光緒十年(1884)四明是亦軒刻本　二册

440000－2541－0006402　15693
問字堂集六卷　(清)孫星衍撰　清光緒十年(1884)四明是亦軒刻本　二册

440000－2541－0006403　15694
胡文忠公遺集十卷首一卷附録一卷　(清)胡林翼撰　(清)閻敬銘等輯　清同治五年(1866)刻本　八册

440000－2541－0006404　15695
胡文忠公遺集十卷首一卷附録一卷　(清)胡林翼撰　(清)閻敬銘等輯　清同治五年(1866)刻本　七册

440000－2541－0006405　15696
海雅堂全集六種　(清)凌揚藻撰　清道光八年至十年(1828－1830)刻本　十册　存二種

440000－2541－0006406　15697
海雅堂全集六種　(清)凌揚藻撰　清刻本　四册　存一種

440000－2541－0006407　15700
胡文忠公遺集八十六卷首一卷　(清)胡林翼撰　(清)鄭敦謹　(清)曾國荃輯　清同治六年(1867)黄鶴樓刻本　二十八册

440000－2541－0006408　15701
胡文忠公遺集八十六卷首一卷　(清)胡林翼撰　(清)鄭敦謹　(清)曾國荃輯　清同治六年(1867)黄鶴樓刻本　三十一册

440000－2541－0006409　15705
胡文忠公遺集八十六卷首一卷　(清)胡林翼撰　(清)曾國荃輯　(清)胡鳳丹重輯　清光

緒二十七年(1901)上海圖書集成印書局鉛印本　六冊　存七十卷(一至五十、六十八至八十六,首一卷)

440000－2541－0006410　15706
胡文忠公遺集八十六卷首一卷　(清)胡林翼撰　(清)曾國荃輯　(清)胡鳳丹重輯　清光緒二十七年(1901)上海圖書集成印書局鉛印本　七冊　存七十五卷(一至七十五)

440000－2541－0006411　15710
唐確慎公集十卷首一卷末一卷　(清)唐鑑撰　清光緒元年(1875)刻本　六冊

440000－2541－0006412　15713
綠蘿山莊文集二十四卷　(清)胡浚撰　清嘉慶八年(1803)刻本　十二冊

440000－2541－0006413　15714
馬中丞遺集十卷　(清)馬丕瑤撰　清光緒二十四年(1898)安陽馬氏家廟刻本　九冊

440000－2541－0006414　15715
安靜子集五種附一種　(清)安致遠撰　清同治二年(1863)自鉏園刻本　四冊　存四種附一種

440000－2541－0006415　15717
左文襄公書牘二十六卷家書二卷　(清)左宗棠撰　清刻本　二十八冊

440000－2541－0006416　15718
左文襄公書牘二十六卷家書二卷　(清)左宗棠撰　清刻本　八冊　存八卷(書牘一至六、家書二卷)

440000－2541－0006417　15719
邁堂文略一卷　(清)李祖陶撰　清道光十五年(1835)鷺洲書院刻本　一冊

440000－2541－0006418　15720
邁堂文略一卷　(清)李祖陶撰　清道光十五年(1835)鷺洲書院刻本　一冊

440000－2541－0006419　15721
邁堂文略四卷　(清)李祖陶撰　清同治七年(1868)刻國朝文錄本　四冊

440000－2541－0006420　15722
睦州存稿八卷臺垣疏稿一卷　(清)丁壽昌撰　清同治四年至五年(1865－1866)刻本　八冊

440000－2541－0006421　15723
屺思堂詩集二卷文集六卷首一卷　(清)劉子壯撰　清道光二十八年(1848)刻本　四冊

440000－2541－0006422　15724
秋室集十卷　(清)楊鳳苞撰　清光緒九年(1883)湖州陸氏刻湖州叢書本　四冊

440000－2541－0006423　15725
咸陟堂文集二十五卷二集八卷詩集十七卷二集六卷　(清)釋成鷲撰　清道光二十五年(1845)釋明超等刻本　二十二冊

440000－2541－0006424　15726
北溪詩集二十卷文集二卷附集一卷　(清)王元文撰　清嘉慶十七年(1812)刻本　五冊

440000－2541－0006425　15727
咸陟堂文集二十五卷二集八卷詩集十七卷二集六卷　(清)釋成鷲撰　清道光二十五年(1845)釋明超等刻本　十五冊　存四十一卷(文集二十五卷,二集一至四,詩集一至七、十二至十四,二集五至六)

440000－2541－0006426　15729
小松石齋詩集五卷文集五卷　(清)趙允懷撰　清光緒十五年(1889)刻本　三冊

440000－2541－0006427　15730
沈文忠公集十卷自訂年譜一卷　(清)沈兆霖撰　清同治八年(1869)刻本　八冊

440000－2541－0006428　15731
善卷堂四六十卷　(清)陸繁弨撰　(清)吳自高注　清同治十二年(1873)刻本　六冊

440000－2541－0006429　15734
綠雪堂遺集二十卷　(清)王衍梅撰　清道光二十年(1840)刻本　二十冊

440000－2541－0006430　15739
潛菴先生全集五卷　(清)湯斌撰　(清)閻興

邦評　**潛菴先生疏稿一卷**　(清)湯斌撰　**湯文正公年譜定本一卷**　(清)方苞考訂　(清)楊椿重輯　**潛菴先生志學會約一卷志學會約補刊一卷**　(清)湯斌撰　(清)閻興邦評　(清)周聯登補刻　**潛菴先生志學會約補刊一卷**　(清)湯斌撰　(清)湯汝明　(清)湯汝弼輯　**困學録一卷**　(清)湯若軾輯　清同治十年(1871)繡谷麗澤書屋刻本　八冊

440000－2541－0006431　15740
潛菴先生全集五卷　(清)湯斌撰　(清)閻興邦評　**潛菴先生疏稿一卷**　(清)湯斌撰　**湯文正公年譜定本一卷**　(清)方苞考訂　(清)楊椿重輯　**潛菴先生志學會約一卷志學會約補刊一卷**　(清)湯斌撰　(清)閻興邦評　(清)周聯登補刻　**潛菴先生志學會約補刊一卷**　(清)湯斌撰　(清)湯汝明　(清)湯汝弼輯　**困學録一卷**　(清)湯若軾輯　清同治十二年(1873)趙承恩刻本　八冊

440000－2541－0006432　15742
籀經堂類稿二十四卷齊侯罍銘通釋二卷　(清)陳慶鏞撰　清光緒九年(1883)刻本　十冊

440000－2541－0006433　15743
籀經堂類稿二十四卷齊侯罍銘通釋二卷　(清)陳慶鏞撰　清光緒九年(1883)刻本　八冊　存十三卷(一至十三)

440000－2541－0006434　15744
張皋文箋易詮全集十六種　(清)張惠言撰　清嘉慶至道光刻本　十二冊

440000－2541－0006435　15745
陔蘭書屋詩集六卷文集一卷睡香花室詞一卷秋碧詞一卷同心室詞一卷憶佩居詩一卷　(清)潘曾綬撰　清道光刻本　二冊

440000－2541－0006436　15746
春池文鈔十卷　(清)許鯉躍撰　清道光刻本　四冊

440000－2541－0006437　15747
海門文鈔一卷詩鈔十卷　(清)李符清撰　清嘉慶三年(1798)刻本　四冊

440000－2541－0006438　15749
海門文鈔一卷詩鈔十卷　(清)李符清撰　清嘉慶三年(1798)刻本　一冊　存一卷(文鈔一卷)

440000－2541－0006439　15750
海門文選三卷　(清)李符清撰　(清)張晉選　清刻本　一冊

440000－2541－0006440　15751
繭屋詩草六卷文存二卷　(清)范從律撰　清光緒十二年(1886)甬上范氏刻雙雲堂傳集本　五冊

440000－2541－0006441　15752
道古堂文集四十八卷詩集二十六卷集外文一卷集外詩一卷軼事一卷　(清)杭世駿撰　清乾隆四十年至四十一年(1775－1776)刻光緒十四年(1888)錢塘汪氏振綺堂補刻本　二十冊

440000－2541－0006442　15753
道古堂文集四十八卷詩集二十六卷集外文一卷集外詩一卷軼事一卷　(清)杭世駿撰　清乾隆四十年至四十一年(1775－1776)刻光緒十四年(1888)錢塘汪氏振綺堂補刻本　十六冊

440000－2541－0006443　15754
道古堂文集四十八卷詩集二十六卷集外文一卷集外詩一卷軼事一卷　(清)杭世駿撰　清乾隆四十年至四十一年(1775－1776)刻光緒十四年(1888)錢塘汪氏振綺堂補刻本　十八冊

440000－2541－0006444　15755
道古堂文集四十八卷詩集二十六卷集外文一卷集外詩一卷軼事一卷　(清)杭世駿撰　清乾隆四十年至四十一年(1775－1776)刻光緒十四年(1888)錢塘汪氏振綺堂補刻本　十六冊

440000－2541－0006445　15756
謙齋詩集八卷首一卷文集十二卷補遺一卷

(清)蔡仲光撰　(清)蔡震甲輯　清咸豐三年(1853)蔡應鳳刻本　十六册

440000-2541-0006446　15757
何子清先生遺文二卷附録一卷　(清)何忠萬撰　清光緒八年(1882)金陵翁氏茹古閣刻本　三册

440000-2541-0006447　15758
吴文節公遺集八十卷　(清)吴文鎔撰　(清)吴養原輯　清咸豐七年(1857)儀徵吴養原刻本　十五册　存七十六卷(一至四、九至八十)

440000-2541-0006448　15759
朱九江先生集十卷首一卷　(清)朱次琦撰　簡朝亮輯　清光緒二十三年(1897)順德簡氏讀書草堂刻本　四册

440000-2541-0006449　15760
朱九江先生集十卷首一卷　(清)朱次琦撰　簡朝亮輯　清光緒二十三年(1897)順德簡氏讀書草堂刻本　四册

440000-2541-0006450　15761
汪志伊全集四種　(清)汪志伊撰　清嘉慶刻本　八册

440000-2541-0006451　15762
朱九江先生集十卷首一卷　(清)朱次琦撰　簡朝亮輯　清光緒二十三年(1897)順德簡氏讀書草堂刻本　四册

440000-2541-0006452　15763
朱九江先生集十卷首一卷　(清)朱次琦撰　簡朝亮輯　清光緒二十三年(1897)順德簡氏讀書草堂刻本　四册

440000-2541-0006453　15764
朱九江先生集十卷首一卷　(清)朱次琦撰　簡朝亮輯　清光緒二十三年(1897)順德簡氏讀書草堂刻本　四册

440000-2541-0006454　15767
嶺南集七卷　(清)羅含章撰　(清)李長榮輯　清道光元年(1821)刻本　五册

440000-2541-0006455　15769
讆文書屋集略八卷　(清)潘相撰　清刻潘相所著書本　五册

440000-2541-0006456　15770
柈湖文集十二卷首一卷　(清)吴敏樹撰　清光緒十九年(1893)思賢講舍刻本　四册

440000-2541-0006457　15771
柈湖文集十二卷首一卷　(清)吴敏樹撰　清光緒十九年(1893)思賢講舍刻本　四册

440000-2541-0006458　15772
柈湖文集十二卷首一卷　(清)吴敏樹撰　清光緒十九年(1893)思賢講舍刻本　四册

440000-2541-0006459　15780
蘧龕文鈔不分卷詩鈔十一卷　(清)柳商賢撰　清光緒十五年(1889)閑存小舍刻本　六册

440000-2541-0006460　15781
羅文恪公遺集一卷謝恩摺一卷奏疏二卷試律一卷　(清)羅惇衍撰　清光緒刻本　三册　存四卷(遺集一卷、謝恩摺一卷、奏疏二卷)

440000-2541-0006461　15782
羅文恪公遺集一卷謝恩摺一卷奏疏二卷試律一卷　(清)羅惇衍撰　清光緒刻本　三册　存三卷(謝恩摺一卷、奏疏二卷)

440000-2541-0006462　15783
噉蔗文集八卷詩集八卷喪禮詳考一卷周官隨筆一卷　(清)張羲年撰　(清)錢大昕　(清)陳以綱評輯　清光緒十九年(1893)上海著易堂鉛印本　六册

440000-2541-0006463　15784
蒿庵文集三卷拾遺一卷附録一卷閑話二卷　(清)張爾岐撰　清光緒十五年(1889)山東書局刻本　三册

440000-2541-0006464　15785
春在堂尺牘五卷　(清)俞樾撰　清光緒十年(1884)成都志古堂刻本　四册

440000-2541-0006465　15788
悔菴學文八卷補遺一卷　(清)嚴元照撰　清

光緒五年(1879)湖城義塾刻湖州叢書本　三冊

440000－2541－0006466　15789
章北亭全集八卷　(清)章愷撰　(清)吴彦蓁編　清嘉慶五年(1800)吴彦蓁刻本　四冊

440000－2541－0006467　15790
潘方伯公遺稿六卷　(清)潘駿文撰　(清)潘學祖　(清)潘延祖輯　清光緒二十二年(1896)涇縣潘氏都門刻本　六冊

440000－2541－0006468　15791
念宛齋詩集九卷官書八卷文稿八卷書牘五卷　(清)左輔撰　清嘉慶二十五年(1820)刻本　九冊　存二十七卷(詩集九卷、官書八卷、文稿一至五、書牘五卷)

440000－2541－0006469　15792
百柱堂全集内集三十四卷外集十九卷　(清)王柏心撰　**彤雲閣遺稿詩一卷文一卷**　(清)王家仕撰　清光緒二十四年(1898)成山唐氏貴陽刻本　十六冊

440000－2541－0006470　15793
小謨觴館詩集八卷續集二卷詞附一卷文集四卷續集二卷　(清)彭兆蓀撰　清刻本　八冊

440000－2541－0006471　15794
守默齋詩稿一卷雜著三卷　(清)何應祺撰　清同治十年(1871)善化何氏刻本　四冊

440000－2541－0006472　15795
守默齋詩稿一卷雜著三卷　(清)何應祺撰　清同治十年(1871)善化何氏刻本　二冊　存一卷(詩稿一卷)

440000－2541－0006473　15796
養知書屋文集二十八卷郭侍郎奏疏十二卷　(清)郭嵩燾撰　清光緒十八年(1892)刻本　四十冊

440000－2541－0006474　15798
小謨觴館詩集八卷詩續集二卷詩餘附録一卷文集四卷文續集二卷　(清)彭兆蓀撰　清嘉慶十一年(1806)韓江寓舍刻本　六冊

440000－2541－0006475　15799
小謨觴館詩集注八卷詩餘附録注一卷文集注四卷詩續集注二卷文續集注二卷　(清)彭兆蓀撰　(清)孫元培　(清)孫長熙纂輯　清光緒二十年(1894)錢塘汪氏刻本　八冊

440000－2541－0006476　15800
小謨觴館詩集注八卷詩餘附録注一卷文集注四卷詩續集注二卷文續集注二卷　(清)彭兆蓀撰　(清)孫元培　(清)孫長熙纂輯　清光緒二十年(1894)錢塘汪氏刻本　八冊

440000－2541－0006477　15801
小謨觴館文集注四卷續集注二卷　(清)彭兆蓀撰　(清)孫元培　(清)孫長熙纂輯　清光緒十六年(1890)長洲黄氏流芳閣木活字印本　四冊

440000－2541－0006478　15803
小謨觴館詩集八卷詩餘附録一卷詩集注八卷附録注一卷詩續集二卷附録一卷詩續集注二卷附録注一卷文集四卷文集注四卷文續集二卷文續集注二卷　(清)彭兆蓀撰　清光緒十九年(1893)苕溪佟氏吳門刻本　十冊

440000－2541－0006479　15804
紫峴山人全集五種　(清)張九鉞撰　(清)張家栻編　清咸豐元年(1851)湘潭張家栻刻本　二十四冊　存四種

440000－2541－0006480　15805
虚受堂文集十六卷　王先謙撰　清宣統二年(1910)上海國學書社石印本　六冊

440000－2541－0006481　15806
紫薇花館集七種　(清)王廷鼎撰　清光緒十七年(1891)刻本　十冊

440000－2541－0006482　15807
清惠堂集十卷　(清)金望欣撰　清道光二十年(1840)廣陵黄氏刻本　六冊

440000－2541－0006483　15808
虚受堂文集十五卷　王先謙撰　清光緒二十六年(1900)陳毅、蘇輿敬刻本　四冊

440000－2541－0006484　15809
笠翁一家言全集十卷偶集六卷　（清）李漁撰　清刻本　十三册

440000－2541－0006485　15810
青虚山房集十一卷　（清）王太岳撰　清光緒十九年（1893）定興鹿氏刻本　四册

440000－2541－0006486　15811
紅葉山房集十二卷　（清）鄭祖球撰　清刻本　十册

440000－2541－0006487　15812
寒支初集十卷首一卷二集四卷　（清）李世熊撰　清同治十三年（1874）刻本　四册　存五卷（首一卷、二集四卷）

440000－2541－0006488　15813
寒支初集十卷首一卷二集四卷　（清）李世熊撰　清同治十三年（1874）刻本　十二册　存十三卷（初集一至三、五至六、八至十，首一卷；二集四卷）

440000－2541－0006489　15814
笠翁一家言全集十卷偶集六卷　（清）李漁撰　清世德堂刻本　十六册

440000－2541－0006490　15815
禮部遺集七種　（清）黄富民撰　清同治九年（1870）刻本　六册

440000－2541－0006491　15816
蘇盦文録二卷駢文録五卷詩録八卷詞録一卷　（清）楊葆光撰　清光緒九年（1883）杭州自刻本　七册

440000－2541－0006492　15817
蘇盦文録二卷駢文録五卷詩録八卷詞録一卷　（清）楊葆光撰　清光緒九年（1883）杭州自刻本　四册　存十三卷（文録二卷、駢文録五卷、詩録一至六）

440000－2541－0006493　15818
紀文達公遺集詩十六卷文十六卷　（清）紀昀撰　（清）紀樹馨輯　清嘉慶十七年（1812）紀氏家刻本　十二册

440000－2541－0006494　15819
恥不逮齋文集三卷附録一卷補遺一卷　（清）熊其英撰　清光緒十六年至十七年（1890－1891）刻本　八册

440000－2541－0006495　15820
紀文達公遺集詩十六卷文十六卷　（清）紀昀撰　（清）紀樹馨輯　清嘉慶十七年（1812）紀氏家刻本　十二册

440000－2541－0006496　15821
羅忠節公遺集（羅山遺集）八種　（清）羅澤南撰　清咸豐至同治刻本　七册　存六種

440000－2541－0006497　15822
王壯武公遺集二十四卷首一卷　（清）王鑫撰　**年譜二卷**　（清）羅正鈞撰　清光緒十八年（1892）湘鄉王氏江甯刻本　二十六册

440000－2541－0006498　15823
聊復集三卷　（清）郭綏之撰　（清）柯蘅選　清同治六年（1867）刻本　一册

440000－2541－0006499　15824
狷齋遺稿五卷　（清）鄒志路撰　清同治八年（1869）刻本　二册

440000－2541－0006500　15825
倭文端公遺書十卷首二卷　（清）倭仁撰　清光緒三年（1877）粵東翰元樓刻本　六册

440000－2541－0006501　15826
倭文端公遺書十卷首二卷　（清）倭仁撰　清光緒三年（1877）粵東翰元樓刻本　六册

440000－2541－0006502　15827
倭文端公遺書十卷首二卷　（清）倭仁撰　清光緒三年（1877）粵東翰元樓刻本　六册

440000－2541－0006503　15828
居易堂集二十卷　（清）徐枋撰　清康熙刻嘉慶二十年（1815）趙筠重修本　六册

440000－2541－0006504　15829
壯悔堂文集十卷遺稿一卷　（清）侯方域撰　（清）賈開宗等評點　清刻本　六册

440000－2541－0006505　15830

壯悔堂文集十卷遺稿一卷 (清)侯方域撰 (清)賈開宗等評點 清刻本 六冊

440000－2541－0006506 15831
茗柯文初編一卷二編二卷三編一卷四編一卷 (清)張惠言撰 清光緒八年(1882)蛟川張氏刻花雨樓叢鈔本 五冊

440000－2541－0006507 15835
壯悔堂文集十卷遺稿一卷四憶堂詩集六卷遺稿一卷 (清)侯方域撰 (清)賈開宗等評點 清光緒十年(1884)刻本 六冊

440000－2541－0006508 15840
茗柯文初編一卷二編二卷三編一卷四編一卷 (清)張惠言撰 清道光三年(1823)刻受經堂彙稿本 二冊

440000－2541－0006509 15841
望溪先生文集十八卷集外文十卷集外文補遺二卷 (清)方苞撰 **方望溪先生年譜二卷附錄一卷** (清)蘇惇元輯 清咸豐元年至二年(1851－1852)桐城戴鈞衡刻本 十二冊

440000－2541－0006510 15844
望溪先生文集十八卷集外文十卷集外文補遺二卷 (清)方苞撰 **方望溪先生年譜二卷附錄一卷** (清)蘇惇元輯 清咸豐元年至二年(1851－1852)桐城戴鈞衡刻本 十二冊

440000－2541－0006511 15847
戴東原集十二卷 (清)戴震撰 清道光刻本 四冊

440000－2541－0006512 15851
經韻樓集十二卷儀禮漢讀考一卷 (清)段玉裁撰 清道光元年(1821)七葉衍祥堂刻經韻樓叢書本 六冊

440000－2541－0006513 15852
經韻樓集十二卷儀禮漢讀考一卷 (清)段玉裁撰 清道光元年(1821)七葉衍祥堂刻經韻樓叢書本 四冊

440000－2541－0006514 15859
更生齋集文甲集四卷乙集四卷詩集八卷詩餘二卷 (清)洪亮吉撰 清嘉慶七年(1802)洋川書院刻本 二冊 存六卷(甲集四卷、乙集一至二)

440000－2541－0006515 15862
大雲山房文稿初集四卷二集四卷言事二卷補編一卷 (清)惲敬撰 清光緒十年(1884)刻本 六冊

440000－2541－0006516 15863
大雲山房文稿初集四卷二集四卷言事二卷補編一卷 (清)惲敬撰 清光緒十年(1884)刻本 七冊

440000－2541－0006517 15864
大雲山房文稿初集四卷二集四卷 (清)惲敬撰 清光緒十四年(1888)刻本 八冊

440000－2541－0006518 15866
音注小倉山房尺牘八卷補遺一卷 (清)袁枚撰 (清)胡光斗箋釋 清光緒四年(1878)蘭言書屋刻本 四冊

440000－2541－0006519 15868
大雲山房文稿初集四卷二集四卷言事二卷 (清)惲敬撰 清同治二年(1863)惲世臨楚南節署刻本 八冊

440000－2541－0006520 15869
更生齋文乙集四卷 (清)洪亮吉撰 清光緒九年(1883)紫藤花館刻本 一冊

440000－2541－0006521 15870
補校袁文箋正七卷 (清)袁枚撰 題(清)汗漫山人補校 (清)石韞玉箋注 清道光七年(1827)刻本 六冊

440000－2541－0006522 15871
補校袁文箋正七卷 (清)袁枚撰 題(清)汗漫山人補校 (清)石韞玉箋注 清道光七年(1827)刻本 八冊

440000－2541－0006523 15874
曾惠敏公奏疏六卷文集五卷詩集四卷使西日記二卷 (清)曾紀澤撰 清光緒二十年(1894)上海石印本 四冊

440000－2541－0006524　15875
曾惠敏公奏疏六卷文集五卷詩集四卷使西日記二卷　(清)曾紀澤撰　清光緒二十年(1894)上海石印本　二册

440000－2541－0006525　15876
尋古齋文集四卷　(清)李繼聖撰　(清)李啟是　(清)李啟晟輯錄　清尋古齋刻本　四册

440000－2541－0006526　15877
何宮贊遺書六種　(清)何若瑤撰　清光緒八年(1882)何雲旭刻本　四册

440000－2541－0006527　15879
今白華堂集六種附一種　(清)童槐撰　清同治八年(1869)刻本　七册　存五種

440000－2541－0006528　15883
孟塗前集十卷後集二十二卷諸家評語一卷駢體文二卷文集十卷　(清)劉開撰　清道光六年(1826)桐城姚氏檗山草堂刻本　八册

440000－2541－0006529　15884
因寄軒文初集十卷二集六卷補遺一卷小異遺文一卷　(清)管同撰　清光緒五年(1879)刻本　八册

440000－2541－0006530　15886
修凝齋集六卷　(清)阮鍾瑗撰　清道光十年(1830)木活字印本　十六册

440000－2541－0006531　15890
敬恕堂文集紀年十卷首一卷中庸圖說一卷　(清)耿介撰　清同治三年(1864)刻本　八册

440000－2541－0006532　15891
賜綺堂集十卷續集四卷　(清)詹應甲撰　清嘉慶十年(1805)讀我書齋刻十九年(1814)續刻本　四册

440000－2541－0006533　15893
揅經室一集十四卷二集八卷三集五卷四集二卷四集詩十一卷續集十一卷再續集六卷外集五卷　(清)阮元撰　清道光阮氏文選樓刻後印本　二十四册

440000－2541－0006534　15894
揅經室一集十四卷二集八卷三集五卷四集二卷四集詩十一卷續集十一卷再續集六卷外集五卷　(清)阮元撰　清道光阮氏文選樓刻廣州鎔經鑄史齋印本　二十四册

440000－2541－0006535　15895
揅經室一集十四卷二集八卷三集五卷四集二卷四集詩十一卷續集十一卷再續集六卷外集五卷　(清)阮元撰　清刻本　二十四册

440000－2541－0006536　15896
東井文鈔二卷　(清)黃定文撰　清道光元年(1821)刻本　四册

440000－2541－0006537　15898
劬書室遺集十六卷　(清)金錫齡撰　清光緒二十一年(1895)刻本　五册

440000－2541－0006538　15899
魏稼孫全集四種　(清)魏錫曾撰　清光緒九年(1883)刻本　十册

440000－2541－0006539　15900
雅安書屋文集二卷詩集四卷贈言錄一卷　(清)汪鋆撰　清道光二十四年(1844)刻本　五册

440000－2541－0006540　15901
全謝山文鈔十六卷　(清)全祖望撰　清宣統二年(1910)上海國學扶輪社鉛印本　八册

440000－2541－0006541　15902
全謝山文鈔十六卷　(清)全祖望撰　清宣統二年(1910)上海國學扶輪社鉛印本　四册　存八卷(一至四、十三至十六)

440000－2541－0006542　15903
太乙舟文集八卷　(清)陳用光撰　清光緒二十一年(1895)長沙刻本　七册

440000－2541－0006543　15904
登雲山房文稿四卷　(清)溫訓撰　(清)潘正理編　清道光刻本　一册　存二卷(一至二)

440000－2541－0006544　15905
雙白燕堂文集二卷外集八卷　(清)陸耀遹撰　清光緒四年(1878)興國州署刻本　四册

440000－2541－0006545　15906
月蕖軒詩草一卷詩餘一卷詩餘傳述略一卷（清）袁鏡蓉撰　清道光二十八年（1848）刻本　二冊

440000－2541－0006546　15907
月蕖軒詩草一卷詩餘一卷詩餘傳述略一卷（清）袁鏡蓉撰　清道光二十八年（1848）刻本　一冊　存二卷（詩草一卷、詩餘一卷）

440000－2541－0006547　15908
憶山書屋詩稿一卷文稿一卷　（清）葉自莊撰　清道光二十三年（1843）刻本　二冊

440000－2541－0006548　15909
秋塍書屋詩鈔五卷文鈔二卷　（清）王斯年撰　清嘉慶十七年（1812）刻本　二冊

440000－2541－0006549　15910
樂園文鈔八卷首一卷　（清）嚴如熤撰　清道光刻本　二冊

440000－2541－0006550　15911
青溪舊屋文集十卷詩集一卷　（清）劉文淇撰　清光緒九年（1883）儀徵劉氏刻本　二冊

440000－2541－0006551　15912
青溪舊屋文集十卷詩集一卷　（清）劉文淇撰　清光緒九年（1883）儀徵劉氏刻本　二冊

440000－2541－0006552　15913
錢南園先生遺集五卷　（清）錢灃撰　清光緒十九年（1893）浙江書局刻本　二冊

440000－2541－0006553　15914
錢南園先生遺集五卷　（清）錢灃撰　清光緒十九年（1893）浙江書局刻本　一冊　存三卷（一至三）

440000－2541－0006554　15915
知白軒遺稿四卷末一卷　（清）楊景程撰（清）楊瓊輯　清光緒九年（1883）楊瓊刻本　二冊

440000－2541－0006555　15916
經德堂文集六卷別集二卷經籍舉要一卷（清）龍啟瑞撰　清光緒四年至七年（1878－1881）京師刻本　二冊

440000－2541－0006556　15917
問園遺集一卷空山夢一卷　（清）范元亨撰　**憶秋軒詩鈔一卷續鈔一卷補遺一卷詩餘一卷尺牘偶存一卷**　（清）范淑撰　清光緒十七年（1891）范履福良鄉縣官廨刻本　二冊

440000－2541－0006557　15918
問園遺集一卷空山夢一卷　（清）范元亨撰　**憶秋軒詩鈔一卷續鈔一卷補遺一卷詩餘一卷尺牘偶存一卷**　（清）范淑撰　清光緒十七年（1891）范履福良鄉縣官廨刻本　二冊

440000－2541－0006558　15919
半巖廬遺集不分卷遺詩一卷　（清）邵懿辰撰　清光緒三十四年（1908）刻本　二冊

440000－2541－0006559　15921
愛日齋集二卷文一卷隨筆一卷　（清）綿愉撰　清同治十年（1871）奕詳等刻本　二冊

440000－2541－0006560　15922
趙裘萼公賸稿四卷　（清）趙熊詔撰　（清）趙侗斅輯　清光緒二十三年（1897）浙江書局刻本　二冊

440000－2541－0006561　15923
趙裘萼公賸稿四卷　（清）趙熊詔撰　（清）趙侗斅輯　清光緒二十三年（1897）浙江書局刻本　二冊

440000－2541－0006562　15924
朝陽文集一卷詩集一卷近光集一卷　（清）張檏撰　清咸豐元年（1851）繡江書院刻三年（1853）續刻本　二冊

440000－2541－0006563　15925
金山公餘摘鈔二卷　（清）劉元誠撰　清光緒二十八年（1902）陶庵刻本　一冊

440000－2541－0006564　15927
頤巢類稿詩三卷文一卷　（清）陶邵學撰　清宣統三年（1911）廣州刻本　二冊

440000－2541－0006565　15928
頤巢類稿詩三卷文一卷　（清）陶邵學撰　清

宣統三年(1911)廣州刻本　二冊

440000－2541－0006566　15929

頤巢類稿詩三卷文一卷　(清)陶邵學撰　清宣統三年(1911)廣州刻本　二冊

440000－2541－0006567　15931

洪北江文鈔四卷　(清)洪亮吉撰　清宣統二年(1910)上海國學扶輪社鉛印本　二冊

440000－2541－0006568　15932

意園文略二卷　(清)盛昱撰　楊鍾羲編　**事略一卷**　楊鍾羲撰　清宣統二年(1910)楊鍾羲江寧刻留垞叢刻本　一冊

440000－2541－0006569　15933

意園文略二卷　(清)盛昱撰　楊鍾羲輯　**事略一卷**　楊鍾羲撰　清宣統二年(1910)楊鍾羲江寧刻朱印本　一冊

440000－2541－0006570　15934

肄雅堂遺集文鈔一卷詩鈔八卷補錄試帖一卷雜著一卷年譜一卷　(清)葉覲光撰　清光緒三十四年(1908)佛山刻本　二冊

440000－2541－0006571　15935

肄雅堂遺集文鈔一卷詩鈔八卷補錄試帖一卷雜著一卷年譜一卷　(清)葉覲光撰　清光緒三十四年(1908)佛山刻本　一冊　存四卷(文鈔一卷、詩鈔一至二、年譜一卷)

440000－2541－0006572　15938

選樓集句二卷首一卷末一卷　(清)許祥光輯　清道光二十年(1840)刻本　一冊

440000－2541－0006573　15942

讁麐堂遺集四卷　(清)戴望撰　清宣統三年(1911)歸安陸氏刻本　二冊

440000－2541－0006574　15943

飲月軒詩鈔五卷雜體文鈔一卷文鈔二卷　(清)唐廷詔撰　清道光二十一年(1841)刻本　四冊　存七卷(詩鈔五卷、雜體文鈔一卷、文鈔一)

440000－2541－0006575　15944

心遠小榭文集三卷詩集二卷　(清)梁松年撰　清光緒十一年(1885)鳳浦梁氏刻本　四冊

440000－2541－0006576　15945

心遠小榭文集三卷詩集二卷　(清)梁松年撰　清光緒十一年(1885)鳳浦梁氏刻本　二冊　存二卷(文集一、三)

440000－2541－0006577　15946

鋤月山房文鈔二卷　(清)何仁山撰　清光緒十六年(1890)鄧蓉鏡豫章臬署刻本　一冊　存一卷(上)

440000－2541－0006578　15947

白鄉詩鈔十卷文鈔四卷歷代詠史樂府二十卷　(清)董元憲撰　清道光二十九年(1849)刻本　八冊　存二十三卷(詩鈔十卷、文鈔四卷、歷代詠史樂府一至九)

440000－2541－0006579　15948

食古齋詩錄四卷詩餘一卷文錄一卷　(清)柳以蕃撰　清光緒十八年(1892)刻本　三冊　存四卷(詩錄三至四、詩餘一卷、文錄一卷)

440000－2541－0006580　15949

唐二羅石室詩文二卷　(清)唐金鑑撰　(清)邱先德評點　清道光八年至十年(1828－1830)刻本　一冊

440000－2541－0006581　15950

吳學士文集四卷詩集五卷　(清)吳鼒撰　(清)梁肇煌　(清)薛時雨輯　清光緒八年(1882)梁肇煌江寧藩署刻本　四冊

440000－2541－0006582　15951

吳學士文集四卷詩集五卷　(清)吳鼒撰　(清)梁肇煌　(清)薛時雨輯　清光緒八年(1882)梁肇煌江寧藩署刻本　六冊

440000－2541－0006583　15952

吳學士文集四卷詩集五卷　(清)吳鼒撰　(清)梁肇煌　(清)薛時雨輯　清光緒八年(1882)梁肇煌江寧藩署刻本　六冊

440000－2541－0006584　15953

陶園文集八卷詩集二十四卷詩餘二卷六如亭二卷　(清)張九鉞撰　(清)張家栻編　清嘉

慶至道光湘潭張氏刻本　十三冊　存三十二卷(文集五至八、詩集二十四卷、詩餘二卷、六如亭二卷)

440000－2541－0006585　15954

潘少白先生文集八卷詩五卷常語二卷　(清)潘諮撰　清道光二十四年(1844)陳繼昌瞻園刻本　三冊　存六卷(文集一至六)

440000－2541－0006586　15955

金忠節公文集八卷　(明)金聲撰　清光緒十四年(1888)黟邑李氏刻本　二冊　存四卷(五至八)

440000－2541－0006587　15956

石園文稿初集一卷二集二卷偶錄二卷詩話二卷癸未小草一卷　(清)余成教撰　清嘉慶刻本　七冊

440000－2541－0006588　15957

竹素齋全集古文三卷時文三卷詩四卷　(清)姚學塽撰　清光緒九年(1883)刻本　五冊　存七卷(古文三卷、時文三卷、詩一)

440000－2541－0006589　15958

蘭雪集八卷　(清)柯振嶽撰　清嘉慶二十三年(1818)藏修齋刻本　五冊　存七卷(二至八)

440000－2541－0006590　15959

思亭文鈔二卷賦鈔二卷詩鈔八卷　(清)顧堃撰　**嘯軒詩鈔一卷**　(清)顧大文撰　清同治九年(1870)吳縣顧鎮生刻本　三冊　存七卷(文鈔二卷、賦鈔二卷、詩鈔六至八)

440000－2541－0006591　15960

樂善堂全集定本三十卷目錄一卷　(清)高宗弘曆撰　清刻本　八冊

440000－2541－0006592　15961

笥河文集十六卷詩集二十卷首一卷　(清)朱筠撰　清嘉慶二十年(1815)朱錫庚京都刻本　十二冊　存三十一卷(文集一至十、詩集二十卷、首一卷)

440000－2541－0006593　15962

笥河文集十六卷詩集二十卷首一卷　(清)朱筠撰　清嘉慶二十年(1815)朱錫庚京都刻本　十四冊

440000－2541－0006594　15963

復齋文集二十一卷詩集四卷首一卷末一卷　(清)曾鏞撰　清嘉慶二十五年(1820)刻本　八冊

440000－2541－0006595　15968

惜抱軒全集十種　(清)姚鼐撰　清同治五年(1866)省心閣刻本　二十冊

440000－2541－0006596　15970

惜抱軒全集十種　(清)姚鼐撰　清同治五年(1866)省心閣刻本　十二冊　存八種

440000－2541－0006597　15971

惜抱先生尺牘八卷　(清)姚鼐撰　清宣統三年(1911)志古堂刻本　四冊

440000－2541－0006598　15973

惜抱軒尺牘八卷　(清)姚鼐撰　清宣統元年(1909)小萬柳堂刻本　四冊

440000－2541－0006599　15974

惜抱軒尺牘八卷　(清)姚鼐撰　清宣統元年(1909)小萬柳堂刻本　四冊

440000－2541－0006600　15975

惜抱軒尺牘八卷　(清)姚鼐撰　清宣統元年(1909)小萬柳堂刻本　四冊

440000－2541－0006601　15977

惜抱先生尺牘補遺不分卷　(清)姚鼐撰　清末至民國初石印本　一冊

440000－2541－0006602　15980

荷經堂文鈔二卷詩鈔二卷　(清)勞潼撰　清道光十七年(1837)刻本　二冊

440000－2541－0006603　15981

悔生文集八卷詩鈔六卷　(清)王灼撰　清嘉慶刻本　三冊　存六卷(文集一至二、五至六,詩鈔二至三)

440000－2541－0006604　15982

芙蓉山館全集二十卷　(清)楊芳燦撰　清光

緒十七年(1891)木活字印本　七册　存十八卷(詩鈔四至八、補鈔一卷、詞鈔二卷、附詞鈔二卷、文鈔八卷)

440000－2541－0006605　15983
攜雪齋詩鈔六卷詩續一卷文鈔三卷　(清)溫汝适撰　清咸豐四年(1854)刻本　五册　存七卷(詩鈔三至六、詩續一卷、文鈔二至三)

440000－2541－0006606　15984
攜雪齋詩鈔六卷　(清)溫汝适撰　清刻本　一册　存四卷(詩鈔一至四)

440000－2541－0006607　15985
晴雲山房文集十七卷補遺二卷詩集三卷　(清)馮鎮巒撰　(清)苟培初輯　(清)苟鍾漢　(清)苟鍾泗編　清道光二十四年(1844)刻本　五册　存十四卷(文集三至七、十三至十七,補遺二卷,詩集一至二)

440000－2541－0006608　15986
習苦齋詩集八卷古文四卷　(清)戴熙撰　清同治六年(1867)刻本　四册　存七卷(詩集三至四、七至八,古文一至二、四)

440000－2541－0006609　15987
習苦齋詩集八卷古文四卷　(清)戴熙撰　清同治六年(1867)刻本　一册　存二卷(古文三至四)

440000－2541－0006610　15988
託素齋詩集四卷文集六卷　(清)黎士弘撰　清道光二十五年(1845)刻本　九册　存九卷(詩集四卷、文集一至五)

440000－2541－0006611　15989
韞山堂詩集十六卷文集八卷　(清)管世銘撰　清光緒二十年(1894)刻本　五册

440000－2541－0006612　15990
鵠山小隱詩集十六卷附詩話一卷文集十卷　(清)熊士鵬撰　清嘉慶至道光刻瘦羊錄本　七册　存二十四卷(詩集四至十六、詩話一卷、文集十卷)

440000－2541－0006613　15991
萬青閣全集□□種　(清)趙吉士撰　清刻本　九册　存十一種

440000－2541－0006614　15994
兩當軒集二十二卷考異二卷附錄四卷　(清)黄景仁撰　清光緒二年(1876)武進黄氏家塾刻本　六册

440000－2541－0006615　15995
兩當軒集二十二卷考異二卷附錄四卷　(清)黄景仁撰　清光緒二年(1876)武進黄氏家塾刻本　五册　存二十三卷(一至八、十四至二十二,考異二卷,附錄四卷)

440000－2541－0006616　15996
思不辱齋全集十五卷　(清)萬承風撰　清嘉慶二十一年(1816)刻道光印本　九册　存十四卷(賡颺集一至二、四,外集三卷,詩集四卷,文集四卷)

440000－2541－0006617　15997
自得齋制藝六卷墨卷一卷試帖二卷律賦二卷蟲吟小草二卷文集二卷牧賓紀實二卷　(清)許澤洋撰　清同治至光緒刻本　十三册　存十六卷(自得齋制藝六卷、墨卷一卷、試帖二卷、律賦二卷、蟲吟小草上、文集二卷、牧賓紀實二卷)

440000－2541－0006618　15998
青草堂集十二卷二集十六卷三集十六卷補集七卷　(清)趙國華撰　清同治十一年(1872)刻光緒八年至二十一年(1882－1895)續刻本　九册　存四十五卷(青草堂集十二卷、二集十六卷、三集十六卷、補集七)

440000－2541－0006619　15999
袁文箋正十六卷補注一卷　(清)袁枚撰　(清)石韞玉箋注　清道光二十三年(1843)刻本　四册

440000－2541－0006620　16003
青草堂集十二卷二集十六卷三集十六卷補集七卷　(清)趙國華撰　清同治十一年(1872)濟南刻光緒八年至二十一年(1882－1895)濟南續刻本　十册

440000－2541－0006621　16004
青草堂集十二卷　(清)趙國華撰　清同治十一年(1872)濟南刻本　四冊

440000－2541－0006622　16005
袁文箋正十六卷補注一卷　(清)袁枚撰　(清)石韞玉箋注　清道光八年(1828)刻本　四冊

440000－2541－0006623　16006
袁文箋正十六卷補注一卷　(清)袁枚撰　(清)石韞玉箋注　清道光八年(1828)刻本　四冊

440000－2541－0006624　16008
袁文箋正十六卷補注一卷　(清)袁枚撰　(清)石韞玉箋注　清嘉慶十七年(1812)刻本　六冊

440000－2541－0006625　16009
袁太史稿一卷　(清)袁枚撰　(清)秦大士輯　清末刻本　一冊

440000－2541－0006626　16011
隨園文集二卷　(清)袁枚撰　清宣統二年(1910)國學扶輪社石印本　一冊

440000－2541－0006627　16012
小倉山房文集三十五卷外集六卷補遺二卷　(清)袁枚撰　清刻本　十二冊

440000－2541－0006628　16013
左海文集乙編二卷　(清)陳壽祺撰　清道光家刻左海全集本　二冊

440000－2541－0006629　16014
左海全集十種　(清)陳壽祺撰　清嘉慶至道光三山陳氏刻本　十六冊　存四種

440000－2541－0006630　16015
左海文集十卷乙編二卷　(清)陳壽祺撰　清道光家刻左海全集本　七冊

440000－2541－0006631　16017
羅卷彙編(樂山堂全集)十種　(清)曾興仁編　清道光十四年至二十二年(1834－1842)善化曾氏刻本　十五冊　存四種

440000－2541－0006632　16019
濂亭文集八卷　(清)張裕釗撰　(清)查燕緒編　清宣統三年(1911)掃葉山房石印本　二冊

440000－2541－0006633　16021
濂亭文集八卷　(清)張裕釗撰　(清)查燕緒編　清宣統三年(1911)掃葉山房石印本　二冊

440000－2541－0006634　16024
錢牧齋文鈔不分卷　(清)錢謙益撰　清宣統元年(1909)國學扶輪社鉛印本　四冊

440000－2541－0006635　16025
蒔齋文存一卷詩存一卷試律一卷　(清)查元偁撰　清道光二十一年(1841)刻本　五冊

440000－2541－0006636　16026
濂亭文集八卷　(清)張裕釗撰　清光緒二十四年(1898)大冶黃氏關中刻本　二冊

440000－2541－0006637　16027
濂亭文集八卷　(清)張裕釗撰　(清)查燕緒編　清光緒八年(1882)海寧查氏木漸齋蘇州刻本　二冊

440000－2541－0006638　16028
濂亭遺文五卷詩二卷　(清)張裕釗撰　清宣統二年(1910)刻本　二冊

440000－2541－0006639　16029
嶺南續集一卷　(清)程含章撰　清道光刻本　一冊

440000－2541－0006640　16030
寸心知室全書正編六卷續編二卷首一卷　(清)湯金釗撰　清同治七年(1868)刻本　六冊

440000－2541－0006641　16031
簡學齋館課試律存一卷續鈔一卷館課賦存一卷續鈔一卷　(清)陳沆撰　清咸豐刻本　五冊

440000－2541－0006642　16032
唐魏子集三卷補遺一卷　(清)唐世徵撰　清

道光十九年(1839)刻本　三冊

440000－2541－0006643　16033
遂初齋文集四卷　(清)劉邦鼎撰　(清)劉觀森輯　清道光二十年(1840)刻本　二冊

440000－2541－0006644　16034
東觀存稾一卷　(清)陳壽祺撰　清刻本　一冊

440000－2541－0006645　16035
鷗跡集二十一卷　(清)蔡受撰　清刻本　四冊

440000－2541－0006646　16037
後甲集二卷　(清)章大來撰　清光緒三十年(1904)孫谿朱氏槐廬家塾印校經山房叢書本　一冊

440000－2541－0006647　16038
鶴和樓制義一卷補編一卷　(清)彭藴章撰　清道光十九年(1839)刻本　二冊

440000－2541－0006648　16039
淵雅堂全集五十六卷附寫韻軒小稿二卷波餘遺稿一卷　(清)王芑孫撰　清嘉慶八年至二十五年(1803－1820)刻本　二十三冊　存三十三卷(編年詩二十卷、外集四卷、文外集四卷、詩文續稿二卷、寫韻軒小稿二卷、波餘遺稿一卷)

440000－2541－0006649　16040
孫淵如先生全集二十三卷　(清)孫星衍撰　清光緒二十年(1894)湖南思賢書局刻本　十冊

440000－2541－0006650　16041
孫淵如先生全集二十三卷　(清)孫星衍撰
長離閣集一卷　(清)王采薇撰　清光緒十一年(1885)長沙王氏刻本　九冊

440000－2541－0006651　16042
孫淵如先生全集二十三卷　(清)孫星衍撰　清光緒二十年(1894)湖南思賢書局刻本　十冊

440000－2541－0006652　16043
孫淵如先生全集二十三卷　(清)孫星衍撰　清光緒十一年(1885)吴縣朱氏槐廬家塾刻本　十冊

440000－2541－0006653　16044
真有益齋文編十卷　(清)黄安濤撰　清道光二十三年(1843)刻本　四冊

440000－2541－0006654　16045
御製詩初集四十四卷詩二集九十卷詩三集一百卷詩四集一百卷詩五集一百卷詩餘集二十卷文初集三十卷文二集四十四卷文三集十六卷文餘集二卷　(清)高宗弘曆撰　清光緒五年(1879)鉛印本　二百五十六冊

440000－2541－0006655　16046
樂善堂全集定本三十卷目錄一卷　(清)高宗弘曆撰　清光緒五年(1879)鉛印本　十二冊

440000－2541－0006656　16047
御製詩初集四十八卷詩二集六十四卷詩三集六十四卷詩餘集六卷文初集十卷文二集十四卷文餘集二卷　(清)仁宗顒琰撰　清光緒五年(1879)鉛印本　一百二十四冊

440000－2541－0006657　16048
味餘書室全集定本四十卷目錄四卷隨筆二卷　(清)仁宗顒琰撰　清光緒五年(1879)鉛印本　三十二冊

440000－2541－0006658　16049
御製文餘集二卷詩餘集四卷　(清)仁宗顒琰撰　清道光刻本　四冊

440000－2541－0006659　16050
御製詩初集二十四卷文初集十卷詩餘集十二卷文餘集六卷　(清)宣宗旻寧撰　清光緒五年(1879)鉛印本　二十八冊

440000－2541－0006660　16051
尚絅堂詩集五十二卷詞集二卷駢體文二卷　(清)劉嗣綰撰　清同治八年(1869)刻本　十冊

440000－2541－0006661　16052
尚絅堂詩集五十二卷詞集二卷駢體文二卷

(清)劉嗣綰撰　清同治八年(1869)刻本　十四冊　存五十四卷(詩集五十二卷、詞集二卷)

440000－2541－0006662　16053
退思詩存四卷文存一卷　(清)范志熙撰　清光緒十四年(1888)武昌范氏木犀香館刻本　二冊　存三卷(詩存一至二、文存一卷)

440000－2541－0006663　16054
玉芝堂文集六卷詩集三卷　(清)邵齊燾撰　清光緒五年(1879)湘南節署刻本　三冊

440000－2541－0006664　16056
古歡堂集三十六卷　(清)田雯撰　清刻本　九冊　存三十四卷(古雜體三卷、七言古三卷、七言絕三卷、五律一卷、五排律一卷、七律一卷、題辭一卷、記二卷、傳一卷、跋一卷、雜文三卷、銘表二卷、序四卷、雜著八卷)

440000－2541－0006665　16058
御製詩餘十二卷文餘六卷　(清)宣宗旻寧撰　清咸豐刻本　五冊

440000－2541－0006666　16059
靈芬館集十種　(清)郭麐撰　清嘉慶至道光刻本　四十三冊　存三種

440000－2541－0006667　16061
梧生文鈔十卷　(清)傅桐撰　清同治三年(1864)刻本　一冊

440000－2541－0006668　16062
思綺堂文集十卷　(清)章藻功撰　清刻本　十冊

440000－2541－0006669　16063
綠野齋文集四卷　(清)劉鴻翱撰　清道光七年(1827)刻本　四冊

440000－2541－0006670　16064
惕甫未定藁二十六卷　(清)王芑孫撰　清嘉慶九年(1804)刻本　六冊　存二十一卷(一至二、五至十九、二十三至二十六)

440000－2541－0006671　16067
劍光樓詩鈔四卷詞一卷文鈔一卷　(清)儀克中撰　清咸豐十年(1860)刻光緒八年(1882)續刻本　二冊

440000－2541－0006672　16068
劍光樓詩鈔四卷詞一卷文鈔一卷　(清)儀克中撰　清咸豐十年(1860)刻光緒八年(1882)續刻本　二冊

440000－2541－0006673　16070
翁山文外十六卷　(清)屈大均撰　清宣統二年(1910)上海國學扶輪社鉛印本　五冊

440000－2541－0006674　16071
白田草堂存稿八卷　(清)王懋竑撰　清光緒二十年(1894)廣雅書局刻本　二冊

440000－2541－0006675　16072
變雅堂詩集十卷文集八卷附錄二卷　(清)杜濬撰　清光緒二十年(1894)湖北刻本　六冊

440000－2541－0006676　16073
變雅堂全集六卷補遺□□卷　(清)杜濬撰　清道光二十三年(1843)刻本　六冊

440000－2541－0006677　16074
阿字無禪師光宣臺集二十五卷　(清)釋今無撰　(清)釋古正　(清)釋古雲編　清嘉慶刻道光修補本　十冊

440000－2541－0006678　16075
醉白堂文集四卷續集一卷　(清)謝良琦撰　清光緒十九年(1893)臨桂王鵬運刻本　二冊

440000－2541－0006679　16077
誦芬室叢刊初編十三種附一種二編八種　董康編　清光緒至民國武進董氏誦芬室刻本　八冊　存三種

440000－2541－0006680　16078
誦芬室叢刊初編十三種附一種二編八種　董康編　清光緒至民國武進董氏誦芬室刻本　八冊　存三種

440000－2541－0006681　16080
曝書亭集八十卷附錄一卷　(清)朱彝尊撰
笛漁小稿十卷　(清)朱昆田撰　清光緒十五年(1889)陶閣寒梅館刻本　十六冊

440000－2541－0006682　16081
曝書亭集八十卷附錄一卷　(清)朱彝尊撰　**笛漁小稿十卷**　(清)朱昆田撰　清光緒十五年(1889)陶閬寒梅館刻本　十八冊

440000－2541－0006683　16082
曝書亭集八十卷附錄一卷　(清)朱彝尊撰　**笛漁小稿十卷**　(清)朱昆田撰　清光緒十五年(1889)陶閬寒梅館刻本　十七冊　存七十七卷(一至四、九至八十,附錄一卷)

440000－2541－0006684　16089
安舟遺稿一卷附錄一卷　(清)蘇珥撰　清嘉慶十九年(1814)刻本　一冊

440000－2541－0006685　16090
安舟遺稿一卷附錄一卷　(清)蘇珥撰　清嘉慶十九年(1814)刻本　一冊

440000－2541－0006686　16091
安舟遺稿一卷附錄一卷　(清)蘇珥撰　清嘉慶十九年(1814)刻本　一冊

440000－2541－0006687　16092
曝書亭集二十三卷　(清)朱彝尊撰　(清)孫銀槎輯注　清嘉慶九年(1804)刻本　八冊

440000－2541－0006688　16093
曝書亭集外稿八卷　(清)朱彝尊撰　(清)馮登府　(清)朱墨林輯　清道光二年(1822)刻本　四冊

440000－2541－0006689　16097
御製文集初集四十卷二集五十卷三集五十卷四集三十六卷　(清)聖祖玄燁撰　清光緒五年(1879)鉛印本　四十四冊

440000－2541－0006690　16098
方望溪文鈔六卷　(清)方苞撰　清宣統二年(1910)上海國學扶輪社鉛印本　五冊

440000－2541－0006691　16099
望溪先生文集十八卷集外文十卷集外文補遺二卷　(清)方苞撰　**方望溪先生年譜二卷附錄一卷**　(清)蘇惇元輯　清咸豐元年至二年(1851－1852)桐城戴鈞衡刻本　十一冊　存二十九卷(文集十八卷、集外文一至七、補遺二卷、年譜二卷)

440000－2541－0006692　16100
望溪先生文集十八卷集外文十卷集外文補遺二卷　(清)方苞撰　**方望溪先生年譜二卷附錄一卷**　(清)蘇惇元輯　清咸豐元年至二年(1851－1852)桐城戴鈞衡刻本　十二冊　存二十八卷(文集十八卷、集外文十卷)

440000－2541－0006693　16101
望溪先生文集十八卷集外文十卷集外文補遺二卷　(清)方苞撰　**方望溪先生年譜二卷附錄一卷**　(清)蘇惇元輯　清咸豐元年至二年(1851－1852)桐城戴鈞衡刻本　七冊　存二十三卷(文集一至十三、集外文十卷)

440000－2541－0006694　16104
三魚堂外集六卷附錄一卷　(清)陸隴其撰　清同治刻本　二冊

440000－2541－0006695　16107
儲遯菴文集十二卷附錄一卷　(清)儲方慶撰　清光緒二年(1876)刻本　四冊

440000－2541－0006696　16109
涉需堂文集一卷詩集一卷迂言百則一卷史見一卷　(清)陳遇夫撰　(清)林伯桐編　清光緒六年(1880)刻本　四冊　存三卷(詩集一卷、迂言百則一卷、史見一卷)

440000－2541－0006697　16110
涉需堂文集一卷詩集一卷迂言百則一卷史見一卷　(清)陳遇夫撰　(清)林伯桐編　清光緒六年(1880)刻本　三冊　存三卷(文集一卷、迂言百則一卷、史見一卷)

440000－2541－0006698　16111
讀書堂綵衣全集四十六卷　(清)趙士麟撰　(清)梁永淳輯　(清)趙宸黼編　清光緒十九年(1893)浙江書局刻本　十二冊

440000－2541－0006699　16112
讀書堂綵衣全集四十六卷　(清)趙士麟撰　(清)梁永淳輯　(清)趙宸黼編　清光緒十九年(1893)浙江書局刻本　十一冊　存四十三

卷(一至四十三)

440000－2541－0006700　16114
邵子湘全集三十卷　(清)邵長蘅撰　(清)顧景星批點　清康熙邵長蘅青門草堂刻光緒二十二年(1896)印本　八冊

440000－2541－0006701　16115
邵子湘全集三十卷　(清)邵長蘅撰　(清)顧景星批點　清康熙邵長蘅青門草堂刻光緒二十二年(1896)印本　十二冊

440000－2541－0006702　16116
聊齋先生文集二卷　(清)蒲松齡撰　清宣統二年(1910)上海國學扶輪社鉛印本　二冊

440000－2541－0006703　16117
春暉堂稿初刻一卷　(清)謝聖鞞撰　清番禺謝氏刻本　一冊

440000－2541－0006704　16118
擇石齋文集二十五卷詞一卷　(清)錢載撰　清刻本　一冊　存七卷(二十至二十五、詞一卷)

440000－2541－0006705　16119
朱文端公文集四卷補編四卷年譜一卷　(清)朱軾撰　清同治十年至十二年(1871－1873)古唐朱舲古懽齋刻本　七冊

440000－2541－0006706　16120
世宗憲皇帝御製文集三十卷總目四卷　(清)世宗胤禛撰　清光緒五年(1879)鉛印本　十六冊

440000－2541－0006707　16121
頻羅庵遺集四種　(清)梁同書撰　清嘉慶二十二年(1817)仁和陸貞一刻本　十一冊　存二種

440000－2541－0006708　16122
頻羅庵遺集四種　(清)梁同書撰　清嘉慶二十二年(1817)仁和陸貞一刻本　五冊

440000－2541－0006709　16123
石笥山房文集六卷補遺一卷詩集十一卷詩餘一卷補遺二卷續補遺二卷　(清)胡天游撰　清咸豐二年(1852)山陰胡學醇刻本　十冊

440000－2541－0006710　16125
忠雅堂文集十二卷詩集二十七卷補遺二卷銅絃詞二卷　(清)蔣士銓撰　清同治九年(1870)蔣志章益州薇署刻本　十二冊

440000－2541－0006711　16126
忠雅堂文集十二卷詩集二十七卷補遺二卷銅絃詞二卷　(清)蔣士銓撰　清同治九年(1870)蔣志章益州薇署刻本　六冊　存三十一卷(詩集二十七卷、補遺二卷、銅絃詞二卷)

440000－2541－0006712　16127
蔣氏四種　(清)蔣士銓撰　清咸豐刻本　四十冊

440000－2541－0006713　16128
蔣氏四種　(清)蔣士銓撰　清咸豐刻本　十四冊　存二種

440000－2541－0006714　16129
棣懷堂隨筆十一卷首一卷末一卷　(清)李象鵾撰　清同治十三年(1874)文蔚堂刻本　七冊

440000－2541－0006715　16130
蔣氏四種　(清)蔣士銓撰　清咸豐刻本　十四冊　存二種

440000－2541－0006716　16131
宛鄰文二卷詩二卷　(清)張琦撰　**蓬室偶吟一卷**　(清)湯瑤卿撰　清光緒十七年(1891)陽湖張氏宛鄰書屋鉛印本　二冊

440000－2541－0006717　16132
宦拾錄十八卷　(清)王子音撰　清嘉慶十一年(1806)武寧王氏湖上半畝園京師刻本　八冊

440000－2541－0006718　16134
華陽散稿二卷　(清)史震林撰　清光緒九年(1883)王韜香港鉛印弢園叢書本　二冊

440000－2541－0006719　16135
培遠堂手札節存三卷　(清)陳弘謀撰　清光緒二十五年(1899)浙江官書局刻朱墨套印本

三册

440000－2541－0006720　16136
紫峴山人全集五種　(清)張九鉞撰　(清)張家杕編　清咸豐元年(1851)湘潭張家杕刻本　十四册

440000－2541－0006721　16137
儀鄭堂遺稿一卷　(清)孔廣森撰　清末刻本　一册

440000－2541－0006722　16138
犢山文稿不分卷　(清)周鎬撰　清道光二十八年(1848)刻本　二册

440000－2541－0006723　16140
海峰文集八卷詩集六卷　(清)劉大櫆撰　清刻本　八册

440000－2541－0006724　16141
海峰先生文十卷詩六卷　(清)劉大櫆撰　清同治十三年(1874)刻本　六册

440000－2541－0006725　16142
知足齋文集六卷進呈文稿二卷　(清)朱珪撰　清光緒五年(1879)定州王氏謙德堂刻畿輔叢書本　四册

440000－2541－0006726　16143
崇百藥齋文集二十卷續集四卷合肥學舍札記十二卷　(清)陸繼輅撰　清光緒四年(1878)陸祐勤興國州署刻本　八册

440000－2541－0006727　16144
知足齋詩集二十卷續集四卷文集六卷進呈文稿二卷　(清)朱珪撰　清嘉慶十年(1805)刻廣州鎔經鑄史齋印本　十四册

440000－2541－0006728　16146
頤綵堂文集十六卷詩鈔十卷駢體文鈔二卷　(清)沈叔埏撰　清光緒九年(1883)刻本　五册　存十八卷(文集一至六、詩鈔十卷、駢體文鈔二卷)

440000－2541－0006729　16147
陳文恭公手札節要三卷　(清)陳弘謀撰　清道光二十六年(1846)存惺齋刻本　三册

440000－2541－0006730　16148
培遠堂手札節存三卷　(清)陳弘謀撰　清刻本　三册

440000－2541－0006731　16149
陳文恭公手札節要三卷　(清)陳弘謀撰　清光緒十三年(1887)東莞鄧氏江西糧署刻本　一册

440000－2541－0006732　16151
四餘偶錄文集二卷　(清)楊仲興撰　清宣統二年(1910)刻本　一册

440000－2541－0006733　16153
乾初先生文鈔二卷遺詩鈔一卷雜綴一卷補綴一卷　(清)陳確撰　**補庵遺稿一卷詩鈔一卷**　(清)陳枚撰　清光緒十三年(1887)海昌羊氏刻海昌六先生集本　一册

440000－2541－0006734　16154
小羅浮草堂文集九卷首一卷　(清)馮敏昌撰　清道光二十六年(1846)刻本　七册

440000－2541－0006735　16157
芝房文鈔不分卷　(清)邵詠撰　清道光四年(1824)刻本　一册

440000－2541－0006736　16158
愓園全集三十卷　(清)陳庚煥撰　清咸豐元年(1851)何則贇等刻本　六册　存十三卷(初稿一至十三)

440000－2541－0006737　16160
二思齋文存六卷詩鈔六卷　(清)何文明撰　清光緒七年(1881)何璟閩南節署刻本　四册

440000－2541－0006738　16161
紫石泉山房文集十二卷詩集三卷　(清)吳定撰　清光緒十三年(1887)黟縣李氏刻本　三册　存八卷(文集一、五至十一)

440000－2541－0006739　16162
紫石泉山房文集十二卷詩集三卷　(清)吳定撰　清光緒十三年(1887)黟縣李氏刻本　五册　存十卷(文集一至十)

440000－2541－0006740　16163

補讀書齋遺稿十卷　（清）沈維鐈撰　清光緒元年（1875）沈宗濟廣州刻本　六冊

440000－2541－0006741　16164
補讀書齋遺稿十卷　（清）沈維鐈撰　清光緒元年（1875）沈宗濟廣州刻本　四冊

440000－2541－0006742　16165
維心亨室文集一卷　（清）陸殿邦撰　（清）陸萬培輯　清光緒十四年（1888）賁禺陸氏刻本　一冊

440000－2541－0006743　16166
維心亨室文集一卷　（清）陸殿邦撰　（清）陸萬培輯　清光緒十四年（1888）賁禺陸氏刻本　一冊

440000－2541－0006744　16167
邃懷堂文集箋註十六卷　（清）袁翼撰　（清）朱舲箋注　清咸豐八年（1858）朱氏古憮齋刻本　五冊　存十三卷（一至四、八至十六）

440000－2541－0006745　16168
邃懷堂文集箋註十六卷　（清）袁翼撰　（清）朱舲箋注　清咸豐八年（1858）朱氏古憮齋刻本　六冊

440000－2541－0006746　16170
古杼秋館遺稿三卷　（清）侯楨撰　清光緒二十三年（1897）無錫吳氏禮讓堂刻本　二冊

440000－2541－0006747　16171
錢頤壽中丞全集二編五種　（清）錢寶琛撰　清同治至光緒錢鼎銘刻本　十冊

440000－2541－0006748　16172
衎石齋記事稿十卷續稿十卷旅逸小稿二卷刻楮集四卷　（清）錢儀吉撰　清光緒六年（1880）錢彝甫刻本　十二冊

440000－2541－0006749　16173
聽松樓遺稿四卷附録一卷　（清）陳爾士撰　清道光刻本　一冊

440000－2541－0006750　16174
敝帚齋詩鈔四卷文鈔二卷　（清）廖卓然撰　清光緒二年（1876）刻本　四冊

440000－2541－0006751　16175
敝帚齋詩鈔四卷文鈔二卷　（清）廖卓然撰　清光緒二年（1876）刻本　三冊

440000－2541－0006752　16176
詅癡子集十卷　（清）凌湘蘅撰　清咸豐六年（1856）刻本　二冊

440000－2541－0006753　16177
綠蘿書屋遺集四卷附録一卷　（清）羅文俊撰　誦芬堂詩草一卷　（清）羅廷琛撰　清光緒二十三年（1897）南海羅氏穗城刻本　四冊

440000－2541－0006754　16178
綠蘿書屋遺集四卷附録一卷　（清）羅文俊撰　誦芬堂詩草一卷　（清）羅廷琛撰　清光緒二十三年（1897）南海羅氏穗城刻本　三冊

440000－2541－0006755　16179
七十二峯堂文勺四卷　（清）陳在謙撰　清同治十三年（1874）刻本　二冊

440000－2541－0006756　16180
養一齋文集二十卷　（清）李兆洛撰　清光緒四年（1878）刻本　八冊

440000－2541－0006757　16181
瑞谷文鈔一卷詩鈔一卷　（清）黄芝撰　（清）黄培芳輯　清同治十一年（1872）阿嫛唐之梅廬刻本　一冊

440000－2541－0006758　16182
瑞谷文鈔一卷詩鈔一卷　（清）黄芝撰　（清）黄培芳輯　清同治十一年（1872）阿嫛唐之梅廬刻本　一冊

440000－2541－0006759　16183
澹靜齋文鈔八卷詩鈔六卷　（清）龔景瀚撰　（清）龔易圖編　清同治八年（1869）龔易圖濟南郡署刻本　八冊

440000－2541－0006760　16185
養一齋文集二十卷　（清）李兆洛撰　清光緒四年（1878）刻本　十冊

440000－2541－0006761　16186
養一齋文集二十卷李養一先生詩集四卷賦一

卷詩餘一卷　(清)李兆洛撰　清光緒四年(1878)刻八年(1882)江陰曹佳續刻本　八冊　存二十二卷(文集一至七、十至十一、十四至二十,詩集四卷,賦一卷,詩餘一卷)

440000－2541－0006762　16187
養一齋文集二十卷　(清)李兆洛撰　清光緒四年(1878)刻本　八冊

440000－2541－0006763　16188
養一齋文集二十卷　(清)李兆洛撰　清光緒四年(1878)刻本　八冊

440000－2541－0006764　16189
安所遇軒西游草三卷首一卷　(清)何世文撰　**同人尺牘一卷**　(清)梁兆鳳輯　清同治三年(1864)順德梁兆鳳萃古精舍刻本　四冊

440000－2541－0006765　16190
虹橋老屋遺稿文四卷詩五卷　(清)秦緗業撰　清光緒十五年(1889)刻本　三冊

440000－2541－0006766　16192
通甫類稿四卷續編二卷詩存四卷詩存之餘二卷　(清)魯一同撰　清咸豐九年(1859)刻本　五冊

440000－2541－0006767　42408
蘇文忠公詩合註五十卷首一卷　(宋)蘇軾撰　(清)馮應榴輯　清光緒二十年(1894)粵東文英閣刻本　二十冊

440000－2541－0006768　16193
通甫類稿四卷續編二卷詩存四卷詩存之餘二卷　(清)魯一同撰　清咸豐九年(1859)刻本　三冊　存十卷(類稿三至四、續編二卷、詩存四卷、詩存之餘二卷)

440000－2541－0006769　42417
東山寓聲樂府一卷　(宋)賀鑄撰　清光緒十五年(1889)臨桂王氏家塾刻四印齋所刻詞本　一冊

440000－2541－0006770　16195
存悔齋集二十八卷外集四卷　(清)劉鳳誥撰　清道光十年(1830)刻本　八冊

440000－2541－0006771　16197
昨夢齋文集四卷　(清)彭泰來撰　清同治四年(1865)刻本　二冊

440000－2541－0006772　16198
昨夢齋文集四卷　(清)彭泰來撰　清同治四年(1865)刻本　二冊

440000－2541－0006773　16199
昨夢齋文集四卷　(清)彭泰來撰　清同治四年(1865)刻本　二冊

440000－2541－0006774　16200
鉛刀集四卷首一卷　(清)徐台英撰　清光緒九年(1883)刻本　三冊

440000－2541－0006775　16201
臨谿文集四卷　(清)黄大幹撰　(清)黄培芳輯　清道光九年(1829)刻本　二冊

440000－2541－0006776　16202
天問閣外集一卷　(清)彭泰來撰　清光緒二十五年(1899)肇城端溪書院刻民國六年(1917)重印端溪叢書本　一冊

440000－2541－0006777　16203
句溪雜箸六卷　(清)陳立撰　清光緒十四年(1888)廣雅書局刻朱印本　一冊

440000－2541－0006778　16204
二知軒文存三十四卷　(清)方濬頤撰　清光緒四年(1878)刻本　十二冊

440000－2541－0006779　16206
仙心閣集四種　(清)彭慰高撰　清光緒長洲彭氏羊城刻本　四冊

440000－2541－0006780　16207
綠猗軒文鈔二卷駢體文鈔一卷詩鈔二卷詞鈔一卷　(清)舒燾撰　清同治四年(1865)長沙刻本　二冊

440000－2541－0006781　16208
東塾集六卷申范一卷　(清)陳澧撰　清光緒十八年(1892)刻本　三冊

440000－2541－0006782　16209
東塾集六卷申范一卷　(清)陳澧撰　清光緒

十八年(1892)刻本　三冊

440000－2541－0006783　16210
東塾集六卷申范一卷　(清)陳澧撰　清光緒十八年(1892)刻本　四冊

440000－2541－0006784　16211
東塾集六卷申范一卷　(清)陳澧撰　清光緒十八年(1892)刻本　三冊

440000－2541－0006785　16212
東塾遺書四種　(清)陳澧撰　清光緒廣雅書局刻本　二冊

440000－2541－0006786　16214
養正書屋全集定本四十卷　(清)宣宗旻寧撰　(清)英和等編　清光緒五年(1879)鉛印本　二十四冊

440000－2541－0006787　16215
儀顧堂集十六卷　(清)陸心源撰　清同治十三年(1874)福州刻潛園總集本　六冊

440000－2541－0006788　16216
慎其餘齋文集二十卷　(清)王贈芳撰　清咸豐四年(1854)留香書屋刻本　六冊

440000－2541－0006789　16217
紅豆山房詩集三卷詞集一卷文一卷　(清)何振撰　清光緒六年(1880)香山何璟刻本　四冊

440000－2541－0006790　16218
筠心堂詩集四卷文集十卷外集三卷　(清)張岳崧撰　清道光二十四年(1844)刻本　六冊

440000－2541－0006791　16219
筠心堂詩集四卷文集十卷外集三卷　(清)張岳崧撰　清道光二十四年(1844)刻本　四冊　存五卷(詩集四卷、外集一)

440000－2541－0006792　16220
筠心堂詩集四卷文集十卷外集三卷　(清)張岳崧撰　清道光二十四年(1844)刻本　六冊

440000－2541－0006793　16221
半溪草堂詩稿四卷文稿二卷　(清)傅卓然撰　**青陔遺稿一卷**　(清)傅衡青撰　清光緒家刻本　四冊

440000－2541－0006794　16222
二竹齋詩鈔六卷文集二卷　(清)張井撰　清道光十五年(1835)刻本　四冊

440000－2541－0006795　16223
抱鄴山房詩稿九卷散體文二卷駢體文二卷　(清)尹恭保撰　清光緒五年(1879)刻本　四冊

440000－2541－0006796　16224
南村草堂文鈔二十卷　(清)鄧顯鶴撰　清咸豐元年(1851)刻本　六冊

440000－2541－0006797　16227
九水山房文存二卷　(清)畢亨撰　清咸豐二年(1852)聊城楊氏刻海源閣叢書本　一冊

440000－2541－0006798　16228
匏庵存稿四卷　(清)陳書撰　清同治八年(1869)刻本　四冊

440000－2541－0006799　16229
匏庵存稿四卷　(清)陳書撰　清同治八年(1869)刻本　四冊

440000－2541－0006800　16230
知止堂集十三卷續集六卷外集六卷飛鴻集四卷飛鴻餘集一卷秋聲辭一卷飛鴻集文一卷　(清)黃恩彤撰　清光緒六年(1880)刻本　六冊

440000－2541－0006801　16233
求是軒遺稿二卷　(清)吴灝撰　清同治八年(1869)刻本　一冊

440000－2541－0006802　16234
止齋文鈔二卷　(清)馬福安撰　清同治刻本　一冊

440000－2541－0006803　16236
趣園存稿奏疏四卷書牘一卷雜文一卷詩集二卷　(清)華廷傑撰　清咸豐刻本　四冊

440000－2541－0006804　16238
小南山堂詩集五卷文集二卷　(清)徐延翰撰　清嘉慶二十年(1815)刻本　三冊

440000－2541－0006805　16247

躬恥齋文鈔二十卷後編六卷　（清）宗稷辰撰　清咸豐元年（1851）都城越峴山館刻本　十六册

440000－2541－0006806　16251

萬善花室文稿六卷續編一卷附録一卷　（清）方履籛撰　清光緒十二年至二十二年（1886－1896）溧陽繆氏小岯山館刻本　四册

440000－2541－0006807　16253

劉孟塗集四十四卷　（清）劉開撰　清道光六年（1826）桐城姚氏檗山草堂刻本　八册

440000－2541－0006808　16270

七頌堂文集二卷　（清）劉體仁撰　清同治七年（1868）潁川劉瓆刻本　二册

440000－2541－0006809　16271

滑疑集八卷　（清）韓錫胙撰　清同治十三年（1874）潘紹詒浙江處州府署刻本　四册

440000－2541－0006810　16272

響泉集詩十七卷文一卷詞二卷　（清）顧光旭撰　清宣統二年（1910）無錫顧鳴鳳木活字印本　四册

440000－2541－0006811　16274

悔菴學文八卷補遺一卷　（清）嚴元照撰　清光緒五年（1879）湖城義塾刻湖州叢書本　三册

440000－2541－0006812　16275

澂潭山房古文存稿四卷詩集十七卷　（清）程襄龍撰　清嘉慶二年（1797）刻本　四册　存十七卷（古文存稿四卷、詩集一至十三）

440000－2541－0006813　16276

湖海樓文集六卷儷體文集十二卷詩集十二卷補遺一卷詞集二十卷　（清）陳維崧撰　（清）陳崇本等編　清光緒十七年至十九年（1891－1893）任光奇弇山鐸署刻本　十六册

440000－2541－0006814　16277

陶園文集八卷詩集二十四卷詩餘二卷　（清）張九鉞撰　清嘉慶至道光湘潭張氏刻本　二十册

440000－2541－0006815　16278

義門先生集十二卷附録一卷義門弟子姓氏録一卷　（清）何焯撰　（清）韓崇等輯　**何義門先生家書四卷**　（清）吴蔭培輯　清宣統元年（1909）平江吴蔭培廣州刻本　六册

440000－2541－0006816　16279

義門先生集十二卷附録一卷義門弟子姓氏録一卷　（清）何焯撰　（清）韓崇等輯　**何義門先生家書四卷**　（清）吴蔭培輯　清宣統元年（1909）平江吴蔭培廣州刻本　六册

440000－2541－0006817　16282

泰雲堂文集二卷駢體文集二卷詩集十八卷詞集三卷　（清）孫爾準撰　清道光十三年（1833）寶山沈學淵等刻本　六册

440000－2541－0006818　16283

頻羅庵遺集四種　（清）梁同書撰　清嘉慶二十二年（1817）仁和陸貞一刻本　六册

440000－2541－0006819　16284

復初齋文集三十五卷　（清）翁方綱撰　清道光十六年（1836）李彦章刻光緒三年（1877）李以恒等補刻本　八册

440000－2541－0006820　16285

復初齋文集三十五卷　（清）翁方綱撰　清道光十六年（1836）李彦章刻光緒三年（1877）李以恒等補刻本　十二册

440000－2541－0006821　16287

嚴太僕先生集十二卷　（清）嚴虞惇撰　清光緒九年至十年（1883－1884）常熟嚴氏刻本　二册

440000－2541－0006822　16289

章實齋先生遺書六卷附録一卷　（清）章學誠撰　清宣統二年（1910）鉛印本　四册

440000－2541－0006823　16290

寶綸堂文鈔八卷　（清）齊召南撰　清嘉慶二年（1797）刻本　一册

440000－2541－0006824　16291

敬學軒文集十二卷　(清)龍廷槐撰　清道光二十二年(1842)刻本　四冊

440000－2541－0006825　16292
敬學軒文集十二卷　(清)龍廷槐撰　清道光二十二年(1842)刻本　四冊

440000－2541－0006826　16293
陸陳二先生文鈔二種　(清)葉裕仁編　清同治九年(1870)合肥蒯德模刻本　四冊

440000－2541－0006827　16294
見星廬古文稿三卷續一卷　(清)林聯桂撰　清道光九年(1829)刻本　一冊

440000－2541－0006828　16295
燕滇雪跡集六卷　(清)何南鈺撰　清嘉慶十八年(1813)刻本　二冊

440000－2541－0006829　16296
孟晉齋文集五卷　(清)顧壽楨撰　清同治五年(1866)見素抱樸齋刻本　三冊

440000－2541－0006830　16297
孟晉齋文集五卷　(清)顧壽楨撰　清同治五年(1866)見素抱樸齋刻本　三冊

440000－2541－0006831　16298
四一居士文鈔六卷　(清)汪德鉞撰　清嘉慶刻本　二冊

440000－2541－0006832　16299
聞妙香室文十九卷詩集十二卷　(清)李宗昉撰　清道光十五年(1835)山陽李氏刻本　十冊

440000－2541－0006833　16300
衎石齋記事稿十卷續稿十卷旅逸小稿二卷刻楮集四卷　(清)錢儀吉撰　清光緒六年(1880)錢彝甫刻本　十二冊

440000－2541－0006834　16301
鄭靜菴先生詩集五卷文集五卷蓉渚別集一卷醒世格言一卷　(清)鄭日奎撰　清道光木活字印本　四冊

440000－2541－0006835　16302
鹿洲全集八種　(清)藍鼎元撰　清雍正十年(1732)刻光緒六年(1880)藍佐補刻本　二十冊

440000－2541－0006836　16303
嶺南集鈔不分卷　(清)程含章撰　(清)李長榮輯　清咸豐十一年(1861)廣州刻本　一冊

440000－2541－0006837　16305
堅瓠集十五集六十六卷　(清)褚人穫輯　清刻本　三十二冊

440000－2541－0006838　16306
仰山堂遺集三卷首一卷　(清)黃紹統撰　清嘉慶十九年(1814)香山黃培芳刻本　一冊

440000－2541－0006839　16307
朱九江先生集十卷首一卷　(清)朱次琦撰　簡朝亮輯　清光緒二十三年(1897)順德簡氏讀書草堂刻本　四冊

440000－2541－0006840　16308
姜先生全集九種首一卷目錄二卷　(清)姜宸英撰　(清)馮保燮　(清)王定祥編　清光緒十五年(1889)慈谿馮氏毋自欺齋刻本　十八冊

440000－2541－0006841　16309
春融堂集三種　(清)王昶撰　清嘉慶十二年(1807)刻光緒十八年(1892)錢志澄補刻本　十六冊

440000－2541－0006842　16310
陶文毅公全集六十四卷首一卷末一卷　(清)陶澍撰　清道光二十年(1840)淮北士民刻本　二十四冊

440000－2541－0006843　16312
夢玉詞一卷湘煙小錄一卷　(清)陳裴之撰　清光緒十二年(1886)上海王氏刻本　一冊

440000－2541－0006844　16313
勵志錄二卷　(清)沈近思撰　**沈端恪公年譜二卷**　(清)沈曰富輯　清同治十二年(1873)浙江書局刻本　二冊

440000－2541－0006845　16314
眘甫先生四種　(清)朱文炑撰　清咸豐三年

(1853)長沙丁取忠刻本　四冊

440000－2541－0006846　16316
牛空山先生全集九種　(清)牛運震撰　清嘉慶二十三年(1818)滋陽牛氏空山堂刻本　四十冊

440000－2541－0006847　16317
影山草堂六種　(清)莫友芝編　清咸豐光緒刻本　五冊　存五種

440000－2541－0006848　16318
鄭小谷先生全集六種　(清)鄭獻甫撰　清同治八年至光緒八年(1869－1882)黔南節署刻本　二十二冊

440000－2541－0006849　16319
中外時務經濟文編六種　(清)薛福成撰　清光緒二十八年(1902)上海積山書局石印本　十二冊

440000－2541－0006850　16322
染指集不分卷　(清)式道程撰　清抄本　三冊

440000－2541－0006851　16324
岱雲編三卷續編三卷歸雲編一卷續編二卷　(清)吳梯撰　清道光刻本　九冊

440000－2541－0006852　16327
石雲山人詩集二十三卷文集五卷奏議六卷　(清)吳榮光撰　(清)吳彌光輯　清道光二十一年(1841)南海吳氏筠清館刻本　十四冊

440000－2541－0006853　16328
石雲山人詩集二十三卷文集五卷奏議六卷　(清)吳榮光撰　(清)吳彌光輯　清道光二十一年(1841)南海吳氏筠清館刻本　十一冊　存二十八卷(詩集二十三卷、文集五卷)

440000－2541－0006854　16329
潛研堂文集五十卷詩集十卷續集十卷　(清)錢大昕撰　清嘉慶十一年(1806)嘉定黃鐘刻潛研堂全書本　十八冊

440000－2541－0006855　16330
古微堂内集三卷外集七卷　(清)魏源撰　清光緒四年(1878)淮南書局刻本　四冊

440000－2541－0006856　16333
斅藝齋文存八卷　(清)鄒漢勛撰　清光緒新化鄒氏刻鄒叔子遺書本　三冊

440000－2541－0006857　16334
春暉堂叢書十二種　(清)徐渭仁編　清道光至咸豐上海徐氏刻同治補刻本　十一冊　存六種

440000－2541－0006858　16337
甌香館集十二卷補遺詩一卷補遺畫跋一卷附錄一卷首一卷　(清)惲格撰　(清)蔣光煦輯　清光緒七年(1881)刻本　四冊

440000－2541－0006859　16338
見聞隨筆二十六卷見聞續筆二十四卷　(清)齊學裘撰　清同治十年(1871)齊學裘天空海濶之居刻光緒二年(1876)續刻本　十二冊

440000－2541－0006860　16339
憺園全集三十六卷　(清)徐乾學撰　清光緒九年(1883)嘉興金吳瀾刻本　十六冊

440000－2541－0006861　16340
詒晉齋集八卷後集一卷隨筆一卷　(清)永瑆撰　清道光二十八年(1848)載銳刻本　一冊

440000－2541－0006862　16341
綠陰亭集二卷　(清)陳奕禧撰　清道光二十八年(1848)龍谿孫雲鴻味古書室刻本　一冊　存一卷(上)

440000－2541－0006863　16342
小題真珠船不分卷　題(清)海墨樓主人輯　清光緒十一年(1885)羊城海墨樓石印本　十二冊

440000－2541－0006864　16343
校正定盦全集　(清)龔自珍撰　(清)曹籀輯　清光緒二十九年(1903)文瑞樓石印本　四冊　存十二卷(文集三卷、續集四卷、補編四卷、文集補一卷)

440000－2541－0006865　16344
瀋居集詠一卷東行吟鈔一卷再刻棗窗文稿一

卷　(清)裕瑞撰　清道光八年至十年(1828－1830)刻本　三冊

440000－2541－0006866　16345
搜珠初集不分卷　(清)余廷舜輯　清光緒十一年(1885)粵東廣報局鉛印本　一冊

440000－2541－0006867　16346
如皋冒氏叢書三十五種附三種　冒廣生編　清光緒至民國如皋冒氏刻本　四冊　存八種附一種

440000－2541－0006868　16347
悔翁詩鈔十五卷補遺一卷悔翁詩餘五卷悔翁筆記六卷　(清)汪士鐸撰　清上元吳氏銅鼓軒刻民國二十四年(1935)燕京大學圖書館補刻本　八冊

440000－2541－0006869　16350
乾坤正氣集一百二種　(清)潘錫恩編　清道光二十八年(1848)涇縣潘氏袁江節署求是齋刻同治五年(1866)新建吳坤修皖江印本　二百冊

440000－2541－0006870　16356
光緒辛丑壬寅恩正併科會試闈墨一卷(清光緒二十七年、二十八年)　(清)□□輯　清光緒二十八年(1902)廣州麟書閣刻本　一冊

440000－2541－0006871　16357
光緒二十年甲午恩科會試闈墨不分卷　(清)□□輯　清光緒二十年(1894)廣州石經堂書局石印本　一冊

440000－2541－0006872　16363
光緒辛丑壬寅恩正併科商衍瀛商衍鎏同懷兄弟會試墨卷不分卷(清光緒二十七年、二十八年)　商衍瀛　商衍鎏撰　清光緒二十八年(1902)刻本　一冊

440000－2541－0006873　16365
光緒辛丑壬寅恩正併科鄉會元魁新墨八卷(清光緒二十七年、二十八年)　題(清)市隱知新客輯　清光緒二十九年(1903)上海同文書社鉛印本　五冊

440000－2541－0006874　16366
丁酉直省闈墨不分卷　(清)□□編　清末鉛印本　二冊

440000－2541－0006875　16367
丙申歲課藝日新不分卷　題(清)石經堂書局主人編　清光緒二十二年(1896)廣州石經堂書局石印本　四冊

440000－2541－0006876　16368
詁經精舍三集七卷　(清)俞樾編　清同治七年至九年(1868－1870)刻本　三冊

440000－2541－0006877　16369
皇朝經世文四編五十二卷　(清)何良棟輯　清光緒二十八年(1902)上海鴻寶書局石印本　四冊　存四十四卷(一至三十七、四十六至五十二)

440000－2541－0006878　16370
嶺南即事全集七卷　(清)何惠群等撰　清光緒二十七年(1901)禪山刻本　三冊

440000－2541－0006879　16371
詁經精舍六集十二卷　(清)俞樾編　清光緒十一年(1885)刻本　四冊

440000－2541－0006880　16372
南菁講舍文集六卷南菁書院文集一卷　(清)黄以周編　清光緒十五年(1889)刻本　四冊

440000－2541－0006881　16373
香海盦叢書九種　(清)徐琪編　清光緒仁和徐氏刻二十年(1894)彙印本　一冊　存三種

440000－2541－0006882　16375
二黄合稿二卷　(清)黄崇惺　(清)黄家鼎撰　(清)廷愷編　清光緒八年(1882)長白廷愷刻本　一冊

440000－2541－0006883　16376
八旗文經五十六卷　(清)盛昱輯　**作者考三卷敘錄一卷**　楊鍾羲撰　清光緒二十七年(1901)武昌刻本　十二冊

440000－2541－0006884　16377
青南輿頌六卷首一卷續刻一卷　題(清)芸香

草堂諸子輯　清咸豐八年(1858)刻本　七冊

440000－2541－0006885　16378

八旗文經五十六卷　(清)盛昱輯　**作者考三卷敘錄一卷**　楊鍾羲撰　清光緒二十七年(1901)武昌刻本　十二冊

440000－2541－0006886　16379

鄉會文統不分卷　□□輯　清光緒末石印本　七冊

440000－2541－0006887　16380

癸卯恩科廣東全省闈墨不分卷(清光緒二十九年)　□□輯　清末刻本　一冊

440000－2541－0006888　16381

手抄書牘不分卷　□□輯　清抄本　一冊

440000－2541－0006889　16382

雙忽雷本事一卷　劉世珩輯　清宣統三年(1911)貴池劉氏石印本　一冊

440000－2541－0006890　16385

大豪巖文詩錄四卷　(清)劉鎮福輯　清光緒元年(1875)羊城刻本　四冊

440000－2541－0006891　16386

未灰齋文集八卷外集一卷　(清)徐鼒撰　清咸豐十一年(1861)刻敝帚齋遺書本　四冊

440000－2541－0006892　16387

不慊齋漫存七卷　(清)徐賡陛撰　清光緒八年(1882)南海官署自刻本　六冊

440000－2541－0006893　16388

不慊齋漫存六卷續集二卷　(清)徐賡陛撰　清宣統元年(1909)上海南洋官書局石印本　四冊

440000－2541－0006894　16389

關遊草一卷漱潤堂時文一卷　(清)閻鎮珩撰　清光緒刻本　一冊

440000－2541－0006895　42429

宋四六話十二卷　(清)彭元瑞輯　清道光二十六年(1846)番禺潘氏刻海山仙館叢書本　四冊

440000－2541－0006896　16390

鐵船文集一卷詩集一卷附錄一卷　(清)黎昌韓撰　(清)閻鎮珩輯　清光緒十八年(1892)刻本　一冊

440000－2541－0006897　16391

淡無慮齋遺集二卷　(清)康永祥撰　(清)閻鎮珩輯　清光緒十七年(1891)刻本　一冊

440000－2541－0006898　16392

不慊齋漫存七卷　(清)徐賡陛撰　清光緒八年(1882)南海官署自刻本　六冊

440000－2541－0006899　16393

不慊齋漫存七卷　(清)徐賡陛撰　清光緒八年(1882)南海官署自刻本　六冊

440000－2541－0006900　16394

晚香堂詩鈔五卷文鈔一卷駢文一卷　(清)劉鳳苞撰　清光緒二十七年(1901)刻本　四冊

440000－2541－0006901　16397

樂志堂文略四卷附錄一卷詩略二卷　(清)譚瑩撰　清光緒元年(1875)刻本　三冊

440000－2541－0006902　16398

樂志堂文集十八卷文續集二卷詩集十二卷　(清)譚瑩撰　清咸豐九年至十年(1859－1860)吏隱園刻本　十二冊

440000－2541－0006903　16399

樂志堂文集十八卷文續集二卷詩集十二卷　(清)譚瑩撰　清咸豐九年至十年(1859－1860)吏隱園刻本　十二冊

440000－2541－0006904　16400

樂志堂文集十八卷文續集二卷詩集十二卷　(清)譚瑩撰　清咸豐九年至十年(1859－1860)吏隱園刻本　十冊　存三十卷(文集十八卷、詩集十二卷)

440000－2541－0006905　16401

樂志堂文集十八卷文續集二卷詩集十二卷　(清)譚瑩撰　清咸豐九年至十年(1859－1860)吏隱園刻本　十冊　存三十卷(文集十八卷、詩集十二卷)

440000－2541－0006906　16402
藝風堂文集七卷外篇一卷續集八卷　繆荃孫撰　清光緒二十六年至宣統二年（1900－1910）刻本　八册

440000－2541－0006907　16403
藝風堂文集七卷外篇一卷續集八卷　繆荃孫撰　清光緒二十六年至宣統二年（1900－1910）刻本　四册

440000－2541－0006908　16404
藝風堂文集七卷外篇一卷續集八卷　繆荃孫撰　清光緒二十六年至宣統二年（1900－1910）刻本　八册

440000－2541－0006909　16405
問青園集十二種　（清）王晉之撰　清光緒二十二年（1896）薊州王氏刻本　三册

440000－2541－0006910　16406
忍齋文贅一卷詩贅三卷　（清）方濬頤撰　清光緒十二年（1886）揚州刻本　四册

440000－2541－0006911　16407
希古堂文乙集六卷　（清）譚宗浚撰　清光緒六年（1880）刻本　一册

440000－2541－0006912　16408
希古堂文乙集六卷　（清）譚宗浚撰　清光緒六年（1880）刻本　一册

440000－2541－0006913　16409
漁石初稿二卷　（清）張璐撰　清刻本　二册

440000－2541－0006914　16412
竹石居文草四卷詩草四卷詞草一卷川雲集一卷　（清）童華撰　清光緒刻本　四册

440000－2541－0006915　16413
希古堂文甲集二卷乙集六卷荔村草堂詩鈔十卷　（清）譚宗浚撰　清光緒十六年（1890）廖廷相羊城刻本　四册

440000－2541－0006916　16414
希古堂文甲集二卷乙集六卷荔村草堂詩鈔十卷　（清）譚宗浚撰　清光緒十六年（1890）廖廷相羊城刻本　四册

440000－2541－0006917　16415
希古堂文甲集二卷乙集六卷荔村草堂詩鈔十卷　（清）譚宗浚撰　清光緒十六年（1890）廖廷相羊城刻本　四册

440000－2541－0006918　16416
希古堂文甲集二卷乙集六卷荔村草堂詩鈔十卷　（清）譚宗浚撰　清光緒十六年（1890）廖廷相羊城刻本　四册

440000－2541－0006919　16421
紉佩僊館吟鈔一卷文鈔一卷　（清）趙瀛撰　清光緒十三年（1887）木活字印本　四册

440000－2541－0006920　16422
望眉草堂文集三卷詩集八卷　（清）顏嗣徽撰　清光緒十九年（1893）古筑顏氏刻本　四册

440000－2541－0006921　16424
問琴閣詩二卷文二卷　宋育仁撰　清光緒刻本　二册

440000－2541－0006922　16425
思益堂集二十卷　（清）周壽昌撰　清光緒十四年（1888）長沙王先謙刻本　三册

440000－2541－0006923　16426
函雅堂集十六卷　（清）王詠霓撰　清光緒刻本　四册

440000－2541－0006924　16428
善思齋詩鈔七卷文鈔九卷　（清）徐宗亮撰　清刻本　四册

440000－2541－0006925　16431
有不爲齋集六卷　（清）端木埰撰　（清）鄧嘉緝輯　清宣統元年（1909）刻本　二册

440000－2541－0006926　16434
褱碧齋集七卷　（清）陳鋭撰　清光緒三十一年（1905）揚州刻本　一册　存三卷（詩一卷、詞一卷、雜文一卷）

440000－2541－0006927　16436
重桂堂集十一卷　（清）許正綬撰　清光緒十年（1884）上虞許傳霻、許傳霈刻本　二册

440000－2541－0006928　16437

悲盦居士文存一卷　(清)趙之謙撰　清光緒十六年(1890)刻本　一册

440000－2541－0006929　16439
一拳石齋詩鈔三卷文鈔二卷　(清)方龍光撰　清光緒刻本　一册

440000－2541－0006930　16440
續東軒遺集四卷　(清)高均儒撰　清光緒七年(1881)刻本　一册

440000－2541－0006931　16441
春星草堂集文二卷詩五卷　(清)沈丙瑩撰　清光緒十五年(1889)刻本　二册　存四卷(文二卷、詩一至二)

440000－2541－0006932　16443
味根山房詩鈔九卷文集一卷　(清)史善長撰　清光緒番禺史氏刻味根山房全集本　三册　存八卷(詩鈔一至三、六至九,文集一卷)

440000－2541－0006933　16445
劉徵君演説彙編一卷佚稿輯存一卷　(清)劉士驥撰　清光緒三十一年(1905)鉛印本　一册

440000－2541－0006934　16453
曾文正公書札三十三卷　(清)曾國藩撰　清刻本　十六册

440000－2541－0006935　16454
鳴原堂論文二卷　(清)曾國藩撰　(清)曾國荃審訂　清光緒四年(1878)上海淞隱閣鉛印本　二册

440000－2541－0006936　16458
清芬集二卷　(清)潘譽徵撰　清宣統三年(1911)南海潘氏廣州刻本　一册

440000－2541－0006937　16459
清芬集二卷　(清)潘譽徵撰　清宣統三年(1911)南海潘氏廣州刻本　一册

440000－2541－0006938　16460
清芬集二卷　(清)潘譽徵撰　清宣統三年(1911)南海潘氏廣州刻本　一册

440000－2541－0006939　16463
怡志堂文初編六卷　(清)朱琦撰　清同治三年至四年(1864－1865)桂林朱氏京師刻本　二册

440000－2541－0006940　16464
怡志堂文初編六卷詩初編八卷　(清)朱琦撰　清光緒朱方達、朱德勝刻本　四册

440000－2541－0006941　16465
怡志堂文初編六卷詩初編八卷　(清)朱琦撰　清光緒朱方達、朱德勝刻本　四册

440000－2541－0006942　16467
石屋書五種　(清)曹金籀撰　清同治仁和曹氏小石倉刻本　六册　存三種

440000－2541－0006943　16471
鋤月山房文鈔二卷　(清)何仁山撰　清光緒十六年(1890)鄧蓉鏡豫章臬署刻本　二册

440000－2541－0006944　16472
鋤月山房文鈔二卷　(清)何仁山撰　清光緒十六年(1890)鄧蓉鏡豫章臬署刻本　二册

440000－2541－0006945　16473
鋤月山房文鈔二卷　(清)何仁山撰　清光緒十六年(1890)鄧蓉鏡豫章臬署刻本　二册

440000－2541－0006946　16474
鋤月山房文鈔二卷　(清)何仁山撰　清光緒十六年(1890)鄧蓉鏡豫章臬署刻本　二册

440000－2541－0006947　16482
脩本堂叢書十種　(清)林伯桐撰　清道光林世懋刻本　六册　存四種

440000－2541－0006948　16483
汪梅村先生文集十二卷外集一卷悔翁詩鈔十五卷補遺一卷悔翁詞鈔五卷悔翁筆記六卷　(清)汪士鐸撰　清光緒七年至九年(1881－1883)合肥張氏味古齋刻本　八册

440000－2541－0006949　16484
李忠武公奏疏一卷書牘二卷褒節錄一卷　(清)李續賓撰　清光緒十七年(1891)李光久甌江巡署刻本　四册

440000－2541－0006950　16485

心白日齋集六卷 (清)尹耕雲撰 清光緒十年(1884)刻本 四册

440000－2541－0006951 16486
典三賸稿十二卷 (清)周寅清撰 清咸豐七年(1857)刻本 四册

440000－2541－0006952 16487
盋山文錄八卷 (清)顧雲撰 清光緒十五年(1889)刻本 二册

440000－2541－0006953 16488
佩秋閣詩稾二卷詞稿一卷駢文稿一卷 (清)吴茝撰 清光緒元年(1875)刻本 一册

440000－2541－0006954 16490
劬書室遺集十六卷理學庸言二卷 (清)金錫齡撰 清光緒二十一年(1895)刻本 六册

440000－2541－0006955 16491
劬書室遺集十六卷理學庸言二卷 (清)金錫齡撰 清光緒二十一年(1895)刻本 五册

440000－2541－0006956 16492
賈比部遺集二卷 (清)賈樹諴撰 清光緒元年(1875)山陰平步青安越堂刻本 一册

440000－2541－0006957 16493
廣英堂遺稿一卷 (清)包慎言撰 清同治八年(1869)儀徵劉壽曾刻本 一册

440000－2541－0006958 16494
曼陀羅花室文三卷詩三卷詞一卷遯庵言事集二卷清溪惆悵集二卷 (清)吴翊寅撰 清光緒十九年(1893)廣雅書局刻本 五册 存九卷(文三卷、詩三卷、詞一卷,清溪惆悵集二卷)

440000－2541－0006959 16495
廣經室文鈔一卷 (清)劉恭冕撰 清光緒十五年(1889)廣雅書局刻本 一册

440000－2541－0006960 16496
廣經室文鈔一卷 (清)劉恭冕撰 清光緒十五年(1889)廣雅書局刻朱印本 一册

440000－2541－0006961 16497
寒松閣老人集八種 (清)張鳴珂撰 清光緒嘉興張氏刻民國蘇州交通益記圖書館印本 七册

440000－2541－0006962 16498
寒松閣老人集八種 (清)張鳴珂撰 清光緒嘉興張氏刻民國蘇州交通益記圖書館印本 六册

440000－2541－0006963 16499
璞山存稾十二卷 (清)曹藍田撰 清光緒二十二年(1896)刻本 四册

440000－2541－0006964 16500
尺岡草堂遺詩八卷文四卷 (清)陳璞撰 清光緒十五年(1889)息盧刻本 六册

440000－2541－0006965 16501
尺岡草堂遺詩八卷文四卷 (清)陳璞撰 清光緒十五年(1889)息廬刻本 四册

440000－2541－0006966 16502
尺岡草堂遺詩八卷文四卷 (清)陳璞撰 清光緒十五年(1889)息廬刻本 八册

440000－2541－0006967 16503
縶芳書屋文鈔二卷 (清)海鍾撰 清同治八年(1869)福州刻本 一册

440000－2541－0006968 16506
東岸草堂詩鈔一卷試帖一卷文鈔一卷 (清)廖亮祖撰 清光緒三年(1877)順德廖氏刻本 二册

440000－2541－0006969 16507
四益友樓文鈔五卷易氏前譜考證一卷 (清)易其霈撰 清光緒十八年(1892)刻本 二册

440000－2541－0006970 16508
四益友樓文鈔五卷易氏前譜考證一卷 (清)易其霈撰 清光緒十八年(1892)刻本 二册

440000－2541－0006971 16509
舫廬文存内集四卷外集一卷餘集一卷首一卷 (清)張壽榮撰 清光緒九年(1883)蛟川張氏秋樹根齋刻本 二册

440000－2541－0006972 16510
龍岡山人文鈔十卷詩鈔十八卷古今體詩鈔二

卷紫藤花室駢體文鈔四卷　(清)洪良品撰　清光緒刻本　十冊

440000－2541－0006973　16511
龍岡山人文鈔十卷詩鈔十八卷古今體詩鈔二卷紫藤花室駢體文鈔四卷　(清)洪良品撰　清光緒刻本　十冊

440000－2541－0006974　16512
退一步齋詩集十六卷文集四卷　(清)方濬師撰　(清)呂景端輯　清光緒十八年(1892)鉛印本　十冊

440000－2541－0006975　16518
化柔堂集二十六卷　(清)陳淦撰　清同治六年(1867)化柔堂刻本　四冊

440000－2541－0006976　16519
榴實山莊詩鈔六卷詞鈔一卷文稿一卷　(清)吳存義撰　清光緒刻本　四冊

440000－2541－0006977　16520
寒碧堂文集一卷尺牘一卷潮牘偶存二卷三廉吏牘一卷決事餘鐔一卷　(清)冒澄撰　**雲門吏牘一卷羅湘吏牘一卷枕幹錄贈言一卷**　(清)冒沅撰　清光緒五年至八年(1879－1882)粵東刻本　五冊

440000－2541－0006978　16525
棣垞集四卷外集三卷　(清)朱啟連撰　清光緒二十六年(1900)刻本　二冊

440000－2541－0006979　16526
棣垞集四卷外集三卷　(清)朱啟連撰　清光緒二十六年(1900)刻本　二冊

440000－2541－0006980　16527
棣垞集四卷外集三卷　(清)朱啟連撰　清光緒二十六年(1900)刻本　二冊

440000－2541－0006981　16532
懺花盦文存六卷　(清)宋澤元撰　清光緒三十四年(1908)刻本　四冊　存四卷(三至六)

440000－2541－0006982　16533
歗齋文鈔三卷　(清)卞鍾運撰　清光緒十六年(1890)鉛印本　一冊

440000－2541－0006983　16539
寶瓠齋文鈔一卷　黃維杰編　清光緒八年(1882)刻本　一冊

440000－2541－0006984　16542
師竹山房文集二卷　(清)歐陽鍇撰　清光緒十七年(1891)刻本　二冊

440000－2541－0006985　16553
率觚錄一卷　(清)歐陽維生撰　清光緒三十四年(1908)武昌鉛印本　二冊

440000－2541－0006986　16558
清芬集二卷　(清)潘譽徵撰　清宣統三年(1911)南海潘氏廣州刻本　一冊

440000－2541－0006987　16559
惜餘軒全集八卷　董錦章撰　清光緒三十年(1904)刻本　四冊

440000－2541－0006988　16564
古桐書屋六種　(清)劉熙載撰　清同治至光緒刻本　五冊　存三種

440000－2541－0006989　16565
通齋集五卷文集二卷外集一卷　(清)蔣超伯撰　清光緒山陰宋澤元懺花盦刻本　三冊

440000－2541－0006990　16566
慎盦詩鈔二卷文鈔二卷　(清)左宗植撰　清光緒元年(1875)刻本　四冊

440000－2541－0006991　16571
鶴天鯨海焚餘稿四卷　(清)朱昌頤撰　清同治刻本　四冊

440000－2541－0006992　16572
述古堂文集十二卷　(清)錢兆鵬撰　清光緒元年(1875)湖北崇文書局刻本　四冊

440000－2541－0006993　16573
江忠烈公遺集二卷首一卷附錄一卷行狀一卷　(清)江忠源撰　清同治十二年(1873)刻本　三冊

440000－2541－0006994　16575
甘泉鄉人稿二十四卷餘稿二卷年譜一卷　(清)錢泰吉撰　(清)錢子密輯　**四水子遺著**

一卷　(清)錢友泗撰　**邠農偶吟稿一卷**　(清)錢炳森撰　清同治十一年(1872)刻光緒十一年(1885)錢志澄增刻本　十冊

440000－2541－0006995　16576
甘泉鄉人稿二十四卷餘稿二卷年譜一卷　(清)錢泰吉撰　(清)錢子密輯　**四水子遺著一卷**　(清)錢友泗撰　**邠農偶吟稿一卷**　(清)錢炳森撰　清同治十一年(1872)刻光緒十一年(1885)錢志澄增刻本　十冊

440000－2541－0006996　16577
悔餘菴集五種　(清)何栻撰　清同治四年(1865)鳩江戎幄刻本　九冊　存三種

440000－2541－0006997　16578
悔餘菴集五種　(清)何栻撰　清同治四年(1865)鳩江戎幄刻本　八冊　存三種

440000－2541－0006998　16579
悔餘菴集五種　(清)何栻撰　清同治元年至四年(1862－1865)刻本　十冊　存四種

440000－2541－0006999　16581
秋室集十卷　(清)楊鳳苞撰　清光緒十一年(1885)湖州陸氏刻湖州叢書本　三冊

440000－2541－0007000　16582
思無邪齋文存六卷　(清)宮爾鐸撰　清光緒十四年(1888)刻本　二冊

440000－2541－0007001　16584
石屋叢書二卷　(清)曹籀撰　清道光二十年(1840)刻本　一冊

440000－2541－0007002　16585
高陶堂遺集八卷　(清)高心夔撰　清光緒八年(1882)平湖朱氏經注經齋刻本　四冊

440000－2541－0007003　16586
小潛樓文集四卷　(清)袁梓貴撰　(清)梁振芳輯　清光緒元年(1875)南海孔氏刻本　二冊

440000－2541－0007004　16587
存誠齋文集十四卷　(清)何曰愈撰　清同治五年(1866)香山何氏皖江藩署刻本　四冊

440000－2541－0007005　16588
照中樓文集一卷　(清)何焱撰　清咸豐至同治刻本　一冊

440000－2541－0007006　16589
韓齋文稿四卷　(清)孔憲彝撰　清咸豐刻本　二冊

440000－2541－0007007　16591
五百石洞天揮麈十二卷　(清)邱煒萲撰　清光緒二十五年(1899)閩漳邱氏粵垣刻本　六冊

440000－2541－0007008　16592
小雅樓詩集八卷遺文二卷　(清)鄧方撰　清光緒二十六年(1900)廣州刻本　五冊

440000－2541－0007009　16593
東洲艸堂文鈔二十卷　(清)何紹基撰　**眠琴閣遺文一卷詩二卷**　(清)何慶涵撰　**浣月樓遺詩二卷**　(清)李楣撰　清光緒刻本　六冊

440000－2541－0007010　16594
東洲艸堂文鈔二十卷　(清)何紹基撰　**眠琴閣遺文一卷詩二卷**　(清)何慶涵撰　**浣月樓遺詩二卷**　(清)李楣撰　清光緒刻本　六冊

440000－2541－0007011　16595
敬承堂憶存二卷詩稿刪存一卷守撫紀略一卷　(清)鍾峻撰　清光緒十二年(1886)羊城刻本　二冊

440000－2541－0007012　16597
受恆受漸齋集文六卷詩六卷　(清)沈曰富撰　清同治八年(1869)刻本　四冊

440000－2541－0007013　16598
崔翰林遺集二卷附錄一卷　(清)崔舜球撰　清光緒十四年(1888)刻本　一冊

440000－2541－0007014　16599
崔翰林遺集二卷附錄一卷　(清)崔舜球撰　清光緒十四年(1888)刻本　一冊

440000－2541－0007015　16600
崔翰林遺集二卷附錄一卷　(清)崔舜球撰　清光緒十四年(1888)刻本　一冊

440000－2541－0007016　16601
崔翰林遺集二卷附錄一卷　(清)崔舜球撰　清光緒十四年(1888)刻本　一册

440000－2541－0007017　16602
崔翰林遺集二卷附錄一卷　(清)崔舜球撰　清光緒十四年(1888)刻本　一册

440000－2541－0007018　16604
禮部文集一卷　(清)陳其錕撰　清同治十年(1871)刻本　一册

440000－2541－0007019　16605
希古軒外集二卷　(清)周鈞鏊撰　清光緒十年(1884)刻本　二册

440000－2541－0007020　16606
繆武烈公遺集六卷首一卷　(清)繆梓撰　(清)繆德棻輯　清光緒七年(1881)刻本　四册

440000－2541－0007021　16607
種樹軒遺集四種　(清)郭長清撰　清光緒二十三年(1897)刻本　二册

440000－2541－0007022　16608
變雅堂遺集文集八卷詩集十卷附錄二卷　(清)杜濬撰　清光緒二十年(1894)黄岡沈氏刻本　六册

440000－2541－0007023　16609
變雅堂遺集文集八卷詩集十卷附錄二卷　(清)杜濬撰　清光緒二十年(1894)黄岡沈氏刻本　六册

440000－2541－0007024　16610
鄒叔子遺書七種　(清)鄒漢勛撰　清光緒九年(1883)鄒代鈞刻本　十三册

440000－2541－0007025　16611
中復堂全集九種附一種　(清)姚瑩撰　清同治六年(1867)姚濬昌安福縣署刻本　二十八册

440000－2541－0007026　16612
山門新語五學八卷　(清)周贇撰　清光緒三十三年(1907)刻本　四册

440000－2541－0007027　16615
遜學齋文鈔十二卷文續鈔五卷詩十卷詩續鈔五卷　(清)孫衣言撰　清同治三年至十二年(1864－1873)刻光緒增刻本　十二册

440000－2541－0007028　16616
四益堂文稿一卷詩草一卷　(清)葉樹蕃撰　清末至民國初抄本　一册

440000－2541－0007029　16617
晦木軒稿一卷　桂壇撰　清末至民國初抄本　一册

440000－2541－0007030　16618
擕雪堂文集四卷　(清)吴可讀撰　(清)楊慶生箋注　清光緒二十六年(1900)浙江書局刻本　二册

440000－2541－0007031　16619
盾墨拾餘十四卷　易順鼎撰　清光緒二十二年(1896)龍陽易氏慕皐廬刻本　四册

440000－2541－0007032　16620
為可堂初集九卷　(清)朱一是撰　清抄本　三册　存三卷(一、四、七)

440000－2541－0007033　16621
翼辰軒遺文一卷　(清)陸佐勲撰　清抄本　一册

440000－2541－0007034　16622
章采南殿撰殿試策不分卷　(清)章鋆撰　清末刻本　一册

440000－2541－0007035　16623
張之洞探花殿試策不分卷　(清)張之洞撰　清末刻本　一册

440000－2541－0007036　16624
梁燿樞殿撰殿試策不分卷　(清)梁燿樞撰　清末刻本　一册

440000－2541－0007037　16625
高岳崧榜眼殿試策不分卷　(清)高岳崧撰　清末刻本　一册

440000－2541－0007038　16626
孫家鼐狀元殿試策不分卷　(清)孫家鼐撰

清末刻本　一册

440000－2541－0007039　16627

魏稼孫全集四種　(清)魏錫曾撰　清光緒九年(1883)刻本　六册

440000－2541－0007040　16629

校訂定盦全集十卷　(清)龔自珍撰　**年譜一卷**　(清)黄守恒撰　清宣統元年(1909)上海時中書局鉛印本　一册　存二卷(九至十)

440000－2541－0007041　16632

來雲閣詩六卷　(清)金和撰　清光緒十八年(1892)丹陽束氏刻本　二册

440000－2541－0007042　16633

天根文鈔四卷文法一卷文鈔續集一卷補遺一卷詩鈔二卷　(清)何家琪撰　清光緒三十二年(1906)大梁刻三怡堂叢書本　六册

440000－2541－0007043　16634

西廬文集四卷　(清)張雋撰　清宣統二年(1910)上海國學扶輪社鉛印本　二册

440000－2541－0007044　16635

定盦文集三卷續集四卷補編四卷拾遺一卷文集補一卷文集補詞選一卷詞錄一卷附孝珙手抄詞一卷　(清)龔自珍撰　**定盦先生[龔自珍]年譜一卷**　吴昌綬輯　清宣統元年(1909)上海國學扶輪社鉛印本　七册

440000－2541－0007045　16637

南湖草堂詩集八卷外集一卷掃紅詞鈔一卷語石齋畫識一卷　(清)楊伯潤撰　清光緒八年(1882)高邕滬上語石齋刻二十一年(1895)續刻本　四册

440000－2541－0007046　16639

澤雅堂文集八卷　(清)施補華撰　清光緒二十二年(1896)湖城義塾刻湖州叢書本　二册　存四卷(一至四)

440000－2541－0007047　16640

黄學廬雜述三卷　(清)陳士芑撰　清宣統元年(1909)鉛印本　一册

440000－2541－0007048　16641

抱潤軒文集十卷　(清)馬其昶撰　清宣統元年(1909)石印本　一册

440000－2541－0007049　16642

仰蕭樓文集不分卷　(清)張星鑑撰　清光緒六年(1880)刻本　一册

440000－2541－0007050　16643

似昇長生册不分卷　周嵩堯撰　清宣統三年(1911)刻本　二册

440000－2541－0007051　16644

劍閒齋師門𠗦問一卷　(清)陳瀚問　(清)郭嵩燾答　(清)陳爾錫繕録　清宣統二年(1910)石印本　一册

440000－2541－0007052　16676

林嚴文鈔四卷　林紓　嚴復撰　清宣統元年(1909)上海國學扶輪社鉛印本　四册

440000－2541－0007053　16688

樊山集二十五種續集二十五種　樊增祥撰　清光緒十九年(1893)渭南縣署刻二十八年(1902)西安臬署續刻本　十七册

440000－2541－0007054　16734

石遺室叢書十八種　陳衍撰　清光緒至民國刻本　九册　存五種

440000－2541－0007055　16735

石遺室文集十二卷　陳衍撰　**木庵文稿一卷**　(清)陳書撰　清光緒至民國刻石遺室叢書本　二册

440000－2541－0007056　16743

湘綺樓文集八卷詩集十四卷箋啓八卷　王闓運撰　清宣統二年(1910)上海國學扶輪社石印本　六册　存十五卷(文集八卷、詩集八至十四)

440000－2541－0007057　16768

靜庵文集一卷　王國維撰　清光緒三十一年(1905)鉛印本　一册

440000－2541－0007058　16769

潛廬文鈔二卷　(清)金蓉鏡撰　清光緒三十四年(1908)刻潛廬全集本　一册

440000－2541－0007059　16856
海陵文徵二十卷　(清)夏荃輯　清道光二十三年(1843)刻本　十册

440000－2541－0007060　16859
蛟川先正文存二十卷　(清)陳繼聰輯　清光緒七年(1881)刻本　十册

440000－2541－0007061　16860
淮安藝文志十卷　(清)□□輯　清同治十二年(1873)刻本　八册

440000－2541－0007062　16862
桐城方氏七代遺書二十種　(清)方昌翰編　清光緒十四年(1888)刻本　十册

440000－2541－0007063　16864
四明水氏留碩稿前編一卷後編一卷　(明)水卿謨　(明)水佳允撰　(清)水寶璐輯　清光緒十八年(1892)四明水嘉穀刻本　二册

440000－2541－0007064　16868
黃巖集三十卷首一卷補編一卷附錄一卷　(清)王棻等輯　清光緒三年(1877)刻本　十三册

440000－2541－0007065　16871
當湖文繫初編二十八卷　(清)朱壬林輯　清光緒十五年(1889)刻本　十一册　存二十五卷(一至二十五)

440000－2541－0007066　16872
會稽掇英總集二十卷　(宋)孔延之編　清道光元年(1821)山陰杜氏浣花宗塾刻本　六册

440000－2541－0007067　16873
國朝中州名賢集十卷首一卷末一卷　(清)黄舒昺輯　清光緒十七年(1891)睢陽洛學書院刻中州明道書院印本　十二册

440000－2541－0007068　16875
縉雲文徵二十卷補編一卷　(清)湯成烈輯　清道光三十年(1850)刻本　十册

440000－2541－0007069　16876
項城袁氏家集六種　丁振鐸編　清宣統三年(1911)清芬閣鉛印本　四十四册

440000－2541－0007070　16877
項城袁氏家集六種　丁振鐸編　清宣統三年(1911)清芬閣鉛印本　五十六册

440000－2541－0007071　16880
湖南文徵一百九十卷姓氏傳四卷目錄六卷　(清)羅汝懷輯　清同治十年(1871)刻本　一百册

440000－2541－0007072　16881
湖南文徵一百九十卷姓氏傳四卷目錄六卷　(清)羅汝懷輯　清同治十年(1871)刻本　一百册

440000－2541－0007073　16882
端溪文述六卷詩述六卷　(清)黄登瀛輯　清光緒二十七年(1901)刻本　十册

440000－2541－0007074　16885
學海堂集十六卷　(清)阮元輯　**二集二十二卷**　(清)吳蘭修輯　**三集二十四卷**　(清)張維屏輯　**四集二十八卷**　(清)金錫齡輯　清道光五年至光緒十二年(1825－1886)啟秀山房刻本　四十册

440000－2541－0007075　16886
學海堂集十六卷　(清)阮元輯　**二集二十二卷**　(清)吳蘭修輯　**三集二十四卷**　(清)張維屏輯　**四集二十八卷**　(清)金錫齡輯　清道光五年至光緒十二年(1825－1886)啟秀山房刻本　四十册

440000－2541－0007076　16887
學海堂集十六卷　(清)阮元輯　**二集二十二卷**　(清)吳蘭修輯　**三集二十四卷**　(清)張維屏輯　**四集二十八卷**　(清)金錫齡輯　清道光五年至光緒十二年(1825－1886)啟秀山房刻本　四十册

440000－2541－0007077　16888
廣東文獻初集十八卷二集九卷三集十七卷四集二十六卷　(清)羅學鵬輯　清同治二年(1863)春暉堂刻本　五十六册

440000－2541－0007078　16889
廣東文獻初集十八卷二集九卷三集十七卷四

集二十六卷　(清)羅學鵬輯　清同治二年(1863)春暉堂刻本　三十六册

440000－2541－0007079　16890
廣東文獻初集十八卷二集九卷三集十七卷四集二十六卷　(清)羅學鵬輯　清同治二年(1863)春暉堂刻本　六册　存二十六卷(四集二十六卷)

440000－2541－0007080　16898
國朝嶺南文鈔十八卷　(清)陳在謙輯　清道光十二年(1832)刻本　六册

440000－2541－0007081　16899
國朝嶺南文鈔十八卷　(清)陳在謙輯　清道光十二年(1832)刻本　六册

440000－2541－0007082　16901
潮州耆舊集二十種　(清)馮奉初輯　清光緒三十四年(1908)潮州刻本　十六册

440000－2541－0007083　16903
全蜀藝文志六十四卷　(明)楊慎輯　清光緒十五年(1889)雨餘山房刻本　十二册

440000－2541－0007084　16904
全蜀藝文志六十四卷　(明)楊慎輯　清光緒十五年(1889)雨餘山房刻本　十六册

440000－2541－0007085　16905
全蜀藝文志六十四卷　(明)楊慎輯　清光緒十五年(1889)雨餘山房刻本　十六册

440000－2541－0007086　16906
蜀秀集九卷　(清)譚宗浚輯　清光緒五年(1879)成都試院刻本　八册

440000－2541－0007087　16907
蜀秀集九卷　(清)譚宗浚輯　清光緒五年(1879)成都試院刻本　八册

440000－2541－0007088　16912
師山詩存十卷首一卷末一卷　(清)茅炳文輯　清咸豐十年(1860)茅炳文刻本　四册

440000－2541－0007089　16913
貞豐詩萃五卷　(清)陶煦輯　清咸豐十一年至同治三年(1861－1864)陶煦儀一堂刻本　五册

440000－2541－0007090　16914
詩倫四卷　(清)汪薇輯　清同治六年(1867)鶴山吕氏柳塘書屋刻本　四册

440000－2541－0007091　16917
遙集集前編六卷後編十卷　(清)許貞幹輯　清光緒二十八年(1902)許貞幹味青齋刻三十四年(1908)續刻本　十二册

440000－2541－0007092　16918
漁洋山人古詩選三十二卷　(清)王士禛選
惜抱軒今體詩選十八卷　(清)姚鼐輯　清同治五年(1866)金陵書局刻本　十册

440000－2541－0007093　16919
漁洋山人古詩選三十二卷　(清)王士禛選　清同治七年(1868)湘鄉曾氏刻本　八册

440000－2541－0007094　16920
漁洋山人古詩選三十二卷　(清)王士禛選
惜抱軒今體詩選十八卷　(清)姚鼐輯　清同治七年(1868)湘鄉曾氏刻本　十册

440000－2541－0007095　16923
漁洋山人古詩選三十二卷　(清)王士禛選　清光緒七年(1881)山西濬文書局刻本　八册

440000－2541－0007096　16924
御選唐宋詩醇四十七卷目録二卷　(清)弘晝　(清)梁詩正等輯　清刻朱墨套印本　十六册

440000－2541－0007097　16925
御選唐宋詩醇四十七卷　(清)弘晝　(清)梁詩正等輯　清刻本　二十册

440000－2541－0007098　16926
御選唐宋詩醇四十七卷目録二卷　(清)弘晝　(清)梁詩正等輯　清刻本　二十册

440000－2541－0007099　16927
御選唐宋詩醇四十七卷目録二卷　(清)弘晝　(清)梁詩正等輯　清光緒七年(1881)浙江書局刻本　二十册

440000－2541－0007100　16928

御選唐宋詩醇四十七卷目錄二卷　（清）弘晝　（清）梁詩正等輯　清光緒七年（1881）浙江書局刻本　十八册

440000－2541－0007101　16929
御選唐宋詩醇四十七卷　（清）弘晝　（清）梁詩正等輯　清光緒十九年（1893）湖南思賢講舍刻本　二十册

440000－2541－0007102　16931
御選唐宋詩醇四十七卷目錄二卷　（清）弘晝　（清）梁詩正等輯　清宣統二年（1910）上海書局石印本　十册

440000－2541－0007103　16933
詩鵠上編三卷中編三卷下編三卷附編三卷　（清）王維舉　（清）王繩祖編　清光緒八年（1882）刻本　九册　存九卷（中編三卷、下編三卷、附編三卷）

440000－2541－0007104　16936
詠物詩選註釋八卷　（清）易開繙　（清）孫滸鳴注　清道光三年（1823）永聯堂刻本　四册

440000－2541－0007105　16938
八代詩選二十卷　王闓運輯　清光緒七年（1881）四川尊經書局刻本　三册　存十卷（一至十）

440000－2541－0007106　16945
三十家詩鈔六卷末一卷　（清）曾國藩輯　（清）王定安增輯　清同治十三年（1874）傳忠書局刻本　六册

440000－2541－0007107　16946
三十家詩鈔六卷末一卷　（清）曾國藩輯　（清）王定安增輯　清同治十三年（1874）傳忠書局刻本　六册

440000－2541－0007108　16952
古詩源十四卷　（清）沈德潛輯　清刻本　四册

440000－2541－0007109　16954
絕句詩續選三卷　（清）楊希閔輯　清同治十三年（1874）刻本　一册

440000－2541－0007110　16957
古詩源十四卷　（清）沈德潛輯　清光緒二十二年（1896）新化三味堂刻本　三册　存十一卷（一至十一）

440000－2541－0007111　16967
粵東詩海一百卷補遺六卷　（清）溫汝能編　清刻本　四十册

440000－2541－0007112　16968
國朝畿輔詩傳六十卷　（清）陶樑輯　清道光十九年（1839）紅豆樹館刻本　十六册

440000－2541－0007113　16969
集錦編不分卷　（□）□□輯　清抄本　一册

440000－2541－0007114　16971
廬秀録四卷後録四卷　（清）張維屏撰　清道光刻本　四册

440000－2541－0007115　16975
錫山秦氏詩鈔前集八卷今集十卷首一卷　（清）秦彬輯　清道光十九年（1839）刻光緒十六年（1890）印本　六册

440000－2541－0007116　16976
潤州事蹟詩鈔不分卷　（清）解爲榦輯　清同治七年（1868）解爲榦刻本　十册

440000－2541－0007117　16977
國朝山左詩續鈔三十二卷　（清）張鵬展輯　清嘉慶十八年（1813）刻本　十六册

440000－2541－0007118　16979
江蘇詩徵一百八十三卷　（清）王豫輯　清道光元年（1821）刻本　四十册

440000－2541－0007119　16980
江蘇詩徵一百八十三卷　（清）王豫輯　清道光元年（1821）刻本　四十册

440000－2541－0007120　16981
金陵詩徵四十四卷國朝金陵詩徵四十八卷　（清）朱緒曾輯　清光緒十二年至十八年（1886－1892）刻本　三十册

440000－2541－0007121　16982
金陵詩徵四十四卷國朝金陵詩徵四十八卷

(清)朱緒曾輯　清光緒十二年至十八年(1886－1892)刻本　四十册

440000－2541－0007122　16983
東皋詩存四十八卷詩餘四卷　(清)汪之珩輯　清嘉慶二十四年(1819)汪氏文園刻本　七册　存十一卷(一、四至五、三十七至四十二,詩餘一至二)

440000－2541－0007123　16985
徐州詩徵八卷　(清)桂中行輯　清光緒十七年(1891)刻本　八册

440000－2541－0007124　16987
竹里詩萃十六卷　(清)李道悠編錄　(清)蔣若濟等輯　清光緒二十一年(1895)刻本　八册

440000－2541－0007125　16988
竹里詩萃十六卷　(清)李道悠編錄　(清)蔣若濟等輯　清光緒二十一年(1895)刻本　四册

440000－2541－0007126　16989
國朝杭郡詩輯三十二卷姓氏韻編一卷　(清)吳顥原輯　(清)吳振棫重輯　**續輯四十六卷姓氏韻編一卷**　(清)吳振棫輯　清同治十三年(1874)錢塘丁氏刻光緒二年(1876)續刻本　二十二册

440000－2541－0007127　16990
國朝杭郡詩續輯四十六卷姓氏韻編一卷　(清)吳振棫輯　清光緒二年(1876)錢塘丁氏刻本　十六册

440000－2541－0007128　16991
金華詩錄六十卷外集六卷别集四卷書後一卷　(清)朱琰輯　清光緒九年(1883)永康胡鳳丹退補齋刻本　十八册

440000－2541－0007129　16993
浙江詩課十卷　(清)阮元輯　清嘉慶再到亭刻本　二册

440000－2541－0007130　16995
海昌叢載三十五種　(清)羊復禮編　清光緒海昌羊氏傳卷樓粵東刻本　五册　存十九種

440000－2541－0007131　16996
兩浙輶軒錄四十卷補遺十卷　(清)阮元輯　清嘉慶仁和朱氏碧溪草堂、錢唐陳氏種榆僊館刻本　三十二册

440000－2541－0007132　16997
兩浙輶軒錄四十卷姓氏韻編一卷補遺十卷補遺姓氏韻編一卷　(清)阮元輯　清光緒十六年(1890)浙江書局刻本　三十二册

440000－2541－0007133　16998
兩浙輶軒續錄五十四卷姓氏韻編一卷補遺六卷補遺姓氏韻編一卷　(清)潘衍桐輯　清光緒十七年(1891)浙江書局刻本　四十册

440000－2541－0007134　17003
國朝上虞詩集十二卷　(清)謝聘輯　清刻本　二册　存二卷(二、八)

440000－2541－0007135　17004
明州詩賸十一卷　(清)萬斯同輯　清抄本　十二册

440000－2541－0007136　17006
江西詩徵九十四卷補遺一卷附刻一卷　(清)曾燠輯　清嘉慶九年(1804)刻本　六十四册

440000－2541－0007137　17007
閩中十子詩集三十卷　(明)袁表　(明)馬熒選輯　清光緒十二年(1886)侯官郭柏蒼沁泉山館刻本　八册

440000－2541－0007138　17009
湖北詩徵傳略四十卷　(清)丁宿章輯　清光緒七年(1881)孝感丁氏涇北草堂刻本　二十册

440000－2541－0007139　17010
廣濟耆舊詩集十二卷　(清)夏槐輯　清光緒十三年(1887)松江金山縣署刻本　四册　存四卷(一至三、十)

440000－2541－0007140　17011
嶺南群雅初集三卷初補二卷二集三卷　(清)劉彬華輯　清嘉慶十八年(1813)劉彬華玉壺

山房刻本　十四册

440000－2541－0007141　17012
嶺南群雅初集三卷初補二卷二集三卷　(清)劉彬華輯　清嘉慶十八年(1813)劉彬華玉壺山房刻本　七册

440000－2541－0007142　17013
嶺南群雅初集三卷初補二卷二集三卷　(清)劉彬華輯　清嘉慶十八年(1813)劉彬華玉壺山房刻本　十二册

440000－2541－0007143　17014
嶺南三大家詩選二十四卷　(清)王隼編　清同治七年(1868)南海陳氏粵東省城刻本　五册

440000－2541－0007144　17015
嶺南三大家詩選二十四卷　(清)王隼編　清同治七年(1868)南海陳氏粵東省城刻本　六册

440000－2541－0007145　17016
嶺南三大家詩選二十四卷　(清)王隼編　清同治七年(1868)南海陳氏粵東省城刻本　五册

440000－2541－0007146　17017
嶺南三大家詩選二十四卷　(清)王隼編　清刻彙印本　五册

440000－2541－0007147　17018
嶺南三大家詩選二十四卷　(清)王隼編　清康熙刻本　八册

440000－2541－0007148　17019
粵東三子詩鈔十四卷首一卷　(清)黄玉階輯　清道光二十二年(1842)廣州刻本　四册

440000－2541－0007149　17020
粵東三子詩鈔十四卷首一卷　(清)黄玉階輯　清道光二十二年(1842)廣州刻本　四册

440000－2541－0007150　17021
番禺潘氏詩畧不分卷　(清)潘儀增輯　清光緒二十年(1894)刻本　四册

440000－2541－0007151　17022
番禺潘氏詩畧不分卷　(清)潘儀增輯　清光緒二十年(1894)刻本　四册

440000－2541－0007152　17023
番禺潘氏詩畧不分卷　(清)潘儀增輯　清光緒二十年(1894)刻本　四册

440000－2541－0007153　17024
羊城竹枝詞二卷　題(清)吟香閣主人輯　清光緒十四年(1888)佛山近文堂刻本　二册

440000－2541－0007154　17025
羊城竹枝詞二卷紅樓夢竹枝詞一卷　題(清)吟香閣主人輯　清光緒三年(1877)刻本　一册　存一卷(羊城竹枝詞一)

440000－2541－0007155　17026
常蔭軒詩社萃雅一卷　(清)張維屏等撰(清)潘有爲　(清)潘正衡輯　清嘉慶十八年(1813)刻本　一册

440000－2541－0007156　17034
浴日亭次韻詩一卷　(清)金菁茅輯　清道光刻本　一册

440000－2541－0007157　17038
梅水詩傳十卷　(清)張煜南等輯　清光緒二十七年(1901)梅水張氏刻本　十册

440000－2541－0007158　17039
楚庭耆舊遺詩前集二十一卷後集二十一卷續集三十二卷　(清)伍崇曜輯　清道光二十三年至三十年(1843－1850)南海伍氏刻本　十三册

440000－2541－0007159　17042
楚庭耆舊遺詩前集二十一卷後集二十一卷　(清)伍崇曜輯　清道光二十三年(1843)南海伍氏刻本　八册

440000－2541－0007160　17048
瓊臺耆舊詩集三十六卷　(清)王國憲輯　清末瓊山饒寶華刻本　九册　存二十四卷(四至十三、十七至十九、二十四至三十、三十三至三十六)

440000－2541－0007161　17050

容山鵬賢詩社彙草一卷　(清)潘楷輯　清光緒廣東翰章印務局鉛印本　一册

440000－2541－0007162　17051
嶺表詩傳六卷國朝嶺表詩傳十卷　(清)梁九圖　(清)吳炳南輯　清道光紫藤館刻本　五册

440000－2541－0007163　17052
嶺南四家詩鈔四種　(清)劉彬華編　清嘉慶刻本　四册

440000－2541－0007164　17056
粵東七子詩六卷　(清)盛大士輯　清道光二年(1822)刻本　二册

440000－2541－0007165　17057
詠物詩三卷　(元)謝宗可等撰　清抄本　一册

440000－2541－0007166　17058
黔詩紀略三十三卷　(清)黎兆勳輯　(清)莫友芝傳證　清同治十二年(1873)遵義唐氏夢研齋金陵刻本　八册

440000－2541－0007167　17062
毛詩復古録十二卷首一卷　(清)吳懋清撰　清光緒二十年(1894)徐琪廣州學使者署刻本　六册

440000－2541－0007168　17063
學詩詳説三十卷學詩正詁五卷補一卷　(清)顧廣譽撰　清光緒三年(1877)顧鴻昇刻平湖顧氏遺書本　十二册

440000－2541－0007169　17064
平湖顧氏遺書五種　(清)顧廣譽撰　清光緒三年(1877)顧鴻昇刻四年(1878)補刻本　十四册

440000－2541－0007170　17065
詩古微二十卷　(清)魏源撰　清道光二十年(1840)刻光緒十三年(1887)席氏埽葉山房補刻本　十二册

440000－2541－0007171　17066
詩古微二十卷　(清)魏源撰　清道光二十年(1840)刻光緒十三年(1887)席氏埽葉山房補刻本　十二册

440000－2541－0007172　17067
詩古微上編三卷中編十卷下編二卷首一卷　(清)魏源撰　清光緒十三年(1887)楊守敬刻本　八册

440000－2541－0007173　17068
新增詩經補註附考備旨八卷　(清)鄒聖脈輯　清光緒二十年(1894)澹雅局刻本　四册　存四卷(一至四)

440000－2541－0007174　17069
毛詩補禮六卷　(清)朱濂撰　清道光十九年(1839)刻本　二册

440000－2541－0007175　17073
三家詩補遺三卷　(清)阮元撰　清光緒儀徵李氏崇惠堂刻本　一册

440000－2541－0007176　17079
詩譜補亡後訂一卷　(清)吳騫撰　清刻本　一册

440000－2541－0007177　17081
詩説十二卷總説一卷　(宋)劉克撰　清道光八年(1828)刻本　八册　存十卷(一至八、十一至十二)

440000－2541－0007178　17082
御纂詩義折中二十卷　(清)傅恆等撰　清光緒長蘆運司刻本　六册

440000－2541－0007179　17083
御纂詩義折中二十卷　(清)傅恆等撰　清文光堂刻本　五册　存十卷(十一至二十)

440000－2541－0007180　17085
詩經白話註四卷　(清)錢榮國撰　清光緒三十四年(1908)江陰禮延學堂刻本　六册

440000－2541－0007181　17087
毛詩本義十六卷　(宋)歐陽修撰　清道光十四年(1834)歐陽傑等刻本　三册　存十二卷(一至七、十二至十六)

440000－2541－0007182　17088

古經閣重訂監本詩經八卷　(宋)朱熹集傳　清光緒四年(1878)刻本　四册

440000－2541－0007183　17089
詩經八卷　(宋)朱熹集傳　清同治五年(1866)金陵書局刻本　四册

440000－2541－0007184　17090
詩經八卷　(宋)朱熹集傳　清光緒二十二年(1896)金陵書局刻本　四册

440000－2541－0007185　17094
詩緝三十六卷　(宋)嚴粲撰　清光緒三年(1877)嶺南刻本　十册

440000－2541－0007186　17095
詩經八卷　(宋)朱熹集傳　清光緒四年(1878)刻本　一册

440000－2541－0007187　17096
詩緝三十六卷　(宋)嚴粲撰　清光緒三年(1877)嶺南刻本　十四册

440000－2541－0007188　17097
詩緝三十六卷　(宋)嚴粲撰　清嘉慶十五年(1810)刻本　十二册

440000－2541－0007189　17098
詩集傳二十卷　(宋)朱熹撰　清守經堂刻本　四册

440000－2541－0007190　17102
詩經四卷　(宋)朱熹集傳　清末至民國初粵東佛山興華書局石印本　四册

440000－2541－0007191　17103
詩序廣義二十四卷　(清)姜炳璋輯　清嘉慶二十年(1815)四明姜氏刻本　七册　存二十二卷(一至二十二)

440000－2541－0007192　17104
毛詩傳箋通釋三十二卷　(清)馬瑞辰撰　清光緒十四年(1888)廣雅書局刻本　十一册　存三十一卷(一至十九、二十一至三十二)

440000－2541－0007193　17105
毛詩傳箋通釋三十二卷　(清)馬瑞辰撰　清光緒十四年(1888)廣雅書局刻本　十二册

440000－2541－0007194　17106
毛詩傳箋通釋三十二卷　(清)馬瑞辰撰　清光緒十四年(1888)廣雅書局刻本　十一册　存二十八卷(一至六、十一至三十二)

440000－2541－0007195　17107
毛詩傳箋通釋三十二卷　(清)馬瑞辰撰　清光緒十四年(1888)廣雅書局刻本　十二册

440000－2541－0007196　17116
詩序一卷　(宋)朱熹撰　清光緒六年(1880)信古齋刻本　一册

440000－2541－0007197　17118
毛詩序說三十二卷　(清)龔鑑撰　清刻本　八册　存二十二卷(十一至三十二)

440000－2541－0007198　17122
詩毛氏傳疏三十卷　(清)陳奐撰　清光緒十一年(1885)上海點石齋石印本　二册

440000－2541－0007199　17123
詩毛氏傳疏三十卷　(清)陳奐撰　清光緒九年(1883)蘇州校經山房成記刻本　十六册　存七卷(毛詩音四卷、毛詩說一卷、傳義類一卷、鄭氏箋考徵一卷)

440000－2541－0007200　17124
詩毛氏傳疏三十卷　(清)陳奐撰　清光緒九年(1883)蘇州校經山房成記刻本　十二册

440000－2541－0007201　17126
重刊宋本十三經註疏附校勘記　(清)阮元撰　校勘記　(清)盧宣旬摘録　清嘉慶二十年(1815)江西南昌府學刻本　七十六册　存五種

440000－2541－0007202　17128
毛詩詁訓傳三十卷　(漢)鄭玄箋　(唐)陸德明音義　(唐)孔穎達疏　**毛詩譜一卷**　(漢)鄭玄撰　(唐)孔穎達疏　清光緒四年(1878)淮南書局刻本　十二册

440000－2541－0007203　17129
毛詩詁訓傳三十卷　(漢)鄭玄箋　(唐)陸德明音義　(唐)孔穎達疏　**毛詩譜一卷**　(漢)

鄭玄撰　(唐)孔穎達疏　清光緒四年(1878)淮南書局刻本　十二册

440000－2541－0007204　17130
毛詩詁訓傳三十卷　(漢)鄭玄箋　(唐)陸德明音義　(唐)孔穎達疏　**毛詩譜一卷**　(漢)鄭玄撰　(唐)孔穎達疏　清光緒四年(1878)淮南書局刻本　十二册

440000－2541－0007205　17133
毛詩詁訓傳三十卷　(漢)鄭玄箋　(唐)陸德明音義　(唐)孔穎達疏　**毛詩譜一卷**　(漢)鄭玄撰　(唐)孔穎達疏　清光緒四年(1878)淮南書局刻本　九册　存二十三卷(七至二十四、二十六至三十)

440000－2541－0007206　17134
陳氏毛詩五種　(清)陳奐撰　清光緒石印本　四册

440000－2541－0007207　17135
陳氏毛詩五種　(清)陳奐撰　清光緒石印本　四册

440000－2541－0007208　17136
枕葄齋詩經問答十四卷　(清)胡嗣運撰　清光緒三十四年(1908)績溪胡氏鵬南書屋木活字印本　二册

440000－2541－0007209　17142
詩經申義十卷　(清)吳士模撰　清光緒十七年(1891)武進吳氏澤古齋刻本　四册

440000－2541－0007210　17148
毛詩故訓傳鄭箋三十卷　(漢)毛亨傳　(漢)鄭玄箋　清同治十一年(1872)丁壽祺五雲堂刻本　四册

440000－2541－0007211　17150
毛詩異義四卷　(清)汪龍撰　**詩譜一卷**　(漢)鄭玄撰　清道光五年(1825)鮑方棨刻光緒四年(1878)鮑肇元印本　四册

440000－2541－0007212　17152
欽定詩經傳說彙纂二十一卷首二卷詩序二卷　(清)王鴻緒撰　清同治七年(1868)浙江書局刻御纂七經本　十六册

440000－2541－0007213　17153
欽定詩經傳說彙纂二十一卷首二卷詩序二卷　(清)王鴻緒撰　清同治七年(1868)浙江書局刻御纂七經本　四册　存九卷(一至九)

440000－2541－0007214　17155
讀詩日錄十三卷　(清)劉士毅撰　清光緒六年(1880)刻本　一册　存三卷(一至三)

440000－2541－0007215　17157
詩集傳附釋一卷　(清)丁晏撰　清光緒二十年(1894)廣雅書局刻本　一册

440000－2541－0007216　17158
欽定詩經傳說彙纂二十一卷首二卷詩序二卷　(清)王鴻緒等纂　清刻本　九册　存十五卷(六至十六、十九、二十一,詩序二卷)

440000－2541－0007217　17159
船山遺書六十六種附二種　(清)王夫之撰　清同治四年(1865)湘鄉曾氏刻船山遺書本　三册　存四種

440000－2541－0007218　17161
詩經詁要六卷　(清)龍萬育輯　清道光八年(1828)成都龍萬育敷文閣刻三經詁要本　五册

440000－2541－0007219　17162
詩經繹參四卷　(清)鄧翔撰　清同治六年(1867)南海孔氏刻本　四册

440000－2541－0007220　17163
遵註義釋詩經離句襯解八卷　(清)朱榛輯　清刻本　二册　存五卷(四至八)

440000－2541－0007221　17165
韓詩外傳十卷　(漢)韓嬰撰　(清)周廷寀校注　**補逸一卷**　(清)趙懷玉輯　**校注拾遺一卷**　(清)周宗杭輯　清光緒元年(1875)吳棠望三益齋刻本　四册

440000－2541－0007222　17166
詩經繹參四卷　(清)鄧翔撰　清同治六年(1867)南海孔氏刻朱墨套印本　二册　存二

卷(三至四)

440000－2541－0007223　17167
詩經繹參四卷　(清)鄧翔撰　清同治六年(1867)南海孔氏刻朱墨套印本　三册　存三卷(一、三至四)

440000－2541－0007224　17171
五經要義五種　(宋)魏了翁撰　清光緒江蘇書局刻本　三十二册　存三種

440000－2541－0007225　17172
毛詩要義二十卷　(宋)魏了翁撰　清光緒十二年(1886)江蘇書局刻五經要義本　七册　存十四卷(一至六、十三至二十)

440000－2541－0007226　17173
毛詩艸木鳥獸蟲魚疏二卷　(三國吳)陸璣撰　(清)丁晏校正　清光緒十二年(1886)上海聚珍仿宋印書局鉛印本　一册

440000－2541－0007227　17174
毛詩艸木鳥獸蟲魚疏二卷　(三國吳)陸璣撰　(清)丁晏校正　清光緒十二年(1886)上海聚珍仿宋印書局鉛印本　一册

440000－2541－0007228　17175
韓詩外傳十卷　(漢)韓嬰撰　清刻本　二册

440000－2541－0007229　17181
詩經補箋二十卷　王闓運撰　清光緒二十三年(1897)刻本　十册

440000－2541－0007230　17183
拜經堂叢書十種　(清)臧琳　(清)臧庸撰並編　清乾隆至嘉慶武進臧氏同述觀刻本　七册　存二種

440000－2541－0007231　17184
重訂三家詩拾遺十卷　(清)范家相輯　(清)葉鈞重訂　清嘉慶十五年(1810)刻本　二册

440000－2541－0007232　17185
重訂三家詩拾遺十卷　(清)范家相輯　(清)葉鈞重訂　清嘉慶十五年(1810)刻本　四册

440000－2541－0007233　17189
絜齋毛詩經筵講義四卷　(宋)袁燮撰　清乾隆武英殿木活字印本　二册

440000－2541－0007234　17192
詩毛鄭異同辨二卷　(清)曾釗撰　清嘉慶至道光南海曾氏刻面城樓叢刊本　二册

440000－2541－0007235　17193
毛詩昀訂十卷附錄一卷　(清)苗夔撰　清咸豐元年(1851)刻苗氏說文四種本　三册

440000－2541－0007236　17196
毛詩後箋三十卷　(清)胡承珙撰　(清)陳奐補　清光緒十四年(1888)南菁書院刻皇清經解續編本　十一册

440000－2541－0007237　17198
毛詩辨韻五卷　(清)趙似祖撰　清道光二十二年(1842)刻本　四册

440000－2541－0007238　17205
榕園叢書(守約篇叢書)三集六十三種附一種　(清)張丙炎編　(清)張允顗重編　清同治真州張氏廣東刻民國二年(1913)重修印本　十八册　存二十五種

440000－2541－0007239　17209
參校詩傳說存二卷　(清)葛士清等輯　清光緒十五年(1889)刻本　一册

440000－2541－0007240　17210
御案詩經備旨八卷　(清)鄒聖脉纂輯　(清)鄒廷猷編　清末翰文堂石印本　四册

440000－2541－0007241　17211
讀書商齋讀詩商二十八卷　(清)陳保真撰　清光緒二十三年(1897)永興捕署刻本　十二册

440000－2541－0007242　17212
詩緒餘錄八卷　(清)黄位清輯　清道光十九年(1839)刻本　四册

440000－2541－0007243　17216
離騷彙訂不分卷　(戰國)屈原撰　(清)王邦采輯　清光緒二十六年(1900)廣雅書局刻本　二册

440000－2541－0007244　17222

楚辭八卷後語六卷辯證二卷 (宋)朱熹集注 清光緒八年(1882)江蘇書局刻本 四冊

440000－2541－0007245 17224
離騷一卷 (宋)錢杲之撰 清宣統二年(1910)影印本(有圖) 一冊

440000－2541－0007246 17233
楚辭集注八卷首一卷 (宋)朱熹集注 清聽雨齋刻朱墨套印本 四冊

440000－2541－0007247 17234
楚辭集注八卷首一卷 (宋)朱熹集注 清聽雨齋刻朱墨套印本 四冊

440000－2541－0007248 17236
楚辭十七卷 (漢)王逸章句 (宋)洪興祖補注 清同治十一年(1872)金陵書局刻本 四冊 存十一卷(一、四至十一、十六至十七)

440000－2541－0007249 17241
楚辭補注十七卷 (漢)王逸章句 (宋)洪興祖補注 清光緒二十一年(1895)昭陵經畬主人刻本 二冊 存三卷(一、四至五)

440000－2541－0007250 17242
楚辭補注十七卷 (漢)王逸章句 (宋)洪興祖補注 清光緒二十一年(1895)昭陵經畬主人刻本 六冊

440000－2541－0007251 17246
楚辭燈四卷楚懷襄二王在位事蹟考一卷 (清)林雲銘撰 **屈原列傳一卷** (漢)司馬遷撰 清刻本 四冊

440000－2541－0007252 17261
屈原賦注七卷通釋二卷 (清)戴震撰 **音義三卷** (清)汪梧鳳撰 清光緒十七年(1891)廣雅書局刻本 一冊

440000－2541－0007253 17262
屈原賦注七卷通釋二卷 (清)戴震撰 **音義三卷** (清)汪梧鳳撰 清光緒十七年(1891)廣雅書局刻本 一冊

440000－2541－0007254 17268
離騷草木史十卷離騷拾細一卷 (明)周拱辰注 (明)顧有孝 (明)汪撰評點 清嘉慶八年(1803)檇李周氏聖雨齋刻本 八冊

440000－2541－0007255 17269
七十家賦鈔六卷 (清)張惠言輯 清光緒四年(1878)大成會刻本 四冊

440000－2541－0007256 17270
七十家賦鈔六卷 (清)張惠言輯 清光緒八年(1882)廣東經史閣刻本 四冊

440000－2541－0007257 17271
蹋莽律賦二卷 (清)潘衍桐撰 清光緒十五年(1889)刻本 一冊

440000－2541－0007258 17272
遂初樓同人集一卷 (清)梁進祥輯 清刻本 一冊

440000－2541－0007259 17273
七十家賦鈔六卷 (清)張惠言輯 清光緒八年(1882)廣東載文堂刻本 四冊

440000－2541－0007260 17274
七十家賦鈔六卷 (清)張惠言輯 清光緒八年(1882)廣東載文堂刻本 四冊

440000－2541－0007261 17275
律賦必以集二卷餘論一卷 (清)顧蒓輯 清光緒六年(1880)菊坡精舍刻本 二冊

440000－2541－0007262 17276
律賦必以集二卷餘論一卷 (清)顧蒓輯 清光緒六年(1880)菊坡精舍刻本 四冊

440000－2541－0007263 17277
律賦必以集二卷餘論一卷 (清)顧蒓輯 清光緒六年(1880)菊坡精舍刻本 二冊

440000－2541－0007264 17280
古賦首選不分卷 (清)梁夔譜選輯 清同治八年(1869)刻本 一冊

440000－2541－0007265 17281
古賦首選不分卷 (清)梁夔譜選輯 清同治八年(1869)刻本 一冊

440000－2541－0007266 17282

古賦首選不分卷　(清)梁夔譜選輯　清同治八年(1869)刻本　一冊

440000－2541－0007267　17283
古賦首選不分卷　(清)梁夔譜選輯　清同治八年(1869)刻本　一冊

440000－2541－0007268　17284
古賦首選不分卷　(清)梁夔譜選輯　清同治八年(1869)刻本　一冊

440000－2541－0007269　17285
賦學正鵠集釋十卷　(清)李元度輯　清光緒二十年(1894)寶慶澹雅書局刻本　六冊

440000－2541－0007270　17286
賦學正鵠集釋十一卷　(清)李元度輯　清光緒七年(1881)刻本　六冊

440000－2541－0007271　17287
分類賦學正集十二卷續刻十二卷　(清)梁維城輯　清光緒十二年(1886)上海點石齋石印本　六冊

440000－2541－0007272　17288
唐人賦鈔六卷　(清)邱先德編　(清)邱士超箋　清同治七年(1868)粤東刻本　六冊

440000－2541－0007273　17290
琴臺正續合刻六種　(清)汪守正編　清光緒十五年(1889)刻本　二冊

440000－2541－0007274　17292
六朝唐賦讀本不分卷　(清)馬傳庚選注　清光緒二年(1876)京都松竹齋刻本　二冊

440000－2541－0007275　17297
黄御史集二卷　(唐)黄滔撰　清光緒十九年(1893)南海王氏啓瑞齋刻本　一冊

440000－2541－0007276　17299
有正味齋賦稿不分卷　(清)吳錫麒撰　**蘭修館賦稿不分卷**　(清)顧元熙撰　清咸豐三年(1853)誦芬堂刻四家賦鈔本　二冊

440000－2541－0007277　17300
蓮峰賦鈔二卷首一卷　(清)龐鈺等撰　(清)霍履初輯　清光緒二十二年(1896)刻本　一冊

440000－2541－0007278　17301
律賦必以集二卷餘論一卷　(清)顧蒓輯　清光緒六年(1880)菊坡精舍刻本　二冊

440000－2541－0007279　17303
移華館駢體文四卷　(清)董基誠　(清)董祐誠撰　清咸豐九年(1859)刻本　一冊

440000－2541－0007280　17304
移華館駢體文四卷　(清)董基誠　(清)董祐誠撰　清咸豐九年(1859)刻本　一冊

440000－2541－0007281　17305
北嶽山房駢文二卷　(清)閻鎮珩撰　清光緒十八年(1892)武陵自刻本　一冊

440000－2541－0007282　17307
緩雅堂駢體文八卷　(清)王詒壽撰　清光緒六年(1880)刻榆園叢刻本　二冊

440000－2541－0007283　17308
湖唐林館駢體文二卷　(清)李慈銘撰　清光緒十年(1884)刻本　一冊

440000－2541－0007284　17309
湖唐林館駢體文二卷　(清)李慈銘撰　清光緒十年(1884)刻本　一冊

440000－2541－0007285　17310
移華館駢體文四卷　(清)董基誠　(清)董祐誠撰　清咸豐九年(1859)刻本　一冊

440000－2541－0007286　17313
唐駢體文鈔十七卷　(清)陳均輯　清同治十二年(1873)刻本　四冊

440000－2541－0007287　17314
唐駢體文鈔十七卷　(清)陳均輯　清同治十二年(1873)刻本　四冊

440000－2541－0007288　17315
唐駢體文鈔十七卷　(清)陳均輯　清同治十二年(1873)刻本　四冊

440000－2541－0007289　17316
忠雅堂評選四六法海八卷　(清)蔣士銓評選

清同治刻朱墨套印本　六冊

440000－2541－0007290　17317

忠雅堂評選四六法海八卷　（清）蔣士銓評選　清同治刻朱墨套印本　七冊　存七卷（二至八）

440000－2541－0007291　17318

忠雅堂評選四六法海八卷　（清）蔣士銓評選　清光緒元年（1875）任壽昌、屈瑛光刻本　八冊

440000－2541－0007292　17319

忠雅堂評選四六法海八卷　（清）蔣士銓評選　清光緒元年（1875）任壽昌、屈瑛光刻本　八冊　存七卷（二至八）

440000－2541－0007293　17320

忠雅堂評選四六法海八卷　（清）蔣士銓評選　清光緒十五年（1889）雲林閣刻朱墨套印本　八冊

440000－2541－0007294　17321

忠雅堂評選四六法海八卷　（清）蔣士銓評選　清光緒十年（1884）深柳讀書堂刻朱墨套印本　八冊

440000－2541－0007295　17323

忠雅堂評選四六法海八卷　（清）蔣士銓評選　清光緒元年（1875）任壽昌、屈瑛光刻本　七冊　存七卷（一至七）

440000－2541－0007296　17324

後八家四六文鈔八卷　（清）張壽榮輯　清光緒七年（1881）刻本　五冊

440000－2541－0007297　17325

國朝駢體正宗十二卷　（清）曾燠輯　清嘉慶十一年（1806）刻本　六冊

440000－2541－0007298　17326

國朝駢體正宗十二卷　（清）曾燠輯　清嘉慶十一年（1806）刻本　六冊

440000－2541－0007299　17327

國朝駢體正宗十二卷　（清）曾燠輯　清嘉慶十一年（1806）刻本　三冊　存六卷（一至二、五至六、九至十）

440000－2541－0007300　17328

國朝駢體正宗評本十二卷補編一卷　（清）曾燠選　（清）姚燮評　清芸林草堂刻本　八冊

440000－2541－0007301　17329

國朝駢體正宗評本十二卷補編一卷　（清）曾燠選　（清）姚燮評　清光緒十年至十一年（1884－1885）蛟川張氏花雨樓刻朱墨套印本　八冊

440000－2541－0007302　17330

國朝駢體正宗續編八卷　（清）張鳴珂輯　清光緒二十一年（1895）善化章氏刻本　八冊

440000－2541－0007303　17331

駢體文鈔三十一卷　（清）李兆洛輯　清同治六年（1867）刻本　八冊

440000－2541－0007304　17332

駢體文鈔三十一卷　（清）李兆洛輯　清同治六年（1867）刻本　八冊

440000－2541－0007305　17333

駢體文鈔三十一卷　（清）李兆洛輯　清光緒八年（1882）滬上刻本　八冊

440000－2541－0007306　17334

駢體文鈔三十一卷　（清）李兆洛輯　清光緒八年（1882）滬上刻本　八冊　存二十九卷（一至二十三、二十六至三十一）

440000－2541－0007307　17335

駢體文鈔三十一卷　（清）李兆洛輯　清道光刻光緒八年（1882）滬上補刻本　七冊　存二十八卷（一至二十八）

440000－2541－0007308　17340

宋四六選二十四卷　（清）曹振鏞編　清末刻本　六冊

440000－2541－0007309　17343

駢體南鍼十六卷　（清）汪傳懿輯　清同治五年（1866）刻本　八冊

440000－2541－0007310　17344

八家四六文註八卷　（清）吳鼒輯　（清）許貞

幹注　清光緒上海掃葉山房石印本　四冊

440000－2541－0007311　17345
八家四六文註八卷首一卷　（清）吳鼒輯　（清）許貞幹注　清光緒十七年（1891）刻本　十六冊

440000－2541－0007312　17346
駢體文略二十九卷　（清）楊鍾廣輯　清光緒十四年（1888）刻本　二冊

440000－2541－0007313　17347
駢體文略二十九卷　（清）楊鍾廣輯　清光緒十四年（1888）刻本　四冊

440000－2541－0007314　17348
八家四六文註八卷首一卷　（清）吳鼒輯　（清）許貞幹注　清光緒十八年（1892）上海圖書集成印書局鉛印本　八冊

440000－2541－0007315　17349
八家四六文注八卷首一卷　（清）吳鼒輯　（清）許貞幹注　清光緒二十四年（1898）上海緯文閣石印本　六冊

440000－2541－0007316　17350
八家四六文註八卷　（清）吳鼒輯　（清）許貞幹注　清光緒上海掃葉山房石印本　七冊　存七卷（二至八）

440000－2541－0007317　17351
八家四六文註八卷首一卷　（清）吳鼒輯　（清）許貞幹注　清光緒十八年（1892）著易堂鉛印本　八冊

440000－2541－0007318　17352
有正味齋駢文十六卷補注一卷　（清）吳錫麒撰　（清）葉聯芬箋注　清同治七年（1868）慈北葉氏刻本　八冊

440000－2541－0007319　17353
有正味齋駢文十六卷補注一卷　（清）吳錫麒撰　（清）葉聯芬箋注　清同治七年（1868）慈北葉氏刻本　八冊

440000－2541－0007320　17354
有正味齋駢文十六卷補注一卷　（清）吳錫麒撰　（清）葉聯芬箋注　清同治七年（1868）慈北葉氏刻本　八冊

440000－2541－0007321　17355
有正味齋駢文十六卷補注一卷　（清）吳錫麒撰　（清）葉聯芬箋注　清同治七年（1868）慈北葉氏刻本　八冊

440000－2541－0007322　17356
有正味齋詩集十六卷詩續集八卷駢體文二十四卷駢體文續集八卷詞集八卷詞續集二卷外集五卷外集南北曲二卷　（清）吳錫麒撰　清刻本　十四冊

440000－2541－0007323　17358
陳檢討集二十卷　（清）陳維崧撰　（清）程師恭注　清刻本　四冊

440000－2541－0007324　17359
陳檢討集二十卷　（清）陳維崧撰　（清）程師恭注　清光緒元年（1875）刻本　六冊

440000－2541－0007325　17360
陳檢討集二十卷　（清）陳維崧撰　（清）程師恭注　清光緒元年（1875）刻本　四冊

440000－2541－0007326　17361
陳檢討四六二十卷　（清）陳維崧撰　（清）程師恭注　清上海文瑞樓石印本　八冊

440000－2541－0007327　17362
陳檢討四六二十卷　（清）陳維崧撰　（清）程師恭注　清上海文瑞樓石印本　八冊

440000－2541－0007328　17363
陳檢討四六二十卷　（清）陳維崧撰　（清）程師恭注　清上海文瑞樓石印本　四冊

440000－2541－0007329　17364
皇朝駢文類苑十四卷首一卷　（清）姚燮輯　清光緒七年（1881）鎮海張壽榮刻本　十四冊

440000－2541－0007330　17365
皇朝駢文類苑十四卷首一卷　（清）姚燮輯　清光緒七年（1881）鎮海張壽榮刻本　十四冊

440000－2541－0007331　17368
南北朝文鈔二卷　（清）彭兆蓀輯　清光緒二

年(1876)番禺陳起榮刻本　二冊

440000－2541－0007332　17369

南北朝文鈔二卷　(清)彭兆蓀輯　清光緒二年(1876)番禺陳起榮刻本　二冊

440000－2541－0007333　17370

國朝十家四六文鈔十一卷　王先謙輯　清光緒十五年(1889)長沙王氏刻本　四冊

440000－2541－0007334　17371

確山駢體文四卷　(清)宋世犖撰　清嘉慶二十五年(1820)自刻本　一冊

440000－2541－0007335　17372

見星廬駢體文稿二集　(清)林聯桂撰　清道光九年(1829)刻本　一冊

440000－2541－0007336　17380

新樂府詞一卷　(清)萬斯同撰　清同治八年(1869)刻本　一冊

440000－2541－0007337　17384

鐵厓詩集三種　(元)楊維楨撰　(清)樓卜瀍注　清光緒十四年(1888)諸暨樓氏崇德堂刻本　六冊

440000－2541－0007338　17394

擬古樂府二卷　(明)李東陽撰　(明)陳建通考　(清)陳璋等輯　清刻本　二冊

440000－2541－0007339　17397

漢鐃歌釋文箋正一卷　王先謙撰　清同治十一年(1872)王先謙虛受堂刻本　一冊

440000－2541－0007340　17398

今樂府一卷　(清)陳梓撰　清宣統二年(1910)石印本　一冊

440000－2541－0007341　17399

樂府詩集一百卷目錄二卷　(宋)郭茂倩輯　清同治十三年(1874)湖北崇文書局刻本　十六冊

440000－2541－0007342　17401

河南人物小樂府二卷　(清)衛濟世撰　清光緒十三年(1887)刻本　二冊

440000－2541－0007343　17402

慧日永明智覺壽禪師山居詩一卷幻居詩一卷　(宋)釋延壽撰　**福源石屋珙禪師山居詩一卷**　(元)釋清珙撰　清光緒海天精舍刻本　一冊

440000－2541－0007344　17405

定峰樂府十卷山莊雜詠一卷　(清)沙張白撰　(清)曹禾評　清嘉慶十一年(1806)刻本　四冊

440000－2541－0007345　17415

柳堂師友詩錄二百十六種　(清)李長榮編　清咸豐至同治廣州刻本　二十冊　存一百八十四種

440000－2541－0007346　17419

二家宮詞二卷三家宮詞三卷　(明)毛晉輯　清同治十二年(1873)淮南書局刻本　二冊

440000－2541－0007347　17423

沈太夫人鈔詠物詩不分卷　沈太夫人輯　清末至民國初沈太夫人抄本　一冊

440000－2541－0007348　17428

瀛奎律髓刊誤四十九卷　(元)方回輯　(清)紀昀批點　清光緒六年(1880)山陰宋氏刻懺花盦叢書本　八冊

440000－2541－0007349　17429

瀛奎律髓刊誤四十九卷　(元)方回輯　(清)紀昀批點　清光緒六年(1880)山陰宋氏刻懺花盦叢書本　十冊

440000－2541－0007350　17430

瀛奎律髓刊誤四十九卷　(元)方回輯　(清)紀昀批點　清光緒六年(1880)山陰宋氏刻懺花盦叢書本　八冊　存三十七卷(一至三十七)

440000－2541－0007351　17445

惜抱軒全集十種　(清)姚鼐撰　清嘉慶刻本　十四冊

440000－2541－0007352　17457

金石題詠不分卷　(□)□□輯　清吳式芬抄

本　一册

440000－2541－0007353　17459
詩鈔不分卷　(□)顏潛庵等撰　(□)□□輯　清抄本　一册

440000－2541－0007354　17473
李長吉集四卷外集一卷　(唐)李賀撰　(明)黄淳耀評　(清)黎簡批點　清宣統元年(1909)掃葉山房朱墨石印本　二册

440000－2541－0007355　17474
李長吉集四卷外集一卷　(唐)李賀撰　(明)黄淳耀評　(清)黎簡批點　清宣統元年(1909)掃葉山房朱墨石印本　二册

440000－2541－0007356　17475
李長吉集四卷外集一卷　(唐)李賀撰　(明)黄淳耀評　(清)黎簡批點　清宣統元年(1909)掃葉山房朱墨石印本　二册

440000－2541－0007357　17478
李長吉歌詩四卷外集一卷首一卷　(唐)李賀撰　(清)王琦彙解　清光緒四年(1878)四川刻宏達堂叢書本　四册

440000－2541－0007358　17485
協律鉤元四卷外集一卷　(唐)李賀撰　(清)陳本禮箋注　清嘉慶十三年(1808)江都陳氏裛露軒刻江都陳氏叢書本　二册

440000－2541－0007359　17486
昌黎先生詩集注十一卷年譜一卷　(唐)韓愈撰　(清)朱彝尊　(清)何焯評　(清)顧嗣立删補　清道光十六年(1836)長白穆鄣阿賡德堂刻朱墨套印本　六册

440000－2541－0007360　17487
昌黎先生詩集注十一卷年譜一卷　(唐)韓愈撰　(清)朱彝尊　(清)何焯評　(清)顧嗣立删補　清道光十六年(1836)長白穆鄣阿賡德堂刻朱墨套印本　三册　存十卷(二至十一)

440000－2541－0007361　17489
昌黎先生詩增注証訛十一卷年譜一卷　(唐)韓愈撰　(清)顧嗣立删補　(清)黄鉞增注証訛　清道光二十八年(1848)黄中民二客軒刻咸豐七年(1857)四明鮑氏印本　四册

440000－2541－0007362　17490
昌黎先生詩增注証訛十一卷年譜一卷　(唐)韓愈撰　(清)顧嗣立删補　(清)黄鉞增注証訛　清道光二十八年(1848)黄中民二客軒刻咸豐七年(1857)四明鮑氏印本　四册

440000－2541－0007363　17491
昌黎先生詩增注証訛十一卷年譜一卷　(唐)韓愈撰　(清)顧嗣立删補　(清)黄鉞增注証訛　清道光二十八年(1848)黄中民二客軒刻咸豐七年(1857)四明鮑氏印本　四册

440000－2541－0007364　17492
昌黎先生詩集注十一卷年譜一卷　(唐)韓愈撰　(清)朱彝尊　(清)何焯評　(清)顧嗣立删補　清光緒九年(1883)廣州翰墨園刻三色套印本　四册

440000－2541－0007365　17493
昌黎先生詩集注十一卷年譜一卷　(唐)韓愈撰　(清)朱彝尊　(清)何焯評　(清)顧嗣立删補　清光緒九年(1883)廣州翰墨園刻三色套印本　四册

440000－2541－0007366　17494
昌黎先生詩集注十一卷年譜一卷　(唐)韓愈撰　(清)朱彝尊　(清)何焯評　(清)顧嗣立删補　清光緒九年(1883)廣州翰墨園刻三色套印本　四册

440000－2541－0007367　17495
杜詩鏡銓二十卷　(唐)杜甫撰　(清)楊倫輯　**讀書堂杜工部文集註解二卷**　(清)張溍撰　清咸豐三年(1853)廣州刻登雲閣印本　十册

440000－2541－0007368　17496
杜詩鏡銓二十卷　(唐)杜甫撰　(清)楊倫輯　**讀書堂杜工部文集註解二卷**　(清)張溍撰　清咸豐三年(1853)廣州刻登雲閣印本　十册

440000－2541－0007369　17497
杜詩鏡銓二十卷附錄一卷　（唐）杜甫撰　（清）楊倫輯　**讀書堂杜工部文集註解二卷**　（清）張溍撰　清同治十一年（1872）吳棠望三益齋刻本　十冊

440000－2541－0007370　17498
杜詩鏡銓二十卷附錄一卷　（唐）杜甫撰　（清）楊倫輯　**讀書堂杜工部文集註解二卷**　（清）張溍撰　清同治十一年（1872）吳棠望三益齋刻本　八冊

440000－2541－0007371　17499
杜詩鏡銓二十卷附錄一卷　（唐）杜甫撰　（清）楊倫輯　**讀書堂杜工部文集註解二卷**　（清）張溍撰　清同治十一年（1872）吳棠望三益齋刻本　六冊

440000－2541－0007372　17500
杜詩鏡銓二十卷附錄一卷　（唐）杜甫撰　（清）楊倫輯　**讀書堂杜工部文集註解二卷**　（清）張溍撰　清同治十一年（1872）吳棠望三益齋刻本　十冊

440000－2541－0007373　17501
杜詩鏡銓二十卷附錄一卷　（唐）杜甫撰　（清）楊倫輯　**讀書堂杜工部文集註解二卷**　（清）張溍撰　清同治十一年（1872）吳棠望三益齋刻本　八冊

440000－2541－0007374　17502
杜詩鏡銓二十卷附錄一卷　（唐）杜甫撰　（清）楊倫輯　**讀書堂杜工部文集註解二卷**　（清）張溍撰　清同治十一年（1872）吳棠望三益齋刻本　十二冊

440000－2541－0007375　17503
杜詩偶評四卷　（唐）杜甫撰　（清）沈德潛評　清嘉慶八年（1803）番禺桂阿石室刻本　四冊

440000－2541－0007376　17504
杜詩鏡銓二十卷附錄一卷　（唐）杜甫撰　（清）楊倫輯　**杜文註解二卷**　（清）張溍撰　清光緒十八年（1892）上海著易堂書局鉛印本　六冊　存二十卷（杜詩鏡銓二十卷）

440000－2541－0007377　17509
杜工部集二十卷首一卷　（唐）杜甫撰　（明）王世貞等評　清光緒二年（1876）粵東翰墨園刻六色套印本　十冊

440000－2541－0007378　17510
杜工部集二十卷首一卷　（唐）杜甫撰　（明）王世貞等評　清光緒二年（1876）粵東翰墨園刻六色套印本　十冊

440000－2541－0007379　17511
杜工部集二十卷首一卷　（唐）杜甫撰　（明）王世貞等評　清光緒二年（1876）粵東翰墨園刻六色套印本　十冊

440000－2541－0007380　17512
杜工部集二十卷首一卷　（唐）杜甫撰　（明）王世貞等評　清光緒二年（1876）粵東翰墨園刻六色套印本　十冊

440000－2541－0007381　17513
杜工部集二十卷首一卷　（唐）杜甫撰　（明）王世貞等評　清光緒二年（1876）粵東翰墨園刻六色套印本　十冊

440000－2541－0007382　17514
杜工部集二十卷首一卷諸家詩話一卷唱酬題詠一卷　（唐）杜甫撰　清同治十三年（1874）刻本　十二冊

440000－2541－0007383　17515
杜工部集二十卷首一卷諸家詩話一卷唱酬題詠一卷　（唐）杜甫撰　清同治十三年（1874）刻本　十冊

440000－2541－0007384　17521
杜詩註釋二十四卷首一卷　（唐）杜甫撰　（清）許寶善輯　清嘉慶七年（1802）自怡軒刻光緒三年（1877）吳縣朱氏補刻本　十二冊

440000－2541－0007385　17526
九家集注杜詩三十六卷　（唐）杜甫撰　（宋）郭知達輯注　清刻本　二十冊

440000－2541－0007386　17528

讀杜小箋三卷二箋二卷　(清)錢謙益撰　清宣統三年(1911)國學扶輪社石印本　一册

440000－2541－0007387　17529
歲寒堂讀杜二十卷　(清)范輦雲撰　清道光二十四年(1844)蘇州范氏家祠後樂堂刻本　十六册

440000－2541－0007388　17530
歲寒堂讀杜二十卷　(清)范輦雲撰　清道光二十四年(1844)蘇州范氏家祠後樂堂刻本　七册　存十八卷(一至八、十一至二十)

440000－2541－0007389　17531
杜工部草堂詩箋二十二卷　(唐)杜甫撰　(宋)魯訔輯　(宋)蔡夢弼會箋　**詩話二卷**　(宋)蔡夢弼撰　**年譜二卷**　(宋)趙子櫟撰　清光緒元年(1875)巴陵方氏碧琳琅館刻本　五册

440000－2541－0007390　17532
讀杜姑妄三十六卷　(清)吳梯撰　清咸豐五年(1855)刻本　二十五册

440000－2541－0007391　17542
韋蘇州集十卷　(唐)韋應物撰　清宣統三年(1911)冰雪山房石印本　二册

440000－2541－0007392　17548
溫飛卿詩集七卷別集一卷　(唐)溫庭筠撰　(明)曾益注　(清)顧予咸補注　**集外詩一卷**　(清)顧嗣立續注　清光緒八年(1882)萬軸山房刻本　四册

440000－2541－0007393　17549
溫飛卿詩集七卷別集一卷　(唐)溫庭筠撰　(明)曾益注　(清)顧予咸補注　**集外詩一卷**　(清)顧嗣立續注　清光緒八年(1882)萬軸山房刻本　二册

440000－2541－0007394　17550
溫飛卿詩集七卷別集一卷集外詩一卷　(唐)溫庭筠撰　(明)曾益注　(清)顧予咸補注　**集外詩一卷**　(清)顧嗣立續注　清宣統二年(1910)石印本　四册

440000－2541－0007395　17559
溫飛卿詩集七卷別集一卷　(唐)溫庭筠撰　(明)曾益注　(清)顧予咸補注　**集外詩一卷**　(清)顧嗣立續注　清光緒八年(1882)泉唐汪氏刻本　二册

440000－2541－0007396　17560
溫飛卿詩集七卷別集一卷　(唐)溫庭筠撰　(明)曾益注　(清)顧予咸補注　**集外詩一卷**　(清)顧嗣立續注　清光緒八年(1882)泉唐汪氏刻本　二册

440000－2541－0007397　17562
新雕校證大字白氏諷諫一卷　(唐)白居易撰　清光緒十九年(1893)影宋刻蘇州振新書社印本　一册

440000－2541－0007398　17570
白香山詩長慶集二十卷後集十七卷別集一卷補遺二卷　(唐)白居易撰　(清)汪立名輯　**年譜舊本一卷**　(宋)陳振孫撰　**年譜一卷**　(清)汪立名撰　清刻本　十册

440000－2541－0007399　17571
白香山詩長慶集二十卷後集十七卷別集一卷補遺二卷　(唐)白居易撰　(清)汪立名輯　**年譜舊本一卷**　(宋)陳振孫撰　**年譜一卷**　(清)汪立名撰　清刻本　八册

440000－2541－0007400　17572
白香山詩長慶集二十卷後集十七卷別集一卷補遺二卷　(唐)白居易撰　(清)汪立名輯　**年譜舊本一卷**　(宋)陳振孫撰　**年譜一卷**　(清)汪立名撰　清刻本　八册

440000－2541－0007401　17573
白香山詩長慶集二十卷後集十七卷別集一卷補遺二卷　(唐)白居易撰　(清)汪立名輯　**年譜舊本一卷**　(宋)陳振孫撰　**年譜一卷**　(清)汪立名撰　清刻本　十册

440000－2541－0007402　17581
唐賢三昧集三卷　(清)王士禛選　(清)吳煊　(清)胡棠輯注　**勘誤一卷**　(清)鍾登鰲撰　清光緒十一年(1885)番禺任氏刻本　三册

440000－2541－0007403　17582
唐中興間氣集二卷　(唐)高仲武輯　清光緒十九年(1893)武進費氏影宋刻本　一册

440000－2541－0007404　17583
唐中興間氣集二卷　(唐)高仲武輯　清光緒十九年(1893)武進費氏影宋刻蘇州振新書社印本　二册

440000－2541－0007405　17584
唐賢三昧集三卷　(清)王士禛選　(清)吳煊　(清)胡棠輯注　(清)黄培芳評　清光緒九年(1883)廣州翰墨園刻朱墨套印本　三册

440000－2541－0007406　17585
唐賢三昧集三卷　(清)王士禛選　(清)吳煊　(清)胡棠輯注　(清)黄培芳評　清光緒九年(1883)廣州翰墨園刻朱墨套印本　三册

440000－2541－0007407　17586
貫華堂選批唐才子詩甲集八卷　(清)金人瑞輯　(清)金雍注　清初刻後印本　十二册

440000－2541－0007408　17587
貫華堂選批唐才子詩甲集八卷　(清)金人瑞輯　(清)金雍注　清初刻後印本　六册

440000－2541－0007409　17588
全唐詩九百卷目錄十二卷　(清)曹寅等輯　清康熙四十四年至四十六年(1705－1707)揚州詩局刻本　一百二十册

440000－2541－0007410　17589
全唐詩九百卷目錄十二卷　(清)曹寅等輯　清康熙四十四年至四十六年(1705－1707)揚州詩局刻本　一百二十册

440000－2541－0007411　17590
全唐詩九百卷目錄十二卷　(清)曹寅等輯　清康熙四十四年至四十六年(1705－1707)揚州詩局刻本　一百二十册

440000－2541－0007412　17591
全唐詩九百卷　(清)曹寅等編　清光緒十三年(1887)上海同文書局石印本　二十三册　存二十三卷(一至八、十七至十九、二十一至三十二)

440000－2541－0007413　17592
全唐詩九百卷　(清)曹寅等輯　清光緒十三年(1887)上海同文書局石印本　二十六册　存二十五卷(一至四、十一至三十一)

440000－2541－0007414　17593
唐詩三百首註疏六卷　(清)蘅塘退士(孫洙)輯　(清)章燮注　**續選一卷**　(清)于慶元輯　清文奎堂刻本　五册

440000－2541－0007415　17594
唐詩三百首註疏六卷　(清)蘅塘退士(孫洙)輯　(清)章燮注　**續選一卷**　(清)于慶元輯　清道光羊城文陞閣刻本　四册

440000－2541－0007416　17595
註釋唐詩三百首六卷　(清)蘅塘退士(孫洙)輯　(清)李盤根輯注　清光緒十一年(1885)廣州啓智書局刻本　二册

440000－2541－0007417　17597
唐詩三百首註疏六卷　(清)蘅塘退士(孫洙)輯　(清)章燮注　清刻廣州登雲閣書坊本　三册

440000－2541－0007418　17598
唐詩三百首註疏六卷　(清)蘅塘退士(孫洙)輯　(清)章燮注　**續選一卷**　(清)于慶元輯　清道光羊城文陞閣刻本　四册

440000－2541－0007419　17599
唐詩三百首註釋六卷　(清)蘅塘退士(孫洙)輯　(清)章燮注　**續選一卷**　(清)于慶元輯　清光緒二十年(1894)寶慶澹雅書局刻本　四册

440000－2541－0007420　17601
唐人萬首絕句選七卷　(清)王士禛輯　清光緒二十三年(1897)金陵書局刻本　二册

440000－2541－0007421　17610
姚姬傳先生唐人絕句詩鈔一卷　(清)姚鼐輯　清光緒十七年(1891)石印本　一册

440000－2541－0007422　17615

玉谿生詩詳注六卷首一卷　(唐)李商隱撰　(清)馮浩注　清刻本　四册

440000－2541－0007423　17616
玉谿生詩詳注六卷首一卷　(唐)李商隱撰　(清)馮浩注　清刻本　二册　存一卷(二)

440000－2541－0007424　17617
李義山詩集三卷詩譜一卷詩評一卷　(唐)李商隱撰　(清)朱鶴齡箋注　(清)沈厚塽輯評　清同治九年(1870)廣州倅署刻三色套印本　四册

440000－2541－0007425　17619
李義山詩集三卷詩譜一卷詩評一卷　(唐)李商隱撰　(清)朱鶴齡箋注　(清)沈厚塽輯評　清同治九年(1870)廣州倅署刻三色套印本　四册

440000－2541－0007426　17620
李義山詩集三卷詩譜一卷詩評一卷　(唐)李商隱撰　(清)朱鶴齡箋注　(清)沈厚塽輯評　清同治九年(1870)廣州倅署刻三色套印本　四册

440000－2541－0007427　17621
李義山詩集三卷詩譜一卷詩評一卷　(唐)李商隱撰　(清)朱鶴齡箋注　(清)沈厚塽輯評　清同治九年(1870)廣州倅署刻三色套印本　四册

440000－2541－0007428　17622
李義山詩集三卷詩譜一卷詩評一卷　(唐)李商隱撰　(清)朱鶴齡箋注　(清)沈厚塽輯評　清同治九年(1870)廣州倅署刻三色套印本　四册

440000－2541－0007429　17623
李義山詩集三卷詩譜一卷詩評一卷　(唐)李商隱撰　(清)朱鶴齡箋注　(清)沈厚塽輯評　清同治九年(1870)廣州倅署刻三色套印本　四册

440000－2541－0007430　17624
麟角集一卷附録一卷　(唐)王棨撰　清光緒十年(1884)廣州鑑古書局石印本　一册

440000－2541－0007431　17625
麟角集一卷附録一卷　(唐)王棨撰　清光緒十年(1884)廣州鑑古書局石印本　一册

440000－2541－0007432　17628
洪度集一卷　(唐)薛濤撰　清光緒三十二年(1906)貴陽陳矩靈峰草堂刻本　一册

440000－2541－0007433　17629
樊川詩集四卷别集一卷外集一卷　(唐)杜牧撰　(清)馮集梧注　清光緒十六年(1890)湘南書局刻本　四册

440000－2541－0007434　17630
樊川詩集四卷别集一卷外集一卷　(唐)杜牧撰　(清)馮集梧注　清光緒十六年(1890)湘南書局刻本　四册

440000－2541－0007435　17631
樊川詩集四卷别集一卷外集一卷補遺一卷　(唐)杜牧撰　(清)馮集梧注　清嘉慶六年(1801)刻本　三册

440000－2541－0007436　17632
樊川詩集四卷别集一卷　(唐)杜牧撰　(清)馮集梧注　清嘉慶六年(1801)刻本　五册

440000－2541－0007437　17645
唐詩鼓吹十卷　(金)元好問輯　(元)郝天挺注　(明)廖文炳解　清刻本　四册

440000－2541－0007438　17646
唐詩鼓吹十卷　(金)元好問輯　(元)郝天挺注　(明)廖文炳解　(清)王俊臣校注　(清)陸貽典參解　清刻本　四册

440000－2541－0007439　17647
中晚唐詩叩彈集十二卷　(清)杜詔　(清)杜庭珠輯　清刻本　四册　存十卷(一至十)

440000－2541－0007440　17648
古唐詩合解唐詩十二卷　(清)王堯衢注　清刻本　四册　存十卷(一至八、十一至十二)

440000－2541－0007441　17649
古唐詩合解唐詩十二卷古詩四卷　(清)王堯衢注　清刻本　五册

440000－2541－0007442　17650
山滿樓箋註唐詩七言律六卷　(清)趙臣瑗選輯　清刻本　一册　存一卷(四)

440000－2541－0007443　17651
唐詩別裁集引典備註二十卷　(清)沈德潛選　(清)俞汝昌增注　清道光十八年(1838)刻本　十册

440000－2541－0007444　17652
唐詩別裁集引典備註二十卷　(清)沈德潛選　(清)俞汝昌增注　清道光十八年(1838)刻本　九册　存十八卷(一至七、十至二十)

440000－2541－0007445　17653
讀雪山房唐詩三十四卷　(清)管世銘輯　清光緒十二年(1886)湖北官書處刻本　十二册

440000－2541－0007446　17654
才調集補註十卷　(五代)韋縠輯　(清)殷元勳箋注　(清)宋邦綏補注　清光緒二十年(1894)江蘇書局刻本　四册

440000－2541－0007447　17661
唐詩啓蒙不分卷　(清)吳淦輯　清光緒十四年(1888)自刻本　一册

440000－2541－0007448　17662
全唐近體詩鈔五卷　(清)沈裳錦輯　**姚布政傳一卷**　(清)嚴允肇撰　清道光二年(1822)刻本　四册

440000－2541－0007449　17667
唐詩近體四卷　(清)胡本淵評選　清光緒十七年(1891)李氏光明莊刻本　二册

440000－2541－0007450　17668
唐音審體二十卷　(清)錢良擇輯　清光緒九年(1883)後知不足齋刻本　六册

440000－2541－0007451　17670
九僧詩不分卷　(唐)釋希晝等撰　清道光十五年(1835)刻本　一册

440000－2541－0007452　17690
王摩詰集六卷　(唐)王維撰　清光緒十年(1884)上海同文書局石印唐四家詩集本　一册

440000－2541－0007453　17692
唐四家詩集四種附二種　(清)胡鳳丹編　清光緒十年(1884)上海同文書局石印本　一册

440000－2541－0007454　17696
歐陽文忠公詩集十二卷　(宋)歐陽修撰　(清)胡芬訂正　清刻本　六册

440000－2541－0007455　17699
蘇文忠公詩編註集成四十六卷編年總案四十五卷帖子口號詞一卷諸家雜綴酌存一卷蘇海識餘四卷牋詩圖一卷　(宋)蘇軾撰　(清)王文誥注　**韻山堂詩集七卷**　(清)王文誥撰　清光緒十四年(1888)浙江書局刻本　二十四册　存九十六卷(詩編註集成四十六卷、編年總案四十五卷、帖子口號詞一卷、諸家雜綴酌存一卷、蘇海識餘四卷)

440000－2541－0007456　17700
蘇文忠公詩編註集成四十六卷編年總案四十五卷帖子口號詞一卷諸家雜綴酌存一卷蘇海識餘四卷牋詩圖一卷　(宋)蘇軾撰　(清)王文誥注　**韻山堂詩集七卷**　(清)王文誥撰　清光緒十四年(1888)浙江書局刻本　二十四册

440000－2541－0007457　17701
蘇文忠公詩編註集成四十六卷編年總案四十五卷帖子口號詞一卷諸家雜綴酌存一卷蘇海識餘四卷牋詩圖一卷　(宋)蘇軾撰　(清)王文誥注　**韻山堂詩集七卷**　(清)王文誥撰　清光緒十四年(1888)浙江書局刻本　二十四册

440000－2541－0007458　17702
蘇文忠公詩編註集成四十六卷編年總案四十五卷帖子口號詞一卷諸家雜綴酌存一卷蘇海識餘四卷牋詩圖一卷　(宋)蘇軾撰　(清)王文誥注　**韻山堂詩集七卷**　(清)王文誥撰　清光緒十四年(1888)浙江書局刻本　二十四册

440000－2541－0007459　17703

蘇文忠公詩編註集成四十六卷編年總案四十五卷帖子口號詞一卷諸家雜綴酌存一卷蘇海識餘四卷牋詩圖一卷 (宋)蘇軾撰 (清)王文誥注 **韻山堂詩集七卷** (清)王文誥撰 清光緒十四年(1888)浙江書局刻本 六冊 存三十四卷(詩編註集成十三至四十六)

440000－2541－0007460 17704
蘇文忠公詩編註集成四十六卷編年總案四十五卷帖子口號詞一卷諸家雜綴酌存一卷蘇海識餘四卷牋詩圖一卷 (宋)蘇軾撰 (清)王文誥注 **韻山堂詩集七卷** (清)王文誥撰 清光緒十四年(1888)浙江書局刻本 十二冊 存四十二卷(詩編註集成十至四十六、諸家雜綴酌存一卷、蘇海識餘四卷)

440000－2541－0007461 17705
粵十三家集 (清)伍元薇編 清道光二十年(1840)南海伍氏詩雪軒刻本 十九冊 存六種

440000－2541－0007462 17707
蘇文忠公詩編註集成四十六卷編年總案四十五卷諸家雜綴酌存一卷蘇海識餘四卷箋詩圖一卷 (宋)蘇軾撰 (清)王文誥注 清嘉慶二十四年(1819)武林韻山堂王氏刻後印本 四冊 存二十四卷(詩編註集成一至四、編年總案二十九至四十五、諸家雜綴酌存一卷、蘇海識餘一至二)

440000－2541－0007463 17708
蘇文忠公詩編註集成四十六卷編年總案四十五卷諸家雜綴酌存一卷蘇海識餘四卷箋詩圖一卷 (宋)蘇軾撰 (清)王文誥注 清嘉慶二十四年(1819)武林韻山堂王氏刻後印本 四冊 存十九卷(詩編註集成一至五、三十一至三十三,編年總案三十五至四十五)

440000－2541－0007464 17712
蘇文忠公詩集五十卷 (宋)蘇軾撰 (清)紀昀評點 清道光十四年(1834)兩廣節署刻朱墨套印本 十二冊 存二十八卷(二十三至五十)

440000－2541－0007465 17713
蘇文忠公詩集五十卷目錄二卷 (宋)蘇軾撰 (清)紀昀評點 清同治八年(1869)韞玉山房朱墨套印本 十二冊

440000－2541－0007466 17714
蘇文忠公詩集五十卷目錄二卷 (宋)蘇軾撰 (清)紀昀評點 清同治八年(1869)韞玉山房朱墨套印本 十二冊

440000－2541－0007467 17715
蘇文忠公詩集五十卷目錄二卷 (宋)蘇軾撰 (清)紀昀評點 清同治八年(1869)韞玉山房朱墨套印本 九冊 存四十卷(十一至五十)

440000－2541－0007468 17716
蘇文忠公詩集五十卷目錄二卷 (宋)蘇軾撰 (清)紀昀評點 清同治八年(1869)韞玉山房朱墨套印本 六冊 存二十八卷(二十三至五十)

440000－2541－0007469 17718
紀選蘇詩不分卷 (宋)蘇軾撰 (清)紀昀評 清抄本 四冊

440000－2541－0007470 17719
蘇文忠公詩集擇粹十八卷 (宋)蘇軾撰 (清)查慎行注 (清)紀昀批閱 (清)趙古農選 清嘉慶二十二年(1817)刻本 四冊

440000－2541－0007471 17720
蘇文忠詩合註五十卷首一卷 (宋)蘇軾撰 (清)馮應榴輯訂 清刻本 二十冊

440000－2541－0007472 17721
蘇文忠詩合註五十卷首一卷 (宋)蘇軾撰 (清)馮應榴輯訂 清刻本 二十冊

440000－2541－0007473 17722
蘇文忠詩合註五十卷首一卷 (宋)蘇軾撰 (清)馮應榴輯訂 清刻本 二十冊

440000－2541－0007474 17723
蘇文忠詩合註五十卷目錄一卷首一卷 (宋)蘇軾撰 (清)馮應榴輯訂 清光緒九年(1883)眉山三蘇祠木假山堂刻本 二十冊

440000－2541－0007475　17724
蘇文忠詩合註五十卷首一卷　(宋)蘇軾撰　(清)馮應榴輯訂　清乾隆五十八年(1793)桐鄉馮氏踵息齋刻同治九年(1870)馮寶圻補刻本　十四冊

440000－2541－0007476　17725
蘇文忠詩合註五十卷首一卷　(宋)蘇軾撰　(清)馮應榴輯訂　清乾隆五十八年(1793)桐鄉馮氏踵息齋刻同治九年(1870)馮寶圻補刻本　十一冊　存四十四卷(一至五、十三至五十,首一卷)

440000－2541－0007477　17726
施注蘇詩四十二卷蘇詩續補遺二卷總目二卷　(宋)蘇軾撰　(宋)施元之　(宋)顧禧注　(清)邵長蘅　(清)顧嗣立　(清)宋至補注　**蘇詩續補遺二卷**　(宋)蘇軾撰　(清)馮景補注　**王注正譌一卷**　(清)邵長蘅撰　**東坡先生年譜一卷**　(宋)王宗稷撰　清康熙金閶步月樓刻本　十六冊　存四十五卷(施注蘇詩四十二卷、總目二卷、東坡先生年譜一卷)

440000－2541－0007478　17727
施注蘇詩四十二卷總目二卷　(宋)蘇軾撰　(宋)施元之　(宋)顧禧注　(清)邵長蘅　(清)顧嗣立　(清)宋至補注　**蘇詩續補遺二卷**　(宋)蘇軾撰　(清)馮景補注　**王注正譌一卷**　(清)邵長蘅撰　**東坡先生年譜一卷**　(宋)王宗稷撰　清康熙金閶步月樓刻本　十冊

440000－2541－0007479　17732
角山樓蘇詩評註彙鈔二十卷附錄三卷　(宋)蘇軾撰　(清)趙克宜輯訂　清刻本　二冊　存二卷(三至四)

440000－2541－0007480　17734
蘇文忠公詩集擇粹十八卷　(宋)蘇軾撰　(清)查慎行注　(清)紀昀批閱　(清)趙古農選　清嘉慶二十二年(1817)刻本　六冊

440000－2541－0007481　17735
山谷詩内集注二十卷　(宋)黃庭堅撰　(宋)任淵注　**外集注十七卷**　(宋)史容注　**別集注二卷**　(宋)史季溫注　**外集補四卷別集補一卷**　(清)謝啓昆輯補　**重刻山谷先生年譜十四卷**　(宋)黃㽦撰　清乾隆五十三年(1788)樹經堂刻本(同治抄補)　二十冊　存十六卷(外集注八至十七、別集注二卷、外集補四卷)

440000－2541－0007482　17736
山谷詩内集注二十卷　(宋)黃庭堅撰　(宋)任淵注　**外集注十七卷**　(宋)史容注　**別集詩注二卷**　(宋)史季溫注　**外集補四卷別集補一卷**　(清)謝啓昆輯　**重刻山谷先生年譜十四卷**　(宋)黃㽦撰　清乾隆五十三年(1788)樹經堂刻本(年譜卷八至十四抄配)　三十六冊

440000－2541－0007483　17739
山谷内集詩注二十卷　(宋)黃庭堅撰　(宋)任淵注　**外集詩注十七卷**　(宋)史容撰　**別集詩註二卷**　(宋)史季溫注　**外集補四卷**　(清)謝啓昆輯補　**重刻山谷先生年譜十四卷**　(宋)黃㽦撰　清光緒二年(1876)刻本　二十冊

440000－2541－0007484　17740
山谷内集詩注二十卷　(宋)黃庭堅撰　(宋)任淵注　**外集詩注十七卷**　(宋)史容撰　**別集詩註二卷**　(宋)史季溫注　**外集補四卷**　(清)謝啓昆輯補　**重刻山谷先生年譜十四卷**　(宋)黃㽦撰　清光緒二年(1876)刻本　二十冊

440000－2541－0007485　17741
山谷内集詩注二十卷　(宋)黃庭堅撰　(宋)任淵注　**外集詩注十七卷**　(宋)史容撰　**別集詩註二卷**　(宋)史季溫注　**外集補四卷**　(清)謝啓昆輯補　**重刻山谷先生年譜十四卷**　(宋)黃㽦撰　清光緒二年(1876)刻本　二十一冊

440000－2541－0007486　17742
山谷詩集注二十卷　(宋)黃庭堅撰　(宋)任淵注　**外集詩注十七卷**　(宋)史容注　**別集**

詩注二卷 （宋）史季溫注 清光緒二十一年至二十五年(1895－1899)義寧陳氏影宋刻宣統二年(1910)印本 二十冊

440000－2541－0007487 17748
陸放翁劍南詩鈔六卷 （宋）陸游撰 （清）楊大鶴輯 （清）朱陖選 清道光二年(1822)刻本 六冊

440000－2541－0007488 17749
劍南詩鈔不分卷 （宋）陸游撰 （清）楊大鶴輯 清光緒八年(1882)文苑山房刻本 六冊

440000－2541－0007489 17750
劍南詩鈔不分卷 （宋）陸游撰 （清）楊大鶴輯 清光緒八年(1882)文苑山房刻本 八冊

440000－2541－0007490 17768
林和靖詩集四卷諸家詩話一卷附錄一卷拾遺一卷 （宋）林逋撰 清同治十二年(1873)長洲朱氏刻本 一冊

440000－2541－0007491 17769
林和靖詩集四卷諸家詩話一卷附錄一卷拾遺一卷 （宋）林逋撰 清同治十二年(1873)長洲朱氏刻本 一冊

440000－2541－0007492 17770
林和靖詩集四卷諸家詩話一卷附錄一卷拾遺一卷 （宋）林逋撰 清同治十二年(1873)長洲朱氏刻本 一冊

440000－2541－0007493 17771
林和靖先生詩集四卷省心錄一卷 （宋）林逋撰 清光緒二十一年(1895)婺源俞氏清蔭堂刻本 二冊

440000－2541－0007494 17772
林和靖先生詩集四卷省心錄一卷 （宋）林逋撰 清光緒二十一年(1895)婺源俞氏清蔭堂刻本 二冊

440000－2541－0007495 17773
方泉先生詩集三卷 （宋）周文璞撰 清宣統元年(1909)國光社影印本 一冊

440000－2541－0007496 17774
方泉先生詩集三卷 （宋）周文璞撰 清宣統元年(1909)國光社影印本 一冊

440000－2541－0007497 17775
方泉先生詩集三卷 （宋）周文璞撰 清宣統元年(1909)國光社影印本 一冊

440000－2541－0007498 17776
方泉先生詩集三卷 （宋）周文璞撰 清宣統元年(1909)國光社影印本 一冊

440000－2541－0007499 17779
樊川詩集四卷別集一卷外集一卷補遺一卷 （唐）杜牧撰 （清）馮集梧注 清光緒十六年(1890)湘南書局刻本 三冊 存六卷(詩集一至二、四,別集一卷,外集一卷,補遺一卷)

440000－2541－0007500 17792
二李唱和集一卷 （宋）李昉 （宋）李至撰 清光緒十五年(1889)貴陽陳氏日本影宋刻貴陽陳氏所刊書本 一冊

440000－2541－0007501 17799
南宋雜事詩七卷 （清）沈嘉轍等撰 清同治十一年(1872)淮南書局刻本 四冊

440000－2541－0007502 17800
南宋雜事詩七卷 （清）沈嘉轍等撰 清同治十一年(1872)淮南書局刻本 四冊

440000－2541－0007503 17801
魏鶴山先生渠陽詩一卷 （宋）魏了翁撰 （宋）王德文注 清光緒二十八年(1902)貴池劉世珩影刻玉海堂景宋元本叢書本 一冊

440000－2541－0007504 17804
西崑酬唱集二卷 （宋）楊億輯 清抄本 一冊

440000－2541－0007505 17810
后山詩十二卷 （宋）陳師道撰 （宋）任淵注 清刻同治十三年(1874)江西書局重修武英殿聚珍版叢書本 四冊

440000－2541－0007506 17829
元遺山詩集箋注十四卷 （金）元好問撰 （元）張德輝輯 （清）施國祁箋注 **元遺山全**

集附錄一卷 (明)儲瓘輯 (清)華希閔增 元遺山全集傳銘一卷年譜一卷補載一卷 (清)施國祁輯 清道光七年(1827)刻蘇州交通益記圖書館印本 四冊

440000－2541－0007507 17830
元遺山詩集箋注十四卷 (金)元好問撰 (元)張德輝輯 (清)施國祁箋注 元遺山全集附錄一卷 (明)儲瓘輯 (清)華希閔增 元遺山全集傳銘一卷年譜一卷補載一卷 (清)施國祁輯 清道光七年(1827)刻苕溪吳氏醉六堂印本 八冊

440000－2541－0007508 17834
遺山先生詩集二十卷考異一卷 (金)元好問撰 清光緒六年(1880)刻本 六冊

440000－2541－0007509 17836
滄浪吟二卷 (清)嚴羽撰 清光緒七年(1881)刻樵川二家詩本 一冊

440000－2541－0007510 17845
御訂全金詩增補中州集七十二卷首二卷 (金)元好問輯 (清)郭元釪補輯 清康熙五十年(1711)内府刻乾隆五十四年(1789)、嘉慶十五年(1810)遞修本 二十四冊

440000－2541－0007511 17846
御訂全金詩增補中州集七十二卷首二卷 (金)元好問輯 (清)郭元釪補輯 清康熙五十年(1711)内府刻乾隆五十四年(1789)、嘉慶十五年(1810)遞修本 二十二冊 存五十九卷(一至二十九、三十三至三十四、四十二至五十一、五十五至七十二)

440000－2541－0007512 17866
周易後傳八卷易互卦圖一卷 (清)朱兆熊撰 清刻本 八冊

440000－2541－0007513 17876
眉庵詩集二卷 (元)楊基撰 清光緒三十四年(1908)上虞羅氏影印本 一冊

440000－2541－0007514 17878
雁門集六卷附一卷跋一卷 (元)薩都剌撰 補遺一卷 (清)薩龍光輯 清宣統二年(1910)薩嘉曦刻本 四冊

440000－2541－0007515 17880
粵十三家集 (清)伍元薇編 清道光二十年(1840)南海伍氏詩雪軒刻本 三十五冊 存十一種

440000－2541－0007516 17886
凌忠介公詩集二卷 (明)凌義渠撰 清光緒四年(1878)烏程凌氏刻本 二冊

440000－2541－0007517 17887
黃花集七卷 (明)張原撰 清道光十八年(1838)李錫齡惜陰軒刻本 六冊

440000－2541－0007518 17888
無欲齋詩鈔一卷 (明)鹿善繼撰 清道光四年(1824)鹿亢宗刻本 二冊

440000－2541－0007519 17889
石淙詩鈔十五卷 (明)楊一清撰 (明)李夢陽 (明)康海編輯 清嘉慶二十一年(1816)昆明刻本 十四冊

440000－2541－0007520 17902
鯤溟先生詩集四卷奏疏一卷 (明)郭諫臣撰 清嘉慶七年(1802)刻本 五冊

440000－2541－0007521 17904
太白山人漫稿八卷附錄一卷 (明)孫一元撰 清嘉慶十九年(1814)刻本 二冊 存三卷(一至三)

440000－2541－0007522 17905
空同詩集三十四卷 (明)李夢陽撰 清光緒十五年(1889)渭南嚴氏刻二十六年(1900)補刻明四子詩集本 六冊

440000－2541－0007523 17906
李空同詩集三十二卷附錄一卷 (明)李夢陽撰 清宣統二年(1910)上海掃葉山房石印本 十冊

440000－2541－0007524 17907
李空同詩集三十二卷附錄一卷 (明)李夢陽撰 清宣統二年(1910)上海掃葉山房石印本 十冊

440000－2541－0007525　17915
海叟詩集四卷附錄一卷　(明)袁凱撰　(清)曹炳曾輯　清宣統三年(1911)江西印刷局石印本　二冊

440000－2541－0007526　17916
鯤溟先生詩集四卷奏疏一卷　(明)郭諫臣撰　清嘉慶七年(1802)刻本　一冊　存二卷(一至二)

440000－2541－0007527　17917
嗜泉詩存二卷　(明)李璋撰　清嘉慶五年(1800)刻本　一冊　存一卷(上)

440000－2541－0007528　17918
楊復所先生詩集二卷　(明)楊起元撰　(明)楊廷春輯　清光緒二十一年(1895)楊繼復刻本　二冊

440000－2541－0007529　17919
楊復所先生詩集二卷　(明)楊起元撰　(明)楊廷春輯　清光緒二十一年(1895)楊繼復刻本　一冊　存一卷(上)

440000－2541－0007530　17921
山澗詩集合編山集六卷澗集六卷　(明)藍仁　(明)藍智撰　(清)藍禮寅編　清光緒二十二年(1896)九經堂木活字印本　四冊

440000－2541－0007531　17922
南園前五先生詩五卷　(明)陳暹輯　(明)葛徵奇重訂　**南園後五先生詩二十五卷首一卷**　**南園花信詩一卷**　(清)熊繹祖輯　清同治九年(1870)南海陳氏樵山草堂刻本　七冊

440000－2541－0007532　17923
南園前五先生詩五卷　(明)陳暹輯　(明)葛徵奇重訂　**南園後五先生詩二十五卷首一卷**　**南園花信詩一卷**　(清)熊繹祖輯　清同治九年(1870)南海陳氏樵山草堂刻本　五冊

440000－2541－0007533　17925
明三十家詩選初集八卷二集八卷　(清)汪端輯　清同治十二年(1873)蘊蘭吟館刻本　八冊

440000－2541－0007534　17926
明三十家詩選初集八卷二集八卷　(清)汪端輯　清同治十二年(1873)蘊蘭吟館刻本　八冊

440000－2541－0007535　17927
明三十家詩選初集八卷二集八卷　(清)汪端輯　清道光二年(1822)刻本　八冊

440000－2541－0007536　17928
明三十家詩選初集八卷二集八卷　(清)汪端輯　清同治十二年(1873)蘊蘭吟館刻本　八冊

440000－2541－0007537　17935
滄溟先生集十四卷附錄一卷　(明)李攀龍撰　清光緒二十一年(1895)長沙張氏湘雨樓刻本　四冊

440000－2541－0007538　17937
寒木居詩鈔一卷　(明)張家珍撰　清光緒三十二年(1906)張其淦刻本　一冊

440000－2541－0007539　17938
天然和尚梅花詩一卷　(清)釋函昰撰　清廣州刻本　一冊

440000－2541－0007540　17939
申端愍公詩集八卷　(明)申佳胤撰　清刻本　一冊　存四卷(一至四)

440000－2541－0007541　17940
四溟山人詩集十卷　(明)謝榛撰　(明)盛以進選　清宣統元年(1909)新昌胡氏鉛印問影樓叢刻初編本　一冊　存二卷(一至二)

440000－2541－0007542　17949
明四子詩集四種　嚴嶽蓮編　清光緒三十三年(1907)渭南嚴氏刻本　八冊　存三種

440000－2541－0007543　17951
返生香(疏香閣遺集)一卷　(明)葉小鸞撰　**疏香閣附集一卷**　(清)沈自炳等撰　**窈聞一卷續一卷**　(明)葉紹袁撰　清光緒二十二年(1896)羊城秋夢盦刻本　二冊

440000－2541－0007544　17952

返生香(疏香閣遺集)一卷　(明)葉小鸞撰　**疏香閣附集一卷**　(清)沈自炳等撰　**窈聞一卷續一卷**　(明)葉紹袁撰　清光緒二十二年(1896)羊城秋夢盦刻本　一册　存一卷(返生香一卷)

440000－2541－0007545　17965
從吾道人詩稿二卷　(明)董澐撰　清抄本　一册

440000－2541－0007546　17966
范叔通十八太公遺稿　(明)范叔通撰　清深竹山房抄本　一册

440000－2541－0007547　17970
讀白華草堂詩初集九卷二集十二卷苜蓿集八卷　(清)黄釗撰　清道光刻本　八册

440000－2541－0007548　17971
讀白華草堂詩初集九卷二集十二卷苜蓿集八卷　(清)黄釗撰　清道光刻本　八册

440000－2541－0007549　17972
悟雪樓詩存三十四卷　(清)徐謙撰　清道光二十九年(1849)四香草堂刻本　十二册　存十二卷(一至十二)

440000－2541－0007550　17973
陶龕詩鈔八卷　(清)羅信南撰　**羅詩摭談一卷**　(清)周榮衮輯　清光緒十八年(1892)羅長裿武昌刻本　四册

440000－2541－0007551　17974
白圭堂詩鈔六卷續鈔六卷　(清)江之紀撰　清光緒十九年(1893)刻本　五册　存十卷(詩鈔六卷、續鈔一至四)

440000－2541－0007552　17975
高林詩鈔一卷　(清)林有席撰　(清)李迪修　(清)劉淳一評點　清道光十一年(1831)刻本　二册

440000－2541－0007553　17976
萍香集二卷　(清)蔣坊撰　清嘉慶刻本　三册

440000－2541－0007554　17977
逃虚閣詩集六卷　(清)張錦芳撰　清光緒十年(1884)龍江張氏餘慶家塾刻本　二册

440000－2541－0007555　17978
海天樓詩鈔十一卷雜俎一卷　(清)喻福基撰　清咸豐刻本　四册

440000－2541－0007556　17979
練溪集四卷　(明)凌震撰　清嘉慶二十年(1815)凌鳴喈刻本　二册

440000－2541－0007557　17980
玉笙樓詩錄十二卷續錄一卷　(清)沈壽榕撰　清光緒九年(1883)自刻十年(1884)續刻本　六册

440000－2541－0007558　17981
玉笙樓詩錄十二卷　(清)沈壽榕撰　清光緒九年(1883)自刻本　四册

440000－2541－0007559　17982
江上小蓬萊吟舫詩存十八卷詩餘二卷　(清)葉坤厚撰　清光緒九年(1883)葉伯英陝西藩署刻本　二十册

440000－2541－0007560　17983
江上小蓬萊吟舫詩存十八卷詩餘二卷　(清)葉坤厚撰　清光緒九年(1883)葉伯英陝西藩署刻本　十三册　存六卷(詩存一至六)

440000－2541－0007561　17984
江上小蓬萊吟舫詩存十八卷詩餘二卷　(清)葉坤厚撰　清光緒九年(1883)葉伯英陝西藩署刻本　十五册　存十五卷(三至六、八至十八)

440000－2541－0007562　17985
小桃源詩鈔四卷　(清)邱照撰　清道光刻本　四册

440000－2541－0007563　17986
二峨草堂學稿一卷遺稿一卷　(清)任承恩撰　清嘉慶八年(1803)刻本　四册

440000－2541－0007564　17987
留硯堂集三卷　(清)張漢撰　清刻本　三册

440000－2541－0007565　17988

委懷書舫遺草二卷 (清)李保孺撰 清同治九年(1870)刻本 二册

440000－2541－0007566 17989
委懷書舫遺草二卷 (清)李保孺撰 清同治九年(1870)刻本 二册

440000－2541－0007567 17990
委懷書舫遺草二卷 (清)李保孺撰 清同治九年(1870)刻本 二册

440000－2541－0007568 17991
荻灘詩稿十二卷 (清)謝鴻撰 清嘉慶五年(1800)刻本 二册

440000－2541－0007569 17992
香雪山莊詩初集九卷中集十一卷 (清)吳文炳撰 清咸豐元年(1851)刻本 八册

440000－2541－0007570 17993
悔昨齋詩録四卷 (清)張深撰 清道光二十年(1840)刻本 三册

440000－2541－0007571 17994
悔昨齋詩録四卷 (清)張深撰 清道光二十年(1840)刻本 二册

440000－2541－0007572 17995
陶山詩前録二卷詩録十二卷露蟬吟詞鈔一卷 (清)唐仲冕撰 清嘉慶十六年(1811)唐仲冕酌民言堂刻本 四册

440000－2541－0007573 17996
倚松閣詩鈔十五卷 (清)馮錫鏞撰 **凌虛閣詩草一卷試帖一卷** (清)馮熾宗撰 清道光十七年(1837)刻同治九年(1870)續刻本 四册

440000－2541－0007574 17997
倚松閣詩鈔十五卷 (清)馮錫鏞撰 **凌虛閣詩草一卷試帖一卷** (清)馮熾宗撰 清道光十七年(1837)刻同治九年(1870)續刻本 四册

440000－2541－0007575 17998
倚松閣詩鈔十五卷 (清)馮錫鏞撰 **凌虛閣詩草一卷試帖一卷** (清)馮熾宗撰 清道光十七年(1837)刻同治九年(1870)續刻本 四册

440000－2541－0007576 17999
秋樹讀書樓遺集十六卷 (清)史善長撰 清道光十六年(1836)柳樹芳勝谿草堂刻養餘齋全集本 四册

440000－2541－0007577 18000
欣遇齋詩鈔十六卷 (清)沈峻撰 清道光十一年(1831)沈兆澐刻本 四册

440000－2541－0007578 18001
秋舫詩鈔四卷 (清)蔣澐撰 清咸豐五年(1855)彭崧毓刻本 一册

440000－2541－0007579 18002
讀騷樓詩二集四卷 (清)陳逢衡撰 清道光十三年(1833)刻江都陳氏叢書本 一册

440000－2541－0007580 18003
午陰清舍詩草十六卷 (清)何福堃撰 清光緒三十一年(1905)蘭州官書局鉛印本 四册

440000－2541－0007581 18004
寄鷗遊草十一卷 (清)任道鎔撰 清光緒十三年(1887)刻本 一册

440000－2541－0007582 18005
風希堂集六卷 (清)戴殿泗撰 清道光八年(1828)九靈山房刻本 一册

440000－2541－0007583 18006
晉齋詩存二卷 (清)昇寅撰 清咸豐四年(1854)刻本 一册

440000－2541－0007584 18007
尹文端公詩集十卷 (清)尹繼善撰 清刻本 五册

440000－2541－0007585 18008
紅蝠山房詩鈔九卷 (清)王乃斌撰 清道光七年(1827)周凱黄州刻本 四册

440000－2541－0007586 18009
缾水齋詩集十七卷別集二卷詩話一卷 (清)舒位撰 清光緒十二年(1886)刻本 六册

440000－2541－0007587　18010
毅山詩集十二卷　(清)王廷偉撰　清道光二十三年(1843)刻本　四册

440000－2541－0007588　18011
秋水閣詩集八卷首一卷　(清)許兆椿撰　清道光二十五年(1845)刻本　二册

440000－2541－0007589　18012
靜齋新集四卷　(清)何元普撰　清光緒十七年(1891)何元普繡川篁溪山房刻本　四册

440000－2541－0007590　18013
求真是齋詩草二卷　(清)恩華撰　(清)王正璽訂　清咸豐十一年(1861)錫璋刻本　二册

440000－2541－0007591　18014
可青山館詩存二卷　(清)雷維翰撰　清光緒十二年(1886)雷其達福州刻本　二册

440000－2541－0007592　18015
仙樵詩鈔十二卷補遺一卷　(清)劉文麟撰　清同治九年(1870)刻本　四册

440000－2541－0007593　18016
寶書堂詩鈔八卷水蜜桃譜一卷　(清)褚華撰　清嘉慶十六年至二十一年(1811－1816)刻本　四册

440000－2541－0007594　18017
幸餘求定稿十二卷　(清)姚濬昌撰　清光緒十七年(1891)刻本　二册

440000－2541－0007595　18018
海秋詩集二十六卷評跋一卷　(清)湯鵬撰　清道光十八年(1838)刻同治十二年(1873)益陽湯氏補刻本　八册

440000－2541－0007596　18019
海秋詩集二十六卷評跋一卷　(清)湯鵬撰　清道光十八年(1838)刻同治十二年(1873)益陽湯氏補刻本　十五册　存二十五卷(一至二十五)

440000－2541－0007597　18020
青園詩草四卷　(清)玉書撰　(清)亨慶輯　清光緒十八年(1892)達斌刻本　四册

440000－2541－0007598　18021
人境結廬詩稿十二卷　(清)褚維塏撰　清光緒二十年(1894)刻本　六册

440000－2541－0007599　18022
小初詩稿三十四卷　(清)王之藩撰　清同治元年至光緒十四年(1862－1888)刻本　五册

440000－2541－0007600　18023
小初詩稿三十四卷　(清)王之藩撰　清同治元年至光緒十四年(1862－1888)刻本　四册　存三十卷(一至三十)

440000－2541－0007601　18025
香草齋詩註六卷　(清)黄任撰　(清)陳應魁注　清嘉慶十九年(1814)陳應魁永陽戇窩刻本　四册

440000－2541－0007602　18026
辟疆園遺集十卷　(清)顧敏恆等撰　(清)楊芳燦輯　清刻本　二册

440000－2541－0007603　18027
扶雅堂詩集十四卷　(清)楊炳春撰　清刻本　二册

440000－2541－0007604　18028
寸心草堂詩鈔六卷　(清)李欣榮撰　(清)汪曾本輯　**集外詩二卷補遺一卷**　(清)李欣榮撰　(清)潘慈和　(清)潘志和輯　清光緒十六年(1890)刻本　三册

440000－2541－0007605　18029
寸心草堂詩鈔六卷　(清)李欣榮撰　(清)汪曾本輯　**集外詩二卷**　(清)李欣榮撰　(清)潘慈和　(清)潘志和輯　清光緒十六年(1890)刻本　四册

440000－2541－0007606　18030
寸心草堂詩鈔六卷　(清)李欣榮撰　(清)汪曾本輯　**集外詩二卷**　(清)李欣榮撰　(清)潘慈和　(清)潘志和輯　清光緒十六年(1890)刻本　二册

440000－2541－0007607　18031
望雲詩鈔十二卷　(清)施山撰　清同治元年

至四年(1862－1865)刻本　四冊

440000－2541－0007608　18032
四百三十二峰草堂詩不分卷　(清)黄璟撰　清光緒十三年(1887)刻本　四冊

440000－2541－0007609　18033
四百三十二峰草堂詩不分卷　(清)黄璟撰　清光緒十三年(1887)刻本　一冊

440000－2541－0007610　18034
四百三十二峰草堂詩不分卷　(清)黄璟撰　清光緒三年(1877)刻本　一冊

440000－2541－0007611　18037
蘭綺堂詩鈔十七卷　(清)王鼎撰　清嘉慶八年(1803)刻本　四冊

440000－2541－0007612　18038
郘亭遺詩八卷　(清)莫友芝撰　清光緒元年(1875)莫繩孫刻本　四冊

440000－2541－0007613　18039
郘亭詩鈔六卷　(清)莫友芝撰　清咸豐二年(1852)遵義湘川講舍刻同治五年(1866)莫繩孫修補影山草堂六種本　一冊

440000－2541－0007614　18040
郘亭詩鈔六卷　(清)莫友芝撰　清咸豐二年(1852)遵義湘川講舍刻同治五年(1866)莫繩孫修補影山草堂六種本　二冊

440000－2541－0007615　18043
愛廬詩集十四卷首一卷　(清)甘禾撰　清嘉慶四年(1799)刻本　四冊

440000－2541－0007616　18044
享帚集十卷　(清)楊豫成撰　清同治三年(1864)楊升元刻本　八冊

440000－2541－0007617　18045
甌香館集十二卷補遺詩一卷補遺畫跋一卷附録一卷首一卷　(清)惲格撰　(清)蔣光煦輯　清光緒七年(1881)刻本　四冊

440000－2541－0007618　18048
趙文毅公奏疏五卷遼事疏一卷松石齋詩集六卷文集二十五卷　(明)趙用賢撰　清光緒二十二年至二十八年(1896－1902)常熟趙氏承啟堂刻本　二冊

440000－2541－0007619　18049
漁村詩集二十三卷題畫詩一卷　(清)汪灼撰　清嘉慶刻本　六冊

440000－2541－0007620　18050
海康陳清端公詩集十卷首一卷　(清)陳瓊撰　(清)丁宗洛輯　**年譜二卷**　(清)丁宗洛撰　清道光六年(1826)丁宗洛沛上東署不負齋刻本　四冊

440000－2541－0007621　18052
友松吟館詩鈔十五卷　(清)毓俊撰　清光緒二十五年(1899)歷下刻本　四冊

440000－2541－0007622　18053
亭林詩集五卷　(清)顧炎武撰　清光緒二年(1876)刻本　一冊

440000－2541－0007623　18054
釃江詩草二十六卷　(清)蘇宗經撰　清光緒十八年(1892)刻本　十冊

440000－2541－0007624　18055
退菴詩存二十五卷　(清)梁章鉅撰　清道光十二年(1832)刻本　八冊

440000－2541－0007625　18056
吟紅閣詩鈔五卷　(清)夏伊蘭撰　清道光六年(1826)夏之盛刻本　四冊

440000－2541－0007626　18057
碧琅玕館詩鈔四卷續鈔四卷　(清)楊光儀撰　清光緒刻本　四冊

440000－2541－0007627　18058
碧琅玕館詩鈔四卷續鈔四卷　(清)楊光儀撰　清光緒刻本　二冊　存四卷(續鈔四卷)

440000－2541－0007628　18059
伊蒿詩草四卷　(清)寧錡撰　清刻本　四冊

440000－2541－0007629　18060
守意龕詩鈔八卷　(清)百齡撰　清嘉慶十六年(1811)刻本　三冊

440000－2541－0007630　18061
黃花集十二卷　(清)韓榮光撰　清咸豐三年(1853)博羅韓氏黃花小圃刻本　五册

440000－2541－0007631　18062
守意龕詩集二十八卷　(清)百齡撰　**南陔遺草一卷**　(清)麟圃撰　清道光二十六年(1846)刻本　四册

440000－2541－0007632　18063
鮑太史詩集八卷　(清)鮑存曉撰　(清)鄭錫田輯　清光緒十二年(1886)刻本　六册

440000－2541－0007633　18064
聽松濤館詩鈔十卷　(清)阮文藻撰　清道光十一年(1831)刻本　八册

440000－2541－0007634　18065
懷玉山人詩集十卷　(清)馬學乾撰　清道光六年(1826)刻本　四册

440000－2541－0007635　18067
十國雜事詩十七卷敘目二卷　(清)饒智元撰　清光緒十七年(1891)竹素齋刻本　四册

440000－2541－0007636　18068
養雲樓詩鈔十卷年譜一卷　(清)甘立猷撰　清道光十八年(1838)刻本　四册

440000－2541－0007637　18069
嶺南集八卷　(清)杭世駿撰　清光緒七年(1881)嶺南刻本　二册

440000－2541－0007638　18070
嶺南集八卷　(清)杭世駿撰　清光緒七年(1881)嶺南刻本　二册

440000－2541－0007639　18071
嶺南集八卷　(清)杭世駿撰　清光緒七年(1881)嶺南刻本　二册

440000－2541－0007640　18073
駕雲螭室詩錄六卷　(清)周文禾撰　清光緒十三年(1887)刻本　二册

440000－2541－0007641　18074
駕雲螭室詩錄六卷　(清)周文禾撰　清光緒十三年(1887)刻本　一册

440000－2541－0007642　18075
東海半人詩鈔二十四卷　(清)鍾大源撰　清嘉慶刻本　七册　存二十一卷(一至十八、二十二至二十四)

440000－2541－0007643　18077
敦夙好齋詩初編十二卷　(清)葉名澧撰　清咸豐三年(1853)刻本　四册

440000－2541－0007644　18078
意苕山館詩稿十六卷　(清)陸嵩撰　清光緒十八年(1892)京師刻本　八册

440000－2541－0007645　18079
白鷺灣草堂詩存十二卷　(清)羅信南撰　清同治十一年(1872)刻本　四册

440000－2541－0007646　18080
胥園詩鈔十卷詩餘一卷　(清)莊肇奎撰　(清)顧曾輯　清嘉慶刻本　四册

440000－2541－0007647　18081
小石山房詩存六卷　(清)胡光輔撰　清道光刻本　四册

440000－2541－0007648　18082
東郡趨庭集一卷　(清)邊浴禮撰　清刻本　二册

440000－2541－0007649　18083
懷古田舍詩節鈔六卷　(清)徐榮撰　清同治三年(1864)錦城刻本　十二册　存四卷(一至四)

440000－2541－0007650　18084
金源紀事詩八卷　(清)湯運泰撰　(清)湯顯業　(清)湯顯幹注　清嘉慶十八年(1813)青浦湯氏綠籤山房刻本　四册

440000－2541－0007651　18085
樹蕙軒詩鈔二卷　(清)虞友蘭撰　清道光永康熊氏刻本　二册

440000－2541－0007652　18086
蓼原山房詩集十二卷　(清)莊楷撰　清嘉慶十年(1805)刻本　六册

440000－2541－0007653　18087

覺生詩鈔十卷詠物詩鈔四卷自訂年譜一卷　(清)鮑桂星撰　**續鈔四卷**　(清)鮑桂星撰　(清)夏家鎛　(清)方濬師編　清同治四年(1865)退一步齋刻本　十二册

440000－2541－0007654　18088
六一山房詩集十卷　(清)董沛撰　清同治十三年(1874)鄞縣蔡氏二百八十峰草堂刻本　六册

440000－2541－0007655　18089
六一山房詩集十卷　(清)董沛撰　清同治十三年(1874)鄞縣蔡氏二百八十峰草堂刻本　二册

440000－2541－0007656　18091
初學集二十卷　(清)錢謙益撰　(清)錢曾箋注　清宣統三年(1911)國學扶輪社石印本　二册

440000－2541－0007657　18092
石林樓詩草十五卷　(清)葉尚璉撰　(清)蔣心餘選　清道光四年(1824)刻本　四册

440000－2541－0007658　18093
希古山房詩草五卷　(清)李揚清撰　**崇實堂詩集十四卷**　(清)李長郁撰　清光緒三十三年(1907)刻本　四册

440000－2541－0007659　18094
白華山人詩集十六卷詩說二卷　(清)厲志撰　清光緒九年(1883)厲學潮刻民國二十五年(1936)浙江省立圖書館印本　四册

440000－2541－0007660　18095
梅村詩集箋注十八卷　(清)吳偉業撰　(清)吳翌鳳箋注　清嘉慶十九年(1814)嚴榮滄浪吟榭刻本　十三册

440000－2541－0007661　18096
梅村詩集箋注十八卷　(清)吳偉業撰　(清)吳翌鳳箋注　清刻本　十二册

440000－2541－0007662　18097
梅村詩集箋注十八卷　(清)吳偉業撰　(清)吳翌鳳箋注　清光緒十年(1884)湖北官書處刻本　十二册

440000－2541－0007663　18098
梅村詩集箋注十八卷　(清)吳偉業撰　(清)吳翌鳳箋注　清光緒十年(1884)湖北官書處刻本　十二册

440000－2541－0007664　18099
白華絳柎閣詩集十卷　(清)李慈銘撰　清光緒十八年(1892)刻越縵堂集本　二册

440000－2541－0007665　18100
五塘詩草六卷　(清)許印芳撰　清光緒刻本　二册

440000－2541－0007666　18101
健修堂詩集二十二卷　(清)邊浴禮撰　清咸豐刻本　五册

440000－2541－0007667　18102
汲庵詩存八卷　(清)楊象濟撰　清光緒八年(1882)西泠刻本　四册

440000－2541－0007668　18103
暖春書屋詩刪三卷　(清)方俊撰　清咸豐十年(1860)秦中刻本　三册

440000－2541－0007669　18104
少梅詩鈔六卷　(清)瑞元撰　清光緒三年(1877)刻本　四册

440000－2541－0007670　18105
草草詩存八卷　(清)裘行恕撰　清道光八年(1828)刻本　八册

440000－2541－0007671　18111
蕉影齋詩集四卷補遺一卷　(清)謝照撰　(清)謝福恒輯　清光緒二年(1876)山陰謝氏刻本　四册

440000－2541－0007672　18112
綠漪艸堂詩集二十卷　(清)羅汝懷撰　清光緒九年(1883)湘潭羅氏家塾刻本　五册

440000－2541－0007673　18113
小容齋詩鈔十卷　(清)洪占銓撰　清嘉慶二十三年(1818)刻本　四册

440000－2541－0007674　18114
挹青閣詩集六卷　(清)茅潤之撰　清道光九年(1829)丹徒茅氏刻本　四册

440000－2541－0007675　18115
嘯古堂詩集八卷　(清)蔣敦復撰　清宣統三年(1911)廣益書局石印本　二册

440000－2541－0007676　18120
白鶴山房詩鈔四卷二集五卷　(清)葉紹本撰　清嘉慶十二年(1807)榕城使院刻二十四年(1819)保陽使署續刻本　四册

440000－2541－0007677　18127
曇華遺稿不分卷　(清)張杲撰　清咸豐三年(1853)刻本　一册

440000－2541－0007678　18128
漁山吟四卷　(清)張扶輿撰　清道光九年(1829)安邱張氏都門刻本　一册

440000－2541－0007679　18129
吟香室詩草二卷附刻一卷　(清)楊蘊輝撰　清光緒二十三年(1897)金匱楊氏南海縣署刻本　一册

440000－2541－0007680　18130
蘇鄰遺詩二卷　(清)李鴻裔撰　清光緒十四年(1888)遵義黎氏日本刻本　一册

440000－2541－0007681　18135
測海集六卷　(清)彭紹升撰　清同治四年(1865)長洲彭氏刻本　二册

440000－2541－0007682　18136
小山泉閣詩存八卷　(清)汪爲霖撰　清道光十三年(1833)汪承鏞文園刻本　四册

440000－2541－0007683　18139
怡雲詩草二卷　(清)張其祿撰　**巢睫吟稿二卷**　(清)張烜撰　清光緒十五年(1889)沅江張氏刻本　四册

440000－2541－0007684　18141
陋軒詩續二卷　(清)吳嘉紀撰　(清)夏荃輯　清道光泰州夏氏刻本　一册

440000－2541－0007685　18142
辥山草堂小藁四卷續稿二卷　(清)何其偉撰　清嘉慶二十一年(1816)刻本　四册

440000－2541－0007686　18143
珍帚編詩集九卷編後集一卷　(清)崔弼撰　清嘉慶十五年(1810)刻光緒八年(1882)崔其湛補刻本　三册

440000－2541－0007687　42432
佩文韻府一百六卷　(清)蔡元升輯　清光緒八年(1882)上海點石齋影印(縮印)本　十二册　存五十八卷(六至六十三)

440000－2541－0007688　18144
紅杏山房詩鈔十一種　(清)宋湘撰　清嘉慶二十五年(1820)刻本　四册　存十種

440000－2541－0007689　18145
紅杏山房詩鈔十一種　(清)宋湘撰　清嘉慶二十五年(1820)刻同治八年(1869)續刻本　四册

440000－2541－0007690　4061
三國志六十五卷　(晉)陳壽撰　(三國宋)裴松之注　清光緒十三年(1887)江南書局刻二十四史本　石光瑛批校題識　一册

440000－2541－0007691　18146
紅杏山房詩鈔十一種　(清)宋湘撰　清嘉慶二十五年(1820)刻同治八年(1869)續刻本　四册

440000－2541－0007692　4062
匡謬正俗八卷　(唐)顏師古撰　清同治十二年(1873)粵東書局刻古經解彙函本　石光瑛批校題識　一册

440000－2541－0007693　18147
樗亭詩草五卷　(清)徐璥撰　清嘉慶刻本　二册

440000－2541－0007694　18148
水竹莊詩鈔四卷　(清)蔣莘撰　清刻本　二册

440000－2541－0007695　18149
仲子詩集十種　(清)余愔撰　清光緒二十五

年至二十八年(1899－1902)刻本　四册　存九種

440000－2541－0007696　18151
玉屏山館詩草四卷　(清)彭祖潤撰　清光緒十三年(1887)刻本　二册

440000－2541－0007697　18152
文選樓詩存五卷　(清)阮元撰　清嘉慶二十四年(1819)刻本　二册

440000－2541－0007698　18156
悲盦居士詩賸一卷　(清)趙之謙撰　清光緒十一年(1885)刻本　二册

440000－2541－0007699　18157
十誦齋集詩十卷詞一卷雜文一卷　(清)周天度撰　清光緒十年(1884)刻本　二册　存四卷(一至四)

440000－2541－0007700　18158
適齋居士集四卷　(清)舒敏撰　清道光二十二年(1842)吳門臬署刻本　二册

440000－2541－0007701　18159
唫耀山房詩八卷　(清)龔禔身撰　清道光四年(1824)刻本　二册

440000－2541－0007702　18160
易簡齋詩鈔四卷　(清)和瑛撰　清道光三年(1823)刻本　二册

440000－2541－0007703　18161
玉井山館文略五卷　(清)許宗衡撰　清同治四年(1865)刻本　二册

440000－2541－0007704　18162
贈雲山館遺詩三卷紅藕花榭詩餘一卷　(清)孟傳璿撰　清道光二十四年(1844)刻本　二册

440000－2541－0007705　18163
湘雪詩鈔四卷　(清)何易撰　清嘉慶四年(1799)刻本　二册

440000－2541－0007706　18164
墨花香館詩存八卷詩餘一卷　(清)慶康撰　清光緒二十一年(1895)刻本　二册

440000－2541－0007707　18165
望嶽樓詩二卷　(清)朱霈撰　清嘉慶七年(1802)刻本　二册

440000－2541－0007708　18166
寶鐵齋詩錄一卷續錄一卷　(清)韓崇撰　清道光二十九年(1849)潯江郡舍刻光緒七年(1881)修補本　二册

440000－2541－0007709　18167
倚劍樓詩草五卷　黃景棠撰　清光緒二十七年(1901)刻本　二册

440000－2541－0007710　18168
倚劍樓詩草五卷　黃景棠撰　清光緒二十七年(1901)刻本　三册

440000－2541－0007711　18169
中隱園詩六卷詞二卷　(清)陸樹棠撰　清道光十二年(1832)刻本　二册

440000－2541－0007712　18170
漱芳閣集十卷　(清)徐士芬撰　清同治十一年(1872)平湖徐氏刻本　二册

440000－2541－0007713　18171
浣月山房詩集五卷漢南春柳詞鈔一卷　(清)龍啟瑞撰　**梅神吟館詩草一卷**　(清)何慧生撰　清光緒四年(1878)京師刻本　二册

440000－2541－0007714　18172
雙白燕堂詩八卷集唐詩二卷　(清)陸耀遹撰　清同治六年(1867)刻本　二册

440000－2541－0007715　18173
得天居士集六卷　(清)張照撰　(清)張祥河輯　清道光二十八年(1848)刻本　二册

440000－2541－0007716　18174
恩福堂詩鈔一卷　(清)英和撰　**龍沙紀事詩一卷**　(清)奎照撰　清道光刻本　二册

440000－2541－0007717　18175
滋茂堂盆瓴詩鈔九卷　(清)劉璣撰　清末刻本　二册

440000－2541－0007718　18176
錫慶堂詩集八卷　(清)嵇璜撰　清咸豐九年

(1859)刻本　二冊

440000－2541－0007719　18177
夢香居詩鈔初集五卷　(清)陳在謙撰　清嘉慶二十一年(1816)刻本　二冊

440000－2541－0007720　18178
怡志堂詩初編八卷　(清)朱琦撰　清咸豐七年(1857)刻本　二冊

440000－2541－0007721　18179
守柔齋詩鈔初集四卷　(清)蘇廷魁撰　清同治三年(1864)蔣達等都門刻本　一冊

440000－2541－0007722　18180
玉山草堂詩集四卷　(清)錢林撰　清刻本　二冊

440000－2541－0007723　18181
一齋舊詩一卷新詩一卷　(清)魏學誠撰　清道光七年(1827)魏煜刻本　二冊

440000－2541－0007724　18182
紉蘭室詩鈔三卷　(清)嚴永華撰　清光緒十七年(1891)刻本　二冊

440000－2541－0007725　18183
守柔齋詩鈔初集四卷續集四卷　(清)蘇廷魁撰　清同治三年(1864)蔣達等都門刻本　二冊

440000－2541－0007726　18184
守柔齋詩鈔初集四卷　(清)蘇廷魁撰　清同治三年(1864)蔣達等都門刻本　一冊

440000－2541－0007727　18185
守柔齋詩鈔初集四卷　(清)蘇廷魁撰　清同治三年(1864)蔣達等都門刻本　一冊

440000－2541－0007728　18186
存吾春軒集十卷　(清)周大樞撰　清光緒刻本　二冊　存四卷(一至四)

440000－2541－0007729　18187
半樹詩鈔六卷　(清)陳雋撰　清嘉慶十年(1805)刻本　二冊

440000－2541－0007730　18188
留春草堂詩鈔七卷　(清)伊秉綬撰　清光緒二十三年(1897)刻本　二冊

440000－2541－0007731　18190
紅茗山房詩存十卷詩餘一卷　(清)嚴烺撰　清嘉慶十九年(1814)嚴烺湖北臬署刻本　二冊

440000－2541－0007732　18191
盥白齋詩鈔四卷　(清)劉永標撰　清道光八年(1828)刻本　二冊

440000－2541－0007733　18192
綠窗吟草一卷題辭一卷　(清)楊瓊華撰　**後記一卷**　(清)姚德豫　(清)姚德豐撰　清道光十二年(1832)姚德豫刻本　二冊

440000－2541－0007734　18193
留春草堂詩鈔七卷　(清)伊秉綬撰　清嘉慶十九年(1814)廣州刻本　二冊

440000－2541－0007735　18194
露香書屋遺集十卷　(清)張映辰撰　清嘉慶十年(1805)張雲璈刻本　二冊

440000－2541－0007736　18195
寫韻樓詩集五卷首一卷末一卷　(清)吳瓊仙撰　清道光十二年(1832)刻本　二冊

440000－2541－0007737　18198
夢花草堂詩稿七卷　(清)韓鳳翔撰　清道光十四年(1834)刻本　二冊

440000－2541－0007738　18200
古香詩草二卷　(清)王錧撰　清嘉慶二十四年(1819)蒲城王氏古香書屋刻本　二冊

440000－2541－0007739　18201
紉香草堂詩集四卷　(清)李廷棨撰　清咸豐刻本　二冊

440000－2541－0007740　18202
聽竹廬集二卷　(清)鄒南英撰　清光緒十九年(1893)長沙鄒氏冠山容園刻本　二冊

440000－2541－0007741　18203
味真閣詩鈔十二卷　(清)張安保撰　清道光二十七年(1847)刻本　二冊

440000－2541－0007742　18204
晴墅詩鈔六卷　（清）疏枝春撰　清道光九年（1829）刻本　二册

440000－2541－0007743　18205
梧溪石屋詩鈔六卷　（清）溫訓撰　清道光十二年（1832）刻本　二册

440000－2541－0007744　18206
梧溪石屋詩鈔六卷　（清）溫訓撰　清道光十二年（1832）刻本　二册

440000－2541－0007745　18207
虹村詩鈔五卷　（清）石傑撰　清嘉慶刻本　二册

440000－2541－0007746　18208
古雪詩鈔一卷續鈔一卷詩餘一卷　（清）楊繼端撰　清嘉慶十四年（1809）刻本　二册

440000－2541－0007747　18209
西園詩鈔八卷西園外集二卷　（清）李卿穀撰　清道光二十八年（1848）西園李氏刻本　二册

440000－2541－0007748　18210
逸雲居士詩編二十卷年譜一卷　（清）孫蔚撰　清嘉慶刻本　二册

440000－2541－0007749　18211
桐葉山房詩草十六卷　（清）石承藻撰　清道光九年（1829）刻本　二册

440000－2541－0007750　18212
耕心堂詩存二卷　（清）方炓撰　清道光二十八年（1848）刻本　二册

440000－2541－0007751　18213
立厓詩鈔六卷　（清）蔣業晉撰　清嘉慶四年（1799）交翠堂刻本　二册

440000－2541－0007752　18214
敦素堂詩鈔四卷　（清）潘耀文撰　**書種園題詠四卷聽雨樓唱和詩一卷**　（清）潘耀文輯　清道光刻本　二册

440000－2541－0007753　18215
自春堂詩十二卷　（清）楊鑄撰　清道光九年（1829）楊鑄石瓢仙館刻本　二册

440000－2541－0007754　18216
得閒人集二卷　（清）孫望雅撰　清容城孫氏刻本　二册

440000－2541－0007755　18217
海目廬詩草六卷　（清）馮栻宗撰　清光緒二十年（1894）刻本　二册

440000－2541－0007756　18218
海目廬詩草六卷　（清）馮栻宗撰　清光緒二十年（1894）刻本　二册

440000－2541－0007757　18219
海目廬詩草六卷　（清）馮栻宗撰　清光緒二十年（1894）刻本　二册

440000－2541－0007758　18220
耕書堂詩草二卷　（清）楊鴻舉撰　清光緒十六年（1890）刻本　一册

440000－2541－0007759　18221
小詩航詩鈔三卷　（清）蔡聘珍撰　清道光刻本　二册

440000－2541－0007760　18222
桂舟遊草二卷　（清）王站柱撰　清光緒七年（1881）刻本　二册

440000－2541－0007761　18223
雨香書屋詩鈔二卷　（清）雷以諴撰　清同治五年（1866）江漢書院刻本　二册

440000－2541－0007762　18224
紅薔閣詩略二卷　（清）俞寶華撰　清嘉慶十八年（1813）刻本　一册

440000－2541－0007763　18225
鶴巢詩存一卷　（清）顧淳慶撰　清光緒十二年（1886）西江刻本　一册

440000－2541－0007764　18226
嵐溪詩鈔二卷　（清）王如玉撰　清道光十四年（1834）刻本　一册

440000－2541－0007765　18227
聽月樓遺稿二卷　（清）嚴恆撰　清光緒二十

八年(1902)上海石印本　一冊

440000－2541－0007766　18228

簡緣詩草一卷　(清)彭希洛撰　**瓊樓吟稿一卷**　(清)陶善撰　清光緒九年(1883)刻本　一冊

440000－2541－0007767　18229

龍泓館詩集三卷　(清)丁敬撰　清同治八年(1869)刻後印本　一冊

440000－2541－0007768　18230

龍泓館詩集三卷　(清)丁敬撰　清同治八年(1869)刻本　一冊

440000－2541－0007769　18231

龍泓館詩集三卷　(清)丁敬撰　清同治八年(1869)刻本　一冊

440000－2541－0007770　18232

話雨樓詩草三卷　(清)言忠貞撰　清光緒十年(1884)刻本　一冊

440000－2541－0007771　18233

惺齋偶存詩集三卷惺齋帖體一卷　(清)徐琳撰　清道光二年(1822)徐縉芸暉閣刻本　一冊　存三卷(詩集三卷)

440000－2541－0007772　18234

半洲詩集七卷　(明)張經撰　清咸豐七年(1857)刻本　一冊

440000－2541－0007773　18235

坦然軒吟草不分卷　(清)胡小康撰　清刻本　一冊

440000－2541－0007774　18236

宜齋詩鈔五卷　(清)盛灝元撰　清嘉慶二年(1797)刻本　一冊

440000－2541－0007775　18237

萍香詩鈔二卷　(清)何王模撰　清嘉慶四年(1799)香雪軒刻本　一冊

440000－2541－0007776　18238

山薑書屋詩二卷　(清)田雯撰　清刻本　一冊

440000－2541－0007777　18239

懶雲樓詩草四卷　(清)釋與宏撰　清道光七年(1827)刻本　一冊

440000－2541－0007778　18240

餘集二卷詩餘一卷文一卷　(清)楊廷璋撰　清道光二十五年(1845)粵東刻本　一冊

440000－2541－0007779　18241

放猨集一卷桐江集一卷江山風月集一卷　(清)潘曾沂撰　清咸豐刻本　三冊

440000－2541－0007780　18242

通隱堂詩存四卷　(清)張京度撰　清同治六年(1867)五百梅花草堂刻本　一冊

440000－2541－0007781　18243

寄青齋詩稿一卷　(清)徐虔復撰　清光緒十三年(1887)留餘堂刻本　一冊

440000－2541－0007782　18244

寶研齋詩鈔四卷　(清)花杰撰　清咸豐二年(1852)刻本　一冊　存二卷(一至二)

440000－2541－0007783　18245

瘦竹齋詩二卷　(清)周棨撰　清道光十九年(1839)刻本　一冊

440000－2541－0007784　18246

太玉山館今體詩鈔一卷　(清)曾子璘撰　**雩風草堂詩草一卷**　(清)曾壿撰　**金石聲齋詩一卷**　(清)曾賢撰　清同治刻本　一冊

440000－2541－0007785　18247

自怡詩鈔三卷　(清)徐予良撰　清光緒五年(1879)徐兆英刻本　一冊

440000－2541－0007786　18248

倚桐閣詩集一卷　(清)釋性恬撰　清道光刻本　一冊

440000－2541－0007787　18249

種紙山房詩稿一卷　(清)孫辰東撰　清道光刻本　一冊

440000－2541－0007788　18250

御製巡幸盛京詩一卷　(清)宣宗旻寧撰　(清)曹振鏞等輯　清道光武英殿刻本　一冊

440000－2541－0007789　18251
郜亭詩稿□□卷　(清)孫楫撰　清光緒十七年(1891)羊城刻本　一册　存三卷(回颿集一卷,春行草一卷,秋驪集、萬國草、參鸞集一卷)

440000－2541－0007790　18252
雪巖詩鈔二卷　(清)林夢斗撰　(清)鄭開禧輯　清道光十三年(1833)龍溪鄭開禧刻本　一册

440000－2541－0007791　18253
金韲山房詩稿四卷　(清)韓維鏞撰　清同治十一年(1872)平湖韓氏刻本　一册

440000－2541－0007792　18254
金陵雜詠不分卷　(清)王友亮撰　清嘉慶九年(1804)刻本　一册

440000－2541－0007793　18255
晝延年室詩稿四卷　(清)袁起撰　清同治三年(1864)刻本　一册

440000－2541－0007794　18256
一品集二卷　(清)費錫章撰　清嘉慶十四年(1809)刻本　一册

440000－2541－0007795　18257
硐東詩鈔二卷　(清)歐陽輅撰　清光緒十五年(1889)長沙王氏刻本　一册

440000－2541－0007796　18258
風鷗集一卷　(清)徐熊飛撰　清嘉慶刻本　一册

440000－2541－0007797　18259
眠緑山房詩鈔四卷首一卷末一卷　(清)朱寓撰　清道光二十六年(1846)刻本　一册

440000－2541－0007798　18260
息心齋詩賸一卷　(清)陳俊千撰　清光緒六年(1880)陳鍾蕃刻本　一册

440000－2541－0007799　18261
滁松閒籟三卷首一卷　(清)方應麟撰　**磻溪遺詩一卷**　(清)方彬撰　清道光十二年(1832)金華方氏宜樓刻本　一册

440000－2541－0007800　18262
觀象居詩鈔二卷　(清)陳蘭瑞撰　清道光二十三年(1843)刻本　一册

440000－2541－0007801　18263
籐花軒詩鈔初集一卷續集一卷　(清)陳汝庚撰　清道光十八年(1838)刻本　一册

440000－2541－0007802　18264
慕陶廬詩鈔二卷續鈔一卷　(清)蔣耕堂撰　清刻本　一册

440000－2541－0007803　18265
春橋草堂詩集八卷　(清)朱方藹撰　清嘉慶五年(1800)刻本　一册

440000－2541－0007804　18266
琴海集二卷　(清)陳玉鄰撰　清光緒二十一年(1895)刻本　一册

440000－2541－0007805　18267
湘卿詩鈔四卷　(清)吴士真撰　清嘉慶刻本　一册

440000－2541－0007806　18268
秋涇集一卷附錄一卷　(清)錢汝恭撰　清道光刻本　一册

440000－2541－0007807　18269
慎餘齋詩藁二卷　(清)朱掄英撰　清道光十六年(1836)刻本　一册

440000－2541－0007808　18270
赤堇遺稿六卷附文二篇　(清)葉元堦撰　清道光二十五年(1845)慈溪葉氏退一居刻本　一册

440000－2541－0007809　18271
佩韋軒詩存二卷　(清)鄒基撰　清道光七年(1827)刻本　一册

440000－2541－0007810　18273
漸齋詩鈔一卷　(清)桂鴻撰　**家傳一卷**　(清)陳慶鏞撰　**墓表一卷**　(清)鄭獻甫撰　**行狀一卷**　(清)桂文燦撰　清咸豐七年(1857)桂文燦刻本　一册

440000－2541－0007811　18274

養素樓吟稿一卷 (清)顧德炘撰 清嘉慶元年(1796)顧氏木活字印本 一册

440000－2541－0007812 18275
香案集一卷 (清)蔣立鏞撰 清道光十三年(1833)自刻本 一册

440000－2541－0007813 18276
蠹餘集四卷 (清)朱士龍撰 清刻本 一册

440000－2541－0007814 18277
畫石軒詩集四卷 (清)朱逢泰撰 清嘉慶四年(1799)自刻本 一册

440000－2541－0007815 18278
邀月樓古今體詩一卷 (清)陳有懿撰 清光緒十八年(1892)刻本 一册

440000－2541－0007816 18279
虛白亭詩鈔二卷 (清)淳穎撰 清嘉慶二十一年(1816)刻本 一册

440000－2541－0007817 18282
菊蔭詩鈔二卷 (清)高步瀛撰 清道光八年(1828)木活字印本 一册

440000－2541－0007818 18283
綠槐書屋詩稿三卷 (清)張綸英撰 清同治七年(1868)刻本 一册

440000－2541－0007819 18284
綠槐書屋詩稿三卷 (清)張綸英撰 清同治七年(1868)刻本 一册

440000－2541－0007820 18285
聖禾鄉農詩鈔四卷 (清)沈珏撰 (清)錢棫輯 清道光二十九年至咸豐四年(1849－1854)秀水沈氏刻本 一册

440000－2541－0007821 18286
兩當軒詩鈔十四卷悔存詞鈔二卷 (清)黃景仁撰 清嘉慶四年(1799)渭川趙氏書帶草堂刻二十二年(1817)侯官鄭炳文補刻本 四册

440000－2541－0007822 18287
兩當軒詩鈔十四卷悔存詞鈔二卷 (清)黃景仁撰 清嘉慶四年(1799)渭川趙氏書帶草堂刻二十二年(1817)侯官鄭炳文補刻本 三册

440000－2541－0007823 18288
繼雅堂詩集三十四卷 (清)陳僅撰 清道光二十七年(1847)刻本 五册 存二十八卷(一至二十八)

440000－2541－0007824 18289
食古研齋詩初集七卷 (清)陳瑞琳撰 清道光十二年(1832)杭州試院刻本 三册 存五卷(一至四、七)

440000－2541－0007825 18290
心鐵石齋存稿四十卷聯句詩一卷年譜一卷 (清)宋鳴琦撰 清道光十二年(1832)宋鳴琦誦梅堂刻本 七册 存三十六卷(一至二十一、二十八至四十,聯句詩一卷,年譜一卷)

440000－2541－0007826 18291
心鐵石齋存稿四十卷聯句詩一卷年譜一卷 (清)宋鳴琦撰 清道光十二年(1832)宋鳴琦誦梅堂刻本 八册

440000－2541－0007827 18292
心鐵石齋存稿四十卷聯句詩一卷年譜一卷 (清)宋鳴琦撰 清道光十二年(1832)宋鳴琦誦梅堂刻本 八册

440000－2541－0007828 18293
自怡草一卷補遺一卷 (清)溫賢超撰 (清)溫汝适輯 **醇齋詩鈔一卷** (清)溫士剛撰 **碧池詩鈔一卷** (清)溫聞源撰 清嘉慶二十三年(1818)溫汝适刻本 一册

440000－2541－0007829 18294
古泉山館詩集八卷 (清)瞿中溶撰 清咸豐九年(1859)刻本 三册 存七卷(金閶稿三卷、練祁稿一卷、楚遊吟三卷)

440000－2541－0007830 18295
惜抱軒五言今體詩鈔九卷七言今體詩鈔九卷 (清)姚鼐輯 清同治七年(1868)湘鄉曾氏刻本 一册 存五卷(五言今體詩鈔一至五)

440000－2541－0007831 18296
千山詩集二十卷補遺一卷首一卷 (清)釋函可撰 (清)釋今羞輯 清刻本 八册

440000－2541－0007832　18297
千山詩集二十卷補遺一卷首一卷　（清）釋函可撰　（清）釋今羞輯　清刻本　四册　存二十一卷（千山詩集二十卷、首一卷）

440000－2541－0007833　18298
千山詩集二十卷補遺一卷首一卷　（清）釋函可撰　（清）釋今羞輯　清刻本　三册　存十六卷（一至四、十至二十，首一卷）

440000－2541－0007834　18299
瘦松柏齋初集八卷別集二卷　（清）陳文瑞撰　清道光三年（1823）刻本　六册　存七卷（初集二、五至八，別集二卷）

440000－2541－0007835　18300
自怡堂小草六卷續集二卷　（清）招健升撰　清嘉慶二十年（1815）刻道光二十二年（1842）續刻本　三册

440000－2541－0007836　18301
漱石齋吟草十四卷　（清）林元英撰　清道光刻本　三册　存六卷（六至十一）

440000－2541－0007837　18304
黄勤敏公全集九種附一種　（清）黄鉞撰　清咸豐至同治刻本　十册

440000－2541－0007838　18305
思伯子堂詩集三十二卷　（清）張際亮撰　清同治刻本　八册　存二十五卷（五至十、十四至三十二）

440000－2541－0007839　18306
燕石詩鈔四卷續刻一卷附錄一卷　（清）虞書撰　（清）虞孝諧　（清）虞樹蓀輯　清木活字印本　三册　存四卷（燕石詩鈔四卷）

440000－2541－0007840　18307
黄勤敏公全集九種附一種　（清）黄鉞撰　清咸豐至同治刻本　一册　存六種

440000－2541－0007841　18308
五百四峯堂詩鈔二十五卷　（清）黎簡撰　清同治十三年（1874）南海陳氏刻廣州儒雅堂印本　八册

440000－2541－0007842　18309
五百四峰堂詩鈔二十五卷　（清）黎簡撰　清嘉慶元年（1796）刻同治十三年（1874）廣州儒雅堂重修本　八册

440000－2541－0007843　18310
五百四峰堂詩鈔二十五卷　（清）黎簡撰　清嘉慶元年（1796）刻同治十三年（1874）廣州儒雅堂重修本　六册　存十五卷（九至二十一、二十四至二十五）

440000－2541－0007844　18311
五百四峰堂詩鈔二十五卷　（清）黎簡撰　清同治十三年（1874）南海陳氏刻廣州儒雅堂印本　八册

440000－2541－0007845　18312
五百四峰堂詩鈔二十五卷　（清）黎簡撰　清嘉慶元年（1796）刻同治十三年（1874）廣州儒雅堂重修本　八册

440000－2541－0007846　18313
五百四峰堂詩鈔二十五卷　（清）黎簡撰　清嘉慶元年（1796）刻同治十三年（1874）廣州儒雅堂重修本　八册

440000－2541－0007847　18314
浩然堂詩集六卷詞稿一卷　（清）江開撰　清道光二十九年（1849）刻本　三册　存三卷（詩集三至四、詞稿一卷）

440000－2541－0007848　18315
天章閣詩鈔五卷　（清）龍應時撰　**行狀一卷**　（清）龍廷槐等撰　清刻本　一册　存四卷（詩鈔三至五、行狀一卷）

440000－2541－0007849　18316
觀河集四卷　（清）彭紹升撰　清光緒四年（1878）刻民國十一年（1922）合肥劉朝侍印本　一册

440000－2541－0007850　18317
觀河集四卷　（清）彭紹升撰　清光緒四年（1878）刻民國十一年（1922）合肥劉朝侍印本　一册

440000－2541－0007851　18321
樂潛堂詩初集二卷二集六卷　(清)趙函撰　清咸豐七年(1857)刻本　三冊

440000－2541－0007852　18322
繞竹山房詩稿十卷詩餘一卷續詩稿十四卷　(清)朱文治撰　清嘉慶二十三年(1818)刻咸豐五年(1855)續刻本　八冊

440000－2541－0007853　18323
復莊詩問三十四卷　(清)姚燮撰　清道光二十六年至二十八年(1846－1848)鎮海姚氏刻大梅山館集本　十冊

440000－2541－0007854　18325
山右通志人物詠史詩略四卷補遺一卷　(清)衛濟世撰　清道光十九年(1839)刻本　二冊

440000－2541－0007855　18326
汪氏家集四種　(清)汪全泰等撰　清光緒二十一年(1895)石印本　七冊

440000－2541－0007856　18329
壯懷堂詩初稿十卷二集四卷三集十四卷　(清)林直撰　清咸豐六年(1856)福州刻光緒三十一年(1905)羊城續刻本　六冊

440000－2541－0007857　18330
濫竽齋詩集四卷　(清)張學鴻撰　清道光十一年(1831)刻本　二冊

440000－2541－0007858　18336
白香亭詩三卷　(清)鄧輔綸撰　清光緒二十二年(1896)廣雅書局刻本　二冊

440000－2541－0007859　18339
雲左山房詩鈔八卷附錄一卷詩餘一卷試帖一卷　(清)林則徐撰　清光緒十二年(1886)福州林氏刻本　二冊

440000－2541－0007860　18340
小紅薇館拾餘詩鈔四卷　(清)毛永柏撰　清咸豐七年(1857)刻苔岑集初刊本　一冊

440000－2541－0007861　18342
復見心齋詩草六卷　(清)孫人鳳撰　清光緒四年(1878)刻本　一冊

440000－2541－0007862　18344
韻山堂詩集七卷補遺一卷　(清)王文誥撰　清光緒十四年(1888)浙江書局刻本　一冊

440000－2541－0007863　18345
韻山堂詩集七卷補遺一卷　(清)王文誥撰　清光緒十四年(1888)浙江書局刻本　一冊

440000－2541－0007864　18346
菊潛庵賸藁三卷　(清)趙函撰　清道光二十三年(1843)刻本　一冊

440000－2541－0007865　18347
品蓮室詩集一卷　(清)沈保靖撰　清咸豐木活字印本　一冊

440000－2541－0007866　18348
飲蘭露館詩鈔六卷試帖一卷詞鈔一卷　(清)吳林光撰　清道光二十九年(1849)南海吳氏飲蘭露館刻本　二冊

440000－2541－0007867　18351
梧生詩鈔十卷　(清)傅桐撰　清光緒七年(1881)刻本　一冊

440000－2541－0007868　18352
八甎吟館刻燭集二卷　(清)阮元輯　清嘉慶刻本　二冊

440000－2541－0007869　18355
小春浮遺稿四卷　(清)何其菼撰　清嘉慶十一年(1806)何培德刻本　一冊

440000－2541－0007870　18357
芳草堂試帖二卷賦鈔一卷　(清)龔維琳撰　清道光十四年(1834)刻本　二冊

440000－2541－0007871　18358
春巢詩鈔七卷詩餘四卷樂府一卷　(清)何承燕撰　清嘉慶刻本　二冊

440000－2541－0007872　18359
柯家山館遺詩六卷詞三卷　(清)嚴元照撰　清嘉慶二十二年(1817)刻本　二冊

440000－2541－0007873　18360
澹香齋咏史詩不分卷　(清)王廷紹撰　清光緒十七年(1891)桂垣書局刻本　一冊

440000－2541－0007874　18361
澹香齋咏史詩不分卷　（清）王廷紹撰　清光緒十七年（1891）桂垣書局刻本　一册

440000－2541－0007875　18362
嘉蔭簃論泉截句二卷　（清）劉喜海撰　清道光十八年（1838）東武劉氏嘉蔭簃刻本　一册

440000－2541－0007876　18364
簡學齋詩存四卷詩删四卷　（清）陳沆撰　清咸豐二年（1852）刻本　二册

440000－2541－0007877　18365
萬綠草堂詩集二十卷首一卷　（清）管繩萊撰　清光緒十二年（1886）徑北書屋刻本　四册

440000－2541－0007878　18366
石臼前集九卷後集七卷　（明）邢昉撰　清光緒十八年（1892）會稽陶在銘等刻本　六册

440000－2541－0007879　18367
石臼前集九卷後集七卷　（明）邢昉撰　清光緒十八年（1892）會稽陶在銘等刻本　六册

440000－2541－0007880　18368
傳樸堂詩稿四卷　（清）葛金烺撰　**弢華館詩稿一卷**　（清）葛嗣濚撰　清光緒二十一年（1895）平湖葛氏刻本　二册

440000－2541－0007881　18370
小匏庵詩存六卷末一卷　（清）吴仰賢撰　清光緒四年（1878）自刻本　一册　存四卷（一至四）

440000－2541－0007882　18371
絳跗草堂詩集六卷　（清）陳壽祺撰　清刻本　二册

440000－2541－0007883　18372
松風閣詩鈔二十六卷　（清）彭蘊章撰　清同治刻長洲彭氏家集本　四册

440000－2541－0007884　18373
松風閣詩鈔二十六卷　（清）彭蘊章撰　清同治刻長洲彭氏家集本　八册

440000－2541－0007885　4063
甕牖間評八卷　（宋）袁文撰　清光緒二十五年（1899）廣雅書局刻武英殿聚珍版書本　石光瑛批校題跋　一册

440000－2541－0007886　18376
憹泉書屋詩稿十六卷　（清）宋之睿撰　清道光八年（1828）自刻本　五册

440000－2541－0007887　18377
虔汀游草一卷使秦紀詠一卷歸帆紀詠一卷湘南遊草一卷　（清）熊爲霖撰　清心松書屋刻本　一册

440000－2541－0007888　18378
御製圓明園詩二卷　（清）高宗弘曆撰　清光緒十三年（1887）天津石印書屋石印本　二册

440000－2541－0007889　18379
綠蔭軒遺集六卷　（清）胡佩芳撰　清光緒二十三年（1897）金陵刻本　四册

440000－2541－0007890　18380
懷荆堂詩稾四卷　（清）恆慶撰　清道光十三年（1833）浙西官舍碧雲仙館刻本　一册　存二卷（一至二）

440000－2541－0007891　18381
鬱華閣遺集詩三卷詞一卷　（清）盛昱撰　清光緒二十八年（1902）刻朱印本　一册

440000－2541－0007892　18382
鬱華閣遺集詩三卷詞一卷　（清）盛昱撰　清光緒二十八年（1902）刻朱印本　一册

440000－2541－0007893　18383
鬱華閣遺集詩三卷詞一卷　（清）盛昱撰　清光緒三十一年（1905）刻本　一册

440000－2541－0007894　18384
冠悔堂詩鈔八卷　（清）楊浚撰　清光緒十八年（1892）侯官楊氏家刻本　四册

440000－2541－0007895　18385
蓮山家言七種　（清）陳士規等撰　清道光十九年（1839）廣東海陽陳氏刻本　一册　存四種

440000－2541－0007896　18386
思詒堂詩稾十二卷　（清）金衍宗撰　清同治

五年(1866)刻本　四册

440000－2541－0007897　18387
知守齋詩初集六卷二集四卷别集一卷　(清)鄭開禧撰　清道光六年至十二年(1826－1832)刻本　四册

440000－2541－0007898　18388
知守齋詩初集六卷二集四卷别集一卷　(清)鄭開禧撰　清道光六年至十二年(1826－1832)刻本　二册

440000－2541－0007899　18390
蒲編堂詩存四卷　(清)路邵等撰　(清)路璋　(清)路璜輯　**小橋吟稿一卷**　(清)熊攀龍撰　清咸豐六年(1856)畢節路氏刻本　六册

440000－2541－0007900　18391
清華唱和集一卷　(清)許應鑅輯　清光緒刻本　一册

440000－2541－0007901　18392
清華唱和集一卷　(清)許應鑅輯　清光緒刻本　一册

440000－2541－0007902　18393
石筍山房圖題詠集二卷　(清)何夔　(清)楊書霖輯　清光緒三年(1877)城步學署刻本　一册

440000－2541－0007903　18394
樧湖十子詩鈔二十二卷　(清)張凱嵩編　清同治七年(1868)江夏張氏刻本　七册

440000－2541－0007904　18395
蒼山留别詩一卷送别詩一卷絜别詩一卷　(清)吳唐林輯　清光緒十五年(1889)刻本　一册

440000－2541－0007905　18397
聞氏詩遺三種　(清)聞維堉編　清同治刻本　一册

440000－2541－0007906　18398
華山遊草不分卷　(清)林壽圖　(清)謝章鋌撰　清同治八年(1869)林壽圖歐齋刻本　一册

440000－2541－0007907　18399
棣華館詩課十二卷　(清)張晉禮輯　清道光三十年(1850)陽湖張氏刻本　四册

440000－2541－0007908　18400
哀蟬集四卷　(清)周蓮峰輯　清咸豐十一年(1861)刻本　四册

440000－2541－0007909　18407
蘭言集二十卷二集二十卷　(清)謝堃輯　清刻本　十五册　存二十四卷(蘭言集二十卷、二集一至四)

440000－2541－0007910　18408
紫陽家塾詩鈔二十四卷　(清)朱琦輯　清道光刻本　四册

440000－2541－0007911　18409
湖海詩傳四十六卷　(清)王昶輯　清同治四年(1865)刻本　十四册

440000－2541－0007912　18410
湖海詩傳四十六卷　(清)王昶輯　清同治四年(1865)刻本　十六册

440000－2541－0007913　18411
湖海詩傳四十六卷　(清)王昶輯　清同治四年(1865)刻蘇州緑蔭堂鑑記印本　十六册

440000－2541－0007914　18413
湖海詩傳四十六卷　(清)王昶輯　清同治四年(1865)刻本　十二册

440000－2541－0007915　18414
吳中唱和集八卷　(清)梁章鉅輯　清道光十年(1830)刻本　四册

440000－2541－0007916　18416
揚芬集十卷　(清)陶欽輯　清嘉慶十四年(1809)刻本　四册

440000－2541－0007917　18417
國朝六家詩鈔八卷　(清)劉執玉編　清光緒十三年(1887)汗青簃刻本　六册

440000－2541－0007918　18418
松心詩集十集二十種　(清)張維屏撰　清道光三十年(1850)刻本　九册　存十八種

440000－2541－0007919　18419
松心詩録十卷首一卷　(清)張維屏撰　清咸豐刻本　一册

440000－2541－0007920　18420
松心詩録十卷首一卷　(清)張維屏撰　清咸豐刻本　一册

440000－2541－0007921　18421
松心詩集十集二十種　(清)張維屏撰　清道光三十年(1850)刻本　八册　存十八種

440000－2541－0007922　18422
松心詩集十集二十種　(清)張維屏撰　清道光三十年(1850)刻本　六册　存十八種

440000－2541－0007923　18423
花甲閑談十六卷　(清)張維屏撰　清道光二十年(1840)粤東刻本　四册

440000－2541－0007924　18425
萍因蕉夢十二圖題辭二卷松陰詩逸一卷　(清)金鱗廷輯　清光緒五年(1879)金氏刻本　四册

440000－2541－0007925　18426
即墨詩乘十二卷　(清)周翕鐄輯　清道光二十年(1840)周掄文小峴山房刻本　十二册

440000－2541－0007926　18427
吴淞堂配紀事詩一卷　(清)許懋椿等輯　清嘉慶二十一年(1816)刻本　四册

440000－2541－0007927　18428
焦山六上人詩六種　(清)陳任暘編　清道光九年(1829)刻光緒三十二年(1906)續刻本　六册

440000－2541－0007928　18430
書畫舫詩課十一卷　(清)高鳳臺輯　清道光十七年(1837)高鳳臺刻本　七册

440000－2541－0007929　18431
鬼趣圖題詠一卷　(清)潘仕成輯　清咸豐元年(1851)番禺潘氏海山仙館刻本　一册

440000－2541－0007930　18432
紀風七絶二十一卷　(清)梁九圖輯　清光緒十九年(1893)順德梁神儁刻本　二册

440000－2541－0007931　18433
紀風七絶二十一卷　(清)梁九圖輯　清光緒十九年(1893)順德梁神儁刻本　三册　存十五卷(一至十二、十九至二十一)

440000－2541－0007932　18434
同人詩録初編十卷　(清)蔡壽祺輯　清同治十一年(1872)京師刻本　五册

440000－2541－0007933　18436
杯餘彙草一卷　(清)章朝栻輯　清道光十三年(1833)刻本　一册

440000－2541－0007934　18437
荻芬書屋詩稿四卷試帖二卷賦稿一卷賦稿注八卷　(清)董恂撰　清咸豐趙熙和刻本　八册

440000－2541－0007935　18438
獨樹園詩一卷鼠樸詞一卷　(清)吴鈞撰　清嘉慶二年(1797)刻本　一册

440000－2541－0007936　18439
履綏堂詩藁八卷　(清)海鍾撰　清同治七年(1868)福州刻本　四册

440000－2541－0007937　18440
白華樓詩鈔四卷焚餘稿一卷　(清)薩玉衡撰　**荔影堂詩鈔二卷**　(清)薩大年撰　**荔影堂詩鈔又二卷**　(清)薩大文撰　清光緒二十九年(1903)閩縣薩氏刻本　三册

440000－2541－0007938　18441
蜀槎小草二卷古體詩二卷知養恬齋試帖二卷賦鈔二卷　(清)羅繞典撰　清道光二十一年至二十四年(1841－1844)刻本　四册

440000－2541－0007939　18442
琴隱園詩集三十六卷詞集四卷　(清)湯貽汾撰　清光緒元年(1875)曹秉仁刻本　八册

440000－2541－0007940　18443
琴隱園詩集三十六卷詞集四卷　(清)湯貽汾撰　清光緒元年(1875)曹秉仁刻本　八册

440000－2541－0007941　18444

琴隱園詩集三十六卷詞集四卷 (清)湯貽汾撰 清光緒元年(1875)曹秉仁刻本 十册

440000－2541－0007942 18445
瞎堂詩集二十卷首一卷 (清)釋函昰撰 清刻本 四册

440000－2541－0007943 18446
瞎堂詩集二十卷首一卷 (清)釋函昰撰 清刻本 四册

440000－2541－0007944 18447
瞎堂詩集二十卷首一卷 (清)釋函昰撰 清刻本 四册

440000－2541－0007945 18449
四憶堂詩集六卷遺稿一卷 (清)侯方域撰 (清)賈開宗等選注 清刻本 二册

440000－2541－0007946 18454
梅村詩集箋注十八卷 (清)吳偉業撰 (清)吳翌鳳箋注 清刻本 十册

440000－2541－0007947 18455
詩概六卷 (清)陳毅撰 清光緒二十四年(1898)木活字印本 二册

440000－2541－0007948 18456
吳詩集覽二十卷補注二十卷 (清)吳偉業撰 (清)靳榮藩補注 **談藪二卷談藪拾遺一卷** (清)靳榮藩撰 清乾隆四十年(1775)凌雲亭刻後印本 十六册

440000－2541－0007949 18459
樸巢詩選二卷 (清)冒襄撰 (清)張明弼 (清)杜濬評選 清光緒二十年(1894)刻本 二册

440000－2541－0007950 18460
黃葉邨莊詩集八卷續集一卷後集一卷 (清)吳之振撰 **題詞一卷** (清)吳康壽編 清光緒四年(1878)吳康壽刻本 四册

440000－2541－0007951 18461
梅村詩集箋注十八卷 (清)吳偉業撰 (清)吳翌鳳箋注 清嘉慶十九年(1814)嚴榮滄浪吟榭刻本 八册

440000－2541－0007952 18462
曝書亭集詩注二十四卷 (清)朱彝尊撰 (清)楊謙注 **年譜一卷** (清)楊謙撰 清刻本(卷二十三至二十四未刻) 八册

440000－2541－0007953 18463
曝書亭集詩注二十四卷 (清)朱彝尊撰 (清)楊謙注 **年譜一卷** (清)楊謙撰 清刻本(卷二十三至二十四未刻) 十六册

440000－2541－0007954 18466
香屑集十八卷首一卷末一卷 (清)黃之雋撰 (清)陳邦直校注 清刻本 四册

440000－2541－0007955 18474
石笥山房詩集四卷 (清)胡天游輯 清嘉慶四年(1799)戴殿海刻本 一册

440000－2541－0007956 18475
因竹齋合集二卷 (清)黃鳴時撰 清南海黃呈蘭刻本 二册

440000－2541－0007957 18476
鋤月軒詩鈔八卷 (清)李實撰 清道光十九年(1839)新會李氏刻本 一册 存四卷(一至四)

440000－2541－0007958 18477
印可齋詩鈔二卷 (清)溫汝造撰 清嘉慶二十四年(1819)順德溫氏刻本 一册

440000－2541－0007959 18478
印可齋詩鈔二卷 (清)溫汝造撰 清嘉慶二十四年(1819)順德溫氏刻本 二册

440000－2541－0007960 18479
蘀石齋詩集五十卷十國詞箋略一卷 (清)錢載撰 清光緒四年(1878)刻本 六册

440000－2541－0007961 18480
戰古堂集七卷 (清)黃璞撰 清刻本 三册

440000－2541－0007962 18481
缾水齋詩集十七卷別集二卷詩話一卷 (清)舒位撰 清光緒十二年(1886)刻本 八册

440000－2541－0007963 18482
鶴墅詩鈔四卷太倉詩鈔三卷南歸詩鈔六卷轆

園詩鈔八卷　(清)潘憲勳撰　清嘉慶十九年(1814)刻本　五冊

440000－2541－0007964　18484
賜書樓詩草一卷　(清)胡亦常撰　清嘉慶十八年(1813)刻本　一冊

440000－2541－0007965　18486
南垞詩鈔四卷　(清)溫汝驤撰　清嘉慶九年(1804)順德溫氏刻本　一冊

440000－2541－0007966　18487
靈淵詩鈔二卷附錄一卷　(清)溫汝驤撰　清嘉慶二十三年(1818)順德溫氏刻本　一冊

440000－2541－0007967　18488
筠心書屋詩鈔十二卷　(清)褚廷璋撰　清刻本　四冊

440000－2541－0007968　18489
寄閒堂詩鈔一卷　(清)易瀾光撰　(清)易其彬編　**後集十卷**　(清)易其彬撰　清光緒刻本　四冊

440000－2541－0007969　18490
寄閒堂詩鈔一卷　(清)易瀾光撰　(清)易其彬編　**後集十卷**　(清)易其彬撰　清光緒刻本　四冊

440000－2541－0007970　18492
清溪吟草二卷首一卷　(清)陳汪撰　清道光十一年(1831)真率閣刻本　一冊

440000－2541－0007971　18493
勺園詩鈔四卷菊水詩鈔二卷　(清)李遐齡撰　**松溪詩鈔一卷**　(清)李藹元撰　清嘉慶十九年(1814)刻光緒三十四年(1908)補刻民國二十六年(1937)遞補本　三冊

440000－2541－0007972　18494
勺園詩鈔四卷菊水詩鈔二卷　(清)李遐齡撰　**松溪詩鈔一卷**　(清)李藹元撰　清嘉慶十九年(1814)刻光緒三十四年(1908)補刻民國二十六年(1937)遞補本　三冊

440000－2541－0007973　18495
勺園詩鈔四卷菊水詩鈔二卷　(清)李遐齡撰　**松溪詩鈔一卷**　(清)李藹元撰　清嘉慶十九年(1814)刻光緒三十四年(1908)補刻民國二十六年(1937)遞補本　三冊

440000－2541－0007974　18496
勺園詩鈔四卷菊水詩鈔二卷　(清)李遐齡撰　**松溪詩鈔一卷**　(清)李藹元撰　清嘉慶十九年(1814)刻光緒三十四年(1908)補刻民國二十六年(1937)遞補本　三冊

440000－2541－0007975　18497
悔存詩鈔八卷　(清)黃景仁撰　清嘉慶元年(1796)邱縣劉崧嵐刻本　二冊

440000－2541－0007976　18498
船山詩草二十卷　(清)張問陶撰　清刻本　六冊

440000－2541－0007977　18499
船山詩草二十卷　(清)張問陶撰　清刻本　八冊

440000－2541－0007978　18501
船山詩草二十卷　(清)張問陶撰　清嘉慶二十年(1815)刻本　四冊

440000－2541－0007979　18502
嶺南詩集八卷　(清)李文藻撰　**李靜叔遺文一卷**　(清)李文淵撰　清刻本　三冊

440000－2541－0007980　18503
嶺南詩集八卷　(清)李文藻撰　**李靜叔遺文一卷**　(清)李文淵撰　清刻本　一冊　存四卷(潮陽集一至三、恩平集一卷)

440000－2541－0007981　18504
西湖雜詠一卷　(清)陳若蓮撰　清嘉慶二十一年(1816)刻本　一冊

440000－2541－0007982　18505
話雲軒詠史詩二卷　(清)曹振鏞撰　清嘉慶五年(1800)刻本　一冊

440000－2541－0007983　18506
息存室吟稿二卷　(清)杭溫如撰　清光緒三十四年(1908)安康縣馬邑侯刻本　二冊

440000－2541－0007984　18507

綠筠書屋詩鈔十八卷 （清）葉觀國撰 清刻本 四册

440000－2541－0007985 18508
欘鳴草一卷 （清）凌驥撰 清咸豐六年（1856）刻本 一册

440000－2541－0007986 18509
小羅浮草堂詩集四十卷 （清）馮敏昌撰 清嘉慶十六年（1811）刻本 十二册

440000－2541－0007987 18513
知足齋詩集二十卷續集四卷文集六卷進呈文稿二卷 （清）朱珪撰 清嘉慶十年（1805）刻本 十四册

440000－2541－0007988 18515
海騷四卷 （清）陳曇撰 清嘉慶東莞陳氏鄺齋刻本 二册

440000－2541－0007989 18519
鳳園詩鈔不分卷 （清）潘鳴岐撰 清嘉慶十九年（1814）藜光閣刻本 一册

440000－2541－0007990 18520
雙楳景闇叢書十六種附一種 葉德輝編 清光緒至宣統長沙葉氏郎園刻本 三册 存七種附一種

440000－2541－0007991 18521
蛾術齋古今體詩十卷 （清）李如筠撰 清嘉慶二十二年（1817）刻本 一册

440000－2541－0007992 18522
振綺堂詩存一卷 （清）汪憲撰 清光緒十五年（1889）刻本 一册

440000－2541－0007993 18523
松聲池館詩存四卷 （清）汪璐撰 清光緒十五年（1889）刻本 一册

440000－2541－0007994 18524
天真閣集五十四卷外集六卷 （清）孫原湘撰 清刻本 八册 存三十二卷（一至三十二）

440000－2541－0007995 18525
小羅浮館詩二十四卷 （清）趙對瀓撰 **延秋閣賸藁一卷** （清）趙景淑撰 清刻本 二册 存四卷（十一至十二、二十三至二十四）

440000－2541－0007996 18526
藉綠軒詩集六卷 （清）程贊清撰 清道光刻本 二册

440000－2541－0007997 18528
蓮溪詩鈔六卷 （清）宋秀升撰 清道光二十八年（1848）番禺宋氏刻本 四册

440000－2541－0007998 18529
二如居贈答詩二卷詞一卷 （清）汪鉽撰 （清）孫寶琦訂 清光緒十七年（1891）錢塘汪氏振綺堂刻本 一册

440000－2541－0007999 18530
橘天園詩鈔四卷 （清）招茂章撰 清道光刻本 二册

440000－2541－0008000 18531
薪荷集四種 （清）謝家杰等撰 清咸豐十年（1860）番禺謝家杰刻本 三册

440000－2541－0008001 18532
吉羊溪館詩鈔三卷 （清）熊景星撰 清同治五年（1866）刻本 一册

440000－2541－0008002 18533
吉羊溪館詩鈔三卷 （清）熊景星撰 清同治五年（1866）刻本 一册

440000－2541－0008003 18534
覺不覺軒詩鈔十二卷 （清）簡鈞培撰 清道光十八年（1838）刻本 四册

440000－2541－0008004 18535
覺不覺軒詩鈔十二卷 （清）簡鈞培撰 清道光十八年（1838）刻本 五册 存九卷（一至九）

440000－2541－0008005 18536
詩義堂集二卷 （清）彭輅撰 **後集六卷** （清）彭泰來撰 清道光三十年至咸豐十一年（1850－1861）刻本 八册

440000－2541－0008006 18537
二思齋詩鈔六卷 （清）何文明撰 清咸豐二年（1852）刻本 二册

440000－2541－0008007　18539
螺涌竹窗稾一卷歸吾廬吟草一卷　(清)梁信芳撰　清道光二十九年(1849)刻本　一冊

440000－2541－0008008　18541
花宜館詩鈔十六卷續存一卷無腔村笛二卷　(清)吳振棫撰　清同治四年(1865)北京刻本　六冊

440000－2541－0008009　18542
東洲艸堂詩鈔三十卷詩餘一卷　(清)何紹基撰　清同治六年(1867)長沙無園刻本　六冊

440000－2541－0008010　18543
使黔艸三卷　(清)何紹基撰　清咸豐刻本　一冊

440000－2541－0008011　18544
東洲草堂詩鈔三十卷　(清)何紹基撰　清刻本　一冊　存三卷(峨眉瓦屋游草二卷、去蜀入秦詩一卷)

440000－2541－0008012　18545
東洲草堂詩鈔三十卷　(清)何紹基撰　清刻本　一冊　存三卷(峨眉瓦屋游草二卷、去蜀入秦詩一卷)

440000－2541－0008013　18549
何廉昉詩集□□卷　(清)何栻撰　清咸豐刻本　八冊　存十七卷(江風集五卷、劍光集四卷、寒灰集五卷、焦桐集三卷)

440000－2541－0008014　18550
安所遇軒僑西稿四卷　(清)何世文撰　清道光十八年(1838)刻本　四冊

440000－2541－0008015　18551
張南山全集十二種　(清)張維屏撰　清道光至咸豐刻本　四十一冊

440000－2541－0008016　18552
芝房詩存二卷　(清)邵詠撰　清道光刻本　一冊

440000－2541－0008017　18553
松崖詩集四卷　(清)劉鶴鳴撰　清道光三十年(1850)香山劉氏刻本　二冊

440000－2541－0008018　18554
三松堂集十六卷　(清)潘奕雋撰　清嘉慶刻本　八冊

440000－2541－0008019　18558
安事齋詩錄四卷　(清)貴徵撰　清道光十五年(1835)刻本　二冊

440000－2541－0008020　18559
竹潭詩鈔四卷　(清)阮榕齡撰　清刻本　一冊

440000－2541－0008021　18563
柏香書屋詩鈔六卷　(清)莫元伯撰　清嘉慶刻本　二冊

440000－2541－0008022　18565
巢蚊睫齋詩稿二卷　(清)陳謙撰　(清)陳彤蘭　(清)陳彤蓮編　清同治六年(1867)刻本　二冊

440000－2541－0008023　18566
飲虹閣詩鈔二卷　(清)何惠羣撰　清道光二十年(1840)順德何汝顯刻本　一冊

440000－2541－0008024　18567
夢鯉山房詩鈔七卷　(清)李有祺撰　清同治元年(1862)刻本　三冊

440000－2541－0008025　18568
祕圖山館詩鈔六卷　(清)伍觀瀾撰　清道光二十四年(1844)羊城刻本　二冊

440000－2541－0008026　18569
三十六洞天草堂詩存二卷補遺一卷　(清)何彬撰　清道光八年(1828)刻本　一冊

440000－2541－0008027　18570
有不為齋詩存四卷　(清)招廣濤撰　清咸豐二年(1852)刻本　二冊

440000－2541－0008028　18571
觀齋集十六卷　(清)王澤撰　清咸豐四年(1854)廣東南海縣丞署刻本　二冊

440000－2541－0008029　18574
海蠡堂詩稿三卷附錄一卷　(清)吳河光撰　清光緒八年(1882)吳川吳氏刻本　一冊

440000－2541－0008030　18575
海鶴巢詩草五卷　(清)歐陽溟撰　清咸豐十一年(1861)刻本　一冊

440000－2541－0008031　18576
片雲行草一卷　(清)釋純謙撰　清道光二十七年(1847)刻本　一冊

440000－2541－0008032　18577
片雲行草一卷　(清)釋純謙撰　清道光二十七年(1847)刻本　一冊

440000－2541－0008033　18578
味根山房詩鈔九卷文集一卷輪臺雜記二卷東還紀略一卷　(清)史善長撰　清道光史澄刻本　六冊

440000－2541－0008034　18579
味根山房詩鈔九卷文集一卷輪臺雜記二卷東還紀略一卷　(清)史善長撰　清道光史澄刻本　六冊　存一卷(文集一卷)

440000－2541－0008035　18580
二知軒詩鈔十四卷續鈔二十二卷　(清)方濬頤撰　清同治五年至八年(1866－1869)廣州刻本　十五冊　存三十三卷(一至七、十一至十四,續鈔二十二卷)

440000－2541－0008036　18581
二知軒詩鈔十四卷續鈔二十二卷　(清)方濬頤撰　清同治五年至八年(1866－1869)廣州刻本　十二冊　存二十四卷(詩鈔十四卷、續鈔一至十)

440000－2541－0008037　18582
慧海小草不分卷　(清)釋契生撰　清道光八年(1828)海幢經坊刻本　一冊

440000－2541－0008038　18583
搶榆小閣詩略十卷　(清)吳繩澤撰　清道光十九年(1839)刻本　二冊　存五卷(一至五)

440000－2541－0008039　18584
淵雲墨妙山房詩鈔二卷　(清)伍秉鏞撰　清道光五年(1825)家刻本　一冊

440000－2541－0008040　18585
聞香館續吟三卷　(清)伍有庸撰　清道光十七年(1837)羊城自刻本　一冊

440000－2541－0008041　18587
欣所遇齋詩存六卷　(清)吳家懋撰　清道光刻本　二冊

440000－2541－0008042　18590
雙桐圃詩鈔四卷　(清)潘恕撰　清同治三年(1864)刻本　二冊

440000－2541－0008043　18591
小潛樓詩集四卷　(清)袁梓貴撰　(清)梁振芳輯　清光緒十一年(1885)端州怡園刻本　二冊

440000－2541－0008044　18592
妙吉祥室詩鈔十三卷壽間齋吟草八卷詩餘一卷詞餘一卷雜存一卷　(清)朱葵之撰　清光緒十年(1884)朱丙壽古義安郡署刻本　六冊

440000－2541－0008045　18595
雲根老屋詩鈔十二卷　(清)羅嘉蓉撰　清光緒十四年(1888)鳳凰臺畔狎山閣刻本　四冊

440000－2541－0008046　18596
遊瓊草一卷　(清)吳家樹撰　清道光番禺吳家懋刻本　一冊

440000－2541－0008047　18597
毋自欺齋詩畧不分卷　(清)梁元撰　清道光十五年(1835)刻本　一冊

440000－2541－0008048　18598
毋自欺齋詩畧不分卷　(清)梁元撰　清同治七年(1868)梁泰亨刻本　一冊

440000－2541－0008049　18599
小阮遺草一卷　(清)陳超群撰　清咸豐刻本　一冊

440000－2541－0008050　18602
壽間齋吟草八卷　(清)朱葵之撰　清光緒十年(1884)朱丙壽古義安郡署刻本　二冊

440000－2541－0008051　18603
仰高軒詩草五卷首一卷　(清)黃亨撰　清咸豐五年(1855)聚賢堂刻本　一冊　存二卷

(一至二)

440000－2541－0008052　18604

仰高軒詩草五卷首一卷　(清)黄亨撰　清咸豐五年(1855)聚賢堂刻本　二册

440000－2541－0008053　18605

抱簫山道人遺稿二卷　(清)陳鴻墀撰　清光緒刻本　一册

440000－2541－0008054　18606

萬松山房詩鈔五卷首一卷　(清)潘正亨撰　清道光十三年(1833)刻本　二册

440000－2541－0008055　18607

太鶴山人集十三卷　(清)端木國瑚撰　清道光二十年(1840)瑞安洪坤刻本　六册

440000－2541－0008056　18608

太鶴山人集十三卷　(清)端木國瑚撰　清道光二十年(1840)瑞安洪坤刻本　六册

440000－2541－0008057　18610

太鶴山人集十三卷　(清)端木國瑚撰　清道光二十年(1840)瑞安洪坤刻本　六册

440000－2541－0008058　18611

太鶴山人集十三卷　(清)端木國瑚撰　清道光二十年(1840)瑞安洪坤刻本　六册

440000－2541－0008059　18612

西泠懷古集十卷　(清)陳文述撰　(清)朱綬　(清)王嘉禄輯　清道光十年(1830)漢上青鸞閣自刻本　四册

440000－2541－0008060　18614

攬翠山房詩草六卷　(清)何玉成撰　清咸豐八年(1858)刻本　一册

440000－2541－0008061　18615

嘯碧池館詩草六卷　(清)翁清撰　清咸豐七年(1857)刻本　三册

440000－2541－0008062　18616

秦瓦硯齋詩鈔七卷　(清)簡士良撰　清粵東刻本　二册

440000－2541－0008063　18617

祝英臺近山房詩鈔二卷詞鈔一卷　(清)萬貢璆撰　清道光三十年(1850)宜興萬貢珍刻本　三册

440000－2541－0008064　18618

訥友山房詩鈔一卷　(清)馮之基撰　清同治刻本　一册

440000－2541－0008065　18619

晚香樓吟草三卷　(清)韓廷杰撰　清同治四年(1865)刻本　二册

440000－2541－0008066　18620

杉蔭橋邊舊草堂詩鈔二卷　(清)翁壽麐撰　清咸豐三年(1853)刻本　二册

440000－2541－0008067　18621

集義軒詠史詩鈔六十卷　(清)羅惇衍撰　清光緒元年(1875)順德羅氏刻本　二十四册

440000－2541－0008068　18622

集義軒詠史詩鈔六十卷　(清)羅惇衍撰　清光緒元年(1875)順德羅氏刻本　四册

440000－2541－0008069　18623

南村草堂詩鈔二十四卷　(清)鄧顯鶴撰　清道光刻本　六册

440000－2541－0008070　18624

香夢春寒館詩鈔五卷　(清)陳春榮撰　清咸豐刻本　二册

440000－2541－0008071　18625

聞香館學吟四卷　(清)伍有庸撰　清道光七年(1827)羊城自刻本　一册

440000－2541－0008072　18626

蒲桔山房詩集二卷　(清)黄國培撰　清咸豐十年(1860)自刻本　一册

440000－2541－0008073　18627

綠蕉館詩鈔四卷　(清)陳景高撰　清同治十三年(1874)刻本　一册

440000－2541－0008074　18628

蘭樵遺集三卷　(清)陳湘撰　清道光二十三年(1843)刻同治印本　一册

440000－2541－0008075　18629
鵲泉山館詩七卷詞一卷　（清）潘觀保撰　清光緒吴縣刻本　二册

440000－2541－0008076　18630
心盦詩存三卷　（清）何兆瀛撰　清光緒五年至八年（1879－1882）刻本　一册　存一卷（丙子一卷）

440000－2541－0008077　18631
心盦詩存三卷　（清）何兆瀛撰　清光緒五年至八年（1879－1882）刻本　二册

440000－2541－0008078　18632
松夢寮詩稿六卷　（清）丁丙撰　清光緒二十五年（1899）刻本　三册

440000－2541－0008079　18633
紅樹山莊詩草二卷　（清）李景元撰　清咸豐十年（1860）刻本　一册

440000－2541－0008080　18634
仰蘧書屋詩稿一卷　（清）岑灼文撰　（清）何如銓等輯　清同治七年（1868）南海岑氏刻本　一册

440000－2541－0008081　18635
仰蘧書屋詩稿一卷　（清）岑灼文撰　（清）何如銓等輯　清同治七年（1868）南海岑氏刻本　一册

440000－2541－0008082　18636
芙蓉館遺稿一卷　（清）史印玉撰　清同治十三年（1874）刻本　一册

440000－2541－0008083　18637
芙蓉館遺稿一卷　（清）史印玉撰　清同治十三年（1874）刻本　一册

440000－2541－0008084　18638
味鐙閣詠史不分卷　（清）羅珊撰　清咸豐味鐙閣刻本　二册

440000－2541－0008085　18639
静香閣詩存一卷　（清）黎春熙撰　清光緒二十四年（1898）順德龍氏刻朱印本　一册

440000－2541－0008086　18640
静香閣詩存一卷　（清）黎春熙撰　清光緒二十四年（1898）順德龍氏刻朱印本　一册

440000－2541－0008087　18641
吴陽女士詩一卷　題（清）陳玉山德配李氏作　清抄本　一册

440000－2541－0008088　18642
退宜堂詩集六卷　（清）孫垓撰　清光緒刻本　二册

440000－2541－0008089　18643
新年雜詠一卷　（清）舒紹言等撰　清刻本　一册

440000－2541－0008090　18644
同館賦鈔一卷詩鈔一卷　（清）張端卿撰　清道光刻本　一册

440000－2541－0008091　18646
耕雲別墅詩集一卷　（清）鄔啓祚撰　清宣統元年（1909）鄔慶時刻鄔家初集本　一册

440000－2541－0008092　18647
百尺樓吟草不分卷　（清）陳廷選撰　清道光十三年（1833）陳廷選百尺樓刻本　二册

440000－2541－0008093　18648
清尊集十六卷　（清）汪遠孫輯　清道光十九年（1839）錢唐汪氏振綺堂刻本　四册

440000－2541－0008094　18649
國朝正雅集九十九卷總目一卷首一卷　（清）符葆森編　清咸豐六年至七年（1856－1857）京師半畝園刻本　三十二册

440000－2541－0008095　18650
畿輔叢書一百二十六種附二種　（清）王灝編　清光緒五年（1879）定州王氏謙德堂刻本　八册　存五種

440000－2541－0008096　18654
和香草閑情詩一卷　（清）李拱宸撰　清刻本　一册

440000－2541－0008097　18656
羅浮游草一卷　（清）鮑俊撰　清道光十九年（1839）刻本　一册

440000－2541－0008098　18657
紫石泉山房詩鈔三卷　(清)吳定撰　清嘉慶十五年(1810)鮑士貞刻本　一册

440000－2541－0008099　18658
珠江送别詩一卷　(清)馮兆年輯　清刻本　一册

440000－2541－0008100　18663
國朝詩鐸二十六卷首一卷　(清)張應昌輯　清同治八年(1869)永康應氏秀芝堂刻本　十二册

440000－2541－0008101　18664
國朝詩鐸二十六卷首一卷　(清)張應昌輯　清同治八年(1869)永康應氏秀芝堂刻本　十二册

440000－2541－0008102　18665
七家詩選七卷　(清)張熙宇輯評　清道光十二年(1832)刻朱墨套印本　二册

440000－2541－0008103　18666
七家試帖輯註彙鈔七種　(清)張熙宇輯評　(清)王植桂輯注　清同治九年(1870)刻本　八册

440000－2541－0008104　18667
七家試帖輯註彙鈔七種　(清)張熙宇輯評　(清)王植桂輯注　清光緒六年(1880)刻朱墨套印本　五册

440000－2541－0008105　18671
養和堂詩鈔一卷　(清)蔡球撰　清咸豐蔡雲緗刻本　一册

440000－2541－0008106　18672
湘瀨合稾十六卷　(清)陸炳輯　清嘉慶三年(1798)陸炳吳門刻本　四册

440000－2541－0008107　18673
一角亭詩鈔二卷　(清)陳璧光撰　清咸豐十年(1860)刻本　一册

440000－2541－0008108　18674
挹甕齋詩草三卷　(清)蔡蕙清撰　清咸豐元年(1851)刻本　二册

440000－2541－0008109　18675
國初十家詩鈔　(清)王相輯　清道光十年(1830)秀水王相信芳閣木活字印本　四十八册

440000－2541－0008110　18678
味澹軒詩草十卷　(清)文鴻撰　清道光刻本　一册

440000－2541－0008111　18679
可自怡齋試帖注釋二卷　(清)顧文彬撰　清刻本　一册　存一卷(下)

440000－2541－0008112　18680
自怡軒遺稾一卷　(清)朱清撰　**片玉山莊詩存一卷**　(清)朱彦臣撰　清光緒二十二年(1896)刻本　一册

440000－2541－0008113　18682
國初十家詩鈔　(清)王相輯　清道光十年(1830)秀水王相信芳閣木活字印本　五册　存五種

440000－2541－0008114　18683
今詩擇鈔不分卷　(清)王古輯　清末抄本　一册

440000－2541－0008115　18684
沙溪洞八景詩一卷王樂寺八景詩二卷　(清)張維屏輯　清咸豐八年(1858)廣州刻本　一册

440000－2541－0008116　18685
甘棠集不分卷　(清)饒慶捷輯　清嘉慶刻本　一册

440000－2541－0008117　18686
壽人雅韻不分卷　(清)馮城驥輯　清光緒三十一年(1905)鳳浦馮氏先春池館刻本　一册

440000－2541－0008118　18687
攬芳園詩鈔二卷　(清)譚楷輯　清道光二十八年(1848)刻本　一册

440000－2541－0008119　18688
肄城輿頌一卷增江輿頌一卷　□□輯　清光緒八年(1882)肄城書院山長龍泉鉛印本　一

册

440000－2541－0008120　18689
草色聯吟二卷　(清)楊永衍輯　清光緒十三年(1887)番禺楊氏古雪樓刻本　一册

440000－2541－0008121　18690
四先生詩存四卷　陳步墀輯　清宣統元年(1909)繡詩樓鉛印本　一册

440000－2541－0008122　18692
春宴唱和詩不分卷　(清)張維屏輯　清道光刻本　一册

440000－2541－0008123　18693
黄岡留别唱酬詩卷不分卷　(清)張鑾坡等撰　清光緒十三年(1887)刻本　一册

440000－2541－0008124　18694
黄岡留别唱酬詩卷不分卷　(清)張鑾坡等撰　清光緒十三年(1887)刻本　一册

440000－2541－0008125　18695
杏莊題詠四卷二集二卷　(清)鄧大林輯　清道光二十六年至二十九年(1846－1849)刻本　一册

440000－2541－0008126　18696
杏莊題詠四卷二集二卷　(清)鄧大林輯　清道光二十六年至二十九年(1846－1849)刻本　一册

440000－2541－0008127　18697
綏江偉餞集一卷龍門送行詩一卷　(清)吴大猷編　清光緒二十二年(1896)刻本　一册

440000－2541－0008128　18698
春星堂續集十卷　(清)汪簠輯　清光緒十二年(1886)錢塘汪氏長沙刻叢睦汪氏遺書本　一册　存五卷(一至五)

440000－2541－0008129　18699
增江梅花書屋聯吟集二卷　(清)黄肖賓輯　清光緒十三年(1887)刻本　二册

440000－2541－0008130　18701
白雲洞詩卷不分卷　(清)李辰輝等撰　清刻本　一册

440000－2541－0008131　18702
詠張貞女詩集二卷　(清)蕭錦洲輯　清光緒二十八年(1902)刻本　一册

440000－2541－0008132　18703
庚申三月三日柳堂修禊詩不分卷　(清)李長榮　(清)譚壽衢輯　清咸豐十年(1860)刻本　一册

440000－2541－0008133　18704
文明里詩會詩不分卷　(清)張維屏評　(清)盧福普輯　清道光二十八年(1848)順德盧福普刻本　一册

440000－2541－0008134　18705
哀蟬集四卷　(清)周蓮峰輯　清咸豐十一年(1861)刻本　一册　存一卷(一)

440000－2541－0008135　18706
枕泉仙館詩賦二卷　(清)枕泉仙館輯　清咸豐四年(1854)刻本　一册

440000－2541－0008136　18707
梅花邨農詩十卷　(清)葉丹撰　清同治刻本　四册

440000－2541－0008137　18708
國朝金陵詩徵四十八卷　(清)朱緒曾輯　清光緒十二年(1886)刻本　十六册

440000－2541－0008138　18711
嶼浮閣詩集十三卷賦集一卷　(明)溫日知撰　清咸豐七年(1857)李錫齡刻本　二册

440000－2541－0008139　18715
威信公詩集四卷　(清)岳鍾琪撰　清光緒十年(1884)岳維垚廣州刻本　二册

440000－2541－0008140　18717
抱冲齋詩集三十六卷眠琴仙館詞一卷　(清)斌良撰　**年譜一卷**　(清)法良撰　清光緒十五年(1889)崇福湘南薇垣官署刻本　十二册

440000－2541－0008141　18723
元氣堂詩集二卷　(明)何吾騶撰　(清)何仞樓輯　清嘉慶二十四年(1819)廣州聚英堂刻本　六册

440000－2541－0008142　18729

弇州山人四部稿選十六卷　(明)王世貞撰　(明)沈一貫選　明萬曆刻本　四冊

440000－2541－0008143　18730

大小雅堂詩鈔十卷　(清)邵堂撰　清道光十年(1830)刻本　四冊

440000－2541－0008144　18731

煮凌霄榭詩集六卷　(清)陳燗撰　清道光刻本　一冊

440000－2541－0008145　18737

秋奩詩草一卷　(清)黃易撰　清宣統二年(1910)石印本　一冊

440000－2541－0008146　18739

清暉閣詩鈔六卷　(清)吳松撰　清道光十年(1830)刻本　四冊

440000－2541－0008147　18740

香葉草堂詩存一卷　(清)羅聘撰　清道光十四年(1834)刻本　一冊

440000－2541－0008148　18741

是程堂二集四卷　(清)屠倬撰　清道光元年(1821)潛園刻本　一冊

440000－2541－0008149　18742

雙藤書屋詩集十二卷試帖二卷　(清)何道生撰　清道光元年(1821)刻本　四冊

440000－2541－0008150　18743

小樓詩集八卷　(清)王嵩高撰　清道光十六年(1836)刻本　二冊

440000－2541－0008151　18744

李忠毅公遺詩一卷附錄一卷　(清)李長庚撰　(清)李廷鈺輯　**附刊國朝詩人徵略一卷**　(清)張維屏輯　清同治五年(1866)家刻本　一冊

440000－2541－0008152　18745

湖海詩傳四十六卷　(清)王昶輯　清嘉慶八年(1803)青浦王氏三泖漁莊刻本　十二冊

440000－2541－0008153　18746

翁山詩外十九卷　(清)屈大均撰　清宣統二年(1910)國學扶輪社鉛印本　十二冊

440000－2541－0008154　18747

翁山詩外十九卷　(清)屈大均撰　清宣統二年(1910)國學扶輪社鉛印本　十二冊

440000－2541－0008155　18748

翁山詩外十九卷　(清)屈大均撰　清宣統二年(1910)國學扶輪社鉛印本　十二冊

440000－2541－0008156　18749

蓬亭偶存詩草十五卷餘草一卷　(清)陳王猷撰　清康熙至雍正海陽陳氏世馨堂刻道光二十六年(1846)陳廣澤補刻本　八冊

440000－2541－0008157　18751

金源紀事詩八卷　(清)湯運泰撰　(清)湯顯業　(清)湯顯幹注　清嘉慶十八年(1813)青浦湯氏綠籤山房刻本　四冊

440000－2541－0008158　18752

十二石山齋叢錄九卷　(清)梁九圖輯　清光緒刻本　二冊

440000－2541－0008159　18753

小蓬亭詩草六卷　(清)陳學典撰　清道光二十九年(1849)陳廣澤刻本　二冊

440000－2541－0008160　18754

海康陳清端公詩集十卷首一卷　(清)陳瑸撰　(清)丁宗洛輯　**年譜二卷**　(清)丁宗洛編　清道光六年(1826)丁宗洛沛上東署不負齋刻本　四冊

440000－2541－0008161　18758

十二石山齋叢錄九卷　(清)梁九圖輯　清道光二十八年(1848)順德梁氏十二石山齋刻本　四冊

440000－2541－0008162　18759

仰山樓詩草六卷　(清)黃承謙撰　清光緒刻本　一冊

440000－2541－0008163　18760

敝帚齋詩鈔四卷文鈔二卷　(清)廖卓然撰　清咸豐五年(1855)刻本　三冊

440000－2541－0008164　18761

仿舫詩鈔八卷　(清)劉熊撰　清道光元年(1821)刻本　二册

440000－2541－0008165　18762
色香俱古之室詩鈔七卷　(清)賴瀛撰　清光緒七年(1881)刻本　二册

440000－2541－0008166　18764
江上萬峯樓詩鈔四卷　(清)何元撰　清道光六年(1826)廣州刻本　二册

440000－2541－0008167　18765
湖北鄖陽府保康縣尉廉泉蕭公闔門殉節詩一卷　(清)曹濂等撰　清嘉慶刻本　一册

440000－2541－0008168　18766
講筵四世詩鈔十卷　(清)張英等撰　清光緒十八年(1892)家刻本　四册

440000－2541－0008169　18768
靈巖八詠一卷　(清)胡斯錞等撰　清道光十四年(1834)刻本　一册

440000－2541－0008170　18769
抱山堂集十四卷簫譜詞一卷續集一卷遺詩二卷　(清)朱彭撰　清嘉慶六年至九年(1801－1804)錢塘朱氏刻本　四册

440000－2541－0008171　18779
定盦文集三卷續集四卷文集補九卷補編四卷　(清)龔自珍撰　清光緒二十三年(1897)萬本書堂刻本　四册　存十五卷(續集三至四、文集補九卷、補編四卷)

440000－2541－0008172　18780
古人今我齋詩八卷　(清)吳維彰撰　清道光刻本　四册

440000－2541－0008173　18781
薌林草堂詩鈔八卷　(清)王玉樹撰　清喬應庚刻本　二册

440000－2541－0008174　18782
眠琴館詩鈔四卷　(清)胡斯錞撰　清道光十四年(1834)刻本　二册

440000－2541－0008175　18783
搶榆小閣詩略十卷　(清)吳繩澤撰　清道光十九年(1839)刻本　二册

440000－2541－0008176　18785
見星廬詩稿八卷　(清)林聯桂撰　清嘉慶十九年(1814)廣州刻本　四册

440000－2541－0008177　18786
道援堂詩集十二卷詞一卷　(清)屈大均撰　清道光粵東刻本　八册

440000－2541－0008178　18789
道古堂集外詩二卷　(清)杭世駿撰　**樊榭山房外集詩三卷**　(清)厲鶚撰　清光緒十三年(1887)錢唐丁氏當歸草堂刻本　一册

440000－2541－0008179　18790
珍帚編詩集九卷編後集一卷　(清)崔弼撰　清嘉慶十五年(1810)刻光緒八年(1882)崔其湛補刻本　四册

440000－2541－0008180　18791
馮氏清芬集三種　(清)馮詢編　清光緒元年(1875)上海榷署刻本　二册

440000－2541－0008181　18792
南韻齋詩選四卷　題(清)鏡軒主人撰　清抄本　四册

440000－2541－0008182　18793
紫藤館詩鈔二卷　(清)梁九圖撰　清道光二十四年(1844)梁思問刻本　一册

440000－2541－0008183　18794
拙軒詩鈔不分卷　(清)李嶟撰　清抄本　一册

440000－2541－0008184　18795
攖寧山房遺稿一卷　(清)王亮貞撰　清道光十六年(1836)刻本　一册

440000－2541－0008185　18796
清湘樓詩選一卷　(清)凌帙女撰　清光緒快閣師石山房抄本　一册

440000－2541－0008186　18798
清六家詩鈔六種　(清)□□編　清末至民國初抄本　一册

440000－2541－0008187　18799
拙園詩選一卷　（清）馮賡颺撰　（清）馮詢輯　清同治元年(1862)南海馮氏刻本　一冊

440000－2541－0008188　18800
拙園詩選一卷　（清）馮賡颺撰　（清）馮詢輯　清同治元年(1862)南海馮氏刻本　一冊

440000－2541－0008189　18801
壽藤齋詩三十五卷　（清）鮑倚雲撰　清嘉慶十一年(1806)刻同治十二年(1873)補刻本　八冊　存三十二卷(一至七、九至十二、十五至三十五)

440000－2541－0008190　18802
花隱詩集八卷　（清）胡方城撰　清嘉慶刻本　八冊

440000－2541－0008191　18803
風佩軒遺草一卷附錄一卷行狀一卷　（清）方天根撰　清道光二十九年(1849)劉嘉謨刻本　一冊

440000－2541－0008192　18804
綠野軒詩草不分卷　（清）詹執璞撰　清抄本　二冊

440000－2541－0008193　18805
寸知堂遺草一卷　（清）梁翰撰　（清）梁九圖輯　清道光二十六年(1846)刻本　一冊

440000－2541－0008194　18806
冬花菴燼餘稿不分卷　（清）奚岡撰　清抄本　一冊

440000－2541－0008195　18807
樓邨詩集二十五卷　（清）王式丹撰　**小樓詩集八卷**　（清）王嵩高撰　清雍正四年(1726)王懋訥刻道光十六年(1836)續刻本　六冊

440000－2541－0008196　18808
賞雨茅屋詩集十六卷　（清）曾燠撰　清道光三年(1823)長洲王嘉祿刻本　四冊

440000－2541－0008197　18809
蘭言集摘錄不分卷　（清）謝堃選　清敏農抄本　四冊

440000－2541－0008198　18810
息園吟草全集二卷　（□）□□撰　清抄本　二冊

440000－2541－0008199　18811
是亦軒詩稿六卷　（清）魏繼相撰　清道光十年(1830)刻本　一冊

440000－2541－0008200　18814
二思齋詩鈔六卷　（清）何文明撰　清光緒七年(1881)閩南節署刻本　二冊

440000－2541－0008201　18815
湖北金石詩一卷　（清）嚴觀撰　清道光二十五年(1845)刻本　一冊

440000－2541－0008202　18816
湖北金石詩一卷　（清）嚴觀撰　清光緒元年(1875)衢西張氏二銘草堂刻本　二冊

440000－2541－0008203　18817
捧月樓綺語八卷　（清）袁通撰　清光緒十一年(1885)袁定宇刻本　二冊

440000－2541－0008204　18818
邵武徐氏叢書二集二十六種　（清）徐幹編　清光緒刻本　十冊　存六種

440000－2541－0008205　18820
青霞館論畫絕句一百首一卷　（清）吳修撰　清光緒二年(1876)錢江葛元煦嘯園刻本　一冊

440000－2541－0008206　18821
青霞館論畫絕句一百首一卷　（清）吳修撰　清光緒二年(1876)錢江葛元煦嘯園刻本　一冊

440000－2541－0008207　18822
嶺海樓詩鈔十一卷　（清）黃培芳撰　（清）黃喬松　（清）黃玉階輯　清嘉慶刻本　四冊

440000－2541－0008208　18823
蒙廬詩存四卷外集一卷　（清）沈景脩撰　清光緒二十一年(1895)杭州刻本　一冊

440000－2541－0008209　18824
鼇洲詩草十二卷詩餘一卷　（清）林蒲封撰

（清）張廷球等編　清道光刻民國二十五年（1936）印本　四冊

440000－2541－0008210　18825
見星廬館閣詩話二卷　（清）林聯桂撰　清光緒十一年（1885）吳川林氏香雪館刻本　一冊

440000－2541－0008211　18833
月壺題畫詩一卷　（清）瞿應紹撰　清姑蘇刻本　一冊

440000－2541－0008212　18834
清儀閣雜詠一卷　（清）張廷濟撰　清道光十九年（1839）刻桂馨堂集本　一冊

440000－2541－0008213　18835
順安詩草八卷　（清）張廷濟撰　清道光二十八年（1848）刻桂馨堂集本　二冊　存五卷（一至五）

440000－2541－0008214　18836
清儀閣雜詠一卷　（清）張廷濟撰　清道光十九年（1839）刻桂馨堂集本　一冊

440000－2541－0008215　18850
柳洲遺稾二卷　（清）魏之琇撰　**冬花庵爐餘稾三卷**　（清）奚岡撰　清同治十一年（1872）錢塘丁氏刻西泠五布衣遺著本　一冊

440000－2541－0008216　18851
藹唐詩集十五卷　（清）王瑋慶撰　清光緒刻本　一冊　存一卷（十五）

440000－2541－0008217　18852
畫林新詠三卷補遺一卷　（清）陳文述撰　題（清）碧螺山人編　清道光七年（1827）陳文述西湖翠渌園刻本　一冊

440000－2541－0008218　18853
桃溪集不分卷　（清）吳歷撰　清抄本　一冊

440000－2541－0008219　18854
香海盦叢書九種　（清）徐琪編　清光緒仁和徐氏刻二十年（1894）彙印本　四冊

440000－2541－0008220　18855
養拙齋詩十四卷附錄一卷　（清）王必達撰　清光緒十六年至十九年（1890－1893）王氏刻本　四冊

440000－2541－0008221　18856
夢痕仙館詩鈔十卷　張其淦撰　清光緒三十二年（1906）刻本　五冊

440000－2541－0008222、18857
夢痕仙館詩鈔十卷　張其淦撰　清光緒三十二年（1906）刻本　五冊

440000－2541－0008223　18858
眠琴閣詩鈔十二卷續編三卷　（清）呂廷煇撰　清同治二年（1863）黔中刻本　四冊

440000－2541－0008224　18859
峰青館詩鈔七卷續鈔四卷　（清）錢國珍撰　清同治六年（1867）古禹旂署刻光緒二年（1876）續刻本　三冊

440000－2541－0008225　18860
退思軒詩集六卷補遺一卷　（清）張百熙撰　清宣統三年（1911）京師鉛印本　一冊

440000－2541－0008226　18861
退思軒詩集六卷補遺一卷　（清）張百熙撰　清宣統三年（1911）京師鉛印本　一冊

440000－2541－0008227　18862
石船居古今體詩賸稾十二卷　（清）李超瓊撰　清光緒二十二年（1896）木活字印石船居賸稿本　四冊

440000－2541－0008228　18869
梅窩詩鈔三卷詞鈔一卷遺稿一卷　（清）陳良玉撰　清光緒元年（1875）劬學齋刻本　二冊

440000－2541－0008229　18870
梅窩詩鈔三卷詞鈔一卷遺稿一卷　（清）陳良玉撰　清光緒元年（1875）劬學齋刻本　二冊

440000－2541－0008230　18871
梅窩詩鈔三卷詞鈔一卷遺稿一卷　（清）陳良玉撰　清光緒元年（1875）劬學齋刻本　二冊

440000－2541－0008231　18872
梅窩詩鈔三卷詞鈔一卷遺稿一卷　（清）陳良玉撰　清光緒元年（1875）劬學齋刻本　二冊

440000－2541－0008232　18873
梅窩詩鈔三卷詞鈔一卷遺稿一卷　(清)陳良玉撰　清光緒元年(1875)劬學齋刻本　二册

440000－2541－0008233　18874
梅窩詩鈔三卷詞鈔一卷遺稿一卷　(清)陳良玉撰　清光緒元年(1875)劬學齋刻本　二册

440000－2541－0008234　18875
求實用齋詩存一卷　(清)勞伯言撰　清光緒二十七年(1901)南海勞氏廣州刻本　一册

440000－2541－0008235　18876
求實用齋詩存一卷　(清)勞伯言撰　清光緒二十七年(1901)南海勞氏廣州刻本　一册

440000－2541－0008236　18877
閑齋詩集前編三卷後編四卷　(清)光聰誠撰　清同治九年(1870)皖城刻本　一册

440000－2541－0008237　18878
慎庵古體詩二卷近體詩二卷詩餘一卷賦稿一卷試帖二卷　(清)高靜撰　清光緒六年至八年(1880－1882)寧河高氏刻本　三册

440000－2541－0008238　18879
薑廬詩鈔十六卷　(清)曾炎權撰　清宣統三年(1911)刻本　四册

440000－2541－0008239　18886
恩暉堂詩集六卷　(清)王藻撰　清咸豐六年(1856)刻本　四册

440000－2541－0008240　18887
子良詩存二十二卷　(清)馮詢撰　清同治十年(1871)刻本　十册

440000－2541－0008241　18888
子良詩存二十二卷　(清)馮詢撰　清同治十年(1871)刻本　七册　存二十卷(三至二十二)

440000－2541－0008242　18889
子良詩錄十卷　(清)馮詢撰　清同治十一年(1872)馮永年江西省寓刻本　四册

440000－2541－0008243　18890
子良詩錄二卷摘句一卷　(清)馮詢撰　清同治二年(1863)廣州寶華坊刻本　二册

440000－2541－0008244　18892
息柯居士全集十一種　(清)楊翰撰　清同治至光緒刻本　十六册　存七種

440000－2541－0008245　18893
息柯居士全集十一種　(清)楊翰撰　清同治至光緒刻本　八册　存三種

440000－2541－0008246　18894
讀秋水齋詩十六卷　(清)陸𪊲恩撰　清同治七年(1868)刻本　八册

440000－2541－0008247　18895
讀秋水齋詩十六卷　(清)陸𪊲恩撰　清同治七年(1868)刻本　六册

440000－2541－0008248　18899
蓄墨復齋詩鈔四卷　(清)王培新撰　清光緒二十二年(1896)刻本　四册

440000－2541－0008249　18902
蜨花吟館詩鈔八卷詩餘一卷詩評一卷　(清)孫檍撰　清同治刻本　四册

440000－2541－0008250　18903
白雲草詩八卷　(清)王彬撰　清光緒二十五年(1899)刻本　一册

440000－2541－0008251　18906
絳雪山房詩鈔二十卷續鈔六卷試帖三卷　(清)楊慶琛撰　清道光二十八年至同治三年(1848－1864)刻本　十册

440000－2541－0008252　18907
湘綺樓詩八卷夜雪集一卷　王闓運撰　清光緒二十六年(1900)東州講舍刻本　三册

440000－2541－0008253　18913
隨緣集四卷　(清)釋慈海撰　清道光二十六年(1846)耆英刻本　三册

440000－2541－0008254　18914
懷潞園叢刊十四種　(清)李嘉績編　清光緒潞河李氏代耕堂西安刻本　九册　存八種

440000－2541－0008255　18916

花磚日影集十卷 （清）徐琪撰 清光緒三十三年（1907）刻香海盦叢書本 二冊

440000－2541－0008256 18917
花磚日影集十卷 （清）徐琪撰 清光緒三十三年（1907）刻香海盦叢書本 五冊

440000－2541－0008257 18918
珠泉草廬詩鈔四卷 廖樹蘅撰 清光緒二十三年（1897）衡州刻本 二冊

440000－2541－0008258 18919
所託山房詩集四卷首三卷 （清）周遐桃撰 清光緒刻本 一冊

440000－2541－0008259 18920
所託山房詩集四卷首三卷 （清）周遐桃撰 清光緒刻本 一冊

440000－2541－0008260 18921
所託山房詩集四卷首三卷 （清）周遐桃撰 清光緒刻本 一冊

440000－2541－0008261 18922
所託山房詩集四卷首三卷 （清）周遐桃撰 清光緒刻本 二冊

440000－2541－0008262 18923
退齋詩稿五卷 （清）方鼎鋭撰 清宣統元年（1909）從吾書屋刻本 二冊

440000－2541－0008263 18924
畹香村會稿八卷 （清）郭綏之撰 清咸豐十年（1860）自刻本 二冊

440000－2541－0008264 18925
綠雲山房詩草二卷首一卷終一卷 （清）勞蓉君撰 清光緒四年（1878）山陰陳氏刻橘蔭軒全集本 二冊

440000－2541－0008265 18926
春星閣詩鈔十五卷 （清）楊季鸞撰 清道光九年（1829）刻本 二冊

440000－2541－0008266 18927
瑞芍軒詩鈔四卷詞稿一卷 （清）許乃穀撰 清同治七年（1868）仁和許氏刻本 二冊

440000－2541－0008267 18928
煮葵堂詩鈔三卷詞鈔一卷 （清）顏師孔撰 清光緒十四年（1888）自刻後補刻印本 二冊

440000－2541－0008268 18929
煮葵堂詩鈔三卷詞鈔一卷 （清）顏師孔撰 清光緒十四年（1888）自刻後補刻印本 二冊 存二卷（詩鈔一至二）

440000－2541－0008269 18930
煮葵堂詩鈔三卷詞鈔一卷 （清）顏師孔撰 清光緒十四年（1888）自刻本 一冊

440000－2541－0008270 18931
謝家山人集六卷 （清）唐瑩撰 清光緒十年（1884）唐汝瓌安慶刻本 二冊

440000－2541－0008271 18932
紅蕉館詩鈔一卷續二卷 （清）朱畹撰 清道光二十一年（1841）刻本 二冊

440000－2541－0008272 18936
青箱館詩鈔十二卷 （清）沈丹培撰 清道光十九年（1839）刻本 二冊 存十一卷（一至九、十一至十二）

440000－2541－0008273 18937
半巖廬遺詩二卷 （清）邵懿辰撰 清同治十年（1871）刻本 一冊

440000－2541－0008274 18938
小樊川詩鈔二卷 （清）杜雋撰 清光緒七年（1881）汪瑔隨山館刻本 一冊

440000－2541－0008275 18940
雲鶴山人詩鈔八卷 （清）林慶銓撰 清同治五年（1866）廣州刻本 二冊

440000－2541－0008276 18941
雲鶴山人詩鈔八卷 （清）林慶銓撰 清同治五年（1866）廣州刻本 二冊

440000－2541－0008277 18942
詅癡集四卷 （清）蔣廷皐撰 清光緒九年（1883）刻本 二冊

440000－2541－0008278 18943
雲鶴山房詩續集一卷三集一卷四集一卷五集

一卷　(清)林慶銓撰　清光緒二十六年(1900)羊城刻本　二册

440000－2541－0008279　18944
古榆軒詩鈔七卷詩餘一卷　(清)馬鍾祺撰　清宣統元年(1909)刻朱印本　二册

440000－2541－0008280　18945
雪鴻偶鈔詩四卷詞一卷　(清)倪世珍輯　清光緒四年(1878)吳縣倪氏刻本　二册

440000－2541－0008281　18946
有三惜齋詩二卷　(清)趙福雲撰　清咸豐七年(1857)刻本　二册

440000－2541－0008282　18947
怡柯草堂詩鈔六卷　(清)姚錫華撰　清同治刻本　二册

440000－2541－0008283　18948
盧霽山遺草四卷首一卷　(清)盧紹坤撰　清同治五年(1866)刻本　二册

440000－2541－0008284　18949
柏井集六卷　(清)汪昶撰　清同治九年(1870)刻本　二册

440000－2541－0008285　18950
醉山草堂詩集二卷　(清)黄仲騏撰　清光緒三年(1877)黄肇鼎澋寧學署刻本　二册

440000－2541－0008286　18951
肇雅堂詩八卷　(清)張景祁撰　清光緒二十三年(1897)吳玉田杭州百億梅花館刻本　二册

440000－2541－0008287　18952
一朶山房詩集十八卷　(清)傅澂撰　清光緒二年(1876)傅壽彤都門刻本　二册

440000－2541－0008288　18953
秋舲詩草四卷　(清)馬桀臣撰　清光緒二十五年(1899)刻本　二册

440000－2541－0008289　18954
虛白齋古近體詩二卷　(清)劉藴輝撰　清同治十一年(1872)刻本　一册

440000－2541－0008290　18958
百尺樓百首詩鈔一卷　(清)陳次壬撰　清宣統三年(1911)南海陳氏刻本　一册

440000－2541－0008291　18959
百尺樓百首詩鈔一卷　(清)陳次壬撰　清宣統三年(1911)南海陳氏刻本　一册

440000－2541－0008292　18961
南遊賸稿一卷　(清)張槐撰　清光緒二十八年(1902)龍江張氏刻本　一册

440000－2541－0008293　18964
耕雲別墅詩集一卷附録一卷　(清)鄔啓祚等撰　清宣統元年至三年(1909－1911)刻民國八年(1919)印本　一册

440000－2541－0008294　18965
徐花農歌詩九卷　(清)徐琪撰　清光緒二十年(1894)刻本　一册

440000－2541－0008295　18966
笛倚樓詩草二卷　(清)吳元鏡撰　清咸豐四年(1854)刻本　一册

440000－2541－0008296　18967
絜香吟館小草一卷　(清)齡文撰　清光緒十三年(1887)刻本　一册

440000－2541－0008297　18968
師竹軒詩集四卷　(清)劉樹堂撰　**韻香閣詩草一卷**　(清)孔祥淑撰　清光緒十一年(1885)胡濬刻本　一册

440000－2541－0008298　18969
紫荆吟館詩集四卷　(清)曹秉哲撰　清光緒二十五年(1899)家刻本　二册

440000－2541－0008299　18970
紫荆吟館詩集四卷　(清)曹秉哲撰　清光緒二十五年(1899)家刻本　一册　存二卷(三至四)

440000－2541－0008300　18971
紫荆吟館詩集四卷　(清)曹秉哲撰　清光緒二十五年(1899)家刻本　二册

440000－2541－0008301　18972

崇雅堂詩稿六卷 (清)朱瓚撰 清道光十八年(1838)吳中順刻本 一冊

440000 - 2541 - 0008302 18973
馬佳氏詩存三種 (清)昇寅等撰 清咸豐四年至光緒二十七年(1854 - 1901)刻本 三冊

440000 - 2541 - 0008303 18974
豳風詠一卷 (清)奕訢撰 清刻本 一冊

440000 - 2541 - 0008304 18975
黃葉山樵詩草四卷 (清)江璧撰 清刻本 一冊

440000 - 2541 - 0008305 18976
綠陰山館吟稿二卷 (清)喬守敬撰 清同治十一年(1872)福建刻本 一冊

440000 - 2541 - 0008306 18977
餐霞集四卷 (清)郭綏之撰 (清)柯蘅選 清同治四年(1865)刻本 一冊

440000 - 2541 - 0008307 18978
誦芬堂詩草一卷附刻一卷 (清)羅廷琛撰 清光緒二十三年(1897)穗城刻本 一冊

440000 - 2541 - 0008308 18979
誦芬堂詩草一卷附刻一卷 (清)羅廷琛撰 清光緒二十三年(1897)穗城刻本 一冊

440000 - 2541 - 0008309 18980
那處詩鈔四卷 (清)蔣楷撰 清宣統三年(1911)濟南刻本 一冊

440000 - 2541 - 0008310 18981
南雪草堂詩鈔三卷 (清)石經撰 清咸豐二年(1852)刻本 一冊

440000 - 2541 - 0008311 18988
甲六集初刻一卷補遺一卷 (清)徐文心撰 (清)徐聚奎等編 清光緒三年(1877)徐賡陛羊城刻本 一冊

440000 - 2541 - 0008312 18989
鐵畫樓詩續鈔二卷 (清)張蔭桓撰 清光緒二十八年(1902)觀復齋刻本 一冊

440000 - 2541 - 0008313 18990
淡雲齋詩草一卷 (清)李鍾漢撰 清光緒十九年(1893)刻本 一冊

440000 - 2541 - 0008314 18991
人境廬詩草十一卷 (清)黃遵憲撰 清宣統三年(1911)嘉應黃遵楷鉛印本 四冊

440000 - 2541 - 0008315 18992
人境廬詩草十一卷 (清)黃遵憲撰 清宣統三年(1911)嘉應黃遵楷鉛印本 四冊

440000 - 2541 - 0008316 19001
慎宜軒詩八卷 (清)姚永概撰 清宣統二年(1910)安徽鉛印本 一冊

440000 - 2541 - 0008317 19002
誰園詩存一卷 (清)鮑宗軾撰 清光緒二年(1876)刻本 一冊

440000 - 2541 - 0008318 19004
新安遊草二卷 (清)戴啟文撰 清光緒二十一年(1895)刻本 一冊

440000 - 2541 - 0008319 19005
新安遊草二卷 (清)戴啟文撰 清光緒二十一年(1895)刻本 一冊

440000 - 2541 - 0008320 19006
澂霞閣詩略一卷 (清)武謙撰 清光緒五年(1879)彊學簃刻本 一冊

440000 - 2541 - 0008321 19007
秋吟山館集選句詩一卷 (清)張灝撰 清道光刻本 一冊

440000 - 2541 - 0008322 19008
餐鞠軒詩草一卷首一卷末一卷 (清)伍淡如撰 清光緒十四年(1888)刻本 一冊

440000 - 2541 - 0008323 19009
紅餘籀室唫草初集三卷 (清)李端臨撰 **小紅餘籀室唫草初集一卷** (清)傅范淑撰 清光緒十九年(1893)刻靈峰草堂叢書本 一冊

440000 - 2541 - 0008324 19012
獄雪樓詩存四卷 (清)孔繼勳撰 清咸豐十年(1860)刻本 一冊

440000－2541－0008325　19013
嶽雪樓詩存四卷　(清)孔繼勳撰　清咸豐十年(1860)刻本　一冊

440000－2541－0008326　19014
嶽雪樓詩存四卷　(清)孔繼勳撰　清咸豐十年(1860)刻本　一冊

440000－2541－0008327　19015
嶽雪樓詩存四卷　(清)孔繼勳撰　清咸豐十年(1860)刻本　一冊

440000－2541－0008328　19016
垂金蔭綠軒詩鈔二卷　(清)蔣超伯撰　清同治七年(1868)刻本　一冊

440000－2541－0008329　19017
正誼書屋試帖詩存二卷　(清)奕訢撰　清同治二年(1863)刻本　一冊　存一卷(一)

440000－2541－0008330　19019
篤慎堂燼餘詩稿八卷　(清)金諤撰　清同治十二年(1873)長沙刻本　一冊

440000－2541－0008331　19020
鐙味齋詩存五卷　(清)曹宗瀚撰　清咸豐七年至九年(1857－1859)刻本　一冊

440000－2541－0008332　19021
碧蘿軒詩課遺草二卷　(清)諸鴻逵撰　清道光二十八年(1848)諸家祿刻本　一冊

440000－2541－0008333　19022
自得齋吟草一卷　(清)徐槐廷撰　清光緒六年(1880)刻本　一冊

440000－2541－0008334　19024
五山艸堂初編二卷　(清)龍令憲撰　**蕉雨軒稿一卷**　(清)龍晗薌撰　清光緒三十四年(1908)順德龍氏刻本　一冊

440000－2541－0008335　19025
五山艸堂初編二卷　(清)龍令憲撰　**蕉雨軒稿一卷**　(清)龍晗薌撰　清光緒三十四年(1908)順德龍氏刻本　一冊

440000－2541－0008336　19026
五山艸堂初編二卷　(清)龍令憲撰　**蕉雨軒稿一卷**　(清)龍晗薌撰　清光緒三十四年(1908)順德龍氏刻本　一冊

440000－2541－0008337　19027
雲程詩鈔二卷　(清)徐子青撰　清光緒三十年(1904)龍津刻本　一冊

440000－2541－0008338　19028
佩珊珊室詩存一卷附挽聯一卷悼亡詩一卷　(清)王紉佩撰　清光緒十九年(1893)刻本　一冊

440000－2541－0008339　19029
介白堂詩集二卷　(清)劉光第撰　清光緒二十九年(1903)鉛印本　一冊

440000－2541－0008340　19030
攬青閣詩鈔二卷　(清)李貽德撰　清同治六年(1867)刻本　一冊

440000－2541－0008341　19031
藤華館詩稿四卷　(清)張大枏撰　清同治八年(1869)林壽圖青門刻本　一冊

440000－2541－0008342　19032
春華集二卷　(清)龍元任撰　清光緒十九年(1893)順德龍氏刻本　一冊

440000－2541－0008343　19033
春華集二卷　(清)龍元任撰　清光緒十九年(1893)順德龍氏刻本　一冊

440000－2541－0008344　19034
春華集二卷　(清)龍元任撰　清光緒十九年(1893)順德龍氏刻本　一冊

440000－2541－0008345　19036
靜山詩草一卷　(清)毓壽撰　(清)李長榮評　清同治十三年(1874)羊城刻本　一冊

440000－2541－0008346　19037
憇雲閣内集一卷外集一卷寄燕草一卷　(清)郭兆封撰　清咸豐十年(1860)刻本　一冊

440000－2541－0008347　19038
硯食齋詩鈔四卷　(清)彭定瀾撰　清同治二年(1863)刻本　一冊

440000－2541－0008348　19039
藹儔詩鈔一卷　(清)梁玉森撰　清光緒二年(1876)羊城刻本　一册

440000－2541－0008349　19040
藹儔詩鈔一卷　(清)梁玉森撰　清光緒二年(1876)羊城刻本　一册

440000－2541－0008350　19041
金粟山房詩續鈔三卷　(清)朱寯瀛撰　清光緒三十一年(1905)刻本　一册

440000－2541－0008351　19045
比玉樓遺稿四卷　(清)黄振均撰　清光緒二十年(1894)甬江刻本　一册

440000－2541－0008352　19046
碧桃花館詩鈔一卷繡餘閣詩草一卷　(清)石錦繡撰　清同治五年(1866)刻本　一册

440000－2541－0008353　19047
誠求齋詩存二卷　(清)陳星焕撰　清光緒元年(1875)刻本　一册

440000－2541－0008354　19048
澹園詩存一卷　(清)趙錦堂撰　清光緒十八年(1892)刻本　一册

440000－2541－0008355　19049
小祇陀盦詩鈔二卷　(清)沈世良撰　清同治二年(1863)蘊璘刻本　一册

440000－2541－0008356　19050
小祇陀盦詩鈔二卷　(清)沈世良撰　清同治二年(1863)蘊璘刻本　一册

440000－2541－0008357　19052
紅粟山莊詩六卷　(清)朱寶善撰　清同治九年(1870)福州刻本　一册

440000－2541－0008358　19054
藹吉堂餘稿一卷　(清)武澄撰　清咸豐七年(1857)刻本　一册

440000－2541－0008359　19055
伯芷遺詩一卷　(清)梁朝澧撰　清光緒元年(1875)順德梁朝選刻本　一册

440000－2541－0008360　19056
一經軒詩存一卷　(清)徐鳳鳴撰　清光緒二十四年(1898)雲間木活字印本　一册

440000－2541－0008361　19057
夢約軒詩存一卷　(清)何俊撰　清光緒元年(1875)湖北臬署刻本　一册

440000－2541－0008362　19058
寶雲山館詩稿一卷　(清)畢長豫撰　清宣統三年(1911)畢光祖刻本　一册

440000－2541－0008363　19059
湘麋閣遺詩四卷蘭當詞二卷　(清)陶方琦撰　清光緒十六年(1890)鄂局刻本　一册　存四卷(遺詩四卷)

440000－2541－0008364　19060
小南海集詩鈔二卷　(清)徐同善撰　清同治五年(1866)刻本　一册

440000－2541－0008365　19061
偶存集一卷援守井研記略一卷　(清)董貽清撰　清同治刻本　一册

440000－2541－0008366　19062
粤臺秋唱一卷　(清)丘逢甲等撰　清光緒三十二年(1906)鉛印本　一册

440000－2541－0008367　19063
錦霞閣詩集五卷詞集一卷　(清)包蘭瑛撰　清宣統二年(1910)杭州刻本　一册

440000－2541－0008368　19064
夢柰詩稿一卷　(清)馮桂芬撰　清光緒二年(1876)吴縣馮氏刻本　一册

440000－2541－0008369　19068
粤中紀事吟詩集一卷補鈔在富數作一卷潯陽隨筆一卷　(清)魏篤撰　清同治八年至十三年(1869－1874)鬱林賀氏連義堂刻本　一册

440000－2541－0008370　19069
訪粤集一卷　(清)戴熙撰　清道光二十年(1840)刻本　一册

440000－2541－0008371　19070
蟲鳥吟十卷　(清)蕭德宣撰　清同治五年

(1866)刻本　三册　存八卷(一至三、六至十)

440000－2541－0008372　19071
散原精舍詩二卷　陳三立撰　清宣統元年(1909)鉛印本　二册

440000－2541－0008373　19072
文竹閣詩鈔八卷　(清)許標撰　清咸豐八年(1858)刻本　四册　存七卷(一至七)

440000－2541－0008374　19073
雪門詩草十四卷　(清)許瑤光撰　清同治十三年(1874)刻本　五册　存十二卷(三至十四)

440000－2541－0008375　19077
六太居士遺稿一卷　(清)康國熺撰　(清)康贊修輯　清同治六年(1867)南海康氏刻本　一册

440000－2541－0008376　19078
託軒詩草四卷　(清)吳靈鳳撰　清光緒刻本　三册　存三卷(二至四)

440000－2541－0008377　19079
菽歡堂詩集十六卷詩餘四卷　(清)王丹墀撰　清咸豐三年(1853)刻本　三册　存十五卷(詩集一至五、十一至十六,詩餘四卷)

440000－2541－0008378　19080
黛韻樓遺集四種　(清)薛紹徽撰　**陳孝女遺集二卷小黛軒論詩詩二卷**　(清)陳芸撰　清宣統三年至民國元年(1911－1912)刻本　五册　存七卷(詩集一至二、詞集二卷、文集二卷、年譜一卷)

440000－2541－0008379　19081
清溪草堂詩集九卷續集五卷　(清)陳昌年撰　清光緒刻本　七册

440000－2541－0008380　19082
紫墟詩鈔一卷　(清)顔薰撰　清光緒二年(1876)羊城刻本　一册

440000－2541－0008381　19083
信芳閣詩草五卷詩餘一卷附刻信芳閣自題八圖一卷　(清)陳蘊蓮撰　**附沈湘佩前後贈和各章一卷**　(清)沈湘佩撰　清咸豐元年(1851)刻同治元年(1862)印本　二册

440000－2541－0008382　19088
補學軒詩集十二卷　(清)鄭獻甫撰　清光緒五年(1879)林肇元黔南節署刻本　六册

440000－2541－0008383　19089
不可無竹居詩草四卷　(清)汪世澤撰　清同治四年(1865)刻本　二册

440000－2541－0008384　19090
夢甦齋詩集六卷海上寓公草一卷　(清)江國霖撰　清咸豐十年(1860)萃文堂刻本　二册

440000－2541－0008385　19092
侍雪堂詩鈔八卷　(清)黎兆勳撰　清同治四年(1865)敦復堂刻本　四册

440000－2541－0008386　19094
蓉湖詩鈔二卷續存一卷　(清)汪瓆撰　清咸豐四年(1854)汪益刻本　二册

440000－2541－0008387　19095
尚絅廬詩存二卷　(清)吳嘉賓撰　清同治五年(1866)廣州刻本　一册

440000－2541－0008388　19097
退一步草堂詩鈔二卷詞鈔一卷　(清)王玉驥撰　清光緒十四年(1888)刻本　三册

440000－2541－0008389　19098
説劍堂著書十四種　潘飛聲撰　清光緒羊城富文齋刻本　三册

440000－2541－0008390　19099
南海先生詩集十三卷　康有為撰　梁啟超書　清宣統三年(1911)上海廣智書局影印本(卷五至十三未刻)　一册

440000－2541－0008391　19100
説劍堂集十四種　潘飛聲撰　清光緒刻本　四册

440000－2541－0008392　19103
説劍堂集十四種　潘飛聲撰　清光緒刻本　一册　存四種

440000－2541－0008393　19110
無為齋詩集二卷詞鈔一卷　(清)張昭潛撰　清光緒三十三年(1907)刻本　一册

440000－2541－0008394　19113
小蘭雪堂唫稾十一卷　(清)王步蟾撰　清光緒二十七年(1901)石印本　一册　存六卷(一至六)

440000－2541－0008395　19116
虛白山房詩集四卷駢體文二卷　(清)朱鳳毛撰　清光緒十五年(1889)義烏朱氏廣州刻本　一册　存四卷(詩集四卷)

440000－2541－0008396　19117
虛白山房詩集四卷駢體文二卷　(清)朱鳳毛撰　清光緒十五年(1889)義烏朱氏廣州刻本　二册

440000－2541－0008397　19124
南塘張氏詩略二卷　(清)張家鼎輯　清光緒四年(1878)華亭張氏鐵花館刻本　一册

440000－2541－0008398　19125
南園寄社詩草一卷　(清)許應鈋等撰　(清)馮詢評　清同治八年(1869)刻本　一册

440000－2541－0008399　19128
廬山詩錄四卷　易順鼎等撰　清光緒十九年(1893)刻本　一册

440000－2541－0008400　19129
龠翁詩鈔四卷　(清)錢辰撰　**寄生吟草一卷**　(清)錢家吉撰　清光緒八年(1882)南錢草堂刻本　一册

440000－2541－0008401　19130
軍中草一卷　(清)黄振成撰　**題詞一卷**　清同治三年(1864)豫章乙正齋刻本　一册

440000－2541－0008402　19131
壎箎集二種　(清)劉沅編　清咸豐二年(1852)刻本　四册

440000－2541－0008403　19133
萃錦唫十四卷　(清)奕訢撰　清光緒十一年(1885)刻本　十五册

440000－2541－0008404　19134
篔簹山人詩集十卷　(清)岑澂撰　清咸豐七年(1857)順德梁氏十二石山齋刻本　二册　存五卷(一至五)

440000－2541－0008405　19135
篔簹山人詩集十卷　(清)岑澂撰　清咸豐七年(1857)順德梁氏十二石山齋刻本　四册

440000－2541－0008406　19138
丹魁堂詩集七卷　(清)季芝昌撰　清同治四年(1865)如月琅寓館刻本　五册

440000－2541－0008407　19139
巢蚊睫齋詩稿二卷　(清)陳謙撰　(清)陳彤蘭　(清)陳彤蓮編　清同治六年(1867)刻本　二册

440000－2541－0008408　19140
巢蚊睫齋詩稿二卷　(清)陳謙撰　(清)陳彤蘭　(清)陳彤蓮編　清同治六年(1867)刻本　二册

440000－2541－0008409　19141
禝瓿亭集三十二卷　(清)祁寯藻撰　清咸豐六年(1856)刻本　六册

440000－2541－0008410　19142
徦復軒詩四卷　(清)錫縝撰　清光緒齡昌刻本　二册

440000－2541－0008411　19143
甘菊簃詩集四卷　(清)周長森撰　清光緒十二年(1886)禾陽署齋自刻本　四册

440000－2541－0008412　19144
師竹山房詩鈔四卷續集一卷　(清)陳紀撰　清同治四年(1865)刻本　三册

440000－2541－0008413　19145
木筆花館詩鈔四卷　(清)曹爲霖撰　清光緒十一年(1885)陳士康等刻本　一册

440000－2541－0008414　19146
集蘭亭修禊序字詩藳一卷題詞一卷　(清)王惟敍撰　清光緒五年(1879)刻本　一册

440000－2541－0008415　19147

三徑草堂詩鈔四卷 (清)蔣師軾撰 (清)蔣師轍編 清光緒十六年(1890)刻本 一冊

440000-2541-0008416 19148
含香集四卷循陔集八卷載酒集四卷月波樓琴言三卷 (清)陳其錕撰 清咸豐二年(1852)刻本 四冊

440000-2541-0008417 19149
槐廬詩學一卷 (清)龍繼棟撰 清光緒四年(1878)京師刻本 一冊

440000-2541-0008418 19150
連居閣吟草四卷 (清)黃禧撰 黃維杰編 清光緒八年至十年(1882-1884)黃維杰刻本 二冊

440000-2541-0008419 19151
茶夢盦劫後詩稿十二卷 (清)高望曾撰 清同治九年(1870)福州刻光緒十六年(1890)杭州補刻本 四冊

440000-2541-0008420 19152
缶廬詩四卷別存一卷 吳俊卿撰 清光緒十九年(1893)刻本 一冊

440000-2541-0008421 19154
亦吾廬詩草八卷 (清)歐陽雲撰 清光緒刻本 二冊

440000-2541-0008422 19155
師竹山房試帖二卷賦鈔一卷 (清)陳紀撰 清同治八年(1869)刻本 一冊

440000-2541-0008423 19156
懺盦詩鈔二卷詞鈔一卷 沈澤棠撰 清光緒刻本 四冊

440000-2541-0008424 19157
懺盦詩鈔二卷詞鈔一卷 沈澤棠撰 清光緒刻本 二冊

440000-2541-0008425 19160
維周詩鈔十六卷 (清)程之楨撰 清同治十一年(1872)確園刻本 四冊

440000-2541-0008426 19161
誰園詩鈔六卷 (清)阮焱撰 清光緒刻本 二冊

440000-2541-0008427 19162
虛舟詩草四卷 (清)賴學海撰 (清)邱誥桐輯 清光緒二十一年(1895)邱誥桐邱園刻本 二冊

440000-2541-0008428 19163
賦梅書屋詩初集六卷 (清)宋廷樑撰 清光緒十七年(1891)西江刻本 二冊

440000-2541-0008429 19164
因樹書屋詩稿十二卷 (清)沈寶森撰 清光緒二十三年(1897)刻本 四冊

440000-2541-0008430 19165
艸艸艸堂詩艸二卷 (清)何仁山撰 (清)何壽泉箋注 清光緒十一年(1885)刻本 二冊

440000-2541-0008431 19166
艸艸艸堂詩艸二卷 (清)何仁山撰 (清)何壽泉箋注 清光緒十一年(1885)刻本 二冊

440000-2541-0008432 19167
艸艸艸堂詩艸二卷 (清)何仁山撰 (清)何壽泉箋注 清光緒十一年(1885)刻本 二冊

440000-2541-0008433 19168
讀選樓詩稿十卷 (清)王采蘋撰 清光緒二十年(1894)許振禕東河督署刻本 二冊

440000-2541-0008434 19169
醒省齋零草一卷 (清)李碧泉撰 (清)鄭權 (清)神驤編 清光緒二十一年(1895)李廷玉羊城刻本 一冊

440000-2541-0008435 19170
柳門遺稾二卷 (清)楊後撰 清光緒二十年(1894)丹陽束氏刻本 一冊

440000-2541-0008436 19171
紫墟詩鈔一卷 (清)顏薰撰 清光緒二年(1876)羊城刻本 一冊

440000-2541-0008437 19172
樵湖詩鈔一卷 (清)陳瑩達撰 清道光二十五年(1845)刻本 一冊

440000－2541－0008438　19173
靈洲山人詩録六卷　(清)徐灝撰　清同治三年(1864)刻本　一册　存三卷(一至三)

440000－2541－0008439　19174
小壺天集十卷　(清)曾傳贊撰　清光緒十一年(1885)刻本　二册

440000－2541－0008440　19175
味鐙閣詩鈔二卷　(清)羅珊撰　清同治十年(1871)東莞羅氏刻本　一册

440000－2541－0008441　19183
廣雅堂詩集不分卷　(清)張之洞撰　清末至民國初石印本　二册

440000－2541－0008442　19184
一匏居詩鈔二卷　(清)伍士楷撰　清光緒十年(1884)刻本　一册

440000－2541－0008443　19185
庚園詩草二卷　(清)何秀棣撰　清光緒九年(1883)南海何氏廣州刻本　二册

440000－2541－0008444　19186
庚園詩草二卷　(清)何秀棣撰　清光緒九年(1883)南海何氏廣州刻本　二册

440000－2541－0008445　19187
庚園詩草二卷　(清)何秀棣撰　清光緒九年(1883)南海何氏廣州刻本　二册

440000－2541－0008446　19188
玉井山館詩十五卷詩餘一卷　(清)許宗衡撰　清同治九年(1870)刻本　四册

440000－2541－0008447　19189
廣雅堂詩集四卷　(清)張之洞撰　清光緒順德龍鳳鑣刻本　二册

440000－2541－0008448　19190
南遊賸稿一卷　(清)張槐撰　清光緒二十八年(1902)龍江張氏刻本　一册

440000－2541－0008449　19191
蘭福堂詩集一卷　(清)胡延撰　清光緒二十七年(1901)刻本　一册

440000－2541－0008450　19192
嚼梅吟二卷　(清)釋寄禪撰　題(清)白雲禪窟道人評　清光緒七年(1881)刻本　一册

440000－2541－0008451　19193
一得山房詩鈔四卷　(清)張景陽撰　清同治十一年(1872)刻本　一册

440000－2541－0008452　19196
嶺南雜事詩鈔八卷　(清)陳坤撰　清光緒二年(1876)錢塘陳氏粤東刻如不及齋叢書本　六册

440000－2541－0008453　19197
紅葵齋詩草四卷　(清)况祥麟撰　清光緒元年(1875)家刻本　二册

440000－2541－0008454　19199
梅廬吟卷二卷首一卷　(清)黄鯨文撰　清光緒五年(1879)八桂儒林蓮須舊閣刻本　二册

440000－2541－0008455　19200
梅廬吟卷二卷首一卷　(清)黄鯨文撰　清光緒五年(1879)八桂儒林蓮須舊閣刻本　一册

440000－2541－0008456　19201
嘯劍山房詩鈔八卷　(清)文星瑞撰　清同治刻本　二册

440000－2541－0008457　19202
懺花盦詩鈔十卷　(清)宋澤元撰　清光緒八年(1882)刻本　三册

440000－2541－0008458　19203
懺花盦詩鈔十卷　(清)宋澤元撰　清光緒八年(1882)刻本　二册

440000－2541－0008459　19204
素心蘭室詩鈔四卷外集三卷　(清)陸應暄撰　清光緒二十五年至二十六年(1899－1900)刻本　四册

440000－2541－0008460　19205
素心蘭室詩鈔四卷外集三卷　(清)陸應暄撰　清光緒二十五年至二十六年(1899－1900)刻本　二册　存二卷(詩鈔一至二)

440000－2541－0008461　19206

宛湄書屋遺詩前集二卷後集二卷續錄一卷附錄一卷 （清）李光廷撰　清光緒八年（1882）刻本　二册

440000－2541－0008462　19207
三十二蘭亭室詩存八卷 （清）劉湝年撰　清光緒元年（1875）羊城刻本　八册

440000－2541－0008463　19217
聽桐廬殘草一卷王孝子遺墨一卷 （清）王繼穀撰　清光緒六年（1880）刻本　一册

440000－2541－0008464　19218
循陔集八卷 （清）陳其錕撰　清咸豐二年（1852）刻本　一册

440000－2541－0008465　19223
佩韋齋詩鈔一卷 （清）潘貞敏撰　清咸豐至同治廣州刻柳堂師友詩錄本　一册

440000－2541－0008466　19225
柳堂師友詩錄二百十六種 （清）李長榮編　清咸豐至同治廣州刻本　五册　存五種

440000－2541－0008467　19226
在山草堂燼餘詩十四卷 （清）黄紹憲撰　清宣統三年（1911）鉛印本　四册

440000－2541－0008468　19227
在山草堂燼餘詩十四卷 （清）黄紹憲撰　清宣統三年（1911）鉛印本　四册

440000－2541－0008469　19228
在山草堂燼餘詩十四卷 （清）黄紹憲撰　清宣統三年（1911）鉛印本　四册

440000－2541－0008470　19229
迂齋詩鈔八卷外集一卷 （清）梁煦南撰　清光緒十四年（1888）刻本　二册

440000－2541－0008471　19230
迂齋詩鈔八卷外集一卷 （清）梁煦南撰　清光緒十四年（1888）刻本　二册

440000－2541－0008472　19232
賜軿閣外集另編（集玉谿生詩）二卷 （清）胡欽撰　清光緒刻本　一册

440000－2541－0008473　19233
鐵畫樓詩續鈔二卷 （清）張蔭桓撰　清光緒二十八年（1902）觀復齋刻本　一册

440000－2541－0008474　19234
鐵畫樓詩續鈔二卷 （清）張蔭桓撰　清光緒二十八年（1902）觀復齋刻本　一册

440000－2541－0008475　19235
鐵畫樓詩續鈔二卷 （清）張蔭桓撰　清光緒二十八年（1902）觀復齋刻本　一册

440000－2541－0008476　19236
藏園詩鈔一卷 （清）游智開撰　清光緒刻本　一册

440000－2541－0008477　19237
沈觀齋詩不分卷 （清）周樹模撰　清宣統二年（1910）龍江節署石印本　二册

440000－2541－0008478　19243
羅浮偫鶴山人詩草一卷 鄭觀應撰　清光緒二十四年（1898）待鶴書屋鉛印本　一册

440000－2541－0008479　19246
蕭齋餘事約刊三卷 （清）蕭㛰常撰　（清）梁鍾華輯　潘飛聲考證　清光緒二十八年（1902）刻本　一册

440000－2541－0008480　19247
羅浮偫鶴山人詩草二卷外集一卷 鄭觀應撰　**題詞一卷** 清宣統元年（1909）鄭觀應上海鉛印本　二册

440000－2541－0008481　19248
羅浮偫鶴山人詩草二卷外集一卷 鄭觀應撰　**題詞一卷** 清宣統元年（1909）鄭觀應上海鉛印本　二册

440000－2541－0008482　19249
寫趣軒舊稿三卷集陸別編一卷近稿二卷 （清）譚國恩撰　清光緒十九年（1893）鉛印本　三册

440000－2541－0008483　19250
遜學齋詩鈔十卷 （清）孫衣言撰　清同治三年（1864）刻本　二册

440000－2541－0008484　19251
樂道堂古近體詩二卷　（清）奕訢撰　清同治至光緒刻本　一册　存一卷（二）

440000－2541－0008485　19252
清足居集一卷蕉窗詞一卷　（清）鄧瑜撰　清光緒二十二年（1896）泉唐諸氏家刻本　一册

440000－2541－0008486　19254
結一宧駢體文二卷詩略三卷　（清）屠寄撰　清光緒十六年（1890）廣州刻本　一册

440000－2541－0008487　19257
松廬圖題詠錄一卷　（清）鄧元鏸輯　清光緒二十三年（1897）刻本　一册

440000－2541－0008488　19258
隨山館詩簡編四卷　（清）汪瑔撰　清光緒十七年（1891）朱啟連等刻本　二册

440000－2541－0008489　19259
隨山館詩簡編四卷　（清）汪瑔撰　清光緒十七年（1891）朱啟連等刻本　一册　存二卷（三至四）

440000－2541－0008490　19260
養素居詩稿初編一卷續編一卷　（清）董燿撰　清光緒十八年（1892）刻本　一册

440000－2541－0008491　19261
小泉詩草四卷　（清）單子廉撰　清同治九年（1870）刻本　一册

440000－2541－0008492　19264
調琴飼鶴齋雜體詩存一卷試帖詩存一卷　（清）呂鑑煌撰　清光緒三年（1877）刻本　一册

440000－2541－0008493　19265
劍生遺草二卷　（清）何應圖撰　清咸豐十一年（1861）刻本　一册

440000－2541－0008494　19266
龍溪草堂詩鈔十卷試帖一卷　（清）張日崙撰　清光緒八年（1882）刻本　十一册

440000－2541－0008495　19268
三恥齋初稿九卷　（清）吳坤修撰　清同治四年（1865）半畝園鳩江戎幄刻本　二册

440000－2541－0008496　19272
不似園詩鈔一卷　（清）孫禧撰　清光緒森寶閣鉛印本　一册

440000－2541－0008497　19273
蛾術齋詩草七卷　（清）丁杰撰　清光緒二十六年（1900）古皖丁氏廣州刻本　二册

440000－2541－0008498　19274
萃錦唫十四卷　（清）奕訢撰　清光緒刻本　五册　存八卷（一至八）

440000－2541－0008499　19275
昶園積逋齋詩集八卷　（清）梁喬嶽撰　（清）梁可灌編　清光緒十二年（1886）梁展榮廣州刻本　三册

440000－2541－0008500　19276
凌虛閣試帖一卷詩草一卷　（清）馮熾宗撰　清咸豐至同治廣州刻本　一册

440000－2541－0008501　19279
木蘭館詩鈔六卷　（清）陳徵文撰　清光緒二十五年（1899）刻本　二册

440000－2541－0008502　19280
木蘭館詩鈔六卷　（清）陳徵文撰　清光緒二十五年（1899）刻本　二册

440000－2541－0008503　19285
菉竹山房詩稿一卷　（清）張鴻書撰　清同治至光緒刻本　一册

440000－2541－0008504　19286
觀自養齋詩鈔八卷　（清）黄承謙撰　清咸豐二年（1852）香山黄氏翠�别墅刻本　二册

440000－2541－0008505　19287
鎖院聯吟一卷　（清）方濬師　（清）華廷傑撰　清同治九年（1870）刻本　一册

440000－2541－0008506　19288
度嶺草一卷　（清）許振禕撰　清光緒二十三年（1897）廣州節署刻本　一册

440000－2541－0008507　19289

度嶺草一卷　(清)許振褘撰　清光緒二十三年(1897)廣州節署刻本　一冊

440000－2541－0008508　19290
棗香書屋詩鈔一卷　(清)黄樂之撰　清同治元年(1862)棗香書屋刻本　一冊

440000－2541－0008509　19291
黄花晚節圖題詞一卷續輯一卷　黄榮康輯　清光緒二十八年(1902)三水黄氏雲礽堂刻本　一冊

440000－2541－0008510　19292
黄花晚節圖題詞一卷續輯一卷　黄榮康輯　清光緒二十八年(1902)三水黄氏雲礽堂刻本　一冊

440000－2541－0008511　19293
富文書舍宦遊草不分卷　(清)李鳳翎撰　清光緒富文書舍刻本　一冊

440000－2541－0008512　19294
香草箋一卷　(清)黄任撰　清宣統二年(1910)鉛印本　一冊

440000－2541－0008513　19296
春星堂詩集十卷　(清)汪師韓輯　清光緒十二年(1886)錢塘汪氏長沙刻叢睦汪氏遺書本　四冊

440000－2541－0008514　19297
宣南鴻雪集二卷　(清)潘介繁　(清)潘時軒輯　清同治十年(1871)胡鳳丹退補齋刻本　一冊

440000－2541－0008515　19298
梅花鐵石山房詩鈔二卷　(清)宋彦成撰　清光緒二十六年(1900)梅州自刻本　一冊

440000－2541－0008516　19299
道咸同光四朝詩史甲集八卷　孫雄輯　清宣統二年(1910)刻本　十冊

440000－2541－0008517　19301
樵山集一卷　(清)潘譽恩撰　清光緒十九年(1893)南海潘氏瓶守堂刻本　一冊

440000－2541－0008518　19302
同門詩鈔四種　(清)張燮等撰　清道光十六年(1836)刻本　三冊

440000－2541－0008519　19305
望眉草堂喬梓聯吟草一卷　(清)顏嗣徽撰　清光緒二十六年(1900)刻本　一冊

440000－2541－0008520　19308
南山佳話一卷　鄔慶時輯　清光緒三十四年(1908)番禺鄔慶時耕耘别墅羊城刻本　一冊

440000－2541－0008521　19309
邱園八詠一卷詞一卷　(清)邱誥桐輯　清光緒十九年(1893)順德邱誥桐邱園刻本　二冊

440000－2541－0008522　19310
邱園八詠一卷詞一卷　(清)邱誥桐輯　清光緒十九年(1893)順德邱誥桐邱園刻本　一冊

440000－2541－0008523　19311
兩圖徵詩合刻一卷禾陽詠事一卷附刻一卷　(清)周長森撰　清光緒十二年(1886)禾陽官廨自刻本　二冊

440000－2541－0008524　19312
露波樓詩鈔一卷　(清)張耀杓輯　清光緒二十年(1894)刻本　一冊

440000－2541－0008525　19313
露波樓詩鈔一卷　(清)張耀杓輯　清光緒二十年(1894)刻本　一冊

440000－2541－0008526　19314
露波樓詩鈔一卷　(清)張耀杓輯　清光緒二十年(1894)刻本　一冊

440000－2541－0008527　19315
露波樓詩鈔一卷　(清)張耀杓輯　清光緒二十年(1894)刻本　一冊

440000－2541－0008528　19316
荔支唱和冊不分卷　(清)丁惠衡輯　清光緒八年(1882)丁惠衡榕江絜園刻本　二冊

440000－2541－0008529　19317
甘泉北軒詩鈔一卷　(清)蔡雲緗撰　清咸豐刻本　一冊

440000－2541－0008530　19318

舊雨聯吟一卷　(清)葉衍蘭輯　清光緒十四年(1888)秋夢庵刻本　一冊

440000－2541－0008531　19319

荫溪羅竹坡先生遊草一卷　(清)羅竹坡撰　(清)李兆田等輯　清光緒羅竹坡求志草廬廣州刻本　一冊

440000－2541－0008532　19320

三山同聲集四卷首一卷續編一卷　(清)王凱泰輯　清同治十二年(1873)儉明簡齋刻本　一冊　存二卷(一至二)

440000－2541－0008533　19321

鄧林唱和詩詞合刻二種　陳潛編　清宣統元年(1909)江浦陳氏刻本　一冊

440000－2541－0008534　19322

鵬摶家塾並蒂白蓮詩集一卷　(清)陳作屏輯　清光緒十三年(1887)香港中華印務總局鉛印本　一冊

440000－2541－0008535　19323

粵閨詩彙六種　黄任恆編　清同治至民國刻本　二冊

440000－2541－0008536　19324

拾葉山房詩鈔一卷　(清)崔必鈺撰　清光緒刻本　一冊

440000－2541－0008537　19327

松雪研齋試草一卷　(清)吳元炳撰　清光緒刻紫印本　一冊

440000－2541－0008538　19328

榕陰唱和集一卷闈中賦別詩一卷　(清)梁植榮輯　清咸豐十年(1860)順德梁氏刻本　一冊

440000－2541－0008539　19334

竹灣題贈錄二卷　(清)寧淇瀾輯　清道光刻本　一冊　存一卷(上)

440000－2541－0008540　19336

綠綺閣詩鈔一卷　(清)李佩珍撰　清光緒二十六年(1900)甘泉北軒刻本　一冊

440000－2541－0008541　19337

鴻雪留題集一卷　(清)劉釗編輯　清光緒三十四年(1908)羊城刻本　一冊

440000－2541－0008542　19338

四持軒詩鈔二卷　(清)方士鼐撰　清同治八年(1869)定遠方氏退一步齋肇羅道署刻本　二冊

440000－2541－0008543　19340

荔村草堂詩續鈔一卷　(清)譚宗浚撰　清宣統二年(1910)譚祖任京師刻本　一冊

440000－2541－0008544　19341

荔村草堂詩續鈔一卷　(清)譚宗浚撰　清宣統二年(1910)譚祖任京師刻本　一冊

440000－2541－0008545　19342

荔村草堂詩鈔十卷　(清)譚宗浚撰　清光緒十八年(1892)羊城刻本　五冊

440000－2541－0008546　19346

聊閑緣軒詩鈔一卷　(清)簡熊飛輯　清同治十年(1871)刻本　一冊

440000－2541－0008547　19347

聊閑緣軒詩鈔一卷　(清)簡熊飛輯　清同治十年(1871)刻本　一冊

440000－2541－0008548　19348

聊閑緣軒詩鈔一卷　(清)簡熊飛輯　清同治十年(1871)羊城刻十二年(1873)續刻本　一冊

440000－2541－0008549　19349

銀兒墓題詞一卷　(清)簡熊飛輯　清同治十二年(1873)羊城刻本　一冊

440000－2541－0008550　19350

散原精舍詩二卷　陳三立撰　清宣統元年(1909)鉛印本　四冊

440000－2541－0008551　19352

珠江酬唱集一卷　題(清)赤竹村人輯　清光緒二十五年(1899)羊城寶珍樓刻本　一冊

440000－2541－0008552　19353

浮漚集八卷　(清)夏家鏞撰　清宣統元年

(1909)刻本　二冊

440000－2541－0008553　19357
養晦堂詩集二卷　(清)劉蓉撰　清光緒三年(1877)思賢講舍刻本　二冊

440000－2541－0008554　19361
瑶溪二十四景詩一卷　(清)劉彤等撰　(清)楊永衍輯　清光緒三年(1877)楊永衍刻本　一冊

440000－2541－0008555　19362
伏敔堂詩錄十五卷首一卷續錄四卷　(清)江湜撰　清同治元年至五年(1862－1866)長洲江氏刻本　四冊

440000－2541－0008556　19364
影山草堂六種　(清)莫友芝撰　清咸豐至光緒刻本　三冊　存三種

440000－2541－0008557　19367
巢經巢詩鈔九卷　(清)鄭珍撰　清咸豐二年(1852)刻鄭子尹遺書本　二冊

440000－2541－0008558　19370
存素堂詩稿十二卷　(清)錢寶琛撰　清同治七年(1868)刻錢頤壽中丞全集本　二冊

440000－2541－0008559　19371
旅逸小稿二卷　(清)錢儀吉撰　清道光刻本　一冊

440000－2541－0008560　19372
頤巢類稿三卷　(清)陶邵學撰　**陶徵君行狀一卷**　(清)梁贊燊撰　清宣統三年(1911)刻本　一冊

440000－2541－0008561　19373
巢經巢詩鈔九卷後集四卷　(清)鄭珍撰　清光緒二十三年(1897)遵義黎氏羊城刻宣統二年(1910)獨山莫氏廣州印本　四冊

440000－2541－0008562　19374
古香閣詩集二卷　(清)葉璧華撰　清光緒二十九年(1903)刻本　二冊

440000－2541－0008563　19378
藤花亭詩集四卷　(清)梁廷枏撰　清咸豐刻本　二冊

440000－2541－0008564　19379
海目廬詩草六卷　(清)馮栻宗撰　清光緒二十年(1894)刻本　二冊

440000－2541－0008565　19381
蔬笥廬詩畧一卷　(清)符翕撰　潘飛聲輯　**韶石詩存一卷**　(清)鄧顯撰　(清)邱誥桐輯　清光緒二十六年(1900)邱誥桐邱園刻本　一冊

440000－2541－0008566　19382
識桐軒詩鈔四卷　(清)蔡鍔鍈撰　清同治六年(1867)順德蔡氏刻本　一冊

440000－2541－0008567　19383
榕蔭亭詩草一卷　(清)鳳貴輯　清同治七年(1868)粵東刻本　一冊

440000－2541－0008568　19384
梅花集古詩二卷　(清)潘恕撰　清光緒刻本　一冊

440000－2541－0008569　19386
知不足齋詩草十卷　(清)鄧翔撰　清咸豐十年(1860)廣州刻本　二冊

440000－2541－0008570　19387
五山艸堂初編二卷　(清)龍令憲撰　清光緒三十四年(1908)順德龍氏刻本　一冊

440000－2541－0008571　19388
蕉雨軒稿一卷　(清)龍崰薌撰　清光緒三十四年(1908)順德刻本　一冊

440000－2541－0008572　19389
虛舟詩草四卷　(清)賴學海撰　(清)邱誥桐輯　清光緒二十一年(1895)邱誥桐邱園刻本　二冊

440000－2541－0008573　19391
芸香草堂雅集唱和詩一卷　(清)馮樹勳輯　清咸豐九年(1859)南海馮氏芸香草堂刻本　一冊

440000－2541－0008574　19392
芸香草堂雅集唱和詩一卷　(清)馮樹勳輯

清咸豐九年(1859)南海馮氏芸香草堂刻本　一册

440000－2541－0008575　19393
懷古田舍詩節鈔六卷　(清)徐榮撰　清同治三年(1864)廣州徐氏錦城刻光緒十四年(1888)廣東補刻本　六册

440000－2541－0008576　19394
詩義堂集二卷　(清)彭輅撰　**後集六卷**　(清)彭泰來撰　清道光三十年至咸豐十一年(1850－1861)刻本　八册

440000－2541－0008577　19397
寄南園二子詩鈔二種　(清)許應鑅編　清同治十三年(1874)刻本　二册

440000－2541－0008578　19398
鵬搏家塾並蒂白蓮詩集一卷　(清)陳作屏輯　清光緒十三年(1887)香港中華印務總局鉛印本　一册

440000－2541－0008579　19401
蘱黍堂唱和詩鈔四卷首一卷　(清)黄文之等撰　清光緒七年(1881)刻本　三册

440000－2541－0008580　19402
文明里詩會詩一卷　(清)盧福普輯　清道光二十八年(1848)順德盧福普刻本　一册

440000－2541－0008581　19403
俞俞齋詩稿初集二卷文稿初集四卷　(清)史念祖撰　清光緒二十二年(1896)桂林刻本　六册

440000－2541－0008582　19404
夢句樓弱冠草一卷　(清)何鏞撰　清宣統元年(1909)刻本　一册

440000－2541－0008583　19405
粵闈唱和集一卷續刻一卷附刻一卷　(清)方濬師輯　清同治十二年(1873)刻本　一册

440000－2541－0008584　19406
靈芝唱答集三卷首一卷　(清)戴肇辰輯　清同治七年(1868)刻丹徒戴氏叢刻本　一册

440000－2541－0008585　19407
靈芝唱答集三卷首一卷　(清)戴肇辰輯　清同治七年(1868)刻丹徒戴氏叢刻本　一册

440000－2541－0008586　19408
對嶽樓詩錄二卷續錄四卷　(清)孔憲彝撰　清道光至咸豐刻本　三册

440000－2541－0008587　19409
寸心草堂詩鈔六卷　(清)李欣榮撰　(清)汪曾本輯　**集外詩二卷**　(清)李欣榮撰　(清)潘慈和　(清)潘志和輯　清光緒十六年(1890)刻本　二册　存四卷(詩鈔一至二、集外詩二卷)

440000－2541－0008588　19411
連居閣親朋唱和詩錄一卷　黄維杰編　清光緒三十四年(1908)番禺黄氏刻本　一册

440000－2541－0008589　19412
綏江偉餞集一卷龍門送行詩一卷　(清)吳大猷輯　清光緒二十二年(1896)刻本　一册

440000－2541－0008590　19413
寄閒堂詩鈔一卷　(清)易瀾光撰　(清)易其彬編　**後集十卷**　(清)易其彬撰　清光緒刻本　四册

440000－2541－0008591　19416
餘甘軒詩鈔十二卷詩餘一卷　(清)何曰愈撰　清光緒七年(1881)閩南節署刻本　二册

440000－2541－0008592　19417
連居閣吟草四卷　(清)黄禧撰　清光緒八年至十年(1882－1884)黄維杰刻本　二册

440000－2541－0008593　19426
南雪草堂詩鈔三卷　(清)石經撰　清咸豐二年(1852)刻本　一册

440000－2541－0008594　19427
心齋詩稿合刻八種　(清)陸文彬等撰　清光緒刻本　四册

440000－2541－0008595　19428
九思堂詩稿四卷　(清)奕譞撰　清同治十三年(1874)刻本　八册

440000－2541－0008596　19429

味辛堂詩存四卷　(清)倪濟遠撰　清道光五年(1825)刻本　二册

440000－2541－0008597　19430
北樓集一卷　(清)徐元潤撰　清刻本　一册

440000－2541－0008598　19435
夢幻居題畫詩一卷題畫詞一卷夢香園賸草一卷　(清)鄭績撰　**夢幻居題句一卷**　(清)鄭績輯　清同治十三年(1874)鄭績刻本　二册

440000－2541－0008599　19443
嶺南雜事詩鈔八卷　(清)陳坤撰　清光緒二年(1876)錢塘陳氏粤東刻如不及齋叢書本　六册

440000－2541－0008600　19452
無益有益齋論畫詩二卷　李葆恂撰　清宣統元年(1909)南陵徐乃昌刻懷豳雜俎本　一册

440000－2541－0008601　19456
王孟調明經西鳧草一卷　(清)王星諴撰　**啗敢覽館稿一卷**　(清)曹應鐘撰　清同治十一年(1872)吳縣潘氏京師刻滂喜齋叢書本　二册

440000－2541－0008602　19459
武林掌故叢編二十六集二百九十一種　(清)丁丙輯　清光緒錢塘丁氏嘉惠堂刻本　一册　存三種

440000－2541－0008603　19460
太湖竹枝詞二卷　(清)葉承桂撰　清咸豐三年(1853)葉鑄刻本　一册

440000－2541－0008604　19461
璇璣碎錦二卷　(清)萬樹撰　清光緒十三年(1887)漱霞仙館刻本　二册

440000－2541－0008605　19462
小鷗波館詩鈔十卷詩補録二卷詞鈔二卷　(清)潘曾瑩撰　清道光二十五年(1845)刻本　四册

440000－2541－0008606　19466
癸酉消夏詩一卷　(清)潘祖蔭輯　清光緒刻本　一册

440000－2541－0008607　19467
壬申消夏詩一卷　(清)潘祖蔭輯　清光緒刻本　一册

440000－2541－0008608　19470
瞎牛庵題畫詩一卷　(清)金彭撰　清光緒二十五年(1899)刻本　一册

440000－2541－0008609　19576
居東集二卷　蔣智由撰　清宣統二年(1910)上海文明書局鉛印本　一册

440000－2541－0008610　19668
唐五代宋元詞綜三十八卷明詞綜十二卷清詞綜四十八卷清詞綜二集二卷　(清)朱彝尊等輯　清光緒二十八年(1902)金匱浦氏刻本　二十四册

440000－2541－0008611　19747
後南園詩課一卷　梁鼎芬輯　清宣統三年(1911)刻朱印本　一册

440000－2541－0008612　19780
唐五代宋元詞綜三十八卷明詞綜十二卷清詞綜四十八卷清詞綜二集二卷　(清)朱彝尊等輯　清光緒二十八年(1902)金匱浦氏刻本　二十四册

440000－2541－0008613　19785
小檀欒室匯刻閨秀詞十集一百種附一種　徐乃昌編　清光緒二十一年至宣統元年(1895－1909)南陵徐氏刻本　二十四册

440000－2541－0008614　19786
小檀欒室匯刻閨秀詞十集一百種附一種　徐乃昌編　清光緒二十一年至宣統元年(1895－1909)南陵徐氏刻本　二十四册　存八十一種(小檀欒室匯刻閨秀詞八十種、附一種)

440000－2541－0008615　19787
小檀欒室匯刻閨秀詞十集一百種附一種　徐乃昌編　清光緒二十一年至宣統元年(1895－1909)南陵徐氏刻本　三十册

440000－2541－0008616　19805
詞選二卷　(清)張惠言輯　**附録一卷**　(清)

鄭善長輯　**續詞選二卷**　(清)董毅輯　清同治六年(1867)刻本　二冊

440000－2541－0008617　19806
詞選二卷　(清)張惠言輯　**附錄一卷**　(清)鄭善長輯　**續詞選二卷**　(清)董毅輯　清同治六年(1867)刻本　一冊

440000－2541－0008618　19807
詞選二卷　(清)張惠言輯　**附錄一卷**　(清)鄭善長輯　**續詞選二卷**　(清)董毅輯　清同治十一年(1872)會稽章氏刻本　一冊

440000－2541－0008619　19808
詞選二卷　(清)張惠言輯　**附錄一卷**　(清)鄭善長輯　**續詞選二卷**　(清)董毅輯　清光緒刻本　一冊

440000－2541－0008620　19811
四印齋所刻詞二十種附一種　(清)王鵬運編　清光緒十四年(1888)臨桂王氏家塾刻本　九冊　存十五種

440000－2541－0008621　19820
唐五代詞選三卷　(清)成肇麐編　清光緒刻本　一冊

440000－2541－0008622　19822
粤東詞鈔不分卷　(清)許玉彬　(清)沈世良輯　**二編不分卷**　(清)楊永衍輯　**三編不分卷**　潘飛聲輯　清道光二十九年(1849)刻光緒續刻匯印本　十冊

440000－2541－0008623　19823
粤東詞鈔不分卷　(清)許玉彬　(清)沈世良輯　清道光二十九年(1849)刻本　十二冊　存初編

440000－2541－0008624　19826
浙西六家詞十一卷　(清)龔翔麟輯　清刻本　三冊

440000－2541－0008625　19827
吴氏石蓮庵刻山左人詞十七種附一種　(清)吴重熹編　清光緒二十七年(1901)海豐吴氏金陵刻本　十冊

440000－2541－0008626　19831
花間集十卷　(五代)趙崇祚輯　清光緒京都影宋刻本　一冊

440000－2541－0008627　19846
夢窗詞甲稿一卷乙稿一卷丙稿一卷丁稿一卷補遺一卷　(宋)吴文英撰　清光緒二十五年(1899)臨桂王氏刻四印齋校補印本　一冊　存三卷(丙稿一卷、丁稿一卷、補遺一卷)

440000－2541－0008628　19853
宋名家詞六集六十一種　(明)毛晉編　清光緒十四年(1888)錢塘汪氏刻本　二十四冊

440000－2541－0008629　19854
宋名家詞六集六十一種　(明)毛晉編　清光緒十四年(1888)錢塘汪氏刻本　十九冊　存六十種

440000－2541－0008630　19855
宋名家詞六集六十一種　(明)毛晉編　清光緒十四年(1888)錢塘汪氏刻本　三十冊　存六十種

440000－2541－0008631　19864
東坡樂府三卷　(宋)蘇軾撰　朱祖謀編　清宣統二年(1910)石印本　二冊

440000－2541－0008632　19897
漱玉詞一卷　(宋)李清照撰　**斷腸詞一卷**　(宋)朱淑真撰　清光緒七年(1881)臨桂王氏家塾刻四印齋所刻詞本　一冊

440000－2541－0008633　19898
絶妙好詞箋七卷　(宋)周密輯　(清)查為仁　(清)厲鶚箋　**續鈔一卷**　(宋)周密　(清)余集輯　**續鈔一卷**　(宋)周密輯　(清)徐楙補錄　清同治十一年(1872)會稽章氏刻光緒十五年(1889)錢唐徐楙補刻本　二冊

440000－2541－0008634　19917
宋七家詞選七卷　(清)戈載輯　清光緒刻本　二冊　存四卷(四至七)

440000－2541－0008635　19920

宋七家詞選七卷　(清)戈載輯　清宣統三年(1911)掃葉山房石印本　三册

440000－2541－0008636　19931
宋名家詞六集六十一種　(明)毛晉編　清光緒十四年(1888)錢塘汪氏刻本　十册　存二十八種

440000－2541－0008637　19939
草窗詞二卷補二卷　(宋)周密撰　(清)无著盦校輯　清光緒二十六年(1900)无著盦刻本　一册

440000－2541－0008638　19940
詞學叢書六種　(清)秦恩復編　清嘉慶至道光江都秦氏享帚精舍刻本　五册　存四種

440000－2541－0008639　19949
斷腸詞一卷　(宋)朱淑真撰　**無弦琴譜二卷**　(元)仇遠撰　清光緒錢塘丁氏刻西泠詞萃本　一册

440000－2541－0008640　19950
明詞綜十二卷　(清)王昶輯　清嘉慶七年(1802)刻本　二册

440000－2541－0008641　19951
滄江虹月詞三卷　(清)汪初撰　清嘉慶九年(1804)錢塘汪氏振綺堂刻光緒十五年(1889)補刻本　一册

440000－2541－0008642　19954
滄江虹月詞三卷　(清)汪初撰　清嘉慶九年(1804)錢塘汪氏振綺堂刻光緒十五年(1889)補刻本　一册

440000－2541－0008643　19955
吴梅村詞一卷　(清)吴偉業撰　清光緒十六年(1890)湖北官書處刻本　一册

440000－2541－0008644　19957
吴梅村詞一卷　(清)吴偉業撰　清光緒十六年(1890)湖北官書處刻本　一册

440000－2541－0008645　19959
繡螙盦詞鈔五卷附録一卷　(清)汪藻撰　清光緒四年(1878)刻本　一册

440000－2541－0008646　19960
粵東三家詞鈔三卷　(清)葉衍蘭輯　清光緒二十一年(1895)刻本　一册

440000－2541－0008647　19961
粵東三家詞鈔三卷　(清)葉衍蘭輯　清光緒二十一年(1895)刻本　一册

440000－2541－0008648　19962
粵東三家詞鈔三卷　(清)葉衍蘭輯　清光緒二十一年(1895)刻本　一册

440000－2541－0008649　19963
今夕菴煙語詞一卷　(清)居巢撰　**桐花閣詞一卷守經堂集一卷**　(清)吳蘭修撰　清刻本　一册

440000－2541－0008650　19965
劍光樓詞一卷　(清)儀克中撰　清咸豐十年(1860)半畊草堂刻本　一册

440000－2541－0008651　19966
劍光樓詞一卷　(清)儀克中撰　清咸豐十年(1860)半畊草堂刻本　一册

440000－2541－0008652　19975
彈指詞二卷　(清)顧貞觀撰　清末海寧陳氏木活字印本　二册

440000－2541－0008653　19976
彈指詞二卷　(清)顧貞觀撰　清末海寧陳氏木活字印本　一册

440000－2541－0008654　19978
古鐵齋詞鈔四卷　(清)馮承輝撰　清道光刻本　一册

440000－2541－0008655　19979
古香凹詩餘二卷　(清)方濬頤撰　清光緒十年(1884)維揚自刻本　四册

440000－2541－0008656　19980
曝書亭集詞注七卷　(清)朱彝尊撰　(清)李富孫注　清刻本　四册

440000－2541－0008657　19981
花簾詞一卷　(清)吳藻撰　清如皋冒俊刻本　一册

440000－2541－0008658　19982
曝書亭集詞注七卷　(清)朱彝尊撰　(清)李富孫注　清刻本　二冊

440000－2541－0008659　19983
花簾詞一卷　(清)吳藻撰　清道光刻本　二冊

440000－2541－0008660　19987
小蘇譚詞五卷　(清)謝學崇撰　清刻本　一冊

440000－2541－0008661　19988
有正味齋詞集八卷　(清)吳錫麒撰　清嘉慶刻本　二冊

440000－2541－0008662　19991
清夢軒詩餘二卷　(清)釋了璞撰　清道光十九年(1839)刻本　二冊

440000－2541－0008663　19997
鶴歸來傳奇二卷　(清)瞿頡撰　(清)周昂評點　清道光湖北官書處刻本　二冊

440000－2541－0008664　19998
鶴歸來傳奇二卷　(清)瞿頡撰　(清)周昂評點　清道光湖北官書處刻本　一冊

440000－2541－0008665　19999
鶴歸來傳奇二卷　(清)瞿頡撰　(清)周昂評點　清道光湖北官書處刻本　四冊

440000－2541－0008666　20000
流光別墅聯吟詩集三卷又一卷　(清)黃鍾和輯　清光緒十五年(1889)粵東刻本　二冊

440000－2541－0008667　20001
篋中詞六卷續四卷　(清)譚獻輯　清光緒八年(1882)仁和譚氏刻半厂叢書初編本　四冊　存九卷(詞六卷、續一至三)

440000－2541－0008668　20002
半厂叢書初編十種　(清)譚獻編　清光緒仁和譚氏刻本　十四冊　存六種

440000－2541－0008669　20003
國朝詞綜四十八卷二集八卷　(清)王昶輯　清嘉慶七年至八年(1802－1803)青浦三泖漁莊刻本　八冊

440000－2541－0008670　20005
國朝詞綜四十八卷二集八卷　(清)王昶輯　清嘉慶七年至八年(1802－1803)青浦三泖漁莊刻後印本　十冊

440000－2541－0008671　20008
秋露詞一卷　(清)孫麟趾撰　清道光刻本　一冊

440000－2541－0008672　20009
拜玉詞一卷　(清)孫麟趾撰　清刻本　一冊

440000－2541－0008673　20010
湖州詞徵二十四卷　朱祖謀輯　清宣統三年(1911)刻本　四冊

440000－2541－0008674　20011
今詞初集二卷　(清)顧貞觀　(清)成德輯　清光緒二十三年(1897)雪浪山房刻本　二冊

440000－2541－0008675　20012
句餘土音三卷　(清)全祖望撰　清嘉慶十九年(1814)刻本　三冊

440000－2541－0008676　20013
遠春詞二卷　(清)張興鏞撰　清嘉慶四年(1799)紅椒山館刻本　二冊

440000－2541－0008677　20014
聽松廬詞鈔三卷　(清)張維屏撰　清嘉慶至道光刻本　一冊

440000－2541－0008678　20015
餐花吟館詞鈔四卷　(清)嚴駿生撰　清嘉慶二十四年(1819)刻本　三冊

440000－2541－0008679　20016
養默山房詩餘三種　(清)謝元淮撰　清道光二十四年(1844)刻朱墨套印本　二冊

440000－2541－0008680　20018
西泠詞萃六種　(清)丁丙輯　清光緒十一年至十三年(1885－1887)錢塘丁氏刻本　四冊

440000－2541－0008681　20021
種芸仙館詞二卷釣船笛譜一卷月湖秋瑟一卷

（清）馮登府撰　清刻本　二冊

440000－2541－0008682　20022
璞齋集一卷　（清）諸可寶撰　清光緒二十二年（1896）玉峰官舍刻本　一冊

440000－2541－0008683　20023
第一生修梅花館詞九卷香海棠館詞話一卷　況周頤撰　清光緒刻民國十四年（1925）上海中國書店印蕙風叢書本　一冊　存八卷（新鶯詞一卷、玉梅詞一卷、錦錢詞一卷、蕙風詞一卷、蔆景詞一卷、二雲詞一卷、存悔詞一卷，香海棠館詞話一卷）

440000－2541－0008684　20024
西泠詞萃六種　（清）丁丙編　清光緒錢塘丁氏刻本　四冊

440000－2541－0008685　20027
西湖秋柳詞一卷　（清）楊鳳苞撰　（清）楊知新注　清光緒十年（1884）湖州楊氏春及軒刻本　一冊

440000－2541－0008686　20030
海風簫詞一卷　（清）顧復初撰　清同治四年（1865）錦城刻本　一冊

440000－2541－0008687　20032
太素齋詞鈔二卷　（清）勒方錡撰　清光緒十年（1884）刻本　一冊

440000－2541－0008688　20033
竹林詞鈔二卷　（清）呂洪　（清）呂鑑煌撰　（清）戴鴻慈　（清）吳桂丹輯　清光緒十九年（1893）刻本　一冊

440000－2541－0008689　20034
學海堂叢刻（啟秀山房叢書）二函十三種　（清）□□編　清光緒刻本　六冊　存五種

440000－2541－0008690　20036
景石齋詞略一卷　（清）姚詩雅撰　清光緒七年（1881）廣州刻本　一冊

440000－2541－0008691　20040
憶雲詞甲槀一卷乙槀一卷丙槀一卷丁槀一卷刪存一卷　（清）項廷紀撰　清光緒二十五年（1899）思賢書局刻本　一冊

440000－2541－0008692　20041
憶雲詞甲槀一卷乙槀一卷丙槀一卷丁槀一卷刪存一卷　（清）項廷紀撰　清末至民國初石印本　一冊

440000－2541－0008693　20046
半塘定槀二卷賸槀一卷　（清）王鵬運撰　清光緒三十二年（1906）小放下庵刻本　一冊

440000－2541－0008694　20047.1
東甌草堂詞二卷　（清）周星譽撰　清刻本　一冊

440000－2541－0008695　20047.2
勉憙集一卷　（清）周星詒撰　清刻本　與440000－2541－0008694合冊

440000－2541－0008696　20051
香禪詞四卷　（清）潘鍾瑞撰　清光緒八年（1882）長洲潘氏刻香禪精舍集本　一冊

440000－2541－0008697　20052
雲起軒詞鈔一卷　（清）文廷式撰　清光緒三十三年（1907）南陵徐氏刻懷豳雜俎本　一冊

440000－2541－0008698　20057
花笑樓詞四種　楊其光撰　陳步墀編　清宣統元年（1909）鉛印繡詩樓叢書本　一冊

440000－2541－0008699　20058
繡詩樓叢書三十六種　清宣統鉛印本　三冊　存七種

440000－2541－0008700　20059
鴛鴦宜福館吹月詞二卷　（清）陳元鼎撰　清同治元年（1862）陳元鼎刻本　一冊

440000－2541－0008701　20060
藤香館詞刪存二卷　（清）薛時雨撰　清光緒五年（1879）刻本　一冊

440000－2541－0008702　20061
唾絨餘草一卷雜錄一卷題詞一卷　（清）吳小姑撰　清同治二年（1863）羊城刻本　一冊

440000－2541－0008703　20062

花影吹笙詞鈔二卷小遊僊詞一卷　(清)葉英華撰　清光緒三年(1877)番禺葉氏羊城刻本　一冊

440000－2541－0008704　20063
花影吹笙詞鈔二卷小遊僊詞一卷　(清)葉英華撰　清光緒三年(1877)番禺葉氏羊城刻本　一冊

440000－2541－0008705　20064
花影吹笙詞鈔二卷小遊僊詞一卷　(清)葉英華撰　清光緒三年(1877)番禺葉氏羊城刻本　一冊

440000－2541－0008706　20065
花影吹笙詞鈔二卷小遊僊詞一卷　(清)葉英華撰　清光緒三年(1877)番禺葉氏羊城刻本　一冊

440000－2541－0008707　20066
庚子秋詞二卷　(清)王鵬運等撰　清光緒刻本　一冊

440000－2541－0008708　20067
春蟄吟一卷　(清)王鵬運撰　清光緒刻本　一冊

440000－2541－0008709　20068
菊壽盦詞稿四卷　(清)姚輝第撰　清同治二年(1863)木活字印本　一冊

440000－2541－0008710　20069
眉緑樓詞八種　(清)顧文彬撰　清光緒十年(1884)吳下刻本　四冊

440000－2541－0008711　20070
秋夢盦詞鈔二卷續一卷　(清)葉衍蘭撰　清光緒十六年(1890)羊城刻本　一冊

440000－2541－0008712　20071
秋夢盦詞鈔二卷續一卷　(清)葉衍蘭撰　清光緒十六年(1890)羊城刻本　一冊

440000－2541－0008713　20072
秋夢盦詞鈔二卷續一卷　(清)葉衍蘭撰　清光緒十六年(1890)羊城刻本　一冊

440000－2541－0008714　20073
秋夢盦詞鈔二卷續一卷　(清)葉衍蘭撰　清光緒十六年(1890)羊城刻本　一冊

440000－2541－0008715　20074
蕥齋詩餘一卷　(清)查元偁撰　清道光二十一年(1841)刻本　一冊

440000－2541－0008716　20075
金霞仙館詞鈔一卷　(清)呂鑑煌撰　清光緒二十一年(1895)刻本　一冊

440000－2541－0008717　20076
金霞仙館詞鈔一卷　(清)呂鑑煌撰　清光緒二十一年(1895)刻本　一冊

440000－2541－0008718　20077
金霞仙館詞鈔一卷　(清)呂鑑煌撰　清光緒二十一年(1895)刻本　一冊

440000－2541－0008719　20079
煙波漁唱四卷　(清)張應昌撰　**聞妙香室詞一卷**　(清)陸珊撰　**青藜精舍詩鈔一卷**　(清)張應鼎撰　清同治二年(1863)刻本　六冊

440000－2541－0008720　20080
樽酒銷寒詞一卷附錄一卷　(清)趙植庭輯　**續錄一卷**　(清)方賓穆輯　清光緒十一年(1885)蔣偉粵東刻本　一冊

440000－2541－0008721　20081
水雲欸乃四卷　(清)周天麟撰　**月樓琴語一卷**　(清)蕭恒貞撰　清光緒十七年(1891)石印本　一冊

440000－2541－0008722　20082
緑秋草堂詞一卷　(清)顧翰撰　**玉山堂詞一卷**　(清)汪度撰　**崇睦山房詞一卷**　(清)汪全德撰　清同治五年(1866)三讓睦記刻隨園三十種本　三冊

440000－2541－0008723　20084
苾芻館詞集六種　(清)胡延撰　清光緒二十九年(1903)金陵糧儲道廨刻本　三冊　存四種

中山大學圖書館古籍普查登記目録

（中）

全國古籍普查登記目録

國家圖書館出版社
National Library of China Publishing House

440000－2541－0008724　20085
曼廬詞一卷　(清)許頌鼎撰　清光緒三十三年(1907)刻本　一册

440000－2541－0008725　20087
郢雲詞一卷　(清)李岳瑞撰　清光緒二十七年(1901)刻本　一册

440000－2541－0008726　20089
漱泉詞一卷　(清)成肇麐撰　清光緒刻本　一册

440000－2541－0008727　20090
紅蕉詞一卷　(清)江標撰　**鶴緣詞一卷**　(清)呂耀斗撰　清光緒十四年(1888)元和江氏師鄦室刻本　一册

440000－2541－0008728　20091
竹林詞鈔二卷　(清)呂洪　(清)呂鑑煌撰　(清)戴鴻慈　(清)吳桂丹輯　**金霞仙館詞鈔一卷**　(清)呂鑑煌撰　清光緒十九年至二十一年(1893－1895)刻本　一册

440000－2541－0008729　20098
鼇洲詩餘一卷　(清)林蒲封撰　清道光刻本　一册

440000－2541－0008730　20101
月波樓琴言三卷　(清)陳其錕撰　清咸豐二年(1852)刻本　一册

440000－2541－0008731　20102
飲蘭露館詩鈔六卷試帖一卷詞鈔一卷　(清)吳林光撰　清道光二十九年(1849)南海吳氏飲蘭露館刻本　一册　存二卷(試帖一卷、詞鈔一卷)

440000－2541－0008732　20105
花影吹笙詞鈔二卷小遊仙詞一卷　(清)葉英華撰　清光緒三年(1877)番禺葉氏羊城刻本　一册

440000－2541－0008733　20106
虞苑東齋詞鈔不分卷　(清)陳良玉撰　清同治十一年(1872)刻本　一册

440000－2541－0008734　20107
楞華室詞鈔二卷　(清)沈世良撰　清咸豐四年(1854)刻本　一册

440000－2541－0008735　20108
楞華室詞鈔二卷　(清)沈世良撰　清咸豐四年(1854)刻本　二册

440000－2541－0008736　20109
三洲漁篴譜一卷　(清)梁煦南撰　清光緒十四年(1888)刻本　一册

440000－2541－0008737　20113
蜀桐絃詞一卷　(清)顧復初撰　清咸豐六年(1856)刻本　一册

440000－2541－0008738　20115
玉洤詞一卷　(清)潘曾瑋撰　清咸豐刻本　一册

440000－2541－0008739　20116
景石齋詞略一卷　(清)姚詩雅撰　清光緒七年(1881)廣州刻本　一册

440000－2541－0008740　20117
井華詞二卷　(清)沈景脩撰　清光緒二十五年(1899)刻本　一册

440000－2541－0008741　20126
彊邨詞四卷　朱祖謀撰　清光緒三十一年(1905)刻本　一册

440000－2541－0008742　20127
彊邨詞四卷　朱祖謀撰　清光緒三十一年(1905)刻本　一册　存三卷(一至三)

440000－2541－0008743　20128
彊邨詞四卷　朱祖謀撰　清光緒三十一年(1905)刻本　一册

440000－2541－0008744　20134
荔支唱和册不分卷　(清)丁惠衡輯　清光緒八年(1882)丁惠衡榕江絜園刻本　一册

440000－2541－0008745　20148
雨屋深鐙詞一卷續稿一卷三編一卷　汪兆鏞撰　清宣統三年至民國二十九年(1911－1940)鉛印本　一册

440000－2541－0008746　20149
雨屋深鐙詞一卷續稿一卷　汪兆鏞撰　清宣統三年至民國十七年(1911－1928)鉛印本　一册

440000－2541－0008747　20150
雨屋深鐙詞一卷續稿一卷三編一卷　汪兆鏞撰　清宣統三年至民國二十九年(1911－1940)鉛印本　一册

440000－2541－0008748　20151
雨屋深鐙詞一卷續稿一卷　汪兆鏞撰　清宣統三年至民國十七年(1911－1928)鉛印本　一册

440000－2541－0008749　20172
花簾詞一卷香南雪北詞一卷　(清)吳藻撰　清光緒十年(1884)如皋冒氏如不及齋刻林下雅音集本　二册

440000－2541－0008750　20214
秋水菴花影集五卷　(明)施紹莘撰　清光緒刻本　三册　存三卷(一至三)

440000－2541－0008751　20533
異方便淨土傳燈歸元鏡三祖實錄二卷　(清)釋智達撰　清刻本　一册

440000－2541－0008752　20540
合訂西廂記文機活趣全解八卷末一卷　(元)王實甫撰　(清)金人瑞批點　(清)鄧汝寧音義　清刻本　六册

440000－2541－0008753　20553
繪像第六才子書八卷　(元)王實甫撰　(清)金人瑞評點　**才子醉心篇一卷**　(清)陳維崧訂　清光緒十年(1884)廣州刻朱墨套印本　六册

440000－2541－0008754　20562
西廂記不分卷　(元)王實甫撰　清道光二年(1822)羊城刻本　四册

440000－2541－0008755　20563
西廂記不分卷　(元)王實甫撰　清道光二年(1822)羊城刻本　四册

440000－2541－0008756　20566
瞿園雜劇五種　題(清)瞿園(袁祖光)編　清光緒三十四年(1908)鉛印本　一册

440000－2541－0008757　20577
缾笙館修簫譜四卷　(清)舒位撰　清道光十三年(1833)錢塘汪氏振綺堂刻本　一册

440000－2541－0008758　20579
晚學齋集四種　(清)鄭由熙撰　清光緒十六年至二十四年(1890－1898)刻本　五册　存二種

440000－2541－0008759　20588
馬東籬雜劇五種　(元)馬致遠撰　清光緒二十六年(1900)玉海堂抄本　一册

440000－2541－0008760　20592
圓香夢雜劇一卷　(清)梁廷枏撰　題(清)藕香水榭訂譜　清道光刻本　二册

440000－2541－0008761　20593
圓香夢雜劇一卷　(清)梁廷枏撰　題(清)藕香水榭訂譜　清道光刻本　一册

440000－2541－0008762　20594
江梅夢雜劇一卷　(清)梁廷枏撰　題(清)養花精舍點論　清道光刻本　一册

440000－2541－0008763　20595
曇花夢雜劇一卷　(清)梁廷枏撰　(清)周寶傑評校　**題詞一卷附錄一卷**　清道光刻本　一册　存二卷(雜劇一卷、題詞一卷)

440000－2541－0008764　20596
曇花夢雜劇一卷　(清)梁廷枏撰　(清)周寶傑評校　**題詞一卷附錄一卷**　清道光刻本　一册

440000－2541－0008765　20597
斷緣夢雜劇一卷　(清)梁廷枏撰　題(清)騨紅醉客點論　清道光刻本　一册

440000－2541－0008766　20600
繡像八美圖□□回　(□)□□撰　清刻本　二册　存九回(七至十、十一至十五)

440000－2541－0008767　20604

笠翁傳奇十種　(清)李漁撰　清經本堂刻本　十七冊

440000－2541－0008768　20605
碧聲吟館叢書六種附五種　(清)許善長撰　清光緒仁和許氏碧聲吟館刻本　七冊　存六種

440000－2541－0008769　20606
重訂綴白裘全集十二集四十八卷　題(清)玩花主人輯　(清)錢德蒼增輯　清道光三年(1823)共賞齋刻本　二十四冊

440000－2541－0008770　20611
琵琶記四卷　(元)高明撰　清末至民國初蟫隱廬影印本　四冊

440000－2541－0008771　20612
琵琶記四卷　(元)高明撰　清末至民國初蟫隱廬影印本　四冊

440000－2541－0008772　20616
帝女花二卷　(清)黃燮清撰　清咸豐至同治刻宣統二年(1910)印倚晴樓集本　二冊

440000－2541－0008773　20617
漁邨記二卷　(清)韓錫胙撰並評點　清乾隆三十三年(1768)妙有山房刻咸豐五年(1855)石門山房印本　二冊

440000－2541－0008774　20618
玉獅堂十種曲附一種　(清)陳烺撰　清光緒十七年(1891)徐光鋆等刻本　四冊

440000－2541－0008775　20619
漁邨記二卷　(清)韓錫胙撰并評點　清乾隆三十三年(1768)妙有山房刻光緒二年(1876)括秅照水堂印本　二冊

440000－2541－0008776　20620
漁邨記二卷　(清)韓錫胙撰并評點　清乾隆三十三年(1768)妙有山房刻後印本　四冊

440000－2541－0008777　20621
南柯記二卷　(明)湯顯祖撰　明刻本　一冊　存一卷(上)

440000－2541－0008778　20629
新刻珠玉圓四卷四十八回　題(清)柳浦散人輯　題(清)西麓山人評點　清同治十一年(1872)刻本　四冊

440000－2541－0008779　20633
桃谿雪二卷　(清)黃燮清撰　(清)吳廷康輯　(清)李光溥評文　清光緒元年(1875)刻本　一冊

440000－2541－0008780　20634
長生殿傳奇二卷　(清)洪昇撰　(清)吳人論文　(清)徐麟樂句　清刻本　四冊

440000－2541－0008781　20636
蔣鉛山九種曲(清容外集)　(清)蔣士銓撰　清咸豐刻蔣氏四種本　十二冊

440000－2541－0008782　20637
蔣鉛山九種曲(清容外集)　(清)蔣士銓撰　清咸豐刻蔣氏四種本　十三冊

440000－2541－0008783　20638
藏園九種曲　(清)蔣士銓撰　清煥乎堂刻本　十冊

440000－2541－0008784　20639
藏園九種曲　(清)蔣士銓撰　清經綸堂刻本　六冊　存八種

440000－2541－0008785　20640
蔣鉛山九種曲(清容外集)　(清)蔣士銓撰　清咸豐刻蔣氏四種本　十冊

440000－2541－0008786　20646
牡丹亭還魂記二卷　(明)湯顯祖撰　清末至民國影印本　四冊

440000－2541－0008787　20649
吳吳山三婦合評牡丹亭還魂記二卷　(明)湯顯祖撰　(清)陳同　(清)錢宜　(清)談則評點　清刻本　一冊

440000－2541－0008788　20653
繪圖英雄奇緣傳十卷五十七回　題(清)隨安散人撰　清光緒二十四年(1898)上海書局石印本　三冊

440000－2541－0008789　20655

牡丹亭還魂記八卷 (明)湯顯祖撰 清刻本 四冊

440000－2541－0008790 20658
極樂世界傳奇十三卷八十二回 題(清)觀劇道人撰 題(清)試香女史評 清光緒三十一年(1905)安雅書局鉛印本 四冊

440000－2541－0008791 20660
洞庭緣傳奇一卷十六齣 (清)陸繼輅撰 清光緒六年(1880)鴛湖刻本 一冊

440000－2541－0008792 20664
桃花扇四卷四十齣首一卷 (清)孔尚任撰 清光緒二十一年(1895)蘭雪堂刻本 四冊

440000－2541－0008793 20665
桃花扇四卷四十齣首一卷 (清)孔尚任撰 清光緒二十一年(1895)蘭雪堂刻本 五冊

440000－2541－0008794 20669
海虬記傳奇二卷 (清)陳烺撰 清光緒十七年(1891)刻玉獅堂十種曲本 一冊

440000－2541－0008795 20670
回流記傳奇一卷 (清)陳烺撰 清光緒十七年(1891)刻玉獅堂十種曲本 一冊

440000－2541－0008796 20674
批點燕子箋二卷 (明)阮大鋮撰 清宣統二年(1910)貴池劉氏暖紅室刻本 二冊

440000－2541－0008797 20675
小忽雷二卷大忽雷一卷 (清)孔尚任 (清)顧彩撰 清宣統二年(1910)貴池劉氏暖紅室刻彙刻傳劇本 二冊

440000－2541－0008798 20693
繡像雙珠鳳全傳十二卷八十回 (清)□□撰 清末至民國初鉛印本 六冊

440000－2541－0008799 20698
坦園全集八種 (清)楊恩壽撰 清光緒長沙楊氏刻本 二十三冊 存六種

440000－2541－0008800 20700
繡像芙蓉洞全傳十卷四十回 (清)陳遇乾撰 (清)陳士奇評 清道光十六年(1836)刻本 一冊

440000－2541－0008801 20701
新刻真本唱口雙珠球全傳十二集四十九回 (清)黃子貞撰 清光緒三年(1877)刻本 十二冊

440000－2541－0008802 20703
庚子國變彈詞四十回 (清)世界繁華報館撰 清光緒二十八年(1902)上海世界繁華報館鉛印本 六冊

440000－2541－0008803 20704
紅樓夢傳奇二卷 (清)仲振奎撰 題(清)邗亭居士按拍 清光緒八年(1882)常熟抱芳閣刻本(有圖) 三冊

440000－2541－0008804 20710
繡像海公奇案八種 (清)□□撰 清光緒十八年(1892)上海紫雲軒刻本 十冊

440000－2541－0008805 20718
立雪齋琴譜二卷首一卷 (清)汪紱輯 清光緒二十二年(1896)刻本 二冊

440000－2541－0008806 20719
再生緣全傳二十卷八十回 (清)陳端生撰 清道光刻本 二十冊

440000－2541－0008807 20722
繪圖續再生緣十六卷十六回 (清)□□撰 清宣統元年(1909)上海章福記石印本 八冊

440000－2541－0008808 20723
來生福彈詞三十六回 題(清)橘中逸叟撰 清同治刻本 三十二冊

440000－2541－0008809 20724
來生福彈詞三十六回 題(清)橘中逸叟撰 清同治刻本 十六冊

440000－2541－0008810 20725
繡像夢影緣四十八回 題(清)苕溪釁下生(鄭澹若)撰 清光緒二十一年(1895)竹簡齋石印本 十六冊

440000－2541－0008811 20726
錦上花四十八回 題(清)修月閣主人撰 清

同治十三年(1874)學餘堂刻本　八册

440000－2541－0008812　20727
燕子箋彈詞四卷十八回　(清)澹園氏撰　清嘉慶八年(1803)刻本　六册

440000－2541－0008813　20728
千秋恨十二卷十二回　(清)頑石子撰　清光緒三年(1877)刻本　六册

440000－2541－0008814　20730
評點第九才子書二荷花史四卷　(清)鍾映雪評訂　清光緒十八年(1892)莞城刻本　一册

440000－2541－0008815　20732
新編肉坵墳十二卷　(清)□□撰　清光緒十四年(1888)京都聚文堂刻本　十二册

440000－2541－0008816　20736
新刻千里駒說唱六卷　□□撰　清聚文堂刻本　六册

440000－2541－0008817　20737
粵謳一卷　(清)招子庸輯　清刻本　一册

440000－2541－0008818　20738
新粵謳不分卷　□□輯　清宣統二年(1910)刻本　一册　缺一至三十七葉

440000－2541－0008819　20739
校本正粵謳一卷　(清)招子庸輯　清廣州五桂堂刻本　一册

440000－2541－0008820　20740
粵謳一卷　(清)招子庸編　清道光八年(1828)刻本　一册

440000－2541－0008821　20741
粵謳一卷　(清)招子庸輯　清道光八年(1828)刻咸豐八年(1858)補刻廣州登雲閣印本　一册

440000－2541－0008822　20742
粵謳一卷　(清)招子庸輯　清道光八年(1828)刻咸豐八年(1858)補刻廣州登雲閣印本　一册

440000－2541－0008823　20743
粵謳一卷　(清)招子庸輯　清道光八年(1828)刻咸豐八年(1858)補刻廣州登雲閣印本　一册

440000－2541－0008824　20744
粵謳一卷　(清)招子庸輯　清刻本　一册

440000－2541－0008825　20745
粵謳一卷　(清)招子庸輯　清道光八年(1828)刻本　一册

440000－2541－0008826　20747
龍舟歌□□卷　(清)五桂堂輯印　清末至民國初刻機器印本　一册　存四十四種

440000－2541－0008827　20753
俗曲不分卷　□□輯　清末至民國廣州五桂堂等石印本暨刻本　四册

440000－2541－0008828　20765
唐代叢書六集一百六十四種　(清)陳世熙編　清同治元年(1862)粵東同文堂刻本　二十册　存一百六十一種

440000－2541－0008829　20766
唐代叢書六集一百六十四種　(清)陳世熙編　清同治元年(1862)粵東同文堂刻本　二十册　存一百六十三種

440000－2541－0008830　20767
唐代叢書六集一百六十四種　(清)陳世熙編　清同治三年(1864)廣州刻本　二十六册　存一百一種

440000－2541－0008831　20773
香艷叢書二十集三百二十七種　(清)蟲天子編　清宣統上海國學扶輪社鉛印本　八十册

440000－2541－0008832　20774
香艷叢書二十集三百二十七種　(清)蟲天子編　清宣統上海國學扶輪社鉛印本　十二册　存六十八種

440000－2541－0008833　20775
五朝小說□□種　(明)□□編　明末刻清印本　六十四册

440000－2541－0008834　20776

穆天子傳六卷 （晉）郭璞注 清刻本 一冊

440000－2541－0008835 20802
寄園寄所寄十二卷 （清）趙起士輯 清刻本 二十四冊

440000－2541－0008836 20803
寄園寄所寄十二卷 （清）趙起士輯 清三益堂刻本 十冊

440000－2541－0008837 20804
寄園寄所寄十二卷 （清）趙起士輯 清刻本 十冊

440000－2541－0008838 20807
寄園寄所寄十二卷 （清）趙起士輯 清刻本 三冊 存三卷（三、七、十一）

440000－2541－0008839 20808
薌嶼裘書七種 （清）曾廷枚撰 清嘉慶刻本 十冊 存四種

440000－2541－0008840 20809
重訂西青散記八卷西青文略一卷 （清）史震林撰 清光緒四年（1878）鉛印本 四冊

440000－2541－0008841 20810
客窗閒話八卷 （清）吳熾昌撰 清光緒元年（1875）刻本 八冊

440000－2541－0008842 20811
金壺七墨六種 （清）黃鈞宰撰 清同治十二年（1873）刻本 八冊

440000－2541－0008843 20812
西青散記四卷 （清）史震林撰 清刻本 二冊 存二卷（一至二）

440000－2541－0008844 20821
信徵隨筆十六集三十二卷 （清）段永源撰 清同治六年至九年（1867－1870）刻本 十六冊

440000－2541－0008845 20824
山海經十八卷 （晉）郭璞傳 （清）畢沅校 清光緒二十三年（1897）文瑞樓鉛印本 一冊

440000－2541－0008846 20825
山海經十八卷 （晉）郭璞傳 （清）畢沅校 清光緒三年（1877）浙江書局刻二十二子本 三冊

440000－2541－0008847 20826
山海經十八卷 （晉）郭璞傳 （清）畢沅校 清光緒十四年（1888）掃葉山房刻本 四冊

440000－2541－0008848 20827
山海經四卷 （晉）郭璞傳 （清）吳任臣注 清光緒十年（1884）掃葉山房刻本 四冊

440000－2541－0008849 20828
山海經廣注十八卷 （晉）郭璞注 （清）吳任臣撰 清刻本 四冊

440000－2541－0008850 20829
山海經元集二卷亨集三卷利集四卷貞集十四卷 （晉）郭璞傳 （清）吳任臣注 清文光堂刻本 二冊

440000－2541－0008851 20830
山海經箋疏十八卷圖贊一卷訂譌一卷敘錄一卷 （晉）郭璞傳 （清）郝懿行箋疏 清嘉慶十四年（1809）揚州阮氏琅嬛僊館刻本 六冊

440000－2541－0008852 20831
山海經十八卷圖贊一卷訂譌一卷敘錄一卷 （晉）郭璞傳 （清）郝懿行箋疏 清光緒十二年（1886）上海還讀樓刻本 四冊

440000－2541－0008853 20834
山海經箋疏十八卷圖贊一卷訂譌一卷敘錄一卷 （晉）郭璞傳 （清）郝懿行撰 清嘉慶十四年（1809）揚州阮氏琅嬛僊館刻光緒七年（1881）印郝氏遺書本 四冊

440000－2541－0008854 20835
山海經箋疏十八卷圖贊一卷訂譌一卷敘錄一卷 （晉）郭璞傳 （清）郝懿行撰 清嘉慶十四年（1809）揚州阮氏琅嬛僊館刻光緒七年（1881）印郝氏遺書本 四冊

440000－2541－0008855 20836
山海經箋疏十八卷圖贊一卷訂譌一卷敘錄一卷 （晉）郭璞傳 （清）郝懿行撰 清嘉慶十

四年(1809)揚州阮氏琅嬛僊館刻本　四册

440000－2541－0008856　20840
山海經存九卷首一卷　(清)汪紱釋　清光緒二十一年(1895)石印本　四册

440000－2541－0008857　20862
說鈴前集三十八種後集十七種續集七種　(清)吳震方編　清光緒石印本　二册　存四種

440000－2541－0008858　20863
冥報錄二卷　(清)吳震方輯　清光緒石印說鈴本　一册

440000－2541－0008859　20864
陳刻二種　(清)陳世修編　清光緒元年至二年(1875－1876)陳其元庸閒齋刻本　四册

440000－2541－0008860　20871
成仙捷徑四卷　鄭官應輯　清光緒三十四年(1908)廣州鉛印本　一册

440000－2541－0008861　20872
遣愁集十二卷　(清)張貴勝輯　清刻本　四册

440000－2541－0008862　20873
堅瓠集選十二卷　(清)褚人穫輯　題(清)樂見成齋居士刪纂　清刻本　四册　存八卷(一至四、九至十二)

440000－2541－0008863　20874
重增三教源流聖帝佛師搜神大全二卷　(晉)干寶撰　清咸豐五年(1855)刻本　三册

440000－2541－0008864　20875
雨韭盦筆記四卷　(清)汪鼎撰　清咸豐六年(1856)刻本　二册

440000－2541－0008865　20876
雨韭盦筆記四卷　(清)汪鼎撰　清咸豐六年(1856)刻本　一册　存二卷(三至四)

440000－2541－0008866　42388
皇清經解一百九十卷首一卷　(清)阮元編　(清)嚴杰重編　**縮版編目十六卷**　(清)陶治元輯　清光緒十七年(1891)上海鴻寶齋石印本　二十六册

440000－2541－0008867　20879
繪圖三教源流搜神大全七卷　(宋)□□輯　清宣統元年(1909)長沙葉氏郎園影刻麗廔叢書本　二册

440000－2541－0008868　20881
兩般秋雨盦隨筆八卷　(清)梁紹壬撰　清光緒刻本　七册　存七卷(一至六、八)

440000－2541－0008869　20884
兩般秋雨盦隨筆八卷　(清)梁紹壬撰　清宣統二年(1910)上海掃葉山房石印本　四册

440000－2541－0008870　20887
兩般秋雨盦隨筆八卷　(清)梁紹壬撰　清光緒文光堂刻本　八册

440000－2541－0008871　20888
兩般秋雨盦隨筆八卷　(清)梁紹壬撰　清光緒刻本　八册

440000－2541－0008872　20889
閱微草堂筆記二十四卷　(清)紀昀撰　清刻本　十二册

440000－2541－0008873　20891
浦城遺書十四種　(清)祝昌泰等編　清嘉慶浦城祝氏留香室刻本　六册　存四種

440000－2541－0008874　20892
紀曉嵐先生筆記二十四卷　(清)紀昀撰　清道光十五年(1835)廣州刻本　十册

440000－2541－0008875　20900
里乘四卷　(清)許奉恩撰　清光緒四年(1878)刻本　二册

440000－2541－0008876　20903
明齋小識十二卷　(清)諸聯撰　清刻本　四册

440000－2541－0008877　20905
虞初新志二十卷續志十二卷　(清)張潮輯　清咸豐元年(1851)小嫏嬛山館刻本　十六册

440000－2541－0008878　20908

棗林雜俎六卷附錄一卷 (明)談遷撰 清宣統三年(1911)上海國學扶輪社鉛印張氏適園叢書初集本 二冊 存二卷(和集、仁集)

440000－2541－0008879 20911
讕樓逸志六卷 (清)歐蘇撰 清咸豐八年(1858)刻本 三冊

440000－2541－0008880 20912
太平廣記五百卷目錄十卷 (宋)李昉等輯 清嘉慶元年(1796)刻本 三冊 存三十二卷(二百二十八至二百三十八、二百九十四至三百四、四百七十九至四百八十八)

440000－2541－0008881 20916
聊齋志異新評十六卷 (清)蒲松齡撰 (清)王士禛評 (清)但明倫新評 清道光二十二年(1842)廣順但氏揚州刻朱墨套印本 十五冊 存十五卷(一至十四、十六)

440000－2541－0008882 20917
聊齋志異新評十六卷 (清)蒲松齡撰 (清)王士禛評 (清)但明倫新評 清刻本 十六冊

440000－2541－0008883 20918
聊齋志異新評十六卷 (清)蒲松齡撰 (清)王士禛評 (清)但明倫新評 清道光二十二年(1842)廣順但氏揚州刻朱墨套印本 十六冊

440000－2541－0008884 20919
批註聊齋志異圖詠十六卷首一卷 (清)蒲松齡撰 (清)呂湛恩注 清光緒十三年(1887)石印本 八冊

440000－2541－0008885 20920
聊齋志異新評十六卷 (清)蒲松齡撰 (清)王士禛評 (清)但明倫新評 (清)呂湛恩注 清同治十三年(1874)粵東刻朱墨套印本 十五冊 存十五卷(一、三至十六)

440000－2541－0008886 20926
京塵雜錄四種 (清)楊懋建撰 清光緒十二年(1886)上海同文書局石印本 二冊

440000－2541－0008887 20927
茶餘客話十二卷 (清)阮葵生撰 (清)戴璐選 清光緒五年(1879)文達堂刻本 四冊

440000－2541－0008888 20930
茶餘客話二十二卷 (清)阮葵生撰 清光緒十四年(1888)鉛印本 六冊

440000－2541－0008889 20934
夜譚隨錄十二卷 (清)和邦額撰 (清)葵園主人評閱 清刻本 六冊

440000－2541－0008890 20937
醉茶誌怪四卷 (清)李慶辰撰 清光緒十八年(1892)津門刻本 四冊

440000－2541－0008891 20939
池上草堂筆記八卷 (清)梁恭辰撰 清同治十二年(1873)豫章聽鸝館主人金陵刻本 八冊

440000－2541－0008892 20943
劍俠傳四卷續傳四卷 鄭觀應輯 清光緒五年(1879)刻本 四冊

440000－2541－0008893 20952
閱微草堂筆記二十四卷 (清)紀昀撰 清嘉慶二十一年(1816)北平盛氏刻本 十冊

440000－2541－0008894 20953
翼駉稗編八卷 (清)湯用中撰 (清)徐廷華評 清道光二十九年(1849)刻本 八冊

440000－2541－0008895 20958
夷堅志甲集□□卷 (宋)洪邁撰 清刻本 一冊 存甲集上

440000－2541－0008896 20959
十萬卷樓叢書三集五十一種 (清)陸心源編 清光緒歸安陸氏刻本 三十六冊 存六種

440000－2541－0008897 20960
新編雷峰塔奇傳五卷 題(□)玉花堂主人校訂 清刻本 四冊

440000－2541－0008898 20962
譚史志奇八卷 (清)姚芝撰 清光緒十四年(1888)五知堂刻本 四冊

440000－2541－0008899　20963
耳食錄十二卷二編八卷　(清)樂鈞撰　清同治七年(1868)刻本　十册

440000－2541－0008900　20964
客窗閒話八卷　(清)吴熾昌撰　清光緒二年(1876)學庫山房刻本　八册

440000－2541－0008901　20965
坐花誌果八卷　(清)汪道鼎撰　清同治十二年(1873)寶善堂刻本　四册

440000－2541－0008902　20966
挑燈新錄六卷　(清)吴荆園撰　清嘉慶十五年(1810)刻本　六册

440000－2541－0008903　20967
挑燈新錄六卷　(清)吴荆園撰　清嘉慶十五年(1810)刻本　二册　存四卷(三至六)

440000－2541－0008904　20968
咫聞錄六卷　(清)慵訥居士撰　清道光二十三年(1843)刻本　五册

440000－2541－0008905　20969
西湖佳話古今遺蹟十六卷　題(清)墨浪子輯　清同治四年(1865)刻本　四册

440000－2541－0008906　20972
莊諧選錄十二卷　題(清)醒醉生輯　清末至民國初鉛印本　十二册

440000－2541－0008907　20980
垂綏錄三卷　(清)張雲璈撰　清光緒二十七年(1901)安雅書局鉛印本　一册

440000－2541－0008908　20985
板橋雜記三卷　(清)余懷撰　清光緒二十七年(1901)傅春官晦齋刻金陵叢刻本　一册

440000－2541－0008909　20986
吉祥花六卷　(清)邵紀棠輯　清同治十二年(1873)刻本　一册　存三卷(四至六)

440000－2541－0008910　20987
循環鑑四卷　(清)謝宗亮撰　清刻本　一册　存二卷(三至四)

440000－2541－0008911　20989
無稽讕語五卷　(清)蘭皐居士撰　清刻本　五册

440000－2541－0008912　20992
飛燕外傳一卷　(漢)伶玄撰　清刻本　一册

440000－2541－0008913　20994
漢武帝内傳一卷　(漢)班固撰　**飛燕外傳一卷**　(漢)伶玄撰　**前趙錄一卷後趙錄一卷前秦錄一卷**　(三國魏)崔鴻撰　清練江汪氏述古山莊刻本　一册

440000－2541－0008914　21005
七十二朝四書人物演義四十卷　題(明)李卓吾撰　清光緒二十三年(1897)上海十萬卷樓石印本　八册

440000－2541－0008915　21020
新編玉鴛鴦初集四卷二集四卷三集四卷四集四卷五集四卷　(□)□□撰　清同治刻本　四册

440000－2541－0008916　21021
新編玉鴛鴦初集四卷二集四卷三集四卷四集四卷五集四卷　(□)□□撰　清同治七年(1868)刻本　四册

440000－2541－0008917　21024
評論出像水滸傳二十卷七十回　(元)施耐庵撰　(清)王望如評　清刻本　十九册　存六十六回(一至十八、二十三至七十)

440000－2541－0008918　21030
新增第五才子書水滸全傳十卷四十九回　(元)施耐庵撰　清三元堂刻本　十册

440000－2541－0008919　21031
東周列國全志二十三卷一百八回　(清)蔡昇評點　清刻朱墨套印本　十二册

440000－2541－0008920　21032
東周列國全志二十三卷一百八回　(清)蔡昇評點　清刻本　二十三册　存一百四回(一至八十、八十五至一百八)

440000－2541－0008921　21033

東周列國志二十七卷一百八回首一卷 (清)蔡界評點 清光緒十六年(1890)上海點石齋石印本 八冊

440000－2541－0008922 21035

東周列國全志二十三卷一百八回 (清)蔡界評點 清維經堂刻本 十二冊

440000－2541－0008923 21038

增評補像全圖金玉緣十五卷一百二十回 (清)曹雪芹撰 (清)高鶚續 (清)王希廉 (清)張新之 (清)姚燮評 清光緒三十四年(1908)求不負齋石印本 十六冊

440000－2541－0008924 21039

增評補像全圖金玉緣十五卷一百二十回 (清)曹雪芹撰 (清)高鶚續 (清)王希廉 (清)張新之 (清)姚燮評 清光緒三十四年(1908)求不負齋石印本 十六冊

440000－2541－0008925 21041

警富新書四卷四十回 (清)安和撰 清嘉慶十四年(1809)刻本 一冊 存十九回(一至十九)

440000－2541－0008926 21043

精訂綱鑑二十四史通俗衍義六卷四十四回 (清)呂撫輯 清光緒二十七年(1901)汗青館鉛印本 三冊

440000－2541－0008927 21044

黑海鐘一卷十八回 (清)田鑄撰 清光緒三十二年(1906)上海樂群圖書編譯局石印本 一冊

440000－2541－0008928 21046

新刻陰陽顯報水鬼陞城隍全傳四卷二十回 (清)□□撰 清刻本 二冊

440000－2541－0008929 21047

忠孝節義二度梅全傳六卷四十回 題(清)惜陰堂主人撰 清右文堂刻本 二冊 存二十六回(一至二十六)

440000－2541－0008930 21048

第九才子書平鬼傳四卷十回 題(清)樵雲山人編 清右文堂刻本 四冊

440000－2541－0008931 21049

第九才子書平鬼傳四卷十回 題(清)樵雲山人編 清右文堂刻本 一冊 存五回(六至十)

440000－2541－0008932 21050

新鐫陰陽鬪異說傳奇四卷 (清)□□撰 清同治三年(1864)刻本 二冊

440000－2541－0008933 21053

新刻增刪二度梅奇說六卷四十回 題(清)惜陰堂主人撰 清刻本 六冊

440000－2541－0008934 21054

四雪草堂重編通俗隋唐演義二十卷一百回 (清)褚人獲撰 (清)吳鶴樵評 清同治三年(1864)刻本 二十冊

440000－2541－0008935 21055

四雪草堂重編通俗隋唐演義二十卷一百回 (清)褚人獲撰 (清)吳鶴樵評 清同治三年(1864)刻本 二十冊

440000－2541－0008936 21056

義俠好逑傳四卷十八回 題(清)名教中人撰 題(清)游方外客批評 清刻本 四冊

440000－2541－0008937 21057

新刻天花藏批評平山冷燕四卷二十回 題(清)荻岸散人(張勻)撰 清寶書堂刻本 四冊

440000－2541－0008938 21058

義俠好逑傳四卷十八回 題(清)名教中人撰 題(清)游方外客批評 清同治五年(1866)刻本 四冊

440000－2541－0008939 21059

增異說唐秘本後傳四卷 (清)□□撰 清刻本 二冊

440000－2541－0008940 21060

義俠好逑傳四卷十八回 題(清)名教中人撰 題(清)游方外客批評 清三讓堂刻本 四冊

440000－2541－0008941　21061
吴越春秋十二部四十八卷　(漢)趙曄撰　清步雲閣刻本　六册

440000－2541－0008942　21067
連居閣親朋唱和詩錄一卷　黄維杰輯　清光緒三十四年(1908)番禺黄氏刻本　一册

440000－2541－0008943　21074
紅樓夢一百二十回　(清)曹雪芹撰　(清)高鶚續撰　清刻本　二十册

440000－2541－0008944　21080
鋒劍春秋十卷六十回　(清)□□撰　清光緒十一年(1885)善成堂華記刻本　十册

440000－2541－0008945　21081
鋒劍春秋十卷六十回　(清)□□撰　清光緒三十四年(1908)佛山華文閣刻本　十册

440000－2541－0008946　21082
繡像北宋金槍全傳五十卷五十回　題(清)研石山樵訂正　清道光三年(1823)刻本　八册

440000－2541－0008947　21083
第一才子書繡像三國志演義六十卷一百二十回　(明)羅貫中撰　(清)毛宗崗評　清光緒三十年(1904)上海商務印書館鉛印本　五册　存七十二回(一至十二、二十九至六十、七十七至一百四)

440000－2541－0008948　21088
新刻天花藏批評玉嬌梨四卷二十回　題(清)荻岸散人(張匀)編　清玉經樓刻本　四册

440000－2541－0008949　21090
鏡花緣二十卷一百回　(清)李汝珍撰　清咸豐四年(1854)刻本　十六册

440000－2541－0008950　21092
結水滸全傳七十卷末一卷　(清)俞萬春撰　清山陰俞氏刻本　七册　存二十九卷(十五至十八、二十三至二十六、二十八至三十一、三十七至四十五、五十七至六十四)

440000－2541－0008951　21094
結水滸全傳七十卷一百四十回末一卷　(清)俞萬春撰　清咸豐七年(1857)京都大文堂刻本　二十四册

440000－2541－0008952　21095
雪月梅傳十卷五十回　(清)陳朗輯　(清)董孟汾評釋　清佛山刻本　九册　存四十五回(一至十五、二十一至五十)

440000－2541－0008953　21097
新鐫玉茗堂批點按鑑參補楊家將傳十卷五十回　題(明)研石山樵訂正　清啓元堂刻本　三册

440000－2541－0008954　21098
異説後唐傳三集薛丁山征西樊梨花全傳十卷九十回　(清)□□撰　清咸豐十年(1860)刻本　五册

440000－2541－0008955　21099
異説後唐傳三集薛丁山征西樊梨花全傳十卷八十八回　題(清)如蓮居士撰　清道光二十八年(1848)刻本　五册

440000－2541－0008956　21100
説唐前傳六卷四十回　題(清)如蓮居士輯　清愛日堂刻本　八册

440000－2541－0008957　21101
説唐前傳十卷六十八回　題(清)如蓮居士輯　清三讓堂刻本　四册　存五十四回(一至二十七、四十二至六十八)

440000－2541－0008958　21102
草木新本牡丹亭四卷三十二回　題(清)雲間子集撰　清佛山文光樓刻本　二册

440000－2541－0008959　21103
嶺南逸史十卷二十八回　題(清)花溪逸士編次　題(清)醉園狂客評點　清刻本　五册

440000－2541－0008960　21104
新鐫繡像趙太祖三下南唐被困壽州城八卷五十三回　題(清)好古主人撰　清同治十三年(1874)佛山英文堂刻本　四册

440000－2541－0008961　21105
雙鳳奇緣傳二十卷八十回　題(清)雪樵主人

撰　清道光二十三年(1843)三讓堂刻本　六冊

440000－2541－0008962　21106
濟顛大師醉菩提傳四卷二十回　題(清)墨浪子撰　清刻本　四冊

440000－2541－0008963　21107
續紅樓夢三十卷　(清)秦子忱撰　清嘉慶四年(1799)抱甕軒刻本　十二冊

440000－2541－0008964　21108
後紅樓夢三十二回首一卷　(清)□□撰　清刻本　八冊

440000－2541－0008965　21109
續紅樓夢四十回　題(清)海圃主人撰　清嘉慶十年(1805)刻本　八冊

440000－2541－0008966　21110
紅樓復夢一百回　(清)少海氏撰　(清)南陽氏輯　清嘉慶十年(1805)刻本　二十六冊

440000－2541－0008967　21111
全像圓夢三十回　題(清)臨鶴山人撰　清光緒二十三年(1897)上海書局石印本　二冊

440000－2541－0008968　21112
紅樓圓夢三十回　題(清)夢夢先生撰　清嘉慶十九年(1814)刻本　六冊

440000－2541－0008969　21113
紅樓夢影二十四回　題(清)西湖散人撰　清光緒三年(1877)京都聚珍堂木活字印本　四冊

440000－2541－0008970　21116
繪圖筆生花十六卷三十二回　題(清)心如女史撰　清光緒二十五年(1899)上海書局石印本　十六冊

440000－2541－0008971　21117
大明正德皇遊江南傳七卷四十五回　(清)何夢梅撰　清道光二十三年(1843)刻本　四冊

440000－2541－0008972　21118
今古奇觀八卷三十二回　題(明)抱甕老人輯　清刻本　八冊

440000－2541－0008973　21119
生死自由(毒殺案)四卷十六回　題(清)暂生生譯述　清光緒二十九年(1903)惠學書局鉛印本　一冊

440000－2541－0008974　21120
今古奇觀四十卷　題(明)抱甕老人輯　清刻本　四冊　存八卷(三至四、七、十至十二、二十九至三十)

440000－2541－0008975　21121
今古奇觀四十卷　題(明)抱甕老人輯　清同文堂刻本　六冊

440000－2541－0008976　21122
今古奇觀四十卷　題(明)抱甕老人輯　清同文堂刻本　十二冊

440000－2541－0008977　21124
蝴蝶媒四卷十六回　題(清)南嶽道人撰　題(清)青谿醉客評　清刻本　二冊

440000－2541－0008978　21126
西遊真詮一百回　(清)陳士斌詮解　清刻本　二十冊

440000－2541－0008979　21127
西遊原旨二十四卷一百回首一卷　(清)劉一明解　清嘉慶二十四年(1819)刻護國菴印本　二十四冊

440000－2541－0008980　21128
繪圖仙卜奇緣全傳八卷四十回　(清)吳毓恕撰　清光緒二十三年(1897)上海書局石印本　三冊

440000－2541－0008981　21131
西遊真詮一百回　(清)金人瑞等評閱　清寶華樓刻本　六冊

440000－2541－0008982　21132
繪像鐵花仙史二十六回　題(清)雲封山人撰　清光緒十八年(1892)石印本(有圖)　二冊

440000－2541－0008983　21134
鐫玉茗堂批點殘唐五代史演義傳十二卷六十回　(明)羅貫中撰　(明)湯顯祖批評　清經

綸元記刻本　二册

440000－2541－0008984　21141

新刻鍾伯敬先生批評封神演義十九卷一百回　(明)許仲琳撰　(明)鍾伯敬批評　清刻本　二十册

440000－2541－0008985　21142

五更鐘二卷二十四回　(美國)亮樂月撰　(清)陳春生輯　清宣統二年(1910)上海美華書館鉛印本　一册　存一卷(下)

440000－2541－0008986　21150

繡像彭公案二十四卷一百二十回　(清)劉熙亭撰　清光緒十九年(1893)寶文堂刻本　十二册

440000－2541－0008987　21151

新鐫玉茗堂批評按鑑參補南宋志傳十卷五十回新刻玉茗堂批點按鑑楊家將傳十卷五十回　題(明)研石山樵訂正　清同治十一年(1872)刻本　八册

440000－2541－0008988　21152

施案奇聞八卷九十七回　(□)□□撰　清道光四年(1824)刻本　六册

440000－2541－0008989　21153

新刻中興大唐演義傳十卷一百回　題(清)如蓮居士撰　清光緒十年(1884)京都刻本　六册

440000－2541－0008990　21154

新刻異説南唐演義全傳十卷一百回　題(清)如蓮居士撰　清道光二十六年(1846)姑蘇刻本　十册

440000－2541－0008991　21155

新刻批評東漢演義八卷三十二回　題(清)清遠道人撰　清同治十一年(1872)善成堂刻本　六册

440000－2541－0008992　21156

繪圖三公奇案二十卷　(清)藍鼎元撰　(清)曠敏本評　清光緒十七年(1891)上海正誼書局鉛印本　六册

440000－2541－0008993　21157

李公案奇聞三十四回　題(清)惜紅居士撰　清光緒二十八年(1902)刻本　六册

440000－2541－0008994　21158

狐狸緣五卷二十二回　題(清)醉月山人撰　清光緒十四年(1888)文酉堂刻本　六册

440000－2541－0008995　21159

新刊五美緣全傳八卷八十回　(清)□□撰　清道光十二年(1832)三餘堂刻本　十册

440000－2541－0008996　21163

綠野仙蹤十六卷八十回　(清)李百川撰　清道光二十五年(1845)刻本　十册

440000－2541－0008997　21164

續兒女英雄全傳八卷三十二回　(清)文康撰　清光緒二十五年(1899)石印本　六册

440000－2541－0008998　21166

第八才子書白圭志四卷十六回首一卷　(清)崔象川撰　清刻本　六册

440000－2541－0008999　21167

繡像四遊合傳四種　(清)吳元泰編　清嘉慶十六年(1811)尚友堂刻本　四册

440000－2541－0009000　21168

永慶昇平前傳二十四卷九十七回　(清)郭廣瑞輯　清光緒二十一年(1895)上海書局石印本　六册

440000－2541－0009001　21169

英雲夢傳八卷　題(清)九容樓主人松雲氏撰　題(清)掃花頭陀剩齋氏評　清刻本　八册

440000－2541－0009002　21171

新刻劍嘯閣批評西漢演義八卷　(明)甄偉撰　清刻本　八册

440000－2541－0009003　21172

新鍥重訂出像註釋西晉志傳通俗演義題評四卷東晉志傳演義題評八卷東西晉志傳紀元傳一卷　題(明)陳氏尺蠖齋評釋　清尺蠖齋刻本　十二册

440000－2541－0009004　21173

新鐫繡像後宋慈雲太子逃難走國全傳八卷三十五回　(□)□□撰　清道光刻本　四冊

440000－2541－0009005　21174
西湖小史四卷十六回首一卷　題(清)上谷氏蓉江撰　題(清)雪菴居士評點　清光緒二年(1876)刻本　四冊

440000－2541－0009006　21175
新刻異說綠牡丹六卷六十四回　(□)□□撰　清刻本　六冊

440000－2541－0009007　21177
續英烈傳五卷三十四回　題(明)空谷老人撰　清光緒八年(1882)盛德堂刻本　五冊

440000－2541－0009008　21178
鐵冠圖四卷五十回　題(清)松排山人輯　清光緒十六年(1890)三餘堂刻本　四冊

440000－2541－0009009　21179
葛仙翁全傳四卷十六回　題(清)諸粵山人撰　清道光元年(1821)集古居刻本　四冊

440000－2541－0009010　21180
迴文傳十六卷　(清)李漁撰　題(清)鐵華山人輯　清道光六年(1826)刻本　六冊

440000－2541－0009011　21182
希夷夢四十卷　(清)汪寄撰　清光緒四年(1878)刻本　二十四冊

440000－2541－0009012　21183
海上塵天影六十章　(清)鄒弢撰　清光緒三十年(1904)石印本　十二冊

440000－2541－0009013　21184
新刻三合明珠寶劍全傳六卷四十二回　(□)□□撰　清刻本　三冊

440000－2541－0009014　21185
新刻三合明珠寶劍全傳六卷四十二回　(□)□□撰　清刻本　二冊　存二十五回(一至二十五)

440000－2541－0009015　21186
醒世姻緣傳一百回　題(清)西周生撰　清同治九年(1870)刻本　二十冊

440000－2541－0009016　21187
新刻玉釧緣全傳三十二卷　(清)西湖居士撰　清道光二十二年(1842)刻本　三十二冊

440000－2541－0009017　21188
新鐫異說五虎平西珍珠旗演義狄青前傳十四卷一百十二回　(□)□□撰　清道光十六年(1836)刻本　八冊

440000－2541－0009018　21189
新鐫後續繡像五虎平南狄青演傳六卷四十二回　(□)□□撰　清刻本　四冊

440000－2541－0009019　21190
夏商合傳十卷　(明)鍾惺撰　清嘉慶十九年(1814)稽古堂刻本　八冊

440000－2541－0009020　21191
新鐫三分夢全傳十六卷十六回　(清)張士登撰　(清)何芳苡評　清嘉慶二十四年(1819)刻本　六冊

440000－2541－0009021　21192
忠烈俠義傳一百二十回　(清)石玉崑撰　清光緒九年(1883)京都刻本　二十四冊

440000－2541－0009022　21193
小五義一百二十四回　(清)□□撰　清光緒十六年(1890)刻本　二十四冊

440000－2541－0009023　21194
後西遊記四十回　(□)□□撰　清光緒十三年(1887)刻本　八冊

440000－2541－0009024　21195
新刻天花藏批評平山冷燕四卷二十回　題(清)荻岸散人(張勻)撰　清刻天花藏合刻七才子書本　四冊

440000－2541－0009025　21197
繡像京本雲合奇踪玉茗英烈全傳十卷八十回　(明)徐渭撰　清光緒十九年(1893)上海醉六堂刻本　十冊

440000－2541－0009026　21198
殘梁外史八卷四十回　題(清)清心道人編　清光緒二十二年(1896)上海書局石印本　八

冊

440000－2541－0009027　21199
繡像忠烈全傳六十卷六十回　題(明)戲筆主人撰　清刻本　六冊

440000－2541－0009028　21200
官場現形記六十卷　(清)李寶嘉撰　清宣統元年(1909)崇本堂刻本　十五冊

440000－2541－0009029　21201
新刻天寶圖十卷五十七回　(清)□□撰　清同治八年(1869)刻本　十冊

440000－2541－0009030　21202
繪圖繪芳錄八卷八十回　題(清)西泠野樵撰　清光緒二十年(1894)上海書局石印本　八冊

440000－2541－0009031　21203
西遊記傳四卷四十一回　(清)楊至和撰　清道光聚古齋刻本　二冊

440000－2541－0009032　21204
天雨花三十回　(清)陶貞懷撰　清同治刻本　十冊　存十七回(十四至三十)

440000－2541－0009033　21205
草木春秋三十二回　(清)江洪撰　清嘉慶二十三年(1818)刻本　八冊

440000－2541－0009034　21206
繡像漢宋奇書二種　(明)羅貫中撰　(清)金聖嘆　(清)毛宗崗評　清刻本　二十四冊

440000－2541－0009035　21207
新刻按鑑編纂開闢衍繹通俗志傳六卷八十回　(明)周游撰　(明)王黌釋　清道光十七年(1837)刻本　六冊

440000－2541－0009036　21208
繪圖施公案前傳八卷九十八回後傳二十五卷一百回　(清)□□撰　清光緒二十二年(1896)上海書局石印本　十二冊

440000－2541－0009037　21211
水滸後傳八卷四十回　題(明)古宋遺民雁宕山樵(陳忱)撰評　清刻本　四冊

440000－2541－0009038　21212
儒林外史五十六回　(清)吳敬梓撰　清嘉慶八年(1803)刻本　七冊　存二十四回(四至二十七)

440000－2541－0009039　21213
水石緣六卷　(清)李春榮撰　清刻本　四冊　存五卷(一至五)

440000－2541－0009040　21216
水石緣六卷　(清)李春榮撰　清抄本　三冊　存三卷(二至三、六)

440000－2541－0009041　21218
雲鍾雁三鬧太平莊全傳五十四回　(清)珠湖漁隱閱定　清同治三年(1864)刻本　一冊　存五回(一至五)

440000－2541－0009042　21219
齊省堂增訂儒林外史五十六回不分卷　(清)吳敬梓撰　清同治十三年(1874)齊省堂刻本　十五冊

440000－2541－0009043　21221
繡像第三奇書玉鴛鴦二卷十二回　題(清)煙水散人(徐震)撰　清光緒二十一年(1895)上海書局石印本　二冊

440000－2541－0009044　21222
都市新談八卷六十回　(清)陳森撰　清光緒三十二年(1906)香港石印書局石印本　八冊

440000－2541－0009045　21223
第一奇書野叟曝言二十卷一百五十二回　(清)夏敬渠撰　清光緒七年(1881)毘陵彙珍樓木活字印本　六冊　存二十一回(一至六、十八至二十、五十五至五十八、七十五至七十八、一百二十二至一百二十五)

440000－2541－0009046　21226
順治過江四卷二十二回　題(清)蓬蒿子撰　清同治三年(1864)刻本　一冊　存十一回(一至十一)

440000－2541－0009047　21227
繡像四遊合傳四種　(清)小蓬萊館編　清光

緒二年(1876)小蓬萊館刻本　三册　存二種

440000－2541－0009048　21229
南遊志傳四卷十八回　(明)余象斗撰　清光緒二年(1876)小蓬萊館刻繡像四遊合傳本　二册

440000－2541－0009049　21230
原本海公大紅袍傳十卷六十回　(明)李春芳撰　清刻本　四册　存四十八回(十三至六十)

440000－2541－0009050　21231
續漢史六卷三十回　(清)□□撰　清刻本　二册

440000－2541－0009051　21233
金瓶梅一百回　(明)蘭陵笑笑生撰　清刻本　一册　存四回(九十二至九十五)

440000－2541－0009052　21234
新刻瓦岡寨演義全傳五卷二十回　(清)梁朗川撰　清光緒十六年(1890)佛鎮芹香閣刻本　二册　存十二回(一至十二)

440000－2541－0009053　21235
新刻大宋楊文廣平南全傳四卷二十二回　(□)□□撰　清刻本　一册　存十三回(十至二十二)

440000－2541－0009054　21236
新刊海公小紅袍全傳四卷四十二回　(清)□□撰　清道光十二年(1832)刻本　四册　存三十回(一至三十)

440000－2541－0009055　21237
新刻大唐平貴全傳四卷十六回　(清)馬學愚撰　清刻本　一册　存八回(一至八)

440000－2541－0009056　21238
繡像康梁演義四卷四十回　(□)□□撰　清光緒三十四年(1908)刻本　六册　存三十回(六至三十五)

440000－2541－0009057　21241
娱目醒心編十五卷　題(清)草亭老人(杜綱)編次　題(清)自怡軒主人(許寶善)評　清道光九年(1829)樹德堂刻本　五册

440000－2541－0009058　21244
覺世名言(十二樓)十二卷　題(清)覺世稗官(李漁)編次　題(清)睡鄉祭酒(杜濬)批評　清刻本　六册

440000－2541－0009059　21270
憑山閣寫心集不分卷　(清)陳枚輯　清末至民國初抄本　一册

440000－2541－0009060　21274
信稿存真不分卷　□□輯　稿本　三十二册

440000－2541－0009061　21276
散行信稿不分卷　□□輯　稿本　一册

440000－2541－0009062　21279
古文摘抄不分卷　(清)□□摘抄　清抄本　二册

440000－2541－0009063　21284
精選古今文不分卷　(清)□□輯　清抄本　三册

440000－2541－0009064　21287
南園漫錄十卷　(明)張志淳撰　(清)陸費墀校　清同治抄本　二册

440000－2541－0009065　21289
信稿存墨八卷　□□輯　稿本　八册

440000－2541－0009066　21290
讀杜隨筆□□卷　(清)施鴻保撰　清同治元年(1862)抄本　十二册　存二十三卷(四至二十六)

440000－2541－0009067　21294
信件留稿不分卷　(清)沈□□撰　稿本　一册

440000－2541－0009068　21296
信稿不分卷　(清)葛廷杰撰　稿本　一册

440000－2541－0009069　21298
定山堂古文小品二卷　(清)龔鼎孳撰　清宣統二年(1910)上海國學昌明社石印本　二册

440000－2541－0009070　21301

越遊日編四卷　(清)閻鎮珩撰　清光緒刻本　一冊

440000－2541－0009071　21303
東槎雜著不分卷　(清)姚文棟撰　清光緒十九年(1893)刻本　一冊

440000－2541－0009072　21306
信稿留真不分卷　□□輯　稿本　十七冊

440000－2541－0009073　21307
梅煦庵信稿不分卷　(清)梅煦庵撰　稿本　七冊

440000－2541－0009074　21311
梅叟閒評四卷　(清)郝培元撰　(清)郝懿行注　清光緒十年(1884)東路廳署刻郝氏遺書本　二冊

440000－2541－0009075　21312
家信粘存省覽不分卷　(清)范道生輯　稿本　二冊

440000－2541－0009076　21314
東遊筆記二卷　(清)劉侃撰　清光緒九年(1883)都梁寄寓刻本　二冊

440000－2541－0009077　21320
楹聯叢話十二卷　(清)梁章鉅輯　清道光二十年(1840)沭陽呂恩湛刻本　二冊

440000－2541－0009078　21327
對類引端三卷　(清)黃堃輯　清光緒七年(1881)刻本　一冊

440000－2541－0009079　21328
對類引端三卷　(清)黃堃輯　清光緒七年(1881)刻本　一冊

440000－2541－0009080　21329
對類引端三卷　(清)黃堃輯　清光緒七年(1881)刻本　一冊

440000－2541－0009081　21332
楹聯叢話十二卷續話四卷　(清)梁章鉅輯　清刻本　六冊

440000－2541－0009082　21333
祖父手澤貼存不分卷　(清)范道生輯　稿本　四冊

440000－2541－0009083　21334
楹聯述錄十二卷　(清)林慶銓輯　清光緒七年(1881)刻本　五冊

440000－2541－0009084　21336
竹懶畫媵一卷　(明)李日華撰　清光緒刻本　一冊

440000－2541－0009085　21337
詒晉齋集八卷後集一卷隨筆一卷　(清)永瑆撰　清刻本　一冊　存一卷(隨筆一卷)

440000－2541－0009086　21339
李文忠公朋僚函稿二十四卷　(清)李鴻章撰　(清)吳汝綸輯　清光緒二十八年(1902)蓮池書社鉛印本　十二冊

440000－2541－0009087　21340
李文忠公朋僚函稿二十四卷　(清)李鴻章撰　(清)吳汝綸輯　清光緒鉛印本　六冊　存四卷(九至十二)

440000－2541－0009088　21342
酬世駢體文不分卷　題(清)盧鹿門撰　清末抄本　一冊

440000－2541－0009089　21354
集稧楹聯不分卷　(□)□□輯　清刻本　一冊

440000－2541－0009090　21355
輓聯合編六卷　題(清)管窺居士輯　**輓聯輯略補編一卷**　(清)劉定基輯　清光緒二十五年(1899)益元局刻本　二冊

440000－2541－0009091　21356
蘇長公尺牘二卷黃山谷尺牘二卷　(清)黃始輯　清同治元年(1862)刻本　三冊

440000－2541－0009092　21359
古今楹聯彙刻十二卷首一卷跋一卷　(清)吳隱輯　清光緒二十六年(1900)石印本　十二冊

440000－2541－0009093　21364

曾左胡三家箴言書院記不分卷 (清)曾國藩等撰 清末至民國抄本 一册

440000－2541－0009094 21369
尺牘初桄二卷 (清)子虛氏輯 清光緒二十九年(1903)上海點石齋石印本 一册

440000－2541－0009095 21370
對聯大觀六卷 □□輯 清刻本 一册 存三卷(四至六)

440000－2541－0009096 21391
曼陀羅華閣叢書十六種 (清)杜文瀾編 清咸豐至同治秀水杜氏刻本 十四册 存二種

440000－2541－0009097 21392
新刻笑林廣記四卷 題(清)遊戲主人纂輯 題(清)粲然居士參訂 清光緒十七年(1891)崇正堂刻本 二册

440000－2541－0009098 21393
新刻笑林廣記四卷 題(清)遊戲主人輯 題(清)粲然居士參訂 清刻本 六册

440000－2541－0009099 21395
越諺三卷賸語二卷 (清)范寅輯 清光緒八年(1882)谷應山房刻民國二十一年(1932)北平來薰閣印本 四册

440000－2541－0009100 21397
訓蒙歌訣一卷 林紓撰 清光緒二十四年(1898)刻本 一册

440000－2541－0009101 21401
日本維新英雄兒女奇遇記不分卷 (日本)長田偶得撰 題逸人後裔譯 清光緒二十八年(1902)上海廣智書局鉛印本 一册

440000－2541－0009102 21407
希臘稗史選譯不分卷 (美國)霍塞恩撰 清宣統二年(1910)上海華美書局鉛印本 一册

440000－2541－0009103 21408
伊氏寓言選譯不分卷 (希臘)伊索原撰(□□)M. E. Tsur 選譯 清宣統二年(1910)上海華美書局鉛印本 一册

440000－2541－0009104 21409
伊索寓言不分卷 林紓譯述 清光緒二十九年(1903)上海商務印書館鉛印本 一册

440000－2541－0009105 21410
雙綫記六卷 (英國)厄泠撰 (清)逸儒口譯 (清)秀玉筆述 清光緒二十八年(1902)上海鉛印本 一册

440000－2541－0009106 21412
黑奴籲天錄二卷 (美國)斯土活撰 林紓 魏易譯 清光緒二十七年(1901)武林魏氏刻朱印本 二册

440000－2541－0009107 21414
黑奴籲天錄二卷 (美國)斯土活撰 林紓 魏易譯 清光緒二十七年(1901)武林魏氏刻三十年(1904)文明書局印本 二册

440000－2541－0009108 21415
卷施閣詩二十卷 (清)洪亮吉撰 清道光刻本 七册

440000－2541－0009109 21419
待鶴山人七秩唱和詩集一卷 (清)何卓勳輯 清宣統二年(1910)上海著易堂鉛印本 一册

440000－2541－0009110 21423
綠綺閣詩鈔一卷 (清)李佩珍撰 清光緒二十六年(1900)甘泉北軒刻本 一册

440000－2541－0009111 21424
椒花繼頌詩鈔二卷 (清)史悠晉輯 清光緒三十四年(1908)刻本 一册

440000－2541－0009112 21425
幽穿雪鴻題詠一卷白雲遺蹟題詠一卷 (清)□□輯 清光緒森寶閣鉛印本 二册

440000－2541－0009113 21426
圖詠遺芬六卷 (清)俞旦輯 清光緒二十一年(1895)婺源俞氏清蔭堂刻本 一册

440000－2541－0009114 21428
再生緣全傳二十卷八十回 (清)陳端生撰 清同治十一年(1872)刻本 二十册

440000－2541－0009115 21429

三才略三卷　(清)蔣德鈞輯　清光緒二十八年(1902)羊城石印本　一冊

440000－2541－0009116　21433
社會通詮一卷　(英國)甄克思撰　嚴復譯　清光緒三十年(1904)上海商務印書館鉛印本　一冊

440000－2541－0009117　21434
求實齋叢書十五種　(清)蔣德鈞編　清光緒湘鄉蔣氏龍安郡署刻本　三冊　存三種

440000－2541－0009118　21439
三才略三卷　(清)蔣德鈞輯　清光緒羊城刻本　一冊

440000－2541－0009119　21446
史通削繁四卷　(唐)劉知幾撰　(清)紀昀刪定　(清)浦起龍注　清道光十三年(1833)兩廣節署刻朱墨套印本　四冊

440000－2541－0009120　21447
史通削繁四卷　(唐)劉知幾撰　(清)紀昀刪定　(清)浦起龍注　清道光十三年(1833)兩廣節署刻朱墨套印本　四冊

440000－2541－0009121　21448
史通削繁四卷　(唐)劉知幾撰　(清)紀昀刪定　(清)浦起龍注　清道光十三年(1833)兩廣節署刻朱墨套印本　四冊

440000－2541－0009122　21449
史通削繁四卷　(唐)劉知幾撰　(清)紀昀刪定　(清)浦起龍注　清道光十三年(1833)兩廣節署刻朱墨套印本　四冊

440000－2541－0009123　21450
史通削繁四卷　(唐)劉知幾撰　(清)紀昀刪定　(清)浦起龍注　清道光十三年(1833)兩廣節署刻朱墨套印本　四冊

440000－2541－0009124　21451
史通削繁四卷　(唐)劉知幾撰　(清)紀昀刪定　(清)浦起龍注　清道光十三年(1833)兩廣節署刻朱墨套印本　三冊　存二卷(一至二)

440000－2541－0009125　21452
史通削繁四卷　(唐)劉知幾撰　(清)紀昀刪定　(清)浦起龍注　清道光十三年(1833)兩廣節署刻朱墨套印本　四冊

440000－2541－0009126　21453
史通削繁四卷　(唐)劉知幾撰　(清)紀昀刪定　(清)浦起龍注　清光緒二十一年(1895)寶慶澹雅書局刻本　四冊

440000－2541－0009127　21454
史通削繁四卷　(唐)劉知幾撰　(清)紀昀刪定　(清)浦起龍注　清光緒二十一年(1895)寶慶澹雅書局刻本　三冊

440000－2541－0009128　21455
史通通釋二十卷　(唐)劉知幾撰　(清)浦起龍釋　清光緒十一年(1885)刻本　四冊

440000－2541－0009129　21456
史通通釋二十卷　(唐)劉知幾撰　(清)浦起龍釋　清光緒十一年(1885)刻本　四冊

440000－2541－0009130　21457
史通通釋二十卷　(唐)劉知幾撰　(清)浦起龍釋　清光緒十一年(1885)刻本　四冊

440000－2541－0009131　21458
史通通釋二十卷　(唐)劉知幾撰　(清)浦起龍釋　清光緒十一年(1885)刻本　八冊

440000－2541－0009132　21459
史通通釋二十卷　(唐)劉知幾撰　(清)浦起龍釋　清光緒十一年(1885)刻本　四冊

440000－2541－0009133　21460
史通通釋二十卷　(唐)劉知幾撰　(清)浦起龍釋　清光緒十一年(1885)刻本　三冊　存十五卷(一至五、十一至二十)

440000－2541－0009134　21461
史通通釋二十卷　(唐)劉知幾撰　(清)浦起龍釋　清光緒廣州翰墨園刻本　八冊

440000－2541－0009135　21462
史通通釋二十卷　(唐)劉知幾撰　(清)浦起龍釋　清光緒廣州翰墨園刻本　六冊

440000－2541－0009136　21463
史通通釋二十卷　（唐）劉知幾撰　（清）浦起龍釋　清光緒廣州翰墨園刻本　六册

440000－2541－0009137　21464
史通通釋二十卷　（唐）劉知幾撰　（清）浦起龍釋　清光緒廣州翰墨園刻本　五册　存十七卷（四至二十）

440000－2541－0009138　21465
史通通釋二十卷　（唐）劉知幾撰　（清）浦起龍釋　清光緒廣州翰墨園刻本　五册　存十七卷（四至二十）

440000－2541－0009139　21466
史通通釋二十卷　（唐）劉知幾撰　（清）浦起龍釋　清光緒廣州翰墨園刻本　四册　存十四卷（四至十七）

440000－2541－0009140　21467
史通通釋二十卷　（唐）劉知幾撰　（清）浦起龍釋　清光緒廣州翰墨園刻本　六册

440000－2541－0009141　21474
文史通義八卷校讎通義三卷　（清）章學誠撰　清光緒十九年（1893）粤東菁華閣刻本　八册

440000－2541－0009142　21475
文史通義八卷校讎通義三卷　（清）章學誠撰　清光緒十九年（1893）粤東菁華閣刻本　六册

440000－2541－0009143　21476
章氏遺書二種　（清）章學誠撰　清道光十二年至十三年（1832－1833）章華紱刻本　四册

440000－2541－0009144　21479
萬國通史前編十卷　（英國）李思倫白輯譯　蔡爾康筆述　清光緒二十九年（1903）上海廣學會鉛印本　五册

440000－2541－0009145　21480
章氏遺書二種　（清）章學誠撰　清道光十二年至十三年（1832－1833）章華紱刻本　五册

440000－2541－0009146　21481
萬國通史前編十卷　（英國）李思倫白輯譯　蔡爾康筆述　清光緒二十六年（1900）上海廣學會鉛印本　十册

440000－2541－0009147　21482
萬國通史前編十卷　（英國）李思倫白輯譯　蔡爾康筆述　清光緒二十六年（1900）上海廣學會鉛印本　十册

440000－2541－0009148　21483
萬國通史前編十卷　（英國）李思倫白輯譯　蔡爾康筆述　清光緒二十六年（1900）上海廣學會鉛印本　十册

440000－2541－0009149　21484
萬國通史前編十卷　（英國）李思倫白輯譯　蔡爾康筆述　清光緒二十六年（1900）上海廣學會鉛印本　十册

440000－2541－0009150　21485
萬國通史續編十卷　（英國）李思倫白輯譯　（清）曹曾涵述　清光緒三十年（1904）上海廣學會鉛印本　八册

440000－2541－0009151　21486
萬國通史續編十卷　（英國）李思倫白輯譯　（清）曹曾涵述　清光緒三十年（1904）上海廣學會鉛印本　十册

440000－2541－0009152　21487
萬國通史三編十卷　（英國）李思倫白輯譯　（清）曹曾涵述　清光緒三十一年（1905）上海廣學會鉛印本　十册

440000－2541－0009153　21488
萬國通史三編十卷　（英國）李思倫白輯譯　（清）曹曾涵述　清光緒三十一年（1905）上海廣學會鉛印本　六册

440000－2541－0009154　21489
萬國通史二卷　（日本）天野爲之撰　吴啟孫譯　清宣統元年（1909）上海文明書局鉛印本　二册

440000－2541－0009155　21490
泰西通史上編六篇　（日本）箕作元八　（日

本)峰岸米造撰　(清)華文祺　(清)李澂譯　清光緒二十八年(1902)上海文明編譯局鉛印文明叢書第一編本　四册

440000－2541－0009156　21491
萬國史記二十卷　(日本)岡本監輔撰　清光緒二十三年(1897)慎記書莊石印本　四册

440000－2541－0009157　21492
五洲史略不分卷　(英國)賴白奇撰　(英國)李提摩太修　(清)丁雄口譯　(清)裴熙琳筆述　清宣統二年(1910)上海廣學會鉛印本　一册

440000－2541－0009158　21493
萬國通史攬要六卷　(日本)工藤助作輯　(清)馬猶龍譯　清光緒二十九年(1903)上海緯文閣石印本　五册　存五卷(二至六)

440000－2541－0009159　21494
西洋史要不分卷　(日本)小川銀次郎撰　樊炳清　(清)薩端譯　清光緒二十七年(1901)金粟齋鉛印本　二册

440000－2541－0009160　21495
西洋史要不分卷　(日本)小川銀次郎撰　樊炳清　(清)薩端譯　清光緒二十七年(1901)金粟齋鉛印本　一册

440000－2541－0009161　21496
列國變通興盛記四卷　(英國)李提摩太撰　清光緒二十四年(1898)上海廣學會鉛印本　一册

440000－2541－0009162　21497
列國變通興盛記四卷　(英國)李提摩太撰　清光緒二十四年(1898)上海廣學會鉛印本　一册

440000－2541－0009163　21498
列國變通興盛記四卷　(英國)李提摩太撰　清光緒二十四年(1898)上海廣學會鉛印本　一册

440000－2541－0009164　21499
古史探源二卷　(英國)克羅德撰　(清)任廷旭譯　清光緒二十九年(1903)上海廣學會鉛印本　一册

440000－2541－0009165　21500
古史探源二卷　(英國)克羅德撰　(清)任廷旭譯　清光緒二十五年(1899)上海美華書館鉛印本　一册

440000－2541－0009166　21501
古史探源二卷　(英國)克羅德撰　(清)任廷旭譯　清光緒二十九年(1903)上海廣學會鉛印本　一册

440000－2541－0009167　21502
新撰東西年表不分卷　(日本)井上賴圀　(日本)大槻如電撰　清光緒二十七年(1901)南清河王氏小方壺齋石印本　一册

440000－2541－0009168　21503
新撰東西年表不分卷　(日本)井上賴圀　(日本)大槻如電撰　清光緒二十七年(1901)南清河王氏小方壺齋石印本　一册

440000－2541－0009169　21505
羅馬志略十三卷　(□)□□撰　(英國)艾約瑟譯　清光緒二十八年(1902)雲間麗澤學會石印五洲列國志彙本　一册　存十卷(四至十三)

440000－2541－0009170　21506
西史綱目三十五卷　(清)周維翰纂　清光緒二十九年(1903)經世文社石印本　八册　存十五卷(二十一至三十五)

440000－2541－0009171　21507
亞西里亞巴比倫史不分卷　(日本)北村三郎撰　趙必振譯　**十九世紀大勢略論一卷**　(日本)加藤弘之撰　養浩齋主人譯　清光緒二十八年(1902)上海廣智書局鉛印史學小叢書本　一册

440000－2541－0009172　21508
羅馬志略十三卷首一卷　(□)□□撰　(英國)艾約瑟譯　清光緒二十二年(1896)上海著易堂書局鉛印本　一册

440000－2541－0009173　21509
萬國近政考略十六卷　（清）鄒弢撰　清光緒二十二年(1896)鉛印本　二册

440000－2541－0009174　21510
世界歷史問答不分卷　（日本）酒井勉撰　上海商務印書館譯　清光緒二十九年(1903)上海商務印書館鉛印本　一册

440000－2541－0009175　21511
羅馬史二卷　（日本）占部百太郎撰　（清）陳時夏等譯　清光緒二十九年(1903)上海商務印書館鉛印本　二册

440000－2541－0009176　21512
四裔編年表四卷　（美國）林樂知　（清）嚴良勳譯　（清）李鳳苞彙輯　清同治江南製造總局刻本　二册

440000－2541－0009177　21513
泰西新史攬要二十四卷人地諸名表一卷　（英國）馬懇西撰　（英國）李提摩太譯　蔡爾康述　清光緒二十三年(1897)美華書館鉛印本　八册

440000－2541－0009178　21514
泰西新史攬要二十四卷人地諸名表一卷　（英國）馬懇西撰　（英國）李提摩太譯　蔡爾康述　清光緒二十三年(1897)美華書館鉛印本　八册

440000－2541－0009179　21515
世界近世史五編　（日本）松平康國編著　（清）中國國民叢書社譯述　清光緒二十八年(1902)上海商務印書館鉛印歷史叢書第一集本　一册

440000－2541－0009180　21516
世界近世史二卷　（日本）松平康國撰　梁啟勳譯　梁啟超案語　清光緒二十九年(1903)上海廣智書局鉛印本　二册

440000－2541－0009181　21517
亞剌伯史二篇　（日本）北村三郎撰　趙必振譯　清光緒二十九年(1903)上海廣智書局鉛印本　一册

440000－2541－0009182　21518
節本泰西新史攬要八卷　（英國）馬懇西撰　（英國）李提摩太譯　周慶雲節錄　清光緒二十七年(1901)新昌書局石印本　四册

440000－2541－0009183　21519
節本泰西新史攬要八卷　（英國）馬懇西撰　（英國）李提摩太譯　周慶雲節錄　清光緒二十七年(1901)夢坡室刻本　二册

440000－2541－0009184　21520
泰西新史攬要二十四卷人地諸名表一卷　（英國）馬懇西撰　（英國）李提摩太譯　蔡爾康述　清光緒二十六年(1900)廣雅書局刻本　八册

440000－2541－0009185　21521
西國近事彙編一百四卷　（美國）林樂知口譯　（清）蔡錫齡述　清光緒上海機器製造局鉛印本　一百二册　存一百三卷(戊寅四卷,己卯四卷,庚辰四卷,辛巳四卷,壬午四卷,癸未四卷,甲申四卷,乙酉四卷,丙戌四卷,丁亥四卷,戊子四卷,己丑四卷,庚寅四卷,辛卯四卷,壬辰一、三至四,癸巳四卷,甲午四卷,乙未四卷,丙申四卷,丁酉四卷,戊戌四卷,同治癸酉四卷,甲戌四卷,乙亥四卷,丙子四卷,丁丑四卷)

440000－2541－0009186　21522
西國近事彙編一百四卷　（美國）金楷理　（美國）林樂知口譯　（清）蔡錫齡筆述　清光緒上海機器製造局鉛印本　二十三册　存三十七卷(同治癸酉四卷、甲戌四卷,光緒丙子四卷、丁丑四卷、戊寅四卷、己卯四卷、庚辰四卷、辛巳四卷、壬午一、癸未一、丙戌二、己亥四、辛卯四)

440000－2541－0009187　21526
泰西民族文明史不分卷　（法國）賽奴巴撰　（日本）野澤武之助譯　沈是中　俞子彝重譯　清光緒二十九年(1903)上海商務印書館鉛印歷史叢書第二集本　一册

440000－2541－0009188　21533
史學叢書四十三種　（清）□□編　清光緒二

十五年(1899)文瀾書局石印本　三十二冊

440000－2541－0009189　21534
史學叢書四十三種　(清)□□編　清光緒二十五年(1899)文瀾書局石印本　三十二冊

440000－2541－0009190　21536
如諫果室叢刻四種　(清)王延釗撰　清宣統二年(1910)京師益森書館鉛印本　一冊

440000－2541－0009191　21538
歷代史略六卷　柳詒徵撰　清光緒三十一年(1905)中新書局鉛印本　八冊

440000－2541－0009192　21539
歷代史略六卷　柳詒徵撰　清光緒三十一年(1905)中新書局鉛印本　八冊

440000－2541－0009193　21548
支那通史四卷　(日本)那珂通世撰　清光緒二十五年(1899)東文學社石印本　五冊

440000－2541－0009194　21549
續支那通史二卷　(日本)山峰畯藏撰　題(清)漢陽青年輯　清光緒三十二年(1906)會文堂書局石印本　四冊

440000－2541－0009195　21550
續支那通史二卷　(日本)山峰畯藏撰　題(清)漢陽青年輯　清光緒三十二年(1906)會文堂書局石印本　二冊

440000－2541－0009196　21551
續支那通史二卷　(日本)藤田久道撰　清光緒二十九年(1903)石印本　二冊

440000－2541－0009197　21552
近世中國秘史二編　韓文舉輯　清光緒鉛印本　一冊

440000－2541－0009198　21553
王先生十七史蒙求十六卷　(宋)王令輯　**李氏蒙求補註六卷**　(清)金三俊輯　**附考證**　(清)金三俊撰　清光緒五年(1879)粵東刻本　五冊

440000－2541－0009199　21554
中國史要一卷　(日本)日本普通教育研究會輯　羅福成譯　清光緒石印本　一冊

440000－2541－0009200　21555
王先生十七史蒙求十六卷　(宋)王令輯　**李氏蒙求補註六卷**　(清)金三俊輯　**附考證**　(清)金三俊撰　清光緒五年(1879)粵東刻本　五冊

440000－2541－0009201　21557
分類歷代通鑑輯覽六十四卷終一卷　(清)陳善輯　清光緒二十九年(1903)上海文瀾書局石印本　十二冊

440000－2541－0009202　21558
分類歷代通鑑輯覽六十四卷終一卷　(清)陳善輯　清光緒二十九年(1903)上海文瀾書局石印本　二十四冊

440000－2541－0009203　21559
二十四史　(清)□□編　清同治至光緒五省官書局刻光緒五年(1879)湖北書局彙印本　五百六十七冊

440000－2541－0009204　21560
二十四史　(清)□□編　清光緒上海集成圖書公司鉛印三十四年(1908)重印本　三百九十六冊

440000－2541－0009205　21564
二十四史　(清)□□編　清光緒十年(1884)上海同文書局石印本　七百十一冊

440000－2541－0009206　21565
二十四史　(清)□□編　清光緒十年(1884)上海同文書局石印本　七百十冊

440000－2541－0009207　21566
欽定四史　(清)□□編　清光緒十八年(1892)武林竹簡齋石印二十一史本　二十八冊

440000－2541－0009208　21567
欽定四史　(清)□□編　清光緒三十一年(1905)上海久敬齋石印二十一史本　三十二冊

440000－2541－0009209　21569

史記一百三十卷 （漢）司馬遷撰 （南朝宋）裴駰集解 （唐）司馬貞索隱 （唐）張守節正義 清同治五年至九年(1866－1870)金陵書局刻本 二十册

440000－2541－0009210 21570
史記一百三十卷 （漢）司馬遷撰 （南朝宋）裴駰集解 （唐）司馬貞索隱 （唐）張守節正義 清同治九年(1870)楚北崇文書局刻本 二十四册

440000－2541－0009211 21571
史記一百三十卷 （漢）司馬遷撰 （南朝宋）裴駰集解 （唐）司馬貞索隱 （唐）張守節正義 清同治九年(1870)楚北崇文書局刻本 二十三册 存一百二十一卷(一至六十、七十至一百三十)

440000－2541－0009212 21572
史記一百三十卷 （漢）司馬遷撰 （南朝宋）裴駰集解 （唐）司馬貞索隱 （唐）張守節正義 清光緒元年(1875)湖北崇文書局刻本 七册 存二十五卷(一至十七、三十一至三十八)

440000－2541－0009213 21573
風雨樓叢書二十三種 鄧實編 清宣統順德鄧氏鉛印本 四十二册 存十九種

440000－2541－0009214 21574
曾文正公全集十五種首一卷 （清）曾國藩撰 清同治至光緒傳忠書局刻本 八十册 存九種

440000－2541－0009215 21575
光緒江西通志一百八十卷首五卷 （清）劉坤一等修 清光緒七年(1881)刻本 十七册 存二十七卷(十六至二十七、三十四至四十、四十三至四十五、四十八至五十一、五十三)

440000－2541－0009216 21581
史記一百三十卷 （漢）司馬遷撰 （南朝宋）裴駰集解 （唐）司馬貞索隱 （唐）張守節正義 清光緒三十一年(1905)上海久敬齋石印本 八册

440000－2541－0009217 21582
古香齋鑒賞袖珍史記一百三十卷 （漢）司馬遷撰 （南朝宋）裴駰集解 （唐）司馬貞索隱 （唐）張守節正義 清光緒八年(1882)刻本 二十四册

440000－2541－0009218 21583
史記一百三十卷 （漢）司馬遷撰 （明）歸有光評點 **方望溪評點史記四卷** （清）方苞評點 清光緒二年(1876)武昌張氏刻本 二十册

440000－2541－0009219 21584
史記一百三十卷 （漢）司馬遷撰 （明）歸有光評點 **方望溪評點史記四卷** （清）方苞評點 清光緒刻本 二十册

440000－2541－0009220 21585
史記一百三十卷 （漢）司馬遷撰 （明）歸有光 （清）方苞評點 清刻本 二十一册 存八十九卷(十四至四十四、五十九至八十、九十五至一百三十)

440000－2541－0009221 21600
史記索隱三十卷 （唐）司馬貞撰 清光緒十九年(1893)廣雅書局刻本 四册

440000－2541－0009222 21601
史記索隱三十卷 （唐）司馬貞撰 清光緒十九年(1893)廣雅書局刻本 四册

440000－2541－0009223 21606
世本輯補十卷 （漢）應劭 （漢）宋衷 （三國魏）宋均注 （清）秦嘉謨輯補 清嘉慶二十三年(1818)琳琅仙館刻本 六册

440000－2541－0009224 21607
世本輯補十卷 （漢）應劭 （漢）宋衷 （三國魏）宋均注 （清）秦嘉謨輯補 清嘉慶二十三年(1818)琳琅仙館刻本 六册

440000－2541－0009225 21608
世本二卷附攷證一卷 （漢）宋衷注 （清）雷學湛校輯 清刻本 一册

440000－2541－0009226 21609

十種古逸書二十種　(清)茆泮林編　清道光十四年(1834)梅瑞軒刻本　十册

440000－2541－0009227　21610
史記評林一百三十卷　(明)凌稚隆輯　清光緒十年(1884)刻本　三十册

440000－2541－0009228　21611
史記評林一百三十卷　(明)凌稚隆輯　清光緒十年(1884)刻本　二十九册　存一百二十九卷(一至一百二十九)

440000－2541－0009229　21612
史記評林一百三十卷首一卷　(明)凌稚隆輯　(明)李光縉增輯　清光緒二十七年(1901)上海天章書局石印本　二十四册

440000－2541－0009230　21613
史記一百三十卷附考證　(漢)司馬遷撰　(南朝宋)裴駰集解　(唐)司馬貞索隱　(唐)張守節正義　清光緒十二年(1886)廣州澹吟館刻登雲閣印本　二十六册

440000－2541－0009231　21614
史記集解索隱正義合刻本一百三十卷　(漢)司馬遷撰　(南朝宋)裴駰集解　(唐)司馬貞索隱　(唐)張守節正義　清末羊城駱氏翰墨園刻本　三十册

440000－2541－0009232　21615
歸方評點史記合筆六卷例意一卷劉海峯氏論文偶記一卷　(清)王拯輯　清光緒元年(1875)吳棠望三益齋錦城節署刻本　四册

440000－2541－0009233　21616
史記志疑三十六卷附錄三卷　(清)梁玉繩撰　清光緒十三年(1887)廣雅書局刻本　十四册

440000－2541－0009234　21617
史記志疑三十六卷附錄三卷　(清)梁玉繩撰　清光緒十三年(1887)廣雅書局刻本　十四册

440000－2541－0009235　21618
史記注補正一卷　(清)方苞撰　清光緒二十年(1894)廣雅書局刻本　一册

440000－2541－0009236　21619
史記志疑三十六卷附錄三卷　(清)梁玉繩撰　清光緒十三年(1887)廣雅書局刻本　十四册

440000－2541－0009237　21627
史記本紀年表不分卷　(□)□□輯　清抄本　二册

440000－2541－0009238　21628
史記天官書補目一卷　(清)孫星衍撰　清光緒十三年(1887)廣雅書局刻本　一册

440000－2541－0009239　21629
史記天官書補目一卷　(清)孫星衍撰　清光緒十三年(1887)廣雅書局刻本　一册

440000－2541－0009240　21630
史記天官書補目一卷　(清)孫星衍撰　清光緒十三年(1887)廣雅書局刻本　一册

440000－2541－0009241　21631
史記天官書補目一卷　(清)孫星衍撰　清光緒十三年(1887)廣雅書局刻本　一册

440000－2541－0009242　21635
史記月表正譌一卷　(清)王元啟撰　**史記毛本正誤一卷**　(清)丁晏撰　清光緒廣雅書局刻本　一册

440000－2541－0009243　21636
史記月表正譌一卷　(清)王元啟撰　**史記毛本正誤一卷**　(清)丁晏撰　清光緒廣雅書局刻本　一册

440000－2541－0009244　21637
史記三書正譌三卷　(清)王元啟撰　清光緒十六年(1890)廣雅書局刻本　一册

440000－2541－0009245　21638
史記三書正譌三卷　(清)王元啟撰　清光緒十六年(1890)廣雅書局刻本　一册

440000－2541－0009246　21639
史記三書正譌三卷　(清)王元啟撰　清光緒十六年(1890)廣雅書局刻本　一册

440000－2541－0009247　21640
校刊史記集解索隱正義札記五卷　(清)張文虎撰　清同治十一年(1872)金陵書局刻本　二册

440000－2541－0009248　21641
史記一百三十卷　(漢)司馬遷撰　(南朝宋)裴駰集解　(唐)司馬貞索隱　(唐)張守節正義　清光緒十四年(1888)上海蜚英館石印本　十二册

440000－2541－0009249　21642
史記一百三十卷　(漢)司馬遷撰　(南朝宋)裴駰集解　(唐)司馬貞索隱　(唐)張守節正義　清光緒石印本　八册

440000－2541－0009250　21646
竹書紀年統箋十二卷前編一卷雜述一卷　(南朝梁)沈約注　(清)徐文靖箋　清光緒二十三年(1897)圖書集成局鉛印本　二册

440000－2541－0009251　21648
竹書紀年統箋十二卷前編一卷雜述一卷　(南朝梁)沈約注　(清)徐文靖箋　清刻本　四册

440000－2541－0009252　21649
竹書紀年統箋十二卷前編一卷雜述一卷　(南朝梁)沈約注　(清)徐文靖箋　清刻本　四册

440000－2541－0009253　21652
資治通鑑二百九十四卷目錄三十卷　(宋)司馬光撰　(元)胡三省音注　**續二百二十卷**　(清)畢沅撰　清光緒二十八年(1902)上海圖書集成印書局鉛印本　三十六册

440000－2541－0009254　21653
資治通鑑二百九十四卷目錄三十卷　(宋)司馬光撰　(元)胡三省音注　**續二百二十卷**　(清)畢沅撰　清光緒二十二年(1896)上海蜚英館石印本　六十册

440000－2541－0009255　21654
資治通鑑二百九十四卷目錄三十卷　(宋)司馬光撰　(元)胡三省音注　**續二百二十卷**　(清)畢沅撰　清光緒二十五年(1899)上海蜚英館石印本　七十四册　存五百一卷(一至二百二十六、二百三十三至二百九十四,目錄八至三十;續一至一百六十三、一百七十一至一百八十四、二百八至二百二十)

440000－2541－0009256　21655
資治通鑑二百九十四卷　(宋)司馬光撰　(元)胡三省音注　**釋文辨誤十二卷**　(元)胡三省撰　清嘉慶二十一年(1816)鄱陽胡氏刻本　一百册

440000－2541－0009257　21656
資治通鑑二百九十四卷　(宋)司馬光撰　(元)胡三省音注　**釋文辨誤十二卷**　(元)胡三省撰　清嘉慶二十一年(1816)鄱陽胡氏刻本　一百十五册　存二百九十五卷(一至十一、十四至一百六十九、一百七十四至一百八十一、一百八十四至一百九十三、一百九十七至二百九十四,釋文辨誤十二卷)

440000－2541－0009258　21657
資治通鑑二百九十四卷　(宋)司馬光撰　(元)胡三省音注　**釋文辨誤十二卷**　(元)胡三省撰　清嘉慶二十一年(1816)鄱陽胡氏刻同治八年(1869)江蘇書局重修資治通鑑彙刻本　一百册

440000－2541－0009259　21658
資治通鑑二百九十四卷　(宋)司馬光撰　(元)胡三省音注　**釋文辨誤十二卷**　(元)胡三省撰　清同治十年(1871)湖北崇文書局刻本　一百四册

440000－2541－0009260　21659
資治通鑑二百九十四卷　(宋)司馬光撰　(元)胡三省音注　清光緒二十二年(1896)上海蜚英館石印本　三十六册

440000－2541－0009261　21660
資治通鑑二百九十四卷　(宋)司馬光撰　(元)胡三省音注　**釋文辨誤十二卷**　(元)胡三省撰　清光緒二十八年(1902)上海積山書局石印本　二十八册　存二百七十五卷(一至二百七十五)

440000－2541－0009262　21661
兩朝御批資治通鑑二百九十四卷敘錄三卷　(宋)司馬光撰　(元)胡三省注　清光緒二十九年(1903)重慶廣學書局刻本　九十四册　存二百七十六卷(一至六十五、六十九至九十、九十五至一百七十九、一百八十三至二百五、二百九至二百四十、二百四十四至二百五十一、二百五十四至二百九十四)

440000－2541－0009263　21665
資治通鑑目録三十卷　(宋)司馬光撰　清同治八年(1869)江蘇書局刻本　八册

440000－2541－0009264　21666
資治通鑑目録三十卷　(宋)司馬光撰　清光緒上海蜚英館石印本　四册

440000－2541－0009265　21669
御批歷代通鑑輯覽一百二十卷　(清)傅恒等撰　清同治十年(1871)浙江書局刻朱墨套印本　四十八册

440000－2541－0009266　21670
御批歷代通鑑輯覽一百二十卷　(清)傅恒等撰　清光緒十一年(1885)同文書局石印本　二十册

440000－2541－0009267　21671
御批歷代通鑑輯覽一百二十卷　(清)傅恒等撰　清同治十年(1871)浙江書局刻朱墨套印本　四十八册

440000－2541－0009268　21672
御批歷代通鑑輯覽一百二十卷　(清)傅恒等撰　清同治十一年(1872)湖北崇文書局刻本　六十册

440000－2541－0009269　21673
御批歷代通鑑輯覽一百二十卷　(清)傅恒等撰　清同治十三年(1874)兩儀堂刻本　五十六册

440000－2541－0009270　21679
資治通鑑外紀十卷目録五卷　(宋)劉恕撰　(清)胡克家注補　清同治十年(1871)江蘇書局刻本　十册

440000－2541－0009271　21681
正續資治通鑑纂要二十七卷　(清)魏裔介撰　清光緒兩浙新學翻譯書局石印本　八册

440000－2541－0009272　21682
正續資治通鑑纂要二十七卷　(清)魏裔介撰　清光緒兩浙新學翻譯書局石印本　八册

440000－2541－0009273　21683
正續資治通鑑纂要二十七卷　(清)魏裔介撰　清光緒兩浙新學翻譯書局石印本　四册

440000－2541－0009274　21684
資治通鑑補二百九十四卷　(宋)司馬光撰　(元)胡三省音注　(明)嚴衍補　清光緒二年(1876)武進盛氏思補樓木活字印本　八十册

440000－2541－0009275　21685
資治通鑑補二百九十四卷　(宋)司馬光撰　(元)胡三省音注　(明)嚴衍補　清光緒二年(1876)武進盛氏思補樓木活字印本　五十一册　存一百九十二卷(二至一百六十五、二百六十七至二百九十四)

440000－2541－0009276　21686
歷代通鑑纂要九十二卷　(明)李東陽撰　清光緒二十三年(1897)廣雅書局刻本　四十八册

440000－2541－0009277　21687
歷代通鑑纂要九十二卷　(明)李東陽撰　清光緒二十三年(1897)廣雅書局刻本　四十八册

440000－2541－0009278　21688
資治通鑑綱目五十九卷末補一卷　(宋)朱熹撰　(明)陳仁錫輯評　**前編二十五卷**　(明)南軒撰　(明)陳仁錫輯評　**續編二十七卷**　(明)商輅撰　(明)陳仁錫輯評　**三編二十卷**　(清)張廷玉等撰　清刻本　一百册

440000－2541－0009279　21689
資治通鑑綱目五十九卷末補一卷　(宋)朱熹撰　(明)陳仁錫輯評　**前編二十五卷**　(明)南軒撰　(明)陳仁錫輯評　**續編二十七卷**　(明)商輅撰　(明)陳仁錫輯評　清嘉慶八年

(1803)學源堂刻本　一百五册

440000－2541－0009280　21690
御批資治通鑑綱目五十九卷外紀一卷舉要三卷　(宋)朱熹撰　(清)聖祖玄燁批　**前編十八卷**　(明)南軒撰　**續編二十七卷**　(明)商輅撰　清光緒十三年(1887)上海同文書局石印本　二十四册

440000－2541－0009281　21691
御批資治通鑑綱目五十九卷首一卷　(宋)朱熹撰　**前編十八卷舉要三卷首一卷**　(明)南軒編　**續編二十七卷**　(明)商輅等編　清光緒二年至三年(1876－1877)廣東刻後印本　六十册　存八十卷(一至五十七、首一卷,前編十八卷、舉要三卷、首一卷)

440000－2541－0009282　21692
心日齋所刻詞三種　(清)周之琦撰　清道光刻本　四册

440000－2541－0009283　21693
御批資治通鑑綱目五十九卷首一卷　(宋)朱熹撰　**前編十八卷舉要三卷首一卷**　(明)南軒編　**續編二十七卷**　(明)商輅等編　清光緒二年至三年(1876－1877)廣東刻本　八十二册

440000－2541－0009284　21694
續資治通鑑二百二十卷　(清)畢沅撰　清乾隆至嘉慶鎮洋畢氏刻嘉慶六年(1801)桐鄉馮集梧補刻同治八年(1869)江蘇書局重修本　六十册

440000－2541－0009285　21695
續資治通鑑二百二十卷　(清)畢沅撰　清光緒七年(1881)番禺任氏寄螺齋刻本　六十六册

440000－2541－0009286　21696
續資治通鑑二百二十卷　(清)畢沅撰　清光緒七年(1881)番禺任氏寄螺齋刻本　六十六册

440000－2541－0009287　21697
續資治通鑑二百二十卷　(清)畢沅撰　清光緒十四年(1888)上海蜚英館石印本　二十册

440000－2541－0009288　21700
續資治通鑑長編五百二十卷　(宋)李燾撰　清光緒七年(1881)浙江書局刻本　一百二十册

440000－2541－0009289　21701
鑑撮四卷　(清)曠敏本撰　清刻本　四册

440000－2541－0009290　21702
資治通鑑後編一百八十四卷　(清)徐乾學撰　**校勘記十五卷**　夏震武撰　清光緒二十四年(1898)富陽夏氏刻本　四十九册　存一百八十九卷(一至一百三十六、一百四十一至一百六十、一百六十五至一百八十四,校勘記一至八、十一至十五)

440000－2541－0009291　21703
尺木堂綱鑑易知錄九十二卷明鑑易知錄十五卷　(清)吳乘權等輯　清光緒二十四年(1898)上海鉛印本　十六册

440000－2541－0009292　21704
綱鑑易知錄九十二卷明鑑易知錄十五卷　(清)吳乘權等輯　清羊城福芸樓刻本　三十六册

440000－2541－0009293　21705
尺木堂綱鑑易知錄九十二卷明鑑易知錄十五卷　(清)吳乘權等輯　清光緒二十六年(1900)上海圖書集成書局鉛印本　十五册　存一百卷(綱鑑易知錄一至四、十二至九十二,明鑑易知錄十五卷)

440000－2541－0009294　21706
尺木堂綱鑑易知錄九十二卷明鑑易知錄十五卷　(清)吳乘權等輯　清光緒三十年(1904)上海商務印書館鉛印本　十四册　存九十二卷(綱鑑易知錄九十二卷)

440000－2541－0009295　21710
尺木堂綱鑑易知錄二十卷　(清)吳乘權等輯　**御撰資治通鑑綱目四卷**　(清)張廷玉編　清光緒二十一年(1895)上海文盛堂石印本　十册

440000－2541－0009296　21713
資治通鑑後編校勘記十五卷　夏震武撰　清光緒二十四年(1898)富陽夏氏刻本　四冊

440000－2541－0009297　21714
資治通鑑攷異三十卷　(宋)司馬光撰　清光緒十九年(1893)廣雅書局刻本　十冊

440000－2541－0009298　21718
綱鑑正史約三十六卷　(明)顧錫疇撰　(清)陳弘謀增訂　**甲子紀元一卷**　(清)陳弘謀輯　清同治八年(1869)浙江書局刻本　二十冊

440000－2541－0009299　21719
御批續資治通鑑綱目二十七卷　(明)商輅撰　清刻本　十四冊

440000－2541－0009300　21721
增評加批歷史綱鑑補三十九卷　(明)王世貞　(明)袁黄纂　**資治明紀綱目三編二十卷明紀福唐桂王本末一卷**　(清)張廷玉等纂　清光緒上海廣益書局石印本　九冊　存三十九卷(二十二至三十九、綱目三編二十卷、本末一卷)

440000－2541－0009301　21722
鑑史輯要六卷　(清)諸葛汝楫撰　清光緒三十三年(1907)鉛印本　一冊

440000－2541－0009302　21723
通鑑答問五卷　(宋)王應麟撰　清刻本　二冊

440000－2541－0009303　21724
資治通鑑綱目前編竊議二十五卷　(清)易其霈撰　清光緒十五年(1889)鶴山易氏四益友樓刻本　九冊

440000－2541－0009304　21725
史存三十卷　(清)劉沅輯　清咸豐六年(1856)致福樓刻本　二十四冊

440000－2541－0009305　21726
史存三十卷　(清)劉沅輯　清咸豐六年(1856)致福樓刻本　二十四冊

440000－2541－0009306　21727
中國綱鑑撮要三卷中國歷代帝王年表一卷　(美國)畢腓力輯撰　清光緒三十年(1904)上海美華書館鉛印本　一冊

440000－2541－0009307　21731
司馬溫公稽古錄二十卷校勘記一卷　(宋)司馬光撰　清光緒刻本　四冊

440000－2541－0009308　21732
通鑑綱目分類策論檢題不分卷　題(清)夢蜨生輯　(清)江上枕流客校訂　清光緒二十九年(1903)上海官書局石印本　四冊

440000－2541－0009309　21733
綱鑑正史約三十六卷甲子紀元一卷　(明)顧錫疇撰　(清)陳弘謀增訂　清刻本(卷十六至十八抄配)　十九冊　存三十六卷(綱鑑正史約三十六卷)

440000－2541－0009310　21736
通鑑紀事本末二百三十九卷　(宋)袁樞撰　(明)張溥論正　清光緒十三年(1887)廣雅書局刻紀事本末彙刻本　四十八冊

440000－2541－0009311　21737
通鑑紀事本末二百三十九卷　(宋)袁樞撰　(明)張溥論正　清光緒二十五年(1899)慎記書莊石印本　二十二冊　存二百三十四卷(六至二百三十九)

440000－2541－0009312　21738
通鑑紀事本末二百三十九卷　(宋)袁樞撰　(明)張溥論正　清宣統二年(1910)上海文盛書局石印本　十七冊

440000－2541－0009313　21740
歷朝紀事本末九種　(清)陳如升　(清)朱記榮編　清光緒二十八年(1902)上海捷記書局石印本　二十六冊

440000－2541－0009314　21741
通鑑紀事本末二百三十九卷　(宋)袁樞編　(明)張溥論正　清光緒二十四年(1898)湖南思賢書局刻紀事本末五種本　六十四冊

440000－2541－0009315　21742

歷朝紀事本末九種　(清)陳如升　(清)朱記榮編　清光緒二十五年(1899)上海慎記書莊、積山書局石印本　三十册

440000－2541－0009316　21743
歷朝紀事本末九種　(清)陳如升　(清)朱記榮編　清光緒二十五年(1899)上海慎記書莊、積山書局石印本　三十册

440000－2541－0009317　21744
九朝紀事本末九種　(清)陳如升　(清)朱記榮編　清光緒二十九年(1903)上海文林書局石印本　二十二册

440000－2541－0009318　33364
畿輔河道水利叢書八種　(清)吴邦慶編　清道光四年(1824)益津吴氏刻本　十二册

440000－2541－0009319　21745
紀事本末五種　(清)□□編　清同治十二年至十三年(1873－1874)江西書局刻本　八十册

440000－2541－0009320　21746
讀史碎金六卷注八十卷　(清)胡文炳撰　清光緒元年(1875)刻本　七十九册　存七十九卷(一至五十、五十二至八十)

440000－2541－0009321　21750
二十二史紀事提要八卷　(清)吴綬編　清刻本　五册

440000－2541－0009322　21751
廿一史提綱歌二卷　(清)李兆洛編　清道光五年(1825)江楚書局刻本　一册

440000－2541－0009323　21752
廿一史提綱歌二卷　(清)李兆洛編　清道光五年(1825)江楚書局刻本　一册

440000－2541－0009324　21753
史鑑節要便讀六卷　(清)鮑東里輯　清同治十三年(1874)江蘇書局刻本　二册

440000－2541－0009325　21755
史略八十七卷　(清)朱坤輯　清同治五年(1866)皖南朱氏峴麓山房刻本　二十册

440000－2541－0009326　21756
史略八十七卷　(清)朱坤輯　清光緒二十五年(1899)萬本書局刻朱墨套印本　十册

440000－2541－0009327　21757
史略八十七卷　(清)朱坤輯　清光緒二十五年(1899)萬本書局刻朱墨套印本　十六册

440000－2541－0009328　21758
史略八十七卷　(清)朱坤輯　清光緒二十八年(1902)文盛書局石印本　六册

440000－2541－0009329　21759
史略八十七卷　(清)朱坤輯　清光緒十九年(1893)上海宏文閣鉛印本　六册

440000－2541－0009330　21760
史略八十七卷　(清)朱坤輯　清光緒二十四年(1898)上海蜚英館石印本　六册

440000－2541－0009331　21761
史記菁華錄六卷　(清)姚祖恩輯　清光緒九年(1883)廣州翰墨園刻朱墨套印本　六册

440000－2541－0009332　21762
史記菁華錄六卷　(清)姚祖恩輯　清光緒九年(1883)廣州翰墨園刻朱墨套印本　六册

440000－2541－0009333　21763
史記菁華錄六卷　(清)姚祖恩輯　清光緒九年(1883)廣州翰墨園刻朱墨套印本　六册

440000－2541－0009334　21764
史記菁華錄六卷　(清)姚祖恩輯　清光緒十三年(1887)上海蜚英館石印本　三册

440000－2541－0009335　21765
史記菁華錄六卷　(清)姚祖恩輯　清光緒十八年(1892)刻朱墨套印本　六册

440000－2541－0009336　21766
史記菁華錄六卷　(清)姚祖恩輯　清光緒十八年(1892)刻朱墨套印本　六册

440000－2541－0009337　21767
史記菁華錄六卷　(清)姚祖恩輯　清光緒二十二年(1896)上海書局石印本　二册

440000－2541－0009338　21769
慈溪黃氏日抄分類讀史二卷　（宋）黄震撰　清光緒二十九年（1903）鉛印本　二册

440000－2541－0009339　21772
六朝事迹編類十四卷　（宋）張敦頤撰　清光緒十三年（1887）寶章閣影宋刻本　四册

440000－2541－0009340　21773
史記菁華錄六卷　（清）姚祖恩輯　清道光四年（1824）吳興姚氏扶荔山房刻朱墨套印本　六册

440000－2541－0009341　21774
慈溪黃氏日抄分類九十七卷　（宋）黄震撰　清刻本　一册　存三卷（春利七至九）

440000－2541－0009342　21775
二十四史論贊七十八卷　（清）陳闓輯　清光緒二十年（1894）刻本　二十册

440000－2541－0009343　21777
廿一史約編不分卷　（清）鄭元慶編　清同文局石印本　四册

440000－2541－0009344　21782
建康實錄二十卷　（唐）許嵩撰　**校勘一卷**　（清）甘曾沂撰　清光緒二十八年（1902）金陵甘氏桑泊草堂刻本　六册

440000－2541－0009345　21785
弇山堂別集一百卷　（明）王世貞撰　清光緒廣雅書局刻本　二十册

440000－2541－0009346　21786
二十一史緯三百三十卷首一卷　（清）陳允錫輯　（清）羅大春補　清同治九年（1870）羅大春補刻印本　一百二十册

440000－2541－0009347　21787
路史前紀九卷後紀十三卷國名紀七卷發揮六卷餘論十卷　（宋）羅泌撰　（明）吳弘基訂　清末石印本　五册　存十四卷（後紀一至四、國名紀一至四、發揮一至三、餘論一至三）

440000－2541－0009348　21788
龍威祕書十集一百七十種　（清）馬俊良編　清刻本　七册　存九種

440000－2541－0009349　21789
荆駝逸史五十一種附一種　題（清）陳湖逸士編　清木活字印本　二十六册　存五十一種

440000－2541－0009350　21790
荆駝逸史五十一種附一種　題（清）陳湖逸士編　清木活字印本　三十册

440000－2541－0009351　21791
荆駝逸史五十二種附一種　題（清）陳湖逸士編　清木活字印本　三十册

440000－2541－0009352　21794
籌濟編三十二卷首一卷　（清）楊景仁輯　清光緒四年（1878）刻本　十册

440000－2541－0009353　21795
吳中判牘不分卷　（清）□□撰　清末抄本　三十二册

440000－2541－0009354　21799
康濟譜二十五卷　（明）潘遊龍撰　（明）金俊明評　清同治十二年（1873）刻本　十六册

440000－2541－0009355　21800
欽定康濟錄四卷　（清）倪國璉輯　清同治三年（1864）浙江撫署刻本　三册

440000－2541－0009356　21801
欽定康濟錄四卷　（清）倪國璉輯　清同治三年（1864）浙江撫署刻本　二册　存三卷（一至二、四）

440000－2541－0009357　21802
得一錄十六卷　（清）余治輯　清同治十年（1871）羊城愛育善堂刻本　八册

440000－2541－0009358　21803
歷代名臣奏議選二十八卷　（清）趙承恩輯　清同治十三年（1874）繡谷趙承恩紅杏山房刻本　十六册

440000－2541－0009359　21804
劉武慎公遺書五種首一卷附一種　（清）劉長佑撰　清光緒十六年（1890）金陵刻本　二十五册

440000－2541－0009360　21805
皇清奏議六十八卷　(清)琴川居士輯　清都城國史館木活字印本　三十二册

440000－2541－0009361　21807
楊楷書議一卷　(清)楊楷撰　**陶模奏摺一卷**　(清)陶模撰　清末龍華山館抄本　一册

440000－2541－0009362　21809
讀史鏡古編三十二卷　(清)潘世恩輯　清刻本　五册　存二十六卷(七至三十二)

440000－2541－0009363　21816
三史拾遺五卷諸史拾遺五卷　(清)錢大昕撰　清嘉慶十二年(1807)李賡芸稻香吟館刻本　四册

440000－2541－0009364　21820
諸史拾遺五卷　(清)錢大昕撰　清光緒十七年(1891)廣雅書局刻本　一册

440000－2541－0009365　21821
三史拾遺五卷　(清)錢大昕撰　清光緒十七年(1891)廣雅書局刻本　一册

440000－2541－0009366　21822
三史拾遺五卷　(清)錢大昕撰　清光緒十七年(1891)廣雅書局刻本　一册

440000－2541－0009367　21823
廿二史劄記三十六卷補遺一卷　(清)趙翼撰　清光緒二十年(1894)廣雅書局刻本　十册

440000－2541－0009368　21824
廿二史劄記三十六卷補遺一卷　(清)趙翼撰　清光緒二十年(1894)廣雅書局刻本　十册

440000－2541－0009369　21825
廿二史劄記三十六卷補遺一卷　(清)趙翼撰　清光緒二十年(1894)廣雅書局刻本　十册

440000－2541－0009370　21826
廿二史劄記三十六卷補遺一卷　(清)趙翼撰　清光緒二十八年(1902)上海鴻文書局石印本　六册

440000－2541－0009371　21827
廿二史劄記三十六卷補遺一卷　(清)趙翼撰　清光緒二十五年(1899)上海千頃堂石印本　六册

440000－2541－0009372　21828
廿二史劄記三十六卷補遺一卷　(清)趙翼撰　清光緒二十五年(1899)上海千頃堂石印本　六册　存二十卷(一至二十)

440000－2541－0009373　21829
廿二史劄記三十六卷補遺一卷　(清)趙翼撰　清光緒上海文瑞樓石印本　十二册

440000－2541－0009374　21831
讀通鑑論十卷　(清)王夫之撰　清光緒二十四年(1898)上海書局鉛印本　八册

440000－2541－0009375　21836
史漢駢枝一卷　(清)成孺撰　清光緒十四年(1888)廣雅書局刻本　一册

440000－2541－0009376　21837
史漢駢枝一卷　(清)成孺撰　清光緒十四年(1888)廣雅書局刻本　一册

440000－2541－0009377　21841
通鑑論三卷稽古録論一卷　(宋)司馬光撰　(清)伍耀光輯　清光緒二十七年(1901)翰文堂刻本　三册

440000－2541－0009378　21844
通鑑論三卷　(宋)司馬光撰　(清)伍耀光輯　清光緒二十四年(1898)菁華閣刻本　二册　存二卷(一至二)

440000－2541－0009379　21845
十七史商榷一百卷　(清)王鳴盛撰　清光緒十九年(1893)廣雅書局刻本　十四册

440000－2541－0009380　21846
十七史商榷一百卷　(清)王鳴盛撰　清光緒十九年(1893)廣雅書局刻本　十四册

440000－2541－0009381　21847
十七史商榷一百卷　(清)王鳴盛撰　清光緒十九年(1893)廣雅書局刻本　十四册

440000－2541－0009382　21850
歷代史論十二卷宋史論三卷元史論一卷

(明)張溥撰　**左傳史論二卷**　(清)高士奇撰　**明史論四卷**　(清)谷應泰撰　清光緒五年(1879)西江蓄氏刻本　八冊

440000－2541－0009383　21852
歷代史論十二卷宋史論三卷元史論一卷明史論四卷左傳史論二卷　(明)張溥等撰　(清)譚宗浚編　清光緒刻本　八冊

440000－2541－0009384　21853
歷代史論十二卷宋史論三卷元史論一卷明史論四卷左傳史論二卷　(明)張溥等撰　(清)譚宗浚編　清光緒番禺陶氏刻本　八冊

440000－2541－0009385　21854
歷代史論十二卷宋史論三卷元史論一卷明史論四卷左傳史論二卷　(明)張溥等撰　(清)譚宗浚編　清光緒刻本　九冊　存二十卷(歷代史論十二卷、宋史論三卷、元史論一卷、明史論四卷)

440000－2541－0009386　21855
歷代史論十二卷宋史論三卷元史論一卷明史論四卷左傳史論二卷　(明)張溥等撰　(清)譚宗浚編　清光緒刻本　五冊　存十卷(歷代史論十一至十二、宋史論三卷、元史論一卷、明史論四卷)

440000－2541－0009387　21856
歷代史論十二卷宋史論三卷元史論一卷明史論四卷左傳史論二卷　(明)張溥等撰　(清)譚宗浚編　清光緒刻朱墨套印本　七冊　存十六卷(歷代史論五至十二、宋史論三卷、元史論一卷、明史論四卷)

440000－2541－0009388　21857
歷代史論十二卷宋史論三卷元史論一卷　(明)張溥撰　**左傳史論二卷**　(清)高士奇撰　**明史論四卷**　(清)谷應泰撰　清光緒二十七年(1901)上海書局石印本　六冊

440000－2541－0009389　21858
歷代史論十二卷宋史論三卷元史論一卷　(明)張溥撰　**左傳史論二卷**　(清)高士奇撰　**明史論四卷**　(清)谷應泰撰　清光緒二十七年(1901)上海書局石印本　三冊

440000－2541－0009390　21859
支那文明史論十章　(日本)中西牛郎撰　清光緒二十七年(1901)上海商務印書館鉛印本　一冊

440000－2541－0009391　21860
望雲寄廬讀史記臆說五卷　(清)楊琪光撰　清光緒十年(1884)刻本　一冊

440000－2541－0009392　21862
涉史偶悟五卷　(清)溫啟封撰　(清)溫忠翰輯　清光緒十年(1884)温忠翰東甌道署刻本　一冊

440000－2541－0009393　21865
歷代史事政治論三百八卷　(清)金詠榴等輯　清光緒二十九年(1903)上海點石齋書局石印本　二十八冊

440000－2541－0009394　21866
鑑史提綱四卷　(清)盧文錦注　清嘉慶十三年(1808)刻本　二冊

440000－2541－0009395　21867
隨園史論不分卷　(清)袁枚撰　清光緒二十四年(1898)羊城萃芳樓刻本　一冊

440000－2541－0009396　21868
隨園史論不分卷　(清)袁枚撰　清光緒二十四年(1898)刻本　一冊

440000－2541－0009397　21869
東亞將來大勢論不分卷　(日本)持地六三郎撰　趙必振譯　清光緒二十八年(1902)上海廣智書局鉛印本　一冊

440000－2541－0009398　21872
欽定古今儲貳金鑑六卷　(清)□□編　清光緒二十一年(1895)浙江官書局刻本　四冊

440000－2541－0009399　21873
欽定古今儲貳金鑑六卷　(清)□□編　清光緒二十一年(1895)浙江官書局刻本　四冊

440000－2541－0009400　21875
讀史論略一卷　(清)杜詔撰　清道光刻本

一册

440000－2541－0009401　21877
讀史論略一卷　(清)杜詔撰　清道光二十七年(1847)廣州三元樓刻本　一册

440000－2541－0009402　21878
讀史論略一卷　(清)杜詔撰　清光緒三年(1877)京都敬業堂刻本　一册

440000－2541－0009403　21879
諸史考異十八卷　(清)洪頤煊撰　清光緒十五年(1889)廣雅書局刻本　三册

440000－2541－0009404　21880
諸史考異十八卷　(清)洪頤煊撰　清光緒十五年(1889)廣雅書局刻朱印本　三册

440000－2541－0009405　21881
諸史考異十八卷　(清)洪頤煊撰　清光緒十五年(1889)廣雅書局刻本　三册

440000－2541－0009406　21882
讀史大畧六十卷　(清)沙張白撰　**小沙子史略一卷**　(清)沙晉撰　清道光二十五年(1845)刻本　九册　存五十二卷(九至六十)

440000－2541－0009407　21883
讀史大畧六十卷　(清)沙張白撰　**小沙子史略一卷**　(清)沙晉撰　清道光二十五年(1845)刻本　十二册

440000－2541－0009408　21884
史論彙選甲編八卷乙編八卷　吕景端輯　清光緒二十七年(1901)石印本　三册　存十二卷(甲編一至四、乙編八卷)

440000－2541－0009409　21885
歷代名賢史論統編五十卷　(清)李祓輯　清光緒二十八年(1902)上海石印書局石印本　八册

440000－2541－0009410　21887
史論彙選甲編八卷　吕景端輯　清光緒二十八年(1902)羊城時務書局刻本　四册

440000－2541－0009411　21888
于文定公讀史漫錄二十卷　(明)于慎行撰　清道光二十六年(1846)刻本　十册

440000－2541－0009412　21889
于文定公讀史漫錄二十卷　(明)于慎行撰　清道光二十六年(1846)刻本　十册

440000－2541－0009413　21890
歷代政事要論四卷　(清)范公謌輯　清光緒二十七年(1901)石印本　四册

440000－2541－0009414　21892
歷代政事要論四卷　(清)范公謌輯　清光緒二十四年(1898)廣東實學書齋刻本　五册

440000－2541－0009415　21893
讀史漫錄十四卷　(明)于慎行撰　明刻清修補後印本　六册

440000－2541－0009416　21894
史論薈萃十卷　(清)鄭權輯　清光緒二十七年(1901)上海書局石印本　五册

440000－2541－0009417　21895
史論薈萃十卷　(清)鄭權輯　清光緒二十八年(1902)上海書局鉛印本　六册

440000－2541－0009418　21896
朱九江先生論史口說一卷　(清)朱次琦撰　(清)邱煒萲輯　清光緒二十六年(1900)粵東刻本　一册

440000－2541－0009419　21897
朱九江先生論史口說一卷　(清)朱次琦撰　(清)邱煒萲輯　清光緒二十六年(1900)粵東刻本　一册

440000－2541－0009420　21898
讀史舉正八卷　(清)張熷撰　清光緒十七年(1891)廣雅書局刻本　二册

440000－2541－0009421　21899
船山史論四種　(清)王夫之撰　清光緒二十七年(1901)刻本　十八册

440000－2541－0009422　21906
貴池先哲遺書十八種附刻一種續刊一種附一種　劉世珩編　清光緒三十四年至宣統三年(1908－1911)貴池劉氏刻本　二十三册　存

四種

440000－2541－0009423　21907
讀史札記一卷論學劄說十則一卷　(清)盧文弨撰　清光緒二十二年(1896)劉世珩刻朱印本　一冊

440000－2541－0009424　21908
史論五種　(清)李祖陶撰　清同治十年(1871)敖陽李氏尚友樓刻本　六冊

440000－2541－0009425　21909
歷朝史案二十卷　(清)吳裕垂撰　(清)洪亮吉編　清刻本　六冊

440000－2541－0009426　21910
儒林外史五十六回不分卷　(清)吳敬梓撰　清嘉慶刻二十一年(1816)藝古堂刻本　一冊　存二回(一至二)

440000－2541－0009427　42354
師範學校教科書論理學綱要不分卷　(日本)十時彌撰　田吳炤譯　清光緒三十二年(1906)上海商務印書館鉛印本　一冊

440000－2541－0009428　21915
史通削繁四卷　(唐)劉知幾撰　(清)紀昀刪定　(清)浦起龍注　清道光十三年(1833)兩廣節署刻朱墨套印本　四冊

440000－2541－0009429　21916
紀元要略二卷　(清)陳景雲輯　清刻本　一冊

440000－2541－0009430　21917
建元記二卷　(清)趙紹祖輯　清道光十年(1830)古墨齋刻本　二冊

440000－2541－0009431　21918
史目表一卷　(清)洪飴孫撰　清光緒二十五年(1899)京都官書局石印本　一冊

440000－2541－0009432　21919
史目表一卷　(清)洪飴孫撰　清光緒四年(1878)啟秀山房刻本　一冊

440000－2541－0009433　21920
史目表一卷　(清)洪飴孫撰　清光緒四年(1878)啟秀山房刻本　一冊

440000－2541－0009434　21921
史目表一卷　(清)洪飴孫撰　清光緒四年(1878)啟秀山房刻本　一冊

440000－2541－0009435　21922
史目表一卷　(清)洪飴孫撰　清光緒四年(1878)啟秀山房刻本　一冊

440000－2541－0009436　21923
史目表一卷　(清)洪飴孫撰　清光緒四年(1878)啟秀山房刻本　一冊

440000－2541－0009437　21924
紀元通攷十二卷　(清)葉維庚撰　清道光八年(1828)刻本　四冊

440000－2541－0009438　21926
宋遼金元四史朔閏攷二卷　(清)錢大昕撰　(清)錢侗增補　清光緒十七年(1891)廣雅書局刻本　一冊

440000－2541－0009439　21927
歷代史表五十九卷　(清)萬斯同撰　清光緒十五年(1889)廣雅書局刻本　六冊

440000－2541－0009440　21928
歷代史表五十九卷　(清)萬斯同撰　清光緒十五年(1889)廣雅書局刻本　六冊

440000－2541－0009441　21931
歷代帝王年表三卷　(清)齊召南編　(清)阮福續編　清咸豐五年(1855)南海伍氏刻粵雅堂叢書本　三冊

440000－2541－0009442　21933
古史考年異同表二卷後說一卷　(清)林春溥撰　清道光十八年(1838)竹柏山房刻本　一冊

440000－2541－0009443　21934
歷代甲子紀元表不分卷　(清)董醇輯　清咸豐五年(1855)董醇東皋書堂刻本　二冊

440000－2541－0009444　21935
歷代帝王年表十四卷　(清)齊召南編　(清)

阮福續編　清道光四年(1824)儀徵阮氏小琅嬛僊館刻文選樓叢書本　二册

440000－2541－0009445　21936
歷代帝王年表十四卷　(清)齊召南編　(清)阮福續編　清道光四年(1824)儀徵阮氏小琅嬛僊館刻文選樓叢書本　二册

440000－2541－0009446　21937
歷代帝王年表十四卷　(清)齊召南編　(清)阮福續編　清道光四年(1824)儀徵阮氏小琅嬛僊館刻文選樓叢書本　二册

440000－2541－0009447　21938
文選樓叢書三十二種　(清)阮亨編　清嘉慶至道光揚州阮氏小琅嬛僊館刻本　十六册　存六種

440000－2541－0009448　21940
紀元編三卷末一卷　(清)李兆洛撰　(清)六承如集錄　清光緒十四年(1888)上海蜚英館石印本　三册

440000－2541－0009449　21942
歷代帝王年表十四卷　(清)齊召南編　(清)阮福續編　清光緒石印本　六册　存十三卷(一至二、四至十四)

440000－2541－0009450　21944
紀元編三卷末一卷　(清)李兆洛撰　(清)六承如集錄　清光緒十八年(1892)金陵書局刻本　一册

440000－2541－0009451　21952
廿一史四譜五十四卷　(清)沈炳震編　清同治十年(1871)武林吳氏清來堂刻本　十六册

440000－2541－0009452　21953
廿一史四譜五十四卷　(清)沈炳震編　清同治十年(1871)武林吳氏清來堂刻本　十八册

440000－2541－0009453　21954
廿一史四譜五十四卷　(清)沈炳震編　清同治十年(1871)武林吳氏清來堂刻本　十六册

440000－2541－0009454　21955
廿一史四譜五十四卷　(清)沈炳震編　清同治十年(1871)武林吳氏清來堂刻本　十六册

440000－2541－0009455　21956
廿一史四譜五十四卷　(清)沈炳震編　清光緒二十二年(1896)廣雅書局刻本　十六册

440000－2541－0009456　21959
史鑑年表彙編十四卷　(清)蕭承笏輯　清光緒十年(1884)江右養雲書屋刻本　八册

440000－2541－0009457　21961
歷代帝王世系圖不分卷　(清)□□編　清宣統二年(1910)陸軍部刷印處石印本　一册

440000－2541－0009458　21962
歷代帝王世系圖不分卷　(清)□□編　清宣統二年(1910)陸軍部刷印處石印本　一册

440000－2541－0009459　21963
韻史二卷補一卷　(清)許令瑜輯　(清)朱玉岑補　清刻本　二册

440000－2541－0009460　21967
廿四史三表二十卷　(清)段長基輯　清光緒元年(1875)曾氏味古山房刻本　四十册

440000－2541－0009461　21968
韻史二卷補一卷　(清)許令瑜輯　(清)朱玉岑補　清光緒二十六年(1900)上海緯文閣石印本　一册

440000－2541－0009462　21969
韻史二卷補一卷　(清)許令瑜輯　(清)朱玉岑補　清光緒十年(1884)上海同文書局石印本　一册

440000－2541－0009463　21970
普通歷代史一卷　(清)世界公學譯　清光緒二十八年(1902)世界公學石印本　一册

440000－2541－0009464　21971
普通新歷史十章　(清)上海普通學書室輯　清光緒二十九年(1903)上海普通學書室刻本　一册

440000－2541－0009465　21974
史略提綱註釋六卷　(清)羅繡文輯　清咸豐二年(1852)刻本　四册

440000－2541－0009466　21978
廿二子全書　(清)王纕堂編　清道光十三年(1833)王氏棠蔭館刻本　六冊

440000－2541－0009467　21985
路史前紀九卷國名紀八卷發揮六卷餘論十卷　(宋)羅泌纂　(宋)羅蘋注　清刻本　十二冊

440000－2541－0009468　21986
竹柏山房十五種附刻四種　(清)林春溥撰　清嘉慶至咸豐侯官林春溥竹柏山房刻本　二十三冊　存七種

440000－2541－0009469　21987
繹史一百六十卷世系圖一卷年表一卷　(清)馬驌撰　清光緒十五年(1889)金匱浦氏刻本　四十冊

440000－2541－0009470　21988
繹史一百六十卷世系圖一卷年表一卷　(清)馬驌撰　清光緒十五年(1889)金匱浦氏刻本　二十九冊　存一百四十一卷(一至二十七、四十五至一百五十八)

440000－2541－0009471　21989
繹史一百六十卷世系圖一卷年表一卷　(清)馬驌撰　清光緒二十三年(1897)武林尚友齋石印本　二十四冊

440000－2541－0009472　21990
欽定書經傳説彙纂二十一卷首二卷書序一卷　(清)王頊齡等撰　清光緒三十年(1904)上海育文書局石印本　二冊

440000－2541－0009473　21991
欽定書經傳説彙纂二十一卷首二卷書序一卷　(清)王頊齡等撰　清光緒三十年(1904)上海育文書局石印本　二冊

440000－2541－0009474　21992
欽定書經傳説彙纂二十一卷首二卷書序一卷　(清)王頊齡等撰　清同治七年(1868)浙江書局刻御纂七經本　十一冊　存二十二卷(一至三、六至二十一,首二卷,序一卷)

440000－2541－0009475　21993
讀書堂叢刻四種　簡朝亮撰　清光緒至民國刻本　四十四冊

440000－2541－0009476　21995
讀書堂叢刻四種　簡朝亮撰　清光緒至民國刻本　五十一冊

440000－2541－0009477　21996
尚書古文疏證八卷　(清)閻若璩撰　**朱子古文書疑一卷**　(清)閻詠輯　清嘉慶元年(1796)吳人驥津門刻本　四冊

440000－2541－0009478　21997
尚書古文疏證八卷　(清)閻若璩撰　**朱子古文書疑一卷**　(清)閻詠輯　清嘉慶元年(1796)吳人驥津門刻本　八冊

440000－2541－0009479　21998
尚書古文疏證八卷　(清)閻若璩撰　**朱子古文書疑一卷**　(清)閻詠輯　清乾隆十年(1745)眷西堂刻同治六年(1867)錢塘汪氏振綺堂重修本　六冊

440000－2541－0009480　21999
尚書古文疏證八卷　(清)閻若璩撰　**朱子古文書疑一卷**　(清)閻詠輯　清乾隆十年(1745)眷西堂刻同治六年(1867)錢塘汪氏振綺堂重修本　八冊

440000－2541－0009481　22002
書蔡傳附釋一卷　(清)丁晏撰　清光緒二十年(1894)廣雅書局刻本　一冊

440000－2541－0009482　22008
新刻書經體註六卷首一卷　(清)范翔撰　**書經六卷**　(宋)蔡沈集傳　清同治十一年(1872)刻本　四冊

440000－2541－0009483　22009
書經體注大全合參六卷　(清)錢希祥撰　清刻本　四冊

440000－2541－0009484　22010
書傳音釋六卷書序一卷　(宋)蔡沈集傳　(元)鄒季友音釋　清咸豐五年(1855)浦城祝

氏與古齋刻本　六册

440000－2541－0009485　22011
書傳音釋六卷　(宋)蔡沈集傳　(元)鄒季友音釋　清同治五年(1866)吳棠望三益齋刻本　七册

440000－2541－0009486　22020
尚書大傳四卷考異一卷補遺一卷續補遺一卷　(漢)伏勝撰　(漢)鄭玄注　(清)盧文弨考異　(清)盧見曾補遺　清嘉慶五年(1800)愛日草廬刻本　一册

440000－2541－0009487　22022
洪範五行傳三卷　(漢)劉向撰　(清)陳壽祺輯　清道光十年(1830)廣州刻本　二册

440000－2541－0009488　22023
尚書大傳五卷　(漢)伏勝撰　(漢)鄭玄注
洪範五行傳三卷　(漢)劉向撰　(清)陳壽祺輯　清道光十年(1830)廣州刻本　四册

440000－2541－0009489　22024
尚書逸湯誓考六卷　(清)徐時棟撰　**校勘一卷**　清同治十一年(1872)城西草堂刻煙嶼樓集本　二册

440000－2541－0009490　22027
古文尚書撰異三十二卷　(清)段玉裁撰　清嘉慶七年(1802)七葉衍祥堂刻本　十册

440000－2541－0009491　22028
古文尚書撰異三十二卷　(清)段玉裁撰　清嘉慶七年(1802)七葉衍祥堂刻本　六册

440000－2541－0009492　22034
楊子書繹六卷　(明)楊文彩撰　清光緒二年(1876)韓懿章刻本　十册

440000－2541－0009493　22035
楊子書繹六卷　(明)楊文彩撰　清光緒二年(1876)韓懿章刻本　十册

440000－2541－0009494　22037
今文尚書經説考三十二卷首一卷敘録一卷　(清)陳喬樅撰　清同治刻左海續集本　十六册

440000－2541－0009495　22038
重訂監本書經註六卷　(宋)蔡沈集傳　清道光十八年(1838)刻本　四册

440000－2541－0009496　22039
書經六卷　(宋)蔡沈集傳　清嘉慶十六年(1811)揚州十笏堂刻御案五經本　四册

440000－2541－0009497　22040
十三經讀本附校刊記　(清)丁寶楨等校並撰校刊記　清同治十一年(1872)山東書局刻本　三十五册　存七種

440000－2541－0009498　22041
書經六卷　(宋)蔡沈集傳　清光緒三年(1877)退補齋刻本　四册

440000－2541－0009499　22045
書集傳六卷　(宋)蔡沈撰　清光緒四年(1878)刻本　六册

440000－2541－0009500　22046
書集傳六卷　(宋)蔡沈撰　清刻本　五册　存五卷(二至六)

440000－2541－0009501　22047
尚書伸孔篇一卷　(清)焦廷琥撰　**禹貢班義述三卷**　(清)成蓉鏡撰　清光緒十四年(1888)廣雅書局刻本　一册

440000－2541－0009502　22048
尚書伸孔篇一卷　(清)焦廷琥撰　清光緒十四年(1888)廣雅書局刻本　一册

440000－2541－0009503　22049
枕葄齋書經問答十四卷　(清)胡嗣運撰　清光緒三十四年(1908)績溪胡氏鵬南書屋木活字印本　二册

440000－2541－0009504　22050
書經衷論四卷　(清)張英撰　清光緒刻本　二册

440000－2541－0009505　22051
書經旁訓音義不分卷　(清)張大受輯　清同治二年(1863)刻本　二册

440000－2541－0009506　22052

書經增訂旁訓四卷 (宋)蔡沈集傳 (清)張大受輯 清刻本 二冊

440000－2541－0009507 22056
尚書離句六卷 (清)錢在培撰 清光緒十八年(1892)務本書局刻本 三冊

440000－2541－0009508 22057
尚書離句六卷 (清)錢在培撰 清刻本 二冊

440000－2541－0009509 22062
尚書考異六卷 (明)梅鷟撰 清光緒十八年(1892)浙江書局刻本 四冊

440000－2541－0009510 22063
尚書考異六卷 (明)梅鷟撰 清光緒十八年(1892)浙江書局刻本 四冊

440000－2541－0009511 22064
史伯平先生所箸書二種 (清)史致準撰 清光緒刻本 一冊

440000－2541－0009512 22066
三經詁要 (清)龍萬育輯 清道光成都龍萬育敷文閣刻本 十二冊

440000－2541－0009513 22071
禹貢水道論圖說一卷附錄一卷 (清)闞遠光撰 清道光八年(1828)粵東雙門底九經閣刻本 一冊

440000－2541－0009514 22072
書古微十二卷 (清)魏源撰 清光緒四年(1878)淮南書局刻本 四冊

440000－2541－0009515 22073
書古微十二卷 (清)魏源撰 清光緒四年(1878)淮南書局刻本 四冊

440000－2541－0009516 22074
書古微十二卷 (清)魏源撰 清光緒四年(1878)淮南書局刻本 四冊

440000－2541－0009517 22078
禹貢會箋十二卷總目一卷圖一卷 (清)徐文靖撰 清同治十三年(1874)慈谿何氏刻本 六冊

440000－2541－0009518 22080
禹貢會箋十二卷總目一卷圖一卷 (清)徐文靖撰 清同治十三年(1874)慈谿何氏刻本 四冊

440000－2541－0009519 22086
禹貢水道考異南條五卷北條五卷首一卷 (清)方堃撰 清道光紫霞仙館刻本 二冊

440000－2541－0009520 22087
南海麥仕治先生廣州俗話書經解義五卷 (清)麥仕治撰 清末廣州文寶閣鉛印本 二冊

440000－2541－0009521 22088
南海麥仕治先生廣州俗話書經解義五卷 (清)麥仕治撰 清末廣州文寶閣鉛印本 二冊

440000－2541－0009522 22089
南海麥仕治先生廣州俗話書經解義五卷 (清)麥仕治撰 清末廣州文寶閣鉛印本 二冊 存三卷(一至三)

440000－2541－0009523 41355
返生香(疏香閣遺集)一卷 (明)葉小鸞撰 **疏香閣附集一卷** (清)沈自炳等撰 **窈聞一卷續一卷** (明)葉紹袁撰 清光緒二十二年(1896)羊城秋夢盦刻本 一冊

440000－2541－0009524 22090
禹貢讀二卷讀舊唐書一卷 (清)蔡世鈸撰 清道光十年(1830)刻本 一冊

440000－2541－0009525 22100
禹貢說斷四卷 (宋)傅寅撰 清刻本 一冊 存二卷(三至四)

440000－2541－0009526 22101
禹貢班義述三卷 (清)成蓉鏡撰 清光緒十四年(1888)廣雅書局刻本 一冊

440000－2541－0009527 22102
尚書要旨一卷 (清)馬貞榆撰 清兩湖文高等學堂刻朱印本 一冊

440000－2541－0009528 22103

禹貢童蒙便讀一卷 （清）沈澧撰　清道光十五年（1835）刻本　一冊

440000－2541－0009529　22105
禹貢因一卷 （清）沈練集注　清光緒十八年（1892）溧陽沈氏歸安縣署刻本　一冊

440000－2541－0009530　22108
禹貢便讀二卷 （清）吳墀撰　清道光七年（1827）刻本　一冊

440000－2541－0009531　22109
禹貢便讀二卷 （清）吳墀撰　清道光七年（1827）刻本　一冊

440000－2541－0009532　22110
禹貢便讀二卷 （清）吳墀撰　清道光七年（1827）刻本　一冊

440000－2541－0009533　22111
書經述六卷 （清）許祖京撰　清同治十三年（1874）德清許氏刻本　二冊

440000－2541－0009534　22114
尚書精義五十卷 （宋）黃倫撰　清道光刻本　三冊　存十四卷（一至十四）

440000－2541－0009535　22117
尚書禹貢説一卷附圖一卷 （明）鄭曉撰　清道光馬錦刻本　一冊

440000－2541－0009536　22119
榕園叢書（守約篇叢書）三集六十三種附一種 （清）張丙炎編　（清）張允顗重編　清同治真州張氏廣東刻民國二年（1913）重修印本　三冊　存五種

440000－2541－0009537　22125
尚書考辨四卷 （清）宋鑒撰　清嘉慶四年（1799）刻本　一冊

440000－2541－0009538　22126
禹貢水道便覽一卷 （清）張先振輯　清同治六年（1867）漢陽張氏家塾刻本　一冊

440000－2541－0009539　22127
禹貢三江考三卷 （清）程瑤田撰　清嘉慶刻通藝錄本　一冊

440000－2541－0009540　22128
王會篇箋釋三卷 （清）何秋濤撰　清光緒十七年（1891）江蘇書局刻本　三冊

440000－2541－0009541　22129
桐城吳先生全書十七種 （清）吳汝綸撰　清光緒十八年至宣統二年（1892－1910）上海國學扶輪社石印本　十九冊　存五種

440000－2541－0009542　22130
寫定尚書不分卷 （清）吳汝綸校訂　清光緒十八年（1892）桐城吳氏家塾石印本　一冊

440000－2541－0009543　22132
尚書讀本二卷 （清）吳汝綸撰　清光緒三十四年（1908）保陽書局鉛印本　二冊

440000－2541－0009544　22135
書經詮義十二卷首二卷 （清）汪紱撰　清光緒七年（1881）刻本　十三冊

440000－2541－0009545　22137
日講書經解義十三卷 （清）庫勒納等輯　清刻本　六冊

440000－2541－0009546　22138
師伏堂叢書十五種附二種 （清）皮錫瑞撰　清光緒善化皮氏刻本　十四冊　存六種

440000－2541－0009547　22140
尚書引義六卷 （清）王夫之撰　清光緒二十五年（1899）上海公記書莊石印本　一冊

440000－2541－0009548　22141
日講書經解義十三卷 （清）庫勒納等輯　清刻本　六冊

440000－2541－0009549　22146
湖北叢書三十種附一種 （清）趙尚輔編　清光緒十七年（1891）三餘草堂刻本　九冊　存四種

440000－2541－0009550　22155
周禮正義八十六卷 （清）孫詒讓撰　清光緒二十五年（1899）鉛印本　二十冊

440000－2541－0009551　22156
周禮正義八十六卷 （清）孫詒讓撰　清光緒

二十五年(1899)鉛印本　二十册

440000－2541－0009552　22157
周禮精華六卷　(清)陳龍標輯　清嘉慶十三年(1808)光韙堂刻本　六册

440000－2541－0009553　22158
周禮精華六卷　(清)陳龍標輯　清同治三年(1864)刻本　六册

440000－2541－0009554　22159
周禮精華六卷　(清)陳龍標輯　清同治十年(1871)刻本　六册

440000－2541－0009555　22160
周禮精華六卷　(清)陳龍標輯　清嘉慶十六年(1811)刻本　六册

440000－2541－0009556　22161
宋葉文康公禮經會元四卷　(宋)葉時撰　(清)許元淮輯　清乾隆黄暹刻本　二册

440000－2541－0009557　22162
宋葉文康公禮經會元四卷　(宋)葉時撰　(清)許元淮輯　清乾隆黄暹刻本　八册

440000－2541－0009558　22163
周禮易讀六卷　(清)司徒修輯　清道光十五年(1835)刻本　六册

440000－2541－0009559　22166
周禮補注六卷　(清)呂飛鵬撰　清道光二十九年(1849)旌德呂氏立誠軒刻本　四册

440000－2541－0009560　22167
周禮十二卷　(漢)鄭玄注　(唐)陸德明音義　清闕里孔氏敦本堂學塾刻本　六册

440000－2541－0009561　22169
周禮六卷　(漢)鄭玄注　(唐)陸德明音義　清嘉慶十一年(1806)清芬閣刻本　六册

440000－2541－0009562　22171
周禮六卷　(漢)鄭玄注　(唐)陸德明音義　清光緒二十三年(1897)淮南官書局刻本　六册

440000－2541－0009563　22174
周禮六卷　(漢)鄭玄注　(唐)陸德明音義　清光緒二十年(1894)金陵書局刻本　六册

440000－2541－0009564　22176
欽定周官義疏四十八卷首一卷　(清)鄂爾泰等撰　清同治七年(1868)浙江書局刻本　二十四册

440000－2541－0009565　22177
欽定周官義疏四十八卷首一卷　(清)鄂爾泰等撰　清光緒三十年(1904)上海育文書局石印本　三册　存四十卷(一至四十)

440000－2541－0009566　22178
欽定周官義疏四十八卷首一卷　(清)鄂爾泰等撰　清光緒三十年(1904)上海育文書局石印本　四册

440000－2541－0009567　22179
周官精義十二卷　(清)連斗山撰　清同治十年(1871)孫觀粤東臬署刻本　六册

440000－2541－0009568　22181
輯周禮二十二卷　題(清)通雅書會主人輯　清光緒二十四年(1898)琢古齋刻本　一册

440000－2541－0009569　22182
特健藥齋外編三種　(清)唐詠裳撰　清光緒二十五年(1899)刻本　二册　存二種

440000－2541－0009570　22183
周官禮注十二卷　(漢)鄭玄注　清刻本　十二册

440000－2541－0009571　22184
宋黄宣獻公周禮説五卷首一卷末一卷　(宋)黄度撰　(清)陳金鑑輯　清道光十年(1830)剡東陳氏五馬山樓刻本　六册

440000－2541－0009572　22187
周禮政要四卷　(清)孫詒讓撰　清末石印本　一册　存二卷(一至二)

440000－2541－0009573　22188
周禮政要二卷　(清)孫詒讓撰　清末刻本　二册

440000－2541－0009574　22189

評點周禮政要二卷 （清）孫詒讓撰　求新圖書館評點　清光緒二十九年（1903）鉛印本　一册

440000－2541－0009575　22190
周禮政要二卷 （清）孫詒讓撰　清光緒二十八年（1902）瑞安普通學堂刻本　二册

440000－2541－0009576　22191
周禮述註二十四卷 （清）李光坡撰　清刻本　三册　存十一卷（十四至二十四）

440000－2541－0009577　22192
周禮節訓六卷 （清）黄叔琳撰　（清）姚培謙重訂　清廣州福芸樓刻本　二册

440000－2541－0009578　22193
周禮政要四卷 （清）孫詒讓撰　清末石印本　二册

440000－2541－0009579　22196
評點周禮政要二卷 （清）孫詒讓撰　求新圖書館評點　清光緒二十九年（1903）鉛印本　二册

440000－2541－0009580　22197
評點周禮政要二卷 （清）孫詒讓撰　求新圖書館評點　清光緒二十八年（1902）鉛印本　二册

440000－2541－0009581　22198
周禮節訓六卷 （清）黄叔琳撰　（清）姚培謙重訂　清光緒十二年（1886）蘇州掃葉山房刻本　二册

440000－2541－0009582　22199
大學衍義四十三卷 （宋）真德秀撰　（明）陳仁錫評　**大學衍義補一百六十卷首一卷** （明）丘濬撰　（明）陳仁錫評　明刻本　三册　存十三卷（衍義二十九至三十二、三十六至三十七，衍義補六十四至六十七、一百三十四至一百三十六）

440000－2541－0009583　22200
九旗古義述一卷 （清）孫詒讓撰　清光緒二十八年（1902）刻本　一册

440000－2541－0009584　22205
石谿讀周官六卷 （清）官獻瑶撰　清道光二十五年（1845）蘇廷玉刻本　六册

440000－2541－0009585　22210
畏齋春秋客難二十四卷首一卷 （清）龔元玠撰　清刻本　六册

440000－2541－0009586　22216
春秋屬辭辨例編六十卷首二卷 （清）張應昌撰　清同治十二年（1873）江蘇書局刻本　二十册

440000－2541－0009587　22218
春秋正傳三十七卷末一卷 （明）湛若水撰　清同治五年（1866）刻甘泉全集本　十册

440000－2541－0009588　22219
春秋集傳辨異十二卷 （清）趙培桂輯　清同治六年（1867）明德堂刻本　十六册

440000－2541－0009589　22220
董子春秋繁露十七卷 （漢）董仲舒撰　清光緒二十三年（1897）上海圖書集成局鉛印子書二十二種本　一册

440000－2541－0009590　22225
春秋繁露十七卷 （漢）董仲舒撰　（清）凌曙注　清刻本　四册

440000－2541－0009591　22226
春秋繁露十七卷 （漢）董仲舒撰　（清）凌曙注　清刻本　四册

440000－2541－0009592　22227
春秋紀傳五十一卷 （清）李鳳雛輯　清光緒二十一年（1895）古大化里刻本　十二册

440000－2541－0009593　22228
半農先生春秋説十五卷 （清）惠士奇撰　清刻本　六册

440000－2541－0009594　22229
春秋董氏學八卷附傳一卷 康有為撰　清光緒十九年（1893）廣州演孔書局刻朱印本　四册

440000－2541－0009595　22230

春秋述義拾遺八卷河間劉氏書目考一卷　(清)陳熙晉撰　清光緒十七年(1891)廣雅書局刻本　二冊

440000－2541－0009596　22231
春秋規過考信三卷　(清)陳熙晉撰　清光緒十五年(1889)廣雅書局刻本　三冊

440000－2541－0009597　22232
春秋規過考信三卷　(清)陳熙晉撰　清光緒十五年(1889)廣雅書局刻本　三冊

440000－2541－0009598　22233
春秋夏正二卷　(清)胡天游撰　清道光十年(1830)刻本　一冊

440000－2541－0009599　22236
春秋董氏學八卷附傳一卷　康有為撰　清光緒十九年(1893)廣州演孔書局刻本　四冊

440000－2541－0009600　22237
春秋董氏學八卷附傳一卷　康有為撰　清光緒十九年(1893)廣州演孔書局刻本　三冊

440000－2541－0009601　22238
春秋日官詁四卷　(清)梁僧寶撰　清光緒二十四年(1898)南海王氏家塾刻本　四冊

440000－2541－0009602　22240
春秋大事表五十卷輿圖一卷附錄一卷　(清)顧棟高撰　清同治十二年(1873)平遠丁寶楨刻本　二十冊

440000－2541－0009603　22241
春秋大事表五十卷輿圖一卷附錄一卷　(清)顧棟高撰　清同治十二年(1873)平遠丁寶楨刻本　二十冊

440000－2541－0009604　22242
春秋提綱十卷　(元)陳則通撰　清刻本　一冊

440000－2541－0009605　22244
春秋滕薛杞越莒郳許七國統表六卷　(清)魏翼龍撰　清道光十三年(1833)蕭山魏氏存問堂刻本　二冊

440000－2541－0009606　22245
春秋三子傳六卷傳前荅問一卷　(清)毛士撰　清同治十一年(1872)深澤王氏刻毛氏春秋三種本　七冊

440000－2541－0009607　22248
榕村全書三十二種附十種　(清)李光地撰　清道光安溪李維迪刻本　十五冊　存六種

440000－2541－0009608　22249
春秋釋經十二卷　(清)高澍然撰　清道光七年(1827)光澤高氏刻本　三冊

440000－2541－0009609　22250
春秋三傳十二卷年表紀要一卷提要一卷　(清)鄭曉如撰　清同治十二年(1873)鄭曉如刻本　十冊

440000－2541－0009610　22251
春秋會義二十六卷　(宋)杜諤撰　清光緒十八年(1892)榮成孫氏問經精舍刻孫氏山淵閣叢刊本　八冊　存十七卷(一至八、十八至二十六)

440000－2541－0009611　22253
春秋會義二十六卷　(宋)杜諤撰　清光緒十八年(1892)榮成孫氏問經精舍刻孫氏山淵閣叢刊本　八冊　存十六卷(一至十六)

440000－2541－0009612　22255
春秋釋地韻編五卷首一卷　(清)徐壽基撰　清光緒十二年(1886)武進徐氏桓臺官舍刻志學齋集本　四冊

440000－2541－0009613　22256
御纂春秋直解十二卷　(清)傅恒等撰　清刻本　八冊

440000－2541－0009614　22257
春秋集古傳注二十六卷首一卷　(清)郜坦輯　**春秋或問六卷**　(清)郜坦撰　清光緒二年(1876)淮南書局刻本　五冊

440000－2541－0009615　22258
柏堂遺書二十二種附一種　(清)方宗誠撰　清光緒桐城方氏刻本　二十九冊　存四種

440000－2541－0009616　22259

春秋比事參義十六卷　(清)桂含章撰　清光緒八年(1882)金陵刻本　十六册

440000－2541－0009617　22260
春秋宗朱辨義十二卷首一卷末一卷　(清)張自超撰　清光緒七年(1881)刻本　八册

440000－2541－0009618　22261
春秋宗朱辨義十二卷首一卷末一卷　(清)張自超撰　清光緒七年(1881)刻本　八册

440000－2541－0009619　22262
春秋宗朱辨義十二卷首一卷末一卷　(清)張自超撰　清光緒七年(1881)刻本　八册

440000－2541－0009620　22263
欽定春秋傳說彙纂三十八卷首二卷　(清)王掞等輯　清同治九年(1870)浙江書局刻本　十九册　存三十六卷(一至三十、三十三至三十八)

440000－2541－0009621　22265
欽定春秋傳說彙纂三十八卷首二卷　(清)王掞等輯　清同治十年(1871)湖北崇文書局刻本　二十册

440000－2541－0009622　22266
欽定春秋傳說彙纂三十八卷首二卷　(清)王掞等輯　清光緒四年(1878)廣州翰墨園刻本　二十册

440000－2541－0009623　22267
欽定春秋傳說彙纂三十八卷首二卷　(清)王掞等輯　清光緒三十年(1904)上海育文書局石印本　三册

440000－2541－0009624　22268
欽定春秋傳說彙纂三十八卷首二卷　(清)王掞等輯　清末石印本　二册

440000－2541－0009625　22273
春秋釋例十五卷　(晉)杜預撰　清乾隆至嘉慶蘭陵孫氏刻岱南閣叢書本　四册

440000－2541－0009626　22277
春秋說略十二卷春秋比二卷　(清)郝懿行撰　清道光七年(1827)海陽趙銘彝刻光緒七年(1881)印郝氏遺書本　四册

440000－2541－0009627　22279
春秋微旨三卷　(唐)陸淳撰　清咸豐大梁書院刻經苑本　一册

440000－2541－0009628　22282
春秋啖趙集傳纂例十卷　(唐)陸淳撰　清咸豐大梁書院刻經苑本　三册

440000－2541－0009629　22284
粵雅堂叢書三集一百八十四種附五種　(清)伍崇曜編　清道光至光緒南海伍氏刻本　六十三册　存三十種

440000－2541－0009630　22290
春秋考十六卷　(宋)葉夢得撰　清福建刻武英殿聚珍版書本　四册

440000－2541－0009631　22296
春秋緯元命苞二卷春秋命歷序一卷春秋内事一卷　(三國魏)宋均注　(清)馬國翰輯　清光緒十五年(1889)文選樓刻玲瓏山館叢書本　一册

440000－2541－0009632　22297
春秋中國夷狄辨三卷　徐勤撰　清末上海大同譯書局石印本　一册

440000－2541－0009633　22308
春秋例表不分卷　(清)廖震等編　清光緒三十四年(1908)東州刻本　四册

440000－2541－0009634　22309
春秋纂言十二卷總例二卷　(元)吴澄撰　清道光十八年(1838)刻本　五册

440000－2541－0009635　22310
春秋圖表二卷　廖平撰　清光緒二十七年(1901)刻本　一册

440000－2541－0009636　22311
春秋經傳日月考一卷　(清)鄒伯奇撰　**春秋列國表一卷**　(清)馬驌撰　**讀左傳法一卷**　(清)馬貞榆撰　**春秋略系列國年表一卷春秋提要一卷春秋左傳屬事二十卷**　清光緒二十七年(1901)兩湖書院正學堂刻朱印本　二册

440000－2541－0009637　22313
春秋左傳綱目杜林詳註十四卷首一卷　（明）張岐然輯　清刻本　十二冊

440000－2541－0009638　22314
春秋朔閏異同二卷　（清）羅士琳撰　清光緒會稽趙氏刻仰視千七百二十九鶴齋叢書本　一冊

440000－2541－0009639　22318
春秋左傳三十卷　（晉）杜預集解　（唐）陸德明音義　（明）金蟠校訂　清嘉慶十二年（1807）永懷堂刻十三經古注本　十冊

440000－2541－0009640　22331
曲江書屋新訂批注左傳快讀十八卷首一卷　（清）李紹崧輯　清同治五年（1866）三義書莊刻本　十六冊

440000－2541－0009641　22337
欽定春秋左傳讀本三十卷　（清）英和等撰　清道光二年（1822）武英殿刻本　十六冊

440000－2541－0009642　22338
春秋左氏古經十二卷　（清）段玉裁撰　清道光元年（1821）金壇段氏刻經韻樓叢書本　四冊

440000－2541－0009643　22339
春秋經傳集解三十卷首一卷　（晉）杜預注　（唐）陸德明音釋　（宋）林堯叟注　（清）馮李驊增訂　**左繡三十卷**　（清）馮李驊　（清）陸浩評輯　清光緒三十年（1904）刻本　十六冊

440000－2541－0009644　22340
左繡三十卷　（清）馮李驊　（清）陸浩評輯　清光緒石印本　七冊　存十四卷（九至十八、二十五至二十八）

440000－2541－0009645　22341
春秋左傳十七卷　（戰國）左丘明撰　清嘉慶元年（1796）廣州刻本　十冊

440000－2541－0009646　22342
春秋左傳十七卷　（戰國）左丘明撰　清嘉慶元年（1796）廣州刻本　十冊

440000－2541－0009647　22344
春秋左傳十七卷　（戰國）左丘明撰　清同治四年（1865）刻本　十冊

440000－2541－0009648　22345
春秋左傳十七卷　（戰國）左丘明撰　清同治四年（1865）刻本　九冊　存十五卷（一至十三、十六至十七）

440000－2541－0009649　22346
左傳杜解補正三卷　（清）顧炎武撰　清刻本　一冊

440000－2541－0009650　22347
春秋左傳意解十卷首一卷　（清）陸樹芝撰　（清）陸德綏等輯　清同治六年（1867）嶺南陸氏刻本　十冊

440000－2541－0009651　22348
春秋左氏傳賈服注輯述二十卷　（清）李貽德撰　清同治五年（1866）刻本　六冊

440000－2541－0009652　22350
春秋左氏傳賈服注輯述二十卷　（清）李貽德撰　清同治五年（1866）刻本　六冊

440000－2541－0009653　22351
春秋經傳集解三十卷　（晉）杜預撰　清刻本　十冊

440000－2541－0009654　22353
十三經讀本　□□編　清同治金陵書局刻本　十三冊　存三種

440000－2541－0009655　22354
左通補釋三十二卷　（清）梁履繩撰　清道光九年（1829）錢唐汪氏振綺堂刻光緒元年（1875）補刻本　八冊

440000－2541－0009656　22355
讀左補義五十卷首一卷　（清）姜炳璋撰　清同治十年（1871）刻本　十六冊

440000－2541－0009657　22356
左通補釋三十二卷　（清）梁履繩撰　清道光九年（1829）錢唐汪氏振綺堂刻光緒元年

(1875)補刻本　十冊

440000－2541－0009658　22357
讀左補義五十卷首一卷　(清)姜炳璋撰　清刻本　十六冊

440000－2541－0009659　22358
讀左補義五十卷首一卷　(清)姜炳璋撰　清刻本　四冊　存十三卷(一至五、十至十三、二十八至三十一)

440000－2541－0009660　22360
左傳舊疏考正八卷　(清)劉文淇撰　清道光十八年(1838)刻本　四冊

440000－2541－0009661　22362
春秋左傳釋人十二卷世系一卷年表一卷附錄一卷　(清)范照藜撰　清嘉慶八年(1803)范大任如不及齋刻本　六冊

440000－2541－0009662　22364
春秋左傳釋人十二卷世系一卷年表一卷附錄一卷　(清)范照藜撰　清嘉慶八年(1803)范大任如不及齋刻本　四冊

440000－2541－0009663　22365
左傳經世鈔二十三卷　(清)魏禧評點　清刻本　十冊

440000－2541－0009664　22366
左傳經世鈔二十三卷　(清)魏禧評點　清刻本　十冊

440000－2541－0009665　22370
左傳紀事本末五十三卷　(清)高士奇撰　清光緒二十八年(1902)上海捷記書局石印本　三冊

440000－2541－0009666　22372
歷朝紀事本末九種　(清)陳如升　(清)朱記榮編　清光緒二十五年(1899)上海慎記書莊石印本　二十九冊　存六種

440000－2541－0009667　22373
歷朝紀事本末九種　(清)陳如升　(清)朱記榮編　(清)捷記主人增輯　清宣統二年(1910)上海文盛書局石印本　二十冊　存六種

440000－2541－0009668　22374
左傳紀事本末五十三卷　(清)高士奇撰　清光緒二十六年(1900)廣雅書局刻紀事本末彙刻本　九冊　存四十卷(一至二十九、四十至五十)

440000－2541－0009669　22375
左傳事緯十二卷　(清)馬驌撰　清宣統二年(1910)上海文瑞樓石印本　六冊

440000－2541－0009670　22376
春秋左傳分類賦四卷　(清)夏大觀　(清)夏大鼎撰　清刻本　二冊　存二卷(二至三)

440000－2541－0009671　22377
左傳史論二卷　(清)高士奇撰　清刻本　一冊

440000－2541－0009672　22378
左傳事緯十二卷　(清)馬驌撰　清同治七年(1868)朝宗書室木活字印本　八冊

440000－2541－0009673　22379
左傳事緯十二卷　(清)馬驌撰　清光緒四年(1878)吳縣潘霨敏德堂刻本　十二冊

440000－2541－0009674　22380
左傳事緯十二卷附錄八卷　(清)馬驌撰　清道光二十六年(1846)刻本　十冊

440000－2541－0009675　22381
滂喜齋叢書四函五十四種　(清)潘祖蔭編　清同治至光緒吳縣潘氏京師刻本　七冊　存六種

440000－2541－0009676　22382
左傳類典詳注六卷　(清)吳模撰　清嘉慶八年(1803)刻本　四冊

440000－2541－0009677　22385
俎豆集三十卷　(清)潘承焯撰　清乾隆四十三年(1778)刻本　八冊

440000－2541－0009678　22386
增訂春秋世本圖譜一卷　(清)陳厚耀撰　(清)徐鎮增定　清刻本　二冊

440000－2541－0009679　22387
列國左傳要詮八卷　(清)饒謙撰　清嘉慶二十年(1815)刻本　八册

440000－2541－0009680　22388
左傳易讀六卷　(清)司徒則廬輯　清道光三十年(1850)刻本　六册

440000－2541－0009681　22389
春秋世族譜一卷　(清)陳厚耀撰　清光緒二十五年(1899)兩湖書院正學堂刻朱印本　一册

440000－2541－0009682　22391
東萊博議四卷　(宋)呂祖謙撰　(清)張文炳評點　**增補虚字注釋六卷**　(清)張文炳撰　清咸豐五年(1855)文選樓刻本　二册

440000－2541－0009683　22394
于文定公讀史漫錄二十卷　(明)于慎行撰　清道光二十六年(1846)刻本　八册

440000－2541－0009684　22395
東萊博議四卷　(宋)呂祖謙撰　清光緒八年(1882)商務印書館鉛印本　二册

440000－2541－0009685　22396
東萊先生左氏博議二十五卷　(宋)呂祖謙撰　**增補虚字注釋六卷**　(清)張文炳撰　清光緒二十三年(1897)掃葉山房刻本　六册

440000－2541－0009686　22397
東萊博議四卷　(宋)呂祖謙撰　**增補虚字注釋一卷**　(清)馮泰松撰　清光緒十七年(1891)馮泰松刻本　四册

440000－2541－0009687　22398
東萊博議四卷　(宋)呂祖謙撰　(清)張文炳評點　**增補虚字注釋六卷**　(清)張文炳撰　清光緒二十四年(1898)刻本　四册

440000－2541－0009688　22399
增注硃批東萊博議六卷　(宋)呂祖謙撰　**增補虚字注釋一卷**　(清)馮泰松點定　清光緒二十九年(1903)粤東石印本　六册

440000－2541－0009689　22401
東萊先生左氏博議二十五卷　(宋)呂祖謙撰　清光緒八年(1882)刻本　六册

440000－2541－0009690　22402
春秋左氏傳地名補注十二卷　(清)沈欽韓撰　清光緒長洲蔣氏心矩齋刻本　二册

440000－2541－0009691　22405
欽定春秋左傳讀本三十卷　(清)英和等撰　清同治十一年(1872)潮州刻本　十册

440000－2541－0009692　22409
左傳義法舉要一卷　(清)方苞述　(清)王兆符　(清)程崟輯　清金匱廉氏刻本　一册

440000－2541－0009693　22410
東萊左氏博議輯注六卷　(宋)呂祖謙撰　(清)駱根深輯注　清光緒二十九年(1903)東莞天香吟館刻本　五册　存五卷(一至四、六)

440000－2541－0009694　22412
春秋公羊傳十一卷　(漢)何休撰　(唐)陸德明音義　清光緒十二年(1886)星沙文昌書局刻本　四册

440000－2541－0009695　22414
春秋公羊傳十一卷　(漢)何休撰　(唐)陸德明音義　清光緒十二年(1886)星沙文昌書局刻本　二册　存八卷(四至十一)

440000－2541－0009696　22415
春秋公羊傳十一卷　(漢)何休撰　(唐)陸德明音義　清光緒刻本　四册

440000－2541－0009697　22416
春秋公羊傳十一卷　(漢)何休撰　(唐)陸德明音義　清光緒二十四年(1898)淮南書局刻本　四册

440000－2541－0009698　22419
春秋公羊經傳解詁十二卷　(漢)何休撰　(唐)陸德明音義　清道光揚州汪氏問禮堂影宋刻本　二册

440000－2541－0009699　22420
春秋公羊傳旁訓四卷　(漢)何休注　清掃葉

山房刻本　二册

440000－2541－0009700　22421

春秋公羊經何氏釋例十卷　（清）劉逢祿撰　清嘉慶十年（1805）養一齋刻本　四册

440000－2541－0009701　22422

湘綺樓全書十八種　王闓運撰　清光緒至宣統刻本　二十册　存四種

440000－2541－0009702　22425

滂喜齋叢書四函五十四種　（清）潘祖蔭編　清同治至光緒吳縣潘氏京師刻本　二十九册　存三十種

440000－2541－0009703　22426

滂喜齋叢書四函五十四種　（清）潘祖蔭編　清同治至光緒吳縣潘氏京師刻本　二十册　存三十四種

440000－2541－0009704　22427

春秋公羊經何氏釋例十卷公羊春秋何氏解詁箋一卷發墨守評一卷左氏春秋考證二卷　（清）劉逢祿撰　清光緒二十三年（1897）廣州太清樓刻本　四册

440000－2541－0009705　22430

春秋公羊注疏質疑二卷　（清）何若瑤撰　清光緒二十年（1894）廣雅書局刻本　一册

440000－2541－0009706　22431

春秋公羊注疏質疑二卷　（清）何若瑤撰　清光緒二十年（1894）廣雅書局刻本　一册

440000－2541－0009707　22434

公羊春秋經傳驗推補證十一卷大統春秋條例圖表一卷　廖平撰　清光緒三十二年（1906）廖平則柯軒刻本　六册

440000－2541－0009708　22438

春秋穀梁傳十二卷　（明）閔齊伋裁注　**考一卷**　（明）閔齊伋撰　清刻本　四册

440000－2541－0009709　22439

春秋穀梁傳十二卷　（晉）范寧集解　（唐）陸德明音義　清刻本　四册

440000－2541－0009710　22442

春秋穀梁傳十二卷　（晉）范寧集解　（唐）陸德明音義　清光緒二十二年（1896）新化三味堂刻本　二册

440000－2541－0009711　22443

春秋穀梁傳十二卷　（晉）范寧集解　（唐）陸德明音義　清光緒十二年（1886）星沙文昌書局刻本　三册

440000－2541－0009712　22444

春秋穀梁傳十二卷　（晉）范寧集解　（唐）陸德明音義　清光緒十二年（1886）湖北官書處刻本　四册

440000－2541－0009713　22445

春秋穀梁傳旁訓四卷　（晉）范寧集解　清掃葉山房刻本　二册

440000－2541－0009714　22448

穀梁傳一卷　（清）俞長城評點　清乾隆二十四年（1759）金閶書業堂刻可儀堂古文選本　一册

440000－2541－0009715　22451

春秋三十卷　（宋）胡安國撰　（宋）林堯叟音注　清刻本　六册

440000－2541－0009716　22453

國語二十一卷　（三國吳）韋昭注　（宋）宋庠補音　清嘉慶十一年（1806）姑蘇書業堂刻本　六册

440000－2541－0009717　22454

振綺堂遺書五種　（清）汪遠孫撰　清道光刻民國十一年（1922）錢唐汪氏彙印本　十四册

440000－2541－0009718　22456

國語二十一卷　（三國吳）韋昭解　**國語明道本攷異四卷**　（清）汪遠孫撰　**校刊明道本韋氏解國語札記一卷**　（清）黃丕烈撰　清同治八年（1869）湖北崇文書局刻本　五册

440000－2541－0009719　22460

國語二十一卷　（三國吳）韋昭解　**國語明道本攷異四卷**　（清）汪遠孫撰　**校刊明道本韋氏解國語札記一卷**　（清）黃丕烈撰　清同治

八年(1869)湖北崇文書局刻本　五册

440000－2541－0009720　22461
國語二十一卷　(三國吳)韋昭解　**國語明道本攷異四卷**　(清)汪遠孫撰　**校刊明道本韋氏解國語札記一卷**　(清)黄丕烈撰　清同治八年(1869)湖北崇文書局刻本　五册

440000－2541－0009721　22462
國語二十一卷　(三國吳)韋昭注　**校勘劄記一卷**　(清)黄丕烈撰　**考異四卷**　(清)汪遠孫撰　清光緒二十二年(1896)上海鴻寶齋石印本　三册

440000－2541－0009722　22463
國語二十一卷　(三國吳)韋昭注　**校勘劄記一卷**　(清)黄丕烈撰　**考異四卷**　(清)汪遠孫撰　清宣統元年(1909)上海鴻寶齋石印本　四册

440000－2541－0009723　22466
國語正義二十一卷　(清)董增齡撰　清光緒六年(1880)會稽章氏式訓堂刻本　十册

440000－2541－0009724　22467
吳越春秋六卷　(漢)趙曄撰　清刻本　二册

440000－2541－0009725　22473
戰國策三十三卷　(漢)高誘注　(宋)姚宏考異　**重刻剡川姚氏本戰國策札記三卷**　(清)黄丕烈撰　清同治八年(1869)湖北崇文書局刻本　五册

440000－2541－0009726　22474
戰國策三十三卷　(漢)高誘注　(宋)姚宏考異　**重刻剡川姚氏本戰國策札記三卷**　(清)黄丕烈撰　清同治八年(1869)湖北崇文書局刻本　五册

440000－2541－0009727　22476
戰國策三十三卷　(漢)高誘注　(宋)姚宏考異　**重刻剡川姚氏本戰國策札記三卷**　(清)黄丕烈撰　清光緒二十二年(1896)上海鴻寶齋石印本　五册

440000－2541－0009728　22479
戰國策三十三卷　(漢)高誘注　(宋)姚宏考異　**重刻剡川姚氏本戰國策札記三卷**　(清)黄丕烈撰　清同治八年(1869)湖北崇文書局刻本　一册　存九卷(一至九)

440000－2541－0009729　22480
戰國策三十三卷　(漢)高誘注　(宋)姚宏考異　**重刻剡川姚氏本戰國策札記三卷**　(清)黄丕烈撰　清同治八年(1869)湖北崇文書局刻本　五册

440000－2541－0009730　22487
國策評林十八卷　(清)張星徽評　清廣州儒雅堂刻本　十册

440000－2541－0009731　22488
國策評林十八卷　(清)張星徽評　清廣州儒雅堂刻本　十册

440000－2541－0009732　22494
戰國策校注十卷　(宋)鮑彪校注　(元)吳師道重校　清光緒粵東刻本　八册

440000－2541－0009733　22495
戰國策校注十卷　(宋)鮑彪校注　(元)吳師道重校　清刻本　六册　存九卷(一至五、七至十)

440000－2541－0009734　22496
戰國策十卷　(宋)鮑彪校注　(元)吳師道重校　清姑蘇書業堂刻本　八册

440000－2541－0009735　22497
巴西文集不分卷　(元)鄧文原撰　清抄本　六册

440000－2541－0009736　22500
越絕書十五卷　(漢)袁康撰　清刻本　一册

440000－2541－0009737　22504
戰國策去毒二卷　(清)陸隴其撰　清同治九年(1870)六安涂氏求我齋刻本　一册

440000－2541－0009738　22510
前漢書注考證一卷後漢書注考證一卷　(清)何若瑶撰　清光緒二十年(1894)廣雅書局刻本　一册

440000－2541－0009739　22511

前漢書注考證一卷後漢書注考證一卷　（清）何若瑶撰　清光緒二十年(1894)廣雅書局刻本　一册

440000－2541－0009740　22512

前漢書注考證一卷後漢書注考證一卷　（清）何若瑶撰　清光緒二十年(1894)廣雅書局刻本　一册

440000－2541－0009741　22514

兩漢策要十二卷　（宋）陶叔獻輯　清光緒十三年(1887)上海同文書局石印本　八册

440000－2541－0009742　22515

兩漢策要十二卷　（宋）陶叔獻輯　清光緒十三年(1887)上海同文書局石印本　六册

440000－2541－0009743　22516

兩漢策要十二卷　（宋）陶叔獻輯　清光緒十三年(1887)上海同文書局石印本　八册

440000－2541－0009744　22517

兩漢雋言前集十卷　（宋）林越輯　**後集六卷**　（明）凌迪知輯　清光緒十九年(1893)上洋鴻寶齋石印本　一册

440000－2541－0009745　22519

前漢書菁華録四卷後漢書菁華録二卷　（□）□□撰　清光緒二十八年(1902)廣州刻朱墨套印本　六册

440000－2541－0009746　22520

蔡邕十意輯存十六卷　（漢）蔡邕撰　（清）于文華輯　清東陽于氏鉛印本　二册

440000－2541－0009747　22521

東觀漢記二十四卷　（漢）劉珍等撰　清乾隆六十年(1795)掃葉山房刻本　二册

440000－2541－0009748　22522

四史　（清）□□編　清同治十年至十一年(1871－1872)成都書局刻本　一百八册

440000－2541－0009749　22524

前漢書一百卷　（漢）班固撰　（唐）顔師古注　清同治十二年(1873)嶺東使署刻本　二十册

440000－2541－0009750　22525

前漢書一百卷　（漢）班固撰　（唐）顔師古注　清光緒十年(1884)上海同文書局石印二十四史本　三十一册　存九十六卷(一至五十四、五十九至一百)

440000－2541－0009751　22526

前漢書一百卷　（漢）班固撰　（唐）顔師古注　清光緒十二年(1886)廣州澹吟館刻本　三十三册

440000－2541－0009752　22527

漢書一百卷　（漢）班固撰　（唐）顔師古注　清光緒十三年(1887)金陵書局刻本　十八册

440000－2541－0009753　22528

漢書七十卷　（漢）班固撰　（唐）鍾人傑校　清光緒二十五年(1899)桂垣書局刻本　三十二册

440000－2541－0009754　22529

前漢書一百二十卷　（漢）班固撰　（唐）顔師古注　清光緒十四年(1888)上海蜚英館石印本　十六册

440000－2541－0009755　22532

前漢書一百二十卷　（漢）班固撰　（唐）顔師古注　清光緒二十八年(1902)石印本　七册　存五十九卷(十三至二十、二十七至五十二、六十三至八十、九十一至九十七)

440000－2541－0009756　22534

二十四史　（清）□□編　清光緒二十九年(1903)五洲同文局石印本　一百四十二册　存五種

440000－2541－0009757　22535

二十四史　（清）□□編　清光緒三十年(1904)武林竹簡齋三次石印本　二十三册　存三種

440000－2541－0009758　22536

前漢書一百卷　（漢）班固撰　（唐）顔師古注　清同治十二年(1873)嶺東使署刻本　十五

冊　存九十三卷(八至一百)

440000－2541－0009759　22547
漢書辨疑二十二卷後漢書辨疑十一卷續後漢書辨疑九卷　(清)錢大昭撰　清光緒十三年至十四年(1887－1888)廣雅書局刻本　六冊　存十一卷(漢書辨疑一至二、續後漢書辨疑九卷)

440000－2541－0009760　22548
漢書注校補五十六卷　(清)周壽昌撰　清光緒十七年(1891)廣雅書局刻本　十冊

440000－2541－0009761　22549
漢書注校補五十六卷　(清)周壽昌撰　清光緒十七年(1891)廣雅書局刻本　十冊

440000－2541－0009762　22550
漢書評林一百卷　(明)凌稚隆輯　清光緒十七年(1891)星沙養翮書齋刻本　三十冊

440000－2541－0009763　22553
漢書辨疑二十二卷後漢書辨疑十一卷續後漢書辨疑九卷　(清)錢大昭撰　清光緒十三年至十四年(1887－1888)廣雅書局刻本　八冊

440000－2541－0009764　22554
漢書疏證三十六卷　(清)沈欽韓撰　清光緒二十六年(1900)浙江官書局刻本　十六冊　存二十四卷(五、十四至三十六)

440000－2541－0009765　22555
漢書辨疑二十二卷後漢書辨疑十一卷續後漢書辨疑九卷　(清)錢大昭撰　清光緒十三年至十四年(1887－1888)廣雅書局刻本　七冊　存十一卷(漢書辨疑一至十一)

440000－2541－0009766　22556
漢書疏證三十六卷　(清)沈欽韓撰　清光緒二十六年(1900)浙江官書局刻本　二十四冊

440000－2541－0009767　22559
漢書管見四卷　(清)朱一新撰　清光緒二十二年(1896)順德龍氏葆真堂刻拙盦叢稿本　四冊

440000－2541－0009768　22560
漢書管見四卷　(清)朱一新撰　清光緒二十二年(1896)順德龍氏葆真堂刻拙盦叢稿本　六冊

440000－2541－0009769　22561
漢書補注一百卷　王先謙撰　清光緒石印本　二十八冊　存八十卷(一至十二、十五至十六、十九至二十四、二十六至三十、三十六至四十七、五十一至五十四、五十八至六十一、六十六至一百)

440000－2541－0009770　22562
前漢書補註一百卷首一卷　(漢)班固撰　(唐)顏師古注　王先謙補注　清光緒二十六年(1900)長沙王氏虛受堂刻本　三十二冊

440000－2541－0009771　22566
史表功比說一卷附侯第表　(清)張錫瑜撰　**史記天官書補目一卷**　(清)孫星衍撰　清光緒十三年至十四年(1887－1888)廣雅書局刻本　一冊

440000－2541－0009772　22567
史表功比說一卷附侯第表　(清)張錫瑜撰　**史記天官書補目一卷**　(清)孫星衍撰　清光緒十三年至十四年(1887－1888)廣雅書局刻本　一冊

440000－2541－0009773　22568
史表功比說一卷附侯第表　(清)張錫瑜撰　**史記天官書補目一卷**　(清)孫星衍撰　清光緒十三年至十四年(1887－1888)廣雅書局刻本　一冊

440000－2541－0009774　22569
後漢書補注續一卷　(清)侯康撰　清光緒十七年(1891)廣雅書局刻本　一冊

440000－2541－0009775　22570
後漢書補注續一卷　(清)侯康撰　清光緒十七年(1891)廣雅書局刻本　一冊

440000－2541－0009776　22571
後漢書補注續一卷　(清)侯康撰　清光緒十七年(1891)廣雅書局刻本　一冊

440000－2541－0009777　22572

後漢書補注續一卷　(清)侯康撰　清光緒十七年(1891)廣雅書局刻本　一册

440000－2541－0009778　22573

後漢書疏證三十卷　(清)沈欽韓撰　清光緒二十六年(1900)浙江官書局刻本　十七册

440000－2541－0009779　22574

後漢書疏證三十卷　(清)沈欽韓撰　清光緒二十六年(1900)浙江官書局刻本　十五册　存二十八卷(三至三十)

440000－2541－0009780　22575

後漢書疏證三十卷　(清)沈欽韓撰　清光緒二十六年(1900)浙江官書局刻本　十六册

440000－2541－0009781　22576

思益堂史學三種　(清)周壽昌撰　清光緒長沙周氏小對竹軒刻本　十六册

440000－2541－0009782　22579

後漢書注又補一卷　(清)沈銘彝撰　清光緒十四年(1888)廣雅書局刻本　一册

440000－2541－0009783　22580

後漢書注又補一卷　(清)沈銘彝撰　清光緒十四年(1888)廣雅書局刻本　一册

440000－2541－0009784　22581

後漢書注又補一卷　(清)沈銘彝撰　清光緒十四年(1888)廣雅書局刻本　一册

440000－2541－0009785　22582

後漢書注補正八卷　(清)周壽昌撰　清光緒十七年(1891)廣雅書局刻本　一册

440000－2541－0009786　22583

後漢書辨疑十一卷　(清)錢大昭撰　清光緒十四年(1888)廣雅書局刻本　二册

440000－2541－0009787　22584

後漢書辨疑十一卷　(清)錢大昭撰　清光緒十四年(1888)廣雅書局刻本　二册

440000－2541－0009788　22588

四史　(清)□□編　清同治十年至十一年(1871－1872)成都書局刻本　六十六册　存三種

440000－2541－0009789　22589

後漢書九十卷　(南朝宋)范曄撰　(唐)李賢注　**志三十卷**　(晉)司馬彪撰　(南朝梁)劉昭注　清同治十二年(1873)嶺東使署刻本　十六册

440000－2541－0009790　22590

後漢書九十卷　(南朝宋)范曄撰　(唐)李賢注　**志三十卷**　(晉)司馬彪撰　(南朝梁)劉昭注　清同治十二年(1873)嶺東使署刻本　十六册

440000－2541－0009791　22591

後漢書九十卷　(南朝宋)范曄撰　(唐)李賢注　**志三十卷**　(晉)司馬彪撰　(南朝梁)劉昭注　清光緒九年(1883)上海點石齋石印本　四册

440000－2541－0009792　22592

後漢書九十卷　(南朝宋)范曄撰　(唐)李賢注　**志三十卷**　(晉)司馬彪撰　(南朝梁)劉昭注　清同治十二年(1873)嶺東使署刻本　十四册

440000－2541－0009793　22593

後漢書一百二十卷　(南朝宋)范曄撰　(唐)李賢注　(晉)司馬彪續志　(南朝梁)劉昭注續志　清光緒十二年(1886)廣州澹吟館刻本　二十五册

440000－2541－0009794　22594

後漢書一百二十卷　(南朝宋)范曄撰　(唐)李賢注　(晉)司馬彪續志　(南朝梁)劉昭注續志　清光緒十一年(1885)上海久敬齋石印本　八册

440000－2541－0009795　22595

後漢書九十卷　(南朝宋)范曄撰　(唐)李賢注　**志三十卷**　(晉)司馬彪撰　(南朝梁)劉昭注　清光緒十三年(1887)金陵書局刻本　十四册

440000－2541－0009796　22596

後漢書九十卷　(南朝宋)范曄撰　(唐)李賢

注　**志三十卷**　(晉)司馬彪撰　(南朝梁)劉昭注　清光緒十三年(1887)金陵書局刻本　十七册　存九十卷(後漢書九十卷)

440000－2541－0009797　22599
後漢書一百二十卷　(南朝宋)范曄撰　(唐)李賢注　(晉)司馬彪續志　(南朝梁)劉昭注續志　清光緒二十九年(1903)石印本　六册　存九十六卷(十一至五十五、七十至一百二十)

440000－2541－0009798　22600
後漢書一百二十卷　(南朝宋)范曄撰　(唐)李賢注　(晉)司馬彪續志　(南朝梁)劉昭注續志　清光緒十四年(1888)上海蜚英館石印本　十二册

440000－2541－0009799　22601
長洲彭氏家集九種　(清)彭祖賢編　清同治至光緒刻本　三十册　存四種

440000－2541－0009800　22610
續漢志三十卷　(晉)司馬彪撰　(南朝梁)劉昭注補　清同治十二年(1873)嶺東使署刻本　二册

440000－2541－0009801　22611
東觀漢記二十四卷　(漢)劉珍等撰　清乾隆六十年(1795)掃葉山房刻本　四册

440000－2541－0009802　22612
東觀漢記二十四卷　(漢)劉珍等撰　清乾隆六十年(1795)掃葉山房刻本　六册

440000－2541－0009803　22616
後漢書補表八卷　(清)錢大昭撰　清刻本　四册

440000－2541－0009804　22617
後漢書補表八卷　(清)錢大昭撰　清刻本　四册

440000－2541－0009805　22618
後漢三公年表一卷　(清)華湛恩輯　清光緒十七年(1891)廣雅書局刻本　一册

440000－2541－0009806　22619
季漢書九十卷　(清)章陶撰　**辨異一卷**　(清)張廉評注　清道光九年(1829)刻本　十六册

440000－2541－0009807　22620
雜事秘辛一卷　(漢)□□撰　**星經二卷**　(漢)甘公　(漢)石申撰　清光緒六年(1880)三餘堂刻增訂漢魏叢書本　一册

440000－2541－0009808　22621
元經薛氏傳十卷　(隋)王通撰　(唐)薛收傳　(宋)阮逸注　清光緒六年(1880)三餘堂刻增訂漢魏叢書本　三册

440000－2541－0009809　22622
融經館叢書十一種　(清)徐友蘭編　清光緒會稽徐氏八杉齋刻本　八册　存四種

440000－2541－0009810　22626
三國志六十五卷　(晉)陳壽撰　(南朝宋)裴松之注　清刻本　十二册

440000－2541－0009811　22628
三國志六十五卷　(晉)陳壽撰　(南朝宋)裴松之注　清同治六年(1867)金陵書局木活字印本　二十册

440000－2541－0009812　22630
重刊宋本十三經註疏附校勘記　(清)阮元撰校勘記　(清)盧宣旬摘録　清嘉慶二十年(1815)江西南昌府學刻本　一百五十三册　存九種

440000－2541－0009813　22631
三國志六十五卷　(晉)陳壽撰　(南朝宋)裴松之注　清光緒十三年(1887)江南書局刻本　八册

440000－2541－0009814　22632
三國志六十五卷　(晉)陳壽撰　(南朝宋)裴松之注　清光緒十四年(1888)上海蜚英館石印本　八册

440000－2541－0009815　22633
三國志六十五卷　(晉)陳壽撰　(南朝宋)裴松之注　清光緒十四年(1888)上海蜚英館石

印本　七冊　存五十五卷（魏志三十卷、蜀志十五卷、吳志十一至二十）

440000－2541－0009816　22636
聖武記二編二卷　（清）魏源撰　清光緒十五年（1889）成都志古堂刻本　一冊

440000－2541－0009817　22641
三國志六十五卷　（晉）陳壽撰　（南朝宋）裴松之注　清光緒三十一年（1905）上海久敬齋石印本　四冊

440000－2541－0009818　22649
三國志旁證三十卷　（清）梁章鉅撰　清光緒十五年（1889）廣雅書局刻本　六冊

440000－2541－0009819　22650
三國志旁證三十卷　（清）梁章鉅撰　清光緒十五年（1889）廣雅書局刻本　六冊

440000－2541－0009820　22651
三國志六十五卷　（晉）陳壽撰　（南朝宋）裴松之注　清光緒二十八年（1902）石印本　二冊　存三十二卷（魏志十四至三十、蜀志一至十五）

440000－2541－0009821　22652
續後漢書四十二卷義例一卷音義四卷　（宋）蕭常撰　清同治八年（1869）胡芳秋、杜邦浚刻本　四冊

440000－2541－0009822　22653
三國志證聞三卷　（清）錢儀吉撰　清光緒十一年（1885）江蘇書局刻本　二冊

440000－2541－0009823　22654
三國志旁證三十卷　（清）梁章鉅撰　清光緒十五年（1889）廣雅書局刻本　六冊

440000－2541－0009824　22655
宜稼堂叢書七種　（清）郁松年編　清道光上海郁氏刻本　四十一冊　存四種

440000－2541－0009825　22660
三國志辨疑三卷　（清）錢大昭撰　清光緒十五年（1889）廣雅書局刻本　一冊

440000－2541－0009826　22661
三國志辨疑三卷　（清）錢大昭撰　清光緒十五年（1889）廣雅書局刻本　一冊

440000－2541－0009827　22662
三國志辨疑三卷　（清）錢大昭撰　清光緒十五年（1889）廣雅書局刻本　一冊

440000－2541－0009828　22663
三國志辨疑三卷　（清）錢大昭撰　清光緒十五年（1889）廣雅書局刻本　一冊

440000－2541－0009829　22664
三國志辨疑三卷　（清）錢大昭撰　清光緒十五年（1889）廣雅書局刻本　一冊

440000－2541－0009830　22665
三國志注證遺四卷補四卷　（清）周壽昌撰　清光緒十七年（1891）廣雅書局刻本　一冊

440000－2541－0009831　22666
三國志注證遺四卷補四卷　（清）周壽昌撰　清光緒十七年（1891）廣雅書局刻本　一冊

440000－2541－0009832　22667
三國志注證遺四卷補四卷　（清）周壽昌撰　清光緒十七年（1891）廣雅書局刻本　一冊

440000－2541－0009833　22668
三國志考證八卷　（清）潘眉撰　清光緒十五年（1889）廣雅書局刻本　二冊

440000－2541－0009834　22669
三國志考證八卷　（清）潘眉撰　清光緒十五年（1889）廣雅書局刻本　二冊

440000－2541－0009835　22670
三國志考證八卷　（清）潘眉撰　清光緒十五年（1889）廣雅書局刻本　二冊

440000－2541－0009836　22671
三國志考證八卷　（清）潘眉撰　清光緒十五年（1889）廣雅書局刻朱印本　二冊

440000－2541－0009837　22672
三國志補注續一卷　（清）侯康撰　清光緒十七年（1891）廣雅書局刻本　一冊

440000－2541－0009838　22673

三國志補注續一卷　（清）侯康撰　清光緒十七年（1891）廣雅書局刻本　一冊

440000－2541－0009839　22681
晉宋書故一卷　（清）郝懿行撰　清光緒十七年（1891）廣雅書局刻本　一冊

440000－2541－0009840　22682
晉書一百三十卷　（唐）房玄齡等撰　清古吳書業趙氏刻本　二十冊

440000－2541－0009841　22684
晉書一百三十卷音義三卷　（唐）房玄齡等撰　（唐）何超音義　清光緒十四年（1888）上海同文集成印書局鉛印本　十六冊

440000－2541－0009842　22685
晉書一百三十卷音義三卷　（唐）房玄齡等撰　（唐）何超音義　清光緒十四年（1888）上海同文集成印書局鉛印本　十六冊　存一百二十四卷（一至七十、八十至一百三十，音義三卷）

440000－2541－0009843　22690
晉略六十六卷　（清）周濟撰　清光緒二年至三年（1876－1877）荆溪周氏味雋齋刻本　十二冊

440000－2541－0009844　22692
晉略六十六卷　（清）周濟撰　清光緒二年至三年（1876－1877）荆溪周氏味雋齋刻本　十二冊

440000－2541－0009845　22695
晉書校勘記五卷　（清）周家祿撰　清光緒十四年（1888）廣雅書局刻十六年（1890）補刻本　一冊

440000－2541－0009846　22696
晉陽秋輯本二種　（清）湯球輯　清光緒廣雅書局刻本　一冊

440000－2541－0009847　22697
晉紀輯本六種　（清）湯球輯　清光緒廣雅書局刻本　一冊

440000－2541－0009848　22698
晉書校勘記三卷　（清）勞格撰　清光緒十八年（1892）廣雅書局刻本　一冊

440000－2541－0009849　22699
晉書校勘記四卷　題（清）周雲撰　清光緒十四年（1888）廣雅書局刻朱印本　一冊

440000－2541－0009850　22700
晉書校勘記五卷　（清）周家祿撰　清光緒十四年（1888）廣雅書局刻十六年（1890）補刻本　一冊

440000－2541－0009851　22701
山公啟事一卷佚事一卷　（晉）山濤撰　葉德輝輯　清光緒二十六年（1900）刻觀古堂所著書本　一冊

440000－2541－0009852　22704
三十國春秋輯本十八種　（清）湯球編　清光緒廣雅書局刻本　一冊

440000－2541－0009853　22705
三十國春秋一卷　（南朝梁）蕭方等撰　**三十國春秋一卷**　（南朝宋）武敏之撰　清光緒廣雅書局刻本　一冊

440000－2541－0009854　22706
十六國春秋輯補一百卷年表一卷　（清）湯球輯　清光緒二十一年（1895）廣雅書局刻本　十冊

440000－2541－0009855　22709
十六國春秋十六卷　題（北魏）崔鴻撰　清乾隆四十六年（1781）仁和汪氏竹素山房刻本　十八冊

440000－2541－0009856　22710
南史識小錄十四卷北史識小錄十四卷　（清）沈名蓀　（清）朱昆田輯　（清）張應昌補正　清同治十年（1871）武林吳氏清來堂刻本　十二冊

440000－2541－0009857　22711
南史識小錄十四卷北史識小錄十四卷　（清）沈名蓀　（清）朱昆田輯　（清）張應昌補正　清同治十年（1871）武林吳氏清來堂刻本　十

二册

440000－2541－0009858　22713
南史識小錄十四卷北史識小錄十四卷　(清)沈名蓀　(清)朱昆田輯　(清)張應昌補正　清同治十年(1871)武林吳氏清來堂刻本　十册

440000－2541－0009859　22714
南史識小錄十四卷北史識小錄十四卷　(清)沈名蓀　(清)朱昆田輯　(清)張應昌補正　清同治十年(1871)武林吳氏清來堂刻本　十二册

440000－2541－0009860　22715
南北史捃華八卷　(清)周嘉猷撰　清刻本　七册　存七卷(一至七)

440000－2541－0009861　22716
南北史捃華八卷　(清)周嘉猷撰　清同治四年(1865)仁和許氏鑑止水齋刻本　四册

440000－2541－0009862　22717
南北史捃華八卷　(清)周嘉猷撰　清光緒六年(1880)廣州翰墨園刻本　四册

440000－2541－0009863　22718
南北史捃華八卷　(清)周嘉猷撰　清同治四年(1865)仁和許氏鑑止水齋刻本　四册

440000－2541－0009864　22719
南北史捃華八卷　(清)周嘉猷撰　清光緒十年(1884)蕉心室刻本　八册

440000－2541－0009865　22720
南北史捃華八卷　(清)周嘉猷撰　清同治十一年(1872)南園寄社木活字印本　四册

440000－2541－0009866　22721
南北史年表一卷世系表五卷帝王世系表一卷　(清)周嘉猷撰　清光緒十八年(1892)廣雅書局刻本　四册

440000－2541－0009867　22722
南北史補志十四卷　(清)汪士鐸撰　清光緒四年(1878)淮南書局刻本　五册　存十卷(五至十四)

440000－2541－0009868　22734
南齊書五十九卷　(南朝梁)蕭子顯撰　清刻本　八册

440000－2541－0009869　22739
陳書三十六卷　(唐)姚思廉撰　清古吳書業趙氏刻本　四册

440000－2541－0009870　22741
二十四史　(清)□□編　清光緒十四年(1888)上海圖書集成印書局鉛印本　七十册　存八種

440000－2541－0009871　22749
陳書三十六卷　(唐)姚思廉撰　清同治十一年(1872)金陵書局刻本　一册　存八卷(二十一至二十八)

440000－2541－0009872　22751
梁書五十六卷　(唐)姚思廉撰　清古吳書業趙氏刻本　六册

440000－2541－0009873　22753
補宋書刑法志一卷補宋書食貨志一卷晉宋書故一卷　(清)郝懿行撰　清嘉慶二十一年(1816)曬書堂刻後印本　一册

440000－2541－0009874　22754
宋瑣語不分卷補宋書刑法志一卷補宋書食貨志一卷晉宋書故一卷　(清)郝懿行撰　清嘉慶二十一年(1816)曬書堂刻本　四册

440000－2541－0009875　22755
補宋書刑法志一卷補宋書食貨志一卷　(清)郝懿行撰　清光緒十七年(1891)廣雅書局刻本　一册

440000－2541－0009876　22766
周書五十卷　(唐)令狐德棻撰　明萬曆十六年(1588)南京國子監刻清初重修本　六册

440000－2541－0009877　22767
二十四史　(清)□□編　清同治至光緒五省官書局刻光緒五年(1879)湖北書局彙印本　四百四十一册　存十九種

440000－2541－0009878　22768

周書五十卷　（唐）令狐德棻撰　清道光十六年（1836）刻本　十册

440000－2541－0009879　22776
魏書一百十四卷　（北齊）魏收撰　清道光十六年（1836）刻本　三十二册

440000－2541－0009880　22783
魏書校勘記一卷　王先謙輯　清光緒九年（1883）長沙王氏刻王益吾所刻書本　一册

440000－2541－0009881　22784
魏書校勘記一卷　王先謙輯　清光緒十七年（1891）廣雅書局刻本　一册

440000－2541－0009882　22785
西魏書二十四卷附録一卷　（清）謝啟昆撰　清光緒廣雅書局刻本　六册

440000－2541－0009883　22789
隋書八十五卷　（唐）魏徵等撰　清光緒十年（1884）上海同文書局石印二十四史本　二十三册　存八十二卷（一至二十四、二十八至八十五）

440000－2541－0009884　22802
唐書二百二十五卷　（宋）歐陽修等撰　清刻本　四十册

440000－2541－0009885　22805
新唐書糾謬二十卷　（宋）吴縝撰　**校勘記二卷**　（清）孫星華撰　清刻本　三册

440000－2541－0009886　22807
新舊唐書合鈔二百六十卷首一卷唐書宰相世系表訂譌十二卷　（清）沈炳震輯　**合鈔補正六卷**　（清）丁子復撰　清同治十年（1871）武林吴氏清來堂刻本　七十七册　存二百四十九卷（十至十一、十四至二百六十）

440000－2541－0009887　22811
貞觀政要十卷　（唐）吴兢輯　（元）戈直集論　清嘉慶三年（1798）掃葉山房刻本　四册

440000－2541－0009888　22813
唐陸宣公集二十二卷　（唐）陸贄撰　清光緒十三年（1887）上海積山書局石印本　四册

440000－2541－0009889　22820
魏鄭公諫續録二卷　（元）翟思忠撰　清光緒二十五年（1899）廣雅書局刻武英殿聚珍版書本　一册

440000－2541－0009890　22824
唐陸宣公集二十二卷首一卷增輯一卷附録一卷世系一卷　（唐）陸贄撰　清光緒二年（1876）江蘇書局刻本　六册

440000－2541－0009891　22825
註陸宣公奏議十五卷制誥十卷賦表年譜一卷　（唐）陸贄撰　（宋）郎曄注　清光緒十一年至十二年（1885－1886）淮南書局刻本　四册

440000－2541－0009892　22826
唐陸宣公集二十四卷　（唐）陸贄撰　（清）耆英輯　清道光二十七年（1847）刻本　八册

440000－2541－0009893　22827
唐陸宣公翰苑集二十四卷　（唐）陸贄撰　（清）張佩芳注　清乾隆三十三年（1768）張氏刻光緒平潭李氏師竹堂印本　八册

440000－2541－0009894　22828
唐史論斷三卷　（宋）孫甫撰　清光緒二十六年（1900）菁華書屋刻本　一册

440000－2541－0009895　22832
東萊先生音注唐鑑二十四卷　（宋）范祖禹撰　（宋）吕祖謙注　清同治十三年（1874）刻本　四册

440000－2541－0009896　22833
東萊先生音注唐鑑二十四卷　（宋）范祖禹撰　（宋）吕祖謙注　清同治十三年（1874）刻本　四册

440000－2541－0009897　22834
五代春秋二卷五國故事二卷　（宋）尹洙撰　清刻本　一册

440000－2541－0009898　22838
舊五代史一百五十卷目録二卷附考證　（宋）薛居正等撰　清嘉慶元年（1796）掃葉山房刻本　八册　存九十八卷（一至四十三、九十八

至一百五十,目錄二卷)

440000－2541－0009899　22840
舊五代史一百五十卷考證目錄二卷　(宋)薛居正等撰　清嘉慶元年(1796)掃葉山房刻本　十六册

440000－2541－0009900　22846
五代史記七十四卷　(宋)歐陽修撰　(宋)徐無黨注　清宣統元年至三年(1909－1911)貴池劉氏影宋刻本　六册

440000－2541－0009901　22848
五代史七十四卷　(宋)歐陽修撰　(宋)徐無黨注　清古吳書業趙氏刻本　六册

440000－2541－0009902　22849
五代史記七十四卷　(宋)歐陽修撰　(宋)徐無黨原注　(清)彭元瑞注　清道光八年(1828)刻民國十三年(1924)汪氏世德堂補刻本　三十二册

440000－2541－0009903　22850
五代史記七十四卷　(宋)歐陽修撰　(宋)徐無黨原注　(清)彭元瑞注　清道光八年(1828)刻民國十三年(1924)汪氏世德堂補刻本　四十册

440000－2541－0009904　22853
五代史纂誤三卷　(宋)吳縝撰　清刻本　一册

440000－2541－0009905　22855
南唐書三十卷　(宋)馬令撰　清嘉慶十四年(1809)海虞張海鵬刻墨海金壺本　二册

440000－2541－0009906　22856
五代紀年表一卷　(清)周嘉猷撰　清光緒十七年(1891)廣雅書局刻本　一册

440000－2541－0009907　22859
南唐書十八卷　(宋)陸游撰　清同治十三年(1874)盱南蔡氏三餘書屋刻南唐書合刻本　二册

440000－2541－0009908　22860
南唐書十八卷音釋一卷　(宋)陸游撰　(清)湯運泰注　**唐年世總釋一卷州軍總音釋一卷**　(清)湯顯本輯　清道光二年(1822)青浦湯氏綠籛山房刻本　八册

440000－2541－0009909　22861
藤花亭十七種　(清)梁廷枏撰　清道光八年至十三年(1828－1833)刻本　八册　存七種

440000－2541－0009910　22862
藤花亭十七種　(清)梁廷枏撰　清道光八年至十三年(1828－1833)刻本　八册　存七種

440000－2541－0009911　22863
藤花亭十七種　(清)梁廷枏撰　清道光八年至十三年(1828－1833)刻本　八册　存七種

440000－2541－0009912　22864
藤花亭十七種　(清)梁廷枏撰　清道光八年至十三年(1828－1833)刻本　八册　存七種

440000－2541－0009913　22865
南漢春秋十三卷　(清)劉應麟輯　清道光三十年(1850)刻本　四册

440000－2541－0009914　22866
南漢春秋十三卷　(清)劉應麟輯　清道光三十年(1850)刻本　四册

440000－2541－0009915　22867
南漢紀五卷　(清)吳蘭修撰　清道光十四年(1834)香山鄭氏淳一堂刻本　一册

440000－2541－0009916　22868
二十四史　(清)□□編　清同治至光緒五省官書局刻光緒五年(1879)湖北書局彙印本　一百五十六册　存六種

440000－2541－0009917　22872
宋史紀事本末一百九卷　(明)馮琦撰　(明)陳邦瞻增訂　(明)張溥論正　清同治十三年(1874)江西書局刻紀事本末五種本　二十册

440000－2541－0009918　22877
宋史紀事本末一百九卷　(明)馮琦撰　(明)陳邦瞻增訂　(明)張溥論正　清末捷記書局石印本　一册　存二十九卷(八十一至一百九)

440000－2541－0009919　22880
東都事略一百三十卷　(宋)王偁撰　清影宋刻本(卷一百二十九至一百三十抄配)　十六册

440000－2541－0009920　22881
遼金元别史五種　(清)席世臣編　清嘉慶南沙席氏掃葉山房刻本　十六册　存三種

440000－2541－0009921　22887
三朝北盟會編二百五十卷校勘記二卷補遺一卷　(宋)徐夢莘輯　清光緒四年(1878)越東鉛印本　四十册

440000－2541－0009922　22889
王安石新法論不分卷　(日本)高橋作衛撰　(清)陳超譯　清光緒二十八年(1902)上海廣智書局鉛印本　一册

440000－2541－0009923　22890
王安石新法論不分卷　(日本)高橋作衛撰　(清)陳超譯　清光緒二十八年(1902)上海廣智書局鉛印本　一册

440000－2541－0009924　22893
宋忠肅陳了齋四明尊堯集十一卷補遺一卷　(宋)陳瓘撰　清光緒十年(1884)陳紹泉刻本　二册

440000－2541－0009925　22897
麟臺故事五卷　(宋)程俱撰　清刻武英殿聚珍版書本　一册

440000－2541－0009926　22900
孝肅奏議十卷　(宋)包拯撰　清同治二年(1863)李瀚章刻本　四册

440000－2541－0009927　22903
廬陽三賢集　(清)張樹聲編　清光緒元年(1875)合肥張氏毓秀堂刻本　四册

440000－2541－0009928　22904
石林奏議十五卷　(宋)葉夢得撰　清光緒十一年(1885)歸安陸氏皕宋樓刻本　二册

440000－2541－0009929　22905
石林奏議十五卷　(宋)葉夢得撰　清光緒十一年(1885)歸安陸氏皕宋樓刻本　二册

440000－2541－0009930　22907
遼金元别史五種　(清)席世臣編　清嘉慶南沙席氏掃葉山房刻本　十四册　存三種

440000－2541－0009931　22908
南宋書六十八卷　(明)錢士升撰　清刻本　六册

440000－2541－0009932　22910
中興小紀四十卷　(宋)熊克撰　清光緒十七年(1891)廣雅書局刻本　六册

440000－2541－0009933　22914
辛巳泣蘄録一卷　(宋)趙與褎編　清光緒三十二年(1906)國學保存會鉛印國粹叢書本　一册

440000－2541－0009934　22917
錢塘遺事十卷　(元)劉一清撰　(清)席世臣訂　清南沙席氏掃葉山房刻本　一册

440000－2541－0009935　22922
遼金元三史語解　(清)□□撰　清光緒四年(1878)江蘇書局刻本　五册

440000－2541－0009936　22931
遼史紀事本末四十卷　(清)李有棠撰　清光緒二十八年(1902)上海捷記書局石印本　一册

440000－2541－0009937　22932
遼史紀事本末四十卷　(清)李有棠撰　清光緒十九年(1893)同文書局石印本　四册

440000－2541－0009938　22934
遼金元三史語解　(清)□□撰　清光緒四年(1878)江蘇書局刻本　九册

440000－2541－0009939　22938
契丹國志二十七卷　(宋)葉隆禮撰　清刻本　五册

440000－2541－0009940　22940
契丹國志二十七卷　(宋)葉隆禮撰　清嘉慶二年(1797)南沙席氏掃葉山房刻宋遼金元别史本　二册

440000－2541－0009941　22949
西夏紀事本末三十六卷　(清)張鑑撰　清光緒二十八年(1902)上海捷記書局石印本　一冊

440000－2541－0009942　22951
西夏紀事本末三十六卷　(清)張鑑撰　清同治至光緒木活字印本　三冊

440000－2541－0009943　22956
金史一百三十五卷　(元)脱脱等撰　清道光四年(1824)刻本　五十五冊

440000－2541－0009944　22963
遼金元三史語解　(清)□□撰　清光緒四年(1878)江蘇書局刻本　十冊

440000－2541－0009945　22964
金史詳校十卷末一卷　(清)施國祁撰　清光緒二十年(1894)廣雅書局刻本　十冊

440000－2541－0009946　22965
金史詳校十卷末一卷　(清)施國祁撰　清光緒二十年(1894)廣雅書局刻本　十冊

440000－2541－0009947　22966
金史紀事本末五十二卷　(清)李有棠撰　清光緒十九年(1893)同文書局石印本　六冊

440000－2541－0009948　28821
畿輔叢書一百二十六種附二種　(清)王灝編　清光緒五年(1879)定州王氏謙德堂刻本　四百二十九冊　存一百二十二種

440000－2541－0009949　22967
紀事本末彙刻八種　(清)廣雅書局編　清光緒廣雅書局刻本　一百二十九冊

440000－2541－0009950　22970
金史紀事本末五十二卷　(清)李有棠撰　清光緒二十八年(1902)上海捷記書局石印歷朝紀事本末本　二冊

440000－2541－0009951　22973
仰視千七百二十九鶴齋叢書六集四十種　(清)趙之謙編　清光緒會稽趙氏刻本　十冊　存六種

440000－2541－0009952　22974
金源劄記二卷　(清)施國祁撰　清嘉慶十七年(1812)刻本　一冊　存一卷(下)

440000－2541－0009953　22979
元史新編九十五卷　(清)魏源撰　清光緒三十一年(1905)邵陽魏氏慎微堂刻本　三十二冊

440000－2541－0009954　22980
元史新編九十五卷　(清)魏源撰　清光緒三十一年(1905)邵陽魏氏慎微堂刻本　三十二冊

440000－2541－0009955　22981
元書一百二卷首一卷　曾廉撰　清宣統三年(1911)刻本　二十冊

440000－2541－0009956　22982
元史紀事本末二十七卷　(明)陳邦瞻撰　(明)張溥論正　清光緒十四年(1888)廣雅書局刻紀事本末彙刻本　四冊

440000－2541－0009957　22983
元史紀事本末二十七卷　(明)陳邦瞻撰　(明)張溥論正　清光緒十四年(1888)廣雅書局刻紀事本末彙刻本　三冊　存十九卷(九至二十七)

440000－2541－0009958　22994
欽定元史語解二十四卷　(清)□□撰　清光緒四年(1878)江蘇書局刻遼金元三史語解本　六冊

440000－2541－0009959　22995
遼金元三史語解　(清)□□撰　清光緒四年(1878)江蘇書局刻本　十冊

440000－2541－0009960　22996
元朝秘史十五卷　(清)李文田注　清石印本　二冊

440000－2541－0009961　22997
漸西村舍彙刊四十四種附一種　(清)袁昶編　清光緒桐廬袁氏刻本　三十五冊　存十六種

440000－2541－0009962　22998
欽定蒙古源流八卷　(清)小徹辰薩囊台吉撰　清光緒刻本　四冊

440000－2541－0009963　23002
保越錄一卷　(元)徐勉之撰　清同治七林書堂刻本　一冊

440000－2541－0009964　23005
元史譯文證補三十卷　(清)洪鈞撰　清光緒二十三年(1897)陸潤庠刻本　四冊

440000－2541－0009965　23006
元史譯文證補三十卷　(清)洪鈞撰　清光緒二十三年(1897)陸潤庠刻本　四冊

440000－2541－0009966　23009
元史譯文證補三十卷　(清)洪鈞撰　清光緒二十九年(1903)史學齋編譯石印書局石印本　四冊

440000－2541－0009967　23010
元史譯文證補三十卷　(清)洪鈞撰　清光緒二十三年(1897)陸潤庠刻本　四冊

440000－2541－0009968　23011
元史譯文證補三十卷　(清)洪鈞撰　清光緒二十三年(1897)陸潤庠刻本　四冊

440000－2541－0009969　23013
元史氏族表三卷　(清)錢大昕撰　清光緒二十年(1894)廣雅書局刻本　二冊

440000－2541－0009970　23015
國粹叢書三集四十九種附十種　(清)國學保存會編　清光緒至宣統鉛印本　十六冊　存二十六種附六種

440000－2541－0009971　23016
灩澦囊五卷　(清)李馥榮輯　清道光二十七年(1847)刻本　三冊

440000－2541－0009972　23017
歐陽氏遺書一卷　(清)歐陽直撰　清道光二十年(1840)廣安歐陽氏梅花書屋成都刻本　一冊

440000－2541－0009973　23020
綏寇紀略十二卷補遺三卷　(清)吳偉業輯　清嘉慶十四年(1809)虞山張氏照曠閣刻學津討原本　八冊

440000－2541－0009974　23021
明史三百三十二卷　(清)張廷玉等撰　清同治八年(1869)刻本　九十四冊

440000－2541－0009975　23024
明紀六十卷　(清)陳鶴撰　(清)陳克家參訂　清同治十年(1871)江蘇書局刻本　二十冊

440000－2541－0009976　23026
明史竊一百五卷　(明)尹守衡撰　清光緒十二年(1886)東莞邑局刻民國廣東東莞博物圖書館重印本　十八冊

440000－2541－0009977　23027
明史竊一百五卷　(明)尹守衡撰　清光緒十二年(1886)東莞邑局刻民國廣東東莞博物圖書館重印本　十八冊

440000－2541－0009978　23028
明史竊一百五卷　(明)尹守衡撰　清光緒十二年(1886)東莞邑局刻民國廣東東莞博物圖書館重印本　十八冊

440000－2541－0009979　23033
明史紀事本末八十卷　(清)谷應泰編　清光緒十三年(1887)廣雅書局刻紀事本末彙刻本　十六冊

440000－2541－0009980　23036
明朝紀事本末八十卷附正譌一卷　(清)谷應泰撰　清朝宗書室木活字印本(卷三十九至五十配刻本)　二十冊

440000－2541－0009981　23038
明史紀事本末八十卷　(清)谷應泰撰　**三藩紀事本末二十二卷**　(清)楊陸榮撰　清光緒二十八年(1902)上海捷記書局石印本　四冊

440000－2541－0009982　23040
明末紀事補遺十卷　(清)三餘氏撰　清同治刻本　五冊　存九卷(二至十)

440000－2541－0009983　23041

欽定明鑑二十四卷首一卷　(清)托津等撰　清同治九年(1870)湖北崇文書局刻本　十冊

440000－2541－0009984　23042
欽定明鑑二十四卷首一卷　(清)托津等撰　清同治九年(1870)湖北崇文書局刻本　十冊

440000－2541－0009985　23043
明通鑑九十卷目錄二十卷前編四卷附編六卷首一卷　(清)夏燮撰　清同治十二年(1873)宜黄官廨刻資治通鑑彙刻本　二十六冊

440000－2541－0009986　23044
明通鑑九十卷目錄二十卷前編四卷附編六卷首一卷　(清)夏燮撰　清光緒二十三年(1897)湖北官書處刻本　四十冊

440000－2541－0009987　23045
明通鑑九十卷目錄二十卷前編四卷附編六卷首一卷　(清)夏燮撰　清光緒二十三年(1897)湖北官書處刻本　四十冊

440000－2541－0009988　23046
明通鑑九十卷前編四卷附編六卷　(清)夏燮撰　清光緒二十九年(1903)上海點石齋書局石印本　十六冊

440000－2541－0009989　23049
續明紀事本末十八卷首一卷　(清)倪在田輯　清光緒二十九年(1903)育英學社鉛印本　六冊

440000－2541－0009990　23053
潛庵先生擬明史稿二十卷　(清)湯斌撰　清刻本　十冊　存十七卷(四至二十)

440000－2541－0009991　23057
明通鑑目錄二十卷　(清)夏燮撰　清刻本　八冊

440000－2541－0009992　23058
明大政纂要六十三卷　(明)譚希思撰　清光緒二十一年(1895)湖南思賢書局刻本　二十八冊

440000－2541－0009993　23061
明季稗史彙編十六種　題(清)留雲居士編　清都城琉璃廠刻本　十冊

440000－2541－0009994　23062
明季稗史彙編十六種　題(清)留雲居士編　清都城琉璃廠刻本　十一冊

440000－2541－0009995　23063
明季稗史彙編十六種　題(清)留雲居士編　清都城琉璃廠刻本　十冊

440000－2541－0009996　23064
明季稗史彙編十六種　題(清)留雲居士編　清都城琉璃廠刻本　十冊

440000－2541－0009997　23065
明季稗史彙編十六種　題(清)留雲居士編　清都城琉璃廠刻本　九冊

440000－2541－0009998　23066
明季稗史彙編十六種　題(清)留雲居士編　清都城琉璃廠刻本　九冊　存十五種

440000－2541－0009999　23067
明季稗史彙編十六種　題(清)留雲居士編　清都城琉璃廠刻本　八冊　存十三種

440000－2541－0010000　23072
明季稗史彙編十六種　題(清)留雲居士編　清都城琉璃廠刻本　八冊

440000－2541－0010001　23073
勝朝遺事初編六卷二編八卷　(清)吴彌光輯　(清)宋澤元重訂　清光緒九年(1883)山陰宋澤元懺華庵刻本　十八冊

440000－2541－0010002　23074
勝朝遺事初編六卷二編八卷　(清)吴彌光輯　(清)宋澤元重訂　清光緒九年(1883)山陰宋澤元懺華庵刻本　十四冊

440000－2541－0010003　23076
嶺南遺書六集五十九種附二種　(清)伍元薇　(清)伍崇曜編　清道光至同治南海伍氏粤雅堂文字歡娱室刻本　十四冊　存十一種

440000－2541－0010004　23088
蜀碧四卷附記一卷　(清)彭遵泗撰　清嘉慶二十年(1815)刻本　四冊

440000－2541－0010005　23091

野獲編三十卷補遺四卷　(明)沈德符撰　(清)錢枋輯　清刻本　十五冊　存二十四卷(一至八、十三至十八、二十五至三十,補遺四卷)

440000－2541－0010006　23092

野獲編三十卷補遺四卷　(明)沈德符撰　(清)錢枋輯　清道光七年(1827)錢唐姚氏扶荔山房刻本　二十冊

440000－2541－0010007　23094

明季北略二十四卷明季南略十八卷　(清)計六奇撰　清光緒十三年(1887)上海圖書集成印書局鉛印本　七冊　存三十五卷(北略一至十七、南略十八卷)

440000－2541－0010008　23095

先撥志始二卷　(明)文秉撰　清同治二年(1863)夏燮江西刻本　二冊

440000－2541－0010009　23098

野獲編三十卷補遺四卷　(明)沈德符撰　清道光七年(1827)錢唐姚氏扶荔山房刻本　四冊　存四卷(補遺四卷)

440000－2541－0010010　23099

明季北略二十四卷明季南略十八卷　(清)計六奇撰　清都城琉璃廠半松居士刻本　二十冊

440000－2541－0010011　23100

明季北略二十四卷明季南略十八卷　(清)計六奇撰　清都城琉璃廠半松居士刻本　三十冊

440000－2541－0010012　23101

明季北略二十四卷明季南略十八卷　(清)計六奇撰　清都城琉璃廠半松居士刻本　二十二冊

440000－2541－0010013　23106

平播全書十五卷　(明)李化龍撰　清光緒五年(1879)定州王氏謙德堂刻畿輔叢書本　十二冊

440000－2541－0010014　23114

聖安皇帝本紀二卷　(清)顧炎武撰　清光緒刻本　一冊

440000－2541－0010015　23118

小腆紀年附考二十卷　(清)徐鼒撰　清咸豐十一年(1861)刻本　十二冊

440000－2541－0010016　23119

小腆紀年附考二十卷　(清)徐鼒撰　清刻本　十一冊　存十八卷(一至十八)

440000－2541－0010017　23121

小腆紀年附考二十卷　(清)徐鼒撰　清光緒十二年(1886)扶桑使廨鉛印本　十二冊

440000－2541－0010018　23122

南疆繹史勘本五十六卷首二卷　(清)溫睿臨撰　(清)李瑤勘定　清都城琉璃廠半松居士刻本　十八冊

440000－2541－0010019　23123

南疆繹史勘本五十六卷首二卷　(清)溫睿臨撰　(清)李瑤勘定　清都城琉璃廠半松居士刻本　十四冊

440000－2541－0010020　23138

臺灣外記十卷　(清)江日昇撰　清刻本　三冊

440000－2541－0010021　23141

南天痕二十六卷　(清)凌雪纂修　清宣統二年(1910)上海復古社鉛印本　六冊

440000－2541－0010022　23142

平定交南錄一卷　(明)丘濬撰　**白沙語要一卷**　(明)陳獻章撰　清道光二十五年(1845)南海伍氏粤雅堂刻嶺南遺書本　一冊

440000－2541－0010023　23144

邵武徐氏叢書二集二十六種　(清)徐榦編　清光緒刻本　三十六冊　存二十四種

440000－2541－0010024　23154

明璫彰癉錄不分卷　(清)顧爾邁編輯　清抄本　二冊

440000－2541－0010025　23159

長洲彭氏家集九種　(清)彭祖賢編　清同治至光緒刻本　三十八冊　存四種

440000－2541－0010026　23163
桂洲夏文愍公奏議二十一卷補遺一卷　(明)夏言撰　清光緒十七年(1891)江西書局刻本　十二冊

440000－2541－0010027　23164
重刻西沱吳先生蠢遇錄十五卷附二卷　(明)吳世忠撰　(清)趙承恩輯　清同治二年(1863)趙承恩等刻本　二冊

440000－2541－0010028　23165
桂洲夏文愍公奏議二十一卷補遺一卷　(明)夏言撰　清光緒十七年(1891)江西書局刻本　十二冊

440000－2541－0010029　23166
明大司馬盧公奏議十卷　(明)盧象昇撰　清道光九年(1829)刻本　十四冊　存九卷(一至八、十)

440000－2541－0010030　23167
關中奏議鈔十二卷　(明)楊一清撰　清嘉慶刻本　十二冊

440000－2541－0010031　23169
凌忠介公奏疏六卷　(明)凌義渠撰　清同治七年(1868)刻本　二冊

440000－2541－0010032　23172
吉水李忠肅公集六卷　(明)李邦華撰　清同治四年(1865)吉水谷平正氣堂木活字印本　八冊

440000－2541－0010033　23184
四家詠史樂府六種　(清)宋澤元編　清光緒山陰宋氏刻十三年(1887)彙印懺花盦叢書本　六冊　存五種

440000－2541－0010034　23186
熙朝新語十六卷　(清)余金輯　清道光六年(1826)刻本　四冊

440000－2541－0010035　23187
明史雜詠箋註四卷　(清)嚴遂成撰　(清)嚴兆元箋注　清道光七年(1827)何太青、葉夢龍刻本　二冊

440000－2541－0010036　23189
明史雜詠箋註四卷　(清)嚴遂成撰　(清)嚴兆元箋注　清道光七年(1827)何太青、葉夢龍刻本　二冊

440000－2541－0010037　23190
明史雜詠箋註四卷　(清)嚴遂成撰　(清)嚴兆元箋注　清道光七年(1827)何太青、葉夢龍刻本　二冊

440000－2541－0010038　23195
何氏公羊解詁十論一卷續十論一卷再續十論一卷春秋天子二伯方伯卒正附庸尊卑表一卷　廖平撰　清宣統三年(1911)上海國學扶輪社鉛印本　一冊

440000－2541－0010039　23196
何氏公羊解詁十論一卷續十論一卷再續十論一卷春秋天子二伯方伯卒正附庸尊卑表一卷　廖平撰　清宣統三年(1911)上海國學扶輪社鉛印本　一冊

440000－2541－0010040　23197
四益館經學叢書五種　廖平撰　清光緒十二年(1886)成都刻本　三冊　存三種

440000－2541－0010041　23199
[咸豐]東華續錄六十九卷　(清)潘頤福編　清光緒十八年(1892)上海圖書集成印書局鉛印本　十六冊

440000－2541－0010042　23200
同治東華續錄一百卷　王先謙編　清光緒二十四年(1898)文瀾書局石印本　二十四冊

440000－2541－0010043　23205
東華錄四百二十四卷　王先謙編　**[咸豐]東華續錄六十九卷**　(清)潘頤福編　清光緒十三年(1887)刻本　一百三十五冊　存四百六十九卷(天命四卷,天聰十卷,崇德八卷,順治三十六卷,康熙一至十六、二十九至一百十,雍正二十六卷,乾隆一至一百十四、一百十七至一百二十,嘉慶五十卷,道光六十卷,咸豐

六十九卷）

440000－2541－0010044　23206

東華録一百九十四卷續録三百三十卷　王先謙編　清光緒刻十五年（1889）會稽籀三倉室續刻彙印本　一百八十五册　存四百九十四卷（天命四卷、天聰十一卷、崇德八卷、順治三十六卷、康熙一百十卷、雍正二十六卷、乾隆一百二十卷、嘉慶五十卷、道光六十卷、咸豐六十九卷）

440000－2541－0010045　23207

九朝東華録四百二十四卷　王先謙編　清光緒石印本　六十册

440000－2541－0010046　23208

東華録擥要一百十四卷　（清）汪文安編　清光緒二十九年（1903）上海商務印書館鉛印本　二十八册

440000－2541－0010047　23212

皇朝政典挈要八卷　（日本）增田貢撰　（清）毛淦補輯　清光緒二十七年（1901）知新書局石印本　四册

440000－2541－0010048　23213

皇朝政典挈要八卷　（日本）增田貢撰　（清）毛淦補輯　清光緒二十八年（1902）時務書局鉛印本　四册

440000－2541－0010049　23218

東華録十六卷　（清）蔣良騏撰　清抄本　七册　存十四卷（三至十六）

440000－2541－0010050　23220

聖武記十四卷　（清）魏源撰　清道光二十二年（1842）古微堂刻本　十二册

440000－2541－0010051　23221

聖武記十四卷　（清）魏源撰　清道光二十二年（1842）古微堂刻二十四年（1844）增刻二十六年（1846）京都琉璃廠再增刻本　九册　存十二卷（一至十二）

440000－2541－0010052　23222

聖武記十四卷　（清）魏源撰　清刻本　十二册

440000－2541－0010053　23224

聖武記十四卷　（清）魏源撰　清刻本　十二册

440000－2541－0010054　23227

東征集六卷　（清）藍鼎元撰　（清）王者輔評　清刻本　一册

440000－2541－0010055　23234

闢邪録三卷首一卷　（清）王錫祺輯　清光緒南清河王氏小方壺齋鉛印本　二册

440000－2541－0010056　23236

平臺紀略一卷　（清）藍鼎元撰　（清）王者輔評　清刻本　一册

440000－2541－0010057　23256

湯子遺書四卷首一卷　（清）湯斌撰　清光緒五年（1879）鉛印三賢政書本　八册

440000－2541－0010058　23258

皇朝文典七十四卷　（清）李兆洛編　清嘉慶二十年（1815）刻本　二十二册

440000－2541－0010059　23259

慶典成案内務府三卷禮部一卷工部一卷　（清）□□輯　清光緒鉛印本　五册

440000－2541－0010060　23260

勉益齋偶存稿八卷續存稿十六卷　（清）裕謙撰　清光緒二年（1876）勉益齋刻本　二十四册

440000－2541－0010061　23262

内閣撰擬文字二卷　（清）鮑康輯　**二編二卷**　（清）徐士鑾輯　**三編一卷**　（清）丁士彬輯　清同治七年至十三年（1868－1874）刻本　五册

440000－2541－0010062　23263

四此堂稿十卷　（清）魏際瑞撰　清刻本　六册

440000－2541－0010063　23264

四此堂稿十卷　（清）魏際瑞撰　清刻本　五册

440000－2541－0010064　23267

培遠堂偶存稿四十八卷　(清)陳弘謀撰　(清)陳鍾珂　(清)陳蘭森輯　清陳氏培遠堂刻本　二十四册

440000－2541－0010065　23268

南巡盛典一百二十卷　(清)高晉等纂　清光緒八年(1882)上海點石齋石印本　八册

440000－2541－0010066　23271

莼鳳簡言四卷首一卷　(清)劉澤霖撰　清道光十三年(1833)刻本　四册

440000－2541－0010067　23272

南巡盛典一百二十卷　(清)高晉等纂　清光緒八年(1882)上海點石齋石印本　八册

440000－2541－0010068　23273

南巡盛典一百二十卷　(清)高晉等纂　清光緒八年(1882)上海點石齋石印本　八册

440000－2541－0010069　23274

上諭内閣一百五十九卷　(清)允祿輯　(清)弘晝續輯　清刻本　二十二册

440000－2541－0010070　23275

上諭内閣一百五十九卷　(清)允祿輯　(清)弘晝續輯　清刻本　十三册　存雍正六年正月至十三年八月

440000－2541－0010071　23276

上諭内閣一百五十九卷　(清)允祿輯　(清)弘晝續輯　清刻本　三十二册

440000－2541－0010072　23277

上諭内閣一百五十九卷　(清)允祿輯　(清)弘晝續輯　清刻本　三十二册

440000－2541－0010073　23278

十朝聖訓九百二十二卷　(清)□□編　清光緒刻本　一百四十八册　存七百三十六卷(仁宗睿皇帝聖訓一百卷、聖祖仁皇帝聖訓六十卷、世宗憲皇帝聖訓三十六卷、文宗顯皇帝聖訓一百十卷、宣宗成皇帝聖訓一百三十卷、高宗純皇帝聖訓三百卷)

440000－2541－0010074　23284

十朝聖訓九百二十二卷　(清)□□輯　清鉛印本　四百四十七册　存九百二十卷(太祖高皇帝聖訓四卷,太宗文皇帝聖訓六卷,世祖章皇帝聖訓六卷,聖祖仁皇帝聖訓六十卷,世宗憲皇帝聖訓三十六卷,高宗純皇帝聖訓三百卷,仁宗睿皇帝聖訓一百十卷,宣宗成皇帝聖訓一百三十卷,文宗顯皇帝聖訓一至三十七、四十至一百十,穆宗毅皇帝聖訓一百六十卷)

440000－2541－0010075　23285

硃批諭旨不分卷　(清)世宗胤禛撰　清光緒十三年(1887)上海廣百宋齋鉛印本　五十六册

440000－2541－0010076　23286

十朝聖訓九百二十二卷　(清)□□輯　清光緒刻本　二百二十六册　存九百一卷(太祖高皇帝聖訓四卷、聖祖仁皇帝聖訓十至六十、世宗憲皇帝聖訓三十六卷、高宗純皇帝聖訓三百卷、仁宗睿皇帝聖訓一百十卷、宣宗成皇帝聖訓一百三十卷、文宗顯皇帝聖訓一百十卷、穆宗毅皇帝聖訓一百六十卷)

440000－2541－0010077　23287

十朝聖訓九百二十二卷　(清)□□輯　清光緒石印本　一百册

440000－2541－0010078　23288

硃批諭旨不分卷　(清)世宗胤禛撰　清光緒十三年(1887)上海點石齋石印本　六十册

440000－2541－0010079　23289

陶雲汀先生奏疏七十六卷題稿八卷　(清)陶澍撰　清道光刻本　十九册　存三十一卷(奏疏一至二十四、題稿一至七)

440000－2541－0010080　23290

趙恭毅公賸稿八卷　(清)趙申喬撰　(清)趙侗斆輯　清光緒十八年(1892)浙江書局刻本　四册

440000－2541－0010081　23292

御授攝政王洪大經略奏對日鈔筆記二卷　(清)洪承疇撰　清刻本　一册

440000－2541－0010082　23295
趙恭毅公賸稿八卷　(清)趙申喬撰　(清)趙侗斆輯　清光緒十八年(1892)浙江書局刻本　四册

440000－2541－0010083　23302
奏議及條陳摘抄一卷　(清)胡燏棻等撰　清末抄本　一册

440000－2541－0010084　23306
清末大事記不分卷　(清)□□輯　清抄本　一册

440000－2541－0010085　23308
欽定平定陝甘新疆回匪方略三百二十卷　(清)奕訢等撰　清光緒鉛印本　五十册　存一百四十七卷(一、八十一至八十三、一百二十二至一百二十七、一百三十四至一百四十二、一百六十一至一百七十八、一百八十二至二百五、二百九至二百十七、二百二十七至二百八十、二百八十七至三百四、三百八至三百十、三百十三至三百十四)

440000－2541－0010086　23310
吴中平寇記八卷　(清)錢勖撰　清同治刻本　一册

440000－2541－0010087　23311
湘軍記二十卷　(清)王定安撰　清光緒十五年(1889)江南書局刻本　八册

440000－2541－0010088　23312
欽定平定雲南回匪方略五十卷　(清)奕訢等撰　清光緒鉛印本　八册　存二十一卷(六至二十六)

440000－2541－0010089　23313
回鑾大事記六卷　(日本)長谷川雄太郎撰　清光緒二十八年(1902)上海弍樂書屋石印本　六册

440000－2541－0010090　23314
湘軍記二十卷　(清)王定安撰　清光緒十五年(1889)江南書局刻本　六册　存九卷(十二至二十)

440000－2541－0010091　23315
湘軍志十六卷　王闓運撰　清末刻本　四册

440000－2541－0010092　23316
湘軍志十六卷　王闓運撰　清末刻本　四册

440000－2541－0010093　23317
禮律不分卷　(□)□□撰　清光緒三十年(1904)刻本　一册

440000－2541－0010094　23318
龍州雜俎二卷附錄一卷　易順鼎撰　清末肇慶福元印務局鉛印本　一册

440000－2541－0010095　23319
邸鈔全覽不分卷　(□)□□編　清光緒鉛印本　六册

440000－2541－0010096　23320
焦氏錫類義莊全案一卷　(清)焦發昱輯　清宣統三年(1911)刻本　一册

440000－2541－0010097　23321
張文襄公手札不分卷　(清)張之洞撰　(清)沈秉模輯　清宣統二年(1910)學藝廬影印本　二册

440000－2541－0010098　23322
張文襄公手札不分卷　(清)張之洞撰　(清)沈秉模輯　清宣統二年(1910)學藝廬影印本　二册

440000－2541－0010099　23325
京報不分卷(光緒七年一月至十一月)　(清)京報館編　清光緒鉛印本　十二册

440000－2541－0010100　23326
京報不分卷(光緒八年一月至九月、十一月至十二月)　(清)京報館編　清光緒鉛印本　十一册

440000－2541－0010101　23327
京報不分卷(光緒九年二月至十二月)　(清)京報館編　清光緒鉛印本　十一册

440000－2541－0010102　23328
京報不分卷(光緒十年三月、五月、八月、十月至十一月)　(清)京報館編　清光緒鉛印本

九册

440000－2541－0010103　23329

京報不分卷(光緒十一年一月至十二月)　(清)京報館編　清光緒鉛印本　十二册

440000－2541－0010104　23330

京報不分卷(光緒十二年一月至十二月)　(清)京報館編　清光緒鉛印本　十二册

440000－2541－0010105　23331

京報不分卷(光緒十三年一月至十一月)　(清)京報館編　清光緒鉛印本　十二册

440000－2541－0010106　23332

京報不分卷(光緒十四年二月、四月至十一月)　(清)京報館編　清光緒鉛印本　九册

440000－2541－0010107　23333

京報不分卷(光緒十五年一月至十二月)　(清)京報館編　清光緒鉛印本　十册

440000－2541－0010108　23334

京報不分卷(光緒十六年七月至十二月)　(清)京報館編　清光緒鉛印本　六册

440000－2541－0010109　23335

京報不分卷(光緒十七年一月至十二月)　(清)京報館編　清光緒鉛印本　十二册

440000－2541－0010110　23336

京報不分卷(光緒十八年一月至十二月)　(清)京報館編　清光緒鉛印本　十三册

440000－2541－0010111　23337

京報不分卷(光緒十九年一月、三月、五月至八月)　(清)京報館編　清光緒鉛印本　九册

440000－2541－0010112　23338

浙東籌防録四卷　(清)薛福成纂　清刻本　四册

440000－2541－0010113　23339

撫吴公牘五十卷　(清)丁日昌撰　清光緒三年(1877)大埔林達泉刻廣州印本　十册

440000－2541－0010114　23340

清季學務文牘不分卷　(清)學部輯　清宣統二年(1910)廣雅書局鉛印本　十七册

440000－2541－0010115　23341

清季文牘不分卷　(清)□□撰　清宣統鉛印本　十八册

440000－2541－0010116　23349

從公録一卷續録二卷三録一卷　(清)戴肇辰撰　清同治二年至九年(1863－1870)刻本　三册

440000－2541－0010117　23350

輶軒抗議二卷首一卷　(清)余乾耀撰　清光緒二十年(1894)刻本　二册

440000－2541－0010118　23352

嶺西公牘彙存十卷　(清)方濬師撰　清光緒四年(1878)刻本　十册

440000－2541－0010119　23355

錢敏肅公奏疏七卷　(清)錢鼎銘撰　清光緒六年(1880)存素堂刻本　四册

440000－2541－0010120　23356

錢敏肅公奏疏七卷　(清)錢鼎銘撰　清光緒六年(1880)存素堂刻本　四册

440000－2541－0010121　23357

錢敏肅公奏疏七卷　(清)錢鼎銘撰　清光緒六年(1880)存素堂刻本　四册

440000－2541－0010122　23358

李肅毅伯奏議二十卷　(清)李鴻章撰　(清)章洪鈞　(清)吴汝綸輯　清光緒二十五年(1899)上海鴻文書局石印本　二十册

440000－2541－0010123　23359

駱文忠公奏議湘中稿十六卷續刻四川奏議十一卷　(清)駱秉章撰　**行狀一卷**　(清)李光廷撰　**神道碑銘一卷**　(清)蘇廷魁撰　**輓言録一卷**　(清)陳興鉞輯　清同治十年(1871)刻光緒四年(1878)續刻本　二十八册

440000－2541－0010124　23360

駱文忠公奏議湘中稿十六卷續刻四川奏議十一卷　(清)駱秉章撰　**行狀一卷**　(清)李光

廷撰 **神道碑銘一卷** (清)蘇廷魁撰 **輓言錄一卷** (清)陳興鉞輯 清同治十年(1871)刻光緒四年(1878)續刻本 二十五册 存二十四卷(湘中稿一、三至十一,四川奏議十一卷,行狀一卷,神道碑銘一卷,輓言錄一卷)

440000－2541－0010125 23362
林文忠公遺集四種 (清)林則徐撰 清光緒三山林氏刻本 十一册 存三種

440000－2541－0010126 23363
林文忠公政書三集三十七卷 (清)林則徐撰 **事略一卷** (清)李元度撰 清光緒三山林氏刻林文忠公遺集本 十二册

440000－2541－0010127 23364
沈文肅公政書七卷首一卷 (清)沈葆楨撰 清光緒六年(1880)吳元炳吳門節署木活字印本 十一册 存八卷(一上、二至七,首一卷)

440000－2541－0010128 23365
沈文肅公政書七卷首一卷 (清)沈葆楨撰 清光緒六年(1880)吳元炳吳門節署木活字印本 十册

440000－2541－0010129 23366
南皮張宮保政書奏議初編十二卷 (清)張之洞撰 清光緒二十七年(1901)上海圖書集成印書局鉛印本 六册

440000－2541－0010130 23367
諭摺彙存不分卷(光緒三十一年五月) (清)□□撰 清末鉛印本 一册

440000－2541－0010131 23368
吳光祿公使閩奏稿二卷 (清)吳贊誠撰 清光緒木活字印本 一册 存一卷(一)

440000－2541－0010132 23373
劉果敏公奏稿八卷 (清)劉典撰 清光緒刻本 七册 存七卷(二至八)

440000－2541－0010133 23376
詒蔭堂奏議一卷 (清)黎攀鏐撰 清光緒十八年(1892)刻本 一册

440000－2541－0010134 23378
曾文正公奏議十卷首一卷末一卷補編四卷 (清)曾國藩撰 (清)薛福成輯 清光緒二十二年(1896)上海圖書集成印書局鉛印本 四册

440000－2541－0010135 23379
鄧鐵香奏稿六卷 (清)鄧承修撰 清光緒二十八年(1902)安雅書局鉛印本 四册

440000－2541－0010136 23380
同治中興京外奏議約編八卷 (清)陳弢輯 清光緒元年(1875)篋劍囊琴之室刻本 八册

440000－2541－0010137 23382
勸漢人婦女勿再纏足説不分卷 (清)端方撰 清光緒二十八年(1902)武昌府刻本 一册

440000－2541－0010138 23384
堅正堂摺稿二卷附錄一卷 (清)褚成博撰 清光緒三十一年(1905)刻本 二册

440000－2541－0010139 23385
籌瞻疏稿三卷 (清)鹿傳霖撰 清光緒二十六年(1900)刻本 二册

440000－2541－0010140 23386
彭剛直公奏稿八卷 (清)彭玉麟撰 清末鉛印本 四册

440000－2541－0010141 23387
南皮張宮保政書奏議初編十二卷 (清)張之洞撰 清光緒二十七年(1901)上海圖書集成印書局鉛印本 六册

440000－2541－0010142 23395
左文襄公全集十種附三種 (清)左宗棠撰 清光緒十六年至二十三年(1890－1897)刻本 一百二十八册

440000－2541－0010143 23398
平浙紀略十六卷 (清)秦緗業 (清)陳鍾英輯 清同治十二年(1873)浙江書局刻本 四册

440000－2541－0010144 23403
申報館叢書二百十九種 蔡爾康編 清光緒申報館鉛印本 一百六册 存二十三種

440000－2541－0010145　23428
吳中平寇記八卷　（清）錢勖撰　清同治刻本　二冊

440000－2541－0010146　23429
患難一家言三卷　（清）胡恩燮撰　清光緒二十一年（1895）刻本　三冊

440000－2541－0010147　23434
淮軍平捻記十二卷　（清）周世澄輯　清刻本　四冊

440000－2541－0010148　23438
雅安圍城記一卷雅安防河記一卷　（清）何鼎勳撰　清刻本　一冊

440000－2541－0010149　23439
豫軍紀略十二卷　（清）尹耕雲等撰　清同治刻本　六冊

440000－2541－0010150　23441
中國現勢論不分卷　（清）出洋學生編輯所輯　清光緒二十八年（1902）上海商務印書館鉛印本　一冊

440000－2541－0010151　23443
漢州郡縣吏制考二卷金壇見聞記二卷　（清）強汝詢撰　清光緒二十四年（1898）江蘇書局刻求益齋全集本　二冊

440000－2541－0010152　23444
越事備考十二卷　（清）劉名譽輯　清光緒二十一年（1895）慕盦氏桂林刻本　六冊

440000－2541－0010153　23445
平定粵匪紀略十八卷附記四卷　（清）杜文瀾撰　清同治十年（1871）京都聚珍齋木活字印本　八冊

440000－2541－0010154　23446
中東戰紀本末八卷首一卷末一卷續編四卷首一卷末一卷三編四卷　（美國）林樂知撰　蔡爾康輯　清光緒二十二年至二十九年（1896－1903）廣學會鉛印本　十六冊

440000－2541－0010155　23447
中東戰紀本末八卷首一卷末一卷續編四卷首一卷末一卷　（美國）林樂知撰　蔡爾康輯　清光緒二十二年至二十三年（1896－1897）廣學會鉛印本　十二冊

440000－2541－0010156　23448
中東戰紀本末八卷首一卷末一卷續編四卷首一卷末一卷文學興國策二卷　（美國）林樂知撰　蔡爾康輯　清光緒二十二年至二十三年（1896－1897）廣學會鉛印本　七冊

440000－2541－0010157　23449
中東戰紀本末八卷首一卷末一卷續編四卷首一卷末一卷文學興國策二卷　（美國）林樂知撰　蔡爾康輯　清光緒二十二年至二十三年（1896－1897）廣學會鉛印本　十三冊

440000－2541－0010158　23450
雞林紀事不分卷　劉永福撰　清光緒二十一年（1895）抄本　六冊

440000－2541－0010159　23453
江楚會奏變法三摺一卷　（清）劉坤一　（清）張之洞撰　清光緒二十七年（1901）兩湖書院刻本　一冊

440000－2541－0010160　23454
江楚會奏變法三摺一卷　（清）劉坤一　（清）張之洞撰　清光緒二十七年（1901）兩湖書院刻本　一冊

440000－2541－0010161　23455
江楚會奏變法三摺一卷　（清）劉坤一　（清）張之洞撰　清光緒二十七年（1901）兩湖書院刻本　一冊

440000－2541－0010162　23456
江楚會奏變法三摺一卷　（清）劉坤一　（清）張之洞撰　清光緒二十七年（1901）兩湖書院刻本　一冊

440000－2541－0010163　23457
江楚會奏變法三摺一卷　（清）劉坤一　（清）張之洞撰　清光緒二十七年（1901）兩湖書院刻本　一冊

440000－2541－0010164　23459

征南輯略八卷 (清)馮子材撰 (清)都啟模輯 清光緒十年(1884)刻本 八册

440000－2541－0010165 23461
拳匪紀事六卷 (日本)佐原篤介 (清)漚隱輯 清光緒二十七年(1901)鉛印本 六册

440000－2541－0010166 23462
拳匪紀事六卷 (日本)佐原篤介 (清)漚隱輯 清光緒二十七年(1901)鉛印本 六册

440000－2541－0010167 23463
拳匪紀事六卷 (日本)佐原篤介 (清)漚隱輯 清光緒二十七年(1901)鉛印本 四册 存四卷(三至六)

440000－2541－0010168 23464
拳匪紀略八卷前編二卷後編二卷 (清)僑析生輯 清末石印本 五册

440000－2541－0010169 23469
沈觀察燕晉弭兵記二卷 (清)陳守謙撰 清光緒二十九年(1903)上海英商順成書局石印本 一册

440000－2541－0010170 23470
義和拳教門源流考一卷 勞乃宣撰 清光緒刻本 一册

440000－2541－0010171 23472
庚子教會受難記二卷 (英國)季理斐譯 任廷旭錄 清光緒二十九年(1903)上海廣學會石印本 二册

440000－2541－0010172 23479
教士上書一卷 (清)王炳耀撰 清光緒二十六年(1900)刻本 一册

440000－2541－0010173 23485
預備立憲京内官制全案不分卷 (清)資政院輯 清光緒開智圖書公司鉛印本 一册

440000－2541－0010174 23521
蒙古史二卷 (日本)河野元三述 歐陽瑞驊譯 清宣統三年(1911)江南圖書館鉛印本 二册

440000－2541－0010175 23526
補三國疆域志二卷 (清)洪亮吉撰 清末抄本 一册

440000－2541－0010176 23529
楚漢諸侯疆域志三卷 (清)劉文淇撰 清光緒十五年(1889)廣雅書局刻本 一册

440000－2541－0010177 23531
補三國疆域志二卷 (清)洪亮吉撰 清光緒十七年(1891)廣雅書局刻本 一册

440000－2541－0010178 23532
補三國疆域志二卷 (清)洪亮吉撰 清光緒十七年(1891)廣雅書局刻本 一册

440000－2541－0010179 23533
東晉疆域志四卷 (清)洪亮吉撰 清光緒十七年(1891)廣雅書局刻本 二册

440000－2541－0010180 23534
東晉疆域志四卷 (清)洪亮吉撰 清光緒十七年(1891)廣雅書局刻本 二册

440000－2541－0010181 23535
元豐九域志十卷 (宋)王存等撰 清浙江刻武英殿聚珍版書本 四册

440000－2541－0010182 23538
補梁疆域志四卷 (清)洪齮孫纂 清光緒十七年(1891)廣雅書局刻本 二册

440000－2541－0010183 23539
十六國疆域志十六卷 (清)洪亮吉纂 清光緒十七年(1891)廣雅書局刻本 四册

440000－2541－0010184 23540
元豐九域志十卷 (宋)王存等撰 清光緒八年(1882)金陵書局刻本 四册

440000－2541－0010185 23541
元豐九域志十卷 (宋)王存等撰 清浙江刻武英殿聚珍版書本 六册

440000－2541－0010186 23542
元豐九域志十卷 (宋)王存等撰 清浙江刻武英殿聚珍版書本 六册

440000－2541－0010187 23543

元豐九域志十卷　（宋）王存等撰　清光緒八年（1882）金陵書局刻本　四冊

440000－2541－0010188　23545
元豐九域志十卷　（宋）王存等撰　清光緒八年（1882）金陵書局刻本　六冊

440000－2541－0010189　23550
乾隆府廳州縣圖志五十卷　（清）洪亮吉纂　清刻本　十四冊

440000－2541－0010190　23551
三省邊防備覽十四卷　（清）嚴如熤輯　清道光二年（1822）刻本　八冊

440000－2541－0010191　23552
洪北江全集二十三種　（清）洪亮吉撰　清光緒洪用懃授經堂刻本　二十八冊　存九種

440000－2541－0010192　23553
三省邊防備覽十八卷　（清）嚴如熤　（清）張鵬翂輯　清道光十年（1830）刻本　十二冊

440000－2541－0010193　23554
三省邊防備覽十四卷　（清）嚴如熤輯　清道光二年（1822）刻本　六冊

440000－2541－0010194　23555
三省邊防備覽十八卷　（清）嚴如熤　（清）張鵬翂輯　清道光十年（1830）刻本　十八冊

440000－2541－0010195　23556
大清一統志輯要五十卷　（清）洪亮吉輯　清光緒二十八年（1902）山左輿圖局石印本　十二冊

440000－2541－0010196　23557
大清一統志輯要五十卷　（清）洪亮吉輯　清光緒二十八年（1902）山左輿圖局石印本　三冊　存二十三卷（一至九、二十一至三十四）

440000－2541－0010197　23558
大清一統志五百卷　（清）和珅等纂修　清光緒二十三年（1897）杭州竹簡齋石印本　六十冊

440000－2541－0010198　23559
大清一統志五百卷　（清）和珅等纂修　清光緒二十七年（1901）上海寶善齋石印本　六十冊

440000－2541－0010199　23562
大清一統志表不分卷　（清）徐午撰　清刻本　八冊

440000－2541－0010200　23565
都門紀略四卷　（清）楊士安輯　（清）張琴　（清）徐永年增補　清同治十三年（1874）榮錄堂刻本　四冊

440000－2541－0010201　23566
新增都門紀略六卷　（清）楊士安輯　劉玉奎增修　清宣統二年（1910）刻本　六冊

440000－2541－0010202　23569
欽定日下舊聞考一百六十卷譯語總目一卷　（清）于敏中修　（清）竇光鼐等纂　清刻本　四十冊

440000－2541－0010203　23570
欽定日下舊聞考一百六十卷譯語總目一卷　（清）于敏中修　（清）竇光鼐等纂　清刻本　四十冊

440000－2541－0010204　23571
天咫偶聞十卷　震鈞撰　清光緒三十三年（1907）甘棠轉舍刻本　八冊

440000－2541－0010205　23580
［光緒］順天府志一百三十卷附錄一卷　（清）萬青黎　（清）周家楣修　（清）張之洞　繆荃孫纂　清光緒十年至十二年（1884－1886）刻本（有圖）　六十四冊

440000－2541－0010206　23581
［光緒］順天府志一百三十卷附錄一卷　（清）萬青黎　（清）周家楣修　（清）張之洞　繆荃孫纂　清光緒十年至十二年（1884－1886）刻本（有圖）　六十二冊　存一百二十六卷（一至一百二十六）

440000－2541－0010207　23586
［同治］畿輔通志三百卷首一卷　（清）李鴻章等修　（清）黃彭年等纂　清光緒十年（1884）

刻本　二百四十册

440000－2541－0010208　23588
[光緒]永平府志七十二卷首一卷末一卷　(清)游智開修　(清)史夢蘭纂　清光緒五年(1879)敬勝書院刻本(有圖)　三十二册

440000－2541－0010209　23589
[光緒]永平府志七十二卷首一卷末一卷　(清)游智開修　(清)史夢蘭纂　清光緒五年(1879)敬勝書院刻本(有圖)　三十二册

440000－2541－0010210　23590
[光緒]重修廣平府志六十三卷首一卷　(清)吳中彦修　(清)胡景桂纂　清光緒二十年(1894)刻本(有圖)　二十四册

440000－2541－0010211　23591
[道光]承德府志六十卷首二十六卷　(清)海忠纂修　清道光十一年(1831)刻本(有圖)　二十四册

440000－2541－0010212　23597
[光緒]直隸趙州志十六卷首一卷末一卷　(清)孫傳栻纂修　清光緒二十三年(1897)刻本(有圖表)　八册

440000－2541－0010213　23598
[光緒]重修曲陽縣志二十卷　(清)周斯億修　(清)董濤纂　清光緒三十年(1904)刻本(有圖)　八册

440000－2541－0010214　23600
[同治]深州風土記二十二卷附表五卷　(清)吳汝綸纂　清光緒二十六年(1900)文瑞書院刻本(有表)　六册

440000－2541－0010215　23601
[同治]遷安縣志十八卷首一卷末一卷　(清)韓耀光修　(清)史夢蘭纂　清同治十二年(1873)文峰書院刻光緒十一年(1885)牛昶煦補刻本(有圖表)　六册

440000－2541－0010216　23602
[嘉慶]灤州志八卷首一卷末一卷　(清)吳士鴻修　(清)孫學恒纂　清嘉慶十五年(1810)刻本(有圖)　十二册

440000－2541－0010217　23604
[光緒]樂亭縣志十五卷首一卷末一卷　(清)蔡志修等修　(清)史夢蘭纂　清光緒三年(1877)刻本(有圖)　六册

440000－2541－0010218　23605
[光緒]蠡縣志十卷　(清)韓志超　(清)何雲誥修　(清)張瑜　(清)王其衡纂　清光緒二年(1876)刻本(有圖表)　五册

440000－2541－0010219　23606
[光緒]大城縣志十二卷　(清)趙炳文　(清)徐國楨修　(清)劉鍾英　(清)鄧毓怡纂　清光緒二十三年(1897)刻本(有圖)　十二册

440000－2541－0010220　23607
[光緒]吳橋縣志十二卷　(清)倪昌燮修　(清)馮慶楊纂　清光緒元年(1875)瀾陽書院刻本(有圖表)　八册

440000－2541－0010221　23608
[同治]清苑縣志十八卷首一卷　(清)李逢源修　(清)諸崇儉纂　清同治十二年(1873)刻本(有圖)　六册　存十三卷(一至六、十至十五,首一卷)

440000－2541－0010222　23609
[同治]清苑縣志十八卷首一卷　(清)李逢源修　(清)諸崇儉纂　清同治十二年(1873)刻本(有圖)　十二册　存十八卷(一至十七、首一卷)

440000－2541－0010223　23611
[光緒]無極縣續志十卷首一卷末一卷　(清)曹鳳來纂修　清光緒十九年(1893)刻本(有圖)　四册

440000－2541－0010224　23613
[光緒]唐縣志十二卷首一卷　(清)陳詠修　(清)張惇德纂　清光緒四年(1878)刻本(有圖)　六册

440000－2541－0010225　23615

[光緒]清河縣志四卷 （清）黄汝香纂修　清光緒九年（1883）刻本　四册　存三卷（二至四）

440000－2541－0010226　23616
[道光]直隸定州志二十二卷首一卷 （清）寶琳 （清）勞沅恩纂修　清道光三十年（1850）刻本　十册　存十九卷（一至十八、二十一）

440000－2541－0010227　23617
[光緒]東光縣志十二卷首一卷末一卷 （清）周植瀛修 （清）吳潯源纂　清光緒十四年（1888）刻本（有圖表）　十册

440000－2541－0010228　23631
[雍正]山西通志二百三十卷 （清）覺羅石麟等修 （清）儲大文等纂 （清）衡齡補　清雍正十二年（1734）刻嘉慶十六年（1811）衡齡補刻本（有圖）　九十二册

440000－2541－0010229　23634
合河紀聞十卷 （清）康基田撰　清嘉慶三年（1798）刻本　八册

440000－2541－0010230　23637
[光緒]直隸絳州志二十卷首一卷 （清）李焕揚修 （清）張于鑄纂　清光緒五年（1879）刻本（有圖）　十册

440000－2541－0010231　23638
[道光]趙城縣志三十七卷首一卷 （清）楊延亮纂修　清道光七年（1827）刻本（有圖）　八册

440000－2541－0010232　23639
[光緒]太谷縣志八卷首一卷末一卷 （清）恩浚 （清）趙冠卿修 （清）王效尊等纂　清光緒十二年（1886）刻本（有圖）　八册

440000－2541－0010233　23640
[光緒]續修崞縣志八卷 （清）趙冠卿 （清）龍朝言修 （清）潘肯堂等纂　清光緒八年（1882）刻本（有圖）　八册

440000－2541－0010234　23641
[光緒]繁峙縣志四卷首一卷 （清）何才价修 （清）楊篤纂　清光緒七年（1881）刻本（有圖）　四册

440000－2541－0010235　23642
[道光]大同縣志二十卷首一卷末一卷 （清）黎中輔修 （清）楊霖纂　清道光十年（1830）刻本（有圖）　八册

440000－2541－0010236　23643
[嘉慶]介休縣志十四卷 （清）徐品山 （清）陸元鏸等纂修　清嘉慶二十四年（1819）刻本（有圖）　八册

440000－2541－0010237　23644
[光緒]五臺新志四卷首一卷 （清）徐繼畬輯 （清）鄭增耀等補注　清光緒九年至十年（1883－1884）刻本（有圖）　四册

440000－2541－0010238　23645
[光緒]清源鄉志十八卷首一卷 （清）王勳祥修 （清）王效尊纂　清光緒八年（1882）刻本　六册

440000－2541－0010239　23651
定邊紀略二卷 （清）奕湘等撰　清道光二十五年（1845）刻本　二册

440000－2541－0010240　23653
欽定滿洲源流考二十卷首一卷 （清）阿桂等修 （清）麟喜等纂　清光緒十九年（1893）杭州便益書局石印本　四册

440000－2541－0010241　23657
啟東錄六卷 （清）林壽圖撰　清光緒黄鵠山人歐齋刻本　二册

440000－2541－0010242　23658
啟東錄六卷 （清）林壽圖撰　清光緒黄鵠山人歐齋刻本　四册

440000－2541－0010243　23664
吉林外記十卷刊誤一卷 （清）薩英額撰　**寧古塔紀略一卷** （清）吳振臣撰　清光緒二十一年（1895）桐廬袁氏刻漸西村舍彙刊本　四册

440000－2541－0010244　23666

吉林外記十卷刊誤一卷　(清)薩英額撰　清光緒二十六年(1900)廣雅書局刻本　二冊

440000－2541－0010245　23667
吉林外記十卷刊誤一卷　(清)薩英額撰　清光緒二十六年(1900)廣雅書局刻本　二冊

440000－2541－0010246　23668
[光緒]吉林通志一百二十二卷圖一卷　(清)長順等修　(清)李桂林等纂　清光緒十七年(1891)刻本(有圖)　四十八冊

440000－2541－0010247　23669
[光緒]吉林通志一百二十二卷圖一卷　(清)長順等修　(清)李桂林等纂　清光緒十七年(1891)刻本(有圖)　四十四冊

440000－2541－0010248　23671
黑龍江述略六卷　(清)徐宗亮撰　清光緒十七年(1891)石埭徐氏刻觀自得齋叢書本　二冊

440000－2541－0010249　23674
黑龍江外記八卷　(清)西清撰　清抄本　二冊

440000－2541－0010250　23675
黑龍江外記八卷　(清)西清撰　清光緒二十六年(1900)廣雅書局刻本(有圖)　二冊

440000－2541－0010251　23676
黑龍江外記八卷　(清)西清撰　清光緒二十六年(1900)廣雅書局刻本(有圖)　二冊

440000－2541－0010252　23679
[道光]陝西志輯要六卷首一卷　(清)王志沂纂　清道光七年(1827)朝坂謝氏賜書堂刻本　八冊

440000－2541－0010253　23682
[熙寧]長安志二十卷圖三卷　(宋)宋敏求纂　(元)李好文繪　(清)畢沅校　清光緒十三年(1887)上海大同書局石印經訓堂叢書本(有圖)　二冊

440000－2541－0010254　23684
[熙寧]長安志二十卷圖三卷　(宋)宋敏求纂　(元)李好文繪　(清)畢沅校　清光緒十七年(1891)思賢講舍刻本(有圖)　五冊

440000－2541－0010255　23685
[熙寧]長安志二十卷圖三卷　(宋)宋敏求纂　(元)李好文繪　(清)畢沅校　清光緒十七年(1891)思賢講舍刻本(有圖)　五冊

440000－2541－0010256　23686
[咸豐]同州府志三十四卷首二卷文徵錄三卷　(清)李恩繼　(清)文廉修　(清)蔣湘南纂　清咸豐二年(1852)刻本(有圖表)　二十二冊

440000－2541－0010257　23689
[嘉慶]長安縣志三十六卷　(清)張聰賢修　(清)董曾臣纂　清嘉慶二十年(1815)刻本(有圖)　十冊

440000－2541－0010258　23690
合刻華州志四種　(清)吴炳南編　清光緒八年(1882)華州州署刻本(有圖)　十二冊　存三種

440000－2541－0010259　23694
[正德]武功縣志三卷首一卷　(明)康海纂　(清)孫景烈評注　清同治十二年(1873)湖北崇文書局刻本　一冊

440000－2541－0010260　23695
[正德]武功縣志三卷首一卷　(明)康海纂　(清)孫景烈評注　清同治十二年(1873)湖北崇文書局刻本　一冊

440000－2541－0010261　23697
咸豐初朝邑縣志三卷朝邑志例一卷志例後錄一卷　(清)李元春纂　清光緒七年(1881)刻本　二冊

440000－2541－0010262　23698
[正德]武功縣志三卷首一卷　(明)康海纂　(清)孫景烈評注　清道光八年(1828)刻本(有圖)　二冊

440000－2541－0010263　23699
[嘉慶]扶風縣志十八卷首一卷　(清)宋世犖

修　(清)吳鵬翱　(清)王樹棠纂　清嘉慶二十四年(1819)刻本(有圖)　八册

440000－2541－0010264　23700
[光緒]定遠廳志二十六卷首一卷　(清)余修鳳纂修　清光緒五年(1879)刻本(有圖)　六册

440000－2541－0010265　23703
汧陽述古編二卷　(清)李嘉績纂輯　清光緒十五年(1889)青門廎廬刻本　一册

440000－2541－0010266　23711
[道光]敦煌縣志七卷首一卷　(清)蘇履吉修　(清)曾誠纂　清道光十一年(1831)刻本(有圖)　四册

440000－2541－0010267　23717
欽定新疆識略十二卷首一卷　(清)松筠纂修　清道光元年(1821)武英殿修書處刻本(有圖表)　十册

440000－2541－0010268　23719
欽定新疆識略十二卷首一卷　(清)松筠纂修　清道光元年(1821)武英殿修書處刻本(有圖表)　十册

440000－2541－0010269　23720
欽定新疆識略十二卷首一卷　(清)松筠纂修　清道光元年(1821)武英殿修書處刻本(有圖表)　九册　存十一卷(一至十一)

440000－2541－0010270　23731
瀛壖雜志六卷　(清)王韜撰　清光緒元年(1875)刻本　二册

440000－2541－0010271　23732
瀛壖雜志六卷　(清)王韜撰　清光緒元年(1875)刻本　二册

440000－2541－0010272　23738
瀛壖雜志六卷　(清)王韜撰　清光緒元年(1875)刻本　三册

440000－2541－0010273　23742
[紹熙]雲間志三卷　(宋)楊潛纂　清嘉慶十九年(1814)華亭沈氏古倪園刻本　二册

440000－2541－0010274　23743
[嘉慶]松江府志八十四卷首二卷圖一卷　(清)宋如林修　(清)孫星衍等纂　清嘉慶二十二年(1817)刻本(有圖表)　四十册

440000－2541－0010275　23744
[嘉慶]松江府志八十四卷首二卷圖一卷　(清)宋如林修　(清)孫星衍等纂　清嘉慶二十二年(1817)刻本(有圖表)　二十册　存四十二卷(一至四、八至二十三、四十四至六十五)

440000－2541－0010276　23745
[光緒]松江府續志四十卷首一卷圖一卷　(清)博潤修　(清)姚光發等纂　清光緒十年(1884)刻本(有圖表)　二十四册

440000－2541－0010277　23746
[光緒]寶山縣志十四卷首一卷　(清)梁蒲貴　(清)吳康壽修　(清)朱延射　(清)潘履祥纂　清光緒八年(1882)學海書院刻本(有圖表)　八册

440000－2541－0010278　23750
[光緒]金山縣志三十卷首一卷　(清)龔寶琦等修　(清)黃厚本等纂　清光緒四年(1878)刻本(有圖表)　八册

440000－2541－0010279　23751
[光緒]金山縣志三十卷首一卷　(清)龔寶琦等修　(清)黃厚本等纂　清光緒四年(1878)刻本(有圖表)　八册

440000－2541－0010280　23754
[光緒]重修奉賢縣志二十卷首一卷末一卷　(清)韓佩金　(清)黃振均修　(清)張文虎等纂　清光緒四年(1878)奉賢縣志書局刻本(有圖)　四册

440000－2541－0010281　23758
同治上海縣志三十二卷首一卷末一卷　(清)應寶時等修　(清)俞樾　(清)方宗誠纂　清同治十年(1871)吳門臬署刻光緒八年(1882)補刻本(有圖表)　十六册

440000－2541－0010282　23759

同治上海縣志三十二卷首一卷末一卷　(清)應寶時等修　(清)俞樾　(清)方宗誠纂　清同治十年(1871)吳門臬署刻光緒八年(1882)補刻本(有圖表)　十六册

440000－2541－0010283　23762
[光緒]青浦縣志三十卷首二卷末一卷　(清)陳其元等修　(清)熊其英　(清)邱式金纂　清光緒五年(1879)刻本(有圖表)　十二册

440000－2541－0010284　23768
[光緒]嘉定縣志三十二卷首一卷補遺一卷刊誤一卷　(清)程其玨修　(清)楊震福纂　清光緒七年(1881)刻本(有圖表)　十六册

440000－2541－0010285　23769
[光緒]嘉定縣志三十二卷首一卷補遺一卷刊誤一卷　(清)程其玨修　(清)楊震福纂　清光緒七年(1881)刻本(有圖表)　十六册

440000－2541－0010286　23771
續山東考古錄三十二卷首一卷　(清)葉圭綬撰　清光緒八年(1882)刻本　十册

440000－2541－0010287　23772
[道光]濟南府志七十二卷首一卷　(清)王贈芳　(清)王鎮修　(清)成瓘　(清)冷烜纂　清道光二十年(1840)刻本　四十册

440000－2541－0010288　23773
[嘉慶]東昌府志五十卷首三卷　(清)嵩山修　(清)謝香開　(清)張熙先纂　清嘉慶十三年(1808)刻本(有圖)　十八册　存三十九卷(三至二十四、二十六至四十二)

440000－2541－0010289　23777
[光緒]海陽縣續誌十卷首一卷　(清)王敬勳修　(清)李爾梅等纂　清光緒六年(1880)刻本(有圖)　六册

440000－2541－0010290　23778
[道光]東平州志三十卷首二卷　(清)周雲鳳修　(清)唐鑑等纂　清道光五年(1825)刻本(有圖)　十六册

440000－2541－0010291　23779
[咸豐]濱州志十二卷首一卷　(清)李熙齡纂修　清咸豐十年(1860)刻本　四册

440000－2541－0010292　23780
[道光]東平州志三十卷首二卷　(清)周雲鳳修　(清)唐鑑等纂　清道光五年(1825)刻本(有圖)　十二册　存二十八卷(一至九、十一至十六、二十至三十,首二卷)

440000－2541－0010293　23781
[光緒]鄒縣續志十二卷首一卷　(清)吳若灝修　(清)錢枱纂　清光緒十八年(1892)刻本(有圖)　三册　存十卷(一至九、十二)

440000－2541－0010294　23782
[咸豐]濟甯直隸州續志四卷　(清)盧朝安纂修　清咸豐九年(1859)刻本(有表)　四册

440000－2541－0010295　23783
[道光]濟寧直隸州志十卷首一卷末一卷圖一卷　(清)徐宗幹修　(清)許瀚纂　(清)盧朝安等續修　清咸豐九年(1859)刻本(有圖表)　二十册

440000－2541－0010296　23784
[道光]榮成縣志十卷首一卷　(清)李天騭修　(清)岳賡廷纂　清道光二十年(1840)刻本(有圖)　四册

440000－2541－0010297　23785
[光緒]惠民縣志三十卷首一卷末一卷　(清)沈世銓修　(清)李勗纂　(清)李鳳岡校補　清光緒二十五年(1899)刻本(有圖)　六册

440000－2541－0010298　23786
[光緒]高密縣志十卷首一卷末一卷　(清)傅賚予修　(清)李勸運纂　清光緒二十二年(1896)刻本(有圖)　八册

440000－2541－0010299　23790
[道光]城武縣志十四卷首一卷　(清)袁章華修　(清)劉士瀛纂　清道光十年(1830)刻本(有圖)　八册

440000－2541－0010300　23791
禮經釋例十三卷首一卷　(清)凌廷堪撰　清

嘉慶十四年(1809)阮元刻本　八册

440000－2541－0010301　23792
[光緒]菏澤縣志十八卷　(清)凌壽柏修　(清)葉道源纂　清光緒十一年(1885)刻本(有圖)　六册

440000－2541－0010302　23794
[順治]招遠縣志十二卷　(清)張作礪修　(清)張鳳羽纂　清道光二十六年(1846)刻本(有圖)　四册

440000－2541－0010303　23795
[道光]招遠縣續志四卷　(清)陳國器等修　(清)李蔭等纂　清道光二十六年(1846)刻本(有圖)　四册

440000－2541－0010304　23796
[光緒]曹州府曹縣志十八卷首一卷　(清)陳嗣良修　(清)孟廣來　(清)賈迺延纂　清光緒十年(1884)刻本(有圖)　十二册

440000－2541－0010305　23797
[道光]鉅野縣志二十四卷首一卷　(清)黄維翰纂修　(清)袁傳裘續纂修　清道光二十年(1840)刻二十六年(1846)增補刻本(有圖)　八册

440000－2541－0010306　23798
[道光]博平縣志六卷　(清)楊祖憲修　(清)烏竹芳等纂　清道光十一年(1831)刻本(有圖表)　八册

440000－2541－0010307　23799
[康熙]堂邑縣志二十卷　(清)盧承琰修　(清)劉淇纂　清光緒十八年(1892)刻本(有圖)　三册

440000－2541－0010308　23800
[嘉慶]昌樂縣志三十二卷首一卷　(清)魏禮焯等修　(清)閻學夏等纂　清嘉慶十四年(1809)刻本(有圖)　六册

440000－2541－0010309　23801
[光緒]蓬萊縣續志十四卷　(清)鄭錫鴻等修　(清)王爾植等纂　清光緒八年(1882)刻本(有圖)　四册

440000－2541－0010310　23804
[道光]滕縣志十四卷首一卷　(清)王政修　(清)王庸立　(清)黄來麟纂　清道光二十六年(1846)刻本(有圖表)　八册

440000－2541－0010311　23806
[道光]商河縣志八卷首一卷　(清)龔廷煌等纂修　清道光十六年(1836)刻本(有圖表)　八册

440000－2541－0010312　23807
[道光]商河縣志八卷首一卷　(清)龔廷煌等纂修　清道光十六年(1836)刻本(有圖表)　八册

440000－2541－0010313　23812
[道光]陵縣志二十二卷首一卷　(清)沈淮修　(清)李圖纂　(清)戴傑續纂修　清道光二十六年(1846)刻光緒元年(1875)增刻本　五册　存十五卷(五至八、十二至二十二)

440000－2541－0010314　23813
[咸豐]金鄉縣志略十二卷首一卷　(清)李壘纂修　清同治元年(1862)刻本(有圖)　四册

440000－2541－0010315　23814
[嘉慶]德平縣志十卷首一卷　(清)鍾大受纂修　清嘉慶元年(1796)刻本(有圖)　五册

440000－2541－0010316　23821
[道光]長清縣志十六卷首四卷末二卷　(清)舒化民修　(清)徐德城纂　清道光十五年(1835)刻本(有圖)　八册

440000－2541－0010317　23827
[道光]泰安縣志十二卷首一卷末一卷　(清)□□纂修　清刻本　二册　存一卷(十一)

440000－2541－0010318　23828
寧陽縣鄉土志一卷　(清)曹倜修　(清)李椿齡　(清)張雲渠纂　清光緒三十三年(1907)石印本(有圖)　一册

440000－2541－0010319　23829
[嘉慶]平陰縣志四卷　(清)喻春林修

(清)朱續孜纂　清嘉慶十三年(1808)刻本(有圖)　二册

440000－2541－0010320　23830
金陵瑣志五種　陳作霖撰　清光緒江寧陳氏可園刻本　十册

440000－2541－0010321　23834
襲芳録一卷　(清)高德泰輯　清刻本　一册

440000－2541－0010322　23839
廣陵通典十卷　(清)汪中撰　清同治八年(1869)揚州書局刻本　二册

440000－2541－0010323　23840
金陵通紀十卷國朝金陵通紀四卷　陳作霖輯　清光緒三十三年(1907)江寧陳氏瑞華館刻本　六册

440000－2541－0010324　23842
金陵待徵錄十卷金陵詩徵一卷　(清)金鰲輯　清光緒二年(1876)刻本　一册　存六卷(一至六)

440000－2541－0010325　23843
六朝事迹編類十四卷　(宋)張敦頤撰　清光緒十三年(1887)寶章閣影宋刻本　二册

440000－2541－0010326　23845
[嘉慶]重修揚州府志七十二卷首一卷　(清)阿克當阿修　(清)姚文田等纂　清嘉慶十五年(1810)刻本(有圖表)　四十八册

440000－2541－0010327　23846
[嘉慶]重修揚州府志七十二卷首一卷　(清)阿克當阿修　(清)姚文田等纂　清嘉慶十五年(1810)刻本(有圖表)　五十六册

440000－2541－0010328　23848
[同治]續纂揚州府志二十四卷　(清)方濬頤修　(清)晏端書等纂　清同治十三年(1874)刻本　八册

440000－2541－0010329　23850
[道光]如皋縣續志十二卷　(清)范仕義修　(清)吳鎧纂　清道光十七年(1837)刻本　四册　存十一卷(一至十一)

440000－2541－0010330　42383
古唐詩合解唐詩十二卷古詩四卷　(清)王堯衢注　清刻本　一册

440000－2541－0010331　23851
[嘉慶]重刊江寧府志五十六卷校勘記一卷　(清)呂燕昭修　(清)姚鼐纂　清光緒六年(1880)刻本(有表)　十二册

440000－2541－0010332　23852
[嘉慶]重刊江寧府志五十六卷校勘記一卷　(清)呂燕昭修　(清)姚鼐纂　清光緒六年(1880)刻本(有表)　十二册

440000－2541－0010333　23853
[同治]續纂江甯府志十五卷首一卷　(清)蔣啟勳　(清)趙佑宸修　(清)汪士鐸等纂　清光緒六年(1880)刻本(有圖)　十册

440000－2541－0010334　23854
[同治]蘇州府志一百五十卷首三卷　(清)李銘皖等修　(清)馮桂芬等纂　清光緒八年(1882)江蘇書局刻本(有圖表)　七十八册

440000－2541－0010335　23855
[康熙]常州府志三十八卷首一卷校勘記一卷　(清)于琨修　(清)陳玉璂纂　清光緒十二年(1886)木活字印本(有圖表)　二十册

440000－2541－0010336　23856
[同治]徐州府志二十五卷　(清)吳世熊修　(清)劉庠纂　清同治十三年(1874)刻本(有圖表)　十六册

440000－2541－0010337　23857
[光緒]淮安府志四十卷首一卷　(清)孫雲錦修　(清)吳昆田　(清)高延第纂　清光緒十年(1884)刻本(有圖表)　十六册

440000－2541－0010338　23858
[光緒]淮安府志四十卷首一卷　(清)孫雲錦修　(清)吳昆田　(清)高延第纂　清光緒十年(1884)刻本(有圖表)　十六册

440000－2541－0010339　23860
[同治]山陽縣志二十一卷圖一卷　(清)張兆

棟　(清)孫雲修　(清)何紹基　(清)丁晏纂　清同治十二年(1873)刻本(有圖)　八册

440000－2541－0010340　23861
[同治]山陽縣志二十一卷圖一卷　(清)張兆棟　(清)孫雲修　(清)何紹基　(清)丁晏纂　清同治十二年(1873)刻本(有圖)　八册

440000－2541－0010341　23862
[光緒]增修甘泉縣志二十四卷首一卷圖一卷　(清)徐成敟　(清)桂正華修　(清)陳浩恩等纂　清光緒七年(1881)木活字印本(有圖)　二十册

440000－2541－0010342　23863
[光緒]增修甘泉縣志二十四卷首一卷圖一卷　(清)徐成敟　(清)桂正華修　(清)陳浩恩等纂　(清)范用賓增纂　清光緒十一年(1885)刻本(有圖)　二十册

440000－2541－0010343　23864
[光緒]增修甘泉縣志二十四卷首一卷圖一卷　(清)徐成敟　(清)桂正華修　(清)陳浩恩等纂　(清)范用賓增纂　清光緒十一年(1885)刻本(有圖)　二十册

440000－2541－0010344　23868
[道光]重修儀徵縣志五十卷首一卷　(清)王檢心修　(清)劉文淇　(清)張安保纂　清光緒十六年(1890)刻本(有圖表)　二十四册

440000－2541－0010345　23869
[光緒]通州直隸州志十六卷首一卷末一卷　(清)梁悅馨　(清)莫祥芝修　(清)季念詒　(清)沈鍠纂　清光緒元年(1875)刻本(有圖表)　十六册

440000－2541－0010346　23873
[嘉慶]海州直隸州志三十二卷首一卷　(清)唐仲冕修　(清)汪梅鼎等纂　清嘉慶十六年(1811)刻本(有圖表)　九册　存二十八卷(一至二十八)

440000－2541－0010347　23874
[咸豐]邳州志二十卷首一卷　(清)董用威　(清)馬軼群修　(清)魯一同纂　清咸豐元年(1851)刻光緒二十一年(1895)印本　四册

440000－2541－0010348　23875
[咸豐]邳州志二十卷首一卷　(清)董用威　(清)馬軼群修　(清)魯一同纂　清咸豐元年(1851)刻光緒二十一年(1895)印本　四册

440000－2541－0010349　23876
[咸豐]邳州志二十卷首一卷　(清)董用威　(清)馬軼群修　(清)魯一同纂　清咸豐元年(1851)刻光緒二十一年(1895)印本　四册

440000－2541－0010350　23877
[道光]泰州志三十六卷首一卷　(清)王有慶等修　(清)陳世鎔等纂　清道光七年(1827)刻光緒三十四年(1908)補刻本(有圖表)　十二册

440000－2541－0010351　23878
[光緒]金壇縣志十六卷首一卷　(清)夏宗彝修　(清)汪國鳳纂　清光緒十一年(1885)木活字印本(有圖)　十二册

440000－2541－0010352　23879
[光緒]重修華亭縣志二十四卷首一卷末一卷　(清)楊開第修　(清)姚光發纂　清光緒四年至五年(1878－1879)刻本(有圖)　十册

440000－2541－0010353　23880
光緒南匯縣志二十二卷首一卷末一卷　(清)金福曾等修　(清)張文虎等纂　清光緒五年(1879)刻本(有圖)　十二册

440000－2541－0010354　23884
[光緒]常昭合志稿四十八卷首一卷末一卷校勘記一卷　(清)鄭鍾祥　(清)張瀛修　(清)龐鴻文纂　清光緒三十年(1904)木活字印本(有圖)　十七册

440000－2541－0010355　23885
[光緒]吴江縣續志四十卷首一卷　(清)金福曾修　(清)熊其英纂　清光緒五年(1879)刻本(有圖表)　八册

440000－2541－0010356　23886
[道光]續增高郵州志六卷　(清)左輝春等纂

修　清道光二十三年(1843)刻本(有圖表)　十冊

440000－2541－0010357　23887
[光緒]再續高郵州志八卷首一卷　(清)金元烺　(清)龔定瀛修　(清)夏子鐊纂　清光緒九年(1883)刻本(有圖)　八冊

440000－2541－0010358　23888
[光緒]再續高郵州志八卷首一卷　(清)金元烺　(清)龔定瀛修　(清)夏子鐊纂　清光緒九年(1883)刻本(有圖)　八冊

440000－2541－0010359　23889
[光緒]丹徒縣志六十卷首四卷　(清)何紹章　(清)馮壽鏡修　(清)呂耀斗纂　**京口八旗志二卷**　(清)鍾瑞等修　(清)春元纂　清光緒五年(1879)刻本(有圖)　三十四冊

440000－2541－0010360　23891
光緒江都縣續志三十卷首一卷　(清)謝延庚修　(清)劉壽曾纂　清光緒十年(1884)刻本(有圖表)　八冊

440000－2541－0010361　23893
[嘉慶]溧陽縣志十六卷　(清)李景嶧　(清)陳鴻壽修　(清)史炳等纂　清光緒二十二年(1896)木活字印本(有圖表)　十冊

440000－2541－0010362　23894
[嘉慶]溧陽縣志十六卷　(清)李景嶧　(清)陳鴻壽修　(清)史炳等纂　清光緒二十二年(1896)木活字印本(有圖表)　十冊

440000－2541－0010363　23895
[嘉慶]溧陽縣續志十六卷　(清)朱畯等修　(清)馮煦等纂　清光緒二十五年(1899)木活字印本(有圖)　十冊

440000－2541－0010364　23896
[嘉慶]如皋縣志二十四卷　(清)楊受廷　(清)左元鎮修　(清)馬汝舟　(清)江大鍵纂　清嘉慶十三年(1808)刻本　十八冊

440000－2541－0010365　23897
[嘉慶]如皋縣志二十四卷　(清)楊受廷　(清)左元鎮修　(清)馬汝舟　(清)江大鍵纂　清嘉慶十三年(1808)刻本　三十冊

440000－2541－0010366　23898
[光緒]溧陽縣續志十六卷　(清)朱畯等修　(清)馮煦等纂　清光緒二十五年(1899)木活字印本(有圖)　八冊

440000－2541－0010367　23899
[同治]如皋縣續志十六卷　(清)周際霖　(清)胡維藩修　(清)周頊　(清)吳開陽纂　清同治十二年(1873)刻本(有表)　六冊

440000－2541－0010368　23900
[同治]如皋縣續志十六卷　(清)周際霖　(清)胡維藩修　(清)周頊　(清)吳開陽纂　清同治十二年(1873)刻本(有表)　六冊

440000－2541－0010369　23901
光緒泰興縣志二十六卷首一卷末一卷　(清)楊激雲修　(清)顧曾烜纂　清光緒十一年至十二年(1885－1886)刻本(有圖)　十冊

440000－2541－0010370　23904
光緒泰興縣志二十六卷首一卷末一卷　(清)楊激雲修　(清)顧曾烜纂　清光緒十一年至十二年(1885－1886)刻本(有圖)　十冊

440000－2541－0010371　23905
[道光]重修寶應縣志二十八卷首一卷　(清)孟毓蘭修　(清)喬載繇等纂　清道光二十年(1840)湯世勳沐華堂刻本(有圖)　五冊

440000－2541－0010372　23906
[道光]寶應圖經六卷首二卷　(清)劉寶楠纂　清光緒九年(1883)淮南書局刻本(有圖表)　四冊

440000－2541－0010373　23907
[道光]寶應圖經六卷首二卷　(清)劉寶楠纂　清光緒九年(1883)淮南書局刻本(有圖表)　四冊

440000－2541－0010374　23910
[道光]錫金考乘十四卷首一卷　(清)周有壬纂　清同治九年(1870)木活字印本　八冊

440000－2541－0010375　23912

[嘉慶]無錫金匱縣志四十卷首一卷　(清)秦瀛纂　清嘉慶十八年(1813)刻本(有圖表)　十六册

440000－2541－0010376　23913

同治上江兩縣志二十九卷首一卷　(清)莫祥芝　(清)甘紹盤修　(清)汪士鐸等纂　清同治十三年(1874)刻本　十二册

440000－2541－0010377　23914

同治上江兩縣志二十九卷首一卷　(清)莫祥芝　(清)甘紹盤修　(清)汪士鐸等纂　清同治十三年(1874)刻本　十八册　存二十卷(一至十九、二十四)

440000－2541－0010378　23915

同治宿遷縣志十九卷　(清)李德溥修　(清)方駿謨纂　(清)游春澤續修　清同治十三年(1874)刻本(有圖表)　六册

440000－2541－0010379　23916

[道光]武進陽湖縣合志三十六卷首一卷　(清)孫琬　(清)王德茂修　(清)李兆洛　(清)周儀暐纂　清光緒十二年(1886)木活字印本(有表)　三十册

440000－2541－0010380　23917

[光緒]靖江縣志十六卷首一卷　(清)葉滋森修　(清)褚翔等纂　清光緒五年(1879)刻本(有圖)　八册

440000－2541－0010381　23918

光緒武進陽湖縣志三十卷首一卷　(清)王其淦　(清)吳康壽修　(清)湯成烈纂　清光緒五年(1879)刻本(有圖)　二十册

440000－2541－0010382　23919

光緒武進陽湖縣志三十卷首一卷　(清)王其淦　(清)吳康壽修　(清)湯成烈纂　清光緒五年(1879)刻本(有圖)　二十册

440000－2541－0010383　23920

[光緒]武陽志餘十二卷團練紀實二卷　(清)莊毓鋐　(清)陸鼎翰纂修　清光緒十四年(1888)木活字印本　十六册

440000－2541－0010384　23921

[光緒]崑新兩縣續修合志五十二卷首一卷末一卷　(清)金吳瀾　(清)李福沂修　(清)汪堃　(清)朱成熙纂　清光緒六年(1880)刻本(有圖)　二十四册

440000－2541－0010385　23925

光緒睢甯縣志稿十八卷　(清)侯紹瀛修　(清)丁顯纂　清光緒十二年至十三年(1886－1887)刻本(有圖表)　十六册

440000－2541－0010386　23926

[光緒]丹陽縣志三十六卷首一卷　(清)劉誥等修　(清)徐錫麟等纂　清光緒十一年(1885)刻本(有圖表)　十六册

440000－2541－0010387　23929

[光緒]崇明縣志十八卷　(清)林達泉等修　(清)李聯琇　(清)葉裕仁纂　清光緒七年(1881)刻本(有圖表)　十二册

440000－2541－0010388　23930

吳門補乘九卷續編一卷首一卷　(清)錢思元輯　(清)錢士錡補輯　清道光刻本　八册

440000－2541－0010389　23931

[光緒]川沙廳志十四卷首一卷末一卷　(清)陳方瀛修　(清)俞樾纂　清光緒五年(1879)刻本(有圖表)　十二册

440000－2541－0010390　23932

[光緒]川沙廳志十四卷首一卷末一卷　(清)陳方瀛修　(清)俞樾纂　清光緒五年(1879)刻本(有圖表)　六册

440000－2541－0010391　23933

[光緒]崇明縣志十八卷　(清)林達泉等修　(清)李聯琇　(清)葉裕仁纂　清光緒七年(1881)刻本(有圖表)　六册

440000－2541－0010392　23935

光緒贛榆縣志十八卷　(清)王豫熙修　張謇纂　清光緒十四年(1888)刻本(有圖表)　四册

440000－2541－0010393　23938

彙刻太倉舊志五種　(清)繆朝荃等編　清宣統元年(1909)太倉繆氏刻本　八冊

440000－2541－0010394　23944
[宣統]上元江甯鄉土合志六卷　陳作霖纂　清宣統二年(1910)江楚編譯書局刻本　一冊

440000－2541－0010395　23945
宜興荆溪舊志五種　(清)□□編　清光緒八年(1882)刻本(有圖表)　二十二冊　存四種

440000－2541－0010396　23947
[光緒]六合縣志八卷圖說一卷附錄一卷　(清)謝延庚等修　(清)賀廷壽等纂　清光緒十年(1884)刻本　十冊

440000－2541－0010397　23955
[光緒]鹽城縣志十七卷首一卷　(清)劉崇照修　(清)龍繼棟　(清)陳玉樹纂　清光緒二十一年(1895)刻本(有圖表)　八冊

440000－2541－0010398　23956
[咸豐]重修興化縣志十卷　(清)梁園棣修　(清)鄭之僑　(清)趙彥俞纂　清咸豐二年(1852)刻本(有圖表)　八冊

440000－2541－0010399　23957
[咸豐]重修興化縣志十卷　(清)梁園棣修　(清)鄭之僑　(清)趙彥俞纂　清咸豐二年(1852)刻本(有圖表)　八冊

440000－2541－0010400　23958
[同治]盱眙縣志六卷藝文志一卷雜類志一卷　(清)崔秀春　(清)方家藩修　(清)傅紹曾纂　清同治十二年(1873)刻本(有表)　二冊

440000－2541－0010401　23959
[嘉慶]東臺縣志四十卷　(清)周右修　(清)蔡復午纂　清嘉慶二十一年(1816)刻道光十年(1830)增刻本(有圖表)　十冊

440000－2541－0010402　23960
[光緒]盱眙縣志稿十七卷首一卷　(清)王錫元修　(清)高延第等纂　清光緒十七年(1891)刻二十九年(1903)增刻本(有圖)　六冊

440000－2541－0010403　23961
[光緒]盱眙縣志稿十七卷首一卷　(清)王錫元修　(清)高延第等纂　清光緒十七年(1891)刻二十九年(1903)增刻本(有圖)　八冊

440000－2541－0010404　23972
[光緒]周莊鎮志六卷首一卷貞豐里庚申見聞錄二卷　(清)陶煦纂修　清光緒六年至八年(1880－1882)刻本(有圖)　六冊

440000－2541－0010405　23980
[道光]安徽通志二百六十卷首六卷　(清)陶澍等修　(清)李振庸等纂　清道光十年(1830)刻本(有圖表)　一百冊

440000－2541－0010406　23981
[道光]安徽通志二百六十卷首六卷　(清)陶澍等修　(清)李振庸等纂　清道光十年(1830)刻本(有圖表)　四十四冊　存二百五十一卷(一至九十三、一百九至二百六十,首六卷)

440000－2541－0010407　23984
[光緒]重修安徽通志三百五十卷補遺十卷　(清)吳坤修等修　(清)何紹基等纂　(清)盧士傑續修　(清)馮焯續纂　清光緒三年(1877)刻七年(1881)補刻本(有圖表)　一百二十冊

440000－2541－0010408　23986
[淳熙]新安志十卷附錄一卷　(宋)羅願纂　清光緒十四年(1888)黟邑李氏刻本　四冊

440000－2541－0010409　23987
[光緒]重修安徽通志三百五十卷補遺十卷　(清)吳坤修等修　(清)何紹基等纂　(清)盧士傑續修　(清)馮焯續纂　清光緒三年(1877)刻七年(1881)補刻本(有圖表)　八十冊

440000－2541－0010410　23989
[光緒]續修廬州府志一百卷首一卷末一卷　(清)黃雲修　(清)林之望　(清)汪宗沂纂

清光緒十一年(1885)刻本(有圖表)　四十八册

440000－2541－0010411　23990

[光緒]續修廬州府志一百卷首一卷末一卷　(清)黄雲修　(清)林之望　(清)汪宗沂纂　清光緒十一年(1885)刻本(有圖表)　四十七册　存一百一卷(續修廬州府志一百卷、首一卷)

440000－2541－0010412　23993

光緒鳳陽府志二十一卷　馮煦修　(清)魏家驊等纂　(清)張德霈續纂　清光緒三十四年(1908)木活字印本(有圖表)　二十四册

440000－2541－0010413　23994

[光緒]貴池縣志四十四卷首一卷　(清)陸延齡修　(清)桂迓衡纂　清光緒九年(1883)木活字印本(有圖)　十四册

440000－2541－0010414　23995

歷陽典録三十四卷補編六卷　(清)陳廷桂纂輯　清同治六年(1867)游智開和州官舍刻本　十二册

440000－2541－0010415　23996

歷陽典録三十四卷補編六卷　(清)陳廷桂纂輯　清同治六年(1867)游智開和州官舍刻本　十二册

440000－2541－0010416　23998

[光緒]亳州志二十卷首一卷　(清)鍾泰　(清)宗能徵纂修　清光緒二十年(1894)木活字印本(有圖表)　十册

440000－2541－0010417　23999

[光緒]亳州志二十卷首一卷　(清)鍾泰　(清)宗能徵纂修　清光緒二十年(1894)木活字印本(有圖表)　十四册

440000－2541－0010418　24002

[光緒]滁州志十卷首一卷末一卷　(清)熊祖詒纂修　清光緒二十三年(1897)木活字印本(有圖表)　九册

440000－2541－0010419　24003

[光緒]壽州志三十六卷首一卷末一卷　(清)曾道唯等修　(清)葛蔭南等纂　清光緒十六年(1890)木活字印本(有圖表)　十六册

440000－2541－0010420　24004

[光緒]廣德州志六十卷首一卷末一卷　(清)胡有誠修　(清)丁寶書纂　清光緒七年(1881)刻本(有圖表)　二十册

440000－2541－0010421　24008

[光緒]泗虹合志十九卷　(清)方瑞蘭修　(清)江殿颺　(清)許湘甲纂　清光緒十四年(1888)刻本(有圖表)　八册

440000－2541－0010422　24009

[道光]黟縣續志一卷　(清)呂子珏修　(清)詹錫齡纂　清道光五年(1825)刻本　一册

440000－2541－0010423　24010

[嘉慶]黟縣志十六卷首一卷　(清)吴甸華修　(清)程汝翼等纂　清嘉慶十七年(1812)刻本　十四册

440000－2541－0010424　24011

[同治]祁門縣志三十六卷首一卷　(清)周溶修　(清)汪韻珊纂　清同治十二年(1873)刻本(有圖表)　六册

440000－2541－0010425　24014

[光緒]重修五河縣志二十卷首一卷末一卷　(清)賴同宴　(清)孫玉銘修　(清)俞宗誠纂　清光緒二十年(1894)金陵刻本(有圖表)　八册

440000－2541－0010426　24015

[道光]歙縣志十卷首一卷　(清)勞逢源修　(清)沈伯棠纂　清道光八年(1828)刻本(有圖表)　二十四册

440000－2541－0010427　24023

[同治]潁上縣志十二卷　(清)都寵錫等修　(清)李道章　(清)鄭以莊纂　清同治九年(1870)刻光緒四年(1878)增刻本(有圖表)　八册

440000－2541－0010428　24025
[光緒]南陵小志四卷首一卷　(清)宗能徵纂修　清光緒二十五年(1899)木活字印本(有圖表)　六册

440000－2541－0010429　24026
[光緒]霍山縣志十五卷首一卷　(清)秦達章修　(清)何國祐等纂　清光緒三十一年(1905)木活字印本(有圖)　六册

440000－2541－0010430　24041
吴地記一卷　(唐)陸廣微撰　**後集一卷**　(宋)□□輯　清同治十二年(1873)江蘇書局刻本　一册

440000－2541－0010431　24043
重輯楓涇小志十卷　(清)曹相駿纂修　(清)許光墉續纂修　清光緒十七年(1891)鉛印本(有圖)　三册　存八卷(一至五、八至十)

440000－2541－0010432　24044
分疆録十二卷首一卷　(清)林鶚纂輯　(清)林用霖續輯　清光緒四年(1878)温州林氏刻本　六册

440000－2541－0010433　24046
吴越備史四卷　(宋)錢儼撰　清道光二年(1822)掃葉山房刻本　二册

440000－2541－0010434　24047
[雍正]敕修浙江通志二百八十卷首三卷　(清)嵇曾筠等修　(清)沈翼機等纂　清光緒二十五年(1899)浙江書局刻本(有圖表)　一百二十册

440000－2541－0010435　24048
[雍正]浙江通志(水利海防)十四卷　(清)嵇曾筠等修　(清)沈翼機等纂　清光緒五年(1879)紹興徐氏墨潤堂刻本　六册

440000－2541－0010436　24050
會稽三賦不分卷　(宋)王十朋撰　(宋)周世則注　(宋)史鑄增注　清嘉慶十七年(1812)蕭山陳氏刻湖海樓叢書本　二册

440000－2541－0010437　24055
會稽三賦注四卷　(宋)王十朋撰　(明)南逢吉注　(明)尹壇補注　清同治十二年(1873)刻本　四册

440000－2541－0010438　24059
杭州藝文志十卷　(清)吴慶坻等纂　清光緒三十四年(1908)錢塘吴氏長沙刻本　四册

440000－2541－0010439　24060
北隅掌録二卷　(清)黄士珣撰　清道光二十五年(1845)錢唐汪氏振綺堂刻本　一册

440000－2541－0010440　24064
台州外書二十卷　(清)戚學標編　清嘉慶四年(1799)刻戚鶴泉所著書本　十册

440000－2541－0010441　24067
[康熙]衢州府志四十卷首一卷　(清)楊廷望纂修　清光緒八年(1882)劉國光刻本(有圖表)　十二册

440000－2541－0010442　24069
[康熙]衢州府志四十卷首一卷　(清)楊廷望纂修　清光緒八年(1882)劉國光刻本(有圖表)　十一册　存三十八卷(一至三十八)

440000－2541－0010443　24070
宗鏡録一百卷　(宋)釋延壽撰　清刻本　二十四册

440000－2541－0010444　24071
宗鏡録一百卷　(宋)釋延壽撰　清刻本　二十四册

440000－2541－0010445　24072
[光緒]處州府志三十卷首一卷末一卷　(清)潘紹詒修　(清)周榮椿等纂　清光緒三年(1877)刻本(有圖表)　二十七册

440000－2541－0010446　24073
[光緒]嘉興府志八十八卷首二卷　(清)許瑶光修　(清)吴仰賢等纂　清光緒三年至四年(1877－1878)刻本(有圖表)　四十八册

440000－2541－0010447　24074
宋元四明六志八種　(清)徐時棟編　清咸豐四年(1854)甬上徐氏煙嶼樓刻光緒五年

(1879)印本(有表)　三十九册

440000－2541－0010448　24077

[雍正]寧波府志三十六卷首一卷　(清)曹秉仁等修　(清)萬經等纂　清道光二十六年(1846)刻本(有圖表)　三十六册

440000－2541－0010449　24078

[雍正]寧波府志三十六卷首一卷　(清)曹秉仁等修　(清)萬經等纂　清道光二十六年(1846)刻本(有圖表)　十六册

440000－2541－0010450　24079

[同治]湖州府志九十六卷首一卷　(清)宗源瀚　(清)郭式昌修　(清)周學濬　(清)陸心源等纂　清同治十一年至十三年(1872－1874)愛山書院刻本(有圖表)　四十册

440000－2541－0010451　24081

[康熙]金華府志三十卷　(清)張藎修　(清)沈麟趾纂　清宣統元年(1909)石印本(有圖)　十二册

440000－2541－0010452　24083

漸西村舍彙刊四十四種附一種　(清)袁昶編　清光緒桐廬袁氏刻本　五册　存四種

440000－2541－0010453　24084

[光緒]嚴州府志三十八卷首一卷　(清)吳士進原本　(清)吳世榮續修　(清)鄒伯森等續纂　清光緒八年(1882)刻十六年(1890)鶴山增刻本(有圖表)　二十七册

440000－2541－0010454　24085

[光緒]嚴州府志三十八卷首一卷　(清)吳士進原本　(清)吳世榮續修　(清)鄒伯森等續纂　清光緒八年(1882)刻十六年(1890)鶴山增刻本(有圖表)　十二册　存三十一卷(一至三十一)

440000－2541－0010455　24086

[嘉慶]山陰縣志三十卷首一卷　(清)徐元梅修　(清)朱文翰等纂　清嘉慶八年(1803)刻本(有圖表)　二十四册

440000－2541－0010456　24088

慈谿嚴氏壽芝山莊公牘章程一卷　(清)嚴義彬輯　清宣統元年(1909)鉛印本　一册

440000－2541－0010457　24090

[嘉慶]山陰縣志三十卷首一卷　(清)徐元梅修　(清)朱文翰等纂　清嘉慶八年(1803)刻本(有圖表)　七册　存二十一卷(九至二十九)

440000－2541－0010458　24094

[光緒]烏程縣志三十六卷　(清)潘玉璿　(清)馮健修　(清)周學濬　(清)汪曰楨纂　清光緒六年至七年(1880－1881)刻本(有圖)　十二册

440000－2541－0010459　24096

式訓堂叢書三集四十一種　(清)章壽康編　清光緒會稽章氏刻本　十五册　存初集七種、二集五種

440000－2541－0010460　24097

[光緒]歸安縣志五十二卷首一卷　(清)李昱等修　(清)陸心源纂　清光緒八年(1882)刻本(有圖)　十二册

440000－2541－0010461　24099

[光緒]歸安縣志五十二卷首一卷　(清)李昱等修　(清)陸心源纂　清光緒八年(1882)刻本(有圖)　二十册

440000－2541－0010462　24100

[光緒]鎮海縣志四十卷　(清)于萬川修　(清)俞樾纂　清光緒五年(1879)鯤池書院刻本(有圖表)　十六册

440000－2541－0010463　24102

咸淳臨安志一百卷　(宋)潛說友纂修　清道光十年(1830)錢塘汪氏振綺堂刻本(有圖表)　二十四册

440000－2541－0010464　24103

咸淳臨安志一百卷　(宋)潛說友纂修　清道光十年(1830)錢塘汪氏振綺堂刻本(有圖表)　二十四册

440000－2541－0010465　24104

[乾隆]海寧州志十六卷首一卷 (清)戰效曾修 (清)高瀛洲纂 清乾隆四十一年(1776)刻道光二十八年(1848)海寧朱緒曾增刻本(有圖) 十二册

440000－2541－0010466 24105
清風室叢刊二十種 (清)錢保塘編 清同治至民國海寧錢氏清風室刻本 七册 存五種

440000－2541－0010467 24114
[光緒]海鹽縣志二十二卷首一卷末一卷 (清)王彬修 (清)徐用儀纂 清光緒二年(1876)刻本(有圖表) 十四册 存二十二卷(一至二十一、首一卷)

440000－2541－0010468 24115
[光緒]黃巖縣志四十卷首一卷 (清)陳寶善 (清)孫憙修 (清)王棻纂 (清)陳鍾英續修 (清)王詠霓續纂 清光緒三年(1877)刻本(有圖表) 十六册

440000－2541－0010469 24116
[光緒]黃巖縣志四十卷首一卷 (清)陳寶善 (清)孫憙修 (清)王棻纂 (清)陳鍾英續修 (清)王詠霓續纂 清光緒三年(1877)刻本(有圖表) 十六册

440000－2541－0010470 24118
[光緒]重修嘉善縣志三十六卷首一卷 (清)江峯青修 (清)顧福仁纂 清光緒二十年(1894)刻本(有圖表) 十六册

440000－2541－0010471 24120
[光緒]平湖縣志二十五卷首一卷末一卷 (清)彭潤章等修 (清)葉廉鍔等纂 清光緒十二年(1886)刻本(有表) 十三册

440000－2541－0010472 24121
[光緒]平湖縣志二十五卷首一卷末一卷 (清)彭潤章等修 (清)葉廉鍔等纂 清光緒十二年(1886)刻本(有表) 十三册

440000－2541－0010473 24122
[同治]安吉縣志十八卷首一卷 (清)汪榮 (清)劉蘭敏修 (清)張行孚 (清)丁寶書纂 清同治十三年(1874)刻本(有圖表) 十六册

440000－2541－0010474 24123
[同治]安吉縣志十八卷首一卷 (清)汪榮 (清)劉蘭敏修 (清)張行孚 (清)丁寶書纂 清同治十三年(1874)刻本(有圖表) 十六册

440000－2541－0010475 24124
[嘉定]剡錄十卷 (宋)史安之修 (宋)高似孫纂 清光緒刻邵武徐氏叢書本 二册

440000－2541－0010476 24125
[光緒]奉化縣志四十卷首一卷 (清)李前泮修 (清)張美翊等纂 清光緒三十二年至三十四年(1906－1908)刻本(有圖表) 十二册

440000－2541－0010477 24126
[道光]嵊縣志十四卷首一卷末一卷 (清)李式圃修 (清)朱淥等纂 清道光八年(1828)刻本(有圖) 八册

440000－2541－0010478 24128
[同治]長興縣志三十二卷 (清)趙定邦修 (清)周學濬 (清)丁寶書纂 清同治十三年至光緒元年(1874－1875)刻十八年(1892)補刻本(有圖表) 十六册

440000－2541－0010479 24130
[光緒]長興志拾遺二卷首一卷 (清)朱鎮纂 清光緒二十二年至二十三年(1896－1897)刻本(有圖表) 一册

440000－2541－0010480 24131
光緒太平續志十八卷首一卷 (清)陳汝霖修 (清)王棻等纂 清光緒二十二年(1896)刻本(有圖) 八册

440000－2541－0010481 24132
光緒桐鄉縣志二十四卷首四卷 (清)嚴辰纂 **楊園淵源錄四卷** (清)沈曰富輯 清光緒十三年(1887)蘇州刻本(有圖表) 二十四册

440000－2541－0010482 24133
光緒桐鄉縣志二十四卷首四卷 (清)嚴辰纂 **楊園淵源錄四卷** (清)沈曰富輯 清光緒

十三年(1887)蘇州刻本(有圖表)　二十四册

440000－2541－0010483　24134
[光緒]石門縣志十一卷首一卷　(清)余麗元等纂修　清光緒四年至五年(1878－1879)刻本(有圖表)　十四册

440000－2541－0010484　24135
[光緒]慈谿縣志五十六卷附編一卷　(清)楊泰亨　(清)馮可鏞纂　清光緒二十五年(1899)刻本(有圖表)　二十四册

440000－2541－0010485　24137
[光緒]石門縣志十一卷首一卷　(清)余麗元等纂修　清光緒四年至五年(1878－1879)刻本(有圖表)　十二册

440000－2541－0010486　24138
[同治]孝豐縣志十卷首一卷　(清)劉濬修　(清)潘宅仁等纂　清光緒三年至五年(1877－1879)刻本(有圖表)　九册

440000－2541－0010487　24140
[同治]孝豐縣志十卷首一卷　(清)劉濬修　(清)潘宅仁等纂　清光緒三年至五年(1877－1879)刻本(有圖表)　十册

440000－2541－0010488　24144
[光緒]餘姚縣志二十七卷首一卷末一卷　(清)周炳麟修　(清)邵友濂　(清)孫德祖纂　清光緒二十五年(1899)刻本(有表)　十六册

440000－2541－0010489　24145
[光緒]餘姚縣志二十七卷首一卷末一卷　(清)周炳麟修　(清)邵友濂　(清)孫德祖纂　清光緒二十五年(1899)刻本(有表)　十六册

440000－2541－0010490　24150
[光緒]定海廳志三十卷首一卷　(清)史致馴等修　(清)黄以周等纂　清光緒十年(1884)刻本(有圖表)　十册

440000－2541－0010491　24153
[光緒]定海廳志三十卷首一卷　(清)史致馴等修　(清)黄以周等纂　清光緒十年(1884)刻本(有圖表)　十一册

440000－2541－0010492　24157
[光緒]上虞縣志四十八卷首一卷末一卷　(清)唐煦春修　(清)朱士黻纂　清光緒十七年(1891)刻本(有圖表)　二十册

440000－2541－0010493　24158
[光緒]上虞縣志四十八卷首一卷末一卷　(清)唐煦春修　(清)朱士黻纂　清光緒十七年(1891)刻本(有圖表)　二十册

440000－2541－0010494　24159
[光緒]縉雲縣志十六卷首一卷末一卷　(清)何乃容修　(清)潘樹棠纂　清光緒二年至七年(1876－1881)刻本(有圖表)　十二册

440000－2541－0010495　24160
[康熙]天台縣志十五卷首一卷　(清)李德耀　(清)黄執中纂修　清康熙二十三年(1684)刻咸豐六年(1856)補刻本(有圖)　六册

440000－2541－0010496　24161
[嘉慶]瑞安縣志十卷首一卷　(清)張德標修　(清)黄徵義纂　清嘉慶十三年至十四年(1808－1809)刻本(有圖)　八册

440000－2541－0010497　24162
[嘉慶]瑞安縣志十卷首一卷　(清)張德標修　(清)黄徵義纂　清嘉慶十三年至十四年(1808－1809)刻本(有圖)(卷五、八抄配)　十册

440000－2541－0010498　24163
[光緒]寧海縣志二十四卷首一卷　(清)王瑞成等修　(清)張濬纂　清光緒二十八年(1902)刻本(有圖表)　十二册

440000－2541－0010499　24166
[光緒]常山縣志六十八卷首一卷末一卷　(清)李瑞鍾修　(清)朱昌泰等纂　清光緒十二年(1886)刻本(有圖)　十二册

440000－2541－0010500　24167
[同治]雲和縣志十六卷首一卷　(清)伍承吉

修　（清）涂冠續修　（清）王士鈖纂　清咸豐七年至同治三年(1857－1864)刻本(有圖表)　八冊

440000－2541－0010501　24168
[道光]金華縣志十二卷首一卷　（清）黄金聲修　（清）李林松纂　清道光三年(1823)刻本(有圖表)　八冊

440000－2541－0010502　24169
[光緒]永嘉縣志三十八卷首一卷　（清）張寶琳修　（清）王棻纂　清光緒八年(1882)刻本(有圖表)　十六冊

440000－2541－0010503　24170
光緒蘭谿縣志八卷首一卷補遺一卷　（清）秦簧等修　（清）唐壬森纂　清光緒十三年至十五年(1887－1889)刻本(有圖)　十冊

440000－2541－0010504　24171
[同治]麗水縣志十五卷　（清）彭潤章等纂修　清同治十三年(1874)刻本(有圖表)　八冊

440000－2541－0010505　24173
光緒分水縣志十卷首一卷末一卷　（清）陳常鏵　（清）馮圻修　（清）臧承宣纂　清光緒三十二年(1906)刻本(有圖表)　六冊

440000－2541－0010506　24174
[光緒]龍泉縣志十二卷首一卷　（清）顧國詔　（清）張世埼纂修　清光緒三年(1877)刻本(有圖)　六冊

440000－2541－0010507　24175
[乾隆]遂安縣志十卷首一卷　（清）鄒錫疇修　（清）方引彦等纂　清光緒十六年(1890)木活字印本(有圖)　八冊

440000－2541－0010508　24176
[乾隆]遂安縣志十卷首一卷　（清）鄒錫疇修　（清）方引彦等纂　清光緒十六年(1890)木活字印本(有圖)　八冊

440000－2541－0010509　24177
[光緒]青田縣志十八卷首一卷　（清）雷銑修　（清）王棻纂　清光緒元年至二年(1875－1876)刻本(有圖)　十二冊

440000－2541－0010510　24178
[同治]景寧縣志十四卷首一卷末一卷　（清）周杰修　（清）嚴用光等纂　清同治十一年(1872)刻本(有圖)　十六冊

440000－2541－0010511　24179
[光緒]松陽縣志十二卷首一卷　（清）支恒椿修　（清）丁鳳章等纂　清光緒元年(1875)刻本(有圖)　六冊

440000－2541－0010512　24180
[光緒]宣平縣志二十卷首一卷　（清）皮樹棠修　（清）祝鳳梧纂　清光緒四年(1878)刻本(有圖表)　八冊

440000－2541－0010513　24181
[光緒]遂昌縣志十二卷外編四卷　（清）胡壽海　（清）史恩緯修　（清）褚成允纂　清光緒二十二年(1896)刻本(有圖表)　十二冊

440000－2541－0010514　24182
[光緒]宣平縣志二十卷首一卷　（清）皮樹棠修　（清）祝鳳梧纂　清光緒四年(1878)刻本(有圖表)　八冊

440000－2541－0010515　24183
[光緒]玉環廳志十四卷首一卷續增補遺一卷全浙海圖一卷　（清）杜冠英　（清）胥壽榮修　（清）呂鴻燾纂　清光緒六年(1880)刻十四年(1888)胡鍾駿增刻本(有圖表)　八冊

440000－2541－0010516　24184
[光緒]玉環廳志十四卷首一卷續增補遺一卷全浙海圖一卷　（清）杜冠英　（清）胥壽榮修　（清）呂鴻燾纂　清光緒六年(1880)刻十四年(1888)胡鍾駿增刻本(有圖表)　八冊

440000－2541－0010517　24187
[光緒]富陽縣志二十四卷　（清）汪文炳修　（清）蔣敬時　（清）何鎔纂　清光緒三十二年(1906)刻本(有表)　十五冊　存二十二卷(三至二十四)

440000－2541－0010518　24188

[光緒]諸暨縣志六十卷首一卷 (清)陳遹聲修 (清)蔣鴻藻纂 清宣統二年(1910)刻本(有圖表) 十八册

440000－2541－0010519 24189
湖墅小志四卷 (清)高鵬年纂 清光緒二十二年(1896)石印本 二册

440000－2541－0010520 24192
菱湖鎮志四十四卷首一卷 (清)孫志熊纂 清光緒十九年(1893)臨安孫氏刻本(有圖) 五册

440000－2541－0010521 24193
梅里志十八卷 (清)楊謙纂 (清)李富孫補輯 (清)余楙續補 清光緒三年(1877)刻本(有圖表) 六册

440000－2541－0010522 24194
[光緒]唐棲志二十卷續四卷 (清)王同纂 清光緒十五年至十六年(1889－1890)刻本(有圖表) 八册

440000－2541－0010523 24195
[光緒]唐棲志二十卷續四卷 (清)王同纂 清光緒十五年至十六年(1889－1890)刻本(有圖表) 八册

440000－2541－0010524 24198
[光緒]江西通志一百八十卷首五卷 (清)劉坤一等修 (清)劉繹 (清)趙之謙等纂 清光緒六年至七年(1880－1881)刻本(有表) 一百二十册

440000－2541－0010525 24199
[光緒]江西通志一百八十卷首五卷 (清)劉坤一等修 (清)劉繹 (清)趙之謙等纂 清光緒六年至七年(1880－1881)刻本(有表) 一百二十册

440000－2541－0010526 24200
江西要覽二十卷 (清)陳炳星纂 清光緒五年(1879)漱芳齋刻本 四册

440000－2541－0010527 24203
[同治]臨江府志三十二卷首一卷 (清)德馨 (清)鮑孝光修 (清)朱孫詒 (清)陳錫麟纂 清同治十年(1871)刻本(有圖) 六册

440000－2541－0010528 24204
[同治]臨江府志三十二卷首一卷 (清)德馨 (清)鮑孝光修 (清)朱孫詒 (清)陳錫麟纂 清同治十年(1871)刻本(有圖) 六册

440000－2541－0010529 24205
[光緒]撫州府志八十六卷首一卷 (清)許應鑅修 (清)謝煌纂 清光緒二年(1876)刻本(有圖) 三十六册

440000－2541－0010530 24206
[同治]瑞州府志二十四卷首一卷 (清)黄廷金修 (清)蕭濬蘭等纂 清同治十二年(1873)刻本(有圖) 十四册

440000－2541－0010531 24208
[道光]贛州府志七十八卷首一卷 (清)李本仁修 (清)陳觀酉纂 清道光二十八年(1848)吉南贛寧道署刻本(有圖) 六十册

440000－2541－0010532 24212
[同治]建昌府志十卷首一卷 (清)邵子彝修 (清)魯琪光纂 清同治十一年(1872)刻光緒五年(1879)增補本 二十一册 存九卷(一至二、四至十)

440000－2541－0010533 24213
[同治]新昌縣志三十二卷首一卷末一卷 (清)朱慶萼等纂修 清同治十一年(1872)木活字印本(有圖) 二十册

440000－2541－0010534 24215
[同治]南安府志三十二卷首一卷 (清)黄鳴珂修 (清)石景芬 (清)徐福炘纂 清同治七年(1868)刻本 二册 存二卷(十二、十四)

440000－2541－0010535 24218
[同治]萍鄉縣志十卷首一卷 (清)錫榮 (清)王明璠修 (清)熊清河等纂 清同治十一年(1872)刻本(有圖) 八册

440000－2541－0010536 24220

[同治]萍鄉縣志十卷首一卷　(清)錫榮　(清)王明璠修　(清)熊清河等纂　清同治十一年(1872)刻本(有圖)　八冊

440000 - 2541 - 0010537　24221
[同治]彭澤縣志十八卷首一卷　(清)趙宗耀　(清)陳文慶修　(清)歐陽燾等纂　**補遺一卷**　(清)陳友善修　(清)張經畬纂　清同治十二年(1873)刻光緒二年(1876)增刻本(有圖)　十七冊

440000 - 2541 - 0010538　24224
[同治]雩都縣志十六卷首一卷　(清)顏壽芝　(清)王穎修　(清)何戴仁　(清)洪霖纂　清光緒二十九年(1903)許金策刻本(有圖)　六冊　存十卷(一至九、首一卷)

440000 - 2541 - 0010539　24225
[同治]南康縣志十四卷首一卷　(清)沈恩華修　(清)盧鼎峋纂　清同治十一年(1872)刻本(有圖)　十二冊

440000 - 2541 - 0010540　24226
[同治]江西東鄉縣志十六卷首一卷末一卷　(清)李士棻　(清)王維新修　(清)胡業恒纂　清同治八年(1869)刻本(有圖)　十冊

440000 - 2541 - 0010541　24227
[同治]安遠縣志十卷首一卷　(清)黃瑞圖修　(清)歐陽鐸纂　清同治十一年(1872)刻本(有圖)　十二冊

440000 - 2541 - 0010542　24228
[道光]宜春縣志三十二卷首一卷末一卷　(清)程國觀等纂修　清道光三年(1823)刻本(有圖)　十六冊

440000 - 2541 - 0010543　24229
[同治]貴溪縣志十卷首一卷　(清)楊長傑等修　(清)黃聯玨等纂　清同治十年(1871)刻本(有圖)　十四冊

440000 - 2541 - 0010544　24233
[道光]餘干縣志二十三卷首一卷　(清)李暕修　(清)洪錫光纂　清道光三年(1823)刻本(有圖)　八冊

440000 - 2541 - 0010545　24234
[同治]廣豐縣志十卷首一卷　(清)雙全等修　(清)顧蘭生等纂　清同治十一年(1872)刻本(有圖)　十冊

440000 - 2541 - 0010546　24235
[同治]廣豐縣志十卷首一卷　(清)雙全等修　(清)顧蘭生等纂　清同治十一年(1872)刻本(有圖)　十二冊

440000 - 2541 - 0010547　24236
[同治]樂平縣志十卷首一卷　(清)董萼榮　(清)梅毓翰修　(清)汪元祥　(清)陳謨纂　清同治九年(1870)翥山書院刻本(有圖)　十二冊

440000 - 2541 - 0010548　24239
[道光]瑞金縣志十六卷首一卷　(清)蔣方增纂修　清道光二年(1822)刻本(有圖)　十六冊

440000 - 2541 - 0010549　24240
[同治]高安縣志二十八卷首一卷　(清)孫家鐸修　(清)熊松之纂　清同治十年(1871)刻本(有圖)　二十冊

440000 - 2541 - 0010550　24241
[道光]金溪縣志六十卷首一卷末一卷　(清)李雲修　(清)楊護等纂　清道光三年(1823)刻本(有圖)　十二冊

440000 - 2541 - 0010551　24243
[乾隆]南安府大庾縣志二十卷首一卷　(清)余光璧纂修　清咸豐元年(1851)刻本(有圖)　三冊　存十卷(一至十)

440000 - 2541 - 0010552　24244
[道光]宜黃縣志三十二卷首一卷　(清)札隆阿修　(清)程卓樑等纂　清道光五年(1825)刻本(有圖)　十六冊

440000 - 2541 - 0010553　24247
[同治]玉山縣志十卷續補遺一卷廣補遺一卷首一卷　(清)黃壽祺修　(清)吳華辰　(清)任廷槐纂　清同治十二年(1873)刻本(有圖)　十一冊　存十二卷(玉山縣志十卷、

續補遺一卷、首一卷)

440000－2541－0010554　24248
[同治]玉山縣志十卷續補遺一卷廣補遺一卷首一卷　(清)黃壽祺修　(清)吳華辰　(清)任廷槐纂　清同治十二年(1873)刻本(有圖)　十一册

440000－2541－0010555　24249
[同治]清江縣志十卷首一卷　(清)潘懿修　(清)朱孫詒纂　清同治九年(1870)刻本(有圖)　十六册

440000－2541－0010556　24250
[同治]清江縣志十卷首一卷　(清)潘懿修　(清)朱孫詒纂　清同治九年(1870)刻本(有圖)　九册

440000－2541－0010557　24251
[同治]德安縣志十五卷　(清)沈建勳修　(清)程景周等纂　清同治十年(1871)刻本(有圖)　八册

440000－2541－0010558　24252
[同治]萬安縣志二十卷首一卷末一卷　(清)歐陽駿修　(清)周之鏞纂　清同治十二年(1873)刻光緒三年(1877)補刻本(有圖)　十四册

440000－2541－0010559　24253
[同治]萬年縣志十二卷首一卷　(清)項珂修　(清)劉馥桂等纂　清同治十年(1871)刻本(有圖)　十二册

440000－2541－0010560　24254
[同治]德興縣志十卷首一卷末一卷　(清)孟慶雲修　(清)楊重雅等纂　清同治十一年(1872)刻本(有圖)　十二册

440000－2541－0010561　24255
[同治]新淦縣志十卷首一卷　(清)王肇賜修　(清)陳錫麟纂　清同治十二年(1873)木活字印本(有圖)　十六册

440000－2541－0010562　24257
[道光]重纂福建通志二百七十八卷首七卷　(清)孫爾準等修　(清)陳壽祺纂　(清)程祖洛等續修　(清)魏敬中續纂　清同治七年至十年(1868－1871)刻本(有圖)　一百四十二册　存二百六十九卷(一至二百六十八、首一卷)

440000－2541－0010563　24258
[道光]重纂福建通志二百七十八卷首七卷
(清)孫爾準等修　(清)陳壽祺纂　(清)程祖洛等續修　(清)魏敬中續纂　清同治七年至十年(1868－1871)刻本(有圖)　一百六十册

440000－2541－0010564　24267
閩產錄異六卷　(清)郭柏蒼輯　清光緒十二年(1886)刻本　五册

440000－2541－0010565　24270
[乾隆]汀州府志四十五卷首一卷　(清)曾日瑛等修　(清)李紱等纂　清同治六年(1867)刻本(有圖)　二十册

440000－2541－0010566　24271
[乾隆]汀州府志四十五卷首一卷　(清)曾日瑛等修　(清)李紱等纂　清同治六年(1867)刻本(有圖)　二十册

440000－2541－0010567　24272
[乾隆]泉州府志七十六卷首一卷　(清)懷蔭布修　(清)黃任　(清)郭賡武纂　清同治九年(1870)刻民國十六年(1927)補刻本(有圖)　四十八册

440000－2541－0010568　24274
[光緒]重纂邵武府志三十卷首一卷　(清)王琛　(清)徐兆豐修　(清)張景祁等纂　清光緒二十三年(1897)刻本(有圖)　二十册

440000－2541－0010569　24275
[光緒]重纂邵武府志三十卷首一卷　(清)王琛　(清)徐兆豐修　(清)張景祁等纂　清光緒二十三年(1897)刻本(有圖)　二十册

440000－2541－0010570　24276
[乾隆]福甯府志四十四卷首一卷　(清)李拔等纂輯　清光緒六年(1880)刻本(有圖)　十

九册　存四十四卷(一至十七、十九至四十四,首一卷)

440000－2541－0010571　24277
[光緒]漳州府志五十卷首一卷　(清)李維鈺原本　(清)沈定均續修　(清)吳聯薰增纂　清光緒三年(1877)刻本(有圖)　二十册

440000－2541－0010572　24278
[光緒]漳州府志五十卷首一卷　(清)李維鈺原本　(清)沈定均續修　(清)吳聯薰增纂　清光緒三年(1877)刻本(有圖)　二十八册　存四十三卷(一至四、七至二十三、二十六至四十五、四十八至四十九)

440000－2541－0010573　24280
[光緒]漳州府志五十卷首一卷　(清)李維鈺原本　(清)沈定均續修　(清)吳聯薰增纂　清光緒三年(1877)刻本(有圖)　四册　存八卷(四十三至五十)

440000－2541－0010574　24281
[弘治]重刊興化府志五十四卷　(明)陳效修　(明)周瑛　(明)黄仲昭纂　清同治十年(1871)刻本　二十四册　存四十三卷(一至四、七至二十三、二十六至四十五、四十八至四十九)

440000－2541－0010575　24282
[弘治]重刊興化府志五十四卷　(明)陳效修　(明)周瑛　(明)黄仲昭纂　清同治十年(1871)刻本　二十三册　存五十二卷(一至五十二)

440000－2541－0010576　24283
[道光]廈門志十六卷　(清)周凱等纂修　清道光十九年(1839)玉屏書院刻本(有圖)　十二册

440000－2541－0010577　24285
[道光]廈門志十六卷　(清)周凱等纂修　清道光十九年(1839)玉屏書院刻本(有圖)　十二册

440000－2541－0010578　24292
[乾隆]馬巷廳志十八卷首一卷　(清)萬友正纂修　**附錄三卷**　(清)黄家鼎纂　清光緒九年(1883)豐順丁惠深刻十九年(1893)鄞縣黄家鼎增刻本(有圖)　十册

440000－2541－0010579　24297
[光緒]續修浦城縣志四十二卷首一卷　(清)翁天祜　(清)吕渭英修　(清)翁昭泰纂　清光緒二十六年(1900)刻本(有圖)　二十四册

440000－2541－0010580　24298
[光緒]續修浦城縣志四十二卷首一卷　(清)翁天祜　(清)吕渭英修　(清)翁昭泰纂　清光緒二十六年(1900)刻本(有圖)　二十册

440000－2541－0010581　24299
[光緒]長汀縣志三十三卷首一卷末一卷　(清)劉國光　(清)謝昌霖修　(清)丁上達纂　清光緒五年(1879)刻本(有圖)　十四册

440000－2541－0010582　24300
[康熙]甯化縣志七卷　(清)祝文郁修　(清)李世熊纂　清同治八年(1869)刻本(有圖)　六册

440000－2541－0010583　24301
[康熙]甯化縣志七卷　(清)祝文郁修　(清)李世熊纂　清同治八年(1869)刻本(有圖)　八册

440000－2541－0010584　24302
[嘉慶]同安縣志三十卷首一卷　(清)吳堂修　(清)劉光鼎等纂　清光緒十一年(1885)刻本(有圖)　十二册

440000－2541－0010585　24303
[同治]長樂縣志二十卷首一卷　(清)彭光藻　(清)王家駒修　(清)楊希閔等纂　清同治八年(1869)刻本(有圖)　十册　存十九卷(一至六、九至二十,首一卷)

440000－2541－0010586　24304
[同治]長樂縣志二十卷首一卷　(清)彭光藻　(清)王家駒修　(清)楊希閔等纂　清同治八年(1869)刻本(有圖)　十册

440000－2541－0010587　24305

閩縣鄉土志不分卷 (清)朱景星 (清)李駿斌修 (清)鄭祖庚等纂 清光緒三十二年(1906)鉛印本 四冊

440000－2541－0010588 24306

[乾隆]福清縣志二十卷圖一卷 (清)饒安鼎 (清)邵應龍修 (清)林昂 (清)李修卿纂 清光緒二十四年(1898)刻本(有圖) 十一冊 存二十卷(福清縣志二十卷)

440000－2541－0010589 24307

[嘉慶]順昌縣志十卷 (清)許庭梧修 (清)謝鍾瑾纂 (清)陸嗣淵等增修 (清)謝鍾玿增纂 清光緒七年(1881)刻本(有圖) 五冊

440000－2541－0010590 24309

[嘉慶]南平縣志三十八卷首三卷末一卷 (清)楊桂森修 (清)應丹詔纂 清嘉慶十五年(1810)刻本 八冊 存九卷(一至六、首三卷)

440000－2541－0010591 24321

治臺必告錄八卷 (清)丁曰健輯 清同治六年(1867)丁氏知足知止園刻本 八冊

440000－2541－0010592 24327

[道光]彰化縣志十二卷圖一卷 (清)李廷璧修 (清)周璽纂 清道光十四年(1834)刻本(有圖) 十二冊

440000－2541－0010593 24328

[同治]淡水廳志十六卷 (清)黎兆棠修 (清)陳培桂纂 清同治十年(1871)刻本(有圖) 八冊

440000－2541－0010594 24329

[同治]續天津縣志二十卷首一卷 (清)吳惠元修 (清)蔣玉虹 (清)俞樾纂 清同治九年(1870)刻本 八冊

440000－2541－0010595 24330

[同治]淡水廳志十六卷 (清)黎兆棠修 (清)陳培桂纂 清同治十年(1871)刻本(有圖) 八冊

440000－2541－0010596 24334

河南通攷二卷 (清)□□撰 清光緒二十八年(1902)上海文來書局石印本 一冊

440000－2541－0010597 24335

河南通攷二卷 (清)□□撰 清光緒二十八年(1902)上海文來書局石印本 一冊

440000－2541－0010598 24338

[乾隆]續河南通志八十卷首四卷 (清)阿思哈 (清)嵩貴纂修 清乾隆三十二年(1767)刻光緒補刻民國三年(1914)河南教育司重印本 二十四冊

440000－2541－0010599 24339

[道光]河內縣志三十六卷 (清)袁通修 (清)方履籛 (清)吳育纂 清道光五年(1825)刻本(有圖) 十冊

440000－2541－0010600 24340

[光緒]重修靈寶縣志八卷 (清)周淦 (清)方胙勛修 (清)高錦榮 (清)李鏡江纂 清光緒二年(1876)刻本(有圖) 八冊

440000－2541－0010601 24342

[嘉慶]澠池縣志十六卷 (清)甘揚聲修 (清)劉文運等纂 清嘉慶十五年(1810)刻本(有圖) 八冊

440000－2541－0010602 24343

[嘉慶]續濟源縣志十二卷 (清)何荇芳修 (清)劉大觀纂 清嘉慶十八年(1813)刻本 四冊

440000－2541－0010603 24344

[嘉慶]安陽縣志二十八卷首一卷 (清)貴泰修 (清)武穆淳纂 清嘉慶二十四年(1819)刻本(有圖) 十冊

440000－2541－0010604 24346

[嘉慶]安陽縣志二十八卷首一卷 (清)貴泰修 (清)武穆淳纂 清嘉慶二十四年(1819)刻本(有圖) 二十四冊

440000－2541－0010605 24347

[嘉慶]安陽縣志十四卷 (清)趙希璜修

(清)武憶纂　清嘉慶四年(1799)刻本(有圖表)　六册

440000－2541－0010606　24351
[道光]太康縣志八卷　(清)戴鳳翔修　(清)高崧　(清)江練纂　清道光八年(1828)刻本(有圖)　八册

440000－2541－0010607　24356
光緒扶溝縣志十六卷首一卷　(清)熊燦修　(清)張文楷纂　清光緒十九年(1893)刻本(有圖)　六册

440000－2541－0010608　24358
[同治]中牟縣志十二卷首一卷末一卷　(清)吳若烺修　(清)路春林　(清)邢爲翰纂　清同治九年(1870)刻本(有圖)　六册

440000－2541－0010609　24361
[同治]葉縣志十卷首一卷附錄一卷　(清)歐陽霖　(清)杜鶴慈修　(清)倉景恬　(清)胡廷楨纂　清同治十一年(1872)刻本　七册

440000－2541－0010610　24362
[道光]鄢陵縣志十八卷　(清)何鄂聯修　(清)洪符孫纂　清道光十三年(1833)刻本(有圖)　八册

440000－2541－0010611　24363
[嘉慶]濬縣志二十二卷金石錄二卷　(清)熊象階修　(清)武穆淳纂　清嘉慶七年(1802)刻本(有圖)　六册

440000－2541－0010612　24364
[光緒]續濬縣志八卷　(清)黄璟修　(清)李作霖　(清)喬景濂纂　清光緒十二年(1886)刻本(有圖)　二册

440000－2541－0010613　24367
光緒鹿邑縣志十六卷首一卷附圖十卷首一卷末一卷　(清)于滄瀾　(清)馬家彥修　(清)蔣師轍纂　清光緒二十二年(1896)刻本(有圖)　七册

440000－2541－0010614　24368
光緒鹿邑縣志十六卷首一卷圖十卷首一卷末一卷　(清)于滄瀾　(清)馬家彥修　(清)蔣師轍纂　清光緒二十二年(1896)刻本(有圖)　六册　存十六卷(光緒鹿邑縣志十六卷)

440000－2541－0010615　24369
[嘉慶]商城縣志十四卷首一卷末一卷　(清)武開吉修　(清)周之驥纂　清嘉慶八年(1803)刻本(有圖)　十二册

440000－2541－0010616　24382
[嘉慶]湖北通志一百卷首五卷　(清)吳熊光　(清)吳烜修　(清)陳詩　(清)張承寵纂　清嘉慶九年(1804)刻本(有圖)　六十四册

440000－2541－0010617　24389
渚宫舊事五卷　(唐)余知古撰　**補遺一卷**　(清)孫星衍輯　清刻本　一册

440000－2541－0010618　24390
[光緒]荆州府志八十卷首一卷　(清)倪文蔚　(清)蔣銘勳修　(清)顧嘉蘅　(清)李廷鉽纂　清光緒六年(1880)刻本(有圖)　三十一册　存七十九卷(一至七十八、首一卷)

440000－2541－0010619　24391
[光緒]黄州府志四十卷首一卷　(清)英啓修　(清)鄧琛纂　清光緒十年(1884)黄州府署刻本(有圖)　四十册

440000－2541－0010620　24392
[同治]宜昌府志十六卷首一卷　(清)聶光鑾修　(清)王柏心　(清)雷春沼纂　清同治五年(1866)刻本(有圖)　十六册

440000－2541－0010621　24394
[光緒]黄州府志四十卷首一卷　(清)英啓修　(清)鄧琛纂　清光緒十年(1884)黄州府署刻本(有圖)　四十册

440000－2541－0010622　24396
[同治]宜昌府志十六卷首一卷　(清)聶光鑾修　(清)王柏心　(清)雷春沼纂　清同治五年(1866)刻本(有圖)　九册　存九卷(二下至九、十四)

440000－2541－0010623　24397.1

[同治]增修施南府志三十卷首一卷　(清)松林　(清)周慶榕修　(清)何遠鑒等纂　清同治十年(1871)刻本(有圖表)　三十九册

440000－2541－0010624　24397.2

[光緒]施南府志續編十卷　(清)王庭禎　(清)李謙修　(清)雷春沼　(清)尹壽蘅纂　清光緒十年(1884)刻十一年(1885)印本　與440000－2541－0010623合册

440000－2541－0010625　24399

[同治]鄖陽府志八卷首一卷　(清)吴葆儀修　(清)王嚴恭纂　清同治九年(1870)刻本(有圖)　九册

440000－2541－0010626　24400

[光緒]歸州志十卷首一卷　(清)沈雲駿修　(清)劉玉森纂　清光緒八年(1882)刻本(有圖)　六册

440000－2541－0010627　24401

[光緒]續輯均州志十六卷首一卷　(清)馬雲龍　(清)湯炳堃修　(清)賈洪詔等纂　清光緒十年(1884)均州志局刻本(有圖)　八册

440000－2541－0010628　24402

[光緒]沔陽州志十二卷首一卷　(清)葛振元修　(清)楊鉅纂　清光緒二十年(1894)刻本(有圖)　十六册

440000－2541－0010629　24403

[同治]隨州志三十二卷首一卷　(清)文齡　(清)孫文俊修　(清)史策先纂　清同治八年(1869)刻本　十三册　存二十一卷(四至十一、二十至三十二)

440000－2541－0010630　24404

[光緒]歸州志十卷首一卷　(清)沈雲駿修　(清)劉玉森纂　清光緒八年(1882)刻本(有圖)　六册

440000－2541－0010631　24405

[光緒]潛江縣志續二十卷首一卷　(清)史致謨修　(清)劉恭冕　(清)郭士元纂　清光緒五年(1879)傳經書院刻本(有圖)　八册

440000－2541－0010632　24406

[光緒]歸州志十七卷　(清)黄世崇纂修　清光緒二十七年(1901)廣濟縣署刻本(有圖)　四册

440000－2541－0010633　24407

[同治]襄陽縣志七卷首一卷　(清)楊宗時修　(清)崔淦纂　(清)吴耀斗續修　(清)李士彬續纂　清同治十三年(1874)刻本(有圖)　八册

440000－2541－0010634　24408

[光緒]潛江縣志續二十卷首一卷　(清)史致謨修　(清)劉恭冕　(清)郭士元纂　清光緒五年(1879)傳經書院刻本(有圖)　八册

440000－2541－0010635　24409

[同治]宜城縣志十卷　(清)程啟安修　(清)張炳鍾等纂　清同治五年(1866)刻本(有圖)　七册　存九卷(一至九)

440000－2541－0010636　24410

[光緒]宜城縣續志二卷　(清)李連騎修　(清)姚德華纂　清光緒八年(1882)刻本　一册

440000－2541－0010637　24411

[光緒]長樂縣志十六卷首一卷末一卷　(清)李煥春修　(清)賴榮光纂　(清)龍兆霖續修　(清)鄭敦祐再續修　清咸豐二年(1852)刻光緒元年(1875)增刻本(有圖)　八册

440000－2541－0010638　24412

[光緒]續雲夢縣志略十卷首一卷末一卷　(清)吴念椿修　(清)程壽昌　(清)曾廣浚纂　清光緒九年(1883)刻本(有圖)　四册

440000－2541－0010639　24413

[同治]棗陽縣志三十卷首一卷末一卷　(清)張聲正修　(清)史策先纂　清同治四年(1865)刻本　七册　存二十五卷(七至三十、末一卷)

440000－2541－0010640　24414

[同治]長陽縣志七卷首一卷　(清)陳惟模修　(清)譚大勳纂　清同治五年(1866)刻本

（有圖） 六册

440000－2541－0010641 24415
［光緒］江陵縣志六十五卷首一卷 （清）蒯正昌等修 （清）胡九皋等纂 清光緒刻本 十八册 存五十六卷（一至五十五、首一卷）

440000－2541－0010642 24416
［光緒］麻城縣志四十卷首一卷末一卷 （清）陸祐勤 （清）朱榮椿修 （清）余士珩纂 清光緒八年（1882）刻本 二十二册 存四十一卷（麻城縣志四十卷、末一卷）

440000－2541－0010643 24418
［光緒］蘄水縣志二十二卷首一卷末一卷 （清）多祺纂修 清光緒六年（1880）刻本（有圖） 二十册

440000－2541－0010644 24419
［同治］東湖縣志三十一卷首一卷 （清）金大鏞修 （清）王柏心纂 清同治三年（1864）刻本（有圖） 十六册

440000－2541－0010645 24420
［同治］穀城縣志八卷 （清）承印修 （清）蔣海澄 （清）黄定鏞纂 清同治六年（1867）刻本（有圖） 八册

440000－2541－0010646 24422
［同治］石首縣志八卷 （清）朱榮實修 （清）傅如筠纂 清同治五年（1866）刻本 十二册

440000－2541－0010647 24423
［光緒］興山縣志二十二卷 （清）黄世崇纂修 清光緒十一年（1885）經心書院刻本 四册

440000－2541－0010648 24424
［同治］恩施縣志十二卷首一卷 （清）多壽修 （清）羅凌漢纂 清同治七年（1868）刻本 六册

440000－2541－0010649 24425
［道光］安陸縣志四十卷首一卷 （清）蔣炯等纂修 （清）李廷錫續纂修 清咸豐三年（1853）刻本（有圖） 十六册

440000－2541－0010650 24426
［同治］建始縣志八卷首一卷 （清）熊啟詠纂修 清同治五年（1866）刻本（有圖） 四册

440000－2541－0010651 24427
［光緒］孝感縣志二十四卷續補志一卷 （清）朱希白等修 （清）沈用增等纂 清光緒九年（1883）刻本（有圖） 十一册 存二十一卷（一至二十一）

440000－2541－0010652 24428
［同治］南漳縣志集鈔二十六卷首一卷 （清）沈兆元修 （清）胡正楷纂 （清）胡心悦增纂 清嘉慶二十年（1815）刻同治四年（1865）東鶴山堂增刻本 八册 存十三卷（七至十二、十八至二十四）

440000－2541－0010653 24429
［同治］江夏縣志八卷首一卷 （清）王庭楨修 （清）彭崧毓纂 清同治八年（1869）刻光緒七年（1881）增刻本（有圖） 八册

440000－2541－0010654 24430
［同治］鄖西縣志二十卷首一卷 （清）程光第修 （清）葉年棻 （清）李登鰲纂 清同治五年（1866）刻本 十册 存十八卷（一至十八）

440000－2541－0010655 24431
［光緒］黄梅縣志四十卷首一卷 （清）覃瀚元 （清）袁瓚修 （清）宛名昌等纂 清光緒二年（1876）刻本（有圖） 十一册

440000－2541－0010656 24434
［同治］漢川縣志二十二卷首一卷 （清）德廉 （清）尹洪熙修 （清）林祥瑗等纂 清同治十二年（1873）刻本（有圖） 十册 存十九卷（一至十七、十九至二十）

440000－2541－0010657 24437
［同治］荆門直隸州志十二卷首一卷 （清）恩榮修 （清）張圻纂 清同治七年（1868）刻本（有圖） 十四册 存十卷（一至八、十至十一）

440000－2541－0010658 24438
［同治］廣濟縣志十六卷首一卷 （清）劉宗元

（清）朱榮寶修　（清）劉燁纂　清同治十一年（1872）木活字印本　十冊　存十三卷（二至三、六至十六）

440000－2541－0010659　24440
[嘉慶]長沙縣志二十八卷首一卷　（清）趙文在修　（清）劉樑之纂　（清）陳光詔續修（清）艾以清　（清）熊綬南續纂　清嘉慶十五年（1810）刻二十二年（1817）增刻本（有圖）十冊

440000－2541－0010660　24441
[光緒]湖南通志二百八十八卷首八卷末十九卷　（清）李瀚章等修　（清）曾國荃等纂　清光緒十一年（1885）刻本（有圖）　一百六十七冊

440000－2541－0010661　24445
[道光]寶慶府志一百四十三卷首二卷末三卷　（清）黄宅中　（清）張鎮南修　（清）鄧顯鶴纂　清道光二十九年（1849）刻本（有圖）　四十八冊

440000－2541－0010662　24446
岳州府四縣志四種　（清）鍾英等編　清同治至光緒刻光緒十八年（1892）滙印本（有圖）　四十六冊

440000－2541－0010663　24449
[嘉慶]常德府志四十八卷叢談三卷常德文徵九卷首一卷　（清）應先烈修　（清）陳楷禮纂　清嘉慶十八年（1813）刻本（有圖）　二十二冊

440000－2541－0010664　24451
[同治]衡陽縣志十二卷　（清）羅慶薌等修（清）彭玉麟等纂　清同治十三年（1874）刻本（有圖）　十六冊

440000－2541－0010665　24452
[同治]衡陽縣志十二卷　（清）羅慶薌等修（清）彭玉麟等纂　清同治十三年（1874）刻本（有圖）　八冊　存八卷（一至八）

440000－2541－0010666　24454
[同治]桂陽直隸州志二十七卷首一卷　（清）汪敩灝　（清）吳嗣仲修　王闓運纂　清同治七年（1868）刻本（有圖）　十三冊

440000－2541－0010667　24455
[同治]桂陽直隸州志二十七卷首一卷　（清）汪敩灝　（清）吳嗣仲修　王闓運纂　清同治七年（1868）刻本（有圖）　十三冊

440000－2541－0010668　24456
[光緒]道州志十二卷　（清）李鏡蓉　（清）盛賡修　（清）許清源　（清）洪廷揆纂　清光緒四年（1878）刻本（有圖）　八冊

440000－2541－0010669　24457
[同治]茶陵州志二十四卷　（清）梁葆頤修（清）譚鍾麟纂　清同治九年（1870）刻本（有圖）　七冊

440000－2541－0010670　24458
[同治]茶陵州志二十四卷　（清）梁葆頤修（清）譚鍾麟纂　清同治九年（1870）刻本（有圖）　八冊

440000－2541－0010671　24459
[道光]衡山縣志五十五卷首一卷　（清）侯鈐等修　（清）林拱榆等纂　清道光三年（1823）刻本（有圖）　二十冊

440000－2541－0010672　24460
[光緒]石門縣志六卷　（清）閻鎮珩纂修　清光緒十五年（1889）刻本　三冊

440000－2541－0010673　24463
[同治]清泉縣志十卷首一卷末一卷　（清）王開運修　（清）張修府纂　清同治八年（1869）刻本（有圖）　四冊

440000－2541－0010674　24464
[光緒]零陵縣志十五卷　（清）嵇有慶（清）徐保齡修　（清）劉沛纂　清光緒二年（1876）刻本（有圖）　八冊

440000－2541－0010675　24466
[同治]祁陽縣志二十四卷首一卷　（清）陳玉祥修　（清）劉希關纂　清同治九年（1870）刻本（有圖）　十六冊

440000－2541－0010676　24467

［光緒］龍山縣志十六卷首一卷　（清）符為霖修　（清）呂懋恒纂　（清）謝寶文續修　（清）劉沛續纂　**補刊他砂里橋廟人物壽民節烈一卷**　（清）何夢熊等輯　清光緒四年（1878）刻本（有圖）　六冊

440000－2541－0010677　24468

［同治］黔陽縣志六十卷首一卷　（清）陳鴻作等修　（清）易燮堯纂　清同治十三年（1874）刻本（有圖）　十二冊

440000－2541－0010678　24469

［同治］新脩麻陽縣志十四卷首一卷　（清）姜鍾琇等修　（清）劉士先　（清）王振玉纂　清同治十二年（1873）刻本（有圖）　十冊

440000－2541－0010679　24470

［光緒］善化縣志三十四卷首一卷　（清）吳兆熙等修　（清）張先掄等纂　清光緒三年（1877）刻本（有圖）　十二冊

440000－2541－0010680　24471

［嘉慶］瀏陽縣志四十卷首一卷　（清）謝希閔等修　（清）王顯文纂　清嘉慶二十四年（1819）刻本（有圖）　八冊

440000－2541－0010681　24472

［光緒］湘陰縣圖志三十四卷首一卷末一卷　（清）郭嵩燾等纂修　清光緒六年（1880）湘陰縣志局刻本（有圖）　十四冊

440000－2541－0010682　24475

［光緒］邵陽縣鄉土志四卷首一卷　（清）陳吳萃等修　（清）姚炳奎纂　清光緒三十三年（1907）刻本（有圖）　四冊

440000－2541－0010683　24476

［光緒］甯遠縣志八卷　（清）張大煦修　（清）歐陽澤闓纂　清光緒元年（1875）崇正書院刻本　四冊

440000－2541－0010684　24477

［光緒］桃源縣志十七卷首一卷末一卷　（清）余良棟修　（清）劉鳳苞纂　清光緒十八年（1892）刻本（有圖）　十六冊

440000－2541－0010685　24479

［嘉慶］湘潭縣志四十卷　（清）張雲璈修　（清）周系英纂　清嘉慶二十三年（1818）刻本（有圖）　十八冊

440000－2541－0010686　24480

［光緒］湘潭縣志十二卷　（清）陳嘉榆等修　王闓運等纂　清光緒十五年（1889）刻本（有圖）　十冊

440000－2541－0010687　24482

［同治］巴陵縣志三十卷首一卷　（清）嚴鳴琦等修　（清）吳敏樹等纂　清同治十一年（1872）刻本（有圖）　十六冊

440000－2541－0010688　24483

潘相所著書七種附二種　（清）潘相撰　清刻本　十四冊　存四種

440000－2541－0010689　24484

［同治］武陵縣志四十八卷　（清）惲世臨　（清）孫翹澤修　（清）陳啟邁纂　清同治二年（1863）刻本（有圖）　十二冊

440000－2541－0010690　24485

［道光］廣東通志三百三十四卷首一卷　（清）阮元修　（清）陳昌齊等纂　清同治三年（1864）刻本（有圖）　一百二十冊　存三百三十二卷（一至二十五、二十九至三百三十四，首一卷）

440000－2541－0010691　24486

［道光］廣東通志三百三十四卷首一卷　（清）阮元修　（清）陳昌齊等纂　清同治三年（1864）刻本（有圖）　一百十九冊　存三百三十一卷（一至一百六、一百十一至三百三十四，首一卷）

440000－2541－0010692　24487

［道光］廣東通志三百三十四卷首一卷　（清）阮元修　（清）陳昌齊等纂　清同治三年（1864）刻本（有圖）　一百二十冊

440000－2541－0010693　24489

嶺南叢述六十卷　（清）鄧淳輯　清道光十年（1830）刻本　二十四冊

440000－2541－0010694　24494
廣東新語二十八卷　（清）屈大均撰　清雙門底啟智書局、儒雅堂刻本　八册　存十七卷（一至五、九至十一、十五至十九、二十五至二十八）

440000－2541－0010695　24495
廣東考古輯要四十六卷　（清）周廣　（清）鄭業崇輯　清光緒十九年（1893）刻本　十册

440000－2541－0010696　24496
廣東新語二十八卷　（清）屈大均撰　清雙門底啟智書局、儒雅堂刻本　十册　存二十四卷（一至二十四）

440000－2541－0010697　24497
廣東考古輯要四十六卷　（清）周廣　（清）鄭業崇輯　清光緒十九年（1893）刻本　十册

440000－2541－0010698　24498
廣東考古輯要四十六卷　（清）周廣　（清）鄭業崇輯　清光緒十九年（1893）刻本　十册

440000－2541－0010699　24499
廣東考古輯要四十六卷　（清）周廣　（清）鄭業崇輯　清光緒十九年（1893）刻本　一册　存八卷（十四至二十一）

440000－2541－0010700　24500
廣東考古輯要四十六卷　（清）周廣　（清）鄭業崇輯　清光緒十九年（1893）刻本　十册

440000－2541－0010701　24501
廣東考古輯要四十六卷　（清）周廣　（清）鄭業崇輯　清光緒十九年（1893）刻本　十册

440000－2541－0010702　24502
粵小記四卷粵諧一卷　（清）黄芝撰　（清）黄培芳參訂　清道光十二年（1832）刻本　一册

440000－2541－0010703　24506
廣東鄉土史教科書二卷　黄映奎撰　清光緒三十二年（1906）時中學校刻本　一册

440000－2541－0010704　24507
廣東鄉土史教科書二卷　黄映奎撰　清光緒三十二年（1906）時中學校刻本　一册

440000－2541－0010705　24508
廣東鄉土史教科書二卷　黄映奎撰　清光緒三十二年（1906）時中學校刻本　一册

440000－2541－0010706　24512
嶺南實事記二十卷　（清）徐琪撰　清光緒刻本　六册　存十二卷（九至二十）

440000－2541－0010707　24513
粵東省軍流道里表粵東程限册嘉慶二十年粵督撫批准詳定遞送公文章程不分卷　（清）□□撰　清末抄本　一册

440000－2541－0010708　24516
羊城西關紀功録一卷　（清）□□輯　清咸豐四年（1854）粵東刻本　二册

440000－2541－0010709　24517
粵中見聞三十五卷附紀一卷　（清）范端昂纂輯　清嘉慶刻本　八册

440000－2541－0010710　24518
［光緒］廣州府志一百六十三卷　（清）戴肇辰　（清）蘇佩訓修　（清）史澄　（清）李光廷纂　清光緒五年（1879）粵秀書院刻本（有圖）　六十册

440000－2541－0010711　24519
［光緒］廣州府志一百六十三卷　（清）戴肇辰　（清）蘇佩訓修　（清）史澄　（清）李光廷纂　清光緒五年（1879）粵秀書院刻本（有圖）　五十八册　存一百五十六卷（一至八十二、九十至一百六十三）

440000－2541－0010712　24520
［光緒］廣州府志一百六十三卷　（清）戴肇辰　（清）蘇佩訓修　（清）史澄　（清）李光廷纂　清光緒五年（1879）粵秀書院刻本（有圖）　五十册

440000－2541－0010713　24521
羊城古鈔八卷首一卷　（清）仇池石輯　清嘉慶十一年（1806）刻本（有圖）　五册

440000－2541－0010714　24522
羊城古鈔八卷首一卷　（清）仇池石輯　清嘉

慶十一年(1806)刻本(有圖)　五册

440000－2541－0010715　24523
羊城古鈔八卷首一卷　(清)仇池石輯　清嘉慶十一年(1806)刻本(有圖)　四册

440000－2541－0010716　24524
羊城古鈔八卷首一卷　(清)仇池石輯　清嘉慶十一年(1806)刻本(有圖)　五册

440000－2541－0010717　24525
羊城古鈔八卷首一卷　(清)仇池石輯　清嘉慶十一年(1806)刻本(有圖)　五册

440000－2541－0010718　24526
羊城古鈔八卷首一卷　(清)仇池石輯　清嘉慶十一年(1806)刻本(有圖)　五册

440000－2541－0010719　24527
羊城古鈔八卷首一卷　(清)仇池石輯　清嘉慶十一年(1806)刻本(有圖)　四册

440000－2541－0010720　24530
[乾隆]潮州府志四十二卷首一卷抄存潮州府舊志小序一卷　(清)周碩勳纂修　清光緒十九年(1893)潮郡保安總局刻本(有圖)　二十五册

440000－2541－0010721　24531
[乾隆]潮州府志四十二卷首一卷抄存潮州府舊志小序一卷　(清)周碩勳纂修　清光緒十九年(1893)潮郡保安總局刻本(有圖)　二十五册

440000－2541－0010722　24532
[乾隆]潮州府志四十二卷首一卷抄存潮州府舊志小序一卷　(清)周碩勳纂修　清光緒十九年(1893)潮郡保安總局刻本(有圖)　二十五册

440000－2541－0010723　24533
[乾隆]潮州府志四十二卷首一卷　(清)周碩勳纂修　清光緒十九年(1893)潮郡保安總局刻本(有圖)　二十五册

440000－2541－0010724　24542
[光緒]惠州府志四十五卷首一卷　(清)劉溎年　(清)張聯桂修　(清)鄧掄斌　(清)陳新銓纂　清光緒七年(1881)刻民國六年(1917)補刻本(有圖)　二十册

440000－2541－0010725　24543
[光緒]惠州府志四十五卷首一卷　(清)劉溎年　(清)張聯桂修　(清)鄧掄斌　(清)陳新銓纂　清光緒七年(1881)刻民國六年(1917)補刻本(有圖)　二十册

440000－2541－0010726　24544
[光緒]惠州府志四十五卷首一卷　(清)劉溎年　(清)張聯桂修　(清)鄧掄斌　(清)陳新銓纂　清光緒七年(1881)刻民國六年(1917)補刻本(有圖)　二十册

440000－2541－0010727　24545
[同治]韶州府志四十卷　(清)額哲克等修　(清)單興詩纂　清同治十三年至光緒二年(1874－1876)刻本(有圖)　二十四册

440000－2541－0010728　24546
[同治]韶州府志四十卷　(清)額哲克等修　(清)單興詩纂　清同治十三年至光緒二年(1874－1876)刻本(有圖)　二十四册

440000－2541－0010729　24548
[道光]肇慶府志二十二卷首一卷　(清)屠英等修　(清)江藩等纂　清光緒二年(1876)刻本(有圖)　二十二册

440000－2541－0010730　24549
[道光]肇慶府志二十二卷首一卷　(清)屠英等修　(清)江藩等纂　清光緒二年(1876)刻本(有圖)　二十二册

440000－2541－0010731　24550
[道光]肇慶府志二十二卷首一卷　(清)屠英等修　(清)江藩等纂　清光緒二年(1876)刻本(有圖)　二十二册

440000－2541－0010732　24552
[道光]高州府志十六卷　(清)黄安濤等修　(清)潘眉纂　清道光七年(1827)刻本(有圖)　十六册

440000－2541－0010733　24553
［光緒］高州府志五十四卷首一卷末一卷（清）楊霽修　（清）陳蘭彬等纂　清光緒十六年(1890)刻本(有圖)　二十四册

440000－2541－0010734　24554
［光緒］高州府志五十四卷首一卷末一卷（清）楊霽修　（清）陳蘭彬等纂　清光緒十六年(1890)刻本(有圖)　二十四册

440000－2541－0010735　24555
［嘉慶］雷州府志二十卷首一卷　（清）雷學海修　（清）陳昌齊等纂　清嘉慶十六年(1811)刻本(有圖)　十册

440000－2541－0010736　24556
［嘉慶］雷州府志二十卷首一卷　（清）雷學海修　（清）陳昌齊等纂　清嘉慶十六年(1811)刻本(有圖)　十二册

440000－2541－0010737　24557
桑園圍總志十四卷　（清）明之綱纂　清同治九年(1870)刻本　八册

440000－2541－0010738　24558
桑園圍志十七卷　（清）何如銓纂修　清光緒十五年(1889)刻本　六册

440000－2541－0010739　24559
桑園圍志十七卷　（清）何如銓纂修　清光緒十五年(1889)刻本　六册

440000－2541－0010740　24561
［道光］佛山忠義鄉志十四卷　（清）吳榮光纂　清道光十年(1830)刻本(有圖)　七册

440000－2541－0010741　24564
［道光］南海縣志四十四卷首一卷末一卷（清）潘尚楫等修　（清）鄧士憲等纂　清同治八年(1869)刻本(有圖)　二十册　存四十三卷(一至二、五至四十四,首一卷)

440000－2541－0010742　24565
［道光］南海縣志四十四卷首一卷末一卷（清）潘尚楫等修　（清）鄧士憲等纂　清同治八年(1869)刻本(有圖)　二十二册

440000－2541－0010743　24566
［道光］南海縣志四十四卷首一卷末一卷（清）潘尚楫等修　（清）鄧士憲等纂　清同治八年(1869)刻本(有圖)　二十二册

440000－2541－0010744　24567
［同治］南海縣志二十六卷首一卷　（清）鄭夢玉等修　（清）梁紹獻等纂　清同治十一年(1872)刻本(有圖)　十二册

440000－2541－0010745　24568
［同治］南海縣志二十六卷首一卷　（清）鄭夢玉等修　（清）梁紹獻等纂　清同治十一年(1872)刻本(有圖)　十二册

440000－2541－0010746　24569
［同治］南海縣志二十六卷首一卷　（清）鄭夢玉等修　（清）梁紹獻等纂　清同治十一年(1872)刻本(有圖)　十一册　存二十四卷(一至二十四)

440000－2541－0010747　24570
［同治］南海縣志二十六卷首一卷　（清）鄭夢玉等修　（清）梁紹獻等纂　清同治十一年(1872)刻民國留香齋印本(有圖)　十二册

440000－2541－0010748　24571
［宣統］南海縣志二十六卷末一卷　（清）張鳳喈修　桂坫纂　清宣統二年(1910)刻本(有圖)　十五册

440000－2541－0010749　24572
［宣統］南海縣志二十六卷末一卷　（清）張鳳喈修　桂坫纂　清宣統二年(1910)刻本(有圖)　十五册

440000－2541－0010750　24574
［同治］番禺縣志五十四卷首一卷　（清）李福泰修　（清）史澄　（清）何若瑤纂　**附錄一卷**　清同治十年(1871)光霽堂刻光緒增刻本(有圖表)　十六册

440000－2541－0010751　24575
［同治］番禺縣志五十四卷首一卷　（清）李福泰修　（清）史澄　（清）何若瑤纂　**附錄一卷**　清同治十年(1871)光霽堂刻光緒增刻本

（有圖表）　十六册

440000－2541－0010752　24576
［同治］番禺縣志五十四卷首一卷　（清）李福泰修　（清）史澄　（清）何若瑶纂　**附録一卷**　清同治十年（1871）光霽堂刻光緒增刻本（有圖表）　十六册

440000－2541－0010753　24580
［咸豐］順德縣志三十二卷　（清）郭汝誠修　（清）馮奉初等纂　清咸豐三年（1853）刻六年（1856）印本（有圖）　十六册

440000－2541－0010754　24581
［咸豐］順德縣志三十二卷　（清）郭汝誠修　（清）馮奉初等纂　清咸豐三年（1853）刻六年（1856）印本（有圖）　十六册

440000－2541－0010755　24586
［道光］香山縣志八卷　（清）祝淮修　（清）黄培芳纂　清道光七年（1827）刻本（有圖）　九册

440000－2541－0010756　24588
［道光］香山縣志八卷　（清）祝淮修　（清）黄培芳纂　清道光七年（1827）刻本（有圖）　九册

440000－2541－0010757　24589
［光緒］香山縣志二十二卷　（清）田明曜等修　（清）陳澧纂　清光緒五年（1879）刻本（有圖）　十二册

440000－2541－0010758　24590
［光緒］香山縣志二十二卷　（清）田明曜等修　（清）陳澧纂　清光緒五年（1879）刻本（有圖）　十二册

440000－2541－0010759　24596
［光緒］新寧縣志二十六卷首一卷　（清）何福海修　（清）林國賡纂　清光緒十九年（1893）刻本（有圖）　八册

440000－2541－0010760　24597
［光緒］新寧縣志二十六卷首一卷　（清）何福海修　（清）林國賡纂　清光緒十九年（1893）刻本（有圖）　八册

440000－2541－0010761　24598
［光緒］新寧縣志二十六卷首一卷　（清）何福海修　（清）林國賡纂　清光緒十九年（1893）刻本（有圖）　八册

440000－2541－0010762　24599
［光緒］新寧縣志二十六卷首一卷　（清）何福海修　（清）林國賡纂　清光緒十九年（1893）刻本（有圖）　六册

440000－2541－0010763　24601
［光緒］新寧縣志二十六卷首一卷　（清）何福海修　（清）林國賡纂　清光緒十九年（1893）刻本（有圖）　八册

440000－2541－0010764　24607
［道光］新會縣志十四卷首一卷　（清）林星章修　（清）黄培芳　（清）曾釗纂　清道光二十年（1840）刻本（有圖）　十二册

440000－2541－0010765　24608
［道光］新會縣志十四卷首一卷　（清）林星章修　（清）黄培芳　（清）曾釗纂　清道光二十年（1840）刻本（有圖）　十二册

440000－2541－0010766　24609
［道光］新會縣志十四卷首一卷　（清）林星章修　（清）黄培芳　（清）曾釗纂　清道光二十年（1840）刻本（有圖）　十三册

440000－2541－0010767　24610
［道光］新會縣志十四卷首一卷　（清）林星章修　（清）黄培芳　（清）曾釗纂　清道光二十年（1840）刻本（有圖）　十二册

440000－2541－0010768　24611
［同治］新會縣志續十卷首一卷　（清）彭君穀修　（清）鍾應元等纂　清同治十年（1871）刻本（有圖）　四册

440000－2541－0010769　24612
［嘉慶］三水縣志十六卷首一卷　（清）李友榕　（清）王履祥修　（清）鄧雲龍　（清）董思誠纂　清嘉慶二十四年（1819）刻本（有圖）

八册

440000－2541－0010770　24613
[嘉慶]三水縣志十六卷首一卷　(清)李友榕　(清)王履祥修　(清)鄧雲龍　(清)董思誠纂　清嘉慶二十四年(1819)刻本(有圖)　八册

440000－2541－0010771　24618
[光緒]高明縣志十六卷首一卷　(清)鄒兆麟　(清)蔡逢恩修　(清)區爲樑等纂　清光緒二十年(1894)刻本(有圖)　六册

440000－2541－0010772　24620
[道光]鶴山縣志十二卷末一卷　(清)徐香祖修　(清)吴應逵纂　清道光六年(1826)刻本(有圖)　二册　存七卷(六至十一、末一卷)

440000－2541－0010773　24622
[光緒]高明縣志十六卷首一卷　(清)鄒兆麟　(清)蔡逢恩修　(清)區爲樑等纂　清光緒二十年(1894)刻本(有圖)　六册

440000－2541－0010774　24627
[道光]恩平縣志十八卷首一卷末一卷　(清)楊學顔修　(清)石臺　(清)楊秀拔纂　清道光五年(1825)刻本(有圖)　六册

440000－2541－0010775　24628
[道光]恩平縣志十八卷首一卷末一卷　(清)楊學顔修　(清)石臺　(清)楊秀拔纂　清道光五年(1825)刻本(有圖)　四册

440000－2541－0010776　24631
[康熙]花縣志四卷　(清)王永名修　(清)黄士龍　(清)黄虞纂　清同治五年(1866)刻本(有圖)　四册

440000－2541－0010777　24632
[康熙]花縣志四卷　(清)王永名修　(清)黄士龍　(清)黄虞纂　清光緒十六年(1890)刻本(有圖)　四册

440000－2541－0010778　24634
[康熙]花縣志四卷　(清)王永名修　(清)黄士龍　(清)黄虞纂　清光緒十六年(1890)刻本(有圖)　四册

440000－2541－0010779　24638
[雍正]從化縣新志五卷　(清)郭遇熙纂修　(清)蔡廷鑣續修　(清)張經綸續纂　清宣統元年(1909)鉛印本(有圖)　五册

440000－2541－0010780　24639
[雍正]從化縣新志五卷　(清)郭遇熙纂修　(清)蔡廷鑣續修　(清)張經綸續纂　清宣統元年(1909)鉛印本(有圖)　五册

440000－2541－0010781　24641
[道光]龍門縣志十六卷首一卷末一卷　(清)毓雯　(清)張經贊修　(清)張維屏纂　清咸豐元年(1851)刻本(有圖)　五册

440000－2541－0010782　24642
[道光]龍門縣志十六卷首一卷末一卷　(清)毓雯　(清)張經贊修　(清)張維屏纂　清咸豐元年(1851)刻本(有圖)　五册

440000－2541－0010783　24646
[嘉慶]增城縣志二十卷首一卷　(清)趙俊等修　(清)李寶中等纂　清嘉慶二十五年(1820)刻同治十年(1871)增刻本(有圖)　十二册

440000－2541－0010784　24654
[嘉慶]龍川縣志四十卷　(清)胡瑃修　(清)勒殷山纂　清嘉慶二十三年(1818)刻本(有圖)　六册　存三十九卷(一至三十九)

440000－2541－0010785　24655
[嘉慶]龍川縣志四十卷　(清)胡瑃修　(清)勒殷山纂　清嘉慶二十三年(1818)刻本(有圖)　六册　存三十九卷(一至三十九)

440000－2541－0010786　24657
[嘉慶]東莞縣志四十六卷　(清)彭人傑　(清)范文安修　(清)黄時沛等纂　清嘉慶三年(1798)刻本(有圖)　八册

440000－2541－0010787　24658
[道光]永安縣三志五卷首一卷末一卷　(清)宋如楠　(清)葉廷芳修　(清)賴朝侶纂　清

道光二年(1822)刻本(有圖)　四冊

440000－2541－0010788　24659
[道光]永安縣三志五卷首一卷末一卷　(清)宋如楠　(清)葉廷芳修　(清)賴朝侶纂　清道光二年(1822)刻民國十九年(1930)印本(有圖)　四冊

440000－2541－0010789　24660
[嘉慶]東莞縣志四十六卷　(清)彭人傑　(清)范文安修　(清)黄時沛等纂　清嘉慶三年(1798)刻本(有圖)　十冊

440000－2541－0010790　24661
[嘉慶]東莞縣志四十六卷　(清)彭人傑　(清)范文安修　(清)黄時沛等纂　清嘉慶三年(1798)刻本(有圖)　八冊

440000－2541－0010791　24666
[同治]河源縣志十五卷　(清)彭君穀修　(清)賴以平等纂　清同治十三年(1874)刻本　四冊　存八卷(七至十四)

440000－2541－0010792　24672
[光緒]揭陽縣續志四卷首一卷　(清)王崧修　(清)李星煇纂　清光緒十六年(1890)刻本(有圖)　三冊

440000－2541－0010793　24673
[光緒]揭陽縣續志四卷首一卷　(清)王崧修　(清)李星煇纂　清光緒十六年(1890)刻本(有圖)　三冊

440000－2541－0010794　24674
[光緒]揭陽縣續志四卷首一卷　(清)王崧修　(清)李星煇纂　清光緒十六年(1890)刻本(有圖)　三冊

440000－2541－0010795　24679
[同治]海豐縣志續編二卷　(清)蔡逢恩修　(清)林光斐纂　清光緒三年(1877)刻本(有圖)　一冊

440000－2541－0010796　24682
佛説梵網經直解二卷直解事義一卷　(明)釋寂光撰　清刻本　四冊

440000－2541－0010797　24689
[嘉慶]潮陽縣志二十卷首一卷　(清)唐文藻纂修　清嘉慶二十四年(1819)刻本(有圖)　十二冊

440000－2541－0010798　24690
[光緒]潮陽縣志二十二卷首一卷　(清)周恆重修　(清)張其翻纂　清光緒十年(1884)刻本(有圖)　十冊

440000－2541－0010799　24691
[光緒]潮陽縣志二十二卷首一卷　(清)周恆重修　(清)張其翻纂　清光緒十年(1884)刻本(有圖)　十冊

440000－2541－0010800　24692
[光緒]海陽縣志四十六卷首一卷　(清)盧蔚猷修　(清)吳道鎔纂　清光緒二十六年(1900)潮城刻本(有圖)　十二冊

440000－2541－0010801　24694
[光緒]海陽縣志四十六卷首一卷　(清)盧蔚猷修　(清)吳道鎔纂　清光緒二十六年(1900)潮城刻本(有圖)　十一冊　存四十三卷(一至四十三)

440000－2541－0010802　24695
[光緒]饒平縣志二十五卷首一卷　(清)劉抃纂修　(清)惠登甲增修　(清)黄德容　(清)翁荃增纂　清康熙二十六年(1687)刻光緒九年(1883)增刻本(有圖)　八冊

440000－2541－0010803　24696
[嘉慶]澄海縣志二十六卷首一卷　(清)李書吉　(清)王愷修　(清)蔡繼紳等纂　清嘉慶二十年(1815)刻本(有圖)　八冊

440000－2541－0010804　24697
[嘉慶]澄海縣志二十六卷首一卷　(清)李書吉　(清)王愷修　(清)蔡繼紳等纂　清嘉慶二十年(1815)刻本(有圖)　八冊

440000－2541－0010805　24698
[嘉慶]澄海縣志二十六卷首一卷　(清)李書吉　(清)王愷修　(清)蔡繼紳等纂　清嘉慶二十年(1815)刻本(有圖)　八冊

440000－2541－0010806　24699
[嘉慶]澄海縣志二十六卷首一卷　(清)李書吉　(清)王愷修　(清)蔡繼紳等纂　清嘉慶二十年(1815)刻本(有圖)　八册

440000－2541－0010807　24702
光緒嘉應州志三十二卷首一卷　(清)吳宗焯　(清)李慶榮修　(清)溫仲和纂　清光緒二十四年至二十七年(1898－1901)刻本(有圖)　十四册

440000－2541－0010808　24703
光緒嘉應州志三十二卷首一卷　(清)吳宗焯　(清)李慶榮修　(清)溫仲和纂　清光緒二十四年至二十七年(1898－1901)刻本(有圖)　十四册

440000－2541－0010809　24704
光緒嘉應州志三十二卷首一卷　(清)吳宗焯　(清)李慶榮修　(清)溫仲和纂　清光緒二十四年至二十七年(1898－1901)刻本(有圖)　十二册

440000－2541－0010810　24705
光緒嘉應州志三十二卷首一卷　(清)吳宗焯　(清)李慶榮修　(清)溫仲和纂　清光緒二十四年至二十七年(1898－1901)刻本(有圖)　十四册

440000－2541－0010811　24706
光緒嘉應州志三十二卷首一卷　(清)吳宗焯　(清)李慶榮修　(清)溫仲和纂　清光緒二十四年至二十七年(1898－1901)刻本(有圖)　十四册

440000－2541－0010812　24707
光緒嘉應州志三十二卷首一卷　(清)吳宗焯　(清)李慶榮修　(清)溫仲和纂　清光緒二十四年至二十七年(1898－1901)刻本(有圖)　十二册　存二十九卷(一至六、八至二十九,首一卷)

440000－2541－0010813　24708
嘉應鄉地理教科書不分卷　(清)熊理輯　清光緒三十二年(1906)泮香學堂刻本　一册

440000－2541－0010814　24709
[光緒]豐順縣志八卷首一卷　(清)葛曙纂修　(清)許普濟續修　(清)吳鵬續纂　清光緒十年(1884)刻本(有圖)　五册

440000－2541－0010815　24710
[光緒]豐順縣志八卷首一卷　(清)葛曙纂修　(清)許普濟續修　(清)吳鵬續纂　清光緒十年(1884)刻本(有圖)　五册　存八卷(豐順縣志八卷)

440000－2541－0010816　24718
[咸豐]興寧縣志十二卷首一卷　(清)仲振履修　(清)張鶴齡續修　(清)曾士梅等續纂　清嘉慶十六年(1811)刻咸豐六年(1856)續刻本(有圖)　八册

440000－2541－0010817　24719
[咸豐]興甯縣志十二卷首一卷　(清)仲振履修　(清)張鶴齡續修　(清)曾士梅等續纂　清嘉慶十六年(1811)刻咸豐六年(1856)續刻本(有圖)　八册

440000－2541－0010818　24720
[嘉慶]平遠縣志五卷首一卷　(清)盧兆鰲修　(清)余鵬舉等纂　清嘉慶二十五年(1820)刻本(有圖)　五册

440000－2541－0010819　24730
[道光]直隸南雄州志三十四卷首一卷　(清)余保純等修　(清)黃其勤纂　(清)戴錫綸續纂修　清道光四年(1824)省城刻本(有圖)　十六册

440000－2541－0010820　24731
[道光]直隸南雄州志三十四卷首一卷　(清)余保純等修　(清)黃其勤纂　(清)戴錫綸續纂修　清道光四年(1824)省城刻本(有圖)　十六册

440000－2541－0010821　24732
[道光]直隸南雄州志三十四卷首一卷　(清)余保純等修　(清)黃其勤纂　(清)戴錫綸續纂修　清道光四年(1824)省城刻本(有圖)　十四册

440000－2541－0010822　24739

[道光]佛岡縣直隸軍民廳志四卷　(清)龔耿光等纂修　清咸豐元年(1851)刻本(有圖)　四册

440000－2541－0010823　24740

[道光]佛岡縣直隸軍民廳志四卷　(清)龔耿光等纂修　清咸豐元年(1851)刻本(有圖)　四册

440000－2541－0010824　24741

[道光]佛岡縣直隸軍民廳志四卷　(清)龔耿光等纂修　清咸豐元年(1851)刻本(有圖)　二册

440000－2541－0010825　24745

[同治]仁化縣志八卷首一卷　(清)陳鴻修　(清)劉鳳輝纂　清光緒九年(1883)刻本(有圖)　八册

440000－2541－0010826　24746

[同治]仁化縣志八卷首一卷　(清)陳鴻修　(清)劉鳳輝纂　清光緒九年(1883)刻本(有圖)　八册

440000－2541－0010827　24747

[同治]仁化縣志八卷首一卷　(清)陳鴻修　(清)劉鳳輝纂　清光緒九年(1883)刻本(有圖)　四册

440000－2541－0010828　24748

[同治]連州志十二卷　(清)袁泳錫　(清)覺羅祥瑞修　(清)單興詩纂　清同治九年(1870)刻本(有圖)　六册

440000－2541－0010829　24749

[同治]連州志十二卷　(清)袁泳錫　(清)覺羅祥瑞修　(清)單興詩纂　清同治九年(1870)刻本(有圖)　六册

440000－2541－0010830　24750

[道光]連山綏猺廳志不分卷　(清)姚柬之纂　清光緒三年(1877)刻本(有圖)　一册

440000－2541－0010831　24753

[同治]樂昌縣志十二卷首一卷　(清)徐寶符　(清)段縙傳修　(清)李穠　(清)陳其藻纂　清同治十年(1871)刻本(有圖)　六册

440000－2541－0010832　24754

[同治]樂昌縣志十二卷首一卷　(清)徐寶符　(清)段縙傳修　(清)李穠　(清)陳其藻纂　清同治十年(1871)刻本(有圖)　六册

440000－2541－0010833　24755

[同治]樂昌縣志十二卷首一卷　(清)徐寶符　(清)段縙傳修　(清)李穠　(清)陳其藻纂　清同治十年(1871)刻本(有圖)　六册

440000－2541－0010834　24765

[嘉慶]翁源縣新志十二卷首一卷末一卷　(清)謝崇俊等修　(清)顔爾樞纂　清嘉慶二十五年(1820)刻本(有圖)　三册

440000－2541－0010835　24766

[嘉慶]翁源縣新志十二卷首一卷末一卷　(清)謝崇俊等修　(清)顔爾樞纂　清嘉慶二十五年(1820)刻本(有圖)　四册

440000－2541－0010836　24768

[嘉慶]翁源縣新志十二卷首一卷末一卷　(清)謝崇俊等修　(清)顔爾樞纂　清嘉慶二十五年(1820)刻本(有圖)　六册

440000－2541－0010837　24769

[嘉慶]翁源縣新志十二卷首一卷末一卷　(清)謝崇俊等修　(清)顔爾樞纂　清嘉慶二十五年(1820)刻本(有圖)　五册

440000－2541－0010838　24772

[道光]陽山縣志十五卷首一卷　(清)陸向榮修　(清)劉彬華纂　清抄本(有圖)　十册

440000－2541－0010839　24773

[光緒]清遠縣志十六卷首一卷　(清)李文烜　(清)羅煒修　(清)朱潤芳　(清)麥瑞芳纂　清光緒六年(1880)刻本(有圖)　八册

440000－2541－0010840　24774

[光緒]清遠縣志十六卷首一卷　(清)李文烜　(清)羅煒修　(清)朱潤芳　(清)麥瑞芳纂　清光緒六年(1880)刻本(有圖)　八册

440000－2541－0010841　24775
［光緒］清遠縣志十六卷首一卷　（清）李文烜　（清）羅煒修　（清）朱潤芳　（清）麥瑞芳纂　清光緒六年（1880）刻本（有圖）　八册

440000－2541－0010842　24776
［光緒］清遠縣志十六卷首一卷　（清）李文烜　（清）羅煒修　（清）朱潤芳　（清）麥瑞芳纂　清光緒六年（1880）刻本（有圖）　六册

440000－2541－0010843　24783
［光緒］曲江縣志十六卷　（清）張希京修（清）歐樾華　（清）馮翼之纂　清光緒元年（1875）刻本（有圖）　八册

440000－2541－0010844　24784
［光緒］曲江縣志十六卷　（清）張希京修（清）歐樾華　（清）馮翼之纂　清光緒元年（1875）刻本（有圖）　八册

440000－2541－0010845　24785
光緒四會縣志十編首一編末一編　（清）陳志喆等修　（清）吳大猷纂　清光緒二十二年（1896）四會縣志局刻本（有圖）　十二册

440000－2541－0010846　24786
［光緒］曲江縣志十六卷　（清）張希京修（清）歐樾華　（清）馮翼之纂　清光緒元年（1875）刻本（有圖）　八册

440000－2541－0010847　24787
光緒四會縣志十編首一編末一編　（清）陳志喆等修　（清）吳大猷纂　清光緒二十二年（1896）四會縣志局刻本（有圖）　十二册

440000－2541－0010848　24788
光緒四會縣志十編首一編末一編　（清）陳志喆等修　（清）吳大猷纂　清光緒二十二年（1896）四會縣志局刻本（有圖）　十二册

440000－2541－0010849　24794
［道光］廣寧縣志十七卷首一卷　（清）黄思藻等纂修　清道光四年（1824）刻本（有圖）　六册

440000－2541－0010850　24795
［道光］廣寧縣志十七卷首一卷　（清）黄思藻等纂修　清道光四年（1824）刻本（有圖）　六册

440000－2541－0010851　24796
［道光］廣寧縣志十七卷首一卷　（清）黄思藻等纂修　清道光四年（1824）刻本（有圖）　六册

440000－2541－0010852　24805
［光緒］德慶州志十五卷首一卷末一卷　（清）楊文駿修　（清）朱一新　（清）黎佩蘭纂　清光緒二十五年（1899）刻本（有圖）　十册

440000－2541－0010853　24807
［道光］高要縣志二十二卷首一卷　（清）韓際飛修　（清）何元等纂　清道光六年（1826）刻本（有圖）　十册

440000－2541－0010854　24808
［光緒］德慶州志十五卷首一卷末一卷　（清）楊文駿修　（清）朱一新　（清）黎佩蘭纂　清光緒二十五年（1899）刻本（有圖）　八册　存十六卷（一至五、七至十五，首一卷，末一卷）

440000－2541－0010855　24809
［道光］高要縣志二十二卷首一卷　（清）韓際飛修　（清）何元等纂　清道光六年（1826）刻本（有圖）　九册　存二十卷（三至二十二）

440000－2541－0010856　24810
［道光］高要縣志二十二卷首一卷　（清）韓際飛修　（清）何元等纂　清道光六年（1826）刻本（有圖）　十册

440000－2541－0010857　24813
［光緒］茂名縣志八卷首一卷　（清）鄭業崇修　（清）許汝韶纂　清光緒十四年（1888）刻本（有圖）　七册

440000－2541－0010858　24815
［光緒］茂名縣志八卷首一卷　（清）鄭業崇修　（清）許汝韶纂　清光緒十四年（1888）刻本（有圖）　七册

440000－2541－0010859　24816

[光緒]茂名縣志八卷首一卷　(清)鄭業崇修　(清)許汝韶纂　清光緒十四年(1888)刻本(有圖)　三冊　存四卷(三至六)

440000－2541－0010860　24818
[光緒]化州志十二卷　(清)彭貽蓀　(清)章毓桂修　(清)彭步瀛等纂　清光緒十六年(1890)刻本(有圖表)　八冊

440000－2541－0010861　24819
[光緒]化州志十二卷　(清)彭貽蓀　(清)章毓桂修　(清)彭步瀛等纂　清光緒十六年(1890)刻本(有圖表)　六冊　存十一卷(一至九、十一至十二)

440000－2541－0010862　24820
[光緒]石城縣志九卷首一卷末一卷　(清)蔣廷桂修　(清)陳蘭彬等纂　清光緒十八年(1892)刻本(有圖表)　八冊

440000－2541－0010863　24822
[光緒]石城縣志九卷首一卷末一卷　(清)蔣廷桂修　(清)陳蘭彬等纂　清光緒十八年(1892)刻本(有圖表)　八冊

440000－2541－0010864　24825
[道光]陽江縣志八卷　(清)李澐修　(清)區啟科等纂　(清)李應均增補　(清)胡琫續纂　清道光二年(1822)刻本(有圖)　三冊

440000－2541－0010865　24828
[光緒]信宜縣志八卷　(清)敖式槱修　(清)梁安甸纂　清光緒十七年(1891)刻本(有圖表)　八冊

440000－2541－0010866　24829
[光緒]信宜縣志八卷　(清)敖式槱修　(清)梁安甸纂　清光緒十七年(1891)刻本(有圖表)　八冊

440000－2541－0010867　24830
[道光]陽江縣志八卷　(清)李澐修　(清)區啟科等纂　(清)李應均增補　(清)胡琫續纂　清道光二年(1822)刻本　五冊

440000－2541－0010868　24831
[道光]陽江縣志八卷　(清)李澐修　(清)區啟科等纂　(清)李應均增補　(清)胡琫續纂　清道光二年(1822)刻本(有圖)　五冊

440000－2541－0010869　24834
[道光]陽春縣志十四卷首一卷　(清)陸向榮修　(清)劉彬華纂　清道光元年(1821)刻本(有圖表)　四冊

440000－2541－0010870　24835
[道光]陽春縣志十四卷首一卷　(清)陸向榮修　(清)劉彬華纂　清道光元年(1821)刻本(有圖表)　四冊

440000－2541－0010871　24838
[光緒]重修電白縣志三十卷首一卷　(清)孫鑄修　(清)邵祥齡纂　清光緒十八年(1892)刻本(有圖)　八冊

440000－2541－0010872　24839
[光緒]重修電白縣志三十卷首一卷　(清)孫鑄修　(清)邵祥齡纂　清光緒十八年(1892)刻本(有圖)　八冊

440000－2541－0010873　24843
[道光]吳川縣志十卷　(清)李高魁　(清)葉載文修　(清)林泰雯纂　清道光五年(1825)刻本　五冊

440000－2541－0010874　24844
[光緒]吳川縣志十卷首一卷　(清)毛昌善修　(清)陳蘭彬纂　清光緒十八年(1892)啟壽刻二十三年(1897)重印本　十冊

440000－2541－0010875　24845
[光緒]吳川縣志十卷首一卷　(清)毛昌善修　(清)陳蘭彬纂　清光緒十八年(1892)啟壽刻二十三年(1897)重印本　十冊

440000－2541－0010876　24846
[宣統]徐聞縣志十五卷首一卷　(清)王輔之修　(清)駱克良等纂　清宣統三年(1911)刻本　八冊

440000－2541－0010877　24847
[道光]遂溪縣志十二卷　(清)喻炳榮修

(清)朱德華　(清)楊翊纂　清道光二十九年(1849)刻光緒二十一年(1895)增刻本　七冊

440000－2541－0010878　24848
[宣統]徐聞縣志十五卷首一卷　(清)王輔之修　(清)駱克良等纂　清宣統三年(1911)刻本　八冊

440000－2541－0010879　24849
[道光]遂溪縣志十二卷　(清)喻炳榮修　(清)朱德華　(清)楊翊纂　清道光二十九年(1849)刻光緒二十一年(1895)增刻本　六冊

440000－2541－0010880　24850
[嘉慶]海康縣志八卷　(清)劉邦柄修　(清)陳昌齊纂　清嘉慶十六年(1811)刻本　五冊

440000－2541－0010881　24851
[嘉慶]海康縣志八卷　(清)劉邦柄修　(清)陳昌齊纂　清嘉慶十六年(1811)刻本　五冊

440000－2541－0010882　24853
粟香室叢書五十八種　金武祥編　清光緒至民國江陰金氏刻本　五冊　存六種

440000－2541－0010883　24863
九江儒林鄉志二十一卷　(清)朱次琦　(清)馮栻宗纂　清光緒九年(1883)刻本　十冊

440000－2541－0010884　24864
澳門記略二卷　(清)印光任　(清)張汝霖撰　清嘉慶孫馮翼刻本　四冊

440000－2541－0010885　24865
澳門記略二卷　(清)印光任　(清)張汝霖撰　清嘉慶孫馮翼刻本　二冊

440000－2541－0010886　24866
澳門記略二卷首一卷末一卷　(清)印光任　(清)張汝霖撰　清光緒六年(1880)江寧藩署刻本　一冊　存二卷(上、首一卷)

440000－2541－0010887　24867
澳門記略二卷首一卷末一卷　(清)印光任　(清)張汝霖撰　清光緒六年(1880)江寧藩署刻本　二冊

440000－2541－0010888　24868
[嘉慶]龍山鄉志十四卷首一卷　(清)溫汝能纂修　清嘉慶十年(1805)金紫閣刻本　六冊

440000－2541－0010889　24869
[嘉慶]龍山鄉志十四卷首一卷　(清)溫汝能纂修　清嘉慶十年(1805)金紫閣刻本　四冊

440000－2541－0010890　24872
[道光]瓊州府志四十四卷首一卷　(清)明誼修　(清)張岳崧纂　清道光二十一年(1841)刻光緒十六年(1890)增刻本(有圖)　三十二冊

440000－2541－0010891　24873
[道光]瓊州府志四十四卷首一卷　(清)明誼修　(清)張岳崧纂　清道光二十一年(1841)刻光緒十六年(1890)增刻本(有圖)　二十四冊

440000－2541－0010892　24879
[光緒]昌化縣志十一卷首一卷　(清)李有益纂修　清光緒二十三年(1897)刻本(有圖)　八冊

440000－2541－0010893　24880
[光緒]昌化縣志十一卷首一卷　(清)李有益纂修　清光緒二十三年(1897)刻本(有圖)　三冊

440000－2541－0010894　24881
[咸豐]瓊山縣志三十卷首一卷　(清)李文烜修　(清)鄭文彩　(清)蔡藩纂　清咸豐七年(1857)刻本(有圖)　十六冊

440000－2541－0010895　24882
[咸豐]瓊山縣志三十卷首一卷　(清)李文烜修　(清)鄭文彩　(清)蔡藩纂　清咸豐七年(1857)刻本(有圖)　十六冊

440000－2541－0010896　24883
[咸豐]瓊山縣志三十卷首一卷　(清)李文烜修　(清)鄭文彩　(清)蔡藩纂　清咸豐七年(1857)刻本(有圖)　十六冊

440000－2541－0010897　24884
［咸豐］瓊山縣志三十卷首一卷　（清）李文烜修　（清）鄭文彩　（清）蔡藩纂　清咸豐七年（1857）刻本（有圖）　六册　存十一卷（一至十、首一卷）

440000－2541－0010898　24885
［咸豐］文昌縣志十六卷首一卷　（清）張霈　（清）陳起禮修　（清）林燕典纂　清咸豐八年（1858）刻本（有圖）　八册

440000－2541－0010899　24886
［咸豐］文昌縣志十六卷首一卷　（清）張霈　（清）陳起禮修　（清）林燕典纂　清咸豐八年（1858）刻本（有圖）　八册

440000－2541－0010900　24888
［光緒］定安縣志十卷首一卷　（清）吳應廉修　（清）王映斗纂　清光緒四年（1878）刻本（有圖）　十册

440000－2541－0010901　24889
［光緒］定安縣志十卷首一卷　（清）吳應廉修　（清）王映斗纂　清光緒四年（1878）刻本（有圖）　十册

440000－2541－0010902　24890
［光緒］定安縣志十卷首一卷　（清）吳應廉修　（清）王映斗纂　清光緒四年（1878）刻本（有圖）　十册

440000－2541－0010903　24891
［光緒］澄邁縣志十二卷首一卷　（清）龍朝翊修　（清）陳所能等纂　清光緒三十四年（1908）刻本（有圖）　六册

440000－2541－0010904　24893
［光緒］澄邁縣志十二卷首一卷　（清）龍朝翊修　（清）陳所能等纂　清光緒三十四年（1908）刻本（有圖）　五册　存九卷（一至七、十，首一卷）

440000－2541－0010905　24894
［光緒］臨高縣志二十四卷　（清）聶緝慶　（清）張延修　（清）桂文熾　（清）汪瑔纂　清光緒十八年（1892）刻本（有圖）　八册

440000－2541－0010906　24895
［光緒］臨高縣志二十四卷　（清）聶緝慶　（清）張延修　（清）桂文熾　（清）汪瑔纂　清光緒十八年（1892）刻本（有圖）　八册

440000－2541－0010907　24896
［嘉慶］會同縣志十卷　（清）陳述芹纂修　清嘉慶二十五年（1820）刻光緒二十七年（1901）補刻本（有圖）　三册

440000－2541－0010908　24900
［嘉慶］會同縣志十卷　（清）陳述芹纂修　清嘉慶二十五年（1820）刻光緒二十七年（1901）補刻本（有圖）　五册

440000－2541－0010909　24908
［道光］萬州志十卷　（清）胡端書修　（清）楊士錦　（清）吳鳴清纂　清道光八年（1828）刻本（有圖）　四册

440000－2541－0010910　24909
［道光］萬州志十卷　（清）胡端書修　（清）楊士錦　（清）吳鳴清纂　清道光八年（1828）刻本（有圖）　四册

440000－2541－0010911　24910
［嘉慶］廣西通志二百七十九卷首一卷　（清）謝啟昆修　（清）胡虔纂　清嘉慶六年（1801）刻本（有圖）　七十四册

440000－2541－0010912　24915
［嘉慶］廣西通志二百七十九卷首一卷　（清）謝啟昆修　（清）胡虔纂　清嘉慶六年（1801）刻光緒十七年（1891）桂垣書局補刻本（有圖）　八十册

440000－2541－0010913　24916
［嘉慶］廣西通志二百七十九卷首一卷　（清）謝啟昆修　（清）胡虔纂　清嘉慶六年（1801）刻光緒十七年（1891）桂垣書局補刻本（有圖）　七十九册　存二百七十七卷（一至八十六、九十至二百七十九，首一卷）

440000－2541－0010914　24917
柳州文牘二卷　楊道霖撰　清宣統二年（1910）鉛印本　一册

440000－2541－0010915　24918
粤西筆述一卷　(清)張祥河輯　清道光二十五年(1845)刻光緒二十二年(1896)印本　一冊

440000－2541－0010916　24919
粤西筆述一卷　(清)張祥河輯　清道光二十五年(1845)刻光緒二十二年(1896)印本　一冊

440000－2541－0010917　24920
粤西筆述一卷　(清)張祥河輯　清道光二十五年(1845)刻光緒二十二年(1896)印本　一冊

440000－2541－0010918　24921
粤西筆述一卷　(清)張祥河輯　清道光二十五年(1845)刻光緒二十二年(1896)印本　一冊

440000－2541－0010919　24922
[光緒]廣西通志輯要十五卷　(清)蘇宗經原輯　(清)羊復禮增輯　清光緒十五年(1889)刻本(有圖)　十二冊

440000－2541－0010920　24923
[道光]南寧府志五十六卷　(清)蘇士俊纂修　(清)何鯤續纂修　清宣統元年(1909)羊城澄天閣石印本　十五冊　存五十四卷(三至五十六)

440000－2541－0010921　24924
[乾隆]梧州府志二十四卷首一卷　(清)吳九齡修　(清)史鳴皋纂　清同治十二年(1873)刻本(有圖)　十六冊

440000－2541－0010922　24925
[乾隆]梧州府志二十四卷首一卷　(清)吳九齡修　(清)史鳴皋纂　清同治十二年(1873)刻本(有圖)　十一冊

440000－2541－0010923　24926
[光緒]潯州府志五十七卷　(清)夏敬頤修　(清)褚興周纂　清光緒二十三年(1897)刻本(有表)　十六冊　存五十五卷(一至二十六、二十八至五十四、五十六至五十七)

440000－2541－0010924　24928
[光緒]百色廳志八卷　(清)陳如金修　(清)華本松纂　清光緒十七年(1891)刻本(有圖)　四冊

440000－2541－0010925　24929
[光緒]百色廳志八卷　(清)陳如金修　(清)華本松纂　清光緒十七年(1891)刻本(有圖)　四冊

440000－2541－0010926　24930
[光緒]鎮安府志二十五卷首一卷　(清)羊復禮修　(清)梁萬年纂　清光緒十八年(1892)刻本(有圖)　十二冊

440000－2541－0010927　24931
[道光]廉州府志二十六卷首一卷　(清)張堉春修　(清)陳治昌纂　清道光十三年(1833)刻本(有圖)　二十冊

440000－2541－0010928　24932
[道光]廉州府志二十六卷首一卷　(清)張堉春修　(清)陳治昌纂　清道光十三年(1833)刻本(有圖)　十冊

440000－2541－0010929　24933
[道光]廉州府志二十六卷首一卷　(清)張堉春修　(清)陳治昌纂　清道光十三年(1833)刻本(有圖)　十四冊

440000－2541－0010930　24934
[嘉慶]臨桂縣志三十二卷　(清)蔡呈韶　(清)金毓奇修　(清)胡虔等纂　清嘉慶七年(1802)刻光緒十八年(1892)桂垣書局補刻本(有圖)　十五冊

440000－2541－0010931　24936
[光緒]臨桂縣志三十二卷首一卷　(清)吳徵鼇修　(清)黃泌　(清)曹駠纂　清光緒三十一年(1905)刻本(有表)　十四冊　存二十九卷(一至八、十三至三十二,首一卷)

440000－2541－0010932　24937
[光緒]賀縣志八卷　(清)全文炳修　(清)蘇煜坡　(清)李熙駿纂　清光緒十六年(1890)刻本(有圖)　六冊

440000－2541－0010933　24940
[光緒]容縣志二十八卷首一卷　(清)易紹德修　(清)封祝唐纂　清光緒二十三年(1897)刻本(有圖表)　十二冊

440000－2541－0010934　24941
[光緒]容縣志二十八卷首一卷　(清)易紹德修　(清)封祝唐纂　清光緒二十三年(1897)刻本(有圖表)　十二冊

440000－2541－0010935　24942
[同治]藤縣志二十二卷　(清)邊其晉修　(清)胡毓璠纂　清光緒三十四年(1908)鉛印本　五冊

440000－2541－0010936　24943
[光緒]平樂縣志十卷　(清)全文炳修　(清)伍嘉猷等纂　清光緒十年(1884)刻本(有圖表)　六冊

440000－2541－0010937　24944
[光緒]平樂縣志十卷　(清)全文炳修　(清)伍嘉猷等纂　清光緒十年(1884)刻本(有圖表)　六冊

440000－2541－0010938　24945
[光緒]北流縣志二十四卷　(清)徐作梅等修　(清)李士琨等纂　清光緒六年(1880)刻本(有圖表)　十二冊

440000－2541－0010939　24946
[光緒]北流縣志二十四卷　(清)徐作梅等修　(清)李士琨等纂　清光緒六年(1880)刻本(有圖表)　十一冊　存二十三卷(一至十五、十七至二十四)

440000－2541－0010940　24949
[光緒]北流縣志二十四卷　(清)徐作梅等修　(清)李士琨等纂　清光緒六年(1880)刻本(有圖表)　十六冊

440000－2541－0010941　24950
[光緒]平南縣志二十四卷首一卷　(清)裘彬等修　(清)周壽祺等纂　清光緒九年至十年(1883－1884)刻本(有圖)　十冊

440000－2541－0010942　24952
[光緒]富川縣志十二卷　(清)顧國誥等修　(清)劉樹賢等纂　清光緒十六年(1890)刻本(有圖)　六冊

440000－2541－0010943　24953
[光緒]遷江縣志四卷　(清)顏嗣徽纂修　清光緒十七年(1891)刻本(有圖)　四冊

440000－2541－0010944　24956
[同治]蒼梧縣志十八卷首一卷　(清)蒯光煥等修　(清)嚴寅恭等纂　(清)黃玉柱續修　(清)王棟續纂　清同治十二年至十三年(1873－1874)刻本(有圖)　十二冊

440000－2541－0010945　24960
[同治]象州志不分卷　(清)李世椿修　(清)鄭獻甫纂　清同治九年(1870)刻本(有圖表)　二冊

440000－2541－0010946　24961
[光緒]新甯州志六卷首一卷　(清)戴煥南修　(清)張燦奎纂　清光緒五年(1879)刻本(有圖表)　六冊

440000－2541－0010947　24962
[光緒]新甯州志六卷首一卷　(清)戴煥南修　(清)張燦奎纂　清光緒五年(1879)刻本(有圖表)　六冊

440000－2541－0010948　24971
[道光]欽州志十二卷首一卷　(清)朱椿年修　(清)杜以寬等纂　清道光十四年(1834)刻本(有圖)　八冊

440000－2541－0010949　24973
[光緒]貴縣志八卷　(清)王仁鍾修　(清)梁吉祥纂　清光緒二十年(1894)刻本(有圖表)　五冊

440000－2541－0010950　24974
[嘉慶]靈山縣志十三卷　(清)張孝詩修　(清)梁炅纂　清嘉慶二十五年(1820)刻道光三年(1823)增刻本(有圖)　十二冊

440000－2541－0010951　24984

[嘉慶]四川通志二百四卷首二十二卷　(清)常明等修　(清)楊芳燦　(清)譚光祜纂　清嘉慶二十一年(1816)刻本(有圖表)　一百十二册

440000－2541－0010952　24985
[嘉慶]四川通志二百四卷首二十二卷　(清)常明等修　(清)楊芳燦　(清)譚光祜纂　清嘉慶二十一年(1816)刻本(有圖表)　一百册　存一百七十八卷(一至一百七十七、首一)

440000－2541－0010953　24986
蜀典十二卷　(清)張澍輯　清光緒二年(1876)尊經書院刻本　四册

440000－2541－0010954　24987
蜀典十二卷　(清)張澍輯　清光緒二年(1876)尊經書院刻本　四册

440000－2541－0010955　24988
華陽國志十二卷　(晉)常璩撰　**補三州郡縣目錄一卷**　(清)廖寅撰　清嘉慶十九年(1814)廖寅題襟館刻光緒十六年(1890)李氏悔過齋重修本　四册

440000－2541－0010956　24989
蜀典十二卷　(清)張澍輯　清光緒二年(1876)尊經書院刻本　四册

440000－2541－0010957　24993
華陽國志十二卷　(晉)常璩撰　**補三州郡縣目錄一卷**　(清)廖寅撰　清嘉慶九年(1804)刻本　五册

440000－2541－0010958　25002
[同治]重修涪州志十六卷首一卷涪州義勇彙編一卷　(清)吕紹衣等修　(清)王應元等纂　清同治八年(1869)刻本(有圖)　七册

440000－2541－0010959　25004
[嘉慶]樂山縣志十六卷首一卷　(清)龔傳黻修　(清)涂崧　(清)江之沛纂　清嘉慶十七年(1812)刻光緒十三年(1887)補刻本(有圖)　六册

440000－2541－0010960　25007
[光緒]名山縣志十五卷　(清)趙懿修　(清)趙怡纂　清光緒十八年(1892)刻二十二年(1896)補刻本(有圖)　四册

440000－2541－0010961　25010
[嘉慶]眉州屬志十九卷　(清)涂長發修　(清)王昌年纂　清嘉慶五年(1800)刻本(有圖)　十六册

440000－2541－0010962　25012
[光緒]重修彭縣志十三卷末一卷　(清)張龍甲修　(清)吕調陽等纂　清光緒六年(1880)刻本(卷末配抄配)　六册

440000－2541－0010963　25013
[嘉慶]宜賓縣志五十四卷首一卷　(清)劉元熙修　(清)李世芳纂　清嘉慶十七年(1812)刻本(有圖)　四册

440000－2541－0010964　25014
[同治]大邑縣志二十卷　(清)趙霦等纂修　清同治六年(1867)刻本(有圖表)　十册

440000－2541－0010965　25015
[光緒]黔江縣志五卷首一卷　(清)張九章修　(清)陳藩垣等纂　清光緒二十年(1894)成都刻本(有圖)　五册

440000－2541－0010966　25017
[光緒]南川縣志十二卷首一卷　(清)黄際飛等修　(清)周厚光等纂　清光緒二年(1876)賓化楚館刻本(有圖表)　十二册

440000－2541－0010967　25018
[道光]南部縣志三十卷首一卷　(清)王瑞慶等修　(清)徐暢達等纂　(清)李咸若增訂　清道光二十九年(1849)刻同治九年(1870)補刻本(有圖表)　十册

440000－2541－0010968　25020
[道光]蓬溪縣志十六卷首一卷　(清)吴章祁修　(清)顧士英等纂　清道光二十五年(1845)刻本(有圖表)　八册

440000－2541－0010969　25021

[光緒]蓬溪縣續志十四卷首一卷 (清)周學銘修 (清)熊祥謙等纂 清光緒二十五年(1899)刻本(有圖) 四册

440000－2541－0010970 25022
[光緒]永川縣志十卷首一卷 (清)許曾蔭 (清)吳若枚修 (清)馬慎修纂 清光緒二十年(1894)刻本(有圖) 十册

440000－2541－0010971 25024
[嘉慶]峨眉縣志十卷首一卷 (清)王燮修 (清)張希縉等纂 清嘉慶十八年(1813)刻本(有圖) 八册

440000－2541－0010972 25047
黔書二卷 (清)田雯撰 **續黔書八卷** (清)張澍撰 清光緒十五年(1889)貴陽熊氏刻黔志四種本 六册

440000－2541－0010973 25049
黔書二卷 (清)田雯撰 **黔記四卷** (清)李宗昉編 清光緒十五年(1889)貴陽熊氏刻黔志四種本 二册

440000－2541－0010974 25052
黔語二卷 (清)吳振棫撰 清咸豐四年(1854)刻本 一册

440000－2541－0010975 25053
黔南識略三十二卷 (清)愛必達撰 清道光刻本 四册

440000－2541－0010976 25054
黔南識略三十二卷 (清)愛必達撰 清道光刻本 六册

440000－2541－0010977 25055
黔南識略三十二卷 (清)愛必達撰 清道光刻本 四册

440000－2541－0010978 25057
[道光]遵義府志四十八卷首一卷 (清)平翰等修 (清)鄭珍 (清)莫友芝纂 清道光二十一年(1841)刻光緒十八年(1892)補刻本(有圖) 二十册

440000－2541－0010979 25058
[光緒]黎平府志八卷首一卷 (清)俞渭修 (清)陳瑜纂 清光緒十八年(1892)刻本(有圖) 十四册

440000－2541－0010980 25059
[咸豐]安順府志五十四卷首一卷 (清)常恩修 (清)鄒漢勳 (清)吳寅邦纂 清咸豐元年(1851)刻本(有圖) 十八册

440000－2541－0010981 25063
[嘉慶]黄平州志十二卷首一卷 (清)李台修 (清)王孚鏞纂 清嘉慶六年(1801)刻本 六册 存四卷(一至四)

440000－2541－0010982 25077
[道光]雲南通志稿二百十六卷首三卷 (清)阮元 (清)伊里布修 (清)王崧 (清)李誠纂 清道光十五年(1835)刻本(有圖) 一百册

440000－2541－0010983 25078
[道光]雲南通志稿二百十六卷首三卷 (清)阮元 (清)伊里布修 (清)王崧 (清)李誠纂 清道光十五年(1835)刻本(有圖) 一百十五册 存二百十卷(七至二百十六)

440000－2541－0010984 25079
[光緒]雲南通志二百四十二卷首四卷附錄四十一卷 (清)岑毓英修 (清)陳燦纂 清光緒二十年(1894)刻本(有圖) 二百十册 存二百三十卷(一至二百二十四、二百二十六至二百二十七,首四卷)

440000－2541－0010985 25080
[光緒]續雲南通志稿一百九十四卷首六卷 (清)王文韶等修 (清)唐炯等纂 清光緒二十六年(1900)四川岳池縣刻本(有圖表) 一百册

440000－2541－0010986 25082
[嘉慶]滇繫四十卷 (清)師範纂修 清光緒十三年(1887)雲南通志局刻本(有圖表) 四十册

440000－2541－0010987 25087
增訂南詔野史二卷 (明)楊慎輯 清光緒六

年(1880)雲南書局刻本　一册

440000－2541－0010988　25089
[光緒]全滇紀要不分卷　(清)雲南課吏館纂修　清光緒三十一年(1905)雲南課吏館鉛印本(有表)　十册

440000－2541－0010989　25090
[光緒]全滇紀要不分卷　(清)雲南課吏館纂修　清光緒三十一年(1905)雲南課吏館鉛印本(有表)　十册

440000－2541－0010990　25093
滇南雜志二十四卷　(清)曹樹翹纂　清光緒鉛印本　六册　存十八卷(一至十五、二十二至二十四)

440000－2541－0010991　25094
[道光]昆明縣志十卷　(清)戴絅孫纂修　清光緒二十七年(1901)刻本(有圖)　六册

440000－2541－0010992　25099
[光緒]續修嵩明州志八卷　(清)胡緒昌等修　(清)王沂淵等纂　清光緒十三年(1887)刻民國十五年(1926)重印本(有圖表)　四册

440000－2541－0010993　25102
籌藏芻議一卷　(清)姚錫光撰　清光緒三十四年(1908)京師廣齋鉛印本　一册

440000－2541－0010994　25105
[乾隆]西藏志不分卷　(清)□□纂修　清槑川章氏徐炯木活字印本　二册

440000－2541－0010995　25106
漸西村舍彙刊四十四種附一種　(清)袁昶編　清光緒桐廬袁氏刻本　四十三册　存十八種

440000－2541－0010996　25110
[光緒]西藏圖考八卷首一卷　(清)黄沛翹纂修　清光緒二十年(1894)京都申榮堂刻本(有圖)　四册

440000－2541－0010997　25111
[光緒]西藏圖考八卷首一卷　(清)黄沛翹纂修　清光緒二十年(1894)京都申榮堂刻本(有圖)　四册

440000－2541－0010998　25112
[嘉慶]衛藏通志不分卷　(清)和琳纂　清抄本　十六册

440000－2541－0010999　25113
東洋史要二卷　(日本)桑原鷺藏撰　樊炳清譯　清光緒二十五年(1899)東文學社石印本　二册

440000－2541－0011000　25115
[光緒]西藏圖考八卷首一卷　(清)黄沛翹纂修　清光緒十七年(1891)讀我書齋刻本(有圖)　六册

440000－2541－0011001　25123
日本國志四十卷首一卷　(清)黄遵憲撰　清光緒十六年(1890)羊城富文齋刻本　十册

440000－2541－0011002　25124
日本國志四十卷首一卷　(清)黄遵憲撰　清光緒二十七年(1901)上海書局石印本　三册　存二十七卷(一至二十六、首一卷)

440000－2541－0011003　25125
日本國志四十卷首一卷　(清)黄遵憲撰　清光緒十六年(1890)羊城富文齋刻本　六册　存二十九卷(一至三、十五至二十六、二十八至四十,首一卷)

440000－2541－0011004　25126
日本國志四十卷首一卷　(清)黄遵憲撰　清光緒二十四年(1898)浙江書局刻本　十册

440000－2541－0011005　25127
日本史略一卷　(日本)岡本監甫撰　**日本師船考一卷**　沈敦和輯譯　清光緒二十年(1894)鉛印本　一册

440000－2541－0011006　25128
日本國志四十卷首一卷　(清)黄遵憲撰　清光緒二十八年(1902)麗澤學會石印本　五册　存二十五卷(一至二十四、首一卷)

440000－2541－0011007　25129
日本國志四十卷首一卷　(清)黄遵憲撰　清

光緒二十七年(1901)上海書局石印本　四冊

440000－2541－0011008　25130
日本國志四十卷　(清)黄遵憲撰　清光緒二十四年(1898)上海圖書集成局鉛印本　八冊　存三十三卷(三至二十六、三十二至四十)

440000－2541－0011009　25132
日本維新史不分卷　(日本)東京博文館輯　清光緒二十八年(1902)刻本　六冊

440000－2541－0011010　25133
日本維新史不分卷　(日本)東京博文館輯　清光緒二十九年(1903)上海廣智書局鉛印本　五冊

440000－2541－0011011　25141
越南輯略二卷　(清)徐延旭輯　清光緒三年(1877)梧州府署刻本　二冊

440000－2541－0011012　25142
越南輯略二卷　(清)徐延旭輯　清光緒三年(1877)梧州府署刻本　二冊

440000－2541－0011013　25146
埃及史不分卷　(日本)北村三郎撰　趙必振譯　清光緒二十九年(1903)上海廣智書局鉛印本　一冊

440000－2541－0011014　25147
印度史攬要三卷　(英國)賓星亨德偉良撰　(清)任廷旭譯　清光緒二十七年(1901)上海廣學會鉛印本　二冊

440000－2541－0011015　25148
波斯史不分卷　(日本)北村三郎撰　趙必振譯　清光緒二十九年(1903)上海廣智書局鉛印本　一冊

440000－2541－0011016　25149
猶太史不分卷　(日本)北村三郎撰　趙必振譯　清光緒二十九年(1903)上海廣智書局鉛印本　一冊

440000－2541－0011017　25150
猶太史不分卷　(日本)北村三郎撰　趙必振譯　清光緒二十九年(1903)上海廣智書局鉛印本　一冊

440000－2541－0011018　25151
埃及近世史不分卷　(日本)柴四郎撰　麥鼎華譯　清光緒二十八年(1902)上海廣智書局鉛印本　一冊

440000－2541－0011019　25152
埃及近世史不分卷　(日本)柴四郎撰　麥鼎華譯　清光緒二十八年(1902)上海廣智書局鉛印本　一冊

440000－2541－0011020　25153
歐羅巴通史不分卷　(日本)箕作元八　(日本)峰岸米造撰　(清)徐有成等譯　清光緒二十六年(1900)東亞譯書會鉛印本　四冊

440000－2541－0011021　25154
歐羅巴通史不分卷　(日本)箕作元八　(日本)峰岸米造撰　(清)徐有成等譯　清光緒二十六年(1900)東亞譯書會鉛印本　二冊

440000－2541－0011022　25156
英法俄德四國志略不分卷　(清)沈敦和輯譯　清光緒二十二年(1896)上海書局石印本　二冊

440000－2541－0011023　25157
泰西十八周史攬要十八卷　(英國)雅各偉德撰　(英國)季理斐成章譯　(清)李鼎星述　清光緒二十七年(1901)上海廣學會鉛印本　二冊

440000－2541－0011024　25158
英法義比志譯略四卷　吳宗濂等譯　(清)薛瑩中輯　清光緒二十五年(1899)上海石印本　二冊

440000－2541－0011025　25159
歐洲史略十三卷　(英國)艾約瑟譯　清光緒二十二年(1896)上海著易堂書局鉛印本　一冊

440000－2541－0011026　25160
歐洲史略十三卷　(英國)艾約瑟譯　清光緒二十四年(1898)石印本　一冊

440000－2541－0011027　25161

歐洲十九世紀史不分卷　(美國)軒利普格質頓撰　麥鼎華譯　清光緒二十八年(1902)上海廣智書局鉛印本　一册

440000－2541－0011028　25162

英法俄德四國志略不分卷　(清)沈敦和輯譯　清光緒十八年(1892)四明耳學廬刻本　一册

440000－2541－0011029　25163

歐洲東方交涉記十二卷　(英國)麥高爾撰　(美國)林樂知　(清)瞿昂來譯　清光緒六年(1880)刻本　二册

440000－2541－0011030　25164

歐洲東方交涉記十二卷　(英國)麥高爾撰　(美國)林樂知　(清)瞿昂來譯　清光緒六年(1880)刻本　二册

440000－2541－0011031　25165

希臘獨立史不分卷　(日本)柳井絅齋撰　(清)秦嗣宗譯　清光緒二十八年(1902)上海廣智書局鉛印本　一册

440000－2541－0011032　25166

瑞士變政記三卷附錄一卷　(清)趙秀偉譯　清光緒上海大同譯書局石印本　一册

440000－2541－0011033　25167

普奥戰史七編附錄一卷　(日本)羽化生撰　趙天驥譯　清光緒二十八年(1902)上海商務印書館鉛印本　一册

440000－2541－0011034　25168

俄羅斯三卷　(法國)波留撰　(日本)林毅陸原譯　(日本)中島端重譯　清光緒三十年(1904)上海商務印書館鉛印本　二册　存二卷(一至二)

440000－2541－0011035　25169

俄史輯譯不分卷　(英國)闞斐迪譯　清光緒十四年(1888)益智書會刻本　四册

440000－2541－0011036　25173

東方時局論略不分卷　(英國)鄧鏗撰　清光緒十五年(1889)鉛印本　一册

440000－2541－0011037　25174

希臘志略七卷年表一卷　(英國)艾約瑟譯　清光緒二十二年(1896)上海著易堂書局鉛印本　一册

440000－2541－0011038　25175

希臘志略七卷年表一卷　(英國)艾約瑟譯　清光緒二十二年(1896)上海著易堂書局鉛印本　一册

440000－2541－0011039　25176

大英國志八卷　(英國)慕維廉撰　清咸豐六年(1856)上海墨海書院刻本　四册

440000－2541－0011040　25177

大英國志八卷　(英國)慕維廉撰　清光緒七年(1881)刻本　二册

440000－2541－0011041　25178

大英國志八卷　(英國)慕維廉撰　清光緒七年(1881)刻本　二册

440000－2541－0011042　25179

希臘志略七卷年表一卷　(英國)艾約瑟譯　清光緒十二年(1886)總稅務司署刻本　二册

440000－2541－0011043　25181

英民史記三卷　(英國)葛耳雲撰　(英國)馬林譯　(清)李玉書述　清光緒三十三年(1907)上海美華書館鉛印本　三册

440000－2541－0011044　25182

英民史記三卷　(英國)葛耳雲撰　(英國)馬林譯　(清)李玉書述　清光緒三十三年(1907)上海美華書館鉛印本　三册

440000－2541－0011045　25183

英吉利史四卷　(美國)李佳白譯　(清)吳清徽輯　(清)王振民續輯　清宣統二年(1910)鉛印本　二册

440000－2541－0011046　25185

法國革命戰史不分卷　(日本)澀江保撰　中國國民叢書社譯　清光緒二十九年(1903)上海商務印書館鉛印本　一册

440000－2541－0011047　25186

普法戰紀二十卷　(清)張宗良口譯　(清)王韜撰　清光緒二十一年(1895)弢園王氏鉛印本　十册

440000－2541－0011048　25187

重訂法國志略二十四卷　(清)王韜撰　清光緒十六年(1890)淞隱盧鉛印本　五册

440000－2541－0011049　25188

重訂普法戰紀四卷　(清)張宗良口譯　(清)王韜撰　清光緒二十四年(1898)香海中華印務總局鉛印本　四册

440000－2541－0011050　25189

重訂法國志略二十四卷　(清)王韜撰　清光緒二十八年(1902)麗澤學會石印本　四册　存十八卷(七至二十四)

440000－2541－0011051　25190

重訂法國志略二十四卷　(清)王韜撰　清光緒十六年(1890)淞隱盧鉛印本　七册　存十六卷(一至十六)

440000－2541－0011052　25195

繙譯米利堅志四卷　(日本)岡千仞　(日本)河野通之撰　清光緒二十七年(1901)善成堂刻本　二册

440000－2541－0011053　25196

一八九八年之西美戰史二卷　(法國)勃利德撰　(清)李景鎬譯　清光緒三十年(1904)江南機器製造總局鉛印本　二册

440000－2541－0011054　25197

大美國史略八卷中美約章撮要一卷　(美國)蔚利高撰並譯　清光緒二十五年(1899)福州美華書局鉛印本　二册

440000－2541－0011055　25198

泰西各國尚友錄十卷　(清)張元輯　清光緒二十八年(1902)廣州新昌書局石印本　四册

440000－2541－0011056　25199

泰西各國名人言行錄十六卷　(清)張兆蓉輯　清光緒二十九年(1903)石印本　四册

440000－2541－0011057　25200

泰西各國名人言行錄十六卷　(清)張兆蓉輯　清光緒二十九年(1903)石印本　二册

440000－2541－0011058　25201

泰西各國名人言行錄十六卷　(清)張兆蓉輯　清光緒二十九年(1903)石印本　三册

440000－2541－0011059　25202

世界發明原始家略傳一卷　上海科學儀器館撰　清光緒二十八年(1902)鉛印本　一册

440000－2541－0011060　25203

歐洲八大帝王傳不分卷　(英國)李提摩太撰　清光緒二十年(1894)上海廣學會鉛印本　一册

440000－2541－0011061　25204

歐洲八大帝王傳不分卷　(英國)李提摩太撰　清光緒二十年(1894)上海廣學會鉛印本　一册

440000－2541－0011062　25205

中西尚友錄統編四十卷　(□)□□輯　清光緒二十九年(1903)上海慎記書莊石印本　二十册

440000－2541－0011063　25206

增廣尚友錄統編二十二卷　(清)應祖錫輯　清光緒二十八年(1902)鴻寶齋石印本　十一册

440000－2541－0011064　25207

增廣尚友錄統編二十二卷　(清)應祖錫輯　清光緒二十八年(1902)鴻寶齋石印本　十二册

440000－2541－0011065　25208

增廣尚友錄統編二十二卷　(清)應祖錫輯　清光緒二十八年(1902)鴻寶齋石印本　十二册

440000－2541－0011066　25209

增廣尚友錄統編二十二卷　(清)應祖錫輯　清光緒二十八年(1902)鴻寶齋石印本　十册

440000－2541－0011067　25210

增廣尚友録統編二十二卷　(清)應祖錫輯　清光緒二十八年(1902)鴻寶齋石印本　七册

440000－2541－0011068　25211
尚友録統編二十二卷　(明)廖用賢輯　(明)張伯琮補輯　清光緒二十九年(1903)通文書局石印本　八册

440000－2541－0011069　25219
元和姓纂十卷　(唐)林寶撰　(清)孫星衍　(清)洪瑩校補　清光緒六年(1880)金陵書局刻本　四册

440000－2541－0011070　25220
祠位姓編不分卷　(□)□□纂　清抄本　一册

440000－2541－0011071　25222
九史同姓名略七十二卷補遺四卷　(清)汪輝祖撰　清光緒二十三年(1897)廣雅書局刻本　十二册

440000－2541－0011072　25224
歷代名人年譜十卷附存疑及生卒年月無考一卷　(清)吳榮光編　清刻本　十册

440000－2541－0011073　25229
史姓韻編六十四卷　(清)汪輝祖輯　清光緒十年(1884)慈谿耕餘樓書局鉛印本　十六册

440000－2541－0011074　25234
史姓韻編二十四卷　(清)汪輝祖輯　清光緒二十九年(1903)上海文瀾書局石印本　八册

440000－2541－0011075　25235
史姓韻編六十四卷　(清)汪輝祖輯　清光緒十年(1884)慈谿耕餘樓書局鉛印本　十五册　存六十卷(一至五十四、五十九至六十四)

440000－2541－0011076　25236
史姓韻編六十四卷　(清)汪輝祖輯　清光緒十年(1884)慈谿耕餘樓書局鉛印本　十六册

440000－2541－0011077　25237
歷代名賢列女氏姓譜一百五十七卷　(清)蕭智漢輯　清乾隆五十七年(1792)湘鄉蕭智漢聽濤山房刻嘉慶印本　一百二十册

440000－2541－0011078　25238
歷代名賢列女氏姓譜一百五十七卷　(清)蕭智漢輯　清乾隆五十七年(1792)湘鄉蕭智漢聽濤山房刻嘉慶印本　一百四十二册

440000－2541－0011079　25239
歷代名賢列女氏姓譜一百五十七卷　(清)蕭智漢輯　清乾隆五十七年(1792)湘鄉蕭智漢聽濤山房刻嘉慶印本　一百二十册

440000－2541－0011080　25240
史姓韻編六十四卷　(清)汪輝祖輯　清同治九年(1870)金陵書局木活字印本　二十四册

440000－2541－0011081　25246
敏求軒述記十六卷　(清)陳世箴輯　清道光二十八年(1848)刻本　八册

440000－2541－0011082　25251
希有録八卷　(清)朱稑輯　清道光十五年(1835)讀蘇軒刻咸豐六年(1856)錦江書院監院署補刻本　六册

440000－2541－0011083　25257
振綺堂遺書五種　(清)汪遠孫撰　清道光刻民國十一年(1922)錢唐汪氏彙印本　十册

440000－2541－0011084　25259
列女傳補注八卷敘録一卷校正一卷　(清)王照圓撰　清嘉慶十七年(1812)棲霞郝氏曬書堂刻光緒八年(1882)印郝氏遺書本　二册

440000－2541－0011085　25260
文獻徵存録十卷　(清)錢林輯　(清)王藻重輯　清咸豐八年(1858)王藻有嘉樹軒刻本　十册

440000－2541－0011086　25261
文獻徵存録十卷　(清)錢林輯　(清)王藻重輯　清咸豐八年(1858)王藻有嘉樹軒刻本　十册

440000－2541－0011087　25262
碧血録五卷　(清)莊仲方撰　清光緒八年(1882)上海同文書局石印本　五册

440000－2541－0011088　25263

文獻徵存錄十卷 (清)錢林輯 (清)王藻重輯 清咸豐八年(1858)王藻有嘉樹軒刻本 十二册

440000－2541－0011089 25264
正學續四卷 (清)陳遇夫撰 清光緒二十四年(1898)刻本 二册

440000－2541－0011090 25265
文廟新輯二卷 (清)劉壽康輯 清光緒九年(1883)刻本 二册

440000－2541－0011091 25266
文廟新輯二卷 (清)劉壽康輯 清光緒九年(1883)刻本 二册

440000－2541－0011092 25270
疇人傳四十六卷 (清)阮元撰 **續傳六卷** (清)羅士琳撰 清光緒八年(1882)海鹽張敬常惺齋刻本 十二册

440000－2541－0011093 25271
疇人傳四十六卷 (清)阮元撰 清嘉慶刻本 八册

440000－2541－0011094 25273
評點女範粹編二卷 沈綿輯 清光緒三十一年(1905)上海開明書店鉛印本 一册

440000－2541－0011095 25276
疇人傳三編七卷 (清)諸可寶編 清光緒十四年(1888)刻南菁書院叢書本 二册

440000－2541－0011096 25277
文廟通考六卷首一卷 (清)牛樹梅撰 清同治十一年(1872)浙江書局刻本 二册

440000－2541－0011097 25278
文廟思源錄一卷 (清)張西山輯 清光緒五年(1879)徐葆清梅溪縣署刻本 一册

440000－2541－0011098 25279
人壽金鑑二十二卷 (清)程得齡輯 清嘉慶二十五年(1820)程得齡柳衣園刻本 六册

440000－2541－0011099 25281
蘭閨寶錄六卷 (清)惲珠輯 清道光十一年(1831)紅香館刻本 五册 存五卷(一至五)

440000－2541－0011100 25286
補疑年錄十卷 (清)錢椒編 清刻本 一册

440000－2541－0011101 25287
古品節錄六卷 (清)松筠撰 清宣統二年(1910)守政書局刻本 六册

440000－2541－0011102 25288
道齊正軌二十卷 (清)鄒鳴鶴纂 (清)蘇源生編 清道光三十年(1850)刻本 八册

440000－2541－0011103 25290
廿二史言行略四十二卷 (清)過元畋輯 清嘉慶刻本 十六册

440000－2541－0011104 25292
歷代循良能吏列傳彙抄不分卷 (清)喬用遷輯 清有恆齋刻本 四册

440000－2541－0011105 25293
歷代節義名臣錄十卷 (清)陳炳纂 清光緒十二年(1886)金陵刻本 十册

440000－2541－0011106 25294
歷代名臣言行錄二十四卷 (清)朱桓輯 清光緒二十八年(1902)上海雙桂軒石印本 八册

440000－2541－0011107 25295
原二十四孝圖贊一卷廣二十四孝圖贊一卷 (清)養正堂編 清光緒六年(1880)刻本 一册

440000－2541－0011108 25300
重刻朱文端公三傳 (清)朱軾 (清)蔡世遠輯 清古唐朱舲刻本 二十六册

440000－2541－0011109 25301
朱文端公藏書十三種 (清)朱軾撰 清光緒二十三年(1897)朱衡等刻本 二十九册 存四種

440000－2541－0011110 25302
增批歷代名臣言行錄二十四卷 (清)朱桓輯 清光緒三十一年(1905)上海久敬齋石印本 五册

440000－2541－0011111 25304

歷代名臣言行錄二十四卷　(清)朱桓輯　清光緒十五年(1889)上海廣百宋齋石印本　十二册

440000－2541－0011112　25305
歷代名臣言行錄二十四卷　(清)朱桓輯　清光緒二十六年(1900)文瀾書局石印本　八册

440000－2541－0011113　25306
歷代名臣言行錄二十四卷　(清)朱桓輯　清光緒上海會文堂石印本　四册

440000－2541－0011114　25309
人表考九卷　(清)梁玉繩撰　清光緒十四年(1888)廣雅書局刻本　四册

440000－2541－0011115　25310
人表考九卷　(清)梁玉繩撰　清光緒十四年(1888)廣雅書局刻朱印本　四册

440000－2541－0011116　25311
漢書人表考補一卷　(清)梁玉繩撰　**漢書人表考校補一卷**　(清)蔡雲撰　清光緒十四年(1888)廣雅書局刻本　一册

440000－2541－0011117　25312
漢書人表考補一卷　(清)梁玉繩撰　**漢書人表考校補一卷**　(清)蔡雲撰　清光緒十四年(1888)廣雅書局刻本　一册

440000－2541－0011118　25313
宋名臣言行錄前集十卷後集十四卷　(宋)朱熹輯　**續集八卷別集二十六卷外集十七卷**　(宋)李幼武輯　清道光元年(1821)歙縣洪氏績學堂刻本　十二册

440000－2541－0011119　25314
宋名臣言行錄前集十卷後集十四卷　(宋)朱熹輯　**續集八卷別集二十六卷外集十七卷**　(宋)李幼武輯　清道光元年(1821)歙縣洪氏績學堂刻同治七年(1868)臨川桂氏重修本　十二册　存二十三卷(前集十卷、後集一至十三)

440000－2541－0011120　25315
安定言行錄二卷　(清)許正綬輯　清同治十一年(1872)刻月河精舍叢鈔本　一册

440000－2541－0011121　25317
宋名臣言行錄前集十卷後集十四卷　(宋)朱熹輯　**續集八卷別集二十六卷外集十七卷**　(宋)李幼武輯　清道光元年(1821)歙縣洪氏績學堂刻同治七年(1868)臨川桂氏重修本　十二册

440000－2541－0011122　25319
宋名臣言行錄前集十卷後集十四卷　(宋)朱熹輯　**續集八卷別集二十六卷外集十七卷**　(宋)李幼武輯　清道光元年(1821)歙縣洪氏績學堂刻同治七年(1868)臨川桂氏重修本　十二册

440000－2541－0011123　25321
元朝名臣事略十五卷　(元)蘇天爵撰　清刻本　三册

440000－2541－0011124　25323
元朝名臣事略十五卷　(元)蘇天爵撰　清刻本　二册　存七卷(五至十一)

440000－2541－0011125　25327
白沙門人考一卷　(清)阮榕齡編　清咸豐刻本　三册

440000－2541－0011126　25328
史外八卷　(清)汪有典編　清同治三年(1864)廬陵尋樂山房刻本　八册

440000－2541－0011127　25329
史外八卷　(清)汪有典編　清同治三年(1864)廬陵尋樂山房刻本　八册

440000－2541－0011128　25334
史外八卷　(清)汪有典編　清同治四年(1865)刻本　八册

440000－2541－0011129　25337
欽定勝朝殉節諸臣錄十二卷首一卷　(清)國史館撰　清嘉慶二年(1797)刻本　四册　存九卷(四至十二)

440000－2541－0011130　25338
欽定勝朝殉節諸臣錄十二卷首一卷　(清)國

史館撰　清嘉慶二年(1797)刻本　八冊　存十一卷(一至十、首一卷)

440000－2541－0011131　25349
國朝先正事略六十卷首一卷　(清)李元度輯　清光緒十二年(1886)鉛印本　十冊

440000－2541－0011132　25350
國朝先正事略六十卷　(清)李元度輯　清同治五年(1866)李元度循陔草堂刻本　二十五冊

440000－2541－0011133　25351
國朝先正事略六十卷首一卷　(清)李元度輯　清光緒十三年(1887)上海廣百宋齋鉛印本　十冊

440000－2541－0011134　25352
國朝先正事略六十卷　(清)李元度輯　清光緒二十五年(1899)上海圖書集成印書局鉛印本　十冊

440000－2541－0011135　25353
國朝先正事略六十卷　(清)李元度輯　清光緒二十五年(1899)上海圖書集成印書局鉛印本　八冊

440000－2541－0011136　25355
滿洲名臣傳四十八卷漢名臣傳三十二卷　(清)國史館纂　清京都榮錦書屋刻本　八十冊

440000－2541－0011137　25356
滿洲名臣傳四十八卷漢名臣傳三十二卷　(清)國史館纂　清刻本　七十二冊　存七十二卷(滿洲名臣傳四十八卷、漢名臣傳五至二十八)

440000－2541－0011138　25357
滿洲名臣傳四十八卷漢名臣傳三十二卷　(清)國史館纂　清京都榮錦書屋刻本　三十二冊　存三十二卷(漢名臣傳三十二卷)

440000－2541－0011139　25358
昭代名人尺牘小傳二十四卷　(清)吳修輯　清光緒十六年(1890)新會劉氏藏修書屋刻藏修堂叢書本　二冊

440000－2541－0011140　25362
昭代名人尺牘小傳二十四卷　(清)吳修輯　清光緒三十四年(1908)上海集古齋石印本　二冊

440000－2541－0011141　25363
忠烈備考十卷　(清)高德泰輯　清光緒二年至三年(1876－1877)刻本　二十一冊

440000－2541－0011142　25364
己未詞科錄十二卷　(清)秦瀛輯　清嘉慶十二年(1807)世恩堂刻本　四冊

440000－2541－0011143　25369
國朝漢學師承記八卷國朝宋學淵源記二卷附記一卷國朝經師經義目錄一卷　(清)江藩撰　清刻本　四冊

440000－2541－0011144　25370
國朝漢學師承記八卷國朝宋學淵源記二卷附記一卷國朝經師經義目錄一卷　(清)江藩撰　清刻本　三冊　存八卷(師承記八卷)

440000－2541－0011145　25371
國朝漢學師承記八卷國朝宋學淵源記二卷附記一卷　(清)江藩撰　清刻本　四冊　存六卷(一至六)

440000－2541－0011146　25373
國朝漢學師承記八卷國朝經師經義目錄一卷國朝宋學淵源記二卷附記一卷　(清)江藩撰　清光緒十三年(1887)刻本　二冊

440000－2541－0011147　25374
國朝漢學師承記八卷經師經義一卷國朝宋學淵源記二卷附記一卷　(清)江藩撰　清光緒二十二年(1896)寶慶勸學書社刻本　三冊

440000－2541－0011148　25375
大清搢紳全書不分卷(光緒二十三年)　(清)□□輯　清光緒二十三年(1897)松竹齋、榮寶齋刻本　四冊

440000－2541－0011149　25376
大清搢紳全書不分卷(光緒十九年)　(清)

□□輯　清光緒十九年(1893)松竹齋刻本　四册

440000－2541－0011150　25377
大清搢紳全書不分卷(光緒二十五年)　(清)□□輯　清光緒二十五年(1899)刻本　四册

440000－2541－0011151　25378
國朝耆獻類徵初編四百八十四卷首二百四卷述意一卷總目二十卷通檢十卷滿漢同姓名録一卷　(清)李桓輯　清光緒十年至十六年(1884－1890)湘蔭李桓刻本　二百九十四册

440000－2541－0011152　25379
大清搢紳全書不分卷(光緒二十九年)　(清)□□輯　清光緒二十九年(1903)榮録堂刻本　四册

440000－2541－0011153　25380
大清搢紳全書不分卷(光緒三十年)　(清)□□輯　清光緒三十年(1904)榮録堂刻本　四册

440000－2541－0011154　25381
大清搢紳全書不分卷(光緒三十年)　(清)□□輯　清光緒三十年(1904)榮録堂刻本　四册

440000－2541－0011155　25382
大清搢紳全書不分卷(光緒二十八年)　(清)□□輯　清光緒二十八年(1902)榮寶齋刻本　六册

440000－2541－0011156　25383
大清搢紳全書不分卷(光緒三十年)　(清)□□輯　清光緒三十年(1904)榮寶齋刻本　四册

440000－2541－0011157　25384
大清搢紳全書不分卷(光緒三十一年)　(清)□□輯　清光緒三十一年(1905)榮録堂刻本　二册

440000－2541－0011158　25385
大清搢紳全書不分卷(光緒三十一年)　(清)□□輯　清光緒三十一年(1905)榮寶齋刻本　六册

440000－2541－0011159　25386
大清搢紳全書不分卷(光緒三十三年)　(清)□□輯　清光緒三十三年(1907)榮録堂刻本　六册

440000－2541－0011160　25387
大清搢紳全書不分卷(光緒三十三年)　(清)□□輯　清光緒三十三年(1907)榮録堂刻本　六册

440000－2541－0011161　25388
大清搢紳全書不分卷(光緒三十三年)　(清)□□輯　清光緒三十三年(1907)榮録堂刻本　四册

440000－2541－0011162　25389
大清搢紳全書不分卷(光緒三十四年)　(清)□□輯　清光緒三十四年(1908)榮録堂刻本　四册

440000－2541－0011163　25390
大清搢紳全書不分卷(宣統元年)　(清)□□輯　清宣統元年(1909)榮録堂刻本　四册

440000－2541－0011164　25391
大清搢紳全書不分卷(宣統二年)　(清)□□輯　清宣統元年(1909)榮録堂刻本　四册

440000－2541－0011165　25392
大清搢紳全書不分卷(光緒三十四年)　(清)□□輯　清光緒三十四年(1908)榮録堂刻本　四册

440000－2541－0011166　25393
大清搢紳全書不分卷(宣統三年)　(清)□□輯　清宣統三年(1911)榮録堂刻本　五册

440000－2541－0011167　25394
光緒己丑恩科十八省正副榜同年録不分卷(光緒十五年)　(清)□□輯　清光緒十五年(1889)刻本　二册

440000－2541－0011168　25395
大清搢紳全書不分卷(宣統二年)　(清)□□輯　清宣統二年(1910)榮録堂刻本　七册

440000－2541－0011169　25396
國朝翰詹源流編年二卷國朝館選爵里謚法考二卷國朝館職補選爵里謚法考一卷　（清）吳鼎雯撰　清刻本　一册

440000－2541－0011170　25397
碑傳集一百六十卷首二卷末二卷　（清）錢儀吉編　清光緒十九年（1893）江蘇書局刻本　六十册

440000－2541－0011171　25398
碑傳集一百六十卷首二卷末二卷　（清）錢儀吉編　清光緒十九年（1893）江蘇書局刻本　六十册

440000－2541－0011172　25399
碑傳集一百六十卷首二卷末二卷　（清）錢儀吉編　清光緒十九年（1893）江蘇書局刻本　六十册

440000－2541－0011173　25401
續碑傳集八十六卷首二卷　繆荃孫輯　清宣統二年（1910）江楚編譯書局刻本　三十册

440000－2541－0011174　25403
國朝題名碑録不分卷附明朝題名碑録不分卷　（清）李周望等輯　清光緒刻本　十四册

440000－2541－0011175　25408
文瀾書院紳士同人録不分卷　（清）呂鑑煌輯　清光緒十七年（1891）刻民國二年（1913）文瀾書院續刻本　一册

440000－2541－0011176　25409
國朝六科漢給事中題名録不分卷　（清）戴璐輯　（清）王家相　（清）李恩慶續輯　（清）劉毓楠增補　清道光刻同治增刻本　一册

440000－2541－0011177　25412
清秘述聞十六卷　（清）法式善輯　清嘉慶四年（1799）刻本　四册

440000－2541－0011178　25413
津河廣仁堂所刻書六十二種　（清）□□編　清光緒津河廣仁堂刻本　十一册　存四種

440000－2541－0011179　25414
鶴徵録八卷後録十二卷首一卷　（清）李集輯　（清）李富孫　（清）李遇孫續輯　清嘉慶十六年（1811）漾葭老屋刻同治十一年（1872）補刻本　十册

440000－2541－0011180　25415
咸豐八年戊午科十八省鄉試同年全録一卷　（清）□□輯　清咸豐八年（1858）刻本　一册

440000－2541－0011181　25416
光緒二十三年丁酉科十八省選拔貢同年全録一卷　（清）□□輯　清光緒二十三年（1897）刻本　二册

440000－2541－0011182　25420
廣西昭忠録八卷平桂紀略四卷堂匪總録十二卷股匪總録三卷　（清）蘇鳳文撰　**廣西道里表一卷**　（清）蘇宗經編　清光緒十五年（1889）刻本　八册

440000－2541－0011183　25441
歷代名將事略不分卷　兩廣督練公所教練處輯　清宣統二年（1910）兩廣督練公所教練處鉛印本　一册

440000－2541－0011184　25442
戚少保［繼光］年譜耆編十二卷　（明）戚祚國等撰　清道光二十七年（1847）刻本　十一册

440000－2541－0011185　25445
歷代名儒傳八卷　（清）朱軾　（清）蔡世遠輯　清光緒二十三年（1897）朱衡等刻朱文端公藏書本　四册

440000－2541－0011186　25446
高安三傳合編三種　（清）朱軾　（清）蔡世遠編　清光緒二十一年（1895）江蘇書局刻本　二十四册

440000－2541－0011187　25452
靈鶼閣叢書六集五十六種附一種　（清）江標編　清光緒元和江氏湖南使院刻本　八册　存四種

440000－2541－0011188　25453
藏書紀事詩六卷　葉昌熾撰　清光緒二十三

年(1897)元和江氏長沙學使署刻蘇州振新書社印靈鶼閣叢書本　六冊

440000 - 2541 - 0011189　25458
兩湖師範學堂管理員教員全表不分卷簡易科畢業生姓名年歲籍貫出身學科分數總表不分卷附簡易科畢業憑照　(清)兩湖師範學堂輯　清湖北學務處刻本　一冊

440000 - 2541 - 0011190　25459
藏書紀事詩七卷　葉昌熾撰　清宣統二年(1910)葉氏刻本　六冊

440000 - 2541 - 0011191　25460
藏書紀事詩七卷　葉昌熾撰　清宣統二年(1910)葉氏刻本　六冊

440000 - 2541 - 0011192　25464
飛白錄二卷　(清)陸紹曾　(清)張燕昌輯　清嘉慶九年(1804)黄錫蕃擘荔軒刻本　二冊

440000 - 2541 - 0011193　25468
東坡事類二十二卷　(清)梁廷枏輯　清光緒五年(1879)刻本　七冊　存十九卷(一至十六、二十至二十二)

440000 - 2541 - 0011194　25472
東軒吟社畫像一卷　(清)費丹旭繪　(清)黄士珣記　(清)諸可寶傳　**記傳題跋一卷小傳一卷題詞一卷**　(清)汪曾唯輯　清光緒二年(1876)錢塘汪氏振綺堂刻本　一冊

440000 - 2541 - 0011195　25473
東軒吟社畫像一卷　(清)費丹旭繪　(清)黄士珣記　(清)諸可寶傳　**記傳題跋一卷小傳一卷題詞一卷**　(清)汪曾唯輯　清光緒二年(1876)錢塘汪氏振綺堂刻本　一冊

440000 - 2541 - 0011196　25478
樊山公牘四卷　樊增祥撰　清宣統三年(1911)廣益書局石印本　二冊

440000 - 2541 - 0011197　25479
東坡事類二十二卷　(清)梁廷枏輯　清光緒五年(1879)刻本　十冊

440000 - 2541 - 0011198　25484
宋本韓柳二先生年譜　(清)馬曰璐編　清光緒元年(1875)隸釋齋刻本　二冊

440000 - 2541 - 0011199　25485
廣元遺山[好問]年譜二卷　(清)李光廷編　清同治五年(1866)番禺李氏刻民國十三年(1924)無竟齋印本　二冊

440000 - 2541 - 0011200　25486
廣元遺山[好問]年譜二卷　(清)李光廷編　清同治五年(1866)番禺李氏刻民國十三年(1924)無竟齋印本　二冊

440000 - 2541 - 0011201　25488
國朝詩人徵略六十卷二編六十四卷　(清)張維屏輯　清道光十年至二十二年(1830 - 1842)刻本　十六冊

440000 - 2541 - 0011202　25489
國朝詩人徵略六十卷二編六十四卷　(清)張維屏輯　清道光十年至二十二年(1830 - 1842)刻本　二十冊

440000 - 2541 - 0011203　25490
國朝詩人徵略六十卷二編六十四卷　(清)張維屏輯　清道光十年至二十二年(1830 - 1842)刻本　十二冊　存四十九卷(國朝詩人徵略一至四十四、四十九至五十三)

440000 - 2541 - 0011204　25491
國朝詩人徵略六十卷二編六十四卷　(清)張維屏輯　清道光十年至二十二年(1830 - 1842)刻本　六冊　存三十四卷(國朝詩人徵略一至四、十二至二十三、三十五至五十二)

440000 - 2541 - 0011205　25492
國朝詩人徵略六十卷二編六十四卷　(清)張維屏輯　清道光十年至二十二年(1830 - 1842)刻本　十冊　存六十卷(國朝詩人徵略六十卷)

440000 - 2541 - 0011206　25501
國朝名家詩鈔小傳四卷　(清)鄭方坤撰　清光緒十二年(1886)刻本　二冊

440000 - 2541 - 0011207　25505

宋元以來畫人姓氏錄三十六卷首一卷　(清)魯駿輯　清道光十年(1830)刻本　十二册

440000－2541－0011208　25506
宋元以來畫人姓氏錄三十六卷首一卷　(清)魯駿輯　清道光十年(1830)刻本　十四册

440000－2541－0011209　25509
印人傳三卷　(清)周亮工撰　清宣統順德鄧氏鉛印風雨樓叢書本　一册

440000－2541－0011210　25513
宋元以來畫人姓氏錄三十六卷首一卷　(清)魯駿輯　清道光十年(1830)刻本　十二册

440000－2541－0011211　25514
歷代畫史彙傳七十二卷　(清)彭蘊璨編　清光緒八年(1882)掃葉山房刻掃葉山房叢鈔本　二十册

440000－2541－0011212　25516
國朝詩人徵略六十卷二編六十四卷　(清)張維屏輯　清道光十年至二十二年(1830－1842)刻本　八册　存六十四卷(二編六十四卷)

440000－2541－0011213　25517
歷代畫史彙傳七十二卷附錄二卷　(清)彭蘊璨編　清道光五年(1825)吳門彭氏尚志堂刻本　三十二册

440000－2541－0011214　25521
艷史叢鈔十二種　(清)王韜等撰　清光緒四年(1878)弢園鉛印本　一册　存三種

440000－2541－0011215　25523
秦淮畫舫錄二卷畫舫餘譚一卷　題(清)捧花生撰　清嘉慶二十三年(1818)捧花樓刻本　五册

440000－2541－0011216　25527
墨林今話十八卷　(清)蔣寶齡撰　**續編一卷**　(清)蔣茝生撰　清同治十年(1871)刻本　六册

440000－2541－0011217　25528
歷代畫家姓氏便覽六卷　(清)馮津編　清道光六年(1826)馮召棠刻本　六册

440000－2541－0011218　25529
無聲詩史七卷　(清)姜紹書撰　清康熙五十九年(1720)觀妙齋刻本　四册

440000－2541－0011219　25534
墨林今話十八卷　(清)蔣寶齡撰　**續編一卷**　(清)蔣茝生撰　清咸豐二年(1852)刻本　六册

440000－2541－0011220　25535
墨林今話十八卷　(清)蔣寶齡撰　**續編一卷**　(清)蔣茝生撰　清咸豐二年(1852)刻本　六册

440000－2541－0011221　25541
中國藝術家徵略六卷　(清)李放輯　清宣統三年(1911)刻本　四册

440000－2541－0011222　25542
中國藝術家徵略六卷　(清)李放輯　清宣統三年(1911)刻本　四册

440000－2541－0011223　25554
國朝書畫家筆錄四卷　竇鎮輯　清宣統三年(1911)刻本　八册

440000－2541－0011224　25556
清朝書畫錄四卷　竇鎮輯　清宣統二年(1910)上海進化書局石印本　一册

440000－2541－0011225　25558
國朝畫徵錄三卷續錄二卷　(清)張庚撰　清刻本　二册

440000－2541－0011226　25559
國朝畫徵錄三卷續錄二卷　(清)張庚撰　清光緒三十二年(1906)張震抄本　三册

440000－2541－0011227　25562
國朝畫徵錄三卷續錄二卷　(清)張庚撰　清刻萃文書局印本　二册

440000－2541－0011228　25563
國朝畫徵錄三卷續錄二卷　(清)張庚撰　清刻萃文書局印本　三册

440000－2541－0011229　25580

墨香居畫識十卷國朝畫識十七卷　(清)馮金伯撰　清乾隆至嘉慶墨香居刻本　八册

440000－2541－0011230　25582

國朝畫識十七卷墨香居畫識十卷　(清)馮金伯撰　清道光十一年(1831)刻本　十二册

440000－2541－0011231　25594

甌鉢羅室書畫過目考四卷首一卷附一卷　(清)李玉棻撰　清光緒二十三年(1897)李元振刻本　二册

440000－2541－0011232　25603

揚州畫苑録四卷　(清)汪鋆輯　清光緒十一年(1885)刻本　二册

440000－2541－0011233　25606

懷古田舍梅統十三卷　(清)徐榮輯　清同治四年(1865)錦城刻本　四册

440000－2541－0011234　25607

圖繪寶鑑五卷補遺一卷　(元)夏文彥纂　清刻本　二册

440000－2541－0011235　25609

書畫緣畫宗姓類十二卷首一卷末一卷　(清)沈辰輯　清德遠堂刻本　六册

440000－2541－0011236　25615

墨緣小録一卷　(清)潘曾瑩撰　清咸豐七年(1857)刻本　一册

440000－2541－0011237　25622

忠武志十卷　(清)張鵬翮輯　清嘉慶十九年(1814)刻本　四册

440000－2541－0011238　25623

史餘二十卷　(清)陳堯松撰　(清)陳慶飈注　**補録一卷**　(清)陳慶飈撰　清同治三年(1864)刻本　六册

440000－2541－0011239　25625

北行日記不分卷　(清)薛寶田撰　清光緒六年(1880)刻本　二册

440000－2541－0011240　25627

新舊唐書合注魏徵列傳一卷　王先謙撰　清光緒九年(1883)長沙王氏刻王益吾所刻書本　一册

440000－2541－0011241　25634

忠烈編四卷　(清)胡長新輯　清同治元年(1862)黎郡刻三忠合刻本　一册　存二卷(一至二)

440000－2541－0011242　25638

王文公[安石]年譜考略節要四卷附存二卷　(清)蔡上翔撰　(清)楊希閔節録　清光緒四年(1878)福州刻本　三册

440000－2541－0011243　25640

崇禎五十宰相傳一卷　(清)曹溶撰　**何氏公羊解詁一卷**　廖平撰　清宣統三年(1911)上海國學扶輪社鉛印張氏適園叢書本　一册

440000－2541－0011244　25642

商文毅公[輅]年譜四卷　(明)商振倫撰　清光緒二十二年(1896)商氏保傳堂木活字印本　六册

440000－2541－0011245　25644

中興名臣事略八卷　朱孔彰撰　清光緒二十九年(1903)上海同文社鉛印本　四册

440000－2541－0011246　25645

中興名臣事略八卷　朱孔彰撰　清光緒二十四年(1898)上海書局石印本　四册

440000－2541－0011247　25646

中興名臣事略八卷　朱孔彰撰　清光緒二十四年(1898)上海書局石印本　四册

440000－2541－0011248　25647

貳臣傳十二卷逆臣傳四卷　(清)蔣良騏輯　清末至民國初上海六藝書局石印本　四册

440000－2541－0011249　25648

德壯果公[德楞泰]年譜三十二卷　(清)花沙納纂　清咸豐六年(1856)刻本　八册

440000－2541－0011250　25649

阿文成公[阿桂]年譜三十四卷　(清)那彥成纂　(清)王昶勘定　(清)盧蔭溥增修　清嘉慶十八年(1813)刻本　三十二册

440000－2541－0011251　25650
阿文成公[阿桂]年譜三十四卷　(清)那彦成纂　(清)王昶勘定　(清)盧蔭溥增修　清嘉慶十八年(1813)刻本　二十册

440000－2541－0011252　25651
良吏述補一卷　(清)錢儀吉輯　清道光衎石齋刻本　一册

440000－2541－0011253　25654
合肥相國[李鴻章]七十賜壽圖不分卷附壽言一卷　(清)羅豐禄等輯　清光緒石印本　六册

440000－2541－0011254　25660
曾文正公家書十卷家訓二卷　(清)曾國藩撰　清光緒十三年(1887)鴻文書局鉛印本　三册　存六卷(一至四、七至八)

440000－2541－0011255　25661
曾文正公家書十卷家訓二卷大事記四卷榮哀錄一卷　(清)曾國藩撰　清光緒十五年(1889)瑞賢書局刻本　八册

440000－2541－0011256　25662
曾文正公家書十卷家訓二卷大事記四卷榮哀錄一卷　(清)曾國藩撰　清光緒三十一年(1905)上海商務印書館鉛印本　七册

440000－2541－0011257　25663
曾文正公家書十卷家訓二卷大事記四卷榮哀錄一卷　(清)曾國藩撰　清光緒三十一年(1905)上海商務印書館鉛印本　八册

440000－2541－0011258　25686
秦淮八豔圖詠不分卷　(清)葉衍蘭輯　清光緒十八年(1892)羊城越華講院刻本　一册

440000－2541－0011259　25687
純德彙編七卷首一卷　(清)董華鈞輯　**續刻一卷**　(清)董景沛輯　清嘉慶二十三年(1818)董景沛刻本　八册

440000－2541－0011260　25688
純德彙編七卷首一卷　(清)董華鈞輯　**續刻一卷**　(清)董景沛輯　清嘉慶二十三年(1818)董景沛刻本　三册

440000－2541－0011261　25689
青冢志十二卷首一卷　(清)胡鳳丹輯　清光緒三年(1877)永康胡氏退補齋刻本　三册

440000－2541－0011262　25694
關帝聖蹟圖志十卷　(清)盧湛輯　清嘉慶十二年(1807)廣東山陝會館刻光緒十年(1884)印本　四册

440000－2541－0011263　25695
關聖帝君聖跡圖志全集五卷首一卷　(清)盧湛輯　清光緒二年(1876)刻本　六册

440000－2541－0011264　25697
明鼎甲徵信錄四卷國朝鼎甲徵信錄四卷　(清)閻湘蕙輯　(清)張椿齡增訂　清同治三年(1864)刻本　三册　存六卷(明鼎甲徵信錄四卷、國朝鼎甲徵信錄一至二)

440000－2541－0011265　25698
關帝志四卷　(清)張鎮輯　清光緒十年(1884)刻本　四册

440000－2541－0011266　25705
鄂國金佗稡編二十八卷續編三十卷　(宋)岳珂編　清光緒九年(1883)浙江書局刻本　八册

440000－2541－0011267　25710
中國第一大偉人岳飛一卷　(日本)笹川種郎撰　(清)金鳴鑾譯　清光緒二十九年(1903)上海博文社石印本　一册

440000－2541－0011268　25716
四洪年譜四卷　(清)洪汝奎編　清宣統元年(1909)晦木齋刻洪氏晦木齋叢書本　四册

440000－2541－0011269　25717
四洪年譜四卷　(清)洪汝奎編　清宣統元年(1909)晦木齋刻朱印本　四册

440000－2541－0011270　25724
濂溪志七卷濂溪遺芳集一卷　(清)周誥輯　清道光十九年(1839)刻本　四册

440000－2541－0011271　25725

濂溪志七卷濂溪遺芳集一卷　(清)周誥輯　清道光十九年(1839)刻本　四冊

440000－2541－0011272　25726
濂溪志七卷濂溪遺芳集一卷　(清)周誥輯　清道光十九年(1839)刻本　四冊

440000－2541－0011273　25731
明朝列大夫陝西布政司參議森瑯公[梁元柱]年譜一卷　(清)梁廷枏撰　清刻本　一冊

440000－2541－0011274　25734
周文襄公[忱]年譜一卷附錄一卷校勘記一卷　(明)周仁俊等輯　清光緒十五年(1889)木活字印本　二冊

440000－2541－0011275　25736
倪高士[瓚]年譜一卷　(清)沈世良撰　清宣統元年(1909)刻本　一冊

440000－2541－0011276　25737
倪高士[瓚]年譜一卷　(清)沈世良撰　清宣統元年(1909)刻本　一冊

440000－2541－0011277　25738
嘯園叢書六函六十種　(清)葛元煦編　清光緒二年至七年(1876－1881)仁和葛氏刻本　十七冊　存八種

440000－2541－0011278　25740
祁忠惠公[彪佳]年譜一卷　(明)王思任輯　(清)梁廷枏等補輯　清道光十七年(1837)山陰胡蕃晝堂刻本　一冊

440000－2541－0011279　25746
黃子[道周]年譜一卷　(清)洪思撰　清道光二十四年(1844)曾省、林廣邁刻本　一冊

440000－2541－0011280　25759
表貞錄不分卷　(清)李齡壽撰並輯　清光緒十五年(1889)杭州刻本　一冊

440000－2541－0011281　25760
徐宗幹年譜一卷　(清)徐宗幹撰　(清)徐毓海輯　清同治五年(1866)徐毓海刻本　四冊

440000－2541－0011282　25763
黃梨洲先生[宗羲]年譜三卷　(清)黃炳垕輯　清同治十二年(1873)刻本　二冊

440000－2541－0011283　25764
黃梨洲先生[宗羲]年譜三卷　(清)黃炳垕輯　清同治十二年(1873)刻本　一冊

440000－2541－0011284　25765
宜堂類編二十五卷　(清)丁丙撰　丁立中輯　清光緒二十六年(1900)錢塘丁氏嘉惠堂刻本　八冊

440000－2541－0011285　25766
宜堂類編二十五卷　(清)丁丙撰　丁立中輯　清光緒二十六年(1900)錢塘丁氏嘉惠堂刻本　十二冊

440000－2541－0011286　25770
南厓府君[朱珪]年譜三卷　(清)朱錫經撰　清嘉慶刻本　一冊

440000－2541－0011287　25771
傅青主先生[山]年譜一卷　丁寶銓撰　清宣統三年(1911)刻本　一冊

440000－2541－0011288　25774
恩福堂[英和]年譜一卷　(清)英和編　清刻本　一冊

440000－2541－0011289　25775
潘世恩自訂年譜一卷　(清)潘世恩撰　清同治刻本　一冊

440000－2541－0011290　25776
吳荷屋[榮光]自訂年譜一卷　(清)吳榮光撰　清道光刻本　一冊

440000－2541－0011291　25778
馮潛齋先生[成修]年譜一卷墓誌銘一卷　(清)勞潼撰　清宣統三年(1911)南海馮氏學古堂刻本　一冊

440000－2541－0011292　25780
駱文忠公[秉章]年譜二卷　(清)駱秉章撰　清光緒二十一年(1895)張蔭桓都門刻本　一冊

440000－2541－0011293　25781
彭文敬公[蘊章]自訂年譜一卷　(清)彭蘊章

撰　清同治刻本　一册

440000－2541－0011294　25782
彭文敬公[蘊章]自訂年譜一卷　(清)彭蘊章撰　清同治刻本　一册

440000－2541－0011295　25784
關彩衢先生壽言二卷　(清)關壽崧輯　清道光二十三年(1843)刻本　一册

440000－2541－0011296　25786
忠武公[楊遇春]年譜一卷　(清)楊國佐(清)楊國楨輯　清道光二十年(1840)刻本　一册

440000－2541－0011297　25787
忠武公[楊遇春]年譜一卷　(清)楊國佐(清)楊國楨輯　清道光二十年(1840)刻本　一册

440000－2541－0011298　25788
稀齡祝雅一卷　(清)黄炳垕輯　清光緒十年(1884)刻本　一册

440000－2541－0011299　25789
稀齡祝雅一卷　(清)黄炳垕輯　清光緒十年(1884)刻本　一册

440000－2541－0011300　25791
潘文勤公[祖蔭]年譜一卷　(清)潘祖年撰　清光緒刻本　一册

440000－2541－0011301　25792
潘文勤公[祖蔭]年譜一卷　(清)潘祖年撰　清光緒刻本　一册

440000－2541－0011302　25793
孤忠録二卷　(清)吴可讀撰　(清)袁祖志編　**誄文一卷**　(清)傅巖霖輯　清光緒十二年(1886)上海還讀樓刻本　三册

440000－2541－0011303　25794
姚布政[延著]傳一卷金壇公是録一卷　(清)嚴允肇等撰　(清)姚文田輯　清道光刻本　一册

440000－2541－0011304　25797
回颿日記一卷　(清)陳春瀛撰　清光緒二十一年(1895)鉛印本　一册

440000－2541－0011305　25798
談瀛録三卷　(清)王之春撰　清光緒六年(1880)上洋文藝齋刻本　二册

440000－2541－0011306　25799
澄懷主人[張廷玉]自訂年譜六卷　(清)張廷玉撰　清光緒六年(1880)張紹文龐山刻本　二册

440000－2541－0011307　25805
唐義渠從征十六圖不分卷　(清)唐訓方撰　清同治刻本　四册

440000－2541－0011308　25806
請纓日記十卷(光緒八年至十二年)　(清)唐景崧撰　清光緒十九年(1893)臺灣布政使署刻本　一册　存三卷(一至三)

440000－2541－0011309　25810
李恕谷先生[塨]年譜五卷　(清)馮辰撰　清道光十六年(1836)蠡吾李諧刻本　四册

440000－2541－0011310　25811
弇山畢公[沅]年譜一卷　(清)史善長撰　清同治十一年(1872)刻本　一册

440000－2541－0011311　25812
弇山畢公[沅]年譜一卷　(清)史善長撰　清同治十一年(1872)刻本　一册

440000－2541－0011312　25813
隨園先生[袁枚]年譜一卷　(清)方濬師撰　清同治十年(1871)肇羅道署刻本　一册

440000－2541－0011313　25814
凝香室鴻雪因緣圖記二卷　(清)麟慶撰　清道光十八年至二十一年(1838－1841)刻本　二册

440000－2541－0011314　25819
[北京大興]翁氏家事略記一卷　(清)翁方綱撰　清道光刻本　二册

440000－2541－0011315　25821
黄勤敏公[鉞]年譜一卷　(清)黄富民撰　清同治五年(1866)當塗黄富民金陵刻本　一册

440000－2541－0011316　25822

分年讀書譜不分卷　(清)溫汝适撰　清光緒二十一年(1895)刻本　一冊

440000－2541－0011317　25825

陳澧事實十三則　(清)□□撰　清抄本　一冊

440000－2541－0011318　25826

蠶音一卷　(清)安致遠撰　清同治二年(1863)自鉏園刻安靜子集本　一冊

440000－2541－0011319　25831

先文恭公[潘世恩]自訂年譜一卷　(清)潘世恩撰　(清)潘儀鳳輯　清同治二年(1863)刻本　一冊

440000－2541－0011320　25832

馮潛齋先生[成修]年譜一卷墓誌銘一卷　(清)勞潼撰　清宣統三年(1911)南海馮氏學古堂刻本　一冊

440000－2541－0011321　25849

西湖林公祠[汝霖]墓誌一卷　(清)程鍾瑞撰　清同治八年(1869)刻光緒補刻本　二冊

440000－2541－0011322　25853

題江南曾文正公祠百詠一卷　朱孔彰撰　清光緒十三年(1887)金陵刻民國二十四年(1935)補刻本　一冊

440000－2541－0011323　25855

題江南曾文正公祠百詠一卷　朱孔彰撰　清光緒十三年(1887)金陵刻民國二十四年(1935)補刻本　一冊

440000－2541－0011324　25857

何樸園先生[文綺]鄉賢錄一卷事實冊一卷　(清)何增慶編　清光緒十四年(1888)刻本　一冊

440000－2541－0011325　25865

劉襄勤[錦棠]史傳稿一卷　何維樸撰　清宣統二年(1910)石印本　一冊

440000－2541－0011326　25878

夢跡圖不分卷　(清)竇琳繪　清光緒上海點石齋石印本　二冊

440000－2541－0011327　25909

范縣鄉土志一卷　(清)楊沂等編　清光緒三十四年(1908)石印本　一冊

440000－2541－0011328　25916

初月樓聞見錄十卷續錄十卷　(清)吳德旋撰　清道光刻本　四冊

440000－2541－0011329　25919

吳郡名賢圖傳贊二十卷　(清)顧沅輯　清道光長洲顧氏刻本　八冊

440000－2541－0011330　25920

兩江忠義錄五十六卷　(清)兩江採訪忠義總局輯　清光緒十三年(1887)刻本　五十六冊

440000－2541－0011331　25927

金陵通傳四十五卷補遺四卷韻編一卷　陳作霖撰　清光緒三十年(1904)江寧陳氏瑞華館刻本　十冊

440000－2541－0011332　25930

雷塘庵主[阮元]弟子記八卷　(清)張鑑等撰　清刻本　二冊

440000－2541－0011333　25931

雷塘庵主[阮元]弟子記八卷　(清)張鑑等撰　清刻本　四冊

440000－2541－0011334　25932

雷塘庵主[阮元]弟子記八卷　(清)張鑑等撰　清刻本　四冊　存七卷(一至七)

440000－2541－0011335　25937

練川名人畫象四卷附二卷續編三卷　(清)程祖慶輯　清光緒四年(1878)張修府刻本　二冊

440000－2541－0011336　25938

練川名人畫象四卷附二卷續編三卷　(清)程祖慶輯　清光緒四年(1878)張修府刻本　二冊

440000－2541－0011337　25939

桐城耆舊傳十二卷　馬其昶撰　清宣統三年(1911)刻本　五冊　存十卷(一至二、五至十

二）

440000－2541－0011338　25944
越女表微錄五卷　(清)汪輝祖撰　清光緒十八年(1892)杭州刻本　一册

440000－2541－0011339　25947
四明人鑑不分卷　(清)劉慈孚輯　(清)虞琴繪圖　清光緒石印本　四册

440000－2541－0011340　25951
浙江忠義録十卷　(清)張景祁等輯　清同治六年至光緒元年(1867－1875)浙江採訪忠義總局刻本　三十二册

440000－2541－0011341　25952
豫章先賢九家年譜十種　(清)楊希閔編　清光緒四年(1878)刻本　十五册

440000－2541－0011342　25953
於越先賢像傳贊二卷　(清)任熊繪　(清)王齡撰　清光緒石印任渭長先生畫傳四種本　二册

440000－2541－0011343　25961
福建鄉試録一卷(咸豐己未恩科並補行戊午正科)　(清)袁希祖等編　清刻本　一册

440000－2541－0011344　25963
楚寶四十卷外篇五卷　(明)周聖楷纂輯　(清)鄧顯鶴校補　清道光九年(1829)新化鄧顯鶴刻本　二十六册

440000－2541－0011345　25964
楚寶四十卷外篇五卷　(明)周聖楷纂輯　(清)鄧顯鶴校補　清道光九年(1829)新化鄧顯鶴刻本　二十四册

440000－2541－0011346　25965
中州人物考八卷　(清)孫奇逢撰　(清)王元鑣　(清)孫立雅輯　清道光二十四年(1844)容城孫氏刻本　八册

440000－2541－0011347　25973
粤東名儒言行録二十四卷　(清)鄧淳輯　清道光十一年(1831)廣州刻本　六册

440000－2541－0011348　25977
嶺南遺書六集五十九種附二種　(清)伍元薇　(清)伍崇曜編　清道光至同治南海伍氏粤雅堂文字歡娱室刻本　十二册　存八種

440000－2541－0011349　25987
廣州鄉賢傳四卷首一卷續二卷　(清)潘楳元輯　(清)譚瑩續輯　清光緒六年(1880)雙門底經韻樓刻本　二册

440000－2541－0011350　25994
廣州鄉賢傳四卷首一卷　(清)潘楳元輯　清道光十九年(1839)刻本　四册

440000－2541－0011351　25995
廣東鄉試録(光緒二十年甲午科)不分卷　(清)王蔭槐等輯　清光緒二十年(1894)刻本　一册

440000－2541－0011352　25998
國朝東莞題名録九卷勝朝東莞題名録提要附編一卷　蘇澤東輯　清光緒十八年(1892)祖坡吟館刻本　五册

440000－2541－0011353　26005
邱文莊公[濬]年譜一卷　(清)王國棟撰　清光緒二十四年(1898)擘經書院刻本　一册

440000－2541－0011354　26006
詒煒集五卷　(清)許振褘輯　清光緒十八年(1892)東河節署刻本　一册

440000－2541－0011355　26009
詒煒集五卷侍香集一卷　(清)許振褘輯　清光緒二十三年(1897)廣州節署刻本　二册

440000－2541－0011356　26010
詒煒集五卷侍香集一卷　(清)許振褘輯　清光緒二十三年(1897)廣州節署刻本　二册

440000－2541－0011357　26011
誥授建威將軍浙江提督張公奎垣[其光]軍門行狀不分卷　(清)張焯奎撰　清光緒二十三年(1897)刻本　一册

440000－2541－0011358　26014
南海九江朱氏家譜十二卷首一卷　(明)朱學懋纂修　(清)朱昌瑤　(清)朱宗琦續纂修

清同治八年(1869)南海朱氏刻本　十二册

440000－2541－0011359　26015

南海九江朱氏家譜十二卷首一卷　(明)朱學懋纂修　(清)朱昌瑤　(清)朱宗琦續纂修　清同治八年(1869)南海朱氏刻本　九册

440000－2541－0011360　26016

南海九江朱氏家譜十二卷首一卷　(明)朱學懋纂修　(清)朱昌瑤　(清)朱宗琦續纂修　清同治八年(1869)南海朱氏刻本　十二册

440000－2541－0011361　26017

南海九江朱氏家譜十二卷首一卷　(明)朱學懋纂修　(清)朱昌瑤　(清)朱宗琦續纂修　清同治八年(1869)南海朱氏刻本　十七册

440000－2541－0011362　26018

[浙江平湖]清溪沈氏六修家乘二十卷　(清)沈應奎纂修　清光緒十年至十二年(1884－1886)刻本　二十册

440000－2541－0011363　26019

[浙江平湖]清溪沈氏六修家乘二十卷　(清)沈應奎纂修　清光緒十年至十二年(1884－1886)刻本　二十册

440000－2541－0011364　26020

雲陽周氏東分宗譜二十八卷首二卷末一卷　(清)周慶庚等修　清光緒八年(1882)刻本　二十册

440000－2541－0011365　26022

[浙江]蕭山長巷沈氏續修宗譜四十卷首一卷系圖備考一卷家塾志略一卷　(清)沈荇等纂修　清光緒十九年(1893)承裕堂木活字印本　三十二册

440000－2541－0011366　26023

姚氏百世源流考二卷　(清)姚振宗纂　清光緒三十年(1904)快閣活字印本　四册

440000－2541－0011367　26024

武功書院世譜三卷　(清)蘇鏡南撰　清光緒二十六年(1900)德有隣堂刻民國十八年(1929)補刻本　四册

440000－2541－0011368　26025

蘇氏族譜十卷　(清)蘇廷鑑輯　清光緒二十六年(1900)刻本　四册

440000－2541－0011369　26026

姚氏百世源流考二卷　(清)姚振宗纂　清光緒三十年(1904)快閣活字印本　二册

440000－2541－0011370　26027

臨海屈氏世譜十九卷　(清)屈軼纂修　清道光十年(1830)刻本　四册

440000－2541－0011371　26028

蘇氏族譜十卷　(清)蘇廷鑑輯　清光緒二十六年(1900)刻本　四册

440000－2541－0011372　26029

武功書院世譜三卷　(清)蘇鏡南撰　清光緒二十六年(1900)德有隣堂刻民國十八年(1929)補刻本　四册

440000－2541－0011373　26030

長洲宋氏族譜十二卷首一卷末一卷　(清)宋廷璣撰　清道光刻本　七册

440000－2541－0011374　26031

陸氏世德記六卷　(清)陸師彥　(清)陸宗瓚輯　□□增補　清光緒刻民國增補印本　三册

440000－2541－0011375　26032

陸氏世德記六卷　(清)陸師彥　(清)陸宗瓚輯　清光緒刻本　四册

440000－2541－0011376　26033

梁氏崇桂堂族譜十卷　(清)梁活階修　清宣統元年(1909)東莞梁氏勤貽堂刻本　十册

440000－2541－0011377　26036

高氏世譜十卷　(清)高長年修　清同治刻本　十册

440000－2541－0011378　26043

新纂氏族箋釋八卷　(清)熊峻運撰　(清)楊煌義輯　清光緒七年(1881)文奎堂刻本　六册

440000－2541－0011379　26044

新纂氏族箋釋八卷　(清)熊峻運撰　(清)楊煌義輯　清刻本　四册

440000－2541－0011380　26045

新纂氏族箋釋八卷　(清)熊峻運撰　(清)楊煌義輯　清刻本　四册

440000－2541－0011381　26046

新會潮連蘆鞭盧氏族譜二十五卷　(清)盧秉元輯　盧子駿等續修　清宣統三年(1911)鉛印本　二十一册

440000－2541－0011382　26051

[常州]屠氏昆陵支譜二十卷　屠寄纂修　清光緒三十年(1904)敬齊堂木活字印本　二十册

440000－2541－0011383　26052

[江西婺源]龍騰俞仕宜公支譜十六卷首一卷末一卷　俞桂彬等修　清宣統三年(1911)睦倫堂刻本　十二册

440000－2541－0011384　26056

[武陵楊氏]瑞芝室家傳一卷瑞芝室志銘一卷　(清)楊琪光撰　清光緒十一年(1885)刻本　一册

440000－2541－0011385　26058

[廣東南海]關氏族譜不分卷　(清)關瑞龍等修　清光緒十五年(1889)粤東省城翰元樓刻本　七册

440000－2541－0011386　26059

張孝友堂宗譜十一卷　(清)張德明修　清光緒二十三年(1897)刻本　一册

440000－2541－0011387　26060

南海九江關樹德堂家譜二十卷首一卷　(清)關兆熙等修　清光緒二十三年(1897)刻本　十八册

440000－2541－0011388　26065

南海學正黄氏家譜節本不分卷首一卷末一卷　黄任恆輯　清宣統三年(1911)南海黄氏保粹堂刻本　二册

440000－2541－0011389　26066

南海學正黄氏家譜十二卷首一卷末一卷　黄任恆編　清宣統三年(1911)南海黄氏保粹堂刻本　八册

440000－2541－0011390　26069

先三鄉賢年譜三種　黄佛頤編　清光緒二十九年(1903)香山黄氏純淵堂刻本　一册

440000－2541－0011391　26070

微尚齋叢刻六種　汪兆鏞編　清光緒三十四年(1908)至民國番禺汪氏微尚齋刻本　五册　存六種

440000－2541－0011392　26072

番禺小龍孔氏家譜十二卷　(清)孔昭湘等纂　清光緒二十三年(1897)刻本　七册

440000－2541－0011393　26074

文海林氏家譜五卷　(清)林天照等輯　清同治七年(1868)刻本　五册

440000－2541－0011394　26075

嶺南冼氏宗譜九卷　冼寶榦纂修　清宣統二年(1910)刻本　八册

440000－2541－0011395　26076

南海梁氏家譜四卷　(清)梁文選輯　清宣統三年(1911)刻本　四册

440000－2541－0011396　26077

南海梁氏家譜四卷　(清)梁文選輯　清宣統三年(1911)刻本　四册

440000－2541－0011397　26079

清河族譜五卷　(清)張燦奎輯　清光緒六年(1880)刻民國印本　四册

440000－2541－0011398　26080

潘氏家乘一卷　(清)潘斯濂　(清)潘斯瀾輯　清光緒四年至六年(1878－1880)南海潘氏刻本　二册

440000－2541－0011399　26084

牧齋晚年家乘文一卷　(清)錢謙益撰　**錢牧翁先生年譜一卷**　(清)彭城退士撰　清宣統三年(1911)上海國學扶輪社鉛印本　一册

440000－2541－0011400　26086

牧齋晚年家乘文一卷 （清）錢謙益撰 **錢牧翁先生年譜一卷** （清）彭城退士撰 清宣統三年(1911)上海國學扶輪社鉛印本 一冊

440000－2541－0011401 26087
吳興姚氏家乘七卷 （清）姚世錫修 清抄本 四冊

440000－2541－0011402 26090
安徽涇縣朱氏一綫譜不分卷 （□）□□編 清抄本 四冊

440000－2541－0011403 26093
俄大彼得帝傳一卷 （日本）山崎敬一郎撰 張稷光譯 清光緒二十八年(1902)上海廣智書局鉛印本 一冊

440000－2541－0011404 26095
新譯日本血性男子一卷 題聽雨窗主人輯 清光緒二十八年(1902)上海時務書局鉛印本 一冊

440000－2541－0011405 26096
日本維新三傑三卷 （日本）北村紫山撰（清）馬汝賢譯 清光緒二十七年(1901)勵學譯社鉛印本 一冊

440000－2541－0011406 26098
大日本中興先覺志二卷 （日本）岡本監輔撰 清光緒二十七年(1901)開導社刻本 一冊 存一卷(下)

440000－2541－0011407 26103
拿破崙本紀不分卷 （英國）洛加德撰 林紓 魏易譯 清光緒三十一年(1905)京師學務處官書局鉛印本 一冊

440000－2541－0011408 26106
金石學錄四卷補一卷 （清）李遇孫輯 清道光四年(1824)芝省齋刻本 二冊

440000－2541－0011409 26107
潛園總集十七種 （清）陸心源編 清同治至光緒刻本 一百三十冊 存十一種

440000－2541－0011410 26108
金石學錄補三卷 （清）陸心源編 清光緒十二年(1886)歸安陸氏刻潛園總集本 三冊

440000－2541－0011411 26121
浙江蕭山朱家壇朱氏宗譜文集五卷系圖六卷行傳九卷 （清）朱亞琴撰 清同治八年(1869)敦倫堂木活字印本 二冊 存二卷(系圖六、行傳六)

440000－2541－0011412 26143
京畿金石考二卷 （清）孫星衍撰 清光緒十三年(1887)抱芳閣刻本 二冊

440000－2541－0011413 26144
竹崦盦金石目錄五卷 （清）趙魏輯 清宣統元年(1909)長沙刻本 四冊

440000－2541－0011414 26150
廣東通志金石略十七卷 （清）阮元修 （清）陳昌齊等纂 清同治刻本 六冊

440000－2541－0011415 26160
續考古圖五卷 （宋）呂大臨撰 （宋）趙九成釋文 清光緒刻本 二冊

440000－2541－0011416 26161
續考古圖五卷 （宋）呂大臨撰 （宋）趙九成釋文 清光緒刻本 二冊

440000－2541－0011417 26170
金玉瑣碎二卷 （清）謝堃撰 清光緒六年(1880)刻掃葉山房叢鈔本 一冊

440000－2541－0011418 26171
清儀閣題跋不分卷 （清）張廷濟撰 清光緒十九年(1893)蘇州振新書社石印本 三冊

440000－2541－0011419 26172
來齋金石刻考略二卷 （清）林侗纂 清光緒抄本 一冊 存一卷(上)

440000－2541－0011420 26173
清儀閣題跋不分卷 （清）張廷濟撰 清光緒十九年(1893)錢塘丁氏刻本 四冊

440000－2541－0011421 26174
清儀閣題跋不分卷 （清）張廷濟撰 清光緒十九年(1893)錢塘丁氏刻本 四冊

440000－2541－0011422　26176
春暉堂叢書十二種　(清)徐渭仁編　清道光至咸豐上海徐氏刻同治補刻本　六册　存四種

440000－2541－0011423　26180
枕經堂金石書畫題跋三卷　(清)方朔撰　清同治刻本　二册

440000－2541－0011424　26181
襄陽金石略十二卷　(清)吳慶燾撰　清光緒三十三年(1907)刻襄陽四略本　一册　存三卷(一至三)

440000－2541－0011425　26184
古墨齋金石跋六卷涇川金石記一卷　(清)趙紹祖輯　清光緒貴池劉世珩刻朱印本　三册

440000－2541－0011426　26190
敦煌石室真蹟録六卷附一卷　(清)王仁俊輯　清宣統元年(1909)影印本　三册

440000－2541－0011427　26191
敦煌石室真蹟録六卷附一卷　(清)王仁俊輯　清宣統元年(1909)影印本　一册　存三卷(丁卷、戊卷,附一卷)

440000－2541－0011428　26193
金石三例再續編二種附二種　(清)朱記榮輯　清光緒元年(1875)吳縣朱氏槐廬刻金石全例本　三册

440000－2541－0011429　26200
金石録補二十七卷續跋七卷　(清)葉奕苞撰　清道光二十六年(1846)海昌蔣氏宜年堂刻本　五册

440000－2541－0011430　26201
金石録補二十七卷續跋七卷　(清)葉奕苞撰　清道光二十六年(1846)海昌蔣氏宜年堂刻後印本　七册　存二十三卷(一至三、八至二十七)

440000－2541－0011431　26209
荆南萃古編一卷附續一卷　(清)周懋琦(清)劉瀚輯　清光緒二十年(1894)周懋琦鴻寶署齋刻本　二册

440000－2541－0011432　26210
荆南萃古編一卷附續一卷　(清)周懋琦(清)劉瀚輯　清光緒二十年(1894)周懋琦鴻寶署齋刻本　二册

440000－2541－0011433　26234
端石擬三卷藜閣十硯銘一卷　(清)陳齡撰　清同治十二年(1873)刻本　一册

440000－2541－0011434　26236
端溪硯史三卷　(清)吳蘭修撰　清道光十四年(1834)刻本　一册

440000－2541－0011435　26237
端溪硯史三卷　(清)吳蘭修撰　清道光十四年(1834)刻本　一册

440000－2541－0011436　26238
端溪硯史三卷　(清)吳蘭修撰　清道光十四年(1834)刻本　一册

440000－2541－0011437　26245
輪輿私箋二卷　(清)鄭珍撰　**附圖一卷**　(清)鄭知同繪　清光緒十七年(1891)廣雅書局刻本　一册

440000－2541－0011438　26261
泉布統志九卷首一卷附一卷　(清)孟麟撰　清道光十三年(1833)刻本　三十二册

440000－2541－0011439　26265
古泉雜詠四卷　葉德輝撰　清光緒二十七年(1901)刻民國二十四年(1935)長沙中國古書刊印社彙印郎園先生全書本　二册

440000－2541－0011440　26267
吉金所見録十六卷首一卷末一卷　(清)初尚齡輯　清嘉慶二十四年(1819)刻道光七年(1827)補刻本　四册

440000－2541－0011441　26270
泉志十五卷　(宋)洪遵撰　清同治十三年(1874)隸釋齋金陵刻藤溪義學印本　一册

440000－2541－0011442　26271
泉寶所見録十六卷　(清)沈巍皆撰　清咸豐

元年(1851)刻本　四冊

440000－2541－0011443　26277
續泉匯十四卷補遺二卷　(清)鮑康　(清)李佐賢輯　清光緒元年(1875)刻本　四冊

440000－2541－0011444　26285
欽定錢錄十六卷　(清)梁詩正等纂　清刻本　四冊

440000－2541－0011445　26287
吉金所見錄十六卷首一卷末一卷　(清)初尚齡輯　清嘉慶二十四年(1819)刻道光七年(1827)補刻本　一冊

440000－2541－0011446　26289
觀古閣叢稿二卷　(清)鮑康撰　清同治十二年(1873)歙縣鮑氏刻觀古閣叢刻本　一冊

440000－2541－0011447　26290
錢志新編二十卷　(清)張崇懿輯　清刻本　四冊

440000－2541－0011448　26296
癖泉臆説六卷　(清)高煥文撰　清宣統三年(1911)上海商務印書館石印本　一冊

440000－2541－0011449　26300
吉金所見錄十六卷首一卷末一卷　(清)初尚齡輯　清嘉慶二十四年(1819)刻道光七年(1827)補刻本　七冊　存十五卷(一至四、八至十六,首一卷,末一卷)

440000－2541－0011450　26308
梅花老屋瓦當文縮譜不分卷　(清)劉維善輯　清光緒二十五年(1899)刻本　一冊

440000－2541－0011451　26315
千甓亭磚錄六卷續錄四卷　(清)陸心源纂
金石學錄補三卷　(清)陸心源編　清光緒七年至十四年(1881－1888)陸氏十萬卷樓刻潛園總集本　四冊

440000－2541－0011452　26318
竹里秦漢瓦當文存不分卷　(清)王福田輯　清咸豐二年(1852)嘉興竹田里王氏七橋草堂刻本　一冊

440000－2541－0011453　26319
秦漢瓦當圖不分卷　(清)畢沅輯　清光緒十年(1884)陳明遠刻本　一冊

440000－2541－0011454　26320
秦漢瓦當圖不分卷　(清)畢沅輯　清光緒十年(1884)陳明遠刻本　一冊

440000－2541－0011455　26322
越中古刻九種　(清)王繼香編　清光緒二十二年(1896)石印本　一冊

440000－2541－0011456　26335
晶瑩室同生硯圖文一卷　(清)朱芳型輯　清末慈利朱氏刻本　一冊

440000－2541－0011457　26346
匋雅二卷　(清)陳瀏撰　清宣統至民國上海朝記書莊石印本　四冊

440000－2541－0011458　26348
潛園總集十七種　(清)陸心源編　清同治至光緒刻本　十三冊　存三種

440000－2541－0011459　26350
兩罍軒彝器圖釋十二卷　(清)吳雲撰　清同治十一年(1872)自刻本　六冊

440000－2541－0011460　26351
兩罍軒彝器圖釋十二卷　(清)吳雲撰　清同治十一年(1872)自刻本　四冊　存八卷(五至十二)

440000－2541－0011461　26366
積古齋鐘鼎彝器款識十卷　(清)阮元撰　清光緒八年(1882)常熟抱芳閣刻本　四冊

440000－2541－0011462　26367
恒軒所見所藏吉金錄一卷　(清)吳大澂編　清同治十一年至十二年(1872－1873)吳大澂刻光緒十一年(1885)重修本　二冊

440000－2541－0011463　26368
恒軒所見所藏吉金錄一卷　(清)吳大澂編　清同治十一年至十二年(1872－1873)吳大澂刻光緒十一年(1885)重修本　二冊

440000－2541－0011464　26373

西清續鑑甲編二十卷附錄一卷　(清)王杰等輯　清宣統三年(1911)上海商務印書館影印本　四十二册

440000－2541－0011465　26374
西清續鑑甲編二十卷附錄一卷　(清)王杰等輯　清宣統三年(1911)上海商務印書館影印本　二十一册

440000－2541－0011466　26377
銅僊傳一卷　(清)徐元潤撰　清光緒二十四年(1898)徐敦穆刻蛻學翁遺集本　一册

440000－2541－0011467　26378
唐賜鐵券考一卷金塗銅塔考一卷寫經樓金石目錄一卷　(清)錢泳輯錄　清刻本　一册

440000－2541－0011468　26379
東塾類稿不分卷　(清)陳澧撰　清抄本　一册

440000－2541－0011469　26380
宋淳熙敕編古玉圖譜一百卷　(宋)龍大淵等撰　清乾隆四十四年(1779)江春康山草堂刻同治八年(1869)吳陵徐震來重修本　二十册

440000－2541－0011470　26382
陶齋吉金錄八卷　(清)端方輯　清光緒三十四年(1908)端方金陵石印本　八册

440000－2541－0011471　26384
陶齋吉金續錄二卷　(清)端方輯　清宣統元年(1909)端方金陵石印本　二册

440000－2541－0011472　26489
金石全例四種附二種　(清)朱記榮輯　清光緒十八年(1892)吳縣朱氏彙印本　十六册

440000－2541－0011473　26490
金石三例　(清)盧見曾輯　(清)王芑孫評　清光緒四年(1878)南海馮氏讀有用書齋刻朱墨套印金石全例本　四册

440000－2541－0011474　26491
金石三例　(清)盧見曾輯　(清)王芑孫評　清光緒四年(1878)南海馮氏讀有用書齋刻金石全例本　四册

440000－2541－0011475　26492
行素草堂金石叢書(孫谿朱氏金石叢書)十六種　(清)朱記榮編　清光緒吳縣朱氏刻上海校經山房成記後印本　四十册

440000－2541－0011476　26493
行素草堂金石叢書(孫谿朱氏金石叢書)十六種　(清)朱記榮編　清光緒吳縣朱氏刻上海校經山房成記後印本　四十册

440000－2541－0011477　26498
青照堂叢書三編八十三種附一種　(清)李元春編　清道光十五年(1835)朝邑劉際清等刻本　七册　存十八種附一種

440000－2541－0011478　26502
金石萃編一百六十卷　(清)王昶輯　清嘉慶十年(1805)經訓堂刻同治十年(1871)補刻本　六十四册

440000－2541－0011479　26503
金石萃編一百六十卷　(清)王昶輯　清嘉慶十年(1805)經訓堂刻同治十年(1871)補刻本　二册　存五卷(一百四十六至一百五十)

440000－2541－0011480　26504
金石萃編一百六十卷　(清)王昶輯　清嘉慶十年(1805)經訓堂刻同治十年(1871)補刻本　三十一册　存六十八卷(二十一至二十九、三十二至三十五、四十一至四十三、五十三至五十五、六十一至六十三、一百至一百一、一百十至一百十三、一百二十一至一百六十)

440000－2541－0011481　26505
金石萃編一百六十卷　(清)王昶輯　清嘉慶十年(1805)經訓堂刻同治十年(1871)補刻本　四十八册

440000－2541－0011482　26511
金石萃編校字記一卷　羅振玉撰　清光緒十一年(1885)刻本　一册

440000－2541－0011483　26512
金石萃編補略二卷　(清)王言撰　清光緒八年(1882)刻本　四册

440000－2541－0011484　26514
海東金石苑四卷　(清)劉喜海輯　清光緒七年(1881)張德容二銘草堂刻本　四册

440000－2541－0011485　26519
南漢金石志二卷　(清)吴蘭修撰　清光緒十一年(1885)羊城馮氏刻翠琅玕館叢書本　一册

440000－2541－0011486　26525
金石聚十六卷　(清)張德容撰　清同治十一年(1872)衢州張氏二銘草堂刻本　十六册

440000－2541－0011487　26526
金石聚十六卷　(清)張德容撰　清同治十一年(1872)衢州張氏二銘草堂刻本　十五册　存十五卷(一至十五)

440000－2541－0011488　26527
十二硯齋金石過眼錄十八卷續錄六卷　(清)汪鋆輯　清光緒元年(1875)刻本　八册

440000－2541－0011489　26528
十二硯齋金石過眼錄十八卷續錄六卷　(清)汪鋆輯　清光緒元年(1875)刻本　八册

440000－2541－0011490　26529
金石續編二十一卷首一卷　(清)陸耀遹輯　清同治十三年(1874)毗陵陸氏雙白燕堂刻本　十册

440000－2541－0011491　26533
金索六卷石索六卷　(清)馮雲鵬　(清)馮雲鵷輯　清光緒三十二年(1906)上海文新局石印本　二十四册

440000－2541－0011492　26534
金索六卷石索六卷　(清)馮雲鵬　(清)馮雲鵷輯　清光緒三十二年(1906)上海文新局石印本　十六册　存八卷(金索一至四、石索一至四)

440000－2541－0011493　26537
[同治]畿輔通志三百卷首一卷　(清)李鴻章等修　清光緒十年(1884)刻本　十四册　存十五卷(一百三十九至一百五十三)

440000－2541－0011494　26539
越中金石記十卷越中金石目二卷　(清)杜春生輯　清道光九年(1829)山陰杜氏詹波館刻本　十六册

440000－2541－0011495　26541
金索六卷石索六卷　(清)馮雲鵬　(清)馮雲鵷輯　清道光元年(1821)崇川馮氏滋陽縣署刻本　十二册

440000－2541－0011496　26543
關中金石記八卷　(清)畢沅撰　**目錄一卷**　(清)蔡錫棟撰　**附記一卷劄記一卷**　(清)蔡汝霖輯　清道光二十七年(1847)渭陽焦興儒醇敬堂刻本　四册　存十卷(一至五、七至八,目錄一卷,附記一卷,劄記一卷)

440000－2541－0011497　26544
關中金石記八卷　(清)畢沅撰　**目錄一卷**　(清)蔡錫棟撰　**附記一卷**　(清)蔡汝霖輯　清光緒三十四年(1908)渭南嚴嶽蓮成都刻民國十三年(1924)補刻本　四册

440000－2541－0011498　26547
金石摹存不分卷　(清)董恂摹　稿本　五册

440000－2541－0011499　26549
二金蜨堂尺牘不分卷　(清)張鳴珂輯　清光緒三十一年(1905)慈谿嚴氏小長蘆館石印本　一册

440000－2541－0011500　26551
聚學軒叢書五集六十種　劉世珩編　清光緒貴池劉氏刻本　十四册　存三種

440000－2541－0011501　26559
金索六卷石索六卷　(清)馮雲鵬　(清)馮雲鵷輯　清道光元年(1821)崇川馮氏滋陽縣署刻本　十二册

440000－2541－0011502　26562
兩浙金石志十八卷　(清)阮元撰　**補遺一卷**　(清)阮福撰　清道光四年(1824)李澐等廣東刻本　十二册

440000－2541－0011503　26563

兩浙金石志十八卷　(清)阮元撰　**補遺一卷**　(清)阮福撰　清光緒十六年(1890)浙江書局刻本　十二冊

440000－2541－0011504　26564
兩浙金石志十八卷　(清)阮元撰　**補遺一卷**　(清)阮福撰　清光緒十六年(1890)浙江書局刻本　十二冊

440000－2541－0011505　26565
兩浙金石志十八卷　(清)阮元撰　**補遺一卷**　(清)阮福撰　清光緒十六年(1890)浙江書局刻本　九冊

440000－2541－0011506　26566
栝蒼金石志十二卷續志四卷　(清)李遇孫輯　(清)鄒柏森校補　清同治十三年(1874)浙江處州府署刻光緒元年(1875)增刻本　六冊

440000－2541－0011507　26567
栝蒼金石志十二卷續志四卷　(清)李遇孫輯　(清)鄒柏森校補　清同治十三年(1874)浙江處州府署刻光緒元年(1875)增刻本　六冊

440000－2541－0011508　26568
栝蒼金石志十二卷續志四卷　(清)李遇孫輯　(清)鄒柏森校補　清同治十三年(1874)浙江處州府署刻光緒元年(1875)增刻本　六冊

440000－2541－0011509　26572
寰宇訪碑錄十二卷　(清)孫星衍　(清)邢澍撰　清嘉慶七年(1802)刻本　十冊

440000－2541－0011510　26573
寰宇訪碑錄十二卷　(清)孫星衍　(清)邢澍撰　**刊謬一卷**　羅振玉撰　清光緒十一年(1885)吳縣朱氏刻本　六冊

440000－2541－0011511　26577
補寰宇訪碑錄五卷失編一卷　(清)趙之謙撰　**刊誤一卷**　羅振玉撰　清光緒十二年(1886)吳縣朱氏刻本　二冊

440000－2541－0011512　26578
補寰宇訪碑錄五卷失編一卷　(清)趙之謙撰　**刊誤一卷**　羅振玉撰　清光緒十二年(1886)吳縣朱氏刻本　二冊

440000－2541－0011513　26579
補寰宇訪碑錄五卷失編一卷　(清)趙之謙撰　**刊誤一卷**　羅振玉撰　清光緒十二年(1886)吳縣朱氏刻本　二冊

440000－2541－0011514　26581
金石存十五卷　(清)吳玉搢輯　清石印本　九冊　存十卷(一至二、六至八、十一至十五)

440000－2541－0011515　26582
金石存十五卷　(清)吳玉搢輯　清石印本　四冊

440000－2541－0011516　26583
金石存十五卷　(清)吳玉搢輯　清嘉慶二十四年(1819)李宗昉聞妙香室刻本　八冊

440000－2541－0011517　26590
金石錄三十卷　(宋)趙明誠撰　清初濟南謝世箕刻本　六冊

440000－2541－0011518　26593
濬縣金石錄二卷　(清)熊象階輯　清嘉慶刻本　一冊

440000－2541－0011519　26594
粵東金石略九卷首一卷九曜石考二卷　(清)翁方綱撰　清石印本　四冊

440000－2541－0011520　26595
粵東金石略九卷首一卷九曜石考二卷　(清)翁方綱撰　清石印本　三冊　存十卷(粵東金石略九卷、首一卷)

440000－2541－0011521　26596
績語堂碑錄不分卷　(清)魏錫曾撰　清光緒九年(1883)仁和魏氏刻魏稼孫全集本　九冊

440000－2541－0011522　26597
粵東金石略九卷首一卷九曜石考二卷　(清)翁方綱撰　清光緒十七年(1891)廣州石經堂書局影印本　四冊

440000－2541－0011523　26598
粵東金石略九卷首一卷九曜石考二卷　(清)翁方綱撰　清光緒十七年(1891)廣州石經堂

書局影印本　四册

440000－2541－0011524　26599
粵東金石略九卷首一卷九曜石考二卷　（清）翁方綱撰　清光緒十七年（1891）廣州石經堂書局影印本　四册

440000－2541－0011525　26600
粵東金石略九卷首一卷九曜石考二卷　（清）翁方綱撰　清光緒十七年（1891）廣州石經堂書局影印本　四册

440000－2541－0011526　26601
粵東金石略九卷首一卷九曜石考二卷　（清）翁方綱撰　清光緒十七年（1891）廣州石經堂書局影印本　四册

440000－2541－0011527　26602
粵東金石略九卷首一卷九曜石考二卷　（清）翁方綱撰　清光緒十七年（1891）廣州石經堂書局影印本　四册

440000－2541－0011528　26603
粵東金石略九卷首一卷九曜石考二卷　（清）翁方綱撰　清光緒十七年（1891）廣州石經堂書局影印本　三册　存八卷（四至九、九曜石考二卷）

440000－2541－0011529　26605
金石一隅錄一卷　（清）段嘉謨輯　清道光二年（1822）如見齋刻本　二册

440000－2541－0011530　26606
漢碑錄文四卷　（清）馬邦玉輯　清道光二十七年（1847）靈石楊氏刻光緒七年（1881）補刻本　四册

440000－2541－0011531　26607
高要金石略四卷　（清）彭泰來輯　清咸豐刻本　一册

440000－2541－0011532　26608
高要金石略四卷　（清）彭泰來輯　清咸豐刻本　一册

440000－2541－0011533　26609
漢碑錄文四卷　（清）馬邦玉輯　清道光二十七年（1847）靈石楊氏刻光緒七年（1881）補刻本　四册

440000－2541－0011534　26615
中州金石目四卷補遺一卷　（清）姚晏編　清光緒九年（1883）歸安姚氏刻咫進齋叢書本　一册

440000－2541－0011535　26616
藝風堂金石文字目十八卷　繆荃孫輯　清光緒三十二年（1906）刻本　六册

440000－2541－0011536　26617
淮陰金石僅存錄一卷附編一卷補遺一卷　羅振玉輯　清光緒鉛印本　一册

440000－2541－0011537　26619
山左金石志二十四卷　（清）畢沅　（清）阮元撰　清嘉慶二年（1797）儀徵阮氏小琅嬛僊館刻本　十二册

440000－2541－0011538　26621
山左金石志二十四卷　（清）畢沅　（清）阮元撰　清嘉慶二年（1797）儀徵阮氏小琅嬛僊館刻本　十六册

440000－2541－0011539　26624
定興縣金石志二卷　（清）張諧之等修　（清）楊晨纂　清光緒刻本　一册

440000－2541－0011540　26633
濬縣金石錄二卷　（清）熊象階輯　清嘉慶刻本　一册

440000－2541－0011541　26644
墨妙亭碑目考二卷附考一卷　（清）張鑑撰　清光緒十年（1884）江蘇書局刻本　一册

440000－2541－0011542　26647
墨妙亭碑目考四卷附考一卷　（清）張鑑撰　清光緒十年（1884）江蘇書局刻本　二册

440000－2541－0011543　26649
筠清館金石文字五卷　（清）吳榮光撰　清道光二十二年（1842）南海吳氏筠清館刻本　五册

440000－2541－0011544　26650

粵西金石略十五卷 (清)謝啟昆撰 清嘉慶六年(1801)銅鼓亭刻本 四冊

440000－2541－0011545 26651
小蓬萊閣金石文字不分卷 (清)黄易撰 清嘉慶五年(1800)刻本 五冊

440000－2541－0011546 26652
觀古閣叢刻四種附三種 (清)鮑康編 清同治十二年(1873)歙縣鮑氏觀古閣刻本 五冊 存五種

440000－2541－0011547 26653
筠清館金石文字五卷 (清)吳榮光撰 清光緒宜都楊氏刻本 五冊

440000－2541－0011548 26654
求古精舍金石圖四卷 (清)陳經輯 清嘉慶二十三年(1818)烏程陳氏說劍樓刻本 八冊

440000－2541－0011549 26658
金石韻府五卷 (明)朱雲輯 清抄本 五冊

440000－2541－0011550 26659
廣金石韻府五卷玉篇字略一卷 (明)朱時望編纂 (清)林尚葵廣輯 (清)張鳳藻增訂 清咸豐七年(1857)巴郡張氏理董軒刻本 六冊

440000－2541－0011551 26660
廣金石韻府五卷玉篇字略一卷 (明)朱時望編纂 (清)林尚葵廣輯 (清)張鳳藻增訂 清咸豐七年(1857)巴郡張氏理董軒刻本 十二冊

440000－2541－0011552 26661
金石摘不分卷續刻不分卷 (清)陳善墀輯 清同治十二年(1873)至光緒陳善墀瀏陽縣學不求甚解齋刻本 八冊

440000－2541－0011553 26662
金石文鈔八卷續鈔二卷 (清)趙紹祖輯 清光緒刻本 十冊

440000－2541－0011554 26665
蒼玉洞題名石刻一卷 (清)劉喜海輯 清道光十四年(1834)東武劉氏味經書屋刻本 一冊

440000－2541－0011555 26666
金石文鈔八卷續鈔二卷 (清)趙紹祖輯 清光緒刻本 十冊

440000－2541－0011556 26672
金石文字記六卷韻補正一卷 (清)顧炎武撰 清刻顧亭林先生遺書本 二冊

440000－2541－0011557 26681
九鐘精舍金石跋尾甲編不分卷乙編不分卷 (清)吳士鑑撰 清宣統二年(1910)刻本 二冊

440000－2541－0011558 26682
九鐘精舍金石跋尾甲編不分卷乙編不分卷 (清)吳士鑑撰 清宣統二年(1910)刻本 二冊

440000－2541－0011559 26683
中州金石記五卷 (清)畢沅撰 清光緒八年(1882)蛟川邵氏望三益齋刻本 一冊

440000－2541－0011560 26685
從古堂款識學十六卷 (清)徐同柏考釋 清光緒三十二年(1906)蒙學報館石印本 八冊

440000－2541－0011561 26686
嘉定錢氏潛研堂全書二十一種 (清)錢大昕撰 清光緒十年(1884)長沙龍氏家塾刻本 二十一冊 存十四種

440000－2541－0011562 26687
從古堂款識學一卷 (清)徐同柏考釋 清末刻本 一冊

440000－2541－0011563 26688
從古堂款識學一卷 (清)徐同柏考釋 清末刻本 一冊

440000－2541－0011564 26690
香南精舍金石契不分卷 (清)崇恩撰 清光緒二十六年(1900)影印本 二冊

440000－2541－0011565 26691
金石一跋四卷二跋四卷三跋二卷 (清)武億撰 (清)武穆淳編 清乾隆至嘉慶武穆淳刻

授堂遺書本　二册

440000－2541－0011566　26692
授堂遺書八種附一種　(清)武億撰　清道光二十三年(1843)偃師武氏刻本　九册　存五種

440000－2541－0011567　26695
曝書亭金石文字跋尾六卷　(清)朱彝尊撰　清光緒九年(1883)吴縣朱氏槐廬家塾刻本　二册

440000－2541－0011568　26699
曝書亭金石文字跋尾六卷　(清)朱彝尊撰　清光緒九年(1883)南海馮氏刻本　一册

440000－2541－0011569　26704
安陽縣金石録十二卷　(清)武億　(清)趙希璜撰　清嘉慶四年(1799)刻本　四册

440000－2541－0011570　26706
靈鶼閣叢書六集五十六種附一種　(清)江標編　清光緒元和江氏湖南使院刻本　五册　存七種

440000－2541－0011571　26708
觀自得齋叢書二十三種别集六種　(清)徐士愷編　清光緒徐士愷觀自得齋刻本　八册　存四種

440000－2541－0011572　26709
愛吾廬題跋一卷　(清)呂世宜撰　清光緒五年(1879)龍溪林維源刻本　一册

440000－2541－0011573　26712
鐵橋金石跋四卷　(清)嚴可均撰　清光緒三十年至三十一年(1904－1905)秀水王實瑩刻本　一册

440000－2541－0011574　26713
愛吾廬題跋一卷　(清)呂世宜撰　清光緒五年(1879)龍溪林維源刻本　二册

440000－2541－0011575　26714
歷代鐘鼎彝器款識法帖二十卷　(宋)薛尚功撰　清光緒八年(1882)上海點石齋石印本　四册

440000－2541－0011576　26719
古籀餘論三卷　(清)孫詒讓撰　清光緒二十九年(1903)籀經樓刻本　二册

440000－2541－0011577　26720
古籀拾遺三卷宋政和禮器文字攷一卷　(清)孫詒讓撰　清光緒十四年至十六年(1888－1890)自刻本　一册　存三卷(古籀拾遺三卷)

440000－2541－0011578　26724
齊陳氏韶舞樂罍通釋二卷　(清)陳慶鏞撰　清道光二十六年(1846)一鐙書舍刻本　一册

440000－2541－0011579　26725
歷代鐘鼎彝器款識法帖二十卷　(宋)薛尚功撰　**札記一卷**　劉世珩撰　清光緒二十九年(1903)貴池劉世珩玉海堂武昌刻本　四册

440000－2541－0011580　26736
商周彝器釋銘六卷　(清)呂調陽輯　清光緒二十年(1894)王文焕刻觀象廬叢書本　四册

440000－2541－0011581　26737
商周彝器釋銘六卷　(清)呂調陽輯　清光緒二十年(1894)王文焕刻觀象廬叢書本　四册

440000－2541－0011582　26742
長安獲古編二卷補一卷　(清)劉喜海輯　清咸豐刻光緒三十一年(1905)劉鶚補刻本　三册

440000－2541－0011583　26747
奇觚室吉金文述二十卷　(清)劉心源撰　清光緒二十八年(1902)嘉魚劉氏石印本　十册

440000－2541－0011584　26766
節本攟古遺文不分卷　(清)李登輯　清刻本　二册

440000－2541－0011585　26768
焦山鼎銘考一卷　(清)翁方綱編　**瘞鶴銘考一卷**　(清)汪士鋐編　清咸豐二年(1852)刻本　一册

440000－2541－0011586　26776
古文審八卷首一卷　(清)劉心源輯　清光緒

十七年(1891)嘉魚劉氏龍江樓刻本　四冊

440000－2541－0011587　26789
攀古廔彝器款識二卷　(清)潘祖蔭輯　清同治十一年(1872)吳縣潘氏京師滂喜齋刻本　二冊

440000－2541－0011588　26799
周遂鼎圖款識題詠不分卷　(清)葉志詵輯　清道光葉氏刻本　一冊

440000－2541－0011589　26802
十萬卷樓叢書三集五十一種　(清)陸心源編　清光緒歸安陸氏刻本　五十三冊　存二十一種

440000－2541－0011590　26804
陶齋藏石記四十四卷藏甎記二卷　(清)端方撰　清宣統元年(1909)石印本　十二冊

440000－2541－0011591　26805
陶齋藏石記四十四卷藏甎記二卷　(清)端方撰　清宣統元年(1909)石印本　十二冊

440000－2541－0011592　26806
陶齋藏石記四十四卷藏甎記二卷　(清)端方撰　清宣統元年(1909)石印本　十二冊

440000－2541－0011593　26807
石墨鐫華八卷　(明)趙崡撰　清刻本　四冊

440000－2541－0011594　26809
石墨鐫華八卷　(明)趙崡撰　清刻知不足齋叢書本　十冊

440000－2541－0011595　26810
石墨鐫華八卷　(明)趙崡撰　清光緒八年(1882)崇川葛氏刻學古齋金石叢書本　三冊

440000－2541－0011596　26812
趙州石刻全錄三卷　(清)陳鍾祥纂　(清)蔡壽臻　(清)查輅輯　清同治元年(1862)刻本　一冊

440000－2541－0011597　26820
隸釋二十七卷隸續二十一卷　(宋)洪适撰　**汪本隸釋刊誤一卷**　(清)黃丕烈撰　清同治十一年(1872)皖南洪氏刻洪氏晦木齋叢書本　八冊

440000－2541－0011598　26824
古刻叢鈔一卷　(元)陶宗儀撰　(清)孫星衍重編　清嘉慶十六年(1811)蘭陵孫氏刻平津館叢書本　十冊　存三種

440000－2541－0011599　26825
平津館叢書三十八種　(清)孫星衍編　清光緒十一年(1885)吳縣朱氏槐廬家塾刻本　十冊　存四種

440000－2541－0011600　26828
輿地碑記目四卷　(宋)王象之撰　清同治九年(1870)刻本　四冊

440000－2541－0011601　26832
漢石存目二卷　(清)王懿榮撰　**周秦石存目一卷魏晉石存目一卷山左北朝石存目一卷**　(清)尹彭壽輯　清光緒諸城尹氏斠經室刻本　一冊

440000－2541－0011602　26835
常山貞石志二十四卷　(清)沈濤撰　清道光二十二年(1842)刻本　八冊

440000－2541－0011603　26838
山左訪碑錄十三卷　(清)法偉堂撰　清宣統元年(1909)山東提學署石印本　一冊　存六卷(一至六)

440000－2541－0011604　26841
依命搜尋潮州石刻古蹟一卷　(清)丁壬撰　清抄本　一冊

440000－2541－0011605　26844
十二硯齋補瘞鶴銘考二卷　(清)汪鋆輯　清光緒刻本　一冊

440000－2541－0011606　26845
萬邑西南山石刻記二卷附錄一卷　(清)況周儀撰　清光緒二十八年(1902)白巖學堂刻本　一冊

440000－2541－0011607　26846
隨盦徐氏叢書十種續編十種　徐乃昌編　清光緒至民國南陵徐氏刻本　六冊　存四種

440000－2541－0011608　26847
周秦刻石釋音一卷　(元)吾丘衍撰　清刻本　一册

440000－2541－0011609　26848
周秦刻石釋音一卷　(元)吾丘衍撰　清刻本　一册

440000－2541－0011610　26851
金石訂例四卷　(清)鮑振方撰　清光緒十年(1884)常熟鮑氏刻後知不足齋叢書本　二册

440000－2541－0011611　26853
望堂金石初集三十九種二集十八種　楊守敬編　清同治至宣統宜都楊氏飛青閣刻本　十二册

440000－2541－0011612　26856
語石十卷　葉昌熾撰　清宣統元年(1909)刻本　八册

440000－2541－0011613　26857
語石十卷　葉昌熾撰　清宣統元年(1909)刻本　四册

440000－2541－0011614　26862
常山貞石志二十四卷　(清)沈濤撰　清道光二十二年(1842)刻本　八册

440000－2541－0011615　26863
惠山聽松石牀題字一卷　(清)吳雲輯　清同治五年(1866)刻本　一册

440000－2541－0011616　26865
荆南石刻三種　(清)劉瀚編　清光緒三十年(1904)刻朱印本　一册

440000－2541－0011617　26868
寶鴨齋題跋三卷　(清)徐樹鈞撰　清宣統二年(1910)宏文社石印本　一册

440000－2541－0011618　26869
寶鴨齋題跋三卷　(清)徐樹鈞撰　清宣統二年(1910)宏文社石印本　一册

440000－2541－0011619　26870
寶鴨齋題跋三卷　(清)徐樹鈞撰　清宣統二年(1910)宏文社石印本　一册

440000－2541－0011620　26872
三長物齋叢書二十六種附一種　(清)黄本驥編　清道光湘陰蔣環刻光緒四年(1878)古香書閣印本　二十七册　存四種附一種

440000－2541－0011621　26874
褒谷古蹟輯略一卷　(清)羅驤撰　清同治十二年(1873)刻本　二册

440000－2541－0011622　26876
碑版文廣例十卷　(清)王芑孫撰　清道光二十一年(1841)江文元刻本　四册

440000－2541－0011623　26877
碑版文廣例十卷　(清)王芑孫撰　清道光二十一年(1841)江文元刻本　四册

440000－2541－0011624　26878
寶刻類編八卷　(宋)□□撰　清道光十八年(1838)東武劉氏臨汀郡署十七樹梅華山館刻本　八册

440000－2541－0011625　26879
寶刻類編八卷　(宋)□□撰　清道光十八年(1838)東武劉氏臨汀郡署十七樹梅華山館刻本　四册

440000－2541－0011626　26880
建昭雁足鐙考二卷　(清)徐渭仁撰　清道光十七年(1837)刻本　三册

440000－2541－0011627　26888
石鼓文纂釋一卷　(清)趙烈文撰　清光緒石印本　一册

440000－2541－0011628　26892
石鼓文匯一卷　(清)尹彭壽輯　清光緒諸城尹氏來山園刻斠經室集初刻本　一册

440000－2541－0011629　26894
石鼓讀七種　(清)吳東發撰　清嘉慶刻本　一册

440000－2541－0011630　26895
石鼓文纂釋一卷　(清)趙烈文撰　清光緒十一年(1885)趙烈文靜圃刻本　一册

440000－2541－0011631　26896

石鼓文纂釋一卷 （清）趙烈文撰 清光緒十一年(1885)趙烈文靜圃刻本 一冊

440000－2541－0011632 26903
石鼓文定本十卷篆文縮本一卷今文釋音一卷石鼓文地名攷一卷 （清）沈梧撰 清光緒十六年(1890)無錫沈梧古華山館刻本 六冊

440000－2541－0011633 26904
石鼓文定本十卷篆文縮本一卷今文釋音一卷石鼓文地名攷一卷 （清）沈梧撰 清光緒十六年(1890)無錫沈梧古華山館刻本 五冊

440000－2541－0011634 26906
校補石鼓文音訓一卷 （清）周庠撰 清光緒二十三年(1897)刻本 一冊

440000－2541－0011635 26907
石鼓文釋存一卷補注一卷 （清）張燕昌撰 清光緒二十八年(1902)劉世珩刻本 一冊

440000－2541－0011636 26908
石鼓文釋存一卷補注一卷 （清）張燕昌撰 清光緒二十八年(1902)劉世珩刻本 一冊

440000－2541－0011637 26910
金石古文考不分卷 （清）鄭業斆撰 清光緒二十三年(1897)金陵宜春閣石印本 一冊

440000－2541－0011638 26911
金石古文考不分卷 （清）鄭業斆撰 清光緒二十三年(1897)金陵宜春閣石印本 一冊

440000－2541－0011639 26912
石鼓文不分卷 （□）衍昌輯 清道光四年(1824)抄本 一冊

440000－2541－0011640 26916
紅崖碑釋文一卷 （清）鄒漢勛撰 清光緒刻本 一冊

440000－2541－0011641 26917
碑別字補五卷 羅振玉輯 清光緒二十七年(1901)刻本 一冊

440000－2541－0011642 26918
碑別字補五卷 羅振玉輯 清光緒二十七年(1901)刻本 一冊

440000－2541－0011643 26919
碑別字五卷 羅振鋆輯 清光緒二十年(1894)刻本 二冊

440000－2541－0011644 26924
劉熊碑陰不分卷 （清）葉志詵輯 清道光元年(1821)刻本 一冊

440000－2541－0011645 26928
石門碑釋一卷郙閣銘一卷 （清）王森文撰 清咸豐元年(1851)海昌蔣氏宜年堂刻涉聞梓舊本 一冊

440000－2541－0011646 26934
西嶽華山廟碑一卷漢敦煌太守裴岑紀功碑一卷 （明）郭宗昌原藏 （清）張芷衫重鉤 清同治七年(1868)歸安丁氏刻本 一冊

440000－2541－0011647 26943
漢碑徵經一卷 （清）朱百度撰 清光緒十五年(1889)廣雅書局刻本 一冊

440000－2541－0011648 26944
漢碑徵經一卷 （清）朱百度撰 清光緒十五年(1889)廣雅書局刻本 一冊

440000－2541－0011649 26947
讀碑小箋一卷 羅振玉撰 清光緒十年(1884)唐風樓刻本 一冊

440000－2541－0011650 26948
栝蒼金石志十二卷續志四卷 （清）李遇孫輯 （清）鄒柏森校補 清同治十三年(1874)浙江處州府署刻光緒元年(1875)增刻本 六冊

440000－2541－0011651 26963
粵西得碑記一卷 （清）楊翰撰 清光緒二年(1876)浯上息園刻息柯居士全集本 一冊

440000－2541－0011652 26970
再續寰宇訪碑錄二卷 羅振玉撰 清光緒十九年(1893)石印本 二冊

440000－2541－0011653 26971
再續寰宇訪碑錄二卷 羅振玉撰 清光緒十九年(1893)石印本 一冊 存一卷(上)

440000－2541－0011654 26972

江寧金石記八卷待訪目二卷 (清)嚴觀輯 清宣統二年(1910)江楚編譯書局刻本 六冊

440000-2541-0011655 26973
江寧金石記八卷待訪目二卷 (清)嚴觀輯 清宣統二年(1910)江楚編譯書局刻本 二冊

440000-2541-0011656 26975
至聖林廟碑目六卷 (清)孔昭薰 (清)孔憲庚輯 清光緒二十二年(1896)南陵徐氏積學齋刻本 一冊

440000-2541-0011657 26976
隨軒金石文字不分卷 (清)徐渭仁輯 清同治七年(1868)刻本 三冊

440000-2541-0011658 26979
關中漢唐存碑跋一卷 (清)王志沂撰 清道光刻本 一冊

440000-2541-0011659 26988
高句麗永樂太王碑考一卷 (清)王志修撰 清光緒二十一年(1895)奉天軍糧署刻本 一冊

440000-2541-0011660 26989
高句麗永樂太王碑考一卷 (清)王志修撰 清光緒二十一年(1895)奉天軍糧署刻本 一冊

440000-2541-0011661 26994
岱頂秦篆殘刻題跋不分卷 (清)蔣因培輯 清嘉慶刻本 一冊

440000-2541-0011662 26999
國山碑攷一卷 (清)吴騫撰 清道光十四年(1834)要無咎齋刻本 一冊

440000-2541-0011663 27001
故闕特勤碑釋並跋不分卷 丁麟年輯 清光緒二十二年(1896)刻本 一冊

440000-2541-0011664 27002
故闕特勤碑釋並跋不分卷 丁麟年輯 清光緒二十二年(1896)刻本 一冊

440000-2541-0011665 27003
故闕特勤碑釋並跋不分卷 丁麟年輯 清光緒二十二年(1896)刻本 一冊

440000-2541-0011666 27007
漢碑徵經一卷 (清)朱百度撰 清光緒十五年(1889)廣雅書局刻朱印本 一冊

440000-2541-0011667 27010
木犀軒叢書二十七種 李盛鐸編 清光緒德化李氏木犀軒刻本 十四冊 存九種

440000-2541-0011668 27016
唐石經校文十卷 (清)嚴可均撰 清嘉慶九年(1804)元尚居刻四録堂類集本 四冊

440000-2541-0011669 27035
開成石經圖考一卷 (清)魏錫曽撰 清光緒刻藕香零拾本 一冊

440000-2541-0011670 27039
石經彙函十種 王秉恩編 清光緒十六年(1890)四川尊經書局刻本 十二冊

440000-2541-0011671 27040
石經彙函十種 王秉恩編 清光緒十六年(1890)四川尊經書局刻本 十二冊

440000-2541-0011672 27041
北宋汴學二體石經記一卷淮安北門城樓金天德年大鐘款識一卷 (清)丁晏撰 清咸豐七年(1857)山陽丁氏刻頤志齋叢書本 一冊

440000-2541-0011673 27043
歷代石經略二卷 (清)桂馥撰 清光緒九年(1883)吴重熹陳州郡齋刻本 一冊

440000-2541-0011674 27046
匡喆刻經頌十二卷 楊守敬輯 清光緒三十三年(1907)楊守敬鄂城刻本 六冊

440000-2541-0011675 27054
平津館叢書三十八種 (清)孫星衍編 清光緒十一年(1885)吴縣朱氏槐廬家塾刻本 十一冊 存十一種

440000-2541-0011676 27055
盤亭小録一卷 (清)劉銘傳輯 清同治十二年(1873)劉銘傳邘江刻本 一冊

440000－2541－0011677　27099

涪州石魚題名記一卷　（清）錢保塘編　**李西崖擬古樂府一卷**　（明）李東陽撰　清光緒二十一年（1895）海寧錢氏刻清風室叢刊本　一冊

440000－2541－0011678　27100

漢魏六朝志墓金石例三卷唐人志墓諸例一卷志墓例附論一卷　（清）吳鎬撰　清嘉慶刻本　二冊

440000－2541－0011679　27110

唐昭陵石蹟考略五卷　（清）林侗撰　**陪葬名氏攷一卷**　（清）馮縉輯　**漢魏碑刻紀存一卷**　（清）謝道承輯　清嘉慶二十一年（1816）馮縉陶舫刻本　一冊

440000－2541－0011680　27112

姚氏印存一卷　（清）姚覲元藏　清光緒元年（1875）刻本　一冊

440000－2541－0011681　27113

二百蘭亭齋古印考藏六卷　（清）吳雲輯　清同治三年（1864）鈐印本暨刻本　二冊

440000－2541－0011682　27114

學印聯珠四卷　（元）吾丘衍　（明）甘暘撰　清道光八年（1828）蒼涵閣刻本　二冊

440000－2541－0011683　27119

瘞鶴銘攷補一卷校勘記一卷　（清）翁方綱撰　**山樵書外紀一卷**　（清）張開福撰　清末刻本　一冊

440000－2541－0011684　27123

唐昭陵石蹟考略五卷　（清）林侗撰　清道光四年（1824）南海葉夢龍廣州善聞過齋刻本　一冊

440000－2541－0011685　27143

夏小正戴氏傳四卷考異一卷別錄一卷　（漢）戴德撰　（宋）傅崧卿注　清同治八年（1869）大興傅氏長恩閣刻本　一冊

440000－2541－0011686　27148

全地五大洲女俗通考十集二十一卷首一卷　（美國）林樂知輯　（清）任保羅譯　清光緒二十九年（1903）上海廣學會鉛印本　二十冊

440000－2541－0011687　27150

夏小正通釋一卷　（清）梁章鉅輯　清光緒十三年（1887）浙江書局刻本　一冊

440000－2541－0011688　27151

天壤閣叢書二十八種增刊六種　（清）王懿榮編　清同治至光緒福山王氏刻本　十五冊　存十一種

440000－2541－0011689　27152

蔡氏月令二卷　（漢）蔡邕撰　（清）蔡雲輯　清道光四年（1824）王氏刻元和蔡氏所著書本　四冊

440000－2541－0011690　27153

蔡氏月令二卷　（漢）蔡邕撰　（清）蔡雲輯　清道光四年（1824）王氏刻元和蔡氏所著書本　二冊

440000－2541－0011691　27154

鄂宰四稿　（清）王筠撰　清咸豐二年（1852）賀蓉刻本　二冊

440000－2541－0011692　27160

惠來縣民情風俗民事綱目不分卷　□□撰　清抄本　一冊

440000－2541－0011693　27161

廣會稽風俗賦一卷　（清）陶元藻撰　清抄本　一冊

440000－2541－0011694　27166

三禮通釋二百八十卷首一卷目錄四卷　（清）林昌彝撰　清同治三年（1864）廣州刻本　五十冊

440000－2541－0011695　27167

三禮通釋二百八十卷首一卷目錄四卷　（清）林昌彝撰　清同治三年（1864）廣州刻本　四十八冊

440000－2541－0011696　27168

三禮陳數求義三十卷　（清）林喬蔭撰　清嘉慶八年（1803）刻本　九冊

440000－2541－0011697　27169
三禮陳數求義三十卷　(清)林喬蔭撰　清嘉慶八年(1803)刻本　十四册

440000－2541－0011698　27170
禮經奧旨一卷　(宋)鄭樵撰　**尚書注考一卷**　(明)陳泰交撰　清宣統元年(1909)巴陵方氏刻碧琳琅館叢書本　一册

440000－2541－0011699　27174
新定三禮圖二十卷　(宋)聶崇義集注　清刻本　一册　存十一卷(十至二十)

440000－2541－0011700　27175
新定三禮圖二十卷　(宋)聶崇義集注　清同治十二年(1873)粤東書局刻通志堂經解本　二册

440000－2541－0011701　27178
禮書通故五十卷　(清)黄以周撰　清光緒十九年(1893)定海黄氏試館刻本　三十二册

440000－2541－0011702　27179
禮書通故五十卷　(清)黄以周撰　清光緒十九年(1893)定海黄氏試館刻本　三十二册

440000－2541－0011703　27180
禮書通故五十卷　(清)黄以周撰　清光緒十九年(1893)定海黄氏試館刻本　三十册　存四十六卷(三至四十一、四十四至五十)

440000－2541－0011704　27181
讀禮條考二十卷　(清)王曜南撰　清光緒二十三年(1897)武林尚友齋石印本　六册

440000－2541－0011705　27182
讀禮條考二十卷　(清)王曜南撰　清光緒二十三年(1897)武林尚友齋石印本　六册

440000－2541－0011706　27184
禮説十四卷大學説一卷　(清)惠士奇撰　清嘉慶二年(1797)蘭陔書屋刻本　五册

440000－2541－0011707　27187
求古錄禮説十六卷補遺一卷　(清)金鶚撰　**校勘記三卷**　(清)王士駿輯　清光緒二年(1876)刻本　十册

440000－2541－0011708　27188
求古錄禮説十六卷補遺一卷　(清)金鶚撰　**校勘記三卷**　(清)王士駿輯　清光緒二年(1876)刻本　十册

440000－2541－0011709　27189
儀禮節鈔三卷　(□)□□輯　清抄本　二册

440000－2541－0011710　27190
儀禮釋官九卷首一卷　(清)胡匡衷撰　清嘉慶二十一年(1816)刻本　四册

440000－2541－0011711　27191
三禮釋注八卷鄭君[玄]年譜一卷　(清)丁晏撰　清道光刻本　五册

440000－2541－0011712　27195
儀禮石經校勘記四卷　(清)阮元撰　清嘉慶七錄書閣刻本　四册

440000－2541－0011713　27196
槐軒全書二十一種附九種　(清)劉沅撰　清咸豐至民國刻本　四十九册　存八種

440000－2541－0011714　27200
儀禮十七卷　(漢)鄭玄注　(唐)陸德明音義　清同治七年(1868)湖北崇文書局刻本　四册

440000－2541－0011715　27201
儀禮十七卷　(漢)鄭玄注　(唐)陸德明音義　清同治七年(1868)湖北崇文書局刻本　四册

440000－2541－0011716　27202
儀禮十七卷　(漢)鄭玄注　(唐)陸德明音義　清同治七年(1868)湖北崇文書局刻本　四册

440000－2541－0011717　27203
儀禮十七卷　(漢)鄭玄注　(唐)陸德明音義　清同治七年(1868)湖北崇文書局刻本　四册

440000－2541－0011718　27204
儀禮彙説十七卷　(清)焦以恕撰　清刻本　四册

440000－2541－0011719　27206
儀禮鄭注句讀十七卷石本誤字一卷監本正誤一卷　（清）張爾岐撰　清光緒十七年（1891）尚德書局刻本　六冊

440000－2541－0011720　27211
儀禮章句十七卷　（清）吴廷華撰　清嘉慶三年（1798）刻本　四冊

440000－2541－0011721　27213
儀禮圖六卷　（清）張惠言撰　清同治九年（1870）楚北崇文書局刻本　三冊

440000－2541－0011722　27214
儀禮圖六卷　（清）張惠言撰　清同治九年（1870）楚北崇文書局刻本　三冊

440000－2541－0011723　27215
欽定儀禮義疏四十八卷首二卷　（清）朱軾等撰　清同治七年（1868）浙江撫署刻本　二十五冊　存四十七卷（一至四十七）

440000－2541－0011724　27216
欽定儀禮義疏四十八卷首二卷　（清）朱軾等撰　清刻本　十六冊　存二十六卷（十五至二十八、三十七至四十八）

440000－2541－0011725　27217
欽定儀禮義疏四十八卷首二卷　（清）朱軾等撰　清刻本　四十四冊　存四十六卷（一至二十一、二十六至四十八，首二卷）

440000－2541－0011726　27218
欽定儀禮義疏四十八卷首二卷　（清）朱軾等撰　清刻本　四十二冊　存四十二卷（一至三十六、四十三至四十八）

440000－2541－0011727　27219
儀禮正義四十卷　（清）胡培翬撰　清咸豐二年（1852）刻本　十六冊

440000－2541－0011728　27220
欽定儀禮義疏四十八卷首二卷　（清）朱軾等撰　清光緒三十年（1904）上海育文書局石印本　三冊　存二十九卷（九至二十八、四十至四十八）

440000－2541－0011729　27222
袖珍十三經注十五種　（漢）何休撰　（明）閔齊伋裁注　清同治十二年（1873）稽古樓刻本　九十一冊　存十四種

440000－2541－0011730　27224
儀禮十七卷　（漢）鄭玄注　清立本齋刻本　四冊

440000－2541－0011731　27226
儀禮逸經一卷傳一卷　（元）吴澄撰　清道光十五年（1835）刻本　一冊

440000－2541－0011732　27227
儀禮私箋八卷　（清）鄭珍撰　清同治五年（1866）成山唐氏刻鄭子尹遺書本　二冊

440000－2541－0011733　27228
儀禮疏五十卷　（唐）賈公彥撰　清嘉慶十一年（1806）江寧府刻本　八冊

440000－2541－0011734　27235
儀禮古今文異同疏證五卷　（清）徐養原撰　清光緒十七年（1891）廣雅書局刻本　一冊

440000－2541－0011735　27236
儀禮古今文異同疏證五卷　（清）徐養原撰　清光緒十七年（1891）廣雅書局刻本　一冊

440000－2541－0011736　27237
朱子儀禮經傳通解六十九卷　（宋）朱熹撰　（清）梁萬方考訂　清咸豐六年（1856）刻本　三十六冊

440000－2541－0011737　27238
儀禮經傳通解三十七卷　（宋）朱熹撰　清末上海樂善堂刻本　十冊

440000－2541－0011738　27239
儀禮經傳通解五十八卷綱領二卷　（清）楊丕復撰　清光緒十九年（1893）刻楊愚齋先生全集本　十九冊　存三十一卷（一至二十九、綱領二卷）

440000－2541－0011739　27244
讀禮叢鈔十六種　（清）李輔燿編　清光緒十七年（1891）湘西李氏鞠園刻本　三冊　存九

種

440000－2541－0011740　27245
禮經通論一卷　(清)邵懿辰撰　清光緒二十三年(1897)羊城崇蘭僊館刻本　一册

440000－2541－0011741　27246
禮經通論一卷　(清)邵懿辰撰　清光緒二十三年(1897)羊城崇蘭僊館刻本　一册

440000－2541－0011742　27247
說經五稿三十七卷　(清)孔廣林撰　清嘉慶十七年(1812)刻本　五册

440000－2541－0011743　27248
儀禮紃解十七卷　(清)王士讓撰　清道光二年(1822)王樹功刻本　十册　存十四卷(一至十、十四至十七)

440000－2541－0011744　27251
禮記訓纂四十九卷　(清)朱彬撰　清咸豐元年(1851)刻本　八册

440000－2541－0011745　27254
禮記集說十卷　(元)陳澔撰　清慎詒堂刻本　十册

440000－2541－0011746　27255
監本禮記十卷　(元)陳澔集說　清咸豐十年(1860)刻本　八册

440000－2541－0011747　27256
禮記增訂旁訓六卷　(清)徐立綱撰　清咸豐十年(1860)匠門書屋刻五經旁訓本　六册

440000－2541－0011748　27257
禮記正文十卷禮器圖一卷　(□)□□撰　清行恕堂刻本　六册

440000－2541－0011749　27259
禮記集解六十一卷尚書顧命解一卷　(清)孫希旦撰　清咸豐十年至同治七年(1860－1868)里安孫氏盤谷草堂刻本　十二册

440000－2541－0011750　27260
禮記增訂旁訓六卷　(清)徐立綱撰　清咸豐十年(1860)匠門書屋刻五經旁訓本　六册

440000－2541－0011751　27261
漱芳軒合纂禮記體注四卷　(清)范翔撰　清慎言堂刻本　四册

440000－2541－0011752　27262
禮記集解六十一卷尚書顧命解一卷　(清)孫希旦撰　清咸豐十年至同治七年(1860－1868)里安孫氏盤谷草堂刻本　十九册　存五十九卷(一至三十六、四十至六十一,尚書顧命解一卷)

440000－2541－0011753　27263
禮記義疏八十二卷　(清)允祿等纂　清刻本　七十二册

440000－2541－0011754　27264
欽定禮記義疏八十二卷首一卷　(清)允祿等纂　清光緒三十年(1904)上海育文書局石印本　三册　存四十一卷(一至十一、四十一至六十九,首一卷)

440000－2541－0011755　27265
禮記義疏八十二卷　(清)允祿等纂　清刻本　三十一册　存八十一卷(二至八十二)

440000－2541－0011756　27275
通志堂經解一百三十九種　(清)納蘭成德編　清同治十二年(1873)粵東書局刻本　六十六册　存七種

440000－2541－0011757　27276
續禮記集說一百卷　(清)杭世駿撰　清光緒二十一年至三十年(1895－1904)浙江書局刻本　四十册

440000－2541－0011758　27277
續禮記集說一百卷　(清)杭世駿撰　清光緒二十一年至三十年(1895－1904)浙江書局刻本　四十册　存九十八卷(一至九十二、九十五至一百)

440000－2541－0011759　27278
禮記天算釋一卷　(清)孔廣牧撰　清光緒七年(1881)刻本　一册

440000－2541－0011760　27281

禮記約編十卷　(清)汪基撰　清光緒三十四年(1908)上海廣益書局石印本　一册

440000－2541－0011761　27282
禮記心典傳本三卷　(清)胡瑤光撰　清善成堂刻本　三册

440000－2541－0011762　27283
禮記旁訓辨體合訂六卷　(清)徐立綱撰　清循陔堂刻本　六册

440000－2541－0011763　27286
禮記天算釋一卷　(清)孔廣牧撰　清光緒十五年(1889)廣雅書局刻本　一册

440000－2541－0011764　27287
監本禮記十卷　(漢)鄭玄注　清同治三年(1864)貫經樓刻本　五册

440000－2541－0011765　27288
禮記省度四卷　(清)彭頤撰　清光緒七年(1881)刻朱墨套印本　四册

440000－2541－0011766　27290
禮記述註二十八卷　(清)李光坡撰　清光緒八年(1882)刻本　六册

440000－2541－0011767　27291
禮記疏意八卷　(明)秦繼宗撰　**參新一卷**　(清)陳郊輯　清刻本　八册

440000－2541－0011768　27302
禮記鄭讀考六卷　(清)陳壽祺撰　(清)陳喬樅述　清刻本　六册

440000－2541－0011769　27303
大戴禮記解詁十三卷　(清)王聘珍撰　清光緒十三年(1887)廣雅書局刻本　三册

440000－2541－0011770　27304
大戴禮記解詁十三卷　(清)王聘珍撰　清光緒十三年(1887)廣雅書局刻本　三册

440000－2541－0011771　27308
大戴禮記十三卷　(漢)戴德撰　(北周)盧辯注　清刻增訂漢魏叢書本　一册

440000－2541－0011772　27313
夏小正戴氏傳四卷考異一卷别錄一卷　(漢)戴德撰　(宋)傅崧卿注　清同治八年(1869)大興傅氏長恩閣刻本　一册

440000－2541－0011773　27314
禮書綱目八十五卷首三卷　(清)江永撰　清嘉慶十五年(1810)刻本　二十四册

440000－2541－0011774　27315
禮書綱目八十五卷　(清)江永撰　清光緒二十一年(1895)廣雅書局刻本　二十册

440000－2541－0011775　27316
禮書綱目八十五卷　(清)江永撰　清光緒二十一年(1895)廣雅書局刻本　二十册

440000－2541－0011776　27317
大清通禮五十四卷　(清)李玉鳴纂修　(清)穆克登額續修　(清)恒泰續纂　清光緒九年(1883)江蘇書局刻本　十二册

440000－2541－0011777　27318
吾學錄初編二十四卷　(清)吳榮光撰　清道光十二年(1832)南海吳氏筠清館刻本　八册

440000－2541－0011778　27319
直省釋奠禮樂記六卷首一卷　(清)應寶時撰　清同治十二年(1873)刻本　四册

440000－2541－0011779　27321
直省釋奠禮樂記六卷首一卷　(清)應寶時撰　清光緒十七年(1891)廣東藩署刻本　四册

440000－2541－0011780　27322
直省釋奠禮樂記六卷首一卷　(清)應寶時撰　清光緒十七年(1891)廣東藩署刻本　一册　存二卷(一、二上)

440000－2541－0011781　27323
吾學錄初編二十四卷　(清)吳榮光撰　清道光十二年(1832)南海吳氏筠清館刻本　八册

440000－2541－0011782　27324
吾學錄初編二十四卷　(清)吳榮光撰　清道光十二年(1832)南海吳氏筠清館刻本　八册

440000－2541－0011783　27325
禮儀便覽四卷　(清)周琅撰　清光緒九年

(1883)森寶閣木活字印本　二冊

440000－2541－0011784　27326
禮儀便覽四卷　(清)周琅撰　清光緒十五年(1889)照琴書屋木活字印本　二冊

440000－2541－0011785　27330
吾學錄初編二十四卷　(清)吴榮光撰　清道光二十九年(1849)刻本　八冊

440000－2541－0011786　27332
司馬氏書儀十卷　(宋)司馬光撰　清同治七年(1868)江蘇書局刻本　一冊

440000－2541－0011787　27333
司馬氏書儀十卷　(宋)司馬光撰　清同治七年(1868)江蘇書局刻本　一冊

440000－2541－0011788　27334
司馬氏書儀十卷　(宋)司馬光撰　清同治七年(1868)江蘇書局刻本　一冊

440000－2541－0011789　27335
司馬氏書儀十卷　(宋)司馬光撰　清同治七年(1868)江蘇書局刻本　一冊

440000－2541－0011790　27336
禮書一百五十卷　(宋)陳祥道撰　清嘉慶九年(1804)福清郭氏校經堂刻本　二十四冊

440000－2541－0011791　27337
禮書附錄十二卷　(清)陳寶泉輯　清嘉慶二十五年(1820)馬超宗含暉閣刻本　六冊

440000－2541－0011792　27338
禮書一百五十卷　(宋)陳祥道撰　清嘉慶九年(1804)福清郭氏校經堂刻本　八冊　存一百四十六卷(五至一百五十)

440000－2541－0011793　27339
文公家禮儀節八卷　(宋)朱熹輯　(明)楊慎重輯　清刻本　二冊　存二卷(一、四)

440000－2541－0011794　27340
天子肆獻祼饋食禮三卷　(清)任啟運撰　清光緒十一年(1885)浙江書局刻本　一冊

440000－2541－0011795　27341
禮書一百五十卷　(宋)陳祥道撰　清光緒二年(1876)廣州刻本　十二冊

440000－2541－0011796　27344
拄楣蕝記六卷　(清)凌揚藻撰　清同治三年(1864)刻海雅堂全集本　一冊

440000－2541－0011797　27345
皇朝謚法考五卷續編一卷補編一卷　(清)鮑康輯　清永康胡鳳丹退補齋刻本　二冊

440000－2541－0011798　27346
皇朝謚法考五卷續編一卷補編一卷　(清)鮑康輯　清同治三年(1864)刻本　三冊

440000－2541－0011799　27347
釋服二卷　(清)宋綿初撰　清嘉慶二十三年(1818)刻本　一冊

440000－2541－0011800　27350
六禮或問十二卷首一卷末一卷　(清)汪紱撰　清光緒二十一年(1895)刻本　四冊

440000－2541－0011801　27355
帝王廟謚年諱譜一卷　(清)陸費墀撰　(清)阮福續撰　清道光四年(1824)儀徵阮氏小琅嬛僊館刻文選樓叢書本　一冊

440000－2541－0011802　27356
漢晉迄明謚彙攷十卷首一卷皇朝謚彙攷五卷　(清)劉長華撰　清光緒八年(1882)崇川劉氏刻本　六冊

440000－2541－0011803　27358
文廟從祀錄三卷　(清)譚錫朋輯　清同治二年(1863)譚錫朋稽古齋刻本　三冊

440000－2541－0011804　27363
聖廟祀典圖攷三卷聖蹟圖一卷孟子聖蹟圖一卷　(清)顧沅撰　清光緒上海同文書局石印本　四冊

440000－2541－0011805　27366
泰泉鄉禮七卷首一卷　(明)黄佐撰　清道光二十三年(1843)刻本　二冊

440000－2541－0011806　27369
謚法四卷　(宋)蘇洵撰　清抄本　一冊

440000－2541－0011807　27372
新嘉坡風土記一卷　(清)李鍾珏撰　清光緒刻本　一册

440000－2541－0011808　27374
地學講義一卷　(日本)志賀重昂撰　(清)薩端譯　清光緒二十七年(1901)金粟齋鉛印本　一册

440000－2541－0011809　27375
地學講義一卷　(日本)志賀重昂撰　(清)薩端譯　清光緒二十七年(1901)金粟齋鉛印本　一册

440000－2541－0011810　27376
地學講義一卷　(日本)志賀重昂撰　(清)薩端譯　清光緒二十九年(1903)金粟齋譯書社鉛印本　一册

440000－2541－0011811　27377
文廟丁祭譜十卷首一卷　(清)藍鍾瑞等撰　清同治七年(1868)刻本　八册

440000－2541－0011812　27378
中國地名韻語新讀本一卷　(清)陳樹鏞撰　清光緒二十八年(1902)上海廣智書局鉛印本　一册

440000－2541－0011813　27381
地學歌略一卷　葉瀚　葉瀾撰　清末刻本　一册

440000－2541－0011814　27382
五洲括地歌一卷　(清)蔣升撰　清光緒二十四年(1898)上海慈母堂印書局鉛印本　一册

440000－2541－0011815　27383
地理志問答不分卷　(美國)博馬利亞撰　清光緒二十二年(1896)上海美華書館鉛印本　一册

440000－2541－0011816　27384
皇朝藩屬輿地叢書六集二十八種　(清)浦□編　清光緒二十九年(1903)金匱浦氏靜寄東軒石印本　三十二册

440000－2541－0011817　27385
皇朝藩屬輿地叢書六集二十八種　(清)浦□編　清光緒二十九年(1903)金匱浦氏靜寄東軒石印本　三十八册　存二十三種

440000－2541－0011818　27386
皇朝藩屬輿地叢書六集二十八種　(清)浦□編　清光緒二十九年(1903)金匱浦氏靜寄東軒石印本　三十二册　存十九種

440000－2541－0011819　27387
小方壺齋輿地叢鈔十二帙一千一百九十九種補編十二帙五十八種再補編十二帙一百八十種　(清)王錫祺編　清光緒十七年至二十三年(1891－1897)上海著易堂鉛印本　八十四册

440000－2541－0011820　27388
小方壺齋輿地叢鈔十二帙一千一百九十九種補編十二帙五十八種再補編十二帙一百八十種　(清)王錫祺編　清光緒十七年至二十三年(1891－1897)上海著易堂鉛印本　八十四册

440000－2541－0011821　27389
小方壺齋輿地叢鈔十二帙一千一百九十九種補編十二帙五十八種再補編十二帙一百八十種　(清)王錫祺編　清光緒十七年(1891)上海著易堂鉛印本　八十四册

440000－2541－0011822　27390
小方壺齋輿地叢鈔十二帙一千一百九十九種　(清)王錫祺編　清光緒十七年(1891)上海著易堂鉛印本　六十四册

440000－2541－0011823　27391
小方壺齋輿地叢鈔十二帙一千一百九十九種　(清)王錫祺編　清光緒十七年(1891)上海著易堂鉛印本　六十四册

440000－2541－0011824　27392
小方壺齋輿地叢鈔十二帙一千一百九十九種　(清)王錫祺編　清光緒十七年(1891)上海著易堂鉛印本　六十四册

440000－2541－0011825　27398
地志須知一卷　(英國)傅蘭雅撰　清光緒八

年(1882)刻本　一册

440000－2541－0011826　27400
海國圖志五十卷　(清)魏源撰　清道光二十四年(1844)古微堂木活字印本　二十册

440000－2541－0011827　27401
海國圖志五十卷　(清)魏源撰　清道光二十四年(1844)古微堂木活字印本　十八册

440000－2541－0011828　27402
海國圖志一百卷　(清)魏源撰　清咸豐二年(1852)邵陽魏氏古微堂刻本　三十二册

440000－2541－0011829　27403
海國圖志一百卷　(清)魏源撰　清咸豐二年(1852)邵陽魏氏古微堂刻後印本　二十四册

440000－2541－0011830　27404
海國圖志一百卷　(清)魏源撰　清咸豐二年(1852)邵陽魏氏古微堂刻本　二十四册

440000－2541－0011831　27405
海國圖志一百卷　(清)魏源撰　清咸豐二年(1852)邵陽魏氏古微堂刻本　二十四册

440000－2541－0011832　27406
海國圖志一百卷　(清)魏源撰　清光緒六年(1880)邵陽急當務齋刻本　二十册　存四十四卷(一至四十四)

440000－2541－0011833　27407
海國圖志一百卷首一卷　(清)魏源撰　**續集二十五卷首一卷**　(英國)麥高爾等撰　(美國)林樂知　(清)瞿昂來譯　清光緒二十四年(1898)文賢閣石印本　十六册

440000－2541－0011834　27408
瀛環志略十卷　(清)徐繼畬輯　清道光三十年(1850)刻本　五册

440000－2541－0011835　27409
瀛環志略十卷　(清)徐繼畬輯　清道光三十年(1850)刻本　六册

440000－2541－0011836　27410
瀛環志略十卷　(清)徐繼畬輯　清道光三十年(1850)刻本　六册

440000－2541－0011837　27411
瀛環志略十卷　(清)徐繼畬輯　清光緒二十一年(1895)上海寶文局石印本　四册

440000－2541－0011838　27412
瀛環志略十卷　(清)徐繼畬輯　清光緒二十一年(1895)上海寶文局石印本　四册

440000－2541－0011839　27413
瀛環志略十卷續志略不分卷　(清)徐繼畬輯　**辨正一卷**　(清)何秋濤撰　清光緒二十四年(1898)新化三味書室刻本　六册

440000－2541－0011840　27414
瀛環志略十卷　(清)徐繼畬輯　**辨正一卷**　(清)何秋濤撰　清光緒二十四年(1898)新化三味書室刻本　六册

440000－2541－0011841　27415
中外地輿圖說集成一百三十卷首三卷　題(清)同康廬主人輯　清光緒二十年(1894)上海順成書局石印本　十三册　存一百二十六卷(一至八十五、九十三至一百三十,首三卷)

440000－2541－0011842　27416
瀛寰譯音異名記十二卷　(清)杜宗預輯　清光緒三十年(1904)鄂城刻本　六册

440000－2541－0011843　27417
中外地輿圖說集成一百三十卷首三卷　題(清)同康廬主人輯　清光緒二十年(1894)上海順成書局石印本　二十四册

440000－2541－0011844　27418
中外地輿圖說集成一百三十卷首三卷　題(清)同康廬主人輯　清光緒二十年(1894)上海積山書局石印本　三十二册

440000－2541－0011845　27419
新撰萬國地理不分卷　(日本)山上萬次郎　(日本)濱田俊三郎編　(清)林子芹　(清)林子恕譯　清光緒二十九年(1903)上海廣智書局鉛印本　三册

440000－2541－0011846　27420
地志啟蒙四卷　(英國)艾約瑟譯　清光緒二

十二年(1896)上海著易堂書局鉛印本　一冊

440000－2541－0011847　27421
列國地說二卷　(美國)衛羅氏撰　(清)金向敷述　清光緒二十七年(1901)上海美華書局鉛印本　二冊

440000－2541－0011848　27422
列國地說二卷　(美國)衛羅氏撰　(清)金向敷述　清光緒二十九年(1903)上海商務印書館鉛印本　一冊　存一卷(二)

440000－2541－0011849　27424
萬國地理統紀一卷　(日本)若原撰　(清)顧培基　(清)馬汝賢譯　清光緒二十八年(1902)勵學譯社鉛印本　一冊

440000－2541－0011850　27425
萬國地理統紀一卷　(日本)若原撰　(清)顧培基　(清)馬汝賢譯　清光緒二十八年(1902)勵學譯社鉛印本　一冊

440000－2541－0011851　27426
地理全志不分卷　(英國)慕維廉撰　清光緒九年(1883)上海美華書館鉛印本　一冊

440000－2541－0011852　27427
地理全志不分卷　(英國)慕維廉撰　清光緒二十五年(1899)上海美華書館鉛印本　一冊

440000－2541－0011853　27428
地理全志不分卷　(英國)慕維廉撰　清光緒二十八年(1902)上海美華書館鉛印本　一冊

440000－2541－0011854　27429
五洲列國志彙不分卷　(清)閔萃祥輯　清光緒二十八年(1902)雲間麗澤學會石印本　十三冊

440000－2541－0011855　27430
五大洲百一十國秘笈四卷首一卷　題明鏡里人輯　清光緒二十八年(1902)鉛印本　二冊

440000－2541－0011856　27431
五大洲百一十國秘笈四卷首一卷　題明鏡里人輯　清光緒二十八年(1902)鉛印本　二冊

440000－2541－0011857　27432
五大洲百一十國秘笈四卷首一卷　題明鏡里人輯　清光緒二十八年(1902)鉛印本　二冊

440000－2541－0011858　27433
五大洲百一十國秘笈四卷首一卷　題明鏡里人輯　清光緒二十八年(1902)鉛印本　二冊

440000－2541－0011859　27434
萬國地理志不分卷　(日本)中村五六撰　(清)周起鳳譯　清光緒二十八年(1902)上海廣智書局鉛印本　一冊

440000－2541－0011860　27435
萬國地理志不分卷　(日本)中村五六撰　(清)周起鳳譯　清光緒二十八年(1902)上海廣智書局鉛印本　一冊

440000－2541－0011861　27436
地球說略不分卷　(美國)褘理哲撰　清同治十年(1871)上海美華書館鉛印本　一冊

440000－2541－0011862　27437
地球韻言四卷　(清)張士瀛編　清光緒二十三年(1897)石印本　二冊

440000－2541－0011863　27438
萬國輿地韻編不分卷　題(清)蜕雪盦輯譯　清光緒二十九年(1903)崇實書局石印本　二冊

440000－2541－0011864　27439
萬國輿地韻編不分卷　題(清)蜕雪盦輯譯　清光緒二十九年(1903)崇實書局石印本　四冊　缺上聲、去聲

440000－2541－0011865　27440
改正世界地理學六卷　(日本)矢津昌永撰　(清)吳啓孫編譯　清光緒二十九年(1903)上海文明書局鉛印本　二冊

440000－2541－0011866　27441
地球韻言四卷　(清)張士瀛撰　清光緒三十四年(1908)長毋相忘室刻本　四冊

440000－2541－0011867　27442
地球韻言四卷　(清)張士瀛撰　清光緒二十七年(1901)杞廬刻本　二冊

440000－2541－0011868　27443
地球韻言四卷　（清）張士瀛撰　清光緒二十四年（1898）鄂垣務急書館刻本　二冊

440000－2541－0011869　27444
瀛環新志十卷　（清）李慎儒撰　清光緒二十八年（1902）退思軒石印本　六冊

440000－2541－0011870　27445
瀛環新志十卷　（清）李慎儒撰　清光緒二十八年（1902）退思軒石印本　六冊

440000－2541－0011871　27446
最新萬國輿地韻編十二卷補韻一卷　（清）齊忠甲輯　清光緒二十九年（1903）刻本　四冊

440000－2541－0011872　27447
萬國綱鑑易知錄二十卷　（日本）岡本監輔撰　清光緒二十七年（1901）上海書局石印本　六冊

440000－2541－0011873　27448
萬國綱鑑易知錄二十卷　（日本）岡本監輔撰　清光緒二十七年（1901）上海書局石印本　六冊

440000－2541－0011874　27449
天下五洲各大國志要一卷　（英國）李提摩太撰　（清）鑄鐵生述　清光緒二十三年（1897）上海廣學會鉛印本　一冊

440000－2541－0011875　27451
二十世紀第二年之南冰洋不分卷　（瑞典）屋士諾得肯司喬撰　（清）仇光裕　（清）嚴新轍譯　**二十世紀第二年之北冰洋不分卷**　（挪威）屋土史缶局辣潑撰　（清）仇光裕　（清）嚴新轍譯　清光緒二十九年（1903）上海文明書局鉛印本　一冊

440000－2541－0011876　27452
世界地理志□□種　（清）學部編譯圖書局編　清光緒三十三年至宣統元年（1907－1909）學部圖書局鉛印本　八冊　存二十五種

440000－2541－0011877　42380
批點春秋左傳綱目句解彙雋六卷　（清）韓菼重訂　清石印本　五冊　存五卷（二至六）

440000－2541－0011878　27455
世界地理統計表二卷　（清）鄒興鉅撰　清宣統元年（1909）武昌亞新地學社刻本　一冊

440000－2541－0011879　27461
埏紘外乘二十五卷　（美國）林樂知　（清）嚴良勳譯　**補遺一卷**　（美國）衛理譯　（清）汪振聲筆述　清光緒二十七年（1901）上海製造局刻本　八冊

440000－2541－0011880　27462
括地略不分卷　（清）□□撰　清光緒石印本　一冊

440000－2541－0011881　27463
地球韻言四卷　（清）張士瀛撰　清光緒二十八年（1902）刻本　一冊

440000－2541－0011882　27468
環遊地球新錄四卷　（清）李圭撰　清光緒二十一年（1895）寶善書局石印本　二冊

440000－2541－0011883　27469
五洲屬國紀略四卷　（清）沈林一輯　清光緒二十四年（1898）練青軒鉛印本　四冊

440000－2541－0011884　27470
五洲屬國紀略四卷　（清）沈林一輯　清光緒二十四年（1898）練青軒鉛印本　二冊

440000－2541－0011885　27471
世界諸國名義考不分卷　（日本）秋鹿見二撰　（清）沈誦清譯　清光緒二十九年（1903）上海廣智書局鉛印本　一冊

440000－2541－0011886　27472
環遊地球新錄四卷　（清）李圭撰　清光緒四年（1878）刻本　四冊

440000－2541－0011887　27473
環遊地球新錄四卷　（清）李圭撰　清光緒四年（1878）刻本　四冊

440000－2541－0011888　27475
地輿圖考四卷　（清）龔柴撰　清光緒九年（1883）蒲西益聞館鉛印本　一冊

440000－2541－0011889　27476
遊歷聞見録十八卷　(清)洪勳輯　清光緒十六年(1890)上海仁記石印本　四册

440000－2541－0011890　27477
泰西各國采風記一卷　宋育仁撰　清光緒二十三年(1897)上海著易堂書局鉛印本　一册

440000－2541－0011891　27478
世界探險不分卷　(清)人演社編譯　清光緒二十九年(1903)文明書局鉛印本　一册

440000－2541－0011892　27479
初使泰西記四卷　(清)志剛撰　清光緒三年(1877)避熱窩刻本　四册

440000－2541－0011893　27480
初使泰西紀要四卷　題(清)且園主人撰　清刻本　一册　存二卷(三至四)

440000－2541－0011894　27483
游歷圖經餘紀十五卷　(清)傅雲龍撰　清光緒十五年(1889)鉛印本　四册

440000－2541－0011895　27484
泰西各國采風記五卷紀程感事詩一卷時務論一卷　宋育仁撰　清光緒二十二年(1896)袖海山房石印本　四册

440000－2541－0011896　27485
泰西各國采風記五卷紀程感事詩一卷時務論一卷　宋育仁撰　清光緒二十二年(1896)袖海山房石印本　四册

440000－2541－0011897　27486
泰西各國采風記五卷紀程感事詩一卷時務論一卷　宋育仁撰　清光緒二十二年(1896)袖海山房石印本　四册

440000－2541－0011898　27488
海録二卷　(清)謝清高口述　(清)楊炳南筆録　清咸豐二年(1852)刻本　一册

440000－2541－0011899　27489
西行日記二卷　(清)池仲祐撰　清光緒三十四年(1908)上海商務印書館鉛印本　一册

440000－2541－0011900　27490
四述奇十六卷　(清)張德彝撰　清光緒九年(1883)同文館鉛印本　八册

440000－2541－0011901　27491
四述奇十六卷　(清)張德彝撰　清光緒著易堂鉛印本　八册

440000－2541－0011902　27492
四述奇十六卷　(清)張德彝撰　清光緒著易堂鉛印本　六册　存十二卷(一至十二)

440000－2541－0011903　27493
法人遊探記不分卷　(清)丁日昌輯　清光緒二十五年(1899)上海著易堂書局鉛印本　一册

440000－2541－0011904　27494
遊歷圖記不分卷　(清)李丹麟撰　清光緒三十一年(1905)廣州石經堂石印本　二册

440000－2541－0011905　27495
三洲日記八卷　(清)張蔭桓撰　清光緒二十二年(1896)張蔭桓京都刻本　八册

440000－2541－0011906　27496
三洲日記八卷　(清)張蔭桓撰　清光緒二十二年(1896)張蔭桓京都刻本　七册　存七卷(一至七)

440000－2541－0011907　27498
各國時事類編十八卷　(清)沈純輯　清光緒二十一年(1895)上海書局石印本　二册

440000－2541－0011908　27499
節相壯遊日録二卷　(清)李鴻章等撰　題(清)桃谿漁隱　題(清)惺新盦主輯　清光緒二十三年(1897)上海石印本　四册

440000－2541－0011909　27500
瀛海論箋正九卷　(清)張自牧撰　(清)凌鶴書箋　清光緒二十七年(1901)鉛印本　四册

440000－2541－0011910　27501
西征紀程四卷　鄒代鈞撰　清光緒十七年(1891)鉛印本　二册

440000－2541－0011911　27502
三洲日記八卷　(清)張蔭桓撰　清光緒三十

二年(1906)上海石印本　八册

440000－2541－0011912　27503

瀛海論一卷　(清)張自牧撰　清刻本　一册

440000－2541－0011913　27504

適可齋記行六卷　(清)馬建忠撰　清光緒刻本　四册

440000－2541－0011914　27507

道西齋日記二卷　(清)王詠霓撰　清光緒十八年(1892)石印本　一册

440000－2541－0011915　27508

京師大學堂中國地理講義二編十四種　鄒代鈞撰　清末鉛印本　二册

440000－2541－0011916　27509

京師大學堂中國地理講義二編十四種　鄒代鈞撰　清末鉛印本　二册

440000－2541－0011917　27513

李氏五種　(清)李兆洛撰　清同治九年(1870)合肥李鴻章刻本　十二册

440000－2541－0011918　27514

望炊樓叢書五種附二種　(清)謝家福編　清光緒吳縣謝氏刻民國十三年(1924)蘇州文學山房彙印本　八册

440000－2541－0011919　27515

李氏五種　(清)李兆洛撰　清同治九年(1870)合肥李鴻章刻本　十二册

440000－2541－0011920　27516

李氏五種　(清)李兆洛撰　清同治刻光緒二十二年(1896)金陵書局補刻本　十七册

440000－2541－0011921　27517

李氏五種合刊　(清)李兆洛撰　清光緒十八年(1892)長沙竹素書局刻本　十五册

440000－2541－0011922　27518

李氏五種合刊　(清)李兆洛撰　清光緒十八年(1892)長沙竹素書局刻本　十二册

440000－2541－0011923　27519

歷代地理志韻編今釋二十卷　(清)李兆洛輯　**校勘記一卷地志韻編唐志補闕正誤考異一卷**　(清)馬貞榆撰　**皇朝輿地韻編二卷**　(清)李兆洛輯　**校勘記一卷**　(清)馬貞榆撰　清光緒元年(1875)羊城馬氏集益堂刻本　八册

440000－2541－0011924　27520

歷代地理志韻編今釋二十卷　(清)李兆洛輯　**校勘記一卷地志韻編唐志補闕正誤考異一卷**　(清)馬貞榆撰　**皇朝輿地韻編二卷**　(清)李兆洛輯　**校勘記一卷**　(清)馬貞榆撰　清光緒元年(1875)羊城馬氏集益堂刻本　八册

440000－2541－0011925　27521

歷代地理志韻編今釋二十卷　(清)李兆洛輯　**校勘記一卷地志韻編唐志補闕正誤考異一卷**　(清)馬貞榆撰　**皇朝輿地韻編二卷**　(清)李兆洛輯　**校勘記一卷**　(清)馬貞榆撰　清光緒元年(1875)羊城馬氏集益堂刻本　八册

440000－2541－0011926　27522

歷代地理志韻編今釋二十卷　(清)李兆洛輯　**皇朝輿地韻編二卷輿地圖一卷**　(清)馬貞榆撰　清光緒二十九年(1903)上海蜚英館石印本　六册

440000－2541－0011927　27523

歷代地理志韻編今釋二十卷　(清)李兆洛輯　**皇朝輿地韻編二卷輿地圖一卷**　(清)馬貞榆撰　清光緒二十九年(1903)上海蜚英館石印本　二册　存二十一卷(韻編今釋二十卷、輿地圖一卷)

440000－2541－0011928　27524

歷代地理志韻編今釋二十卷　(清)李兆洛輯　**皇朝輿地韻編二卷輿地圖一卷**　(清)馬貞榆撰　清光緒二十九年(1903)上海蜚英館石印本　五册　存十八卷(韻編今釋一至十五、輿地韻編二卷、輿地圖一卷)

440000－2541－0011929　27525

歷代地理志韻編今釋二十卷　(清)李兆洛輯　清光緒十八年(1892)長沙竹素書局刻本

十二册

440000－2541－0011930　27526
天下郡國利病書一百二十卷　（清）顧炎武輯　清抄本　九十八册　存一百十六卷（一至五、九至八十六、八十八至一百二十）

440000－2541－0011931　27527
天下郡國利病書一百二十卷　（清）顧炎武輯　清道光龍萬育刻本　四十四册　存九十七卷（一至六十七、九十一至一百二十）

440000－2541－0011932　27528
天下郡國利病書一百二十卷　（清）顧炎武輯　清道光龍萬育刻光緒五年（1879）蜀南薛氏桐華書屋修補印本　四十七册　存一百十四卷（一至一百六、一百十三至一百二十）

440000－2541－0011933　27530
香屑集十八卷首一卷末一卷　（清）黄之雋撰　（清）陳邦直校注　清刻本　六册

440000－2541－0011934　27531
天下郡國利病書一百二十卷　（清）顧炎武輯　清光緒二十六年（1900）廣雅書局刻本　五十二册

440000－2541－0011935　27533
皇朝輿地略一卷　（清）□□撰　清同治七年（1868）刻本　一册

440000－2541－0011936　27534
廣輿記二十四卷　（明）陸應陽纂　（清）蔡方炳增輯　清嘉慶八年（1803）刻本　十一册　存二十二卷（一至十八、二十一至二十四）

440000－2541－0011937　27535
廣輿記二十四卷　（明）陸應陽纂　（清）蔡方炳增輯　清嘉慶八年（1803）刻本　四册　存七卷（十八至二十四）

440000－2541－0011938　27536
皇朝輿地略不分卷皇朝輿地韻編一卷　（清）六承如　（清）李兆洛撰　（清）王佐才輯　清光緒五年（1879）羊城王氏聽春雨樓刻廣州鎔經鑄史齋印本　二册

440000－2541－0011939　27537
皇朝輿地略不分卷皇朝輿地韻編一卷　（清）六承如　（清）李兆洛撰　（清）王佐才輯　清光緒五年（1879）羊城王氏聽春雨樓刻本　四册

440000－2541－0011940　27538
元和郡縣圖志四十卷元和補志九卷　（唐）李吉甫撰　（清）嚴觀輯補　清光緒六年至八年（1880－1882）金陵書局刻本　八册

440000－2541－0011941　27539
皇朝輿地略不分卷　（清）馮焌光輯　清同治二年（1863）南海馮氏廣州刻本　二册

440000－2541－0011942　27541
元和郡縣圖志四十卷　（唐）李吉甫撰　清嘉慶元年（1796）蘭陵孫氏刻岱南閣叢書本　八册

440000－2541－0011943　27546
元和郡縣補志不分卷　（清）嚴觀輯　清刻本　二册

440000－2541－0011944　27547
新斠注地里志十六卷　（清）錢坫纂　清嘉慶二年（1797）岑陽官舍刻本　八册

440000－2541－0011945　27548
新斠注地里志集釋十六卷　（清）錢坫纂　（清）徐松集釋　清同治十三年（1874）會稽章氏刻本　五册

440000－2541－0011946　27549
新斠注地里志集釋十六卷　（清）錢坫纂　（清）徐松集釋　清同治十三年（1874）會稽章氏刻本　八册

440000－2541－0011947　27550
中國近世輿地圖説二十三卷　（清）羅汝楠纂　（清）方新校繪　清宣統元年（1909）廣東教忠學堂石印本　八册

440000－2541－0011948　27551
中國近世輿地圖説二十三卷　（清）羅汝楠纂　（清）方新校繪　清宣統元年（1909）廣東教

忠學堂石印本　八册

440000－2541－0011949　27552
增訂本國中等地理教科書三卷　(清)張相文撰　清光緒二十八年(1902)南洋公學石印本　三册

440000－2541－0011950　27553
皇朝輿地沿革考不分卷　(清)遁天撰　清光緒二十八年(1902)上海廣智書局鉛印本　一册

440000－2541－0011951　27554
圖史提綱三卷　(清)胡宣慶撰　清光緒十七年(1891)長沙胡氏刻本　一册

440000－2541－0011952　27556
光緒輿地韻編一卷　(清)錢保塘編　清光緒十九年(1893)海寧錢氏刻清風室叢刊本　一册

440000－2541－0011953　27557
中國近世輿地圖説二十三卷　(清)羅汝楠纂　(清)方新校繪　清宣統元年(1909)廣東教忠學堂石印本　八册

440000－2541－0011954　27558
李氏歷代輿地沿革圖校勘記不分卷　(清)惲毓嘉撰　清光緒十四年(1888)昆陵惲氏家塾刻本　二册

440000－2541－0011955　27561
今古地理述十八卷首三卷末一卷　(清)王子音撰　(清)萬承風等補　(清)顔伯燾等注　清嘉慶十二年(1807)刻本　十二册

440000－2541－0011956　27562
歷代地理志彙編十四編　(清)羅汝楠輯　清光緒二十四年(1898)廣東集古書屋刻本　五十八册

440000－2541－0011957　27568
山東考古錄一卷　(清)顧炎武撰　**續三十二卷首一卷**　(清)葉圭綬撰　清光緒八年(1882)山東書局刻本　七册

440000－2541－0011958　27570
江蘇全省輿圖不分卷　(清)諸可寶撰　(清)鄧華熙修　清光緒二十一年(1895)江蘇書局刻本　三册

440000－2541－0011959　27571
江蘇全省輿圖不分卷　(清)諸可寶撰　(清)鄧華熙修　清光緒二十一年(1895)江蘇書局刻本　三册

440000－2541－0011960　27572
皖志便覽六卷　(清)李應珏撰　清光緒二十八年(1902)刻本　二册　存三卷(一至三)

440000－2541－0011961　27573
皖志便覽六卷　(清)李應珏撰　清光緒二十八年(1902)刻本　二册　存三卷(一至三)

440000－2541－0011962　27574
皖志便覽六卷　(清)李應珏撰　清光緒二十八年(1902)刻本　二册

440000－2541－0011963　27575
[咸豐]甘棠小志四卷首一卷　(清)董醇纂　清咸豐五年(1855)刻本　六册

440000－2541－0011964　27576
貴池縣沿革表一卷　劉世珩撰　清光緒二十八年(1902)貴池劉氏刻本　一册

440000－2541－0011965　27577
吴興記一卷　(南朝宋)山謙之撰　繆荃孫輯　**吴興山墟名一卷**　(南朝宋)張玄之撰　繆荃孫輯　清光緒十七年(1891)江陰繆氏刻朱印本　一册

440000－2541－0011966　27578
吴興記一卷　(南朝宋)山謙之撰　繆荃孫輯　**吴興山墟名一卷**　(南朝宋)張玄之撰　繆荃孫輯　清光緒十七年(1891)江陰繆氏刻朱印本　一册

440000－2541－0011967　27579
江蘇布政司屬府廳州縣輿圖説不分卷　(清)何紹章等撰　清同治七年(1868)江蘇布政司署刻本　一册

440000－2541－0011968　27580

江寧布政司屬府廳州縣輿圖說不分卷 （清）何紹章等撰　清同治江寧布政司刻民國十年(1921)江南官書局補刻本　三冊

440000－2541－0011969　27582
[光緒]浙志便覽十卷 （清）李應珏纂修　清光緒二十二年(1896)杭城吏隱齋刻本　四冊

440000－2541－0011970　27583
[光緒]浙志便覽十卷 （清）李應珏纂修　清光緒二十二年(1896)杭城吏隱齋刻本　四冊

440000－2541－0011971　27584
兩浙宦游紀略四種 （清）戴槃撰　清同治七年(1868)刻本　七冊

440000－2541－0011972　27588
光緒湖北輿地記二十四卷 （清）湖北輿圖局纂　清光緒二十年(1894)湖北輿圖局刻本　二十四冊

440000－2541－0011973　27589
光緒湖北輿地記二十四卷 （清）湖北輿圖局纂　清光緒二十年(1894)湖北輿圖局刻本　二十四冊

440000－2541－0011974　27591
廣東海圖說一卷 （清）張之洞撰　清光緒十五年(1889)廣雅書局刻本　一冊

440000－2541－0011975　27592
廣東海圖說一卷 （清）張之洞撰　清光緒十五年(1889)廣雅書局刻本　一冊

440000－2541－0011976　27593
廣東海圖說一卷 （清）張之洞撰　清光緒十五年(1889)廣雅書局刻本　一冊

440000－2541－0011977　27597
湖南全省輿圖說不分卷 （清）左學呂　（清）彭清璋撰　清光緒二十三年(1897)刻本　二冊

440000－2541－0011978　27598
湖南全省輿圖說不分卷 （清）左學呂　（清）彭清璋撰　清光緒二十三年(1897)刻本　一冊

440000－2541－0011979　27608
天全石錄一卷 陳矩撰　清光緒二十九年(1903)貴陽陳氏錦城刻靈峰草堂叢書本　一冊

440000－2541－0011980　27610
西招五種 （清）松筠撰　清嘉慶至道光刻本　三冊

440000－2541－0011981　27614
問影樓輿地叢書第一集十五種 胡思敬編　清光緒三十四年(1908)新昌胡氏京師鉛印本　十冊

440000－2541－0011982　27615
邊疆簡覽三卷 （清）李慎儒撰　清光緒二十八年(1902)退思軒石印本　一冊

440000－2541－0011983　27616
邊疆簡覽三卷 （清）李慎儒撰　清光緒二十八年(1902)退思軒石印本　一冊

440000－2541－0011984　27618
荆南高山大川圖考不分卷 （清）榮錫勳撰　清光緒刻本　一冊

440000－2541－0011985　27622
宋州郡志校勘記一卷 （清）成孺撰　**魏書校勘記一卷** 王先謙撰　清光緒十四年(1888)廣雅書局刻本　一冊

440000－2541－0011986　27625
皇朝直省府廳州縣歌括不分卷 （清）蔣升撰　清光緒二十四年(1898)上海慈母堂印書局鉛印本　一冊

440000－2541－0011987　27626
皇朝直省府廳州縣歌括不分卷 （清）蔣升撰　清光緒二十三年(1897)江楚書局刻本　一冊

440000－2541－0011988　27627
說嵩三十二卷 （清）景日昣撰　清康熙嶽生堂刻本　十冊

440000－2541－0011989　27628
皇朝藩部要略十八卷世系表四卷 （清）祁韻

士撰　(清)毛嶽生編　清光緒十年(1884)浙江書局刻本　八册

440000－2541－0011990　27630
華嶽圖經二卷廬山紀遊一卷　(清)蔣湘南撰　清咸豐刻本　二册

440000－2541－0011991　27634
石鐘山志十六卷首一卷　(清)李成謀　(清)丁義方纂　清光緒九年(1883)聽濤眺雨軒刻本　十册

440000－2541－0011992　27635
華嶽志八卷首一卷　(清)李榕輯　清道光十一年(1831)楊翼武清白別墅刻光緒九年(1883)楊昌濬補刻本　四册

440000－2541－0011993　27636
石鐘山志十六卷首一卷　(清)李成謀　(清)丁義方纂　清光緒九年(1883)聽濤眺雨軒刻本　七册　存十六卷(一至十四、十六,首一卷)

440000－2541－0011994　27637
石鐘山志十六卷首一卷　(清)李成謀　(清)丁義方纂　清光緒九年(1883)聽濤眺雨軒刻本　八册

440000－2541－0011995　27638
石鐘山志十六卷首一卷　(清)李成謀　(清)丁義方纂　清光緒九年(1883)聽濤眺雨軒刻本　八册

440000－2541－0011996　27641
羅浮山志會編二十二卷首一卷　(清)宋廣業纂　清康熙五十五年(1716)刻本　十册

440000－2541－0011997　27642
羅浮山志會編二十二卷首一卷　(清)宋廣業纂　清康熙五十五年(1716)刻本　十册

440000－2541－0011998　27643
羅浮志十卷　(明)陳璉撰　清道光三十年(1850)南海伍氏粤雅堂刻嶺南遺書本　一册

440000－2541－0011999　27653
浮山小志三卷首一卷　(清)黄培芳輯　清嘉慶十八年(1813)番禺黄喬松羊城刻本　一册

440000－2541－0012000　27654
寶華山志十五卷首一卷　(清)釋德基輯　(清)劉名芳纂修　清釋性宗刻本　四册

440000－2541－0012001　27655
華峰山志五卷　(清)釋鑑傳撰　清光緒二十六年(1900)粤東增城海門禪院刻本　二册

440000－2541－0012002　27656
華峰山志五卷　(清)釋鑑傳撰　清光緒二十六年(1900)粤東增城海門禪院刻本　二册

440000－2541－0012003　27657
華峰山志五卷　(清)釋鑑傳撰　清光緒二十六年(1900)粤東增城海門禪院刻本　二册

440000－2541－0012004　27658
華峰山志五卷　(清)釋鑑傳撰　清光緒二十六年(1900)粤東增城海門禪院刻本　二册

440000－2541－0012005　27659
寶華山志十五卷首一卷　(清)釋德基輯　(清)劉名芳纂修　清釋性宗刻本　一册　存三卷(十三至十五)

440000－2541－0012006　27660
寶華山志十五卷首一卷　(清)釋德基輯　(清)劉名芳纂修　清刻本　三册　存十一卷(六至十五、首一卷)

440000－2541－0012007　27661
金蓋山志四卷首一卷　(清)李宗蓮輯　**金蓋山志略一卷**　(清)閔苕敷撰　清光緒二十二年(1896)古書隱樓刻本　四册

440000－2541－0012008　27662
金蓋山志四卷首一卷　(清)李宗蓮輯　清光緒二十二年(1896)古書隱樓刻本　二册

440000－2541－0012009　27663
禺峽山志四卷　(清)孫繩祖纂　清同治元年(1862)刻本　四册

440000－2541－0012010　27664
禺峽山志四卷　(清)孫繩祖纂　清同治元年(1862)刻本　四册

440000－2541－0012011　27665
禹峽山志四卷　(清)孫繩祖纂　清光緒十年(1884)刻本　四册

440000－2541－0012012　27666
禹峽山志四卷　(清)孫繩祖纂　清光緒十年(1884)刻本　八册

440000－2541－0012013　27667
禹峽山志四卷　(清)孫繩祖纂　清光緒十年(1884)刻本　四册

440000－2541－0012014　27668
禹峽山志四卷　(清)孫繩祖纂　清光緒十年(1884)刻本　四册

440000－2541－0012015　27669
禹峽山志四卷　(清)孫繩祖纂　清光緒十年(1884)刻本　四册

440000－2541－0012016　27670
重刊麻姑山志十二卷首一卷　(清)黄家駒纂　清同治五年(1866)黄家駒漢皋督銷局刻本　六册

440000－2541－0012017　27671
重刊麻姑山志十二卷首一卷　(清)黄家駒纂　清同治五年(1866)黄家駒漢皋督銷局刻本　六册

440000－2541－0012018　27672
重刊麻姑山志十二卷首一卷　(清)黄家駒纂　清同治五年(1866)黄家駒漢皋督銷局刻本　八册

440000－2541－0012019　27673
孤嶼志八卷首一卷　(清)陳舜咨修　清嘉慶十四年(1809)刻本　五册

440000－2541－0012020　27674
龍潭山志七卷首一卷末一卷　(清)康阜纂　清光緒刻本　八册

440000－2541－0012021　27675
西天目祖山志八卷首一卷末一卷　(明)釋廣賓輯　(清)釋際界增訂　清光緒二年(1876)刻本　八册

440000－2541－0012022　27676
靈峰志四卷補遺一卷　周慶雲輯　清宣統二年(1910)刻本　二册

440000－2541－0012023　27677
武夷山志二十四卷首一卷　(清)董天工纂　清道光二十六年(1846)羅良嵩刻本　八册

440000－2541－0012024　27678
武夷山志二十四卷首一卷　(清)董天工纂　清道光二十六年(1846)羅良嵩刻本　八册

440000－2541－0012025　27679
武夷山志二十四卷首一卷　(清)董天工纂　清道光二十六年(1846)羅良嵩刻本　八册

440000－2541－0012026　27680
武夷山志二十四卷首一卷　(清)董天工纂　清道光二十六年(1846)羅良嵩刻本　八册

440000－2541－0012027　27681
武夷山志二十四卷首一卷　(清)董天工纂　清道光二十六年(1846)羅良嵩刻本　八册

440000－2541－0012028　27682
武夷山志二十四卷首一卷　(清)董天工纂　清木活字印本　十册

440000－2541－0012029　27683
清涼山志十卷　(明)釋鎮澄纂　(清)釋眼文等重纂　清乾隆刻民國印本　四册

440000－2541－0012030　27684
武夷山志二十四卷首一卷　(清)董天工纂　清道光九年(1829)刻本　八册

440000－2541－0012031　27685
九華山志十卷首一卷末一卷　(清)謝維喈修　(清)周贇纂　清光緒二十六年(1900)刻本　五册

440000－2541－0012032　27686
京口山水志十八卷首一卷末一卷　(清)楊棨撰　清道光二十七年(1847)刻本　四册

440000－2541－0012033　27689
廬山小志二十四卷　(清)蔡瀛纂　清道光四年(1824)嫏嬛别館刻本　六册

440000－2541－0012034　27691
九華紀勝二十三卷首一卷　（清）陳蔚撰　清道光元年（1821）梅緣書屋刻本　十册

440000－2541－0012035　27692
廬山志十五卷　（清）毛德琦纂　清刻本　十六册

440000－2541－0012036　27693
廬山志十五卷　（清）毛德琦纂　清刻本　十六册

440000－2541－0012037　27694
廬山志十五卷　（清）毛德琦纂　清康熙順德堂刻宣統二年（1910）重修本　十册　存十卷（一至三、七至十三）

440000－2541－0012038　27695
廬山志十五卷　（清）毛德琦纂　清康熙順德堂刻宣統二年（1910）重修本　十二册　存十卷（一至十）

440000－2541－0012039　27700
慧山記四卷　（明）釋圓顯輯　清咸豐七年（1857）二泉書院刻本　一册

440000－2541－0012040　27701
慧山記四卷　（明）釋圓顯輯　清咸豐七年（1857）二泉書院刻本　四册

440000－2541－0012041　27703
慧山記四卷　（明）邵寶撰　（明）釋圓顯輯　**續編三卷首一卷**　（清）鄒涵初輯　清咸豐七年至九年（1857－1859）二泉書院刻光緒十年（1884）上海還讀書樓印本　五册　存七卷（慧山記四卷、續編一至二、首一卷）

440000－2541－0012042　27706
重修南嶽志二十六卷　（清）李元度纂　清光緒六年（1880）刻本　十二册

440000－2541－0012043　27707
重修南嶽志二十六卷　（清）李元度纂　清光緒六年（1880）刻本　十五册　存二十四卷（三至二十六）

440000－2541－0012044　27715
白雲越秀二山合志四十九卷　（清）崔弼編　（清）陳際清輯　清道光二十九年（1849）刻本　三十册

440000－2541－0012045　27716
白雲越秀二山合志四十九卷　（清）崔弼編　（清）陳際清輯　清道光二十九年（1849）刻本　二十册

440000－2541－0012046　27717
爛柯山志十三卷　（清）鄭永禧補輯　清光緒三十三年（1907）刻本　四册

440000－2541－0012047　27718
爛柯山志十三卷　（清）鄭永禧補輯　清光緒三十三年（1907）刻本　四册

440000－2541－0012048　27719
烏石山志九卷　（清）郭柏蒼　（清）劉永松纂輯　清同治刻本　四册

440000－2541－0012049　27725
泰山志二十卷　（清）金棨撰　清嘉慶十三年（1808）休寧金氏刻本　十二册

440000－2541－0012050　27726
泰山志二十卷　（清）金棨撰　清嘉慶十三年（1808）休寧金氏刻本　八册　存十六卷（五至二十）

440000－2541－0012051　27727
泰山志二十卷　（清）金棨撰　清嘉慶十三年（1808）休寧金氏刻本　九册

440000－2541－0012052　27728
泰山道里記一卷　（清）聶鈫撰　清道光六年（1826）雨山堂刻本　二册

440000－2541－0012053　27730
泰山志二十卷　（清）金棨撰　清光緒二十四年（1898）刻本　十册

440000－2541－0012054　27731
九疑山志四卷　（清）吳繩祖修　（清）樊在廷纂　清嘉慶元年（1796）刻光緒補刻本　二册

440000－2541－0012055　27732
九疑山志四卷　（清）吳繩祖修　（清）樊在廷

纂　清嘉慶元年(1796)刻光緒補刻本　二册

440000－2541－0012056　27734
北固山志十四卷首一卷　(清)周伯義編　清光緒三十年(1904)刻京口三山志本　六册

440000－2541－0012057　27736
崆峒山志二卷　(清)張伯魁纂修　清同治十一年(1872)刻本　二册

440000－2541－0012058　27737
崆峒山志二卷　(清)張伯魁纂修　清同治十一年(1872)刻本　二册

440000－2541－0012059　27738
黃鵠山志十二卷首一卷　(清)胡鳳丹輯　清同治十三年(1874)永康胡氏退補齋刻本　五册　存十卷(一至十)

440000－2541－0012060　27739
天台山方外志三十卷　(明)釋傳燈撰　清光緒十九年至二十年(1893－1894)佛隴真覺寺刻本　八册

440000－2541－0012061　27740
鼓山志十四卷首一卷　(清)黃任纂　清乾隆刻光緒二年(1876)補刻本　六册

440000－2541－0012062　27741
重訂天台山方外志要十二卷　(明)釋傳燈撰　(清)齊召南刪節　(清)阮元重修　清嘉慶七年(1802)刻本　八册

440000－2541－0012063　27744
鼎湖山慶雲寺志八卷首一卷　(清)丁易修　(清)釋成鷲纂　清康熙刻後印本　四册

440000－2541－0012064　27745
鼎湖山慶雲寺志八卷首一卷　(清)丁易修　(清)釋成鷲纂　清康熙刻後印本　四册

440000－2541－0012065　27746
鼎湖山慶雲寺志八卷首一卷　(清)丁易修　(清)釋成鷲纂　清康熙刻後印本　四册

440000－2541－0012066　27747
鼎湖山慶雲寺志八卷首一卷　(清)丁易修　(清)釋成鷲纂　清康熙刻後印本　四册

440000－2541－0012067　27749
焦山志二十六卷首一卷　(清)吳雲撰　**續志八卷**　(清)陳任暘輯　清同治四年(1865)刻光緒三十一年(1905)續刻本　十册

440000－2541－0012068　27750
齊雲山桃源洞天誌一卷　(明)魯點輯　清道光十三年(1833)刻本　一册

440000－2541－0012069　27751
齊雲山志五卷　(明)魯點輯　清嘉慶十六年(1811)刻本　五册

440000－2541－0012070　27752
焦山志二十六卷首一卷　(清)吳雲撰　**續志八卷**　(清)陳任暘輯　清同治四年(1865)刻光緒三十一年(1905)續刻本　十册

440000－2541－0012071　27753
焦山志二十六卷首一卷　(清)吳雲撰　**續志八卷**　(清)陳任暘輯　清同治四年(1865)刻光緒三十一年(1905)續刻本　十册

440000－2541－0012072　27757
焦山志二十六卷首一卷　(清)吳雲撰　**續志八卷**　(清)陳任暘輯　清同治四年(1865)刻光緒三十一年(1905)續刻本　十册

440000－2541－0012073　27758
重修南海普陀山志二十卷首一卷　(清)秦耀曾纂　清道光十二年(1832)刻本　十册

440000－2541－0012074　27759
重修南海普陀山志二十卷首一卷　(清)秦耀曾纂　清道光十二年(1832)刻民國四年(1915)補刻佛經流通處印本　四册

440000－2541－0012075　27760
重修南海普陀山志二十卷首一卷　(清)秦耀曾纂　清道光十二年(1832)刻民國四年(1915)補刻佛經流通處印本　三册　存十七卷(一至十七)

440000－2541－0012076　27764
九峰志四卷　(清)魏杰輯　清同治刻光緒印本　二册

440000－2541－0012077　27767
[道光]雲臺新志十八卷首一卷末一卷　(清)謝元淮修　(清)許喬林纂　清道光十六年(1836)刻本　六冊

440000－2541－0012078　27769
水經二卷　(漢)桑欽撰　清刻本　一冊

440000－2541－0012079　27771
崇文書局彙刻書(三十三種叢書)三十一種　(清)崇文書局編　清光緒湖北崇文書局刻本　三十二冊　存十五種

440000－2541－0012080　27772
水經注四十卷　(漢)桑欽撰　(北魏)酈道元注　清光緒三年(1877)湖北崇文書局刻崇文書局彙刻書本　八冊

440000－2541－0012081　27773
水經注四十卷補遺一卷附錄二卷　(北魏)酈道元撰　清光緒十四年(1888)無錫薛福成刻本　十二冊

440000－2541－0012082　27774
水經注四十卷首一卷　(北魏)酈道元撰　**附錄二卷**　(清)趙一清撰　清光緒十八年(1892)長沙王氏思賢講舍刻本　十六冊

440000－2541－0012083　27776
水經注四十卷首一卷　(北魏)酈道元撰　**附錄二卷**　(清)趙一清撰　清光緒十八年(1892)長沙王氏思賢講舍刻本　八冊　存二十二卷(五至六、十至十五、十九至二十二、二十六至二十八、三十六至四十,附錄二卷)

440000－2541－0012084　27778
水經注不分卷　(北魏)酈道元撰　清刻本　八冊

440000－2541－0012085　27779
水經注不分卷　(北魏)酈道元撰　清刻本　六冊

440000－2541－0012086　27780
水經注不分卷　(北魏)酈道元撰　清刻本　十七冊

440000－2541－0012087　27783
水經注四十卷　(北魏)酈道元撰　清湖北武昌步雲山房刻本　十二冊

440000－2541－0012088　27790
水經注釋四十卷首一卷附錄二卷水經注箋刊誤十二卷　(清)趙一清撰　清光緒六年(1880)蛟川張氏花雨樓刻本　二十冊

440000－2541－0012089　27791
水經注釋四十卷首一卷附錄二卷水經注箋刊誤十二卷　(清)趙一清撰　清光緒六年(1880)蛟川張氏花雨樓刻本　二十冊

440000－2541－0012090　27792
水經注釋四十卷首一卷附錄二卷水經注箋刊誤十二卷　(清)趙一清撰　清光緒六年(1880)蛟川張氏花雨樓刻本　二十冊

440000－2541－0012091　27795
水經注圖一卷附錄一卷　(清)汪士鐸撰　清咸豐十一年(1861)胡林翼長沙刻本　一冊

440000－2541－0012092　27796
水經注圖一卷附錄一卷　(清)汪士鐸撰　清咸豐十一年(1861)胡林翼長沙刻本　一冊

440000－2541－0012093　27797
水經注圖四十卷　楊守敬撰　清光緒三十一年(1905)宜都楊氏觀海堂刻本　六冊

440000－2541－0012094　27798
水經注圖四十卷　楊守敬撰　清光緒三十一年(1905)宜都楊氏觀海堂刻本　二冊　存九卷(十二至二十)

440000－2541－0012095　27799
廣東圖二十三卷　(清)□□編繪　清同治五年(1866)刻本　三冊

440000－2541－0012096　27800
續行水金鑑一百五十六卷首一卷　(清)黎世序等修　(清)俞正燮等纂　清道光十二年(1832)刻本　四十七冊

440000－2541－0012097　27801
水道提綱二十八卷　(清)齊召南撰　清光緒

四年(1878)津門徐士鑾霞城精舍刻本　八冊

440000－2541－0012098　27802
水道提綱二十八卷　(清)齊召南撰　清光緒四年(1878)津門徐士鑾霞城精舍刻本　八冊

440000－2541－0012099　27803
水道提綱二十八卷　(清)齊召南撰　清光緒四年(1878)津門徐士鑾霞城精舍刻本　八冊

440000－2541－0012100　27804
水道提綱二十八卷　(清)齊召南撰　清光緒十七年(1891)湖南船山書局刻本　三冊　存十四卷(一至十四)

440000－2541－0012101　27805
水道提綱二十八卷　(清)齊召南撰　清光緒十七年(1891)湖南船山書局刻本　五冊　存二十二卷(一至二十二)

440000－2541－0012102　27806
水道提綱二十八卷　(清)齊召南撰　清光緒五年(1879)宏達堂刻本　四冊

440000－2541－0012103　27807
水道提綱二十八卷　(清)齊召南撰　清光緒四年(1878)津門徐士鑾霞城精舍刻本　八冊

440000－2541－0012104　27808
水道提綱二十八卷　(清)齊召南撰　清光緒十七年(1891)湖南崇德書局刻本　八冊

440000－2541－0012105　27809
水道直指不分卷　(清)張匡學輯　清嘉慶二年(1797)刻本　二冊

440000－2541－0012106　27810
水道直指不分卷　(清)張匡學輯　清嘉慶二年(1797)刻本　一冊

440000－2541－0012107　27811
水道提綱二十八卷　(清)齊召南撰　清光緒二十四年(1898)新化三味書室刻本　六冊

440000－2541－0012108　27812
漢志水道疏證四卷　(清)洪頤煊撰　清光緒十八年(1892)廣雅書局刻本　一冊

440000－2541－0012109　27813
漢志水道疏證四卷　(清)洪頤煊撰　清光緒十八年(1892)廣雅書局刻本　一冊

440000－2541－0012110　27815
漢書地理志水道圖說七卷　(清)陳澧撰　清刻本　一冊

440000－2541－0012111　27816
漢書地理志水道圖說七卷　(清)陳澧撰　**考正德清胡氏禹貢圖一卷**　(清)陳宗誼撰　清刻本　二冊

440000－2541－0012112　27817
漢書地理志水道圖說七卷　(清)陳澧撰　**考正德清胡氏禹貢圖一卷**　(清)陳宗誼撰　清刻本　二冊

440000－2541－0012113　27818
西域水道記五卷　(清)徐松撰　清道光刻本　四冊

440000－2541－0012114　27819
西域水道記五卷　(清)徐松撰　清道光刻本　四冊

440000－2541－0012115　27820
西域水道記五卷　(清)徐松撰　清道光刻本　四冊

440000－2541－0012116　27822
浙西水利備考不分卷　(清)王鳳生纂　清光緒四年(1878)浙江書局刻本　四冊

440000－2541－0012117　27823
浙西水利備考不分卷　(清)王鳳生纂　清光緒四年(1878)浙江書局刻本　四冊

440000－2541－0012118　27824
浙西水利備考不分卷　(清)王鳳生纂　清道光四年(1824)刻本　四冊

440000－2541－0012119　27826
涇渠志一卷　(清)王太岳撰　清嘉慶九年(1804)刻本　二冊

440000－2541－0012120　27827
水經注西南諸水考三卷弧三角平視法一卷摹

印述一卷　(清)陳澧撰　清光緒廣雅書局刻本　一册

440000－2541－0012121　27829
中國江海險要圖誌二十二卷補編五卷附圖五卷　(英國)海軍海圖官局輯　(清)陳壽彭譯　清光緒三十三年(1907)廣雅書局石印本　十五册

440000－2541－0012122　27830
晦明軒稿不分卷壬癸金石跋一卷　楊守敬撰　清光緒二十七年至三十三年(1901－1907)楊守敬鄰蘇園刻本　二册

440000－2541－0012123　27831
晦明軒稿不分卷壬癸金石跋一卷　楊守敬撰　清光緒二十七年至三十三年(1901－1907)楊守敬鄰蘇園刻本　二册

440000－2541－0012124　27833
漢書地理志水道圖說七卷　(清)陳澧撰　清咸豐番禺陳氏刻本　一册

440000－2541－0012125　27834
歷代黄河變遷圖考四卷　(清)劉鶚撰　清光緒十九年(1893)袖海山房石印本　四册

440000－2541－0012126　27835
中國江海險要圖志二十二卷補編五卷附圖五卷　(英國)海軍海圖官局輯　(清)陳壽彭譯　清經世文社石印本　十二册　存二十三卷(圖志十至二十二、補編五卷、附圖五卷)

440000－2541－0012127　27836
中國江海險要圖志二十二卷補編五卷附圖五卷　(英國)海軍海圖官局輯　(清)陳壽彭譯　清光緒三十三年(1907)廣雅書局石印本　十五册

440000－2541－0012128　27837
中國江海險要圖志二十二卷補編五卷附圖五卷　(英國)海軍海圖官局編　(清)陳壽彭譯　清光緒三十三年(1907)廣雅書局石印本　十五册

440000－2541－0012129　27838
郡城濬河徵信録五卷寧郡城河丈尺圖志二卷　(清)宗源瀚輯　清光緒七年(1881)河工局刻本　四册

440000－2541－0012130　27839
三省黄河全圖不分卷　(清)李鴻章等修　清光緒十六年(1890)上海鴻文書局石印本　三册

440000－2541－0012131　27840
三省黄河全圖不分卷　(清)李鴻章等修　清光緒十六年(1890)上海鴻文書局石印本　一册　缺二册(二至三)

440000－2541－0012132　27844
永定河志三十二卷諭旨一卷治河摘要一卷　(清)李逢亨纂修　清嘉慶刻本　十六册

440000－2541－0012133　27845
永定河志三十二卷諭旨一卷治河摘要一卷　(清)李逢亨纂修　清嘉慶刻本　十六册

440000－2541－0012134　27846
最近揚子江之大勢不分卷　(日本)國府犀東撰　趙必振譯　清光緒二十八年(1902)上海廣智書局鉛印本　一册

440000－2541－0012135　27847
揚子江流域現勢論不分卷　(日本)林繁撰　(清)汪國屏譯　清道光二十九年(1849)上海廣智書局鉛印本　一册

440000－2541－0012136　27848
揚子江流域現勢論不分卷　(日本)林繁撰　(清)汪國屏譯　清道光二十九年(1849)上海廣智書局鉛印本　一册

440000－2541－0012137　27849
揚子江流域現勢論不分卷　(日本)林繁撰　(清)汪國屏譯　清道光二十八年(1848)上海廣智書局鉛印本　一册

440000－2541－0012138　27850
永定河續志十六卷首一卷附刻一卷補錄一卷原編序例一卷　(清)朱其詔纂修　清光緒刻本　十二册

440000－2541－0012139　27851
吴江水考增輯五卷　（明）沈啓撰　（清）黄象曦輯　**附編二卷**　（清）黄象曦輯　清光緒二十年（1894）刻本　四册

440000－2541－0012140　27852
蜀水攷二卷　（清）陳登龍撰　（清）朱錫穀補注　（清）陳一津分疏　清道光二年（1822）刻本　二册

440000－2541－0012141　27853
永定河續志十六卷首一卷附刻一卷補録一卷原編序例一卷　（清）朱其詔纂修　清光緒八年（1882）刻本　十二册

440000－2541－0012142　27856
曹娥江志八卷首一卷　（清）胡鳳丹輯　清光緒三年（1877）永康胡氏退補齋刻本　一册

440000－2541－0012143　27858
曹娥江志八卷首一卷　（清）胡鳳丹輯　清光緒三年（1877）永康胡氏退補齋刻本　二册

440000－2541－0012144　27861
浙江圖考一卷　（清）阮元撰　清嘉慶八年（1803）刻本　一册

440000－2541－0012145　27863
玉簡齋叢書二集二十二種　羅振玉編　清宣統二年（1910）上虞羅氏刻本　十二册　存八種

440000－2541－0012146　27865
西湖志四十八卷　（清）李衛等修　（清）傅王露等纂　清光緒四年（1878）浙江書局刻本　二十册

440000－2541－0012147　27866
西湖志四十八卷　（清）李衛等修　（清）傅王露等纂　清光緒四年（1878）浙江書局刻本　二十册

440000－2541－0012148　27867
西湖志四十八卷　（清）李衛等修　（清）傅王露等纂　清光緒四年（1878）浙江書局刻本　二十册

440000－2541－0012149　27868
西湖志四十八卷　（清）李衛等修　（清）傅王露等纂　清光緒四年（1878）浙江書局刻本　二十册

440000－2541－0012150　27870
北湖小志六卷　（清）焦循撰　清嘉慶刻本　二册

440000－2541－0012151　27871
莫愁湖志六卷首一卷　（清）馬士圖纂　清光緒八年（1882）刻本　一册

440000－2541－0012152　27872
莫愁湖志六卷首一卷　（清）馬士圖纂　清光緒八年（1882）刻本　一册

440000－2541－0012153　27873
莫愁湖志六卷首一卷　（清）馬士圖纂　清光緒八年（1882）刻本　二册

440000－2541－0012154　27874
莫愁湖志六卷首一卷　（清）馬士圖纂　清光緒八年（1882）刻本　一册

440000－2541－0012155　27875
莫愁湖志六卷首一卷　（清）馬士圖纂　清光緒八年（1882）刻本　一册　存二卷（五至六）

440000－2541－0012156　27876
洞庭湖志十四卷　（清）陶澍修　（清）沈筠堂纂　（清）綦世基原本　（清）夏大觀補輯　（清）萬年淳再訂　清道光刻本　八册

440000－2541－0012157　27877
當湖外志八卷　（清）馬承昭輯　清咸豐八年（1858）刻本　八册

440000－2541－0012158　27878
南湖考不分卷　（明）陳幼學撰　（清）梁恭辰增輯　**節録餘杭縣南湖事略一卷南湖誌考一卷**　（清）陳善纂　清光緒五年（1879）刻本　一册

440000－2541－0012159　27879
南湖考不分卷　（明）陳幼學撰　（清）梁恭辰增輯　**節録餘杭縣南湖事略一卷南湖誌考一**

卷　(清)陳善纂　清光緒五年(1879)刻本　一冊

440000－2541－0012160　27880
南湖考不分卷　(明)陳幼學撰　(清)梁恭辰增輯　**節錄餘杭縣南湖事略一卷南湖誌考一卷**　(清)陳善纂　清光緒五年(1879)刻本　一冊

440000－2541－0012161　27881
杜白二湖全書不分卷　(清)□□撰　清嘉慶十年(1805)王相能刻道光補刻本　一冊

440000－2541－0012162　27883
當湖外志八卷　(清)馬承昭輯　清光緒元年(1875)刻本　二冊

440000－2541－0012163　27884
牟山湖志一卷　(清)劉福升撰　清光緒二十五年(1899)刻本　一冊

440000－2541－0012164　27885
分湖小識六卷　(清)柳樹芳輯　清道光二十七年(1847)勝溪草堂刻本　二冊

440000－2541－0012165　27886
後湖志不分卷　(清)王作楲纂　(清)錢福臻增輯　清宣統二年(1910)南洋印刷官廠鉛印本　一冊

440000－2541－0012166　27887
續浚南湖圖志不分卷　(清)□□輯　清光緒浙江書局刻本　一冊

440000－2541－0012167　27894
槐廬叢書五編四十六種　(清)朱記榮編　清光緒吳縣朱氏槐廬家塾刻本　十冊　存三種

440000－2541－0012168　27897
資治通鑑地理今釋十六卷　(清)吳熙載撰　清光緒八年(1882)江蘇書局刻本　四冊

440000－2541－0012169　27898
資治通鑑地理今釋十六卷　(清)吳熙載撰　清光緒八年(1882)江蘇書局刻本　四冊

440000－2541－0012170　27899
資治通鑑地理今釋十六卷　(清)吳熙載撰　清光緒八年(1882)江蘇書局刻二十三年(1897)廣東經史閣印本　四冊

440000－2541－0012171　27900
資治通鑑地理今釋十六卷　(清)吳熙載撰　清光緒八年(1882)江蘇書局刻本　四冊

440000－2541－0012172　27901
資治通鑑地理今釋十六卷　(清)吳熙載撰　清光緒八年(1882)江蘇書局刻本　四冊

440000－2541－0012173　27902
讀史方輿紀要歷代州域形勢九卷　(清)顧祖禹纂　清光緒廣雅書局刻本　五冊

440000－2541－0012174　27903
讀史方輿紀要歷代州域形勢九卷　(清)顧祖禹纂　清光緒廣雅書局刻本　五冊

440000－2541－0012175　27904
讀史方輿紀要歷代州域形勢九卷　(清)顧祖禹纂　清光緒廣雅書局刻本　五冊

440000－2541－0012176　27905
讀史方輿紀要歷代州域形勢一卷　(清)趙齊嬰節錄　清咸豐十年(1860)羊城刻本　一冊

440000－2541－0012177　27906
讀史方輿紀要歷代州域形勢一卷　(清)趙齊嬰節錄　清咸豐十年(1860)羊城刻本　一冊

440000－2541－0012178　27907
方輿紀要簡覽三十四卷驛站路程一卷　(清)顧祖禹撰　(清)潘鐸輯　清咸豐八年(1858)紅杏書屋刻本　十冊

440000－2541－0012179　27908
讀史方輿紀要一百三十卷輿圖要覽四卷　(清)顧祖禹撰　清道光龍萬育敷文閣刻光緒五年(1879)蜀南薛氏桐華書屋修補印本　五十冊

440000－2541－0012180　27909
讀史方輿紀要一百三十卷輿圖要覽四卷　(清)顧祖禹撰　清道光龍萬育敷文閣刻光緒五年(1879)蜀南薛氏桐華書屋修補印本　六十冊

440000－2541－0012181　27910
讀史方輿紀要十卷　（清）顧祖禹撰　清光緒十五年（1889）長沙傳忠書局刻本　六册

440000－2541－0012182　27911
讀史方輿紀要一百三十卷輿圖要覽四卷　（清）顧祖禹撰　清道光龍萬育敷文閣刻本　五十九册　存一百三十卷（一至一百十九、一百二十四至一百三十，輿圖要覽四卷）

440000－2541－0012183　27912
讀史方輿紀要一百三十卷輿圖要覽四卷　（清）顧祖禹撰　清道光龍萬育敷文閣刻本　五十一册

440000－2541－0012184　27913
讀史方輿紀要一百三十卷輿圖要覽四卷　（清）顧祖禹撰　清光緒二十六年（1900）廣雅書局刻本　七十四册

440000－2541－0012185　27914
讀史方輿紀要一百三十卷輿圖要覽四卷　（清）顧祖禹撰　清光緒二十六年（1900）廣雅書局刻本　七十一册　存一百二十八卷（一至三十六、四十三至一百三十，輿圖要覽四卷）

440000－2541－0012186　27915
讀史方輿紀要一百三十卷輿圖要覽四卷　（清）顧祖禹撰　清光緒二十六年（1900）廣雅書局刻本　七十四册

440000－2541－0012187　27916
讀史方輿紀要一百三十卷　（清）顧祖禹撰　清光緒二十七年（1901）上海圖書集成局鉛印本暨石印本　三十二册

440000－2541－0012188　27917
輿地紀勝二百卷首一卷　（宋）王象之輯　清咸豐五年（1855）南海伍氏粤雅堂刻十年（1860）補刻本　二十四册

440000－2541－0012189　27918
輿地紀勝二百卷首一卷　（宋）王象之輯　清咸豐五年（1855）南海伍氏粤雅堂刻十年（1860）補刻本　二十一册　存一百八十四卷（一至一百八十四）

440000－2541－0012190　27919
輿地廣記三十八卷　（宋）歐陽忞撰　**校勘輿地廣記札記二卷**　（清）黄丕烈撰　清光緒六年（1880）金陵書局刻本　四册

440000－2541－0012191　27920
輿地廣記三十八卷　（宋）歐陽忞撰　**校勘輿地廣記札記二卷**　（清）黄丕烈撰　清光緒六年（1880）金陵書局刻本　四册

440000－2541－0012192　27921
士禮居黄氏叢書十八種附四種　（清）黄丕烈編　清嘉慶至道光吳縣黄氏士禮居刻本　十三册　存五種

440000－2541－0012193　27926
輿地廣記三十八卷　（宋）歐陽忞撰　清乾隆武英殿木活字印本　八册

440000－2541－0012194　27928
太平寰宇記二百卷目錄二卷　（宋）樂史撰　清光緒八年（1882）金陵書局刻本（原闕卷一百十三至一百十九）　二十六册　存一百九十三卷（一至一百十二、一百二十至二百）

440000－2541－0012195　27929
太平寰宇記二百卷目錄二卷　（宋）樂史撰　清光緒八年（1882）金陵書局刻本（原闕卷一百十三至一百十九）　二十二册　存一百十七卷（一至一百十二、一百二十至一百二十四）

440000－2541－0012196　27930
太平寰宇記二百卷　（宋）樂史撰　清嘉慶八年（1803）刻本　三十册　存一百四十三卷（三至二十三、二十八至五十一、五十六至六十六、七十二至七十七、八十四至一百一、一百九至一百十三、一百二十八至一百三十九、一百四十六至一百五十八、一百六十八至二百）

440000－2541－0012197　27931
太平寰宇記二百卷　（宋）樂史撰　清嘉慶八年（1803）刻本　十五册　存七十三卷（一至

十六、一百四十四至二百）

440000－2541－0012198　27932
歷代地理沿革表四十七卷　（清）陳芳績撰　清光緒二十一年（1895）廣雅書局刻本　十五冊

440000－2541－0012199　27933
歷代地理沿革表四十七卷　（清）陳芳績撰　清光緒二十一年（1895）廣雅書局刻本　十五冊

440000－2541－0012200　27936
帝輿合覽二卷　（清）何炳纂　清嘉慶刻本　六冊

440000－2541－0012201　27938
方輿類聚十六卷　（清）福申輯　清道光十二年（1832）刻本　二冊

440000－2541－0012202　27939
天下山河兩戒考十四卷　（清）徐文靖撰　清光緒二年（1876）刻徐位山六種本　四冊

440000－2541－0012203　27943
七國地理考七卷國策編年一卷　（清）顧觀光撰　清光緒五年（1879）金山高氏刻宣統三年（1911）增刻本　四冊

440000－2541－0012204　27946
漢西域圖考七卷首一卷　（清）李光廷撰　清光緒八年（1882）陽湖趙氏壽謾草堂木活字印本　四冊

440000－2541－0012205　27947
漢西域圖考七卷首一卷　（清）李光廷撰　清同治粵東省城刻本（有圖）　四冊

440000－2541－0012206　27949
漢書地理志二卷　（清）汪遠孫撰　清道光二十七年（1847）永康胡氏退補齋刻本　四冊

440000－2541－0012207　27951
漢書地理志校注二卷　（清）王紹蘭撰　清光緒二十二年（1896）蕭山陳光淞遺經樓刻本　二冊

440000－2541－0012208　27952
三國郡縣表八卷　（清）吳增僅輯　清光緒二十一年（1895）木活字印本　四冊

440000－2541－0012209　27954
晉太康三年地記一卷　（清）畢沅輯　**王隱晉書地道記一卷**　（晉）王隱撰　（清）畢沅輯　清乾隆四十九年（1784）刻本　一冊

440000－2541－0012210　27955
晉太康三年地記一卷　（清）畢沅輯　**王隱晉書地道記一卷**　（晉）王隱撰　（清）畢沅輯　清光緒二十一年（1895）廣雅書局刻本　一冊

440000－2541－0012211　27956
晉太康三年地記一卷　（清）畢沅輯　**王隱晉書地道記一卷**　（晉）王隱撰　（清）畢沅輯　清光緒二十一年（1895）廣雅書局刻本　一冊

440000－2541－0012212　27957
晉書地理志新補正五卷　（清）畢沅輯　清光緒二十年（1894）廣雅書局刻本　一冊

440000－2541－0012213　27958
新校晉書地理志一卷　（清）方愷輯　清光緒二十一年（1895）廣雅書局刻本　一冊

440000－2541－0012214　27959
新校晉書地理志一卷　（清）方愷輯　清光緒二十一年（1895）廣雅書局刻本　一冊

440000－2541－0012215　27960
欽定皇輿西域圖志四十八卷首四卷　（清）傅恒等修　（清）褚廷璋等纂　（清）英廉等增纂　清光緒十九年（1893）杭州便益書局石印本　六冊

440000－2541－0012216　27962
隋書地理志考證九卷補遺一卷漢書地理志校補二卷　楊守敬撰　清光緒二十七年（1901）宜都楊氏刻本　六冊　存十卷（隋書地理志考證九卷、補遺一卷）

440000－2541－0012217　27963
欽定皇輿西域圖志四十八卷首四卷　（清）傅恒等修　（清）褚廷璋等纂　（清）英廉等增纂　清光緒十九年（1893）杭州便益書局石印本

十一冊

440000－2541－0012218　27964
欽定皇輿西域圖志四十八卷首四卷　（清）傅恒等修　（清）褚廷璋等纂　（清）英廉等增纂　清光緒十九年(1893)杭州便益書局石印本　十二冊

440000－2541－0012219　27965
泛槎圖六集　（清）張寶編繪　清光緒六年(1880)上海點石齋石印本　三冊　存五集(二至六)

440000－2541－0012220　27966
皇朝地圖志便覽二卷地理圖一卷附志一卷　（清）崔暕撰並繪　清咸豐十年(1860)長沙崔氏守真道齋刻本　二冊

440000－2541－0012221　27967
名勝圖覽不分卷　（□）□□輯　清刻本　六冊

440000－2541－0012222　27968
古香齋鑒賞袖珍春明夢餘錄七十卷　（清）孫承澤撰　清光緒七年至八年(1881－1882)南海孔氏刻古香齋袖珍十種本　二十四冊

440000－2541－0012223　27969
古香齋鑒賞袖珍春明夢餘錄七十卷　（清）孫承澤撰　清光緒七年至八年(1881－1882)南海孔氏刻古香齋袖珍十種本　二十四冊

440000－2541－0012224　27970
古香齋鑒賞袖珍春明夢餘錄七十卷　（清）孫承澤撰　清光緒七年至八年(1881－1882)南海孔氏刻古香齋袖珍十種本　二十四冊

440000－2541－0012225　27971
古香齋鑒賞袖珍春明夢餘錄七十卷　（清）孫承澤撰　清光緒七年至八年(1881－1882)南海孔氏刻古香齋袖珍十種本　八冊　存二十六卷(四十五至七十)

440000－2541－0012226　27972
古香齋鑒賞袖珍春明夢餘錄七十卷　（清）孫承澤撰　清光緒七年至八年(1881－1882)南海孔氏刻古香齋袖珍十種本　二十四冊

440000－2541－0012227　27974
申江名勝圖說二卷　題（清）香國頭陀輯　清光緒十年(1884)吳縣管氏可壽齋刻本　四冊　存一卷(上)

440000－2541－0012228　27975
申江名勝圖說二卷　題（清）香國頭陀輯　清光緒十年(1884)吳縣管氏可壽齋刻本　二冊

440000－2541－0012229　27978
申江勝景圖二卷　（清）吳友如繪　清光緒十年(1884)上海點石齋石印本　二冊

440000－2541－0012230　27979
祠山志十卷首一卷　（宋）周秉秀纂　（清）周憲敬重纂　清光緒十二年(1886)刻本　八冊

440000－2541－0012231　27980
四明談助四十六卷首一卷　（清）徐兆昺撰　清道光八年(1828)木活字印本　四十六冊　存四十卷(一至六、十三至四十六)

440000－2541－0012232　27982
西湖志八卷　（明）田汝成纂　（清）姚靖增刪　清刻本　六冊

440000－2541－0012233　27983
武林掌故叢編二十六集一百八十七種附五種　（清）丁丙編　清光緒十二年(1886)錢塘丁氏嘉惠堂刻武林掌故叢編本　十五冊　存四種

440000－2541－0012234　27985
湖山便覽十二卷　（清）翟灝　（清）翟瀚輯　清光緒元年(1875)杭州王氏槐蔭堂刻本　六冊

440000－2541－0012235　27986
湖山便覽十二卷　（清）翟灝　（清）翟瀚輯　清光緒元年(1875)杭州王氏槐蔭堂刻本　四冊　存八卷(一至八)

440000－2541－0012236　27989
吳興合璧四卷　（清）陳文煜輯　清刻本　一冊

440000－2541－0012237　27991
御覽蘭亭志不分卷　(清)王復禮撰　清刻本　二冊

440000－2541－0012238　27992
洛陽伽藍記五卷　(北魏)楊衒之撰　清刻增訂漢魏叢書本　二冊

440000－2541－0012239　27995
洛陽伽藍記五卷　(北魏)楊衒之撰　**集證一卷**　(清)吳若準撰　清光緒二十九年(1903)李葆恂說劍齋刻本　一冊

440000－2541－0012240　28005
桃花源志二十四卷　(清)胡鳳丹輯　清光緒三年(1877)永康胡氏退補齋刻本　十冊

440000－2541－0012241　28006
白雲洞志不分卷白雲洞倡和詩冊不分卷　(清)黃亨輯　清道光十八年(1838)黃瓚等刻本　二冊

440000－2541－0012242　28007
白雲洞志不分卷白雲洞倡和詩冊不分卷　(清)黃亨輯　清道光十八年(1838)黃瓚等刻本　二冊

440000－2541－0012243　28008
白雲洞志不分卷　(清)黃亨輯　清光緒十三年(1887)刻本　一冊

440000－2541－0012244　28009
白雲洞志不分卷　(清)黃亨輯　清光緒十三年(1887)刻本　一冊

440000－2541－0012245　28010
白雲洞志不分卷　(清)黃亨輯　清光緒十三年(1887)刻本　一冊

440000－2541－0012246　28011
白雲洞志不分卷　(清)黃亨輯　清光緒十三年(1887)刻本　一冊

440000－2541－0012247　28012
白雲洞志不分卷　(清)黃亨輯　清光緒十三年(1887)刻本　一冊

440000－2541－0012248　28015
桃花源志略十三卷首一卷　(清)唐開韶輯　(清)胡焯訂　清道光二十六年(1846)刻本　四冊

440000－2541－0012249　28020
粵東葺勝記八卷首二卷　(清)徐琪撰　清光緒刻本　六冊

440000－2541－0012250　28024
粵東葺勝記八卷首二卷　(清)徐琪撰　清光緒刻本　一冊　存碑記、諸家撰述

440000－2541－0012251　28026
南海百詠一卷　(宋)方信孺撰　清光緒八年(1882)學海堂刻本　一冊

440000－2541－0012252　28027
南海百詠一卷　(宋)方信孺撰　清光緒八年(1882)學海堂刻本　一冊

440000－2541－0012253　28028
南海百詠一卷　(宋)方信孺撰　清光緒八年(1882)學海堂刻本　一冊

440000－2541－0012254　28029
南海百詠續編四卷　(清)樊封撰　清道光二十九年(1849)李定源等刻本　二冊

440000－2541－0012255　28030
南海百詠續編四卷　(清)樊封撰　清道光二十九年(1849)李定源等刻本　二冊

440000－2541－0012256　28031
南海百詠續編四卷　(清)樊封撰　清道光二十九年(1849)李定源等刻本　二冊

440000－2541－0012257　28036
南海百詠續編四卷　(清)樊封撰　清光緒十九年(1893)學海堂刻本　二冊

440000－2541－0012258　28040
滄浪小志二卷　(清)宋犖編　清光緒十年(1884)江蘇書局刻本　一冊

440000－2541－0012259　28041
滄浪小志二卷　(清)宋犖編　清光緒十年(1884)江蘇書局刻本　一冊

440000－2541－0012260　28045
平山堂圖志十卷　(清)趙之壁輯　清光緒九年(1883)歐陽利見刻本　四册

440000－2541－0012261　28047
平山堂圖志十卷　(清)趙之壁輯　清光緒九年(1883)歐陽利見刻本　四册

440000－2541－0012262　28048
平山堂圖志十卷　(清)趙之壁輯　清光緒九年(1883)歐陽利見刻本　四册

440000－2541－0012263　28049
約園志不分卷　(清)徐樹銘輯　清光緒二十三年(1897)刻本　一册

440000－2541－0012264　28050
經訓堂叢書二十一種　(清)畢沅編　清光緒十三年(1887)上海大同書局石印本　十六册　存十七種

440000－2541－0012265　28054
三輔黄圖六卷　(漢)□□撰　清乾隆金谿王氏刻增訂漢魏叢書本　一册

440000－2541－0012266　28055
[江西]逍遙山萬壽宫志二十卷　(清)丁步上纂　(清)郭懋隆校輯　清道光二十六年(1846)刻本　八册

440000－2541－0012267　28059
岳廟志略十卷首一卷　(清)馮培纂　清光緒五年(1879)浙江書局刻本　四册

440000－2541－0012268　28060
岳廟志略十卷首一卷　(清)馮培纂　清光緒五年(1879)浙江書局刻本　二册　存六卷(一至五、首一卷)

440000－2541－0012269　28061
大觀亭志六卷　李國模纂輯　李丙榮編　清宣統三年(1911)合肥李氏慎餘堂木活字印本　四册

440000－2541－0012270　28063
曹江孝女廟誌八卷首一卷末一卷　(清)金廷棟纂　清光緒八年(1882)刻本　二册

440000－2541－0012271　28064
曹江孝女廟誌八卷首一卷末一卷　(清)金廷棟纂　清光緒八年(1882)刻本　二册

440000－2541－0012272　28065
曹江孝女廟志八卷末一卷　(清)金廷棟纂　清抄本　六册　存五卷(一至五)

440000－2541－0012273　28066
曹溪通志八卷首一卷　(清)馬元　(清)釋真樸纂　清道光十六年(1836)懷善堂刻本　八册

440000－2541－0012274　28072
平湖陸氏景賢祠志四卷　(明)陸基忠輯　清光緒十六年(1890)刻本　二册

440000－2541－0012275　28077
洞霄圖志五卷　(宋)鄧牧編　清刻本　一册

440000－2541－0012276　28085
悦城龍母廟志二卷　(清)黄應奎輯　清咸豐元年(1851)刻本　一册

440000－2541－0012277　28086
悦城龍母廟志二卷　(清)黄應奎輯　清光緒十三年(1887)廣東省城錦書堂刻本　一册

440000－2541－0012278　28088
汪王廟志略一卷　(清)汪文炳輯　清光緒三十一年(1905)刻本　一册

440000－2541－0012279　28089
聖廟志輯要三十卷　(清)鹿嗣宗等輯　清嘉慶十九年(1814)刻本　八册

440000－2541－0012280　28090
忠武侯祠墓志七卷首一卷末一卷　(清)李復心輯　清同治五年(1866)刻本　四册

440000－2541－0012281　28091
武林掌故叢編二十六集一百八十七種附五種　(清)丁丙編　清光緒錢塘丁氏嘉惠堂刻本　三十三册　存五種

440000－2541－0012282　28092
辯利院志三卷　(清)翟灝編　(清)吳樹虚增訂　清乾隆刻道光印本　一册

440000－2541－0012283　28093
忠武侯祠墓志七卷首一卷末一卷　（清）李復心輯　清同治五年（1866）刻本　四册

440000－2541－0012284　28094
忠武侯祠墓志七卷首一卷末一卷　（清）李復心輯　清同治五年（1866）刻本　四册

440000－2541－0012285　28095
天童寺志十卷首一卷　（明）聞性道纂　清咸豐元年（1851）刻本　四册

440000－2541－0012286　28096
武林掌故叢編二十六集一百八十七種附五種　（清）丁丙編　清光緒錢塘丁氏嘉惠堂刻本　一百五册　存五十三種

440000－2541－0012287　28097
吴山伍公廟志六卷首一卷　（清）金文淳等輯　清光緒二年（1876）刻本　一册

440000－2541－0012288　28103
明州阿育王山志十六卷　（明）郭子章撰　清刻本　六册

440000－2541－0012289　28109
漂母祠志七卷首一卷　（清）胡鳳丹輯　清光緒三年（1877）永康胡氏退補齋刻本　二册

440000－2541－0012290　28118
馬嵬志十六卷首一卷　（清）胡鳳丹輯　清光緒三年（1877）永康胡氏退補齋刻本　八册

440000－2541－0012291　28122
馬嵬志十六卷首一卷　（清）胡鳳丹輯　清光緒三年（1877）永康胡氏退補齋刻本　六册

440000－2541－0012292　28123
兩浙防護陵寢祠墓錄不分卷　（清）阮元輯　清光緒十五年（1889）浙江書局刻本　二册

440000－2541－0012293　28127
重修南溪書院志四卷首一卷　（清）楊毓健修　（清）劉鴻略纂　清同治九年（1870）刻本　四册

440000－2541－0012294　28128
闕里廣誌二十卷　（清）宋際等修　清同治九年（1870）刻本　十二册

440000－2541－0012295　28129
端溪書院志七卷　（清）傅維森修　（清）黎佩蘭編　清光緒二十六年（1900）端溪書院刻本　二册

440000－2541－0012296　28130
闕里廣誌二十卷　（清）宋際等修　清同治九年（1870）刻本　十册

440000－2541－0012297　28131
闕里誌二十四卷　（明）陳鎬撰　（明）孔胤植補　清刻本　十册

440000－2541－0012298　28132
學海堂志一卷　（清）林伯桐纂　**應元書院志略一卷**　（清）王凱泰纂　清同治刻本　一册

440000－2541－0012299　28133
龍津書院志一卷　（清）唐葆乾等輯　清光緒七年（1881）龍津書院刻本　一册

440000－2541－0012300　28134
徐霞客遊記十卷　（明）徐弘祖撰　**補編一卷**　（清）葉廷甲撰　清乾隆四十一年（1776）江陰徐鎮刻嘉慶十三年（1808）江陰葉廷甲水心齋增刻本　十册

440000－2541－0012301　28135
徐霞客遊記十卷　（明）徐弘祖撰　**補編一卷**　（清）葉廷甲撰　清乾隆四十一年（1776）江陰徐鎮刻嘉慶十三年（1808）江陰葉廷甲水心齋增刻本　十册

440000－2541－0012302　28137
台州叢書（名山堂叢書）二集九種　（清）宋世犖編　清嘉慶至道光臨海宋氏刻本　十七册　存六種

440000－2541－0012303　28138
徐霞客遊記十卷　（明）徐弘祖撰　**補編一卷**　（清）葉廷甲撰　清乾隆四十一年（1776）江陰徐鎮刻嘉慶十三年（1808）江陰葉廷甲水心齋增刻本　十册

440000－2541－0012304　28139

廣志繹五卷 (明)王士性撰 **[嘉定]赤城志四十卷** (宋)黃瑩等修 (宋)陳耆卿纂 清嘉慶二十二年(1817)臨海宋世犖刻台州叢書本 十二册

440000－2541－0012305 28142
流沙訪古記一卷 羅振玉輯 清宣統元年(1909)誦芬室鉛印敦煌石室遺書本 一册

440000－2541－0012306 28143
東陲紀行一卷 (清)劉文鳳撰 清刻本 一册

440000－2541－0012307 28144
太華太白紀遊略二卷 (清)趙嘉肇撰 清光緒十年(1884)刻本 一册

440000－2541－0012308 28145
三雁東甌紀遊合鈔二卷 (清)戴啟文撰 清光緒二十五年(1899)刻本 一册

440000－2541－0012309 28146
河朔訪古記三卷 (元)納新撰 清光緒二十一年(1895)刻本 一册

440000－2541－0012310 28147
河朔訪古記三卷 (元)納新撰 清光緒二十一年(1895)刻本 一册

440000－2541－0012311 28148
守山閣叢書四部一百十二種 (清)錢熙祚編 清光緒十五年(1889)上海鴻文書局石印本 二十一册 存十種

440000－2541－0012312 28149
使粵日記二卷 (清)李鈞撰 清光緒三十三年(1907)鉛印本 二册

440000－2541－0012313 28150
涉園題詠不分卷 (清)張柯輯 清嘉慶十一年(1806)刻本 二册

440000－2541－0012314 28155
南歸日記一卷 (清)劉瀚撰 清光緒二十八年(1902)刻本 一册

440000－2541－0012315 28156
黔軺紀行集一卷 (清)蔣攸銛撰 清嘉慶十一年(1806)刻本 一册

440000－2541－0012316 28159
河海崑崙錄四卷 裴景福撰 清宣統元年(1909)上海文明書局鉛印本 四册

440000－2541－0012317 28160
河海崑崙錄四卷 裴景福撰 清宣統元年(1909)上海文明書局鉛印本 四册

440000－2541－0012318 28161
辛卯侍行記六卷 (清)陶保廉撰 清光緒二十三年(1897)秀水陶氏養樹山房刻本 六册

440000－2541－0012319 28162
平江記事一卷 (元)高德基撰 **吴中舊事一卷** (元)陸友仁撰 清光緒吴縣謝氏刻望炊樓叢書本 一册

440000－2541－0012320 28163
河海崑崙録四卷 裴景福撰 清宣統元年(1909)迪化官報局鉛印本 六册

440000－2541－0012321 28166
春融堂雜記八種 (清)王昶撰 清嘉慶十三年(1808)青浦王昶塾南書舍刻春融堂集本 三册

440000－2541－0012322 28167
天下名山記不分卷 (清)吳秋士輯 (清)汪立名校訂 清刻重刊道藏輯要本 八册

440000－2541－0012323 28170
中復堂全集九種附一種 (清)姚瑩撰 清同治六年(1867)姚濬昌安福縣署刻本 二十册 存八種

440000－2541－0012324 28172
長城遊記不分卷 (日本)大島圭介撰 (清)黃守恒譯 清光緒二十八年(1902)上海文明書局鉛印本 一册

440000－2541－0012325 28173
鴻爪前遊日記六卷 (清)孔廣陶撰 清光緒十六年(1890)南海孔氏三十有三萬卷堂刻本 六册

440000－2541－0012326 28176

河海崑崙録四卷　裴景福撰　清光緒三十二年(1906)上海文明書局鉛印本　四册

440000－2541－0012327　28179
洪北江四種　(清)洪亮吉撰　清咸豐五年(1855)番禺徐灝刻本　一册

440000－2541－0012328　28180
蘿峰紀略一卷遊覽詩集不分卷　(清)鍾鳳撰　清光緒刻本　二册

440000－2541－0012329　28181
聽蕉雨樓外集不分卷　(清)黄勤業撰　清咸豐元年(1851)刻本　一册

440000－2541－0012330　28182
聽蕉雨樓外集不分卷　(清)黄勤業撰　清咸豐元年(1851)刻本　一册

440000－2541－0012331　28183
聽蕉雨樓外集不分卷　(清)黄勤業撰　清咸豐元年(1851)刻本　一册

440000－2541－0012332　28184
鴻雪因緣圖記三集不分卷　(清)麟慶撰　清光緒六年(1880)上海點石齋鉛印本暨石印本(有圖)　六册

440000－2541－0012333　28188
海陬冶遊録三卷附録三卷　(清)王韜撰　清光緒四年(1878)眉珠小盦鉛印艷史叢鈔本　一册

440000－2541－0012334　28190
蒙古遊牧記十六卷　(清)張穆撰　清同治六年(1867)壽陽祁氏刻本　四册

440000－2541－0012335　28191
蒙古遊牧記十六卷　(清)張穆撰　清同治六年(1867)壽陽祁氏刻本　四册

440000－2541－0012336　28192
二樵樵者壯遊圖記不分卷　(清)黄璟撰　清光緒二十六年(1900)上海點石齋石印本　四册

440000－2541－0012337　28194
滿洲旅行記二卷　(日本)小越平隆撰　(清)克齋譯　清光緒二十八年(1902)上海廣智書局鉛印本　二册

440000－2541－0012338　28195
滿洲旅行記二卷　(日本)小越平隆撰　(清)克齋譯　清光緒二十八年(1902)上海廣智書局鉛印本　二册

440000－2541－0012339　28196
滿洲旅行記二卷　(日本)小越平隆撰　(清)克齋譯　清光緒二十八年(1902)上海廣智書局鉛印本　二册

440000－2541－0012340　28202
瀋陽紀程一卷　(清)潘祖蔭撰　清刻本　一册

440000－2541－0012341　28203
蒙古遊牧記十六卷　(清)張穆撰　清同治六年(1867)壽陽祁氏刻本　四册

440000－2541－0012342　28204
新疆賦一卷　(清)徐松撰　清末讀有用書齋刻本　一册

440000－2541－0012343　28205
西疆雜述詩四卷　(清)蕭雄撰　清光緒鉛印本　二册

440000－2541－0012344　28212
新疆賦一卷　(清)徐松撰　清道光刻本　一册

440000－2541－0012345　28213
申江名勝圖説二卷　題(清)香國頭陀輯　清光緒十年(1884)吴縣管氏可壽齋刻本　一册　存一卷(上)

440000－2541－0012346　28214
滬遊雜記四卷　(清)葛元煦撰　清光緒二年(1876)刻本　四册

440000－2541－0012347　28215
繪圖上海雜記八卷　題(清)藜牀臥讀生輯　清光緒三十一年(1905)上海文寶書局石印本　四册

440000－2541－0012348　28218

謁岱記不分卷　（清）輔廷撰　清光緒八年(1882)金衢刻本　二冊

440000－2541－0012349　28219
謁岱記不分卷　（清）輔廷撰　清光緒八年(1882)金衢刻本　一冊

440000－2541－0012350　28222
秣陵集六卷金陵歷代紀年事表一卷圖考一卷　（清）陳文述撰　清道光刻本　四冊

440000－2541－0012351　28225
秣陵集六卷金陵歷代紀年事表一卷圖考一卷　（清）陳文述撰　清光緒十年(1884)淮南書局刻本　三冊

440000－2541－0012352　28226
秣陵集六卷金陵歷代紀年事表一卷圖考一卷　（清）陳文述撰　清光緒十年(1884)淮南書局刻本　三冊

440000－2541－0012353　28227
秣陵集六卷金陵歷代紀年事表一卷圖考一卷　（清）陳文述撰　清光緒十年(1884)淮南書局刻本　三冊

440000－2541－0012354　28233
[元豐]吴郡圖經續記三卷校勘記一卷　（宋）朱長文撰　清刻本　二冊

440000－2541－0012355　28234
鳳臺祗謁筆記不分卷　（清）董恂撰　清同治九年(1870)刻本　一冊

440000－2541－0012356　28242
中雁山紀遊一卷　（清）張盛藻等撰　清光緒七年(1881)刻本　一冊

440000－2541－0012357　28244
廬秀録四卷　（清）張維屏撰　清道光刻本　一冊

440000－2541－0012358　28248
富文書舍東遊紀略一卷　（清）李鳳翎撰　清光緒十一年(1885)刻本　一冊

440000－2541－0012359　28253
荆州記三卷　（南朝宋）盛宏之撰　曹元忠輯　清光緒十九年(1893)吴縣曹氏刻本　一冊

440000－2541－0012360　28254
荆州記三卷　（南朝宋）盛宏之撰　曹元忠輯　清光緒十九年(1893)吴縣曹氏刻箋經室叢書本　一冊

440000－2541－0012361　28262
紀遊西樵山記一卷　（清）梁念祖撰　清光緒十九年(1893)刻本　一冊

440000－2541－0012362　28263
西樵遊覽記十四卷　（清）劉子秀輯　清乾隆南畬草堂刻道光十三年(1833)黄亨、譚藥晨修補本　八冊

440000－2541－0012363　28265
桂遊日記三卷　（清）張維屏撰　清道光十七年(1837)聽松廬刻本　一冊

440000－2541－0012364　28266
赤雅三卷附錄一卷　（明）鄺露撰　清道光五年(1825)南海鄺瑞刻本　二冊

440000－2541－0012365　28267
赤雅三卷附錄一卷　（明）鄺露撰　清道光五年(1825)南海鄺瑞刻本　一冊

440000－2541－0012366　28268
赤雅三卷　（明）鄺露撰　清刻本　二冊

440000－2541－0012367　28269
赤雅三卷附錄一卷　（明）鄺露撰　清道光五年(1825)南海鄺瑞刻本　一冊

440000－2541－0012368　28270
赤雅三卷附錄一卷　（明）鄺露撰　清道光五年(1825)南海鄺瑞刻本　一冊

440000－2541－0012369　28271
赤雅三卷附錄一卷　（明）鄺露撰　清道光五年(1825)南海鄺瑞刻本　一冊

440000－2541－0012370　28274
亞拉伯志一卷新志一卷　（清）學部編譯圖書局輯　清光緒三十三年(1907)學部圖書局鉛印本　一冊

440000－2541－0012371　28275
亞拉伯志一卷新志一卷　(清)學部編譯圖書局輯　清光緒三十三年(1907)學部圖書局鉛印本　一册

440000－2541－0012372　28279
三省入藏程站紀一卷　(清)范壽金撰　清光緒三十三年(1907)石印本　一册

440000－2541－0012373　28283
新撰亞細亞洲大地誌不分卷　(日本)山上萬次郎撰　葉瀚譯　清光緒二十七年(1901)上海正記書局石印本　四册

440000－2541－0012374　28284
新撰亞細亞洲大地誌不分卷　(日本)山上萬次郎撰　葉瀚譯　清光緒二十七年(1901)上海正記書局石印本　四册

440000－2541－0012375　28289
東亞各港口岸志不分卷　(日本)参謀本部編　上海廣智書局譯　清光緒二十八年(1902)上海廣智書局鉛印本　一册

440000－2541－0012376　28291
参觀日本博覽會記一卷　□□撰　清光緒二十九年(1903)香港世界公益報鉛印本　一册

440000－2541－0012377　28292
参觀日本博覽會記一卷　□□撰　清光緒二十九年(1903)香港世界公益報鉛印本　一册

440000－2541－0012378　28293
使東述略一卷雜詠一卷　(清)何如璋撰　清光緒鉛印本　一册

440000－2541－0012379　28295
日本考察學務遊記一卷　繆荃孫撰　清末至民國初刻本　一册

440000－2541－0012380　28297
東南海島圖經十卷　(清)世增譯　(清)張美翊述　清光緒二十六年(1900)上海石印本　一册　存二卷(一至二)

440000－2541－0012381　28298
東南海島圖經十卷　(清)世增譯　(清)張美翊述　清光緒二十六年(1900)上海石印本　三册　存六卷(一至六)

440000－2541－0012382　28302
東南海島圖經不分卷　(清)世增譯　清光緒二十三年(1897)南清河王氏小方壺齋鉛印本　一册

440000－2541－0012383　28303
越南地輿圖説六卷　(清)盛慶紱撰　清光緒九年(1883)刻本　二册

440000－2541－0012384　28305
柬埔治以北探路記十五卷　(法國)晃西土加尼撰　清光緒鉛印本　十三册　存十三卷(一至六、九至十五)

440000－2541－0012385　28306
柬埔治以北探路記十五卷　(法國)晃西土加尼撰　清光緒鉛印本　十三册　存十三卷(一至五、七至九、十一至十五)

440000－2541－0012386　28307
海語三卷　(明)黄衷撰　清道光浦江周氏刻紛欣閣叢書本　一册

440000－2541－0012387　28309
印度劄記二卷　(清)黄楙材撰　清光緒十二年(1886)刻新陽趙氏叢刊本　一册

440000－2541－0012388　28311
世界地理志□□種　(清)學部編譯圖書局編　清光緒三十三年至宣統元年(1907－1909)學部圖書局鉛印本　八册　存二十一種

440000－2541－0012389　28312
土耳基志一卷新志一卷　(清)學部編譯圖書局編　清光緒三十三年(1907)學部編譯圖書局鉛印本　一册

440000－2541－0012390　28313
世界地理志□□種　(清)學部編譯圖書局編　清光緒三十三年至宣統元年(1907－1909)學部圖書局鉛印本　四册　存八種

440000－2541－0012391　42379
絶妙好詞箋七卷　(宋)周密輯　(清)查爲仁

（清）厲鶚箋　**續鈔二卷**　（清）余集輯　（清）徐楙補錄　清上海掃葉山房石印本　一冊　存五卷（詞箋五至七、續鈔二卷）

440000－2541－0012392　28314
佛國記一卷　（晉）釋法顯撰　清光緒八年（1882）四明群玉山房刻本　一冊

440000－2541－0012393　28315
佛國記一卷　（晉）釋法顯撰　清刻本　一冊

440000－2541－0012394　28316
猶太國地理志二卷　（美國）紀好弼撰　清光緒刻本　一冊

440000－2541－0012395　28318
斐洲遊記四卷　（英國）施登萊撰　（清）鄒翰飛譯　清光緒二十六年（1900）上海中西書屋鉛印本　二冊

440000－2541－0012396　28319
歐洲新志一卷　（英國）計羅撰　（清）李家駒譯　清刻本　一冊

440000－2541－0012397　28320
猶太地理擇要不分卷　（美國）紀好弼撰　（清）陳覺民述　清光緒八年（1882）刻本　一冊

440000－2541－0012398　28322
中亞洲俄屬遊記二卷　（英國）蘭士德撰　（清）莫鎮藩譯　清光緒二十年（1894）鉛印本　二冊

440000－2541－0012399　28323
使俄草八卷　（清）王之春撰　清光緒二十一年（1895）上海文藝齋石印本　四冊

440000－2541－0012400　28324
西洋雜志八卷　（清）黎庶昌撰　清光緒二十六年（1900）遵義黎氏刻本　六冊

440000－2541－0012401　28325
英軺日記十二卷　載振撰　清光緒二十九年（1903）上海文明編譯書局鉛印本　一冊　存三卷（一至三）

440000－2541－0012402　28326
英軺日記十二卷　載振撰　清光緒二十九年（1903）上海文明編譯書局鉛印本　四冊

440000－2541－0012403　28327
遊歷古巴圖經二卷　（清）傅雲龍撰　清光緒十五年（1889）鉛印本　一冊

440000－2541－0012404　28328
五洲圖考不分卷　龔柴　許彬編譯　清光緒二十八年（1902）上海徐家匯印書館鉛印本　四冊

440000－2541－0012405　28329
歐遊雜錄二卷　（清）徐建寅撰　清刻本　二冊

440000－2541－0012406　28330
歐遊雜錄二卷　（清）徐建寅撰　清刻本　一冊　存一卷（下）

440000－2541－0012407　28331
歐遊雜錄二卷　（清）徐建寅撰　清刻本　二冊

440000－2541－0012408　28334
五洲圖考不分卷　龔柴　許彬編譯　清光緒二十八年（1902）上海徐家匯印書館鉛印本　四冊

440000－2541－0012409　28335
五洲圖考不分卷　龔柴　許彬編譯　清光緒二十八年（1902）上海徐家匯印書館鉛印本　四冊

440000－2541－0012410　28336
大清中外一統輿圖中一卷南十卷北二十卷首一卷　（清）鄒世詒等製　（清）李廷簫等修訂　清同治二年（1863）刻本　十二冊

440000－2541－0012411　28337
中俄交界全圖不分卷　（清）洪鈞撰　清光緒石印本　一冊

440000－2541－0012412　28338
皇朝直省府廳州縣全圖不分卷　（清）□□繪　清光緒刻本　二十六冊

440000－2541－0012413　28341

奉天全省地輿圖説不分卷　(清)王志修撰　清光緒二十年(1894)王志修刻本　一冊

440000－2541－0012414　28344

浙江全省輿圖並水陸道里記不分卷　(清)宗源瀚等纂　清光緒二十年(1894)石印本　二十冊

440000－2541－0012415　28345

浙江全省輿圖並水陸道里記不分卷　(清)宗源瀚等纂　清光緒二十年(1894)石印本　二十冊

440000－2541－0012416　28346

江西全省輿圖十四卷首一卷　(清)曾國藩等修　清同治七年(1868)刻本　十五冊

440000－2541－0012417　28347

江西全省輿圖十四卷首一卷　(清)曾國藩等修　清同治七年(1868)刻本　十五冊

440000－2541－0012418　28348

江西全省輿圖十四卷首一卷　(清)曾國藩等修　清同治七年(1868)刻本　十五冊

440000－2541－0012419　28349

江西全省輿圖十四卷首一卷　(清)曾國藩等修　清同治七年(1868)刻本　十二冊

440000－2541－0012420　28350

臺灣輿圖不分卷　(清)夏獻綸纂　清光緒五年(1879)刻六年(1880)印本　二冊

440000－2541－0012421　28351

江西全省輿圖十四卷　(清)劉坤一等編繪　(清)朱兆麟校　清光緒二十二年(1896)石印本　十四冊

440000－2541－0012422　28352

湖北輿地圖不分卷　(清)湖北營務處纂　清光緒二十七年(1901)湖北善後局石印本　四冊

440000－2541－0012423　28353

廣東省城圖不分卷　(清)□□繪　清光緒三十一年(1905)粵東省城輿學石印本　一冊

440000－2541－0012424　28354

廣東輿地全圖不分卷　(清)張人駿編製　清光緒二十三年(1897)廣州石經堂石印本　二冊

440000－2541－0012425　28355

廣東輿地全圖不分卷　(清)張人駿編製　清光緒二十三年(1897)廣州石經堂石印本　二冊

440000－2541－0012426　28356

廣東輿地全圖不分卷　(清)張人駿編製　清光緒二十三年(1897)廣州石經堂石印本　二冊

440000－2541－0012427　28358

廣東輿地全圖不分卷　(清)廣東參謀處測繪科編製　清宣統元年(1909)廣東參謀處石印本　二冊

440000－2541－0012428　28359

廣東輿地全圖不分卷　(清)廣東參謀處測繪科編製　清宣統元年(1909)廣東參謀處石印本　七冊

440000－2541－0012429　28360

廣東輿地全圖不分卷　(清)廣東參謀處測繪科編製　清宣統元年(1909)廣東參謀處石印本　七冊

440000－2541－0012430　28361

廣東輿地全圖不分卷　(清)廣東參謀處測繪科編製　清宣統元年(1909)廣東參謀處石印本　七冊

440000－2541－0012431　28362

廣東圖二十三卷　(清)□□編製　清同治五年(1866)刻本　三冊

440000－2541－0012432　28363

廣東圖二十三卷　(清)□□編製　清同治五年(1866)刻本　三冊

440000－2541－0012433　28364

廣東圖二十三卷　(清)□□編製　清同治五年(1866)刻本　三冊

440000－2541－0012434　28365

廣東圖二十三卷 (清)□□編製 清同治五年(1866)刻本 三册

440000－2541－0012435 28366

廣東圖二十三卷 (清)□□編製 清同治五年(1866)刻本 三册

440000－2541－0012436 28367

廣東輿地圖說十四卷首一卷 (清)李瀚章修 (清)廖廷相等纂 清宣統元年(1909)廣東參謀處鉛印本 四册

440000－2541－0012437 28368

廣東輿地圖說十四卷首一卷 (清)李瀚章修 (清)廖廷相等纂 清宣統元年(1909)廣東參謀處鉛印本 四册

440000－2541－0012438 28369

廣東輿地圖說十四卷首一卷 (清)李瀚章修 (清)廖廷相等纂 清宣統元年(1909)廣東參謀處鉛印本 四册

440000－2541－0012439 28370

廣東輿地圖說十四卷首一卷 (清)李瀚章修 (清)廖廷相等纂 清宣統元年(1909)廣東參謀處鉛印本 四册

440000－2541－0012440 28371

廣東圖志九十二卷首一卷 (清)瑞麟等修 (清)陳澧等繪圖 (清)桂文燦編說 清同治刻本 十八册

440000－2541－0012441 28372

廣東圖志九十二卷首一卷 (清)瑞麟等修 (清)陳澧等繪圖 (清)桂文燦編說 清同治刻本 十八册

440000－2541－0012442 28373

廣東圖說九十二卷首一卷 (清)瑞麟等修 (清)陳澧等繪圖 (清)桂文燦編說 清同治刻本 十八册

440000－2541－0012443 28376

光緒嘉應州志輿圖不分卷 (清)鍾煥彬等繪 清光緒二十二年(1896)嘉應州志刻本(有圖) 一册

440000－2541－0012444 28377

廣西全省地輿圖說不分卷 (清)蘇鳳文撰 清同治五年(1866)刻本 二册

440000－2541－0012445 28380

長江圖說十二卷首一卷 (清)馬徵麟繪 (清)王香倬說 清同治十年(1871)湖北崇文書局刻本 二册

440000－2541－0012446 28381

長江圖說十二卷首一卷 (清)馬徵麟繪 (清)王香倬說 清同治十年(1871)湖北崇文書局刻本 二册

440000－2541－0012447 28382

長江圖說十二卷首一卷 (清)馬徵麟繪 (清)王香倬說 清同治十年(1871)湖北崇文書局刻本 五册

440000－2541－0012448 28383

長江圖說十二卷首一卷 (清)馬徵麟繪 (清)王香倬說 清同治十年(1871)湖北崇文書局刻本 二册

440000－2541－0012449 28384

長江圖說十二卷首一卷 (清)馬徵麟繪 (清)王香倬說 清同治十年(1871)湖北崇文書局刻本 一册

440000－2541－0012450 28385

廣西輿地全圖不分卷 (清)□□編製 清光緒二十四年(1898)石印本 二册

440000－2541－0012451 28386

歷代地理沿革圖不分卷 (清)馬徵麟撰 清同治十年(1871)金陵刻朱墨套印本 一册

440000－2541－0012452 28390

臺灣輿圖不分卷 (清)夏獻綸纂 清光緒五年(1879)刻六年(1880)印本 二册

440000－2541－0012453 28391

歷代輿地沿革險要圖說不分卷 楊守敬 饒敦秩撰 王尚德重繪 清光緒二十四年(1898)上海文賢閣石印本 一册

440000－2541－0012454 28392

歷代輿地沿革險要圖說不分卷　楊守敬　饒敦秩撰　清光緒五年(1879)東湖饒氏刻朱墨套印本　一冊

440000－2541－0012455　28393
歷代輿地沿革險要圖說不分卷　楊守敬　饒敦秩撰　清光緒五年(1879)東湖饒氏刻朱墨套印本　一冊

440000－2541－0012456　28394
歷代輿地沿革險要圖說不分卷　楊守敬　饒敦秩撰　清光緒五年(1879)東湖饒氏刻朱墨套印本　一冊

440000－2541－0012457　28395
歷代輿地沿革險要圖說不分卷　楊守敬　饒敦秩撰　清光緒五年(1879)東湖饒氏刻朱墨套印本　一冊

440000－2541－0012458　28396
歷代輿地沿革險要圖說不分卷　楊守敬　饒敦秩撰　清光緒五年(1879)東湖饒氏刻朱墨套印本　一冊

440000－2541－0012459　28397
歷代輿地沿革險要圖說不分卷　楊守敬　饒敦秩撰　清光緒五年(1879)東湖饒氏刻朱墨套印本　一冊

440000－2541－0012460　28398
歷代疆域圖不分卷　楊守敬編　熊會貞繪　清末刻朱墨套印本　二十四冊

440000－2541－0012461　28399
山東郡縣圖考不分卷　(清)葉圭綬撰　(清)任道鎔輯　清光緒八年(1882)刻朱墨套印本　一冊

440000－2541－0012462　28400
山東郡縣圖考不分卷　(清)葉圭綬撰　(清)任道鎔輯　清光緒八年(1882)刻朱墨套印本　一冊

440000－2541－0012463　28401
後漢郡國圖不分卷　楊守敬纂　熊會貞繪　清宣統元年(1909)鄂城菊灣刻本　一冊

440000－2541－0012464　28402
三國疆域圖不分卷　楊守敬纂　清光緒三十三年(1907)鄂城刻本　一冊

440000－2541－0012465　28403
西晉地理圖不分卷　楊守敬輯　清宣統元年(1909)鄂城刻本　一冊

440000－2541－0012466　28404
東晉疆域圖不分卷　楊守敬編　清宣統元年(1909)鄂城刻本　一冊

440000－2541－0012467　28405
五涼疆域圖不分卷　楊守敬輯　清宣統三年(1911)鄂城刻本　一冊

440000－2541－0012468　28406
三秦疆域圖不分卷　楊守敬編　清宣統三年(1911)鄂城刻本　一冊

440000－2541－0012469　28407
二趙疆域圖不分卷　楊守敬輯　清宣統元年(1909)上海刻本　一冊

440000－2541－0012470　28408
四燕疆域圖不分卷　楊守敬輯　清宣統三年(1911)鄂城刻本　一冊

440000－2541－0012471　28410
後蜀疆域圖不分卷夏疆域圖不分卷　楊守敬纂　清宣統三年(1911)上海刻本　一冊

440000－2541－0012472　28411
大清中外一統輿圖中一卷南十卷北二十卷首一卷　(清)鄒世詒等製　(清)李廷簫等修訂　清同治二年(1863)刻本　十冊

440000－2541－0012473　28412
大清中外一統輿圖中一卷南十卷北二十卷首一卷　(清)鄒世詒等製　(清)李廷簫等修訂　清同治二年(1863)刻本　十冊

440000－2541－0012474　28413
皇朝輿地略不分卷皇朝輿地韻編一卷　(清)六承如　(清)李兆洛撰　(清)王佐才輯　清光緒五年(1879)羊城王氏聽春雨樓刻本　四冊

440000－2541－0012475　28414
大清中外一統輿圖中一卷南十卷北二十卷首一卷　(清)鄒世詒等製　(清)李廷簫等修訂　清同治二年(1863)刻本　十册

440000－2541－0012476　28415
大清中外一統輿圖中一卷南十卷北二十卷首一卷　(清)鄒世詒等製　(清)李廷簫等修訂　清同治二年(1863)刻本　十册

440000－2541－0012477　28416
俄羅斯國全圖不分卷　(清)□□編製　清光緒石印本　一册

440000－2541－0012478　28417
皇輿全圖不分卷　(清)□□編製　清末石印本　一册

440000－2541－0012479　28418
皇朝一統輿地全圖一卷　(清)□□編製　清光緒二十年(1894)江左書林石印本　一册

440000－2541－0012480　28419
皇輿全圖不分卷　(清)鄒伯奇繪　清同治十二年至十三年(1873－1874)粤東省城刻本　一册

440000－2541－0012481　28420
皇輿全圖不分卷　(清)鄒伯奇繪　清同治十二年至十三年(1873－1874)粤東省城刻本　一册

440000－2541－0012482　28422
國聞彙編不分卷　嚴復等譯　清光緒二十三年(1897)鉛印本　一册

440000－2541－0012483　28423
書農總録三十四種　(清)莫瑞堂編　清道光二十三年(1843)二友軒刻本　十册

440000－2541－0012484　28446
增訂漢魏叢書九十六種　(清)王謨編　清光緒二十一年(1895)石印本　十二册　存六十六種

440000－2541－0012485　28447
增訂漢魏叢書九十六種　(清)王謨編　清宣統三年(1911)上海大通書局石印本　三十二册

440000－2541－0012486　28448
增訂漢魏叢書九十六種　(清)王謨編　清宣統三年(1911)上海大通書局石印本　十六册

440000－2541－0012487　28449
增訂漢魏叢書九十六種　(清)王謨編　清光緒六年(1880)三餘堂刻本　二十七册　存四十一種

440000－2541－0012488　28450
稗海十函四十八種續二十二種　(明)商濬編　(清)李穆堂重訂　清道光槐蔭山房刻本　六十三册

440000－2541－0012489　28454
文林綺繡五種　(清)鴻寶齋書局編　清光緒十九年(1893)上洋鴻寶齋石印本　六册

440000－2541－0012490　28455
文林綺繡五種　(清)鴻寶齋書局編　清光緒十九年(1893)上洋鴻寶齋石印本　七册　存四種

440000－2541－0012491　28456
經策通纂二種　(清)吳潁炎編　清光緒十四年(1888)上海點石齋石印本　八十册

440000－2541－0012492　28457
經策通纂二種　(清)吳潁炎編　清光緒十四年(1888)上海點石齋石印本　八十册

440000－2541－0012493　28458
經策通纂二種　(清)吳潁炎編　清光緒十四年(1888)上海點石齋石印本　八十册

440000－2541－0012494　28459
政藝新書五種　(清)馬建忠譯　清光緒二十七年(1901)教育世界社石印本　二册

440000－2541－0012495　28460
古今説部叢書第一集七十四種　國學扶輪社編　清宣統二年(1910)上海國學扶輪社鉛印本　四册

440000－2541－0012496　28461

暢園叢書甲函六種　(清)張邁編　清光緒二十年(1894)始豐張氏四明刻本　八冊

440000－2541－0012497　28463

格致精華錄四卷德國議院章程一卷德國合盟紀事本末一卷　(清)江標輯　清光緒二十二年(1896)石印本　四冊

440000－2541－0012498　28464

格致精華錄四卷德國議院章程一卷德國合盟紀事本末一卷　(清)江標輯　清光緒二十二年(1896)石印本　四冊

440000－2541－0012499　28465

格致精華錄四卷德國議院章程一卷德國合盟紀事本末一卷　(清)江標輯　清光緒二十二年(1896)石印本　四冊

440000－2541－0012500　28466

格致精華錄四卷德國議院章程一卷德國合盟紀事本末一卷　(清)江標輯　清光緒二十二年(1896)石印本　四冊

440000－2541－0012501　28467

春雲集六種定舫旅吟賸稿一卷　(清)成瑞編　清道光十九年(1839)刻本　二冊

440000－2541－0012502　28468

苔岑集初刊八種　(清)蔣棨渭編　清道光三十年至咸豐七年(1850－1857)吳縣毛永柏刻本　七冊

440000－2541－0012503　28469

有福讀書堂叢刻四種　吳引孫編　清光緒儀徵吳氏刻本　二冊

440000－2541－0012504　28472

硯雲二編十六種　(清)金忠淳編　清道光二十年(1840)蔡氏紫梨花館刻本　十二冊

440000－2541－0012505　28474

惜陰軒叢書十六函三十三種續編一種　(清)李錫齡編　清道光二十六年(1846)宏道書院刻咸豐八年(1858)續刻本　一百三十冊

440000－2541－0012506　28475

惜陰軒叢書十六函三十三種續編一種　(清)李錫齡編　清光緒二十二年(1896)長沙刻本　九十冊

440000－2541－0012507　28476

藝海珠塵八集一百六十三種　(清)吳省蘭編　清嘉慶南匯吳氏聽彝堂刻本　五十冊

440000－2541－0012508　28477

藝海珠塵八集一百六十三種　(清)吳省蘭編　清嘉慶南匯吳氏聽彝堂刻本　四十八冊

440000－2541－0012509　28478

古逸叢書二十六種　(清)黎庶昌編　清光緒遵義黎氏日本東京使署影刻本　四十四冊

440000－2541－0012510　28479

古逸叢書二十六種　(清)黎庶昌編　清光緒遵義黎氏日本東京使署影刻本　四十二冊

440000－2541－0012511　28481

粵雅堂叢書三集一百八十七種附五種　(清)伍崇曜編　清道光至光緒南海伍氏刻本　三百八十九冊　存一百九十一種

440000－2541－0012512　28482

粵雅堂叢書三集一百八十四種附五種　(清)伍崇曜編　清道光至光緒南海伍氏刻本　三百六十冊

440000－2541－0012513　28483

粵雅堂叢書三集一百八十四種附五種　(清)伍崇曜編　清道光至光緒南海伍氏刻本　四百十二冊

440000－2541－0012514　28484

粵雅堂叢書三集一百八十七種附五種　(清)伍崇曜編　清道光至光緒南海伍氏刻本　二百三十九冊　存一百七十二種

440000－2541－0012515　28485

式訓堂叢書三集四十一種　(清)章壽康編　清光緒會稽章氏刻本　二十四冊　存初集十五種、二集十三種

440000－2541－0012516　28486

式訓堂叢書三集四十一種　(清)章壽康編　清光緒會稽章氏刻本　十二冊　存初集十五

種

440000－2541－0012517　28487
式訓堂叢書三集四十一種　(清)章壽康編　清光緒會稽章氏刻本　十一冊　存初集十二種

440000－2541－0012518　28488
式訓堂叢書三集四十一種　(清)章壽康編　清光緒會稽章氏刻本　十六冊　存初集十五種

440000－2541－0012519　28489
隨盦徐氏叢書十種續編十種　徐乃昌編　清光緒至民國南陵徐氏刻本　十八冊

440000－2541－0012520　28490
隨盦徐氏叢書十種續編十種　徐乃昌編　清光緒至民國南陵徐氏刻本　八冊　存隨盦徐氏叢書十種

440000－2541－0012521　28491
南菁書院叢書八集三十九種　王先謙　繆荃孫編　清光緒十四年(1888)江陰南菁書院刻本　三十二冊

440000－2541－0012522　28492
南菁書院叢書八集三十九種　王先謙　繆荃孫編　清光緒十四年(1888)江陰南菁書院刻本　四十冊

440000－2541－0012523　28494
懷豳雜俎十二種　徐乃昌編　清光緒至宣統南陵徐氏刻本　十冊

440000－2541－0012524　28495
積學齋叢書二十種　徐乃昌編　清光緒南陵徐氏刻本　二十冊

440000－2541－0012525　28496
積學齋叢書二十種　徐乃昌編　清光緒南陵徐氏刻本　十六冊

440000－2541－0012526　28497
籑喜廬叢書四種　(清)傅雲龍編　清光緒十五年(1889)德清傅氏日本東京刻本　七冊

440000－2541－0012527　28498
翰苑分書七種　(清)黃鈺等編　清光緒刻本　六冊　存六種

440000－2541－0012528　28499
懷豳雜俎十二種　徐乃昌編　清光緒至宣統南陵徐氏刻本　六冊　存八種

440000－2541－0012529　28500
亭林先生遺書彙輯四種　(清)顧炎武撰　(清)朱記榮編　清光緒吳縣朱氏槐廬家塾刻本　八冊

440000－2541－0012530　28501
槐廬叢書五編四十六種　(清)朱記榮編　清光緒吳縣朱氏槐廬家塾刻上海校經山房印本　七十冊

440000－2541－0012531　28502
得月簃叢書初刻十種次刻十種　(清)榮譽編　清道光長白榮氏刻本　三十冊

440000－2541－0012532　28503
海山仙館叢書五十六種　(清)潘仕成編　清道光至咸豐番禺潘氏刻光緒補刻本　一百十五冊　存五十三種

440000－2541－0012533　28504
海山仙館叢書五十六種　(清)潘仕成編　清道光至咸豐番禺潘氏刻光緒補刻本　一百二十冊

440000－2541－0012534　28505
滂喜齋叢書四函五十四種　(清)潘祖蔭編　清同治至光緒吳縣潘氏京師刻本　三十二冊

440000－2541－0012535　28506
滂喜齋叢書四函五十四種　(清)潘祖蔭編　清同治至光緒吳縣潘氏京師刻本　三十二冊

440000－2541－0012536　28507
滂喜齋叢書四函五十四種　(清)潘祖蔭編　清同治至光緒吳縣潘氏京師刻本　二十七冊

440000－2541－0012537　28508
滂喜齋叢書四函五十四種　(清)潘祖蔭編　清同治至光緒吳縣潘氏京師刻本　三十二冊

440000－2541－0012538　28510

功順堂叢書十八種　(清)潘祖蔭編　清光緒吳縣潘氏刻本　二十八册

440000－2541－0012539　28511
功順堂叢書十八種　(清)潘祖蔭編　清光緒吳縣潘氏刻本　二十四册

440000－2541－0012540　28515
三餘書屋叢書九種　(清)蔡學蘇編　清光緒二年至十二年(1876－1886)盱南上塘蔡氏刻本　三册

440000－2541－0012541　28516
政藝叢書甲辰乙巳丙午丁未四編　鄧實編　清光緒三十三年(1907)上海政藝通報社鉛印本　二十九册

440000－2541－0012542　28519
廣學會叢編十一種　(清)上海廣學會編　清光緒二十四年(1898)上海廣學會鉛印本　二册

440000－2541－0012543　28522
心矩齋叢書八種　(清)蔣鳳藻編　清光緒長洲蔣氏刻民國十四年(1925)文學山房印本　十册　存五種

440000－2541－0012544　28523
聚學軒叢書五集六十種　劉世珩編　清光緒貴池劉氏刻本　一百册

440000－2541－0012545　28524
聚學軒叢書五集六十種　劉世珩編　清光緒貴池劉氏刻本　一百册

440000－2541－0012546　28525
嘯園叢書六函六十種　(清)葛元煦編　清光緒二年至七年(1876－1881)仁和葛氏刻本　四十八册

440000－2541－0012547　28526
嘯園叢書六函六十種　(清)葛元煦編　清光緒二年至七年(1876－1881)仁和葛氏刻本　三十六册

440000－2541－0012548　28527
國粹叢書三集四十九種附十種　(清)國學保存會編　清光緒至宣統鉛印本　十五册　存三十七種

440000－2541－0012549　28528
藏修堂叢書六集三十七種　(清)劉晚榮編　清光緒十六年(1890)新會劉氏藏修書屋刻本　六十二册

440000－2541－0012550　28529
藏修堂叢書六集三十七種　(清)劉晚榮編　清光緒十六年(1890)新會劉氏藏修書屋刻本　六十四册

440000－2541－0012551　28530
清頌堂叢書八種　(清)黄奭編　清道光甘泉黄氏刻本　十五册

440000－2541－0012552　28531
增訂西學富強叢書八十五種　(清)上海日新社編　清光緒二十七年(1901)上海日新社石印本　六十四册

440000－2541－0012553　28532
西學富強叢書八十一種　(清)張蔭桓編　清光緒二十二年(1896)小倉山房石印本　六十册

440000－2541－0012554　28533
富強齋叢書七十八種　(清)袁俊德編　清光緒二十五年(1899)小倉山房石印本　三十四册

440000－2541－0012555　28534
富強齋叢書七十八種續一百二十六種　(清)袁俊德編　清光緒二十三年(1897)小倉山房石印二十七年(1901)續印本　一百五册　存富強齋叢書六十三種、續一百二十六種

440000－2541－0012556　28535
富強齋叢書續全集一百二十六種　(清)袁俊德編　清光緒二十七年(1901)小倉山房石印本　二十四册

440000－2541－0012557　28536
守山閣叢書四部一百十二種　(清)錢熙祚編　清道光二十四年(1844)金山錢氏刻本　一

百六册　存一百一種

440000－2541－0012558　28541
守山閣叢書四部一百十二種　(清)錢熙祚編　清光緒十五年(1889)上海鴻文書局石印本　一百册

440000－2541－0012559　28542
知不足齋叢書三十集一百九十七種附十一種　(清)鮑廷博編　(清)鮑志祖續編　清乾隆至道光長塘鮑氏刻光緒八年(1882)嶺南芸林仙館印本　二百四十册

440000－2541－0012560　28543
後知不足齋叢書八函四十七種　(清)鮑廷爵編　清光緒常熟鮑氏刻本　三十二册　存初編四函十六種

440000－2541－0012561　28544
後知不足齋叢書八函四十七種　(清)鮑廷爵編　清光緒常熟鮑氏刻本　三十二册　存初編四函十六種

440000－2541－0012562　28548
知服齋叢書五集二十五種　(清)龍鳳鑣編　清光緒順德龍氏刻本　十六册　存十九種

440000－2541－0012563　28549
知服齋叢書五集二十五種　(清)龍鳳鑣編　清光緒順德龍氏刻本　三十二册　存二十四種

440000－2541－0012564　28550
知服齋叢書五集二十五種　(清)龍鳳鑣編　清光緒順德龍氏刻本　二十一册　存二十二種

440000－2541－0012565　28555
小萬卷樓叢書十八種　(清)錢培名編　清咸豐四年(1854)刻本　十四册

440000－2541－0012566　28556
小萬卷樓叢書十八種　(清)錢培名編　清咸豐四年(1854)刻本　十六册

440000－2541－0012567　28557
玉簡齋叢書二集二十二種　羅振玉編　清宣統二年(1910)上虞羅氏刻本　八册　存十種

440000－2541－0012568　28558
玉簡齋叢書二集二十二種　羅振玉編　清宣統二年(1910)上虞羅氏刻本　十五册

440000－2541－0012569　28559
雲自在龕叢書五集十九種　繆荃孫編　清光緒江陰繆氏刻本　二十四册

440000－2541－0012570　28560
雲自在龕叢書五集十九種　繆荃孫編　清光緒江陰繆氏刻本　三十二册

440000－2541－0012571　28561
讀畫齋叢書八集四十七種　(清)顧修編　清嘉慶四年(1799)桐川顧氏刻本　六十四册

440000－2541－0012572　28562
崇文書局彙刻書(三十三種叢書)三十一種　(清)崇文書局編　清光緒湖北崇文書局刻本　四十二册

440000－2541－0012573　28563
半厂叢書初編十種　(清)譚獻編　清光緒仁和譚氏刻本　十六册

440000－2541－0012574　28564
半厂叢書初編十種　(清)譚獻編　清光緒仁和譚氏刻本　十四册　存九種

440000－2541－0012575　28565
西政叢書九類三十二種　(清)求自強齋主人編　清光緒二十三年(1897)上海慎記書莊石印本　十二册

440000－2541－0012576　28566
小石山房叢書三十八種　(清)顧湘編　清同治十三年(1874)虞山顧氏刻本　十四册

440000－2541－0012577　28567
小石山房叢書三十八種　(清)顧湘編　清同治十三年(1874)虞山顧氏刻本　十九册　存三十七種

440000－2541－0012578　28568
小石山房叢書三十八種　(清)顧湘編　清同治十三年(1874)虞山顧氏刻本　十八册　存

三十六種

440000－2541－0012579　28569
正覺樓叢刻二十九種　(清)崇文書局編　清光緒崇文書局刻本　三十六册

440000－2541－0012580　28570
正覺樓叢刻二十九種　(清)崇文書局編　清光緒崇文書局刻本　三十六册

440000－2541－0012581　28571
申報館叢書二百十九種　蔡爾康編　清光緒申報館鉛印本　二百六十三册

440000－2541－0012582　28572
函海四十函一百五十九種　(清)李調元編　清光緒七年至八年(1881－1882)廣漢鍾登甲樂道齋刻本　一百三十四册　存一百五十五種

440000－2541－0012583　28574
函海四十函一百五十九種　(清)李調元編　清光緒七年至八年(1881－1882)廣漢鍾登甲樂道齋刻本　一百五十一册　存一百四十七種

440000－2541－0012584　28575
函海四十函一百五十二種　(清)李調元編　清乾隆綿州李氏萬卷樓刻嘉慶十四年(1809)李鼎元重校道光五年(1825)李朝夔補刻本　一百四十六册　存一百三十八種

440000－2541－0012585　28577
集虚草堂叢書甲集九種　李國松編　清光緒合肥李氏刻本　二十四册

440000－2541－0012586　28581
重刊拜經樓叢書七種　(清)吴騫編　清光緒十一年(1885)會稽章氏鄂渚刻本　六册　存六種

440000－2541－0012587　28582
重校拜經樓叢書十種　(清)吴騫編　清光緒二十年(1894)吴縣朱氏校經堂刻本　四册

440000－2541－0012588　28583
有福讀書堂叢刻二編十六種　吴引孫編　清光緒儀徵吴氏刻本　十四册

440000－2541－0012589　28584
明辨齋叢書五集三十二種附三種　(清)余肇鈞編　清咸豐至同治長沙余氏明辨齋刻本　二十八册　存三十一種

440000－2541－0012590　28585
粟香室叢書五十八種　金武祥編　清光緒至民國江陰金氏刻本　二十七册　存二十三種

440000－2541－0012591　28586
粟香室叢書五十八種　金武祥編　清光緒至民國江陰金氏刻本　二十九册　存二十種

440000－2541－0012592　28587
漸學廬叢書第一集十五種　(清)胡祥鑅編　清光緒元和胡氏石印本　十一册

440000－2541－0012593　28588
琳琅秘室叢書四集三十種　(清)胡珽編　(清)董金鑑校　清光緒十四年(1888)會稽董氏取斯堂木活字印本　二十六册

440000－2541－0012594　28589
宜稼堂叢書七種　(清)郁松年編　清道光上海郁氏刻本　六十四册

440000－2541－0012595　28590
咫進齋叢書三集三十七種　(清)姚覲元編　清光緒歸安姚氏刻本　三十二册

440000－2541－0012596　28591
咫進齋叢書三集三十七種　(清)姚覲元編　清光緒歸安姚氏刻本　二十四册

440000－2541－0012597　28592
咫進齋叢書三集三十七種　(清)姚覲元編　清光緒歸安姚氏刻本　二十四册

440000－2541－0012598　28593
漸西村舍彙刊四十四種附一種　(清)袁昶編　清光緒桐廬袁氏刻本　四十四册　存二十五種

440000－2541－0012599　28594
漸西村舍彙刊四十四種附一種　(清)袁昶編　清光緒桐廬袁氏刻本　七十八册

440000－2541－0012600　28595
平津館叢書三十八種　(清)孫星衍編　清光緒十一年(1885)吴縣朱氏槐廬家塾刻本　五十册

440000－2541－0012601　28598
鐵華館叢書六種　(清)蔣鳳藻編　清光緒長洲蔣氏刊本　六册

440000－2541－0012602　28599
鐵華館叢書六種　(清)蔣鳳藻編　清光緒長洲蔣氏刊本　六册

440000－2541－0012603　28600
鄦齋叢書十九種附二種　徐乃昌編　清光緒二十六年(1900)南陵徐氏刻本　十六册

440000－2541－0012604　28601
鄦齋叢書十九種附二種　徐乃昌編　清光緒二十六年(1900)南陵徐氏刻本　十六册

440000－2541－0012605　28602
春暉堂叢書十二種　(清)徐渭仁編　清道光至咸豐上海徐氏刻同治補刻本　十册

440000－2541－0012606　28603
鄦齋叢書十九種附二種　徐乃昌編　清光緒二十六年(1900)南陵徐氏刻本　十六册

440000－2541－0012607　28604
觀自得齋叢書二十三種别集六種　(清)徐士愷編　清光緒徐士愷觀自得齋刻本　二十四册

440000－2541－0012608　28605
觀自得齋叢書二十三種别集六種　(清)徐士愷編　清光緒徐士愷觀自得齋刻本　二十四册

440000－2541－0012609　28606
觀自得齋叢書二十三種别集六種　(清)徐士愷編　清光緒徐士愷觀自得齋刻本　二十三册

440000－2541－0012610　28607
校經山房叢書二十七種附一種　(清)朱記榮編　清光緒三十年(1904)孫溪朱氏槐廬家塾印本　三十册

440000－2541－0012611　28608
邵武徐氏叢書二集二十六種　(清)徐榦編　清光緒刻本　三十四册　存二十四種

440000－2541－0012612　28609
邵武徐氏叢書二集二十六種　(清)徐榦編　清光緒刻本　四十册

440000－2541－0012613　28610
隨盦徐氏叢書十種續編十種　徐乃昌編　清光緒至民國南陵徐氏刻本　十八册

440000－2541－0012614　28611
校經山房叢書二十七種附一種　(清)朱記榮編　清光緒三十年(1904)孫溪朱氏槐廬家塾印本　三十二册

440000－2541－0012615　28612
榆園叢刻十五種附一種　(清)許增編　清同治至光緒許增榆園刻本　十六册

440000－2541－0012616　28613
榆園叢刻十五種附一種　(清)許增編　清同治至光緒許增榆園刻本　十四册

440000－2541－0012617　28614
敏果齋七種　(清)許乃釗編　清道光錢塘許氏刻本　十一册

440000－2541－0012618　28618
正誼堂全書六十八種　(清)張伯行編　(清)楊浚補編　清同治五年(1866)福州正誼書院刻八年至九年(1869－1870)續刻本　二百二十册　存六十三種

440000－2541－0012619　28619
正誼堂全書六十八種　(清)張伯行編　(清)楊浚補編　清同治五年(1866)福州正誼書院刻八年至九年(1869－1870)續刻本　一百五十九册　存六十六種

440000－2541－0012620　28620
學津討原二十集一百七十三種　(清)張海鵬編　清嘉慶虞山張氏照曠閣刻本　五十二册　存三十九種

440000－2541－0012621　28623
求實齋叢書十五種　(清)蔣德鈞編　清光緒湘鄉蔣氏求實齋刻本　十冊

440000－2541－0012622　28624
求實齋叢書十五種　(清)蔣德鈞編　清光緒湘鄉蔣氏求實齋刻本　九冊

440000－2541－0012623　28627
花雨樓叢鈔十一種續鈔十一種附一種　(清)張壽榮編　清光緒蛟川張氏花雨樓刻本　十四冊　存七種

440000－2541－0012624　28628
花雨樓叢鈔十一種續鈔十一種附一種　(清)張壽榮編　清光緒蛟川張氏花雨樓刻本　四十八冊　存叢鈔十一種、續鈔十一種

440000－2541－0012625　28630
十萬卷樓叢書三集五十一種　(清)陸心源編　清光緒歸安陸氏刻本　一百十二冊

440000－2541－0012626　28631
十萬卷樓叢書三集五十一種　(清)陸心源編　清光緒歸安陸氏刻本　一百十二冊

440000－2541－0012627　28632
十萬卷樓叢書三集五十一種　(清)陸心源編　清光緒歸安陸氏刻本　一百十二冊

440000－2541－0012628　28634
士禮居黃氏叢書十八種附四種　(清)黃丕烈編　清光緒十三年(1887)上海蜚英館石印本　二十八冊　存十七種附二種

440000－2541－0012629　28635
士禮居黃氏叢書十八種附四種　(清)黃丕烈編　清光緒十三年(1887)上海蜚英館石印本　二十八冊　存十七種附二種

440000－2541－0012630　28637
玉雞苗館叢書八種　(清)鄒凌瀚編　清光緒高安鄒氏玉雞苗館刻本　八冊

440000－2541－0012631　28638
湖海樓叢書十二種　(清)陳春編　清嘉慶蕭山陳氏刻本　二十二冊

440000－2541－0012632　28639
湖海樓叢書十二種　(清)陳春編　清嘉慶蕭山陳氏刻本　三十冊

440000－2541－0012633　28640
湖海樓叢書十二種　(清)陳春編　清嘉慶蕭山陳氏刻本　三十二冊

440000－2541－0012634　28641
青照堂叢書三編八十三種附一種　(清)李元春編　清道光十五年(1835)朝邑劉際清等刻本　九十五冊　存八十一種附一種

440000－2541－0012635　28644
長恩書室叢書二集十九種　(清)莊肇麟編　清咸豐四年(1854)新昌莊氏過客軒刻本　十二冊

440000－2541－0012636　28645
津河廣仁堂所刻書六十二種　(清)□□編　清光緒津河廣仁堂刻本　八十冊

440000－2541－0012637　28646
平津館叢書三十八種　(清)孫星衍編　清光緒十一年(1885)吳縣朱氏槐廬家塾刻本　四十冊

440000－2541－0012638　28647
平津館叢書三十八種　(清)孫星衍編　清光緒十一年(1885)吳縣朱氏槐廬家塾刻本　五十冊

440000－2541－0012639　28648
經訓堂叢書二十一種　(清)畢沅編　清光緒十三年(1887)上海大同書局石印本　二十冊

440000－2541－0012640　28649
三長物齋叢書二十六種附一種　(清)黃本驥編　清道光湘陰蔣環刻光緒四年(1878)古香書閣印本　六十冊

440000－2541－0012641　28650
三長物齋叢書二十六種附一種　(清)黃本驥編　清道光湘陰蔣環刻光緒四年(1878)古香書閣印本　五十六冊

440000－2541－0012642　28651

洪刻五種 （清）張伯行編 清道光二十七年（1847）至德堂刻本 十册

440000－2541－0012643 28652
連筠簃叢書十五種 （清）楊尚文編 清道光靈石楊氏刻本 三十册 存十三種

440000－2541－0012644 28653
連筠簃叢書十五種 （清）楊尚文編 清道光靈石楊氏刻本 五十四册 存十三種

440000－2541－0012645 28654
汪刻叢書七種 （清）□□編 清刻本 八册

440000－2541－0012646 28655
大亭山館叢書十八種附編三種 （清）楊葆彝編 清光緒陽湖楊氏刻本 四册 存十一種

440000－2541－0012647 28656
大亭山館叢書十八種附編三種 （清）楊葆彝編 清光緒陽湖楊氏刻本 八册

440000－2541－0012648 28657
觀古堂彙刻書一集七種二集六種 葉德輝編 清光緒二十八年（1902）長沙葉氏刻民國八年（1919）重編印本 十四册

440000－2541－0012649 28658
觀古堂彙刻書一集十三種二集六種 葉德輝編 清光緒二十八年（1902）長沙葉氏刻民國八年（1919）重編印本 十四册

440000－2541－0012650 28659
觀古堂彙刻書一集十三種二集六種 葉德輝編 清光緒二十八年（1902）長沙葉氏刻民國八年（1919）重編印本 十六册

440000－2541－0012651 28660
懺花盦叢書三十六種 （清）宋澤元編 清光緒山陰宋氏刻十三年（1887）彙印本 六十四册

440000－2541－0012652 28661
昭代叢書五百五十九種附一種 （清）張潮（清）張漸編 （清）楊復吉 （清）沈楙德續編 清道光吴江沈氏世楷堂刻本 一百七十一册 存五百五十九種

440000－2541－0012653 28662
昭代叢書五百五十九種附一種 （清）張潮（清）張漸編 （清）楊復吉 （清）沈楙德續編 清道光吴江沈氏世楷堂刻本 六十册 存二百七十二種

440000－2541－0012654 28663
榕園叢書（守約篇叢書）三集六十三種附一種 （清）張丙炎編 （清）張允顗重編 清同治真州張氏廣東刻民國二年（1913）重修印本 四十八册

440000－2541－0012655 28664
榕園叢書（守約篇叢書）三集六十三種附一種 （清）張丙炎編 （清）張允顗重編 清同治真州張氏廣東刻民國二年（1913）重修印本 四十八册

440000－2541－0012656 28665
天壤閣叢書二十八種增刊六種 （清）王懿榮編 清同治至光緒福山王氏刻本 十六册

440000－2541－0012657 28666
天壤閣叢書二十八種增刊六種 （清）王懿榮編 清同治至光緒福山王氏刻本 十六册

440000－2541－0012658 28667
天壤閣叢書二十八種增刊六種 （清）王懿榮編 清同治至光緒福山王氏刻本 十六册

440000－2541－0012659 28668
靈鶼閣叢書六集五十六種附一種 （清）江標編 清光緒元和江氏湖南使院刻本 四十六册

440000－2541－0012660 28669
靈鶼閣叢書六集五十六種附一種 （清）江標編 清光緒元和江氏湖南使院刻蘇州振新書社印本 四十册

440000－2541－0012661 28670
翠琅玕館叢書四集五十一種 （清）馮兆年編 清光緒羊城馮氏刻本 四十册

440000－2541－0012662 28671
詒經堂藏書七種附三種 （清）金長春編 清

嘉慶十八年(1813)當塗金氏刻本　六册

440000－2541－0012663　28672
當歸草堂叢書八種　(清)丁丙編　清同治錢唐丁氏刻本　六册

440000－2541－0012664　28673
當歸草堂叢書八種　(清)丁丙編　清同治錢塘丁氏刻本　六册

440000－2541－0012665　28674
艷史叢鈔十二種　(清)王韜等撰　清光緒四年(1878)弢園鉛印本　八册

440000－2541－0012666　28676
荔牆叢刻十三種　(清)汪曰楨編　清同治至光緒烏程汪氏刻本　十一册

440000－2541－0012667　28677
晨風閣叢書二十二種附一種　沈宗畸編　清宣統元年(1909)番禺沈氏晨風閣刻本　十六册

440000－2541－0012668　28678
晨風閣叢書二十二種附一種　沈宗畸編　清宣統元年(1909)番禺沈氏晨風閣刻本　十四册

440000－2541－0012669　28679
晨風閣叢書二十二種附一種　沈宗畸編　清宣統元年(1909)番禺沈氏晨風閣刻本　十四册

440000－2541－0012670　28681
碧琳琅館叢書四部四十五種　(清)方功惠編　清光緒十年(1884)巴陵方氏廣東刻宣統元年(1909)印本　一百二十册

440000－2541－0012671　28682
武英殿聚珍版書一百三十二種　(清)紀昀等編　清乾隆四十二年(1777)福建刻道光至同治遞修本　四百四十六册

440000－2541－0012672　28683
武英殿聚珍版書一百四十九種　(清)紀昀等編　清光緒二十五年(1899)廣雅書局刻本　八百册

440000－2541－0012673　28684
木犀軒叢書二十七種　李盛鐸編　清光緒德化李氏木犀軒刻本　四十四册

440000－2541－0012674　28685
玲瓏山館叢書(益雅堂叢書)六十六種　(清)□□編　清光緒十五年(1889)文選樓刻本　四十册

440000－2541－0012675　28686
玲瓏山館叢書(益雅堂叢書)六十六種　(清)□□編　清光緒十五年(1889)文選樓刻本　四十册

440000－2541－0012676　28687
金峨山館叢書(望三益齋叢書)十一種　(清)郭傳璞編　清光緒鄞縣郭氏刻本　十四册

440000－2541－0012677　28688
詠梅軒叢書九種　(清)謝蘭生撰　清道光二十九年至三十年(1849－1850)詠梅軒刻本　十册

440000－2541－0012678　28689
述古叢鈔四集二十六種　(清)劉晚榮編　清同治至光緒古岡劉氏藏修書屋刻本　四十册

440000－2541－0012679　28690
便蒙叢書初集十九種　(清)張一鵬編　清光緒二十七年(1901)刻本　三册

440000－2541－0012680　28691
傳硯齋叢書十種　(清)吳丙湘編　清光緒十一年(1885)儀徵吳氏刻本　二十册

440000－2541－0012681　28692
木犀軒叢書二十七種續刻六種　李盛鐸編　清光緒德化李氏木犀軒刻本　三十八册　存二十三種、續刻一種

440000－2541－0012682　28693
古棠書屋叢書十八種　(清)孫澍　(清)孫錤編　清道光鵝溪孫氏刻本　七册　存三種

440000－2541－0012683　28694
心矩齋叢書八種　(清)蔣鳳藻編　清光緒長洲蔣氏刻民國十四年(1925)文學山房印本

二十四冊

440000－2541－0012684　28695
祕書廿一種　(清)汪士漢編　清粵東文陞閣刻本　十冊

440000－2541－0012685　28696
祕書廿八種　(清)汪士漢編　清嘉慶十六年(1811)金谿周光霽刻本　十二冊

440000－2541－0012686　28697
振綺堂叢書二集二十二種　(清)汪康年編　清光緒二十年(1894)刻朱印本　六冊　存十一種

440000－2541－0012687　28698
政藝叢書壬寅癸卯二編　(清)政藝通報社編　清光緒二十九年(1903)石印本　十七冊

440000－2541－0012688　28699
粵東詩海一百卷補遺六卷　(清)溫汝能編　清嘉慶文畬堂刻本　四十四冊

440000－2541－0012689　28700
海虞畫苑略一卷補遺一卷　(清)魚翼撰　清同治十三年(1874)虞山顧氏刻小石山房叢書本　一冊

440000－2541－0012690　28701
塵海妙品十四卷　(清)陳琰輯　清宣統三年(1911)上海六藝書局石印本　四冊

440000－2541－0012691　28703
螺樹山房叢書五種　(清)龍裕光編　清光緒順德龍氏刻本　十七冊

440000－2541－0012692　28705
湖海樓叢書續編十四種　(清)張之洞編　清光緒九年(1883)刻本　二十冊

440000－2541－0012693　28706
文林綺繡十種　(清)鴻寶齋書局編　清光緒二十二年(1896)鴻寶齋石印本　六冊

440000－2541－0012694　28707
文林綺繡十種　(清)鴻寶齋書局編　清光緒二十二年(1896)鴻寶齋石印本　六冊　存六種

440000－2541－0012695　28708
文林綺繡十種　(清)鴻寶齋書局編　清光緒二十二年(1896)鴻寶齋石印本　九冊　存八種

440000－2541－0012696　28709
文林綺繡十種　(清)鴻寶齋書局編　清光緒十九年(1893)上洋鴻寶齋石印本　五冊　存四種

440000－2541－0012697　28710
閏竹居叢書二十八種　(清)觀頮道人編　清刻本　四冊

440000－2541－0012698　28715
榆園叢刻十五種附一種　(清)許增編　清同治至光緒許增榆園刻本　十冊　存五種

440000－2541－0012699　28719
藕香零拾三十九種　繆荃孫編　清光緒至宣統繆荃孫刻本　三十二冊

440000－2541－0012700　28720
藕香零拾三十九種　繆荃孫編　清光緒至宣統繆荃孫刻本　三十二冊

440000－2541－0012701　28721
藕香零拾三十九種　繆荃孫編　清光緒至宣統繆荃孫刻本　三十冊

440000－2541－0012702　28732
風雨樓秘笈留真十種　鄧實編　清宣統至民國順德鄧氏風雨樓影印本　十冊

440000－2541－0012703　28734
蕙風叢書七種附一種　況周頤撰　清光緒刻民國十四年(1925)上海中國書店印本　十二冊

440000－2541－0012704　28738
對雨樓叢書六種　繆荃孫編　清光緒江陰繆氏刻本　四冊

440000－2541－0012705　28780
峭帆樓叢書十八種　趙詒琛編　清宣統至民國新陽趙氏刻本　二十冊

440000－2541－0012706　28781

峭帆樓叢書十八種　趙詒琛編　清宣統至民國新陽趙氏刻本　二十册

440000－2541－0012707　28785

張氏適園叢書初集七種　張鈞衡編　清宣統三年(1911)上海國學扶輪社鉛印本　十册

440000－2541－0012708　28787

廣雅書局叢書一百五十七種　徐紹棨編　清光緒廣雅書局刻民國九年(1920)徐紹棨重印本　六百册

440000－2541－0012709　28794

海虞畫苑略一卷補遺一卷　(清)魚翼撰　清同治十三年(1874)虞山顧氏刻小石山房叢書本　一册

440000－2541－0012710　28820

畿輔叢書一百二十六種附二種　(清)王灝編　清光緒五年(1879)定州王氏謙德堂刻本　四百三册　存一百十五種

440000－2541－0012711　28830

華亭張氏十種　(清)張祥河編　清道光刻本　六册

440000－2541－0012712　28831

詩義堂集三卷　(清)彭輅撰　**後集六卷首一卷高要金石略四卷**　(清)彭泰來撰　**南雪草堂詩鈔三卷**　(清)石經撰　清咸豐二年(1852)刻本　七册

440000－2541－0012713　28832

徐州二遺民集二種附一種　馮煦編　清光緒十九年(1893)桂中行刻本　六册

440000－2541－0012714　28833

隰西草堂詩二卷文一卷詞一卷　(清)萬壽祺撰　清光緒十九年(1893)桂中行刻徐州二遺民集本　一册　存二卷(隰西草堂詩二卷)

440000－2541－0012715　28842

常州先哲遺書四十四種後編三十四種　盛宣懷編　清光緒武進盛氏刻本　六十三册

440000－2541－0012716　28844

婁東雜著(棣香齋叢書)八集五十六種　(清)邵廷烈編　清道光十三年(1833)太倉東陵氏刻本　七册　存四十九種

440000－2541－0012717　28847

西泠五布衣遺著五種　(清)丁丙編　清同治至光緒錢塘丁氏當歸草堂刻本　十册

440000－2541－0012718　28848

西泠五布衣遺著五種　(清)丁丙編　清同治至光緒錢塘丁氏當歸草堂刻本　六册

440000－2541－0012719　28849

貴池先哲遺書十八種附刻一種續刊一種附一種　劉世珩編　清光緒三十四年至宣統三年(1908－1911)貴池劉氏刻本　五十四册

440000－2541－0012720　28850

西泠五布衣遺著五種　(清)丁丙編　清同治至光緒錢塘丁氏當歸草堂刻本　八册

440000－2541－0012721　28851

安吉施氏遺著五種　(清)戴翊清　(清)朱廷燮編　清光緒十七年(1891)刻本　二册

440000－2541－0012722　28852

海昌六先生集六種　(清)羊復禮編　清光緒十三年(1887)海昌羊氏傳卷樓粵東刻本　一册

440000－2541－0012723　28853

金華叢書六十九種附一種　(清)胡鳳丹編　清同治至光緒永康胡氏退補齋刻民國補刻本　二百六十四册

440000－2541－0012724　28854

金華叢書六十九種附一種　(清)胡鳳丹編　清同治至光緒永康胡氏退補齋刻民國補刻本　二百七十二册　存六十九種

440000－2541－0012725　28858

武林掌故叢編二十六集一百八十七種附五種　(清)丁丙編　清光緒錢塘丁氏嘉惠堂刻本　二百六册

440000－2541－0012726　28859

武林掌故叢編二十六集一百八十七種附五種　(清)丁丙編　清光緒錢塘丁氏嘉惠堂刻本

一百十二册　存十四集(一至十四)

440000－2541－0012727　28860

武林掌故叢編二十六集一百八十七種附五種　(清)丁丙編　清光緒錢塘丁氏嘉惠堂刻本　一百十二册　存十四集(一至十四)

440000－2541－0012728　28861

武林往哲遺著五十六種後編十種　(清)丁丙編　清光緒錢塘丁氏嘉惠堂刻本　九十四册

440000－2541－0012729　28862

台州叢書(名山堂叢書)二集九種　(清)宋世犖編　清嘉慶至道光臨海宋氏刻本　二十册　存七種

440000－2541－0012730　28863

台州叢書(名山堂叢書)二集九種　(清)宋世犖編　清嘉慶至道光臨海宋氏刻本　二十册　存七種

440000－2541－0012731　28865

永嘉叢書十三種　(清)孫衣言編　清同治至光緒瑞安孫氏詒善祠塾刻本　八十三册　存十二種

440000－2541－0012732　28866

永嘉叢書十三種　(清)孫衣言編　清同治至光緒瑞安孫氏詒善祠塾刻本　七十三册　存九種

440000－2541－0012733　28867

紹興先正遺書四集五十七種　(清)徐友蘭編　清光緒會稽徐氏鑄學齋刻本　四十八册

440000－2541－0012734　28868

紹興先正遺書四集五十七種　(清)徐友蘭編　清光緒會稽徐氏鑄學齋刻本　四十册　存九種

440000－2541－0012735　28869

湖州叢書十二種　(清)陸心源編　清光緒湖城義塾刻本　十九册　存八種

440000－2541－0012736　28870

湖州叢書十二種　(清)陸心源編　清光緒湖城義塾刻本　二十四册

440000－2541－0012737　28871

湖州叢書十二種　(清)陸心源編　清光緒湖城義塾刻本　十六册　存七種

440000－2541－0012738　28874

金華文萃六十八種　(清)胡鳳丹編　清同治至光緒永康胡氏退補齋刻本　十八册　存五種

440000－2541－0012739　28878

三怡堂叢書十七種　張鳳臺編　清光緒至民國河南官書局刻本　五十三册

440000－2541－0012740　28879

湖北叢書三十種附一種　(清)趙尚輔編　清光緒十七年(1891)三餘草堂刻本　一百册

440000－2541－0012741　28883

嶺南遺書六集五十九種附二種　(清)伍元薇(清)伍崇曜編　清道光至同治南海伍氏粤雅堂文字歡娱室刻本　八十册

440000－2541－0012742　28884

嶺南遺書六集五十九種附二種　(清)伍元薇(清)伍崇曜編　清道光至同治南海伍氏粤雅堂文字歡娱室刻本　七十八册

440000－2541－0012743　28885

嶺南遺書六集五十九種附二種　(清)伍元薇(清)伍崇曜編　清道光至同治南海伍氏粤雅堂文字歡娱室刻本　七十五册　存五十六種

440000－2541－0012744　28886

粤十三家集　(清)伍元薇編　清道光二十年(1840)南海伍氏詩雪軒刻本　三十册

440000－2541－0012745　28887

粤十三家集　(清)伍元薇編　清道光二十年(1840)南海伍氏詩雪軒刻本　二十一册

440000－2541－0012746　28890

學壽堂叢書十二種　(清)徐紹楨編　清咸豐至光緒番禺徐氏梧州刻本　二十六册

440000－2541－0012747　28891
學壽堂叢書十二種　(清)徐紹楨編　清咸豐至光緒番禺徐氏梧州刻本　二十六册

440000－2541－0012748　28892
學壽堂叢書十二種　(清)徐紹楨編　清咸豐至光緒番禺徐氏梧州刻本　十四册　存七種

440000－2541－0012749　28893
學海堂叢刻(啟秀山房叢書)二函十三種　(清)□□編　清光緒刻本　十四册

440000－2541－0012750　28894
學海堂叢刻(啟秀山房叢書)二函十三種　(清)□□編　清光緒刻本　十四册

440000－2541－0012751　28895
學海堂叢刻(啟秀山房叢書)二函十三種　(清)□□編　清光緒刻本　十四册

440000－2541－0012752　28896
容城三賢文集三種　(清)張斐然　(清)楊蓮編　清光緒二十四年(1898)刻本　十二册

440000－2541－0012753　28900
沈氏三代家言五種　(清)沈申祐編　清光緒十二年(1886)會稽沈氏刻本　八册

440000－2541－0012754　28901
海虞三陶先生集合刻三種　(清)楊沂孫編　清光緒七年(1881)海虞楊同福貴池縣署刻本　十册

440000－2541－0012755　28904
沈氏三先生文集三種　(宋)□□編　清光緒二十二年(1896)浙江書局刻本　十册

440000－2541－0012756　28906
馮氏清芬集三種　(清)馮詢編　清光緒元年(1875)上海榷署刻本　一册

440000－2541－0012757　28907
馮氏清芬集三種　(清)馮詢編　清光緒元年(1875)上海榷署刻本　一册

440000－2541－0012758　28908
李氏詩存合刻五種　(清)李浩編　清道光五年(1825)李浩刻光緒二十五年(1899)印本　四册

440000－2541－0012759　28911
丹陽周氏家集四種　(清)周壽朋編　清同治至光緒刻本　五册

440000－2541－0012760　28915
寧都三魏全集三種附三種　(清)林時益編　清道光二十五年(1845)寧都謝庭綬紱園書塾刻本　五十册

440000－2541－0012761　28916
寧都三魏全集三種附三種　(清)林時益編　清道光二十五年(1845)寧都謝庭綬紱園書塾刻本　四十六册

440000－2541－0012762　28917
寧都三魏全集三種附三種　(清)林時益編　清道光二十五年(1845)寧都謝庭綬紱園書塾刻本　四十二册　存三種

440000－2541－0012763　28918
寧都三魏全集三種附三種　(清)林時益編　清刻本　四十册

440000－2541－0012764　28919
金陵朱氏家集三十種　(清)朱緒曾編　清道光二十年(1840)金陵朱氏刻本　六册

440000－2541－0012765　28920
三蘇全集四種附一種　(宋)蘇洵等撰　清道光七年至十二年(1827－1832)眉州三蘇祠刻本　六十册

440000－2541－0012766　28921
三蘇全集四種附一種　(宋)蘇洵等撰　清道光七年至十二年(1827－1832)眉州三蘇祠刻本　六十册

440000－2541－0012767　28922
簡兮堂文賸一卷　(清)冒超處撰　**鹿樵集葺一卷**　(清)冒坦然撰　**于役東陵記一卷扈從親耕記一卷**　冒廣生撰　清光緒至民國如皋冒氏刻朱印本　一册

440000－2541－0012768　28924
海鹽張氏涉園叢刻七種續編六種　張元濟編

清宣統三年至民國十七年(1911－1928)海鹽張氏鉛印本　四冊　存七種

440000－2541－0012769　28925
海鹽張氏涉園叢刻七種續編六種　張元濟編　清宣統三年至民國十七年(1911－1928)海鹽張氏鉛印本　八冊　存七種

440000－2541－0012770　28926
富陽夏氏叢刻七種　夏震武　夏鼎武撰　清光緒刻本　四冊

440000－2541－0012771　28927
黃氏家集初編五種附一種　(清)黃家鼎編　清光緒十七年(1891)四明黃氏補不足齋刻本　十二冊

440000－2541－0012772　28928
董氏叢書十六種　(清)董金鑑編　清光緒三十二年(1906)會稽董氏取斯家塾刻本　十二冊

440000－2541－0012773　28930
香海盦叢書九種　(清)徐琪編　清光緒仁和徐氏刻二十年(1894)彙印本　四冊

440000－2541－0012774　28932
如皋冒氏叢書三十五種附三種　冒廣生編　清光緒至民國如皋冒氏刻本　五冊　存七種

440000－2541－0012775　28934
如皋冒氏叢書三十五種附三種　冒廣生編　清光緒至民國如皋冒氏刻本　二十二冊　存二十六種附三種

440000－2541－0012776　28935
河南二程全書七種　(宋)程顥　(宋)程頤撰　(宋)朱熹編　清同治河南程氏刻光緒印本　十四冊

440000－2541－0012777　28936
河南二程全書七種　(宋)程顥　(宋)程頤撰　(宋)朱熹編　清刻本　十六冊

440000－2541－0012778　28937
莫如樓詩選合刻四種　(清)蔣湘培等撰　清同治六年(1867)蔣益澧刻本　二冊

440000－2541－0012779　28938
蔡氏九儒書九種　(明)蔡有鵾編　清同治七年(1868)盱南蔡氏三餘書屋刻本　六冊

440000－2541－0012780　28939
帥氏清芬集十七種　(清)帥之憲編　清光緒奉新帥氏綠窗刻本　三十一冊

440000－2541－0012781　28941
黎氏家集十二種附四種　(清)黎庶昌編　清光緒十四年至十五年(1888－1889)遵義黎氏日本使署刻本　十冊　存十五種

440000－2541－0012782　28945
吳氏一家稿十種　(清)吳清鵬編　清咸豐五年(1855)錢塘吳氏刻本　十六冊

440000－2541－0012783　28946
吳氏一家稿十種　(清)吳清鵬編　清咸豐五年(1855)錢塘吳氏刻本　十二冊

440000－2541－0012784　28947
胡氏雜著七種　(清)胡元玉撰　(清)胡元儀編　清光緒長沙胡氏家刻本　八冊

440000－2541－0012785　28949
富陽夏氏叢刻七種　夏震武　夏鼎武撰　清光緒刻本　四冊

440000－2541－0012786　28957
白石道人四種　(宋)姜夔撰　清同治十年(1871)桂林倪鴻刻本　二冊

440000－2541－0012787　28959
白石道人四種　(宋)姜夔撰　清光緒十年(1884)仁和許氏娛園刻本　四冊

440000－2541－0012788　28961
周孟侯先生全書五種　(明)周拱辰撰　清道光二十七年(1847)刻光緒元年(1875)補刻本　七冊

440000－2541－0012789　28967
歸雲別集十種　(明)陳士元撰　清道光十三年(1833)應城吳毓梅刻本　二十四冊

440000－2541－0012790　28968
歸雲別集十種　(明)陳士元撰　清道光十三

年(1833)應城吴毓梅刻本　二十册

440000－2541－0012791　28970
董方立遺書八種　(清)董祐誠撰　清同治八年(1869)董貽清成都刻本　四册

440000－2541－0012792　28971
董方立遺書八種　(清)董祐誠撰　清同治八年(1869)董貽清成都刻本　三册　存四種

440000－2541－0012793　28972
董方立遺書八種　(清)董祐誠撰　清同治八年(1869)董貽清成都刻本　三册

440000－2541－0012794　28973
鄒徵君遺書八種附二種　(清)鄒伯奇撰　清同治十二年(1873)南海鄒達泉拾芥園刻本　五册　存八種

440000－2541－0012795　28974
鄒徵君遺書八種附二種　(清)鄒伯奇撰　清同治十二年(1873)南海鄒達泉拾芥園刻本　五册　存八種

440000－2541－0012796　28976
鄒徵君遺書八種附二種　(清)鄒伯奇撰　清同治十二年(1873)南海鄒達泉拾芥園刻本　三册　存六種

440000－2541－0012797　28977
鄒徵君遺書八種附二種　(清)鄒伯奇撰　清同治十二年(1873)南海鄒達泉拾芥園刻本　五册　存八種

440000－2541－0012798　28978
學計一得二卷　(清)鄒伯奇撰　清同治十二年(1873)南海鄒達泉拾芥園刻鄒徵君遺書本　一册

440000－2541－0012799　28980
顧亭林先生遺書十種補遺十一種　(清)顧炎武撰　清蓬瀛閣刻吴縣朱記榮增刻光緒三十二年(1906)彙印本　十二册

440000－2541－0012800　28981
亭林先生遺書彙輯二十三種附三種　(清)顧炎武撰　(清)席威　(清)朱記榮編　清光緒十四年(1888)吴縣朱氏校經山房刻本　二十四册　存二十二種附三種

440000－2541－0012801　28982
亭林先生遺書彙輯二十三種附三種　(清)顧炎武撰　(清)席威　(清)朱記榮編　清光緒十四年(1888)吴縣朱氏校經山房刻本　二十四册

440000－2541－0012802　28983
亭林先生遺書彙輯二十三種附三種　(清)顧炎武撰　清光緒十四年(1888)吴縣朱氏校經山房刻本　十六册　存二十一種附三種

440000－2541－0012803　28984
杜川全集六種　(清)楊琪光撰　清光緒武陵楊氏自刻本　二十二册

440000－2541－0012804　28985
洪北江全集二十三種　(清)洪亮吉撰　清光緒洪用懃授經堂刻本　六十册

440000－2541－0012805　28986
洪北江全集二十三種　(清)洪亮吉撰　清光緒洪用懃授經堂刻本　六十五册

440000－2541－0012806　28987
洪北江全集二十三種　(清)洪亮吉撰　清光緒洪用懃授經堂刻本　六十一册

440000－2541－0012807　28988
柏堂遺書二十二種附一種　(清)方宗誠撰　清光緒桐城方氏刻本　五十册

440000－2541－0012808　28989
柏堂遺書二十二種附一種　(清)方宗誠撰　清光緒桐城方氏刻本　二十册

440000－2541－0012809　28993
寒松閣老人集八種　(清)張鳴珂撰　清光緒嘉興張氏刻民國蘇州交通益記圖書館印本　七册　存六種

440000－2541－0012810　28994
西堂全集四種附一種　(清)尤侗撰　清刻本　十四册　存三種

440000－2541－0012811　28995

郁鄖山房集五種 (清)趙樹吉撰 清光緒七年至十一年(1881－1885)汗青簃刻本 五冊

440000－2541－0012812 28996
郁鄖山房集五種 (清)趙樹吉撰 清光緒七年至十一年(1881－1885)汗青簃刻本 三冊 存三種

440000－2541－0012813 28997
西堂全集四種附一種 (清)尤侗撰 清刻本 十八冊 存三種

440000－2541－0012814 28998
西堂全集四種附一種 (清)尤侗撰 清刻本 二十四冊 存三種

440000－2541－0012815 28999
西堂全集四種附一種 (清)尤侗撰 清刻本 十六冊 存三種

440000－2541－0012816 29000
甌北全集七種 (清)趙翼撰 清乾隆五十五年至嘉慶十七年(1790－1812)陽湖趙氏湛貽堂刻本 四十六冊

440000－2541－0012817 29001
甌北全集七種 (清)趙翼撰 清乾隆五十五年至嘉慶十七年(1790－1812)陽湖趙氏湛貽堂刻本 四十八冊

440000－2541－0012818 29002
甌北全集七種 (清)趙翼撰 清乾隆五十五年至嘉慶十七年(1790－1812)陽湖趙氏湛貽堂刻本 四十八冊

440000－2541－0012819 29003
香蘇山館全集十五種 (清)吳嵩梁撰 清道光二十三年(1843)刻本 十八冊

440000－2541－0012820 29004
儆居遺書十一種 (清)黃式三撰 清同治至光緒刻本 二十八冊 存六種

440000－2541－0012821 29005
何宮贊遺書六種 (清)何若瑤撰 清光緒八年(1882)何雲旭刻本 四冊

440000－2541－0012822 29006
何宮贊遺書六種 (清)何若瑤撰 清光緒八年(1882)何雲旭刻本 四冊

440000－2541－0012823 29007
何宮贊遺書六種 (清)何若瑤撰 清光緒八年(1882)何雲旭刻本 四冊

440000－2541－0012824 29008
味義根齋全書五種 (清)譚澐撰 清光緒刻本 五冊 存三種

440000－2541－0012825 29009
儆季雜著五種附二種 (清)黃以周撰 清光緒二十年至二十一年(1894－1895)江蘇南菁講舍刻本 十冊

440000－2541－0012826 29011
拙盦叢稿五種 (清)朱一新撰 清光緒二十二年(1896)順德龍氏葆真堂刻本 八冊 存三種

440000－2541－0012827 29013
梁廷枏著述四種 (清)梁廷枏撰 清道光至咸豐刻本 七冊

440000－2541－0012828 29014
陸桴亭先生遺書二十種首一卷附一種 (清)陸世儀撰 清光緒二十五年至二十六年(1899－1900)太倉唐受祺京師刻本 十四冊 存二十種

440000－2541－0012829 29015
藤花亭十七種 (清)梁廷枏撰 清道光八年至十三年(1828－1833)刻本 十二冊 存十三種

440000－2541－0012830 29016
二曲集四十六卷 (清)李顒撰 清光緒三年(1877)石泉彭懋謙刻本 十六冊

440000－2541－0012831 29017
空山堂全集八種 (清)牛運震撰 清嘉慶二十三年(1818)空山堂刻本 四十冊

440000－2541－0012832 29018
大梅山館集五十五卷 (清)姚燮撰 清道光十三年至咸豐六年(1833－1856)鎮海姚氏大

梅山館刻本　十九册　存五十卷(詩問三十四卷、文榷八卷、文榷二編八卷)

440000－2541－0012833　29020
賭棋山莊全集八種　(清)謝章鋌撰　清光緒至民國刻本　三十二册

440000－2541－0012834　29021
賭棋山莊全集八種　(清)謝章鋌撰　清光緒至民國刻本　三十三册

440000－2541－0012835　29022
粵嶽山人稿三種　(清)黄培芳撰　清嘉慶黄喬松刻本　六册

440000－2541－0012836　29025
紀慎齋先生全集十二種續集七種　(清)紀大奎撰　清嘉慶十三年至咸豐二年(1808－1852)刻本　三十六册

440000－2541－0012837　29027
安吴四種　(清)包世臣撰　清同治十一年(1872)湖北包氏注經堂刻光緒十四年(1888)印本　十四册

440000－2541－0012838　29028
安吴四種　(清)包世臣撰　清同治十一年(1872)湖北包氏注經堂刻光緒十四年(1888)印本　十六册

440000－2541－0012839　29029
鄭氏佚書二十三種　(清)鄭玄撰　(清)袁鈞編　清光緒十四年(1888)浙江書局刻本　十册

440000－2541－0012840　29030
脩本堂叢書十種　(清)林伯桐撰　清道光林世懋刻本　十六册

440000－2541－0012841　29032
脩本堂叢書十種　(清)林伯桐撰　清道光林世懋刻本　十三册

440000－2541－0012842　29033
竹柏山房十五種附刻四種　(清)林春溥撰　清嘉慶至咸豐侯官林春溥竹柏山房刻本　二十册　存十五種

440000－2541－0012843　29034
竹柏山房十五種附刻四種　(清)林春溥撰　清嘉慶至咸豐侯官林春溥竹柏山房刻本　四十册

440000－2541－0012844　29040
桐城吴先生全書五種　(清)吴汝綸撰　清光緒三十年(1904)王恩紱等刻民國十九年(1930)印本　二十四册

440000－2541－0012845　29041
觀象廬叢書三十種　(清)吕調陽撰　清光緒十四年(1888)葉長高刻本　六十册

440000－2541－0012846　29042
春雨樓叢書六種　(清)朱士端撰　清同治寶應朱氏刻本　六册

440000－2541－0012847　29043
師伏堂叢書十五種附二種　(清)皮錫瑞撰　清光緒善化皮氏刻本　三十六册

440000－2541－0012848　29044
挹秀山房叢書十一種　(清)朱克敬編　清同治至光緒皋蘭朱氏刻本　十六册　存十種

440000－2541－0012849　29045
春在堂全書三十四種　(清)俞樾撰　清光緒二十五年(1899)刻本　一百六十册

440000－2541－0012850　29046
春在堂全書三十四種　(清)俞樾撰　清光緒十五年(1889)刻本　一百册

440000－2541－0012851　29049
隨園三十種　(清)袁枚撰　清刻本　六十四册　存二十四種

440000－2541－0012852　29050
隨園三十種　(清)袁枚撰　清刻本　八十册　存二十一種

440000－2541－0012853　29051
隨園三十一種　(清)袁枚撰　清光緒十九年(1893)倉山舊堂石印本　二十四册

440000－2541－0012854　29052
郝氏遺書三十三種　(清)郝懿行撰　清嘉慶

至光緒刻光緒八年(1882)彙印本　一百冊

440000－2541－0012855　29055
二思堂叢書六種　(清)梁章鉅撰　清同治至光緒福州梁氏刻本　十六冊

440000－2541－0012856　29056
二思堂叢書六種　(清)梁章鉅撰　清同治至光緒福州梁氏刻本　十四冊

440000－2541－0012857　29057
篴園叢書七種　(清)張慎儀撰　清光緒至民國刻本　八冊

440000－2541－0012858　29058
篴園叢書七種　(清)張慎儀撰　清光緒至民國刻本　十冊

440000－2541－0012859　29059
篴園叢書七種　(清)張慎儀撰　清光緒至民國刻本　八冊

440000－2541－0012860　29060
左海全集十種續集九種　(清)陳壽祺撰　清嘉慶至同治三山陳氏刻本　六十四冊　存十八種

440000－2541－0012861　29061
曾文正公全集十五種首一卷　(清)曾國藩撰　清光緒二十八年(1902)耕餘書屋石印本　十二冊　存十三種

440000－2541－0012862　29062
曾文正公全集十五種首一卷　(清)曾國藩撰　清同治至光緒傳忠書局刻本　八十六冊　存十二種

440000－2541－0012863　29063
曾文正公全集十五種首一卷　(清)曾國藩撰　清同治至光緒傳忠書局刻本　一百二十六冊　存十三種

440000－2541－0012864　29064
坦園全集八種　(清)楊恩壽撰　清光緒長沙楊氏刻本　三十冊

440000－2541－0012865　29065
嘉定錢氏潛研堂全書二十一種　(清)錢大昕撰　清光緒十年(1884)長沙龍氏家塾刻本　七十八冊

440000－2541－0012866　29066
鹿洲全集七種　(清)藍鼎元撰　清同治十一年(1872)刻本　十六冊

440000－2541－0012867　29067
鹿洲全集八種　(清)藍鼎元撰　清雍正十年(1732)刻光緒五年(1879)藍謙補刻本　二十四冊

440000－2541－0012868　29069
焦氏叢書十種　(清)焦循撰　清嘉慶至道光江都焦氏雕菰樓刻光緒二年(1876)衡陽魏氏重修民國十八年(1929)上海受古書店印本　四十冊

440000－2541－0012869　29070
思益堂史學三種　(清)周壽昌撰　清光緒長沙周氏小對竹軒刻本　十六冊

440000－2541－0012870　29071
桐華閣叢書六種　(清)杜貴墀撰　清光緒刻本　十二冊

440000－2541－0012871　29072
林昌彝經學三種　(清)林昌彝撰　清同治十年至十一年(1871－1872)廣州刻本　一冊

440000－2541－0012872　29073
桐華閣叢書六種　(清)杜貴墀撰　清光緒刻本　十冊

440000－2541－0012873　29074
頤志齋叢書二十七種　(清)丁晏撰　清道光至同治山陽丁氏六藝堂刻同治元年(1862)彙印本　二十冊

440000－2541－0012874　29077
船山遺書六十六種附二種　(清)王夫之撰　清同治四年(1865)湘鄉曾氏金陵節署刻本　一百四十八冊

440000－2541－0012875　29079
船山遺書六十六種附二種　(清)王夫之撰　清同治四年(1865)湘鄉曾氏金陵節署刻本

一百二十册

440000－2541－0012876　29080
船山遺書六十六種附二種　（清）王夫之撰　清同治四年（1865）湘鄉曾氏金陵節署刻本　九十九册　存六十七種

440000－2541－0012877　29082
番禺陳氏東塾叢書五種　（清）陳澧撰　清咸豐至光緒刻本　九册

440000－2541－0012878　29083
番禺陳氏東塾叢書五種　（清）陳澧撰　清咸豐至光緒刻本　九册

440000－2541－0012879　29084
番禺陳氏東塾叢書五種　（清）陳澧撰　清咸豐至光緒刻本　九册

440000－2541－0012880　29085
番禺陳氏東塾叢書五種　（清）陳澧撰　清咸豐至光緒刻本　九册

440000－2541－0012881　29086
番禺陳氏東塾叢書五種　（清）陳澧撰　清咸豐至光緒刻本　九册

440000－2541－0012882　29087
番禺陳氏東塾叢書五種　（清）陳澧撰　清咸豐至光緒刻本　九册

440000－2541－0012883　29088
王菉友九種　（清）王筠撰　清道光至咸豐刻本　八册

440000－2541－0012884　29089
東塾遺書四種　（清）陳澧撰　清光緒廣雅書局刻本　二册

440000－2541－0012885　29090
湘綺樓全書十八種　王闓運撰　清光緒至宣統刻本　六十册

440000－2541－0012886　29091
崇文書局彙刻書（三十三種叢書）三十一種　（清）崇文書局編　清光緒湖北崇文書局刻本　六十四册

440000－2541－0012887　29092
鄭氏佚書二十三種　（漢）鄭玄撰　（清）袁鈞編　清光緒十四年（1888）浙江書局刻本　十册

440000－2541－0012888　29093
寂園叢書（寂園志）十一種　（清）陳瀏撰　清宣統二年（1910）鉛印本　五册　存四種

440000－2541－0012889　29094
林文忠公遺集四種　（清）林則徐撰　清光緒三山林氏刻本　二册　存三種

440000－2541－0012890　29095
汪雙池先生叢書二十二種　（清）汪紱撰　清道光至光緒刻光緒二十三年（1897）長安趙舒翹等彙印本　一百五十九册

440000－2541－0012891　29096
古愚老人消夏録十七種　（清）汪汲撰　清乾隆至嘉慶古愚山房刻本　二十一册

440000－2541－0012892　29097
求在我齋全集九種　（清）陳濬撰　清同治十三年（1874）賜葛堂刻本　二十四册

440000－2541－0012893　29098
黄梨洲遺書十種　（清）黄宗羲撰　清光緒三十一年（1905）杭州群學社石印本　七册

440000－2541－0012894　29099
鏡珠齋彙刻八種　（清）胡元玉撰　清光緒十七年（1891）刻本　七册　存五種

440000－2541－0012895　29100
丹徒戴氏叢刻八種　（清）戴肇辰撰　清同治至光緒刻本　十三册　存七種

440000－2541－0012896　29101
顨軒孔氏所著書七種　（清）孔廣森撰　清嘉慶二十二年（1817）曲阜孔氏儀鄭堂刻本　十册

440000－2541－0012897　29102
甘泉全集三種　（明）湛若水撰　清同治五年（1866）資政堂刻本　四十册

440000－2541－0012898　29103

榕村全書三十二種附十種　(清)李光地撰　清道光安溪李維迪刻本　一百十三册　存三十一種附十種

440000－2541－0012899　29104
汪龍莊先生遺書四種　(清)汪輝祖撰　清同治十年(1871)慎間堂刻本　六册

440000－2541－0012900　29105
湯文正公全集四種　(清)湯斌撰　清同治九年(1870)高要蘇廷魁等刻本　十二册

440000－2541－0012901　29106
聶氏七種　(清)聶爾康撰　清同治六年(1867)聶氏粤東高涼官廨自刻本　十六册　存三種

440000－2541－0012902　29107
武陵山人遺書十種續刊二種　(清)顧觀光撰　清光緒九年(1883)獨山莫祥芝上海刻高桂續刻民國四年(1915)金山高煌彙印本　六册

440000－2541－0012903　29109
影山草堂六種　(清)莫友芝撰　清咸豐至光緒刻本　九册　存五種

440000－2541－0012904　29110
巴山七種　(清)王侃撰　清同治四年(1865)光裕堂刻本　六册

440000－2541－0012905　29111
鄂宰四種　(清)王筠撰　清光緒八年(1882)牟山王氏家刻本　三册

440000－2541－0012906　29112
香禪精舍集八種附七種　(清)潘鍾瑞撰　清光緒長洲潘氏香禪精舍刻本　十六册

440000－2541－0012907　29113
武陵山人遺書十種續刊二種　(清)顧觀光撰　清光緒九年(1883)獨山莫祥芝上海刻高桂續刻民國四年(1915)金山高煌彙印本　六册　存八種

440000－2541－0012908　29114
張皋文箋易詮全集十六種　(清)張惠言撰　清嘉慶至道光刻本　十二册

440000－2541－0012909　29115
十二硯齋三種　(清)汪鋆撰　清同治至光緒儀徵汪氏刻本　七册

440000－2541－0012910　29116
書畫所見録三卷金玉瑣碎二卷雨窗寄所記四卷　(清)謝堃撰　清光緒六年(1880)刻本　九册

440000－2541－0012911　29118
隨山館全集七種　(清)汪瑔撰　清光緒刻本　八册　存六種

440000－2541－0012912　29119
隨山館全集七種　(清)汪瑔撰　清光緒刻本　八册　存五種

440000－2541－0012913　29125
大鶴山房全書十種附一種　鄭文焯撰　清光緒至民國刻民國九年(1920)蘇州交通圖書館彙印本　六册　存十種

440000－2541－0012914　29126
樊山集二十五種續集二十五種　樊增祥撰　清光緒十九年(1893)渭南縣署刻二十八年(1902)西安臬署續刻本　二十一册　存四十四種

440000－2541－0012915　29149
觀古堂所著書二集二十種　葉德輝撰　清光緒湘潭葉德輝刻本　十四册　存十四種

440000－2541－0012916　29153
蕙風叢書七種附一種　況周頤撰　清光緒刻民國十四年(1925)上海中國書店印本　十二册

440000－2541－0012917　29161
千一齋全書四十三種(千一齋叢書)　(清)程先甲撰　清光緒二十八年至民國二十一年(1902－1932)江寧程氏千一齋續刻彙印本　十五册　存十種

440000－2541－0012918　29162
千一齋全書四十三種(千一齋叢書)　(清)程先甲撰　清光緒二十八年至民國二十一年

(1902－1932)江寧程氏千一齋續刻彙印本　七册　存三種

440000－2541－0012919　29165
琴志樓叢書五十六種　易順鼎撰　清光緒刻本　九册

440000－2541－0012920　29173
大鶴山房全書十種附一種　鄭文焯撰　清光緒至民國刻民國九年(1920)蘇州交通圖書館彙印本　七册

440000－2541－0012921　29179
張氏叢書(二酉堂叢書)二十一種　(清)張澍編　清道光元年(1821)武威張氏二酉堂刻本　八册

440000－2541－0012922　29180
張氏叢書(二酉堂叢書)二十一種　(清)張澍編　清道光元年(1821)武威張氏二酉堂刻本　十二册

440000－2541－0012923　29183
張氏叢書(二酉堂叢書)二十一種　(清)張澍編　清道光元年(1821)武威張氏二酉堂刻本　十二册

440000－2541－0012924　29184
張氏叢書(二酉堂叢書)二十一種　(清)張澍編　清道光元年(1821)武威張氏二酉堂刻本　十二册

440000－2541－0012925　29185
十種古逸書二十種　(清)茆泮林編　清道光十四年(1834)梅瑞軒刻本　五册

440000－2541－0012926　29188
玉函山房輯佚書三編五百七十三種補遺二編二十種附一種　(清)馬國翰編　清光緒九年(1883)長沙嫏嬛館刻本　九十九册　存五百八十五種

440000－2541－0012927　29189
玉函山房輯佚書三編五百七十三種補遺二編二十種附一種　(清)馬國翰編　清光緒九年(1883)長沙嫏嬛館刻本　九十六册　存五百七十九種

440000－2541－0012928　29190
玉函山房輯佚書三編五百七十三種補遺二編二十種附一種　(清)馬國翰編　清光緒九年(1883)長沙嫏嬛館刻本　一百六册

440000－2541－0012929　29191
玉函山房輯佚書三編五百七十三種補遺二編二十種附一種　(清)馬國翰編　清光緒十年(1884)楚南湘遠堂刻本　一百册

440000－2541－0012930　29192
玉函山房輯佚書三編五百七十三種補遺二編二十種附一種　(清)馬國翰編　清道光馬氏刻咸豐至同治補刻同治十年(1871)濟南皇華館書局遞修本　七十九册　存五百八十一種

440000－2541－0012931　29193
玉函山房輯佚書三編五百七十三種補遺二編二十種附一種　(清)馬國翰編　清道光馬氏刻咸豐至同治補刻同治十年(1871)濟南皇華館書局遞修光緒十年(1884)章邱李氏印本　六十四册　存五百十一種

440000－2541－0012932　29194
漢魏遺書鈔一百四種　(清)王謨編　清嘉慶三年(1798)金溪王氏刻本　十六册

440000－2541－0012933　29195
漢魏遺書鈔一百四種　(清)王謨編　清嘉慶三年(1798)金溪王氏刻本　十二册　存七十七種

440000－2541－0012934　29196
漢魏遺書鈔一百四種　(清)王謨編　清嘉慶三年(1798)金溪王氏刻本　四册　存十七種

440000－2541－0012935　29197
經義考三百卷　(清)朱彝尊撰　清光緒二十三年(1897)浙江書局刻本　五十册　存二百九十七卷(一至二百八十五、二百八十七至二百九十八)

440000－2541－0012936　29200
孫溪朱氏經學叢書初編十三種　(清)朱記榮

編　清光緒吳縣朱氏槐廬刻本　十二册

440000－2541－0012937　29201

通德遺書所見録十九種　（漢）鄭玄撰　（清）孔廣林編　清光緒十六年（1890）山東書局刻本　四册

440000－2541－0012938　29202

孫溪朱氏經學叢書初編十三種　（清）朱記榮編　清光緒吳縣朱氏槐廬刻本　十册

440000－2541－0012939　29203

五經味根録五種三十八卷　題（清）竹林館主人編　清光緒十四年（1888）同文書局石印本　十六册

440000－2541－0012940　29204

五經合纂大成五種三十四卷　（清）同文書局編　清光緒十一年（1885）同文書局石印本　二十册

440000－2541－0012941　29205

皇清經解敬修堂編目十六卷　（清）陶治元輯　清光緒十二年（1886）石印本　四册

440000－2541－0012942　29206

通志堂經解一百三十九種　（清）納蘭成德編　清同治十二年（1873）粤東書局刻本　四百八十册

440000－2541－0012943　29207

通志堂經解一百三十九種　（清）納蘭成德編　清康熙通志堂刻乾隆重修本　四百三十二册

440000－2541－0012944　29208

經苑二十五種　（清）錢儀吉編　清道光至咸豐大梁書院刻同治七年（1868）王儒行等印本　七十四册

440000－2541－0012945　29209

通志堂經解一百三十九種　（清）納蘭成德編　清同治十二年（1873）粤東書局刻本　三百五册　存一百十種

440000－2541－0012946　29210

經苑二十五種　（清）錢儀吉編　清道光至咸豐大梁書院刻同治七年（1868）王儒行等印本　六十四册

440000－2541－0012947　29213

皇清經解縮版編目十六卷　（清）陶治元輯　清光緒十七年（1891）上洋鴻寶齋石印本　二册

440000－2541－0012948　29214

皇清經解縮版編目十六卷　（清）陶治元輯　清光緒十七年（1891）上洋鴻寶齋石印本　一册

440000－2541－0012949　29215

皇清經解縮本編目十六卷　（清）淩忠照輯　清光緒十八年（1892）上海古香閣石印本　四册

440000－2541－0012950　29216

皇清經解縮本編目十六卷　（清）淩忠照輯　清光緒二十二年（1896）上海鴻文書局石印本　四册

440000－2541－0012951　29224

六藝綱目二卷六藝發原一卷字原一卷　（元）舒天民撰　（元）舒恭注　（明）趙宜中附注　清道光二十八年（1848）東武劉氏刻本　二册

440000－2541－0012952　29226

經義述聞三十二卷　（清）王引之撰　清道光七年（1827）刻本　十六册

440000－2541－0012953　29227

經義述聞三十二卷　（清）王引之撰　清道光七年（1827）刻本　十六册

440000－2541－0012954　29228

經義述聞三十二卷　（清）王引之撰　清光緒七年（1881）上海文瑞樓鉛印本　十六册

440000－2541－0012955　29229

經義述聞三十二卷　（清）王引之撰　清光緒七年（1881）上海文瑞樓鉛印本　十五册　存三十卷（一至四、七至三十二）

440000－2541－0012956　29234

欽定七經綱領不分卷　（清）□□撰　清宣統

元年(1909)學部圖書局鉛印本　一册

440000－2541－0012957　29235

群經平議三十五卷　(清)俞樾撰　清同治五年(1866)杭州刻本　十二册

440000－2541－0012958　29236

群經平議三十五卷　(清)俞樾撰　清同治五年(1866)杭州刻本　四册　存十三卷(一至十三)

440000－2541－0012959　29237

五經異義疏證三卷　(清)陳壽祺撰　清嘉慶十八年(1813)刻左海全集本　三册

440000－2541－0012960　29238

群經平議三十五卷　(清)俞樾撰　清光緒十九年(1893)味腴書屋石印本　三册

440000－2541－0012961　29240

經義尋中十二卷　(清)楊琪光撰　清光緒十一年(1885)刻本　五册　存六卷(一至六)

440000－2541－0012962　29241

通介堂經說十二卷　(清)徐灝撰　清咸豐四年(1854)番禺徐氏梧州刻學壽堂叢書本　五册

440000－2541－0012963　29243

緯攟十四卷　(清)喬松年輯　清光緒三年(1877)強恕堂刻喬勤恪公全集本　十二册

440000－2541－0012964　29244

緯攟十四卷　(清)喬松年輯　清光緒三年(1877)強恕堂刻喬勤恪公全集本　八册

440000－2541－0012965　29245

群經質二卷　(清)陳僅撰　清光緒十一年(1885)四明陳氏文則樓木活字印本　四册

440000－2541－0012966　29247

觀古堂所著書二集二十種　葉德輝撰　清光緒湘潭葉德輝刻本　十五册　存十七種

440000－2541－0012967　29248

詩經注說便讀五卷書經注說便讀四卷禮記摘刪便讀六卷左傳摘選十二卷　(□)□□撰　清抄本　十一册

440000－2541－0012968　29249

十三經札記十二種附一種　(清)朱亦棟撰　清光緒四年(1878)武林竹簡齋刻本　四册

440000－2541－0012969　29250

十三經札記十二種附一種　(清)朱亦棟撰　清光緒四年(1878)武林竹簡齋刻本　六册

440000－2541－0012970　29251

十三經札記十二種附一種　(清)朱亦棟撰　清光緒四年(1878)武林竹簡齋刻本　五册

440000－2541－0012971　29252

十三經注疏校勘記識語四卷　(清)汪文臺撰　清光緒三年(1877)江西書局刻本　一册

440000－2541－0012972　29253

十三經注疏校勘記識語四卷　(清)汪文臺撰　清光緒三年(1877)江西書局刻本　一册

440000－2541－0012973　29254

十三經注疏校勘記識語四卷　(清)汪文臺撰　清光緒三年(1877)江西書局刻本　一册

440000－2541－0012974　29255

十三經注疏校勘記識語四卷　(清)汪文臺撰　清光緒三年(1877)江西書局刻本　一册

440000－2541－0012975　29256

十三經注疏校勘記識語四卷　(清)汪文臺撰　清光緒三年(1877)江西書局刻本　一册

440000－2541－0012976　29257

經文碧海鯨不分卷　(清)陳樵峰撰　清光緒八年(1882)群玉山房刻本　二十五册

440000－2541－0012977　29258

雪樵經解三十三卷　(清)馮世瀛撰　清光緒十一年(1885)馮氏辨齋錫活字印本　八册

440000－2541－0012978　29259

古經解鉤沈三十卷　(清)余蕭客撰　清光緒二十一年(1895)杭州竹簡齋石印本　十二册

440000－2541－0012979　29260

雪樵經解三十三卷　(清)馮世瀛撰　清光緒十五年(1889)邘江晉銅古齋鉛印本　八册

440000－2541－0012980　29261
雪樵經解三十三卷　（清）馮世瀛撰　清光緒十五年（1889）邗江晉銅古齋鉛印本　八册

440000－2541－0012981　29262
雪樵經解三十三卷　（清）馮世瀛撰　清光緒十五年（1889）邗江晉銅古齋鉛印本　八册

440000－2541－0012982　29263
經解萃精二集十二卷　（清）□□輯　清光緒十九年（1893）上海點石齋石印本　五册

440000－2541－0012983　29264
四書五經義匯海不分卷　亦園居士輯　清光緒二十八年（1902）上海印書館石印本　十五册

440000－2541－0012984　29265
經講類典合編五種　題（清）奎璧齋主人編　清光緒十四年（1888）上海鴻寶齋石印本　六册　存二種

440000－2541－0012985　29266
經學輯要二十四卷　（清）吴潁炎輯　清光緒十四年（1888）上海點石齋石印本　三十二册

440000－2541－0012986　29267
經藝淵海不分卷　（清）常安室主人輯　清光緒十一年（1885）上海點石齋石印本　十册

440000－2541－0012987　29268
十三經集字音釋四卷　（清）黄蕙田音釋　清同治蔣存誠刻本　六册

440000－2541－0012988　29269
十三經集字摹本四卷　（清）彭玉雯纂　清刻本　七册

440000－2541－0012989　29270
十三經集字摹本四卷　（清）彭玉雯纂　清刻本　十册

440000－2541－0012990　29275
十三經諸家引書異字同聲考十三卷　（清）丁顯撰　清光緒刻丁西圃叢書本　五册　存五卷（一至四、九）

440000－2541－0012991　29280
述學内篇三卷外篇一卷補遺一卷别録一卷　（清）汪中撰　清嘉慶二十年（1815）刻本　一册

440000－2541－0012992　29282
述學内篇三卷外篇一卷補遺一卷别録一卷附録一卷　（清）汪中撰　**校勘記一卷**　（清）方濬頤撰　清同治八年（1869）揚州書局刻本　三册

440000－2541－0012993　29283
述學内篇三卷外篇一卷補遺一卷别録一卷附録一卷　（清）汪中撰　**校勘記一卷**　（清）方濬頤撰　清同治八年（1869）揚州書局刻本　一册

440000－2541－0012994　29286
娱親雅言六卷　（清）嚴元照撰　清光緒十一年（1885）吴縣王氏弢園木活字印本　四册

440000－2541－0012995　29290
古微書三十六卷　（明）孫瑴撰　清刻本　二册

440000－2541－0012996　29291
古微書三十六卷　（明）孫瑴撰　清嘉慶十七年（1812）禹航陳世望對山問月樓刻本　四册

440000－2541－0012997　29292
古微書三十六卷　（明）孫瑴撰　清刻本　十二册

440000－2541－0012998　29293
五經文海不分卷　題（清）海墨樓書局主人輯　清光緒十年（1884）廣州海墨樓書局石印本　十二册

440000－2541－0012999　29294
溫故録一卷　（清）長庚撰　清光緒三十三年（1907）刻本　一册

440000－2541－0013000　29295
孔叢伯説經五稾　（清）孔廣林撰　清光緒十六年（1890）山東書局刻本　五册

440000－2541－0013001　29296
古微書三十六卷　（明）孫瑴撰　清光緒十四

年(1888)刻本　五册

440000－2541－0013002　29297
溫故録一卷　(清)長庚撰　清光緒三十三年(1907)刻本　一册

440000－2541－0013003　29298
九經今義二十八卷　(清)成本璞撰　清光緒三十一年(1905)鉛印本　一册　存十三卷(一至十三)

440000－2541－0013004　29299
溫經日記六卷　(清)林昌彝撰　清光緒十六年(1890)侯官林氏小石渠閣刻本　六册

440000－2541－0013005　29300
溫經日記六卷　(清)林昌彝撰　清光緒十六年(1890)侯官林氏小石渠閣刻本　五册　存五卷(一至五)

440000－2541－0013006　29301
四書五經義大全五十六卷　(清)雙璞齋主人輯　清光緒上海圖書集成局鉛印本　十四册　存五十三卷(四至五十六)

440000－2541－0013007　29302
四書五經義約鈔不分卷　(清)花峯主人輯　清光緒上海書局鉛印本　二册

440000－2541－0013008　29303
經解入門八卷　(清)江藩撰　清光緒石印本　一册　存四卷(一至四)

440000－2541－0013009　29304
經解入門八卷　(清)江藩撰　清光緒二十年(1894)上海文林書局石印本　二册

440000－2541－0013010　29308
經學講義二卷　(清)京師大學堂輯　清光緒三十年(1904)學務處官書局鉛印本　一册

440000－2541－0013011　29311
重刊宋本十三經註疏附校勘記　(清)阮元撰校勘記　(清)盧宣旬摘録　清光緒十三年(1887)上海脉望仙館石印本　三十二册

440000－2541－0013012　29312
重刊宋本十三經註疏附校勘記　(清)阮元撰校勘記　(清)盧宣旬摘録　清光緒十三年(1887)上海脉望仙館石印本　三十一册

440000－2541－0013013　29313
重刊宋本十三經註疏附校勘記　(清)阮元撰校勘記　(清)盧宣旬摘録　清光緒十三年(1887)上海脉望仙館石印本　三十二册

440000－2541－0013014　29315
十三經注疏　(□)□□編　清嘉慶三年(1798)金閶書業堂刻本　一百十九册

440000－2541－0013015　29316
十三經注疏　(清)汪文臺撰　清嘉慶十八年(1813)繡谷四友堂刻本　一百十九册

440000－2541－0013016　29317
十三經古注　(三國魏)王弼注　(明)金蟠編　清嘉慶刻本　六十四册

440000－2541－0013017　29318
十三經注疏校勘記識語四卷　(清)汪文臺撰　清光緒三年(1877)江西書局刻本　二册

440000－2541－0013018　29319
重刊宋本十三經註疏附校勘記　(□)□□編　清同治十年(1871)廣東書局刻本　七十七册　存十一種

440000－2541－0013019　29320
重刊宋本十三經註疏附校勘記　(□)□□編　清同治十年(1871)廣東書局刻本　一百二十册

440000－2541－0013020　29321
重刊宋本十三經註疏附校勘記　(□)□□編　清同治十年(1871)廣東書局刻本　一百二十册

440000－2541－0013021　29322
十三經古注　(三國魏)王弼注　(明)金蟠編　清同治八年(1869)浙江書局刻本　五十六册

440000－2541－0013022　29323
十三經古注　(三國魏)王弼注　(明)金蟠編　清同治八年(1869)浙江書局刻本　四十七

册

440000－2541－0013023　29324
十三經客難十二種附三種　(清)龔元玠撰　清道光二十六年(1846)刻本　二十二册

440000－2541－0013024　29325
十三經客難十二種附三種　(清)龔元玠撰　清道光二十六年(1846)刻本　二十一册

440000－2541－0013025　29326
十三經客難十二種附三種　(清)龔元玠撰　清道光二十六年(1846)刻本　十四册

440000－2541－0013026　29328
御纂七經　(清)李光地等撰　清光緒二十九年(1903)上海慎記書莊石印本　二十四册

440000－2541－0013027　29329
御纂七經　(清)李光地等撰　清同治六年(1867)浙江書局刻本　一百四十一册

440000－2541－0013028　29330
御纂七經　(清)李光地等撰　清同治六年(1867)浙江書局刻本　一百四十册

440000－2541－0013029　29331
御纂七經　(清)李光地等撰　清同治十年(1871)湖北崇文書局刻本　一百七十册

440000－2541－0013030　29332
皇朝五經彙解二百七十卷　題(清)抉經心室主人編　清光緒十九年(1893)同文書局石印本　三十二册

440000－2541－0013031　29333
皇朝五經彙解二百七十卷　題(清)抉經心室主人編　清光緒十九年(1893)同文書局石印本　十六册

440000－2541－0013032　29334
皇朝五經彙解二百七十卷　題(清)抉經心室主人編　清光緒十四年(1888)鴻文書局石印本　三十二册

440000－2541－0013033　29335
五經備旨四十五卷　(清)鄒聖脈輯　(清)鄒可庭訂　清光緒十五年(1889)上海積山書局石印本　十二册

440000－2541－0013034　29336
古經解彙函十六種附小學彙函　(清)鍾謙鈞等編　清同治十二年(1873)粤東書局刻本　六十七册

440000－2541－0013035　29337
古經解彙函十六種附小學彙函　(清)鍾謙鈞等編　清同治十二年(1873)粤東書局刻本　六十八册

440000－2541－0013036　29338
古經解彙函二十三種附小學彙函　(清)鍾謙鈞等編　清光緒十四年(1888)上海蜚英館石印本　十八册

440000－2541－0013037　29339
古經解彙函二十三種附小學彙函　(清)鍾謙鈞等編　清光緒十四年(1888)上海蜚英館石印本　二十册

440000－2541－0013038　29340
御纂五經　(□)□□編　清光緒二十九年(1903)積山書局石印本　十六册

440000－2541－0013039　29341
御纂五經　(□)□□編　清光緒十九年(1893)鴻寶齋石印本　十六册

440000－2541－0013040　29342
皇清經解一千四百八卷　(清)阮元編　清道光九年(1829)廣東學海堂刻咸豐十一年(1861)補刻本　三百六十册

440000－2541－0013041　29343
皇清經解一千四百八卷　(清)阮元編　清道光九年(1829)廣東學海堂刻咸豐十一年(1861)補刻本　三百六十册

440000－2541－0013042　29344
皇清經解一百八十種　(清)阮元編　清光緒十三年(1887)上海書局石印本　六十四册

440000－2541－0013043　29345
皇清經解一千四百八卷　(清)阮元編　清道光九年(1829)廣東學海堂刻咸豐十一年

(1861)補刻本　三百六十冊

440000－2541－0013044　29346
皇清經解一百八十種　(清)阮元編　清光緒十三年(1887)上海書局石印本　六十四冊

440000－2541－0013045　29347
皇清經解一百八十種　(清)阮元編　清光緒十三年(1887)上海書局石印本　五十二冊　存一百四十三種

440000－2541－0013046　29348
皇清經解一百八十種　(清)阮元編　清光緒十三年(1887)上海書局石印本　六十二冊　存一百七十一種

440000－2541－0013047　29349
皇清經解一百九十卷首一卷　(清)阮元編　清光緒十七年(1891)上海鴻寶齋石印本　二十一冊　存一百六十九卷(一至八十七、九十七至一百五十五、一百六十八至一百九十)

440000－2541－0013048　29350
皇清經解續編二百九卷　王先謙編　清光緒十五年(1889)上海蜚英館石印本　三十冊

440000－2541－0013049　29351
皇清經解續編一千四百三十卷　王先謙編　清光緒十四年(1888)南菁書院刻本　三百二十冊

440000－2541－0013050　29352
皇清經解續編一千四百三十卷　王先謙編　清光緒十四年(1888)南菁書院刻本　三百十一冊　存一千三百八十一卷(一至二百三十七、二百五十至三百二十一、三百五十四至一千四百五、一千四百十一至一千四百三十)

440000－2541－0013051　29353
皇清經解續編二百九卷　王先謙編　清光緒十五年(1889)上海蜚英館石印本　三十一冊　存一百九十二卷(一至一百九十二)

440000－2541－0013052　29354
皇清經解續編二百九卷　王先謙編　清光緒十五年(1889)上海蜚英館石印本　二十二冊　存一百三十七卷(一至十七、五十一至八十六、九十六至一百五、一百六下至一百五十七上、一百六十五至一百六十七、一百七十四至一百九十二)

440000－2541－0013053　29355
愚一録十二卷　(清)鄭獻甫撰　清光緒二年(1876)黔南道署刻本　五冊　存十卷(一至十)

440000－2541－0013054　29356
愚一録十二卷　(清)鄭獻甫撰　清光緒二年(1876)黔南道署刻本　六冊

440000－2541－0013055　29357
經訓比義三卷　(清)黄以周撰　清光緒二十二年(1896)南菁講舍刻本　三冊

440000－2541－0013056　29358
茶香室經説十六卷　(清)俞樾撰　清光緒七年(1881)廣東學院刻本　四冊

440000－2541－0013057　29359
七經偶記八種　(清)汪德鉞撰　(清)臧庸編　清道光誠意堂家刻本　二冊

440000－2541－0013058　29360
授堂遺書八種附一種　(清)武億撰　清道光二十三年(1843)偃師武氏刻本　十五冊

440000－2541－0013059　29361
授堂遺書八種附一種　(清)武億撰　清道光二十三年(1843)偃師武氏刻本　二十一冊

440000－2541－0013060　29362
潘相所著書七種附二種　(清)潘相撰　清刻本　五十六冊

440000－2541－0013061　29368
古學考一卷　廖平撰　清光緒二十三年(1897)尊經書局刻本　一冊

440000－2541－0013062　29370
蜚雲閣凌氏叢書六種　(清)凌曙撰　清嘉慶至道光江都凌氏蜚雲閣刻本　十冊　存五種

440000－2541－0013063　29371
仿宋相臺五經附考證九十六卷　(宋)岳珂編

清同治三年(1864)南海鄺氏九我堂刻本　三十八册

440000－2541－0013064　29372
慎始基齋叢書十一種　盧靖編　清光緒沔陽盧氏刻民國十二年(1923)彙印本　四册　存六種

440000－2541－0013065　29373
群經識小八卷　(清)李惇撰　清道光六年(1826)刻本　四册

440000－2541－0013066　29374
船山遺書六十六種附二種　(清)王夫之撰　清同治四年(1865)湘鄉曾氏金陵節署刻本　十七册　存二十六種

440000－2541－0013067　29375
五經集解三十三卷　(清)馮世瀛撰　清光緒十年(1884)刻本　十二册　存二十卷(一至二十)

440000－2541－0013068　29376
十一經音訓十一種　(清)楊國楨等輯　清道光十年(1830)大梁書院刻光緒十六年(1890)吳重熹補刻本　二十六册

440000－2541－0013069　29377
十一經音訓十一種　(清)楊國楨等輯　清道光十年(1830)大梁書院刻光緒十六年(1890)吳重熹補刻本　二十二册　存八種

440000－2541－0013070　29378
五經四書六種　(清)□□編　清恕堂刻本　四十六册

440000－2541－0013071　29379
王船山先生經史論八種　(清)王夫之撰　清光緒二十六年至二十七年(1900－1901)石印本　十二册

440000－2541－0013072　29380
雪樵經解三十三卷　(清)馮世瀛撰　清光緒十五年(1889)邗江晉銅古齋鉛印本　八册

440000－2541－0013073　29381
黄氏逸書考(漢學堂叢書)三百五十二種　(清)黄奭編　清道光甘泉黄氏刻民國十四年(1925)王鑒修補印本　一百册

440000－2541－0013074　29382
兒笘錄四卷讀書餘録二卷　(清)俞樾撰　清光緒二十五年(1899)刻春在堂全書本　二册

440000－2541－0013075　29384
眼學偶得一卷　羅振玉撰　清光緒十七年(1891)刻本　一册

440000－2541－0013076　29385
尖陽叢筆十卷　(清)吳騫撰　清宣統三年(1911)上海國學扶輪社鉛印張氏適園叢書初集本　二册

440000－2541－0013077　29394
經學通論五卷經學歷史一卷　(清)皮錫瑞撰　清光緒三十二年(1906)思賢書局刻皮氏經學叢書本　六册

440000－2541－0013078　29399
經學歷史一卷　(清)皮錫瑞撰　清光緒三十二年(1906)思賢書局刻皮氏經學叢書本　一册

440000－2541－0013079　29403
新學偽經考十四卷　康有為撰　清光緒十七年(1891)武林望雲樓石印本　三册　存四卷(一至四)

440000－2541－0013080　29404
新學偽經考十四卷　康有為撰　清光緒十七年(1891)武林望雲樓石印本　六册　存十一卷(一至九、十三至十四)

440000－2541－0013081　29405
經學不厭精二卷　(德國)花之安撰　清光緒二十二年至二十四年(1896－1898)上海美華書館鉛印本　六册

440000－2541－0013082　29406
經學不厭精二卷　(德國)花之安撰　清光緒二十二年至二十四年(1896－1898)上海美華書館鉛印本　六册

440000－2541－0013083　29410

古書疑義舉例七卷　(清)俞樾撰　清同治十年(1871)刻本　二冊

440000－2541－0013084　29411
新學僞經考十四卷　康有為撰　清光緒十七年(1891)武林望雲樓石印本　八冊

440000－2541－0013085　29413
西學啟蒙十六種　(英國)赫德編　(英國)艾約瑟譯　清光緒二十四年(1898)上海圖書集成印書局鉛印本　十六冊

440000－2541－0013086　29415
南海桂氏經學六種　(清)桂文燦撰　清咸豐至光緒刻本　六冊

440000－2541－0013087　29416
西學啟蒙十六種　(英國)赫德編　(英國)艾約瑟譯　清光緒二十四年(1898)上海圖書集成印書局鉛印本　十六冊

440000－2541－0013088　29417
西學啟蒙十六種　(英國)赫德編　(英國)艾約瑟譯　清光緒二十四年(1898)石印本　八冊　存八種

440000－2541－0013089　29418
小嫏嬛山館彙刊類書十二種　(清)□□編　清咸豐元年(1851)刻本　八冊

440000－2541－0013090　29419
小嫏嬛山館彙刊類書十二種　(清)□□編　清同治六年(1867)緯文堂刻本　八冊

440000－2541－0013091　29420
小嫏嬛山館彙刊類書十二種　(清)□□編　清同治六年(1867)緯文堂刻本　七冊　存十一種

440000－2541－0013092　29421
藝文類聚一百卷　(唐)歐陽詢輯　清光緒五年(1879)華陽宏達堂刻本　二十三冊　存九十六卷(一至八十四、八十九至一百)

440000－2541－0013093　29422
藝文類聚一百卷　(唐)歐陽詢輯　清光緒五年(1879)華陽宏達堂刻本(卷一抄配)　三十六冊

440000－2541－0013094　29424
北堂書鈔一百六十卷首一卷　(唐)虞世南纂　(清)孔廣陶校注　清光緒十四年(1888)南海孔氏三十有三萬卷堂刻本　十一冊　存八十七卷(一至十八、三十五至五十一、九十至一百四十一)

440000－2541－0013095　29425
北堂書鈔一百六十卷首一卷　(唐)虞世南纂　(清)孔廣陶校注　清光緒十四年(1888)南海孔氏三十有三萬卷堂刻本　二十冊

440000－2541－0013096　29426
北堂書鈔一百六十卷首一卷　(唐)虞世南纂　(清)孔廣陶校注　清光緒十四年(1888)南海孔氏三十有三萬卷堂刻本　二十冊

440000－2541－0013097　29427
北堂書鈔一百六十卷首一卷　(唐)虞世南纂　(清)孔廣陶校注　清光緒十四年(1888)南海孔氏三十有三萬卷堂刻本　二十冊

440000－2541－0013098　29428
古香齋鑒賞袖珍初學記三十卷　(唐)徐堅等撰　清光緒八年至九年(1882－1883)南海孔氏刻古香齋袖珍十種本　十二冊

440000－2541－0013099　29429
古香齋鑒賞袖珍初學記三十卷　(唐)徐堅等撰　清光緒八年至九年(1882－1883)南海孔氏刻古香齋袖珍十種本　十一冊　存二十八卷(一至二十六、二十九至三十)

440000－2541－0013100　29430
古香齋鑒賞袖珍初學記三十卷　(唐)徐堅等輯　清刻本　十六冊

440000－2541－0013101　29431
古香齋鑒賞袖珍初學記三十卷　(唐)徐堅等撰　清光緒八年至九年(1882－1883)南海孔氏刻古香齋袖珍十種本　十二冊

440000－2541－0013102　29432
編珠二卷　(隋)杜公瞻撰　**編珠補遺二卷續**

編珠二卷　(清)高士奇編　清刻本　六冊

440000－2541－0013103　29433
太平御覽一千卷目錄十五卷　(宋)李昉等輯　清光緒十八年(1892)南海李氏刻本　一百二十冊

440000－2541－0013104　29434
太平御覽一千卷目錄十五卷　(宋)李昉等輯　清光緒十八年(1892)南海李氏刻本　九十六冊　存九百七十六卷(一至八、三十至八百九十七、九百一至一千)

440000－2541－0013105　29435
太平御覽一千卷　(宋)李昉等輯　清光緒二十年(1894)上海積山書局石印本　三十二冊　存九百五十三卷(一至四百六十、五百八至一千)

440000－2541－0013106　29436
太平御覽一千卷目錄十五卷　(宋)李昉等輯　清光緒十八年(1892)南海李氏刻本　七十六冊　存九百五十七卷(一至二百二、二百十七至八百十三、八百四十三至一千)

440000－2541－0013107　29438
冊府元龜一千卷　(宋)王欽若等輯　清嘉慶十九年(1814)刻本　二百八十五冊　存八百六十四卷(一至四百八十四、五百十八至七百七十五、七百八十至八百五、九百二至九百五、九百九至一千)

440000－2541－0013108　29440
玉海二百四卷附刻十四種　(宋)王應麟撰　清嘉慶十一年(1806)刻本　九十一冊　存二百四十卷(一、四至五、九至二十六、三十至七十七、八十至一百四十七、一百五十五至二百四,詩地理考六卷,漢藝文志考證十卷,通鑑地理通釋一至七、十一至十四,急就篇三至四,漢制攷四卷,姓氏急就篇二卷,小學紺珠十卷,六經天文編二卷,周易鄭康成注一卷,通鑑答問五卷)

440000－2541－0013109　29441
玉海二百四卷附刻十四種　(宋)王應麟撰　清嘉慶十一年(1806)刻本　七十四冊　存一百九十五卷(四至六十五、一百三十至二百四,詩地理考六卷,漢藝文志考證十卷,通鑑地理通釋十四卷,急就篇四卷,漢制攷四卷,姓氏急就篇二卷,小學紺珠十卷,六經天文編二卷,周易鄭康成注一卷,通鑑答問五卷)

440000－2541－0013110　29442
二十二子　(清)浙江書局編　清光緒浙江書局刻本　五十六冊　存十六種

440000－2541－0013111　29443
玉海二百四卷附刻十四種　(宋)王應麟撰　清光緒九年(1883)浙江書局刻本　一百二十冊　存二百四卷(玉海二百四卷)

440000－2541－0013112　29444
玉海附刻十四種　(宋)王應麟撰　清光緒九年(1883)浙江書局刻本　二十二冊

440000－2541－0013113　29445
重訂事類賦三十卷　(宋)吳淑撰並注　清道光二十九年(1849)刻本　四冊

440000－2541－0013114　29448
謝華啟秀集八卷　(明)楊慎輯　清道光六年(1826)掃葉山房刻本　二冊

440000－2541－0013115　29449
新增說文韻府羣玉二十卷　(元)陰時夫輯　(元)陰中夫注　清刻本　五冊

440000－2541－0013116　29452
表異録二十卷　(明)王志堅纂　清光緒二年(1876)陳其元庸閒齋刻陳刻二種本　二冊

440000－2541－0013117　29454
廣博物志五十卷　(明)董斯張輯　清光緒五年(1879)學海堂刻本　二十冊

440000－2541－0013118　29455
天中記六十卷　(明)陳耀文輯　清光緒四年(1878)聽雨山房刻本　六十冊

440000－2541－0013119　29465
五經典林五十四卷　(清)何松纂　清光緒元年(1875)刻本　二十冊

440000－2541－0013120　29468

增廣四書五經典林十二卷　題(清)求是書齋主人纂　清光緒十五年(1889)上洋積山書局石印本　六册

440000－2541－0013121　29469

經藝類腋不分卷　(清)陳邦鏞撰　清光緒十四年(1888)百城書局石印本　八册

440000－2541－0013122　29470

十三經分類政要十卷　(清)周世樟輯　清光緒二十八年(1902)教育世界社石印本　四册　存三卷(一至三)

440000－2541－0013123　29471

五洲事類匯表五十卷　(清)趙士元　(清)孔昭紱輯　清光緒二十九年(1903)上海仁記書局石印本　二十册

440000－2541－0013124　29472

人鏡類纂四十六卷　(清)程之楨纂　清同治十二年(1873)刻本　十二册

440000－2541－0013125　29473

古學記問録十五卷　(清)吴蔚文撰　清同治四年(1865)刻本　七册　存十四卷(一至十四)

440000－2541－0013126　29474

泰西藝學通考十六卷　(清)何良棟纂　清光緒二十七年(1901)鴻寶書局石印本　二十四册

440000－2541－0013127　29475

泰西藝學通考十六卷　(清)何良棟纂　清光緒二十七年(1901)鴻寶書局石印本　二十四册

440000－2541－0013128　29476

欽定古今圖書集成一萬卷總目四十卷考證二十四卷　(清)陳夢雷原纂　(清)蔣廷錫等重纂　清光緒十年(1884)上海圖書集成局鉛印本　一千二百五十一册　存七千五百九十二卷(曆象彙編乾象典五至十、二十二至二十七、三十九至四十三、六十五至七十一、九十二至一百,歲功典一至十、十六至二十七、三十三至四十四、五十六至六十一、六十八至八十五、九十三至一百十六,曆法典七至二十四、三十至四十、四十六至五十四、五十九至六十二、七十九至一百九、一百二十至一百二十七、一百三十四至一百四十,庶徵典一至六、四十四至四十九、六十一至七十三、八十至八十五、九十二至九十八、一百二十六至一百三十二、一百五十一至一百七十一、一百七十八至一百八十三,方輿彙編坤輿典二十至二十六、四十四至四十九、九十一至一百十四、一百三十一至一百三十五,職方典一至四、二十九至三十三、四十至四十五、七十至七十四、一百三十九至一百六十一、一百七十至一百七十七、二百二十六至二百三十三、二百九十一至二百九十七、三百四至三百四十六、三百五十六至三百六十二、四百六至四百二十、四百五十七至四百六十一、四百七十七至四百八十四、四百九十二至五百六、五百十五至五百二十一、五百三十五至五百五十五、五百八十九至六百十五、六百二十二至六百四十六、六百五十八至六百七十一、七百二十至七百二十六、七百三十五至七百五十、七百六十至七百八十三、八百一至八百十七、八百二十六至八百三十九、八百四十六至八百五十二、八百五十九至八百六十六、八百七十四至八百九十五、九百四至九百十二、九百三十至九百三十六、九百四十三至九百五十五、九百六十三至一千四十二、一千五十六至一千一百二十六、一千一百三十三至一千一百四十四、一千一百八十三至一千一百八十八、一千一百九十六至一千二百一、一千二百九至一千二百十五、一千二百二十二至一千二百三十二、一千二百三十九至一千二百七十二、一千二百八十至一千二百九十三、一千三百一至一千三百七、一千三百十五至一千三百三十四、一千三百四十八至一千三百五十四、一千三百六十三至一千三百六十九、一千三百七十七至一千三百八十八、一千三百九十三至一千四百六、一千四百二十二至一千四百二十七、一千四百五十三至一千四百五十九、一千四百六十六至一千四百七十一、一千四百七十九至一千五百五、一千五百八至一千五百四十四,山川典七至二十二、二十八至四十五、五十二至二百四十三、二百四十六至二百四十八、二百五十一至三百二十,邊裔典一至七、八十三至八十六、一百八至一百十五,明倫彙編皇極典一至一百七十二、一百九十二至三百,宮闈典一至三十六、五十五至三百七十九、三百八十一至八百,家範典七十八至八十三,交誼典三十八至一百九、一百十六至一百二十,氏族典一至九十四、一百八至三百八十四、三百九十一至六百四十,人事典一至八十三、八十九至一百十二,閨媛典十二至二十二、二十九至三十三、五十二至六十四、七十一至八十、八十六至九十一、九十九至一百三十八、一百五十九至一百七十六、一百八十三至一百九十五、二百五十七至二百九十八,博物彙編藝術典七至三十四、五十六至七十、七十六至九十六、九十八至一百十九、一百二十一至一百五十一、一百五十三至一百六十四、一百六十六至一百六十九、一百七十一至一百八十八、一百九十至二百一、二百十四至二百四十三、二百五十二至二百七十四、二百八十七至二百九十二、二百九十九至三百三、三百五至三百十六、三百三十四至三百五十五、三百六十一至四百一、四百七至四百十一、四百十四至四百十五、四百十七至四百二十一、四百二十七至四百三十六、四百四十三至四百五十九、四百六十六至五百三十七、五百七十至五百八十二、五百八十九至五百九十六、六百三至六百十三、六百三十四至六百四十六、六百五十二至六百五十六、六百六十八至六百七十四、七百二十七至八百二十四,神異典十七至二十二、二十八至三十八、四十四至四十八、五十四至五十九、六十六至八十六、九十八至一百十三、一百二十五至一百四十一、一百四十八至一百五十三、一百六十至一百八十八、二百六至二百六十二、三百六至三百二十,禽蟲典二至一百四十九、一百五十二至一百九十二,草木典一至七十、七十七至二百五十八、二百六十五至三百十八,理學彙編經籍典一至八十九、九十五至一百二、一百十至五百,學行典一至三十九、四十四至三百,文學典二百六十卷,字學典一至十九、二十二至一百六十,經濟彙編選舉典一百三十六卷,銓衡典一百二十卷,食貨典一至二百七十八、二百八十六至三百六十,禮儀典一至二百二十八、二百四十一至二百四十七、二百六十一至二百七十三、二百八十八至三百四十八,樂律典三十至一百三十六,戎政典一至二百八十六,祥刑典一百八十卷,考工典六至四十九、五十九至六十五、七十九至九十二、九十九至一百七十四、一百八十八至一百九十八、二百三十一至二百三十九;總目一至十七)

440000－2541－0013129　29477

欽定古今圖書集成一萬卷總目四十卷考證二十四卷　(清)陳夢雷原纂　(清)蔣廷錫等重纂　清光緒十年(1884)上海圖書集成局鉛印本　一百二十六册　存七百六卷(曆象彙編乾象典二十二至二十七、九十二至一百,明倫彙編皇極典一百七至一百十九、一百三十八至一百五十一、一百七十三至一百八十五、二百六十四至二百七十一、二百七十七至二百八十一,明倫彙編宮闈典二十九至四十二、五十至六十一、一百三至一百十六、一百二十三至一百三十三,明倫彙編官常典七至十二,博物彙編藝術典四十五至五十、一百九十七至二百七、二百三十九至二百四十五、二百五十二至二百六十八、三百三十四至三百三十九、三百七十六至三百八十一、三百八十六至四百二十、四百三十二至四百三十六、五百二十三至五百三十二、五百三十八至五百四十三、五百四十九至五百五十八、五百六十五至五百六十九、五百八十三至五百八十八、六百九至六百十三、六百二十至六百二十六、六百五十二至六百六十三、六百七十一至六百七十四、六百八十三至六百九十一、六百九十七至七百一、七百十六至七百二十一、七百三十二至七百四十八、七百六十至七百六十六、八百十九至八百二十四,博物彙編神異典十七至二十二、二十八至三十四、三十九至四十三、一百十四至一百二十九、一百三十六至一百

四十一、一百六十至一百六十四、一百八十三至一百九十三、二百至二百十二、二百三十三至二百三十八、二百五十七至二百六十二、二百九十三至二百九十八、三百六至三百二十，理學彙編經籍典三十五至三十九、四十五至五十三、七十至七十四、九十至九十四、一百三十六至一百四十一、一百五十八至一百六十三、一百九十七至二百九、二百三十八至二百五十八、三百四十五至三百五十五、三百八十一至三百八十四、三百九十六至四百六、四百二十九至四百三十三、四百六十九至四百七十四，經濟彙編戎政典一百八十二至一百八十六、二百二十八至二百三十九，經濟彙編祥刑典二十三至四十一、四十七至五十六、六十七至一百六、一百四十六至一百五十二、一百六十六至一百七十五，經濟彙編考工典五十至五十八、六十六至七十一、一百七十五至一百八十七、一百九十九至二百三十一）

440000－2541－0013130　29478

欽定古今圖書集成一萬卷總目四十卷考證二十四卷　（清）陳夢雷原纂　（清）蔣廷錫等重纂　清光緒十年（1884）上海圖書集成局鉛印本　二十二冊　存一百二十三卷（明倫彙編皇極典二十八至三十八、八十二至八十七、一百二十六至一百三十一、一百三十八至一百四十四、一百五十九至一百七十二、一百七十九至一百八十五、二百五十八至二百六十三，理學彙編經籍典九十九至一百二、三百八十一至三百八十五、四百二至四百六、四百八十六至四百九十二，博物彙編神異典三十一至三十四、九十二至九十七、一百二十五至一百二十九、一百八十九至一百九十三、二百六十三至二百六十八，經濟彙編祥刑典二十三至二十七、三十三至四十一、一百十二至一百十六）

440000－2541－0013131　29483

佩文韻府一百六卷　（清）張玉書等輯　**拾遺一百六卷**　（清）汪灝等纂　清道光嶺南潘氏海山仙館刻本　一百六十冊

440000－2541－0013132　29484

佩文韻府一百六卷　（清）張玉書等輯　**拾遺一百六卷**　（清）汪灝等纂　清道光嶺南潘氏海山仙館刻本　一百三十一冊　存一百八十九卷（一至七上、八至十一、十三、十五至二十六、三十四下至八十九、九十五至九十九、一百五至一百六，拾遺一至三十三、三十八至一百六）

440000－2541－0013133　29485

佩文韻府一百六卷　（清）張玉書等輯　**拾遺一百六卷**　（清）汪灝等纂　清光緒十九年（1893）上海點石齋石印本　二十三冊　存一百一卷（佩文韻府一至九十二、九十八至一百六）

440000－2541－0013134　29486

佩文韻府一百六卷　（清）張玉書等輯　**拾遺一百六卷**　（清）汪灝等纂　清光緒二十年（1894）上海點石齋石印本　六十冊

440000－2541－0013135　29487

佩文韻府一百六卷　（清）張玉書等輯　**拾遺一百六卷**　（清）汪灝等纂　清光緒二十年（1894）上海點石齋石印本　四十七冊　存九十六卷（佩文韻府一至三十七、四十八至一百六）

440000－2541－0013136　29488

佩文韻府一百六卷　（清）張玉書等輯　**拾遺一百六卷**　（清）汪灝等纂　清光緒二十一年（1895）上海點石齋石印本　二十四冊

440000－2541－0013137　29489

佩文韻府一百六卷　（清）張玉書等輯　**拾遺一百六卷**　（清）汪灝等纂　清光緒二十一年（1895）上海點石齋石印本　十七冊　存七十九卷（佩文韻府七至二十上、二十三至二十五、三十一至三十七上、四十六至九十三上、一百至一百六）

440000－2541－0013138　29490

佩文韻府一百六卷　（清）張玉書等輯　**拾遺一百六卷**　（清）汪灝等纂　清光緒二十八年（1902）上海點石齋石印本　一百冊

440000－2541－0013139　29491
佩文韻府一百六卷　(清)張玉書等輯　**拾遺一百六卷**　(清)汪灝等纂　清光緒十二年(1886)上海同文書局石印本　六十册

440000－2541－0013140　29492
佩文韻府一百六卷　(清)張玉書等輯　**拾遺一百六卷**　(清)汪灝等纂　清光緒十二年(1886)上海同文書局石印本　六十册

440000－2541－0013141　29493
淵鑑類函四百五十卷　(清)張英等輯　清光緒二十一年(1895)上海點石齋石印本　十册

440000－2541－0013142　29494
淵鑑類函四百五十卷目録四卷　(清)張英等輯　清光緒十八年(1892)上海同文書局石印本　六十册

440000－2541－0013143　29495
佩文韻府一百六卷　(清)張玉書等輯　**拾遺一百六卷**　(清)汪灝等纂　清刻本　一百册

440000－2541－0013144　29496
古香齋袖珍十種　(清)□□編　清同治至光緒南海孔氏刻本　二百三十六册　存六種

440000－2541－0013145　29497
韻府拾遺一百六卷　(清)張廷玉等輯　清光緒石印本　十册

440000－2541－0013146　29499
淵鑑類函四百五十卷目録四卷　(清)張英等輯　清光緒十三年(1887)上海同文書局石印本　四十八册

440000－2541－0013147　29500
子史精華一百六十卷　(清)張廷玉等纂　清刻本　四十册

440000－2541－0013148　29501
子史精華一百六十卷　(清)張廷玉等纂　清刻本　四十六册　存一百五十卷(十一至一百六十)

440000－2541－0013149　29502
子史精華一百六十卷　(清)張廷玉等纂　清刻本　三十册

440000－2541－0013150　29503
子史精華一百六十卷　(清)張廷玉等纂　清刻本　四十册

440000－2541－0013151　29504
子史精華一百六十卷　(清)張廷玉等纂　清光緒十年(1884)上海同文書局石印本　八册

440000－2541－0013152　29505
子史精華一百六十卷　(清)張廷玉等纂　清光緒十年(1884)上海同文書局石印本　八册

440000－2541－0013153　29506
子史精華一百六十卷　(清)張廷玉等纂　清光緒十三年(1887)上海蜚英館石印本　八册

440000－2541－0013154　29507
子史精華一百六十卷　(清)張廷玉等纂　清光緒十三年(1887)上海積山書局石印本　八册

440000－2541－0013155　29508
子史精華一百六十卷　(清)張廷玉等纂　清光緒十三年(1887)上海積山書局石印本　十册

440000－2541－0013156　29509
子史精華一百六十卷　(清)張廷玉等纂　清光緒十三年(1887)上海積山書局石印本　十册

440000－2541－0013157　29510
子史精華一百六十卷　(清)張廷玉等纂　清宣統元年(1909)上海集成圖書公司石印本　八册

440000－2541－0013158　29511
子史精華一百六十卷　(清)張廷玉等纂　清宣統元年(1909)上海集成圖書公司石印本　八册

440000－2541－0013159　29512
子史精華一百六十卷　(清)張廷玉等纂　清宣統元年(1909)上海集成圖書公司石印本　八册

440000－2541－0013160　29513
策學備纂三十二卷目録三十二卷首一卷（清）吳頴炎等纂　清光緒十四年（1888）上海點石齋石印本　四十八册

440000－2541－0013161　29514
策學備纂三十二卷目録三十二卷首一卷（清）吳頴炎等纂　清光緒十四年（1888）上海點石齋石印本　四十八册

440000－2541－0013162　29515
策府統宗六十五卷　（清）劉昌齡纂　清光緒二十三年（1897）慎記莊石印本　二十册

440000－2541－0013163　29517
策學備纂三十二卷目録三十二卷首一卷（清）吳頴炎等纂　清光緒十四年（1888）上海點石齋石印本　一册　存四卷（策學備纂十七至二十）

440000－2541－0013164　29518
策學備纂三十二卷目録三十二卷首一卷（清）吳頴炎等纂　清光緒十四年（1888）上海點石齋石印本　三十册　存五十七卷（策學備纂一、六至二十、二十五至三十二，目録三十二卷，首一卷）

440000－2541－0013165　29519
策學備纂三十二卷目録三十二卷首一卷（清）吳頴炎等纂　清光緒十四年（1888）上海點石齋石印本　四十八册

440000－2541－0013166　29520
策學備纂三十二卷目録三十二卷首一卷（清）吳頴炎等纂　清光緒二十年（1894）上海同文書局石印本　二十七册　存五十四卷（策學備纂一至二、四至七、十至十六、二十四至三十一，目録三十二卷，首一卷）

440000－2541－0013167　29521
分類字錦六十四卷　（清）何焯　（清）陳鵬年輯　清刻本　三十六册

440000－2541－0013168　29522
策府統宗六十五卷　（清）劉昌齡纂　清光緒十五年（1889）鴻文書局石印本　二十册

440000－2541－0013169　29523
策府統宗六十五卷　（清）劉昌齡纂　清光緒二十三年（1897）慎記莊石印本　二十册

440000－2541－0013170　29524
策府統宗續編三十二卷　（清）蜚英主人纂　清光緒二十年（1894）蜚英局石印本　六册

440000－2541－0013171　29525
增補事類統編九十三卷首一卷　（清）黄葆真增輯　清光緒十二年（1886）上海同文書局石印本　十二册

440000－2541－0013172　29526
策府統宗續編三十二卷　（清）蜚英主人纂　清光緒二十年（1894）蜚英局石印本　六册

440000－2541－0013173　29530
增補事類統編九十三卷首一卷　（清）黄葆真增輯　清道光二十六年（1846）刻本　四十册

440000－2541－0013174　29531
古事比五十二卷　（清）方中德纂　清光緒十三年（1887）上海點石齋石印本　六册

440000－2541－0013175　29532
廣事類賦四十卷　（清）華希閔撰　清刻本　十二册

440000－2541－0013176　29533
古事比五十二卷　（清）方中德纂　清光緒二十九年（1903）上海益智書局石印本　六册

440000－2541－0013177　29534
古事比五十二卷　（清）方中德纂　清末至民國初上海中西五彩書局石印本　六册

440000－2541－0013178　29536
四書五經類典集成三十四卷　（清）戴兆春輯　清光緒十四年（1888）上海同文書局石印本　二十三册　存三十二卷（一至十五、十八至三十四）

440000－2541－0013179　29537
四書五經類典集成三十四卷　（清）戴兆春輯　清光緒二十二年（1896）慎記書莊石印本　二十二册　存三十二卷（一至二、四至二十

三、二十五至三十四）

440000－2541－0013180　29538
駢林摘艷五十卷　（清）胡又安輯　清光緒二十年（1894）上海點石齋石印本　十冊

440000－2541－0013181　29539
駢林摘艷五十卷　（清）胡又安輯　清光緒二十二年（1896）上海點石齋石印本　十冊

440000－2541－0013182　29540
駢林摘艷五十卷　（清）胡又安輯　清光緒二十年（1894）上海點石齋石印本　十冊

440000－2541－0013183　29541
駢林摘艷五十卷　（清）胡又安輯　清光緒二十六年（1900）上海點石齋石印本　九冊　存四十五卷（六至五十）

440000－2541－0013184　29542
駢林摘艷五十卷　（清）胡又安輯　清光緒十八年（1892）廣州石經堂石印本　十冊

440000－2541－0013185　29544
博通匯引便覽五種　（清）□□纂　清光緒四年（1878）步月山房刻本　十冊

440000－2541－0013186　29545
博通便覽三十卷續編三十卷　（清）王元臣纂　清道光三年（1823）蘭州知不足齋刻本　四冊

440000－2541－0013187　29546
五經類典囊括六十四卷　題（清）吟香主人輯　清光緒七年（1881）上海精一閣刻本　八冊

440000－2541－0013188　29547
文選類腋十六卷　（清）吳承烜輯　清光緒二十年（1894）榭葉山房石印本　二冊

440000－2541－0013189　29548
文選集腋二卷　（清）胥斌輯　清光緒二十年（1894）上海寶善書局石印本　一冊

440000－2541－0013190　29549
文選集腋二卷　（清）胥斌纂　清光緒二十二年（1896）上海鴻寶齋書局石印本　一冊

440000－2541－0013191　29550
文選類雋十四卷　（清）何松輯　清光緒二年（1876）慈溪何氏刻本　二冊

440000－2541－0013192　29551
文選課虛四卷　（清）杭世駿輯　清光緒十年（1884）上海同文書局石印本　一冊

440000－2541－0013193　29552
文選課虛四卷　（清）杭世駿輯　清光緒十年（1884）上海同文書局石印本　一冊

440000－2541－0013194　29553
對料集成四卷　袁福溥纂　清光緒十九年（1893）廣州麟書閣刻本　一冊

440000－2541－0013195　29554
對料集成四卷　袁福溥纂　清光緒十九年（1893）廣州麟書閣刻本　二冊

440000－2541－0013196　29555
駢字摘艷五卷　（清）午峰任輯　清咸豐七年（1857）三雨堂刻本　五冊

440000－2541－0013197　29556
讀書紀數略五十四卷　（清）宮夢仁纂　清光緒六年（1880）懺花盦刻本　十二冊

440000－2541－0013198　29557
讀書紀數略五十四卷　（清）宮夢仁纂　清光緒六年（1880）懺花盦刻本　十六冊

440000－2541－0013199　29558
五經類編二十八卷　（清）周世樟纂　清刻本　八冊　存二十卷（一至二十）

440000－2541－0013200　29559
分類韻錦十二卷　（清）郭化霖輯　清道光二十三年（1843）刻本　二冊　存四卷（一至四）

440000－2541－0013201　29560
五經文苑擷華八卷　（清）朱廼紱輯　清光緒十五年（1889）上海鴻文書局石印本　二冊

440000－2541－0013202　29561
五經文苑擷華八卷　（清）朱廼紱輯　清光緒盱江王氏常惺惺齋石印本　一冊　存四卷（一至四）

440000－2541－0013203　29562
增廣臨文寶笈二卷　(清)顧紹鼎纂　清光緒十七年(1891)松竹山房石印本　二冊

440000－2541－0013204　29564
唐詩金粉十卷　(清)沈炳震輯　清光緒十四年(1888)上海蜚英館石印本　二冊

440000－2541－0013205　29565
詩韻集成十卷詞林典腋二卷　(清)余照輯　清光緒三年(1877)福芸樓刻本　四冊

440000－2541－0013206　29566
唐詩金粉十卷　(清)沈炳震輯　清道光十七年(1837)冬讀書齋刻本　三冊

440000－2541－0013207　29567
鑄史駢言十二卷　(清)孫玉田撰　清光緒十一年(1885)上海同文書局石印本　二冊

440000－2541－0013208　29568
鑄史駢言十二卷　(清)孫玉田撰　清光緒二十九年(1903)上海慎記石印本　二冊

440000－2541－0013209　29569
唐詩金粉十卷　(清)沈炳震輯　清光緒十二年(1886)嶺南集成書局石印本　二冊

440000－2541－0013210　29571
四書人物類典串珠四十卷　(清)臧志仁輯　清刻本　九冊　存三十三卷(五至二十五、二十九至四十)

440000－2541－0013211　29572
西學大成十二卷　(清)盧梯青　(清)王西清輯　清光緒二十一年(1895)上海醉六堂書坊石印本　十冊

440000－2541－0013212　29573
西學大成十二卷　(清)盧梯青　(清)王西清輯　清光緒二十一年(1895)上海醉六堂書坊石印本　十二冊

440000－2541－0013213　29574
二十二子摘錦三十卷　(清)孫灝纂　清光緒二十三年(1897)積山書局石印本　六冊

440000－2541－0013214　29575
壹是紀始二十二卷　(清)魏崧撰　清道光二十二年(1842)刻本　六冊

440000－2541－0013215　29576
小知録十二卷　(清)陸鳳藻輯　清嘉慶九年(1804)琴雅堂刻本　七冊　存十一卷(一至七、九至十二)

440000－2541－0013216　29577
益智編四十一卷　(明)孫能傳輯　清光緒十七年(1891)刻本　十二冊

440000－2541－0013217　29578
富文玉篋二百卷　(清)張廷楨纂　清光緒五年(1879)清河郡夢覺子刻本　九十一冊　存一百七十九卷(一至五十五、五十九至六十五、七十一至一百四、一百七至一百二十八、一百三十三至一百五十九、一百六十三至一百八十八、一百九十一至一百九十二、一百九十五至二百)

440000－2541－0013218　29579
韻府約編二十四卷　(清)鄧愷輯　清刻本　二十四冊

440000－2541－0013219　29586
中西政學問對三十六卷　(清)王仁俊撰　清光緒二十三年(1897)實學報館石印本　三冊

440000－2541－0013220　29587
龍文鞭影四卷　(明)蕭良有輯　(明)楊臣諍增訂　(清)李恩綬校補　清光緒二十三年(1897)富記堂刻本　二冊

440000－2541－0013221　29588
新增繪圖幼學故事瓊林四卷　(清)程允升輯　(清)鄒聖脉增補　清廣州華天閣書局石印本　一冊

440000－2541－0013222　29590
泰西事物起原一卷　(日本)澁江保撰　(清)上海廣智書局同人譯述　清光緒二十八年(1902)上海廣智書局鉛印本　一冊

440000－2541－0013223　29593
普通學歌訣一卷　(清)張一鵬撰　清末刻本

五册

440000－2541－0013224　29594

廣學類編十二卷　（英國）唐蘭孟纂　（清）任廷旭譯　清光緒二十七年（1901）上海廣學會鉛印本　六册

440000－2541－0013225　29595

普通百科新大詞典不分卷　（清）黄摩西纂　清宣統三年（1911）上海中國詞典公司鉛印本　十五册

440000－2541－0013226　29596

中外經世策論合纂六十三卷　（清）聽秋舊廬主人輯　清光緒二十八年（1902）石印本　十二册

440000－2541－0013227　29597

述記二卷　（清）任兆麟輯　清刻本　二册

440000－2541－0013228　29598

述記二卷　（清）任兆麟輯　清刻本　五册

440000－2541－0013229　29600

任氏述記四卷　（清）任兆麟輯　清光緒十年（1884）蜀西廖氏閑雲精舍刻本　四册

440000－2541－0013230　29601

述記三卷　（清）任兆麟輯　清石印本　一册

440000－2541－0013231　29603

目耕齋讀本不分卷二刻不分卷小題偶編不分卷　（清）徐楷　（清）沈叔眉輯　清同治十三年（1874）刻本　六册

440000－2541－0013232　29604

先中憲公手澤不分卷　張鼎彝輯　清抄本　四册

440000－2541－0013233　29611

朱子集一百四卷　（宋）朱熹撰　清咸豐十年（1860）刻本　三十四册

440000－2541－0013234　29614

水心先生别集十六卷　（宋）葉適撰　清同治九年（1870）瑞安孫氏刻永嘉叢書本　四册

440000－2541－0013235　29615

虞文靖公道園全集詩八卷文四十四卷　（元）虞集撰　清道光十七年（1837）鵝溪孫氏刻古棠書屋叢書本　十六册

440000－2541－0013236　29616

春浮園集八種　（明）蕭士瑋撰　清光緒西昌蕭氏刻本　八册　存七種

440000－2541－0013237　29618

六如居士全集六種　（明）唐寅撰　（清）唐仲冕編訂　清嘉慶六年（1801）長沙唐仲冕刻本　四册

440000－2541－0013238　29619

六如居士全集六種　（明）唐寅撰　（清）唐仲冕編訂　清嘉慶六年（1801）長沙唐仲冕刻本　六册

440000－2541－0013239　29620

六如居士全集六種　（明）唐寅撰　（清）唐仲冕編訂　清嘉慶六年（1801）長沙唐仲冕刻本　四册　存四種

440000－2541－0013240　29623

青霞沈公遺集十六卷　（明）沈鍊撰　（明）吴文正校輯　清乾隆十九年（1754）家刻嘉慶補刻本　三册　存十二卷（一至十二）

440000－2541－0013241　29625

羲停山館集六種　（清）王景賢撰　清同治十三年（1874）三山王氏刻本　八册

440000－2541－0013242　29626

正氣堂集十六卷續集七卷餘集四卷洗海近事二卷　（明）俞大猷撰　（清）李杜輯　清道光二十一年至二十四年（1841－1844）味古書室刻本　二十册

440000－2541－0013243　29628

邱邦士文集十八卷　（清）邱維屏撰　清光緒元年（1875）刻本　八册

440000－2541－0013244　29629

邱邦士文集十八卷　（清）邱維屏撰　清光緒元年（1875）刻本　八册

440000－2541－0013245　29630

邱邦士文鈔二卷　(清)邱維屏撰　**魏伯子文鈔一卷**　(清)魏際瑞撰　清道光十七年(1837)刻易堂九子文鈔本　一册

440000－2541－0013246　29631
藕頤類稿二十卷外集七卷　(清)熊寶泰撰　清嘉慶性餘堂刻本　十册　存二十二卷(類稿一至十七、二十,外集四至七)

440000－2541－0013247　29632
經德堂集七種　(清)龍啟瑞撰　清光緒四年(1878)京師刻本　七册

440000－2541－0013248　29633
璧沼集四卷　(清)胡元玉撰　清光緒十五年(1889)長沙梁氏益智書局刻本　二册

440000－2541－0013249　29634
惲子居文鈔四卷　(清)惲敬撰　清宣統元年(1909)國學扶輪社石印本　四册

440000－2541－0013250　29635
無近名齋文鈔四卷文鈔二編二卷雜著二卷雜著二編一卷文鈔外編一卷時文一卷　(清)彭翊撰　清道光二十七年(1847)刻本　二册　存五卷(文鈔二編二卷、雜著二編一卷、文鈔外編一卷、時文一卷)

440000－2541－0013251　29636
敦艮齋遺書九種　(清)徐潤第撰　清道光二十八年(1848)徐繼畬刻本　五册

440000－2541－0013252　29637
歸樸龕叢稿十二卷續編四卷　(清)彭蘊章撰　清道光二十八年(1848)刻本　四册

440000－2541－0013253　29638
歸樸龕叢稿十二卷續編四卷　(清)彭蘊章撰　清道光二十八年(1848)刻本　四册

440000－2541－0013254　29639
鮚埼亭集三十八卷首一卷全謝山先生經史問答十卷　(清)全祖望撰　清嘉慶九年(1804)餘姚史夢蛟借樹山房刻本　二十册

440000－2541－0013255　29640
鮚埼亭集三十八卷首一卷全謝山先生經史問答十卷　(清)全祖望撰　**外編五十卷**　(清)董秉純輯　清嘉慶九年(1804)餘姚史夢蛟借樹山房刻同治十一年(1872)餘姚史氏印本　二十六册

440000－2541－0013256　29641
鮚埼亭集三十八卷首一卷全謝山先生經史問答十卷　(清)全祖望撰　**外編五十卷**　(清)董秉純輯　清嘉慶九年(1804)餘姚史夢蛟借樹山房刻同治十一年(1872)餘姚史氏印本　二十四册

440000－2541－0013257　29642
鮚埼亭集三十八卷首一卷全謝山先生經史問答十卷　(清)全祖望撰　**外編五十卷**　(清)董秉純輯　清嘉慶九年(1804)餘姚史夢蛟借樹山房刻同治十一年(1872)餘姚史氏印本　二十一册　存七十七卷(鮚埼亭集一至二十七、三十一至三十八,外編一至二、七至十、十五至五十)

440000－2541－0013258　29643
鮚埼亭集三十八卷首一卷全謝山先生經史問答十卷　(清)全祖望撰　**外編五十卷**　(清)董秉純輯　清嘉慶九年(1804)餘姚史夢蛟借樹山房刻同治十一年(1872)餘姚史氏印本　二十四册

440000－2541－0013259　29644
鮚埼亭集三十八卷首一卷全謝山先生經史問答十卷　(清)全祖望撰　**外編五十卷**　(清)董秉純輯　清嘉慶九年(1804)餘姚史夢蛟借樹山房刻同治十一年(1872)餘姚史氏印本　二十二册

440000－2541－0013260　29645
鮚埼亭集三十八卷首一卷全謝山先生經史問答十卷　(清)全祖望撰　**外編五十卷**　(清)董秉純輯　清嘉慶九年(1804)餘姚史夢蛟借樹山房刻同治十一年(1872)餘姚史氏印本　二十四册

440000－2541－0013261　29646
戴南山文鈔六卷　(清)戴名世撰　清宣統二年(1910)上海國學扶輪社鉛印本　三册

440000－2541－0013262　29647
鮚埼亭集外編五十卷　（清）全祖望撰　（清）董秉純輯　清刻本　十四册

440000－2541－0013263　29648
砥齋集十二卷　（清）王弘撰撰　清光緒二十年（1894）王淩霄刻本　六册

440000－2541－0013264　29649
呂涇野先生文集三十八卷　（明）呂柟撰　清道光十二年（1832）富平楊浚刻本　六册

440000－2541－0013265　29650
續刻呂涇野先生文集八卷　（清）呂柟撰　清道光十二年（1832）富平楊浚刻本　十册

440000－2541－0013266　29651
養素堂文集八卷　（清）王鷺撰　清嘉慶二十年（1815）刻本　八册

440000－2541－0013267　29652
張楊園先生全集十六種　（清）張履祥撰　清同治九年（1870）山東尚志堂刻本　六册

440000－2541－0013268　29653
新民叢報選編續集不分卷　新民叢報館輯　清光緒石印本　四册

440000－2541－0013269　29654
新民叢報選編不分卷續集不分卷　新民叢報館輯　清光緒石印本　十三册

440000－2541－0013270　29655
新民叢報彙編（壬寅癸卯年）不分卷　梁啟超輯　清宣統元年（1909）普新瑞記書局石印本　三册

440000－2541－0013271　29656
新民叢報彙編（甲辰年）不分卷　文會書社編輯　清光緒三十二年（1906）石印本　二册

440000－2541－0013272　29657
新民叢報彙編（乙巳年）不分卷　文會書社編輯　清光緒三十二年（1906）石印本　三册

440000－2541－0013273　29658
知新報選編不分卷　（清）吳恒煒輯　清光緒二十九年（1903）石印本　三册

440000－2541－0013274　29659
中外政治藝學策論六卷　（清）瑤林館主撰　清光緒二十八年（1902）滬上書局石印本　二册

440000－2541－0013275　29660
洋務實學新編二卷　（清）傅雲龍輯　清光緒二十二年（1896）上海書局石印本　二册

440000－2541－0013276　29661
許松濱先生全集四十三卷首一卷末一卷　（清）許錫祺撰　（清）戴承澍輯　清光緒劉汝錫等刻民國二十二年（1933）補刻本　八册

440000－2541－0013277　29662
策時末議二卷　（清）蔡乃煌撰　清光緒二十四年（1898）刻本　二册

440000－2541－0013278　29663
記過齋文稿二卷　（清）蘇源生撰　清咸豐三年（1853）鄢陵蘇氏刻記過齋藏書本　二册

440000－2541－0013279　29665
格致課藝彙編十三卷　（清）王韜輯　清光緒二十三年（1897）上海書局石印本　七册

440000－2541－0013280　29666
富強惟新策要二十二卷　題小萬卷樓主輯　清光緒二十二年（1896）石印本　三册　存十九卷（一至十九）

440000－2541－0013281　29667
格致課藝匯海十三卷　（清）王韜輯　清光緒二十二年（1896）上海書局石印本　六册

440000－2541－0013282　29668
普天忠憤全集十四卷　（清）孔廣德輯　清光緒二十四年（1898）上海點石齋石印本　六册

440000－2541－0013283　29669
茶香室經說十六卷　（清）俞樾撰　清光緒十九年（1893）味腴書屋石印本　一册

440000－2541－0013284　29670
願學編前集一卷今集一卷詩集一卷　（清）李翥雲輯　清光緒十一年（1885）經史閣刻本　二册

440000－2541－0013285　29671

婦孺論說階梯不分卷　(清)蒙學書塾輯　清光緒二十八年(1902)鉛印本　一冊

440000－2541－0013286　29672

制義約鈔不分卷　(清)何文綺輯　清光緒六年(1880)刻本　四冊

440000－2541－0013287　29673

制義約鈔不分卷　(清)何文綺輯　清光緒五年(1879)廣州翰苑樓刻本　四冊

440000－2541－0013288　29675

君錫所著書□□種　(清)淳于鴻恩編　清光緒刻本　三冊　存二種

440000－2541－0013289　29676

曾惠敏公文集五卷　(清)曾紀澤撰　清光緒十九年(1893)江南製造總局鉛印曾惠敏公遺集本　八冊

440000－2541－0013290　29677

求闕齋文鈔八卷　(清)曾國藩撰　清同治十二年(1873)刻本　四冊

440000－2541－0013291　29680

鄭小谷先生全集六種　(清)鄭獻甫撰　清同治八年至光緒八年(1869－1882)黔南節署刻本　三十二冊

440000－2541－0013292　29681

翼教叢編六卷　(清)蘇輿輯　清光緒二十四年(1898)武昌刻本　三冊

440000－2541－0013293　29682

望溪先生文集十八卷集外文十卷集外文補遺二卷　(清)方苞撰　**方望溪先生年譜二卷附錄一卷**　(清)蘇惇元輯　清咸豐元年至二年(1851－1852)桐城戴鈞衡刻本　十二冊

440000－2541－0013294　29683

新經世文編不分卷　羊城日報館輯　清末至民國初鉛印本　三冊

440000－2541－0013295　29684

素心堂宦業一卷　(清)杜友白撰　明末刻本　一冊

440000－2541－0013296　29685

曾忠襄公全集四種附二種　(清)曾國荃撰　清光緒二十九年(1903)刻本　六十四冊

440000－2541－0013297　29688

歷代名人經濟論十一卷　(清)簡燊　(清)陳崇哲輯　清光緒影印本　二冊　存七卷(五至十一)

440000－2541－0013298　29690

侯官嚴氏叢刻六種　嚴復撰並譯　清光緒二十七年(1901)南昌讀有用書之齋刻本　二冊　存二種

440000－2541－0013299　29691

侯官嚴氏叢刻六種　嚴復撰並譯　清光緒二十七年(1901)南昌讀有用書之齋刻本　四冊　存五種

440000－2541－0013300　29703

國朝名人書札二卷　吳曾祺輯　清宣統二年(1910)上海商務印書館鉛印本　四冊

440000－2541－0013301　29704

壽蘇集初編不分卷　(清)李長榮輯　清光緒元年(1875)羊城柳堂刻本　一冊

440000－2541－0013302　29705

賴古堂尺牘新鈔二選藏弆集十六卷　(清)周在浚等輯　清道光十九年(1839)雷學淦刻本　六冊

440000－2541－0013303　29706

重刻賴古堂尺牘新鈔三選結鄰集十六卷　(清)周在浚等輯　清道光六年(1826)刻本　八冊

440000－2541－0013304　29710

文選不分卷　□□輯　清抄本　二冊

440000－2541－0013305　29712

綠野齋制藝一卷　(清)劉鴻翺撰　清刻本　一冊

440000－2541－0013306　29716

風俗通義四卷　(漢)應劭撰　(清)汪士漢校　清道光刻本　一冊

440000－2541－0013307　29717
白虎通德論二卷　(漢)班固撰　**校勘記一卷**　張元濟撰　清刻本　二册

440000－2541－0013308　29722
獨斷一卷　(漢)蔡邕撰　**今水經一卷**　(清)黄宗羲撰　清光緒元年至三年(1875－1877)湖北崇文書局刻本　一册

440000－2541－0013309　29726
唐宋八大家類選十四卷　(清)儲欣評　(清)吳文篁輯　(清)吳振乾等校訂　清嘉慶十年(1805)同德堂刻本　十册

440000－2541－0013310　29733
切問齋文鈔三十卷　(清)陸燿輯　清光緒十九年(1893)刻本　十二册

440000－2541－0013311　29735
東坡先生經義一卷　(宋)蘇軾撰　清光緒二十四年(1898)明道書局刻本　一册

440000－2541－0013312　29746
校訂困學紀聞三箋二十卷　(宋)王應麟撰　(清)閻若璩等箋　(清)屠繼序校補　清嘉慶九年(1804)粤東海陽縣署刻本　四册

440000－2541－0013313　29747
困學紀聞二十卷　(宋)王應麟撰　(清)閻若璩箋　清同治九年(1870)揚州書局刻本　六册

440000－2541－0013314　29748
困學紀聞二十卷　(宋)王應麟撰　(清)閻若璩箋　清同治九年(1870)揚州書局刻本　六册

440000－2541－0013315　29749
校訂困學紀聞集證二十卷　(宋)王應麟撰　(清)閻若璩等箋　(清)屠繼序校補　清嘉慶至道光刻本　十二册

440000－2541－0013316　29750
校訂困學紀聞集證二十卷　(宋)王應麟撰　(清)閻若璩等箋　(清)屠繼序校補　清嘉慶至道光刻本　八册

440000－2541－0013317　29751
困學紀聞注二十卷　(宋)王應麟撰　(清)翁元圻集注　清道光五年(1825)餘姚守福堂刻本　十二册

440000－2541－0013318　29752
困學紀聞注二十卷　(宋)王應麟撰　(清)翁元圻集注　清道光五年(1825)餘姚守福堂刻本　十二册

440000－2541－0013319　29753
困學紀聞注二十卷　(宋)王應麟撰　(清)翁元圻集注　清道光五年(1825)餘姚守福堂刻本　八册

440000－2541－0013320　29754
困學紀聞注二十卷　(宋)王應麟撰　(清)翁元圻集注　清道光五年(1825)餘姚守福堂刻本　四册　存十一卷(十至二十)

440000－2541－0013321　29756
困學紀聞注二十卷　(宋)王應麟撰　(清)翁元圻集注　清咸豐元年(1851)小嫏嬛山館刻本　十二册

440000－2541－0013322　29762
容齋隨筆十六卷續筆十六卷三筆十六卷四筆十六卷五筆十卷　(宋)洪邁撰　清光緒元年(1875)刻本　十三册　存六十八卷(隨筆十六卷,續筆一至五、十二至十六,三筆十六卷,四筆十六卷,五筆十卷)

440000－2541－0013323　29764
容齋隨筆十六卷續筆十六卷三筆十六卷四筆十六卷五筆十卷　(宋)洪邁撰　清光緒二十年(1894)刻本　二十四册

440000－2541－0013324　29774
老學庵筆記十卷　(宋)陸游撰　清光緒三年(1877)湖北崇文書局刻崇文書局彙刻書本　一册

440000－2541－0013325　29776
老學庵筆記十卷　(宋)陸游撰　清宣統三年(1911)上海掃葉山房石印民國六年(1917)重印本　一册

440000－2541－0013326　29777
老學庵筆記十卷　（宋）陸游撰　清宣統三年（1911）上海掃葉山房石印本　二册

440000－2541－0013327　29809
朱子讀書法四卷　（宋）張洪　（宋）齊熙輯　清光緒十八年（1892）順德龍氏刻本　一册

440000－2541－0013328　29829
觀古堂所刊書十八種　葉德輝編　清光緒長沙葉氏刻本　一册　存三種

440000－2541－0013329　29836
巖下放言三卷　（宋）葉夢得撰　清抄本　一册

440000－2541－0013330　29846
李盱江文集不分卷　（宋）李覯撰　清吳門葉顯吾刻本　一册

440000－2541－0013331　29847
盱江先生全集三十七卷　（宋）李覯撰　清光緒十九年（1893）盱江書院刻本　八册

440000－2541－0013332　29848
羅豫章先生集十二卷首一卷末一卷　（宋）羅從彦撰　清光緒八年（1882）謝甘棠盱江刻本　四册

440000－2541－0013333　29850
山谷題跋三卷　（宋）黄庭堅撰　清光緒二十年（1894）石印本　一册

440000－2541－0013334　29853
文文山文集一卷　（宋）文天祥撰　（明）葛鼒評　清刻本　一册

440000－2541－0013335　29854
習學記言序目五十卷　（宋）葉適撰　清光緒九年（1883）江陰刻本　十二册

440000－2541－0013336　29855
增輯三蘇策論十二卷　（宋）蘇軾等撰　清光緒二十九年（1903）越中墨潤堂石印本　三册

440000－2541－0013337　29858
夢溪筆談二十六卷首一卷補筆談三卷續筆談一卷　（宋）沈括撰　**校字記一卷**　（清）陶福祥輯　清光緒三十二年（1906）番禺陶福祥愛廬刻本　四册

440000－2541－0013338　29859
夢溪筆談二十六卷首一卷補筆談三卷續筆談一卷　（宋）沈括撰　**校字記一卷**　（清）陶福祥輯　清光緒三十二年（1906）番禺陶福祥愛廬刻本　四册

440000－2541－0013339　29861
類説六十卷　（宋）曾慥撰　清抄本　十七册　存四十八卷（十三至六十）

440000－2541－0013340　29863
東坡先生志林十二卷　（宋）蘇軾撰　清刻本　二册

440000－2541－0013341　29866
一切經音義二十五卷　（唐）釋玄應撰　（清）莊炘等校正　（清）錢坫　（清）孫星衍校　清道光二十五年（1845）番禺潘氏刻海山仙館叢書本　二十九册　存十二種

440000－2541－0013342　29873
敬齋古今黈八卷　（元）李治撰　清刻本　四册

440000－2541－0013343　29877
困學齋雜録一卷　（元）鮮于樞撰　清光緒五年（1879）定州王氏謙德堂刻畿輔叢書本　一册

440000－2541－0013344　29880
馮秋水先生評定存雅堂遺稿十三卷　（元）方鳳撰　（□）張燧評　清同治十三年至光緒元年（1874－1875）龍溪張氏木活字印本　二册

440000－2541－0013345　29882
讀史四集　（明）楊以任輯　清道光三十年（1850）刻本　四册

440000－2541－0013346　29883
讀史四集　（明）楊以任輯　清道光三十年（1850）刻本　四册

440000－2541－0013347　29885
媿林漫録二卷　（明）瞿式耜撰　清光緒十六

年(1890)江蘇書局刻本　一册

440000－2541－0013348　29886
何燕泉三種　(明)何孟春撰　清乾隆郴州何氏刻光緒六年(1880)守約齋補刻本　十八册

440000－2541－0013349　29888
玉芝堂談薈三十六卷　(明)徐應秋輯　清光緒元年(1875)刻本　三十四册

440000－2541－0013350　29889
遵生八箋十九卷　(明)高濂撰　清光緒十年(1884)刻本　一册　存一卷(四)

440000－2541－0013351　29890
弦雪居重訂遵生八箋十九卷總目一卷　(明)高濂撰　清光緒十年(1884)刻本　十六册

440000－2541－0013352　29891
弦雪居重訂遵生八箋十九卷總目一卷　(明)高濂撰　明末刻清補刻本　十册

440000－2541－0013353　29892
懺花盦叢書三十六種　(清)宋澤元編　清光緒山陰宋氏刻十三年(1887)彙印本　三十七册　存十五種

440000－2541－0013354　29893
七修類藁五十一卷續藁七卷　(明)郎瑛撰　清光緒六年(1880)廣州翰墨園刻本　十六册

440000－2541－0013355　29895
七修類藁五十一卷續藁七卷　(明)郎瑛撰　清光緒六年(1880)廣州翰墨園刻本　八册　存四十卷(十九至五十一、續藁七卷)

440000－2541－0013356　29899
均藻四卷　(明)楊慎撰　清刻本　二册

440000－2541－0013357　29900
少室山房筆叢四十八卷詩藪内編六卷外編四卷雜編六卷　(明)胡應麟撰　清光緒二十二年(1896)廣雅書局刻本　十四册

440000－2541－0013358　29902
詞林海錯類選四卷　(明)夏樹芳輯　(明)福申纂　清道光十年(1830)南昌陳榮春刻本　四册

440000－2541－0013359　29903
少室山房筆叢四十八卷詩藪内編六卷外編四卷雜編六卷　(明)胡應麟撰　清光緒二十二年(1896)廣雅書局刻本　八册　存五十卷(筆叢十五至四十八、詩藪内編六卷、外編四卷、雜編六卷)

440000－2541－0013360　29904
吴疎山先生遺集十二卷　(明)吴悌撰　清同治十年(1871)刻本　四册

440000－2541－0013361　29906
劉子全書遺編二十四卷　(明)劉宗周撰　(清)沈復粲輯　清道光三十年(1850)刻光緒十八年(1892)重修本　八册

440000－2541－0013362　29907
劉子全書遺編二十四卷　(明)劉宗周撰　(清)沈復粲輯　清道光三十年(1850)刻光緒十八年(1892)重修墨潤堂印本　十册

440000－2541－0013363　29908
新喻梁石門先生集十卷首一卷末一卷　(明)梁寅撰　清光緒十五年(1889)鍾體志刻本　六册

440000－2541－0013364　29909
楊忠烈公文集十卷末一卷　(明)楊漣撰　清道光十三年(1833)刻本　十二册

440000－2541－0013365　29910
楊忠烈公文集十卷末一卷　(明)楊漣撰　清道光十三年(1833)刻本　十二册

440000－2541－0013366　29911
樓山堂遺書五種附一種　(清)吴應箕撰　清同治當塗夏氏刻本　十册　存三種

440000－2541－0013367　29927
媿林漫録二卷　(明)瞿式耜輯　清光緒十六年(1890)江蘇書局刻本　二册

440000－2541－0013368　29928
鴻苞節録十卷　(明)屠隆撰　(清)屠繼烈輯　清咸豐七年(1857)章邱縣署刻本　八册

440000－2541－0013369　29931

明賢尺牘四卷　(清)王元勳　(清)程化騄輯　清光緒二年(1876)杭州鄦氏榆園刻本　二冊

440000－2541－0013370　29942
精選經藝二十二格二卷　(清)李炳文　(清)沈儷徐輯　清光緒十一年(1885)鑑古書局石印本　二冊

440000－2541－0013371　29943
精選經藝二十二格二卷　(清)李炳文　(清)沈儷徐輯　清光緒十一年(1885)鑑古書局石印本　四冊

440000－2541－0013372　29945
通雅五十二卷首三卷　(明)方以智撰　**刊誤補遺一卷**　(清)張裕葉撰　清光緒六年(1880)桐城方氏刻本　九冊　存五十三卷(通雅五十二卷、刊誤補遺一卷)

440000－2541－0013373　29946
通雅五十二卷首三卷　(清)方以智撰　清康熙五年(1666)方氏浮山此藏軒刻本　八冊　存二十卷(十至十九、二十三至二十五、四十六至四十九,首三卷)

440000－2541－0013374　29947
通雅五十二卷首三卷　(清)方以智撰　清康熙五年(1666)方氏浮山此藏軒刻本　十冊　存三十二卷(一至九、二十至二十二、二十六至四十五)

440000－2541－0013375　29948
通雅五十二卷首三卷　(清)方以智撰　清康熙五年(1666)方氏浮山此藏軒刻本　十二冊

440000－2541－0013376　29949
歷代分類政治考八卷　(清)汪懋麟輯　清光緒二十八年(1902)上海書局石印本　四冊

440000－2541－0013377　29950
釀齋雜編一卷　(清)鮑東里撰　清光緒刻本　一冊

440000－2541－0013378　29951
通雅五十二卷首三卷　(明)方以智撰　**刊誤補遺一卷**　(清)張裕葉撰　清光緒六年(1880)桐城方氏刻本　十六冊

440000－2541－0013379　29952
勵學譯編□□種　(清)勵學譯社編　清光緒二十七年(1901)勵學譯社刻本　七冊　存六種

440000－2541－0013380　29953
藤陰雜記十二卷　(清)戴璐撰　清光緒三年(1877)吳興會館刻本　二冊

440000－2541－0013381　29954
畫舫餘譚一卷三十六春小譜四卷　題(清)捧花生撰　清道光六年(1826)刻本　一冊

440000－2541－0013382　29955
窺閒録四卷首一卷　(清)鄭文燿輯　清嘉慶二十三年(1818)刻同治十三年(1874)靈山帶草堂補刻本　四冊

440000－2541－0013383　29956
日知録三十二卷　(清)顧炎武撰　清刻本　二冊　存六卷(十至十二、二十八至三十)

440000－2541－0013384　29958
日知録之餘四卷　(清)顧炎武撰　清宣統二年(1910)刻本　四冊

440000－2541－0013385　29959
日知錄集釋三十二卷　(清)顧炎武撰　(清)黃汝成集釋　**刊誤二卷續刊誤二卷**　(清)黃汝成撰　清道光十四年(1834)嘉定黃氏西溪草廬刻本　十六冊

440000－2541－0013386　29960
日知錄集釋三十二卷　(清)顧炎武撰　(清)黃汝成集釋　**刊誤二卷續刊誤二卷**　(清)黃汝成撰　清刻本　十六冊

440000－2541－0013387　29961
日知錄集釋三十二卷　(清)顧炎武撰　(清)黃汝成集釋　**刊誤二卷續刊誤二卷**　(清)黃汝成撰　清刻本　十六冊

440000－2541－0013388　29962
日知錄集釋三十二卷　(清)顧炎武撰　(清)

黃汝成集釋　**刊誤二卷續刊誤二卷**　(清)黃汝成撰　清刻本　十六册

440000－2541－0013389　29963
日知録集釋三十二卷　(清)顧炎武撰　(清)黃汝成集釋　**刊誤二卷續刊誤二卷**　(清)黃汝成撰　清刻本　一册　存一卷(集釋一)

440000－2541－0013390　29964
日知録集釋三十二卷　(清)顧炎武撰　(清)黃汝成集釋　**刊誤二卷續刊誤二卷**　(清)黃汝成撰　清刻本　十六册

440000－2541－0013391　29965
日知録集釋三十二卷　(清)顧炎武撰　(清)黃汝成集釋　**刊誤二卷續刊誤二卷**　(清)黃汝成撰　清光緒三年(1877)刻本　十六册

440000－2541－0013392　29966
日知録集釋三十二卷　(清)顧炎武撰　(清)黃汝成集釋　**刊誤二卷續刊誤二卷**　(清)黃汝成撰　清光緒三年(1877)刻本　二十册

440000－2541－0013393　29967
日知録集釋三十二卷　(清)顧炎武撰　(清)黃汝成集釋　**刊誤二卷續刊誤二卷**　(清)黃汝成撰　清光緒二十五年(1899)京都琉璃廠刻本　九册

440000－2541－0013394　29968
日知録集釋三十二卷　(清)顧炎武撰　(清)黃汝成集釋　**刊誤二卷續刊誤二卷**　(清)黃汝成撰　清光緒中華圖書館石印本　十六册

440000－2541－0013395　29976
心矩齋叢書八種　(清)蔣鳳藻編　清光緒長洲蔣氏刻民國十四年(1925)文學山房印本　十五册　存四種

440000－2541－0013396　29977
心矩齋叢書八種　(清)蔣鳳藻編　清光緒長洲蔣氏刻民國十四年(1925)文學山房印本　二十四册　存七種

440000－2541－0013397　29978
心矩齋叢書八種　(清)蔣鳳藻編　清光緒長洲蔣氏刻民國十四年(1925)文學山房印本　九册　存三種

440000－2541－0013398　29979
札樸十卷　(清)桂馥撰　清嘉慶十八年(1813)小李山房刻本　八册

440000－2541－0013399　29980
札樸十卷　(清)桂馥撰　清末至民國初紫蘿山館抄本　四册

440000－2541－0013400　29981
記事珠十卷　(清)張以謙輯　清嘉慶二十年(1815)刻本　十册

440000－2541－0013401　29982
札迻十二卷　(清)孫詒讓撰　清光緒二十年(1894)刻本　四册

440000－2541－0013402　29983
記事珠十卷　(清)張以謙輯　清同治十三年(1874)天倪清室刻本　十册

440000－2541－0013403　29984
札迻十二卷　(清)孫詒讓撰　清光緒二十年(1894)刻本　三册　存九卷(一至九)

440000－2541－0013404　29985
札迻十二卷　(清)孫詒讓撰　清光緒二十年(1894)刻本　四册

440000－2541－0013405　29986
札迻十二卷　(清)孫詒讓撰　清光緒二十年(1894)刻本　四册

440000－2541－0013406　29987
浮邱子十二卷　(清)湯鵬撰　清同治四年(1865)刻本　四册

440000－2541－0013407　29988
浮邱子十二卷　(清)湯鵬撰　清同治四年(1865)刻本　四册

440000－2541－0013408　29989
群書拾補不分卷　(清)盧文弨撰　清光緒十三年(1887)上海蜚英館石印本　八册

440000－2541－0013409　29990

群書拾補不分卷 (清)盧文弨撰 清光緒十三年(1887)上海蜚英館石印本 八冊

440000-2541-0013410 29991
群書拾補不分卷 (清)盧文弨撰 清光緒十三年(1887)上海蜚英館石印本 八冊

440000-2541-0013411 29994
讀書雜志八十二卷餘編二卷 (清)王念孫撰 清同治九年(1870)金陵書局刻本 二十四冊

440000-2541-0013412 29997
歸田瑣記八卷 (清)梁章鉅撰 清道光二十五年(1845)刻本 三冊

440000-2541-0013413 29998
歸田瑣記八卷 (清)梁章鉅撰 清道光二十五年(1845)刻本 四冊

440000-2541-0013414 29999
讀書雜志八十二卷餘編二卷 (清)王念孫撰 清同治九年(1870)金陵書局刻本 十四冊 存十一卷(一之一至九之七、九之十四至九之十九,餘編二卷)

440000-2541-0013415 30000
讀書雜志八十二卷餘編二卷 (清)王念孫撰 清光緒二十年(1894)上海醉六堂石印本 八冊

440000-2541-0013416 30001
讀書雜志八十二卷餘編二卷 (清)王念孫撰 清光緒二十一年(1895)上海鴻文書局石印本 八冊

440000-2541-0013417 30002
讀書雜志八十二卷餘編二卷 (清)王念孫撰 清光緒二十年(1894)上海醉六堂石印本 八冊

440000-2541-0013418 30006
池北偶談二十六卷 (清)王士禛撰 清宣統二年(1910)上海震東學社石印本 六冊

440000-2541-0013419 30007
池北偶談二十六卷 (清)王士禛撰 清光緒二十二年(1896)上海慎記書莊石印本 七冊 存二十三卷(一至二十三)

440000-2541-0013420 30009
讀書脞錄七卷 (清)孫志祖撰 清嘉慶四年(1799)刻本 四冊

440000-2541-0013421 30010
讀書脞錄七卷 (清)孫志祖撰 清嘉慶四年(1799)刻本 二冊

440000-2541-0013422 30013
援鶉堂筆記五十卷 (清)姚範撰 清道光刻本 十五冊 存四十八卷(一至二十三、二十六至五十)

440000-2541-0013423 30014
讀書雜釋十四卷 (清)徐鼒撰 清光緒十二年(1886)扶桑使廨鉛印本 四冊

440000-2541-0013424 30015
三冬識餘二卷 (清)劉希向撰 清咸豐八年(1858)刻本 二冊

440000-2541-0013425 30016
群書札記十六卷 (清)朱亦棟撰 清光緒四年(1878)武林竹簡齋刻十三經札記本 四冊 存八卷(九至十六)

440000-2541-0013426 30017
群書札記十六卷 (清)朱亦棟撰 清光緒四年(1878)武林竹簡齋刻十三經札記本 四冊 存十二卷(一至十二)

440000-2541-0013427 30018
安舟襍鈔三十六卷 (清)蘇珥輯 清嘉慶十九年(1814)刻本 十一冊

440000-2541-0013428 30019
安舟襍鈔三十六卷 (清)蘇珥輯 清嘉慶十九年(1814)刻本 十冊

440000-2541-0013429 30020
麗瀌薈錄十四卷爽鳩要錄二卷 (清)蔣超伯撰 清同治五年(1866)刻本 六冊 存十二卷(薈錄五至十四、要錄二卷)

440000-2541-0013430 30021

麗澞薈錄十四卷爽鳩要錄二卷　(清)蔣超伯撰　清同治五年(1866)刻本　六冊　存十二卷(薈錄一至十二)

440000－2541－0013431　30022
十駕齋養新錄二十卷餘錄三卷　(清)錢大昕撰　清嘉慶十年(1805)儀徵阮元刻十一年(1806)錢東塾續刻十六年(1811)錢師康補刻本　六冊

440000－2541－0013432　30023
三餘偶筆十六卷續筆十二卷　(清)左暄撰　清嘉慶十六年(1811)桂林書屋刻本　十六冊

440000－2541－0013433　30024
十駕齋養新錄二十卷餘錄三卷　(清)錢大昕撰　清嘉慶十年(1805)儀徵阮元刻十一年(1806)錢東塾續刻十六年(1811)錢師康補刻本　四冊

440000－2541－0013434　30025
十駕齋養新錄二十卷餘錄三卷　(清)錢大昕撰　**錢辛楣[大昕]先生年譜一卷竹汀居士[錢大昕]年譜續一卷**　(清)錢大昕撰　(清)錢慶曾注並續撰　清光緒二年(1876)浙江書局刻本　八冊

440000－2541－0013435　30026
十駕齋養新錄二十卷餘錄三卷　(清)錢大昕撰　**錢辛楣[大昕]先生年譜一卷竹汀居士[錢大昕]年譜續一卷**　(清)錢大昕撰　(清)錢慶曾注並續撰　清光緒二年(1876)浙江書局刻本　八冊

440000－2541－0013436　30027
十駕齋養新錄二十卷餘錄三卷　(清)錢大昕撰　**錢辛楣[大昕]先生年譜一卷竹汀居士[錢大昕]年譜續一卷**　(清)錢大昕撰　(清)錢慶曾注並續撰　清光緒二年(1876)浙江書局刻本　八冊

440000－2541－0013437　30028
十駕齋養新錄二十卷餘錄三卷　(清)錢大昕撰　清光緒十四年(1888)上海同文書局石印本　四冊

440000－2541－0013438　30029
十駕齋養新錄二十卷餘錄三卷　(清)錢大昕撰　**錢辛楣[大昕]先生年譜一卷竹汀居士[錢大昕]年譜續一卷**　(清)錢大昕撰　(清)錢慶曾注並續撰　清光緒二年(1876)浙江書局刻本　八冊

440000－2541－0013439　30030
十駕齋養新錄二十卷餘錄三卷　(清)錢大昕撰　**錢辛楣[大昕]先生年譜一卷竹汀居士[錢大昕]年譜續一卷**　(清)錢大昕撰　(清)錢慶曾注並續撰　清光緒二年(1876)浙江書局刻本　六冊

440000－2541－0013440　30033
灤源問答十二卷　(清)沈可培撰　清嘉慶二十年(1815)雪浪齋刻本　四冊

440000－2541－0013441　30034
錦江脞記十二卷　(清)朱航撰　清道光十四年(1834)刻本　四冊

440000－2541－0013442　30036
香祖筆記十二卷　(清)王士禛撰　清宣統三年(1911)掃葉山房石印本　一冊

440000－2541－0013443　30037
香祖筆記十二卷　(清)王士禛撰　清宣統三年(1911)掃葉山房石印本　二冊　存九卷(一至九)

440000－2541－0013444　30039
邃雅堂全書九種　(清)姚文田撰　清嘉慶至光緒歸安姚氏刻本　十三冊　存三種

440000－2541－0013445　30042
癸巳類稿十五卷　(清)俞正燮撰　清道光十三年(1833)求日益齋刻本　八冊

440000－2541－0013446　30043
癸巳類稿十五卷　(清)俞正燮撰　清光緒五年(1879)會稽章氏刻本　六冊

440000－2541－0013447　30044
癸巳類稿十五卷　(清)俞正燮撰　清光緒五年(1879)會稽章氏刻本　八冊

440000－2541－0013448　30045
癸巳類稿十五卷　（清）俞正燮撰　清光緒五年（1879）會稽章氏刻本　八冊

440000－2541－0013449　30046
癸巳存稿十五卷　（清）俞正燮撰　清光緒十年（1884）刻本　六冊

440000－2541－0013450　30047
癸巳存稿十五卷　（清）俞正燮撰　清光緒十年（1884）刻本　八冊

440000－2541－0013451　30048
癸巳存稿十五卷　（清）俞正燮撰　清光緒十年（1884）刻本　八冊

440000－2541－0013452　30049
煙嶼樓讀書志十六卷筆記八卷　（清）徐時棟撰　清光緒三十四年（1908）鄞縣徐氏蘧學齋鉛印本　八冊

440000－2541－0013453　30050
煙嶼樓讀書志十六卷筆記八卷　（清）徐時棟撰　清光緒三十四年（1908）鄞縣徐氏蘧學齋鉛印本　八冊

440000－2541－0013454　30051
煙嶼樓讀書志十六卷筆記八卷　（清）徐時棟撰　清光緒三十四年（1908）鄞縣徐氏蘧學齋鉛印本　八冊

440000－2541－0013455　30052
退思說略内篇尊生十說三卷外篇三才雜說三卷　（清）吳協輯　（清）吳嗣伯　（清）吳嗣仲重輯　清同治十一年（1872）刻本　八冊

440000－2541－0013456　30053
履園叢話二十四卷　（清）錢泳撰　清道光三年至十八年（1823－1838）虞山錢氏刻同治九年（1870）錢曰壽重修本　八冊

440000－2541－0013457　30054
讀書雜述十卷　（清）李鎧撰　清同治三年（1864）刻本　四冊

440000－2541－0013458　30055
履園叢話二十四卷　（清）錢泳撰　清道光三年至十八年（1823－1838）虞山錢氏刻本　八冊

440000－2541－0013459　30056
淮南雜識四卷　（清）聞益輯　清同治七年（1868）刻本　四冊

440000－2541－0013460　30057
讀書叢錄二十四卷　（清）洪頤煊撰　清道光二年（1822）廣東省城刻本　六冊

440000－2541－0013461　30058
讀書叢錄二十四卷　（清）洪頤煊撰　清道光元年（1821）刻本　六冊

440000－2541－0013462　30059
潛邱劄記六卷　（清）閻若璩撰　**左汾近稿一卷**　（清）閻詠撰　清光緒十四年（1888）同文書局石印本　四冊

440000－2541－0013463　30060
潛邱劄記六卷　（清）閻若璩撰　**左汾近稿一卷**　（清）閻詠撰　清光緒十四年（1888）同文書局石印本　二冊

440000－2541－0013464　30061
娛親雅言六卷　（清）嚴元照撰　清光緒十一年（1885）吳縣王氏弢園木活字印本　四冊

440000－2541－0013465　30062
讀書叢錄二十四卷　（清）洪頤煊撰　清刻本（卷一至三抄配）　六冊

440000－2541－0013466　30063
讀書叢錄七卷　（清）洪頤煊撰　清光緒十五年（1889）廣雅書局刻本　一冊

440000－2541－0013467　30064
無邪堂答問五卷　（清）朱一新撰　清光緒二十一年（1895）廣雅書局刻本　五冊

440000－2541－0013468　30065
無邪堂答問五卷　（清）朱一新撰　清光緒二十一年（1895）廣雅書局刻本　五冊

440000－2541－0013469　30066
無邪堂答問五卷　（清）朱一新撰　清光緒二十一年（1895）廣雅書局刻本　五冊

440000－2541－0013470　30067
無邪堂答問五卷　(清)朱一新撰　清光緒二十一年(1895)廣雅書局刻本　五册

440000－2541－0013471　30070
掌錄二卷　(清)陳祖范撰　清光緒十七年(1891)廣雅書局刻本　一册

440000－2541－0013472　30071
西齋偶得三卷　(清)博明撰　**附錄一卷**　楊鍾羲撰　清光緒二十六年(1900)刻留垞叢刻本　一册

440000－2541－0013473　30072
西齋偶得三卷　(清)博明撰　**附錄一卷**　楊鍾羲撰　清光緒二十六年(1900)刻留垞叢刻本　一册

440000－2541－0013474　30073
校邠廬逸箋四卷　(清)馮桂芬撰　清光緒十一年(1885)上海點石齋石印本　一册

440000－2541－0013475　30074
校邠廬逸箋四卷　(清)馮桂芬撰　清光緒十一年(1885)上海點石齋石印本　一册

440000－2541－0013476　30076
巾經纂二十卷　(清)宋宗元撰　清道光二十七年(1847)達觀樓刻本　五册

440000－2541－0013477　30077
巾經纂二十卷　(清)宋宗元撰　清同治七年(1868)刻本　五册

440000－2541－0013478　30080
嘯亭雜錄十卷續錄三卷　(清)昭槤撰　清宣統元年(1909)中國圖書公司鉛印本　四册

440000－2541－0013479　30081
嘯亭雜錄十卷續錄三卷　(清)昭槤撰　清宣統元年(1909)中國圖書公司鉛印本　四册

440000－2541－0013480　30082
經餘必讀二卷　(清)雷琳等輯　清光緒二十二年(1896)石印本　一册

440000－2541－0013481　30084
經餘必讀八卷　(清)雷琳等輯　清刻本　二册

440000－2541－0013482　30085
經餘必讀續編八卷　(清)雷琳等輯　清刻本　二册

440000－2541－0013483　30086
經餘必讀八卷續編八卷　(清)雷琳等輯　清嘉慶八年(1803)刻十年(1805)續刻本　七册　存十四卷(經餘必讀八卷,續編一至二、五至八)

440000－2541－0013484　30087
經餘必讀八卷續編八卷　(清)雷琳等輯　清刻本　五册　存十卷(經餘必讀八卷、續編一至二)

440000－2541－0013485　30088
溉亭述古錄二卷　(清)錢塘撰　清刻本　一册

440000－2541－0013486　30089
探本錄二十三卷　(清)雲茂琦撰　清同治六年(1867)刻本　四册　存十六卷(一至四、九至十二、十六至二十三)

440000－2541－0013487　30090
探本錄二十三卷　(清)雲茂琦撰　清刻本　六册

440000－2541－0013488　30091
朱蓉生侍御論學遺札摭存不分卷　(清)朱一新撰　清光緒二十一年(1895)菁華閣刻本　一册

440000－2541－0013489　30092
朱蓉生侍御論學遺札摭存不分卷　(清)朱一新撰　清光緒二十一年(1895)菁華閣刻本　一册

440000－2541－0013490　30097
探本錄二十三卷　(清)雲茂琦撰　清咸豐元年(1851)雲曜晦刻同治印本　六册

440000－2541－0013491　30098
文學興國策二卷　(美國)林樂知譯　清光緒二十二年(1896)廣學會鉛印本　二册

440000－2541－0013492　30099
碧聲唫館談塵四卷　(清)許善長撰　清光緒四年(1878)碧聲吟館刻本　四冊

440000－2541－0013493　30100
榕村語錄續集二十卷　(清)李光地撰　清光緒二十年(1894)刻本　六冊

440000－2541－0013494　30102
西學通考三十六卷　(清)胡兆鸞輯　清光緒石印本　四冊

440000－2541－0013495　30105
康熙幾暇格物編二卷　(清)盛昱輯　清光緒二十九年(1903)上海鴻寶書局石印本　一冊

440000－2541－0013496　30109
虎坊雜識四卷粵嶽子二卷　(清)黄培芳撰　清道光至光緒刻本　一冊

440000－2541－0013497　30110
張文襄幕府紀聞二卷　題漢濱讀易者(辜鴻銘)撰　清宣統二年(1910)鉛印本　二冊

440000－2541－0013498　30111
郎潛紀聞十四卷燕下鄉脞錄十六卷　(清)陳康祺撰　清光緒十年至十一年(1884－1885)刻掃葉山房印本　八冊

440000－2541－0013499　30112
郎潛紀聞十四卷燕下鄉脞錄十六卷　(清)陳康祺撰　清光緒十年至十一年(1884－1885)刻掃葉山房印本　八冊

440000－2541－0013500　30113
郎潛紀聞十四卷燕下鄉脞錄十六卷　(清)陳康祺撰　清光緒十年至十一年(1884－1885)刻本　十冊

440000－2541－0013501　30116
啖蔗軒全集四種附二種　(清)方士淦撰　清同治十一年(1872)兩淮運署刻本　二冊　存三種

440000－2541－0013502　30117
郎潛紀聞初筆七卷二筆八卷三筆六卷　(清)陳康祺撰　清宣統二年(1910)掃葉山房石印本　十冊

440000－2541－0013503　30121
春在堂全書三十四種　(清)俞樾撰　清光緒二十五年(1899)刻本　二十七冊　存五種

440000－2541－0013504　30122
小滄浪筆談四卷　(清)阮元撰　清光緒二十六年(1900)江蘇書局刻本　二冊

440000－2541－0013505　30123
小滄浪筆談四卷　(清)阮元撰　清光緒二十六年(1900)江蘇書局刻本　二冊

440000－2541－0013506　30126
荷廊筆記四卷　(清)俞洵慶撰　清光緒羊城刻本　三冊　存三卷(一、三至四)

440000－2541－0013507　30127
養吉齋叢錄二十六卷餘錄十卷　(清)吳振棫撰　清光緒二十二年(1896)錢塘吳氏刻本　八冊

440000－2541－0013508　30130
簷曝雜記六卷　(清)趙翼撰　清末鉛印本　一冊　存二卷(一至二)

440000－2541－0013509　30132
人海記二卷　(清)查慎行撰　清宣統二年(1910)上海掃葉山房石印本　一冊

440000－2541－0013510　30133
人海記二卷　(清)查慎行撰　清宣統二年(1910)上海掃葉山房石印本　二冊

440000－2541－0013511　30135
讀書偶記八卷　(清)趙紹祖撰　清道光四年(1824)涇縣趙氏刻古墨齋集本　二冊

440000－2541－0013512　30136
蛾術編八十二卷　(清)王鳴盛撰　清道光二十一年(1841)世楷堂刻本　三冊　存十二卷(十六至十九、七十五至八十二)

440000－2541－0013513　30137
蛾術編八十二卷　(清)王鳴盛撰　清道光二十一年(1841)世楷堂刻本　二十冊

440000－2541－0013514　30138

紫藤館雜錄十六卷　(清)梁九圖撰　清道光二十五年(1845)順德梁氏紫藤館刻本　八册

440000－2541－0013515　30139

瀛舟筆談十二卷　(清)阮亨撰　清嘉慶二十五年(1820)刻本　二册　存三卷(四至五、十二)

440000－2541－0013516　30140

瀛舟筆談十二卷　(清)阮亨撰　清嘉慶二十五年(1820)刻本　八册

440000－2541－0013517　30141

柚堂續筆談三卷　(清)盛百二撰　清光緒四年(1878)秀水孫氏望雲仙館刻檇李遺書本　一册

440000－2541－0013518　30143

醉夢錄二卷　(清)遐齡撰　清光緒十一年(1885)石印本　二册

440000－2541－0013519　30144

偶存集一卷援守井研記略一卷　(清)董貽清撰　清同治刻本　一册

440000－2541－0013520　30146

偶存集一卷援守井研記略一卷　(清)董貽清撰　清同治刻本　一册

440000－2541－0013521　30149

新鐫分類評註文武合編百子金丹十卷　(明)郭偉注　(明)郭中吉輯　清刻本　八册

440000－2541－0013522　30152

新鐫校正評註分類百子金丹全書十卷　(明)郭偉注　(明)郭中吉輯　清光緒二十九年(1903)上海書局石印本　一册

440000－2541－0013523　30154

重編留青新集二十四卷　(清)陳枚原輯　(清)伊□□重輯　清光緒十四年(1888)鉛印本　十一册　存二十二卷(三至二十四)

440000－2541－0013524　30155

因樹屋書影十卷　(清)周亮工撰　清刻本　六册

440000－2541－0013525　30157

涉需堂文集一卷後集一卷詩集一卷迂言百則一卷史見一卷正學續四卷　(清)陳遇夫撰　清光緒二十四年(1898)刻本　七册

440000－2541－0013526　30158

清白士集二十八卷　(清)梁玉繩撰　**庭立記聞四卷**　(清)梁學昌輯　清嘉慶刻本　十五册　存三十卷(清白士集一至五、八至二十八,庭立記聞四卷)

440000－2541－0013527　30159

趨庭記述二卷　(清)經緯撰　清光緒二十三年(1897)刻本　二册

440000－2541－0013528　30160

率真子偶存七卷　(清)伍紹曾撰　清道光二十七年(1847)刻本　二册

440000－2541－0013529　30161

柏山集四卷　(清)鄭乃憲撰　清道光二十七年(1847)刻本　一册

440000－2541－0013530　30162

椽筆樓初集二卷　(清)胡鉉撰　清光緒三十三年(1907)上海國粹學報社鉛印本　二册

440000－2541－0013531　30164

學詁齋文集二卷　(清)薛壽撰　清光緒十五年(1889)廣雅書局刻本　一册

440000－2541－0013532　30165

學詁齋文集二卷　(清)薛壽撰　清光緒十五年(1889)廣雅書局刻本　一册

440000－2541－0013533　30166

學詁齋文集二卷　(清)薛壽撰　清光緒十五年(1889)廣雅書局刻本　一册

440000－2541－0013534　30167

遊道堂集四卷　(清)朱彬撰　清同治七年(1868)袁浦刻本　一册

440000－2541－0013535　30169

品蓮初稿不分卷　(清)沈龍光撰　清咸豐木活字印本　一册

440000－2541－0013536　30170

知退齋稿七卷 (清)張瑛撰 清光緒二十四年(1898)刻本 一册 存二卷(一至二)

440000－2541－0013537 30172
問魚篇二卷附録一卷 (明)周拱辰撰 清道光三年(1823)周氏聖雨齋刻本 一册

440000－2541－0013538 30176
憑山閣增輯留青新集三十卷 (清)陳枚輯 (清)陳德裕增輯 清刻本 十六册

440000－2541－0013539 30177
重編留青新集二十四卷 (清)陳枚原輯 (清)伊□□重輯 清光緒十四年(1888)鉛印本 十二册

440000－2541－0013540 30178
名人尺牘小品四卷 (清)王元勳 (清)程化騄輯 清刻本 二册 存二卷(一至二)

440000－2541－0013541 30179
己丑讌集續編二卷 (清)孫點輯 清光緒十五年(1889)鉛印本 一册 存一卷(上)

440000－2541－0013542 30180
還是讀書堂家集四卷 (清)李本善輯 清嘉慶二十四年(1819)刻本 四册

440000－2541－0013543 30181
硃批詳註管稿時文八卷 (清)管世銘撰 清光緒十七年(1891)京都琉璃廠刻朱墨套印本 四册

440000－2541－0013544 30182
鈍翁文集十六卷 (清)汪琬撰 清宣統二年(1910)國學扶輪社石印本 八册

440000－2541－0013545 30183
典三雜著一卷 (清)周寅清撰 清咸豐刻本 一册

440000－2541－0013546 30187
硃批詳註管稿時文八卷 (清)管世銘撰 清刻朱墨套印本 三册 存六卷(三至八)

440000－2541－0013547 30188
桐城吴先生尺牘五卷補遺一卷諭兒書一卷 (清)吴汝綸撰 清光緒二十九年(1903)刻桐城吴先生全書本 三册

440000－2541－0013548 30189
桐城吴先生尺牘五卷補遺一卷諭兒書一卷 (清)吴汝綸撰 清光緒二十九年(1903)刻桐城吴先生全書本 一册 存一卷(尺牘一)

440000－2541－0013549 30191
國朝文才調集六卷 (清)許振禕輯 清光緒十八年(1892)廣百宋齋鉛印本 六册

440000－2541－0013550 30193
經訓書院文集六卷 (清)王棻等輯 清光緒九年(1883)江西書局刻本 五册

440000－2541－0013551 30195
史漢發明五卷 (清)傅澤鴻輯 清光緒十八年(1892)刻本 三册

440000－2541－0013552 30196
欽取朝考卷二卷 (清)蒯光典等撰 清光緒刻本 二册

440000－2541－0013553 30197
上海求志書院課藝四卷 (清)上海求志書院輯 清光緒刻本 四册

440000－2541－0013554 30199
歷代名人小簡二卷 吴曾祺輯 清宣統二年(1910)上海商務印書館鉛印本 二册

440000－2541－0013555 30201
巢經巢遺文五卷 (清)鄭珍撰 清光緒十九年(1893)貴築高氏資州官署刻本 四册

440000－2541－0013556 30203
佔畢叢談六卷勸學巵言一卷時文蠡測一卷 (清)袁守定撰 清光緒十二年(1886)刻本 四册

440000－2541－0013557 30205
談書録一卷 (清)汪師韓撰 清刻本 一册

440000－2541－0013558 30208
目耕帖三十一卷 (清)馬國翰輯 清光緒九年(1883)長沙嫏嬛館刻玉函山房輯佚書本 二册 存二卷(十九至二十)

440000－2541－0013559　30209
蛾述集十六卷　(清)陳庭學撰　清嘉慶二十年(1815)刻本　四册

440000－2541－0013560　30210
十三經拾遺十六卷　(清)王朝渠撰　清嘉慶五年(1800)刻本　四册

440000－2541－0013561　30215
許鄭學廬存稿八卷首一卷　(清)王紹蘭撰　清道光刻本　二册

440000－2541－0013562　30217
楚中文筆二卷附録一卷　(清)阮元撰　清同治四年(1865)鄂渚刻本　一册

440000－2541－0013563　30218
北行日札一卷　(清)王弘撰撰　清光緒二十年(1894)刻本　一册

440000－2541－0013564　30221
東溟文集六卷外集四卷　(清)姚瑩撰　清道光十三年(1833)刻本　二册

440000－2541－0013565　30223
鄺齋雜記八卷　(清)陳曇撰　清道光九年(1829)陳汝亨刻本　二册

440000－2541－0013566　30225
翼駉稗編八卷　(清)湯用中撰　(清)徐廷華評　清同治八年(1869)刻本　八册

440000－2541－0013567　30226
明齋小識十二卷　(清)諸聯撰　清刻本　四册

440000－2541－0013568　30227
此木軒雜著八卷　(清)焦袁熹撰　清光緒八年(1882)常熟席氏掃葉山房刻本　四册

440000－2541－0013569　30228
更豈有此理四卷　(清)□□撰　清嘉慶五年(1800)刻本　四册

440000－2541－0013570　30230
顧亭林先生遺書十種補遺十一種　(清)顧炎武撰　清蓬瀛閣刻吳縣朱記榮增刻光緒三十二年(1906)彙印本　十四册　存二十種

440000－2541－0013571　30231
覓燈因話二卷　(明)邵景詹撰　清光緒刻本　一册

440000－2541－0013572　30232
池上草堂筆記六卷續録六卷三録六卷四録六卷　(清)梁恭辰撰　清同治九年(1870)刻本　八册

440000－2541－0013573　30233
蘭苕館外史十卷　(清)許奉恩撰　清光緒五年(1879)刻本　十册

440000－2541－0013574　30234
常談叢録九卷　(清)李元復撰　清刻本　八册

440000－2541－0013575　30235
兩浙宦游紀略八種　(清)戴槃撰　清同治至咸豐刻本　十六册

440000－2541－0013576　30237
邃雅堂學古録七卷　(清)姚文田撰　清道光七年(1827)歸安姚氏刻邃雅堂全書本　五册

440000－2541－0013577　30239
隨園隨筆二十八卷　(清)袁枚撰　清嘉慶十三年(1808)小倉山房刻本　四册

440000－2541－0013578　30247
樂山集二卷　(清)王崧撰　清嘉慶十九年(1814)刻本　二册

440000－2541－0013579　30249
分甘餘話四卷　(清)王士禛撰　清刻本　一册

440000－2541－0013580　30251
親屬記二卷　(清)鄭珍撰　清光緒十八年(1892)廣雅書局刻本　一册

440000－2541－0013581　30252
窺豹軒詞翰法程八卷　(清)姜桀輯　清嘉慶二十四年(1819)刻本　八册

440000－2541－0013582　30253
易知編四卷　(清)李□□輯　清咸豐九年(1859)知愚自愧齋刻本　一册

440000－2541－0013583　30255
桐城吳先生尺牘五卷補遺一卷諭兒書一卷　(清)吳汝綸撰　清光緒二十九年(1903)刻桐城吳先生全書本　二冊　存四卷(二至五)

440000－2541－0013584　30264
瀛寰志略十卷　(清)徐繼畬撰　清同治十二年(1873)掞雲樓刻本　一冊　存二卷(四至五)

440000－2541－0013585　30265
巾箱拾羽二十卷　(清)吳梯撰　清道光二十九年(1849)刻本　十冊

440000－2541－0013586　30270
御批歷代通鑑輯覽一百二十卷　(清)傅恒等撰　清光緒十一年(1885)同文書局石印本　一冊　存七卷(三十四至四十)

440000－2541－0013587　30271
石屋叢書二卷　(清)曹籀撰　清道光二十年(1840)刻本　二冊

440000－2541－0013588　30272
時文鈔不分卷　□□輯　清末亦可聞齋抄本　二冊

440000－2541－0013589　30275
五洲政藝叢編一百六十卷　(清)何□□輯　清光緒二十八年(1902)上海鴻寶書局石印本　五十三冊

440000－2541－0013590　30276
讀書雜釋十四卷　(清)徐鼒撰　清咸豐十一年(1861)福寧郡齋刻本　四冊

440000－2541－0013591　30277
硯桂續錄十六卷　(清)林昌彝撰　清同治五年(1866)廣州刻本　八冊

440000－2541－0013592　30278
硯桂續錄十六卷　(清)林昌彝撰　清同治五年(1866)廣州刻本　八冊

440000－2541－0013593　30280
勸學篇二卷　(清)張之洞撰　清光緒二十四年(1898)兩湖書院刻本　二冊

440000－2541－0013594　30281
朱九江先生講學記一卷　簡朝亮輯　清光緒二十三年(1897)順德簡氏讀書草堂刻本　一冊

440000－2541－0013595　30282
朱九江先生講學記一卷　簡朝亮輯　清光緒二十三年(1897)順德簡氏讀書草堂刻本　一冊

440000－2541－0013596　30283
朱九江先生講學記一卷　簡朝亮輯　清光緒二十三年(1897)順德簡氏讀書草堂刻本　一冊

440000－2541－0013597　30284
勸學篇二卷　(清)張之洞撰　清光緒二十四年(1898)兩湖書院刻本　一冊

440000－2541－0013598　30285
勸學篇二卷　(清)張之洞撰　清光緒二十四年(1898)兩湖書院刻本　一冊

440000－2541－0013599　30286
勸學篇二卷　(清)張之洞撰　清光緒二十四年(1898)兩湖書院刻本　一冊

440000－2541－0013600　30287
勸學篇二卷　(清)張之洞撰　清光緒二十四年(1898)兩湖書院刻本　一冊

440000－2541－0013601　30288
勸學篇二卷　(清)張之洞撰　清光緒二十四年(1898)兩湖書院刻本　一冊

440000－2541－0013602　30289
勸學篇二卷　(清)張之洞撰　清光緒二十四年(1898)兩湖書院刻本　一冊

440000－2541－0013603　30290
勸學篇書後一卷　何啟　胡禮垣撰　清光緒二十五年(1899)聚珍書樓鉛印本　一冊

440000－2541－0013604　30292
勸學篇二卷　(清)張之洞撰　清光緒二十四年(1898)中江書院刻本　一冊

440000－2541－0013605　30293

東塾讀書記二十五卷　(清)陳澧撰　清光緒刻本(卷十四、十七至二十、二十二至二十五未刻)　四冊

440000－2541－0013606　30294
東塾讀書記二十五卷　(清)陳澧撰　清光緒刻本(卷十四、十七至二十、二十二至二十五未刻)　五冊

440000－2541－0013607　30295
勸學篇二卷　(清)張之洞撰　清光緒二十四年(1898)廣雅書局刻本　一冊

440000－2541－0013608　30296
勸學篇二卷　(清)張之洞撰　清光緒二十四年(1898)廣雅書局刻本　一冊

440000－2541－0013609　30301
東塾讀書記二十五卷　(清)陳澧撰　清光緒刻本(卷十四、十七至二十、二十二至二十五未刻)　五冊

440000－2541－0013610　30302
東塾讀書記二十五卷　(清)陳澧撰　清光緒刻本(卷十四、十七至二十、二十二至二十五未刻)　五冊

440000－2541－0013611　30303
東塾讀書記二十五卷　(清)陳澧撰　清光緒刻本(卷十四、十七至二十、二十二至二十五未刻)　五冊

440000－2541－0013612　30304
東塾讀書記二十五卷　(清)陳澧撰　清光緒刻本(卷十四、十七至二十、二十二至二十五未刻)　三冊

440000－2541－0013613　30305
東塾讀書記二十五卷　(清)陳澧撰　清光緒刻本(卷十四、十七至二十、二十二至二十五未刻)　三冊　存十五卷(一至十二、十五至十六、二十一)

440000－2541－0013614　30306
東塾讀書記二十五卷　(清)陳澧撰　清光緒刻本(卷十四、十七至二十、二十二至二十五未刻)　四冊　存十二卷(一至三、八至十三、十五至十六、二十一)

440000－2541－0013615　30307
湯氏危言四卷　(清)湯震撰　清光緒二十四年(1898)三魚書屋石印本　二冊

440000－2541－0013616　30309
危言四卷　(清)湯震撰　清光緒二十二年(1896)上海圖書集成印書局鉛印本　一冊

440000－2541－0013617　30312
窕言二卷　(清)趙曾望撰　清末至民國初影印本　一冊

440000－2541－0013618　30313
黄學廬雜述三卷　(清)陳士芑撰　清宣統元年(1909)鉛印本　一冊

440000－2541－0013619　30316
桐陰清話八卷　(清)倪鴻撰　清同治十三年(1874)刻本　三冊　存六卷(三至八)

440000－2541－0013620　30317
金屑一撮一卷　(清)□□撰　清宣統三年(1911)常州天寧寺刻本　一冊

440000－2541－0013621　30318
九九銷夏録十四卷　(清)俞樾撰　清光緒十八年(1892)刻本　二冊

440000－2541－0013622　30320
翼教叢編六卷　(清)蘇輿輯　清光緒二十四年(1898)武昌刻本　二冊

440000－2541－0013623　30324
省身要言一卷　(清)周柱坤撰　清光緒三十年(1904)刻本　一冊

440000－2541－0013624　30325
梁氏筆記三種　(清)梁章鉅撰　清宣統三年(1911)上海掃葉山房石印本　四冊

440000－2541－0013625　30326
浪跡叢談十一卷　(清)梁章鉅撰　清刻本　四冊

440000－2541－0013626　30327

鷗波漁話六卷　(清)葉廷琯撰　清同治八年至九年(1869－1870)姑蘇刻本　二冊

440000－2541－0013627　30328
鷗波漁話六卷　(清)葉廷琯撰　清同治八年至九年(1869－1870)姑蘇謝文翰齋刻本　三冊

440000－2541－0013628　30329
鷗波漁話六卷　(清)葉廷琯撰　清同治八年至九年(1869－1870)姑蘇謝文翰齋刻本　三冊

440000－2541－0013629　30331
浪迹三談六卷　(清)梁章鉅撰　清咸豐七年(1857)福州梁氏刻光緒十年(1884)杭縣鄭氏小琳瑯館印本　二冊

440000－2541－0013630　30332
竹葉亭雜記四卷　(清)姚元之撰　清宣統二年(1910)上海掃葉山房石印本　二冊

440000－2541－0013631　30333
竹葉亭雜記四卷　(清)姚元之撰　清宣統二年(1910)上海掃葉山房石印本　二冊

440000－2541－0013632　30334
時論大觀不分卷　□□輯　清光緒二十八年(1902)廣州蒙學書局鉛印本　一冊

440000－2541－0013633　30335
時務通論一卷　(清)何樹齡撰　清光緒二十三年(1897)刻本　一冊

440000－2541－0013634　30336
鈍硯巵言不分卷　(清)錢綺撰　清道光三十年(1850)刻本　一冊

440000－2541－0013635　30338
竹葉亭雜記八卷　(清)姚元之撰　清光緒十九年(1893)桐城姚氏刻本　二冊

440000－2541－0013636　30342
懷小編二十卷　(清)沈濂撰　清咸豐四年(1854)刻本　六冊

440000－2541－0013637　30343
公善堂輯善錄不分卷　公善堂輯　清末鉛印本　一冊

440000－2541－0013638　30344
寒秀草堂筆記四卷　(清)姚衡撰　清光緒九年(1883)歸安姚氏刻咫進齋叢書本　一冊

440000－2541－0013639　30345
篤素堂集鈔三卷　(清)張英撰　清光緒十七年(1891)江蘇書局刻本　一冊

440000－2541－0013640　30346
時務通考三十一卷　題(清)杞廬主人輯　清光緒二十三年(1897)上海點石齋石印本　十四冊

440000－2541－0013641　30347
湘報類纂六集　題覺睡齋主人輯　清光緒二十八年(1902)上海中華編譯印書館鉛印本　八冊

440000－2541－0013642　30348
一山雜文一卷　章梫撰　清末京華印書局鉛印本　一冊

440000－2541－0013643　30352
五湖漁莊圖題詞四卷　(清)葉承桂輯　清咸豐三年(1853)刻本　二冊

440000－2541－0013644　30353
潛園友朋書問十二卷　(清)陸心源輯　清末石印本　四冊

440000－2541－0013645　30356
告蒙編九卷附三卷　(清)黎佩蘭輯　清光緒二十九年(1903)志陶軒刻本　四冊

440000－2541－0013646　30357
儀顧堂集二十卷　(清)陸心源撰　清光緒二十四年(1898)刻本　六冊

440000－2541－0013647　30358
儀顧堂集二十卷　(清)陸心源撰　清光緒二十四年(1898)刻本　六冊

440000－2541－0013648　30360
滋園粵游尺牘二卷　(清)劉家柱撰　清同治九年(1870)刻本　一冊

440000－2541－0013649　30361
蕉軒續錄二卷　(清)方濬師撰　清光緒十八年(1892)鉛印本　二冊

440000－2541－0013650　30362
拙修集十卷　(清)吳廷棟撰　清同治十年(1871)六安涂氏求我齋刻本　四冊

440000－2541－0013651　30366
濂墨軒文集不分卷　(清)崔炳炎撰　清光緒三十四年(1908)廣東學務公所印刷處鉛印本　一冊

440000－2541－0013652　30367
天岳山館文鈔四十卷　(清)李元度撰　清光緒六年(1880)刻本　十冊

440000－2541－0013653　30368
天岳山館文鈔四十卷　(清)李元度撰　清光緒六年(1880)刻本　十四冊

440000－2541－0013654　30371
訒齋文鈔二卷詩鈔一卷　(清)褚維垕撰　清光緒二十七年(1901)刻本　一冊

440000－2541－0013655　30373
邱園隨筆一卷　(清)邱詰桐撰　清光緒二十年(1894)刻本　一冊

440000－2541－0013656　30374
邱園隨筆一卷　(清)邱詰桐撰　清光緒二十年(1894)刻本　一冊

440000－2541－0013657　30375
新學彙編四卷　(美國)林樂知撰　蔡爾康輯　清光緒二十四年(1898)上海廣學會鉛印本　四冊

440000－2541－0013658　30376
新學彙編四卷　(美國)林樂知撰　蔡爾康輯　清光緒二十四年(1898)上海廣學會鉛印本　四冊

440000－2541－0013659　30377
新學彙編四卷　(美國)林樂知撰　蔡爾康輯　清光緒二十四年(1898)上海廣學會鉛印本　四冊

440000－2541－0013660　30378
新學彙編四卷　(美國)林樂知撰　蔡爾康輯　清光緒二十四年(1898)上海廣學會鉛印本　三冊　存三卷(一至三)

440000－2541－0013661　30379
硃批小題正鵠六卷蒲編堂訓蒙草一卷　(清)李元度撰　清光緒十五年(1889)刻朱墨套印本　六冊

440000－2541－0013662　30380
塾課小題正鵠六卷蒲編堂訓蒙草一卷　(清)李元度撰　清光緒二年(1876)廣州十甫經堂刻本　六冊

440000－2541－0013663　30381
光緒壬辰科會試硃卷一卷(清光緒十八年)　(清)羅迪楚等撰　清光緒十八年(1892)刻本　一冊

440000－2541－0013664　30382
光緒壬辰科會試硃卷一卷(清光緒十八年)　(清)羅迪楚等撰　清光緒十八年(1892)刻本　一冊

440000－2541－0013665　30383
龍城書院課藝不分卷　(清)繆華輯　清光緒二十七年(1901)鉛印本　八冊

440000－2541－0013666　30384
課蒙彙編不分卷　(清)方濬師輯　清光緒三年(1877)廣州刻本　二冊

440000－2541－0013667　30385
江漢炳靈集二卷　(清)張之洞輯　清光緒羊城登雲閣刻本　三冊　存一卷(上)

440000－2541－0013668　30386
成眾齋時藝不分卷　(清)廖廷相　(清)譚宗浚　(清)陳宗侃撰　清光緒抄本　一冊

440000－2541－0013669　30387
兩湖五大書院時務課藝四卷　(清)張之洞輯　清光緒二十三年(1897)雲海山房刻本　二冊

440000－2541－0013670　30388

藝苑叢話十六卷　(清)陳琰輯　清宣統三年(1911)上海六藝書局石印本　一册　存八卷(一至八)

440000－2541－0013671　30392
翁松禪手札不分卷　(清)翁同龢撰　清宣統上海有正書局影印本　十册

440000－2541－0013672　30393
翁松禪手札不分卷　(清)翁同龢撰　清宣統上海有正書局影印本　十册

440000－2541－0013673　30394
翁松禪手札不分卷　(清)翁同龢撰　清宣統上海有正書局影印本　十册

440000－2541－0013674　30399
惜道味齋集三卷　(清)姚大榮撰　清宣統三年(1911)刻本　一册

440000－2541－0013675　30402
三魚堂文集十二卷附錄一卷外集六卷附錄一卷賸言十二卷　(清)陸隴其撰　清宣統三年(1911)掃葉山房石印本　八册

440000－2541－0013676　30403
三魚堂文集十二卷附錄一卷外集六卷附錄一卷賸言十二卷　(清)陸隴其撰　清宣統三年(1911)掃葉山房石印本　八册

440000－2541－0013677　30405
虛受堂文集十六卷　王先謙撰　清宣統二年(1910)上海國學書社石印本　六册

440000－2541－0013678　30407
南菁文鈔三集十六卷　(清)丁立鈞輯　清光緒二十七年(1901)刻本　八册

440000－2541－0013679　30408
春雨樓叢書六種　(清)朱士端撰　清同治寶應朱氏刻本　六册

440000－2541－0013680　30410
東湖叢記六卷　(清)蔣光煦撰　清咸豐六年(1856)刻本　三册

440000－2541－0013681　30414
曬書堂筆錄六卷　(清)郝懿行輯　清末刻本　四册

440000－2541－0013682　30415
一鐙精舍甲部稿五卷　(清)何秋濤撰　清光緒五年(1879)淮南書局刻本　一册

440000－2541－0013683　30416
一鐙精舍甲部稿五卷　(清)何秋濤撰　清光緒五年(1879)淮南書局刻本　一册

440000－2541－0013684　30417
食舊德齋雜著不分卷　(清)劉嶽雲撰　清光緒八年(1882)刻本　二册

440000－2541－0013685　30418
蘿藦亭劄記八卷　(清)喬松年撰　清同治十二年(1873)刻本　四册

440000－2541－0013686　30419
食舊德齋雜著不分卷　(清)劉嶽雲撰　清光緒二十二年(1896)刻本　二册

440000－2541－0013687　30422
輓言錄不分卷　(清)陳興鉞撰　清同治十年(1871)花縣駱氏刻本　一册

440000－2541－0013688　30423
嫠學治事文編二卷　(清)繼良輯　清光緒二十四年(1898)長白繼氏刻本　二册

440000－2541－0013689　30428
結一廬遺文二卷　(清)朱學勤撰　清光緒三十四年(1908)刻本　一册

440000－2541－0013690　30432
正誼堂文集二十四卷　(清)董沛撰　清光緒二十二年(1896)刻正誼堂全集本　六册

440000－2541－0013691　30434
歸盦文稿八卷　(清)葉裕仁撰　清光緒八年(1882)刻本　四册

440000－2541－0013692　30435
庸盦海外文編四卷　(清)薛福成撰　清光緒二十二年(1896)上海醉六堂石印本　二册

440000－2541－0013693　30436
信徵紀集二卷緒集二卷隨筆附集二卷餘集二

卷又集二卷別集二卷復集二卷增集二卷　(清)段永源撰　清同治六年至九年(1867－1870)刻本　八冊

440000－2541－0013694　30439
扁善齋文存二卷　(清)鄧嘉緝撰　清光緒二十七年(1901)刻本　一冊

440000－2541－0013695　30440
貞定先生遺集四卷　(清)莫與儔撰　清同治十二年(1873)刻本　一冊

440000－2541－0013696　30442
對山書屋墨餘錄十六卷　(清)毛祥麟撰　清同治九年(1870)湖州吳氏醉六堂刻本　八冊

440000－2541－0013697　30443
對山書屋墨餘錄十六卷　(清)毛祥麟撰　清同治九年(1870)湖州吳氏醉六堂刻本　六冊

440000－2541－0013698　30444
對山書屋墨餘錄十六卷　(清)毛祥麟撰　清同治九年(1870)湖州吳氏醉六堂刻本　八冊

440000－2541－0013699　30447
金壺戲墨一卷心影二卷金壺浪墨八卷　(清)黃鈞宰撰　清光緒四年(1878)粵東儒林閣書坊刻本　四冊

440000－2541－0013700　30448
冷廬雜識八卷　(清)陸以湉撰　清咸豐六年(1856)刻本　八冊

440000－2541－0013701　30449
庸閒齋筆記八卷　(清)陳其元撰　清同治刻本　四冊

440000－2541－0013702　30450
懺盦隨筆八卷詞話一卷　沈澤棠撰　清宣統三年(1911)刻本　二冊

440000－2541－0013703　30453
對山書屋墨餘錄十六卷　(清)毛祥麟撰　清同治十年(1871)杭州文元堂刻本　四冊

440000－2541－0013704　30455
想當然耳八卷　(清)鄒鍾撰　清光緒四年(1878)京都聚珍堂書坊木活字印本　四冊

440000－2541－0013705　30456
客座軒渠四卷　題(清)鹿野散人撰　清同治刻本　四冊

440000－2541－0013706　30457
庸閒齋筆記十二卷　(清)陳其元撰　清宣統三年(1911)掃葉山房石印本　四冊

440000－2541－0013707　30458
荷廊筆記四卷　(清)俞洵慶撰　清光緒羊城刻本　四冊

440000－2541－0013708　30459
五大洲述異錄四卷　(清)管斯駿輯　清光緒二十二年(1896)上海書局石印本　四冊

440000－2541－0013709　30460
吹網錄六卷　(清)葉廷琯撰　清同治八年(1869)刻本　二冊

440000－2541－0013710　30461
吹網錄六卷　(清)葉廷琯撰　清同治八年(1869)刻本　三冊

440000－2541－0013711　30462
吹網錄六卷　(清)葉廷琯撰　清同治八年(1869)刻本　三冊

440000－2541－0013712　30463
吹網錄六卷　(清)葉廷琯撰　清同治八年(1869)刻本　二冊

440000－2541－0013713　30464
乖庵文錄二卷　(清)秦樹聲撰　清光緒三十四年(1908)刻本　一冊　存一卷(上)

440000－2541－0013714　30465
拙尊園叢稿六卷　(清)黎庶昌撰　清光緒十九年(1893)上海醉六堂石印本　二冊

440000－2541－0013715　30467
弢園文錄外編十卷　(清)王韜撰　清光緒九年(1883)鉛印本　五冊

440000－2541－0013716　30468
味道齋文鈔六卷　(清)李再榮撰　清光緒十年(1884)刻本　二冊

440000－2541－0013717　30470
雷刻八種附刻二種　(清)雷浚撰　清光緒吳縣雷氏刻本　八冊　存五種

440000－2541－0013718　30471
雷刻八種附刻二種　(清)雷浚撰　清光緒吳縣雷氏刻本　十二冊

440000－2541－0013719　30472
愈愚錄六卷　(清)劉寶楠撰　清光緒十四年(1888)廣雅書局刻朱印本　二冊

440000－2541－0013720　30473
劉氏遺書八卷　(清)劉台拱撰　清光緒十五年(1889)廣雅書局刻朱印本　二冊

440000－2541－0013721　30475
曾文正公手書日記不分卷　(清)曾國藩撰　清宣統元年(1909)上海中國圖書公司石印本　四十冊

440000－2541－0013722　30476
曾文正公手書日記不分卷　(清)曾國藩撰　清宣統元年(1909)上海中國圖書公司石印本　四十冊

440000－2541－0013723　30477
求闕齋日記類鈔十卷　(清)曾國藩撰　(清)王啟原校輯　清光緒十年(1884)上海還讀樓刻本　四冊

440000－2541－0013724　30478
曾文正公手札不分卷　(清)曾國藩撰　清光緒十一年(1885)上海同文書局石印本　一冊

440000－2541－0013725　30480
武陵山人遺書十種續刊二種　(清)顧觀光撰　清光緒九年(1883)獨山莫祥芝上海刻高桂續刻民國四年(1915)金山高煌彙印本　十冊

440000－2541－0013726　30481
菽園著書三種　(清)邱煒萲編　清光緒二十三年(1897)香港中華印務局鉛印本　八冊

440000－2541－0013727　30483
兩罍軒尺牘十二卷　(清)吳雲撰　清宣統二年(1910)上海時中書局石印本　四冊

440000－2541－0013728　30484
雲自在龕叢書五集十九種　繆荃孫編　清光緒江陰繆氏刻本　十一冊　存五種

440000－2541－0013729　30485
松心文鈔十卷　(清)張維屏撰　清咸豐刻本　三冊

440000－2541－0013730　30486
報平安室雜錄不分卷　□□輯　稿本　四冊

440000－2541－0013731　30489
十二硯齋文錄一卷　(清)汪鋆撰　清刻本　一冊

440000－2541－0013732　30491
潛研堂答問十二卷　(清)錢大昕撰　清光緒七年(1881)謨觴室刻本　四冊

440000－2541－0013733　30493
天咫偶聞十卷　震鈞撰　清光緒三十三年(1907)甘棠轉舍刻本　八冊

440000－2541－0013734　30494
定香亭筆談四卷　(清)阮元撰　清光緒二十五年(1899)浙江書局刻本　四冊

440000－2541－0013735　30497
須靜齋雲煙過眼錄一卷　(清)潘世璜撰　(清)潘遵祁輯　清宣統三年(1911)吳縣潘氏刻本　一冊

440000－2541－0013736　30498
學古堂日記初編十五種　(清)雷濬選　(清)吳履剛編　清光緒十六年(1890)刻本　一冊　存八種

440000－2541－0013737　30500
荔牆叢刻十三種　(清)汪曰楨編　清同治至光緒烏程汪氏刻本　一冊　存四種

440000－2541－0013738　30501
固始張侍郎遺跡一卷　(清)馬振憲等輯　清宣統元年(1909)懿文齋石印本　一冊

440000－2541－0013739　30592
知聖編二卷　廖平撰　清光緒二十八年(1902)刻本　一冊

440000－2541－0013740　30611
地理辯證集解一卷　(清)壽紹海纂　清抄本　一册

440000－2541－0013741　30619
天則百話不分卷　(日本)加藤弘之述　(清)吴建常譯　清光緒二十八年(1902)上海廣智書局鉛印本　一册

440000－2541－0013742　30624
福澤諭吉談叢不分卷　(日本)福澤諭吉撰　馮霈譯　清光緒二十九年(1903)廣智書局鉛印本　一册

440000－2541－0013743　30628
戊戌中外大事彙記十二卷首四卷末一卷　題(清)倚劍生輯　清光緒二十四年(1898)廣智報局鉛印本　十四册　存十四卷(一至十、首四卷)

440000－2541－0013744　30629
最新萬國政鑑五十一卷　趙天擇　王慕陶編譯　清光緒二十九年(1903)上海國民叢書社鉛印本　八册　存四十七卷(一至五、十至五十一)

440000－2541－0013745　30630
戊戌中外大事彙記十二卷首四卷末一卷　題(清)倚劍生輯　清光緒二十四年(1898)廣智報局鉛印本　十二册

440000－2541－0013746　30633
丁酉列國歲計政要九卷首一卷　(英國)士咳咖路地輯　(清)周逢源譯　清光緒二十三年(1897)鉛印本　一册　存二卷(一、首一卷)

440000－2541－0013747　30634
官商快覽不分卷　(清)上海商務總會輯　清光緒三十四年(1908)上海商務印書館石印本　一册

440000－2541－0013748　30645
國學叢刊不分卷　(清)國學研究會編　清宣統三年(1911)國學研究會石印本　二册　存二册(一至二)

440000－2541－0013749　30646
國學叢刊不分卷　(清)國學研究會編　清宣統三年(1911)國學研究會石印本　二册　存二册(一至二)

440000－2541－0013750　30647
國學叢刊不分卷　(清)國學研究會編　清宣統三年(1911)國學研究會石印本　一册　存一册(三)

440000－2541－0013751　30660
金華叢書六十九種附一種　(清)胡鳳丹編　清同治至光緒永康胡氏退補齋刻本　十九册　存九種

440000－2541－0013752　30665
玉海二百四卷附刻十四種　(宋)王應麟撰　清光緒九年(1883)浙江書局刻十六年(1890)續刻本　八册　存附刻四種

440000－2541－0013753　30666
漢藝文志考證十卷　(宋)王應麟撰　清浙江書局刻玉海本　一册

440000－2541－0013754　30668
補後漢書藝文志四卷　(清)侯康撰　清光緒十七年(1891)廣雅書局刻本　一册

440000－2541－0013755　30669
補後漢書藝文志一卷補後漢書藝文志考十卷　(清)曾樸撰　清光緒二十一年(1895)常熟曾氏木活字印本　六册

440000－2541－0013756　30670
補後漢書藝文志一卷補後漢書藝文志考十卷　(清)曾樸撰　清光緒二十一年(1895)常熟曾氏木活字印本　六册

440000－2541－0013757　30672
常熟丁氏叢書二種　丁國鈞撰　清光緒木活字印本　四册

440000－2541－0013758　30674
補三國藝文志四卷　(清)侯康撰　清光緒十三年(1887)廣雅書局刻本　一册

440000－2541－0013759　30676

宋史藝文志補一卷 (清)倪燦撰 清光緒十七年(1891)廣雅書局刻本 一册

440000-2541-0013760 30677
崇文總目五卷 (宋)王堯臣等撰 (清)錢東垣等輯釋 **補遺一卷附錄一卷** (清)錢侗輯 清嘉慶四年(1799)嘉定秦氏刻汗筠齋叢書第一集本 六册

440000-2541-0013761 30683
補遼金元藝文志一卷 (清)倪燦撰 清光緒十七年(1891)廣雅書局刻本 一册

440000-2541-0013762 30685
後知不足齋叢書八函四十七種 (清)鮑廷爵編 清光緒常熟鮑氏刻本 十一册 存五種

440000-2541-0013763 30686
崇文總目五卷 (宋)王堯臣等編 (清)錢東垣等輯釋 **補遺一卷附錄一卷** (清)錢侗輯 清光緒八年(1882)常熟鮑氏刻後知不足齋叢書本 五册

440000-2541-0013764 30690
補遼金元藝文志一卷 (清)盧文弨撰 清刻本 一册

440000-2541-0013765 30691
元史藝文志四卷 (清)錢大昕撰 清同治十三年(1874)江蘇書局刻本 一册

440000-2541-0013766 30694
四庫全書總目二百卷 (清)紀昀等纂 清同治七年(1868)廣東書局刻本 一百二十册

440000-2541-0013767 30695
四庫全書總目二百卷 (清)紀昀等纂 清同治七年(1868)廣東書局刻本 一百二十册

440000-2541-0013768 30696
四庫全書總目二百卷 (清)紀昀等纂 清同治七年(1868)廣東書局刻本 一百十七册 存一百九十七卷(一至一百三十九、一百四十三至二百)

440000-2541-0013769 30697
四庫全書總目二百卷 (清)紀昀等纂 清宣統二年(1910)存古齋石印本 三十二册

440000-2541-0013770 30698
四庫全書總目二百卷 (清)紀昀等纂 清宣統二年(1910)存古齋石印本 三十二册

440000-2541-0013771 30699
四庫全書總目二百卷 (清)紀昀等纂 清同治七年(1868)廣東書局刻本 一百二十一册 存一百九十八卷(一至一百十六、一百十九至二百)

440000-2541-0013772 30700
四庫全書總目二百卷 (清)紀昀等纂 清同治七年(1868)廣東書局刻本 八十册

440000-2541-0013773 30701
四庫全書總目二百卷 (清)紀昀等纂 清同治七年(1868)廣東書局刻本 一百十九册

440000-2541-0013774 30702
四庫全書總目二百卷 (清)紀昀等纂 清光緒二十一年(1895)刻本 二十二册 存三十七卷(一百六十一至一百七十五、一百七十九至二百)

440000-2541-0013775 30703
四庫全書總目二百卷未收書目提要五卷 (清)紀昀等纂 清光緒十四年(1888)上海漱六山莊石印本 二十册

440000-2541-0013776 30704
四庫全書總目二百卷未收書目提要五卷 (清)紀昀等纂 清光緒十四年(1888)上海漱六山莊石印本 十九册 存一百八十七卷(一至六十九、八十三至二百)

440000-2541-0013777 30705
四庫全書總目二百卷未收書目提要五卷 (清)紀昀等纂 清光緒十四年(1888)上海同文書局石印本 二十册

440000-2541-0013778 30709
四庫全書簡明目錄二十卷 (清)紀昀等纂 清同治七年(1868)廣東書局刻本 十二册

440000-2541-0013779 30710

四庫全書簡明目錄二十卷　(清)紀昀等纂　清同治七年(1868)廣東書局刻本　十二冊

440000－2541－0013780　30711
四庫全書簡明目錄二十卷　(清)紀昀等纂　清同治七年(1868)廣東書局刻本　十二冊

440000－2541－0013781　30712
四庫全書簡明目錄二十卷　(清)紀昀等纂　清同治七年(1868)廣東書局刻本　十二冊

440000－2541－0013782　30713
四庫全書簡明目錄二十卷　(清)紀昀等纂　清同治七年(1868)廣東書局刻本　十六冊

440000－2541－0013783　30714
四庫全書簡明目錄二十卷　(清)紀昀等纂　清同治七年(1868)刻本　四冊　存八卷(十三至二十)

440000－2541－0013784　30715
四庫全書簡明目錄二十卷　(清)紀昀等纂　清同治六年(1867)刻本　七冊　存十六卷(一至八、十三至二十)

440000－2541－0013785　30716
四庫全書簡明目錄二十卷　(清)紀昀等纂　清刻本　十二冊

440000－2541－0013786　30723
四庫書目略二十卷　(清)費莫文良輯　清同治九年(1870)自刻本　四冊

440000－2541－0013787　30724
四庫簡明目錄標注二十卷　(清)邵懿辰撰　清宣統三年(1911)刻半巖廬所著書本　五冊　存十七卷(一至十七)

440000－2541－0013788　30725
四庫簡明目錄標注二十卷　(清)邵懿辰撰　清宣統三年(1911)刻半巖廬所著書本　六冊

440000－2541－0013789　30726
四庫簡明目錄標注二十卷　(清)邵懿辰撰　清宣統三年(1911)刻半巖廬所著書本　十冊

440000－2541－0013790　30729
四庫全書附存目錄十卷　(清)胡虔纂　清光緒十年(1884)學海堂刻本　六冊

440000－2541－0013791　30730
四庫全書附存目錄十卷　(清)胡虔纂　清光緒十年(1884)學海堂刻本　四冊

440000－2541－0013792　30731
浙江採集遺書總錄十一卷　(清)沈初等輯　清刻本　十冊

440000－2541－0013793　30737
欽定天祿琳瑯書目十卷　(清)于敏中等輯　**續編二十卷**　(清)彭元瑞等輯　清光緒十年(1884)長沙王氏刻本　十二冊

440000－2541－0013794　30738
欽定天祿琳瑯書目十卷　(清)于敏中等輯　**續編二十卷**　(清)彭元瑞等輯　清光緒十年(1884)長沙王氏刻本　十冊

440000－2541－0013795　30741
四庫未收書目提要五卷　(清)阮元撰　清道光刻本　二冊

440000－2541－0013796　30743
欽定天祿琳瑯書目十卷　(清)于敏中等輯　**續編二十卷**　(清)彭元瑞等輯　清光緒十年(1884)長沙王氏刻本　七冊　存十八卷(書目十卷,續編四至六、十二至十六)

440000－2541－0013797　30775
仙源書院書目四卷　(清)敃元堂　(清)景元堂輯　清光緒五年(1879)刻本　一冊

440000－2541－0013798　30791
廣雅書院藏書目錄七卷　(清)廖廷相輯　清光緒二十七年(1901)廣雅書局刻本　三冊

440000－2541－0013799　30794
八史經籍志十種　(日本)□□編　清光緒九年(1883)鎮海張壽榮刻本　十六冊

440000－2541－0013800　30795
八史經籍志十種　(日本)□□編　清光緒九年(1883)鎮海張壽榮刻本　十六冊

440000－2541－0013801　30796
八史經籍志十種　(日本)□□編　清光緒九

年(1883)鎮海張壽榮刻本　十冊

440000－2541－0013802　30797
諸史藝文志補九種　(清)侯康等撰　清光緒廣雅書局刻本　七冊

440000－2541－0013803　30802
江刻書目三種　(清)江標編　清光緒元和江氏靈鶼閣刻蘇州振新書社印本　四冊

440000－2541－0013804　30805
觀古堂書目叢刊十五種　葉德輝編　清光緒至民國湘潭葉氏刻本　十五冊　存十三種

440000－2541－0013805　30806
觀古堂書目叢刊十五種　葉德輝編　清光緒至民國湘潭葉氏刻本　十二冊　存十二種

440000－2541－0013806　30810
晨風閣叢書二十二種附一種　沈宗畸編　清宣統元年(1909)番禺沈氏晨風閣刻本　四冊　存四種

440000－2541－0013807　30812
古今書刻二卷　(明)周弘祖撰　清光緒三十二年(1906)長沙葉氏觀古堂影刻麗廔叢書本　二冊

440000－2541－0013808　30816
彙刻書目十卷補編一卷續編一卷新編一卷　(清)顧修輯　清嘉慶二十五年(1820)璜川吳氏刻本　十一冊

440000－2541－0013809　30817
彙刻書目二十卷　(清)顧修輯　(清)朱學勤增訂　清光緒十二年至十五年(1886－1889)上海福瀛書局刻本　十冊

440000－2541－0013810　30818
彙刻書目二十卷　(清)顧修輯　(清)朱學勤增訂　清光緒十二年至十五年(1886－1889)上海福瀛書局刻本　八冊　存十六卷(一至十、十三至十四、十七至二十)

440000－2541－0013811　30819
彙刻書目二十卷　(清)顧修輯　(清)朱學勤增訂　清光緒十二年至十五年(1886－1889)上海福瀛書局刻本　九冊　存十八卷(一至十八)

440000－2541－0013812　30820
彙刻書目二十卷　(清)顧修輯　(清)朱學勤增訂　清光緒十二年至十五年(1886－1889)上海福瀛書局刻本　十冊　存十卷(一至十)

440000－2541－0013813　30823
行素堂目睹書錄十一卷　(清)朱記榮輯　**汲古閣珍藏秘本書目一卷**　(清)毛扆輯　清光緒十年至十一年(1884－1885)吳縣朱氏槐廬刻本　十冊

440000－2541－0013814　30824
行素堂目睹書錄十一卷　(清)朱記榮輯　**汲古閣珍藏秘本書目一卷**　(清)毛扆輯　清光緒十年至十一年(1884－1885)吳縣朱氏槐廬刻本　十冊

440000－2541－0013815　30825
行素堂目睹書錄十一卷　(清)朱記榮輯　**汲古閣珍藏秘本書目一卷**　(清)毛扆輯　清光緒十年至十一年(1884－1885)吳縣朱氏槐廬刻本　十冊

440000－2541－0013816　30826
行素堂目睹書錄十一卷　(清)朱記榮輯　**汲古閣珍藏秘本書目一卷**　(清)毛扆輯　清光緒十年至十一年(1884－1885)吳縣朱氏槐廬刻本　十冊

440000－2541－0013817　30827
行素堂目睹書錄十一卷　(清)朱記榮輯　**汲古閣珍藏秘本書目一卷**　(清)毛扆輯　清光緒十年至十一年(1884－1885)吳縣朱氏槐廬刻本　十冊

440000－2541－0013818　30839
宋遺民類集序例總目一卷　黃允中撰　清宣統二年(1910)京師京華印書局鉛印本　一冊

440000－2541－0013819　30845
永樂大典目錄六十卷　(明)姚廣孝等編　清道光靈石楊氏刻連筠簃叢書本　二十冊

440000－2541－0013820　30846
書目答問四卷　(清)張之洞撰　清光緒刻本　二冊

440000－2541－0013821　30847
書目答問四卷　(清)張之洞撰　清光緒刻本　一冊

440000－2541－0013822　30848
式古堂目録十七卷　(清)尤瑩輯　清光緒十九年(1893)石印本　二冊

440000－2541－0013823　30849
書目答問四卷　(清)張之洞撰　清光緒刻本　二冊

440000－2541－0013824　30850
書目答問四卷　(清)張之洞撰　清光緒刻本　二冊

440000－2541－0013825　30851
書目答問四卷　(清)張之洞撰　清光緒刻本　二冊

440000－2541－0013826　30852
書目答問四卷　(清)張之洞撰　清光緒刻本　二冊

440000－2541－0013827　30855
書目答問不分卷四川尊經書院記一卷　(清)張之洞編　清光緒五年(1879)貴陽刻本　二冊

440000－2541－0013828　30859
書目答問四卷　(清)張之洞撰　清刻本　一冊

440000－2541－0013829　30863
目録學九卷　(清)耿文光撰　清光緒二十年(1894)刻本　四冊

440000－2541－0013830　30864
中西普通書目表三卷　(清)黄慶澄撰　清光緒二十四年(1898)羊城鑄史齋刻本　一冊

440000－2541－0013831　30920
西學書目表三卷附一卷　梁啟超撰　清光緒石印本　一冊

440000－2541－0013832　30923
科學書目提要初編一卷　王景沂撰　清光緒二十九年(1903)北洋官報局鉛印本　一冊

440000－2541－0013833　30924
西學書目表三卷附一卷讀西學書法一卷　梁啟超撰　清光緒二十三年(1897)刻本　一冊

440000－2541－0013834　30930
天一閣見存書目四卷首一卷末一卷　(清)薛福成撰　清光緒十五年(1889)無錫薛氏刻本　四冊

440000－2541－0013835　30932
天一閣見存書目四卷首一卷末一卷　(清)薛福成撰　清光緒十五年(1889)無錫薛氏刻本　四冊

440000－2541－0013836　30936
徵訪明季遺書目一卷　劉世瑗輯　清宣統二年(1910)鉛印本　一冊

440000－2541－0013837　30937
徵訪明季遺書目一卷　劉世瑗輯　清宣統二年(1910)鉛印本　一冊

440000－2541－0013838　30938
宋元舊本書經眼録三卷附録二卷　(清)莫友芝撰　(清)莫繩孫編　清同治十二年(1873)莫繩孫刻影山草堂六種本　一冊

440000－2541－0013839　30942
宋元舊本書經眼録三卷附録二卷　(清)莫友芝撰　(清)莫繩孫輯　清刻本　二冊

440000－2541－0013840　30943
宋元舊本書經眼録三卷附録二卷　(清)莫友芝撰　(清)莫繩孫輯　清刻本　一冊

440000－2541－0013841　30964
直齋書録解題二十二卷　(宋)陳振孫撰　清光緒九年(1883)江蘇書局刻本　六冊

440000－2541－0013842　30965
郡齋讀書志二十卷詩餘偶鈔六卷　(宋)晁公武撰　**附志二卷**　(宋)趙希弁撰　清光緒十年至十六年(1884－1890)長沙王氏刻本　十

二册

440000－2541－0013843　30968

郡齋讀書志二十卷詩餘偶鈔六卷　（宋）晁公武撰　**附志二卷**　（宋）趙希弁撰　**校補一卷**　王先謙撰　清光緒十年至十六年（1884－1890）長沙王氏刻本　十册　存二十三卷（書志二十卷、附志二卷、校補一卷）

440000－2541－0013844　30969

愛日精廬藏書志三十六卷續志四卷　（清）張金吾編　清光緒十三年（1887）吳縣徐氏靈芬閣木活字印本　十册

440000－2541－0013845　30971

愛日精廬藏書志三十六卷續志四卷　（清）張金吾編　清光緒十三年（1887）吳縣徐氏靈芬閣木活字印本　十二册

440000－2541－0013846　30972

開有益齋讀書志六卷續志一卷金石文字記一卷　（清）朱緒曾撰　清光緒六年（1880）金陵翁氏茹古閣刻本　五册

440000－2541－0013847　30973

開有益齋讀書志六卷續志一卷金石文字記一卷　（清）朱緒曾撰　清光緒六年（1880）金陵翁氏茹古閣刻本　四册　存七卷（讀書志六卷、金石文字記一卷）

440000－2541－0013848　30974

江刻書目三種　（清）江標編　清光緒元和江氏靈鶼閣刻蘇州振新書社印本　四册

440000－2541－0013849　30976

士禮居藏書題跋記六卷　（清）黄丕烈撰　清光緒十年（1884）滂喜齋刻本　四册

440000－2541－0013850　30977

士禮居藏書題跋記六卷　（清）黄丕烈撰　清光緒十年（1884）滂喜齋刻本　四册

440000－2541－0013851　30978.1

士禮居藏書題跋記六卷　（清）黄丕烈撰　清光緒十年（1884）滂喜齋刻本　八册

440000－2541－0013852　30978.2

士禮居藏書題跋記續二卷　（清）黄丕烈撰　繆荃孫輯　清光緒二十二年（1896）元和江氏湖南使院刻靈鶼閣叢書本　四册

440000－2541－0013853　30988

讀書敏求記四卷　（清）錢曾撰　清道光二十七年（1847）番禺潘氏刻海山仙館叢書本　二册

440000－2541－0013854　30996

晨風閣叢書二十二種附一種　沈宗畸編　清宣統元年（1909）番禺沈氏晨風閣刻本　五册　存五種

440000－2541－0013855　30998

知聖道齋讀書跋尾二卷　（清）彭元瑞撰　清刻本　二册

440000－2541－0013856　30999

知聖道齋讀書跋尾二卷　（清）彭元瑞撰　清刻本　一册

440000－2541－0013857　31002

學古堂捐藏書目一卷學古堂藏書目一卷　（清）□□輯　清刻本　一册

440000－2541－0013858　31003

學古堂捐藏書目一卷學古堂藏書目一卷　（清）□□輯　清刻本　一册

440000－2541－0013859　31004

學古堂捐藏書目一卷學古堂藏書目一卷　（清）□□輯　清刻本　一册

440000－2541－0013860　31006

晨風閣叢書二十二種附一種　沈宗畸編　清宣統元年（1909）番禺沈氏晨風閣刻本　七册　存七種

440000－2541－0013861　31008

揅經室經進書錄四卷　（清）阮元撰　（清）阮福輯　（清）傅以禮重輯　清光緒八年（1882）大興傅氏刻本　二册

440000－2541－0013862　31018

廉石居臧書記二卷　（清）孫星衍撰　（清）陳宗彝編　清光緒會稽章氏刻式訓堂叢書本

一冊

440000－2541－0013863　31020
皕宋樓藏書志一百二十卷　(清)陸心源編　清光緒八年(1882)十萬卷樓刻潛園總集本　二十四冊

440000－2541－0013864　31021
皕宋樓藏書志一百二十卷續志四卷　(清)陸心源編　清光緒八年(1882)十萬卷樓刻潛園總集本　三十二冊

440000－2541－0013865　31022
善本書室藏書志四十卷附錄一卷　(清)丁丙輯　清光緒二十七年(1901)錢唐丁氏刻本　十六冊

440000－2541－0013866　31023
善本書室藏書志四十卷附錄一卷　(清)丁丙輯　清光緒二十七年(1901)錢唐丁氏刻本　十六冊

440000－2541－0013867　31025
善本書室藏書志四十卷附錄一卷　(清)丁丙輯　清光緒二十七年(1901)錢唐丁氏刻本　十六冊

440000－2541－0013868　31032
楹書隅錄五卷續編四卷　(清)楊紹和撰　清光緒二十年(1894)聊城楊氏海源閣刻本　八冊

440000－2541－0013869　31033
日本訪書志十六卷　楊守敬撰　清光緒二十三年(1897)楊守敬鄰蘇園刻本　六冊　存十卷(三至八、十三至十六)

440000－2541－0013870　31034
日本訪書志十七卷　楊守敬撰　清光緒二十三年(1897)楊守敬鄰蘇園刻本　八冊

440000－2541－0013871　31037
楹書隅錄五卷續編四卷　(清)楊紹和撰　清光緒二十年(1894)聊城楊氏海源閣刻本　八冊

440000－2541－0013872　31041
鐵琴銅劍樓藏書目錄二十四卷　(清)瞿鏞撰　清光緒二十四年(1898)常熟瞿氏罟里家塾刻本　十冊

440000－2541－0013873　31042
鐵琴銅劍樓藏書目錄二十四卷　(清)瞿鏞撰　清光緒二十四年(1898)常熟瞿氏罟里家塾刻本　三冊　存七卷(十六至十九、二十二至二十四)

440000－2541－0013874　31064
藝風藏書記八卷續記八卷　繆荃孫撰　清光緒二十六年至二十七年(1900－1901)刻本　六冊

440000－2541－0013875　31065
藝風藏書記八卷續記八卷　繆荃孫撰　清光緒二十六年至二十七年(1900－1901)刻本　六冊

440000－2541－0013876　31066
藝風藏書記八卷續記八卷　繆荃孫撰　清光緒二十六年至二十七年(1900－1901)刻本　五冊

440000－2541－0013877　31110
經籍訪古志六卷補遺一卷　(日本)澁江全善　(日本)森立之編　清光緒十一年(1885)鉛印本　八冊

440000－2541－0013878　31111
直隸運售各省官刻書籍總目不分卷　(清)畿輔通志局輯　清光緒七年(1881)畿輔通志局刻本　一冊

440000－2541－0013879　31114
古逸叢書二十六種　(清)黎庶昌編　清光緒遵義黎氏日本東京使署影刻本　十冊　存七種

440000－2541－0013880　31131
皇清經解檢目八卷通用表一卷　(清)蔡啓盛輯　清光緒十二年(1886)武林刻本　二冊

440000－2541－0013881　31132
皇清經解檢目八卷通用表一卷　(清)蔡啓盛

輯　清光緒十二年(1886)武林刻本　一册

440000－2541－0013882　31133
皇清經解檢目八卷通用表一卷　(清)蔡啓盛輯　清光緒十二年(1886)武林刻本　二册

440000－2541－0013883　31173
庚子銷夏記八卷　(清)孫承澤撰　清宣統三年(1911)掃葉山房石印本　四册

440000－2541－0013884　31174
庚子銷夏記八卷　(清)孫承澤撰　清宣統三年(1911)掃葉山房石印本　二册

440000－2541－0013885　31175
庚子銷夏記八卷　(清)孫承澤撰　清光緒四年(1878)崇川葛氏刻學古齋金石叢書本　清張祖翼録清何焯批校　容庚題識　四册

440000－2541－0013886　31182
江邨銷夏錄三卷　(清)高士奇撰　清康熙三十二年(1693)高氏朗潤堂刻本　三册

440000－2541－0013887　31188
史學提要十三卷　(清)朱紹禧撰　清光緒五年(1879)雲谷堂刻本　八册

440000－2541－0013888　31189
史學備查總目不分卷　(清)周星監輯　清同治八年(1869)抄本　三册

440000－2541－0013889　31233
金薤琳琅二十卷　(明)都穆撰　**補遺一卷**　(清)宋振譽輯　清光緒八年(1882)崇川葛氏刻學古齋金石叢書本　清溫澍樑題識　二册

440000－2541－0013890　31234
學古齋金石叢書四集十二種　(清)葛元煕編　清光緒崇川葛氏學古齋刻三十年(1904)會稽董氏取斯堂印本　二十四册　存十一種

440000－2541－0013891　31252
美術叢書初集十輯一百二種二集十輯六十九種三集十輯五十九種四集十輯四十九種　鄧實編　清宣統三年至民國二十五年(1911－1936)上海神州國光社鉛印本　一百六十册

440000－2541－0013892　31254
畫禪室隨筆四卷　(明)董其昌撰　(清)楊補輯　清刻本　二册

440000－2541－0013893　31255
辛丑銷夏記五卷　(清)吳榮光撰　清道光二十一年(1841)刻本　五册

440000－2541－0013894　31256
辛丑銷夏記五卷　(清)吳榮光撰　清道光二十一年(1841)刻本　五册

440000－2541－0013895　31257
辛丑銷夏記五卷　(清)吳榮光撰　清道光二十一年(1841)刻本　五册

440000－2541－0013896　31261
辛丑銷夏記五卷　(清)吳榮光撰　清光緒三十一年(1905)長沙葉氏郎園刻本　五册

440000－2541－0013897　31263
辛丑銷夏記五卷　(清)吳榮光撰　清光緒三十一年(1905)長沙葉氏郎園刻本　五册

440000－2541－0013898　31268
賞奇軒合編四種　(清)賞奇軒主人撰　清刻本　一册

440000－2541－0013899　31269
鐵網珊瑚十卷畫品六卷　(明)朱存理輯　清抄本　二十册

440000－2541－0013900　31279
心太平軒論畫不分卷　(清)宋伯魯撰　清末至民國初鉛印本　一册

440000－2541－0013901　31283
龔安節先生畫訣一卷　(清)龔賢撰　清桐花館刻本　一册

440000－2541－0013902　31284
龔安節先生畫訣一卷　(清)龔賢撰　**畫筌一卷**　(清)笪重光撰　清桐花館刻本　一册

440000－2541－0013903　31285
畫筌一卷　(清)笪重光撰　清桐花館刻本　一册

440000－2541－0013904　31297

松壺畫憶二卷畫贅二卷　(清)錢杜撰　清光緒六年(1880)吴縣潘祖蔭八喜齋刻本　二冊

440000－2541－0013905　31298
松壺畫憶二卷畫贅二卷　(清)錢杜撰　清光緒六年(1880)吴縣潘祖蔭八喜齋刻本　二冊

440000－2541－0013906　31300
松壺畫贅二卷　(清)錢杜撰　清刻本　一冊

440000－2541－0013907　31301
清瘦閣讀畫十八種　(清)徐文清編　清光緒二十六年(1900)虞山徐文清西江刻本　二冊

440000－2541－0013908　31306
醉蘇齋畫訣一卷　(清)戴以恒撰　清光緒十七年(1891)葉銘刻本　一冊

440000－2541－0013909　31312
寫真秘訣一卷　(清)丁皋撰　清嘉慶二十三年(1818)刻本　一冊

440000－2541－0013910　31313
醉蘇齋畫訣一卷　(清)戴以恒撰　清光緒十七年(1891)葉銘刻本　一冊

440000－2541－0013911　31315
師二雲居畫贅四卷　(清)顧森撰　清光緒三十二年(1906)石印本　一冊

440000－2541－0013912　31323
夢幻居畫學簡明五卷首一卷題畫詩一卷題畫詞一卷夢香園賸草一卷　(清)鄭績撰　**夢幻居題句一卷**　(清)鄭績輯　清同治十三年(1874)鄭績刻本　五冊

440000－2541－0013913　31326
四銅鼓齋論畫集刻十二種　(清)張祥河編　清宣統元年(1909)北京會文齋刻本　四冊

440000－2541－0013914　31327
過雲廬畫論一卷　(清)范璣撰　清咸豐九年(1859)刻虞山潘氏叢書本　一冊

440000－2541－0013915　31332
紅雪山房畫品十二則　(清)潘曾瑩撰　清道光刻本　一冊

440000－2541－0013916　31333
須靜齋雲煙過眼錄一卷　(清)潘世璜撰　(清)潘遵祁輯　清宣統三年(1911)吴縣潘氏刻朱印本　一冊

440000－2541－0013917　31334
須靜齋雲煙過眼錄一卷　(清)潘世璜撰　(清)潘遵祁輯　清宣統三年(1911)吴縣潘氏刻本　一冊

440000－2541－0013918　31335
紅雪山房畫品十二則　(清)潘曾瑩撰　清道光刻朱印本　一冊

440000－2541－0013919　31336
谿山臥游錄四卷　(清)盛大士撰　清光緒十八年(1892)刻本　二冊

440000－2541－0013920　31340
畫林品記不分卷　(清)高士彦纂　清抄本　六冊

440000－2541－0013921　31341
張氏書畫四表　(明)張丑撰　清宣統元年(1909)褚德彝鉛印本　一冊

440000－2541－0013922　31343
圖畫精意識一卷畫論一卷　(清)張庚撰　清光緒十四年(1888)吴縣朱氏刻槐廬叢書本　一冊

440000－2541－0013923　31344
快雨堂題跋八卷　(清)王文治撰　清道光十一年(1831)刻本　一冊

440000－2541－0013924　31348
過雲樓書畫記十卷　(清)顧文彬撰　清光緒八年(1882)刻本　四冊

440000－2541－0013925　31349
過雲樓書畫記十卷　(清)顧文彬撰　清光緒八年(1882)刻本　四冊

440000－2541－0013926　31354
過雲樓書畫記十卷　(清)顧文彬撰　清光緒八年(1882)刻本　一冊　存四卷(一至四)

440000－2541－0013927　31359

惲南田畫跋三卷 （清）惲格撰 （清）葉鍾進輯 清道光十一年(1831)葉鍾進羊城寄味山房刻本 一冊

440000－2541－0013928 31372
愛日吟廬書畫録四卷 （清）葛金烺纂 **補録一卷續録八卷別録四卷** 葛嗣浵續纂 清宣統二年至民國二年(1910－1913)當湖葛氏滬上刻本 六冊

440000－2541－0013929 31373
愛日吟廬書畫録四卷 （清）葛金烺纂 **補録一卷續録八卷別録四卷** 葛嗣浵續纂 清宣統二年至民國二年(1910－1913)當湖葛氏滬上刻本 六冊

440000－2541－0013930 31374
甌鉢羅室書畫過目考四卷首一卷附一卷 （清）李玉棻撰 清光緒二十三年(1897)京都刻本 四冊

440000－2541－0013931 31375
甌鉢羅室書畫過目考四卷首一卷附一卷 （清）李玉棻撰 清光緒二十三年(1897)京都刻本 三冊 存三卷(一、三至四)

440000－2541－0013932 31376
嶽雪樓書畫録五卷 （清）孔廣陶輯 清光緒十五年(1889)南海孔氏三十有三萬卷堂刻本 五冊

440000－2541－0013933 31377
嶽雪樓書畫録五卷 （清）孔廣陶輯 清光緒十五年(1889)南海孔氏三十有三萬卷堂刻本 五冊

440000－2541－0013934 31378
嶽雪樓書畫録五卷 （清）孔廣陶輯 清光緒十五年(1889)南海孔氏三十有三萬卷堂刻本 五冊

440000－2541－0013935 31379
左庵一得初録二卷 （清）李佳繼昌撰 清光緒三十四年(1908)鉛印本 二冊

440000－2541－0013936 31380
左庵一得初録二卷 （清）李佳繼昌撰 清光緒三十四年(1908)鉛印本 二冊

440000－2541－0013937 31383
習苦齋畫絜十卷 （清）戴熙撰 （清）惠年輯 清光緒十九年(1893)刻本 四冊

440000－2541－0013938 31384
習苦齋畫絜十卷 （清）戴熙撰 （清）惠年輯 清光緒十九年(1893)刻本 四冊

440000－2541－0013939 31385
習苦齋畫絜十卷 （清）戴熙撰 （清）惠年輯 清光緒十九年(1893)刻本 四冊

440000－2541－0013940 31393
藏修堂叢書六集三十七種 （清）劉晚榮編 清光緒十六年(1890)新會劉氏藏修書屋刻本 十三冊 存八種

440000－2541－0013941 31399
懷古田舍梅統十三卷 （清）徐榮輯 清同治四年(1865)錦城刻本 四冊

440000－2541－0013942 31406
筆嘯軒書畫録二卷 （清）胡積堂輯 清抄本 二冊

440000－2541－0013943 31409
筆嘯軒書畫録二卷 （清）胡積堂輯 清道光十九年(1839)徽城乙照齋刻本 二冊

440000－2541－0013944 31411
桐園臥遊録一卷 （清）金鳳清撰 清同治十一年(1872)刻本 一冊

440000－2541－0013945 31413
紅豆樹館書畫記八卷 （清）陶樑輯 清光緒八年(1882)吳縣潘氏韡園刻本 六冊

440000－2541－0013946 31414
吳越所見書畫録六卷 （清）陸時化輯 清光緒五年(1879)懷煙閣木活字印本 六冊

440000－2541－0013947 31418
桐園臥遊録一卷 （清）金鳳清撰 清同治十一年(1872)刻本 一冊

440000－2541－0013948　31421
書畫鑑影二十四卷　(清)李佐賢輯　清同治十年(1871)利津李氏刻石泉書屋全集本　八冊

440000－2541－0013949　31423
清河書畫舫十二卷　(明)張丑撰　清光緒十四年(1888)孫溪朱氏刻本　十二冊

440000－2541－0013950　31426
味筍軒藏顧畫錄一卷　(清)鄧元鏸撰　清光緒刻本　一冊

440000－2541－0013951　31429
澄蘭室古緣萃錄十八卷　(清)邵松年輯　清光緒三十年(1904)上海鴻文書局石印本　六冊

440000－2541－0013952　31430
澄蘭室古緣萃錄十八卷　(清)邵松年輯　清光緒三十年(1904)上海鴻文書局石印本　三冊　存九卷(一至九)

440000－2541－0013953　31431
寶繪錄二十卷　(明)張泰階評訂　清金匱書屋刻本　九冊

440000－2541－0013954　31432
欽定明鑑二十四卷首一卷　(清)托津等纂　清嘉慶二十五年(1820)揚州詩局刻本　八冊

440000－2541－0013955　31433
聽颿樓書畫記五卷　(清)潘正煒撰　清道光二十三年(1843)番禺潘氏刻本　五冊

440000－2541－0013956　31434
清暉堂同人尺牘彙存四卷　(清)惲格輯　清咸豐七年(1857)刻本　二冊

440000－2541－0013957　31435
畫石軒臥遊隨錄四卷　(清)朱逢泰撰　清嘉慶三年(1798)自刻本　二冊

440000－2541－0013958　31441
虛齋名畫錄十六卷續錄四卷補遺一卷　龐元濟輯　清宣統元年至民國十四年(1909－1925)烏程龐氏申江刻本　二十冊

440000－2541－0013959　31443
畫梅題記一卷　(清)朱方藹撰　清乾隆至道光長塘鮑氏刻知不足齋叢書本　一冊

440000－2541－0013960　31449
王奉常書畫題跋二卷　(清)王時敏撰　清宣統元年(1909)通州李玉棻甌鉢羅室刻本　二冊

440000－2541－0013961　31452
嶽雪樓書畫錄五卷　(清)孔廣陶輯　清光緒十五年(1889)南海孔氏三十有三萬卷堂刻本　五冊

440000－2541－0013962　31455
夢園書畫錄二十五卷　(清)方濬頤輯　清光緒三年(1877)定遠方氏錦城柏署刻本　十冊

440000－2541－0013963　31462
讀畫齋叢書八集四十七種　(清)顧修編　清嘉慶四年(1799)桐川顧氏刻本　十二冊　存六種

440000－2541－0013964　31469
常惺惺齋書畫題跋二卷遊羅浮日記一卷　(清)謝蘭生撰　清同治十年(1871)刻本　二冊

440000－2541－0013965　31471
石畫記五卷　(清)阮元撰　清光緒三年(1877)刻學海堂叢刻本　四冊

440000－2541－0013966　31474
清湘老人題記一卷　(清)汪鋆輯　清光緒九年(1883)儀徵汪氏刻十二硯齋三種本　一冊

440000－2541－0013967　31475
胡氏書畫攷三種　(清)胡敬撰　清嘉慶二十一年(1816)刻本　四冊

440000－2541－0013968　31480
煙雲供養六卷　(清)袁樹輯　清光緒三十二年(1906)抄本　三冊

440000－2541－0013969　31486
自怡悅齋書畫錄三十卷　(清)張大鏞撰　清道光十二年(1832)虞山張氏刻本　八冊

440000－2541－0013970　31487
畫耕偶錄四卷　(清)邵梅臣撰　清道光刻本　四册

440000－2541－0013971　42378
溫飛卿詩集九卷　(唐)溫庭筠撰　清宣統二年(1910)影印本　一册　存二卷(一至二)

440000－2541－0013972　31488
急就篇一卷　(漢)史游撰　清光緒遵義黎氏日本東京使署影刻古逸叢書本　一册

440000－2541－0013973　31489
小鷗波館畫識三卷畫寄一卷　(清)潘曾瑩撰　清光緒十四年(1888)金吳瀾悅止齋木活字印本　一册

440000－2541－0013974　31490
小鷗波館畫識三卷畫寄一卷　(清)潘曾瑩撰　清光緒十四年(1888)金吳瀾悅止齋木活字印本　一册

440000－2541－0013975　31505
芥子園畫傳初集六卷二集九卷三集六卷　(清)王槩等摹繪　清光緒十三年(1887)上海文興書局石印本　十二册

440000－2541－0013976　31506
芥子園畫傳初集六卷二集九卷三集六卷　(清)王槩等摹繪　清光緒十三年至十四年(1887－1888)上海鴻文書局石印本　十二册

440000－2541－0013977　31507
芥子園畫傳初集六卷二集九卷三集六卷　(清)王槩等摹繪　清光緒十三年至十四年(1887－1888)上海鴻文書局石印本　四册　存九卷(二集九卷)

440000－2541－0013978　31508
芥子園畫傳初集六卷二集九卷三集六卷　(清)王槩等摹繪　清光緒三十四年(1908)章福記書局石印本　七册

440000－2541－0013979　31510
芥子園畫傳初集六卷二集九卷三集六卷　(清)王槩等摹繪　清光緒十三年至十四年(1887－1888)上海鴻文書局石印本　九册　存九卷(初集三、五,二集一至三、九,三集一、五至六)

440000－2541－0013980　31512
芥子園畫傳九卷　(清)王槩等摹繪　清光緒十三年(1887)上海天寶書局石印本　一册　存八卷(一至四、六至九)

440000－2541－0013981　31513
芥子園畫傳六卷　(清)巢勳輯　清光緒二十四年(1898)石印本　一册　存四卷(一至四)

440000－2541－0013982　31515
芥子園畫傳四集四卷　(清)王槩等摹繪　清刻本　四册

440000－2541－0013983　31516
芥子園畫傳四集四卷　(清)王槩等摹繪　清刻本　四册

440000－2541－0013984　31522
神州國光集第三集一卷　(清)國學保存會輯　清光緒三十四年(1908)國學保存會珂羅版印本　一册

440000－2541－0013985　31530
紉齋畫賸不分卷　(清)陳允升繪　清光緒二年(1876)甬上陳氏得古歡室刻本　四册

440000－2541－0013986　31531
紉齋畫賸不分卷　(清)陳允升繪　清光緒二年(1876)甬上陳氏得古歡室刻本　八册

440000－2541－0013987　31545
天下有山堂畫藝一卷　(清)汪之元撰　清刻本　二册

440000－2541－0013988　31548
幽穽雪鴻不分卷　□□撰　清光緒十年(1884)上海同文書局石印本　一册

440000－2541－0013989　31550
冶梅石譜不分卷　(清)王寅撰並繪　清光緒六年(1880)金陵王氏日本浪華刻本　二册

440000－2541－0013990　31553
冶梅梅譜不分卷　(清)王寅撰並繪　清光緒

十八年(1892)上海五彩公司石印本　四册

440000－2541－0013991　31554
悟薌亭畫稿三卷　(清)劉愔繪　清道光二十年(1840)刻本　二册

440000－2541－0013992　31571
竹譜一卷　(□)□□繪　清刻本　一册

440000－2541－0013993　31572
墨蘭譜一卷　(清)陳逵繪輯　清嘉慶三年(1798)讀畫齋刻本　四册

440000－2541－0013994　31573
墨蘭譜一卷　(清)陳逵繪輯　清嘉慶三年(1798)讀畫齋刻本　二册

440000－2541－0013995　31574
畫家三昧八卷　(清)釋竹禪撰並繪　清光緒十年(1884)安禪堂刻本　八册

440000－2541－0013996　31576
蝴蝶秋齋藏冊一卷　(清)唐光照輯　清光緒五年(1879)唐光照刻本　一册

440000－2541－0013997　31577
語石齋畫譜一卷　(清)楊伯潤輯　清光緒二十七年(1901)天津文美齋石印本　一册

440000－2541－0013998　31578
瓶花書屋竹譜不分卷　(清)楊士安撰　清刻本　一册

440000－2541－0013999　31579
十竹齋書畫譜不分卷　(明)胡正言輯並繪　清刻彩色套印本　四册

440000－2541－0014000　31580
函海四十函一百五十九種　(清)李調元編　清光緒七年至八年(1881－1882)廣漢鍾登甲樂道齋刻本　八册　存七種

440000－2541－0014001　31586
醫門棒喝二集傷寒論本旨九卷　(漢)張機撰　(清)章楠編注　清同治刻本　一册　存一卷(九)

440000－2541－0014002　31592
十竹齋書畫譜不分卷　(明)胡正言輯並繪　清石印本　四册

440000－2541－0014003　31615
人物畫像不分卷　□□繪　清刻本　二册

440000－2541－0014004　31616
費曉樓美人冊精品不分卷　鄧實集　清宣統元年(1909)上海神州國光社影印本　一册

440000－2541－0014005　31617
周櫟園手輯名人畫冊不分卷　鄧實集　清宣統三年(1911)上海神州國光社影印本　一册

440000－2541－0014006　31619
風雨樓扇粹八集　鄧實集　清宣統三年至民國四年(1911－1915)上海神州國光社珂羅版印本　七册　存六集(一至四、六至七)

440000－2541－0014007　31627
扇面不分卷　(□)□□繪　清宣統二年(1910)上海世界社影印本　一册

440000－2541－0014008　31659
查梅壑山水冊不分卷　(清)查士標繪　清宣統元年(1909)上海神州國光社影印本　一册

440000－2541－0014009　31684
王石谷仿古山水冊不分卷　(清)王翬繪　清宣統三年(1911)上海文明書局珂羅版印本　一册

440000－2541－0014010　31711
羅兩峰鬼趣圖不分卷　(清)羅聘繪　清宣統元年(1909)上海文明書局珂羅版印本　二册

440000－2541－0014011　31712
王麓臺仿古山水冊不分卷　(清)王原祁繪　清宣統元年(1909)上海文明書局珂羅版印本　一册

440000－2541－0014012　31720
吳漁山石谷小像補圖冊不分卷　(清)吳歷繪　清末至民國影印本　一册

440000－2541－0014013　31728
鄒小山畫冊不分卷　(清)鄒一桂繪　清宣統元年(1909)上海神州國光社影印本　一册

440000－2541－0014014　31730
惲南田花卉冊不分卷　（清）惲格繪　鄧實集　清宣統二年（1910）上海神州國光社影印本　一冊

440000－2541－0014015　31731
查畫王題合璧不分卷　（清）查士標繪　（清）王文治題跋　清宣統元年（1909）上海神州國光社影印本　一冊

440000－2541－0014016　31733
倦圃不分卷　（清）周之恒繪　清末至民國初影印本　一冊

440000－2541－0014017　31737
黄小松山水神品不分卷　（清）黄易繪　清宣統元年（1909）上海文明書局影印本　一冊

440000－2541－0014018　31739
蘭竹名世不分卷　（清）吴鴻勳繪　（清）吴淑娟摹　清光緒刻本　一冊

440000－2541－0014019　31740
東軒吟社畫像一卷　（清）費丹旭繪　（清）黄士珣記　（清）諸可寶傳　**記傳題跋一卷小傳一卷題詞一卷**　（清）汪曾唯輯　清光緒二年（1876）錢塘汪氏振綺堂刻本　一冊

440000－2541－0014020　31741
百花詩箋譜不分卷　（清）張兆祥繪　清宣統三年（1911）文美齋刻彩色套印本　二冊

440000－2541－0014021　31743
惲南田山水冊不分卷　（清）惲格繪　鄧實集　清宣統二年（1910）上海神州國光社影印本　一冊

440000－2541－0014022　31747
黄尊古仿古山水冊不分卷　（清）黄鼎繪　清宣統三年（1911）上海文明書局珂羅版印本　一冊

440000－2541－0014023　31762
蘭譜一卷冶梅竹譜不分卷　（清）王寅撰並繪　清光緒八年（1882）合肥李氏東瀛刻本　一冊

440000－2541－0014024　31780
冶梅竹譜不分卷　（清）王寅撰並繪　清光緒八年（1882）合肥李氏東瀛刻本　一冊

440000－2541－0014025　31781
張子青山水冊不分卷　（清）張之萬繪　清宣統元年（1909）上海神州國光社玻璃板印本　一冊

440000－2541－0014026　31782
張子青畫扇冊不分卷　（清）張之萬繪　清宣統元年（1909）上海神州國光社玻璃板印本　一冊

440000－2541－0014027　31783
戴醇士仿石谷冊不分卷　（清）戴熙繪　鄧實集　清宣統元年（1909）上海神州國光社影印本　一冊

440000－2541－0014028　31784
新羅山人畫人物山水花鳥草蟲合冊不分卷　（清）華嵒繪　清宣統元年（1909）上海神州國光社影印本　一冊

440000－2541－0014029　31822
李躍門百蝶圖四卷　（清）李國龍繪　清道光至咸豐南海李氏刻本　一冊

440000－2541－0014030　31824
點石齋叢畫十卷　蔡爾康輯　清光緒十一年（1885）上海點石齋石印本　二冊　存三卷（一、五至六）

440000－2541－0014031　31825
點石齋畫報大全不分卷　蔡爾康輯　清宣統二年（1910）上海集成圖書公司石印本　六冊　不全，缺幅不詳

440000－2541－0014032　31826
點石齋畫報不分卷　蔡爾康輯　清光緒石印本　二冊

440000－2541－0014033　31828
點石齋畫報大全不分卷　蔡爾康輯　清宣統二年（1910）上海集成圖書公司石印本　五十冊

440000－2541－0014034　31829
增刻紅樓夢圖詠不分卷　(清)王墀繪　清光緒八年(1882)上海點石齋石印本　一册

440000－2541－0014035　31830
水滸圖贊不分卷　(明)杜堇繪　清光緒八年(1882)羊城廣百宋齋石印本　一册

440000－2541－0014036　31831
時事報圖畫雜俎一卷　時事報館輯　清光緒三十四年至宣統元年(1908－1909)時事報館石印本　一册

440000－2541－0014037　31835
紅樓夢圖詠不分卷　(清)改琦繪　清光緒五年(1879)刻本　四册

440000－2541－0014038　31849
平定粵匪功臣戰績圖一卷　(清)艾飈春輯　清光緒二十年(1894)石印本　一册

440000－2541－0014039　31856
新增格古要論十三卷　(明)曹昭撰　(明)舒敏編校　(明)王佐校增　清刻本　四册

440000－2541－0014040　31857
大瓢偶筆八卷碑目一卷　(清)楊賓輯　(清)楊霈編　清道光二十七年(1847)粵東糧道署刻本　三册

440000－2541－0014041　31865
廣藝舟雙楫六卷　康有爲撰　清光緒二十八年(1902)廣州刻本　四册

440000－2541－0014042　31866
廣藝舟雙楫六卷　康有爲撰　清光緒二十八年(1902)廣州刻本　二册

440000－2541－0014043　31868
佩文齋書畫譜一百卷　(清)孫岳頒等撰　清光緒九年(1883)上海同文書局石印本　十六册

440000－2541－0014044　31869
佩文齋書畫譜一百卷　(清)孫岳頒等撰　清光緒九年(1883)上海同文書局石印本　十五册　存九十四卷(一至七十四、八十一至一百)

440000－2541－0014045　31881
書學南鍼六卷　(清)錢湘輯　清道光元年(1821)刻本　二册

440000－2541－0014046　31882
宣和書譜二十卷　(宋)□□撰　清抄本　一册　存三卷(一至三)

440000－2541－0014047　31883
書苑菁華二十卷　(宋)陳思撰　清光緒十三年(1887)石印本　四册

440000－2541－0014048　31884
翠琅玕館叢書四集五十一種　(清)馮兆年編　清光緒羊城馮氏刻本　二册　存三種

440000－2541－0014049　31885
翠琅玕館叢書四集五十一種　(清)馮兆年編　清光緒羊城馮氏刻本　九册　存六種

440000－2541－0014050　31886
書法論一卷　(清)蔣衡撰　**續書法論一卷**　(清)蔣驥撰　清刻本　一册

440000－2541－0014051　31887
武林往哲遺著五十六種後編十種　(清)丁丙編　清光緒錢塘丁氏嘉惠堂刻本　四册　存三種

440000－2541－0014052　31889
藝舟雙楫不分卷　(清)包世臣撰　清光緒朱陰齡抄本　一册

440000－2541－0014053　31890
書法論一卷　(清)蔣衡撰　**續書法論一卷讀畫紀聞一卷**　(清)蔣驥撰　**學書雜論一卷學畫雜論一卷**　(清)蔣和撰　清光緒二十二年(1896)慶雲崔氏刻本　一册

440000－2541－0014054　31894
增補分部書法正傳不分卷　(清)蔣和輯　清光緒五年(1879)刻本　一册

440000－2541－0014055　31900
佩文齋書畫譜一百卷　(清)孫岳頒等撰　清光緒九年(1883)上海同文書局石印本　十五

冊　存九十四卷(一至九十四)

440000－2541－0014056　31901

書苑菁華二十卷　(宋)陳思撰　清光緒十三年(1887)石印本　二冊

440000－2541－0014057　31905

墨池瑣録四卷　(明)楊慎撰　(清)李調元校定　清刻本　一冊

440000－2541－0014058　31906

鐵函齋書跋四卷　(清)楊賓撰　(清)楊霈輯　清道光二十七年(1847)粤東糧道署刻本　二冊

440000－2541－0014059　31907

鐵函齋書跋四卷　(清)楊賓撰　(清)楊霈輯　清道光二十七年(1847)粤東糧道署刻本　一冊

440000－2541－0014060　31908

鐵函齋書跋四卷　(清)楊賓撰　(清)楊霈輯　清道光二十七年(1847)粤東糧道署刻本　二冊

440000－2541－0014061　31914

欽定重刻淳化閣帖十卷　(清)吳省蘭録　(清)允祕輯　清刻本　一冊

440000－2541－0014062　31915

欽定重刻淳化閣帖十卷　(清)吳省蘭録　(清)允祕輯　清刻本　二冊

440000－2541－0014063　31918

歷代帝王法帖釋文十卷　(清)徐朝弼撰　清刻本　一冊

440000－2541－0014064　31919

淳化帖釋文十卷　(宋)劉次莊撰　清刻本　一冊

440000－2541－0014065　31921

歷代帝王法帖釋文十卷　(清)徐朝弼撰　清嘉慶八年(1803)自刻本　二冊

440000－2541－0014066　31922

澄蘭室古緣萃録十八卷　(清)邵松年撰　清光緒二十九年(1903)上海鴻文書局石印本　二十冊

440000－2541－0014067　31923

石刻鋪敘二卷　(宋)曾宏父撰　清宣統三年(1911)順德鄧氏影印本　一冊

440000－2541－0014068　31924

退庵題跋二卷　(清)梁章鉅撰　清道光福州梁氏刻本　一冊

440000－2541－0014069　31931

芳堅館題跋三卷　(清)郭尚先撰　(清)郭籛齡　(清)許祖芳輯　清同治十三年(1874)刻本　三冊

440000－2541－0014070　31932

鳳墅殘帖釋文八卷　(清)錢大昕撰　清光緒歸安姚氏刻本　一冊

440000－2541－0014071　31933

淳化閣帖釋文十卷　(清)申峒纂輯　(清)劉祖錫校正　清末至民國抄本　一冊

440000－2541－0014072　31946

蘇米齋蘭亭考八卷　(清)翁方綱撰　清道光二十四年(1844)吳江趙亨衢廣州刻本　二冊

440000－2541－0014073　31947

蘇米齋蘭亭考八卷　(清)翁方綱撰　**說文楬原二卷**　(清)張行孚撰　清光緒常熟鮑氏刻後知不足齋叢書本　四冊

440000－2541－0014074　31951

小石山房叢書三十八種　(清)顧湘編　清同治十三年(1874)虞山顧氏刻小石山房叢書本　五冊　存六種

440000－2541－0014075　31953

話雨樓碑帖目録四卷　(清)王楠藏　(清)王鯤編　清道光十五年(1835)家刻本　四冊

440000－2541－0014076　31955

蘇米齋蘭亭考八卷　(清)翁方綱撰　清嘉慶八年(1803)刻本　二冊

440000－2541－0014077　31957

集帖目三卷　(清)惠兆壬輯　清抄本　四冊

440000－2541－0014078　31959

寶禊室法帖一卷玉谿書畫跋一卷　（清）齊學裘輯　清咸豐五年（1855）吳門壽鼎齋刻本　一册

440000－2541－0014079　32006

攀古廔彝器款識二卷　（清）潘祖蔭輯　清同治十一年（1872）吳縣潘氏京師滂喜齋刻本　一册

440000－2541－0014080　32016

絳帖平六卷總錄一卷　（宋）姜夔撰　清乾隆四十二年（1777）福建刻道光至同治遞修武英殿聚珍版書本　容庚校　一册

440000－2541－0014081　32017

兩漢殘石編不分卷　孟廣慧輯　清光緒二十五年（1899）孟廣慧錞于室刻本　一册

440000－2541－0014082　32021

化度寺碑不分卷　（唐）歐陽詢書　清末至民國初影印本　一册

440000－2541－0014083　32101

欽定三希堂法帖不分卷　（清）梁詩正等輯校　清宣統元年（1909）上海文寶公司影印本　三十六册

440000－2541－0014084　32102

欽定三希堂法帖不分卷　（清）梁詩正等輯校　清宣統元年（1909）上海文寶公司影印本　二十九册　存二十九册（二至三十）

440000－2541－0014085　32131

東坡手寫金剛經不分卷　（宋）蘇軾書　清末至民國初影印本　一册

440000－2541－0014086　32146

宋拓夏承碑本不分卷　（東漢）□□撰　（清）許槤勾勒並釋　清咸豐八年（1858）許槤刻本　一册

440000－2541－0014087　32156

荆南石刻三種雙鈎本不分卷　（清）劉瀚輯　清光緒三十年（1904）劉瀚海天旭日硯齋刻本　一册

440000－2541－0014088　32168

秦篆漢隸殘字不分卷　（清）徐士燕等摹　清光緒四年（1878）刻本　一册

440000－2541－0014089　32169

漢碑鉤本一卷　（清）丁彥威輯　（清）張芷衫雙鉤　清同治刻本　一册

440000－2541－0014090　32173

蟫蘇閣雙鉤宋本夏承碑不分卷　（□）□□摹　清道光刻本　一册

440000－2541－0014091　32180

婁壽碑不分卷　（□）□□書　清末雙鉤影印本　一册

440000－2541－0014092　32209

宋拓淳化閣法帖不分卷　（宋）王著選　清宣統元年（1909）石印本　一册

440000－2541－0014093　32244

孫過庭書譜臨本不分卷　（唐）孫過庭撰　（清）邱道權臨　清光緒二年（1876）邱道權刻本　一册

440000－2541－0014094　32285

明拓伊闕佛龕碑不分卷　（唐）褚遂良書　清末石印本　一册

440000－2541－0014095　32317

歐陽書考十二卷首一卷末一卷　（清）袁繼翰撰　清光緒二十年（1894）袁繼翰述歐之室刻本　二册

440000－2541－0014096　32404

趙書天冠山詩帖不分卷　（元）趙孟頫書　清咸豐七年（1857）朱氏師酉敦室刻本　一册

440000－2541－0014097　32420

張廉卿箴言不分卷　（清）張裕釗書　清宣統三年（1911）上海文明書局石印本　一册

440000－2541－0014098　32427

張廉卿書李剛介碑不分卷　（清）張裕釗書　清宣統三年（1911）上海文明書局石印本　一册

440000－2541－0014099　32479

李若農唐碑十二則　(清)李文田書　清末刻本　一冊

440000－2541－0014100　32485
徐文定公墨跡不分卷　(明)徐光啟書　(清)徐允希輯　清光緒二十九年(1903)鴻寶齋石印本　一冊

440000－2541－0014101　32525
明王守仁高攀龍兩大儒手帖不分卷　(明)王守仁　(明)高攀龍書　清光緒三十四年(1908)上海國學保存會石印本　一冊

440000－2541－0014102　32527
有明名賢遺翰二卷　(清)謝若農輯　清光緒十三年(1887)刻本　四冊

440000－2541－0014103　32531
名人尺牘墨寶第一集六卷　(清)文明書局輯　清宣統二年(1910)上海文明書局石印本　六冊

440000－2541－0014104　32541
名賢手札不分卷　(清)郭慶藩輯　清光緒十年(1884)湘陰郭氏岵瞻堂刻本　三冊

440000－2541－0014105　32564
莫與儔墓表不分卷　(清)曾國藩書　清同治六年(1867)莫繩孫刻本　一冊

440000－2541－0014106　32611
石鼓文篆存不分卷　(清)張燕昌重摹　清同治十一年(1872)湖州丁氏梅花草盦刻本　一冊

440000－2541－0014107　32613
論語篆譜二卷　(清)吳大澂篆　清光緒十二年(1886)石印本　一冊　存一卷(下)

440000－2541－0014108　32623
楷法溯源十四卷目錄一卷　(清)潘存輯　楊守敬編　清光緒三年(1877)楊守敬刻本　十五冊

440000－2541－0014109　32633
馮太史樂毅論不分卷　(清)馮文蔚書　清光緒十年(1884)上海尚古山房影印本　一冊

440000－2541－0014110　32640
草千字文一卷　(朝鮮)尹囷書　清光緒二十八年(1902)廣州刻本　一冊

440000－2541－0014111　32642
草字彙不分卷　(清)石梁輯　清同治五年(1866)養雲山館刻本　六冊

440000－2541－0014112　32643
草字彙不分卷　(清)石梁輯　清道光五年(1825)刻本　四冊

440000－2541－0014113　32644
草字綸不分卷　(清)梁民憲撰並書　清光緒上海尚古山房石印本　二冊

440000－2541－0014114　32645
人鑒草書真跡不分卷　□□書　清末至民國初寫本　一冊

440000－2541－0014115　32652
篆學瑣著(篆學叢書)二十八種　(清)顧湘編　清道光二十年(1840)海虞顧氏刻本　八冊

440000－2541－0014116　32653
篆學瑣著(篆學叢書)二十八種　(清)顧湘編　清道光二十年(1840)海虞顧氏刻本　四冊　存五種

440000－2541－0014117　32668
金貞祐銅印題詞一卷　(清)兀魯特錫縝編　清刻本　一冊

440000－2541－0014118　32675
選集漢印分韻二卷　(清)袁日省輯　(清)謝景卿重編　(清)謝雲生摹錄　**續集二卷**　(清)謝景卿輯　(清)謝雲生摹　清嘉慶二年至八年(1797－1803)漱藝堂刻本　八冊

440000－2541－0014119　32676
選集漢印分韻二卷　(清)袁日省輯　(清)謝景卿重編　(清)謝雲生摹錄　**續集二卷**　(清)謝景卿輯　(清)謝雲生摹　清嘉慶二年至八年(1797－1803)漱藝堂刻本　四冊

440000－2541－0014120　32677
選集漢印分韻二卷　(清)袁日省輯　(清)謝

景卿重編　(清)謝雲生摹錄　**續集二卷**　(清)謝景卿輯　(清)謝雲生摹　清嘉慶二年至八年(1797－1803)漱藝堂刻本　四冊

440000－2541－0014121　32683
稽古印鑑不分卷　(明)程齊篆　清刻鈐印本　四冊

440000－2541－0014122　32690
錢胡印譜不分卷　(清)錢松　(清)胡震篆刻　清同治三年(1864)鈐印本　十冊

440000－2541－0014123　32696
石室印萃不分卷　(清)丁善長輯　清光緒十年(1884)丁氏萬卷堂鈐印本　六冊

440000－2541－0014124　32697
秋曉盦古銅印譜不分卷　(清)居巢輯　清鈐印本　六冊

440000－2541－0014125　32705
小石山房印譜六卷　(清)顧湘　(清)顧浩輯　清道光八年(1828)海虞顧氏小石山房鈐印本　五冊

440000－2541－0014126　32711
觀自得齋印集不分卷　(清)徐士愷輯　清光緒十五年(1889)石埭徐氏鈐印本　十六冊

440000－2541－0014127　32713
共墨齋藏古鉢印譜不分卷　(清)周銑詒　(清)周鑾詒輯　清光緒十二年至十九年(1886－1893)鈐印本　十冊

440000－2541－0014128　32715
桐陰館書畫印譜不分卷　(清)秦祖永篆刻　清鈐印本　一冊

440000－2541－0014129　32716
寂園說印一卷　(清)陳瀏撰　清宣統二年(1910)鉛印寂園叢書本　一冊

440000－2541－0014130　32717
古印集存不分卷　(清)崔鴻圖輯　清光緒乾修齋鈐印本　一冊

440000－2541－0014131　32719
津西堂初選印券二卷　(清)李濬之輯　清光緒二十三年(1897)李濬之鈐印本　二冊

440000－2541－0014132　32721
漢印偶存一卷　(清)姚觀元輯　清光緒元年(1875)鈐印本　一冊

440000－2541－0014133　32732
缽庵憶語一卷　(清)陳瀏撰　清宣統二年(1910)鉛印本　一冊

440000－2541－0014134　32734
匋雅(瓷學)三卷　(清)陳瀏撰　清宣統二年(1910)鉛印寂園叢書本(原闕卷下)　四冊

440000－2541－0014135　32740
樂典六編附錄一編　李燮羲編譯　清宣統元年(1909)學部圖書局鉛印本　一冊

440000－2541－0014136　32741
樂典六編附錄一編　李燮羲編譯　清宣統元年(1909)學部圖書局鉛印本　一冊

440000－2541－0014137　32742
樂經律呂通解五卷　(清)汪烜輯　清光緒九年(1883)刻本　五冊

440000－2541－0014138　32743
律音彙考八卷風雅詩譜圖一卷　(清)邱之稑撰　清道光十八年(1838)刻光緒印本　四冊

440000－2541－0014139　32744
番禺陳氏東塾叢書五種　(清)陳澧撰　清咸豐至光緒刻本　六冊　存三種

440000－2541－0014140　32749
樂律考二卷　(清)徐灝撰　清光緒十三年(1887)番禺徐氏梧州刻學壽堂叢書本　一冊

440000－2541－0014141　32750
樂律考二卷　(清)徐灝撰　清光緒十三年(1887)番禺徐氏梧州刻學壽堂叢書本　一冊

440000－2541－0014142　32751
樂律考二卷　(清)徐灝撰　清光緒十三年(1887)番禺徐氏梧州刻學壽堂叢書本　一冊

440000－2541－0014143　32752
庚癸原音四種附一種　(清)繆闐撰　清同治

五年(1866)蕪湖繆氏刻本　四册

440000－2541－0014144　32754
管色考一卷　(清)徐養原撰　清光緒六年至九年(1880－1883)湖北崇文書局刻正覺樓叢刻本　一册

440000－2541－0014145　32755
小詩譜一卷　(英國)李提摩太撰　清光緒二十七年(1901)上海廣學會石印本　一册

440000－2541－0014146　32756
琴瑟合譜不分卷　(清)慶瑞撰　清同治九年(1870)刻本　二册

440000－2541－0014147　32757
喇叭吹法一卷　(英國)金楷理口譯　(清)蔡錫齡筆述　清光緒江南機器製造總局刻本　一册

440000－2541－0014148　32759
天聞閣琴譜十六卷首三卷　(清)唐彝銘輯　清光緒二年(1876)成都葉氏刻本　十六册

440000－2541－0014149　32760
擬瑟譜一卷　(清)邵嗣堯撰　(清)段仔文　(清)張懋賞編　清光緒七年(1881)刻正覺樓叢刻本　一册

440000－2541－0014150　32762
山門新語五學四卷首四卷　(清)周贇撰　清光緒三十三年(1907)刻本　一册　存五卷(一、首四卷)

440000－2541－0014151　32767
燕樂考原六卷　(清)凌廷堪撰　清嘉慶刻本　一册

440000－2541－0014152　32768
樂書二百卷　(宋)陳暘撰　清光緒二年(1876)廣州菊坡精舍刻本　十八册

440000－2541－0014153　32769
詩經古譜二卷　(□)□□輯　清光緒三十四年(1908)學部圖書局石印本　一册

440000－2541－0014154　32770
宋樂類編一卷南北詞名宮調彙錄二卷　(清)汪汲輯　清刻本　一册

440000－2541－0014155　32772
新傳理性元雅六卷　(明)張廷玉輯　清刻本　一册　存一卷(四)

440000－2541－0014156　32773
樂書二百卷　(宋)陳暘撰　清光緒二年(1876)廣州菊坡精舍刻本　十三册

440000－2541－0014157　32776
碎金詞譜六卷詞一卷續譜六卷詞韻四卷　(清)謝元淮輯　清道光刻朱墨套印本　十四册

440000－2541－0014158　32777
碎金詞譜六卷詞一卷續譜六卷詞韻四卷　(清)謝元淮輯　清道光刻朱墨套印本　六册　存六卷(詞譜六卷)

440000－2541－0014159　32782
春草堂琴譜六卷　(清)曹尚絅輯　清同治三年(1864)刻本　二册

440000－2541－0014160　32790
觀物博異八卷　(法國)普謝撰　(英國)季理斐譯　(清)李鼎星述　清光緒三十年(1904)上海美華書館鉛印本　一册

440000－2541－0014161　32791
博物新編三集　(英國)合信撰　清咸豐五年(1855)上海墨海書館刻本　一册

440000－2541－0014162　32798
時務策學統宗十四卷　(清)顧其義　(清)吳文藻輯　清光緒二十四年(1898)上海書局石印本　十九册　存十三卷(一至二、四至十四)

440000－2541－0014163　32799
天地奇異志不分卷　(英國)華立熙撰　清光緒二十七年(1901)上海廣學會鉛印本　一册

440000－2541－0014164　32802
格致須知□□種　(英國)傅蘭雅編　清光緒刻本　二十二册

440000－2541－0014165　32803

算式解法十四卷　(美國)好敦司　(美國)開奈利撰　(英國)傅蘭雅口譯　(清)華蘅芳筆述　清光緒二十五年(1899)江南製造局刻本　二册

440000－2541－0014166　32804
翠微山房數學十五種　(清)張作楠撰　清嘉慶至道光金華張氏翠微山房刻本　十六册

440000－2541－0014167　32805
翠微山房數學十五種　(清)張作楠撰　清嘉慶至道光金華張氏翠微山房刻本　十六册

440000－2541－0014168　32806
翠微山房數學十五種　(清)張作楠撰　清光緒二十三年(1897)上海鴻寶齋石印本　四册

440000－2541－0014169　32807
翠微山房數學十五種　(清)張作楠撰　清光緒二十三年(1897)上海鴻寶齋石印本　八册

440000－2541－0014170　32808
梅氏叢書輯要六十二卷　(清)梅文鼎撰　清光緒十四年(1888)龍文書局石印本　六册

440000－2541－0014171　32809
梅氏叢書輯要六十二卷　(清)梅文鼎撰　清光緒十四年(1888)龍文書局石印本　六册

440000－2541－0014172　32810
梅氏叢書輯要六十二卷　(清)梅文鼎撰　清同治十三年(1874)梅纘高頤園刻本　二十四册

440000－2541－0014173　32811
中西算學叢書初編二十種附二種　(清)四明求敏齋主人編　清光緒二十二年(1896)上海鴻寶齋石印本　四十册

440000－2541－0014174　32812
算學四種　(清)□□編　清光緒抄本　八册

440000－2541－0014175　32813
則古昔齋算學十三種　(清)李善蘭撰　清同治六年(1867)金陵刻本　四册

440000－2541－0014176　32814
則古昔齋算學十三種　(清)李善蘭撰　清同治六年(1867)金陵刻本　六册

440000－2541－0014177　32815
則古昔齋算學十三卷　(清)李善蘭撰　清光緒二十二年(1896)上海積山書局石印本　一册

440000－2541－0014178　32816
行素軒算學六種　(清)華蘅芳撰　清光緒二十二年(1896)上海文瑞樓石印本　六册　存五種

440000－2541－0014179　32817
開方表一卷　(清)賈步緯撰　清末江南機器製造總局鉛印本　一册

440000－2541－0014180　32818
開方表一卷　(清)賈步緯撰　清末上海江南製造總局刻本暨鉛印本　一册

440000－2541－0014181　32819
算表合璧一卷　(清)崔朝慶　(清)楊冰輯　清光緒二十八年(1902)江楚書局刻本　一册

440000－2541－0014182　32820
算學叢刻九種　(清)賈步緯撰　清末江南機器製造總局鉛印本　十三册　存三種

440000－2541－0014183　32823
句股引蒙五卷　(清)陳訏撰　清嘉慶二年(1797)刻本　二册

440000－2541－0014184　32824
萬象一原演式九卷首一卷　(清)夏鸞翔撰　盧靖演式　清光緒石印本　一册

440000－2541－0014185　32825
割圓術輯要一卷　盧靖輯　清光緒石印本　一册

440000－2541－0014186　32826
算經十書十種附刻一種　(清)孔繼涵編　清光緒十六年(1890)上海刻本　十二册

440000－2541－0014187　32827
算經十書十種附刻一種　(清)孔繼涵編　清光緒十六年(1890)上海刻本　八册　存九種

440000－2541－0014188　32828

算經十書十種附刻一種　(清)孔繼涵編　清光緒十六年(1890)上海刻本　十册

440000－2541－0014189　32829

白芙堂算學叢書二十三種　(清)丁取忠編　清同治至光緒長沙古荷花池精舍刻本　三十二册

440000－2541－0014190　32830

白芙堂算學叢書二十三種　(清)丁取忠編　清光緒十四年(1888)上海龍文書局石印本　八册

440000－2541－0014191　32836

四元玉鑑細草三卷補增一卷　(元)朱世傑撰　**釋例一卷**　(清)易之瀚撰　清道光十六年(1836)甘泉易之瀚刻觀我生室彙稿本　八册

440000－2541－0014192　32837

四元玉鑑細草三卷補增一卷　(元)朱世傑撰　**釋例一卷**　(清)易之瀚撰　清道光十六年(1836)甘泉易之瀚刻觀我生室彙稿本　十册

440000－2541－0014193　32838

九數通考十一卷首一卷末一卷　(清)屈曾發輯　清光緒十三年(1887)上海石倉石印書局石印本　五册

440000－2541－0014194　32839

觀我生室彙稿十種　(清)羅士琳撰　清道光刻本　十四册　存四種

440000－2541－0014195　32840

御製數理精蘊上編五卷下編四十卷表八卷　(清)允祉等撰　清光緒二十二年(1896)上海博文書局石印本　二十四册

440000－2541－0014196　32841

御製數理精蘊上編五卷下編四十卷表八卷　(清)允祉等撰　清光緒八年(1882)廣州藩司刻本　三十二册

440000－2541－0014197　32865

九數外錄一卷　(清)顧觀光撰　清光緒刻本　一册

440000－2541－0014198　32866

九數外錄一卷　(清)顧觀光撰　清光緒刻本　一册

440000－2541－0014199　32868

測圓海鏡細草十二卷　(元)李冶撰　清光緒二年(1876)同文館鉛印本　四册

440000－2541－0014200　32869

古籌算考釋六卷　勞乃宣撰　清光緒二十三年(1897)刻朱墨套印本　六册

440000－2541－0014201　32871

經算雜説一卷　(清)潘應祺撰　**算學雜説十卷**　(清)曹汝英撰　清光緒二十四年(1898)廣州刻本　四册

440000－2541－0014202　32874

緝古算經一卷　(唐)王孝通撰並注　**音義一卷細草一卷圖解三卷**　(清)陳傑輯　清道光二十年(1840)成都龍萬育燮堂刻本　二册

440000－2541－0014203　32875

數書九章十八卷　(宋)秦九韶撰　**札記四卷**　(清)宋景昌撰　清道光二十年(1840)上海郁氏刻宜稼堂叢書本　六册

440000－2541－0014204　32876

九章算術細草圖説九卷海島算經細草圖説一卷　(清)李潢撰　清嘉慶二十五年(1820)程晴峯刻鴻文堂印本　八册

440000－2541－0014205　32877

志陶軒算述一卷　(清)黎佩蘭撰　清光緒二十二年(1896)廣州刻本　一册

440000－2541－0014206　32878

數學精詳十一卷首一卷末一卷　(清)屈曾發輯　清同治十年(1871)學海堂刻廣州鎔經鑄史齋印本　五册

440000－2541－0014207　32879

數學精詳十一卷首一卷末一卷　(清)屈曾發輯　清同治十年(1871)學海堂刻廣州鎔經鑄史齋印本　五册

440000－2541－0014208　32880

數學上編十三卷答數一卷附二卷　(清)曹汝英撰　清光緒二十九年(1903)曹汝英羊城刻三十年(1904)武昌續刻本　五冊

440000－2541－0014209　32881
兩湖書院算學課程二卷附表一卷　(清)□□撰　清光緒二十四年(1898)兩湖書院刻本　四冊

440000－2541－0014210　32882
算法大成上編十卷首一卷下編十卷　(清)陳杰撰　清光緒二十四年(1898)浙江官書局刻本　十冊

440000－2541－0014211　32883
代數通藝錄十六卷　(清)方愷撰　清光緒二十二年(1896)時務報館石印本　四冊

440000－2541－0014212　32884
測海山房中西算學叢刻初編三十一種　題(清)測海山房主人編　清光緒二十二年(1896)上海璣衡堂石印本　三十冊　存二十六種

440000－2541－0014213　32886
簡易庵算稿四卷　(清)劉彝程撰　清光緒二十六年(1900)江南製造局刻本　一冊　存一卷(二)

440000－2541－0014214　32887
簡易庵算稿四卷　(清)劉彝程撰　清光緒二十六年(1900)江南製造局刻本　四冊

440000－2541－0014215　32888
董方立算書五種　(清)董祐誠撰　清末江南製造總局刻本　一冊

440000－2541－0014216　32889
董方立算書五種　(清)董祐誠撰　清末江南製造總局刻本　一冊

440000－2541－0014217　32890
算學課藝四卷　(清)席淦　(清)貴榮編　清光緒二十二年(1896)上海著易堂石印本　四冊

440000－2541－0014218　32891
行素軒算稿六種　(清)華蘅芳撰　清光緒八年(1882)梁谿華氏刻本　六冊　存五種

440000－2541－0014219　32892
謝穀堂算學三種　(清)謝家禾撰　清同治至光緒江南機器製造總局刻本　一冊

440000－2541－0014220　32893
謝穀堂算學三種　(清)謝家禾撰　清同治至光緒江南機器製造總局刻本　一冊

440000－2541－0014221　32896
赤水遺珍一卷操縵卮言一卷　(清)梅毂成撰　清光緒二年(1876)唐大經嶺南刻本　一冊

440000－2541－0014222　32897
衍元要義一卷弧田問率一卷直積回求一卷　(清)謝家禾撰　清光緒江南製造總局刻本　一冊

440000－2541－0014223　32898
鄒徵君遺書八種附二種　(清)鄒伯奇撰　清同治十二年(1873)南海鄒達泉拾芥園刻本　四冊　存八種

440000－2541－0014224　32899
鄒徵君遺書八種附二種　(清)鄒伯奇撰　清同治十二年(1873)南海鄒達泉拾芥園刻本　五冊　存八種

440000－2541－0014225　32900
陳啟沅算學十三卷補遺一卷首一卷　(清)陳啟沅撰　清光緒十五年(1889)惜陰草堂刻本　六冊

440000－2541－0014226　32901
算術駕說十一卷　(清)潘應祺撰　清光緒三十三年(1907)番禺潘氏扈籬館刻本　五冊

440000－2541－0014227　32902
新編直指算法統宗十二卷　(明)程大位撰　清道光十八年(1838)刻本　三冊　存八卷(一至二、七至十二)

440000－2541－0014228　32903
新刻初學銀算指迷合編四卷　(清)□□撰　清光緒二十二年(1896)廣州刻本　二冊

440000－2541－0014229　32904

新編算學啓蒙三卷　(元)朱世傑撰　**識誤一卷**　(清)羅士琳撰　清光緒八年(1882)湖州吳氏醉六堂刻本　一册

440000－2541－0014230　32905

增删算法統宗十一卷　(清)程大位撰　(清)梅瑴成增删　清光緒江南製造總局刻本　三册　存八卷(一至八)

440000－2541－0014231　32906

比例匯通四卷　(清)羅士琳撰　清嘉慶二十三年(1818)刻本　四册

440000－2541－0014232　32907

數學理九卷附一卷　(英國)棣麼甘撰　(英國)傅蘭雅口譯　(清)趙元益筆述　清光緒刻本　四册

440000－2541－0014233　32908

陳寶興算法三卷　(清)陳寶興撰　稿本　三册

440000－2541－0014234　32909

代數難題解法十六卷　(英國)倫德編　(英國)傅蘭雅口譯　(清)華蘅芳筆述　清光緒江南製造總局刻本　六册

440000－2541－0014235　32910

古籌算考釋六卷　勞乃宣撰　清光緒十二年(1886)完縣官舍刻矩齋籌算六種本　六册

440000－2541－0014236　32912

代數難題解法十六卷　(英國)倫德編　(英國)傅蘭雅口譯　(清)華蘅芳筆述　清光緒江南製造總局刻本　六册

440000－2541－0014237　32913

代數難題解法十六卷　(英國)倫德編　(英國)傅蘭雅口譯　(清)華蘅芳筆述　清光緒江南製造總局刻本　六册

440000－2541－0014238　32914

代數術二十五卷　(英國)華里司輯　(英國)傅蘭雅口譯　(清)華蘅芳筆述　清光緒江南製造總局刻本　六册

440000－2541－0014239　32915

八線對數簡表一卷　(清)賈步緯校述　清光緒鉛印本　一册

440000－2541－0014240　32916

代數備旨全草不分卷　(清)徐錫麟編譯　清光緒三十二年(1906)三益學社石印本　二册

440000－2541－0014241　32918

中西算學題鏡八卷　(清)陳平瑛撰　清光緒二十七年(1901)羊城刻本　一册

440000－2541－0014242　32919

代數術二十五卷首一卷　(英國)華里司輯　(英國)傅蘭雅口譯　(清)華蘅芳筆述　清同治十二年(1873)刻本　三册

440000－2541－0014243　32920

幾何原本十五卷　(希臘)歐幾里得撰　(義大利)利瑪竇口譯　(明)徐光啟筆授　(英國)偉烈亞力續譯　(清)李善蘭續筆　清同治四年(1865)金陵刻本　八册

440000－2541－0014244　32921

幾何原本十五卷　(希臘)歐幾里得撰　(義大利)利瑪竇口譯　(明)徐光啟筆授　(英國)偉烈亞力續譯　(清)李善蘭續筆　清光緒二十二年(1896)上海積山書局石印本　四册

440000－2541－0014245　32922

御製數理精蘊幾何原本上編五卷　(希臘)歐幾里得撰　(意大利)利瑪竇口譯　(明)徐光啟譯　清光緒十九年(1893)江南製造總局鉛印本　二册　存三卷(一至三)

440000－2541－0014246　32923

幾何原本十五卷　(希臘)歐幾里得撰　(義大利)利瑪竇口譯　(明)徐光啟筆授　(英國)偉烈亞力續譯　(清)李善蘭續筆　清同治四年(1865)金陵刻本　六册

440000－2541－0014247　32924

形學備旨十卷　(美國)狄考文譯　(清)鄒立文筆述　清光緒二十八年(1902)上海美華書館鉛印本　二册

440000－2541－0014248　32925
形學備旨十卷　(美國)狄考文譯　(清)鄒立文筆述　清光緒二十三年(1897)上海美華書館鉛印本　二册

440000－2541－0014249　32926
幾何舉隅六卷　(英國)託咸都輯　(清)鄭鍼英譯　(清)湯金鑄校繪　清光緒二十四年(1898)江夏董氏家塾刻本　一册　存一卷(一)

440000－2541－0014250　32927
算式集要四卷　(英國)哈司韋輯　(英國)傅蘭雅口譯　(清)江衡筆述　清光緒江南製造總局刻本　二册

440000－2541－0014251　32928
算式集要四卷　(英國)哈司韋輯　(英國)傅蘭雅口譯　(清)江衡筆述　清光緒江南製造總局刻本　二册

440000－2541－0014252　32929
算式集要四卷　(英國)哈司韋輯　(英國)傅蘭雅口譯　(清)江衡筆述　清光緒刻本　二册

440000－2541－0014253　32930
算式集要四卷　(英國)哈司韋輯　(英國)傅蘭雅口譯　(清)江衡筆述　清光緒刻本　二册

440000－2541－0014254　32931
務民義齋算學(徐莊愍公算書)七種　(清)徐有壬撰　清同治徐震燿木活字印本　二册

440000－2541－0014255　32932
運規約指三卷　(英國)白起德輯　(英國)傅蘭雅口譯　(清)徐建寅筆述　清光緒二十六年(1900)香港文運書局石印本　一册

440000－2541－0014256　32933
運規約指三卷　(英國)白起德輯　(英國)傅蘭雅口譯　(清)徐建寅筆述　清光緒江南製造總局刻本　一册

440000－2541－0014257　32935
衡齋算學遺書合刻二種　(清)汪萊撰　清咸豐四年(1854)夏燮鄱陽縣署刻本　四册

440000－2541－0014258　32936
衡齋算學遺書合刻二種　(清)汪萊撰　清咸豐四年(1854)夏燮鄱陽縣署刻本　四册

440000－2541－0014259　32937
造各表簡法一卷截球解義一卷橢圓求周術一卷　(清)徐有壬撰　清刻本　一册

440000－2541－0014260　32938
運規約指三卷　(英國)白起德輯　(英國)傅蘭雅口譯　(清)徐建寅筆述　清光緒刻本　一册

440000－2541－0014261　32940
八線備旨四卷　(美國)羅密士撰　(美國)潘慎文譯　清光緒二十四年(1898)上海美華書館鉛印本　一册

440000－2541－0014262　32941
勾股六術一卷　(清)項名達撰　**弧角拾遺一卷**　(清)賈步緯撰　清刻本　一册

440000－2541－0014263　32943
三角數理十二卷　(英國)海麻士輯　(英國)傅蘭雅口譯　(清)華蘅芳筆述　清光緒刻本　五册　存十卷(三至十二)

440000－2541－0014264　32944
微積溯源八卷　(英國)華里司輯　(英國)傅蘭雅口譯　(清)華蘅芳筆述　清光緒江南機器製造總局刻本　六册

440000－2541－0014265　32945
微積溯源八卷　(英國)華里司輯　(英國)傅蘭雅口譯　(清)華蘅芳筆述　清光緒江南機器製造總局刻本　六册

440000－2541－0014266　32946
微積溯源八卷　(英國)華里司輯　(英國)傅蘭雅口譯　(清)華蘅芳筆述　清光緒江南機器製造總局刻本　六册

440000－2541－0014267　32947
微積新理八卷　(清)王達魯撰　清光緒三十

二年(1906)刻本　五冊

440000－2541－0014268　32948
微積通詮十六卷　(清)黄啓明撰　清光緒三十一年(1905)刻本　八冊

440000－2541－0014269　32949
決疑數學十卷首一卷　(英國)傅蘭雅口譯　(清)華蘅芳筆述　清光緒二十三年(1897)上海格致書室鉛印本　四冊

440000－2541－0014270　32950
重學十七卷首一卷　(英國)胡威立撰　(英國)艾約瑟口譯　(清)李善蘭筆述　清同治六年(1867)上海美華書館鉛印本　二冊

440000－2541－0014271　32951
決疑數學十卷首一卷　(英國)傅蘭雅口譯　(清)華蘅芳筆述　清光緒刻本　四冊

440000－2541－0014272　32952
代微積拾級十八卷　(美國)羅密士撰　(英國)偉烈亞力口譯　(清)李善蘭筆述　清咸豐九年(1859)上海墨海書院刻本　三冊

440000－2541－0014273　32953
重學二十卷圜錐曲綫說三卷　(英國)胡威立撰　(英國)艾約瑟口譯　(清)李善蘭筆述　清同治五年(1866)刻本　五冊　存二十卷(重學二十卷)

440000－2541－0014274　32954
重學圖說一卷體性圖說一卷　(英國)傅蘭雅撰　清光緒十一年(1885)刻本　一冊

440000－2541－0014275　32955
格物質學不分卷　(美國)史砥爾撰　(美國)潘慎文譯　(清)謝洪賚筆述　清光緒二十四年(1898)上海美華書館鉛印本　一冊

440000－2541－0014276　32956
物理學三編　(日本)飯盛挺造撰　(日本)藤田豐八譯　王季烈輯　清光緒二十六年(1900)江南製造局刻本　四冊　存四卷(上編四卷)

440000－2541－0014277　32957
通物電光四卷附圖一卷　(美國)莫耳登撰　(英國)傅蘭雅口譯　王季烈筆述　清光緒二十五年(1899)江南製造局刻本　一冊

440000－2541－0014278　32958
物理學三編　(日本)飯盛挺造撰　(日本)藤田豐八譯　王季烈輯　清光緒二十六年(1900)江南製造局刻本　四冊　存四卷(中編四卷)

440000－2541－0014279　32959
光學圖說二卷　(英國)傅蘭雅譯　清光緒十六年(1890)益智書會刻本　一冊

440000－2541－0014280　32960
電學圖說五卷　(英國)傅蘭雅譯　清光緒十三年(1887)益智書會刻本　一冊

440000－2541－0014281　32962
形性學要十卷　(比利時)赫師慎輯　(清)李杕譯　清光緒二十五年(1899)徐匯匯報館鉛印本　四冊

440000－2541－0014282　32963
光學揭要二卷　(美國)赫士口譯　(清)朱葆琛筆述　清光緒二十年(1894)上海美華書館鉛印本　一冊

440000－2541－0014283　32964
光學二卷視學諸器圖說一卷　(英國)田大里輯　(美國)金楷理口譯　(清)趙元益筆述　清江南機器製造總局刻本　二冊

440000－2541－0014284　32965
電學紀要一卷　(英國)吳師承撰　(英國)李提摩太口譯　清光緒三十年(1904)上海廣學會鉛印本　二冊

440000－2541－0014285　32966
熱學圖說二卷　(英國)傅蘭雅譯　清光緒十六年(1890)益智書會刻本　一冊

440000－2541－0014286　32967
物體遇熱改易記四卷　(英國)瓦特斯輯　(英國)傅蘭雅口譯　(清)徐壽筆述　清光緒江南製造總局刻本　一冊　存二卷(三至四)

440000－2541－0014287　32968
電學綱目十卷　（英國）田大里輯　（英國）傅蘭雅口譯　（清）周郇筆述　**電學十卷**　（英國）瑙挨德撰　（英國）傅蘭雅口譯　（清）徐建寅筆述　清上海江南機器製造局刻本　五冊

440000－2541－0014288　32969
電學綱目十卷　（英國）田大里輯　（英國）傅蘭雅口譯　（清）周郇筆述　**電學十卷**　（英國）瑙挨德撰　（英國）傅蘭雅口譯　（清）徐建寅筆述　清上海江南機器製造局刻本　六冊

440000－2541－0014289　32971
化學大成四種　（英國）蒲陸山撰　（英國）傅蘭雅口譯　（清）徐建寅筆述　清光緒石印本　八冊

440000－2541－0014290　32972
化學鑑原六卷　（英國）韋而司撰　（英國）傅蘭雅口譯　（清）徐壽筆述　清光緒江南製造總局刻本（有圖）　四冊

440000－2541－0014291　32973
化學分原八卷　（英國）蒲陸山撰　（英國）傅蘭雅口譯　（清）徐建寅筆述　清光緒江南製造總局刻本　二冊

440000－2541－0014292　32974
化學鑑原續編二十四卷　（英國）蒲陸山撰　（英國）傅蘭雅口譯　（清）徐壽筆述　清刻本　五冊

440000－2541－0014293　32975
化學鑑原六卷　（英國）韋而司撰　（英國）傅蘭雅口譯　（清）徐壽筆述　清光緒江南製造總局刻本（有圖）　四冊

440000－2541－0014294　32976
化學鑑原六卷　（英國）韋而司撰　（英國）傅蘭雅口譯　（清）徐壽筆述　清光緒江南製造總局刻本（有圖）　四冊

440000－2541－0014295　32977
化學指南十卷　（法國）畢利幹撰　清同治十二年（1873）京都同文館鉛印本　十六冊

440000－2541－0014296　32980
琅嬛天文集四卷　（清）陳太初撰　清嘉慶八年（1803）抱蘭軒木活字印本　四冊

440000－2541－0014297　32982
躔離引蒙不分卷　（清）賈步緯撰　清光緒十八年（1892）江南製造局鉛印本　二冊

440000－2541－0014298　32984
天文歌略一卷　葉瀾撰　**地學歌略一卷**　葉瀚　葉瀾撰　清末至民國初刻本　一冊

440000－2541－0014299　32985
八星之一總論一卷　（英國）李提摩太撰　題（清）鑄鐵盦譯　清光緒二十八年（1902）上海廣學會鉛印本　一冊

440000－2541－0014300　32986
八星之一總論一卷　（英國）李提摩太撰　題（清）鑄鐵盦譯　清光緒二十五年（1899）上海廣學會鉛印本　一冊

440000－2541－0014301　32987
地球之過去及未來一卷　（日本）横山又次郎撰　（清）馮霈譯　清光緒二十八年（1902）上海廣智書局鉛印本　一冊

440000－2541－0014302　32989
談天十八卷首一卷表一卷　（英國）侯失勒撰　（英國）偉烈亞力口譯　（清）李善蘭删述　清咸豐九年（1859）墨海鉛印本　三冊

440000－2541－0014303　32990
談天十八卷首一卷表一卷　（英國）侯失勒撰　（英國）偉烈亞力口譯　（清）李善蘭删述　（清）徐建寅續筆　清光緒二十七年（1901）上海日新社石印本　四冊

440000－2541－0014304　32991
談天十八卷首一卷表一卷　（英國）侯失勒撰　（英國）偉烈亞力口譯　（清）李善蘭删述　（清）徐建寅續筆　清同治十三年（1874）鉛印本　三冊

440000－2541－0014305　32992

談天十八卷首一卷表一卷 (英國)侯失勒撰 (英國)偉烈亞力口譯 (清)李善蘭刪述 (清)徐建寅續筆 清光緒江南製造總局刻本 四册

440000－2541－0014306 32993
談天十八卷首一卷表一卷 (英國)侯失勒撰 (英國)偉烈亞力口譯 (清)李善蘭刪述 (清)徐建寅續筆 清光緒江南製造總局刻本 四册

440000－2541－0014307 32994
談天十八卷首一卷表一卷 (英國)侯失勒撰 (英國)偉烈亞力口譯 (清)李善蘭刪述 (清)徐建寅續筆 清光緒江南製造總局刻本 四册

440000－2541－0014308 32995
天文揭要二卷 (美國)赫士口譯 (清)周文源筆述 清光緒十七年(1891)上海美華書館鉛印本 二册

440000－2541－0014309 32996
天文揭要二卷 (美國)赫士口譯 (清)周文源筆述 清光緒十七年(1891)上海美華書館鉛印本 二册

440000－2541－0014310 32997
高厚蒙求初集一卷二集一卷三集四卷四集三卷五集一卷 (清)徐朝俊撰 清嘉慶至道光刻本 四册 存九卷(二集一卷、三集四卷、四集三卷、五集一卷)

440000－2541－0014311 32998
圜天圖説三卷續編二卷首一卷 (清)李明徹撰 清嘉慶二十四年至道光元年(1819－1821)刻本 五册

440000－2541－0014312 32999
天文圖説四卷 (英國)柯雅各撰 (美國)摩嘉立 (美國)薛承恩譯 清光緒九年(1883)益智書會刻本 一册

440000－2541－0014313 33000
天文圖説四卷 (英國)柯雅各撰 (美國)摩嘉立 (美國)薛承恩譯 清光緒九年(1883)益智書會刻本 一册

440000－2541－0014314 33001
天文算學纂要二十卷首一卷國朝萬年書二卷 (清)陳松撰 清光緒十三年(1887)刻本 十九册

440000－2541－0014315 33002
御製曆象考成後編十卷 (清)允祿 (清)弘晝等撰 清光緒二十二年(1896)張介祉勵志書屋刻本 六册

440000－2541－0014316 33003
管窺輯要八十卷 (清)黄鼎輯 清刻本 四十六册

440000－2541－0014317 33010
廣州府太陽高弧表不分卷 (清)左蘭舫撰 清光緒四年(1878)刻本 一册

440000－2541－0014318 33011
上元甲子恆星表一卷 (清)賈步緯撰 清江南製造局鉛印本 一册

440000－2541－0014319 33012
咸豐元年中星表不分卷 (清)馮桂芬輯 (清)葉寬甫推算 清咸豐六年(1856)馮桂芬校邠廬刻本 一册

440000－2541－0014320 33013
日月蝕節要一卷 (英國)慶白士輯 (英國)季理斐摘譯 清光緒二十九年(1903)上海廣學會鉛印本 一册

440000－2541－0014321 33015
交食捷算四卷 (清)黄炳垕撰 清光緒十年(1884)餘姚黄氏刻留書種閣集本 一册

440000－2541－0014322 33016
交食引蒙一卷 (清)賈步緯撰 清光緒二十年(1894)江南製造局鉛印本 一册

440000－2541－0014323 33019
月令粹編二十四卷圖説一卷 (清)秦嘉謨撰 清嘉慶十七年(1812)江都秦嘉謨琳琅仙館刻本 一册 存四卷(一至四)

440000－2541－0014324 33020

月令氣候圖說一卷 (清)李調元撰 清乾隆綿州李氏萬卷樓刻嘉慶十四年(1809)李鼎元重校道光五年(1825)李朝夔補刻函海本 一冊

440000－2541－0014325 33021
函海四十函一百五十二種 (清)李調元編 清乾隆綿州李氏萬卷樓刻嘉慶十四年(1809)李鼎元重校道光五年(1825)李朝夔補刻本 五冊 存九種

440000－2541－0014326 33022
七十二候表不分卷 (清)羅以智輯 清光緒八年(1882)海昌羊氏刻本 一冊

440000－2541－0014327 33031
漢三統術三卷漢四分術三卷 (清)李銳撰 清道光三年(1823)儀徵阮氏刻李氏遺書本 一冊

440000－2541－0014328 33033
三統術詳說三卷 (清)陳澧撰 清光緒廣雅書局刻本 一冊

440000－2541－0014329 33035
中西四千年紀曆一卷 (清)孔昭焱輯 清光緒二十三年(1897)南海昜木草堂刻本 一冊

440000－2541－0014330 33036
中西四千年紀曆一卷 (清)孔昭焱輯 清光緒二十三年(1897)南海昜木草堂刻本 一冊

440000－2541－0014331 33039
中西合曆不分卷 (清)丁冠西輯 清光緒三年(1877)同文館鉛印本 一冊

440000－2541－0014332 33040
中西合曆不分卷 (清)丁冠西輯 清光緒三年(1877)同文館鉛印本 一冊

440000－2541－0014333 33041
中西合曆不分卷 (清)丁冠西輯 清光緒三年(1877)同文館鉛印本 一冊

440000－2541－0014334 33042
中西合曆不分卷 (清)丁冠西輯 清光緒三年(1877)同文館鉛印本 一冊

440000－2541－0014335 33043
中西合曆不分卷 (清)丁冠西輯 清光緒三年(1877)同文館鉛印本 一冊

440000－2541－0014336 33045
繪地法原一卷測地繪圖十二卷 (美國)金楷理口譯 (清)王德均筆述 清光緒二十三年(1897)鉛印本 一冊

440000－2541－0014337 33049
測繪學四卷 (清)羅照滄撰 清末至民國初刻本 一冊 存二卷(三至四)

440000－2541－0014338 33050
偏緯較表一卷度數表一卷 (清)湯金鑄撰 清光緒二十五年(1899)兩湖書院刻朱印本 二冊

440000－2541－0014339 33051
平面卓記一卷 (清)湯金鑄撰 清光緒二十六年(1900)兩湖書院正學堂刻朱印本 一冊

440000－2541－0014340 33052
航海通書不分卷(光緒二十年) (清)江南製造局譯改 (清)賈步緯算校 清光緒二十年(1894)鉛印本 一冊

440000－2541－0014341 33053
航海通書不分卷(光緒三十年) (清)江南製造局譯改 (清)賈步緯 (清)火榮業算校 清光緒三十年(1904)鉛印本 一冊

440000－2541－0014342 33060
測候叢談四卷 (美國)金楷理口譯 (清)華蘅芳筆述 清光緒江南製造局刻本 二冊

440000－2541－0014343 33062
地學指略三卷 (英國)文教治口譯 (清)李慶軒筆述 清光緒七年(1881)益智書會刻本 一冊

440000－2541－0014344 33064
地學淺釋三十八卷 (英國)雷俠兒撰 (美國)瑪高溫口譯 (清)華蘅芳筆述 清同治十二年(1873)江南製造局刻本 八冊

440000－2541－0014345 33065

地學淺釋三十八卷 (英國)雷俠兒撰 (美國)瑪高溫口譯 (清)華蘅芳筆述 清同治十二年(1873)江南製造局刻本 八冊

440000－2541－0014346 33066
植物名實圖考三十八卷長編二十二卷 (清)吳其濬撰 清道光二十八年(1848)陸應穀刻本 四十八冊

440000－2541－0014347 33073
百鳥圖說一卷 (□)韋門道撰 清光緒八年(1882)益智書會刻本 一冊

440000－2541－0014348 33078
儒門醫學三卷慎疾要言三卷 (英國)海得蘭撰 (英國)傅蘭雅口譯 (清)趙元益筆述 清光緒江南製造總局刻本 四冊

440000－2541－0014349 33079
儒門醫學三卷慎疾要言三卷 (英國)海得蘭撰 (英國)傅蘭雅口譯 (清)趙元益筆述 清光緒江南製造總局刻本 四冊

440000－2541－0014350 33080
保全生命論不分卷 (英國)古蘭肥勒撰 (英國)秀耀春口譯 (清)趙元益筆述 清光緒二十七年(1901)上海製造局刻本 一冊

440000－2541－0014351 33082
鼠疫及消毒法一卷 伍連德撰 (清)吳鍾瀚譯 清宣統三年(1911)上海商務印書館鉛印本 一冊

440000－2541－0014352 33083
奉天萬國鼠疫研究會始末不分卷 陳垣撰 清宣統三年(1911)廣州光華醫社鉛印本 一冊

440000－2541－0014353 33084
女學校胎教新法不分卷 (日本)鹽路嘉一郎譯 清光緒二十四年(1898)東亞書局鉛印本 一冊

440000－2541－0014354 33086
易筋經二卷 (北魏)釋達摩撰 (唐)釋般刺密諦譯 **洗髓經一卷** (北魏)釋慧可譯 清刻本 一冊

440000－2541－0014355 33087
全圖易筋經一卷八段錦一卷 (北魏)釋達摩撰 清宣統三年(1911)大文堂刻本 一冊

440000－2541－0014356 33088
老老恆言五卷 (清)曹庭棟輯 清光緒四年(1878)秀水孫氏望雲仙館刻檇李遺書本 二冊

440000－2541－0014357 33089
保嬰編一卷 (清)鍾體志撰 清光緒十六年(1890)刻本 一冊

440000－2541－0014358 33090
防治鼠疫新法一卷 (日本)北里柴三郎講 (清)李翰芬編 **軍隊防疫試辦章程不分卷** 怡怡書塾彙輯 清宣統三年(1911)鉛印本 一冊

440000－2541－0014359 33091
籌設省立衛生試驗所議案不分卷 □□提案 稿本 一冊

440000－2541－0014360 33096
陳修園醫書五十種 (清)陳念祖撰 清光緒三十一年(1905)上海商務印書館鉛印本 二十八冊

440000－2541－0014361 33097
陳修園醫書五十種 (清)陳念祖撰 清光緒三十一年(1905)上海商務印書館鉛印本 二十冊 存四十六種

440000－2541－0014362 33099
沈氏尊生書五種 (清)沈金鰲撰 清同治十三年(1874)湖北崇文書局刻本 二十六冊

440000－2541－0014363 33100
御纂醫宗金鑑三十卷首一卷 (清)吳謙等輯 清刻本 二十八冊 存二十九卷(一至十八、二十一至三十,首一卷)

440000－2541－0014364 33102
東垣十書 (明)□□輯 清文奎堂刻本 二十冊

440000－2541－0014365　33103
霄鵬先生遺著五種　(清)黄保康撰　黄任恒編　清宣統三年(1911)南海黄氏刻本　二册　存三種

440000－2541－0014366　33104
霄鵬先生遺著五種　(清)黄保康撰　黄任恒編　清宣統三年(1911)南海黄氏刻本　三册

440000－2541－0014367　33105
觀身集四種　(清)陳會等撰　清咸豐三年(1853)兩廣督署刻本　一册

440000－2541－0014368　33108
東垣十書　(明)□□編　清光緒七年(1881)上海文盛書局石印本　三册

440000－2541－0014369　33109
周氏醫學叢書三集二十九種附一種　(清)周學海編　清光緒至宣統池陽周氏刻宣統三年(1911)彙印本　十四册　存二種

440000－2541－0014370　33112
醫故二卷　鄭文焯撰　清光緒刻本　一册

440000－2541－0014371　33113
醫學指南五卷　(清)韋進德輯　清咸豐八年(1858)刻光緒三十三年(1907)補刻本　二十册

440000－2541－0014372　33114
中西匯通醫經精義二卷　(清)唐宗海撰　清光緒三十四年(1908)上海千頃堂書局石印中西匯通醫書五種本　一册　存一卷(上)

440000－2541－0014373　33116
補注黄帝内經素問二十四卷靈樞十二卷　(唐)王冰注　(宋)林憶等校正　(宋)孫兆重改誤　**素問遺篇一卷**　(宋)劉溫舒原本　清光緒二十二年(1896)圖書集成局鉛印本　四册

440000－2541－0014374　33119
重廣補注黄帝内經素問二十四卷　(唐)王冰注　(宋)林憶等校正　(宋)孫兆改誤　清道光二十九年(1849)京口遵仁堂刻本　三册　存二十卷(一至二十)

440000－2541－0014375　33121
黄帝内經素問二十四卷　(明)吴崑注解　清刻本　五册　存二十卷(五至二十四)

440000－2541－0014376　33122
黄帝内經素問九卷　(清)張志聰集注　清光緒十六年(1890)浙江書局刻本　六册

440000－2541－0014377　33126
華洋臟象約纂三卷首一卷　(清)朱沛文輯　清光緒刻本　四册

440000－2541－0014378　33132
傷寒舌鑑不分卷　(清)張登撰　清刻本　二册

440000－2541－0014379　33133
脈經真本十卷首一卷　(晉)王叔和撰　清道光十三年(1833)朱錫穀怡山館刻本　四册

440000－2541－0014380　33135
内功圖説不分卷　(清)潘爵撰　清光緒八年(1882)刻本　一册

440000－2541－0014381　33136
名醫類案十二卷　(明)江瓘撰　清同治十年(1871)藏脩堂刻本　一册　存一卷(一)

440000－2541－0014382　33140
續名醫類案三十六卷　(清)魏之琇撰　清光緒十一年(1885)信述堂刻本　三十五册　存三十五卷(一至十二、十四至三十六)

440000－2541－0014383　33142
醫醇賸義四卷醫方論四卷　(清)費伯雄撰　(清)費應蘭輯　清光緒三年(1877)刻本　六册

440000－2541－0014384　33144
博濟仙方不分卷　(□)□□輯　清廣東大文堂刻本　一册

440000－2541－0014385　33145
尤氏金匱翼八卷　(清)尤怡撰　清抄本　四册

440000－2541－0014386　33151
傷寒第一書四卷　(清)車宗輅　(清)胡憲豐撰　**附餘二卷**　(清)車宗輅撰　清光緒十一年(1885)刻本　五冊

440000－2541－0014387　33152
張仲景傷寒論貫珠集八卷　(漢)張機撰　(清)尤怡注　清廣州惠濟倉刻本　四冊

440000－2541－0014388　33153
金匱要略淺注十卷金匱歌括六卷　(清)陳念祖撰　清道光十年至十六年(1830－1836)佛鎮文林閣刻本　八冊

440000－2541－0014389　33161
鼠疫非疫六經條辨不分卷　黃仲賢撰　清宣統元年(1909)羊城黃氏致和堂刻本　一冊

440000－2541－0014390　33162
瘟疫明辨不分卷　(清)鄭奠一撰　清光緒蔡震抄本　一冊

440000－2541－0014391　33163
溫熱經緯五卷　(清)王士雄撰　(清)楊照藜　(清)汪曰楨評　清光緒八年(1882)周兆慶四川新繁東湖刻本　四冊

440000－2541－0014392　33164
補註瘟疫論四卷　(清)吳有性撰　(清)洪天錫補注　清道光二年(1822)刻本　四冊

440000－2541－0014393　33165
女科要旨四卷　(清)陳念祖撰　清光緒二十七年(1901)陳心典刻本　一冊

440000－2541－0014394　33167
達生篇二卷難產屢試神驗良方一卷吳氏解產難書一卷名醫集論一卷溫氏慎選方一卷　(清)溫葆淳輯　清刻本　二冊

440000－2541－0014395　33168
瘡瘍經驗全書十三卷　(宋)竇傑輯　清刻本　六冊

440000－2541－0014396　33169
產孕集二卷　(清)張曜孫撰　清道光二十六年(1846)刻本　一冊

440000－2541－0014397　33173
保嬰遂生編不分卷　(清)劉國翔輯　清光緒二十七年(1901)刻本　一冊

440000－2541－0014398　33174
麻疹全書不分卷　(清)湯鼎烜總纂　(清)莫善承　(清)任伯衍會纂　清光緒三十一年(1905)刻本　四冊

440000－2541－0014399　33176
麻科輯要一卷　(清)黃年輝編　清光緒二十九年(1903)黃廷敬刻本　一冊

440000－2541－0014400　33180
洞主仙師白喉治法忌表抉微一卷　(清)耐修子錄並注　清光緒十七年(1891)刻本　一冊

440000－2541－0014401　33181
痘疹心法歌訣一卷　(明)聶久吾撰　清光緒二十六年(1900)欖溪劉程萬堂廣州刻本　一冊

440000－2541－0014402　33184
應驗眼科良方一卷　(清)程玠撰　清刻本　一冊

440000－2541－0014403　33185
眼科撮要一卷　(清)沈春輝撰　清光緒十六年(1890)刻本　一冊

440000－2541－0014404　33186
增訂花柳指迷一卷　(美國)嘉約翰輯譯　(清)林應祥筆述　清光緒十五年(1889)刻本　一冊

440000－2541－0014405　33187
增訂花柳指迷一卷　(美國)嘉約翰輯譯　(清)林應祥筆述　清光緒十五年(1889)刻本　一冊

440000－2541－0014406　33188
全體通考十八卷圖二卷　(英國)德貞撰　清光緒十二年(1886)同文館鉛印本　十冊

440000－2541－0014407　33190
鼠疫及消毒法一卷　伍連德撰　(清)吳鍾瀚譯　清宣統三年(1911)上海商務印書館鉛印

本　一册

440000－2541－0014408　33192
知識五門一卷　(英國)慕維廉撰　□□譯　清光緒十三年(1887)益智書會刻本　一册

440000－2541－0014409　33193
孩童衛生編不分卷　(英國)傅蘭雅譯　清光緒十九年(1893)鉛印本　一册

440000－2541－0014410　33194
體學新編三卷　(美國)惠亨通撰　劉功宇譯　清光緒三十年(1904)鉛印本　三册

440000－2541－0014411　33195
免癆神方不分卷　謝洪賚輯　清宣統三年(1911)上海青年合會鉛印本　一册

440000－2541－0014412　33196
腎囊醫訣四卷　(英國)高令撰　(清)萬氏譯　清光緒二十九年(1903)刻本　三册

440000－2541－0014413　33197
西醫略論三卷　(英國)合信　(清)管茂材撰　清咸豐七年(1857)上海仁濟醫館刻本　一册

440000－2541－0014414　33198
婦嬰新説一卷　(英國)合信　(清)管茂材撰　清咸豐八年(1858)上海仁濟醫館刻本　一册

440000－2541－0014415　33199
臨陣傷科捷要四卷圖一卷　(英國)帕脱編　舒高第　(清)鄭昌棪譯　清光緒江南機器製造總局鉛印本　四册

440000－2541－0014416　33200
臨陣傷科捷要四卷圖一卷　(英國)帕脱編　舒高第　(清)鄭昌棪譯　清光緒江南機器製造總局鉛印本　四册

440000－2541－0014417　33201
西藥畧釋二卷　(美國)嘉約翰口譯　(清)林湘東筆述　清光緒元年(1875)羊城博濟醫局刻本　二册

440000－2541－0014418　33202
西藥畧釋二卷　(美國)嘉約翰口譯　(清)林湘東筆述　清光緒元年(1875)羊城博濟醫局刻本　一册　存一卷(一)

440000－2541－0014419　33203
婦科不分卷　(美國)湯麥斯撰　舒高第　(清)鄭昌棪譯　清光緒二十六年(1900)製造局鉛印本　五册

440000－2541－0014420　33204
神農本草經贊三卷　(清)葉志詵撰　清道光三十年(1850)粵東撫署刻本　一册　存一卷(上)

440000－2541－0014421　33205
神農本草經三卷　(三國魏)吳普等述　(清)孫星衍　(清)孫馮翼輯　清嘉慶承德孫氏刻問經堂叢書本　一册

440000－2541－0014422　33206
本草綱目五十二卷瀕湖脈學一卷奇經八脈考一卷　(明)李時珍撰　**本草萬方鍼線八卷**　(清)蔡烈先撰　清刻本　五十二册

440000－2541－0014423　33210
本草述三十二卷首一卷　(清)劉若金撰　清嘉慶十五年(1810)還讀山房刻光緒二年(1876)印本　十八册

440000－2541－0014424　33211
本草問答二卷　(清)唐宗海撰　清光緒千頃堂書局石印本　一册

440000－2541－0014425　33219
新修本草殘十一卷　(唐)李勣等撰　(日本)小島知足輯補　清光緒十五年(1889)德清傅氏日本東京刻籑喜廬叢書本(原存卷三至五、十二至十五、十七至二十)　一册

440000－2541－0014426　33220
本草綱目拾遺十卷首一卷　(清)趙學敏輯　清同治十年(1871)張應昌吉心堂刻本　八册

440000－2541－0014427　33226
一隅本草三卷　(清)孫兆蕙撰　清道光刻本　一册　存二卷(二至三)

440000－2541－0014428　33227
景岳全書發揮四卷　(清)葉桂撰　清光緒五年(1879)湖州吴氏醉六堂刻本　四册

440000－2541－0014429　33228
類證普濟本事方十卷　(宋)許叔微撰　(清)葉桂釋義　清嘉慶十九年(1814)刻本　四册

440000－2541－0014430　33236
元和紀用經一卷　(唐)王冰撰　**十藥神書一卷**　(元)葛可久撰　清刻本　一册

440000－2541－0014431　33238
雜症救急良方一卷　(□)樂田輯　清羊城守經堂刻本　一册

440000－2541－0014432　33239
生草藥性二卷　(□)□□撰　清刻本　一册　存一卷(下)

440000－2541－0014433　33240
驗方新編八卷首一卷　(清)鮑相璈輯　**咽喉秘集一卷**　(清)海山仙館輯　**痧症全書三卷**　(清)林森傳授　(清)王凱輯　清咸豐六年至同治七年(1856－1868)海山仙館刻廣州登雲閣印本　十册

440000－2541－0014434　33242
驗方擇要四卷　(清)鳳岐輯　清光緒二十四年(1898)刻本　四册

440000－2541－0014435　33243
增廣驗方新編十六卷續集五卷　(清)鮑相璈輯　(清)張紹棠增輯　清末上海錦章書局石印本　七册　存十九卷(新編二至十五、續集五卷)

440000－2541－0014436　33244
回生集二卷續集二卷　(清)陳傑編　清嘉慶十六年(1811)刻本　六册

440000－2541－0014437　33245
便元集經驗奇方不分卷　(□)劉兼撰　清嘉慶刻本　一册

440000－2541－0014438　33247
農説一卷　(明)馬一龍撰　清刻本　一册

440000－2541－0014439　33248
廣東農事試驗場第一年報告書不分卷　(清)陳望曾編　清宣統二年(1910)石印本　一册

440000－2541－0014440　33250
農學初級不分卷　(英國)旦爾恒理撰　(英國)秀耀春口譯　(清)范熙庸筆述　清光緒二十四年(1898)上海製造局刻本　一册

440000－2541－0014441　33251
農學津梁一卷　(英國)恆里湯納耳撰　(美國)衛理譯　(清)汪振聲述　清光緒二十八年(1902)江南製造局刻本　一册

440000－2541－0014442　33252
農政全書六十卷　(明)徐光啟撰　清光緒二十六年(1900)上海文海書局石印本　八册

440000－2541－0014443　33255
農政全書六十卷　(明)徐光啟撰　清宣統元年(1909)上海求學齋局石印本　八册

440000－2541－0014444　33257
欽定授時通考七十八卷　(清)鄂爾泰等撰　清道光六年(1826)刻本　二十四册

440000－2541－0014445　33259
卜歲恒言不分卷　(清)吴鵠輯　清光緒抄本　二册

440000－2541－0014446　33260
農務要書簡明目録不分卷　(英國)傅蘭雅口譯　(清)王樹善筆述　清光緒二十七年(1901)上海製造局刻本　一册

440000－2541－0014447　33261
農務土質論三卷圖説一卷　(美國)金福蘭格令希蘭撰　(美國)衛理口譯　(清)范熙庸筆述　清光緒二十六年(1900)製造局刻本　三册

440000－2541－0014448　33263
海塘輯要十卷首一卷　(英國)韋更斯撰　(英國)傅蘭雅口譯　(清)趙元益筆述　清光緒刻本　二册

440000－2541－0014449　33268

農桑衣食撮要二卷　(元)魯明善撰　清咸豐四年(1854)新昌莊氏過客軒刻長恩書室叢書本　一冊

440000－2541－0014450　33275
釋穀四卷　(清)劉寶楠撰　清光緒十四年(1888)廣雅書局刻本　一冊

440000－2541－0014451　33277
種植學二卷　(英國)傅蘭雅譯　徐華封述　**草木移植心得一卷**　薩端譯　**植物近利志一卷**　孫福保撰　**檇李屠氏藝菊法一卷**　相國治撰　清光緒石印本　一冊

440000－2541－0014452　33278
秘傳花鏡六卷花鏡圖一卷　(清)陳淏子輯　清刻本　五冊　存五卷(二至六)

440000－2541－0014453　33282
秘傳花鏡六卷花鏡圖一卷　(清)陳淏子輯　清刻本　五冊　存五卷(一至五)

440000－2541－0014454　33283
養蘭說一卷　題茗溪花叟撰　清宣統元年(1909)刻本　一冊

440000－2541－0014455　33285
藝菊瑣言一卷　(清)陳葆善撰　清光緒裒殷堂鉛印本　一冊

440000－2541－0014456　33290
竹譜節要四卷　(元)李衎撰　羅振玉節要　清光緒三十年(1904)石印本　一冊

440000－2541－0014457　33292
樟腦圖說不分卷　□□撰　清末至民國石印本　一冊

440000－2541－0014458　33296
鐫京板賈公圖像黃牛經合併大全二卷　(明)喻本元　(明)喻本亨撰　清道光元年(1821)寶翰樓刻本　一冊

440000－2541－0014459　33297
新輯纂圖元亨療馬集六卷精細相良馬圖一卷　(明)喻本元　(明)喻本亨撰　清光緒三十四年(1908)上海文海閣書局石印本　一冊　存四卷(一至四)

440000－2541－0014460　33299
育蠶製絲捷法一卷　(日本)岩田次郎口授　(清)黎炳文纂輯　清光緒三十一年(1905)保定排印局石印本　一冊

440000－2541－0014461　33300
蠶桑輯要合編一卷　(清)尹紹烈輯　清光緒二年(1876)荷池書局刻本　一冊

440000－2541－0014462　33301
柞蠶簡法補遺不分卷　(清)徐瀾撰　清宣統二年(1910)鉛印本　一冊

440000－2541－0014463　33304
蠶桑實濟六卷　(清)□□撰　清光緒四年(1878)滂喜齋刻本　一冊

440000－2541－0014464　33305
蠶桑實濟六卷　(清)□□撰　清光緒四年(1878)滂喜齋刻本　一冊

440000－2541－0014465　33306
蠶桑萃編十五卷首一卷　(清)衛杰編　清光緒二十五年(1899)刻本　八冊

440000－2541－0014466　33308
意大里蠶書不分卷　(意大利)丹吐魯撰　(英國)傅蘭雅　(英國)傅紹蘭口譯　(清)汪振聲筆述　清光緒二十四年(1898)江南製造局刻本　一冊

440000－2541－0014467　33309
海錯百一錄五卷　(清)郭柏蒼輯　清光緒十二年(1886)刻本　三冊

440000－2541－0014468　33310
學津討原二十集一百七十三種　(清)張海鵬編　清嘉慶虞山張氏照曠閣刻本　十四冊　存八種

440000－2541－0014469　33311
西藝知新初集十卷續集十三卷　(英國)諾格德撰　(英國)傅蘭雅口譯　(清)徐壽筆述　清光緒江南製造總局刻本　十五冊

440000－2541－0014470　33312

江南製造局記十卷附一卷　(清)魏允恭撰　清光緒三十一年(1905)上海文寶書局石印本　十冊

440000－2541－0014471　33313
西藝知新初集十卷續集十三卷　(英國)諾格德撰　(英國)傅蘭雅口譯　(清)徐壽筆述　清光緒江南製造總局刻本　六冊　存十卷(初集十卷)

440000－2541－0014472　33314
西藝知新初集十卷續集十三卷　(英國)諾格德撰　(英國)傅蘭雅口譯　(清)徐壽筆述　清光緒江南製造總局刻本　六冊　存十卷(初集十卷)

440000－2541－0014473　33316
開煤要法十二卷　(英國)士密德輯　(英國)傅蘭雅口譯　(清)王德均筆述　清光緒江南機器製造總局刻本　二冊

440000－2541－0014474　33317
井礦工程三卷　(英國)白爾捺輯　(英國)傅蘭雅口譯　(清)趙元益筆述　清光緒江南機器製造總局刻本　二冊

440000－2541－0014475　33318
開煤要法十二卷　(英國)士密德輯　(英國)傅蘭雅口譯　(清)王德均筆述　清光緒江南機器製造總局刻本　一冊

440000－2541－0014476　33319
開礦器法十卷圖一卷　(美國)俺特累撰　(英國)傅蘭雅口譯　(清)王樹善筆述　清光緒二十五年(1899)江南製造局石印本　六冊

440000－2541－0014477　33320
鑄錢工藝三卷附圖一卷　(英國)傅蘭雅　(清)鍾天緯譯　清光緒江南製造總局鉛印本　二冊

440000－2541－0014478　33321
製羼金法二卷　(日本)橋本奇策撰　王季點譯　清光緒二十七年(1901)上海製造局刻本　二冊

440000－2541－0014479　33322
鍊鋼要言一卷　(清)徐家寶譯　清光緒江南製造總局刻本　一冊

440000－2541－0014480　33323
冶金錄三卷　(美國)阿發滿撰　(英國)傅蘭雅口譯　(清)趙元益筆述　清光緒江南機器製造總局刻本　二冊

440000－2541－0014481　33324
礮法求新六卷　(英國)烏理治官礮局輯　舒高第　(清)鄭昌棪譯　清末鉛印本　五冊

440000－2541－0014482　33325
演礮圖說後編二卷　(清)丁拱辰輯　清咸豐元年(1851)桂林刻本　一冊

440000－2541－0014483　33326
外國師船圖表十六卷　(清)許景澄撰　清光緒十二年(1886)石印本　四冊

440000－2541－0014484　33327
克虜伯砲彈造法二卷圖一卷　(德國)軍政局撰　(美國)金楷理口譯　(清)李鳳苞筆述　清光緒江南製造總局刻本　三冊

440000－2541－0014485　33328
汽機必以十二卷首一卷附一卷　(英國)蒲而捺撰　(英國)傅蘭雅口譯　(清)徐建寅筆述　清光緒江南製造局刻本　五冊

440000－2541－0014486　33329
汽機發軔九卷　(英國)美以納　(英國)白勞那撰　(英國)偉烈口譯　(清)徐壽筆述　清光緒江南製造局刻本　四冊

440000－2541－0014487　33332
萬家密電不分卷　(清)董元度撰　清光緒二十五年(1899)南海縣署刻朱墨套印本　一冊

440000－2541－0014488　33333
煉石編三卷圖一卷　(英國)亨利黎特撰　舒高第　(清)鄭昌棪譯　清光緒三年(1877)江南機器製造總局鉛印本　二冊

440000－2541－0014489　33334
景德鎮陶錄十卷　(清)藍浦撰　(清)鄭廷桂

補輯　清嘉慶二十年(1815)翼經堂刻本　二冊

440000－2541－0014490　33335
陽羨名陶録二卷　(清)周高起撰　(清)吴騫增補　**吴禮部别集一卷**　(元)吴師道撰　**黄文獻公筆記一卷**　(元)黄溍撰　清嘉慶刻本　一冊

440000－2541－0014491　33336
製火藥法三卷　(英國)利稼孫　(英國)華得利輯　(英國)傅蘭雅口譯　(清)丁樹堂筆述　清光緒江南製造總局刻本　一冊

440000－2541－0014492　33337
製火藥法三卷　(英國)利稼孫　(英國)華得利輯　(英國)傅蘭雅口譯　(清)丁樹堂筆述　清光緒江南製造總局刻本　一冊

440000－2541－0014493　33338
士那補釋一卷　(清)張義澍撰　清光緒十八年(1892)金陵刻本　一冊

440000－2541－0014494　33341
士那補釋一卷　(清)張義澍撰　**勇盧閒詰評語一卷**　(清)周繼煦撰　清抄本　一冊

440000－2541－0014495　33345
墨法集要一卷　(明)沈繼孫撰　清刻同治十三年(1874)江西書局重修武英殿聚珍版叢書本　一冊

440000－2541－0014496　33349
論墨絶句詩一卷　(清)謝崧岱撰　清光緒十九年(1893)湘鄉謝氏犖經榭刻本　一冊

440000－2541－0014497　33350
墨表四卷　(清)萬壽祺撰　清嘉慶二十三年(1818)黄丕烈刻本　一冊

440000－2541－0014498　33361
水學圖説二卷　(英國)傅蘭雅譯　清刻本　一冊

440000－2541－0014499　33363
粤垣源源水局議一卷　(清)何獻墀等撰　清光緒八年(1882)森寶閣鉛印本　一冊

440000－2541－0014500　33366
歷代河防類要六卷　(清)徐璈輯　清道光元年(1821)刻本　二冊

440000－2541－0014501　33367
歷代河防類要六卷　(清)徐璈輯　清道光元年(1821)刻本　一冊　存三卷(一至三)

440000－2541－0014502　33369
荆州萬城隄續志十卷首一卷末一卷　(清)舒惠纂　清光緒二十年(1894)刻本　四冊

440000－2541－0014503　33370
荆州萬城隄志十卷首一卷末一卷　(清)倪文蔚纂　清光緒二年(1876)刻本　六冊

440000－2541－0014504　33371
河工策要四卷　(清)□□編　清光緒十四年(1888)上海蜚英館石印本　一冊

440000－2541－0014505　33372
畿輔水利四案四卷附録一卷　(清)潘錫恩輯　清道光刻本　四冊

440000－2541－0014506　33373
黄運河口古今圖説一卷　(清)麟慶撰　清道光二十一年(1841)麟慶雲蔭堂刻本　一冊

440000－2541－0014507　33374
淮揚水利圖説一卷淮揚治水論一卷　(清)馮道立撰　清道光十九年(1839)刻本　一冊

440000－2541－0014508　33375
淮揚水利圖説一卷淮揚治水論一卷　(清)馮道立撰　清道光十九年(1839)刻本　一冊

440000－2541－0014509　33376
淮揚水利圖説一卷淮揚治水論一卷　(清)馮道立撰　清道光十九年(1839)刻本　一冊

440000－2541－0014510　33378
續纂江蘇水利全案正編四十卷首一卷附編十二卷　(清)李慶雲纂　清光緒十五年(1889)水利工程局木活字印本　二十二冊

440000－2541－0014511　33379
續纂江蘇水利全案正編四十卷首一卷附編十二卷　(清)李慶雲纂　清光緒十五年(1889)

水利工程局木活字印本　十六冊　存四十卷(正編四十卷)

440000－2541－0014512　33381
揚州水道記四卷　(清)劉文淇撰　清道光二十五年(1845)江西撫署刻同治十一年(1872)淮南書局補刻本　四冊

440000－2541－0014513　33382
揚州水道記四卷　(清)劉文淇撰　清道光二十五年(1845)江西撫署刻同治十一年(1872)淮南書局補刻本　四冊

440000－2541－0014514　33384
鐵路紀要三卷　(美國)柯理輯　(清)潘松譯　清光緒江南機器製造總局刻本　一冊

440000－2541－0014515　33385
鐵路彙考十二卷　(美國)柯理輯　(英國)傅蘭雅口譯　(清)潘松筆述　清光緒二十五年(1899)江南機器製造總局刻本　二冊

440000－2541－0014516　33386
居濟一得八卷　(清)張伯行撰　(清)張師戴輯　清嘉慶二十一年(1816)刻本　四冊

440000－2541－0014517　33387
江蘇海塘新志八卷　(清)李慶雲等纂　清光緒十六年(1890)刻本　四冊

440000－2541－0014518　33388
航海簡法四卷　(英國)那麗撰　(美國)金楷理口譯　(清)王德均筆述　清光緒三十一年(1905)上海江南機器製造局刻本　二冊

440000－2541－0014519　33389
船塢論略一卷　(英國)傅蘭雅輯譯　(清)鍾天緯述　清江南製造總局鉛印本　一冊

440000－2541－0014520　33390
航海章程一卷航海章程初議紀錄一卷　(美國)弗蘭克林纂　(清)鳳儀口譯　(清)徐家寶筆述　清光緒江南機器製造總局刻本　一冊

440000－2541－0014521　33391
續海塘新志四卷　(清)王德寬輯　清自刻本　四冊

440000－2541－0014522　33403
東塾讀書記二十五卷　(清)陳澧撰　清光緒刻本(卷十四、十七至二十、二十二至二十五未刻)　四冊

440000－2541－0014523　33405
東塾讀書記二十五卷　(清)陳澧撰　清光緒刻本(卷十四、十七至二十、二十二至二十五未刻)　四冊

440000－2541－0014524　33406
疑雨集四卷　(明)王彥泓撰　清宣統三年(1911)上海掃葉山房石印本　一冊

440000－2541－0014525　33409
春秋決事比一卷　(清)龔自珍撰　清光緒二十三年(1897)廣州崇蘭仙館刻本　一冊

440000－2541－0014526　33413
疑雨集四卷　(明)王彥泓撰　清光緒三十一年(1905)長沙葉氏郎園刻觀古堂彙刻書本　二冊

440000－2541－0014527　33416
周易略例一卷　(三國魏)王弼撰　**古三墳一卷**　(晉)阮咸注　**汲冢周書十卷**　(晉)孔晁注　清練江汪氏述古山莊刻本　二冊

440000－2541－0014528　33417
古詩源十四卷　(清)沈德潛輯　清刻本　五冊

440000－2541－0014529　33418
宋詩別裁八卷　(清)沈德潛輯　清刻本　三冊　存六卷(一至二、五至八)

440000－2541－0014530　33420
應試排律選不分卷　(清)張子容等撰　清抄本　一冊

440000－2541－0014531　33423
武林掌故叢編二十六集一百八十七種附五種　(清)丁丙編　清光緒錢塘丁氏嘉惠堂刻本　一冊　存五種

440000－2541－0014532　33433

靈鶼閣叢書六集五十六種附一種　(清)江標編　清光緒元和江氏湖南使院刻本　四十八册

440000－2541－0014533　33438
嘯園叢書六函六十種　(清)葛元煦編　清光緒二年至七年(1876－1881)仁和葛氏刻本　四十六册

440000－2541－0014534　33440
玉簡齋叢書二集二十二種　羅振玉編　清宣統二年(1910)上虞羅氏刻本　八册　存十種

440000－2541－0014535　33441
小石山房叢書三十八種　(清)顧湘編　清同治十三年(1874)虞山顧氏刻本　二十册

440000－2541－0014536　33445
珠叢別録二十八種　(清)錢熙祚編　清道光金山錢氏刻本　十五册　存二十七種

440000－2541－0014537　33447
前漢書一百卷　(漢)班固撰　(唐)顔師古注　清光緒十三年(1887)金陵書局刻本　二十四册

440000－2541－0014538　33448
廿一史四譜五十四卷　(清)沈炳震編　清同治十年(1871)武林吳氏清來堂刻本　十六册

440000－2541－0014539　33449
廿一史四譜五十四卷　(清)沈炳震編　清同治十年(1871)武林吳氏清來堂刻本　十二册

440000－2541－0014540　33451
廿二史劄記三十六卷補遺一卷　(清)趙翼撰　清光緒二十年(1894)廣雅書局刻本　九册　存三十三卷(一至二十四、二十八至三十六)

440000－2541－0014541　33452
歷代帝王年表十四卷　(清)齊召南撰　(清)阮福續編　**帝王廟謚年諱譜一卷**　(清)陸費墀撰　(清)阮福續撰　清道光四年(1824)儀徵阮氏小琅嬛僊館刻文選樓叢書本　三册

440000－2541－0014542　33453
左傳經世鈔二十三卷　(清)魏禧評點　清刻本　十册

440000－2541－0014543　33454
左傳經世鈔二十三卷　(清)魏禧評點　清刻本　九册　存二十一卷(一至十四、十七至二十三)

440000－2541－0014544　33457
國策評林十八卷　(清)張星徽評　清廣州拾芥園刻本　八册

440000－2541－0014545　33458
歷代史表五十九卷　(清)萬斯同撰　清光緒十五年(1889)廣雅書局刻本　六册

440000－2541－0014546　33460
廣東財政説明書十六卷　(清)廣東清理財政局編訂　清宣統二年(1910)鉛印民國十七年(1928)重印本　十六册

440000－2541－0014547　33461
廣東財政説明書十六卷　(清)廣東清理財政局編訂　清宣統二年(1910)鉛印民國十七年(1928)重印本　八册　存八卷(九至十六)

440000－2541－0014548　33462
廣東財政説明書十六卷　(清)廣東清理財政局編訂　清宣統二年(1910)鉛印民國十七年(1928)重印本　十六册

440000－2541－0014549　33463
廣東財政説明書十六卷　(清)廣東清理財政局編訂　清宣統二年(1910)鉛印民國十七年(1928)重印本　十六册

440000－2541－0014550　33464
史記志疑三十六卷附録三卷　(清)梁玉繩撰　清光緒十三年(1887)廣雅書局刻本　十四册

440000－2541－0014551　33465
水師章程十四卷續編六卷　(英國)水師兵部輯　(美國)林樂知口譯　(清)鄭昌棪筆述　清光緒江南製造總局刻本　十五册　存十九

卷(水師章程十四卷、續編二至六)

440000－2541－0014552　33466
水師章程續編六卷　(英國)水師兵部輯　(美國)林樂知口譯　(清)鄭昌棪筆述　清光緒江南製造總局刻本　四冊

440000－2541－0014553　33467
海道圖說十五卷　(英國)金約翰輯　(英國)傅蘭雅口譯　(清)王德均筆述　清光緒江南製造總局刻本　八冊　存十二卷(一至五、七至十、十三至十五)

440000－2541－0014554　33468
海道圖說十五卷　(英國)金約翰輯　(英國)傅蘭雅口譯　(清)王德均筆述　**長江圖說一卷**　(英國)金約翰輯　(美國)金楷理口譯　(清)王德均筆述　清光緒江南製造總局刻本　十冊

440000－2541－0014555　33469
國語二十一卷　(三國吳)韋昭解　**國語明道本攷異四卷**　(清)汪遠孫撰　**校刊明道本韋氏解國語札記一卷**　(清)黃丕烈撰　清同治八年(1869)湖北崇文書局刻本　四冊

440000－2541－0014556　33470
東粵藩儲攷十二卷　(清)高崇基等編　清光緒木活字印本　十二冊

440000－2541－0014557　33472
隸辨八卷　(清)顧藹吉撰　清同治十二年(1873)刻本　八冊

440000－2541－0014558　33473
通鑑紀事本末二百三十九卷　(宋)袁樞撰　(明)張溥論正　清光緒十三年(1887)廣雅書局刻紀事本末彙刻本　十六冊　存八十九卷(十四至一百二)

440000－2541－0014559　33474
通鑑紀事本末二百三十九卷　(宋)袁樞撰　(明)張溥論正　清光緒十三年(1887)廣雅書局刻紀事本末彙刻本　四十八冊

440000－2541－0014560　33475
通鑑紀事本末二百三十九卷　(宋)袁樞撰　(明)張溥論正　清光緒十三年(1887)廣雅書局刻紀事本末彙刻本　四十八冊

440000－2541－0014561　33476
通鑑紀事本末二百三十九卷　(宋)袁樞撰　(明)張溥論正　清光緒十三年(1887)廣雅書局刻紀事本末彙刻本　三十七冊　存一百八十四卷(一至一百二、一百三十六至二百十七)

440000－2541－0014562　33477
通鑑紀事本末二百三十九卷　(宋)袁樞撰　(明)張溥論正　清光緒十三年(1887)廣雅書局刻紀事本末彙刻本　四十八冊

440000－2541－0014563　33478
歷代通鑑纂要九十二卷　(明)李東陽撰　清光緒二十三年(1897)廣雅書局刻本　四十冊　存七十二卷(一至七十二)

440000－2541－0014564　33479
歷代通鑑纂要九十二卷　(明)李東陽撰　清光緒二十三年(1897)廣雅書局刻本　四十八冊

440000－2541－0014565　33483
續資治通鑑二百二十卷　(清)畢沅撰　清乾隆至嘉慶鎮洋畢氏刻嘉慶六年(1801)桐鄉馮集梧補刻同治八年(1869)江蘇書局重修本　二十六冊　存九十七卷(一至十五、二十一至二十五、四十三至九十七、一百十九至一百四十)

440000－2541－0014566　33485
資治通鑑二百九十四卷目錄三十卷　(宋)司馬光撰　(元)胡三省音注　**續二百二十卷**　(清)畢沅撰　清光緒二十八年(1902)上海圖書集成印書局鉛印本　七十一冊　存五百三十七卷(資治通鑑二百九十四卷、目錄三十卷、續一至二百十三)

440000－2541－0014567　33486
資治通鑑補二百九十四卷　(宋)司馬光撰　(元)胡三省音注　(明)嚴衍補　清光緒二年

(1876)武進盛氏思補樓木活字印本　六十冊　存二百十八卷(一至一百四十四、二百二十一至二百九十四)

440000－2541－0014568　33487
資治通鑑補二百九十四卷　(宋)司馬光撰　(元)胡三省音注　(明)嚴衍補　清光緒二年(1876)武進盛氏思補樓木活字印本　六十三冊　存二百三十卷(一至六十七、八十八至九十五、一百四十至二百九十四)

440000－2541－0014569　33488
資治通鑑二百九十四卷　(宋)司馬光撰　(元)胡三省音注　**釋文辯誤十二卷**　(元)胡三省撰　清嘉慶二十一年(1816)鄱陽胡氏刻同治八年(1869)江蘇書局重修資治通鑑彙刻本　八十五冊　存二百八十七卷(七至一百九十、一百九十二至二百九十四)

440000－2541－0014570　33489
新譯日本法規大全不分卷　(清)劉崇傑譯　**日本法規解字一卷**　錢恂　董鴻禕輯　清光緒三十三年(1907)上海商務印書館鉛印本　八十冊　存二十三類(三至二十五)

440000－2541－0014571　33490
新譯日本法規大全不分卷　(清)劉崇傑譯　**日本法規解字一卷**　錢恂　董鴻禕輯　清光緒三十三年(1907)上海商務印書館鉛印本　三十六冊　存十六類(一至三、八至二十)

440000－2541－0014572　33493
皇朝藩部要略十八卷世系表四卷　(清)祁韻士纂　(清)毛嶽生編　清光緒十年(1884)浙江書局刻本　八冊

440000－2541－0014573　33494
皇朝藩部要略十八卷世系表四卷　(清)祁韻士纂　(清)毛嶽生編　清光緒十年(1884)浙江書局刻本　八冊

440000－2541－0014574　33497
全蜀藝文志六十四卷　(明)楊慎輯　清光緒十五年(1889)雨餘山房刻本　十二冊

440000－2541－0014575　33503
朔方備乘六十八卷首十二卷　(清)何秋濤撰　清光緒石印本　七冊　存七十九卷(一至六十七、首十二卷)

440000－2541－0014576　33504
朔方備乘六十八卷首十二卷　(清)何秋濤撰　清光緒石印本　七冊　存五十八卷(一至十二、二十三至六十八)

440000－2541－0014577　33505
朔方備乘六十八卷首十二卷　(清)何秋濤撰　清光緒石印本　八冊

440000－2541－0014578　33506
朔方備乘六十八卷首十二卷　(清)何秋濤撰　清光緒石印本　七冊　存五十九卷(一至三十四、四十四至六十八)

440000－2541－0014579　33507
朔方備乘六十八卷首十二卷　(清)何秋濤撰　清光緒石印本　七冊　存七十卷(一至十二、二十三至六十八,首十二卷)

440000－2541－0014580　33508
學海堂集十六卷　(清)阮元輯　**二集二十二卷**　(清)吳蘭修輯　**三集二十四卷**　(清)張維屏輯　**四集二十八卷**　(清)金錫齡輯　清道光五年至光緒十二年(1825－1886)啟秀山房刻本　四十冊

440000－2541－0014581　33509
學海堂集十六卷　(清)阮元輯　**二集二十二卷**　(清)吳蘭修輯　**三集二十四卷**　(清)張維屏輯　**四集二十八卷**　(清)金錫齡輯　清道光五年至光緒十二年(1825－1886)啟秀山房刻本　三十九冊　存八十八卷(學海堂集一至六、九至十六,二集二十二卷,三集二十四卷,四集二十八卷)

440000－2541－0014582　33510
學海堂集十六卷　(清)阮元輯　**二集二十二卷**　(清)吳蘭修輯　**三集二十四卷**　(清)張維屏輯　**四集二十八卷**　(清)金錫齡輯　清道光五年至光緒十二年(1825－1886)啟秀山房刻本　三十九冊　存八十一卷(學海堂集

十六卷，二集一至十二、十六，三集二十四卷，四集二十八卷）

440000－2541－0014583　33511
學海堂集十六卷　（清）阮元輯　**二集二十二卷**　（清）吳蘭修輯　**三集二十四卷**　（清）張維屏輯　**四集二十八卷**　（清）金錫齡輯　清道光五年至光緒十二年（1825－1886）啟秀山房刻本　三十五册　存八十二卷（學海堂集十六卷，二集二十二卷，三集二十四卷，四集一至十七、二十二、二十五至二十六）

440000－2541－0014584　33512
學海堂集十六卷　（清）阮元輯　**二集二十二卷**　（清）吳蘭修輯　**三集二十四卷**　（清）張維屏輯　**四集二十八卷**　（清）金錫齡輯　清道光五年至光緒十二年（1825－1886）啟秀山房刻本　三十九册　存八十七卷（學海堂集四至十六、二集二十二卷、三集二十四卷、四集二十八卷）

440000－2541－0014585　33513
學海堂集十六卷　（清）阮元輯　**二集二十二卷**　（清）吳蘭修輯　**三集二十四卷**　（清）張維屏輯　**四集二十八卷**　（清）金錫齡輯　清道光五年至光緒十二年（1825－1886）啟秀山房刻本　三十四册　存七十三卷（學海堂集一至十五，二集一至三、六至二十二，三集一至三、七至二十四，四集一至五、十二至十五、十八至二十五）

440000－2541－0014586　33514
學海堂集十六卷　（清）阮元輯　**二集二十二卷**　（清）吳蘭修輯　**三集二十四卷**　（清）張維屏輯　**四集二十八卷**　（清）金錫齡輯　清道光五年至光緒十二年（1825－1886）啟秀山房刻本　四十册

440000－2541－0014587　33517
玉函山房輯佚書三編五百七十三種補遺二編二十種附一種　（清）馬國翰編　清光緒九年（1883）長沙嫏嬛館刻本　九十九册

440000－2541－0014588　33518
玉函山房輯佚書三編五百七十三種補遺二編二十種附一種　（清）馬國翰編　清同治十年（1871）濟南皇華館書局刻本　二十四册　存六十一種

440000－2541－0014589　33519
揅經室一集十四卷二集八卷三集五卷四集二卷四集詩十一卷外集五卷續集十一卷再續集六卷　（清）阮元撰　清末刻本　二十三册　存六十一卷（一集十四卷，二集八卷，三集五卷，四集二卷，四集詩十一卷，外集五卷，續集一、三至十一，再續集六卷）

440000－2541－0014590　33520
揅經室一集十四卷二集八卷三集五卷四集二卷四集詩十一卷外集五卷續集十一卷再續集六卷　（清）阮元撰　清末刻本　十四册　存五十六卷（一集十四卷、二集一至二、三集五卷、四集二卷、四集詩十一卷、外集五卷、續集十一卷、再續集六卷）

440000－2541－0014591　33522
甌北全集七種　（清）趙翼撰　清乾隆五十五年至嘉慶十七年（1790－1812）陽湖趙氏湛貽堂刻本　三十九册

440000－2541－0014592　33524
四庫全書總目二百卷　（清）紀昀等纂　清同治七年（1868）廣東書局刻本　九十一册　存一百五十五卷（七至三十六、三十八至五十、五十三至五十四、六十一至一百六、一百十至一百四十、一百五十九至一百六十三、一百六十六至一百六十九、一百七十七至二百）

440000－2541－0014593　33525
四庫全書總目二百卷　（清）紀昀等纂　清同治七年（1868）廣東書局刻本　二十九册　存四十八卷（一至三十、三十三至五十）

440000－2541－0014594　33526
隸篇十五卷續十五卷再續十五卷　（清）翟云昇撰　清道光十七年至二十四年（1837－1844）翟云昇五經歲徧齋刻本　十册

440000－2541－0014595　33528
道古堂文集四十八卷詩集二十六卷集外文一

卷集外詩一卷軼事一卷　(清)杭世駿撰　清乾隆四十年至四十一年(1775－1776)刻光緒十四年(1888)錢塘汪氏振綺堂補刻本　十六冊

440000－2541－0014596　33529

道古堂文集四十八卷詩集二十六卷集外文一卷集外詩一卷軼事一卷　(清)杭世駿撰　清乾隆四十年至四十一年(1775－1776)刻光緒十四年(1888)錢塘汪氏振綺堂補刻本　二十四冊

440000－2541－0014597　33530

二十二子　(清)浙江書局編　清光緒浙江書局刻本　八十冊

440000－2541－0014598　33532

震川先生集三十卷別集十卷　(明)歸有光撰　清光緒六年(1880)常熟歸氏刻本　十五冊

440000－2541－0014599　33533

湖海文傳七十五卷　(清)王昶輯　清道光十七年(1837)青浦王氏經訓堂刻同治五年(1866)印本　十二冊

440000－2541－0014600　33534

霜紅龕集四十卷附錄三卷　(清)傅山撰　**傅青主先生年譜一卷**　(清)丁寶銓撰　清宣統三年(1911)山陽丁氏刻本　十二冊

440000－2541－0014601　33535

海日堂集詩五卷文二卷詩集補遺一卷　(清)程可則撰　清道光五年(1825)南海程氏刻本　四冊　存七卷(詩五卷、文二卷)

440000－2541－0014602　33536

宋元學案一百卷首一卷　(清)黃宗羲撰　(清)黃百家纂輯　(清)全祖望修定　清光緒五年(1879)長沙寄廬刻本　二十冊　存五十八卷(一至六、四十至五十八、六十五至六十六、六十八至九十八)

440000－2541－0014603　33537

二十四史　(清)□□編　清同治嶺南葄古堂刻本　八百五十冊

440000－2541－0014604　33538

九通　(清)□□編　清光緒浙江書局刻本　一千冊

440000－2541－0014605　33541

船山遺書六十六種附二種　(清)王夫之撰　清同治四年(1865)湘鄉曾氏金陵節署刻本　一百冊　存五十六種

440000－2541－0014606　33542

船山遺書六十六種附二種　(清)王夫之撰　清同治四年(1865)湘鄉曾氏金陵節署刻本　九十五冊　存五十二種

440000－2541－0014607　33544

海源閣叢書六種　(清)楊以增編　清咸豐聊城楊氏海源閣刻本　八冊　存三種

440000－2541－0014608　33545

日知錄集釋三十二卷　(清)顧炎武撰　(清)黃汝成集釋　**刊誤二卷續刊誤二卷**　(清)黃汝成撰　清同治八年(1869)廣州述古堂刻本　十六冊

440000－2541－0014609　33546

日知錄集釋三十二卷　(清)顧炎武撰　(清)黃汝成集釋　**刊誤二卷續刊誤二卷**　(清)黃汝成撰　清同治八年(1869)廣州述古堂刻本　十六冊

440000－2541－0014610　33547

鶴山文鈔三十二卷周禮折衷四卷師友雅言一卷　(宋)魏了翁撰　清同治十三年(1874)吳棠望三益齋刻本　九冊　存二十九卷(文鈔三至十二、十七至三十二,周禮折衷一至三)

440000－2541－0014611　33548

二十四史　(清)□□編　清同治至光緒五省官書局刻光緒五年(1879)湖北書局彙印本　二百十九冊　存十種

440000－2541－0014612　33556

經典釋文三十卷　(唐)陸德明撰　**考證三十卷**　(清)盧文弨撰　清同治十年(1871)廣州刻本　六冊　存二十八卷(釋文一至十四、考證一至十四)

440000－2541－0014613　33557

經典釋文三十卷　(唐)陸德明撰　**考證三十卷**　(清)盧文弨撰　清同治十年(1871)廣州刻本　十二册

440000－2541－0014614　33560

漢書注校補五十六卷　(清)周壽昌撰　清光緒十七年(1891)廣雅書局刻本　六册　存二十四卷(二十三至四十六)

440000－2541－0014615　33562

洋防輯要二十四卷　(清)嚴如熤輯　清光緒刻本　十四册

440000－2541－0014616　33565

宋史紀事本末一百九卷　(明)馮琦撰　(明)陳邦瞻增訂　(明)張溥論正　清光緒十三年(1887)廣雅書局刻紀事本末彙刻本　十六册

440000－2541－0014617　33566

東華錄一百九十四卷續錄三百三十卷　王先謙編　清刻本　一百二十册

440000－2541－0014618　33567

東華全錄四百二十四卷　王先謙撰　**[咸豐]東華續錄六十九卷**　(清)潘頤福編　清光緒十三年(1887)刻本　一百二十册　存四百十七卷(全錄天命一至四,天聰一至六,順治一至三、十二至十七、二十六至三十六,康熙一至八、十五至三十二、三十九至一百十,雍正一至五、八至二十六,乾隆一至一百六,嘉慶一至五十,道光一至六十;續錄咸豐一至四、十三至十四、十七至二十、二十三至二十五、三十四至六十九)

440000－2541－0014619　33568

兩廣鹽法志三十五卷首一卷　(清)阮元等修　(清)伍長華等纂　清同治刻本　二十册

440000－2541－0014620　33569

兩廣鹽法志三十五卷首一卷　(清)阮元等修　(清)伍長華等纂　清道光十六年(1836)刻本　十六册　存十八卷(六、十五、十七至三十二)

440000－2541－0014621　33570

兩廣鹽法志三十五卷首一卷　(清)阮元等修　(清)伍長華等纂　清道光十六年(1836)刻本　二册　存四卷(三十二至三十五)

440000－2541－0014622　33574

左通補釋三十二卷　(清)梁履繩撰　清道光九年(1829)錢塘汪氏振綺堂刻本　八册

440000－2541－0014623　33576

尚書集注述疏三十二卷首一卷末二卷　簡朝亮撰　**讀書堂答問一卷**　張子沂輯　清光緒三十三年(1907)廣東簡氏刻讀書堂叢書本　十三册　存三十三卷(一至二、四至三十二,首一卷,末一)

440000－2541－0014624　33577

尚書集注述疏三十二卷首一卷末二卷　簡朝亮撰　**讀書堂答問一卷**　張子沂輯　清光緒三十三年(1907)廣東簡氏刻讀書堂叢書本　十八册

440000－2541－0014625　33578

楊子書繹六卷　(明)楊文彩撰　清光緒二年(1876)仁和韓懿章堂刻本　六册　存五卷(一至五)

440000－2541－0014626　33580

周禮正義八十六卷　(清)孫詒讓撰　清光緒三十三年(1907)鉛印本　十二册

440000－2541－0014627　33588

晉略六十六卷　(清)周濟撰　清光緒二年至三年(1876－1877)荆溪周氏味雋齋刻本　十册

440000－2541－0014628　33589

十七史商榷一百卷　(清)王鳴盛撰　清光緒十九年(1893)廣雅書局刻本　十三册

440000－2541－0014629　33593

九通　(清)□□編　清光緒二十七年(1901)上海圖書集成局鉛印本　二百八十四册　存二千二百十八卷(通典十三至一百八十四,續通典一百五十卷,皇朝通典一百卷,通志一至一百九十,續通志六百四十卷,皇朝通志一百二十六卷,文獻通考五至十一、二十至二十

七、四十至三百二十三,續文獻通考二百五十卷,皇朝文獻通考一至二百二十九、二百三十九至三百)

440000－2541－0014630　33594

九通　(清)□□編　清光緒二十七年(1901)上海圖書集成書局鉛印本　二百八十二冊　存二千一百八十七卷(通典六十六至一百九十三,續通典一百五十卷,皇朝通典一百卷,通志一至六、十至十四、十六至二十四、三十一至二百,續通志六百四十卷,皇朝通志一百二十六卷,文獻通考五至十九、三十四至一百十九、一百二十八至一百五十六、一百六十五至二百十、二百二十五至二百八十四、二百九十五至三百四十八、考證三卷,續文獻通考二百五十卷,皇朝文獻通考三百卷)

440000－2541－0014631　33595

九通　(清)□□編　清光緒二十七年(1901)上海圖書集成書局鉛印本　二百二十冊　存一千六百三十八卷(通志一至四、十至三十七、四十四至六十二、七十八至八十七、九十四至二百,考證三卷;續通志一至七十、八十一至一百九、一百十九至一百五十一、一百七十四至四百六十六、四百八十五至六百四十;皇朝通志十一至一百十四;續通典一百五十卷;皇朝通典一至七十九、八十五至一百;續文獻通考一至六、十二至二百五十;皇朝文獻通考一至二百六十八、二百七十七至三百)

440000－2541－0014632　33596

九通全書附欽定三通考證　(清)□□編　清光緒二十八年(1902)貫吾齋石印本　一百二十四冊　存二千二百五十七卷(通典二百卷、續通典一百五十卷、皇朝通典一百卷、通志二百卷、續通志六百四十卷、皇朝通志一百二十六卷、文獻通考一至二百九十一、續文獻通考二百五十卷、皇朝文獻通考三百卷)

440000－2541－0014633　33597

全上古三代秦漢三國六朝文七百四十六卷

(清)嚴可均輯　清光緒十三年至十九年(1887－1893)廣雅書局刻本　一百冊

440000－2541－0014634　33598

全上古三代秦漢三國六朝文七百四十六卷

(清)嚴可均輯　清光緒十三年至十九年(1887－1893)廣雅書局刻本　九十五冊　存七百一卷(全上古三代文十六卷,全秦文一卷,全漢文六十二卷,全後漢文一至三十九、四十八至八十九、九十九至一百六,全三國文七十五卷,全晉文一百六十七卷,全宋文六十四卷,全齊文二十六卷,全梁文七十四卷,全陳文十八卷,全後魏文六十卷,全北齊文十卷,全後周文二十四卷,全隋文一至十五)

440000－2541－0014635　33599

全上古三代秦漢三國六朝文七百四十六卷

(清)嚴可均輯　清光緒十三年至十九年(1887－1893)廣雅書局刻本　九十七冊　存七百十卷(全上古三代文十六卷、全秦文一卷、全漢文六十二卷、全後漢文十七至一百六、全三國文七十五卷、全晉文一百六十七卷、全宋文六十四卷、全齊文二十六卷、全梁文八至七十四、全陳文十八卷、全後魏文八至六十、全北齊文十卷、全後周文二十四卷、全隋文三十六卷、全先唐文一卷)

440000－2541－0014636　33600

全上古三代秦漢三國六朝文七百四十六卷

(清)嚴可均輯　清光緒十三年至十九年(1887－1893)廣雅書局刻本　九十九冊　存七百三十四卷(全上古三代文十卷、全秦文一卷、全漢文十八至六十三、全後漢文一至一百六、全三國文一至七十五、全晉文一至一百六十七、全宋文一至六十四、全齊文一至二十六、全梁文一至七十四、全陳文一至十八、全後魏文一至六十、全北齊文一至十、全後周文一至二十四、全隋文一至三十六、全先唐文一卷)

440000－2541－0014637　33601

全上古三代秦漢三國六朝文七百四十六卷

(清)嚴可均輯　清刻本　五十八冊　存四百六卷(全三國文七十五卷、全晉文一百六十七卷、全宋文六十四卷、全齊文二十六卷、全梁文七十四卷)

440000－2541－0014638　33603

說文解字十五卷　(漢)許慎撰　(宋)徐鉉校　**說文校字記一卷**　(清)陳昌治撰　**說文通檢十四卷首一卷末一卷**　(清)黎永椿輯　清光緒粵東刻席氏掃葉山房印本　十二册

440000－2541－0014639　33604

說文通訓定聲十八卷分部檢韻一卷說雅一卷古今韻準一卷　(清)朱駿聲撰　清道光二十八年(1848)刻同治九年(1870)朱孔彰補刻本　十六册　存十五卷(二至七、九、十一、十三至十八,分部檢韻一卷)

440000－2541－0014640　33605

說文解字句讀三十卷　(清)王筠撰　清光緒八年(1882)餘姚朱逌然四川刻本　十四册

440000－2541－0014641　33606

文選六十卷　(南朝梁)蕭統輯　(唐)李善注　**考異十卷**　(清)胡克家撰　清同治八年(1869)潯陽萬本儀廣州刻本　二十四册

440000－2541－0014642　33607

文選六十卷　(南朝梁)蕭統輯　(唐)李善注　**考異十卷**　(清)胡克家撰　清同治八年(1869)潯陽萬本儀廣州刻本　二十四册

440000－2541－0014643　33608

文選六十卷　(南朝梁)蕭統輯　(唐)李善注　**考異十卷**　(清)胡克家撰　清同治八年(1869)潯陽萬本儀廣州刻本　二十四册

440000－2541－0014644　33609

文選六十卷　(南朝梁)蕭統輯　(唐)李善注　**考異十卷**　(清)胡克家撰　清同治八年(1869)潯陽萬本儀廣州刻本　十七册　存四十九卷(十二至二十三、三十至六十,考異一至四、九至十)

440000－2541－0014645　33610

文選六十卷　(南朝梁)蕭統輯　(唐)李善注　**考異十卷**　(清)胡克家撰　清同治八年(1869)潯陽萬本儀廣州刻本　十五册　存四十五卷(三至五、十二至二十、二十四至二十九、三十至三十一、三十三至四十一、四十八至五十七,考異五至十)

440000－2541－0014646　33611

文選六十卷　(南朝梁)蕭統輯　(唐)李善注　**考異十卷**　(清)胡克家撰　清同治八年(1869)潯陽萬本儀廣州刻本　十八册　存五十六卷(一至五、八至五十八)

440000－2541－0014647　33612

文選六十卷　(南朝梁)蕭統輯　(唐)李善注　(清)何焯評　清刻朱墨套印本　十二册

440000－2541－0014648　33613

文選六十卷　(南朝梁)蕭統輯　(唐)李善注　(清)何焯評　清刻朱墨套印本　十三册

440000－2541－0014649　33614

文選六十卷　(南朝梁)蕭統輯　(唐)李善注　清羊城翰墨園刻本　十一册

440000－2541－0014650　33615

文選六十卷　(南朝梁)蕭統輯　(唐)李善注　(清)何焯評　清刻朱墨套印本　十册　存五十一卷(一至二十、三十至六十)

440000－2541－0014651　33616

金文最一百二十卷首一卷　(清)張金吾輯　清光緒八年(1882)南海伍氏粵雅堂刻本　三十六册

440000－2541－0014652　33617

金文最一百二十卷首一卷　(清)張金吾輯　清光緒八年(1882)南海伍氏粵雅堂刻本　三十册

440000－2541－0014653　33618

金文最一百二十卷首一卷　(清)張金吾輯　清光緒八年(1882)南海伍氏粵雅堂刻本　二十四册

440000－2541－0014654　33623

隸韻十卷　(宋)劉球撰　**隸韻攷證二卷**　(清)翁方綱撰　**碑目一卷考證一卷**　(清)秦恩復撰　清嘉慶十五年(1810)刻本　十二册

440000－2541－0014655　33641

蘇盦文錄二卷駢文錄五卷詩錄八卷詞錄一卷

（清）楊葆光撰　清光緒九年（1883）杭州自刻本　四冊　存十三卷（文錄二卷、駢文錄五卷、詩錄一至六）

440000－2541－0014656　33642
邱海二公合集十六卷首一卷　（清）焦映漢等編　清同治十年（1871）邱氏可繼堂刻本　九冊

440000－2541－0014657　33643
詞律二十卷　（清）萬樹輯　**校勘記二十卷**（清）杜文瀾撰　**拾遺八卷**　（清）徐本立輯　**補遺一卷**　（清）杜文瀾輯　清同治十二年至光緒二年（1873－1876）吳下刻本　十三冊

440000－2541－0014658　33646
庾子山集十六卷總釋一卷　（北周）庾信撰（清）倪璠注　清光緒二十年（1894）儒雅堂刻本　二冊　存二卷（一至二）

440000－2541－0014659　33647
庾子山集十六卷總釋一卷　（北周）庾信撰（清）倪璠注　**年譜一卷庾氏世系圖一卷**（清）倪璠輯　清光緒二十年（1894）儒雅堂刻本　五冊　存十四卷（一至十四）

440000－2541－0014660　33648
歐陽文忠公全集一百五十三卷附錄五卷（宋）歐陽修撰　**年譜一卷**　（宋）胡柯撰　清嘉慶二十四年（1819）歐陽衡刻友善書屋印本　二十一冊

440000－2541－0014661　33649
歐陽文忠公全集一百五十三卷附錄五卷（宋）歐陽修撰　**年譜一卷**　（宋）胡柯撰　清嘉慶二十四年（1819）歐陽衡刻友善書屋印本　二十一冊

440000－2541－0014662　33651
說文解字義證五十卷　（清）桂馥撰　清同治九年（1870）湖北崇文書局刻本　三十二冊

440000－2541－0014663　33655
說文解字義證五十卷　（清）桂馥撰　清同治九年（1870）湖北崇文書局刻本　三十二冊

440000－2541－0014664　33659
二十四史　（清）□□編　清光緒十四年（1888）上海圖書集成印書局鉛印本　三百三十四冊

440000－2541－0014665　33662
吳學士文集四卷詩集五卷　（清）吳鼒撰（清）梁肇煌　（清）薛時雨輯　清光緒八年（1882）梁肇煌江寧藩署刻本　五冊　存八卷（文集一至三、詩集五卷）

440000－2541－0014666　33664
羅文恪公遺集一卷謝恩摺一卷奏疏二卷試律一卷　（清）羅惇衍撰　清光緒刻本　四冊存四卷（遺集一卷、謝恩摺一卷、奏疏上、試律一卷）

440000－2541－0014667　33666
佩文詩韻釋要五卷　（清）周兆基撰　（清）朱蘭輯　清光緒十八年（1892）徐琪廣東學院刻本　一冊

440000－2541－0014668　33667
佩文詩韻釋要五卷　（清）周兆基撰　（清）朱蘭輯　清光緒十八年（1892）徐琪廣東學院刻本　一冊

440000－2541－0014669　33668
倚晴樓詩集十二卷　（清）黃燮清撰　清咸豐七年（1857）海鹽黃氏拙宜園刻本　二冊

440000－2541－0014670　33669
太師誠意伯劉文成公集二十卷首一卷　（明）劉基撰　清光緒二十六年（1900）浙江書局刻民國五年（1916）印本　十冊

440000－2541－0014671　33670
音韻闡微十八卷韻譜一卷　（清）李光地等撰　清光緒七年（1881）淮南書局刻本　五冊

440000－2541－0014672　33671
南宋文範七十卷外編四卷作者考二卷　（清）莊仲方輯　清光緒十四年（1888）江蘇書局刻本　十六冊

440000－2541－0014673　33672

南豐先生元豐類稿五十卷　(宋)曾鞏撰　**集外文二卷**　(宋)曾鞏撰　(清)顧崧齡輯　**續附南豐先生行狀碑誌哀挽一卷**　(宋)曾肇等撰　清光緒刻本　四冊　存十三卷(一至九、五十,集外文二卷,續附南豐先生行狀碑誌哀挽一卷)

440000－2541－0014674　33673
子書百家一百一種　(清)崇文書局編　清光緒元年(1875)湖北崇文書局刻本　三十三冊　存四十八種

440000－2541－0014675　33675
子書百家一百一種　(清)崇文書局編　清光緒元年(1875)湖北崇文書局刻本　一百八冊　存九十九種

440000－2541－0014676　33676
武林掌故叢編二十六集一百八十七種附五種　(清)丁丙編　清光緒錢塘丁氏嘉惠堂刻本　八冊　存第十集七種

440000－2541－0014677　33681
二十四史　(清)□□編　清光緒十八年(1892)武林竹簡齋石印本　二百冊

440000－2541－0014678　33682
[同治]鍾祥縣志二十卷　(清)孫福海等纂修　清同治六年(1867)鍾祥縣署刻本　二十四冊

440000－2541－0014679　33683
[同治]鍾祥縣志二十卷補編二卷　(清)孫福海等纂修　清同治六年(1867)鍾祥縣署刻本　十二冊　存二十卷(一至十六、十九至二十,補編二卷)

440000－2541－0014680　33684
[光緒]惠州府志四十五卷首一卷　(清)劉溎年　(清)張聯桂修　(清)鄧掄斌　(清)陳新銓纂　清光緒七年(1881)刻民國修補印本　四冊　存十卷(一至十)

440000－2541－0014681　33685
[光緒]曲江縣志十六卷　(清)張希京修　(清)歐樾華　(清)馮翼之纂　清光緒元年(1875)刻本(有圖)　八冊

440000－2541－0014682　33686
[光緒]曲江縣志十六卷　(清)張希京修　(清)歐樾華　(清)馮翼之纂　清光緒元年(1875)刻本(有圖)　七冊　存十四卷(三至十六)

440000－2541－0014683　33687
[光緒]高明縣志十六卷首一卷　(清)鄒兆麟　(清)蔡逢恩修　(清)區爲樑等纂　清光緒二十年(1894)刻本(有圖)　二冊　存六卷(一至三、十至十一,首一卷)

440000－2541－0014684　33691
輿地廣記三十八卷　(宋)歐陽忞撰　清乾隆武英殿木活字印本(易緯、漢官舊儀、魏鄭公諫續錄、帝範注清乾隆三十八年武英殿刻本)　八冊

440000－2541－0014685　33692
[光緒]黄岡縣志二十四卷首一卷　(清)戴昌言修　(清)劉恭冕纂　清光緒八年(1882)黄岡縣署刻本　二十四冊

440000－2541－0014686　33693
[光緒]黄岡縣志二十四卷首一卷　(清)戴昌言修　(清)劉恭冕纂　清光緒八年(1882)黄岡縣署刻本　二十四冊

440000－2541－0014687　33694
[康熙]花縣志四卷　(清)王永名修　(清)黄士龍　(清)黄虞纂　清光緒十六年(1890)刻本(有圖)　三冊　存三卷(二至四)

440000－2541－0014688　33697
[光緒]續修廬州府志一百卷首一卷末一卷　(清)黄雲修　(清)林之望　(清)汪宗沂纂　清光緒十一年(1885)刻本(有圖表)　四十六冊　存九十五卷(一至二、七至二十二、二十五至二十九、三十一至一百,首一卷,末一卷)

440000－2541－0014689　33699
中國近世輿地圖説二十三卷　(清)羅汝楠纂　(清)方新校繪　清宣統元年(1909)廣東教

忠學堂石印本　八册

440000－2541－0014690　33700
[道光]廉州府志二十六卷首一卷　(清)張堉春修　(清)陳治昌纂　清道光十三年(1833)刻本(有圖)　九册　存十一卷(八、十四至十八、二十至二十四)

440000－2541－0014691　33701
[道光]廣東通志三百三十四卷首一卷　(清)阮元修　(清)陳昌齊等纂　清同治三年(1864)刻本(有圖)　五册　存十四卷(二十四至二十九、九十四至九十九、一百二十四至一百二十五)

440000－2541－0014692　33703
[道光]雲南通志稿二百十六卷首三卷　(清)阮元　(清)伊里布修　(清)王崧　(清)李誠纂　清道光十五年(1835)刻本(有圖)　三十七册　存八十二卷(二十五至四十七、八十一至八十五、一百九至一百二十一、一百二十五至一百五十六、一百七十九至一百八十五、二百一至二百二)

440000－2541－0014693　33705
玉海二百四卷附刻十四種　(宋)王應麟撰　清嘉慶十一年(1806)刻本　一百十八册　存一百九十九卷(玉海一至一百四十五、一百五十一至二百四)

440000－2541－0014694　33706
玉海二百四卷附刻十四種　(宋)王應麟撰　清嘉慶十一年(1806)刻本　六十册　存二百四卷(玉海二百四卷)

440000－2541－0014695　33710
十萬卷樓叢書三集五十一種　(清)陸心源編　清光緒歸安陸氏刻本　八十七册

440000－2541－0014696　33712
西湖志四十八卷　(清)李衛等修　(清)傅王露等纂　清光緒四年(1878)浙江書局刻本　二十册

440000－2541－0014697　33713
元文類七十卷目錄三卷　(元)蘇天爵輯　清光緒十五年(1889)江蘇書局刻本　十册

440000－2541－0014698　33714
元文類七十卷目錄三卷　(元)蘇天爵輯　清光緒十五年(1889)江蘇書局刻本　十册

440000－2541－0014699　33722
讀書堂叢刻四種　簡朝亮撰　清光緒至民國刻本　四十一册

440000－2541－0014700　33723
江西全省輿圖十四卷首一卷　(清)曾國藩等修　清同治七年(1868)刻本　八册　存十四卷(江西全省輿圖十四卷)

440000－2541－0014701　33724
欽定四庫全書簡明目錄二十卷首一卷　(清)紀昀等撰　清同治七年(1868)廣東書局刻廣州鎔經鑄史齋印本　二册

440000－2541－0014702　33725
欽定四庫全書簡明目錄二十卷首一卷　(清)紀昀等撰　清同治七年(1868)廣東書局刻本　十册　存十八卷(一至十四、十六至十七、十九至二十)

440000－2541－0014703　33726
欽定四庫全書簡明目錄二十卷首一卷　(清)紀昀等撰　清同治七年(1868)廣東書局刻本　十二册

440000－2541－0014704　33727
欽定四庫全書簡明目錄二十卷首一卷　(清)紀昀等撰　清同治七年(1868)廣東書局刻本　十二册

440000－2541－0014705　33728
欽定四庫全書簡明目錄二十卷首一卷　(清)紀昀等撰　清同治七年(1868)廣東書局刻本　十二册

440000－2541－0014706　33729
欽定四庫全書簡明目錄二十卷首一卷　(清)紀昀等撰　清同治七年(1868)廣東書局刻本　十二册

440000－2541－0014707　33730

欽定四庫全書簡明目錄二十卷首一卷 （清）紀昀等撰 清同治七年(1868)廣東書局刻本 十二册

440000－2541－0014708 33731
欽定四庫全書簡明目錄二十卷首一卷 （清）紀昀等撰 清同治七年(1868)廣東書局刻本 十二册

440000－2541－0014709 33732
欽定四庫全書簡明目錄二十卷首一卷 （清）紀昀等撰 清同治七年(1868)廣東書局刻本 十二册

440000－2541－0014710 33733
欽定四庫全書簡明目錄二十卷首一卷 （清）紀昀等撰 清同治七年(1868)廣東書局刻本 十二册

440000－2541－0014711 33734
欽定四庫全書簡明目錄二十卷首一卷 （清）紀昀等撰 清同治七年(1868)廣東書局刻本 十二册

440000－2541－0014712 33735
欽定四庫全書簡明目錄二十卷首一卷 （清）紀昀等撰 清同治七年(1868)廣東書局刻本 十二册

440000－2541－0014713 33736
欽定四庫全書簡明目錄二十卷首一卷 （清）紀昀等撰 清同治七年(1868)廣東書局刻本 十一册 存十九卷(一至十四、十六至二十)

440000－2541－0014714 33737
欽定四庫全書簡明目錄二十卷首一卷 （清）紀昀等撰 清同治七年(1868)廣東書局刻本 十五册 存十九卷(一至四、六至二十)

440000－2541－0014715 33739
蘇文忠詩合注五十卷首一卷 （宋）蘇軾撰 （清）馮應榴輯訂 清刻本 十册

440000－2541－0014716 33740
［雍正］山西通志二百三十卷 （清）覺羅石麟等修 （清）儲大文等纂 （清）衡齡補 清雍正十二年(1734)刻嘉慶十六年(1811)衡齡補刻本(有圖) 二十九册 存六十五卷(二十至二十一、七十至七十四、一百五十二至一百七十一、一百七十五至一百八十七、一百九十一至二百三、二百十二至二百二十三)

440000－2541－0014717 33743
説文解字十五卷 （漢）許慎撰 （宋）徐鉉校 **説文通檢十四卷** （清）黎永椿輯 清同治十二年(1873)番禺陳昌治刻本 十二册

440000－2541－0014718 33750
重刊宋本十三經註疏附校勘記 （清）阮元校勘 （清）盧宣旬摘錄 清光緒十三年(1887)脈望仙館石印本 十册 存四種

440000－2541－0014719 33751
重刊宋本十三經註疏附校勘記 （清）阮元校勘 （清）盧宣旬摘錄 清光緒十三年(1887)脈望仙館石印本 二十六册 存九種

440000－2541－0014720 33752
重刊宋本十三經註疏附校勘記 （清）阮元校勘 （清）盧宣旬摘錄 清光緒十三年(1887)脈望仙館石印本 二十八册 存十一種

440000－2541－0014721 33753
十三經古注 （三國魏）王弼注 （明）金蟠輯 清同治八年(1869)浙江書局刻本 三十八册

440000－2541－0014722 33754
重刊宋本十三經註疏附校勘記 （清）阮元校勘 （清）盧宣旬摘錄 清同治十年(1871)廣東書局刻本 二十六册 存三種

440000－2541－0014723 33755
重刊宋本十三經註疏附校勘記 （清）阮元校勘 （清）盧宣旬摘錄 清同治十年(1871)廣東書局刻本 八十一册 存十一種

440000－2541－0014724 33756
佩文韻府一百六卷 （清）張玉書等輯 清刻本 四十二册

440000－2541－0014725　33757
佩文韻府一百六卷　(清)張玉書等輯　清石印本　五册　存十一卷(四、二十四至三十、三十四至三十六)

440000－2541－0014726　33759
上諭内閣一百五十九卷　(清)允祿輯　(清)弘晝續輯　清粤東刻本　十册　存康熙六十一年十一月至雍正元年二月、四年正月至四月、六年正月至四月、七年七月至九月、八年正月至七月、九年正月至十三年八月

440000－2541－0014727　33761
上諭内閣一百五十九卷　(清)允祿輯　(清)弘晝續輯　清粤東刻本　十三册　存雍正三年正月至五年三月、五年十月至九年十二月、十一年正月至十三年八月

440000－2541－0014728　33762
藕香零拾三十九種　繆荃孫編　清光緒至宣統刻本　十六册

440000－2541－0014729　33763
三省邊防備覽十八卷　(清)嚴如熤　(清)張鵬翂輯　清道光十年(1830)刻本　十册

440000－2541－0014730　33764
[光緒]重修廣平府志六十三卷首一卷　(清)吴中彦修　(清)胡景桂纂　清光緒二十年(1894)刻本(有圖)　二十三册　存六十一卷(一至五十六、五十九至六十三)

440000－2541－0014731　33767
廬山志十五卷　(清)毛德琦纂　清刻本　十六册

440000－2541－0014732　33768
欽定四史　(清)高宗弘曆敕編　清光緒十四年(1888)上海圖書集成印書局石印本　四十四册

440000－2541－0014733　33769
御定全唐詩九百卷　(清)曹寅等輯　清光緒元年(1875)撫州饒氏雙峰書屋刻本　十一册　存十册(第四函九,第五函五,第六函五至七,第十函九,第十一函十,第十二函一、八、十)

440000－2541－0014734　33773
杜工部集二十卷　(唐)杜甫撰　(明)王世貞等評　清光緒二年(1876)粤東翰墨園刻六色套印本　四册　存十一卷(十至二十)

440000－2541－0014735　33774
策學備纂三十二卷目錄三十二卷首一卷　(清)吴潁炎等纂　清光緒十三年(1887)上海點石齋石印本　三十六册　存五十九卷(二至十六、二十一至三十二,目錄三十二卷)

440000－2541－0014736　33777
雲自在龕叢書五集十九種　繆荃孫編　清光緒江陰繆氏刻本　十七册　存十三種

440000－2541－0014737　33780
通志堂經解一百三十九種　(清)納蘭成德編　清同治十二年(1873)粤東書局刻本　四百七十八册　存一百三十八種

440000－2541－0014738　33781
通志堂經解一百三十九種　(清)納蘭成德編　清同治十二年(1873)粤東書局刻本　六十一册　存三十六種

440000－2541－0014739　33782
通志堂經解一百三十九種　(清)納蘭成德編　清同治十二年(1873)粤東書局刻本　二十四册　存十一種

440000－2541－0014740　33787
海山仙館叢書五十六種　(清)潘仕成編　清道光至咸豐番禺潘氏刻光緒補刻本　六十八册　存三十三種

440000－2541－0014741　33789
粤雅堂叢書三集一百八十四種附五種　(清)伍崇曜編　清道光至光緒南海伍氏刻本　二百三十五册　存一百二十種

440000－2541－0014742　33790
粤雅堂叢書三集一百八十四種附五種　(清)伍崇曜編　清道光至光緒南海伍氏刻本　一百八十一册　存一百三種

440000－2541－0014743　33791
粤雅堂叢書三集一百八十四種附五種　(清)伍崇曜編　清道光至光緒南海伍氏刻本　七十四册　存六十二種

440000－2541－0014744　33792
粤雅堂叢書三集一百八十四種附五種　(清)伍崇曜編　清道光至光緒南海伍氏刻本　六十四册　存六十二種

440000－2541－0014745　33793
粤雅堂叢書三集一百八十四種附五種　(清)伍崇曜編　清道光至光緒南海伍氏刻本　五十册　存三十三種

440000－2541－0014746　33794
粤雅堂叢書三集一百八十四種附五種　(清)伍崇曜編　清道光至光緒南海伍氏刻本　二百五十三册　存一百十一種

440000－2541－0014747　33795
[光緒]廣州府志一百六十三卷　(清)戴肇辰　(清)蘇佩訓修　(清)史澄　(清)李光廷纂　清光緒五年(1879)粤秀書院刻本　六十册

440000－2541－0014748　33796
[同治]番禺縣志五十四卷首一卷　(清)李福泰修　(清)史澄　(清)何若瑶纂　清同治十年(1871)光霽堂刻光緒增刻本(有圖表)　十六册

440000－2541－0014749　33797
[光緒]廣州府志一百六十三卷　(清)戴肇辰　(清)蘇佩訓修　(清)史澄　(清)李光廷纂　清光緒五年(1879)粤秀書院刻本　六十册

440000－2541－0014750　33800
[嘉慶]廣西通志二百七十九卷首一卷　(清)謝啟昆修　(清)胡虔纂　清嘉慶六年(1801)刻光緒十七年(1891)桂垣書局補刻本(有圖)　八十册

440000－2541－0014751　33801
[宣統]南海縣志二十六卷末一卷　(清)張鳳喈修　桂坫纂　清宣統二年(1910)刻本(有圖)　十四册　存二十六卷(一至二十五、末一卷)

440000－2541－0014752　33802
[同治]南海縣志二十六卷首一卷　(清)鄭夢玉等修　(清)梁紹獻等纂　清同治十一年(1872)刻本(有圖)　七册　存十一卷(一至二、七至十、十三至十五、二十五至二十六)

440000－2541－0014753　33803
[宣統]南海縣志二十六卷末一卷　(清)張鳳喈修　桂坫纂　清宣統二年(1910)刻本(有圖)　十三册　存二十六卷(一至二十五、末一卷)

440000－2541－0014754　33805
[光緒]香山縣志二十二卷　(清)田明曜等修　(清)陳澧纂　清光緒五年(1879)刻本(有圖)　九册　存十六卷(一至二、四至八、十四至二十二)

440000－2541－0014755　33806
[咸豐]順德縣志三十二卷　(清)郭汝誠修　(清)馮奉初等纂　清咸豐三年(1853)刻六年(1856)印本　八册　存八卷(三至四、六至十、十六)

440000－2541－0014756　33807
[咸豐]順德縣志三十二卷　(清)郭汝誠修　(清)馮奉初等纂　清咸豐三年(1853)刻六年(1856)印本　十六册

440000－2541－0014757　33808
[道光]直隸南雄州志三十四卷首一卷　(清)余保純等修　(清)黄其勤纂　(清)戴錫綸續纂修　清道光四年(1824)省城刻本(有圖)　十六册

440000－2541－0014758　33809
[道光]直隸南雄州志三十四卷首一卷　(清)余保純等修　(清)黄其勤纂　(清)戴錫綸續纂修　清道光四年(1824)省城刻本(有圖)　十六册

440000－2541－0014759　33810

[光緒]清遠縣志十五卷首一卷 (清)李文烜 (清)羅煒修 (清)朱潤芳 (清)麥瑞芳纂 清光緒六年(1880)刻本 八冊

440000－2541－0014760 33812
小方壺齋輿地叢鈔十二帙一千一百九十九種補編十二帙五十八種再補編十二帙一百八十種 (清)王錫祺編 清光緒十七年至二十年(1891－1894)上海著易堂鉛印本 六十七冊 存一千二百四十種

440000－2541－0014761 33813
春秋釋例十五卷 (晉)杜預撰 (清)莊述祖 (清)孫星衍校 清光緒十四年(1888)點石齋石印本 一冊

440000－2541－0014762 33817
名媛詩歸三十六卷 (明)鍾惺輯 清刻本 三冊

440000－2541－0014763 33821
歷代地理志韻編今釋二十卷 (清)李兆洛輯 **校勘記一卷地志韻編唐志補闕正誤考異一卷** (清)馬貞榆撰 **皇朝輿地韻編二卷** (清)李兆洛輯 **校勘記一卷** (清)馬貞榆撰 清光緒元年(1875)羊城馬氏集益堂刻本 九冊

440000－2541－0014764 33822
歷代地理志韻編今釋二十卷 (清)李兆洛輯 **校勘記一卷地志韻編唐志補闕正誤考異一卷** (清)馬貞榆撰 **皇朝輿地韻編二卷** (清)李兆洛輯 **校勘記一卷** (清)馬貞榆撰 清光緒元年(1875)羊城馬氏集益堂刻本 九冊

440000－2541－0014765 33823
歷代地理志韻編今釋二十卷 (清)李兆洛輯 **校勘記一卷地志韻編唐志補闕正誤考異一卷** (清)馬貞榆撰 **皇朝輿地韻編二卷** (清)李兆洛輯 **校勘記一卷** (清)馬貞榆撰 清光緒元年(1875)羊城馬氏集益堂刻本 十二冊

440000－2541－0014766 33824
十駕齋養新錄二十卷餘錄三卷 (清)錢大昕撰 **錢辛楣[大昕]先生年譜一卷竹汀居士[錢大昕]年譜續一卷** (清)錢大昕撰 (清)錢慶曾注並續撰 清光緒二年(1876)浙江書局刻本 六冊

440000－2541－0014767 33825
十駕齋養新錄二十卷餘錄三卷 (清)錢大昕撰 **錢辛楣[大昕]先生年譜一卷竹汀居士[錢大昕]年譜續一卷** (清)錢大昕撰 (清)錢慶曾注並續撰 清光緒二年(1876)浙江書局刻本 六冊

440000－2541－0014768 33826
十駕齋養新錄二十卷餘錄三卷 (清)錢大昕撰 **錢辛楣[大昕]先生年譜一卷竹汀居士[錢大昕]年譜續一卷** (清)錢大昕撰 (清)錢慶曾注並續撰 清光緒二年(1876)浙江書局刻本 四冊

440000－2541－0014769 33827
十駕齋養新錄二十卷餘錄三卷 (清)錢大昕撰 **錢辛楣[大昕]先生年譜一卷竹汀居士[錢大昕]年譜續一卷** (清)錢大昕撰 (清)錢慶曾注並續撰 清光緒二年(1876)浙江書局刻本 四冊

440000－2541－0014770 33828
歷代地理志韻編今釋二十卷 (清)李兆洛輯 **校勘記一卷地志韻編唐志補闕正誤考異一卷** (清)馬貞榆撰 **皇朝輿地韻編二卷** (清)李兆洛輯 **校勘記一卷** (清)馬貞榆撰 清光緒元年(1875)羊城馬氏集益堂刻本 十二冊

440000－2541－0014771 33829
歷代地理志韻編今釋二十卷 (清)李兆洛輯 **校勘記一卷地志韻編唐志補闕正誤考異一卷** (清)馬貞榆撰 **皇朝輿地韻編二卷** (清)李兆洛輯 **校勘記一卷** (清)馬貞榆撰 清光緒元年(1875)羊城馬氏集益堂刻本 八冊

440000－2541－0014772 33830
歷代地理志韻編今釋二十卷 (清)李兆洛輯

校勘記一卷地志韻編唐志補闕正誤考異一卷 (清)馬貞榆撰 **皇朝輿地韻編二卷** (清)李兆洛輯 **校勘記一卷** (清)馬貞榆撰 清光緒元年(1875)羊城馬氏集益堂刻本 八冊

440000－2541－0014773 33831
歷代地理志韻編今釋二十卷 (清)李兆洛輯 **校勘記一卷地志韻編唐志補闕正誤考異一卷** (清)馬貞榆撰 **皇朝輿地韻編二卷** (清)李兆洛輯 **校勘記一卷** (清)馬貞榆撰 清光緒元年(1875)羊城馬氏集益堂刻本 八冊

440000－2541－0014774 33832
歷代地理志韻編今釋二十卷 (清)李兆洛輯 **校勘記一卷地志韻編唐志補闕正誤考異一卷** (清)馬貞榆撰 **皇朝輿地韻編二卷** (清)李兆洛輯 **校勘記一卷** (清)馬貞榆撰 清光緒元年(1875)羊城馬氏集益堂刻本 十冊

440000－2541－0014775 33833
歷代地理志韻編今釋二十卷 (清)李兆洛輯 **校勘記一卷地志韻編唐志補闕正誤考異一卷** (清)馬貞榆撰 **皇朝輿地韻編二卷** (清)李兆洛輯 **校勘記一卷** (清)馬貞榆撰 清光緒元年(1875)羊城馬氏集益堂刻本 十一冊 存二十四卷(韻編今釋二至二十、今釋校勘記一卷、考異一卷、輿地韻編二卷、輿地韻編校勘記一卷)

440000－2541－0014776 33834
歷代地理志韻編今釋二十卷 (清)李兆洛輯 **校勘記一卷地志韻編唐志補闕正誤考異一卷** (清)馬貞榆撰 **皇朝輿地韻編二卷** (清)李兆洛輯 **校勘記一卷** (清)馬貞榆撰 清光緒元年(1875)羊城馬氏集益堂刻本 八冊

440000－2541－0014777 33835
歷代地理志韻編今釋二十卷 (清)李兆洛輯 **校勘記一卷地志韻編唐志補闕正誤考異一卷** (清)馬貞榆撰 **皇朝輿地韻編二卷** (清)李兆洛輯 **校勘記一卷** (清)馬貞榆撰 清光緒元年(1875)羊城馬氏集益堂刻本 八冊

440000－2541－0014778 33836
歷代地理志韻編今釋二十卷 (清)李兆洛輯 **校勘記一卷地志韻編唐志補闕正誤考異一卷** (清)馬貞榆撰 **皇朝輿地韻編二卷** (清)李兆洛輯 **校勘記一卷** (清)馬貞榆撰 清光緒元年(1875)羊城馬氏集益堂刻本 八冊 存十九卷(韻編今釋一至四、八至二十,今釋校勘記一卷、考異一卷)

440000－2541－0014779 33838
武英殿聚珍版書一百四十九種 (清)紀昀等編 清光緒二十五年(1899)廣雅書局刻本 一百四十一冊 存四十五種

440000－2541－0014780 33839
安吴四種 (清)包世臣撰 清同治十一年(1872)湖北包氏注經堂刻光緒十四年(1888)印本 十冊

440000－2541－0014781 33840
明辨齋叢書五集三十二種附三種 (清)余肇鈞編 清咸豐至同治長沙余氏明辨齋刻本 十冊 存七種

440000－2541－0014782 33841
明辨齋叢書五集三十二種附三種 (清)余肇鈞編 清咸豐至同治長沙余氏明辨齋刻本 九冊 存九種

440000－2541－0014783 33845
銅熨斗齋隨筆八卷 (清)沈濤撰 清光緒刻本 二冊

440000－2541－0014784 33846
校經山房叢書二十七種附一種 (清)朱記榮編 清光緒三十年(1904)孫溪朱氏槐廬家塾印本 十五冊 存十四種

440000－2541－0014785 33847
觀古堂彙刻書一集十三種二集六種 葉德輝編 清光緒二十八年(1902)長沙葉氏刻民國八年(1919)重編印本 十二冊 存十六種

440000－2541－0014786　33848
石林遺書十三種　(宋)葉夢得撰　清光緒至宣統長沙葉德輝觀古堂刻本　十四册

440000－2541－0014787　33857
連筠簃叢書十五種　(清)楊尚文編　清道光靈石楊氏刻本　三十六册　存十三種

440000－2541－0014788　33860
莊子集釋十卷　(清)郭慶藩輯　清光緒二十年(1894)思賢講舍刻本　六册　存七卷(一至五、八至九)

440000－2541－0014789　33862
湘軍記二十卷　(清)王定安撰　清光緒十五年(1889)江南書局刻本　七册　存十一卷(三、十至十七、十九至二十)

440000－2541－0014790　33863
讀史方輿紀要一百三十卷輿圖要覽四卷　(清)顧祖禹撰　清道光龍萬育敷文閣刻本　十七册　存七十五卷(二十三至二十四、三十九至六十二、八十三至一百二十九,輿圖要覽三至四)

440000－2541－0014791　33864
讀史方輿紀要歷代州域形勢九卷　(清)顧祖禹撰　清光緒廣雅書局刻本　五册

440000－2541－0014792　33865
讀史方輿紀要歷代州域形勢九卷　(清)顧祖禹撰　清光緒廣雅書局刻本　五册

440000－2541－0014793　33866
讀史方輿紀要歷代州域形勢九卷　(清)顧祖禹撰　清光緒廣雅書局刻本　五册

440000－2541－0014794　33868
帶經堂詩話三十卷　(清)王士禛撰　清同治十二年(1873)廣州藏脩堂刻本　十二册

440000－2541－0014795　33869
帶經堂詩話三十卷　(清)王士禛撰　清同治十二年(1873)廣州藏脩堂刻本　九册　存二十八卷(一至十五、十八至三十)

440000－2541－0014796　33870
漢魏六朝百三名家集(漢魏六朝一百三家集)　(明)張溥編　清述古山莊刻本　三十册　存八十五種

440000－2541－0014797　33871
學海堂叢刻第一函　(清)阮元輯　清光緒三年(1877)刻本　五册

440000－2541－0014798　33874
二丸居集選九卷續集一卷外集一卷　(清)黎景義撰　清光緒元年(1875)順德黎氏光澤堂刻本　二册　存四卷(一至二、五至六)

440000－2541－0014799　33875
霍勉齋集二十二卷首一卷補遺一卷　(明)霍與瑕撰　清光緒十二年(1886)南海霍氏刻本　九册　存二十卷(一至十九、首一卷)

440000－2541－0014800　33879
文獻徵存錄十卷　(清)錢林輯　(清)王藻重輯　清咸豐八年(1858)王藻有嘉樹軒刻本　十册

440000－2541－0014801　33884
淵鑑類函四百五十卷　(清)張英等輯　清光緒九年(1883)上海點石齋石印本　十册

440000－2541－0014802　33885
湖海樓叢書十二種　(清)陳春編　清嘉慶蕭山陳氏刻本　二十四册　存六種

440000－2541－0014803　33901
宋名臣言行錄前集十卷後集十四卷　(宋)朱熹輯　**續集八卷別集二十六卷外集十七卷**　(宋)李幼武輯　清道光元年(1821)歙縣洪氏績學堂刻同治七年(1868)臨川桂氏重修本　八册

440000－2541－0014804　33902
宋名臣言行錄前集十卷後集十四卷　(宋)朱熹輯　**續集八卷別集二十六卷外集十七卷**　(宋)李幼武輯　清道光元年(1821)歙縣洪氏績學堂刻同治七年(1868)臨川桂氏重修本　八册

440000－2541－0014805　33903

海國圖志一百卷 (清)魏源撰 清咸豐二年(1852)邵陽魏氏古微堂刻本 二十三册 存九十五卷(一至七十八、八十四至一百)

440000－2541－0014806 33904
類篇十五卷 (宋)司馬光等撰 清光緒二年(1876)歸安姚氏川東官舍刻姚氏叢刻本 三册 存三卷(一至三)

440000－2541－0014807 33905
光緒嘉應州志三十二卷 (清)吳宗焯 (清)李慶榮修 (清)溫仲和纂 清光緒二十七年(1901)刻本 五册

440000－2541－0014808 33906
苗氏説文四種 (清)苗夔撰 清道光至咸豐壽陽祁氏漢磚亭刻本 四册

440000－2541－0014809 33907
朱氏傳芳集八卷首一卷 (清)朱次琦輯 清咸豐十一年(1861)刻本 四册 存七卷(一至六、首一卷)

440000－2541－0014810 33910
資治通鑑地理今釋十六卷 (清)吳熙載撰 清光緒八年(1882)江蘇書局刻本 二册

440000－2541－0014811 33913
尚友録二十二卷補遺一卷 (明)廖用賢輯 (明)張伯琮補輯 清刻本 十册

440000－2541－0014812 33915
碑傳集一百六十卷首二卷末二卷 (清)錢儀吉編 清光緒十九年(1893)江蘇書局刻本 六十册

440000－2541－0014813 33918
洪北江全集二十三種 (清)洪亮吉撰 清光緒洪用懃授經堂刻本 六十册

440000－2541－0014814 33921
當歸草堂叢書八種 (清)丁丙編 清同治錢塘丁氏刻本 四册

440000－2541－0014815 33926
國朝詩人徵略六十卷二編六十四卷 (清)張維屏輯 清道光十年至二十二年(1830－1842)刻本 十册 存六十卷(國朝詩人徵略六十卷)

440000－2541－0014816 33929
二十四史 (清)□□編 清光緒二十八年(1902)上海文瀾書局石印本 一百二十册

440000－2541－0014817 33930
歷代名賢列女氏姓譜一百五十七卷 (清)蕭智漢輯 清乾隆五十七年(1792)湘鄉蕭智漢聽濤山房刻嘉慶印本 一百四册

440000－2541－0014818 33931
勺園詩鈔四卷 (清)李遐齡撰 清嘉慶十九年(1814)刻本 二册

440000－2541－0014819 33932
勺園詩鈔四卷 (清)李遐齡撰 **松溪詩鈔一卷** (清)李藹元撰 清嘉慶十九年(1814)刻本 二册

440000－2541－0014820 33933
勺園詩鈔四卷 (清)李遐齡撰 清嘉慶十九年(1814)刻本 四册

440000－2541－0014821 33934.1
勺園詩鈔四卷 (清)李遐齡撰 **松溪詩鈔一卷** (清)李藹元撰 清嘉慶十九年(1814)刻本 二册

440000－2541－0014822 33934.2
澄真畫齋詩鈔一卷 (清)陳子清撰 清光緒二十六年(1900)刻本 與440000－2541－0014821合册

440000－2541－0014823 33938
古文眉詮七十九卷 (清)浦起龍輯 清光緒二十四年(1898)嶺南良產書屋刻本 二十一册 存六十四卷(十六至七十九)

440000－2541－0014824 33939
顔魯公文集三十卷世系表一卷補遺一卷 (唐)顔真卿撰 **顔魯公[真卿]年譜一卷** (清)黄本驥撰 清道光二十五年(1845)刻三長物齋叢書本 十二册

440000－2541－0014825 33944

洪北江全集二十三種　(清)洪亮吉撰　清光緒洪用懃授經堂刻本　五十册

440000－2541－0014826　33945
嶺南遺書六集五十九種附二種　(清)伍元薇　(清)伍崇曜編　清道光至同治南海伍氏粤雅堂文字歡娱室刻本　二十五册　存二十五種

440000－2541－0014827　33947
紅杏山房詩鈔十一種　(清)宋湘撰　清嘉慶二十五年(1820)刻同治八年(1869)續刻本　二册　存四種

440000－2541－0014828　33948
紅杏山房詩鈔十一種　(清)宋湘撰　清嘉慶二十五年(1820)刻同治八年(1869)續刻本　一册　存三種

440000－2541－0014829　33949
紀文達公遺集詩十六卷文十六卷　(清)紀昀撰　(清)紀樹馨輯　清嘉慶十七年(1812)紀氏家刻本　九册　存二十五卷(詩十六卷、文一至九)

440000－2541－0014830　33950
嶺南遺書六集五十九種附二種　(清)伍元薇　(清)伍崇曜編　清道光至同治南海伍氏粤雅堂文字歡娱室刻本　二十册　存十五種

440000－2541－0014831　33951
紀文達公遺集詩十六卷文十六卷　(清)紀昀撰　(清)紀樹馨輯　清嘉慶十七年(1812)紀氏家刻本　六册　存十六卷(文十六卷)

440000－2541－0014832　33952
紀文達公遺集詩十六卷文十六卷　(清)紀昀撰　(清)紀樹馨輯　清嘉慶十七年(1812)紀氏家刻本　十二册

440000－2541－0014833　33954
樊南文集詳注八卷　(唐)李商隱撰　(清)馮浩注　清乾隆四十五年(1780)馮氏德聚堂刻同治七年(1868)補刻本　四册

440000－2541－0014834　33955
孫谿朱氏經學叢書初編十三種　(清)朱記榮編　清光緒吴縣朱氏槐廬刻本　十二册

440000－2541－0014835　33960
胡文忠公遺集八十六卷首一卷　(清)胡林翼撰　(清)鄭敦瑾輯　(清)曾國荃輯　清同治六年(1867)黄鶴樓刻本　二十四册

440000－2541－0014836　33961
聚學軒叢書五集六十種　劉世珩編　清光緒貴池劉氏刻本　三十四册　存十三種

440000－2541－0014837　33962
正音咀華三卷儀略一卷　(清)莎彝尊撰　清咸豐三年(1853)刻朱墨套印本　一册　存二卷(三、儀略一卷)

440000－2541－0014838　33963
正音咀華三卷儀略一卷　(清)莎彝尊撰　清咸豐三年(1853)刻朱墨套印本　二册

440000－2541－0014839　33964
粤東詞鈔不分卷　(清)許玉彬　(清)沈世良輯　清道光二十九年(1849)刻本　三册　存初編

440000－2541－0014840　33965
粤東詞鈔不分卷　(清)許玉彬　(清)沈世良輯　清道光二十九年(1849)刻本　四册　存初編

440000－2541－0014841　33966
廣東圖二十三卷　(清)□□編製　清同治五年(1866)刻本　三册

440000－2541－0014842　33967
獨漉堂詩集十六卷文集十五卷續編一卷　(清)陳恭尹撰　**年譜一卷**　溫肅撰　清刻本(詩集卷十六未刻)　九册　存三十卷(詩集一至四、六至十五,文集十五卷,續編一卷)

440000－2541－0014843　33968
虞初新志二十卷　(清)張潮輯　清咸豐元年(1851)小嫏環山館刻本　七册　存十六卷(一至二、七至二十)

440000－2541－0014844　33972

桐陰論畫二卷首一卷附錄一卷續論畫一卷畫訣一卷 (清)秦祖永撰 清同治三年至四年(1864－1865)刻朱墨套印本 三冊

440000－2541－0014845 33973
水經注四十卷 題(漢)桑欽撰 (北魏)酈道元注 清刻本 十冊

440000－2541－0014846 33985
御纂五經 (清)□□撰 清光緒二十八年(1902)積山書局石印本 五冊 存三種

440000－2541－0014847 33986
尚書集注述疏三十二卷首一卷末二卷 簡朝亮撰 **讀書堂答問一卷** 張子沂輯 清光緒三十三年(1907)廣東簡氏刻讀書堂叢書本 一冊 存一卷(讀書堂答問一卷)

440000－2541－0014848 33988
[道光]香山縣志八卷附錄一卷 (清)祝淮修 (清)黃培芳纂 清道光七年(1827)刻本(有圖) 一冊 存一卷(附錄一卷)

440000－2541－0014849 33989
[光緒]香山縣志二十二卷 (清)田明曜等修 (清)陳灃纂 清光緒五年(1879)刻本(有圖) 二冊 存三卷(六至八)

440000－2541－0014850 33992
桐陰論畫二卷首一卷附錄一卷續論畫一卷畫訣二卷二編二卷三編二卷 (清)秦祖永撰 清同治三年至光緒八年(1864－1882)刻朱墨套印本 四冊 存十卷(桐陰論畫二卷、首一卷、附錄一卷、畫訣二卷、二編二卷、三編二卷)

440000－2541－0014851 33993
桐陰論畫二卷首一卷附錄一卷 (清)秦祖永撰 清同治三年(1864)刻朱墨套印本 一冊 存一卷(首一卷)

440000－2541－0014852 33995
桐陰論畫二卷首一卷附錄一卷續論畫一卷畫訣一卷二編二卷三編二卷 (清)秦祖永撰 清同治三年至光緒八年(1864－1882)刻朱墨套印本 三冊 存五卷(桐陰論畫上、首一卷、二編二卷、三編二卷)

440000－2541－0014853 34002
唐五代宋元詞綜三十八卷 (清)朱彝尊輯 清光緒二十八年(1902)金匱浦氏刻本 八冊

440000－2541－0014854 34003
大清律例增修統纂集成四十卷督捕則例二卷 (清)姚潤纂 (清)陶駿 (清)陶念霖增修 清光緒九年(1883)刻本 二冊 存四卷(一、六至七、二十三)

440000－2541－0014855 34007
述古叢鈔四集二十六種 (清)劉晚榮編 清同治至光緒古岡劉氏藏修書屋刻本 五冊 存一集三種、四集一種

440000－2541－0014856 34014
宛湄書屋文鈔十一卷 (清)李光廷撰 清光緒四年(1878)端溪書院刻本 四冊

440000－2541－0014857 34017
鮚埼亭集三十八卷首一卷全謝山先生經史問答十卷 (清)全祖望撰 清嘉慶九年(1804)餘姚史夢蛟借樹山房刻同治十一年(1872)餘姚史氏印本 十二冊

440000－2541－0014858 34018
邱海二公合集十六卷首一卷 (清)焦映漢等編 清同治十年(1871)邱氏可繼堂刻本 四冊 存八卷(邱公五至八,海公一至二、五至六)

440000－2541－0014859 34019
朱九江先生集十卷首一卷 (清)朱次琦撰 簡朝亮輯 清光緒二十三年(1897)順德簡氏讀書草堂刻本 三冊 存十卷(朱九江先生集十卷)

440000－2541－0014860 34025
欽定周官義疏四十八卷首一卷 (清)允祿等撰 清同治六年(1867)浙江書局刻御纂七經本 九冊 存二十卷(一至三、六至七、十七至十九、二十三至二十五、四十至四十八)

440000－2541－0014861 34026

寶繪錄二十卷 （明）張泰階評訂 **唐六如先生書譜三卷** （明）唐寅輯 **袁中郎先生批評唐伯虎紀事一卷** （明）袁宏道評 清金匱書屋刻本 八冊

440000－2541－0014862 34029
吳會英才集十七種 （清）畢沅編 清道光刻本 六冊

440000－2541－0014863 34030
吳會英才集十七種 （清）畢沅編 清道光刻本 八冊

440000－2541－0014864 34031
［道光］肇慶府志二十二卷首一卷 （清）屠英等修 （清）江藩等纂 清光緒二年（1876）刻本（有圖） 四冊 存四卷（三至六）

440000－2541－0014865 34032
史姓韻編六十四卷 （清）汪輝祖輯 清光緒十年（1884）慈谿耕餘樓書局鉛印本 十六冊

440000－2541－0014866 34033
御定駢字類編二百四十卷 （清）張廷玉輯 清光緒十三年（1887）上海同文書局石印本 三冊 存十五卷（一至十五）

440000－2541－0014867 34038
蘭因集三卷 （清）陳文述撰 清刻本 一冊

440000－2541－0014868 34039
輪輿私箋二卷 （清）鄭珍撰 **附圖一卷** （清）鄭知同繪 清同治七年（1868）獨山莫氏金陵刻本 二冊

440000－2541－0014869 34041
文選旁證四十六卷 （清）梁章鉅撰 清光緒八年（1882）許應鑅吳下刻本 二冊 存十四卷（一至十四）

440000－2541－0014870 34047
湘軍志十六卷 王闓運撰 清末刻本 三冊

440000－2541－0014871 34049
江西全省輿圖十四卷首一卷 （清）曾國藩等修 清同治七年（1868）刻本 十四冊 存十四卷（江西全省輿圖十四卷）

440000－2541－0014872 34050
皇清經解一千四百八卷 （清）阮元編 清道光九年（1829）廣東學海堂刻咸豐十一年（1861）補刻本 二百二十冊 存八百六十六卷（五百三十六至五百六十二、五百六十五至七百三十四、七百四十至一千四百八）

440000－2541－0014873 34051
皇清經解一千四百八卷 （清）阮元編 清道光九年（1829）廣東學海堂刻咸豐十一年（1861）補刻本 三百四十冊 存一千三百七十八卷（一至六百四十、六百七十一至一千四百八）

440000－2541－0014874 34052
皇清經解一千四百八卷 （清）阮元編 清道光九年（1829）廣東學海堂刻咸豐十一年（1861）補刻本 九十八冊 存四百十卷（二十三至二十六、六十八至七十一、一百四十一至一百四十四、二百七十八至二百八十一、三百十至三百十二、三百九十至三百九十一、四百十六至四百二十三、四百二十八、四百三十一至四百三十八、四百五十五至四百七十三、四百七十九至四百八十四、四百九十九至五百一、五百二十四至五百三十九、五百四十三至五百四十七、五百六十八至五百六十九、五百七十一至五百八十七、五百九十六至五百九十九、六百三十至六百三十六、六百五十、六百五十三至六百六十、六百六十四至六百六十六、六百七十二至六百七十三、七百二十一至七百五十七、七百六十八至七百七十四、七百八十四至七百九十一、七百九十五至七百九十七、八百二至八百十、八百二十六至八百四十三、八百四十五至八百五十四、八百五十七至八百五十九、八百六十四至八百七十四、八百七十八至八百八十一、八百九十四至八百九十七、九百五至九百二十三、九百四十九至九百五十五、九百六十五至九百七十二、九百九十七至一千二、一千十六至一千二十、一千三十四至一千七十三、一千七十八至一千九十一、一千九十九至一千一百二十五、一千一百四十七至一千一百六十、一千一百七十至一千一百七十七、一千一百八十八至一

千一百八十九、一千二百四十九、一千二百九十四至一千二百九十九、一千三百六十一至一千三百六十八)

440000－2541－0014875　34053
皇清經解一千四百八卷　(清)阮元編　清道光九年(1829)廣東學海堂刻咸豐十一年(1861)補刻本　九十一册　存三百八十五卷(二十至三十三、三十七至五十九、六十四至六十七、七十二至八十七、九十至一百十一、一百三十一至一百三十六、一百四十一至一百四十五、一百五十一至一百六十一、一百七十一至二百十三、二百十七至二百十九、二百三十四至二百三十九、二百四十三至二百六十、二百六十四至二百七十六、二百九十三至三百一、三百七至三百十五、三百十九至三百二十九、三百五十一至三百六十五、三百七十五至三百七十七、三百九十至三百九十一、三百九十六至三百九十九、四百三十四、四百三十九至四百四十二、四百四十六至四百六十七、四百六十九至四百七十三、四百八十八至四百九十、五百二至五百三、五百九至五百十八、五百二十五至五百二十七、五百三十八至五百三十九、五百四十八至五百六十二、六百四十七至六百四十九、八百九十八至九百十四、九百四十九至九百五十五、九百六十一至九百六十四、九百七十七至九百八十四、九百九十七至一千二、一千十七至一千二十六、一千六十六至一千七十三、一千七十七至一千八十八、一千三百五十五至一千三百五十七、一千三百七十四至一千三百七十六)

440000－2541－0014876　34054
皇清經解一千四百八卷　(清)阮元編　清道光九年(1829)廣東學海堂刻咸豐十一年(1861)補刻本　三百十七册　存一千二百六十八卷(一至三百五十八、三百六十六至四百三、四百三十六至六百五十四、六百八十二至六百九十一、七百四十至一千一百十六、一千一百二十至一千二百五十六、一千二百六十一至一千二百六十五、一千二百七十七至一千四百)

440000－2541－0014877　34055
皇清經解一千四百八卷　(清)阮元編　清道光九年(1829)廣東學海堂刻咸豐十一年(1861)補刻廣州鎔經鑄史齋印本　三百五十九册　存一千四百四卷(一至一千三百十二、一千三百十七至一千四百八)

440000－2541－0014878　34056
皇清經解續編一千四百三十卷　王先謙編　清光緒十四年(1888)南菁書院刻本　四十四册　存一百七十卷(七百一至七百三十四、七百四十七至七百五十六、七百七十八至七百八十六、一千二百十七至一千三百二十四、一千三百四十五至一千三百五十、一千四百二十八至一千四百三十)

440000－2541－0014879　34058
皇清經解續編二百九卷　王先謙編　清光緒十四年(1888)上海蜚英館石印本　三十册　存二百三卷(一至一百六十四、一百六十六至一百七十九、一百八十五至二百九)

440000－2541－0014880　34090
續小五義一百二十四回　(清)□□撰　清光緒十七年(1891)刻本　二十四册

440000－2541－0014881　34529
殷商貞卜文字考一卷　羅振玉撰　清宣統二年(1910)玉簡齋石印蟫隱廬叢書本　一册

440000－2541－0014882　34647
藝文類聚一百卷　(唐)歐陽詢輯　清光緒五年(1879)華陽宏達堂刻本　一百册

440000－2541－0014883　34649
九通　(清)□□編　清光緒二十八年(1902)上海鴻寶書局石印本　一百四十册

440000－2541－0014884　34653
羣書疑辨十二卷　(清)萬斯同撰　清嘉慶二十一年(1816)刻本　四册

440000－2541－0014885　34659
詩經世本古義二十八卷首一卷後一卷　(明)何楷輯　清嘉慶二十四年(1819)溪邑謝氏文林堂刻本　十六册

440000－2541－0014886　34660
詩毛氏傳疏三十卷釋毛詩音四卷毛詩說一卷毛詩傳義類一卷鄭氏箋考徵一卷　（清）陳奐撰　清光緒九年（1883）蘇州校經山房成記刻本　十冊

440000－2541－0014887　34661
詩古微上編六卷中編十卷下編三卷首一卷　（清）魏源撰　清光緒十三年（1887）楊守敬刻本　十冊

440000－2541－0014888　34663
毛詩後箋三十卷　（清）胡承珙撰　清光緒七年（1881）蛟川方氏刻本　二十冊

440000－2541－0014889　34664
國學叢刊不分卷　（清）國學研究會編　清宣統三年（1911）國學研究會石印本　二冊　存二冊（一至二）

440000－2541－0014890　34671
北堂書鈔一百六十卷首一卷　（唐）虞世南纂　（清）孔廣陶校注　清光緒十四年（1888）南海孔氏三十有三萬卷堂刻本　二十冊

440000－2541－0014891　34672
風俗通義十卷　（漢）應劭撰　清道光六年（1826）廣州喜聞過齋刻本　二冊

440000－2541－0014892　34673
退菴隨筆二十二卷　（清）梁章鉅撰　清光緒元年（1875）福州梁氏刻二思堂叢書本　八冊

440000－2541－0014893　34679
雙楳景闇叢書十六種附一種　葉德輝編　清光緒至宣統長沙葉氏郎園刻本　四冊　存十種

440000－2541－0014894　34680
香艷叢書二十集三百二十七種　（清）蟲天子編　清宣統上海國學扶輪社鉛印本　八十冊

440000－2541－0014895　34684
子書百家一百一種　（清）崇文書局編　清光緒元年（1875）湖北崇文書局刻本　八十冊

440000－2541－0014896　34688
古逸叢書二十六種　（清）黎庶昌編　清光緒遵義黎氏日本東京使署影刻本　四十七冊

440000－2541－0014897　34689
弇山堂別集一百卷　（明）王世貞撰　清光緒廣雅書局刻本　二十冊

440000－2541－0014898　34690
廣韻五卷　（宋）陳彭年等撰　清刻本　四冊　存四卷（一至四）

440000－2541－0014899　34692
通藝錄二十一種　（清）程瑤田撰　清嘉慶刻本　二十一冊　存九種

440000－2541－0014900　34693
蕙風叢書七種附一種　況周頤撰　清光緒刻民國十四年（1925）上海中國書店印本　十二冊

440000－2541－0014901　34695
亭林先生遺書彙輯二十三種附三種　（清）顧炎武撰　清光緒十四年（1888）吳縣朱氏校經山房刻本　二十四冊

440000－2541－0014902　34696
琳琅秘室叢書四集三十種　（清）胡珽編　（清）董金鑑校　清光緒十三年（1887）會稽董氏雲瑞樓木活字印本　十五冊　存二十九種

440000－2541－0014903　34697
鄦齋叢書十九種附二種　徐乃昌編　清光緒二十六年（1900）南陵徐氏刻本　二十冊

440000－2541－0014904　34698
榆園叢刻十五種附一種　（清）許增編　清同治至光緒許增榆園刻本　十三冊

440000－2541－0014905　34699
郎園先生全書一百二十九種附二種　葉啟倬編　清光緒至民國刻民國二十四年（1935）長沙中國古書刊印社彙印本　十冊　存十種

440000－2541－0014906　34702
船山遺書六十六種附二種　（清）王夫之撰　清同治四年（1865）湘鄉曾氏金陵節署刻本　一百二十冊

440000－2541－0014907　34703
雷刻八種附刻二種　(清)雷浚撰　清光緒吳縣雷氏刻本　九冊

440000－2541－0014908　34704
桐城吳先生全書五種　(清)吳汝綸撰　清光緒三十年(1904)王恩紱等刻民國印本　二十二冊

440000－2541－0014909　34705
儀禮鄭注句讀十七卷監本正誤一卷石本誤字一卷　(清)張爾岐撰　清刻本　六冊

440000－2541－0014910　34708
皇清經解一千四百八卷　(清)阮元編　清道光九年(1829)廣東學海堂刻咸豐十一年(1861)補刻本　三百五十七冊　存一千三百九十八卷(一至六百六十、六百六十七至一千六十五、一千七十至一千四百八)

440000－2541－0014911　34709
皇清經解續編一千四百三十卷　王先謙編　清光緒十四年(1888)南菁書院刻本　三百二十冊

440000－2541－0014912　34712
張氏公羊二種　(清)張憲和撰　清光緒刻本　四冊

440000－2541－0014913　34713
儀禮集釋三十卷　(宋)李如圭撰　清陳汶桂林刻本　八冊

440000－2541－0014914　34721
大戴禮記補注十三卷　(漢)戴德撰　(北周)盧辯注　清乾隆二十三年(1758)盧見曾刻雅雨堂藏書本　四冊

440000－2541－0014915　34724
朱子語類一百四十卷　(宋)朱熹撰　(宋)黎清德輯　清同治十一年(1872)刻本　四十冊

440000－2541－0014916　34726
百孝圖說四卷　(清)俞葆真輯　清同治十年(1871)河間俞氏刻本　二冊

440000－2541－0014917　34730
繪圖歷代神仙傳二十四卷　(清)□□撰　清宣統元年(1909)上海掃葉山房石印本　八冊

440000－2541－0014918　34731
歷代仙史八卷　(清)王建章撰　清光緒七年(1881)常熟抱芳閣刻本　六冊

440000－2541－0014919　34732
說文古籀補十四卷補遺一卷附錄一卷　(清)吳大澂撰　清光緒石印本　四冊

440000－2541－0014920　34735
敦煌石室遺書十三種　羅振玉等輯　清宣統元年(1909)誦芬室鉛印本　二冊　存六種

440000－2541－0014921　34736
稱謂錄三十二卷　(清)梁章鉅撰　清光緒元年至十年(1875－1884)梁恭辰刻本　三十二冊

440000－2541－0014922　34737
文史通義八卷校讎通義三卷　(清)章學誠撰　清道光十二年(1832)廣益書局鉛印本　二冊

440000－2541－0014923　34739
李氏五種　(清)李兆洛撰　清光緒二十四年(1898)上海掃葉山房石印本　六冊　存二種

440000－2541－0014924　34740
竹書紀年集證五十卷首一卷　(清)陳逢年撰　清嘉慶十八年(1813)裛霞軒刻本　四十冊

440000－2541－0014925　34741
校刊史記集解索隱正義札記五卷　(清)張文虎撰　清同治十一年(1872)金陵書局刻本　四冊

440000－2541－0014926　34744
尚書孔傳參正三十六卷　王先謙撰　清光緒三十年(1904)虛受堂自刻本　六冊

440000－2541－0014927　34748
國語校注本三種　(清)汪遠孫注　清道光二十六年(1846)錢塘汪氏振綺堂刻本　五冊

440000－2541－0014928　34755
東萊先生音注唐鑑二十四卷　(宋)范祖禹撰

(宋)呂祖謙音注　**考異一卷**　(清)楊鳳詔撰　清光緒十六年(1890)柏經正堂刻西京清麓叢書本　四冊

440000－2541－0014929　34761
廣雅疏證十卷博雅音十卷　(清)王念孫撰　清嘉慶刻本　十二冊

440000－2541－0014930　34762
五雅全書　(□)□□編　清刻本　十三冊

440000－2541－0014931　34763
御定駢字類編二百四十卷　(清)張廷玉輯　清光緒十三年(1887)上海同文書局石印本　四十八冊

440000－2541－0014932　34764
日本國志四十卷首一卷　(清)黃遵憲撰　清光緒二十八年(1902)蔚華書局刻本　十六冊

440000－2541－0014933　34765
百將圖傳二卷　(清)丁日昌撰　清同治八年(1869)江蘇書局刻本　二冊

440000－2541－0014934　34766
乾坤正氣錄八卷　(清)周懋勷輯　清光緒周鳴霞刻本　八冊

440000－2541－0014935　34769
孫徵君日譜錄存三十六卷(清順治六年至康熙十四年)　(清)孫奇逢撰　清光緒十九年(1893)孫氏兼山堂刻本　三十冊

440000－2541－0014936　34774
虞夏贖金釋文一卷　(清)劉師陸撰　清同治十二年(1873)歙縣鮑氏刻觀古閣叢刻本　一冊

440000－2541－0014937　34781
文選古字通疏證六卷　(清)薛傳均撰　清光緒十五年(1889)文選樓刻玲瓏山館叢書本　一冊

440000－2541－0014938　34783
澤存堂五種　(清)張士俊編　清光緒十四年(1888)上海蜚英館石印本　八冊

440000－2541－0014939　34784
小學鉤沈十九卷　(清)任大椿撰　清光緒十年(1884)龍氏刻本　四冊

440000－2541－0014940　34785
爾雅蒙求二卷　(清)李拔式輯　清嘉慶三年(1798)蟠根書屋刻本　一冊　存一卷(下)

440000－2541－0014941　34786
爾雅新義二十卷　(宋)陸佃撰　**敘錄一卷**　(清)宋大樽輯　清嘉慶十三年(1808)陸芝榮三間草堂刻本　八冊

440000－2541－0014942　34788
字鑑五卷　(元)李文仲輯　清刻本　二冊

440000－2541－0014943　34789
釋名疏證補八卷　王先謙撰　清光緒二十二年(1896)長沙王氏刻本　三冊

440000－2541－0014944　34790
田間詩學五卷　(清)錢澄之撰　清同治二年(1863)桐城斟雉堂刻桐城錢飲光先生全書本　六冊

440000－2541－0014945　34791
駢雅訓纂七卷　(明)朱謀㙔撰　清光緒十二年(1886)虞山後知不足齋刻本　八冊

440000－2541－0014946　34792
一切經音義二十五卷　(唐)釋玄應撰　**補訂新譯大方廣佛華嚴經音義二卷**　(唐)釋慧苑撰　**附華嚴經音義敘錄一卷刻華嚴經音義校勘記一卷**　清同治八年(1869)武林張氏寶晉齋刻本　四冊

440000－2541－0014947　34794
小學類編六種附編三種附二種　(清)李祖望編　清咸豐至光緒江都李氏半畝園刻本　六冊　存七種(類編六種、附編一種)

440000－2541－0014948　34795
名原二卷　(清)孫詒讓撰　清光緒三十一年(1905)瑞安孫氏刻本　一冊

440000－2541－0014949　34797
字說一卷　(清)吳大澂撰　清刻本　一冊

440000－2541－0014950　34802

倉頡篇校證三卷補遺一卷　(清)梁章鉅撰　清光緒五年(1879)梁恭辰刻本　二册

440000－2541－0014951　34803

古韻發明不分卷切字肆考不分卷　(清)張畊撰　清道光六年(1826)芸心堂刻本　四册

440000－2541－0014952　34804

六書系韻二十四卷首一卷檢字二卷　(清)李貞輯　清光緒十六年(1890)刻本　二十六册

440000－2541－0014953　34807

聽古廬聲學十書二種　(清)時庸勱撰　清光緒十八年(1892)河南星使行臺刻本　四册

440000－2541－0014954　34809

新集古文四聲韻五卷附錄一卷　(宋)夏竦撰　清乾隆汪氏刻本　一册

440000－2541－0014955　34810

漢學諧聲二十四卷說文補考一卷說文又考一卷　(清)戚學標撰　清嘉慶九年(1804)涉縣官署刻本　八册

440000－2541－0014956　34812

聲調前譜一卷後譜一卷續譜一卷古韻通轉一卷附錄一卷　(清)趙執信撰　(清)楊鸞輯　清乾隆三十年(1765)楊鸞刻本　一册

440000－2541－0014957　34822

隸韻十卷　(宋)劉球撰　**隸韻攷證二卷**　(清)翁方綱撰　**碑目一卷考證一卷**　(清)秦恩復撰　清嘉慶十五年(1810)刻本　六册　存十二卷(隸韻十卷、碑目一卷、考證一卷)

440000－2541－0014958　34823

同音字彙一卷　(清)□□撰　清刻本　一册

440000－2541－0014959　34825

龍龕手鑑四卷　(遼)釋行均撰　清刻本　六册

440000－2541－0014960　34827

正音咀華三卷囊牘一卷續編一卷　(清)莎彝尊撰　清宣統二年(1910)麟書閣刻朱墨套印本　二册

440000－2541－0014961　34828

[康熙]詔安縣誌十二卷　(清)秦炯纂修　清同治十三年(1874)刻本　十册

440000－2541－0014962　34831

韻徵十六卷　(清)安吉撰　**古韻溯源八卷**　(清)安念祖　(清)華湛恩輯　清道光十七年至十九年(1837－1839)親仁堂刻本　八册

440000－2541－0014963　34832

音韻逢源四卷　(清)裕恩撰　清道光二十年(1840)京都聚珍堂書坊刻本　四册

440000－2541－0014964　34835

金山志十卷圖一卷　(清)盧見曾撰　**續志二卷**　(清)釋秋厓撰　清光緒二十六年(1900)刻本　六册

440000－2541－0014965　34840

三百篇原聲七篇　(清)夏味堂撰　清嘉慶十二年(1807)棣華書屋刻本　一册

440000－2541－0014966　34842

古今韻會舉要三十卷　(元)熊忠撰　**禮部韻略七音三十六母通考一卷**　(元)黄公紹輯　清光緒九年(1883)淮南書局刻本　十册

440000－2541－0014967　34846

金山志十卷圖一卷　(清)盧見曾撰　**續志二卷**　(清)釋秋厓撰　清光緒二十六年(1900)刻本　六册

440000－2541－0014968　34847

集韻十卷　(宋)丁度等撰　清光緒二年(1876)歸安姚氏川東官舍刻姚氏叢刻本　五册

440000－2541－0014969　34849

盤山志十卷補遺四卷　(清)釋智朴纂　清康熙三十五年(1696)刻同治十一年(1872)李江補刻本　四册

440000－2541－0014970　34853

音學偶存初編一卷續編一卷　(清)郭師古撰　清光緒清芬堂刻玉屏山房存稿本　一册

440000－2541－0014971　34854

古音類表九卷　(清)傅壽彤撰　清光緒二年

(1876)薛成棠大梁臬署刻本　四冊

440000－2541－0014972　34856

李氏音鑑六卷　(清)李汝珍撰　清同治七年(1868)木樨山房刻本　四冊

440000－2541－0014973　34857

康熙甲子史館新刊古今通韻十二卷首一卷　(清)毛奇齡撰　清康熙二十三年(1684)史館刻本　六冊

440000－2541－0014974　34860

重訂合聲簡字譜一卷　勞乃宣撰　清光緒三十二年(1906)江寧刻本　一冊

440000－2541－0014975　34861

廣續方言四卷　程先甲輯　清光緒二十三年(1897)木活字印本　二冊

440000－2541－0014976　34864

官話指南四卷　(日本)吳啟太　(日本)鄭永邦撰　清光緒七年(1881)廣東雙門底聚文堂刻本　一冊

440000－2541－0014977　34865

越言釋二卷　(清)茹敦和撰　清光緒四年(1878)葛氏嘯園刻本　二冊

440000－2541－0014978　34866

輶軒使者絕代語釋別國方言箋疏十三卷　(漢)揚雄撰　(清)錢繹箋疏　清光緒十六年(1890)紅蝠山房刻朱印本　六冊

440000－2541－0014979　34873

雅語巧對錄二卷　(清)胡啓撰　清光緒十年(1884)吟笑閣刻本　二冊

440000－2541－0014980　34874

江湖切要二卷　(清)卓亭子輯　清光緒十年(1884)吟杏山館刻本　二冊

440000－2541－0014981　34875

拼音字譜一卷　(清)王炳耀撰　清光緒二十三年(1897)刻本　一冊

440000－2541－0014982　34883

柏梘山房文集十六卷續集一卷詩集十卷續集二卷駢體文二卷　(清)梅曾亮撰　清咸豐六年(1856)刻本　八冊

440000－2541－0014983　34884

皇朝詞林典故六十四卷　(清)朱珪等修　(清)陳希曾等纂　清宣統元年(1909)石印本　三十四冊

440000－2541－0014984　34886

文心雕龍十卷　(南朝梁)劉勰撰　(清)黃叔琳注　(清)紀昀評　清道光十三年(1833)兩廣節署刻朱墨套印本　四冊

440000－2541－0014985　34889

古今賦畧不分卷續編一卷補遺一卷唐人試帖畧一卷國朝試帖詩畧一卷　(清)沈業富輯　清乾隆十八年(1753)刻本　六冊

440000－2541－0014986　34890

古詩賞析二十二卷　(清)張玉穀輯　清乾隆三十七年(1772)刻民國四年(1915)嚴氏重印本　六冊

440000－2541－0014987　34893

東萊先生詩律武庫十五卷　(宋)呂祖謙輯　清抄本　十二冊

440000－2541－0014988　34895

文粹一百卷　(宋)姚鉉輯　**補遺二十六卷**　(清)郭麐輯　清光緒十六年(1890)杭州許氏榆園刻本　十九冊　存一百九卷(文粹一至二十二、四十至一百,補遺二十六卷)

440000－2541－0014989　34898

月午樓古詩十九首詳解二卷　(清)饒學斌撰　清光緒元年(1875)旌德饒氏無諸城刻本　二冊

440000－2541－0014990　34903

養一齋詩話十卷李杜詩話三卷　(清)潘德輿撰　清道光十六年(1836)刻本　四冊

440000－2541－0014991　34905

藝談錄二卷　(清)張維屏撰　清咸豐廣州富文齋刻本　二冊

440000－2541－0014992　34906

眉韻樓詩話八卷續編四卷　孫雄撰　清光緒

三十四年(1908)鉛印本　六册

440000－2541－0014993　34908
杜韓詩句集韻三卷　(清)汪文柏輯　清康熙四十五年至四十六年(1706－1707)練江汪氏古香樓刻本　四册

440000－2541－0014994　34909
詩韻合璧五卷　(清)湯文潞輯　清同治六年(1867)刻本　五册

440000－2541－0014995　34912
古文辭類纂七十四卷　(清)姚鼐輯　**續三十四卷**　王先謙輯　清光緒三十年(1904)鉛印本　八册

440000－2541－0014996　34913
新刊校正增補圓機詩韻活法全書十四卷　(明)王世貞增校　清刻本　六册

440000－2541－0014997　34915
歷代賦話十四卷續集十四卷　(清)浦銑輯　清乾隆刻本　三册

440000－2541－0014998　34916
泰山道里記一卷　(清)聶鈫撰　清道光六年(1826)雨山堂刻本　二册

440000－2541－0014999　34917
大鶴山房全書十種附一種　鄭文焯撰　清光緒至民國刻民國九年(1920)蘇州交通圖書館彙印本　八册

440000－2541－0015000　34918
九家集注杜詩三十六卷　(唐)杜甫撰　(宋)郭知達輯注　清刻本　十五册　存三十三卷(一至三十三)

440000－2541－0015001　34920
賦話十卷　(清)李調元撰　清道光刻本　二册

440000－2541－0015002　34929
草堂詩餘正集六卷續集二卷别集四卷新集五卷　(明)顧從敬等輯　(明)沈際飛等評　明刻本　八册

440000－2541－0015003　34935
紅樓夢傳奇八卷　(清)陳鍾麟撰　清粤東省城刻本　八册

440000－2541－0015004　34936
曝書亭集詞注七卷　(清)朱彝尊撰　(清)李富孫注　清嘉慶十九年(1814)李氏校經廎刻道光九年(1829)印本　二册

440000－2541－0015005　34938
四印齋所刻詞二十種附一種　(清)王鵬運編　清光緒十四年(1888)臨桂王氏家塾刻本　十六册　存十九種附一種

440000－2541－0015006　34939
蓮子居詞話四卷　(清)吳衡照撰　清道光十二年(1832)錢塘汪氏振綺堂刻同治六年(1867)、民國十二年(1923)遞修本　二册

440000－2541－0015007　34942
詞學全書四種附一種　(清)查培繼編　清刻本　七册

440000－2541－0015008　34944
舒藝室全集二十四卷　(清)張文虎撰　清同治十三年(1874)金陵冶城賓館刻覆瓿集本　十一册

440000－2541－0015009　34945
顯志堂集十二卷　(清)馮桂芬撰　清光緒二年(1876)校邠廬刻本　四册

440000－2541－0015010　34952
泰山道里記一卷　(清)聶鈫撰　清道光六年(1826)雨山堂刻本　二册

440000－2541－0015011　34953
紅樓夢評讚四卷附四卷　(清)王希廉輯　清光緒二年(1876)上海刻本　六册

440000－2541－0015012　34955
紅樓夢廣義二卷首一卷末一卷　(清)黄見三撰　清光緒二十八年(1902)許貞幹味青齋刻本　二册

440000－2541－0015013　34956
紅樓夢摘華一卷南詞北調一卷　(清)莎彝尊輯　清光緒七年(1881)刻本　一册

440000－2541－0015014　34958
容齋隨筆十六卷續筆十六卷三筆十六卷四筆十六卷五筆十卷　(宋)洪邁撰　清同治十一年(1872)刻光緒九年(1883)印洪氏晦木齋叢書本　十四册

440000－2541－0015015　34959
文選六十卷　(南朝梁)蕭統輯　(清)何焯評點　清光緒廣州翰墨園刻朱墨套印本　十二册

440000－2541－0015016　34961
東萊集注類編觀瀾文集甲集二十五卷乙集二十五卷丙集二十卷　(宋)林之奇輯　清光緒二十年(1894)影宋刻本　十二册

440000－2541－0015017　34964
古今文致十卷　(明)劉士鏻輯　(明)王宇增訂　清光緒九年(1883)羣玉山房刻朱墨套印本　六册

440000－2541－0015018　34965
建安七子集七種　(清)楊逢辰編　清光緒十六年(1890)長沙楊氏坦園刻本　四册

440000－2541－0015019　34967
唐宋八家文百篇不分卷　(清)劉大櫆輯　清光緒十七年(1891)石印本　三册

440000－2541－0015020　34968
欽定全唐文一千卷總目三卷　(清)董誥等輯　清光緒二十七年(1901)廣雅書局刻本　二百册

440000－2541－0015021　34971
說鈴前集三十八種後集十七種續集七種　(清)吴震方編　清道光五年(1825)聚秀堂刻本　三十二册　存五十三種

440000－2541－0015022　34976
[乾隆]永順府志十二卷首一卷　(清)張天如纂修　(清)魏式曾續修　(清)郭鑑襄續纂　清光緒刻本　十册

440000－2541－0015023　34978
重訂昭陽扶雅集六卷　(清)徐榦輯　清光緒八年(1882)邵武徐氏刻本　二册

440000－2541－0015024　34983
[同治]畿輔通志三百卷首一卷　(清)李鴻章等修　(清)黄彭年等纂　清光緒十年(1884)刻本　十册　存十一卷(一百三十一至一百四十一)

440000－2541－0015025　34984
詩集傳音釋二十卷詩圖一卷詩傳綱領一卷詩序一卷　(宋)朱熹集傳　(元)許謙音釋　(元)羅復輯　**校刻詩集傳音釋札記一卷**　(清)蔣光煦撰　清咸豐五年至七年(1855－1857)海昌蔣氏衍芬草堂刻本　六册

440000－2541－0015026　34986
詩比興箋四卷　(清)陳沆撰　清光緒九年(1883)長洲彭祖賢武昌刻本　四册

440000－2541－0015027　34988
詩故攷異三十二卷　(清)徐華嶽輯　清道光十二年(1832)恖聞齋刻本　六册

440000－2541－0015028　34990
讀詩傳諷三十卷　(清)韓怡撰　清嘉慶二十年(1815)丹徒韓氏木存堂刻本　二十四册

440000－2541－0015029　34994
繡像飛龍傳八卷六十四回　(清)吳璿删定　清善美堂刻本　八册

440000－2541－0015030　34995
唐詩正聲四十七卷　(清)馬允剛輯　清嘉慶二十一年(1816)馬氏耘經堂刻本　四十七册

440000－2541－0015031　34996
直木齋全集十二卷　(清)任繩隗撰　清刻本　四册

440000－2541－0015032　34997
史記索隱三十卷　(唐)司馬貞撰　**五代史補五卷**　(宋)陶岳撰　**五代史闕文一卷**　(宋)王禹偁撰　清光緒廣雅書局刻本　二册

440000－2541－0015033　34998
史記索隱三十卷　(唐)司馬貞撰　**五代史補五卷**　(宋)陶岳撰　**五代史闕文一卷**　(宋)

王禹偁撰　清光緒廣雅書局刻本　一册　存十四卷(索隱二十三至三十、五代史補五卷、闕文一卷)

440000－2541－0015034　34999
史記索隱三十卷　(唐)司馬貞撰　**五代史補五卷**　(宋)陶岳撰　**五代史闕文一卷**　(宋)王禹偁撰　清光緒廣雅書局刻本　六册

440000－2541－0015035　35000
明詩紀事甲籤三十卷乙籤二十二卷丙籤十二卷丁籤十七卷戊籤二十二卷己籤二十卷庚籤三十卷辛籤三十四卷壬籤十卷癸籤十卷　(清)陳田輯　清光緒二十三年至宣統三年(1897－1911)貴陽陳氏聽詩齋刻本(壬籤十卷、癸籤十卷原闕)　三十七册　存一百八十二卷(甲籤三十卷,乙籤一至十一、十七至二十二,丙籤十二卷,丁籤十七卷,戊籤二十二卷,己籤二十卷,庚籤三十卷,辛籤三十四卷)

440000－2541－0015036　35001
南園前五先生詩五卷　(明)陳暹輯　(明)葛徵奇重訂　**南園後五先生詩二十五卷首一卷**　**南園花信詩一卷**　(清)熊繹祖輯　清同治九年(1870)南海陳氏樵山草堂刻本　八册

440000－2541－0015037　35004
楚辭十七卷　(漢)王逸章句　(宋)洪興祖補注　清光緒九年(1883)長沙書堂山館刻本　六册

440000－2541－0015038　35005
楚辭集注八卷首一卷　(宋)朱熹撰　清刻朱墨套印本　四册

440000－2541－0015039　35007
陶淵明集八卷首一卷末一卷　(晉)陶潛撰　清光緒五年(1879)廣州翰墨園刻朱墨套印本　四册

440000－2541－0015040　35015
吳氏石蓮庵刻山左人詞十七種附一種　(清)吳重憙編　清光緒二十七年(1901)海豐吳氏金陵刻本　十册

440000－2541－0015041　35024
二家詞鈔五卷　樊增祥編　清光緒二十八年(1902)樊氏刻樊山集本　二册

440000－2541－0015042　35025
列朝詩集乾集二卷甲集前編十一卷甲集二十二卷乙集八卷丙集十六卷丁集十六卷閏集六卷　(清)錢謙益輯　清宣統二年(1910)上海國學扶輪社鉛印本　五十六册

440000－2541－0015043　35026
[道光]萬全縣志十卷首一卷　(清)左承業纂修　(清)施彥士續纂修　清乾隆十年(1745)刻道光十四年(1834)增刻本　四册

440000－2541－0015044　35027
唐四家詩集四種附二種　(清)胡鳳丹編　清同治九年(1870)退補齋刻本　六册

440000－2541－0015045　35028
初唐四傑文集四種　(清)□□編　清同治鄒氏叢雅居刻本　六册

440000－2541－0015046　35034
漢丞相諸葛忠武侯集二十一卷　(三國蜀)諸葛亮撰　(明)諸葛義基輯　清嘉慶蔣予蒲刻道藏輯要本　八册

440000－2541－0015047　35039
杜詩義法二卷　(清)喬億撰　清抄本　二册

440000－2541－0015048　35041
湛園札記四卷　(清)姜宸英撰　清鶴麓山房刻本　二册

440000－2541－0015049　35043
東周列國全志二十三卷一百八回　(清)蔡昇評點　清咸豐四年(1854)書成山房刻本　二十三册

440000－2541－0015050　35044
顧華陽集三卷補遺二卷　(唐)顧況撰　(清)顧球纂輯　**顧非熊詩一卷**　(唐)顧非熊撰　(清)顧球纂輯　**國佐公附集補遺二卷**　(清)顧球纂輯　清同治元年(1862)顧氏雙峰堂刻民國二十年(1931)印本　二册

440000－2541－0015051　35062

元遺山詩集箋注十四卷　（金）元好問撰　（元）張德輝輯　（清）施國祁箋注　**元遺山全集附錄一卷**　（明）儲瓘輯　（清）華希閔增　**元遺山全集傳銘一卷年譜一卷補載一卷**　（清）施國祁輯　清道光二年（1822）刻本　四冊

440000－2541－0015052　35065

蘇文忠詩合註五十卷首一卷　（宋）蘇軾撰　（清）馮應榴輯訂　清乾隆五十八年（1793）桐鄉馮氏踵息齋刻同治九年（1870）馮寶圻補刻本　十六冊

440000－2541－0015053　35066

高季迪先生大全集十八卷　（明）高啟撰　清光緒木活字印本　六冊

440000－2541－0015054　35075

返生香（疏香閣遺集）一卷　（明）葉小鸞撰　**疏香閣附集一卷**　（清）沈自炳等撰　**窃聞一卷續一卷**　（明）葉紹袁撰　清光緒二十二年（1896）羊城秋夢盦刻本　四冊

440000－2541－0015055　35076

明大司馬盧公奏議十二卷首一卷　（明）盧象昇撰　清光緒元年（1875）施惠刻本　八冊

440000－2541－0015056　35078

陳忠裕全集三十卷年譜三卷首一卷末一卷　（明）陳子龍撰　（清）王昶輯　（清）王鴻逵等編訂　清嘉慶八年（1803）青浦何其偉簳山草堂刻同治八年（1869）補刻本　七冊

440000－2541－0015057　35079

黃漳浦集五十卷首一卷目錄二卷　（明）黃道周撰　（清）陳壽祺輯　**年譜二卷**　（清）莊起儔撰　清道光八年至十年（1828－1830）刻本　十八冊

440000－2541－0015058　35084

豫立軒文集四卷首一卷　（清）陳仁言撰　（清）張作楠輯　清嘉慶七年（1802）金華家塾刻本　四冊

440000－2541－0015059　35085

安般簃詩續鈔十卷　（清）袁昶撰　清光緒十六年（1890）小漚巢刻本　四冊

440000－2541－0015060　35086

人境廬詩草十一卷　（清）黃遵憲撰　清宣統三年（1911）嘉應黃遵楷鉛印本　四冊

440000－2541－0015061　35090

東洲艸堂文鈔二十卷　（清）何紹基撰　**眠琴閣遺文一卷詩二卷**　（清）何慶涵撰　**浣月樓遺詩二卷**　（清）李楣撰　清光緒刻本　六冊

440000－2541－0015062　35092

顧亭林先生詩集箋註十七卷首一卷　（清）顧炎武撰　（清）徐嘉輯　**校補一卷**　（清）李詳等補　清光緒二十三年至二十七年（1897－1901）山陽徐氏味靜齋刻本　六冊

440000－2541－0015063　35093

西堂全集四種附一種　（清）尤侗撰　清刻本　十八冊　存三種

440000－2541－0015064　35094

揖山樓詩集十八卷　（清）畢憲曾撰　清培遠堂刻本　六冊

440000－2541－0015065　35098

道援堂詩集十二卷詞一卷　（清）屈大均撰　清道光粵東刻本　八冊

440000－2541－0015066　35100

鳴鶴堂詩集十一卷　（清）任源祥撰　清光緒十五年（1889）刻本　二冊

440000－2541－0015067　35106

定山堂詩集四十三卷　（清）龔鼎孳撰　清光緒九年（1883）聽彝書屋刻本　二十一冊

440000－2541－0015068　35109

二曲集四十六卷　（清）李顒撰　清光緒三年（1877）石泉彭懋謙信述堂刻本　十六冊

440000－2541－0015069　35110

黃葉邨莊詩集八卷續集一卷後集一卷　（清）吳之振撰　**題詞一卷**　（清）吳康壽編　清光緒四年（1878）吳康壽刻本　八冊

440000－2541－0015070　35112

西歸日札一卷待菴日札一卷　(清)王弘撰撰　清光緒二十六年(1900)敬義堂刻本　二冊

440000－2541－0015071　35118
藏書紀事詩六卷　葉昌熾撰　清光緒二十三年(1897)江標長沙學使署刻靈鶼閣叢書本　十二冊

440000－2541－0015072　35121
兩當軒詩鈔十四卷悔存詞鈔二卷　(清)黄景仁撰　清嘉慶四年(1799)渭川趙氏書帶草堂刻二十二年(1817)侯官鄭炳文補刻本　四冊

440000－2541－0015073　35122
侯鯖集十卷　(清)李友棠撰　清光緒刻本　一冊

440000－2541－0015074　35123
泰雲堂文集二卷駢體文集二卷詩集十八卷詞集三卷　(清)孫爾準撰　清光緒三十二年(1906)刻民國十九年(1930)印本　四冊

440000－2541－0015075　35124
有正味齋詩集十六卷駢體文二十四卷駢體文續集八卷詞集八卷詞續集二卷外集五卷外集南北曲二卷　(清)吳錫麟撰　清嘉慶十三年(1808)刻本　二十冊

440000－2541－0015076　35126
岑華居士蘭鯨錄八卷　(清)吳慈鶴撰　清嘉慶十五年(1810)刻本　二冊

440000－2541－0015077　35127
吳學士文集四卷詩集五卷　(清)吳鼒撰　(清)梁肇煌　(清)薛時雨輯　清光緒八年(1882)梁肇煌江寧藩署刻本　四冊　存四卷(文集四卷)

440000－2541－0015078　35128
文選樓叢書三十二種　(清)阮亨編　清嘉慶至道光揚州阮氏小琅嬛僊館刻本　三十冊　存八種

440000－2541－0015079　35129
拜石山房詩鈔十卷補遺一卷詞鈔四卷　(清)顧翰撰　清嘉慶十五年(1810)刻道光續刻本　四冊

440000－2541－0015080　35130
伏敔堂詩錄十五卷首一卷續錄四卷　(清)江湜撰　清同治元年至五年(1862－1866)長洲江氏刻本　四冊　存十七卷(詩錄十五卷、首一卷、續錄一)

440000－2541－0015081　35131
使黔艸三卷東洲草堂詩鈔三卷　(清)何紹基撰　清咸豐刻本　二冊

440000－2541－0015082　35132
養默山房詩錄九卷　(清)謝元淮撰　清道光十九年(1839)知足之足齋刻本　二冊

440000－2541－0015083　35133
補學軒文集四卷　(清)鄭獻甫撰　(清)蘊璘　(清)石昌寅編　清咸豐十一年(1861)刻本　四冊

440000－2541－0015084　35135
閩中新樂府一卷　林紓撰　清光緒二十三年(1897)鉛印本　一冊

440000－2541－0015085　35157
巧對錄八卷　(清)梁章鉅輯　清道光二十九年(1849)刻本　一冊　存四卷(一至四)

440000－2541－0015086　35168
悔廬詩存五卷　(□)□□撰　清抄本　四冊

440000－2541－0015087　35198
回春夢二卷題詞一卷　(清)顧森編　(清)王元常評　(清)楊坊訂　清刻本　二冊

440000－2541－0015088　35199
六如亭二卷　(清)張九鉞撰　清道光湘潭張氏刻本　二冊

440000－2541－0015089　35200
桃花扇四卷四十齣首一卷　(清)孔尚任撰　清光緒二十一年(1895)蘭雪堂刻本　五冊

440000－2541－0015090　35202
譜定紅香傳傳奇二卷　題(清)雲臥山人撰　清抄本　二冊

440000－2541－0015091　35207
增補一夕話六卷　題（清）咄咄夫輯　清長沙積經堂刻本　一册　存二卷（一至二）

440000－2541－0015092　35208
笑話新書二卷　題（清）拈花一笑人輯　清光緒十八年（1892）上海石印本　四册

440000－2541－0015093　35211
義俠好逑傳四卷十八回　題（清）名教中人撰　題（清）游方外客批評　清同治五年（1866）刻本　四册

440000－2541－0015094　35213
新刻天花藏批評平山冷燕四卷二十回　題（清）荻岸散人編　清刻本　三册　存十五回（一至十、十六至二十）

440000－2541－0015095　35215
湖南小戲唱本一百十種　（清）□□編　清長沙三元堂刻本　一百六十四册

440000－2541－0015096　35221
志雅堂雜鈔二卷　（宋）周密撰　清嘉慶十四年（1809）杭郡余氏大梁書院刻本　一册

440000－2541－0015097　35222
釀齋雜編一卷　（清）鮑東里撰　清光緒刻本　一册

440000－2541－0015098　35231
宋人小說類編四卷補鈔一卷　題（清）秋紅晚翠軒餘叟輯　清同治十年（1871）刻本　五册

440000－2541－0015099　35235
太平廣記五百卷目錄十卷　（宋）李昉等輯　清嘉慶元年（1796）刻本　三十册

440000－2541－0015100　35238
詳注聊齋志異圖詠十六卷　（清）蒲松齡撰　（清）呂湛恩注　清光緒十二年（1886）上海同文書局石印本　八册

440000－2541－0015101　35240
聊齋志異新評十六卷　（清）蒲松齡撰　（清）王士禛評　（清）但明倫新評　清刻光緒三年（1877）文餘堂朱墨套印本　十六册

440000－2541－0015102　35247
三國演義六十卷　（明）羅貫中撰　（清）毛宗崗評　清咸豐三年（1853）善成堂刻本　十六册

440000－2541－0015103　35248
繡像續小五義一百二十四回　（清）□□撰　清光緒十八年（1892）鉛印本　八册

440000－2541－0015104　35252
蕩寇志七十卷　（清）俞萬春撰　清同治十年（1871）玉屏山館刻本　十六册

440000－2541－0015105　35253
西遊原旨二十四卷一百回首一卷　（清）劉一明撰　清嘉慶二十四年（1819）刻常德縣同善社印本　二十四册

440000－2541－0015106　35254
西遊真詮一百回　（清）陳士斌詮解　清刻本　十册

440000－2541－0015107　35255
楊家將演義十卷　（明）熊大木撰　題（清）研石山樵訂正　清小西山房刻本　六册

440000－2541－0015108　35259
增注繪圖官場現形記六十卷　（清）李伯元撰　清光緒二十九年（1903）石印本　十七册

440000－2541－0015109　35262
四百三十二峰草堂詩十六卷　（清）黄璟撰　清宣統二年（1910）刻本　一册　存一卷（十五）

440000－2541－0015110　35265
繡像何必西廂（梅花夢）三十七卷三十七回　題（清）心鐵道人撰　（清）和松居士譜訂　清刻本　八册

440000－2541－0015111　35266
繡像落金扇全傳八卷　題（清）吹竽先生撰　清同治十二年（1873）刻本　八册

440000－2541－0015112　35268
繡像義妖全傳二十八卷五十四回　（清）陳遇乾撰　清嘉慶十四年（1809）刻本　十二册

440000－2541－0015113　35269
繡像文武香球十二卷七十二回　(清)申江逸史撰　清同治二年(1863)刻本　十二册

440000－2541－0015114　35272
粤謳一卷　(清)招子庸輯　清光緒十七年(1891)廣州石經堂書局影印本　一册

440000－2541－0015115　35284
吴下諺聯四卷　(清)王有光輯　清嘉慶二十五年(1820)刻民國二十四年(1935)補刻本　四册

440000－2541－0015116　35292
律音彙考八卷　(清)邱之稑撰　**琴旨申邱一卷**　(清)劉人熙撰　清光緒二十三年(1897)汪樹堂刻本　四册

440000－2541－0015117　35293
雙忽雷本事一卷　劉世珩輯　清宣統三年(1911)貴池劉氏石印本　一册

440000－2541－0015118　35294
宋稗類鈔八卷　(清)潘永因輯　清刻本　十六册

440000－2541－0015119　35306
御纂周易折中二十二卷首一卷　(清)李光地等撰　清同治六年(1867)浙江書局刻御纂七經本　十册

440000－2541－0015120　35308
論語正義二十四卷首一卷　(清)劉寶楠撰　(清)劉恭冕述　清光緒石印本　四册

440000－2541－0015121　35311
十三經拾遺十六卷　(清)王朝榘撰　清嘉慶五年(1800)刻本　三册

440000－2541－0015122　35312
重刊宋本十三經註疏附校勘記　(清)阮元撰　校勘記　(清)盧宣旬摘録　清同治十年(1871)廣東書局刻本　一百二十册

440000－2541－0015123　35320
草木新本牡丹亭四卷三十二回　題(清)雲間子集撰　清刻本　一册　存十六回(十七至三十二)

440000－2541－0015124　35324
法言疏證十三卷　汪榮寶撰　清宣統三年(1911)元和汪氏金薤琳琅齋刻本　四册

440000－2541－0015125　35325
小學集解六卷　(清)張伯行撰　清光緒二十七年(1901)廣雅書局刻本　四册

440000－2541－0015126　35334
韻岐五卷　(清)江昱撰　清光緒七年(1881)刻本　二册

440000－2541－0015127　35335
高僧傳初集十五卷首一卷　(南朝梁)釋慧皎撰　清光緒十年(1884)金陵刻經處刻本　四册

440000－2541－0015128　35342
越史略三卷　(越南)□□撰　清光緒石印守山閣叢書本　一册　存二卷(二至三)

440000－2541－0015129　35343
切韻考六卷外篇三卷　(清)陳澧撰　清光緒十年(1884)刻本　五册

440000－2541－0015130　35347
廣韻五卷　(宋)陳彭年等重修　清同治十二年(1873)粤東書局刻小學彙函本　五册

440000－2541－0015131　35351
佩文廣韻匯編五卷　(清)李元祺輯　清同治十一年(1872)金陵書局刻本　一册

440000－2541－0015132　35352
集韻十卷　(宋)丁度等撰　清嘉慶十九年(1814)浙甯簡香刻本　十册

440000－2541－0015133　35353
五方元音二卷　(清)樊騰鳳撰　清光緒十五年(1889)京都琉璃廠刻本　二册

440000－2541－0015134　35354
六書音均表五卷　(清)段玉裁撰　清光緒元年(1875)湖北崇文書局刻本　二册

440000－2541－0015135　35355

音學辨微一附榕村等韻辨疑正誤一卷康熙字典等韻辨惑一卷 (清)江永撰 清宣統元年(1909)國學保存會石印本 一冊

440000－2541－0015136 35360
四音定切四卷 (清)劉熙載撰 清光緒刻古桐書屋六種本 一冊

440000－2541－0015137 35362
等韻一得内篇一卷外篇一卷 勞乃宣撰 清光緒二十四年(1898)吳橋官廨自刻本 一冊

440000－2541－0015138 35364
古韻通説二十卷總論一卷通説一卷略例一卷 (清)龍啟瑞撰 清同治六年(1867)方濬頤刻本 四冊

440000－2541－0015139 35367
隸辨八卷 (清)顧藹吉撰 清光緒十三年(1887)上海蜚英館石印本 八冊

440000－2541－0015140 35369
爾雅三卷 (晉)郭璞注 清光緒十年(1884)上海同文書局石印本 二冊

440000－2541－0015141 35370
爾雅蒙求二卷 (清)李拔式輯 清光緒十五年(1889)長沙劉氏深柳書屋刻本 二冊

440000－2541－0015142 35371
爾雅郭注義疏三卷 (清)郝懿行撰 清光緒十年(1884)榮縣蜀南閣刻本 十冊

440000－2541－0015143 35373
疊雅十三卷 (清)史夢蘭撰 清同治四年(1865)刻止園叢書本 六冊

440000－2541－0015144 35374
釋穀四卷 (清)劉寶楠撰 清光緒十四年(1888)廣雅書局刻朱印本 一冊

440000－2541－0015145 35378
經典釋文三十卷 (唐)陸德明撰 **考證三十卷** (清)盧文弨撰 清同治十年(1871)廣州刻本 五冊 存十二卷(三至七、十五至二十一)

440000－2541－0015146 35379
經典釋文三十卷 (唐)陸德明撰 **考證三十卷** (清)盧文弨撰 清同治十年(1871)廣州刻鎔經鑄史齋印本 十二冊

440000－2541－0015147 35381
拾雅二十卷 (清)夏味堂撰 清嘉慶二十四年(1819)高郵夏氏刻本 八冊

440000－2541－0015148 35382
説文通訓定聲十八卷檢韻一卷説雅一卷古今韻準一卷 (清)朱駿聲撰 清光緒十三年(1887)上海積山書局石印本 八冊

440000－2541－0015149 35383
説文解字韻譜十卷 (五代)徐鍇撰 清同治三年(1864)吳縣馮桂芬刻本 二冊

440000－2541－0015150 35384
説文段注撰要九卷 (清)馬壽齡撰 清光緒九年(1883)金陵胡氏愚園刻本 四冊

440000－2541－0015151 35385
玉篇校刊札記一卷廣韻校刊札記一卷 (清)鄧顯鶴述 清刻本 一冊

440000－2541－0015152 35386
俗語爽心四卷 (清)邵紀棠評輯 清芹香閣刻本 一冊

440000－2541－0015153 35388
新方言十一卷領外三州語一卷 章炳麟撰 清宣統三年(1911)文學會社石印本 一冊

440000－2541－0015154 35389
六書通十卷 (明)閔齊伋撰 (清)畢弘述篆訂 清刻本 六冊

440000－2541－0015155 35394
藝概六卷 (清)劉熙載撰 清光緒三年(1877)嶺南刻本 二冊

440000－2541－0015156 35400
詞學叢書六種 (清)秦恩復編 清嘉慶至道光江都秦氏享帚精舍刻本 七冊

440000－2541－0015157 35402
古文辭類纂十卷 (清)姚鼐輯 清光緒十六年(1890)上海文瑞樓鉛印本 十冊

440000－2541－0015158　35413
林嚴文鈔四卷　林紓　嚴復撰　清宣統元年(1909)上海國學扶輪社鉛印本　二册

440000－2541－0015159　35415
古微堂内集三卷外集七卷　(清)魏源撰　清光緒四年(1878)淮南書局刻本　四册

440000－2541－0015160　35417
藝風堂文集七卷外一卷續集八卷外一卷　繆荃孫撰　清光緒二十六年(1900)刻民國二年(1913)續刻本　八册

440000－2541－0015161　35419
章太炎文鈔四卷　章太炎撰　清宣統二年(1910)上海國學扶輪社鉛印本　三册

440000－2541－0015162　35427
詞餘叢話三卷　(清)楊恩壽撰　清末石印坦園叢書本　二册

440000－2541－0015163　35429
貫華堂才子書彙稿十種　(清)金人瑞撰　清宣統順德鄧氏鉛印風雨樓叢書本　一册　存二種

440000－2541－0015164　35436.1
詩經八卷　(宋)朱熹集傳　清道光十六年(1836)揚郡惜字公局刻本　四册

440000－2541－0015165　35436.2
毛詩訂詁八卷附錄二卷　(清)顧棟高撰　清光緒二十二年(1896)江蘇書局刻本　與440000－2541－0015164合册　存五卷(六至八、附錄二卷)

440000－2541－0015166　35437
詩集傳八卷　(宋)朱熹撰　清刻本　三册　存六卷(三至八)

440000－2541－0015167　35440
詩毛氏傳疏三十卷釋毛詩音四卷毛詩説一卷毛詩傳義類一卷鄭氏箋考徵一卷　(清)陳奐撰　清末鴻章書局石印本　十二册

440000－2541－0015168　35442
朱子詩義補正八卷　(清)方苞撰　(清)單作哲輯　清光緒三年(1877)南海馮氏刻本　二册

440000－2541－0015169　35444
資治通鑑二百九十四卷　(宋)司馬光撰　(元)胡三省音注　**釋文辨誤十二卷**　(元)胡三省撰　清嘉慶二十一年(1816)鄱陽胡氏刻同治八年(1869)江蘇書局重修資治通鑑彙刻本　九十册

440000－2541－0015170　35445
重增三教源流聖帝佛師搜神大全二卷　(晉)干寶撰　清咸豐五年(1855)刻本　三册

440000－2541－0015171　35446
新刻天花藏批評玉嬌梨四卷二十回　題(清)荻岸散人撰　清佛山芹香閣刻本　四册

440000－2541－0015172　35448
山海經十八卷　(晉)郭璞傳　清光緒元年(1875)湖北崇文書局刻本　二册

440000－2541－0015173　35513
尚書今古文注三十卷　(清)孫星衍注　清光緒五年(1879)丁寶楨刻本　二册

440000－2541－0015174　35514
寫定尚書不分卷　(清)吳汝綸撰　清光緒十八年(1892)桐城吳氏家塾石印本　一册

440000－2541－0015175　35517
書經六卷　(宋)蔡沈集傳　清道光十六年(1836)揚郡惜字公局刻本　二册

440000－2541－0015176　35522
尚書集注述疏三十二卷首一卷末二卷　簡朝亮撰　**讀書堂答問一卷**　張子沂輯　清光緒三十三年(1907)廣東簡氏刻讀書堂叢書本　十八册

440000－2541－0015177　35537
儀禮圖六卷　(清)張惠言撰　清同治九年(1870)湖北崇文書局刻本　三册

440000－2541－0015178　35539
明季稗史彙編十六種　題(清)留雲居士編　清光緒二十二年(1896)上海圖書集成印書局

鉛印本　五册　存十種

440000－2541－0015179　35540
廣東新語二十八卷　(清)屈大均撰　清雙門底啟智書局、儒雅堂刻本　十册

440000－2541－0015180　35541
戰國策三十三卷　(漢)高誘注　(宋)姚宏考異　**重刻剡川姚氏本戰國策札記三卷**　(清)黄丕烈撰　清同治八年(1869)湖北崇文書局刻本　五册

440000－2541－0015181　35542
三國志六十五卷　(晋)陳壽撰　(南朝宋)裴松之注　清光緒七年(1881)文雅齋刻本　十册

440000－2541－0015182　35543
續吕氏家塾讀詩記三卷　(宋)戴溪撰　清刻經苑本　二册

440000－2541－0015183　35544
左繡三十卷　(清)馮李驊　(清)陸浩評輯　清刻本　十四册

440000－2541－0015184　35545
歷代地理沿革圖一卷　(清)馬徵麟撰　清光緒二十四年(1898)上海掃葉山房石印李氏五種本　一册

440000－2541－0015185　35548
春暉堂叢書十二種　(清)徐渭仁編　清道光至咸豐上海徐氏刻同治補刻本　十二册

440000－2541－0015186　35550
禮記二十卷　(漢)鄭玄注　清同治三年(1864)南海鄺氏九我堂刻本　十册

440000－2541－0015187　35554
三禮不分卷　(□)□□輯　清道光二年至三年(1822－1823)抄本　一册

440000－2541－0015188　35555
海山仙館叢書五十六種　(清)潘仕成編　清道光至咸豐番禺潘氏刻光緒補刻本　一百二十册

440000－2541－0015189　35557
番禺陳氏東塾叢書五種　(清)陳澧撰　清咸豐至光緒刻本　九册

440000－2541－0015190　35558
番禺陳氏東塾叢書五種　(清)陳澧撰　清咸豐至光緒刻本　九册

440000－2541－0015191　35559
白石道人四種　(宋)姜夔撰　清同治十年(1871)桂林倪鴻刻本　二册

440000－2541－0015192　35560
御覽知不足齋叢書三十集一百九十六種附十一種　(清)鮑廷博編　(清)鮑志祖續編　清乾隆至道光長塘鮑氏刻同治五年(1866)嶺南蘇氏補刻印本　二百三十七册　存二百五種

440000－2541－0015193　35565
古經解彙函二十三種附小學彙函　(清)鍾謙鈞等編　清光緒十四年(1888)上海蜚英館石印本　二十六册

440000－2541－0015194　35568
淵鑑類函四百五十卷　(清)張英等輯　清光緒九年(1883)上海點石齋石印本　十册

440000－2541－0015195　35569
事類賦三十卷　(宋)吳淑撰并注　**廣事類賦四十卷**　(清)華希閔輯　清刻本　十六册

440000－2541－0015196　35570
太平御覽一千卷目錄十五卷　(宋)李昉等輯　清光緒十八年(1892)南海李氏刻本　八十一册　存八百二十卷(九至五十一、六十一至九十五、一百五至一百三十三、一百五十四至一百七十二、一百八十六至四百七十、五百十一至五百九十、六百十一至七百五、七百二十八至八百四十二、八百五十一至八百八十、八百九十一至九百十四、九百二十三至九百七十九、九百九十至一千,目錄十五卷)

440000－2541－0015197　35577
東塾讀書記二十五卷　(清)陳澧撰　清光緒刻本(卷十四、十七至二十、二十二至二十五未刻)　二册

440000－2541－0015198　35578
書目答問不分卷　(清)張之洞撰　清光緒刻本　二册

440000－2541－0015199　35585
五大部直音三卷　(清)□□撰　清同治十二年(1873)刻本　一册

440000－2541－0015200　35588
石林燕語十卷　(宋)葉夢得撰　清光緒三十四年(1908)長沙葉氏郎園刻石林遺書本　二册

440000－2541－0015201　35597
天傭子集十卷　(明)艾南英撰　清刻本　九册　存九卷(二至十)

440000－2541－0015202　35608
李空同詩集三十三卷附錄一卷　(明)李夢陽撰　清光緒二十一年(1895)長沙張氏湘雨樓刻弘正四傑詩集本　六册

440000－2541－0015203　35609
詩緝三十六卷　(宋)嚴粲撰　清嘉慶十五年(1810)刻本　十册

440000－2541－0015204　35610
儀衛軒詩集五卷文集十二卷外集一卷遺書三卷　(清)方東樹撰　清同治五年至十三年(1866－1874)桐城方宗城刻本　七册

440000－2541－0015205　35613
韓詩内傳徵四卷敘錄二卷補遺一卷疑義一卷　(清)宋綿初撰　清光緒十九年(1893)南陵徐氏刻積學齋叢書本　一册

440000－2541－0015206　35621
天奇閣詩文八卷　(清)吳月霄撰　**嘯旨一卷**　(唐)孫廣撰　清刻本　一册

440000－2541－0015207　35623
姓解三卷　(宋)邵思撰　清光緒遵義黎氏日本東京使署影宋刻古逸叢書本　一册

440000－2541－0015208　35625
新刻董永全套仲舒尋母三卷　(清)馬學愚撰　清刻本　一册　存一卷(三)

440000－2541－0015209　35626
煲老鴨不分卷　(清)□□撰　清光緒二十年(1894)五桂堂刻本　一册

440000－2541－0015210　35627
婦孺信札一卷信札材料一卷　(清)□□輯　清廣州以文堂刻本　一册

440000－2541－0015211　35628
慈雲走國全傳八卷三十五回　(清)□□撰　清刻本　三册

440000－2541－0015212　35631
漢書蒙拾三卷　(清)杭世駿撰　清光緒十年(1884)上海同文書局石印本　一册

440000－2541－0015213　35632
分類詩腋八卷　(清)李楨輯　清同治文林閣刻本　三册　存六卷(三至八)

440000－2541－0015214　35633
唐人試律説一卷　(清)紀昀撰　**金石要例一卷**　(清)黄宗羲撰　清光緒五年(1879)上海淞隱閣鉛印國朝名人著述叢編本　一册

440000－2541－0015215　35643
海山詩屋詩話十卷　(清)李文泰撰　清光緒四年(1878)羊城森寶閣鉛印本　四册

440000－2541－0015216　35647
賦學指南十卷　(清)余丙照輯　清光緒四年(1878)刻本　二册

440000－2541－0015217　35648
三通志輯要七十六卷　(清)蔣麟振輯　清光緒二十八年(1902)上海編譯局石印本　八册　存五十卷(通志輯要二十二卷、欽定續通志輯要二十八卷)

440000－2541－0015218　35651
静淨齋第八才子書花箋記六卷二酉齋花箋文章一卷　題(清)静淨齋評　清刻本(有圖)　二册

440000－2541－0015219　35655
酉陽雜俎前集二十卷續集十卷　(唐)段成式撰　清道光二十九年(1849)刻本　四册

440000－2541－0015220　35657
詩經集傳八卷　(宋)朱熹撰　清刻本　一册　存二卷(一至二)

440000－2541－0015221　35658
滄溟先生集十四卷附錄一卷　(明)李攀龍撰　清光緒二十一年(1895)長沙張氏湘雨樓刻本　四册

440000－2541－0015222　35674
附釋音禮記註疏六十三卷附校勘記六十三卷　(漢)鄭玄注　(唐)陸德明音義　(唐)孔穎達注　清同治十年(1871)廣東書局刻重刊宋本十三經註疏本　二十册

440000－2541－0015223　35680
經籍籑詁一百六卷補遺一百六卷首一卷　(清)阮元撰　**新輯經籍籑詁檢韻一卷**　清光緒漱六山莊石印本　十二册

440000－2541－0015224　35682
說文外編十六卷　(清)雷浚撰　**劉氏碎金一卷**　(清)劉禧延撰　清光緒二年(1876)刻雷刻八種本　四册

440000－2541－0015225　35684
欽定金史語解十二卷　(清)□□編　清光緒四年(1878)江蘇書局刻遼金元三史語解本　三册

440000－2541－0015226　35685
說文新附考六卷　(清)鈕樹玉撰　清同治十三年(1874)湖北崇文書局刻本　二册

440000－2541－0015227　35692
爾雅三卷　(晉)郭璞注　清光緒十年(1884)上海同文書局石印本　六册

440000－2541－0015228　35693
埤雅二十卷　(宋)陸佃撰　清藝林山房刻本　四册

440000－2541－0015229　35695
漢書引經異文錄證六卷目錄一卷　(清)繆祐孫撰　清光緒十一年(1885)刻本　四册

440000－2541－0015230　35696
春在堂全書三十四種　(清)俞樾撰　清光緒二十五年(1899)刻本　四十九册　存十七種

440000－2541－0015231　35706
附釋音周禮注疏四十二卷附校勘記四十二卷　(漢)鄭玄注　(唐)陸德明音義　(唐)賈公彥疏　清同治十年(1871)廣東書局刻重刊宋本十三經註疏本　三册　存九卷(十六至二十四)

440000－2541－0015232　35711
一切經音義二十五卷　(唐)釋玄應撰　清道光二十九年(1849)番禺潘氏刻海山仙館叢書本　六册　存二十四卷(一至十六、十八至二十五)

440000－2541－0015233　35712
急就篇四卷　(漢)史遊撰　(唐)顔師古注　(宋)王應麟補注　清嘉慶十一年(1806)刻玉海本　二册

440000－2541－0015234　35716
字說一卷　(清)吴大澂撰　清光緒十九年(1893)長沙王氏思賢講舍刻本　一册

440000－2541－0015235　35723
皇清經解一千四百八卷　(清)阮元編　清道光九年(1829)廣東學海堂刻咸豐十一年(1861)補刻本　三十册　存七十八卷(十八至十九、二十七至四十四、一千五十六至一千五十八、一千一百八十一至一千二百十七、一千三百六十一至一千三百七十六、一千四百七至一千四百八)

440000－2541－0015236　35730
說文古籀補十四卷附錄一卷　(清)吴大澂撰　清光緒二十四年(1898)刻本　二册

440000－2541－0015237　35732
字典考證十二卷　(清)王引之等撰　清光緒十四年(1888)同文書局石印本　一册

440000－2541－0015238　35736
段氏說文注訂八卷　(清)鈕樹玉撰　清同治十三年(1874)湖北崇文書局刻本　二册

440000－2541－0015239　35739
通雅五十二卷首三卷　(清)方以智撰　清康熙五年(1666)方氏浮山此藏軒刻本　八册　存三十三卷(二十至五十二)

440000－2541－0015240　35741
爾雅注疏本正誤五卷　(清)張宗泰撰　**爾雅補注殘本一卷**　(清)劉玉麐撰　清光緒廣雅書局刻本　一册

440000－2541－0015241　35745
駢雅訓纂七卷　(明)朱謀㙔撰　清刻本　十册

440000－2541－0015242　35747
左傳事緯十二卷　(清)馬驌撰　清刻本　十一册　存十一卷(二至十二)

440000－2541－0015243　35748
名原二卷　(清)孫詒讓撰　清光緒三十一年(1905)瑞安孫氏刻本　一册

440000－2541－0015244　35749
名原二卷　(清)孫詒讓撰　清光緒三十一年(1905)瑞安孫氏刻本　一册

440000－2541－0015245　35755
二十四史　(清)□□編　清光緒十八年(1892)武林竹簡齋石印本　二百四十六册

440000－2541－0015246　35757
二十四史　(清)□□編　清光緒二十九年(1903)五洲同文局石印本　六百九十七册

440000－2541－0015247　35758
二十四史　(清)□□編　清光緒四年(1878)金陵書局刻本　六百十六册

440000－2541－0015248　35759
漢書評林一百卷　(明)凌稚隆輯　清光緒十七年(1891)星沙養翮書齋刻本　三十一册　存九十六卷(五至一百)

440000－2541－0015249　35765
校刊史記集解索隱正義札記五卷　(清)張文虎撰　清同治十一年(1872)金陵書局刻本　二册

440000－2541－0015250　35769
兩漢紀　(宋)王銍輯　**兩漢紀校記一卷**　(清)陳璞撰　清光緒二年(1876)嶺南述古堂刻本　十二册

440000－2541－0015251　35770
後漢紀三十卷　(晉)袁宏撰　**兩漢紀校記二卷**　(清)陳璞撰　清光緒二年(1876)嶺南述古堂刻本　八册

440000－2541－0015252　35771
大興徐氏三種　(清)徐松撰　清道光刻本　七册

440000－2541－0015253　35772
前漢書補註一百卷首一卷　(漢)班固撰　(唐)顔師古注　王先謙補注　清光緒二十六年(1900)長沙王氏虚受堂刻本　三十二册

440000－2541－0015254　35783
後漢書補逸二十一卷　(清)姚之駰輯　清刻本　五册

440000－2541－0015255　35789
魏書官氏志疏證一卷　(清)陳毅撰　清光緒二十三年(1897)刻本　一册

440000－2541－0015256　35790
二十四史　(清)□□編　清光緒十八年(1892)武林竹簡齋石印本　六十二册　存九種

440000－2541－0015257　35800
隋書地理志考證九卷補遺一卷漢書地理志補校二卷　楊守敬撰　清光緒二十七年(1901)宜都楊氏刻本　六册

440000－2541－0015258　35804
舊唐書疑義四卷　(清)張道撰　清咸豐四年(1854)刻本　二册

440000－2541－0015259　35808
舊唐書校勘記六十六卷　(清)羅士琳等撰　清道光二十二年(1842)岑建功懼盈齋刻同治十一年(1872)定遠方氏補刻本　二十二册

440000－2541－0015260　35811

新舊唐書合鈔二百六十卷首一卷唐書宰相世系表訂譌十二卷 （清）沈炳震輯 **合鈔補正六卷** （清）丁子復撰 清同治十年（1871）武林吳氏清來堂刻本 七十九册 存二百七十七卷（新舊唐書合鈔二百六十卷、首一卷，唐書宰相世系表訂譌三至十二，合鈔補正六卷）

440000－2541－0015261 35812
五代史記七十四卷 （宋）歐陽修撰 （宋）徐無黨原注 （清）彭元瑞注 清道光八年（1828）海昌楊氏刻本 四十册

440000－2541－0015262 35813
二十四史 （清）□□編 清光緒二十八年（1902）竢實齋石印本 三十册 存四種

440000－2541－0015263 35820
嘉定錢氏潛研堂全書二十一種 （清）錢大昕撰 清光緒十年（1884）長沙龍氏家塾刻本 五十二册 存十一種

440000－2541－0015264 35822
資治通鑑二百九十四卷 （宋）司馬光撰 （元）胡三省音注 **釋文辨誤十二卷** （元）胡三省撰 清嘉慶二十一年（1816）鄱陽胡氏刻同治八年（1869）江蘇書局重修資治通鑑彙刻本 九十册

440000－2541－0015265 35825
汲塚紀年存真二卷周年表一卷 （清）朱右曾撰 清嘉定朱氏歸硯齋刻本 二册

440000－2541－0015266 35828
資治通鑑補二百九十四卷 （宋）司馬光撰 （元）胡三省音注 （明）嚴衍補 清光緒二年（1876）武進盛氏思補樓木活字印本 二十九册 存一百五十二卷（一、一百十六至二百六十六）

440000－2541－0015267 35832
通鑑注辯正二卷 （清）錢大昕撰 清乾隆五十七年（1792）戈培刻潛研堂全書本 一册

440000－2541－0015268 35833
通鑑綱目釋地糾謬六卷 （清）張庚撰 清刻本 一册

440000－2541－0015269 35834
資治通鑑地理今釋十六卷 （清）吳熙載撰 清光緒八年（1882）江蘇書局刻二十三年（1897）廣東經史閣印本 四册

440000－2541－0015270 35836
御批歷代通鑑輯覽一百二十卷 （清）傅恆等編 清宣統二年（1910）上海久敬齋書局鉛印本 二十四册

440000－2541－0015271 35837
續資治通鑑長編五百二十卷目錄二卷 （宋）李燾撰 清光緒七年（1881）浙江書局刻本 一百二十册

440000－2541－0015272 35838
續資治通鑑二百二十卷 （清）畢沅撰 清乾隆鎮洋畢氏刻嘉慶六年（1801）桐鄉馮氏行裕堂續刻同治六年（1867）江蘇書局補刻八年（1869）遞修本 二十册 存八十七卷（一至二十三、六十二至九十七、一百三至一百十、一百九十六至二百一、二百七至二百二十）

440000－2541－0015273 35842
續資治通鑑二百二十卷 （清）畢沅撰 清乾隆鎮洋畢氏刻嘉慶六年（1801）桐鄉馮氏行裕堂續刻同治六年（1867）江蘇書局補刻八年（1869）遞修本 三十六册 存一百三十九卷（二十六至五十一、八十五至八十八、九十六至一百六十九、一百七十四至一百七十七、一百九十至二百二十）

440000－2541－0015274 35843
從亡隨筆一卷 （明）程濟撰 明崇禎十七年（1644）刻遜國逸書本 一册

440000－2541－0015275 35844
建炎以來繫年要錄二百卷 （宋）李心傳撰 清光緒二十六年（1900）廣雅書局刻本 四十六册

440000－2541－0015276 35845
東華錄三十二卷 （清）蔣良騏撰 清同治十一年（1872）聚錦堂刻本 十册

440000－2541－0015277 35846

[同治]東華續録一百卷　王先謙編　清光緒二十四年(1898)文瀾書局石印本　二十四册

440000－2541－0015278　35847
[咸豐]東華續録六十九卷　潘頤福編　清光緒十八年(1892)上海圖書集成印書局鉛印本　十六册

440000－2541－0015279　35851
明通鑑九十卷前編四卷附編六卷　(清)夏燮撰　清光緒二十九年(1903)上海點石齋書局石印本　十六册

440000－2541－0015280　35853
續通鑑紀事本末一百十卷　(清)李銘漢輯　清光緒二十九年至三十二年(1903－1906)武威李氏刻本　三十二册

440000－2541－0015281　33365
畿輔河道水利叢書八種　(清)吳邦慶編　清道光四年(1824)益津吳氏刻本　十册

440000－2541－0015282　35854
紀事本末五種　(清)□□編　清同治十二年至十三年(1873－1874)江西書局刻本　一百三十六册

440000－2541－0015283　35857
三朝北盟會編二百五十卷校勘記二卷補遺一卷　(宋)徐夢莘輯　清光緒四年(1878)越東鉛印本　四十册

440000－2541－0015284　35860
元史譯文證補三十卷　(清)洪鈞撰　清光緒二十九年(1903)金匱浦氏靜寄東軒石印本(原闕卷七至八、十三、十六至十七、十九至二十一、二十五、二十八)　四册

440000－2541－0015285　35861
中國歷史六卷　(清)陳慶年撰　清光緒三十二年(1906)武昌刻本　六册

440000－2541－0015286　35862
東都事略一百三十卷　(宋)王偁撰　清刻本　八册

440000－2541－0015287　35864
周書斠補四卷　(清)孫詒讓撰　清光緒二十六年(1900)刻本　二册

440000－2541－0015288　35865
周書斠補四卷　(清)孫詒讓撰　清光緒二十六年(1900)刻本　一册

440000－2541－0015289　35867
汲冢周書十卷　(晉)孔晁注　清嘉慶三年(1798)新安汪氏刻秘書廿一種本　一册

440000－2541－0015290　35869
十六國春秋纂録校本十卷　(北魏)崔鴻撰　(清)湯球輯　**校勘記一卷**　(清)吳翊寅撰　清光緒二十年(1894)廣雅書局刻本　二册

440000－2541－0015291　35871
東都事畧一百三十卷　(宋)王偁撰　清刻本　十册

440000－2541－0015292　35872
[光緒]東華續録二百二十卷　(清)朱壽朋編　清宣統元年(1909)上海集成圖書公司鉛印本　六十四册

440000－2541－0015293　35873
東華録三十二卷　(清)蔣良騏撰　清刻本　十册

440000－2541－0015294　35874
[光緒]東華續録二百二十卷　(清)朱壽朋撰　清宣統元年(1909)上海集成圖書公司鉛印本(卷一百七十四至一百七十六補配清抄本)　六十四册

440000－2541－0015295　35875
東華録一百九十四卷續録四百三十卷　王先謙編　清光緒鉛印本　一百十五册　存六百二十卷(天聰朝、崇德朝合十八卷、順治朝三十六卷、康熙朝一百十卷、雍正朝二十六卷、乾隆朝一百二十卷、嘉慶朝五十卷、道光朝六十卷、咸豐朝一百卷、同治朝一百卷)

440000－2541－0015296　35876
十朝東華録五百二十四卷附同治朝東華續録一百卷　王先謙編　清光緒二十五年至二十

七年(1899－1901)焕文書局石印本　八十八冊

440000－2541－0015297　35877
[咸豐]東華續録一百卷　王先謙編　清光緒十八年(1892)上海圖書集成印書局石印本　三十二冊

440000－2541－0015298　35878
續後漢書四十二卷義例一卷音義四卷　(宋)蕭常撰　清同治八年(1869)胡芳秋、杜邦浚刻本　六冊

440000－2541－0015299　35882
清史攬要六卷　(日本)增田貢撰　清光緒二十五年(1899)羊城博聞報局鉛印本　三冊

440000－2541－0015300　35883
大清一統史畧十一卷　(日本)佐藤楚材輯　清光緒二十八年(1902)石印本　十一冊

440000－2541－0015301　35884
元秘史李注補正十五卷　(清)高寶銓撰　清光緒二十八年(1902)刻本　二冊

440000－2541－0015302　35889
欽定蒙古源流八卷　(清)小徹辰薩囊台吉撰　清光緒刻本　四冊

440000－2541－0015303　35893
元朝秘史十五卷　(清)李文田注　清光緒二十九年(1903)史學齋編譯石印書局石印本　六冊

440000－2541－0015304　35894
元朝秘史十五卷　(清)李文田注　清光緒二十九年(1903)上海文瑞樓石印本　四冊

440000－2541－0015305　35895
蒙古史二卷　(日本)河野元三述　歐陽瑞驊譯　清宣統三年(1911)江南圖書館鉛印本　二冊

440000－2541－0015306　35896
國朝事畧八卷　(清)金陵江楚官書局輯　清光緒三十二年(1906)金陵江楚編譯官書局石印本　二冊

440000－2541－0015307　35899
遼史拾遺二十四卷首一卷　(清)厲鶚撰　清光緒二十六年(1900)廣雅書局刻本　八冊

440000－2541－0015308　35901
御覽闕史二卷　(唐)高彦休撰　清刻本　一冊

440000－2541－0015309　35909
戰國策三十三卷　(漢)高誘注　(宋)姚宏考異　**重刻剡川姚氏本戰國策札記三卷**　(清)黄丕烈撰　清同治八年(1869)湖北崇文書局刻本　五冊

440000－2541－0015310　35910
中外大事彙記二十九卷　題(清)倚劍生輯　清光緒二十四年(1898)廣智書局鉛印本　十四冊

440000－2541－0015311　35915
中西紀事二十四卷　(清)夏燮撰　清同治七年(1868)刻本　六冊

440000－2541－0015312　35922
明季續聞一卷　(清)汪光復撰　清宣統三年(1911)上海商務印書館鉛印本　一冊

440000－2541－0015313　35923
元寇紀略二卷年表一卷　(日本)大橋順撰　**黑韃事略一卷**　(宋)彭大雅撰　(宋)徐霆疏證　清光緒二十九年(1903)通州翰墨林編譯印書局鉛印本　一冊

440000－2541－0015314　35928
粤雅堂叢書三集一百八十四種附五種　(清)伍崇曜編　清道光至光緒南海伍氏刻本　一冊　存二種

440000－2541－0015315　35932
校正元親征錄一卷　(元)□□撰　(清)何秋濤校正　清光緒二十年(1894)小漚巢刻漸西村舍彙刊本　二冊

440000－2541－0015316　35941
征西紀畧四卷　(清)曾毓瑜撰　清光緒二十年(1894)京師官書局鉛印本　一冊

440000－2541－0015317　35943
時事新論圖說一卷　（英國）李提摩太撰　清光緒二十年（1894）上海廣學會刻本　一册

440000－2541－0015318　35944
拳教析疑說一卷　勞乃宣撰　清光緒二十六年（1900）鉛印本　一册

440000－2541－0015319　35949
京報不分卷（宣統二年二月至十一月）　（清）京報館編　清宣統二年（1910）鉛印本　三册

440000－2541－0015320　35952
中國六十年戰史不分卷　（英國）愛特華斯撰（清）史悠明等譯　清光緒二十九年（1903）上海美華書館鉛印本　六册

440000－2541－0015321　35954
觸藩始末三卷　題（清）琴閣主人撰　清光緒十一年（1885）崇仁華氏刻本　一册

440000－2541－0015322　35955
皇朝掌故講本八卷　（清）梁元楷撰　清光緒鉛印本　二册　存七卷（一至七）

440000－2541－0015323　35956
庚子紀念圖題詞一卷　（清）黄宗仰撰　清光緒二十七年（1901）鉛印本　一册

440000－2541－0015324　35960
平定粵匪紀畧十八卷附記四卷　（清）杜文瀾撰　清刻本　八册

440000－2541－0015325　35961
湘軍記二十卷　（清）王定安撰　清光緒十五年（1889）江南書局刻本　六册　存十一卷（一至十一）

440000－2541－0015326　35971
嘯雲軒避寇記畧一卷　（清）程畹撰　清光緒十二年（1886）刻本　一册

440000－2541－0015327　35979
香嚴老人壽言一卷　（清）袁昶撰　清光緒桐廬袁氏刻漸西村舍彙刊本　一册

440000－2541－0015328　35981
誥授光禄大夫誥授振威將軍太子少保兵部尚書兼都察院右部御史四川總督先考仲良府君［劉秉璋］行狀一卷　（清）劉體乾等撰　清刻本　一册

440000－2541－0015329　35983
陽穀殉難事實一卷　（清）趙文龍撰　**魯齋詩存一卷**　（清）趙文穎撰　清光緒三十四年（1908）襄平趙氏祠堂刻朱印本　一册

440000－2541－0015330　35984
皇清賜進士出身誥授榮禄大夫振威將軍晉授光禄大夫兵部尚書都察院右都御史閩浙總督翰林院編修先考何公［璟］行狀一卷　（清）何燿章等撰　清刻本　一册

440000－2541－0015331　35986
江忠烈公［忠源］行狀一卷　（清）左宗棠撰　清同治十二年（1873）刻本　一册

440000－2541－0015332　35987
曾文正公大事記四卷　（清）王定安撰　清光緒十三年（1887）鴻文書局鉛印本　一册

440000－2541－0015333　35994
太常袁公［昶］行畧一卷　（清）袁允櫨等撰輯　清光緒三十一年（1905）上海商務印書館石印本　一册

440000－2541－0015334　35995
衡陽彭剛直［玉麟］行狀一卷　王闓運撰　清光緒退省盦刻本　一册

440000－2541－0015335　36000
史姓韻編六十四卷　（清）汪輝祖輯　清光緒石印本　六册

440000－2541－0015336　36007
武王克殷日記一卷滅國五十考一卷　（清）林春溥撰　清刻竹柏山房十五種附刻四種本　一册

440000－2541－0015337　36027
粵氛紀事十三卷　題（清）謝山居士撰　清同治八年（1869）刻本　八册

440000－2541－0015338　36029
李鴻章不分卷　梁啟超撰　清光緒鉛印本

一册

440000－2541－0015339　36030
李鴻章不分卷　梁啟超撰　清光緒鉛印本　一册

440000－2541－0015340　36034
陸清獻公莅嘉遺蹟三卷　(清)黄維玉輯　清同治六年(1867)刻本　一册

440000－2541－0015341　36036
歷代紀年便覽一卷　(清)陳鍾珂撰　清道光二十七年(1847)湘西黄氏刻本　一册

440000－2541－0015342　36040
四裔編年表四卷　(美國)林樂知　(清)嚴良勳譯　(清)李鳳苞彙編　清同治江南製造局刻本　四册

440000－2541－0015343　36043
養一先生譜三卷小德錄一卷　(清)蔣彤撰　清光緒十三年(1887)金吳瀾刻本　二册

440000－2541－0015344　36049
閻潛丘先生[若璩]年譜一卷　(清)張穆撰　清道光二十七年(1847)壽陽祁氏䅎䊤亭刻本　一册

440000－2541－0015345　36051
惕盦[完顔崇實]年譜一卷適齋詩集四卷　(清)完顔崇實撰　清光緒北京焕文齋刻本　二册

440000－2541－0015346　36052
毘陵科第攷八卷　(清)趙熙鴻撰　(清)錢人麟　(清)莊柱續撰　清同治七年(1868)刻十二年(1873)印本　二册

440000－2541－0015347　36053
會試第八房同門硃卷姓氏(同治甲戌科)一卷　(清)□□輯　清刻本　一册

440000－2541－0015348　36055
右軍[王羲之]年譜一卷首一卷　(清)魯一同撰　清咸豐五年(1855)山陽魯氏刻本　一册

440000－2541－0015349　36056
龍川李夫子[光炘]年譜二卷　(清)謝逢源撰　清末至民國抄本　一册

440000－2541－0015350　36057
四朝先賢六家年譜　(清)楊希閔撰　清光緒四年(1878)楊氏福州刻本　六册

440000－2541－0015351　36059
順天鄉試同年齒錄不分卷(光緒二十八年)　(清)□□輯　清光緒汴梁雙井街北京刻字店刻本　三册

440000－2541－0015352　36060
光緒十六年會試錄不分卷　(清)□□輯　清光緒刻本　四册

440000－2541－0015353　36061
詞科掌錄姓氏爵里一卷　(清)杭世駿輯　清刻本　一册

440000－2541－0015354　36062
嘉慶六年辛酉科浙江鄉試同門齒錄不分卷　(清)□□輯　清抄本　一册

440000－2541－0015355　36063
嘉慶七年會試齒錄不分卷　(清)□□輯　清抄本　二册

440000－2541－0015356　36064
明貢舉考畧二卷國朝貢舉考畧四卷　(清)黄崇蘭撰　清光緒五年(1879)刻本　四册

440000－2541－0015357　36065
明貢舉考畧二卷國朝貢舉考畧四卷　(清)黄崇蘭撰　清光緒五年(1879)刻本　四册

440000－2541－0015358　36080
春秋世族輯畧二卷春秋列國輯畧一卷　(清)王文源撰　清道光二十五年(1845)少林陳氏敏求軒刻本　二册

440000－2541－0015359　36089
元和姓纂校勘記二卷　羅振玉撰　清光緒鉛印雪堂叢刻本　一册

440000－2541－0015360　36090
元和姓纂十卷　(唐)林寶撰　清光緒六年(1880)金陵書局刻本　四册

440000－2541－0015361　36093
集聖賢羣輔錄二卷　（晉）陶潛撰　清宣統二年（1910）上海著易堂書局石印陶淵明文集本　一册

440000－2541－0015362　36095
疑年錄四卷　（清）錢大昕撰　清刻小石山房叢書本　一册

440000－2541－0015363　36096
元和姓纂十卷　（唐）林寶撰　清光緒六年（1880）金陵書局刻本　四册

440000－2541－0015364　36097
姓氏尋源四十五卷　（清）張澍撰　清刻本　十二册

440000－2541－0015365　36103
國朝耆獻類徵初編四百八十四卷首二百四卷述意一卷總目二十卷通檢十卷滿漢同姓名錄一卷　（清）李桓輯　清光緒十年至十六年（1884－1890）湘蔭李桓刻本　二百六十二册　存四百五十二卷（初編一至四百二十、述意一卷、總目二十卷、通檢十卷、滿漢同姓名錄一卷）

440000－2541－0015366　36106
華陽國志十二卷　（晉）常璩撰　清光緒二十年（1894）藝文書局刻本　四册

440000－2541－0015367　36108
增訂南詔野史二卷　（明）楊慎輯　清光緒六年（1880）雲南書局刻本　二册

440000－2541－0015368　36110
蘭閨寶錄六卷　（清）惲珠輯　清道光十一年（1831）紅香館刻本　四册

440000－2541－0015369　36112
中興名臣事略八卷　朱孔彰撰　清光緒二十七年（1901）上海書局石印本　四册

440000－2541－0015370　36115
［宣統己酉科］各行省優貢全錄不分卷　（清）□□撰　清宣統二年（1910）京師刻本　一册

440000－2541－0015371　36116
［宣統己酉科］簡易明經通譜不分卷　（清）□□撰　清宣統二年（1910）京師琉璃廠刻本　四册

440000－2541－0015372　36117
錫山遊庠錄一卷　（清）邵涵初撰　**錫金遊庠錄一卷首一卷**　（清）汪士侃撰　清光緒四年（1878）刻本　二册

440000－2541－0015373　36120
廣東同鄉同官錄一卷　（清）□□輯　清抄本　一册

440000－2541－0015374　36122
大清進士題名碑錄（清順治三年至同治七年）不分卷　（清）□□撰　清刻本　七册

440000－2541－0015375　36123
明進士題名碑錄不分卷　（□）□□輯　清康熙刻本　七册

440000－2541－0015376　36126
國朝虞陽科名錄四卷首一卷補遺一卷　（清）王元鍾等輯　清道光三十年（1850）王元鍾清暉書屋刻咸豐、同治、光緒續修宣統三年（1911）王慶芝補刻本　四册　存五卷（國朝虞陽科名錄四卷、首一卷）

440000－2541－0015377　36127
毘陵鄉貢考五卷　（清）林梅等輯　**增續毘陵科第考八卷**　（清）趙充之等輯　清光緒十年（1884）刻民國二十二年（1933）續刻本　三册

440000－2541－0015378　36133
勝朝殉揚錄三卷　（清）劉寶楠輯　清同治十年（1871）淮南書局刻本　一册

440000－2541－0015379　36134
碑傳集一百六十卷首二卷末二卷　（清）錢儀吉編　清光緒十九年（1893）江蘇書局刻本　六十册

440000－2541－0015380　36136
藤花亭十七種　（清）梁廷枏撰　清道光八年至十三年（1828－1833）刻本　八册　存七種

440000－2541－0015381　36142

水經注四十卷　(漢)桑欽撰　(北魏)酈道元注　清光緒三年(1877)湖北崇文書局刻崇文書局彙刻書本　十二冊

440000－2541－0015382　36143
水道提綱二十八卷　(清)齊召南撰　清刻本　一冊　存四卷(七至十)

440000－2541－0015383　36145
水道提綱二十八卷　(清)齊召南撰　清光緒二十三年(1897)上海古香閣石印本　四冊

440000－2541－0015384　36147
籌海初集四卷　(清)關天培撰　清道光十六年(1836)刻本　四冊

440000－2541－0015385　36148
讀史方輿紀要一百三十卷輿圖要覽四卷　(清)顧祖禹撰　清道光龍萬育敷文閣刻本　四十三冊

440000－2541－0015386　36150
水道提綱二十八卷　(清)齊召南撰　清光緒四年(1878)津門徐士鑾霞城精舍刻本　一冊　存三卷(一至三)

440000－2541－0015387　36151
中國江海險要圖誌二十二卷補編五卷附圖五卷　(英國)海軍海圖官局輯　(清)陳壽彭譯　清光緒二十七年(1901)經世文社石印本　十冊

440000－2541－0015388　36154
萬山綱目二十一卷　(清)李誠撰　清光緒二十六年(1900)長沙刻本　八冊

440000－2541－0015389　36155
新疆山脈圖誌六卷　王樹枏撰　清宣統元年(1909)陶廬刻陶廬叢刻第二集本　六冊

440000－2541－0015390　36158
西域水道記五卷新疆賦一卷　(清)徐松撰　清光緒二十九年(1903)上海文瑞樓石印皇朝藩屬輿地叢書本　四冊

440000－2541－0015391　36161
水經注圖四十卷補一卷　楊守敬撰　清光緒三十一年(1905)觀海堂刻朱墨套印本　六冊

440000－2541－0015392　36166
括地志八卷補遺一卷　(唐)李泰等撰　(清)孫星衍輯　(清)陳其榮輯　清光緒十二年(1886)吳縣朱記榮刻槐廬叢書本　二冊

440000－2541－0015393　36169
乘槎筆記二卷　(清)斌椿撰　清同治八年(1869)刻本　二冊

440000－2541－0015394　36170
大清一統輿圖中卷一卷南卷五卷北卷十卷　(清)嚴樹森輯　清光緒二十四年(1898)石印本　六冊

440000－2541－0015395　36172
補元和郡縣志圖四十七鎮圖說一卷　(清)龐鴻書撰　清光緒三十一年(1905)貴州調查局鉛印本　一冊

440000－2541－0015396　36173
輿地學課程不分卷　(清)姚炳奎撰　清光緒二十九年(1903)經心書院刻本　八冊

440000－2541－0015397　36177
輿地紀勝二百卷首一卷　(宋)王象之輯　清咸豐五年(1855)南海伍氏粵雅堂刻本　二十冊

440000－2541－0015398　36181
皇輿全圖不分卷　(清)鄒伯奇繪　清同治十二年至十三年(1873－1874)粵東省城刻本　一冊

440000－2541－0015399　36192
廣東新語二十八卷　(清)屈大均撰　清雙門底啟智書局、儒雅堂刻本　十二冊

440000－2541－0015400　36193
廣東新語二十八卷　(清)屈大均撰　清雙門底啟智書局、儒雅堂刻本　十冊

440000－2541－0015401　36194
[光緒]香山縣志二十二卷　(清)田明曜等修　(清)陳澧纂　清光緒五年(1879)刻本(有圖)　十冊

440000－2541－0015402　36195
廣西輿地全圖二卷　(清)北洋機器總局圖算學堂繪　清光緒二十一年(1895)合肥李經義石印本　二册

440000－2541－0015403　36197
[光緒]潯州府志五十七卷　(清)夏敬頤修　(清)褚興周纂　清光緒二十三年(1897)刻本(有表)　十二册　存四十三卷(十五至五十七)

440000－2541－0015404　36199
欽定皇輿西域圖志四十八卷首四卷　(清)傅恒等纂　清光緒十九年(1893)杭州便益書局石印本　十二册

440000－2541－0015405　36200
西疆雜述詩四卷　(清)蕭雄撰　清光緒鉛印本　四册

440000－2541－0015406　36203
英人戈登游記一卷　(英國)戈登撰　清光緒二十三年(1897)鉛印游記彙刊本　一册

440000－2541－0015407　36204
[光緒]西藏圖考八卷首一卷　(清)黄沛翹纂修　清光緒二十年(1894)京都申榮堂刻本(有圖)　四册

440000－2541－0015408　36217
漢西域圖考七卷首一卷　(清)李光廷撰　清同治粤東省城刻本(有圖)　四册

440000－2541－0015409　36221
新疆國界圖志八卷　王樹楠撰　清宣統元年(1909)自刻本　四册

440000－2541－0015410　36225
辛卯侍行記六卷　(清)陶保廉撰　清光緒二十三年(1897)秀水陶氏養樹山房刻本　六册

440000－2541－0015411　36232
西域聞見錄五種　題(清)七十一撰　清乾隆四十二年(1777)刻本　四册

440000－2541－0015412　36233
滇緬劃界圖説一卷　(清)薛福成撰　清光緒二十八年(1902)無錫傳經樓石印本　一册

440000－2541－0015413　36235
新疆輿圖風土考五卷首一卷　(清)七十一纂　清光緒八年(1882)上海點石齋石印本　一册

440000－2541－0015414　36236
西域瑣談四卷　(清)七十一纂　清抄本　四册

440000－2541－0015415　36242
欽定滿洲源流考二十卷首一卷　(清)阿桂等修　(清)麟喜等纂　清光緒十九年(1893)杭州便益書局石印本　四册

440000－2541－0015416　36243
欽定滿洲源流考二十卷　(清)阿桂等修　(清)麟喜等纂　清光緒三十年(1904)中西書局石印本　三册　存十四卷(一至十四)

440000－2541－0015417　36244
大唐西域記十二卷　(唐)釋玄奘譯　(唐)釋辯機撰　清宣統元年(1909)常州天寧寺刻本　四册

440000－2541－0015418　36245
黑龍江述略六卷　(清)徐宗亮撰　清光緒十七年(1891)石埭徐氏刻觀自得齋叢書本　二册

440000－2541－0015419　36247
蒙古遊牧記十六卷　(清)張穆撰　清同治六年(1867)壽陽祁氏刻本　四册

440000－2541－0015420　36248
延吉邊務報告八章　(清)吳祿貞撰　清光緒三十四年(1908)奉天學務公所鉛印本　四册

440000－2541－0015421　36256
皇朝藩部要略十八卷世系表四卷　(清)祁韻士纂　清道光二十六年(1846)筠綠山房刻本　八册

440000－2541－0015422　36265
籌蒙芻議二卷　(清)姚錫光撰　清光緒三十四年(1908)刻本　二册

440000－2541－0015423　36266
續瀛環志略初編十七種　(清)薛瑩中編　清光緒二十八年(1902)無錫傳經樓石印本　四冊

440000－2541－0015424　36267
國朝柔遠記十八卷附編二卷　(清)王之春輯　清光緒十七年(1891)廣雅書局刻本　五冊　存十八卷(國朝柔遠記十八卷)

440000－2541－0015425　36268
越南地輿圖說六卷　(清)盛慶紱輯　清光緒九年(1883)刻本　二冊

440000－2541－0015426　36269
緬述一卷　(清)彭崧毓撰　**附刻緬甸風土詩一卷**　(清)王家璧撰　清刻本　一冊

440000－2541－0015427　36270
東南海島圖經十卷　(清)世增譯　(清)張美翊述　清光緒二十六年(1900)上海石印本　二冊

440000－2541－0015428　36271
東南海島圖經十卷　(清)世增譯　(清)張美翊述　清光緒二十六年(1900)上海石印本　一冊　存二卷(三至四)

440000－2541－0015429　36276
海國圖志六十卷　(清)魏源撰　清道光二十九年(1849)邵陽魏氏古微堂刻本　三十二冊

440000－2541－0015430　36277
海國圖志一百卷　(清)魏源撰　清咸豐二年(1852)邵陽魏氏古微堂刻粵東雙門底儒雅堂書坊印本　二十四冊

440000－2541－0015431　36278
實學考四卷　(清)雲茂琦撰　清咸豐元年(1851)文昌雲氏刻本　二冊

440000－2541－0015432　36281
半畝園叢書三十種　(清)□□撰　清同治新建吳氏皖城刻本　十冊　存二種

440000－2541－0015433　36289
大司寇蕭岳峰公夷俗記一卷　(明)蕭大亨撰　明萬曆繡水沈氏刻寶顏堂秘笈本　一冊

440000－2541－0015434　36291
西藏賦一卷　(清)和寧撰　清嘉慶二年(1797)刻本　二冊

440000－2541－0015435　36293
蠻書十卷　(唐)樊綽撰　清光緒桐廬袁氏刻漸西村舍彙刊本　一冊

440000－2541－0015436　36295
東南海島圖經十卷　(清)世增譯　(清)張美翊述　清光緒二十六年(1900)上海石印本　一冊　存二卷(五至六)

440000－2541－0015437　36299
國地異名錄一卷　(清)林謙纂　清同治十年(1871)刻本　一冊

440000－2541－0015438　36300
世界地理志不分卷　(日本)中村五六撰　(日本)頓野廣太郎修補　(日本)樋田保熙譯　清光緒二十八年(1902)上海金粟齋鉛印本　三冊

440000－2541－0015439　36303
歷代地理志韻編今釋二十卷　(清)李兆洛輯　**皇朝輿地韻編二卷輿地圖一卷**　(清)馬貞榆撰　清光緒二十九年(1903)上海蜚英館石印本　六冊

440000－2541－0015440　36309
皇朝藩屬輿地叢書六集二十八種　(清)浦□編　清光緒二十九年(1903)金匱浦氏靜寄東軒石印本　三十四冊　存十九種

440000－2541－0015441　36310
苗防備覽二十二卷　(清)嚴如熤撰　清道光二十三年(1843)嚴正基、嚴正坊刻本　五冊

440000－2541－0015442　36311
洋防輯要二十四卷　(清)嚴如熤輯　清刻本　十四冊

440000－2541－0015443　36314
柬埔治以北探路記十五卷　(法國)晃西土加尼撰　清光緒鉛印本　十五冊

440000－2541－0015444　36316
談瀛錄三卷　（清）王之春撰　清光緒六年（1880）上洋文藝齋刻本　一册　存二卷（一至二）

440000－2541－0015445　36317
爪哇志一卷埘新志一卷蘇門答拉志一卷埘新志一卷　（清）學部圖書局編　清光緒三十三年（1907）學部圖書局鉛印世界地理志本　一册

440000－2541－0015446　36318
欽定新疆識略十二卷首一卷　（清）松筠纂修　清道光元年（1821）武英殿修書處刻本（有圖表）　九册　存十二卷（欽定新疆識略十二卷）

440000－2541－0015447　36329
孤嶼志八卷首一卷　（清）陳舜咨修　清嘉慶十四年（1809）刻民國二十四年（1935）印本　四册

440000－2541－0015448　36330
東游叢錄四卷　（清）吳汝綸撰　清光緒二十八年（1902）鉛印本　三册

440000－2541－0015449　36331
雷塘盦主［阮元］弟子記八卷　（清）張鑑等撰　清刻本　二册

440000－2541－0015450　36332
中亞洲俄屬遊記二卷　（英國）蘭士德著　（清）莫鎮藩譯　清光緒二十年（1894）上海時務報石印本　一册

440000－2541－0015451　36333
西比利亞志一卷新志一卷　（清）學部編譯圖書局輯　清光緒三十四年（1908）學部編譯圖書局鉛印世界地理志本　一册

440000－2541－0015452　36334
俄游彙編八卷　（清）繆祐孫纂　清光緒二十一年（1895）上海江右書林石印本　六册

440000－2541－0015453　36335
惜陰軒叢書十六函三十三種續編一種　（清）李錫齡編　清道光二十六年（1846）宏道書院刻咸豐八年（1858）續刻本　七册　存三種

440000－2541－0015454　36336
惜陰軒叢書十六函三十三種續編一種　（清）李錫齡編　清光緒二十二年（1896）長沙刻本　十九册　存七種

440000－2541－0015455　36337
瀛寰譯音異名記十二卷　（清）杜宗預輯　清光緒三十年（1904）鄂城刻本　六册

440000－2541－0015456　36342
東晉疆域志四卷　（清）洪亮吉撰　清嘉慶元年（1796）刻北江全集本　二册

440000－2541－0015457　36345
元和郡縣圖志四十卷元和補志九卷　（唐）李吉甫撰　（清）嚴觀輯補　清光緒六年至八年（1880－1882）金陵書局刻本　八册

440000－2541－0015458　36346
元和郡縣圖志四十卷　（唐）李吉甫撰　清光緒六年（1880）金陵書局刻本（原闕卷九至二十、二十三至二十四、三十五至三十六）　六册

440000－2541－0015459　36347
太平寰宇記二百卷　（宋）樂史撰　清刻本　三十二册

440000－2541－0015460　36350
天下郡國利病書一百二十卷　（清）顧炎武撰　清道光十年（1830）敷文閣木活字印本　五十册

440000－2541－0015461　36351
元豐九域志十卷　（宋）王存等撰　清光緒八年（1882）金陵書局刻本　六册

440000－2541－0015462　36352
天下郡國利病書一百二十卷　（清）顧炎武撰　清光緒二十九年（1903）上海益吾齋石印本　二十册　存一百卷（一至九十四、一百十五至一百二十）

440000－2541－0015463　36356

史論彙選甲編八卷　(清)呂景端輯　清光緒二十四年(1898)刻本　四冊

440000－2541－0015464　36360
姓氏譜纂七卷　(明)李日華撰　明崇禎刻本　四冊

440000－2541－0015465　36361
先聖生卒年月日考二卷　(清)孔廣牧撰　清光緒十九年(1893)浙江書局刻本　一冊

440000－2541－0015466　36364
光緒三十年甲辰恩科會試同年齒錄不分卷　(清)□□輯　清光緒刻本　三冊

440000－2541－0015467　36366
天下郡國利病書一百二十卷　(清)顧炎武撰　清光緒二十七年(1901)上海圖書集成局鉛印本　三冊　存十九卷(九十七至一百十、一百十六至一百二十)

440000－2541－0015468　36375
時事新論十二卷圖說一卷　(英國)李提摩太撰　清光緒二十年(1894)上海廣學會刻本　二冊　存六卷(二至七)

440000－2541－0015469　36381
直齋書錄解題二十二卷　(宋)陳振孫撰　清光緒九年(1883)江蘇書局刻本　六冊

440000－2541－0015470　36382
昭德先生郡齋讀書志二十卷附志二卷　(宋)晁公武撰　**校補一卷**　王先謙撰　清光緒十年(1884)長沙王氏刻本　十冊

440000－2541－0015471　36383
欽定四庫全書簡明目錄二十卷首一卷　(清)紀昀等撰　清同治七年(1868)廣東書局刻本　二十冊

440000－2541－0015472　36393
欽定錢錄十六卷　(清)梁詩正等纂　清光緒五年(1879)李圭茹古室刻本　一冊

440000－2541－0015473　36394
泉布統志九卷首一卷附一卷　(清)孟麟撰　清道光十三年(1833)刻本　十六冊

440000－2541－0015474　36399
十七史商榷一百卷　(清)王鳴盛撰　清刻本　四冊　存十七卷(六十三至七十九)

440000－2541－0015475　36400
諸史考異十八卷　(清)洪頤煊撰　清光緒十五年(1889)廣雅書局刻本　三冊

440000－2541－0015476　36413
寶刻叢編二十卷　(宋)陳思輯　清光緒十四年(1888)吳興陸氏刻十萬卷樓叢書本　七冊

440000－2541－0015477　36425
奕載堂古玉圖錄不分卷　(清)瞿中溶撰　清壺隱居抄本　二冊

440000－2541－0015478　36427
古玉圖考不分卷　(清)吳大澂撰　清光緒十五年(1889)上海同文書局石印本　四冊

440000－2541－0015479　36428
古玉圖考不分卷　(清)吳大澂撰　清光緒十五年(1889)上海同文書局石印本　四冊

440000－2541－0015480　36429
古玉圖考不分卷　(清)吳大澂撰　清光緒十五年(1889)上海同文書局石印本　四冊

440000－2541－0015481　36434
金石錄三十卷　(宋)趙明誠撰　清道光湘陰蔣瓘刻後印三長物齋叢書本　五冊

440000－2541－0015482　36445
語石十卷　葉昌熾撰　清宣統元年(1909)刻本　四冊

440000－2541－0015483　36446
東巡金石錄八卷　(清)崔應階　(清)梁翥鴻輯　清乾隆刻本　四冊

440000－2541－0015484　36448
匡喆刻經頌十二卷　楊守敬輯　清光緒三十三年(1907)楊守敬鄂城刻本　六冊

440000－2541－0015485　36460
關中金石記八卷　(清)畢沅撰　清乾隆四十七年(1782)鎮洋畢氏刻經訓堂叢書本　六冊

440000－2541－0015486　36462
讀碑小箋一卷　羅振玉撰　清光緒十年(1884)唐風樓刻本　一冊

440000－2541－0015487　36463
集古錄目五卷　(宋)歐陽棐撰　清道光十五年(1835)刻本　一冊

440000－2541－0015488　36472
益都金石記四卷　(清)段松苓撰　清光緒九年(1883)刻本　四冊

440000－2541－0015489　36475
中州金石記五卷　(清)畢沅撰　清光緒十三年(1887)上海大同書局影印經訓堂叢書本　一冊

440000－2541－0015490　36479
兩浙金石志十八卷　(清)阮元撰　**補遺一卷**　(清)阮福撰　清光緒十六年(1890)浙江書局刻本　十二冊

440000－2541－0015491　36485
湖北金石志十四卷　楊守敬撰　清光緒湖北通志局刻朱印本　八冊

440000－2541－0015492　36494
長安獲古編二卷補一卷　(清)劉喜海輯　清咸豐刻光緒三十一年(1905)劉鶚補刻本　二冊

440000－2541－0015493　36511
增訂南詔野史二卷　(明)楊慎輯　清光緒六年(1880)雲南書局刻本　二冊

440000－2541－0015494　36516
金石萃編一百六十卷　(清)王昶輯　清嘉慶十年(1805)經訓堂刻同治十年(1871)補刻本　六十冊

440000－2541－0015495　36517
金石萃編一百六十卷　(清)王昶輯　清嘉慶十年(1805)經訓堂刻同治十年(1871)補刻本　六十四冊

440000－2541－0015496　36518
金石萃編一百六十卷　(清)王昶輯　**金石續編二十一卷首一卷**　(清)陸耀遹輯　(清)陸增祥校訂　清光緒十九年(1893)上海寶善書局石印本　二十四冊

440000－2541－0015497　36521
金石萃編補略二卷　(清)王言撰　清光緒八年(1882)刻本　四冊

440000－2541－0015498　36525
古泉匯六十四卷首四卷續泉匯十四卷首一卷補遺二卷　(清)李佐賢　(清)鮑康撰　清同治三年至光緒元年(1864－1875)利津李氏石泉書屋刻本　五冊　存七十八卷(古泉匯六至六十四、首四卷,續泉匯十四卷、首一卷、補遺二卷)

440000－2541－0015499　36526
積古齋鐘鼎彝器款識十卷　(清)阮元撰　清光緒十年(1884)羊城鑑古書局影印本　四冊

440000－2541－0015500　36531
求古精舍金石圖四卷　(清)陳經輯　清嘉慶二十三年(1818)烏程陳氏說劍樓刻本　二冊

440000－2541－0015501　36533
集古錄跋尾十卷　(宋)歐陽修撰　清道光湘陰蔣瓌刻三長物齋叢書本　二冊

440000－2541－0015502　36537
恒軒所見所藏吉金錄一卷　(清)吳大澂輯　清同治十一年至十二年(1872－1873)吳大澂刻光緒十一年(1885)重修本　二冊

440000－2541－0015503　36544
清儀閣題跋不分卷　(清)張廷濟撰　清光緒十九年(1893)錢塘丁氏刻本　四冊

440000－2541－0015504　36550
陶齋吉金續錄二卷補遺一卷　(清)端方輯　清宣統元年(1909)石印本　二冊

440000－2541－0015505　36551
陶齋吉金錄八卷　(清)端方輯　清光緒三十四年(1908)端方金陵石印本　八冊

440000－2541－0015506　36561
歷代鐘鼎彝器款識法帖二十卷　(宋)薛尚功

撰　清嘉慶二年(1797)阮元刻本　四冊

440000－2541－0015507　36570
古籀拾遺三卷宋政和禮器文字攷一卷　(清)孫詒讓撰　清光緒十四年至十六年(1888－1890)自刻本　二冊

440000－2541－0015508　36571
古籀拾遺三卷宋政和禮器文字攷一卷　(清)孫詒讓撰　清光緒十四年至十六年(1888－1890)自刻本　三冊

440000－2541－0015509　36572
筠清館金石文字五卷　(清)吳榮光撰　清道光二十二年(1842)南海吳氏筠清館刻本　十冊

440000－2541－0015510　36573
鐘鼎字源五卷　(清)汪立名撰　清康熙五十五年(1716)一隅草堂刻本　四冊

440000－2541－0015511　36581
蒙古西域諸國錢譜四卷　陳其鑣譯述　張美翊勘定　清宣統三年(1911)泉唐汪氏鉛印振綺堂叢書本　一冊

440000－2541－0015512　36582
筠清館金石文字五卷　(清)吳榮光撰　清道光二十二年(1842)南海吳氏筠清館刻本　五冊

440000－2541－0015513　36587
敬吾心室彝器款識不分卷　(清)朱善旂輯　清光緒三十四年(1908)秦之溱石印本　二冊

440000－2541－0015514　36601
丁文誠公奏稿二十六卷首一卷　(清)丁寶楨撰　清光緒十九年(1893)刻二十五年(1899)補刻丁文誠公遺集本　二十七冊

440000－2541－0015515　36602
丁文誠公奏稿二十六卷　(清)丁寶楨撰　清光緒十九年(1893)刻丁文誠公遺集本　二十六冊

440000－2541－0015516　36606
合肥李勤恪公政書十卷首一卷　(清)李瀚章撰　清光緒石印本　十冊

440000－2541－0015517　36608
樊山政書二十卷　樊增祥撰　清宣統二年(1910)金陵湯明林聚珍書局鉛印本　十冊

440000－2541－0015518　36611
晉政輯要四十卷　(清)安頤等纂　清光緒十三年(1887)刻本　三十二冊

440000－2541－0015519　36613
開縣李尚書政書八卷首一卷　(清)李宗羲撰　清光緒十一年(1885)開縣李氏武昌刻本　五冊

440000－2541－0015520　36614
沈文肅公政書七卷首一卷　(清)沈葆楨撰　清光緒六年(1880)吳元炳吳門節署木活字印本　十四冊

440000－2541－0015521　36615
實政錄七卷　(明)呂坤撰　清刻本　六冊

440000－2541－0015522　36616
關中金石文字存逸考十二卷首一卷　(清)毛鳳枝撰　清光緒二十七年(1901)會稽顧氏江西萍鄉縣署刻本　十二冊

440000－2541－0015523　36619
庸菴全集六種　(清)薛福成撰　清光緒二十三年(1897)上海醉六堂石印本　十冊

440000－2541－0015524　36620
金雞談薈十四卷首一卷　(清)歐陽利見撰　清光緒十五年(1889)四明節署鉛印本　八冊

440000－2541－0015525　36621
左恪靖伯奏稿三十七卷　(清)左宗棠撰　清同治七年(1868)刻本　二十二冊

440000－2541－0015526　36622
林文忠公政書三集三十七卷　(清)林則徐撰　清刻本　十六冊

440000－2541－0015527　36623
駱文忠公奏議湘中稿十六卷續刻四川奏議十一卷　(清)駱秉章撰　**行狀一卷**　(清)李光廷撰　**神道碑銘一卷**　(清)蘇廷魁撰　**輓言**

録一卷　(清)陳興鉞輯　清同治十年(1871)刻光緒四年(1878)續刻本　二十六册

440000－2541－0015528　36628
欽定四庫全書總目二百卷　(清)紀昀等撰　清同治七年(1868)廣東書局刻本　一百四十册

440000－2541－0015529　36644
書目答問一卷别目一卷國朝著述諸家姓名略一卷　(清)張之洞撰　清光緒元年(1875)刻本　二册

440000－2541－0015530　36651
周季編略九卷　(清)黄式三纂　清同治十二年(1873)浙江書局刻儆居遺書本　四册

440000－2541－0015531　36656
群書拾補不分卷　(清)盧文弨撰　清光緒十三年(1887)上海蜚英館石印本　八册

440000－2541－0015532　36665
書目答問不分卷　(清)張之洞撰　清光緒二十一年(1895)上海蜚英館石印本　二册

440000－2541－0015533　36671
日本變法次第類考初集二十五類二集二十五類三集二十五類　(清)程恩培集案　(清)程堯章譯述　清光緒二十八年(1902)政學譯社鉛印本　十二册

440000－2541－0015534　36672
日本源流考二十二卷　王先謙撰　清光緒二十八年(1902)刻本　九册

440000－2541－0015535　36673
日本全史二十二卷　(日本)中村日直撰　清末教育世界石印本　十六册

440000－2541－0015536　36674
東洋分國史二卷　秦衡江撰　清光緒二十八年(1902)上海文明書局鉛印本　一册

440000－2541－0015537　36675
大東紀年五卷　(□)□□撰　清光緒二十九年(1903)上海美華書館鉛印本　五册

440000－2541－0015538　36678
日本國志四十卷首一卷　(清)黄遵憲撰　清光緒二十四年(1898)匯文書局刻本　六册

440000－2541－0015539　36681
歐洲東方交涉記十二卷　(英國)麥高爾撰　(美國)林樂知　(清)瞿昂來譯　清光緒石印本　一册

440000－2541－0015540　36682
越南輯略二卷　(清)徐延旭輯　清光緒三年(1877)梧州郡署刻本　二册

440000－2541－0015541　36687
林文忠公遺集四種　(清)林則徐撰　清光緒三山林氏刻本　十四册

440000－2541－0015542　36688
山陽李氏鄉賢録一卷　(清)□□撰　清刻本　一册

440000－2541－0015543　36689
直隸知縣鍾四雅先生鄉賢録一卷　(清)張聯桂撰　清光緒刻本　一册

440000－2541－0015544　36690
高熊徵鄉賢録一卷　(清)李芬等撰　清刻本　一册

440000－2541－0015545　36692
西漢會要七十卷　(宋)徐天麟撰　清光緒十年(1884)江蘇書局刻本　十册

440000－2541－0015546　36694
通典二百卷　(唐)杜佑撰　清同治十年(1871)廣東學海堂刻本　十册　存四十四卷(十七至二十九、一百七十至二百)

440000－2541－0015547　36695
欽定續通典一百五十卷　(清)嵇璜等纂　清光緒元年(1875)廣東學海堂刻本　七册　存三十二卷(一百十九至一百五十)

440000－2541－0015548　36697
胡氏崇祀鄉賢録四卷　(清)胡月樵輯　清同治八年(1869)退補齋刻本　一册

440000－2541－0015549　36704
戊戌新政上諭一卷附件一卷　(清)□□輯

清光緒二十六年(1900)上海鉛印本　一册

440000－2541－0015550　36705
欽定大清會典八十卷　(清)托津修　(清)王茂松纂　清嘉慶二十三年(1818)刻本　一册　存二卷(七十至七十一)

440000－2541－0015551　36706
中外交涉類要表一卷光緒通商綜覈表一卷　(清)錢學嘉輯　清光緒二十年(1894)刻本　二册

440000－2541－0015552　36712
粤雅堂叢書三集一百八十四種附五種　(清)伍崇曜編　清道光至光緒南海伍氏刻本　二册　存二種

440000－2541－0015553　36725
諭摺彙存不分卷(光緒二十九年二月)　(清)□□輯　清末鉛印本　二十二册

440000－2541－0015554　36726
光緒諭摺彙存二十二卷(清光緒七年至二十三年)　(清)□□輯　清光緒石印本　十二册　存十一卷(六至十六)

440000－2541－0015555　36727
諭摺彙存不分卷(光緒二十五年三月)　(清)□□輯　清末鉛印本　六册

440000－2541－0015556　36729
制詔集二十卷　(唐)常衮撰　清光緒七年(1881)郭柏蒼沁泉山館刻本　四册

440000－2541－0015557　36730
諭摺彙存不分卷(光緒二十九年四月)　(清)□□輯　清末鉛印本　六册

440000－2541－0015558　36731
諭摺彙存不分卷(光緒二十五年五月)　(清)□□輯　清末鉛印本　六册

440000－2541－0015559　36732
中俄界約斠注七卷首一卷　(清)錢恂撰　清光緒二十年(1894)刻本　二册

440000－2541－0015560　36733
各國約章纂要六卷首一卷附録一卷　勞乃宣等輯　清光緒十七年(1891)勞乃宣吳橋官廨刻本　四册

440000－2541－0015561　36740
甘肅清理財政説明書初編二卷次編二卷三編二卷四編二卷　(清)傅秉鑒撰　清石印本　九册

440000－2541－0015562　36742
富文書舍洋務權輿二卷　(清)李德庵撰　(清)李鳳翎輯　**洋務續記一卷**　(清)李鳳翎撰　清抄本　一册

440000－2541－0015563　36745
宋史翼四十卷　(清)陸心源輯　清光緒三十二年(1906)刻朱印本　十册

440000－2541－0015564　36753
諭摺彙存不分卷(光緒二十五年二月)　(清)□□輯　清末鉛印本　六册

440000－2541－0015565　36755
淵鑒齋御纂朱子全書六十六卷　(宋)朱熹撰　(清)李光地等輯　清刻本　三十六册

440000－2541－0015566　36756
月河精舍叢鈔五種　(清)丁寶書輯　清光緒六年(1880)苕溪丁氏刻本　三十四册

440000－2541－0015567　36763
困學紀聞注二十卷首一卷　(宋)王應麟撰　(清)翁元圻注　清光緒十三年(1887)上海同文書局石印本　六册

440000－2541－0015568　36768
舒藝室隨筆六卷餘筆三卷　(清)張文虎撰　清同治十三年至光緒七年(1874－1881)金陵冶城賓館刻覆瓿集本　三册

440000－2541－0015569　36771
日知録之餘四卷　(清)顧炎武撰　清宣統二年(1910)鄒福保吳中刻本　一册

440000－2541－0015570　36772
日知録集釋三十二卷　(清)顧炎武撰　(清)黄汝成集釋　**刊誤二卷續刊誤二卷**　(清)黄汝成撰　清同治八年(1869)廣州述古堂刻本

十六冊

440000－2541－0015571　36791

賨存四卷　(清)胡式鈺撰　清道光二十一年(1841)刻本　一冊　存二卷(一至二)

440000－2541－0015572　36802

太平御覽一千卷目錄十五卷　(宋)李昉等輯　清嘉慶十七年(1812)歙縣鮑氏刻本　一百二十冊

440000－2541－0015573　36805

玉海二百四卷附刻十四種　(宋)王應麟撰　清光緒九年(1883)浙江書局刻十六年(1890)續刻本　一百二十冊

440000－2541－0015574　36807

增補事類統編九十三卷首一卷　(清)黄葆真增輯　清同治六年(1867)鴻漸書林刻本　四十冊

440000－2541－0015575　36809

藝文類聚一百卷　(唐)歐陽詢輯　清光緒五年(1879)華陽宏達堂刻本　四十冊

440000－2541－0015576　36811

佩文韻府一百六卷　(清)張玉書等輯　**拾遺一百六卷**　(清)汪灝等纂　清道光嶺南潘氏海山仙館刻本　一百六十冊

440000－2541－0015577　36812

淵鑑類函四百五十卷　(清)張英等輯　清光緒二十三年(1897)上海點石齋石印本　十冊

440000－2541－0015578　36813

淵鑑類函四百五十卷目錄四卷　(清)張英等輯　清光緒二十三年(1897)上海同文書局石印本　四十八冊

440000－2541－0015579　36814

古今説海一百三十五種　(明)陸楫編　清道光元年(1821)苕溪邵氏西山堂刻本　二十冊　存五十三種

440000－2541－0015580　36821

蠡測巵言三卷　題(清)汨羅釣徒撰　清光緒五年(1879)粤東羊城森寶閣鉛印本　一冊

440000－2541－0015581　36828

東塾讀書記二十五卷　(清)陳澧撰　清光緒刻本(卷十四、十七至二十、二十二至二十五未刻)　四冊　存十二卷(一至十二)

440000－2541－0015582　36829

夢溪筆談二十六卷首一卷補筆談三卷續筆談一卷　(宋)沈括撰　**校字記一卷**　(清)陶福祥輯　清光緒三十二年(1906)番禺陶福祥愛廬刻本　四冊

440000－2541－0015583　36832

磨盾餘談二卷　(清)張炳撰　清咸豐刻本　一冊

440000－2541－0015584　36833

拜鴛樓校刻四種　沈宗畸編　清光緒二十六年(1900)番禺沈氏刻本　四冊　存三種

440000－2541－0015585　36836

權衡一書四十一卷　(清)王植撰　清刻本　二十四冊

440000－2541－0015586　36839

歸田瑣記八卷　(清)梁章鉅撰　清咸豐二年(1852)羊城同文堂刻本　四冊

440000－2541－0015587　36846

菰中隨筆一卷　(清)顧炎武撰　清道光闕里孔氏玉虹樓刻本　二冊

440000－2541－0015588　36848

續夷堅志四卷　(金)元好問撰　清嘉慶十三年(1808)陽泉山莊刻本　一冊

440000－2541－0015589　36849

中吳紀聞六卷　(宋)龔明之撰　**校勘記一卷**　繆荃孫撰　清光緒三十一年(1905)東倉書庫刻朱印本　二冊

440000－2541－0015590　36850

讀書雜志八十二卷餘編二卷　(清)王念孫撰　清同治九年(1870)金陵書局刻本　二十四冊

440000－2541－0015591　36852

履園叢話二十四卷　(清)錢泳撰　清道光三

年至十八年(1823－1838)虞山錢氏刻同治九年(1870)錢曰壽重修本　八冊

440000－2541－0015592　36853
合肥學舍劄記十二卷　(清)陸繼輅撰　清光緒四年(1878)興國州署刻本　四冊

440000－2541－0015593　36856
談徵不分卷　題(清)外方山人輯　清刻本　二冊　存名部上、下

440000－2541－0015594　36857
七修類藁五十一卷續藁七卷　(明)郎瑛撰　清光緒六年(1880)廣州翰墨園刻本　十二冊

440000－2541－0015595　36862
七修類藁五十一卷續藁七卷　(明)郎瑛撰　清光緒六年(1880)廣州翰墨園刻本　十二冊

440000－2541－0015596　36867
餘冬錄六十一卷　(明)何孟春輯　清同治三年(1864)刻本　十二冊

440000－2541－0015597　36869
消暑隨筆四卷　(清)潘世恩撰　清道光二十年(1840)甘泉黄氏刻清頌堂叢書本　二冊

440000－2541－0015598　36885
增訂盛世危言新編十四卷　鄭觀應撰　清光緒二十四年(1898)上海著易堂石印本　四冊

440000－2541－0015599　36902
淞隱漫錄十二卷　(清)王韜撰　清光緒十年(1884)石印本　四冊

440000－2541－0015600　36905
對山書屋墨餘錄十六卷　(清)毛祥麟撰　清同治九年(1870)湖州吳氏醉六堂刻本　六冊

440000－2541－0015601　36912
夢園叢説内篇八卷外篇八卷　(清)方濬頤撰　清同治十三年至光緒元年(1874－1875)揚州刻本　四冊

440000－2541－0015602　36951
酉陽雜俎前集二十卷續集十卷　(唐)段成式撰　清道光二十九年(1849)刻本　四冊

440000－2541－0015603　36957
翼駉稗編八卷　(清)湯用中撰　(清)徐廷華評　清道光二十九年(1849)刻本　八冊

440000－2541－0015604　36959
雲間據目抄五卷　(明)范濂撰　清光緒上海申報館鉛印申報館叢書續集本　二冊

440000－2541－0015605　36960
杭州白話報不分卷　題(清)宣樊子等撰　清光緒杭州白話報館木活字印本　一冊

440000－2541－0015606　36961
明人筆記殘鈔一卷　(清)□□輯　清抄本　一冊

440000－2541－0015607　36963
嶺南遺書六集五十九種附二種　(清)伍元薇　(清)伍崇曜編　清道光至同治南海伍氏粵雅堂文字歡娛室刻本　二十三冊　存十種

440000－2541－0015608　36964
浪跡叢談十一卷續談八卷　(清)梁章鉅撰　清道光二十七年至二十八年(1847－1848)亦東園刻本　四冊

440000－2541－0015609　36976
國朝畫徵錄三卷續錄二卷　(清)張庚撰　清刻本　五冊

440000－2541－0015610　36977
虛齋名畫錄十六卷　龐元濟撰　清宣統元年(1909)烏程龐氏申江刻本　十六冊

440000－2541－0015611　36982
聽颿樓書畫記五卷　(清)潘正煒撰　清道光二十三年(1843)番禺潘氏刻本　五冊

440000－2541－0015612　36990
國朝書人輯略十一卷首一卷　震鈞輯　清光緒三十四年(1908)金陵刻本　八冊

440000－2541－0015613　36997
隨園瑣記二卷　(清)袁祖志撰　清光緒五年(1879)仁和葛氏刻本　一冊

440000－2541－0015614　37000
辛丑銷夏記五卷　(清)吳榮光撰　清光緒三

十一年(1905)長沙葉氏郎園刻本　五册

440000－2541－0015615　37006
弘明集十四卷　(南朝梁)釋僧祐撰　清光緒二十二年(1896)金陵刻經處刻本　四册

440000－2541－0015616　37014
佛祖歷代通載三十六卷　(元)釋念常撰　清宣統元年(1909)江北刻經處刻本　八册

440000－2541－0015617　37022
一切經音義二十五卷　(唐)釋慧苑撰　**華嚴經音義校勘記一卷**　(清)曹籀撰　清同治八年(1869)武林張氏寶晉齋刻本　四册

440000－2541－0015618　37042
沈下賢文集十二卷　(唐)沈亞之撰　清抄本　六册

440000－2541－0015619　37043
顔魯公文集三十卷世系表一卷補遺一卷　(唐)顔真卿撰　**顔魯公[真卿]年譜一卷**　(清)黄本驥撰　清道光二十五年(1845)刻三長物齋叢書本　六册

440000－2541－0015620　37056
李衛公會昌一品集二十卷别集十卷外集四卷補遺一卷　(唐)李德裕撰　清光緒五年(1879)定州王氏謙德堂刻畿輔叢書本　六册

440000－2541－0015621　37057
李衛公會昌一品集二十卷别集十卷外集四卷補遺一卷　(唐)李德裕撰　清光緒五年(1879)定州王氏謙德堂刻畿輔叢書本　六册

440000－2541－0015622　37059
水心先生别集十六卷　(宋)葉適撰　清同治九年(1870)瑞安孫氏刻永嘉叢書本　四册

440000－2541－0015623　37060
衲蘇集二卷　(清)何栻輯　清抄本　二册

440000－2541－0015624　37061
龍川文集三十卷　(宋)陳亮撰　**辨譌考異二卷**　(清)胡鳳丹撰　**附録二卷**　清光緒元年(1875)湖北崇文書局刻本　八册

440000－2541－0015625　37064
三唐人集　(清)馮焌光編　清光緒二年(1876)南海馮氏讀有用書齋刻本　四册

440000－2541－0015626　37066
曾文正公文集四卷詩集四卷　(清)曾國藩撰　清同治十三年(1874)傳忠書局刻曾文正公全集本　五册

440000－2541－0015627　37082
陽明先生文集十六卷目録二卷　(明)王守仁撰　清道光六年(1826)湖南湘潭王文德刻本　十六册

440000－2541－0015628　37087
洛川詩略二卷詞略一卷　(清)杜游撰　清道光三十年(1850)寫刻本　二册

440000－2541－0015629　37094
安雅堂全集八種　(清)宋琬撰　清順治至乾隆刻本　十六册

440000－2541－0015630　37095
曾文正公全集十五種首一卷　(清)曾國藩撰　清同治至光緒傳忠書局刻本　一百二十三册

440000－2541－0015631　37096
胡文忠公遺集十卷首一卷附錄一卷　(清)胡林翼撰　(清)閻敬銘等輯　清同治七年(1868)吳申甫醉六堂刻本　六册

440000－2541－0015632　37097
胡文忠公遺集八十六卷首一卷　(清)胡林翼撰　(清)鄭敦謹　(清)曾國荃輯　清同治六年(1867)黄鶴樓刻本　二十六册

440000－2541－0015633　37098
恪靖侯盾鼻餘瀋一卷聯語一卷　(清)左宗棠撰　清光緒八年(1882)長沙柳葆元、易策謙刻本　一册

440000－2541－0015634　37099
缾水齋詩别集二卷　(清)舒位撰　清光緒刻本　一册

440000－2541－0015635　37101
羅忠節公遺集(羅山遺集)八種　(清)羅澤南

撰　清咸豐至同治刻本　六冊　存七種

440000－2541－0015636　37102
李文忠公朋僚函稿二十四卷　(清)李鴻章撰　(清)吴汝綸輯　清光緒二十八年(1902)蓮池書社鉛印本　十二冊

440000－2541－0015637　37105
左文襄公書牘二十六卷家書二卷　(清)左宗棠撰　清刻本　二十冊　存二十卷(書牘七至二十六)

440000－2541－0015638　37106
庸庵全集六種　(清)薛福成撰　清光緒二十三年(1897)上海醉六堂石印本　十二冊

440000－2541－0015639　37108
庸書四卷　(清)陳熾撰　清光緒二十三年(1897)上海慎記書莊石印本　四冊

440000－2541－0015640　37111
普天忠憤全集十四卷　(清)孔廣德輯　清光緒二十一年(1895)石印本　十二冊

440000－2541－0015641　37114
青溪舊屋文集十卷詩集一卷　(清)劉文淇撰　清光緒九年(1883)儀徵劉氏刻本　二冊

440000－2541－0015642　37118
劉武慎公遺書五種附一種首一卷　(清)劉長佑撰　清光緒十六年(1890)金陵刻本　二十四冊

440000－2541－0015643　37121
定盦文集三卷續集四卷補編四卷拾遺一卷文集補一卷文集補詞選一卷詞録一卷附孝珙手抄詞一卷　(清)龔自珍撰　**定盦先生[龔自珍]年譜一卷**　吴昌綬輯　清宣統元年(1909)上海國學扶輪社鉛印本　五冊

440000－2541－0015644　37122
定盦文集三卷續集四卷補編四卷拾遺一卷文集補一卷文集補詞選一卷詞録一卷附孝珙手抄詞一卷　(清)龔自珍撰　**定盦先生[龔自珍]年譜一卷**　吴昌綬輯　清宣統元年(1909)上海國學扶輪社鉛印本　七冊

440000－2541－0015645　37123
古微堂内集二卷外集八卷　(清)魏源撰　清宣統元年(1909)上海國學扶輪社鉛印本　六冊

440000－2541－0015646　37124
平養堂文編十卷　(清)王龍文撰　清宣統三年(1911)思賢書局刻本　四冊

440000－2541－0015647　37126
不慊齋漫存七卷　(清)徐賡陛撰　清光緒八年(1882)南海官署自刻本　六冊

440000－2541－0015648　37143
彤史闡幽録二卷　(清)陶應榮輯　清道光十八年(1838)順德馮氏刻本　一冊

440000－2541－0015649　37149
劫餘僅存三卷　(清)李承霖撰　清光緒十年(1884)刻本　二冊

440000－2541－0015650　37150
味靈華館詩六卷　(清)商廷煥撰　清宣統二年(1910)石印本　一冊

440000－2541－0015651　37153
畏廬文集一卷續集一卷三集一卷　林紓撰　清宣統至民國鉛印本　三冊

440000－2541－0015652　37154
國朝湖州詩録三十四卷續録十六卷補編二卷　(清)陳焯輯　清道光刻本　九冊　存五十卷(詩録三十四卷、續録三至十六、補編二卷)

440000－2541－0015653　37156
播雅二十四卷　(清)鄭珍輯　清宣統三年(1911)貴陽文通書局鉛印本　八冊

440000－2541－0015654　37157
建甯耆舊詩鈔十四卷　(清)張際亮原輯　(清)李雲誥續輯　清同治三年(1864)何懋龍等刻本　三冊

440000－2541－0015655　37158
全唐詩九百卷　(清)曹寅等輯　清光緒十三年(1887)上海同文書局石印本　三十二冊

440000－2541－0015656　37159

皇朝經世文新編三十二卷 (清)麥仲華輯 清光緒二十八年(1902)上海書局石印本 十六冊

440000－2541－0015657 37160
皇朝經世文續編一百二十卷 (清)葛士濬輯 清光緒二十七年(1901)廣百宋齋鉛印本 二十四冊

440000－2541－0015658 37161
皇朝經世文編一百二十卷 (清)賀長齡輯 清末鉛印本 二十四冊

440000－2541－0015659 37162
皇朝經世文續編一百二十卷姓名總目一卷生存姓名總目一卷 (清)葛士濬輯 清光緒八年(1882)撫州饒玉成江右雙峰書屋刻本 三十九冊 存一百十八卷(一至十二、十五至一百二十)

440000－2541－0015660 37163
皇朝經世文續編一百二十卷姓名總目三卷 (清)盛康輯 清光緒二十三年(1897)武進盛氏思補樓刻本 八十冊

440000－2541－0015661 37165
皇朝經世文編一百二十卷生存姓名一卷姓名總目二卷 (清)賀長齡輯 清光緒十三年(1887)上海廣百宋齋鉛印本 二十四冊

440000－2541－0015662 37166
皇朝經世文編一百二十卷姓名總目二卷生存姓名一卷 (清)賀長齡輯 清道光七年(1827)刻本 六十二冊

440000－2541－0015663 37167
皇朝經世文續編一百二十卷 (清)葛士濬輯 清光緒十四年(1888)上海圖書集成局鉛印本 三十二冊

440000－2541－0015664 37168
皇朝經世文三編八十卷 (清)陳忠倚輯 清光緒二十八年(1902)上海書局石印本 八冊

440000－2541－0015665 37169
皇朝經世文編一百二十卷 (清)賀長齡輯 清刻本 三十九冊 存九十六卷(二十五至一百二十)

440000－2541－0015666 37170
欽定全唐文一千卷總目三卷 (清)董誥等輯 清光緒二十七年(1901)廣雅書局刻本 一百九十九冊 存九百九十七卷(一至九十三、一百至一千,總目三卷)

440000－2541－0015667 37171
全上古三代秦漢三國六朝文七百四十一卷 (清)嚴可均輯 清光緒十三年(1887)廣雅書局刻本 八十冊

440000－2541－0015668 37172
全上古三代秦漢三國六朝文七百四十一卷 (清)嚴可均輯 清光緒十三年(1887)廣雅書局刻本 六冊 存五十八卷(全上古三代文一至十六、全秦文一、全漢文一至四十一)

440000－2541－0015669 37176
宋文鑑一百五十卷目錄二卷 (宋)呂祖謙輯 清光緒十二年(1886)江蘇書局刻本 二十四冊

440000－2541－0015670 37178
漢魏六朝女子文選二卷 張維輯 清宣統三年(1911)海鹽朱是刻本 一冊

440000－2541－0015671 37181
時務通考三十一卷 題(清)杞廬主人輯 清光緒二十三年(1897)上海點石齋石印本 二十四冊

440000－2541－0015672 37197
道咸同光四朝詩史甲集八卷首一卷乙集八卷 孫雄輯 清宣統二年至三年(1910－1911)刻本 十八冊

440000－2541－0015673 37203
南海先生詩集十三卷 康有為撰 梁啟超書 清宣統三年(1911)上海廣智書局影印本(卷五至十三未刻) 一冊

440000－2541－0015674 37211
明儒王心齋先生遺集五卷首一卷附四種

(明)王艮等撰　清宣統二年(1910)東臺袁氏鉛印本　六册

440000－2541－0015675　37215
顧亭林先生遺書十種　(清)顧炎武撰　清蓬瀛閣刻本　六册　存九種

440000－2541－0015676　37216
陸桴亭先生遺書二十種首一卷附一種　(清)陸世儀撰　清光緒二十五年至二十六年(1899－1900)太倉唐受祺京師刻本　二十册

440000－2541－0015677　37217
謝疊山先生評註四種合刻　(宋)謝枋得撰　清光緒八年(1882)京都豫章別業刻本　六册

440000－2541－0015678　37218
趙忠毅公文集十五種　(明)趙南星撰　明末刻清遞修補刻光緒印本　二十五册

440000－2541－0015679　37220
黃梨洲遺書十種　(清)黃宗羲撰　清光緒三十一年(1905)杭州群學社石印本　八册

440000－2541－0015680　37221
章氏遺書二種　(清)章學誠撰　清光緒三年(1877)貴陽刻本　五册

440000－2541－0015681　37222
章氏遺書二種　(清)章學誠撰　清道光十二年至十三年(1832－1833)章華紱刻本　五册

440000－2541－0015682　37225
春在堂全書十六種　(清)俞樾撰　清光緒三年(1877)刻本　五十六册

440000－2541－0015683　37226
蛾術堂集十四種　(清)沈豫撰　清道光十八年(1838)蕭山沈氏漢讀齋刻本　二册　存六種

440000－2541－0015684　37230
鐵華館叢書六種　(清)蔣鳳藻編　清光緒長洲蔣氏影宋刻本　六册

440000－2541－0015685　37231
張氏叢書(二酉堂叢書)二十一種　(清)張澍編　清道光元年(1821)武威張氏二酉堂刻本　十册

440000－2541－0015686　37232
增訂漢魏叢書九十六種　(清)王謨編　清宣統三年(1911)上海大通書局石印本　三十一册　存九十一種

440000－2541－0015687　37235
藕香零拾三十九種　繆荃孫編　清光緒至宣統刻本　十四册　存二十一種

440000－2541－0015688　37238
國學叢刊十四種(第一、二册)　羅振玉編　清宣統三年(1911)石印本　二册

440000－2541－0015689　37241
重訂漢唐地理書鈔七十二種　(清)王謨編　清嘉慶十六年(1811)金谿王氏刻本　十册　存七十種

440000－2541－0015690　37265
問影樓輿地叢書第一集十五種　胡思敬編　清光緒三十四年(1908)新昌胡氏京師鉛印本　十册

440000－2541－0015691　37266
藝苑捃華四十八種　(清)顧之逵編　清同治七年(1868)務本堂刻本　三十二册

440000－2541－0015692　37275
萬國政治藝學全書三百八十卷　朱大文　凌賡颺輯　清光緒二十八年(1902)上海鴻文書局石印本　五十四册　存一百二十卷(上編一至一百二十)

440000－2541－0015693　37276
唐人三家集　(清)秦恩復編　清嘉慶至道光江都秦氏石研齋影宋刻道光十年(1830)彙印本　四册

440000－2541－0015694　42377
切韻指掌圖一卷　(宋)司馬光撰　清光緒九年(1883)上海同文書局石印本　一册

440000－2541－0015695　37278
説鈴前集三十八種後集十七種續集七種　(清)吳震方編　**現果隨錄一卷**　(清)釋戒顯

撰　清道光五年(1825)聚秀堂刻本　十九册　存四十一種

440000－2541－0015696　37279
痛史二十一種附九種　樂天居士編　清宣統三年至民國元年(1911－1912)上海商務印書館鉛印本　三十一册

440000－2541－0015697　37284
史學叢書四十三種　(清)□□編　清光緒二十八年(1902)上海文瀾書局石印本　二十一册

440000－2541－0015698　37285
得一齋雜著四種　(清)黄楙材撰　清光緒十二年(1886)夢花軒刻新陽趙氏叢刊本　二册

440000－2541－0015699　37287
皇朝藩屬輿地叢書六集二十八種　(清)浦□編　清光緒二十九年(1903)金匱浦氏静寄東軒石印本　三十九册　存二十四種

440000－2541－0015700　37288
九通　(清)□□編　清光緒浙江書局刻本　九百八册　存二千三百十六卷(通典二百卷、考證一卷;續通典一百五十卷;皇朝通典一百卷;通志二百卷、考證三卷;續通志六百四十卷;皇朝通志一至六十九、七十三至一百二十六;文獻通考一至一百二十四、一百二十八至三百四十九,考證三卷;續文獻通考二百五十卷;皇朝文獻通考三百卷)

440000－2541－0015701　37295
十三經注疏十三種附校勘記　(清)阮元編校　清光緒三十年(1904)石印本　三十二册

440000－2541－0015702　37304
瀛環志略十卷　(清)徐繼畬輯　清道光三十年(1850)刻本　四册

440000－2541－0015703　37310
日本國志四十卷　(清)黄遵憲撰　清光緒二十四年(1898)上海圖書集成局鉛印本　九册

440000－2541－0015704　37325
夢溪筆談二十六卷首一卷補筆談三卷續筆談一卷　(宋)沈括撰　**校字記一卷**　(清)陶福祥輯　清光緒三十二年(1906)番禺陶福祥愛廬刻本　四册

440000－2541－0015705　37328
大唐西域記十二卷　(唐)釋玄奘譯　(唐)釋辯機撰　清宣統元年(1909)常州天寧寺刻本　四册

440000－2541－0015706　37329
御覽曲洧舊聞十卷　(宋)朱弁撰　清乾隆四十九年(1784)汪汝瑮刻本　二册

440000－2541－0015707　37333
說文解字十五卷　(漢)許慎撰　清刻本　一册　存二卷(四至五)

440000－2541－0015708　37335
通鑑紀事本末二百三十九卷　(宋)袁樞撰　(明)張溥論正　清光緒十三年(1887)廣雅書局刻紀事本末彙刻本　一册　存五卷(二百六至二百十)

440000－2541－0015709　37343
古今說部叢書十集二百六十七種　國學扶輪社編　清宣統三年至民國二年(1911－1913)國學扶輪社鉛印本　五十九册　存二百六十三種

440000－2541－0015710　37344
滇繫不分卷　(清)師範輯　清光緒十三年(1887)雲南通志局刻本　四十册

440000－2541－0015711　37345
小方壺齋輿地叢鈔十二帙一千一百九十九種補編十二帙五十八種再補編十二帙一百八十種　(清)王錫祺編　清光緒十七年至二十三年(1891－1897)上海著易堂鉛印本　七十八册

440000－2541－0015712　37346
使俄草八卷　(清)王之春撰　清光緒二十一年(1895)上海石印本　四册

440000－2541－0015713　37347
海國公餘輯錄六卷雜著三卷　(清)張煜南撰

清光緒刻本　十冊

440000－2541－0015714　37349

劉壯肅公奏議十卷首一卷　(清)劉銘傳撰　清末鉛印本　六冊

440000－2541－0015715　37352

瀛寰志略十卷　(清)徐繼畬撰　**續集四卷末一卷續補一卷**　(英國)慕維廉纂輯　清光緒二十四年(1898)上海掃葉山房石印本　八冊

440000－2541－0015716　37355

遊歷圖記不分卷　(清)李丹麟撰　清光緒三十一年(1905)廣州石經堂石印本　二冊

440000－2541－0015717　37357

海虞文徵三十卷目錄二卷　(清)邵松年輯　清光緒三十一年(1905)上海鴻文書局石印本　十六冊

440000－2541－0015718　37360

萬曆野獲編補遺二卷　(明)沈德符撰　清抄本　二冊

440000－2541－0015719　37370

古今圖書集成一萬卷目錄四十卷　(清)陳夢雷等輯　清光緒十年(1884)上海同文書局石印本　一千六百四十冊

440000－2541－0015720　37377

越南輯略二卷　(清)徐延旭輯　清光緒三年(1877)梧州郡署刻本　二冊

440000－2541－0015721　37385

論語注疏解經二十卷　(三國魏)何晏集解　(宋)邢昺疏　**校勘記**　(清)阮元撰　清嘉慶二十年(1815)江西南昌府學刻重刊宋本十三經注疏本　六冊

440000－2541－0015722　37386

肘後神樞一卷　(明)朱權撰　清抄本　一冊

440000－2541－0015723　37387

唐冬夏日至故一卷　(清)張宗泰撰　清抄本　一冊

440000－2541－0015724　37388

祝氏家傳天機妙訣不分卷　(□)□□撰　清抄本　四冊

440000－2541－0015725　37390

古今說海一百三十五種　(明)陸楫編　清道光元年(1821)苕溪邵氏酉山堂刻本　三十九冊　存一百三十種

440000－2541－0015726　37391

說鈴前集三十八種後集十七種續集七種　(清)吳震方編　清道光五年(1825)聚秀堂刻本　二十四冊　存五十三種

440000－2541－0015727　37392

說鈴前集三十八種後集十七種續集七種　(清)吳震方編　清道光五年(1825)聚秀堂刻本　三冊　存十二種

440000－2541－0015728　37393

新刻繡像粉粧樓全傳十二卷八十回　題(清)竹溪山人撰　清道光十二年(1832)刻本　六冊

440000－2541－0015729　37394

王山史五種　(清)王弘撰撰　清光緒刻本　二冊　存四種

440000－2541－0015730　37395

朱竹垞[彝尊]先生年譜一卷　(清)楊謙撰　清刻本　一冊

440000－2541－0015731　37399

重刻賴古堂尺牘新鈔三選結鄰集十六卷　(清)周在浚等輯　清道光六年(1826)刻本　四冊

440000－2541－0015732　37400

試帖不分卷　(□)□□輯　清抄本　二冊

440000－2541－0015733　37401

重刊五百家注音辯昌黎先生文集四十卷　(唐)韓愈撰　(宋)魏仲舉輯注　清刻本　十冊

440000－2541－0015734　37402

玉谿生詩詳註三卷首一卷樊南文集詳註八卷首一卷　(唐)李商隱撰　(清)馮浩注　清刻本　八冊

440000－2541－0015735　37403
張燕公集二十五卷　（唐）張説撰　清刻本　六册

440000－2541－0015736　37405
説文解字十五卷　（漢）許慎撰　（宋）徐鉉等校定　清末影印本　一册

440000－2541－0015737　37408
蓮山詩集十九卷　（清）陳衍虞撰　清道光十九年（1839）廣東海陽陳氏世馨堂刻本　十二册

440000－2541－0015738　37409
彙纂詩法度鍼三十三卷　（清）徐文弼輯　清刻本　八册

440000－2541－0015739　37411
復初齋詩集七十卷　（清）翁方綱撰　清刻本　十四册

440000－2541－0015740　37412
冬心先生集四卷　（清）金農撰　清宣統二年（1910）書業公司影印本　一册

440000－2541－0015741　37413
寄傲山房塾課新增幼學故事瓊林四卷首一卷　（清）程允升撰　（清）鄒聖脈增補　清末粵東佛鎮天寶樓刻機器印本　一册

440000－2541－0015742　37414
曝書亭集八十卷附録一卷　（清）朱彝尊撰　**笛漁小稿十卷**　（清）朱昆田撰　清光緒十五年（1889）陶閣寒梅館刻朱印本　二十册

440000－2541－0015743　37415
後湖志十卷　（清）王作棫纂　（清）錢福臻增輯　清抄本　一册　存九卷（一至九）

440000－2541－0015744　42375
四書集註十九卷　（宋）朱熹撰　清石印本　一册

440000－2541－0015745　37420
羊城西關紀功録一卷　（清）□□輯　清咸豐四年（1854）粵東刻本　二册

440000－2541－0015746　37424
雲南勘界籌邊記二卷　（清）姚文棟撰　清光緒刻滇南四種本　二册

440000－2541－0015747　37425
射鷹樓詩話二十四卷　（清）林昌彝撰　清咸豐元年（1851）福州刻本　八册

440000－2541－0015748　37426
沿海全圖一卷　（清）□□繪　清刻本　一册

440000－2541－0015749　37440
［道光］廣東通志三百三十四卷首一卷　（清）阮元修　（清）陳昌齊纂　清同治三年（1864）刻本（有圖）　一百二十册

440000－2541－0015750　37444
資治通鑑綱目五十九卷末補一卷　（宋）朱熹撰　（明）陳仁錫輯評　**前編二十五卷**　（明）南軒撰　（明）陳仁錫輯評　**續編二十七卷**　（明）商輅撰　（明）陳仁錫輯評　**三編二十卷**　（清）張廷玉等撰　清刻本　七十三册　存一百九卷（綱目一至三十、三十七至三十八、四十至四十五、四十八至四十九、五十三至五十九，前編一至九上、十至二十五，續編十至二十、二十二至二十七，三編二十卷）

440000－2541－0015751　37445
中東戰紀本末八卷首一卷末一卷續編四卷首一卷末一卷文學興國策二卷　（美國）林樂知撰　蔡爾康輯　清光緒二十二年至二十三年（1896－1897）廣學會鉛印本　一册　存一卷（六）

440000－2541－0015752　37448
歷代統紀表十三卷歷代疆域表三卷歷代沿革表三卷　（清）段長基撰　清同治四年（1865）味古山房刻本　二十四册

440000－2541－0015753　37456
朱子原訂近思録十四卷考訂朱子世家一卷　（宋）朱熹撰　（清）江永集注　清光緒十四年（1888）廣雅書局刻本　一册　存四卷（四至七）

440000－2541－0015754　37457
荀子二十卷附校勘補遺一卷　（周）荀况撰

（唐）楊倞注　清光緒二年（1876）浙江書局刻二十二子本　六冊

440000－2541－0015755　37463
說文解字十五卷標目一卷　（漢）許慎撰　（宋）徐鉉校　**說文通檢十四卷**　（清）黎永椿輯　清同治十二年（1873）番禺陳昌治刻本　九冊　存二十七卷（一至七、十至十五，通檢十四卷）

440000－2541－0015756　37464
古文觀止十二卷　（清）吳乘楚　（清）吳大職評選　清刻本　一冊　存二卷（七至八）

440000－2541－0015757　37465
祝由科二卷　（□）□□撰　清末刻本　一冊　存一卷（二）

440000－2541－0015758　37466
新刻書經體注六卷首一卷　（清）范翔撰　**書經六卷**　（宋）蔡沈集傳　清刻本　二冊　存四卷（二至三、五至六）

440000－2541－0015759　37468
四書集注十九卷　（宋）朱熹撰　清刻本　五冊　存十七卷（論語十卷、孟子七卷）

440000－2541－0015760　37469
賈子新書十卷　（漢）賈誼撰　清光緒二十三年（1897）文瑞樓鉛印本　一冊

440000－2541－0015761　37470
新鐫笑林廣記十二卷　題（清）遊戲主人輯　清咸豐六年（1856）信元堂刻本　四冊

440000－2541－0015762　37472
讀史方輿紀要一百三十卷輿圖要覽四卷　（清）顧祖禹纂　清道光龍萬育敷文閣刻本　五冊　存十二卷（六十三至七十四）

440000－2541－0015763　37477
春秋三傳十二卷　（漢）何休撰　（唐）陸德明音義　清刻本　三冊　存九卷（四至十二）

440000－2541－0015764　37478
新刻群書備數十二卷　（明）張九韶撰　（明）胡文煥校　明萬曆刻本　二冊　存五卷（八至十二）

440000－2541－0015765　37479
古歡室全集四種　（清）曾懿撰　清光緒刻本　四冊

440000－2541－0015766　37481
全本禮記體注十卷　（清）徐旦輯　（清）徐瑄補輯　清乾隆百尺樓刻本　二冊

440000－2541－0015767　37482
子書百家一百一種　（清）崇文書局編　清光緒元年（1875）湖北崇文書局刻本　六十二冊　存九十八種

440000－2541－0015768　37483
述古叢鈔四集二十六種　（清）劉晚榮編　清同治至光緒古岡劉氏藏修書屋刻本　三十七冊

440000－2541－0015769　37485
新學大叢書一百二十卷　梁啟超編　清光緒二十九年（1903）上海積山喬記書局石印本　二十九冊　存一百八卷（一至三、八至四十、四十五至九十六、一百一至一百二十）

440000－2541－0015770　37487
康熙字典四十二卷補遺一卷備考一卷　（清）張玉書纂　清刻本　三十二冊

440000－2541－0015771　37490
文選六十卷　（南朝梁）蕭統輯　（唐）李善注　（清）葉樹藩參訂　清刻本　十二冊

440000－2541－0015772　37491
道書二十三種　（清）劉一明撰　清刻本　二十二冊

440000－2541－0015773　37494
宋本十三經注疏附校勘記　（清）阮元撰　（清）盧宣旬摘錄　清光緒十三年（1887）上海脈望仙館石印本　三十二冊

440000－2541－0015774　37495
校正增廣尚友錄統編二十四卷　題（清）錢湖釣徒編　清光緒十四年（1888）上海文瑞樓石印本　十六冊

440000－2541－0015775　37501

推拿廣意三卷　(清)熊應雄輯　清末石印本　一册

440000－2541－0015776　37503

本事方釋義十卷首一卷　(清)葉桂撰　清嘉慶十九年(1814)刻本　六册

440000－2541－0015777　37504

李仕材先生三書附一種　(清)李中梓撰　(清)尤乘增補　清光緒十三年(1887)上海江左書林刻本　四册

440000－2541－0015778　37505

實際文章三卷首一卷葛祖回生集不分卷驗方新編不分卷内外雜症摘方不分卷　題(清)讀我書齋輯　清同治七年(1868)王氏敬義堂黄氏致和堂刻本　一册

440000－2541－0015779　37509

吕祖醫道還元九卷吕祖奇癥新方一卷　(唐)吕嵒撰　清光緒二十年(1894)廣州善書局刻民國八年(1919)華聯仙館印本　四册

440000－2541－0015780　37510

吕祖醫道還元九卷吕祖奇癥新方一卷　(唐)吕嵒撰　清光緒二十年(1894)廣州善書局刻民國八年(1919)華聯仙館印本　四册

440000－2541－0015781　37536.1

博物新編三集　(英國)合信撰　清咸豐五年(1855)上海墨海書館刻本　二册

440000－2541－0015782　37536.2

西醫略論三卷　(英國)合信　(清)管茂材撰　清咸豐七年(1857)上海仁濟書醫刻本　與440000－2541－0015781合册

440000－2541－0015783　37538

三因極一病証方論十八卷　(宋)陳言輯　清道光二十三年(1843)青蓮華館刻本　十册

440000－2541－0015784　37539

醫學窮源集六卷　(明)王肯堂撰　(明)殷宅心輯釋　清刻本　六册

440000－2541－0015785　37546

雙楳景闇叢書十六種附一種　葉德輝編　清光緒至宣統長沙葉氏郎園刻本　五册

440000－2541－0015786　37553

驗方新編十六卷　(清)鮑相璈輯　(清)張紹棠增輯　**續編二卷**　(清)海山仙館輯　清光緒七年至十五年(1881－1889)合肥味古齋刻本　十册

440000－2541－0015787　37554

潛齋醫書五種　(清)王士雄撰　清末上海廣益書局石印本　三册

440000－2541－0015788　37559

六醴齋醫書十種　(清)程永培編　清光緒十七年(1891)廣州儒雅堂刻本　二十六册

440000－2541－0015789　37571

中藏經八卷華佗内照法一卷　(漢)華佗撰　清光緒六年(1880)徐沛刻本　一册

440000－2541－0015790　37572

中藏經八卷華佗内照法一卷　(漢)華佗撰　清光緒六年(1880)徐沛刻本　二册

440000－2541－0015791　37573

虎鈐經二十卷　(宋)許洞撰　清刻本　六册

440000－2541－0015792　37575

内經知要二卷　(明)李念莪輯注　(清)薛雪校正　清掃葉山房刻本　二册

440000－2541－0015793　37576

黄帝素問靈樞經十二卷　(宋)史崧音釋　明刻後印本　一册　存三卷(一至三)

440000－2541－0015794　37578

靈樞經九卷　(清)張志聰集注　清刻本　七册

440000－2541－0015795　37582

醫經允中集成二十四卷　(清)李熙和撰　清道光十一年(1831)刻本　八册

440000－2541－0015796　37583

類經纂要三卷　(清)虞庠輯　(清)王廷俊增注　清同治六年(1867)刻本　三册

440000－2541－0015797　37584
類經纂要三卷　(清)虞庠輯　(清)王廷俊增注　清同治六年(1867)刻本　三册

440000－2541－0015798　37585
黄帝内經素問註證發微九卷靈樞註證發微九卷補遺一卷　(明)馬蒔注證　清光緒五年(1879)善成堂刻本　十六册

440000－2541－0015799　37586
黄帝内經素問註證發微九卷靈樞註證發微九卷補遺一卷　(明)馬蒔注證　清嘉慶十年(1805)鮑氏刻本　十二册

440000－2541－0015800　37588
黄帝内經素問註證發微九卷靈樞註證發微九卷補遺一卷　(明)馬蒔注證　清嘉慶十年(1805)鮑氏刻本　十二册

440000－2541－0015801　37589
圖註八十一難經辨真四卷　(戰國)秦越人撰　(明)張世賢圖注　清刻本　二册

440000－2541－0015802　37590
靈樞經合纂十卷　(明)馬蒔　(清)張志聰注　清末上海錦章圖書局石印本　七册

440000－2541－0015803　37592
中藏經八卷華佗内照法一卷　(漢)華佗撰　清刻本　一册　存一卷(華佗内照法一卷)

440000－2541－0015804　37593
鍼灸甲乙經十二卷　(晋)皇甫謐撰　清光緒十一年(1885)四明存存軒刻本　四册

440000－2541－0015805　37595
黄帝内經太素三十卷遺文一卷　(隋)楊上善撰注　清光緒二十三年(1897)通隱堂刻袁氏重印漸西村舍彙刊本　六册

440000－2541－0015806　37596
黄帝内經太素三十卷遺文一卷　(隋)楊上善撰注　清光緒二十三年(1897)通隱堂刻袁氏重印漸西村舍彙刊本　六册

440000－2541－0015807　37597
素問靈樞類纂約註三卷　(清)汪昂纂輯　清刻本　三册

440000－2541－0015808　37598
黄帝内經素問遺篇一卷　(宋)劉溫舒注　清抄本　一册

440000－2541－0015809　37599
新刊素問入式運氣論奥三卷　(宋)劉溫舒撰　清抄本　一册

440000－2541－0015810　37601
脈訣一卷脈賦一卷　(□)□□撰　清汪士玢抄本　二册

440000－2541－0015811　37602
中西醫粹三卷春溫三字訣痢疾三字訣一卷　(清)羅定昌輯　清光緒二十一年(1895)上海千頃堂書局石印本　一册

440000－2541－0015812　37603
中西醫粹三卷春溫三字訣痢疾三字訣一卷　(清)羅定昌輯　清光緒二十一年(1895)上海千頃堂書局石印本　一册　存二卷(上、春溫三字訣痢疾三字訣一卷)

440000－2541－0015813　37605
黄帝内經素問靈樞合纂十卷　(明)馬蒔　(清)張志聰注　清末上海錦章圖書局石印本　九册

440000－2541－0015814　37606
黄帝内經素問靈樞合纂十卷　(明)馬蒔　(清)張志聰注　清末上海錦章圖書局石印本　八册

440000－2541－0015815　37607
黄帝内經素問靈樞合纂十卷　(明)馬蒔　(清)張志聰注　清末上海錦章圖書局石印本　八册

440000－2541－0015816　37614
醫法圓通四卷　(清)鄭壽全輯　(清)敬先甲評　清光緒十七年(1891)宏道堂刻本　二册

440000－2541－0015817　37617
醫學指歸二卷首一卷末一卷　(清)趙術堂輯　清咸豐元年(1851)高郵趙春普等刻本　二

册

440000－2541－0015818　37618
醫宗備要三卷　(清)曾鼎輯　清同治八年(1869)楚北崇文書局刻本　一册

440000－2541－0015819　37620
脈經十卷　(晉)王叔和撰　(宋)林億等類次　清光緒十九年(1893)宜都楊守敬刻本　六册

440000－2541－0015820　37621
脈經十卷　(晉)王叔和撰　(明)袁表景類校　清道光二十九年(1849)廖積性刻本　八册

440000－2541－0015821　37623
學古診則四帙　(明)盧之頤輯正　清乾隆三十二年(1767)寶笏樓刻醫林指月本　四册

440000－2541－0015822　37625
醫法心傳一卷　(清)程芝田撰　清光緒十三年(1887)三衢雷豐養鶴山房刻醫學三書本　一册

440000－2541－0015823　37626
醫林改錯二卷　(清)王清任撰　清道光二十八年(1848)汪維之刻本　一册

440000－2541－0015824　37627
南病别鑑三卷　(清)葉桂等撰　(清)宋兆淇注　**節錄辨證要畧一卷**　(清)宋兆淇續集　清光緒五年(1879)宋兆淇刻本　一册

440000－2541－0015825　37628
徐氏醫書八種　(清)徐大椿撰　清光緒四年(1878)刻本　十册

440000－2541－0015826　37629
醫經原旨六卷　(清)薛雪集注　清刻本　六册

440000－2541－0015827　37630
醫原圖説二卷　(清)金理撰　清乾隆二十三年至二十九年(1758－1764)自刻本　四册

440000－2541－0015828　37632
圖註脈訣辨真四卷　(晉)王叔和撰　(明)張世賢注　清刻本　二册

440000－2541－0015829　37633
圖註八十一難經辨真四卷　(戰國)秦越人撰　(明)張世賢圖注　清刻本　二册

440000－2541－0015830　37634
形色外診簡摩二卷　(清)周學海編　清宣統二年(1910)福慧雙修館刻本　二册

440000－2541－0015831　37635
脈藥聯珠四卷古方考四卷　(清)龍柏撰　清刻本　三册　存七卷(浮、沈、遲,古方考四卷)

440000－2541－0015832　37636
難經摘抄二卷末一卷　(清)王廷俊撰　清刻本　一册　存二卷(下、末一卷)

440000－2541－0015833　37637
丹溪朱氏脈因證治二卷　(元)朱震亨撰　(清)湯望久輯　清刻本　二册

440000－2541－0015834　37638
脈訣彙辨十卷　(清)李延是撰　清刻本　四册

440000－2541－0015835　37639
丹溪朱氏脈因證治二卷　(元)朱震亨撰　(清)湯望久輯　清刻本　四册

440000－2541－0015836　37640
脈學正宗三種　(明)李時珍撰　清咸豐九年(1859)刻本　一册

440000－2541－0015837　37641
脈理存真三卷　(元)滑壽撰　(清)余顯廷校訂　清光緒二年(1876)刻本　二册

440000－2541－0015838　37642
脈學輯要三卷　(日本)丹波元簡撰　清光緒十二年(1886)李氏芝軒刻本　一册

440000－2541－0015839　37645
圖註脈訣辨真四卷　(晉)王叔和撰　(明)張世賢注　清刻本　二册

440000－2541－0015840　37646
圖註脈訣辨真四卷　(晉)王叔和撰　(明)張世賢注　清刻本　二册

440000－2541－0015841　37648.1

筆花醫鏡四卷　(清)江涵暾撰　清道光二十四年(1844)刻本　二冊

440000－2541－0015842　37648.2

醫宗備要三卷　(清)曾鼎輯　清嘉慶十九年(1814)刻本　與440000－2541－0015841合冊

440000－2541－0015843　37649

圖註難經脈訣十三卷奇經八脉考一卷瀕湖脉學一卷脉訣考證一卷脉訣附方一卷　(明)張世賢輯并注　清咸豐八年(1858)無錫日升山房刻本　三冊

440000－2541－0015844　37650

重刊巢氏諸病源候總論五十卷　(隋)巢元方撰　清光緒元年(1875)湖北崇文書局刻本　八冊

440000－2541－0015845　37652

巢氏諸病源候總論五十卷　(隋)巢元方撰　清嘉慶十三年(1808)吳門經義齋刻本　八冊

440000－2541－0015846　37653

重刊巢氏諸病源候總論五十卷　(隋)巢元方撰　清光緒十二年(1886)湖北官書處刻本　八冊

440000－2541－0015847　37656

病理撮要一卷　尹端模譯　清光緒十八年(1892)羊城博濟醫局刻本　一冊

440000－2541－0015848　37657

張仲景金匱要畧論註二十四卷　(清)徐彬撰　清光緒五年(1879)刻本　四冊

440000－2541－0015849　37658

金匱玉函經二註二十二卷　(元)趙良仁衍義　(清)周揚俊補注　**重刊金匱玉函經二注補方一卷藥神書一卷**　清同治二年(1863)刻本　十二冊

440000－2541－0015850　37659

金匱心典三卷　(漢)張仲景撰　(清)尤怡注　清同治八年(1869)刻本　三冊

440000－2541－0015851　37660

醫學篇首卷四卷二卷四卷　(清)曾懿撰　清光緒三十三年(1907)長沙刻古歡室全集本　二冊

440000－2541－0015852　37662

證治準繩六種　(明)王肯堂輯　清光緒十八年(1892)廣州石經堂刻本　八十冊

440000－2541－0015853　37663

金匱要略淺註十卷金匱方歌括六卷　(清)陳念祖撰　清刻本　八冊

440000－2541－0015854　37664

痢證匯參十卷　(清)吳道源纂輯　(清)王式金評定　清上海千頃堂書局石印本　一冊

440000－2541－0015855　37665

痢證匯參十卷　(清)吳道源纂輯　(清)王式金評定　清上海千頃堂書局石印本　一冊

440000－2541－0015856　37667

傅青主男科二卷　(清)傅山撰　清光緒二十八年(1902)新化三味書室刻本　一冊

440000－2541－0015857　37669

金匱玉函要略方論三卷　(漢)張仲景撰　清抄本　三冊

440000－2541－0015858　37673

醫學初階四種　(清)嚴嶽蓮編　清光緒至宣統渭南嚴氏刻民國十三年(1924)校補印本　十六冊

440000－2541－0015859　37674

醫學初階四種　(清)嚴嶽蓮編　清光緒至宣統渭南嚴氏刻民國十三年(1924)校補印本　十五冊　存三種

440000－2541－0015860　37676

傷寒論六卷　(漢)張機撰　(清)張志聰注釋　(清)高世栻纂集　清末上海錦章圖書局石印本　一冊　存三卷(一至三)

440000－2541－0015861　37683

辨證錄十四卷洞垣全書脈訣闡微一卷胎產秘書三卷　(清)陳士鐸撰　清光緒三十年

(1904)刻本　八冊

440000－2541－0015862　37684

本草經二卷雜病論一卷傷寒論一卷　(□)□□撰　清抄本　三冊

440000－2541－0015863　37685

增注類證活人書二十二卷釋音一卷　(宋)朱肱撰　(明)吳勉學校　清光緒十二年(1886)刻本　四冊

440000－2541－0015864　37686

注解傷寒論十卷圖一卷　(漢)張仲景述　(晉)王叔和撰次　(金)成無己注解　**傷寒明理論四卷**　(金)成無己撰　(明)吳勉學校　清刻古今醫統正脈全書本　四冊

440000－2541－0015865　37690

醫林纂要探源十卷附錄一卷　(清)汪紱輯　清道光二十九年(1849)婺源單氏遺經堂刻本　十冊

440000－2541－0015866　37691

醫林纂要探源十卷附錄一卷　(清)汪紱輯　清光緒二十三年(1897)江蘇書局刻本　十冊

440000－2541－0015867　37692

重慶堂隨筆二卷　(清)王學權撰　(清)王國祥注　清光緒三十一年(1905)上海書局石印本　一冊

440000－2541－0015868　37693

醫學三字經四卷　(清)陳念祖撰　清光緒十五年(1889)孫溪逸士刻本　二冊

440000－2541－0015869　37694

醫學實在易八卷　(清)陳念祖撰　清光緒十五年(1889)刻本　四冊

440000－2541－0015870　37696

傅青主男科二卷女科二卷產後編二卷補集一卷經驗良方一卷　(清)傅山撰　清光緒九年(1883)刻本　三冊　存六卷(男科下、女科二卷、產後編二卷、經驗良方一卷)

440000－2541－0015871　37698

傅青主男科二卷女科二卷產後編二卷補集一卷　(清)傅山撰　清光緒九年(1883)刻本　四冊

440000－2541－0015872　37699

內科理法前編六卷後編六卷又後編十卷附編一卷　(英國)虎伯撰　舒高第口譯　清光緒江南製造總局刻本　一冊　存二卷(前編一至二)

440000－2541－0015873　37700

血證論八卷　(清)唐宗海撰　清光緒十六年(1890)唐氏刻本　四冊

440000－2541－0015874　37701

儒門事親十五卷　(金)張從正撰　清宣統二年(1910)上海千頃堂石印本　六冊

440000－2541－0015875　37702

衛生學問答二編　丁福保撰　清光緒二十七年(1901)無錫丁氏疇隱廬石印本　一冊

440000－2541－0015876　37703

豫醫雙璧　(清)吳重憙編　清宣統元年(1909)海豐吳氏梁園鉛印本　八冊

440000－2541－0015877　37704

豫醫雙璧　(清)吳重憙編　清宣統元年(1909)海豐吳氏梁園鉛印本　八冊

440000－2541－0015878　37706

辨證奇聞八卷　(清)錢松撰　清光緒五年(1879)刻本　七冊　存七卷(一至七)

440000－2541－0015879　37708

蒼生司命八卷首一卷　(明)虞摶輯　清刻本　八冊

440000－2541－0015880　37709

新刊增補萬病回春原本八卷　(明)龔廷賢輯　清刻本　十四冊

440000－2541－0015881　37710

王氏醫存十七卷　(清)王燕昌撰　清同治十三年(1874)皖城黃竹友齋刻本　三冊

440000－2541－0015882　37711

質疑錄一卷　(明)張介賓撰　清刻本　一冊

440000－2541－0015883　37712
專治血症經驗良方論一卷　(清)潘爲縉撰　清光緒二十八年(1902)長沙葉氏刻本　一冊

440000－2541－0015884　37713
醫醇賸義四卷醫方論四卷　(清)費伯雄撰　(清)費應蘭輯　清光緒三年(1877)刻本　四冊　存四卷(醫醇賸義四卷)

440000－2541－0015885　37715
張仲景金匱要畧二十四卷　(清)沈明宗編注　清刻本　六冊　存十八卷(七至二十四)

440000－2541－0015886　37716
王氏醫存十七卷新選驗方一卷　(清)王燕昌撰　清同治十三年(1874)皖城黃竹友齋刻本　八冊

440000－2541－0015887　37718
增補萬病回春原本八卷　(明)龔廷賢輯　(清)周亮登校　清光緒三十二年(1906)上海錦章圖書局石印本　八冊

440000－2541－0015888　37721
內科新說二卷　(英國)合信　(清)管茂材撰　清咸豐八年(1858)上海仁濟醫館刻本　一冊

440000－2541－0015889　37723
儒門醫學三卷附一卷　(英國)海得蘭撰　(英國)傅蘭雅口譯　(清)趙元益筆述　清光緒江南製造總局刻本　四冊

440000－2541－0015890　37724
儒門醫學三卷附一卷　(英國)海得蘭撰　(英國)傅蘭雅口譯　(清)趙元益筆述　清光緒江南製造總局刻本　四冊

440000－2541－0015891　37725
儒門醫學三卷附一卷　(英國)海得蘭撰　(英國)傅蘭雅口譯　(清)趙元益筆述　清光緒江南製造總局刻本　二冊　存二卷(下、附一卷)

440000－2541－0015892　37726
理虛元鑑二卷　(明)汪綺石撰　清光緒二年(1876)仁和葛氏刻嘯園叢書本　二冊

440000－2541－0015893　37727
金匱啟鑰三十七卷　(清)黃朝坊輯　清咸豐十年(1860)刻本　二十四冊

440000－2541－0015894　37729
醫門棒喝二集傷寒論本旨九卷　(漢)張機撰　(清)章楠輯注　清同治刻本　十二冊

440000－2541－0015895　37730
醫門棒喝四卷　(清)章楠撰　(清)孫廷鉦參訂　(清)田晉元評點　**醫門棒喝二集傷寒論本旨九卷**　(漢)張機撰　(清)章楠編注　清同治六年(1867)刻本　十三冊

440000－2541－0015896　37731
醫家四要四卷　(清)程曦等輯　清光緒無錫日升山房刻本　四冊

440000－2541－0015897　37732
醫宗說約六卷　(清)蔣示吉輯　清光緒刻本　六冊

440000－2541－0015898　37733
新刊醫林狀元壽世保元十集十卷　(明)龔廷賢輯　清咸豐八年(1858)刻本　五冊

440000－2541－0015899　37734
新刊良朋彙集五卷補遺一卷　(清)孫偉輯　清光緒九年(1883)埽葉山房刻本　六冊

440000－2541－0015900　37735
石室秘籙六卷　(清)陳士鐸撰　清道光三年(1823)刻本　六冊

440000－2541－0015901　37737
葉選醫衡二卷　(清)葉桂選　清宣統二年(1910)上海文瑞樓石印本　二冊

440000－2541－0015902　37745
醫學三書　(清)雷豐編　清光緒三衢雷氏慎修堂養鶴山房刻本　九冊

440000－2541－0015903　37747
赤水玄珠五種　(明)孫一奎撰　清刻本　二十四冊

440000－2541－0015904　37749
理淪駢文不分卷　(清)吴師機撰　清光緒四年(1878)王賓雁等刻七年(1881)王宗壽補刻本　四册

440000－2541－0015905　37751
吴醫彙講十一卷　(清)唐大烈輯　清乾隆五十七年(1792)唐大烈刻嘉慶印本　四册

440000－2541－0015906　37752
吴醫彙講十一卷　(清)唐大烈輯　清乾隆五十七年(1792)唐大烈刻嘉慶印本　四册

440000－2541－0015907　37754
理淪駢文不分卷　(清)吴師機撰　清同治九年(1870)刻本　四册

440000－2541－0015908　37756
瘡瘍經驗全書十三卷　(宋)竇傑輯　清刻本　二册　存二卷(三至四)

440000－2541－0015909　37757
扁鵲心書三卷神方一卷　(戰國)扁鵲撰　(宋)竇材重集　(清)胡玨參論　清刻本　四册

440000－2541－0015910　37761
醫方擇要二卷續集二卷補遺一卷　(清)汪廷楷等輯　清道光十六年(1836)刻本　三册

440000－2541－0015911　37763
祖傳十三方名不分卷　(□)□□輯　清抄本　四册

440000－2541－0015912　37764
彙刻經驗良方□□種　(清)□□編　清刻本　三册　存八種

440000－2541－0015913　37766
經驗百方不分卷　(清)汪氏輯　**良方續錄不分卷補遺一卷**　(清)俞大文輯　清光緒七年(1881)刻本　六册

440000－2541－0015914　37768
蘭臺軌範八卷　(清)徐大椿撰　清末石印本　一册

440000－2541－0015915　37769
增評醫方集解二十三卷　(清)汪昂輯　(清)費伯雄評　清末石印本　二册

440000－2541－0015916　37770
妙法良方不分卷　(清)童蕪敷輯　清同治十三年(1874)山陰童氏榮壽堂刻本　一册

440000－2541－0015917　37771
神授急救異痧奇方不分卷經驗百病内外症良方一卷　(□)□□撰　清光緒十四年(1888)掃葉山房、江左書林刻本　一册

440000－2541－0015918　37772
新方八陣摘要杜撰歌訣一卷醫門法律摘要略案一卷　(□)□□輯　清抄本　一册

440000－2541－0015919　37774
百病仙方不分卷　(□)□□輯　清抄本　六册

440000－2541－0015920　42374
經籍籑詁一百六卷附補遺　(清)阮元撰　清光緒九年(1883)上海點石齋石印本　十册

440000－2541－0015921　37775
醫方集解三卷　(清)汪昂輯　清尊賢堂刻本　八册

440000－2541－0015922　37777
千金翼方三十卷　(唐)孫思邈撰　清同治七年(1868)刻本　十四册

440000－2541－0015923　37779
驗方新編十八卷　(清)鮑相璈輯　清光緒三十年(1904)上海治記書局石印本　五册　存十六卷(一至八、十一至十八)

440000－2541－0015924　37780
續回生集二卷　(清)陳傑撰　清刻本　一册　存一卷(下)

440000－2541－0015925　37781
黄帝素問宣明論方十五卷　(金)劉完素撰　清光緒三十三年(1907)京師醫局刻民國十二年(1923)補刻古今醫統正脈全書本　二册

440000－2541－0015926　37782
奇方纂要一卷　(清)王文選輯　清道光二十

七年(1847)重慶饒氏刻醫學切要全集本　一冊

440000－2541－0015927　37783
串雅内編四卷　(清)趙學敏輯　(清)吴庚生補注　清光緒十四年(1888)許增榆園刻本　一冊

440000－2541－0015928　37787
集驗良方拔萃二卷癸卯年續補集驗拔萃良方一卷　題(清)恬素氏輯　清刻本　四冊

440000－2541－0015929　37788
良方集要不分卷　(清)周鶴群纂輯　(清)周位西　(清)周大鳴增輯　清嘉慶十五年(1810)周氏刻本　一冊

440000－2541－0015930　37789
奇方備檢一卷楊用修先生勸教一卷　(清)梁元輝輯　清光緒十年(1884)粤東梁氏愛寧堂刻本　一冊

440000－2541－0015931　37791
醫學從眾八卷　(清)陳念祖撰　(清)陳元犀參訂　清道光二十六年(1846)刻南雅堂醫書全集本　二冊　存四卷(五至八)

440000－2541－0015932　37792
救急備用經驗彙方十卷　(清)葉廷薦輯　清刻本　九冊　存九卷(二至十)

440000－2541－0015933　37794
孫真人千金方衍義三十卷　(清)張璐撰　(清)席世臣校　清刻本　三十冊

440000－2541－0015934　37795
珍珠囊指掌補遺藥性賦四卷　(金)李杲輯　**雷公炮製藥性解六卷**　(明)李中梓輯　清光緒三十一年(1905)福記書局石印本　二冊

440000－2541－0015935　37797
醫學從眾八卷　(清)陳念祖撰　(清)陳元犀參訂　清刻本　一冊　存二卷(三至四)

440000－2541－0015936　37798
鹿芝館藥丸總彙集不分卷　(清)鹿芝館輯　清道光刻光緒印本　一冊

440000－2541－0015937　37799
群芳類錄不分卷　(□)□□輯　清抄本　六冊

440000－2541－0015938　37800
經驗廣集四卷補遺一卷　(清)李文炳彙纂　(清)李友洙參訂　清李氏刻本　十二冊

440000－2541－0015939　37801
四科簡效方四卷　(清)王士雄輯　清光緒十一年(1885)越州徐氏刻本　四冊

440000－2541－0015940　37802
孫真人千金方衍義三十卷　(清)張璐撰　(清)席世臣校　清掃葉山房刻本　三十一冊

440000－2541－0015941　37803
食物本草會纂十二卷食物本草圖一卷　(清)沈李龍纂輯　清道光二十三年(1843)四盛堂刻本　十二冊

440000－2541－0015942　37804
醫方論四卷　(清)費伯雄撰　(清)費應蘭輯　清光緒三年(1877)刻本　二冊

440000－2541－0015943　37809
傷寒論直解六卷　(清)張錫駒注解　清光緒十一年(1885)福州醉經閣刻本　六冊

440000－2541－0015944　37810
傷寒論直解六卷　(清)張錫駒注解　清光緒十一年(1885)福州醉經閣刻本　六冊

440000－2541－0015945　37811
傷寒來蘇全集三種　(清)柯琴編　清刻本　四冊

440000－2541－0015946　37812
傷寒來蘇全集三種　(清)柯琴編　清刻本　八冊

440000－2541－0015947　37813
傷寒論註四卷　(清)柯琴編注　清刻傷寒來蘇全集本　四冊

440000－2541－0015948　37815
傷寒論六卷　(漢)張機撰　(清)張志聰注釋　(清)高世栻纂集　清刻本　四冊

440000－2541－0015949　37816
辨證錄十四卷洞垣全書脈訣闡微一卷　（清）陳士鐸撰　清光緒六年（1880）刻本　十二册

440000－2541－0015950　37818
仲景傷寒補亡論二十卷　（清）郭雍撰　清宣統三年（1911）武昌醫館刻本　四册

440000－2541－0015951　37819
傷寒法眼二卷　（清）麥乃求撰　清光緒元年（1875）陶廣榮廣州刻本　二册

440000－2541－0015952　37820
傷寒撮要四卷　（清）王夢祖輯并注　清光緒六年（1880）張琮刻本　四册

440000－2541－0015953　37821
傷寒法眼二卷　（清）麥乃求撰　清光緒元年（1875）陶廣榮廣州刻本　二册

440000－2541－0015954　37824
傷寒補天石二卷續二卷　（清）戈維城撰　清嘉慶十六年（1811）汲綆齋刻本　四册

440000－2541－0015955　37825
張仲景傷寒論貫珠集八卷　（漢）張機撰（清）尤怡注　清廣州惠濟倉刻本　四册

440000－2541－0015956　37835
傷寒真方歌括六卷傷寒醫訣串解六卷　（清）陳念祖撰　清光緒三十四年（1908）寶慶經元書局刻陳修園廿三種本　一册　存八卷（歌括六卷、串解一至二）

440000－2541－0015957　37836
傷寒辯證四卷　（清）陳堯道撰　（清）勞鳳翔訂　清嘉慶十一年（1806）勞樹棠刻本　三册

440000－2541－0015958　37837
仲景全書五種　（漢）張機等撰　清光緒二十二年（1896）羊城文陞閣刻本　八册

440000－2541－0015959　37839
傷寒溫疫抉要五卷　（清）蔡貽績輯　清嘉慶二十二年（1817）翰墨園刻本　八册

440000－2541－0015960　37840
再重訂傷寒集註十卷附五卷　（清）舒詔撰　清經綸堂刻本　四册

440000－2541－0015961　37841
劉河間傷寒三書　（金）劉完素撰　清刻本　四册

440000－2541－0015962　37844
劉河間傷寒六書　（金）劉完素撰　清刻本　六册

440000－2541－0015963　37845
時疫辨四卷經驗雜方一卷　（清）林慶銓輯　清光緒二十七年（1901）勞守慎刻本　一册

440000－2541－0015964　37848
廣瘟疫論四卷末一卷　（清）戴天章撰　清刻本　二册

440000－2541－0015965　37849
痢疾論四卷末一卷　（清）孔毓禮撰　清道光二十七年（1847）刻同治七年（1868）經綸堂補刻本　四册

440000－2541－0015966　37850
廣瘟疫論四卷末一卷　（清）戴天章撰　清抄本　四册

440000－2541－0015967　37851
瘟疫論二卷補遺一卷　（清）吳有性撰　（清）楊潤輯　清嘉慶四年（1799）楊潤刻本　一册

440000－2541－0015968　37853
廣瘟疫論四卷末一卷　（清）戴天章撰　清抄本　四册

440000－2541－0015969　37854
邵氏醫書三種附一種　（清）邵登瀛撰　清光緒六年（1880）吳門邵炳揚刻本　六册

440000－2541－0015970　37855
瘋門全書二卷　（清）蕭曉亭輯　清拾芥園刻本　二册

440000－2541－0015971　37856.1
疫疹一得二卷　（清）余霖撰　清抄本　二册

440000－2541－0015972　37856.2
痧喉闡解一卷　（清）丁漁山撰　清刻本　與

440000－2541－0015971 合册

440000－2541－0015973　37856.3
陪賑散方論一卷　(清)陳良佐撰　清道光二十二年(1842)松溪陳杰刻本　與440000－2541－0015971 合册

440000－2541－0015974　37856.4
急癥良方一卷　(清)任灝波撰　清刻本　與440000－2541－0015971 合册

440000－2541－0015975　37857
疫證集説四卷補遺一卷　(清)余德壎輯　清宣統三年(1911)素盦鉛印本　一册

440000－2541－0015976　37858
疫證治例五卷　(清)朱增籍撰　清光緒十八年(1892)刻本　五册

440000－2541－0015977　37859
松峰説疫六卷　(清)劉奎輯　(清)劉秉錦纂述　清刻本　四册

440000－2541－0015978　37860
松峰説疫六卷備用良方一卷　(清)劉奎輯　(清)劉秉錦述較　清嘉慶四年(1799)刻本　四册

440000－2541－0015979　37861
意解山房温疫析疑四卷　(清)唐毓厚撰　清光緒九年(1883)刻本　四册

440000－2541－0015980　37862
温熱經緯五卷　(清)王士雄撰　(清)楊照藜　(清)汪曰楨評　清光緒三年(1877)刻本　四册

440000－2541－0015981　37863
寒溫條辨七卷温病壞證一卷　(清)楊璿撰　**附錄一卷**　清光緒十九年(1893)江右醉芸軒刻本　五册

440000－2541－0015982　37864
瘟疫條辨摘要一卷風温簡便方一卷金瘡鐵扇散方一卷　(清)陳良佐晰義　(清)楊璿條辨　(清)吕田輯　清光緒十五年(1889)浙江書局刻本　二册

440000－2541－0015983　37867
痧疹草三卷　(清)陳耕道撰　清刻本　二册

440000－2541－0015984　37868
瘟疫明辨四卷瘟疫明辨方一卷　(清)戴天章撰　(清)鄭奠一輯　**福幼編一卷**　(清)莊一夔撰　清光緒十五年(1889)掃葉山房刻本　二册

440000－2541－0015985　37870
痧症度鍼二卷　(清)胡鳳昌輯　清同治十二年(1873)刻本　二册

440000－2541－0015986　37871
温熱經緯五卷　(清)王士雄撰　(清)楊照藜　(清)汪曰楨評　清光緒十八年(1892)刻本　四册

440000－2541－0015987　37873
瘟疫彙編十六卷首一卷　(清)吳有性撰　(清)戴天章增廣　(清)劉奎訂正　(清)汪期蓮彙輯　清刻本　六册

440000－2541－0015988　37874
温熱經緯五卷　(清)王士雄撰　(清)楊照藜　(清)汪曰楨評　清同治十三年(1874)湖北崇文書局刻本　四册

440000－2541－0015989　37877
痧脹玉衡書三卷後一卷　(清)郭志邃撰　清刻本　六册

440000－2541－0015990　37879
補註瘟疫論四卷　(清)吳有性撰　(清)洪天錫補注　清道光二年(1822)刻本　四册

440000－2541－0015991　37880
瘟疫條辨摘要一卷風温簡便方一卷金瘡鐵扇散方一卷　(清)陳良佐晰義　(清)楊璿條辨　(清)吕田輯　清光緒十五年(1889)浙江書局刻本　一册　存二卷(摘要一卷、簡便方一卷)

440000－2541－0015992　37881
引痘畧一卷　(清)邱熺撰　清道光二十八年(1848)客花草堂刻本　一册

440000－2541－0015993　37882
引痘略一卷　(清)邱熺撰　清光緒六年(1880)甘凉道署刻本　一册

440000－2541－0015994　37883
霍亂審證舉要一卷　(清)連文沖輯　清光緒刻本　一册

440000－2541－0015995　37885
溫病條辯醫方撮要二卷　(清)楊璿撰　(清)黄德濂輯　清抄本　二册

440000－2541－0015996　42373
詩韻全璧五卷　(清)湯祥瑟輯　**初學檢韻袖珍一卷**　(清)姚文登撰　**虚字韻藪一卷**　(清)潘維城輯　清光緒十五年(1889)上海點石齋石印本　六册

440000－2541－0015997　37886
隨息居重訂霍亂論四卷　(清)王士雄撰　清光緒十四年(1888)含經室刻本　二册

440000－2541－0015998　37891
痧痘心法三卷　(清)葉桐　(清)周賢宰撰　清光緒二十九年(1903)崇正善堂刻小兒全科本　一册　存一卷(三)

440000－2541－0015999　37892
萬氏家傳痘疹心法二十三卷　(明)萬全撰　清敷文堂刻本　一册　存二卷(七至八)

440000－2541－0016000　37894
痘疹會通五卷　(清)朱純嘏輯　清刻本　四册

440000－2541－0016001　37896
痘疹慈航二卷　(明)聶尚恆撰　清刻本　二册

440000－2541－0016002　37899
痘疹定論四卷　(清)朱純嘏輯　清刻本　四册

440000－2541－0016003　37905
痢疾論四卷　(清)孔毓禮撰　清道光二十七年(1847)謙益堂刻本　三册

440000－2541－0016004　37906
痘疹精詳十卷　(清)周冠輯　清同治九年(1870)富記書莊刻本　六册

440000－2541－0016005　37907
痘學三鏡不分卷　(□)□□輯　清抄本　一册

440000－2541－0016006　37909
痘疹全書不分卷　(□)□□輯　清抄本　二册

440000－2541－0016007　37910
痲症集成四卷　(清)朱載揚輯　清光緒三十四年(1908)鉛印本　一册

440000－2541－0016008　37911
痲科活人全書四卷　(清)謝玉瓊輯　清光緒十九年(1893)李福田刻本　一册　存一卷(三)

440000－2541－0016009　37912
痲科活人全書四卷　(清)謝玉瓊輯　清光緒十九年(1893)李福田刻後印本　四册

440000－2541－0016010　37913
痘疹傳心錄十九卷　(明)朱惠明撰　清乾隆五十一年(1786)程永培修敬堂刻六醴齋醫書本　十册

440000－2541－0016011　37916
馮氏錦囊秘錄痘疹全集十五卷　(清)馮兆張撰　清抄本　二册　存一卷(一)

440000－2541－0016012　37917
引種牛痘方書不分卷　(清)邱熺輯　清咸豐五年(1855)刻本　一册

440000－2541－0016013　37918
痘疹心法十二卷首一卷　(清)段希孟輯　清光緒二十五年(1899)刻本　六册

440000－2541－0016014　37919
救偏瑣言十卷備用良方一卷　(清)費啟泰撰　清嘉慶十二年(1807)刻本　四册

440000－2541－0016015　37920
痲科活人全書四卷　(清)謝玉瓊輯　清刻本　四册

440000－2541－0016016　37923

秘傳痘疹心法一卷　(清)□□撰　清光緒刻二十九年(1903)印本　一冊

440000－2541－0016017　37924

摘星樓治痘全書十八卷　(明)朱一麟撰　清同治八年(1869)香山林氏刻光緒十三年(1887)印本　十冊

440000－2541－0016018　37925

痘證經驗遂生編一卷福幼編一卷　(清)莊一夔撰　清光緒十年(1884)海昌許氏刻本　一冊

440000－2541－0016019　37926

醫林枕秘保赤存真十卷　(清)余含棻輯　清光緒刻本　八冊　存八卷(一至八)

440000－2541－0016020　37930

萬氏醫貫不分卷　(清)萬咸撰　清光緒二十九年(1903)香港鉛印本　一冊

440000－2541－0016021　37931

幼科鐵鏡六卷　(清)夏鼎撰　清光緒二十一年(1895)新寧劉氏刻本　一冊

440000－2541－0016022　37932

保赤新編二卷　(清)任贊撰　清光緒二十七年(1901)龍裕光刻本　二冊

440000－2541－0016023　37934

活幼心書三卷　(元)曾世榮編　**校記一卷**　清宣統二年(1910)武昌柯氏刻武昌醫學館叢書本　四冊

440000－2541－0016024　37936

鼎鍥幼幼集成六卷　(清)陳復正撰　清刻本　六冊

440000－2541－0016025　37937

鼎鍥幼幼集成六卷　(清)陳復正撰　清刻本　六冊

440000－2541－0016026　37938

外科大成八卷　(清)祁坤輯　清刻本　七冊　存七卷(一至七)

440000－2541－0016027　37942

外科圖形脈證六卷附醫方便考二卷　(清)鄭玉壇撰　清光緒二十五年(1899)長沙述古書局木活字印鄭氏彤園醫書本　一冊

440000－2541－0016028　37945

外科理例七卷附方一卷　(明)汪機撰　清刻本　三冊

440000－2541－0016029　37946

外科正宗十二卷　(明)陳實功撰　(清)徐大椿評　清咸豐十年(1860)刻本　六冊

440000－2541－0016030　37947

洞天奥旨十六卷　(清)陳士鐸撰　清刻本　四冊

440000－2541－0016031　37948

瘍醫大全四十卷　(清)顧世澄輯　清同治九年(1870)刻本　三十四冊　存二十九卷(一至六、九、十二至十三、十七至二十、二十四至二十九、三十一至四十)

440000－2541－0016032　37951

救傷秘旨一卷　(清)趙廷海輯　**跌損妙方一卷**　題(明)異遠真人撰　清咸豐二年(1852)黄巖管頌聲刻本　一冊

440000－2541－0016033　37954

外科症治全生三卷　(清)王維德輯　清望雲草廬刻本　一冊

440000－2541－0016034　37955

外證醫案彙編四卷　(清)余景和輯　清光緒二十年(1894)會稽孫思恭刻本　四冊

440000－2541－0016035　37956

瘍科臨證心得集三卷　(清)高秉鈞輯　**方彙三卷補遺一卷家用膏丹丸散方一卷**　(清)吳辰燦輯　清嘉慶錫山高氏刻本　八冊

440000－2541－0016036　37957

王洪緒先生外科證治全生不分卷　(清)王維德輯　**金瘡鐵扇散醫案一卷**　(清)沈大潤撰　清咸豐十一年(1861)武昌節署刻本　四冊

440000－2541－0016037　37964

癰疽神秘驗方一卷　(明)陶華輯　清刻本

一册

440000－2541－0016038　37965

外科症治全生集四卷　(清)王維德撰　清光緒十年(1884)江西書局刻韡園醫學六種本　二册

440000－2541－0016039　37966

外治壽世方初編四卷　(清)鄒存淦撰　清光緒刻本　二册

440000－2541－0016040　37967

外治壽世方初編四卷　(清)鄒存淦撰　清光緒刻本　一册　存二卷(三至四)

440000－2541－0016041　37968

達生編二卷　(清)唐千頃輯　清同治十一年(1872)渭陽姜恒泰刻本　一册

440000－2541－0016042　37974

女科經綸八卷　(清)蕭壎撰　清光緒十六年(1890)掃葉山房刻本　四册

440000－2541－0016043　37976

大生要旨五卷　(清)唐千頃纂　清道光十二年(1832)安康張鵬飛來鹿堂刻本　二册

440000－2541－0016044　37977

增廣大生要旨五卷　(清)唐千頃撰　(清)葉灝增訂　清光緒二十三年(1897)順德龍裕光刻本　二册

440000－2541－0016045　37978

資生要旨不分卷　(清)□□撰　清同治十二年(1873)新化魏鼎薰刻本　一册

440000－2541－0016046　37985

濟陰綱目十四卷　(明)武之望輯　(清)張志聰訂　(清)汪淇箋釋　**保生碎事一卷**　(清)汪淇論定　清刻本　六册

440000－2541－0016047　37986

濟陰綱目十四卷　(明)武之望輯　(清)張志聰訂　(清)汪淇箋釋　**保生碎事一卷**　(清)汪淇論定　清刻本　八册

440000－2541－0016048　37987

女科二卷產後編二卷　(清)傅山撰　清同治八年(1869)湖北崇文書局刻本　二册

440000－2541－0016049　37988

女科二卷產後編二卷　(清)傅山撰　清同治八年(1869)湖北崇文書局刻本　六册

440000－2541－0016050　37989

續廣達生編五卷　(清)周登庸撰　清光緒二年(1876)刻本　五册

440000－2541－0016051　37990

傅氏眼科審視瑤函六卷首一卷　(清)傅仁宇輯　清三讓堂刻本　四册　存四卷(三至六)

440000－2541－0016052　37993

銀海指南四卷　(清)顧錫撰　清同治六年(1867)刻本　二册

440000－2541－0016053　37995

檢驗萃言二卷　(清)周以勳撰　清光緒二十年(1894)周經檝刻本　一册

440000－2541－0016054　38005

林氏眼科簡便驗方二卷附錄一卷　(明)林長生撰　(清)林士綸補輯　清光緒十九年(1893)林寶山刻本　一册

440000－2541－0016055　38011

新增產科達生救世驗方三卷　(清)劉紹周撰　(清)守誠堂鄒氏增補　清宣統二年(1910)樂善居士刻本　一册

440000－2541－0016056　38012

達生保赤全篇三卷　(清)黄興德　(清)劉峰泰纂輯　清光緒三十二年(1906)高玉山、高玉成刻本　一册

440000－2541－0016057　38013

竹林寺婦科秘方一卷　(清)俞贊輯　清光緒十六年(1890)顧海洲刻本　一册

440000－2541－0016058　38014

葉氏眼科方一卷　(清)葉桂撰　清光緒十九年(1893)譚鍾麟閩浙督署刻本　一册

440000－2541－0016059　38015

眼學偶得一卷　羅振玉撰　清刻本　一册

440000－2541－0016060　38016
傅氏眼科審視瑤函六卷首一卷　(清)傅仁宇輯　清刻本　六册

440000－2541－0016061　38017
傅氏眼科審視瑤函六卷首一卷　(清)傅仁宇輯　清姑蘇二友堂刻本　十册

440000－2541－0016062　38026
時疫白喉捷要一卷　(清)張紹修撰　清同治七年(1868)經綸堂刻本　一册

440000－2541－0016063　38027
痧喉闡義一卷　(清)程鏡宇撰　清光緒刻本　一册

440000－2541－0016064　38028
洞主仙師白喉治法忌表抉微一卷　題(清)耐修子録并注　清光緒十七年(1891)刻本　一册

440000－2541－0016065　38029
時疫白喉捷要一卷各種經驗良方附録一卷　(清)張紹修撰　清光緒三十年(1904)浙江官書局刻本　一册

440000－2541－0016066　38030
喉科指掌六卷　(清)張宗良撰　清刻本　一册

440000－2541－0016067　38032
重樓玉鑰二卷　(清)鄭宏綱撰　**洞主仙師白喉治法忌表抉微一卷**　(清)耐修子注　清光緒二十六年(1900)刻本　一册

440000－2541－0016068　38033
喉症全科紫珍集二卷　題(清)燕山竇氏撰　(清)朱翔宇輯　清刻本　四册

440000－2541－0016069　38034
檢驗集証不分卷　(清)郎錦騏纂輯　清抄本　二册

440000－2541－0016070　38035
喉科七十二症不分卷　(□)□□輯　清抄本　一册

440000－2541－0016071　42371
星軺指掌三卷續一卷　(清)聯芳　(清)慶常譯　清光緒二年(1876)同文館鉛印本　四册

440000－2541－0016072　38036
三指禪三卷　(清)周學霆撰　(清)歐陽輯瑞注　清道光十二年(1832)刻本　四册

440000－2541－0016073　38037
重刊補註洗冤録集證五卷　(宋)宋慈撰　(清)阮其新補注　(清)王又槐增輯　(清)李觀瀾補輯　**續增洗冤録辨正參考一卷**　(清)李璋煜輯　清道光二十四年(1844)粤東刻二十七年(1847)增刻四色套印本　五册

440000－2541－0016074　38038
重刊補註洗冤録集證五卷　(宋)宋慈撰　(清)阮其新補注　(清)王又槐增輯　(清)李觀瀾補輯　**續增洗冤録辨正參考一卷**　(清)李璋煜輯　清道光二十四年(1844)粤東刻二十七年(1847)增刻四色套印本　五册

440000－2541－0016075　38039
洗冤録詳義四卷首一卷　(清)許槤撰　**摭遺二卷補一卷**　(清)葛元煦撰　清光緒三年(1877)潘霨湖北藩署刻本　六册

440000－2541－0016076　38046.1
洞主仙師白喉治法忌表抉微一卷　題(清)耐修子録并注　清光緒十七年(1891)席氏掃葉山房刻本　一册

440000－2541－0016077　38046.2
救迷良方一卷　(清)何其偉輯　清道光三十年(1850)何長治刻本　與440000－2541－0016076合册

440000－2541－0016078　38046.3
太乙神鍼方一卷　(清)范培蘭傳　(清)杜文瀾撰　清咸豐至同治刻秀水杜氏曼陀羅華閣叢書本　與440000－2541－0016076合册

440000－2541－0016079　38046.4
咽喉脈證通論一卷　(□)□□輯　清光緒十一年(1885)刻本　與440000－2541－0016076合册

440000－2541－0016080　38048

新刊醫林狀元壽世保元十卷　（明）龔廷賢撰　清刻本　四冊　存八卷（三至十）

440000－2541－0016081　38049

保生造福錄二卷　題（清）知非山人撰　清光緒刻本　一冊

440000－2541－0016082　38052

新訂第四版衛生學問答不分卷　丁福保撰　清光緒二十九年（1903）文明書局石印本　一冊

440000－2541－0016083　38053

新訂第四版衛生學問答不分卷　丁福保撰　清末石印本　一冊

440000－2541－0016084　38054

實用衛生自強法六十章　（日本）堀井宗一撰　（清）趙必振譯　清光緒二十九年（1903）上海廣智書局鉛印本　一冊

440000－2541－0016085　38055

裕鄴堂新集養生錄不分卷　（清）錢鼎撰　清抄本　四冊

440000－2541－0016086　42370

萬國公法四卷　（美國）惠頓撰　（美國）丁韙良譯　清同治三年（1864）京都崇實館刻本　四冊

440000－2541－0016087　38056

備急灸法一卷　（宋）張公湙撰　**鍼灸擇日編集一卷**　清光緒十六年（1890）上杭羅嘉杰日本横濱影宋刻本　一冊

440000－2541－0016088　38057

新刊補註銅人腧穴鍼灸圖經五卷　（金）王惟一撰　清光緒三十三年至宣統元年（1907－1909）影宋刻本　二冊

440000－2541－0016089　38060

秘藏醫書祝由十三科不分卷　題（宋）淳熙先生撰　清刻本　一冊

440000－2541－0016090　38063

鍼灸大成十卷　（明）楊繼洲撰　清刻本　十冊

440000－2541－0016091　38065

新刊補註銅人腧穴鍼灸圖經五卷　（金）王惟一撰　清光緒三十三年至宣統元年（1907－1909）影宋刻本　二冊

440000－2541－0016092　38066

本草述三十二卷首一卷　（清）劉若金撰　清嘉慶十五年（1810）還讀山房刻本　二十四冊

440000－2541－0016093　38068

本草崇原三卷　（清）張志聰注　（清）高世栻纂集　清乾隆三十二年（1767）實笏樓刻醫林指月本　四冊

440000－2541－0016094　38069

萬國藥方八卷　（美國）洪士提反譯　清光緒三十一年（1905）上海美華書館石印本　八冊

440000－2541－0016095　38071

藥性考四卷　（清）龍柏撰　清刻本　五冊　存二卷（沉、數）

440000－2541－0016096　38072

本草求真十二卷圖一卷　（清）黄宫繡撰　清刻本　十冊　存十一卷（三至十二、圖一卷）

440000－2541－0016097　38074

增訂本草備要四卷經絡歌訣一卷湯頭歌訣一卷小兒稀痘方一卷　（清）汪昂輯　清刻本　六冊

440000－2541－0016098　38075

本草綱目五十二卷總目一卷圖三卷瀕湖脈學一卷奇經八脈考一卷　（明）李時珍撰　**本草萬方鍼線八卷**　（清）蔡烈先撰　清同治刻本　五十一冊　存六十四卷（本草綱目五十二卷，總目一卷，圖三卷，瀕湖脈學一卷，奇經八脈考一卷，本草萬方鍼線一至四、七至八）

440000－2541－0016099　38077

本草詩箋十卷　（清）朱鑰撰　清刻本　四冊

440000－2541－0016100　38078

本經疏證十二卷續疏六卷本經序疏要八卷　（清）鄒澍撰　清道光二十九年（1849）刻本

十二册

440000－2541－0016101　38079
滇南草本圖註三卷　（明）楊林撰　**醫門擥要二卷**　清光緒十三年（1887）刻本　六册

440000－2541－0016102　38084
本草述鉤元十一卷　（清）楊時泰撰　清刻本　五册

440000－2541－0016103　38087
本草經疏輯要十卷　（清）吳士鎧纂　清嘉慶書帶草堂刻本　十五册　存九卷（一至九）

440000－2541－0016104　38088
本草崇原集說三卷附錄一卷　（清）張志聰注　（清）高世栻纂集　（清）仲學輅集說　清宣統二年（1910）錢塘仲氏刻本　四册

440000－2541－0016105　38089
醫方集解三卷增訂本草備要四卷醫方湯頭歌括一卷經絡歌訣一卷續增日食菜物一卷　（清）汪昂輯　清刻本　六册

440000－2541－0016106　38094
本草三家合註六卷　（清）郭汝驄集注　**神農本草經百種錄一卷**　（清）徐大椿撰　清宣統元年（1909）刻本　六册

440000－2541－0016107　38100
神農本草經讀四卷　（清）陳念祖撰　清光緒十五年（1889）上海刻本　二册

440000－2541－0016108　38101
隨息居飲食譜不分卷　（清）王士雄輯　**題辭一卷**　清刻本　四册

440000－2541－0016109　38102
圖像本草蒙筌十二卷　（明）陳嘉謨纂輯　（明）劉孔敦增補　明刻本　四册　存九卷（四至十二）

440000－2541－0016110　38106
桂林軒目考不分卷　（清）焦琢亭撰　清刻本　一册

440000－2541－0016111　38107
藥方不分卷　（□）□□輯　清抄本　一册

440000－2541－0016112　38109
本草三家合註六卷　（清）郭汝驄集注　**神農本草經百種錄一卷**　（清）徐大椿撰　清刻本　四册

440000－2541－0016113　38110
神農本草經歌括三卷　（清）汪宏撰　**脈訣一卷**　（宋）崔嘉彥撰　（明）李言聞删補　（清）汪宏參定　清光緒刻本　二册

440000－2541－0016114　38111
雷公炮製藥性解六卷　（清）李中梓輯　清會文堂刻本　二册

440000－2541－0016115　38112
平易方四卷　（清）葉香侶撰　清嘉慶九年（1804）刻二十三年（1818）補刻本　十六册

440000－2541－0016116　38114
萬方類纂六卷補遺六卷　（清）宋穆輯　清嘉慶二十二年（1817）刻本　六册

440000－2541－0016117　38115
萬壽仙書四卷　（明）羅洪先撰　（清）曹無極輯　清刻本　四册

440000－2541－0016118　38116
備急千金要方三十卷　（唐）孫思邈撰　清光緒四年（1878）影宋刻本　五册　存十四卷（十五至二十八）

440000－2541－0016119　38117
醫學綱目四十卷　（明）樓英撰　**運氣占候補遺一卷**　（明）邵弁輯　明嘉靖四十四年（1565）曹灼刻本（卷一至五配清抄本）　二十四册

440000－2541－0016120　38118
六科證治準繩六種　（明）王肯堂編　清光緒十八年（1892）廣州石經堂刻本　八十册

440000－2541－0016121　38119
證治彙補八卷　（清）李用粹撰　清光緒刻十八年（1892）簡玉山房印本　六册

440000－2541－0016122　38120
證治彙補八卷　（清）李用粹撰　清光緒九年

(1883)刻本　八冊

440000－2541－0016123　38123
醫學十書　(清)陳璞編　清光緒七年(1881)羊城雲林閣刻本　十冊

440000－2541－0016124　38124
東醫寶鑑二十三卷目錄二卷　(朝鮮)許浚輯　清光緒刻本　二十四冊

440000－2541－0016125　38125
昌邑黄先生醫書(黄氏醫書)八種　(清)黄元御撰　清咸豐十年(1860)徐樹銘燮龢精舍刻本　十四冊

440000－2541－0016126　38126
昌邑黄先生醫書(黄氏醫書)八種　(清)黄元御撰　清宣統元年(1909)益元書局刻本　十六冊

440000－2541－0016127　38127
景岳全書十六種　(明)張介賓撰　清嘉慶二十一年(1816)孝崗周鑑澄文星堂刻本　三十冊

440000－2541－0016128　42365
公法便覽四卷首一卷續一卷　(美國)吳爾璽撰　(美國)丁韙良譯　清光緒三年(1877)同文館鉛印本　六冊

440000－2541－0016129　38133
薛氏醫按二十四種　(明)吳琯編　清刻本　三十冊　存二十一種

440000－2541－0016130　38134
得心集醫案六卷　(清)謝星煥撰　(清)謝甘霖　(清)謝甘澍輯　清光緒二十五年(1899)刻本　六冊

440000－2541－0016131　38135
得心集醫案六卷　(清)謝星煥撰　(清)謝甘霖　(清)謝甘澍輯　清光緒二十五年(1899)刻本　六冊

440000－2541－0016132　38136
得心集醫案六卷　(清)謝星煥撰　(清)謝甘霖　(清)謝甘澍輯　清光緒二十五年(1899)刻本　六冊

440000－2541－0016133　38140
續名醫類案三十六卷　(清)魏之琇輯　清光緒十一年(1885)信述堂刻本　三十六冊

440000－2541－0016134　38143
古今醫案按十卷　(清)俞震輯　清宣統元年(1909)上海會文堂書局石印本　十冊

440000－2541－0016135　38144
新刊纂圖元亨療馬集六卷　(明)喻本元　(明)喻本亨撰　清刻本　六冊

440000－2541－0016136　38147
徐靈胎醫學全書前集八種後集八種　(清)徐大椿撰　清光緒三十三年(1907)上海六藝書局石印本　十五冊　存十四種

440000－2541－0016137　38150
存存齋醫話藁二卷　(清)趙彦暉撰　清光緒七年(1881)刻本　一冊

440000－2541－0016138　38152
臨證指南醫案十卷種福堂續選醫案四卷　(清)葉桂撰　清同治三年(1864)刻本　十二冊

440000－2541－0016139　38154
醫書五種　(英國)合信等撰　清咸豐元年至八年(1851－1858)刻彙印本　四冊　存四種

440000－2541－0016140　38155
醫書五種　(英國)合信等撰　清咸豐元年至八年(1851－1858)刻彙印本　五冊

440000－2541－0016141　38157
臨證指南醫案十卷種福堂續選醫案四卷　(清)葉桂撰　清刻後補刻朱墨套印本　十二冊

440000－2541－0016142　38158
葉氏醫案存真三卷　(清)葉桂撰　清刻本　三冊

440000－2541－0016143　38161
臨症便錄續集一卷　(清)李篤撰　清光緒十八年(1892)刻本　一冊

440000－2541－0016144　38162
三家醫案合刻三種　(清)吳金壽編　清道光吳金壽刻本　六冊

440000－2541－0016145　38163
古今名醫彙粹八卷　(清)羅美輯　清抄本　四冊　存五卷(一至二、五至七)

440000－2541－0016146　42364
曾惠敏公遺集十七卷　(清)曾紀澤撰　清光緒十九年(1893)江南製造總局鉛印本　七冊　存十五卷(奏疏一至二、五至六,日記二卷,文集五卷,詩集四卷)

440000－2541－0016147　38164
醫述八種　(清)程文囿編　清刻本　八冊　存八卷(一至八)

440000－2541－0016148　38167
醫述八種　(清)喻昌撰　清光緒三十一年(1905)經元書室刻本　十二冊

440000－2541－0016149　38168
隨山宇方鈔一卷　(清)汪曰楨輯　清光緒八年(1882)安越堂刻本　一冊

440000－2541－0016150　38169
景岳新方歌不分卷　(清)吳辰燦等纂　清嘉慶十四年(1809)刻本　一冊

440000－2541－0016151　38172
徐靈胎先生醫書八種　(清)徐大椿撰　清刻光緒四年(1878)掃葉山房彙印本　九冊

440000－2541－0016152　38173
韓園醫學六種　(清)潘霨編　清同治至光緒刻蘇州振新書社印本　八冊

440000－2541－0016153　38175
内科備用諸方不分卷　(□)□□輯　清抄本　四冊

440000－2541－0016154　38176
寓意草不分卷　(明)喻昌撰　清刻本　一冊

440000－2541－0016155　38183
救急備用經驗彙方十卷　(清)葉廷薦撰　清刻本　一冊　存一卷(四上)

440000－2541－0016156　38185
醫方易簡新編六卷　(清)龔自璋輯　清咸豐元年(1851)北京刻本　四冊

440000－2541－0016157　38186
經驗簡便良方一卷備用藥物一卷　(□)□□撰　清刻本　一冊

440000－2541－0016158　38189
增補醫方一盤珠全集十卷首一卷　(清)洪金鼎撰　清三讓堂刻本　四冊

440000－2541－0016159　38190
王氏醫案二卷續編八卷霍亂論二卷　(清)王士雄撰　(清)周鑅輯　清光緒十六年(1890)小娜嬛閣刻本　四冊

440000－2541－0016160　38191
王氏醫案二卷續編八卷霍亂論二卷　(清)王士雄撰　(清)周鑅輯　清咸豐元年(1851)吟香書屋刻本　四冊

440000－2541－0016161　38192
王氏醫案二卷續編八卷霍亂論二卷　(清)王士雄撰　(清)周鑅輯　清咸豐元年(1851)吟香書屋刻本　四冊

440000－2541－0016162　38193
一得集三卷　(清)釋心禪撰　清光緒十六年(1890)刻本　四冊

440000－2541－0016163　38194
名醫類案十二卷　(明)江瓘撰　清光緒二十年(1894)著易堂刻本　三十六冊

440000－2541－0016164　38197
評琴書屋葉案括要八卷　(清)潘名熊輯　清同治十二年(1873)番禺潘氏刻本　四冊

440000－2541－0016165　38198
石山醫案八種　(明)汪機撰　明嘉靖刻祁門樸墅補版印本　十冊

440000－2541－0016166　38200
六醴齋醫書十種　(清)程永培編　清光緒十七年(1891)廣州藏修堂刻本　二十二冊

440000－2541－0016167　38201

古今醫案按十卷　(清)俞震輯　清光緒九年(1883)吳江李齡壽刻本　十冊

440000－2541－0016168　38202

薛氏醫按二十四種　(明)吳琯編　明萬曆刻本　二十二冊　存十三種

440000－2541－0016169　42363

中東戰紀本末八卷首一卷末一卷　(美國)林樂知撰　蔡爾康輯　清光緒二十二年(1896)上海圖書集成局鉛印本　八冊

440000－2541－0016170　38204

葉氏醫案存真三卷　(清)葉桂撰　清道光十六年(1836)吳縣葉萬青刻本　三冊

440000－2541－0016171　38205

葉氏醫案存眞三卷　(清)葉桂撰　清道光十六年(1836)吳縣葉萬青刻本　一冊　存二卷(一至二)

440000－2541－0016172　38206

名醫類案十二卷　(明)江瓘撰　清刻本　四冊　存四卷(三至四、六、十一)

440000－2541－0016173　38207

仿寓意草二卷　(清)李文榮撰　清光緒十三年(1887)丹徒李氏含飴堂刻本　二冊

440000－2541－0016174　38209

靈素提要淺註十二卷　(清)陳念祖撰　**神授急救異痧奇方一卷**　(清)□□輯　(清)陳念祖評　清光緒二十九年(1903)湖南書局刻本　二冊　存三卷(靈素提要淺註一至二、神授急救異痧奇方一卷)

440000－2541－0016175　38213

世補齋醫書前集六種後集四種附五種　(清)陸懋修撰　清光緒十年(1884)刻本　八冊　存前集六種

440000－2541－0016176　38214

昌邑黄先生醫書(黄氏醫書)八種　(清)黄元御撰　清咸豐十年(1860)徐樹銘燮龢精舍刻本　十四冊

440000－2541－0016177　38215

六醴齋醫書十種　(清)程永培編　清光緒十七年(1891)廣州儒雅堂刻本　十九冊　存七種

440000－2541－0016178　38220

陳修園醫書五十種　(清)陳念祖撰　清光緒三十一年(1905)上海商務印書館排印本　二十五冊　存四十八種

440000－2541－0016179　38221

當歸草堂醫學叢書初編十種附二種　(清)丁丙編　清光緒四年(1878)錢塘丁氏當歸草堂刻本　十三冊　存初編十種附一種

440000－2541－0016180　38222

當歸草堂醫學叢書初編十種附二種　(清)丁丙編　清光緒四年(1878)錢塘丁氏當歸草堂刻本　十冊　存初編十種

440000－2541－0016181　38223

陳修園廿三種　(清)陳念祖撰　清光緒新化三味書室刻本　二十六冊

440000－2541－0016182　38224

馮氏錦囊秘錄八種首一卷　(清)馮兆張撰　清咸豐八年(1858)刻本　二十冊

440000－2541－0016183　38231

御纂醫宗金鑑十五種首一卷　(清)吳謙等編　清光緒二年(1876)江西書局刻本　三十八冊　存十二種

440000－2541－0016184　38237

景岳全書十六種　(明)張介賓撰　清刻本　二十一冊　存五十六卷(一至二十五、三十一至五十八、六十二至六十四)

440000－2541－0016185　38238

景岳全書十六種　(明)張介賓撰　清刻本　二十四冊

440000－2541－0016186　38242

景岳全書十六種　(明)張介賓撰　清光緒二十年(1894)上海圖書集成印書局鉛印本　二十四冊

440000－2541－0016187　38244

沈氏尊生書五種　(清)沈金鰲撰　清同治十三年(1874)湖北崇文書局刻本　二十六册

440000－2541－0016188　38245
沈氏尊生書五種　(清)沈金鰲撰　清同治十三年(1874)湖北崇文書局刻本　二十六册

440000－2541－0016189　38246
嵩厓尊生書十五卷　(清)景日眕輯　清刻本　八册

440000－2541－0016190　38247
醫林指月十二種　(清)王琦編　清光緒二十二年(1896)上海圖書集成印書局鉛印本　八册

440000－2541－0016191　38250
徐靈胎先生醫書八種　(清)徐大椿撰　清光緒十五年(1889)上海江左書林吳縣朱記榮重修彙印本　十册

440000－2541－0016192　38251
徐靈胎先生雜著五種　(清)徐大椿撰　清光緒十四年(1888)江左書林刻本　二册

440000－2541－0016193　38252
馮氏錦囊秘錄八種首一卷　(清)馮兆張撰　清刻本　二十册　存四種、首一卷

440000－2541－0016194　38254
南雅堂醫書全集十六種　(清)陳念祖撰　清道光至同治陳氏刻本　三十四册

440000－2541－0016195　38257
新蘅詞六卷外集一卷　(清)張景祁撰　清光緒九年(1883)百億梅花仙館刻本　一册

440000－2541－0016196　38259
西藥略釋四卷　(清)孔繼良譯撰　(美國)嘉約翰校正　清光緒十二年(1886)羊城博濟醫局刻本　四册

440000－2541－0016197　38260
西醫内科全書六種　(清)孔慶高筆譯　清光緒八年(1882)羊城博濟醫局刻本　六册

440000－2541－0016198　38264
曾文正公全集十五種首一卷　(清)曾國藩撰　清光緒二十九年(1903)鴻寶書局石印本　十六册

440000－2541－0016199　38274
新譯萬國垂涎中華近事三卷　(法國)畢龍(法國)馬士克撰　(清)劉翹翰　(清)程瞻洛譯述　清光緒二十八年(1902)鉛印本　一册　存一卷(一)

440000－2541－0016200　38276
寒松閣詩八卷駢體文一卷駢體文續一卷詞四卷　(清)張鳴珂撰　清光緒刻本　二册　存八卷(詩一至四、駢體文一卷、詞一至三)

440000－2541－0016201　38277
井華詞二卷　(清)沈景脩撰　清光緒二十五年(1899)刻本　一册

440000－2541－0016202　38278
江舟欸乃一卷　(清)薛時雨撰　清同治五年(1866)刻本　一册

440000－2541－0016203　38279
綰綠詞二卷　(清)王壽撰　清道光二十三年(1843)刻本　二册

440000－2541－0016204　38280
悔翁詩餘五卷　(清)汪士鐸撰　清光緒九年(1883)合肥張氏味古齋刻本　二册

440000－2541－0016205　38281
蘋洲漁笛譜二卷　(宋)周密撰　清刻本　一册

440000－2541－0016206　38283
宋元名家詞十五種　(清)江標編　清光緒二十一年(1895)湖南思賢書局刻本　四册

440000－2541－0016207　38284
紅豆樹館詞八卷　(清)陶樑撰　清道光刻本　二册　存四卷(一至四)

440000－2541－0016208　38286
吷庵詞一卷　夏敬觀撰　清光緒三十三年(1907)刻本　一册

440000－2541－0016209　38292
冰壺詞六卷　(清)張雲驤撰　清光緒刻本

二冊

440000－2541－0016210　38294

榆園叢刻十五種附一種　（清）許增編　清同治至光緒許增刻民國九年（1920）補刻本　十二冊　存十一種

440000－2541－0016211　38295

協律鉤元四卷外集一卷　（唐）李賀撰　（清）陳本禮箋注　清嘉慶十三年（1808）江都陳氏裛露軒刻江都陳氏叢書本　三冊

440000－2541－0016212　38297

彈指詞三卷補遺一卷附錄一卷　（清）顧貞觀撰　（清）杜詔訂　**匏園詞一卷**　（清）顧景文撰　**栖香詞一卷**　（清）顧貞立撰　**井華詞一卷**　（清）顧集撰　**清琴詞一卷**　（清）顧衡文撰　**繡餘詞一卷**　（清）朱蕙貞撰　清光緒四年（1878）枕經葄史齋刻本　二冊

440000－2541－0016213　38299

荔園詞二卷　（清）徐本立撰　清同治十年（1871）刻本　一冊

440000－2541－0016214　38300

意香閣詞二卷　（清）李澧撰　清嘉慶五年（1800）刻本　二冊

440000－2541－0016215　38301

周氏止庵詞辨二卷介存齋論詞雜箸一卷　（清）周濟撰　（清）譚獻評　清光緒徐珂刻本　一冊

440000－2541－0016216　38302

秋夢盦詞鈔二卷續一卷再續一卷　（清）葉衍蘭撰　清光緒十六年（1890）羊城刻本　一冊

440000－2541－0016217　38303

詩餘偶鈔六卷　王先謙輯　清光緒十六年（1890）長沙王先謙刻本　一冊

440000－2541－0016218　38305

弢園詞一卷　（清）史念祖撰　清光緒三十一年（1905）趙爾巽刻本　一冊

440000－2541－0016219　38306

二家詞鈔二種　樊增祥編　清光緒二十八年（1902）刻本　二冊

440000－2541－0016220　38308

二家宮詞二卷三家宮詞三卷　（明）毛晉輯　清同治十二年（1873）淮南書局刻本　一冊

440000－2541－0016221　38309

雲起軒詞鈔一卷　（清）文廷式撰　清光緒三十三年（1907）南陵徐氏刻懷豳雜俎本　一冊

440000－2541－0016222　38310

苾芻館詞集五種　（清）胡延等撰　清光緒十三年（1887）刻本　三冊

440000－2541－0016223　38311

蘭福堂詩集一卷　（清）胡延撰　清光緒二十七年（1901）刻本　一冊

440000－2541－0016224　38312

兩漢刊誤補遺十卷　（宋）吳仁傑撰　清乾隆四十二年（1777）福建刻道光至同治遞修武英殿聚珍版書本　二冊

440000－2541－0016225　38313

裁雲館詞二卷　（清）喬載繇撰　清道光二十六年（1846）刻本　一冊

440000－2541－0016226　38314

清夢盦二白詞五卷　（清）沈傳桂撰　清道光二十五年（1845）刻同治十一年（1872）沈寶恆補刻本　一冊

440000－2541－0016227　38315

鴛鴦宜福館吹月詞二卷　（清）陳元鼎撰　清同治元年（1862）陳元鼎刻本　一冊

440000－2541－0016228　38316

采香詞四卷　（清）杜文瀾撰　清咸豐至同治秀水杜氏刻曼陀羅華閣叢書本　一冊

440000－2541－0016229　38317

笛椽詞二卷琴隱詞一卷湖中明月詞一卷　（清）夏寶晉撰　清道光十三年至咸豐元年（1833－1851）刻民國二十二年（1933）印本　二冊

440000－2541－0016230　38318

香銷酒醒詞一卷曲一卷　（清）趙慶熺撰　清

同治七年(1868)西泠王氏刻本　二冊

440000－2541－0016231　38319
留雲借月盦詞八卷　(清)劉炳照撰　清光緒十九年至二十四年(1893－1898)刻本　二冊

440000－2541－0016232　38322
花影吹笙詞鈔二卷小遊仙詞一卷　(清)葉英華撰　清光緒三年(1877)番禺葉氏羊城刻本　一冊

440000－2541－0016233　38324
重刊五百家注音辯昌黎先生文集四十卷　(唐)韓愈撰　(宋)魏仲舉輯注　清刻本　十冊

440000－2541－0016234　38325
藤香館詞刪存二卷　(清)薛時雨撰　清光緒五年(1879)刻本　二冊

440000－2541－0016235　38326
李長吉集四卷外卷一卷　(唐)李賀撰　(明)黃淳耀評　(清)黎簡批點　清宣統元年(1909)掃葉山房石印本　二冊

440000－2541－0016236　38328
溫飛卿詩集七卷別集一卷　(唐)溫庭筠撰　(明)曾益注　(清)顧予咸補注　**集外詩一卷**　(清)顧嗣立續注　清宣統二年(1910)石印本　四冊

440000－2541－0016237　38329
四印齋所刻詞二十種附一種　(清)王鵬運編　清光緒十四年(1888)臨桂王氏家塾刻本　十八冊

440000－2541－0016238　38330
文選理學權輿八卷　(清)汪師韓撰　**補一卷　文選考異四卷文選李注補正四卷**　(清)孫志祖撰　清光緒十五年(1889)刻本　六冊

440000－2541－0016239　38331
王子安集註二十卷首一卷末一卷　(唐)王勃撰　(清)蔣清翊注　清光緒九年(1883)吳縣蔣氏雙唐碑館刻本　六冊

440000－2541－0016240　38332
西泠詞萃六種　(清)丁丙編　清光緒錢塘丁氏刻本　四冊

440000－2541－0016241　38333
大鶴山房全書十種附一種　鄭文焯撰　清光緒至民國刻民國九年(1920)蘇州交通圖書館彙印本　八冊

440000－2541－0016242　38344
宋七家詞選七卷　(清)戈載編　清光緒十一年(1885)刻蒙香室叢書本　三冊

440000－2541－0016243　38345
曝書亭集詞注七卷　(清)朱彝尊撰　(清)李富孫注　清嘉慶十九年(1814)李氏校經廎刻道光九年(1829)印本　四冊

440000－2541－0016244　38346
白雨齋詞話八卷詞存一卷　(清)陳廷焯撰　**詩鈔一卷**　(清)陳廷焯撰　(清)高壽昌評選　清光緒二十年(1894)包榮翰等刻本　四冊

440000－2541－0016245　38349
第一生修梅花館詞九卷　況周頤撰　清光緒刻民國十四年(1925)上海中國書店印蕙風叢書本　二冊

440000－2541－0016246　38351
半塘定稾二卷賸稾一卷　(清)王鵬運撰　清光緒三十二年(1906)小放下庵刻本　一冊

440000－2541－0016247　38352
詞選七種　(□)□□編　清刻本　四冊

440000－2541－0016248　38357
伏敔堂詩錄十五卷首一卷續錄四卷　(清)江湜撰　清同治元年至五年(1862－1866)長洲江氏刻本　四冊　存十七卷(詩錄十五卷、首一卷、續錄一)

440000－2541－0016249　38369
絕妙好詞箋七卷　(宋)周密輯　(清)查為仁　(清)厲鶚箋　**續鈔一卷**　(清)余集輯　**又續鈔一卷**　(清)徐楙補錄　清同治十一年(1872)會稽章氏刻光緒十五年(1889)錢唐徐楙補刻本　三冊

440000－2541－0016250　38370
詞選二卷　（清）張惠言輯　**附録一卷**　（清）鄭善長輯　**續詞選二卷**　（清）董毅輯　清同治十一年（1872）會稽章氏刻本　一册

440000－2541－0016251　38373
詞律拾遺八卷　（清）徐本立撰　清同治十二年（1873）吳下刻本　四册

440000－2541－0016252　38374
蓮子居詞話四卷　（清）吳衡照輯　清道光十二年（1832）錢塘汪氏振綺堂刻同治六年（1867）、民國十二年（1923）遞修本　二册

440000－2541－0016253　38375
篋中詞六卷續四卷　（清）譚獻輯　清光緒八年（1882）仁和譚氏刻半厂叢書初編本　三册

440000－2541－0016254　38376
復堂詩三卷詞一卷　（清）譚獻撰　清咸豐九年（1859）刻本　一册

440000－2541－0016255　38379
缾水齋詩集十七卷別集二卷詩話一卷　（清）舒位撰　清光緒十二年（1886）刻本　八册

440000－2541－0016256　38380
巢經巢詩鈔九卷後集四卷　（清）鄭珍撰　清咸豐刻本　四册

440000－2541－0016257　38382
定盦文集三卷續集四卷補編四卷拾遺一卷文集補一卷文集補詞選一卷詞録一卷附孝珙手抄詞一卷　（清）龔自珍撰　**定盦先生［龔自珍］年譜一卷**　吳昌綬輯　清宣統元年（1909）上海國學扶輪社鉛印本　七册

440000－2541－0016258　38387
春秋左傳五十卷　（晉）杜預注　（唐）陸德明音義　（宋）林堯叟注　（明）鍾惺等評點　清光緒三十一年（1905）直隸官書局刻本　十六册

440000－2541－0016259　38389
書經六卷　（宋）蔡沈集傳　清道光十六年（1836）揚郡惜字公局刻本　四册

440000－2541－0016260　38392
唐人三家集　（清）秦恩復編　清宣統三年（1911）藏古圖書館影印本　八册

440000－2541－0016261　38397
花薰閣詩述十卷　題（清）雪北山樵輯　清嘉慶刻本　十二册

440000－2541－0016262　38399
南宋古蹟考二卷　（清）朱彭輯　清光緒七年（1881）錢塘丁氏嘉惠堂刻武林掌故叢編本　一册

440000－2541－0016263　38402
漢鼓吹鐃歌曲句解一卷　（清）莊述祖撰　清道光十四年（1834）武進莊氏脊令舫刻珍埶宧遺書本　一册

440000－2541－0016264　38403
文選旁證四十六卷　（清）梁章鉅撰　清光緒八年（1882）許應鑅吳下刻本　十二册

440000－2541－0016265　38404
宋名家詞六集六十一種　（明）毛晉編　清光緒十四年（1888）錢塘汪氏刻北京藻玉堂後印本　二十四册

440000－2541－0016266　38407
元和郡縣圖志四十卷　（唐）李吉甫撰　清光緒六年（1880）金陵書局刻本（原闕卷九至二十、二十三至二十四、三十五至三十六）　六册

440000－2541－0016267　38411
詩毛氏傳疏三十卷　（清）陳奐撰　清道光二十七年（1847）蘇城南園陳氏掃葉山莊刻陳氏毛詩五種本　十册

440000－2541－0016268　38412
禮記十卷　（元）陳澔集說　清光緒十九年（1893）江南書局刻本　十册

440000－2541－0016269　38414
明詞綜十二卷　（清）朱彝尊輯　**國朝詞綜四十八卷二集八卷**　（清）王昶輯　清嘉慶七年至八年（1802－1803）青浦三泖漁莊刻本　十

四冊　存六十四卷（明詞綜十二卷、國朝詞綜四十八卷、二集一至四）

440000－2541－0016270　38416

國朝詞綜續編二十四卷　（清）黄燮清輯　清同治十二年（1873）鄂垣刻本　六冊

440000－2541－0016271　38423

棲霞小志一卷　（明）盛時泰撰　**唐兩京城坊考補記一卷**　（清）程鴻詔撰　清光緒二十二年至二十三年（1896－1897）刻藕香零拾本　一冊

440000－2541－0016272　38426

毛詩古音考四卷讀詩拙言一卷　（明）陳第輯　清光緒六年（1880）武昌張裕釗刻本　四冊

440000－2541－0016273　38427

屈宋古音義三卷　（明）陳第撰　清光緒六年（1880）武昌張裕釗刻本　二冊

440000－2541－0016274　38428

宛鄰書屋古詩錄十二卷　（清）張琦撰　清同治八年（1869）刻本　四冊

440000－2541－0016275　38429

漢鼓吹鐃歌十八曲集解一卷　（清）譚儀輯　**碧城仙館詩鈔八卷**　（清）陳文述撰　清光緒元和江標湖南使院刻靈鶼閣叢書本　一冊

440000－2541－0016276　38431

駱侍御全集四卷考異一卷　（唐）駱賓王撰　（明）顏文注　清道光二十九年（1849）梅林駱氏滋德堂刻本　四冊

440000－2541－0016277　38432

昌黎先生詩集注十一卷年譜一卷　（唐）韓愈撰　（清）朱彝尊　（清）何焯評　（清）顧嗣立删補　清道光十六年（1836）長白穆鄣阿膺德堂刻二十五年（1845）張芾朱墨套印本　六冊

440000－2541－0016278　38433

昌黎先生詩增注証訛十一卷年譜一卷　（唐）韓愈撰　（清）顧嗣立删補　（清）黄鉞增注証訛　清道光二十八年（1848）黄中民二客軒刻咸豐七年（1857）四明鮑氏印本　四冊

440000－2541－0016279　38436

樊川詩集四卷補遺一卷別集一卷外集一卷　（唐）杜牧撰　（清）馮集梧注　清光緒十六年（1890）湘南書局刻本　二冊

440000－2541－0016280　38438

唐才子傳十卷考異一卷　（元）辛文房撰　清嘉慶十年（1805）陸芝榮三間草堂刻本　四冊

440000－2541－0016281　38439

名家詞十八種　繆荃孫編　清光緒江陰繆氏刻雲自在龕叢書本　四冊

440000－2541－0016282　38442

元和姓纂十卷　（唐）林寶撰　（清）孫星衍（清）洪瑩校補　清光緒六年（1880）金陵書局刻本　四冊

440000－2541－0016283　38443

六朝事迹編類十四卷　（宋）張敦頤撰　清光緒十三年（1887）寶章閣影宋刻本　一冊

440000－2541－0016284　38446

楚辭十七卷　（漢）王逸章句　（宋）洪興祖補注　清同治十一年（1872）金陵書局刻本　四冊

440000－2541－0016285　38447

漢詩音注十卷　（清）李因篤評　清光緒五年（1879）刻本　六冊

440000－2541－0016286　38449

昌黎先生集四十卷外集十卷遺文一卷集傳一卷　（唐）韓愈撰　（唐）李漢編　**韓集點勘四卷**　（清）陳景雲撰　清同治八年至九年（1869－1870）江蘇書局刻本　十六冊

440000－2541－0016287　38452

元遺山詩集箋注十四卷　（金）元好問撰（元）張德輝輯　（清）施國祁箋注　**元遺山全集附錄一卷**　（明）儲瓘輯　（清）華希閔增　**元遺山全集傳銘一卷年譜一卷補載一卷**　（清）施國祁輯　清道光二年（1822）刻本　六冊

440000－2541－0016288　38453

御批歷代通鑑輯覽一百二十卷　(清)傅恒等撰　清光緒九年(1883)上海同文書局石印本　十六册

440000－2541－0016289　38454

直齋書錄解題二十二卷　(宋)陳振孫撰　清刻本　十二册

440000－2541－0016290　38455

詩經八卷　(宋)朱熹集傳　清光緒十二年(1886)湖北官書處刻本　四册

440000－2541－0016291　38456

漢詩統箋三卷　(清)陳本禮箋訂　清嘉慶十五年(1810)刻江都陳氏叢書本　一册　存二卷(鐃歌一卷、安世房中歌一卷)

440000－2541－0016292　38457

漢鐃歌釋文箋正一卷　王先謙撰　清同治十一年(1872)長沙王氏虚受堂刻本　一册

440000－2541－0016293　38458

庾子山集十六卷總釋一卷　(北周)庾信撰　(清)倪璠注　**年譜一卷**　(清)倪璠輯　清光緒十六年(1890)成都試院刻本　十二册

440000－2541－0016294　38459

詩比興箋四卷　(清)陳沆撰　清光緒九年(1883)長洲彭祖賢武昌刻本　二册

440000－2541－0016295　38460

曹集詮評十卷　(三國魏)曹植撰　(清)丁晏詮評　**曹集逸文一卷魏陳思王年譜一卷**　(清)丁晏輯　清同治十一年(1872)金陵書局刻本　二册

440000－2541－0016296　38463

瀛奎律髓刊誤四十九卷　(宋)方回輯　(清)紀昀批點　清嘉慶五年(1800)李光垣刻本　十册

440000－2541－0016297　38467

楚頌亭詞第四集一卷琴臺夢語一卷　易順鼎撰　清光緒刻本　一册

440000－2541－0016298　38470

伏敔堂詩錄十五卷首一卷續錄四卷　(清)江湜撰　清同治元年至五年(1862－1866)長洲江氏刻本　四册

440000－2541－0016299　38473

賴古堂尺牘新鈔二選藏弆集十六卷　(清)周在浚等輯　清道光十九年(1839)雷學淦刻本　八册

440000－2541－0016300　38474

重刻賴古堂尺牘新鈔三選結鄰集十六卷　(清)周在浚等輯　清道光六年(1826)刻本　八册

440000－2541－0016301　38475

清尊集十六卷　(清)汪遠孫輯　清道光十九年(1839)錢唐汪氏振綺堂刻本　四册

440000－2541－0016302　38498

陳臥子先生安雅堂稿十五卷兵垣奏議二卷　(明)陳子龍撰　清宣統二年(1910)上海時中書局鉛印本　八册

440000－2541－0016303　38499

范文正忠宣二公全集七十三卷　(宋)范仲淹　(宋)范純仁撰　清宣統二年(1910)鄒福保刻本　十六册

440000－2541－0016304　38502

詩韻合璧五卷文選分韻題解擇要一卷　(清)湯文潞輯　清光緒三年(1877)任壽昌寄螺齋刻本　五册

440000－2541－0016305　38508

缾水齋詩集十七卷詩別集二卷詩話一卷　(清)舒位撰　清嘉慶二十一年(1816)揚州巴氏刻本　四册

440000－2541－0016306　38510

古春軒詩鈔二卷　(清)梁德繩撰　清咸豐二年(1852)鳳城刻本　一册

440000－2541－0016307　38514

顧亭林先生詩集箋註十七卷首一卷　(清)顧炎武撰　(清)徐嘉輯　**校補一卷**　(清)李詳等補　清光緒二十三年至二十七年(1897－

1901)山陽徐氏味靜齋刻本　六册

440000－2541－0016308　38515

文選六十卷　(南朝梁)蕭統輯　(唐)李善注　**考異十卷**　(清)胡克家撰　清同治八年(1869)潯陽萬本儀廣州刻本　二十四册

440000－2541－0016309　38516

陳忠裕全集三十卷年譜三卷首一卷末一卷　(明)陳子龍撰　(清)王昶輯　(清)王鴻逵等編訂　清嘉慶八年(1803)青浦何其偉簳山草堂刻本　十册

440000－2541－0016310　38521

御批歷代通鑑輯覽一百二十卷　(清)傅恒等撰　清同治十年(1871)浙江書局刻朱墨套印本　三十九册　存一百一卷(一至四十七、六十七至一百二十)

440000－2541－0016311　38525

投筆集箋註二卷　(清)錢謙益撰　(清)錢曾箋注　清宣統二年(1910)順德鄧氏風雨樓鉛印本　一册

440000－2541－0016312　38528

四書集注十九卷　(宋)朱熹撰　清光緒三十二年(1906)上海商務印書館鉛印本　六册

440000－2541－0016313　38530

後山先生集二十四卷首一卷　(宋)陳師道撰　清光緒十一年(1885)番禺陶福祥愛廬刻本　六册

440000－2541－0016314　38534

蔡氏閨秀集七種　(清)夏卿藻等撰　清同治刻本　一册

440000－2541－0016315　38537

國朝虞陽科名録四卷首一卷補遺一卷　(清)王元鍾等輯　清道光三十年(1850)王元鍾清暉書屋刻咸豐、同治、光緒續修宣統三年(1911)王慶芝補刻本　四册

440000－2541－0016316　38539

前漢書補註一百卷首一卷　(漢)班固撰　(唐)顔師古注　王先謙補注　清光緒二十六年(1900)長沙王氏虚受堂刻本　三十二册

440000－2541－0016317　38540

才調集補註十卷　(五代)韋縠輯　(清)殷元勳箋注　(清)宋邦綏補注　清光緒二十年(1894)江蘇書局刻本　八册

440000－2541－0016318　38542

王孟詩評九卷　(宋)劉辰翁等評　清光緒五年(1879)巴陵方氏碧琳琅館刻朱墨套印本　三册

440000－2541－0016319　38544

校刊史記集解索隱正義札記五卷　(清)張文虎撰　清同治十一年(1872)金陵書局刻本　二册

440000－2541－0016320　38547

資治通鑑二百九十四卷　(宋)司馬光撰　(元)胡三省音注　**釋文辨誤十二卷**　(元)胡三省撰　清嘉慶二十一年(1816)鄱陽胡氏刻同治八年(1869)江蘇書局重修資治通鑑彙刻本　一百册

440000－2541－0016321　38549

攈古録金文三卷　(清)吳式芬撰　清光緒二十一年(1895)海豐吳重憙刻本　九册

440000－2541－0016322　38550

欽定天禄琳琅書目十卷　(清)于敏中等輯　**續編二十卷**　(清)彭元瑞等輯　清光緒十年(1884)長沙王氏刻本　十册

440000－2541－0016323　38551

蜀石經殘字二卷左傳殘字一卷　(清)陳宗彝輯　清道光六年(1826)金陵陳氏刻獨抱廬叢刻本　一册

440000－2541－0016324　38555

漢沙南侯獲刻石雙鈎本一卷考釋一卷　(清)吳大澂鈎摹　(清)張之洞考釋　清同治十二年(1873)滂喜齋刻本　一册

440000－2541－0016325　38561

字説一卷　(清)吳大澂撰　清光緒十九年(1893)長沙王氏思賢講舍刻本　一册

440000－2541－0016326　38562
愛日吟廬書畫錄四卷　（清）葛金烺纂　**補錄一卷續錄八卷別錄四卷**　葛嗣浵續纂　清宣統二年至民國二年（1910－1913）當湖葛氏滬上刻本　六冊　存十三卷（畫錄四卷、補錄一卷、續錄八卷）

440000－2541－0016327　38563
爾雅直音二卷　（清）孫偘輯　清嘉慶五年（1800）刻本　一冊

440000－2541－0016328　38564
六書叚借經徵四卷　（清）朱駿聲撰　清光緒十八年（1892）金陵刻本　二冊　存三卷（一至三）

440000－2541－0016329　38583
國朝先輩十公手劄不分卷　（清）管廷鶚輯　**年譜一卷**　清光緒三十年（1904）上海有正書局石印本　一冊

440000－2541－0016330　38588
增補蘇批孟子二卷年譜一卷　（宋）蘇洵撰　（清）趙大浣增補　清咸豐八年（1858）佛山慶雲樓刻朱墨套印本　二冊

440000－2541－0016331　38591
寰宇訪碑錄十二卷　（清）孫星衍　（清）邢澍撰　**刊謬一卷**　羅振玉撰　清光緒十一年（1885）吳縣朱氏刻本　六冊

440000－2541－0016332　38597
編珠二卷　（隋）杜公瞻撰　**編珠補遺二卷續編珠二卷**　（清）高士奇編　清末刻本　一冊　存二卷（編珠二卷）

440000－2541－0016333　38615
唐寫本說文解字木部箋異一卷仿唐寫本說文解字木部一卷　（清）莫友芝撰　清同治三年（1864）刻本　一冊

440000－2541－0016334　38616
汗簡箋正七卷目錄一卷　（宋）郭忠恕撰　（清）鄭珍箋正　**汗簡書目箋正一卷**　（清）鄭珍撰　清光緒十五年（1889）廣雅書局刻本　四冊

440000－2541－0016335　38629
荆南萃古編一卷附續一卷　（清）周懋琦　（清）劉瀚輯　清光緒二十年（1894）周懋琦鴻寶署齋刻本　一冊

440000－2541－0016336　38634
附釋音周禮注疏四十二卷附校勘記四十二卷　（漢）鄭玄注　（唐）陸德明音義　（唐）賈公彦疏　清光緒十三年（1887）上海點石齋石印重刊宋本十三經註疏附校勘記本　一冊

440000－2541－0016337　38635
歷代地理志韻編今釋二十卷　（清）李兆洛輯　**皇朝輿地韻編二卷輿地圖一卷**　（清）馬貞榆撰　清光緒二十九年（1903）上海蜚英館石印本　四冊

440000－2541－0016338　38636
補寰宇訪碑錄五卷失編一卷　（清）趙之謙撰　**刊誤一卷**　羅振玉撰　清光緒十二年（1886）吳縣朱氏刻本　二冊

440000－2541－0016339　38640
湖北金石志十四卷　楊守敬撰　清光緒湖北通志局刻朱印本　八冊

440000－2541－0016340　38641
鴻桷堂詩集五卷梅花四體詩一卷鴻桷堂文鈔一卷信天翁家訓一卷附錄一卷　（清）胡方撰　清同治三年（1864）羅天池刻黃慕韓劬學齋印本　四冊

440000－2541－0016341　38642
銷燬抽燬書目一卷禁書總目一卷違礙書目一卷　（清）姚覲元輯　清光緒九年（1883）歸安姚氏刻咫進齋叢書本　四冊

440000－2541－0016342　38643
詩經八卷先滏原公劄記一卷　（宋）朱熹集傳　（明）萬衣撰　清江右潯陽萬氏蓮峯書屋刻朱墨套印本　四冊

440000－2541－0016343　38644
禮記十卷先滏原公劄記一卷　（元）陳澔集說　（明）萬衣撰　清江右潯陽萬氏蓮峯書屋刻本　十冊

440000－2541－0016344　38647

東塾讀書記二十五卷　(清)陳澧撰　清光緒刻本(卷十四、十七至二十、二十二至二十五未刻)　五册

440000－2541－0016345　38648

廣雅疏證十卷　(清)王念孫撰　清光緒五年(1879)淮南書局刻本　八册

440000－2541－0016346　38651

朱九江先生集十卷首一卷　(清)朱次琦撰　簡朝亮輯　清光緒二十三年(1897)順德簡氏讀書草堂刻本　四册

440000－2541－0016347　38652

思古齋雙鉤漢碑篆額不分卷　(清)何澂輯　清光緒九年(1883)思古齋自刻本　三册

440000－2541－0016348　38653

楷法溯源十四卷目錄一卷　(清)潘存輯　楊守敬編　清光緒三年(1877)楊守敬刻本　十五册

440000－2541－0016349　38658

辛丑銷夏記五卷　(清)吳榮光撰　清光緒三十一年(1905)長沙葉氏郎園刻本　四册

440000－2541－0016350　38659

辛丑銷夏記五卷　(清)吳榮光撰　清光緒三十一年(1905)長沙葉氏郎園刻本　四册

440000－2541－0016351　38660

十駕齋養新錄二十卷餘錄三卷　(清)錢大昕撰　清嘉慶十年(1805)儀徵阮元刻十一年(1806)錢東塾續刻十六年(1811)錢師康補刻本　六册

440000－2541－0016352　38667

抱殘守缺齋所藏三代文字不分卷　(清)劉鶚輯　清光緒劉鶚石印本　十册

440000－2541－0016353　38669

鐵雲藏陶不分卷泥封一卷　(清)劉鶚輯　清光緒三十年(1904)丹徒劉鶚抱殘守缺齋石印本　四册

440000－2541－0016354　38670

寳鴨齋題跋三卷　(清)徐樹鈞撰　清宣統二年(1910)宏文社石印本　一册

440000－2541－0016355　38679

集篆四種　(清)吳受福撰　清光緒石印本　一册

440000－2541－0016356　38681

九江儒林鄉志二十一卷　(清)朱次琦　(清)馮栻宗纂　清光緒九年(1883)刻本　十册

440000－2541－0016357　38688

說文解字通釋四十卷　(五代)徐鍇撰　(宋)朱翱反切　**校勘記三卷**　(清)祁寯藻撰　清光緒二年(1876)平江吳韶生刻本　八册

440000－2541－0016358　38745

攈古錄金文三卷　(清)吳式芬撰　清光緒二十一年(1895)海豐吳重憙刻本　九册

440000－2541－0016359　38749

昌黎先生詩集注十一卷年譜一卷　(唐)韓愈撰　(清)朱彝尊　(清)何焯評　(清)顧嗣立刪補　清道光十六年(1836)長白穆鄣阿賡德堂刻二十五年(1845)張芾朱墨套印本　四册

440000－2541－0016360　38751

攀古廔彝器款識二卷　(清)潘祖蔭輯　清同治十一年(1872)吳縣潘氏京師滂喜齋刻本　二册

440000－2541－0016361　38752

嶽雪樓書畫錄五卷　(清)孔廣陶輯　清光緒十五年(1889)南海孔氏三十有三萬卷堂刻本　五册

440000－2541－0016362　38753

積古齋鐘鼎彝器款識十卷　(清)阮元撰　清光緒九年(1883)常熟鮑氏刻後知不足齋叢書本　四册

440000－2541－0016363　38766

攈古錄金文三卷　(清)吳式芬撰　清光緒二十一年(1895)海豐吳重憙刻本　一册　存一卷(一之一)

440000－2541－0016364　38775
春暉堂叢書十二種　（清）徐渭仁編　清道光至咸豐上海徐氏刻同治補刻本　十册

440000－2541－0016365　38786
水經注四十卷首一卷末一卷附錄二卷　（北魏）酈道元撰　**附錄二卷**　（清）趙一清撰　清光緒二十三年（1897）新化三味書室刻本　十六册

440000－2541－0016366　38791
輶軒使者絕代語釋別國方言十三卷　（漢）揚雄撰　（清）戴震疏證　清光緒八年（1882）汗青簃刻本　四册

440000－2541－0016367　38797
資治通鑑地理今釋十六卷　（清）吳熙載撰　清末石印本　三册

440000－2541－0016368　38810
小學考五十卷　（清）謝啟昆撰　清光緒十四年（1888）浙江書局刻本　二十册

440000－2541－0016369　38812
澄蘭室古緣萃錄十八卷　（清）邵松年輯　清光緒三十年（1904）上海鴻文書局石印本　六册

440000－2541－0016370　38814
匋齋藏石記四十四卷首一卷匋齋藏甎記二卷　（清）端方輯　清宣統元年（1909）上海商務印書館石印本　十二册

440000－2541－0016371　38818
鄭板橋背錄易經一卷　（清）鄭燮書　清光緒三十四年（1908）書帶草堂石印本　一册

440000－2541－0016372　38832
殷商貞卜文字考一卷　羅振玉撰　清宣統二年（1910）玉簡齋石印蟫隱廬叢書本　一册

440000－2541－0016373　38834
金石綜例四卷　（清）馮登府撰　清光緒十三年（1887）吳縣朱氏槐廬家塾刻槐廬叢書本　一册　存一卷（四）

440000－2541－0016374　38840
雷刻八種附刻二種　（清）雷浚撰　清光緒吳縣雷氏刻本　六册　存四種

440000－2541－0016375　38844
說文古籀補十四卷附錄一卷　（清）吳大澂撰　清光緒二十四年（1898）刻本　二册

440000－2541－0016376　38851
明大參陳公手集同人尺牘不分卷　國學保存會撰　清光緒三十三年（1907）國學保存會石印本　二册

440000－2541－0016377　38856
漁洋感舊集小傳四卷補遺一卷　（清）盧見曾輯　清宣統二年（1910）上海國學扶輪社鉛印本　二册

440000－2541－0016378　38858
雙魚罌齋錄莫友芝集聯不分卷　（清）莫友芝集　清刻本　二册

440000－2541－0016379　38860
船山詩草二十卷　（清）張問陶撰　清嘉慶二十年（1815）刻本　八册

440000－2541－0016380　38864
清儀閣題跋不分卷　（清）張廷濟撰　清光緒十九年（1893）錢塘丁氏刻本　四册

440000－2541－0016381　38865
國學叢刊不分卷　（清）國學研究會編　清宣統三年（1911）國學研究會石印本　一册　存一册（一）

440000－2541－0016382　38866
從古堂款識學十六卷　（清）徐同柏撰　清光緒三十二年（1906）蒙學報館石印本　八册

440000－2541－0016383　38868
五百四峯堂詩鈔二十五卷　（清）黎簡撰　清嘉慶元年（1796）刻同治十三年（1874）廣州儒雅堂重修本　八册

440000－2541－0016384　38875
江邨銷夏錄三卷　（清）高士奇輯　清宣統二年（1910）順德鄧氏鉛印風雨樓叢書本　三册

440000－2541－0016385　38876

賡和錄二卷　(清)何夢瑤撰　清道光三十年(1850)南海伍氏粵雅堂文字歡娛室刻嶺南遺書本　三册

440000－2541－0016386　38880
清儀閣題跋不分卷　(清)張廷濟撰　清光緒十九年(1893)蘇州振新書社石印本　六册

440000－2541－0016387　38882
新學僞經考十四卷　康有爲撰　清光緒十七年(1891)武林望雲樓石印本　八册

440000－2541－0016388　38887
鴻雪因緣圖記六卷　(清)麟慶撰　(清)汪英福等繪　清道光二十七年至二十九年(1847－1849)揚州刻本(有圖)　六册

440000－2541－0016389　38888
奇觚室吉金文述二十卷　(清)劉心源撰　清光緒二十八年(1902)石印本　十册

440000－2541－0016390　38895
王虚舟隸書千字文不分卷　(南朝梁)周興嗣撰　(清)王澍書　清末石印本　一册

440000－2541－0016391　38896
移竹墨緣一卷　(明)沈周繪　清宣統三年(1911)上海文明書局珂羅版印本　一册

440000－2541－0016392　38897
長安獲古編二卷補一卷　(清)劉喜海輯　清咸豐刻光緒三十一年(1905)劉鶚補刻本　二册

440000－2541－0016393　38898
長安獲古編二卷補一卷　(清)劉喜海輯　清咸豐刻光緒三十一年(1905)劉鶚補刻本　二册

440000－2541－0016394　38905
松禪遺墨不分卷　(清)翁同龢撰　清光緒三十一年(1905)鄒鳳威石印本　一册

440000－2541－0016395　38906
味靈華館詩六卷　(清)商廷煥撰　清宣統二年(1910)瀋陽商氏刻本　一册

440000－2541－0016396　38910
粵謳一卷　(清)招子庸輯　清道光八年(1828)刻本　一册

440000－2541－0016397　38932
陶齋吉金錄八卷續錄二卷補遺一卷　(清)端方輯　清光緒三十四年至宣統元年(1908－1909)端方金陵石印本　八册

440000－2541－0016398　38933
陶齋吉金續錄二卷補遺一卷　(清)端方輯　清宣統元年(1909)石印本　二册

440000－2541－0016399　38950
建康實錄二十卷　(唐)許嵩撰　**校勘一卷**　(清)甘曾沂撰　清光緒二十八年(1902)金陵甘氏桑泊草堂刻本　六册

440000－2541－0016400　38960
書經述六卷　(清)許祖京撰　清同治十三年(1874)德清許氏刻本　二册

440000－2541－0016401　38970
山海經箋疏十八卷敍錄一卷圖讚一卷　(晉)郭璞撰　(清)郝懿行箋疏　**訂譌一卷**　(清)郝懿行撰　清光緒十二年(1886)上海還讀樓刻本　四册

440000－2541－0016402　39001
古籀拾遺三卷宋政和禮器文字攷一卷　(清)孫詒讓撰　清光緒十四年至十六年(1888－1890)自刻本　二册

440000－2541－0016403　39003
漢書地理志水道圖說七卷　(清)陳澧撰　**考正德清胡氏禹貢圖一卷**　(清)陳宗誼撰　清同治十一年(1872)廣東省城刻本　二册

440000－2541－0016404　39005
鬱華閣遺集詩三卷詞一卷　(清)盛昱撰　清光緒三十一年(1905)刻本　一册

440000－2541－0016405　39007
春秋三傳十六卷首一卷　(清)萬清銓輯　清江右潯陽萬氏蓮峯書屋刻本　二十册

440000－2541－0016406　39014
與舍弟書十六通不分卷　(清)鄭燮撰　清同

治五年(1866)郭蔭之刻本　一冊

440000－2541－0016407　39026
古泉匯六十四卷　(清)李佐賢撰　清同治三年至光緒元年(1864－1875)利津李氏石泉書屋刻本　二十冊

440000－2541－0016408　39028
周易四卷圖說一卷　(三國魏)王弼注　(晉)韓康伯補注　**讀易劄記一卷**　(明)萬淺原撰　清咸豐二年(1852)江右潯陽萬氏蓮峰書屋刻本　二冊

440000－2541－0016409　39029
廣東新語二十八卷　(清)屈大均撰　清水天閣刻後印本　十冊

440000－2541－0016410　39030
翁山文外十六卷　(清)屈大均撰　清宣統二年(1910)上海國學扶輪社石印本　五冊

440000－2541－0016411　39031
椒生隨筆八卷　(清)王之春撰　清光緒七年(1881)上海文藝齋刻本　四冊

440000－2541－0016412　39032
丁亥燼遺錄四卷　(清)桂馥編輯　清光緒二十二年(1896)黔垣刻本　四冊

440000－2541－0016413　39041
擷華齋古印譜六卷　(清)劉仲山輯　清光緒二十一年(1895)尹彭壽尚志堂鈐印本　六冊

440000－2541－0016414　39047
趙撝叔手札不分卷　(清)趙之謙撰並書　**楊海琴尺牘不分卷**　(清)楊翰撰並書　清光緒三十四年(1908)群學社石印本　一冊

440000－2541－0016415　39051
甌香館集十二卷補遺詩一卷補遺畫跋一卷　(清)惲格撰　**甌香館集附錄詩及評一卷**　(清)蔣光煦輯　清道光二十六年(1846)海昌蔣光煦刻光緒七年(1881)蔣祖翼存幾希室重修別下齋叢書本　四冊

440000－2541－0016416　39053
春秋大事表五十卷輿圖一卷附錄一卷　(清)顧棟高撰　清光緒十四年(1888)陝西求友齋刻本　二十二冊

440000－2541－0016417　39055
千甓亭古塼圖釋二十卷　(清)陸心源輯　清光緒十七年(1891)吳興陸氏石印本　四冊

440000－2541－0016418　39056
虛齋名畫錄十六卷續錄四卷補遺一卷　龐元濟輯　清宣統元年至民國十四年(1909－1925)烏程龐氏申江刻本　二十冊

440000－2541－0016419　39067
吳中丞說文部首墨蹟一卷　(清)吳大澂書　清光緒十一年(1885)石印本　一冊

440000－2541－0016420　39071
筠清館金石文字五卷　(清)吳榮光撰　清道光二十二年(1842)南海吳氏筠清館刻本　五冊

440000－2541－0016421　39073
說文古籀補十四卷附錄一卷　(清)吳大澂撰　清光緒七年(1881)刻本　二冊

440000－2541－0016422　39079
歷代鐘鼎彝器款識法帖二十卷　(宋)薛尚功撰　清嘉慶二年(1797)阮元刻本　八冊

440000－2541－0016423　39081
山左金石志二十四卷　(清)畢沅　(清)阮元撰　清嘉慶二年(1797)儀徵阮氏小琅嬛僊館刻本　十二冊

440000－2541－0016424　39086
桐陰論畫二卷首一卷附錄一卷續論畫一卷畫訣一卷二編二卷三編二卷　(清)秦祖永撰　清同治三年至光緒八年(1864－1882)刻朱墨套印本　四冊

440000－2541－0016425　39090
戰國策校注十卷　(宋)鮑彪校注　(元)吳師道重校　清光緒粵東刻本　八冊

440000－2541－0016426　39091
紀元通攷十二卷　(清)葉維庚撰　清同治十年(1871)刻本　四冊

440000－2541－0016427　39092.1
說文解字十五卷　(漢)許慎撰　(宋)徐鉉校定　清同治十二年(1873)番禺陳昌治刻本　八册

440000－2541－0016428　39092.2
說文通檢十四卷首一卷末一卷　(清)黎永椿輯　清光緒五年(1879)祥符常桂潤刻本　二册

440000－2541－0016429　39106
南漢書十八卷考異十八卷文字略四卷叢錄二卷　(清)梁廷枏撰　清道光十年(1830)順德梁氏刻本　八册

440000－2541－0016430　39107
甌鉢羅室書畫過目考四卷首一卷附一卷　(清)李玉棻撰　清光緒二十三年(1897)李元振刻本　四册

440000－2541－0016431　39110
明十五完人手帖不分卷　(明)黃道周等撰並書　清光緒三十二年(1906)上海國學保存會石印本　一册

440000－2541－0016432　39111
明王文成與朱侍御三札不分卷　(明)王守仁書　清光緒三十四年(1908)上海國學保存會石印本　一册

440000－2541－0016433　39117
篆學瑣著(篆學叢書)二十八種　(清)顧湘編　清道光二十年(1840)海虞顧氏刻本　三册　存九種

440000－2541－0016434　39124
輶軒使者絕代語釋別國方言十三卷　(漢)揚雄撰　(晉)郭璞注　**續方言二卷**　(清)杭世駿撰　**續方言補一卷**　(清)程際盛撰　清光緒十七年(1891)思賢講舍刻本　三册

440000－2541－0016435　39131
竹譜詳錄七卷　(元)李衎撰　清嘉慶十三年(1808)刻本　二册

440000－2541－0016436　39150
宋王復齋鐘鼎款識一卷　(宋)王厚之輯　清道光二十八年(1848)漢陽葉氏刻本　一册

440000－2541－0016437　39151
宋王復齋鐘鼎款識一卷　(宋)王厚之輯　清道光二十八年(1848)漢陽葉氏刻本　一册

440000－2541－0016438　39153
兩罍軒彝器圖釋十二卷　(清)吳雲撰　清同治十一年(1872)自刻本　四册

440000－2541－0016439　39154
兩罍軒彝器圖釋十二卷　(清)吳雲撰　清同治十一年(1872)自刻本　六册

440000－2541－0016440　39191
西清續鑑甲編二十卷附錄一卷　(清)王杰等輯　清宣統三年(1911)上海商務印書館石印本　十四册　存十四卷(八至二十、附錄一卷)

440000－2541－0016441　39207
金索六卷石索六卷　(清)馮雲鵬　(清)馮雲鵷輯　清道光元年(1821)崇川馮氏滋陽縣署刻本　四册　存四卷(金索三至六)

440000－2541－0016442　39208
金索六卷石索六卷　(清)馮雲鵬　(清)馮雲鵷輯　清道光元年(1821)崇川馮氏滋陽縣署刻本　十二册

440000－2541－0016443　39228
古泉叢話三卷附錄一卷　(清)戴熙撰　清同治十一年(1872)吳縣潘氏滂喜齋刻本　一册

440000－2541－0016444　39236
行素草堂金石叢書(孫谿朱氏金石叢書)十六種　(清)朱記榮編　清光緒吳縣朱氏刻上海校經山房成記後印本　四十册

440000－2541－0016445　39242
嘯亭雜錄十卷續錄三卷　(清)昭槤撰　清宣統元年(1909)中國圖書公司鉛印本　三册　存九卷(雜錄五至十、續錄三卷)

440000－2541－0016446　39244
呂留良先生家書真跡四卷　(清)呂留良撰

清光緒三十四年(1908)上海澄衷學堂石印本　一册

440000－2541－0016447　39247
春秋五傳十七卷首一卷　(清)張岐然輯　清刻本　十八册

440000－2541－0016448　39248
隸辨八卷　(清)顧藹吉撰　清光緒十三年(1887)上海蜚英館石印本　一册　存三卷(六至八)

440000－2541－0016449　39252
漢銅印譜不分卷　(清)□□輯　清道光八年(1828)鈐印本　四册

440000－2541－0016450　39255
古印偶存不分卷　(清)王石經等輯　清光緒刻鈐印本　二册

440000－2541－0016451　39259
二百蘭亭齋古銅印存十二卷　(清)吳雲輯　清同治元年(1862)鈐印本暨刻本　六册

440000－2541－0016452　39261
十六金符齋印存十卷　(清)吳大澂藏輯　清光緒十一年(1885)鈐印本　十册

440000－2541－0016453　39263
吉金齋古銅印篆文不分卷　(清)何昆玉輯　清鈐印本　八册　存八册(一至六、九至十)

440000－2541－0016454　39264
吉金齋古銅印譜六卷　(清)何昆玉輯　清鈐印本　六册

440000－2541－0016455　39265
吉金齋古銅印譜六卷　(清)何昆玉輯　清鈐印本　五册　存五卷(一至四、六)

440000－2541－0016456　39274
賞古齋秦漢印存不分卷　(清)王瓘輯　清鈐印本　四册

440000－2541－0016457　39277
兩罍軒印考漫存九卷　(清)吳雲輯　清光緒鈐印本暨刻本　二册　存四卷(三至六)

440000－2541－0016458　39279
石鼓文定本十卷岐陽石鼓文一卷釋音一卷辯證二卷地名考一卷　(清)沈梧撰　清光緒十六年(1890)無錫沈梧古華山館刻本　四册

440000－2541－0016459　39280
封泥考略十卷　(清)吳式芬　(清)陳介祺輯　清光緒三十年(1904)上海石印本　十册

440000－2541－0016460　39281
封泥考略十卷　(清)吳式芬　(清)陳介祺輯　清光緒三十年(1904)上海石印本　四册

440000－2541－0016461　39299
續齊魯古印攈十六卷　(清)郭裕之輯　清光緒十八年(1892)濰縣郭氏鈐印本　十六册

440000－2541－0016462　39313
廣印人傳十六卷補遺一卷　(清)葉銘輯　清宣統三年(1911)西泠印社刻印學叢書本　四册

440000－2541－0016463　39326
雙虞壺齋印存不分卷　(清)吳式芬輯　清鈐印本　七册

440000－2541－0016464　39329
印郵不分卷　(清)高文翰輯　清光緒十一年(1885)訪古齋鈐印本　四册

440000－2541－0016465　39331
福盦藏印十六卷　王禔輯　清光緒三十三年(1907)鈐拓印本　十六册

440000－2541－0016466　39341
歸潛志十四卷　(元)劉祁撰　清刻本　三册

440000－2541－0016467　39345
通典二百卷考證一卷　(唐)杜佑撰　清光緒二十七年(1901)上海圖書集成局鉛印九通本　十四册　存一百八十九卷(十三至二百、考證一卷)

440000－2541－0016468　39350
二十四史　(清)□□編　清光緒三十四年(1908)上海集成圖書公司鉛印本　七十一册　存六種

440000－2541－0016469　39360

蘇文忠公詩集擇粹十八卷　（宋）蘇軾撰　（清）查慎行注　（清）紀昀批評　（清）趙古農輯　清嘉慶二十二年（1817）刻本　五册

440000－2541－0016470　39363

道咸同光四朝詩史甲集八卷首一卷乙集八卷　孫雄輯　清宣統二年至三年（1910－1911）刻本　十八册　存十五卷（甲集八卷、首一卷、乙集一至六）

440000－2541－0016471　39369

皇朝經世文續編一百二十卷　（清）葛士濬輯　清光緒十四年（1888）上海圖書集成局鉛印本　四册　存二十一卷（三十至四十三、七十七至八十三）

440000－2541－0016472　39370

彊邨詞四卷　朱祖謀撰　清光緒三十一年（1905）刻本　一册　存二卷（一至二）

440000－2541－0016473　39373

因明入正理論疏八卷　（唐）釋窺基撰　清光緒二十二年（1896）金陵刻經處刻本　二册

440000－2541－0016474　39374

惜抱軒五言今體詩鈔九卷七言今體詩鈔九卷　（清）姚鼐選　清同治七年（1868）湘鄉曾氏刻本　二册

440000－2541－0016475　39390

湘軍志十六卷　王闓運撰　清末刻本　二册　存八卷（一至八）

440000－2541－0016476　39393

篋中詞六卷續四卷　（清）譚獻輯　清光緒八年（1882）刻本　四册

440000－2541－0016477　39395

九通全書附欽定三通考證　（清）□□輯　清光緒二十八年（1902）貫吾齋石印本　一百二十八册

440000－2541－0016478　39399

李氏音鑑六卷　（清）李汝珍撰　清嘉慶十年（1805）刻十五年（1810）續刻二十一年（1816）再續刻同治七年（1868）重修本　四册

440000－2541－0016479　39401

正音咀華三卷儀略一卷　（清）莎彝尊撰　清咸豐三年（1853）刻朱墨套印本　二册

440000－2541－0016480　39404

增注字類標韻六卷　（清）華綱撰　（清）范多玨重訂　**分韻撮要字彙四卷應酧須知一卷禮儀帖式一卷**　（清）溫儀鳳輯　清宣統元年（1909）廣州麟書閣石印本　二册

440000－2541－0016481　39408

繪圖監本詩經八卷圖一卷　（宋）朱熹集傳　清宣統二年（1910）上海會文堂粹記石印本　四册

440000－2541－0016482　39409

切韻指掌圖一卷　（宋）司馬光撰　清光緒九年（1883）上海同文書局石印本　一册

440000－2541－0016483　39422

字林考逸八卷附錄一卷　（清）任大椿撰　**補本一卷**　（清）陶方琦撰　**補附錄一卷**　（清）諸可寶輯　清光緒十六年（1890）江蘇書局刻本　三册　存八卷（字林考逸一至六、補本一卷、補附錄一卷）

440000－2541－0016484　39423

正音切韻指掌一卷　（清）莎彝尊撰　清咸豐十年（1860）塵談軒刻本　一册

440000－2541－0016485　39426

五方元音二卷　（清）樊騰鳳撰　（清）年希堯增補　清道光二十年（1840）刻本　二册

440000－2541－0016486　39427

說文逸字二卷　（清）鄭珍撰　**附錄一卷**　（清）鄭知同撰　清湖南章氏經濟書堂刻本　二册

440000－2541－0016487　39428

曾惠敏公奏疏六卷文集五卷詩集四卷使西日記二卷　（清）曾紀澤撰　清光緒二十年（1894）上海石印本　四册

440000－2541－0016488　39435

積古齋鐘鼎彝器款識十卷　（清）阮元撰　清光緒十年(1884)廣州鑑古書局影印本　四冊

440000－2541－0016489　39442
元朝秘史十五卷　（清）李文田注　清光緒二十九年(1903)史學齋編譯石印書局石印本　六冊

440000－2541－0016490　39444
聲類一卷　（三國魏）李登撰　清光緒九年(1883)長沙嫏嬛館刻玉函山房輯佚書本　一冊

440000－2541－0016491　39446
聲說二卷　（清）時庸勱撰　清光緒十八年(1892)河南星使行臺刻聽古廬聲學十書本　一冊

440000－2541－0016492　39447
爾雅郭注義疏三卷　（清）郝懿行撰　清同治四年(1865)刻本　七冊

440000－2541－0016493　39449
守山閣叢書四部一百十二種　（清）錢熙祚編　清光緒十五年(1889)上海鴻文書局石印本　四冊　存三種

440000－2541－0016494　39450
博雅十卷　（三國魏）張揖撰　（隋）曹憲音釋　清刻本　一冊

440000－2541－0016495　39451
說文釋例二十卷附補一卷　（清）王筠撰　清光緒十八年(1892)上海五彩書局石印本　六冊

440000－2541－0016496　39452
經字異同四十八卷　（清）張維屏撰　清光緒五年(1879)清泉精舍刻本　四冊　存二十六卷(一至二十六)

440000－2541－0016497　39453
切韻指掌圖一卷　（宋）司馬光撰　**檢例一卷**　（明）邵光祖撰　清刻本(檢例抄配)　一冊

440000－2541－0016498　39454
諧聲譜二卷　（清）丁顯撰　清光緒三十年(1904)刻本　二冊

440000－2541－0016499　39458
說文解字韻譜十卷　（五代）徐鍇撰　清同治三年(1864)吳縣馮桂芬刻本　二冊

440000－2541－0016500　39475
經典釋文三十卷　（唐）陸德明撰　**考證三十卷**　（清）盧文弨撰　清同治十年(1871)廣州刻本　十二冊

440000－2541－0016501　39478
剔弊廣增分韻五方元音二卷首一卷　（清）趙培梓輯　清會文堂石印本　四冊

440000－2541－0016502　39479
金石萃編一百六十卷　（清）王昶輯　**金石續編二十一卷首一卷**　（清）陸耀遹輯　（清）陸增祥校訂　清光緒十九年(1893)上海寶善書局石印本　二十四冊

440000－2541－0016503　39480
養拙詩鈔一卷　（清）龐正達撰　清抄本　一冊

440000－2541－0016504　39481
夢醒詩餘不分卷　（□）□□撰　清抄本　一冊

440000－2541－0016505　39486
嶠雅不分卷　（明）鄺露撰　清光緒三十二年(1906)國學保存會影印本　二冊

440000－2541－0016506　39489
韞山堂文集八卷　（清）管世銘撰　清光緒十七年(1891)存厚堂刻本　二冊

440000－2541－0016507　39491
東華錄三十二卷　（清）蔣良騏撰　清同治刻本　八冊

440000－2541－0016508　39495
謹言慎好之居詩十八卷　（清）張曜孫撰　清光緒三十年(1904)刻本　四冊

440000－2541－0016509　39496
李長吉歌詩四卷外集一卷首一卷　（唐）李賀撰　（清）王琦彙解　清光緒四年(1878)四川

刻宏達堂叢書本　二冊

440000－2541－0016510　39497
溫飛卿詩集七卷別集一卷　（唐）溫庭筠撰　（明）曾益注　（清）顧予咸補注　**集外詩一卷**　（清）顧嗣立續注　清光緒八年（1882）泉塘汪氏刻本　二冊

440000－2541－0016511　39503
元史譯文證補三十卷　（清）洪鈞撰　清光緒二十九年（1903）史學齋編譯石印書局石印本　四冊

440000－2541－0016512　39508
讀史舉正八卷　（清）張熷撰　清光緒十七年（1891）廣雅書局刻本　二冊

440000－2541－0016513　39509
南沙先生文集八卷　（明）熊過撰　清光緒七年（1881）富順熊氏刻本　四冊

440000－2541－0016514　39510
校邠廬抗議二卷　（清）馮桂芬撰　清光緒二十四年（1898）京都官書局石印本　二冊

440000－2541－0016515　39511
人海記二卷　（清）查慎行撰　清宣統二年（1910）上海掃葉山房石印本　二冊

440000－2541－0016516　39518
周濱集四卷柳湖詞一卷　（清）朱雋瀛撰　清宣統元年（1909）鉛印本　一冊

440000－2541－0016517　39519
金忠節公文集八卷　（明）金聲撰　清光緒十四年（1888）黟邑李氏刻本　四冊

440000－2541－0016518　39520
顧南雅等名人手劄不分卷名人雜稿不分卷　（清）謝超摹　清光緒十三年（1887）刻本　二冊

440000－2541－0016519　39521
切問齋集十二卷首一卷　（清）陸燿撰　清光緒十八年（1892）蘇州江蘇書局刻本　四冊

440000－2541－0016520　39525
陶元暉中丞遺集二卷首一卷　（明）陶朗先撰　清光緒二十四年（1898）蘭州書局鉛印本　一冊

440000－2541－0016521　39531
朱九江先生集十卷首一卷　（清）朱次琦撰　簡朝亮輯　清光緒二十三年（1897）順德簡氏讀書草堂刻本　四冊

440000－2541－0016522　39533
彝軍紀略一卷附錄一卷　（清）彭洵撰　清光緒十二年（1886）崇陽刻本　一冊

440000－2541－0016523　39534
三硯齋詩賸不分卷　（清）趙彥修撰　清光緒八年（1882）刻本　一冊

440000－2541－0016524　39537
何宮贊遺書六種　（清）何若瑤撰　清光緒八年（1882）何雲旭刻本　三冊　存五種

440000－2541－0016525　39538
錢敏肅公奏疏七卷　（清）錢鼎銘撰　清光緒六年（1880）存素堂刻本　四冊

440000－2541－0016526　39540
填詞圖譜六卷　（清）賴以邠撰　（清）查繼超增輯　清刻本　一冊

440000－2541－0016527　39545
金忠節公文集八卷　（明）金聲撰　清光緒十四年（1888）黟邑李氏刻本　四冊

440000－2541－0016528　39546
虹橋老屋遺稿文四卷詩五卷　（清）秦緗業撰　清光緒十五年（1889）刻本　三冊

440000－2541－0016529　39548
食舊德齋雜著不分卷　（清）劉嶽雲撰　清光緒八年（1882）刻本　二冊

440000－2541－0016530　39549
百尺樓百首詩鈔一卷　（清）陳次壬撰　清宣統三年（1911）南海陳氏刻本　一冊

440000－2541－0016531　39550
花影吹笙詞鈔二卷小遊僊詞一卷　（清）葉英華撰　清光緒三年（1877）番禺葉氏羊城刻本　一冊

440000－2541－0016532　39552
文獻徵存錄十卷　(清)錢林輯　(清)王藻重輯　清咸豐八年(1858)王藻有嘉樹軒刻本　六冊

440000－2541－0016533　39555
徐迪功詩集四卷附錄一卷　(明)徐禎卿撰　**重選徐迪功外集三卷**　(明)徐禎卿撰　(明)傅光宅選　清光緒二十一年(1895)長沙張氏湘雨樓刻弘正四傑詩集本　一冊

440000－2541－0016534　39557
司馬溫公稽古錄二十卷　(宋)司馬光撰　清同治十一年(1872)湖北崇文書局刻本　四冊

440000－2541－0016535　39558
有正味齋駢文十六卷補注一卷　(清)吳錫麒撰　(清)葉聯芬箋注　清同治七年(1868)慈北葉氏刻本　六冊

440000－2541－0016536　39559
原獻文錄四卷詩錄三卷原故文錄一卷詩錄一卷　(清)賀瑞麟輯　清光緒六年(1880)刻本　八冊

440000－2541－0016537　39560
味靈華館詩六卷　(清)商廷煥撰　清宣統二年(1910)瀋陽商氏刻本　一冊

440000－2541－0016538　39565
秋夢盦詞鈔二卷　(清)葉衍蘭撰　清光緒十六年(1890)羊城刻本　一冊

440000－2541－0016539　39568
容甫先生遺詩五卷補遺一卷　(清)汪中撰　清光緒十一年(1885)維揚汪氏述古齋木活字印本　一冊

440000－2541－0016540　39569
嘉靖以來首輔傳八卷　(明)王世貞撰　清光緒順德龍氏刻螺樹山房叢書本　二冊　存六卷(一至六)

440000－2541－0016541　39570
古賦首選不分卷　(清)梁夔譜選輯　清同治八年(1869)刻本　一冊

440000－2541－0016542　39571
荒政輯要九卷首一卷　(清)汪志伊撰　清道光二十一年(1841)錢塘許氏河南刻敏果齋七種本　二冊

440000－2541－0016543　39592
南湖集三卷　(清)章永祚撰　清光緒刻本　一冊

440000－2541－0016544　39593
倉海君庚戌羅浮游草一卷　(清)邱逢甲撰　清宣統二年(1910)鉛印本　一冊

440000－2541－0016545　39603
清華學堂章程不分卷　清華學堂撰　清宣統三年(1911)刻本　一冊

440000－2541－0016546　39608
燕榻集一卷　易順鼎撰　清光緒二十七年(1901)刻朱印本　一冊

440000－2541－0016547　39609
青草堂集十二卷　(清)趙國華撰　清同治十一年(1872)濟南刻本　一冊　存二卷(一至二)

440000－2541－0016548　39615
虛受堂文集十六卷　王先謙撰　清宣統二年(1910)上海國學書社石印本　六冊

440000－2541－0016549　39616
寄傲山房塾課新增幼學故事瓊林四卷首一卷　(清)程允升撰　(清)鄒聖脈增補　清光緒二十五年(1899)廣州石經堂書局刻本(有圖)　一冊　存二卷(一至二)

440000－2541－0016550　39619
尺岡草堂遺詩八卷文四卷　(清)陳璞撰　清光緒十五年(1889)息廬刻本　六冊

440000－2541－0016551　39622
雨屋深鐙詞一卷續稿一卷　汪兆鏞撰　清宣統三年至民國十七年(1911－1928)鉛印本　一冊

440000－2541－0016552　39623
雙楳景闇叢書十六種　葉德輝編　清光緒至

宣統長沙葉氏郎園刻本　一册　存四種

440000－2541－0016553　39624

大清律例增修統纂集成四十卷督捕則例二卷　（清）姚潤纂　（清）陶駿　（清）陶念霖增修　清光緒二十年（1894）上洋珍藝書局鉛印本　十二册

440000－2541－0016554　39633

財政叢書□□種　（清）昌言報館編輯　清光緒二十九年（1903）上海會文學社石印本　九册　存十八種

440000－2541－0016555　39636

通甫類稿四卷　（清）魯一同撰　清光緒三年（1877）酉腴仙館鉛印本　一册

440000－2541－0016556　39637

廣治平略三十六卷續八卷　（清）蔡方炳輯　清末石印本　十册

440000－2541－0016557　39638

續博物志十卷　（宋）李石撰　**桂海虞衡志一卷**　（宋）范成大撰　清刻本　一册

440000－2541－0016558　39639

朝野類要五卷　（宋）趙升撰　清乾隆至道光長塘鮑氏刻知不足齋叢書本　一册

440000－2541－0016559　39645

七修類藁五十一卷續藁七卷　（明）郎瑛撰　清光緒六年（1880）廣州翰墨園刻本　十二册

440000－2541－0016560　39654

環生館集一卷　（清）劉汝璆撰　清光緒四年（1878）刻琴莧齋叢書本　一册

440000－2541－0016561　39655

橘中人語一卷　（清）賴蘊山輯　清咸豐十年（1860）賴氏刻後印本（有圖）　一册

440000－2541－0016562　39656

矩亭遺集一卷　（清）梁同新撰　清同治八年（1869）番禺梁氏家塾刻本　一册

440000－2541－0016563　39659

奏設清佃升科頒發院照事宜章程不分卷　廣東清佃總局纂　清光緒二十三年（1897）刻本　一册

440000－2541－0016564　39663

釐剔官吏經徵錢糧積弊摺一卷　（清）戶部撰　清光緒木活字印本　一册

440000－2541－0016565　39664

請行錢糧民欠徵信冊摺一卷　（清）劉恩溥撰　清光緒木活字印本　一册

440000－2541－0016566　39666

［同治］增修萬縣志三十六卷首一卷　（清）王玉鯨等修　（清）范泰衡等纂　清同治五年（1866）刻本　一册　存六卷（一至五、首一卷）

440000－2541－0016567　39667

味莊騷齋吟稿一卷三十六天消夏詞一卷　（清）吳紹東撰　清宣統二年（1910）鉛印本　一册

440000－2541－0016568　39678

明鑑前紀二卷　（清）齊召南輯　清光緒十五年（1889）金峩山館刻本　一册

440000－2541－0016569　39679

桂遊日記三卷　（清）張維屏撰　清道光十七年（1837）聽松廬刻本　一册

440000－2541－0016570　39683

霍勉齋集二十二卷首一卷補遺一卷　（明）霍與瑕撰　清光緒十二年（1886）南海霍氏刻本　十册

440000－2541－0016571　39684

國朝嶺南文鈔十八卷　（清）陳在謙輯　清道光十二年（1832）刻本　六册

440000－2541－0016572　39686

述學内篇三卷外篇一卷補遺一卷別錄一卷附錄一卷　（清）汪中撰　**校勘記一卷**　（清）方濬頤撰　清同治八年（1869）揚州書局刻本　一册

440000－2541－0016573　39691

會典簡明錄一卷　（清）張祥河撰　清光緒桐廬袁氏刻漸西村舍彙刊本　一册

440000－2541－0016574　39692
明史紀事本末八十卷　(清)谷應泰撰　清光緒刻本　十册　存三十四卷(四十七至八十)

440000－2541－0016575　39697
宛湄書屋文鈔十一卷　(清)李光廷撰　清光緒四年(1878)端溪書院刻本　一册　存二卷(一至二)

440000－2541－0016576　39700
飛素閣遺詩一卷　(清)梁靄撰　清光緒二十六年(1900)潘氏刻本　一册

440000－2541－0016577　39701
塵思一卷　(清)余棨撰　清宣統三年(1911)鉛印本　一册

440000－2541－0016578　39702
從征圖記一卷　(清)唐訓方撰　清光緒十七年(1891)刻本　一册

440000－2541－0016579　39703
[嘉慶]延安府志八十卷　(清)洪蕙纂修　清嘉慶七年(1802)刻本　一册　存七卷(六十七至七十三)

440000－2541－0016580　39706
聖武記十四卷　(清)魏源撰　清刻本　八册

440000－2541－0016581　39711
康熙御製錦字(滿漢合璧)不分卷　(清)聖祖玄燁御製　清刻本　四册

440000－2541－0016582　39712
易經(滿漢合璧)不分卷　(清)□□輯　清抄本　二册

440000－2541－0016583　39716
漢西域圖考七卷首一卷　(清)李光廷撰　清光緒八年(1882)陽湖趙氏壽萱草堂木活字印本　二册　存四卷(二至五)

440000－2541－0016584　39717
西域水道記五卷　(清)徐松撰　清光緒上海鴻文書局石印本　一册　存二卷(一至二)

440000－2541－0016585　39718
壹是紀始二十二卷　(清)魏崧撰　清道光二十二年(1842)刻本　六册

440000－2541－0016586　39720
貳臣傳十二卷　(清)國史館纂　清末刻本　三册

440000－2541－0016587　39724
蜨庵詩鈔八卷　(清)楊棨撰　清同治二年(1863)丹徒楊氏刻本　二册

440000－2541－0016588　39728
學海堂三集二十四卷　(清)張維屏輯　清咸豐九年(1859)啟秀山房刻本　二册　存六卷(十五至二十)

440000－2541－0016589　39729
明史三百三十二卷　(清)張廷玉等撰　清刻本　三册　存十五卷(七十四至八十一、一百四十一至一百四十七)

440000－2541－0016590　39731
紀文達公遺集十六卷首一卷　(清)紀昀撰　清宣統二年(1910)上海保粹樓石印本　八册

440000－2541－0016591　39733
廓軒竹枝詞一卷窮塞微吟一卷　(清)志鋭撰　清宣統二年(1910)石印本　一册

440000－2541－0016592　39734
寧陽縣鄉土志一卷　(清)曹倜修　(清)李椿齡　(清)張雲渠纂　清光緒三十三年(1907)石印本(有圖)　一册

440000－2541－0016593　39735
景德鎮陶錄十卷　(清)藍浦撰　(清)鄭廷桂補輯　清同治九年(1870)昌南鄭氏刻本　一册

440000－2541－0016594　39742
詩鐘鴻雪集初編一卷　著涒吟社輯　清宣統元年(1909)鉛印本　一册

440000－2541－0016595　39747
黄氏義莊條規不分卷　(清)黄仁濟撰　清光緒二十三年(1897)刻本　一册

440000－2541－0016596　39748
隨山館詩簡編四卷　(清)汪瑔撰　清光緒十

七年(1891)朱啟連等刻本　二册

440000－2541－0016597　39751
島夷誌略一卷　(元)汪大淵撰　清光緒十八年(1892)順德龍氏刻知服齋叢書本　一册

440000－2541－0016598　39755
廿二子全書　(清)王纕堂編　清道光十三年(1833)王氏棠蔭館刻本　一册　存七種

440000－2541－0016599　39756
宛湄書屋遺詩前集二卷後集二卷續錄一卷附錄一卷　(清)李光廷撰　清光緒八年(1882)刻本　二册

440000－2541－0016600　39758
疆恕齋三種　(清)惲祖翼撰　清光緒二十六年(1900)浙江書局刻本　一册　存一種

440000－2541－0016601　39759
人範六卷　(清)蔣元輯　清光緒二十七年(1901)廣雅書局刻本　一册

440000－2541－0016602　39770
學海堂集十六卷　(清)阮元輯　清道光五年(1825)啟秀山房刻本　六册

440000－2541－0016603　39771
廣東新語二十八卷　(清)屈大均撰　清水天閣刻本　五册　存十一卷(一至五、二十至二十五)

440000－2541－0016604　39772
續刊青城山記二卷　(清)彭洵撰　清光緒三十二年(1906)刻重刊道藏輯要本　一册

440000－2541－0016605　39779
錢牧齋尺牘三卷補遺一卷　(清)錢謙益撰　清宣統二年(1910)順德鄧氏風雨樓鉛印本　三册

440000－2541－0016606　39780
蔡文莊公集八卷太極圖說一卷河洛私見一卷艾庵密箴一卷　(明)蔡清撰　清光緒二十三年(1897)蔡氏刻本　五册　存十卷(一、三至八,圖說一卷,河洛私見一卷,艾庵密箴一卷)

440000－2541－0016607　39783
崇祀名宦錄一卷咨稿一卷　(清)□□撰　清末刻本　一册

440000－2541－0016608　39799
欽定滿洲源流考二十卷首一卷　(清)阿桂等修　(清)麟喜等纂　清光緒十九年(1893)杭州便益書局石印本　四册

440000－2541－0016609　39803
九朝野記四卷　(明)祝允明撰　清宣統三年(1911)上海時中書局鉛印本　二册

440000－2541－0016610　39804
揮麈拾遺六卷　(清)邱煒萲撰　清光緒二十七年(1901)上海鉛印本　一册

440000－2541－0016611　39806
鑄廬詩賸一卷　(清)裕貴撰　清光緒石印本　一册

440000－2541－0016612　39807
兗州府鄒縣賦役全書一卷　(清)□□輯　清刻本　一册

440000－2541－0016613　39808
湛園未定藁六卷　(清)姜宸英撰　清宣統二年(1910)上海國學扶輪社石印本　六册

440000－2541－0016614　39814
中國財政紀略一卷　(日本)東邦協會纂　吳銘譯　清光緒二十八年(1902)上海廣智書局鉛印本　一册

440000－2541－0016615　39824
漸齋詩鈔一卷　(清)桂鴻撰　**家傳一卷**　(清)陳慶鏞撰　**墓表一卷**　(清)鄭獻甫撰　**行狀一卷**　(清)桂文燦撰　清咸豐七年(1857)桂文燦刻本　一册

440000－2541－0016616　39825
國史儒林傳二卷　(清)□□輯　清刻本　一册

440000－2541－0016617　39834
廿二史考異二十三卷　(清)錢大昕撰　清上海鴻寶齋石印本　六册

440000－2541－0016618　39847

穆勒名學部甲不分卷 （英國）穆勒約翰撰 嚴復譯 清光緒二十八年(1902)金粟齋鉛印本 一冊 存三節(一至三)

440000－2541－0016619 39850
蛾術齋詩草七卷 （清）丁杰撰 清光緒二十六年(1900)古皖丁氏廣州刻本 一冊

440000－2541－0016620 39851
鄉董箴言一卷十三經家訓一卷蠶桑說略一卷 （清）李應玨撰 清光緒二十六年(1900)蒙城縣署刻本 一冊

440000－2541－0016621 39854
容庵遺文鈔一卷存稿鈔一卷 （明）許令瑜撰 清光緒十三年(1887)海昌羊復禮刻本 一冊

440000－2541－0016622 39855
紅豆山房詩集三卷詞集一卷文一卷 （清）何振撰 清光緒六年(1880)香山何璟刻本 一冊 存四卷(詩集三卷、詞集一卷)

440000－2541－0016623 39857
國朝古文所見集十三卷 （清）陳兆麒輯 清道光刻本 二冊

440000－2541－0016624 39859
海運備採十四卷 （清）高培源撰 清嘉慶十五年(1810)刻本 一冊 存四卷(六至九)

440000－2541－0016625 39866
學仕錄十六卷 （清）戴肇辰輯 清同治六年(1867)刻本 一冊 存二卷(五至六)

440000－2541－0016626 39867
度量權衡圖說一卷畫一度量權衡制度總表一卷推行章程一卷 （清）農工商部編 清光緒三十四年(1908)農工商部鉛印本 一冊

440000－2541－0016627 39868
重刻天傭子集十卷首一卷末一卷 （明）艾南英撰 （清）蔡元鳳 （清）張良御評點 清光緒五年(1879)梯雲書屋刻本 五冊

440000－2541－0016628 39869
南北朝文鈔二卷 （清）彭兆蓀輯 清光緒二年(1876)番禺陳起榮刻本 二冊

440000－2541－0016629 39870
棣垞集四卷外集三卷 （清）朱啟連撰 清光緒二十六年(1900)刻本 二冊

440000－2541－0016630 39871
崔翰林遺集二卷附錄一卷 （清）崔舜球撰 清光緒十四年(1888)刻本 一冊

440000－2541－0016631 39872
東塾集六卷申范一卷 （清）陳澧撰 清光緒十八年(1892)刻本 三冊

440000－2541－0016632 39873
嘯亭續錄三卷嘯亭雜錄八卷 （清）昭槤撰 清光緒六年(1880)刻本 十冊

440000－2541－0016633 39876
九國志十二卷 （宋）路振撰 （宋）張唐英補 清道光二十七年(1847)番禺潘氏刻海山仙館叢書本 二冊

440000－2541－0016634 39877
光緒會計表三卷 劉嶽雲撰 清光緒二十七年(1901)教育世界社石印本 三冊

440000－2541－0016635 39881
鄰聖宦雜錄不分卷 （□）□□撰 清抄本 二冊

440000－2541－0016636 39882
簷曝雜記六卷 （清）趙翼撰 清刻本 二冊

440000－2541－0016637 39889
霍文敏公全集十卷 （明）霍韜撰 **石頭錄八卷首一卷** （明）霍與瑕輯 （明）霍尚守注 清同治元年(1862)南海霍氏石頭書院刻本 十六冊

440000－2541－0016638 39890
佩文詩韻五卷 （清）□□輯 清刻本 一冊

440000－2541－0016639 39891
航海吟草一卷 （清）奕譞撰 清光緒十三年(1887)上海同文書局石印本 一冊

440000－2541－0016640 39892

日知錄之餘四卷　(清)顧炎武撰　清宣統二年(1910)掃葉山房石印本　一冊

440000－2541－0016641　39899
甫田集三十六卷　(明)文徵明撰　清宣統三年(1911)上海千頃堂書莊鉛印本　十二冊

440000－2541－0016642　39902
[同治癸酉科]廣東鄉試硃卷不分卷　(清)□□輯　清刻本　一冊

440000－2541－0016643　39903
養和堂遺集八卷　(清)陳光亨撰　清光緒十九年(1893)廣東省城馮氏刻本　四冊

440000－2541－0016644　39905
史目表二卷　(清)洪飴孫撰　清光緒四年(1878)啟秀山房刻本　一冊

440000－2541－0016645　39907
逃虛閣詩集六卷　(清)張錦芳撰　清光緒十年(1884)龍江張氏餘慶家塾刻本　二冊

440000－2541－0016646　39908
所託山房詩集四卷首三卷　(清)周遐桃撰　清光緒刻本　一冊

440000－2541－0016647　39910
北堂書鈔一百六十卷首一卷　(唐)虞世南輯　(清)孔廣陶注　清光緒十四年(1888)南海孔氏三十有三萬卷堂刻本　二十冊

440000－2541－0016648　39914
大唐六典三十卷　(唐)玄宗李隆基撰　(唐)李林甫注　清嘉慶南沙席氏掃葉山房刻本　六冊

440000－2541－0016649　39915
無怠懈齋詩稿一卷　(清)梁藹如撰　(清)梁邦俊輯　清道光三十年(1850)順德梁氏刻本　一冊

440000－2541－0016650　39918
釋穀四卷　(清)劉寶楠撰　清光緒十四年(1888)廣雅書局刻本　一冊

440000－2541－0016651　39931
林文忠公政書三集三十七卷　(清)林則徐撰　**事略一卷**　(清)李元度撰　清光緒三山林氏刻林文忠公遺集本　十冊

440000－2541－0016652　39933
邱文莊公[濬]年譜一卷　(清)王國棟撰　清光緒二十四年(1898)羣經書院刻本　一冊

440000－2541－0016653　39939
三廉吏牘二卷　(清)冒澄輯　清光緒五年(1879)如皋冒氏水繪園刻本　二冊

440000－2541－0016654　39941
枕干錄贈言文一卷詩一卷　(清)冒沅輯　清光緒五年(1879)如皋冒氏水繪園刻本　一冊

440000－2541－0016655　39942
屈宋古音義三卷　(明)陳第撰　清光緒六年(1880)武昌張裕釗刻本　二冊

440000－2541－0016656　39946
農事私議二卷　羅振玉撰　清光緒二十七年(1901)嶺海報館鉛印本　一冊　存一卷(上)

440000－2541－0016657　39947
吳學士文集四卷詩集五卷　(清)吳鼒撰　(清)梁肇煌　(清)薛時雨輯　清光緒八年(1882)梁肇煌江寧藩署刻本　六冊

440000－2541－0016658　39948
顧鳳翔遺集一卷　(清)顧騄撰　清光緒三十二年(1906)江寧刻本　一冊

440000－2541－0016659　39952
倭情屯田議一卷　(明)趙士禎撰　清嘉慶南匯吳氏聽彝堂刻道光印本　一冊

440000－2541－0016660　39954
明清廣東歷科文進士錄不分卷　(清)張立輯　清光緒二十四年(1898)抄本　一冊

440000－2541－0016661　39955
上化義倉章程不分卷　(清)□□撰　清光緒刻本　一冊

440000－2541－0016662　39959
肅藻遺書四卷　(清)胡發琅撰　清光緒十三年(1887)刻本　一冊

440000－2541－0016663　39960
錢糧總目不分卷　(□)□□輯　清抄本　一冊

440000－2541－0016664　39965
限期表一卷　(清)瞿懷亭輯　清光緒二年(1876)抄本　一冊

440000－2541－0016665　39966
八家四六文註八卷　(清)吴鼒輯　(清)許貞幹注　**八家四六文補注一卷**　陳衍撰　清光緒十八年(1892)上海圖書集成印書局鉛印本　四冊

440000－2541－0016666　39970
文忠集十六卷　(唐)顔真卿撰　**拾遺四卷**　(清)黄本驥輯　(清)孫星華增訂　清光緒二十年(1894)孫星華刻本　三冊

440000－2541－0016667　39973
鳴鶴堂文集十卷詩集十一卷　(清)任源祥撰　清光緒十五年(1889)刻十六年(1890)任道鎔印本　六冊

440000－2541－0016668　39974
十七史商榷一百卷　(清)王鳴盛撰　清光緒十九年(1893)廣雅書局刻本　十四冊

440000－2541－0016669　39983
羅司勳文集八卷外集一卷　(明)羅虞臣撰　清刻本　一冊　存四卷(四至七)

440000－2541－0016670　39996
邱海二公合集十六卷首一卷　(清)焦映漢等編　清同治十年(1871)邱氏可繼堂刻本　四冊　存五卷(海忠介公集三至六、首一卷)

440000－2541－0016671　40007
爾雅注疏十一卷　(晉)郭璞注　(宋)邢昺疏　清光緒二十年(1894)刻本　四冊

440000－2541－0016672　40009
籌濟編三十二卷首一卷　(清)楊景仁輯　清光緒五年(1879)山東書局刻本　八冊

440000－2541－0016673　40010
金文雅十六卷作者考一卷　(清)莊仲芳輯　清光緒十七年(1891)江蘇書局刻本　二冊

440000－2541－0016674　40027
經學不厭精二卷　(德國)花之安撰　清光緒二十四年(1898)廣學會鉛印本　六冊

440000－2541－0016675　40028
玉芝堂文集六卷　(清)邵齊燾撰　清光緒八年(1882)寧波群玉山房刻本　二冊

440000－2541－0016676　40029
石渠餘紀六卷　(清)王慶雲撰　清光緒十四年(1888)甯鄉黄氏刻本　六冊

440000－2541－0016677　40032
昭代名人尺牘小傳二十四卷　(清)吴修撰　清光緒十六年(1890)新會劉氏藏修書屋刻藏修堂叢書本　二冊

440000－2541－0016678　40039
葛中翰遺集十二卷首一卷　(明)葛麟撰　(清)葛培義　(清)聞福圻輯　**年譜一卷**　(清)葛暾　(清)葛暐輯　清光緒十六年(1890)湘鄉葛氏等刻本　六冊

440000－2541－0016679　40040
兩浙宦遊紀略一卷　(清)戴槃撰　清刻本　一冊

440000－2541－0016680　40043
錢仲文集十卷　(唐)錢起撰　清光緒二十四年(1898)順德龍裕光刻朱印本　一冊

440000－2541－0016681　40044
國語二十一卷　(三國吴)韋昭解　**國語明道本攷異四卷**　(清)汪遠孫撰　**校刊明道本韋氏解國語札記一卷**　(清)黄丕烈撰　清同治八年(1869)湖北崇文書局刻本　五冊

440000－2541－0016682　40045
杜工部集二十卷年譜一卷諸家詩話一卷唱酬題詠一卷附錄一卷　(唐)杜甫撰　(清)錢謙益箋注　清宣統三年(1911)時中書局石印本　八冊

440000－2541－0016683　40047
去偽齋集十卷附錄一卷闕疑一卷　(明)吕坤

撰　清道光七年(1827)開封府署刻本　十册

440000－2541－0016684　40065
[同治]番禺縣志五十四卷首一卷　(清)李福泰修　(清)史澄　(清)何若瑶纂　清同治十年(1871)光霽堂刻光緒增刻本(有圖表)　十六册

440000－2541－0016685　40069
苦海航一卷　(清)姚燮撰　清光緒二十五年(1899)鉛印本　一册

440000－2541－0016686　40077
壯悔堂文集十卷遺稿一卷四憶堂詩集六卷遺稿一卷　(清)侯方域撰　(清)賈開宗等評點　清宣統二年(1910)上海掃葉山房石印本　六册

440000－2541－0016687　40083
中外經世緒言十六卷　(清)汪紫卿輯　清光緒二十三年(1897)上海書局石印本　四册

440000－2541－0016688　40091
楚庭耆舊遺詩前集二十一卷後集二十一卷　(清)伍崇曜輯　清道光二十三年(1843)南海伍氏刻本　四册　存二十一卷(後集二十一卷)

440000－2541－0016689　40092
實政錄七卷　(明)吕坤撰　清同治七年(1868)湖北崇文書局刻本　四册

440000－2541－0016690　40098
散原精舍詩二卷　陳三立撰　清宣統元年(1909)鉛印本　二册

440000－2541－0016691　40109
逆臣傳八卷　(清)國史館纂　清刻本　一册　存四卷(一至四)

440000－2541－0016692　40117
續明紀事本末十八卷首一卷　(清)倪在田輯　清光緒二十九年(1903)育英學社鉛印本　三册

440000－2541－0016693　40125
鈍翁文集十六卷　(清)汪琬撰　清宣統二年(1910)國學扶輪社石印本　三册

440000－2541－0016694　40130
明季南略十八卷明季北略二十四卷　(清)計六奇撰　清光緒十三年(1887)上海圖書集成印書局鉛印本　十册

440000－2541－0016695　40132
欽定大清會典一百卷首一卷　(清)崑岡等修　清光緒三十四年(1908)上海商務印書館石印本　十册

440000－2541－0016696　40134
欽定大清會典一百卷　(清)允祹等修　清光緒十九年(1893)上海圖書集成書局鉛印本　八册

440000－2541－0016697　40135
欽定大清會典一百卷　(清)允祹等修　清光緒二十八年(1902)著易堂書局石印本　八册

440000－2541－0016698　40136
懷星堂全集三十卷　(明)祝允明撰　清宣統二年(1910)中國書畫會鉛印本　八册

440000－2541－0016699　40138
淵鑑類函四百五十卷　(清)張英等輯　清光緒二十一年(1895)上海點石齋石印本　十册

440000－2541－0016700　40151
三國志質疑六卷　(清)徐紹楨撰　清光緒十二年(1886)番禺徐氏刻本　二册

440000－2541－0016701　40160
宦鄉要則七卷　(清)張鑒瀛輯　清光緒三十二年(1906)上海掃葉山房石印本　一册

440000－2541－0016702　40161
千頃堂書目三十二卷　(清)黄虞稷撰　清光緒石印本　十六册

440000－2541－0016703　40167
廣東考古輯要四十六卷　(清)周廣等撰　清光緒十九年(1893)刻本　二册　存八卷(一至五、三十二至三十四)

440000－2541－0016704　40168
三通序三卷　(清)□□輯　清光緒二十四年

(1898)上海理文軒石印本　一冊

440000－2541－0016705　40170

粤雅堂叢書三集一百八十四種附五種　（清）伍崇曜編　清道光至光緒南海伍氏刻本　四冊　存三種

440000－2541－0016706　40183

李養一先生詩集四卷賦一卷詩餘一卷文集二十卷　（清）李兆洛撰　清光緒八年(1882)江陰刻本　十二冊

440000－2541－0016707　40186

恪靖侯盾鼻餘瀋一卷聯語一卷　（清）左宗棠撰　清光緒八年(1882)長沙柳葆元、易策謙刻本　一冊

440000－2541－0016708　40187

嶺南遺書六集五十九種附二種　（清）伍元薇（清）伍崇曜編　清道光至同治南海伍氏粤雅堂文字歡娱室刻本　八冊　存七種

440000－2541－0016709　40189

納蘭詞五卷補遺一卷　（清）納蘭性德撰　清光緒六年(1880)刻榆園叢刻本　一冊

440000－2541－0016710　40191

頤巢類稿三卷　（清）陶邵學撰　**陶徵君行狀一卷**　（清）梁贊燊撰　清宣統三年(1911)刻本　一冊

440000－2541－0016711　40192

後知不足齋叢書八函四十七種　（清）鮑廷爵編　清光緒常熟鮑氏刻本　二冊　存四種

440000－2541－0016712　40193

宋本廣韻訂不分卷　鄭文焯纂　清末書帶草堂刻本　一冊　存上平聲第一

440000－2541－0016713　40194

陶淵明集八卷首一卷末一卷　（晉）陶潛撰　清光緒五年(1879)廣州翰墨園刻朱墨套印本　一冊　存六卷(四至八、末一卷)

440000－2541－0016714　40195

明文在一百卷　（清）薛熙纂　（清）何潔輯　清光緒十五年(1889)江蘇書局刻本　十冊

440000－2541－0016715　40205

撫豫宣化錄四卷首一卷　（清）田文鏡撰　清道光十一年(1831)點易山房刻本　十冊

440000－2541－0016716　40207

李空同詩集三十三卷附錄一卷　（明）李夢陽撰　清宣統二年(1910)上海掃葉山房石印本　四冊

440000－2541－0016717　40221

出使日記續刻十卷　（清）薛福成撰　清光緒二十四年(1898)無錫薛氏傳經樓刻庸庵全集本　八冊

440000－2541－0016718　40222

六朝文絜四卷　（清）許槤輯並評　清光緒三年(1877)酉腴仙館刻朱墨套印本　一冊

440000－2541－0016719　40224

海粟廬叢書九種　（清）華焯編　清崇仁華氏刻本　一冊　存三種

440000－2541－0016720　40232

竹葉亭雜記四卷　（清）姚元之撰　清宣統二年(1910)上海掃葉山房石印本　一冊　存二卷(一至二)

440000－2541－0016721　40235

潛菴先生擬明史稿二十卷　（清）湯斌撰（清）田蘭芳評　清同治刻本　十二冊

440000－2541－0016722　40236

九通　（清）□□編　清光緒二十八年(1902)上海鴻寶書局石印本　一百十六冊　存一千一百五十五卷(通典二百卷、考證一卷，續通典一百五十卷，通志二百卷、考證三卷，文獻通考三百四十八卷、考證三卷，續文獻通考二百五十卷)

440000－2541－0016723　40237

九通　（清）□□編　清光緒二十七年(1901)上海圖書集成局鉛印本　七十二冊　存七百五十一卷(通典二百卷、考證一卷，續通典一百五十卷，皇朝通典一百卷，皇朝文獻通考三百卷)

440000－2541－0016724　40239
涇川叢書四十四種續七種　(清)趙紹祖(清)趙繩祖編　清道光十二年(1832)涇縣趙氏古墨齋刻本　十四冊　存三十三種

440000－2541－0016725　40242
説文解字注三十二卷　(清)段玉裁撰　**説文通檢十四卷首一卷末一卷**　(清)黎永椿輯　**説文解字注匡謬八卷**　(清)徐承慶撰　清光緒三十四年(1908)上海文盛書局石印本　八冊

440000－2541－0016726　40243
九朝紀事本末六百五十八卷　(清)丁立鈞輯　清光緒二十九年(1903)上海文林書局石印本　二十三冊　存六百四十七卷(左傳五十三卷,通鑑二百三十九卷,宋史一百九卷,遼史四十卷,金史五十二卷,西夏三十六卷,元史二十七卷,明史一至五十九、七十一至八十,三藩二十二卷)

440000－2541－0016727　40245
三通考輯要七十六卷　湯壽潛編輯　清光緒二十五年(1899)上海圖書集成局鉛印本　三冊　存四卷(五至八)

440000－2541－0016728　40248
欽定續文獻通考二百五十卷　(清)嵇璜等纂　清光緒二十六年(1900)北洋石印官書局石印本　九冊　存五十一卷(一至三十三、四十七至六十四)

440000－2541－0016729　40249
十朝東華録五百二十四卷　王先謙輯　清光緒二十年(1894)上海積山書局石印本　六十四冊

440000－2541－0016730　40250
[同治]東華續録一百卷　王先謙編　清光緒二十五年(1899)公記書莊石印本　二十四冊

440000－2541－0016731　40251
皇朝文獻通考三百卷　(清)嵇璜等纂　清光緒二十七年(1901)上海圖書集成局鉛印九通本　十冊　存六十卷(一至四十六、七十七至九十)

440000－2541－0016732　40253
粤雅堂叢書跋不分卷　(清)□□輯　清光緒南海伍氏刻本　一冊

440000－2541－0016733　40255
説文解字十五卷　(漢)許慎撰　(宋)徐鉉校定　**説文通檢十四卷首一卷末一卷**　(清)黎永椿輯　清同治十二年(1873)番禺陳昌治刻光緒五年(1879)增刻本　五冊

440000－2541－0016734　40256
保甲書四卷牧令書二十三卷　(清)徐棟輯　清刻本　二十一冊

440000－2541－0016735　40257
師竹堂文集十四卷　(清)莫樹椿撰　清道光二十八年(1848)刻本　四冊

440000－2541－0016736　40258
瀛奎律髓刊誤四十九卷　(宋)方回輯　(清)紀昀批點　清嘉慶五年(1800)李光垣刻本　七冊　存三十八卷(一至三十二、四十四至四十九)

440000－2541－0016737　40259
五百四峯堂詩鈔二十五卷　(清)黎簡撰　清嘉慶元年(1796)刻同治十三年(1874)廣州儒雅堂重修本　七冊

440000－2541－0016738　40260
皇清經解一千四百八卷　(清)阮元編　清道光九年(1829)廣東學海堂刻咸豐十一年(1861)補刻本　四冊　存九卷(二十二至三十)

440000－2541－0016739　40263
詩説三卷附録一卷　(清)惠周惕撰　清嘉慶十七年(1812)璜川吴氏真意堂刻本　一冊

440000－2541－0016740　40264
臥雲山館詩存一卷　(清)陳雲章撰　清光緒十三年(1887)合肥陳氏遵化州署刻本　一冊

440000－2541－0016741　40265
林五桂堂析產部不分卷　(清)林國賡等撰

清光緒八年(1882)稿本　一冊

440000－2541－0016742　40269
長恩書室叢書二集十九種　(清)莊肇麟編　清咸豐四年(1854)新昌莊氏過客軒刻本　十五冊

440000－2541－0016743　40272
廬餘集一卷　易順鼎撰　清光緒三十四年(1908)廣州鉛印本　二冊

440000－2541－0016744　40278
韻目表一卷附改併十三處表　(清)錢恂撰　清光緒七年(1881)歸安錢氏刻本　一冊

440000－2541－0016745　40285
欽定續通典一百五十卷　(清)嵇璜等纂　清光緒元年(1875)廣東學海堂刻本　五冊　存十八卷(一至十八)

440000－2541－0016746　40286
子書百家一百一種　(清)崇文書局編　清光緒元年(1875)湖北崇文書局刻民國元年(1912)印本　十冊　存十六種

440000－2541－0016747　40287
明季稗史彙編十六種　題(清)留雲居士編　清都城琉璃廠刻本　八冊　存十二種

440000－2541－0016748　40288
百子全書　(清)崇文書局編　清光緒元年(1875)湖北崇文書局刻本　五十四冊　存八十種

440000－2541－0016749　40290
文心雕龍十卷　(南朝梁)劉勰撰　(清)黄叔琳注　(清)紀昀評　清光緒二十年(1894)璧經堂昌記刻朱墨套印本　一冊　存五卷(一至五)

440000－2541－0016750　40295
啟禎記聞錄八卷　(明)葉紹袁撰　清宣統三年(1911)上海商務印書館鉛印痛史本　四冊

440000－2541－0016751　40305
皇朝經世文編一百二十卷　(清)賀長齡輯　清刻本　六十冊

440000－2541－0016752　40308
史略八十七卷　(清)朱坤輯　清石印本　二冊　存二十三卷(六十五至八十七)

440000－2541－0016753　40313
青泥蓮花記十三卷　(明)梅鼎祚輯　清石印本　一冊　存四卷(六至九)

440000－2541－0016754　40316
困學紀聞注二十卷　(宋)王應麟撰　(清)翁元圻輯　清咸豐元年(1851)經綸堂刻本　十冊　存十六卷(一至十六)

440000－2541－0016755　40320
濂亭文集八卷　(清)張裕釗撰　(清)查燕緒編　清宣統元年(1909)上海掃葉山房石印本　一冊

440000－2541－0016756　40330
退思軒詩集六卷補遺一卷　(清)張百熙撰　清宣統三年(1911)上海文會堂石印本　一冊

440000－2541－0016757　40333
皇朝經世文編一百二十卷　(清)賀長齡輯　清光緒石印本　二冊　存二十卷(二十至二十九、四十至四十九)

440000－2541－0016758　40334
皇朝經世文三編八十卷　(清)陳忠倚輯　清石印本　五冊　存二十五卷(十六至四十)

440000－2541－0016759　40335
皇朝經世文三編八十卷　(清)陳忠倚輯　清光緒二十七年(1901)上海書局石印本　十六冊

440000－2541－0016760　40336
青湖先生文集十四卷首一卷末一卷　(明)汪應軫撰　清同治十三年(1874)汪瑔廣州刻本　六冊

440000－2541－0016761　40337
韋蘇州集十卷　(唐)韋應物撰　清宣統三年(1911)文寶書局石印本　六冊

440000－2541－0016762　40338
彙刻書目初編不分卷續編不分卷　(清)顧修

輯　清光緒元年(1875)長洲陳氏無夢園刻本　九册　存初編甲至辛集,續編禮、智、信

440000－2541－0016763　40339
會試卷合鈔點評不分卷　(清)□□輯　清抄本　一册

440000－2541－0016764　40341
西清筆記二卷　(清)沈初撰　**涇林續記一卷**　(明)周玄暐撰　清光緒十年(1884)吳縣潘氏刻功順堂叢書本　一册

440000－2541－0016765　40350
業主鋪客章程博訪不分卷　金灌青等撰　廣州商務總會輯　清光緒三十三年(1907)廣州總商會報鉛印本　一册

440000－2541－0016766　40353
梁祠圖書館章程一卷附五約　梁鼎芬撰　清宣統三年(1911)鉛印本　一册

440000－2541－0016767　40356
部議交代新章不分卷　(清)户部編　清光緒刻本　一册

440000－2541－0016768　40365
欽定古今圖書集成一萬卷目録三十二卷　(清)陳夢雷等原輯　(清)蔣廷錫等重輯　清光緒十六年(1890)上海同文書局石印本　一册　存六卷(方輿彙編邊裔典九十五至九十六、職方典一千三百四十一至一千三百四十二、博物彙編草木典二百七十五至二百七十六)

440000－2541－0016769　40378
碧血録二卷　(明)黄煜撰　**周端孝先生血疏貼黄册一卷**　(明)周茂蘭撰　清刻本　二册

440000－2541－0016770　40379
陔餘叢考四十三卷　(清)趙翼撰　清刻本　十四册

440000－2541－0016771　40382
唐宋八家文讀本三十卷　(清)沈德潛評點　清光緒勤裕堂鉛印本　四册

440000－2541－0016772　40383
小學考五十卷　(清)謝啟昆撰　清光緒十五年(1889)石印本　六册

440000－2541－0016773　40389
明人尺牘選四卷　(清)王元勳　(清)程化騄輯　清光緒七年(1881)常熟鮑氏抱芳閣刻本　四册

440000－2541－0016774　40390
篊園叢書七種　(清)張慎儀撰　清光緒至民國刻本　四册　存三種

440000－2541－0016775　40394
苗氏説文四種　(清)苗夔撰　清道光至咸豐壽陽祁氏漢專亭刻本　二册　存三種

440000－2541－0016776　40395
稱謂録三十二卷　(清)梁章鉅撰　清光緒元年至十年(1875－1884)梁恭辰刻本　八册

440000－2541－0016777　40396
律賦必以集二卷餘論一卷　(清)顧蒓輯　清光緒六年(1880)菊坡精舍刻本　二册

440000－2541－0016778　40397
南北朝文鈔二卷　(清)彭兆蓀輯　清光緒二年(1876)番禺陳起榮刻本　二册

440000－2541－0016779　40400
唐詩三百首註疏六卷　(清)蘅塘退士(孫洙)輯　(清)章燮注　**續選一卷**　(清)于慶元輯　清道光十四年(1834)江右同文堂刻本　八册

440000－2541－0016780　40406
朱九江先生講學記一卷　簡朝亮輯　清光緒二十三年(1897)順德簡氏讀書草堂刻本　一册

440000－2541－0016781　40412
聲調三譜四卷　(清)王祖源輯　清光緒八年(1882)福山王氏刻天壤閣叢書本　一册

440000－2541－0016782　40414
張文襄幕府紀聞二卷　題漢濱讀易者(辜鴻銘)撰　清宣統二年(1910)鉛印本　二册

440000－2541－0016783　40415

通雅五十二卷首三卷　(明)方以智撰　**刊誤補遺一卷**　(清)張裕葉撰　清光緒六年(1880)桐城方氏刻本　十六冊

440000－2541－0016784　40418

輶軒使者絶代語釋别國方言十三卷　(漢)揚雄撰　(清)戴震疏證　清光緒八年(1882)汗青簃刻本　四冊

440000－2541－0016785　40419

湖海樓叢書十二種　(清)陳春編　清嘉慶蕭山陳氏刻本　七冊　存三種

440000－2541－0016786　40424

宋四家詞選一卷　(清)周濟選　清光緒三十四年(1908)歸安金紹城京師鉛印本　一冊

440000－2541－0016787　40427

炳燭編四卷　(清)李賡芸撰　清光緒四年(1878)宏達堂刻本　二冊

440000－2541－0016788　40428

杜詩培風讀本不分卷　(清)席樹馨撰　清光緒刻本　一冊

440000－2541－0016789　40429

全燬書目一卷抽燬書目一卷　(清)英廉等撰　清刻本　一冊

440000－2541－0016790　40433

鶡冠子三卷　(宋)陸佃解　(明)王宇評　清嘉慶九年(1804)實慶經綸堂刻本　一冊

440000－2541－0016791　40434

讀老札記二卷補遺一卷　易順鼎撰　清光緒十年(1884)刻寶瓠齋雜俎本　一冊

440000－2541－0016792　40436

樊川詩集四卷補遺一卷别集一卷外集一卷　(唐)杜牧撰　(清)馮集梧注　清光緒十六年(1890)湘南書局刻本　三冊

440000－2541－0016793　40437

南菁文鈔三集十二卷　(清)丁立鈞輯　清光緒二十八年(1902)上海文林書局石印本　四冊

440000－2541－0016794　40438

采風記五卷紀程感事詩一卷時務論一卷　宋育仁撰　清光緒二十二年(1896)袖海山房石印本　四冊

440000－2541－0016795　40439

歷代史論十二卷宋史論三卷元史論一卷　(明)張溥撰　**左傳史論二卷**　(清)高士奇撰　**明史論四卷**　(清)谷應泰撰　清光緒十一年(1885)粵東文陞閣刻朱墨套印本　八冊

440000－2541－0016796　40440

杜詩鏡銓二十卷　(唐)杜甫撰　(清)楊倫輯　**讀書堂杜工部文集註解二卷**　(清)張溍撰　清同治十一年(1872)吳棠望三益齋刻本　六冊

440000－2541－0016797　40441

昭代名人尺牘十二卷小傳一卷　(清)吳修輯　清宣統元年(1909)上海南洋官書局石印本　四冊

440000－2541－0016798　40442

唐史論斷三卷附録一卷　(宋)孫甫撰　清廣州菁華閣刻本　三冊

440000－2541－0016799　40446

唐詩合選詳解十二卷　(清)劉文蔚輯注　清光緒九年(1883)連元閣刻本　六冊

440000－2541－0016800　40450

古唐詩合解唐詩十二卷古詩四卷　(清)王堯衢注　清光緒十七年(1891)文盛堂記刻本　六冊

440000－2541－0016801　40451

宋元明詩約鈔三百首二卷　(清)朱梓　(清)冷昌言輯　(清)華黼臣注　清同治四年(1865)保墨閣刻本　二冊

440000－2541－0016802　40453

唐書合鈔二百六十卷　(清)沈炳震輯　清同治十年(1871)武林吳氏清來堂刻本　七十一冊　存二百五十八卷(一至二百五十三、二百五十五至二百五十九上)

440000－2541－0016803　40455

唐詩别裁集引典備註二十卷　(清)沈德潛選　(清)俞汝昌增注　清道光十八年(1838)刻本　十二册

440000－2541－0016804　40456
群書札記十六卷　(清)朱亦楝撰　清光緒四年(1878)武林竹簡齋刻十三經札記本　五册

440000－2541－0016805　40457
篤素堂文集四卷　(清)張英撰　**澄懷園語四卷**　(清)張廷玉撰　清同治五年(1866)刻民國三年(1914)番禺梁氏廓蔭堂印本　二册

440000－2541－0016806　40458
杜工部集二十卷年譜一卷諸家詩話一卷唱酬題詠一卷附録一卷　(唐)杜甫撰　(清)錢謙益箋注　清宣統三年(1911)時中書局石印本　八册

440000－2541－0016807　40459
滄浪詩話注五卷　(宋)嚴羽撰　(清)胡鑑注　清光緒七年(1881)廣州刻本　二册

440000－2541－0016808　40461
唐賢三昧集三卷　(清)王士禛選　(清)吴煊　(清)胡棠輯注　(清)黄培芳評　清光緒九年(1883)廣州翰墨園刻朱墨套印本　三册

440000－2541－0016809　40462
莊子集解八卷　王先謙撰　清宣統元年(1909)思賢書局刻本　三册

440000－2541－0016810　40463
樊川文集二十卷外集一卷别集一卷　(唐)杜牧撰　清光緒二十二年(1896)景蘇園刻本　四册

440000－2541－0016811　40465
唐文粹補遺二十六卷　(清)郭麐輯　清光緒十一年(1885)江蘇書局刻本　四册

440000－2541－0016812　40466
三唐人集　(清)馮焌光編　清光緒南海馮氏讀有用書齋刻本　六册

440000－2541－0016813　40468
才調集補註十卷　(五代)韋縠輯　(清)殷元勳箋注　(清)宋邦綏補注　清光緒二十年(1894)江蘇書局刻本　四册

440000－2541－0016814　40469
番禺陳氏東塾叢書五種　(清)陳澧撰　清咸豐至光緒刻本　九册

440000－2541－0016815　40479
溫飛卿詩集七卷别集一卷　(唐)溫庭筠撰　(明)曾益注　(清)顧嗣立補注　**集外詩一卷**　(清)顧嗣立續注　清宣統元年(1909)石印本　二册

440000－2541－0016816　40483
杭大宗七種叢書　(清)杭世駿撰　清咸豐元年(1851)長沙小嫏嬛山館刻本　四册

440000－2541－0016817　40485
别雅五卷　(清)吴玉搢輯　清道光二十九年(1849)小蓬萊山館刻本　五册

440000－2541－0016818　40496
竹葉亭雜記四卷　(清)姚元之撰　清宣統二年(1910)上海掃葉山房石印本　二册

440000－2541－0016819　40499
國朝文録八十二卷　(清)姚椿輯　清光緒二十六年(1900)掃葉山房石印本　九册

440000－2541－0016820　40513
新方言十一卷嶺外三州語一卷　章炳麟撰　清宣統三年(1911)文學會社石印本　二册

440000－2541－0016821　40516
列國變通興盛記四卷　(英國)李提摩太撰　清光緒二十年(1894)上海廣學會鉛印本　一册

440000－2541－0016822　40522
唐詩鼓吹十卷　(金)元好問輯　(元)郝天挺注　清同治連元閣刻本　五册

440000－2541－0016823　40524
明人尺牘選四卷　(清)王元勳　(清)程化騄輯　清宣統元年(1909)上海南洋官書局石印本　四册

440000－2541－0016824　40525

漢官舊儀二卷 （漢）衛宏撰 **翰林志一卷** （唐）李肇撰 **續翰林志二卷** （宋）蘇易簡撰 清同治真州張氏廣東刻民國二年（1913）重修榕園叢書本 一冊

440000－2541－0016825 40526
濾月軒文集一卷續集一卷 （清）趙棻撰 清同治刻本 一冊

440000－2541－0016826 40527
追昔遊集三卷 （唐）李紳撰 （明）毛晉訂 清宣統二年（1910）上海著易堂石印本 一冊

440000－2541－0016827 40536
楚騷綺語六卷 （明）張之象輯 清光緒十九年（1893）上海鴻寶齋石印本 一冊

440000－2541－0016828 40537
增廣詩韻全璧五卷初學檢韻一卷 （清）奕詢編 清光緒二十一年（1895）上海鴻寶齋石印本 六冊

440000－2541－0016829 40542
字典考證十二卷 （清）王引之等撰 清末同文書局石印本 一冊

440000－2541－0016830 40543
日知錄集釋三十二卷 （清）顧炎武撰 （清）黃汝成集釋 **刊誤二卷續刊誤二卷** （清）黃汝成撰 清光緒二十一年（1895）上海點石齋石印本 六冊

440000－2541－0016831 40545
兩漢雋言前集十卷 （宋）林越輯 **後集六卷** （明）凌迪知輯 清光緒十九年（1893）上洋鴻寶齋石印本 一冊

440000－2541－0016832 40547
註釋唐詩三百首六卷 題（清）蘅塘退士（孫洙）輯 （清）李盤根輯注 清光緒十年（1884）佛鎮寶華閣刻本 二冊

440000－2541－0016833 40550
小知錄十二卷 （清）陸鳳藻輯 清刻本 四冊

440000－2541－0016834 40551
泰西新史攬要二十四卷人地諸名表一卷 （英國）馬懇西撰 （英國）李提摩太譯 蔡爾康述 清光緒二十一年（1895）上海美華書館鉛印本 六冊

440000－2541－0016835 40554
淵鑑類函四百五十卷 （清）張英等輯 清影印本 十冊

440000－2541－0016836 40556
爾雅正義二十卷 （清）邵晉涵撰 清刻本 四冊

440000－2541－0016837 40557
古詩源十四卷 （清）沈德潛輯 清光緒十七年（1891）湖南思賢書局刻本 四冊

440000－2541－0016838 40558
杜詩註釋二十四卷首一卷 （唐）杜甫撰 （清）許寶善輯 清嘉慶七年（1802）自怡軒刻光緒三年（1877）吳縣朱氏補刻本 十二冊

440000－2541－0016839 40560
晨風閣叢書第一集五十二種 沈宗畸編 清光緒三十四年至宣統三年（1908－1911）國學萃編社鉛印本 三冊 存五種

440000－2541－0016840 40561
雲臥山莊家訓二卷末一卷 （清）郭崑燾撰 清光緒十一年（1885）岵瞻堂刻本 一冊 存二卷（家訓二卷）

440000－2541－0016841 40562
求闕齋讀書錄十卷 （清）曾國藩撰 （清）王啟原輯 清光緒二年（1876）傳忠書局刻本 二冊

440000－2541－0016842 40563
七言古詩聲調細論一卷附錄一卷 （清）魏景文撰 清光緒魏氏古香閣刻本（前後有抄配） 一冊

440000－2541－0016843 40565
駢雅訓纂十六卷序目一卷補遺一卷 （明）朱謀㙔撰 （清）魏茂林訓纂 清光緒七年（1881）成都瀹雅齋刻本 八冊

440000－2541－0016844　40576
甌北詩話十二卷　(清)趙翼撰　清嘉慶七年(1802)刻本　二册

440000－2541－0016845　40577
白香山詩長慶集二十卷後集十七卷別集一卷補遺二卷　(唐)白居易撰　(清)汪立名輯　**年譜舊本一卷**　(宋)陳振孫撰　**年譜一卷**　(清)汪立名撰　清宣統三年(1911)石印本　十二册

440000－2541－0016846　40580
九九銷夏錄十四卷　(清)俞樾撰　清光緒十八年(1892)刻本　二册

440000－2541－0016847　40581
六書舊義一卷　廖平撰　清光緒十三年(1887)刻本　一册

440000－2541－0016848　40583
黃御史賦鈔二卷　(唐)黃滔撰　清光緒十九年(1893)南海王氏啓瑞齋刻本　一册

440000－2541－0016849　40592
英語集全六卷　(清)唐廷樞撰　清同治元年(1862)廣州緯經堂刻本　六册

440000－2541－0016850　40594
無邪堂答問五卷　(清)朱一新撰　清光緒二十一年(1895)廣雅書局刻本　五册

440000－2541－0016851　40595
蘇文忠公詩集五十卷目錄二卷　(宋)蘇軾撰　(清)紀昀評點　清同治八年(1869)韞玉山房朱墨套印本　十二册

440000－2541－0016852　40596
唐宋名賢歷代確論一百卷　(明)□□輯　清光緒二十八年(1902)石印本　四册

440000－2541－0016853　40598
輶軒語一卷　(清)張之洞撰　清光緒二年(1876)退補齋刻本　一册

440000－2541－0016854　40600
緝雅堂詩話二卷　(清)潘衍桐撰　清光緒十七年(1891)杭州刻本　二册

440000－2541－0016855　40601
光風閣新刻宋元明詩三百首不分卷附錄摘句一卷　(清)郭尚先　(清)周仲墀輯　清光緒二年(1876)光風閣刻本　二册

440000－2541－0016856　40604
鷗陂漁話六卷　(清)葉廷琯撰　清同治八年至九年(1869－1870)姑蘇謝文翰齋刻本　三册

440000－2541－0016857　40605
惜抱軒全集十種　(清)姚鼐撰　清同治五年(1866)省心閣刻本　十四册

440000－2541－0016858　40606
瀛奎律髓刊誤四十九卷　(元)方回輯　(清)紀昀批點　清光緒六年(1880)山陰宋氏刻懺花盦叢書本　十二册

440000－2541－0016859　40608
杜工部草堂詩箋二十二卷　(唐)杜甫撰　(宋)魯訔輯　(宋)蔡夢弼箋　**詩話二卷**　(宋)蔡夢弼集錄　**年譜二卷**　(宋)趙子櫟撰　清光緒元年(1875)巴陵方氏碧琳琅館刻本　二册　存二十四卷(詩箋二十二卷、詩話二卷)

440000－2541－0016860　40613
國史文苑傳二卷　(清)□□輯　清刻本　一册

440000－2541－0016861　40614
字彙十二卷首一卷韻法橫圖一卷韻法直圖一卷　(明)梅膺祚撰　(清)□□增補　清道光八年(1828)大文堂刻本　十四册

440000－2541－0016862　40616
繹史一百六十卷世系圖一卷年表一卷　(清)馬驌撰　清光緒二十三年(1897)武林尚友齋石印本　二十四册

440000－2541－0016863　40617
白話叢書第一集六種　裘廷梁編　清光緒二十七年(1901)石印本　三册　存五種

440000－2541－0016864　40618

初月樓文續鈔八卷　(清)吳德旋撰　清光緒八年(1882)蛟川張氏刻花雨樓叢鈔本　一册

440000－2541－0016865　40619
經籍籑詁一百六卷補遺一百六卷首一卷　(清)阮元撰　清光緒十四年(1888)鴻文書局石印本　十六册

440000－2541－0016866　40634
隨山館尺牘二卷　(清)汪瑔撰　清光緒刻本　一册

440000－2541－0016867　40637
謎拾二卷　(清)唐景崧撰　**謎學一卷**　(清)唐運溥撰　清光緒十九年(1893)刻得一山房四種本　一册

440000－2541－0016868　40639
增訂漢魏叢書九十六種　(清)王謨編　清宣統三年(1911)上海大通書局石印本　一册　存四種

440000－2541－0016869　40641
陶詩彙評四卷　(晉)陶潛撰　(清)溫汝能輯　**東坡和陶合箋四卷**　(宋)蘇軾撰　(清)溫汝能輯　清宣統二年(1910)上海掃葉山房石印本　一册

440000－2541－0016870　40646
子史精華三十卷　(清)張廷玉等纂　清光緒九年(1883)上海點石齋石印本　二册

440000－2541－0016871　40656
古今說部叢書第一集七十四種　國學扶輪社編　清宣統二年(1910)上海國學扶輪社鉛印本　六册

440000－2541－0016872　40660
秘傳花鏡六卷花鏡圖一卷　(清)陳淏子輯　清刻本　二册

440000－2541－0016873　40667
雙楳景闇叢書十六種附一種　葉德輝編　清光緒至宣統長沙葉氏郎園刻本　一册　存四種

440000－2541－0016874　40668
靖節先生集十卷首一卷末一卷　(晉)陶潛撰　(清)陶澍集注　**年譜考異二卷**　(清)陶澍撰　清道光二十年(1840)湘潭周詒樸金陵刻本　三册

440000－2541－0016875　40670
名原二卷　(清)孫詒讓撰　清光緒三十一年(1905)瑞安孫氏刻本　一册

440000－2541－0016876　40673
惜抱軒尺牘八卷　(清)姚鼐撰　清宣統二年(1910)國學扶輪社鉛印本　一册　存四卷(一至四)

440000－2541－0016877　40674
皇清經解一百九十卷首一卷　(清)阮元編　清光緒十七年(1891)上海鴻寶齋石印本　一册　存十二卷(一至十二)

440000－2541－0016878　40678
唐詩三百首補注八卷　(清)陳婉俊輯　清光緒十三年(1887)蒲圻但氏刻本　四册

440000－2541－0016879　40679
唐詩三百首旁訓二卷　(清)孫洙輯　清光緒二十三年(1897)成都刻本　二册

440000－2541－0016880　40681
學海堂二集二十二卷　(清)吳蘭修等輯　清道光十八年(1838)刻本　一册　存三卷(三至五)

440000－2541－0016881　40682
學海堂二集二十二卷　(清)吳蘭修等輯　**三集二十四卷**　(清)張維屏輯　**四集二十八卷**　(清)金錫齡輯　清道光十八年至光緒十二年(1838－1886)刻本　一册　存五卷(二集一,三集一至二,四集七、十二)

440000－2541－0016882　40684
普通最新雜字圖本不分卷　(清)王燾輯　清宣統元年(1909)上海鴻才書莊石印本　一册

440000－2541－0016883　40685
說文通檢十四卷首一卷末一卷　(清)黎永椿輯　清光緒五年(1879)祥符常桂潤刻本　一

册　存八卷(八至十四、末一卷)

440000－2541－0016884　40686
增訂釋義經書便用通考雜字三卷　(清)徐三省輯　(清)戴啟達增訂　清南京李氏光明莊刻本　一册　存一卷(下)

440000－2541－0016885　40691
分類詩腋八卷　(清)李楨輯　清道光七年(1827)三益堂刻本　四册

440000－2541－0016886　40693
行素堂目睹書錄十一卷　(清)朱記榮輯　**汲古閣珍藏秘本書目一卷**　(清)毛扆輯　清光緒十年至十一年(1884－1885)吳縣朱氏槐廬刻本　十册

440000－2541－0016887　40696
唐詩五言排律金針八卷詩法指要一卷杜少陵七言排律一卷　(清)毛奇齡輯　(清)鄭雲峰評注　清乾隆二十三年(1758)刻本　一册

440000－2541－0016888　40704
四書改錯二十二卷　(清)毛奇齡撰　清末石印本　三册

440000－2541－0016889　40707
國朝名人書劄二卷　吳曾祺輯　清宣統元年(1909)上海商務印書館鉛印本　四册

440000－2541－0016890　40712
註陸宣公奏議十五卷　(唐)陸贄撰　(宋)郎曄注　清光緒七年(1881)歸安姚氏咫進齋刻本　四册

440000－2541－0016891　40714
重刊校正笠澤叢書四卷補遺一卷續補遺一卷　(唐)陸龜蒙撰　清光緒歸安姚氏大疊山房刻本　四册

440000－2541－0016892　40716
湛園札記四卷　(清)姜宸英撰　清刻本　二册

440000－2541－0016893　40717
林嚴文鈔四卷　林紓　嚴復撰　清宣統元年(1909)上海國學扶輪社鉛印本　三册

440000－2541－0016894　40718
履園叢話二十四卷　(清)錢泳撰　清道光三年至十八年(1823－1838)虞山錢氏刻同治九年(1870)錢曰壽重修本　八册

440000－2541－0016895　40720
陶淵明集八卷首一卷末一卷　(晉)陶潛撰　清光緒五年(1879)廣州翰墨園刻朱墨套印本　二册

440000－2541－0016896　40721
說文本經答問二卷　(清)鄭知同撰　清光緒十六年(1890)廣雅書局刻本　一册

440000－2541－0016897　40724
儒行集傳二卷　(明)黃道周撰　清道光四年(1824)宋氏凝遠堂刻本　二册

440000－2541－0016898　40725
定盦文集三卷續集四卷文集補九卷補編四卷　(清)龔自珍撰　清光緒二十三年(1897)萬本書堂刻本　六册

440000－2541－0016899　40726
朱九江先生講學記一卷　簡朝亮輯　清光緒二十三年(1897)順德簡氏讀書草堂刻本　一册

440000－2541－0016900　40728
校正尚友錄二十二卷　(明)廖用賢輯　(清)張伯琮補輯　清末石印本　一册　存四卷(十九至二十二)

440000－2541－0016901　40734
宋何衡陽集一卷　(南朝宋)何承天撰　清光緒三年(1877)滇南唐氏壽考堂刻漢魏六朝百三名家集本　一册

440000－2541－0016902　40735
增訂盛世危言新編十四卷　鄭觀應撰　清光緒二十三年(1897)成都刻本　八册

440000－2541－0016903　40737
重刊宋本十三經注疏　(清)阮元撰校勘記　(清)盧宣旬摘錄　清光緒十三年(1887)上海脈望仙館石印本　三十二册

440000－2541－0016904　40738
河南程氏全書六種　(宋)程顥　(宋)程頤撰　(宋)朱熹編　清同治十年(1871)六安涂氏求我齋刻洪氏唐石經館叢書本　十六冊

440000－2541－0016905　40740
皇朝五經彙解二百七十卷　題(清)抉經心室主人編　清光緒十四年(1888)鴻文書局石印本　三十二冊

440000－2541－0016906　40741
高子遺書十二卷附録一卷　(明)高攀龍撰　**高忠憲公年譜一卷**　(明)華允誠輯　清光緒二年(1876)周士錦刻本　九冊

440000－2541－0016907　40742
朱子語類一百四十卷　(宋)朱熹撰　(宋)黎清德輯　清同治十一年(1872)刻本　四十冊

440000－2541－0016908　40743
聖武記十四卷　(清)魏源撰　清道光二十二年(1842)古微堂刻本　十二冊

440000－2541－0016909　40744
皇朝經世文續編一百二十卷　(清)葛士濬輯　清光緒十四年(1888)上海圖書集成局鉛印本　三十一冊　存一百十七卷(一至一百九、一百十三至一百二十)

440000－2541－0016910　40752
海國圖志一百卷首一卷　(清)魏源撰　**續集二十五卷首一卷**　(英國)麥高爾等撰　(美國)林樂知　(清)瞿昂來譯　清光緒二十四年(1898)文賢閣石印本　十六冊

440000－2541－0016911　40755
顧端文公遺書十四種附一種　(明)顧憲成撰　清光緒三年(1877)涇里宗祠刻本　十七冊　存十二種

440000－2541－0016912　40756
古微堂内集三卷外集七卷　(清)魏源撰　清光緒四年(1878)淮南書局刻本　四冊

440000－2541－0016913　40758
皇朝經世文編一百二十卷生存姓名一卷姓名總目二卷　(清)賀長齡輯　清光緒二十四年(1898)上海宏文閣鉛印本　二十四冊

440000－2541－0016914　40759
增補五子近思録詳解十四卷　(清)汪佑編　清刻本　四冊

440000－2541－0016915　40760
廣雅碎金四卷附録一卷　(清)張之洞撰　清光緒二十三年(1897)桐廬袁氏刻漸西村舍彙刊本　二冊

440000－2541－0016916　40763
新譯列國政治通考二百二十卷　(清)楊士鈞輯　清光緒二十九年(1903)上海蜚英書局石印本　二十四冊

440000－2541－0016917　40764
正誼堂全書六十八種　(清)張伯行編　(清)楊浚重編　清同治五年(1866)福州正誼書院刻八年至九年(1869－1870)續刻本　一百七十冊　存六十六種

440000－2541－0016918　40765
淵鑒齋御纂朱子全書六十六卷　(宋)朱熹撰　(清)李光地等輯　清刻本　三十六冊

440000－2541－0016919　40766
翼教叢編六卷　(清)蘇輿輯　清石印本　二冊　存四卷(一至四)

440000－2541－0016920　40770
四書反身録八卷　(清)李顒撰　清光緒元年(1875)求寡過齋刻本　二冊

440000－2541－0016921　40771
焦氏叢書十種　(清)焦循撰　清嘉慶至道光江都焦氏雕菰樓刻光緒二年(1876)衡陽魏氏重修民國十八年(1929)上海受古書店印本　四十冊

440000－2541－0016922　40795
婦孺四字書不分卷　陳榮袞輯　清光緒二十六年(1900)石印本　一冊

440000－2541－0016923　40816
宋拓孔宙碑及碑陰不分卷　(□)□□撰　清

宣統元年(1909)石印本　一册

440000－2541－0016924　40819

通雅五十二卷首三卷　(清)方以智撰　**刊誤補遺一卷**　(清)張裕葉撰　清光緒六年(1880)桐城方氏刻本　十六册

440000－2541－0016925　40823

明通鑑九十卷附編六卷　(清)夏燮撰　清光緒二十六年(1900)上海掃葉山房石印本　十五册

440000－2541－0016926　40826

船山遺書六十六種附二種　(清)王夫之撰　清同治四年(1865)湘鄉曾氏金陵節署刻本　八十册

440000－2541－0016927　40827

汪梅村先生文集十二卷外集一卷悔翁詩鈔十五卷補遺一卷悔翁詞鈔五卷悔翁筆記六卷　(清)汪士鐸撰　清光緒七年至九年(1881－1883)合肥張氏味古齋刻本　四册　存二十二卷(文集三至六、詩鈔一至七、詞鈔五卷、筆記六卷)

440000－2541－0016928　40828

札迻十二卷　(清)孫詒讓撰　清光緒二十年(1894)刻二十一年(1895)修補本　四册

440000－2541－0016929　40835

漢學商兑三卷　(清)方東樹撰　清光緒二十六年(1900)浙江書局刻本　三册　存二卷(上、中)

440000－2541－0016930　40842

大方廣佛華嚴經疏鈔懸談二十八卷首一卷　(唐)釋澄觀撰　清光緒三十三年(1907)金陵刻經處刻本　八册

440000－2541－0016931　40843

大佛頂如來密因修證了義諸菩薩萬行首楞嚴經十卷　(唐)釋般刺密帝譯　(印度)釋彌伽釋迦譯語　(唐)房融筆授　吳芝瑛書　清光緒三十四年至宣統元年(1908－1909)杭州小萬柳堂石印本　二册

440000－2541－0016932　40844

漢儒通義七卷　(清)陳澧輯　清咸豐八年(1858)刻番禺陳氏東塾叢書本　二册

440000－2541－0016933　40845

孟子要畧五卷　(宋)朱熹撰　(清)劉傳瑩輯　(清)曾國藩按　清道光二十九年(1849)漢陽劉氏刻本　一册

440000－2541－0016934　40846

曾文正公全集十五種首一卷　(清)曾國藩撰　清同治至光緒傳忠書局刻本　四十二册　存十二種

440000－2541－0016935　40848

曾文正公大事記四卷　(清)王定安撰　清刻本　四册

440000－2541－0016936　40849

左文襄公書牘節要二十六卷　(清)左宗棠撰　清刻本　十二册

440000－2541－0016937　40851

撫吴公牘五十卷　(清)丁日昌撰　**曾胡批牘二卷**　(清)曾國藩　(清)胡林翼撰　清宣統元年(1909)上海南洋官書局石印本　十四册

440000－2541－0016938　40854

穆勒名學部甲不分卷部乙不分卷部丙不分卷部首一卷　(英國)穆勒約翰撰　嚴復譯　清金粟齋刻本　八册

440000－2541－0016939　40871

詞壇妙品十卷　(清)張淵懿輯　清宣統三年(1911)石印本　五册

440000－2541－0016940　40874

名家詞十八種　繆荃孫編　清光緒江陰繆氏刻雲自在龕叢書本　二册　存八種

440000－2541－0016941　40876

倚月樓詞稿四卷　(清)周天麟撰　清刻本　三册

440000－2541－0016942　40877

詩餘偶鈔六卷　王先謙輯　清光緒十六年(1890)長沙王先謙刻本　一册

440000－2541－0016943　40878
雨屋深鐙詞一卷續稿一卷三編一卷　汪兆鏞撰　清宣統三年至民國二十九年(1911－1940)鉛印本　一册

440000－2541－0016944　40882
籜仙詞稿五卷　(清)吳寶書撰　清光緒八年(1882)木活字印本　一册

440000－2541－0016945　40883
麐椶詞一卷　(清)劉恩黻撰　清光緒三十四年(1908)吳昌綬雙照樓刻本　一册

440000－2541－0016946　40885
淚影詞一卷　(清)成本璞撰　清光緒二十五年(1899)長沙刻本　一册

440000－2541－0016947　40889
玉可盦詞補一卷　(清)徐琪撰　清光緒十三年(1887)張鴻辰刻本　一册

440000－2541－0016948　40890
山中白雲詞八卷附錄一卷　(宋)張炎撰　清刻本　一册　存六卷(四至八、附錄一卷)

440000－2541－0016949　40894
篋中詞六卷續四卷　(清)譚獻輯　清光緒八年(1882)仁和譚氏刻半厂叢書初編本　五册

440000－2541－0016950　40895
國朝金陵詞鈔八卷　(清)陳作霖輯　清光緒二十八年(1902)刻本　四册

440000－2541－0016951　40896
大鶴山房全書十種附一種　鄭文焯撰　清光緒至民國刻民國九年(1920)蘇州交通圖書館匯印本　五册

440000－2541－0016952　40898
樽酒銷寒詞一卷附錄一卷　(清)趙植庭輯　**續錄一卷**　(清)方賓穆輯　清光緒十一年(1885)蔣偉粵東刻本　一册

440000－2541－0016953　40899
夢春廬詞一卷　(清)李貽德撰　**早花集一卷**　(清)吳筠撰　清同治六年(1867)刻本　一册

440000－2541－0016954　40901
玉屑詞三卷　(清)朱寯瀛撰　清光緒二十七年(1901)刻本　一册

440000－2541－0016955　40903
聞妙香室詞鈔四卷　(清)錢錫寀撰　清宣統二年(1910)天津醒華報館石印本　一册

440000－2541－0016956　40905
眉綠樓詞一卷　(清)顧文彬撰　清光緒五年(1879)刻本　一册

440000－2541－0016957　40906
說劍堂著書十四種　潘飛聲撰　清光緒羊城富文齋刻本　一册　存五種

440000－2541－0016958　40911
彊邨詞前集一卷別集一卷　朱祖謀撰　清光緒三十一年(1905)歸安朱氏刻本　一册

440000－2541－0016959　40914
花簾詞一卷　(清)吳藻撰　清如皋冒俊刻本　一册

440000－2541－0016960　40916
苕溪漁隱詞二卷　(清)范鍇撰　**樂府指迷一卷附記一卷**　(宋)張炎撰　清刻本　一册

440000－2541－0016961　40917
芬陀利室詞集五卷遺卷一卷嘯古堂詩遺集一卷　(清)蔣敦復撰　**麗農山人事實雜錄一卷**　(清)王韜輯　清光緒十一年(1885)王韜淞隱廬刻本　二册

440000－2541－0016962　40918
白雨齋詞話八卷詞存一卷　(清)陳廷焯撰　**詩鈔一卷**　(清)陳廷焯撰　(清)高壽昌評選　清光緒二十年(1894)包榮翰等刻本　四册

440000－2541－0016963　40919
捧月樓綺語八卷　(清)袁通撰　清光緒十一年(1885)袁定宇刻本　一册

440000－2541－0016964　40920
茂陵秋雨詞四卷　(清)王錫振撰　清同治三年(1864)自刻本　一册

440000－2541－0016965　40923

玉鏡臺詞一卷 (清)溫啟封撰 清刻本 一冊

440000－2541－0016966 40924
退菴詞一卷 (清)周之琦撰 清刻本 一冊

440000－2541－0016967 40925
秋夢盦詞鈔二卷續一卷 (清)葉衍蘭撰 清光緒十六年(1890)羊城刻本 一冊

440000－2541－0016968 40928
忠雅堂詞集二卷 (清)蔣士銓撰 清刻本 二冊

440000－2541－0016969 40933
琴竹山莊樂府二卷 (清)盛大士撰 清道光六年(1826)刻蘊愫閣集本 一冊

440000－2541－0016970 40934
太素齋詞鈔二卷 (清)勒方錡撰 清光緒十年(1884)刻本 一冊

440000－2541－0016971 40940
棲雲山館詞存一卷 (清)黄錫禧撰 清同治六年(1867)刻本 一冊

440000－2541－0016972 40941
虞苑東齋詞鈔不分卷 (清)陳良玉撰 清同治十一年(1872)刻本 一冊

440000－2541－0016973 40948
竹簾館詞一卷 (清)王樹藩撰 清宣統元年(1909)朱氏刻本 一冊

440000－2541－0016974 40950
心盦詞存四卷 (清)何兆瀛撰 清同治十二年(1873)武林刻本 一冊

440000－2541－0016975 40956
濯絳宧存稿一卷 (清)劉毓盤撰 清末刻本 一冊

440000－2541－0016976 40957
硯壽堂詩餘附錄一卷 (清)吳存楷撰 清嘉慶二十三年(1818)刻錢塘吳氏合集本 一冊

440000－2541－0016977 40960
侯鯖詞五卷 (清)吳唐林輯 清光緒十一年(1885)杭州刻本 二冊

440000－2541－0016978 40961
花影吹笙詞鈔二卷小遊仙詞一卷 (清)葉英華撰 清光緒三年(1877)番禺葉氏羊城刻本 一冊

440000－2541－0016979 40962
海風蕭詞一卷 (清)顧復初撰 清同治四年(1865)錦城刻本 一冊

440000－2541－0016980 40963
芯芻館詞集五卷 (清)胡延撰 清光緒十三年(1887)刻朱印本 一冊 存二卷(一至二)

440000－2541－0016981 40964
雪眉詞鈔一卷 (清)胡成浚撰 清末刻本 一冊

440000－2541－0016982 40967
遊吳草一卷書延年室餘三卷 (清)袁起撰 清咸豐元年(1851)刻本 一冊

440000－2541－0016983 40973
粵東三家詞鈔三卷 (清)葉衍蘭輯 清光緒二十一年(1895)刻本 一冊

440000－2541－0016984 40975
有正味齋詞集八卷續集二卷 (清)吳錫麒撰 清刻本 二冊

440000－2541－0016985 40976
白香詞譜箋四卷 (清)舒夢蘭輯 (清)謝朝徵箋 清光緒十二年(1886)刻本 四冊

440000－2541－0016986 40982
懊儂詞一卷 (清)郭鍾岳撰 清光緒十三年(1887)溫州刻本 一冊

440000－2541－0016987 40988
纂喜堂詩稿一卷青芙館詞鈔一卷二韭室詩餘別集一卷 (清)陳壽祺撰 清同治八年(1869)刻本 一冊

440000－2541－0016988 40990
第一生修梅華館詞四卷 況周頤撰 清光緒十八年(1892)刻本 一冊

440000－2541－0016989　40991
秋影山房詞一卷　(清)李翮撰　清嘉慶二十五年(1820)揚州王有耀齋書局刻本　一册

440000－2541－0016990　40993
珠江群芳詞譜一卷　題(清)三十六鴛鴦館花侯氏撰　清刻本　一册

440000－2541－0016991　40994
小檀欒室匯刻閨秀詞十集一百種附一種　徐乃昌編　清光緒二十一年至宣統元年(1895－1909)刻本　二十八册

440000－2541－0016992　41001
襟痕詞一卷紅心草一卷幽索草一卷龜見一卷鴛情一卷香景三詞一卷　(□)□□撰　清抄本　三册

440000－2541－0016993　41005
吳梅村詞一卷　(清)吳偉業撰　清宣統二年(1910)上海掃葉山房石印本　一册

440000－2541－0016994　41008
宋六十一家詞選十二卷　(清)馮煦編　清宣統二年(1910)上海掃葉山房石印本　四册

440000－2541－0016995　41030
晏子春秋七卷　(春秋)晏嬰撰　**音義二卷**　(清)孫星衍撰　**校勘二卷**　(清)黄以周撰　清宣統三年(1911)育文書局石印子書二十八種本　一册

440000－2541－0016996　41034
無聲詩史七卷　(清)姜紹書輯　清藏修書屋刻本　四册

440000－2541－0016997　41059
習苦齋詩集八卷古文四卷　(清)戴熙撰　清同治六年(1867)刻本　四册

440000－2541－0016998　41060
息影山房詩鈔二卷　(清)黎兆祺撰　清光緒九年(1883)遵義黎氏日本大阪刻本　一册

440000－2541－0016999　41063
粤東詞鈔不分卷　(清)許玉彬　(清)沈世良輯　**二編不分卷**　(清)楊永衍輯　清道光二十九年(1849)刻本　三册　存初編二十四人、二編十七人

440000－2541－0017000　41066
梅窩詩鈔一卷遺稿一卷詩補遺一卷　(清)陳良玉撰　清光緒刻本　一册

440000－2541－0017001　41067
秋夢盦詞鈔二卷續一卷　(清)葉衍蘭撰　清光緒十六年(1890)羊城刻本　一册

440000－2541－0017002　41068
花影吹笙詞鈔二卷小遊僊詞一卷　(清)葉英華撰　清光緒三年(1877)番禺葉氏羊城刻本　一册

440000－2541－0017003　41069
紅杏山房詩鈔十一種　(清)宋湘撰　清嘉慶二十五年(1820)刻同治八年(1869)續刻本　四册

440000－2541－0017004　41070
金文雅十六卷作者考一卷　(清)莊仲方輯　清光緒十七年(1891)江蘇書局刻本　四册

440000－2541－0017005　41071
讀白華草堂詩初集九卷二集十二卷苜蓿集八卷　(清)黄劍撰　清道光刻本　八册

440000－2541－0017006　41074
赤雅三卷　(明)鄺露撰　清刻本　一册

440000－2541－0017007　41099
八指頭陀詩集十卷首一卷補遺一卷　(清)釋敬安撰　清光緒刻本　二册

440000－2541－0017008　41100
美人長壽盦詞集六卷　程頌萬撰　清光緒二十六年(1900)刻十髮盦類稿本　一册　存四種

440000－2541－0017009　41105
南史識小録十四卷　(清)沈名蓀　(清)朱昆田輯　(清)張應昌補正　清同治十年(1871)武林吳氏清來堂刻本　二册

440000－2541－0017010　41106
陰常侍詩集一卷　(南朝陳)陰鏗撰　**李尚書**

詩集一卷 (唐)李益撰 清道光元年(1821)武威張氏刻二酉堂叢書本 一册

440000－2541－0017011 41109
鐵畫樓詩續鈔二卷 (清)張蔭桓撰 清光緒二十八年(1902)觀復齋刻本 一册

440000－2541－0017012 41113
寫經齋初稿四卷 (清)葉大莊撰 清光緒刻本 一册

440000－2541－0017013 41117
南漢春秋十三卷 (清)劉應麟撰 清道光三十年(1850)刻本 四册

440000－2541－0017014 41121
南漢紀五卷 (清)吳蘭修撰 清道光十四年(1834)香山鄭氏淳一堂刻本 二册

440000－2541－0017015 41122
説劍堂集詞不分卷 潘飛聲撰 清光緒刻本 一册

440000－2541－0017016 41123
陶淵明詩一卷雜文一卷 (晉)陶潛撰 清影印本 一册

440000－2541－0017017 41126
南嶽總勝集三卷 (宋)陳田夫撰 清光緒三十二年(1906)長沙葉氏影宋刻麗廔叢書本 三册

440000－2541－0017018 41127
文中子中説十卷 (隋)王通撰 清光緒十六年(1890)貴陽陳氏影宋刻本 一册

440000－2541－0017019 41131
可之先生全集錄二卷 (唐)孫樵撰 (清)儲欣選 清光緒八年(1882)江蘇書局刻唐宋十大家全集錄本 一册

440000－2541－0017020 41135
鏡心堂七言律詩選一卷閶山紀遊詩一卷醉石龕即事詩一卷綺語舊作一卷 (清)貴慶撰 (清)秀堃選評 清光緒二十三年(1897)端良刻本 一册

440000－2541－0017021 41136
樂志堂詩畧二卷 (清)譚瑩撰 清光緒刻本 一册

440000－2541－0017022 41138
國朝畫徵錄三卷續錄二卷 (清)張庚撰 清刻本 一册

440000－2541－0017023 41139
杜詩集説二十卷末一卷首一卷 (唐)杜甫撰 (清)江浩然集説 清乾隆四十四年(1779)本立堂刻本 十二册

440000－2541－0017024 41141
三國志六十五卷附考證 (晉)陳壽撰 (南朝宋)裴松之注 清光緒三十年(1904)武林竹簡齋石印二十四史本 四册

440000－2541－0017025 41144
養一齋文集二十卷 (清)李兆洛撰 清光緒四年(1878)刻本 十册

440000－2541－0017026 41153
[道光]石窟一徵九卷 (清)黃釗撰 清光緒二十五年(1899)朱懷新刻民國三十二年(1943)補刻印本 四册

440000－2541－0017027 41166
清河書畫舫十二卷 (明)張丑撰 清刻本 六册

440000－2541－0017028 41171
書林揚觶二卷 (清)方東樹撰 清光緒十七年(1891)刻方植之全集本 二册

440000－2541－0017029 41174
更生齋文乙集四卷 (清)洪亮吉撰 清善化章氏經濟堂刻本 一册

440000－2541－0017030 41177
金剛般若波羅蜜經二卷 (後秦)鳩摩羅什譯 清刻本 一册

440000－2541－0017031 41203
甌鉢羅室書畫過目考四卷首一卷附一卷 (清)李玉棻撰 清宣統三年(1911)北京晉華書局石印本 二册

440000－2541－0017032 41225

粵東金石略九卷首一卷九曜石考二卷　(清)翁方綱撰　清光緒十七年(1891)廣州石經堂書局影印本　四冊

440000－2541－0017033　41234
尺岡草堂遺詩八卷　(清)陳璞撰　清光緒十五年(1889)息廬刻本　二冊

440000－2541－0017034　41236
朱九江先生集十卷首一卷　(清)朱次琦撰　簡朝亮輯　清光緒二十三年(1897)順德簡氏讀書草堂刻本　四冊

440000－2541－0017035　41239
林和靖先生詩集四卷附錄一卷林集續刻一卷　(宋)林逋撰　清光緒二十一年(1895)婺源俞氏清蔭堂刻本　二冊

440000－2541－0017036　41241
洪北江文鈔四卷　(清)洪亮吉撰　清宣統二年(1910)上海國學扶輪社鉛印本　二冊

440000－2541－0017037　41245
重刻賴古堂尺牘新鈔三選結隣集十六卷　(清)周在浚等輯　清道光六年(1826)刻本　十六冊

440000－2541－0017038　41263
天壤閣雜記一卷　(清)王懿榮撰　**董華亭書畫錄一卷**　(明)董其昌撰　題(清)青浮山人輯　清光緒二十一年至二十二年(1895－1896)長沙使院刻靈鶼閣叢書本　一冊

440000－2541－0017039　41265
美術叢書初集十輯一百二種二集十輯六十九種三集十輯五十九種四集十輯四十九種　鄧實編　清宣統三年至民國二十五年(1911－1936)上海神州國光社鉛印本　二十二冊　存五十種

440000－2541－0017040　41302
河東先生文集六卷　(唐)柳宗元撰　清宣統二年(1910)上海會文堂石印本　六冊

440000－2541－0017041　41307
韋蘇州集十卷　(唐)韋應物撰　清宣統三年(1911)上海自強書局影印本　六冊

440000－2541－0017042　41311
吳越游草一卷　(清)王文治撰　清宣統三年(1911)古吳藏書樓石印本　一冊

440000－2541－0017043　41313
研堂見聞雜記一卷　(清)王家禎撰　清宣統三年(1911)上海商務印書館鉛印痛史本　一冊

440000－2541－0017044　41314
古香閣詩集一卷珠江鴻雪集一卷　(清)葉璧華撰　清光緒二十九年(1903)刻本　二冊

440000－2541－0017045　41316
鬱華閣遺集詩三卷詞一卷　(清)盛昱撰　清光緒三十一年(1905)有正書局石印本　一冊

440000－2541－0017046　41322
指南錄四卷後錄三卷附一卷詩史集杜四卷紀年錄一卷附一卷　(宋)文天祥撰　清宣統二年(1910)東雅社鉛印本　四冊

440000－2541－0017047　41324
盋山詩錄二卷　(清)顧雲撰　清光緒刻本　一冊

440000－2541－0017048　41327
寒木居詩鈔一卷　(明)張家珍撰　清光緒三十二年(1906)張其淦刻本　一冊

440000－2541－0017049　41331
使黔草三卷東洲草堂詩鈔三卷　(清)何紹基撰　清刻本　二冊

440000－2541－0017050　41332
隨山館詩簡編四卷　(清)汪瑔撰　清光緒十年(1884)刻本　二冊

440000－2541－0017051　41333
李端詩集三卷　(唐)李端撰　清光緒二十一年(1895)元和江氏靈鶼閣影宋刻唐人五十家小集本　一冊

440000－2541－0017052　41338
青霞館論書絕句一百首一卷　(清)吳修撰　清光緒二年(1876)錢江葛元煦嘯園刻本　一

冊

440000－2541－0017053　41339
國朝二十四家文鈔二十四卷　（清）徐斐然輯　清嘉慶元年（1796）刻本　八冊

440000－2541－0017054　41340
嶺南三大家詩選二十四卷　（清）王隼編　清同治七年（1868）南海陳氏粵東省城刻本　六冊

440000－2541－0017055　41341
四餘偶錄文集二卷　（清）楊仲興撰　清光緒十八年（1892）嘉應楊氏刻本　一冊

440000－2541－0017056　41342
思舊錄一卷　（清）黄宗羲撰　清黄氏五桂樓刻本　一冊

440000－2541－0017057　41345
五百四峯堂詩鈔二十五卷　（清）黎簡撰　清嘉慶元年（1796）刻同治十三年（1874）廣州儒雅堂重修本　八冊

440000－2541－0017058　41346
復堂類集文四卷詩九卷詞二卷日記八卷金石跋三卷文餘三卷　（清）譚獻撰　清同治至光緒刻本（金石跋三卷、文餘三卷未刻）　六冊

440000－2541－0017059　41347
海日堂集詩五卷文二卷詩集補遺一卷　（清）程可則撰　清道光五年（1825）南海程氏刻十六甫萃古堂印本　四冊

440000－2541－0017060　41348
劍光樓詩鈔四卷詞一卷文鈔一卷　（清）儀克中撰　清咸豐十年（1860）刻光緒八年（1882）續刻本　二冊

440000－2541－0017061　41351
范伯子詩集十九卷　（清）范當世撰　清光緒三十四年（1908）刻本　二冊

440000－2541－0017062　41357
大谷山堂集六卷　（清）夢麟撰　清唐元素刻民國九年（1920）劉氏嘉業堂印本　二冊

440000－2541－0017063　41358
忠正德文集十卷附一卷　（宋）趙鼎撰　清光緒二年（1876）山陰謝氏刻本　二冊

440000－2541－0017064　41361
逃虚閣詩集六卷　（清）張錦芳撰　清光緒十年（1884）羊城合成齋刻本　二冊

440000－2541－0017065　41363
唐賢三昧集三卷　（清）王士禛選　（清）吳煊　（清）胡棠輯注　（清）黄培芳評　清光緒九年（1883）廣州翰墨園刻朱墨套印本　三冊

440000－2541－0017066　41382
義門先生集十二卷附一卷　（清）何焯撰　清宣統三年（1911）上海中華圖書館石印本　四冊

440000－2541－0017067　41389
九煙先生遺集六卷　（明）周星撰　清道光二十九年（1849）刻本　二冊

440000－2541－0017068　41393
夏炘詩古韻表二十二部集説二卷　（清）夏炘撰　清光緒十九年（1893）鉛印本　一冊

440000－2541－0017069　41398
潛書二卷　（清）唐甄撰　（清）王聞遠輯　清光緒九年（1883）中江李氏刻本　二冊

440000－2541－0017070　41400
紅杏山房詩鈔十一種　（清）宋湘撰　清嘉慶二十五年（1820）刻本　二冊　存五種

440000－2541－0017071　41401
亭林詩集五卷　（清）顧炎武撰　清刻本　一冊

440000－2541－0017072　41413
嘉定錢氏潛研堂全書二十一種　（清）錢大昕撰　清光緒十年（1884）長沙龍氏家塾刻本　一冊　存三種

440000－2541－0017073　41414
滄浪詩話注五卷　（宋）嚴羽撰　（清）胡鑑注　清光緒七年（1881）廣州刻本　一冊

440000－2541－0017074　41415
陵陽先生詩四卷　（宋）韓駒撰　清宣統二年

(1910)姚埭沈氏刻西江詩派韓饒二集本　一冊

440000－2541－0017075　41418
人境廬詩草十一卷　(清)黄遵憲撰　清宣統三年(1911)嘉應黄遵楷鉛印本　四冊

440000－2541－0017076　41420
新雕校證大字白氏諷諫一卷　(唐)白居易撰　**唐中興間氣集二卷**　(唐)高仲武輯　清光緒十九年(1893)影宋刻本　一冊

440000－2541－0017077　41421
昌黎先生詩增注証訛十一卷年譜一卷　(唐)韓愈撰　(清)顧嗣立删補　(清)黄鉞增注証訛　清道光二十八年(1848)黄中民二客軒刻咸豐七年(1857)四明鮑氏印本　四冊

440000－2541－0017078　41422
名原二卷　(清)孫詒讓撰　清光緒三十一年(1905)瑞安孫氏刻本　一冊

440000－2541－0017079　41434
延香老屋詩集一卷汗漫舫詩集一卷萬木草堂詩集一卷明夷閣詩集一卷　康有為撰　清宣統三年(1911)上海廣智書局影印本　一冊

440000－2541－0017080　41437
蜀雅二十卷　(清)李調元撰　清刻本　二冊　存八卷(一至八)

440000－2541－0017081　41442
紀元編三卷末一卷　(清)李兆洛撰　清同治十年(1871)合肥李氏刻本　一冊

440000－2541－0017082　41447
水雲樓詞二卷續一卷　(清)蔣春霖撰　清咸豐十一年(1861)曼陀羅華閣刻本　一冊

440000－2541－0017083　41450
元詩善鳴集不分卷　(清)陸次雲輯　清刻本　二冊

440000－2541－0017084　42361
桃花扇傳奇二卷　(清)孔尚任撰　清刻本　四冊

440000－2541－0017085　41451
鄺海雪集箋十二卷　(明)鄺露撰　(清)鄺廷瑤箋　清咸豐元年(1851)綺錯樓刻本　四冊

440000－2541－0017086　41452
金粱夢月詞二卷懷夢詞一卷　(清)周之琦撰　清道光杭州陸貞一愛日軒刻本　一冊

440000－2541－0017087　41454
粤東詞鈔不分卷　(清)許玉彬　(清)沈世良輯　清道光二十九年(1849)刻本　一冊　存初編

440000－2541－0017088　41461
樊川集六卷補遺一卷　(唐)杜牧撰　清刻本　三冊

440000－2541－0017089　42359
公法會通十卷　(德國)步倫撰　(美國)丁韙良譯　清光緒二十四年(1898)北洋書局鉛印本　五冊

440000－2541－0017090　41463
唐女郎魚玄機詩一卷　(唐)魚玄機撰　清光緒二十三年(1897)劉肇隅影宋刻本　一冊

440000－2541－0017091　41469
爾雅三卷　(晋)郭璞注　清光緒八年(1882)巴陵方氏碧琳琅館刻本　一冊

440000－2541－0017092　41477
昭代名人尺牘小傳二十四卷　(清)吳修輯　清光緒三十四年(1908)上海集古齋石印本　二冊

440000－2541－0017093　41485
冷紅詞四卷　鄭文焯撰　清光緒二十二年(1896)沈氏耦園刻大鶴山房全書本　一冊

440000－2541－0017094　41492
容齋四筆十六卷　(宋)洪邁撰　清同治十一年(1872)洪氏晦木齋刻本　三冊

440000－2541－0017095　41497
疑年賡録二卷　(清)張鳴珂撰　清光緒二十四年(1898)嘉興張氏刻寒松閣集本　一冊

440000－2541－0017096　41498
佩文齋書畫譜一百卷　(清)孫岳頒等撰　清

康熙四十七年(1708)内府刻本　八册　存十一卷(四十至五十)

440000－2541－0017097　41499
古文析義十六卷　(清)林雲銘評注　清文選樓刻本　十一册　存十一卷(一至二、五至七、九至十二、十四、十六)

440000－2541－0017098　41500
宛鄰文二卷詩二卷立山詞一卷明發錄一卷　(清)張琦撰　清道光十九年至二十年(1839－1840)陽湖張氏刻宛鄰書屋叢書本　一册

440000－2541－0017099　41501
半厂叢書初編十種　(清)譚獻編　清光緒仁和譚氏刻本　三册　存三種

440000－2541－0017100　41504
眉庵詩集不分卷　(明)楊基撰　清光緒三十四年(1908)上海有正書局影印本　二册

440000－2541－0017101　41506
東坡樂府三卷　(宋)蘇軾撰　朱祖謀編　清宣統三年(1911)刻本　一册　存一卷(一)

440000－2541－0017102　41507
廬山詩錄一卷　易順鼎撰　清光緒三十四年(1908)石印本　一册

440000－2541－0017103　41511
道援堂詩集十二卷詞一卷　(清)屈大均撰　清道光粵東刻本　六册　存七卷(三、六至七、十至十二,詞一卷)

440000－2541－0017104　41532
板橋雜記三卷　(清)余懷撰　清光緒二十七年(1901)傅春官晦齋刻金陵叢刻本　一册

440000－2541－0017105　41539
皕宋樓藏書源流攷一卷　(日本)島田翰撰　清光緒三十三年(1907)董康京師石印本　一册

440000－2541－0017106　41541
楞華室詞鈔二卷　(清)沈世良撰　清咸豐四年(1854)刻本　一册

440000－2541－0017107　41543
唐女郎魚玄機詩一卷　(唐)魚玄機撰　清光緒二十年(1894)順德龍氏知服齋影宋刻本　一册

440000－2541－0017108　41546
李太白文集三十六卷　(唐)李白撰　(清)王琦輯　清刻本　一册　存二卷(三十五至三十六)

440000－2541－0017109　41548
漱泉詞一卷　(清)成肇麐撰　清光緒刻本　一册

440000－2541－0017110　41549
芙蓉山館詞鈔二卷移箏詞一卷拗蓮詞一卷　(清)楊芳燦撰　清光緒刻本　一册

440000－2541－0017111　41550
木皮散人鼓詞一卷　(明)賈鳧西撰　清光緒三十三年(1907)長沙葉氏觀古堂刻本　一册

440000－2541－0017112　41553
沖虛至德真經八卷　(戰國)列禦寇撰　(晉)張湛注　清光緒十年(1884)長洲蔣氏影宋刻鐵華館叢書本　二册

440000－2541－0017113　41568
清代名人尺牘一卷　□□輯　清末至民國影印本　一册

440000－2541－0017114　41589
金冬心墨梅冊一卷　(清)金農繪　清宣統元年(1909)上海神州國光社影印本　一册

440000－2541－0017115　41590
宋比玉江亭秋暮卷一卷　(明)宋珏繪　清宣統元年(1909)上海神州國光社影印本　一册

440000－2541－0017116　41591
龔半千山水冊一卷　(清)龔賢繪　清宣統元年(1909)上海神州國光社影印本　一册

440000－2541－0017117　41592
清湘老人山水冊一卷　(清)釋道濟繪　清宣統元年(1909)上海神州國光社影印本　一册

440000－2541－0017118　41593
八大山人山水畫冊一卷　(清)朱耷繪　清宣

統二年(1910)上海神州國光社影印本　一册

440000－2541－0017119　41596

周櫟園手輯名人畫册一卷　(清)周亮工輯　清宣統三年(1911)上海神州國光社影印本　一册

440000－2541－0017120　41601

朱子穎潘蓮巢畫作一卷　□□輯　清末至民國初影印本　一册

440000－2541－0017121　41602

梅瞿山鹿墅藍田叔李穀齋山水合册　神州國光社輯　清光緒三十四年(1908)上海神州國光社影印本　一册

440000－2541－0017122　41603

王文治等扇面册一卷　□□輯　清末影印本　一册

440000－2541－0017123　41604

王槩山水畫册一卷　(清)王槩繪　清末影印本　一册

440000－2541－0017124　41609

柳如是山水册一卷　(清)柳如是繪　清末影印本　一册

440000－2541－0017125　41617

石濤山水册一卷　(清)釋道濟繪　清末至民國初影印本　一册

440000－2541－0017126　41624

錢惟喬山水册一卷　(清)錢惟喬繪　清末珂羅版印本　一册

440000－2541－0017127　41629

跋王齊翰勘書圖一卷　(宋)蘇軾　(宋)蘇轍　(宋)王詵跋　清末影印本　一册

440000－2541－0017128　41633

藍田叔仿古山水册一卷　(明)藍瑛繪　清宣統元年(1909)上海文明書局影印本　一册

440000－2541－0017129　41637

蔣南沙花鳥草蟲册一卷　(清)蔣廷錫繪　清宣統三年(1911)上海文明書局影印本　一册

440000－2541－0017130　41661

新安名畫扇册不分卷　□□輯　清末至民國初影印本　二册

440000－2541－0017131　41699

經籍籑詁一百六卷補遺一百六卷首一卷　(清)阮元撰　清光緒二十年(1894)上海鴻寶齋石印本　十二册

440000－2541－0017132　41700

點石齋叢畫十卷　蔡爾康輯　清光緒十一年(1885)上海點石齋石印本　八册

440000－2541－0017133　41709

說文通訓定聲補遺十八卷檢韻一卷說雅一卷古今韻準一卷　(清)朱駿聲撰　(清)朱鏡蓉參訂　清光緒十三年(1887)上海積山書局石印本　八册

440000－2541－0017134　41714

二十四史　(清)□□編　清光緒三十四年(1908)上海集成圖書局鉛印本　四百册

440000－2541－0017135　41725

芥子園畫傳初集六卷二集九卷　(清)王槩等摹繪　清光緒二十九年(1903)上海虹口通文局石印本　九册

440000－2541－0017136　41727

文選考異五卷　(清)胡克家撰　清光緒十四年(1888)同文書局石印本　一册

440000－2541－0017137　41728

欽定續文獻通考二百五十卷　(清)嵇璜等纂　清光緒二十六年(1900)北洋石印官書局石印本　三十二册

440000－2541－0017138　41742

通典二百卷考證一卷　(唐)杜佑撰　清光緒二十八年(1902)上海鴻寶書局石印本　八册

存一百六卷(一至四十七、一百四十三至二百,考證一卷)

440000－2541－0017139　41743

康熙字典四十二卷備考一卷補遺一卷　(清)張玉書纂　清末石印本　六册

440000－2541－0017140　41747
金石續編十七卷首一卷　(清)陸耀遹輯　(清)樊增祥校訂　**金石萃編補正四卷**　(清)方履籛輯　清光緒十九年至二十年(1893－1894)上海醉六堂石印本　二十八冊

440000－2541－0017141　41768
經籍籑詁一百六卷補遺一百六卷首一卷　(清)阮元撰　**新輯經籍籑詁檢韻一卷**　清光緒二十年(1894)上海點石齋石印本　十二冊

440000－2541－0017142　41769
文獻通考二十四卷首一卷　(元)馬端臨撰　清光緒二十五年(1899)上海點石齋石印本　十六冊

440000－2541－0017143　41770
海上花列傳六十四回　(清)韓邦慶撰　清光緒二十七年(1901)江南書局石印本　八冊

440000－2541－0017144　41771
蕩平髮逆圖記二十二卷首一卷　(清)杜文瀾纂　清光緒十四年(1888)上海漱六山莊石印本　四冊

440000－2541－0017145　41772
說鈴前集三十八種後集十七種續集七種　(清)吳震方編　清道光五年(1825)刻本　二冊　存七種

440000－2541－0017146　41773
欽定四庫全書簡明目錄二十卷　(清)紀昀等撰　清光緒二十年(1894)上海點石齋石印本　二十四冊

440000－2541－0017147　41774
欽定四庫全書總目二百卷　(清)紀昀等撰　**四庫未收書目提要五卷**　(清)阮元撰　清光緒二十年(1894)上海點石齋石印本　二十冊

440000－2541－0017148　41775
嶺南逸史十卷二十八回　題(清)花溪逸士編次　題(清)醉園狂客評點　清刻本　四冊

440000－2541－0017149　41779
方輿全圖總說五卷　(清)顧祖禹輯　清光緒二十七年(1901)石印本　四冊

440000－2541－0017150　41782
天下郡國利病書一百二十卷　(清)顧炎武撰　清光緒二十七年(1901)石印本　二十八冊

440000－2541－0017151　41783
讀史方輿紀要一百三十卷　(清)顧祖禹撰　清光緒二十七年(1901)石印本　二十八冊

440000－2541－0017152　41784
皇清經解續編二百九卷　王先謙編　清光緒十五年(1889)上海蜚英館石印本　三十二冊

440000－2541－0017153　41785
皇清經解一百九十卷首一卷　(清)阮元編　清光緒十一年(1885)上海點石齋石印本　二十四冊

440000－2541－0017154　41789
拳匪紀事六卷　(日本)佐原篤介　(清)漚隱輯　清光緒二十七年(1901)鉛印本　一冊　存一卷(六)

440000－2541－0017155　41793
山西保晉礦務公司章程不分卷　(□)□□輯　清末京師京華書局鉛印本　一冊

440000－2541－0017156　41794
步兵操典不分卷　(日本)陸軍省編　孟森譯　清光緒二十七年(1901)南洋公學譯書院鉛印本　一冊

440000－2541－0017157　41795
陸軍官弁服帽章記圖不分卷　(□)□□輯　清末石印本　一冊

440000－2541－0017158　41797
欽定續通志六百四十卷　(清)嵇璜等纂　清光緒十二年(1886)浙江書局刻本　一冊　存二卷(六十八至六十九)

440000－2541－0017159　41799
增補齊省堂全圖儒林外史六十回　(清)吳敬梓撰　清光緒三十二年(1906)海左書局石印本　一冊　存十回(五十一至六十)

440000－2541－0017160　41805

新製靈臺儀象志十六卷 （比利時）南懷仁撰 清刻本 二冊 存二卷（八至九）

440000－2541－0017161 41807
鴻雪因緣圖記三集不分卷 （清）麟慶撰 清末影印本（有圖） 一冊 存一集（三）

440000－2541－0017162 41809
路得改教紀略不分卷 （美國）林樂知譯 清宣統元年（1909）上海廣學會鉛印本 一冊

440000－2541－0017163 41812
訓蒙趣味新書二卷 （清）闞百康輯 清末刻本 一冊 存一卷（下）

440000－2541－0017164 41816
西國近事彙編一百四卷 （美國）金楷理 （美國）林樂知口譯 （清）蔡錫齡筆述 清光緒上海機器製造局鉛印本 三冊 存三卷（光緒丙子二至三、丁丑四）

440000－2541－0017165 41819
宋元學案一百卷首一卷 （清）黄宗羲撰 （清）黄百家纂輯 （清）全祖望修定 清刻本 一冊 存二卷（八十一至八十二）

440000－2541－0017166 41820
［廣東順德］龍氏族譜□□卷 （□）□□修 清刻本 三冊 存三卷（五至六、九）

440000－2541－0017167 41821
古夫于亭雜錄五卷 （清）王士禛撰 清刻本 一冊 存二卷（四至五）

440000－2541－0017168 41825
日本維新慷慨史二卷 （日本）西村三郎撰 （清）趙必振譯 清末鉛印本 一冊

440000－2541－0017169 41826
最新初等小學國文教科書教授法不分卷 （□）□□撰 清宣統元年（1909）商務印書館鉛印本 二冊 存二冊（六、十）

440000－2541－0017170 41830
松陵文錄二十四卷 （清）淩淦輯 **作者姓氏爵里著述考一卷** （清）柳兆薰輯 **刊誤一卷** （清）沈成章撰 清刻民國九年（1920）補刻本 七冊 存二十四卷（三至二十四、著述考一卷、刊誤一卷）

440000－2541－0017171 41833
湛園未定藁六卷 （清）姜宸英撰 清宣統二年（1910）上海國學扶輪社石印本 三冊

440000－2541－0017172 41838
道書十二種 （清）劉一明撰 清光緒六年（1880）刻本 一冊 存五種

440000－2541－0017173 41839
梧桐山集四卷 題（清）梧桐山人邵郇氏撰 清光緒三十三年（1907）刻本 三冊 存三卷（一、三至四）

440000－2541－0017174 41840
玉策金繩不分卷首一卷 （□）□□撰 清光緒刻本 一冊

440000－2541－0017175 41842
聖理同參一卷 （□）□□撰 清光緒三十年（1904）刻本 一冊

440000－2541－0017176 41843
換骨金丹一卷 （□）□□撰 清末刻本 一冊

440000－2541－0017177 41844
唱道真言一卷 （□）□□撰 清光緒三年（1877）刻本 一冊

440000－2541－0017178 41846
支那哲學史四卷 （日本）達藤隆吉撰 金范臣譯 清末石印本 一冊

440000－2541－0017179 41849
忠雅堂評選四六法海八卷 （清）蔣士銓評選 清光緒十五年（1889）雲林閣刻朱墨套印本 八冊

440000－2541－0017180 41857
墨井集五卷 （清）吴歷撰 清宣統元年（1909）上海土山灣印書館鉛印本 一冊

440000－2541－0017181 41858
中西匯通醫經精義二卷 （清）唐宗海撰 清光緒三十四年（1908）上海千頃堂書局石印中

西匯通醫書五種本　一冊　存一卷(上)

440000－2541－0017182　41859
濟陰綱目十四卷　(明)武之望輯　清致遠堂刻本　二冊　存一卷(一)

440000－2541－0017183　41866
食譜不分卷　(□)□□輯　清抄本　一冊

440000－2541－0017184　41871
文選六十卷目錄一卷　(南朝梁)蕭統輯　(唐)李善注　**考異十卷**　(清)胡克家撰　清宣統三年(1911)上海會文堂書局影印本　十五冊　存六十六卷(一至十六、二十一至六十,考異十卷)

440000－2541－0017185　41872
鑄史駢言十二卷　(清)孫玉田撰　清光緒十一年(1885)上海同文書局石印本　二冊

440000－2541－0017186　41874
俗話傾談二卷　(清)邵紀棠評輯　清光緒二十九年(1903)文裕堂公司鉛印本　一冊

440000－2541－0017187　41875
曉初訓道不分卷　(英國)俾士譯　清光緒二年(1876)刻本　一冊

440000－2541－0017188　41879
羊城古鈔八卷首一卷　(清)仇池石輯　清嘉慶十一年(1806)刻本(有圖)　四冊　存七卷(二至八)

440000－2541－0017189　41883
重刻丘文莊家禮儀節八卷　(明)丘濬撰　清刻本　四冊

440000－2541－0017190　41892
續編珠二卷　(清)高士奇撰　清刻本　一冊

440000－2541－0017191　41910
說文解字注三十二卷　(清)段玉裁注　清光緒三年(1877)四川尊經書院刻本　十五冊　存二十五卷(一至十二、十八至三十)

440000－2541－0017192　41916
重訂增補陶朱公致富全書四卷　題(清)石巖逸叟增定　清粵東三元堂刻本　一冊　存二卷(一至二)

440000－2541－0017193　41923
法苑珠林一百卷　(唐)釋道世撰　清道光七年(1827)蔣氏燕園刻本　一冊　存六卷(六十五至六十七、九十三至九十五)

440000－2541－0017194　41926
宋書一百卷　(南朝梁)沈約撰　明萬曆刻清順治修二十一史本　一冊　存六卷(四十五至五十)

440000－2541－0017195　41929
繪圖蒙學課本肆集不分卷　王亨統編　清宣統二年(1910)上海美華書館鉛印本　一冊

440000－2541－0017196　41932
天文歌略一卷　葉瀾撰　**地學歌略一卷**　葉瀚　葉瀾撰　清末石印本　一冊

440000－2541－0017197　41935
御定全唐詩錄一百卷詩人年表一卷　(清)徐倬輯　清刻本　一冊　存三卷(三十七至三十九)

440000－2541－0017198　41941
佩文韻府一百六卷　(清)張玉書等輯　**拾遺一百六卷**　(清)汪灝等纂　清光緒二十八年(1902)上海鴻寶齋石印本　一冊　存八卷(佩文韻府四十二至四十九)

440000－2541－0017199　41946
文選六十卷　(南朝梁)蕭統輯　清刻本　一冊　存十卷(二十九至三十八)

440000－2541－0017200　41950
穆勒名學三部　(英國)穆勒撰　嚴復譯　清光緒二十八年(1902)金粟齋鉛印本　一冊　存甲部

440000－2541－0017201　41951
天演論二卷　(英國)赫胥黎撰　嚴復譯　清光緒二十七年(1901)富文書局石印本　一冊

440000－2541－0017202　41952
陔餘叢考四十三卷　(清)趙翼撰　清刻本　十六冊

440000－2541－0017203　41954

江左校士録不分卷　(清)黄體芳輯　清光緒石印本　一册　存下册

440000－2541－0017204　41961

欽定四庫全書總目二百卷　(清)紀昀等撰　清刻本　一册　存二卷(十九至二十)

440000－2541－0017205　41966

同館試律彙鈔二十四卷續鈔十二卷補鈔二卷　(清)法式善等輯　清刻本　一册　存一卷(續鈔九)

440000－2541－0017206　41967

邃懷堂文集箋註十六卷　(清)袁翼撰　(清)朱舲箋注　清咸豐八年(1858)朱氏古懽齋刻本　一册　存三卷(十四至十六)

440000－2541－0017207　41973

宋史一百卷　(南朝梁)沈約撰　明萬曆二十三年至三十四年(1595－1606)北京國子監刻二十一史本　一册　存四卷(九十一至九十四)

440000－2541－0017208　41975

物理學三編　(日本)飯盛挺造撰　(日本)藤田豐八譯　王季烈輯　清光緒二十六年(1900)江南製造局刻本　二册　存二卷(上編三、下編一)

440000－2541－0017209　41976

榆園叢刻十五種附一種　(清)許增編　清同治至光緒許增榆園刻本　一册　存二種

440000－2541－0017210　41978

古今韻會舉要三十卷　(元)熊忠撰　明刻本　一册　存四卷(十四至十七)

440000－2541－0017211　41989

欽定儀禮義疏四十八卷首二卷　(清)朱軾等撰　清刻本　一册　存二卷(十一至十二)

440000－2541－0017212　41990

通鑑紀事本末二百三十九卷　(宋)袁樞撰　(明)張溥論正　清光緒十三年(1887)廣雅書局刻紀事本末彙刻本　九册　存四十一卷(二十六至五十一、六十二至六十七、八十二至九十)

440000－2541－0017213　41992

今文尚書經説考三十二卷敘録一卷　(清)陳喬樅撰　清同治元年(1862)刻本　十七册

440000－2541－0017214　41993

昌黎先生集四十卷遺文一卷　(唐)韓愈撰　(清)李漢編　清同治九年(1870)廣東述古堂刻本　六册

440000－2541－0017215　41997

史略八十七卷　(清)朱坤輯　清光緒二十八年(1902)文盛書局石印本　五册　存七十一卷(一至二十四、四十一至八十七)

440000－2541－0017216　42000

評點正音撮要四卷　(清)高靜亭輯　清光緒三十二年(1906)廣州時雅書局石印本　二册　存三卷(一至三)

440000－2541－0017217　42007

高等實業學堂章程不分卷　(清)高等實業學堂輯　清光緒三十年(1904)鉛印本　一册

440000－2541－0017218　42008

元遺山詩集八卷　(金)元好問撰　清乾隆四十三年(1778)萬廷蘭刻本　一册　存四卷(一至四)

440000－2541－0017219　42012

平湖殉難録一卷　(清)彭潤章輯　清光緒刻本　二册

440000－2541－0017220　42019

史記一百三十卷　(漢)司馬遷撰　(南朝宋)裴駰集解　(唐)司馬貞索隱　(唐)張守節正義　清同治九年(1870)楚北崇文書局刻本　二十四册

440000－2541－0017221　42021

一切經音義二十五卷　(唐)釋玄應撰　**補訂新譯大方廣佛華嚴經音義二卷**　(唐)釋慧苑撰　**附華嚴經音義敘録一卷刻華嚴經音義校勘記一卷**　清同治八年(1869)武林張氏寶晉齋刻本　四册

440000－2541－0017222　42022
玉函山房輯佚書三編五百七十三種補遺二編二十種附一種　（清）馬國翰編　清光緒九年(1883)長沙嫏嬛館刻本　三冊　存四種

440000－2541－0017223　42023
元人傳略一卷明人傳略一卷　題（清）鐵如意室輯　清抄本　一冊

440000－2541－0017224　42025
使徒實蹟誌不分卷　（美國）路思義撰　清光緒三十三年(1907)上海美華書館鉛印本　一冊

440000－2541－0017225　42048
論兩兒尋天堂不分卷　（德國）葉道勝譯　清宣統二年(1910)中國聖教書會鉛印本　一冊

440000－2541－0017226　42052
國學叢刊七種　羅振玉編　清宣統三年(1911)石印本　一冊

440000－2541－0017227　42057
約翰福音課程不分卷約翰書信五課程不分卷　（美國）紀好弼輯　清光緒三十二年(1906)鉛印本　一冊

440000－2541－0017228　42062
詞綜三十八卷　（清）朱彝尊輯　清康熙十七年(1678)休陽汪氏裘杼樓刻本　一冊　存三卷（三十三至三十五）

440000－2541－0017229　42063
詁經精舍六集十二卷　（清）俞樾編　清光緒十一年(1885)刻本　一冊　存三卷（五至七）

440000－2541－0017230　42064
數學上編十三卷答數一卷附二卷　（清）曹汝英撰　清光緒二十九年(1903)曹汝英羊城刻三十年(1904)武昌續刻本　一冊　存四卷（一至四）

440000－2541－0017231　42069
化學鑑原補編□□卷　（英國）傅蘭雅口譯（清）徐壽筆述　清光緒刻本　一冊　存一卷（一）

440000－2541－0017232　42073
佩文韻府一百六卷　（清）張玉書等輯　**拾遺一百六卷**　（清）汪灝等纂　清光緒十二年(1886)上海點石齋石印本　九冊　存二百九十四卷（一至七十四、九十三至一百六，拾遺一百六卷）

440000－2541－0017233　42075
御定駢字類編二百四十卷　（清）張廷玉輯　清光緒十三年(1887)上海同文書局石印本　四十八冊

440000－2541－0017234　42076
書牘雜鈔不分卷　（清）□□輯　清抄本　一冊

440000－2541－0017235　42078
八大仙真經不分卷　（□）□□編　清光緒二十年(1894)刻本　一冊　存四仙

440000－2541－0017236　42079
五百四峰堂詩鈔目錄一卷　（清）□□輯　清抄本　一冊

440000－2541－0017237　42081
味餘書室全集定本四十卷目錄四卷隨筆二卷　（清）仁宗顒琰撰　清嘉慶五年(1800)内府刻本　一冊　存三卷（三十五至三十七）

440000－2541－0017238　42082
文選六十卷　（南朝梁）蕭統輯　（唐）李善注　**考異十卷**　（清）胡克家撰　清同治八年(1869)潯陽萬本儀廣州刻本　四冊　存十二卷（九至十一、二十四至二十九，考異五至七）

440000－2541－0017239　42083
楊龜山先生集四十二卷首一卷　（宋）楊時撰　清刻本　一冊　存四卷（六至九）

440000－2541－0017240　42085
戴東原集十二卷　（清）戴震撰　清乾隆五十七年(1792)經韻樓刻本　一冊　存二卷（一至二）

440000－2541－0017241　42087
重刊校正笠澤叢書四卷補遺一卷續補遺一卷

（唐）陸龜蒙撰　清光緒歸安姚氏大疊山房刻本　二冊

440000－2541－0017242　42088

重刊校正笠澤叢書四卷補遺一卷續補遺一卷　（唐）陸龜蒙撰　清光緒歸安姚氏大疊山房刻本　二冊

440000－2541－0017243　42091

藕香零拾三十九種　繆荃孫編　清光緒至宣統繆荃孫刻本　四冊　存九種

440000－2541－0017244　42093

［光緒］廣州府志一百六十三卷　（清）戴肇辰　（清）蘇佩訓修　（清）史澄　（清）李光廷纂　清光緒五年（1879）粤秀書院刻本（有圖）　三冊　存十一卷（八十二至九十二）

440000－2541－0017245　42095

舊約全書七卷　（□）□□輯　清同治三年（1864）鉛印本　一冊　存三卷（一至三）

440000－2541－0017246　42096

介白堂詩集二卷　（清）劉光第撰　清光緒二十九年（1903）鉛印本　一冊

440000－2541－0017247　42097

稱謂録三十二卷　（清）梁章鉅撰　清光緒元年至十年（1875－1884）梁恭辰刻本　八冊

440000－2541－0017248　42100

兩湖文高等學校經學課程尚書二卷今文尚書授受源流一卷　（清）馬貞榆撰　清光緒二十九年（1903）刻朱印本　二冊

440000－2541－0017249　42102

太平御覽一千卷目録十五卷　（宋）李昉等輯　清嘉慶十七年（1812）歙縣鮑氏刻本　二十冊　存六百八十卷（九至二百三十九、三百七十五至四百七十四、五百七十八至六百八十二、七百五十七至一千）

440000－2541－0017250　42103

衛生新義不分卷　謝洪賚輯　清宣統三年（1911）上海青年會鉛印本　一冊

440000－2541－0017251　42104

應世文不分卷　□□輯　清抄本　一冊

440000－2541－0017252　42107

憲政論不分卷　（日本）菊池學而撰　（清）林棨譯　清光緒二十九年（1903）上海商務印書館鉛印本　一冊

440000－2541－0017253　42108

金剛般若波羅蜜經一卷　（後秦）鳩摩羅什譯　清光緒二年（1876）羊城俞敬義堂刻本　一冊

440000－2541－0017254　42112

太陽太陰真經一卷眼光娘娘經一卷　（□）□□撰　清同治七年（1868）廣州刻本　一冊

440000－2541－0017255　42113

王氏女真經一卷　（□）□□撰　清同治五年（1866）香港清元堂刻本　一冊

440000－2541－0017256　42114

九品高王觀音經一卷　（□）□□撰　清刻本　一冊

440000－2541－0017257　42115

九品高王觀音經一卷　（□）□□撰　清刻本　一冊

440000－2541－0017258　42116

大聖五公救劫真經一卷　（□）□□撰　清末佛山近文堂印務局鉛印本　一冊

440000－2541－0017259　42117

地母真經一卷　（□）□□撰　清刻本　一冊

440000－2541－0017260　42118

竈君真經一卷　（□）□□撰　清光緒二十六年（1900）刻本　一冊

440000－2541－0017261　42119

呂祖真經一卷　（□）□□撰　清刻本　一冊

440000－2541－0017262　42120

命海明珠一掌經一卷　（□）□□撰　清刻本　一冊

440000－2541－0017263　42127

教話指南不分卷　（美國）尹士嘉輯　清光緒

三十二年(1906)鉛印本　一冊

440000－2541－0017264　42129
萬國地理課本七章　(日本)辻武雄撰　清光緒三十年(1904)東京泰東同文局鉛印本　一冊

440000－2541－0017265　42130
燕子龕詞一卷　(清)胡延撰　清光緒二十九年(1903)金陵糧儲道廨刻朱印苾芻館詞集本　一冊

440000－2541－0017266　42133
續齊魯古印攈一卷　(清)高鴻裁輯　清光緒濰縣高氏鈐印本　一冊

440000－2541－0017267　42140
漁山妙墨一卷　(清)吳歷書　清影印本　一冊

440000－2541－0017268　42147
王石谷仿古山水□□卷　(清)王翬繪　清影印本　一冊　存一卷(一)

440000－2541－0017269　42161
送嫁新聞一卷　(□)□□撰　清末醉經堂刻本　一冊

440000－2541－0017270　42163
化學鑑原六卷　(英國)韋而司撰　(英國)傅蘭雅口譯　徐壽筆述　清末石印本(有圖)　一冊

440000－2541－0017271　42170
日本文部省沿革及官制一卷　(日本)文部省輯　(清)出洋學生編輯所譯　清光緒二十八年(1902)上海商務印書館鉛印本　一冊

440000－2541－0017272　42174
革命軍不分卷　(清)鄒容撰　清光緒二十九年(1903)中華書局石印本　一冊

440000－2541－0017273　42178
記憶術一卷　(日本)井上圓了撰　(清)梁有庚譯　清光緒鉛印本　一冊

440000－2541－0017274　42180
聲調四譜圖說十二卷首一卷末一卷　(清)董文渙撰　清同治三年(1864)洪洞董氏刻本　一冊　存二卷(一、首一卷)

440000－2541－0017275　42181
監本附音春秋穀梁傳註疏附校勘記二十卷　(晉)范寧集解　(唐)楊士勳疏　清光緒十三年(1887)脈望仙館石印本　一冊

440000－2541－0017276　42189
剖腹理法不分卷　(美國)傅刊惇選　(清)龐文卿譯　清光緒三十四年(1908)鉛印本　一冊

440000－2541－0017277　42191
增像全圖東周列國志二十七卷一百八回　(清)蔡界評點　清末中新書局鉛印本　一冊　存八回(八十五至九十二)

440000－2541－0017278　42193
俄羅斯大風潮不分卷　(英國)克喀伯撰　題(清)獨立之個人譯　清光緒二十八年(1902)少年中國學會鉛印本　一冊

440000－2541－0017279　42194
南阿新建國史不分卷　(日本)福本誠撰　(清)賀廷謨譯　清光緒二十八年(1902)上海文明編譯書局鉛印本　一冊

440000－2541－0017280　42195
最近之支那一卷　(英國)哥呼倫撰　(清)武生譯　清末上海東陵譯社鉛印本　一冊

440000－2541－0017281　42196
權利競爭篇不分卷　(日本)加藤弘之撰　清末至民國武陵趙氏鉛印本　一冊

440000－2541－0017282　42197
政教進化論五章　(日本)加藤弘之撰　楊廷棟譯　清光緒二十八年(1902)上海廣智書局鉛印本　一冊

440000－2541－0017283　42198
義大利獨立史六編　(日本)松井廣吉撰　(清)張仁普譯　清光緒二十九年(1903)廣智書局鉛印本　一冊

440000－2541－0017284　42200
美國憲法一卷　(清)章宗元譯　清光緒二十八年(1902)上海文明書局鉛印本　一冊

440000－2541－0017285　42201
竹書紀年統箋十二卷前編一卷雜述一卷　(南朝梁)沈約注　(清)徐文靖箋　清光緒三年(1877)浙江書局刻本　一册　存五卷(統箋一至三、前編一卷、雜述一卷)

440000－2541－0017286　42207
美國研究不分卷　陳禮威等撰　稿本　一册

440000－2541－0017287　42229
教話指南不分卷　(美國)尹士嘉輯　清光緒三十二年(1906)鉛印本　一册

440000－2541－0017288　42241
聖保羅雅典垂訓不分卷　(德國)葉道勝撰　清宣統二年(1910)上海商務印書館鉛印本　一册

440000－2541－0017289　42243
端谿硯史匯參三卷　(清)黄欽阿撰　清光緒二十一年(1895)華亭周則濂抄本　一册

440000－2541－0017290　42244
中華第一女傑軒亭冤傳奇八句　(清)湘靈子撰　清光緒三十三年(1907)石印本　一册

440000－2541－0017291　42245
希臘稗史選譯不分卷　(美國)霍塞恩撰　清宣統二年(1910)上海華美書局鉛印本　一册

440000－2541－0017292　42252
公民必讀初編十章　孟昭常撰　清光緒三十三年(1907)預備立憲公會鉛印本　一册

440000－2541－0017293　42253
耶穌言行述訓□□卷　□□撰　清末影印本　一册　存一卷(三)

440000－2541－0017294　42261
初等算術教科書　丁福保撰　清光緒三十二年(1906)上海文明書局鉛印本　一册　存三章(二至四)

440000－2541－0017295　42262
天地奇異志不分卷　(英國)華立熙撰　清光緒二十七年(1901)上海廣學會鉛印本　一册

440000－2541－0017296　42265
簡易格致課本不分卷　杜亞泉輯　清光緒三十二年(1906)商務印書館鉛印本　一册

440000－2541－0017297　42278
泰西新學記二十七章　(英國)史本守撰　(清)顔永京譯　清光緒二十八年(1902)上海書局石印本　一册

440000－2541－0017298　42279
社會學二卷　(日本)岸本能武太撰　章炳麟譯　清光緒二十八年(1902)上海廣智書局鉛印本　一册

440000－2541－0017299　42280
中國財政紀略一卷　(日本)東邦協會纂　吴銘譯　清光緒二十八年(1902)上海廣智書局鉛印本　一册

440000－2541－0017300　42281
社會改良論十二章　(日本)烏村滿都夫撰　趙必振譯　清光緒二十八年(1902)上海廣智書局鉛印本　二册

440000－2541－0017301　42282
西洋細君氣質不分卷　(日本)蘆花生撰　(清)人演社譯　清光緒二十九年(1903)開明書店鉛印本　二册

440000－2541－0017302　42283
萬法精理二編□□卷　(法國)孟德斯鳩撰　(日本)何禮之譯　張相文譯　清光緒二十九年(1903)上海文明書局鉛印本　三册　存三卷(前編一至二、五)

440000－2541－0017303　42284
日本監獄法十八章　(日本)佐藤信安撰　(清)中國國民叢書社譯　清光緒二十九年(1903)商務印書館鉛印本　一册

440000－2541－0017304　42285
法學通論九章　(日本)磯古幸次郎講述　王國維譯　清光緒二十八年(1902)金粟齋譯書社鉛印本　二册

440000－2541－0017305　42286
法學通論二卷　(日本)鈴木喜三郎講義　震

生譯意　清光緒二十八年(1902)上海廣智書局鉛印本　一册

440000－2541－0017306　42287
理財學精義四章　(日本)田尻稻次郎撰　(清)王秀點譯　清光緒二十八年(1902)商務印書館鉛印本　一册

440000－2541－0017307　42289
群學肄言十六章　(英國)斯賓塞爾撰　嚴復譯　清光緒二十九年(1903)上海文明書局鉛印本　一册

440000－2541－0017308　42290
質學課本五卷　(英國)伊那楞木孫撰　(清)曾宗鞏編譯　清光緒三十三年(1907)學部編譯圖書局鉛印本　一册

440000－2541－0017309　42293
董方立算書五種　(清)董祐誠撰　清末江南製造總局刻本　一册

440000－2541－0017310　42296
勾股六術一卷　(清)項名達撰　**弧角拾遺一卷**　(清)賈步緯撰　清光緒上海江南機器製造局刻本　一册

440000－2541－0017311　42298
格物質學十一卷　(美國)史砥爾撰　(美國)潘慎文譯　謝洪賚筆述　清光緒二十八年(1902)申江中西書院鉛印本　一册

440000－2541－0017312　42299
質學新編六卷　(美國)衡德生　(美國)吳德赫撰　(美國)潘慎文鑒定　謝洪賚譯　清光緒三十年(1904)上海廣學會鉛印本　一册